MEYERS GROSSES TASCHEN LEXIKON

Band 23

MEYERS GROSSES TASCHEN LEXIKON

in 24 Bänden

Herausgegeben und bearbeitet
von Meyers Lexikonredaktion
3., aktualisierte Auflage

Band 23:
Unt – Wat

B.I.-Taschenbuchverlag
Mannheim/Wien/Zürich

Chefredaktion:
Werner Digel und Gerhard Kwiatkowski
Redaktionelle Leitung der 3. Auflage:
Dr. Gerd Grill M.A.

Redaktion:
Eberhard Anger M.A., Dipl.-Geogr. Ellen Astor,
Dipl.-Math. Hermann Engesser, Reinhard Fresow, Ines Groh,
Bernd Hartmann, Jutta Hassemer-Jersch, Waltrud Heinemann,
Heinrich Kordecki M.A., Ellen Kromphardt, Wolf Kugler,
Klaus M. Lange, Dipl.-Biol. Franziska Liebisch, Mathias Münter,
Dr. Rudolf Ohlig, Heike Pfersdorff M.A., Ingo Platz,
Joachim Pöhls, Dr. Erika Retzlaff,
Hans-Peter Scherer, Ulrike Schollmeier, Elmar Schreck,
Kurt Dieter Solf, Klaus Thome, Jutta Wedemeyer, Dr. Hans Wißmann,
Dr. Hans-Werner Wittenberg

CIP-Titelaufnahme der Deutschen Bibliothek
Meyers Großes Taschenlexikon: in 24 Bänden/hrsg. u. bearb.
von Meyers Lexikonred. [Chefred.: Werner Digel
u. Gerhard Kwiatkowski].
Mannheim; Wien; Zürich: BI-Taschenbuch-Verl.
Früher im Bibliograph. Inst., Mannheim, Wien, Zürich.
ISBN 3-411-11003-1 kart. in Kassette
ISBN 3-411-02900-5 (2., neu bearb. Aufl.)
ISBN 3-411-02100-4 (Aktualisierte Neuausg.)
ISBN 3-411-01920-4 (Ausg. 1981)
NE: Digel, Werner [Red.]
Bd. 23. Unt – Wat. – 3., aktualisierte Aufl. – 1990
ISBN 3-411-11233-6

Als Warenzeichen geschützte Namen
sind durch das Zeichen (W_z) kenntlich gemacht
Etwaiges Fehlen dieses Zeichens bietet keine Gewähr dafür,
daß es sich um einen nicht geschützten Namen handelt,
der von jedermann benutzt werden darf

Das Wort MEYER ist für
Bücher aller Art für den Verlag
Bibliographisches Institut & F.A. Brockhaus AG
als Warenzeichen geschützt

Lizenzausgabe mit Genehmigung
von Meyers Lexikonverlag, Mannheim

Alle Rechte vorbehalten
Nachdruck, auch auszugsweise, verboten
© Bibliographisches Institut & F.A. Brockhaus AG, Mannheim 1990
Druck: Klambt-Druck GmbH, Speyer
Einband: Wilhelm Röck GmbH, Weinsberg
Printed in Germany
Gesamtwerk: ISBN 3-411-11003-1
Band 23: ISBN 3-411-11233-6

Unt

Untätigkeitsklage, im Verwaltungsrecht Bez. für solche Klagen, die ausnahmsweise ohne Durchführung des gesetzl. vorgeschriebenen Vorverfahrens erhoben werden können, wenn die Behörde über einen Widerspruch oder über einen Antrag auf Vornahme eines Verwaltungsakts ohne zureichenden Grund in angemessener Frist (i. d. R. 3 Monate) sachlich nicht entschieden hat.

„Unteilbares Deutschland", Kuratorium ↑ Kuratorium „Unteilbares Deutschland".

Unter (Wenzel) ↑ Spielkarten.

Unterägypten, Bez. für Ägypten im Bereich des Nildeltas.

Unterallgäu, Landkr. in Bayern.

Unterarm ↑ Arm.

Unterart (Subspezies, Abk. subsp., Rasse), systemat. Einheit, in der innerhalb einer Tier- oder Pflanzenart Individuen mit auffallend ähnl. Merkmalen zusammengefaßt werden.

Unterbelichtung (Unterexposition), zu geringe Belichtung einer photograph. Schicht; die Tonwerte sind ungenügend differenziert („flau"), die Schatten weisen keine Zeichnung auf.

Unterbeschäftigung, Zustand mangelnder Ausnutzung des volkswirtsch. Produktionspotentials, verbunden mit einem hohen Stand von Arbeitslosigkeit.

unterbestimmt, in der Mathematik gesagt von einem Gleichungssystem, das weniger Gleichungen als Unbekannte aufweist.

Unterbewertung, 1. in der *Bilanz* der Ansatz von Aktivposten mit einem niedrigeren, von Passivposten mit einem höheren Betrag, als er sich nach den gesetzl. Vorschriften und den Grundsätzen ordnungsgemäßer Buchführung ergäbe. Eine U. ist Bildung stiller Rücklagen. Der Jahresabschluß kann wegen U. nichtig sein; 2. bei *Währungen* ein Wechselkurs, der nicht der wirtschaftl. Stärke des betreffenden Landes entspricht, sondern durch Spekulation und/oder Interventionen der Zentralbank niedriger gehalten wird.

Unterbewußtsein, seit dem 18. Jh. gebrauchter mehrdeutiger psychol. Terminus, mit dem im allg. die Bereiche des Bewußtseins bezeichnet werden, deren Inhalte unterhalb der aktuellen Bewußtseinsschwelle liegen und so der rationalen Kontrollierbarkeit entzogen sind (sie manifestieren sich z. B. in Fehlleistungen oder Träumen). Die dem aktuellen Bewußtsein nicht oder nicht unmittelbar zugängl. Inhalte werden i. d. R. eher als unbewußt oder vorbewußt bezeichnet; nicht selten jedoch werden bes. die substantivierten Adjektive Unterbewußtes, Unbewußtes und Vorbewußtes synonym verwendet.

Unterbilanz, Unterschiedsbetrag zw. den Passivposten und den in der Bilanz ausgewiesenen, zu ihrer Deckung jedoch nicht ausreichenden Vermögenswerten. Erreicht bei Kapitalgesellschaften die U. die Hälfte des Grund- oder Stammkapitals, so ist eine Haupt- oder Gesellschaftsversammlung einzuberufen.

Unterblatt ↑ Laubblatt.

Unterbrecher, Vorrichtung zur period. Unterbrechung eines Stromkreises. Der U. einer Kfz.-Zündanlage besteht aus einem nockenbetätigten Kontakt, der den Primärstrom der Zündspule im Zündzeitpunkt unterbricht.

Unterbrechung, im *Verfahrensrecht* das zeitweilige Ruhen oder Abbrechen einer Gerichtsverhandlung. Nach der U. wird das Verfahren dort fortgeführt, wo es unterbrochen worden war. Für die ↑ Hauptverhandlung im Strafprozeß ist die Dauer der U. gesetzl. vorgeschrieben. Im *materiellen Recht* bewirkt die durch prozessuale oder außerprozessuale Handlungen (z. B. Klageerhebung, Zustellung eines Mahnbescheids, Anerkennung eines schuldrechtl. Anspruchs) herbeigeführte U. einer laufenden Frist (z. B. Verjährungs- und Ersitzungsfristen), daß diese nach erfolgter U. neu zu laufen beginnt.

Unterbringung [in einer Anstalt], Einweisung psych. Kranker und Suchtkranker in [geschlossene] psychiatr. Krankenhäuser bzw. Entziehungsanstalten. Sie stellt eine ↑ Freiheitsentziehung im Sinne der Art. 2 Abs. 2 und Art. 104 Abs. 2 GG dar. Eine U. kann nach Bundesrecht der Vormund oder Pfleger mit vormundschaftsgerichtl. Genehmigung veranlassen (§§ 1631 b, 1800 BGB). - ↑ auch einstweilige Unterbringung. Im Strafrecht ist die U. eine ↑ Maßregel der Besserung und Sicherung.

Unterbringungsbefehl, die gerichtl. Anordnung der einstweiligen Unterbringung einer Person in einem psychiatr. Krankenhaus oder einer Entziehungsanstalt, wenn dies die öffentl. Sicherheit erfordert und dringende Gründe für die Annahme bestehen, daß die

Unterdrautal

Person eine Straftat im Zustand der Schuldunfähigkeit begangen hat.

Unterdrautal ↑ Drau.

Unterdruckkammer, druckdichte Stahlkammer, in der ein Unterdruck hergestellt werden kann; sie wird für luftfahrtmedizin. Untersuchungen (Höhenflugbedingungen), aber auch als Klimakammer verwendet.

Unterdrückung, im engeren, psychoanalyt. Sinne (bes. bei S. Freud) die bewußte Beseitigung eines unlustvollen oder unerwünschten Inhalts aus dem Bewußtsein (im Unterschied zur - unbewußten - Verdrängung); i.w. S., v.a. im gesellschaftskrit. Sprachgebrauch, svw. ↑ Repression.

Unterengadin ↑ Engadin.

unterentwickelte Gesellschaften, Bez. für Gesellschaften, deren wirtsch. und gesellschaftl. Strukturen im Vergleich zu den hochindustrialisierten Ländern erhebl. Mängel aufweisen (↑ Entwicklungsländer).

Unterer Hauenstein, Paß im schweizer. Jura, zw. Sissach und Olten, im Scheitelpunkt 691 m ü. d. M.

Unterernährung (Mangelernährung, Denutrition, Hypoalimentation, Hypotrophie), unzureichende Ernährung, bei der der Joulebedarf (Kalorienbedarf) des Organismus nicht gedeckt wird. Die fehlende Energie wird durch Mobilisation von körpereigenem Material (Glykogen, Fett) bereitgestellt. Bei länger anhaltender U. kommt es zu einer Reduktion der körperl. und geistigen Widerstandskraft, im Entwicklungsalter auch zu bleibenden Schäden, v. a. am Nervensystem und an innersekretor. Drüsen.

Unterer Neckar, Region in Bad.-Württ.

Untere Tunguska, rechter Nebenfluß des Jenissei, entspringt 300 km nö. von Bratsk, mündet 200 km ssö. von Igarka, 2989 km lang; schiffbar ab Tura.

unterfangen, das Fundament eines Bauwerks zur Erhöhung der Tragkraft oder zur Sicherung (z. B. bei Tiefbauarbeiten in unmittelbarer Nähe) verstärken bzw. tieferführen.

Unterflurmotor, Motor mit liegend angeordneten Zylindern, der insbes. bei Omnibussen und Lkws unter dem Fahrzeugboden eingebaut ist.

Unterfranken, Reg.-Bez. in Bayern.

Unterführung, Kreuzungsbauwerk, bei dem [durch ein Brückenbauwerk] ein Verkehrsweg unter dem anderen hindurchgeführt wird (sog. planfreie Kreuzung).

Unterfunktion (Hypofunktion), (krankhaft) verminderte Funktion eines Organs, bes. einer Hormondrüse (z. B. der Schilddrüse).

Untergaliläa ↑ Galiläa.

Untergang ↑ Aufgang.

untergärige Hefen, svw. ↑ Unterhefen.

Untergewicht ↑ Körpergewicht.

Unterglasurfarben ↑ keramische Farben.

Untergräser, landw. Bez. für niedrig- bis mittelhochwüchsige, halmarme, aber blattreiche Gräser des Grünlands; Grundbestand von Weiden; z. B. Wiesenrispengras. - Ggs. ↑ Obergräser.

Untergrund, 1. Bez. für einen polit. Aktionsraum, der durch [aufgezwungene] Illegalität und strenge Geheimhaltung nach außen sowie unter den an einer Untergrundbewegung Beteiligten (*konspiratives Verhalten*) gekennzeichnet ist; 2. Bez. für die Lebensweise von einzelnen, die sich, v. a. um staatl. Verfolgung zu entgehen, verborgen halten; 3. im Sinne von Underground gebraucht.
◆ im *Ackerbau* die Bodenschicht unterhalb der Ackerkrume.

Untergrundbahn (U-Bahn), der reinen Personenbeförderung dienende, elektr. betriebene Schnellbahn in großen Städten, deren Gleisnetz [weitgehend] unterird. in Tunnelbauten verläuft, so daß einerseits der Straßenverkehr entlastet wird, andererseits die Möglichkeit gegeben ist, bei dichter Zugfolge mit hoher Geschwindigkeit zu fahren (bis 100 km/h; Leistungsfähigkeit bis 40 000 Personen je Stunde und Richtung). Man unterscheidet *Unterpflasterbahnen* und *Tiefbahnen* (Gleisführung bis 50 m unter der Erdoberfläche), wobei streckenweise auch eine Führung über dem Erdboden als *Hochbahn* erfolgt. Die einzelnen Stationen einer U. werden möglichst etwas erhöht angelegt, um durch Steigung und Gefälle das Bremsen und Anfahren zu erleichtern; der Zugang erfolgt über Treppen, Rolltreppen und Aufzüge; die Bahnsteige befinden sich stets in Höhe der Wagenfußböden. Die elektr. Energie (meist Gleichstrom von 600–800 V) wird dem Triebwagen über eine neben den Fahrschienen befindl. Stromschiene zugeführt (Stromrückleitung im allg. über die Fahrschienen); im Ggs. dazu erfolgt bei der ↑ Straßenbahn - insbes. auch bei der unterird. geführten sog. **U-Strab** - die Stromzuführung über eine Oberleitung. Zur Erzielung hoher Anfahrgeschwindigkeiten werden alle Achsen angetrieben, entweder durch Tatzlagermotoren (Tatzlagerantrieb) oder durch Einmotordrehgestelle. Die Wagen sind für großes Fassungsvermögen und schnellen Fahrgastwechsel ausgelegt; Öffnen und Schließen der Türen zentral vom Triebwagen aus. Die Sicherungsanlagen von U. arbeiten vorwiegend automat. (Streckenblockanlagen mit Indusi oder Fernsteuerung durch Linienzugbeeinflussung), wobei eine dichte Zugfolge (bis zu 90 s) möglich wird. Neuerdings erfolgt auch z. T. eine Regelung durch mitgeführte Programmrechner.

⌑ *Blennemann, F.:* U-Bahnen u. Stadtbahnen in Deutschland. Planung, Bau, Betrieb. Düss. ²1976. - *Havers, H. C. P.:* Die Untergrundbahnen der Welt. Dt. Übers. Mchn. 1967.

Untergrundbewegungen, polit. Bewegungen, die im geheimen auf den Umsturz bestehender Verhältnisse hinarbeiten. Unter-

Unterhaltspflicht

grundtätigkeit ist häufig dadurch bedingt, daß keine legale Opposition zugelassen ist (z. B. die Résistance im besetzten Frankr.). Daneben gibt es polit. Bewegungen, die in bewußter Abkehr von legaler polit. Opposition den Weg in den Untergrund wählen und auf polit. Arbeit in der Bev. verzichten. - ↑ auch Geheimbünde.

Untergrundfilm ↑ Undergroundfilm.

Untergrundliteratur ↑ Undergroundliteratur.

Unterhaar, in der Haustier- und Pelztierhaltung sowie im Fell- und Pelzhandel Bez. für die im Unterschied zum Oberhaar (↑ Deckhaar) meist kürzeren, der Wärmedämmung dienenden ↑ Wollhaare der Säugetiere. Bei der Mehrzahl der pelzwirtschaftl. genutzten Tiere ist es reichlich vorhanden, stark wollig ausgebildet und hält das Haarkleid vliesartig zusammen.

Unterhalt, Sach-, Dienst- und Geldleistungen, derer eine Person zum Leben bedarf (Ernährung, Bekleidung, Unterkunft, Ausbildung und Erfüllung persönl. Bedürfnisse, bei Kindern Erziehung und Betreuung). Eine ↑ Unterhaltspflicht kann sich aus Vertrag (Leibrente, erbrechtl. (§§ 1963, 1969 BGB) und familienrechtl. Bestimmungen sowie daraus ergeben, daß Schadenersatz (z. B. für eine unerlaubte Handlung) in Form einer Geldrente zu leisten ist.

Unterhaltsgeld, finanzielle Unterstützung der Bundesanstalt für Arbeit an Personen in der berufl. Fortbildung oder der berufl. Umschulung mit ganztägigem Unterricht.

Unterhaltspflicht, im Familienrecht allg. die auf Ehe oder Verwandtschaft beruhende gesetzl. Verpflichtung, für den Unterhalt eines anderen zu sorgen. Ihr gegenüber steht auf seiten des Berechtigten der *Unterhaltsanspruch*. Er setzt voraus, daß der Berechtigte außerstande ist, aus eigenem Einkommen und Vermögen den angemessenen Unterhalt zu bestreiten (*Bedürftigkeit*), und der Verpflichtete in der Lage ist, ohne Gefährdung seines eigenen angemessenen Unterhalts den Unterhalt zu gewähren (*Leistungsfähigkeit*). Die Verletzung der gesetzl. U., die Gefährdung des Lebensbedarfs des Unterhaltsberechtigten zur Folge hat, wird nach § 170 b StGB mit Freiheitsstrafe bis zu 3 Jahren oder mit Geldstrafe bestraft.

Unterhaltspflicht der Ehegatten ist die gegenseitige Verpflichtung der in ehel. Lebensgemeinschaft lebenden Ehegatten, durch ihre Arbeit und mit ihrem Einkommen und Vermögen die Familie angemessen zu unterhalten (*Familienunterhalt*). Ist die Haushaltsführung einem Ehegatten überlassen (seit der Eherechtsreform bestimmen die Ehegatten darüber im gegenseitigen Einvernehmen), so erfüllt er seine U. i. d. R. durch die Führung des Haushalts. - Der Familienunterhalt ist zwingender Natur, auf ihn kann für die Zukunft nicht verzichtet werden. Der angemessene Unterhalt der Familie umfaßt alles, was nach den Verhältnissen der Ehegatten erforderl. ist, um die Kosten des Haushalts zu bestreiten und die persönl. Bedürfnisse der Ehegatten und den Lebensbedarf der gemeinsamen unterhaltsberechtigten Kinder zu befriedigen.

Der *getrennt lebende Ehegatte* kann vom anderen den nach den Lebensverhältnissen und den Erwerbs- und Vermögensverhältnissen der Ehegatten angemessenen Unterhalt verlangen (§ 1361 BGB). Der nichterwerbstätige Ehegatte kann nur dann darauf verwiesen werden, seinen Unterhalt durch die Erwerbstätigkeit selbst zu verdienen, wenn dies von ihm nach seinen persönl. Verhältnissen und den wirtschaftl. Verhältnissen beider Ehegatten erwartet werden kann. Aus Billigkeitsgründen kann der Unterhaltsanspruch herabgesetzt werden, z. B. bei mutwilliger Herbeiführung der Bedürftigkeit (das Trennungsverschulden hat dabei unberücksichtigt zu bleiben). - Nach der *Ehescheidung* besteht bei Bedürftigkeit des einen und bei Leistungsfähigkeit des anderen Ehegatten ein Unterhaltsanspruch, wenn 1. eine Erwerbstätigkeit nicht erwartet werden kann wegen der Pflege und Erziehung eines gemeinsamen Kindes oder wegen Alters, Gebrechlichkeit oder Krankheit; 2. ein Teil keine angemessene Erwerbstätigkeit zu finden vermag 3. der Ehegatte des Unterhalts bedarf, um eine in Erwartung der Ehe oder während der Ehe nicht aufgenommene oder abgebrochene Schul- oder Berufsausbildung aufzunehmen und 4. von ihm aus sonstigen schwerwiegenden Gründen eine Erwerbstätigkeit nicht erwartet werden kann und die Versagung von Unterhalt unter Berücksichtigung der Interessen beider Ehegatten grob unbillig wäre. Das Maß des Unterhalts bestimmt sich nach den ehel. Lebensverhältnissen, wobei es auf den Zeitpunkt der Scheidung, d. h. regelmäßig der Trennung der Ehegatten, ankommt. Ein Unterhaltsanspruch entfällt oder wird beschränkt, wenn die Inanspruchnahme des anderen grob unbillig wäre, z. B. weil die Ehe von kurzer Dauer war, oder der Berechtigte seine Bedürftigkeit mutwillig herbeigeführt (z. B. laut Urteil des Bundesgerichtshofs vom 23. 4. 1980 durch Partnerwechsel während der Ehe) oder sich einer schweren vorsätzl. Straftat gegen den Verpflichteten oder einen nahen Angehörigen desselben schuldig gemacht hat.

Während in *Österreich* im wesentl. das gleiche gilt wie im dt. Recht, trifft in der *Schweiz* die U. noch in erster Linie den Mann, der, entsprechend seiner hervorgehobenen Stellung in der ehel. Gemeinschaft (↑ Eherecht), für den Unterhalt von Frau und Kind Sorge zu tragen hat.

Unterhaltspflicht der Verwandten ist die nur in der geraden Linie der Verwandtschaft, wo-

Unterhaltsvorschußgesetz

zu auch die durch die Annahme als Kind begründete Verwandtschaft gehört, bestehende Verpflichtung, für den Unterhalt zu sorgen. Eltern sind verpflichtet, alle verfügbaren Mittel zu ihrem und zum Unterhalt der minderjährigen unverheirateten Kinder gleichmäßig zu verwenden. - Unterhaltspflichtig sind die Abkömmlinge (und zwar in der Reihenfolge Kind, Kindeskinder usw.) vor den Verwandten der aufsteigenden Linie (Eltern, Großeltern usw.). Das ehel. Kind, das im Haushalt eines getrennt lebenden oder geschiedenen Ehegatten lebt, hat gegen den anderen Teil einen Unterhaltsanspruch bis zur Vollendung des 18. Lebensjahres, der mindestens dem für ein ↑nichteheliches Kind der jeweils gleichen Altersstufe festgesetzten Regelbedarf entspricht. - Ein nichtehel. Kind hat gegen seinen festgestellten Vater bis zur Vollendung des 18. Lebensjahres Anspruch mindestens auf Zahlung des durch Verordnung festgesetzten Regelunterhalts. In bes. Fällen kann der Regelunterhalt bei entsprechender Leistungsfähigkeit des Vaters herabgesetzt werden. - Auf Unterhalt kann für die Zukunft in keinem Falle verzichtet werden.

📖 *Köhler, W.: Hdb. des Unterhaltsrechts. Mchn.* [6]*1983.* - *Drewes, H. T.: Scheidung u. Unterhalt nach dem neuen Eherecht. Niederhausen Neuaufl. 1982.* - *Brühl, G.: Die bürgerlich-rechtliche Unterhaltspflicht. U. Stg. u. Köln* [3]*1981.*

Unterhaltsvorschußgesetz, Kurzbez. für das Gesetz zur Sicherung des Unterhalts von Kindern alleinstehender Mütter und Väter durch Unterhaltsvorschüsse oder -ausfalleistungen vom 23. 7. 1979, das am 1. Jan. 1980 in Kraft trat. Nach diesem Gesetz, das der Sache nach zum Sozialhilferecht gehört, wird der Unterhalt von Kindern (bis zum vollendeten 6. Lebensjahr) alleinsorgeberechtigter Elternteile für längstens drei Jahre bei Säumnis oder Zahlungsunfähigkeit des außerhalb des Haushalts lebenden Unterhaltsverpflichteten durch monatl. im voraus zu zahlende öffentl. Unterhaltsvorschüsse oder entsprechende Unterhaltsausfalleistungen in Höhe des Regelbedarfssatzes für nichtehel. Kinder gesichert. Soweit die öffentl. Hand Unterhaltszahlungen geleistet hat, gehen die Unterhaltsansprüche kraft Gesetzes auf sie über, d. h., daß die den Vorschuß zahlende Behörde die geleisteten Unterhaltsvorschüsse beim säumigen unterhaltsverpflichteten Elternteil wieder einziehen kann.

Unterhaltungsindustrie, zusammenfassende Bez. für Unternehmen, die [überwiegend] der Unterhaltung dienende Produkte (Zeitschriften, Schallplatten, Tonbänder, Filme u. a.) herstellen und vertreiben.

Unterhaltungsliteratur ↑Trivialliteratur.

Unterhaltungsmusik, Abk. U-Musik, i. w. S. die in jeder Zeit und Kultur vorkommende Musik, die nicht religiös-kult., festl.-repräsentativen, militär., didakt. oder im Zusammenhang mit Arbeit stehenden Zwecken dient; i. e. S. eine im Lauf des 19. Jh. mit der Industrialisierung v. a. in Europa und den USA entstandene, sich zu einem eigenständigen musikkulturellen System im Ggs. zur „ernsten" Musik entfaltende Musikart; andere Bez. sind „leichte", „triviale", „populäre" „Pop"-Musik. Zur U. zählen u. a. volkstüml. Lieder einschl. Song und Schlager, Tanz- und Salonmusik, Marsch, Operette und Musical,

DIE NACH DEM UMSATZ GRÖSSTEN UNTERNEHMEN DER BUNDESREPUBLIK DEUTSCHLAND

Rang	Firma, Sitz	Branche	Umsatz 1985 (in Mill. DM)	Beschäftigte (in 1 000)
1	Siemens AG, München	Elektrotechnik	54 616	350,0
2	Volkswagenwerk AG, Wolfsburg	Automobil	52 502	259,0
3	Daimler-Benz AG, Stuttgart	Automobil	52 409	231,0
4	VEBA AG, Düsseldorf	Energie, Chemie	48 597	68,7
5	BASF AG, Ludwigshafen	Chemie	47 689	130,2
6	Bayer AG, Leverkusen	Chemie	45 926	176,1
7	Thyssen AG, Duisburg	Stahl, Maschinen, Handel	44 321	128,0
8	Hoechst AG, Frankfurt	Chemie	42 722	180,6
9	Rheinisch-Westfälisches Elektrizitätswerk AG (RWE), Essen	Energie	28 426	70,2
10	Ruhrkohle AG, Essen	Bergbau	25 906	133,1
11	Deutsche Shell AG, Hamburg	Mineralöl	24 430	3,9
12	Bosch GmbH, Stuttgart	Elektrotechnik	21 223	140,4
13	VEBA OEL AG, Gelsenkirchen	Mineralöl, Chemie	20 710	16,0
14	ESSO AG, Hamburg	Mineralöl	20 352	3,0
15	Krupp GmbH, Essen	Stahl, Maschinen, Handel	18 479	67,0
16	Mannesmann AG, Düsseldorf	Röhren, Maschinenbau	18 170	108,0
17	BMW AG, München	Automobil	18 078	47,0
18	Thyssen Handelsunion, Düsseldorf	Handel	17 860	12,5
19	Deutsche BP AG, Hamburg	Mineralöl	17 505	2,1

DIE NACH DEM UMSATZ GRÖSSTEN UNTERNEHMEN DER BUNDESREPUBLIK DEUTSCHLAND (Forts.)

Rang	Firma, Sitz	Branche	Umsatz 1985 (in Mill. DM)	Beschäftigte (in 1 000)
20	Aldi GmbH & Co. KG, Essen	Nahrungsmittel	17 500	
21	Ruhrgas AG, Essen	Energieversorgung	16 711	2,9
22	Opel AG, Rüsselsheim	Automobil	14 795	57,0
23	Metallgesellschaft, Frankfurt	Metallwirtschaft	14 752	25,0
24	Gutehoffnungshütte (GHH), Oberhausen	Maschinenbau	14 595	54,9
25	Ford AG, Köln	Automobil	14 444	46,0
26	Stinnes AG, Mülheim a. d. Ruhr (zu 4)	Handel	13 861	16,0
27	Aral AG, Bochum	Mineralöl	13 836	1,1
28	IBM Deutschland GmbH, Stuttgart	Büromaschinen	13 230	28,1
29	Klöckner & Co., Duisburg	Handel	13 137	9,9
30	REWE-Zentrale, Köln	Nahrungsmittel	12 957	0,6
31	Wintershall AG, Kassel	Erdölförderung	12 886	3,6
32	Haniel & Cie. GmbH, Duisburg	Handel	12 741	17,0
33	VIAG AG, Bonn	Energie	12 199	22,0
34	Preussag AG, Hannover	Metall, Energie	11 975	21,0
35	RHG Leibbrand, Rosbach v. d. Höhe	Handel	11 951	39,8
36	Salzgitter AG, Salzgitter	Stahl, Schiffbau	11 945	42,1
37	Deutsche Texaco AG, Hamburg	Mineralöl	11 837	4,0
38	Degussa AG, Frankfurt	Edelmetalle	11 714	23,9
39	EDEKA-Zentrale AG, Hamburg	Nahrungsmittel	11 400	0,9
40	Kraftwerk Union, Mülheim a. d. Ruhr (zu 1)	Kraftwerke	11 400	14,4
41	Mobil Oil AG, Hamburg	Mineralöl	11 360	2,2
42	Toepfer International, Hamburg	Getreide	11 263	0,6
43	AEG AG, Frankfurt (zu 3)	Elektrotechnik	10 843	73,7
44	Karstadt AG, Essen	Warenhäuser	10 772	67,0
45	Tengelmann OHG, Mülheim a. d. Ruhr	Nahrungsmittel	10 700	13,9
46	Thyssen Stahl AG, Duisburg	Stahl	10 372	49,0
47	co op AG, Frankfurt	Nahrungsmittel	10 207	38,7
48	Deutsche Unilever GmbH, Hamburg	Nahrungs- und Waschmittel	10 108	28,0
49	Deutsche Lufthansa AG, Köln	Luftverkehr	9 802	33,0
50	Raab Karcher AG, Essen	Handel	9 778	8,2
51	Feldmühle Nobel AG, Düsseldorf	Papier, Stahl, Chemie	9 661	39,0
52	AUDI AG, Ingolstadt (zu 2)	Automobil	9 611	36,0
53	Otto Versand (GmbH & Co.), Hamburg	Versandhandel	9 349	11,0
54	Henkel KGaA, Düsseldorf	Chemie	9 224	30,9
55	Schickedanz KG, Fürth	Handel (Quelle-Versand)	8 829	31,3
56	BATIG GmbH, Hamburg	Beteiligungsgesellschaft	8 673	31,6
57	PreussenElektra AG, Hannover (zu 4)	Energie	8 306	7,7
58	Brown, Boveri & Cie. (BBC), Mannheim	Elektrotechnik	8 177	36,2
59	Klöckner Werke AG, Duisburg	Stahlverarbeitung	8 168	29,2
60	Allg. Deutsche Philips Ind. GmbH, Hamburg	Elektrotechnik	7 962	35,0
61	Metro Deutschland GmbH & Co. KG, Düsseldorf	Handel	7 800	
62	Kaufhof AG, Köln	Warenhäuser	7 612	42,8
63	Agfa-Gevaert-Gruppe, Köln	Phototechnik	7 593	31,2
64	Hoesch AG, Dortmund	Stahl	7 479	33,0
65	Holzmann AG, Frankfurt	Bauindustrie	7 452	29,6
66	Bertelsmann AG, Gütersloh	Verlag	7 441	31,8
67	GEDELFI GmbH & Co. KG, Köln	Großhandel	7 388	0,2
68	Saarbergwerke AG, Saarbrücken	Energie	7 385	30,5
69	Schenker & Co. GmbH, Berlin, Frankfurt	Spedition	6 842	6,0
70	Hüls AG, Marl	Chemie	6 545	14,7

Unterhaltungszeitschriften

Beat- und Rockmusik, z. T. Jazz. - Obwohl U. primär Musik für die - städt. - Massen ist, läßt sie sich keiner Sozialgruppe ausschließl. zuordnen. Ihr Wirkungsspektrum umfaßt Vergnügen, Entspannung, konfektionierten Gefühlsausdruck, Trost und Ablenkung von der Realität. Soweit es für die sehr große Arten- und Gattungsvielfalt allg. Kriterien gibt, ist die Verschränkung von Einfachheit und Raffinesse charakterist., weiter Dominanz des Sounds, kleiner Formen, histor. Konstanz musiksprachl. Grundlagen bei raschem mod. Wechsel und kommerzielle Orientierung. Auch innerhalb der U. gibt es erhebl. qualitative Unterschiede, die durch die (wertende) grobe Zweiteilung in U. und „ernste" Musik verdeckt werden.

Unterhaltungszeitschriften, ↑ Zeitschriften, die weniger das Informations- oder Bildungsinteresse der Leser ansprechen als deren Interesse an allg. Zerstreuung und Sensation; zielen meist auf ein möglichst breites, nicht fachl. begrenztes und aus allen sozialen Schichten kommendes Publikum („**Publikumszeitschriften**"); gewannen im 19. Jh. mit der Zunahme des lesekundigen Publikums an Bed.; die Familienzeitschrift war v. a. in der 2. Hälfte des 19. Jh. erfolgreich, dann die illustrierten Wochenzeitungen.

Unterhaus, verbreitete Bez. für die 2. Kammer eines Parlaments, das aus zwei Kammern besteht; z. B. in Indien, Kanada, Japan. - Im dt. Sprachgebrauch übl. Bez. für das *House of Commons* in Großbrit., das zus. mit dem Monarchen und der 1. Kammer, dem House of Lords (↑ Oberhaus) das brit. Parlament bildet. Abgesandte der Gft. und der Städte, die Commons genannt wurden, nahmen erstmals 1265 neben den Baronen an dem von Simon de ↑ Montfort einberufenen Parlament teil. Seit dem 14. Jh. tagten Commons und Lords getrennt (im 16. Jh. offizielle Trennung). Spätestens ab 1377 wählten die Commons aus ihrer Mitte einen Speaker (ab 1547 als Vors. belegt), der als einziger die Meinung des Hauses gegenüber dem König vertreten durfte. Beide Häuser gewannen im 15. Jh. die Kontrolle über die Gesetzgebung, wobei sich das U. den Vorrang in der Finanzgesetzgebung sichern und sich im späten 17. Jh. schließl. als einzige Körperschaft mit dem Recht zur Initiative steuerlicher Maßnahmen etablieren konnte. Die Kämpfe zw. Parlament und Krone im 17. Jh. endeten mit dem Sieg des Parlaments. Im 18. Jh. bildete sich die Kabinettsreg. heraus, und seit den Wahlen von 1784 setzte sich in der Praxis das parlamentar. Reg.system durch. Bis ins 19. Jh. repräsentierte das U. keineswegs die brit. Bev., erst die Wahlrechtsreformen von 1832, 1867, 1884 und 1885 erweiterten jeweils den Kreis der Wahlberechtigten, bis schließl. 1918 das allg. Wahlrecht (auch für Frauen) durchgesetzt war.

Zu den Funktionen des U. ↑ Großbritannien und Nordirland (polit. System).

Unterhaut ↑ Haut.

Unterhefen (untergärige Hefen), zur Bierbereitung verwendete, bei 5–9 °C gärende Hefen, die nach dem Gärvorgang auf den Boden der Gärgefäße sinken.

Unterholz, forstwirtsch. Bez. für die im Mittelwald unter dem ↑ Oberholz stehenden Holzgewächse schattenertragender Baumarten mit hohem Ausschlagsvermögen; z. B. Hainbuche, Linde, Berg- und Spitzahorn.
◆ gemeinsprachl. Bez. für das niedrige Gebüsch und Gehölz jedes Waldes.

Unterkalibergeschoß ↑ Munition.

Unterkanada (engl. Lower Canada, frz. Bas-Canada), histor. Prov. in Brit.-Nordamerika, aus der die heutige kanad. Prov. ↑ Quebec hervorging.

Unterkapitalisierung, unzulängl. Kapitalausstattung eines Unternehmens, so daß wegen fehlender Mittel die Liquidität bedroht ist.

Unterkiefer ↑ Kiefer.

Unterkonsumtionstheorie [dt./lat./ griech.], Sammelbez. für nationalökonom. Theorien, die die Wirtschaftskrisen aus einer nicht hinreichenden zahlungsfähigen Nachfrage nach Konsumgütern erklären. Theoret. Ausgangspunkt der U. sind die ungleichen Einkommensverhältnisse in der kapitalist. Gesellschaft. Da die Bezieher höherer Einkommen eher zum Sparen neigen, können von den Löhnen nicht alle produzierten Güter gekauft werden. Diese Schwäche der Massenkaufkraft führt dazu, daß eine zunehmende Menge von Konsumtionsgütern nicht verkauft wird, was insgesamt einen konjunkturdämpfenden Effekt hat. Als Gegenmaßnahme wird eine Erhöhung der Massenkaufkraft durch Lohnerhöhungen vorgeschlagen, wodurch die Sparquote sinken soll, da Lohneinkünfte zu einem größeren Teil konsumiert werden als andere Einkommensarten. - Die U. stellt ein wichtiges Theorem innerhalb der [linkskeynesian.] Konjunkturtheorien der Gewerkschaften dar.

Unterkrain ↑ Krain.

Unterkühlung, Abkühlung eines Stoffes bis unter die Temperatur eines Umwandlungspunktes, ohne daß eine Änderung des Aggregatzustandes oder der vorliegenden Modifikation erfolgt. Viele Flüssigkeiten lassen sich, wenn sie sehr rein, d. h. ohne Kristallisationskerne sind und nicht erschüttert werden, durch langsames Abkühlen bis tief unter ihrem Schmelzpunkt flüssig halten; z. B. Wasser bis unterhalb -70 °C. Plötzl. Erschüttern oder Einbringen von Kristallisationskeimen führt schlagartig zum Erstarren. Man spricht beim Übergang flüssig–fest von *unterkühlter Schmelze*, beim Übergang gasförmig–flüssig von *unterkühltem* oder *übersättigtem Dampf*. Manche amorphen Stoffe, z. B.

Unternehmereinkommen

Glas, sind als unterkühlte Schmelzen in einem praktisch stabilen Zustand anzusehen.
◆ in der *Medizin* die Verminderung der Körperkerntemperatur unter den Normwert.

Unterlage ↑ Veredelung.

unterlassene Hilfeleistung, das gemäß § 323 c (früher § 330 c) StGB strafbare Unterlassen einer Hilfeleistung bei Unglücksfällen, gemeiner Gefahr (z. B. Naturkatastrophen) oder Not, obwohl die Hilfeleistung objektiv erforderlich und den Umständen nach zumutbar gewesen wäre.

Unterlassungsdelikt, Straftat, bei der im Unterschied zum Begehungsdelikt (↑ Delikt) an das Unterlassen einer von der Rechtsordnung geforderten Handlung strafrechtl. Sanktionen geknüpft werden. *Echte U.* sind Straftaten, bei denen der Täter in einer gesetzl. ausdrückl. geforderten Tätigwerden unterläßt (unterlassene Hilfeleistung, Nichtanzeige geplanter Straftaten, § 138 StGB). Beim *unechten U.* wird ein normalerweise durch aktives Tun herbeigeführter strafrechtl. mißbilligter Erfolg (z. B. Körperverletzung, Tötung) dadurch verwirklicht, daß der Täter in einen Geschehensablauf nicht eingegriffen hat, obwohl durch sein Eingreifen der strafrechtl. Erfolg verhindert worden wäre und er auf Grund einer *Garantenstellung* eine Erfolgsabwendungspflicht gehabt hat. Diese kann sich aus Gesetz (z. B. öffentl.-rechtl. Streupflicht), aus Vertrag (z. B. Übernahme der Pflege von Kranken und Kindern), aus bes. Vertrauensverhältnissen (z. B. eine Lebensgemeinschaft) oder aus gefährdendem Vorverhalten (z. B. schuldhafte Verursachung eines Verkehrsunfalls) ergeben. Die Strafbarkeit entfällt, wenn das Unterlassen dem kriminellen Unrechtsgehalt des entsprechenden Begehungsdelikts nicht vergleichbar ist sowie dann, wenn das Unterlassen nicht kausal für den Eintritt des strafrechtl. Erfolges gewesen ist. Bei U. ist die Kausalität zu bejahen, wenn die unterlassene Handlung nicht hinzugedacht werden kann, ohne daß damit der eingetretene strafrechtl. Erfolg entfiele.
In *Österreich* und der *Schweiz* gilt im wesentl. dem dt. Recht Entsprechendes.

Unterlassungsklage, auf die Verurteilung des Beklagten zur Unterlassung einer bestimmten Handlung gerichtete Klage, eine bes. Form der Leistungsklage. Die U. dient ausnahmsweise auch der Abwehr von drohenden, objektiv rechtswidrigen Eingriffen in rechtlich geschützte Lebensgüter und Interessen *(vorbeugender Rechtsschutz)*, wenn anderenfalls ein Rechtsschutz nicht oder nur unzureichend möglich wäre.

Unterlegenheitsgeste, svw. ↑ Demutsgebärde.

Unterleib, der untere Bereich des menschl. Bauchs, bes. die (inneren) weibl. Geschlechtsorgane.

Untermalung, die in Tempera- und Ölmalerei bis ins 19. Jh. weitgehend übl. erste Malschicht über der Grundierung, in der die Verteilung der Licht- und Schattenpartien vorgenommen wird.

Untermenge ↑ Mengenlehre.

Untermiete (früher Aftermiete), die Weitervermietung einer gemieteten Sache, insbes. Wohnraum durch den Mieter; sie bedarf der Erlaubnis des Vermieters.

Unternehmen (Unternehmung), die rechtl. und organisator. Gestaltungseinheit der ↑ Betriebe in marktwirtschaftl. Wirtschaftssystemen, die sich aus der Zielsetzung des Unternehmers ergibt, langfristig das Gewinnmaximum durch Erstellen und Verwerten von Leistungen zu erreichen. In der Betriebswirtschaftslehre werden U. und Betrieb meistens dadurch unterschieden, daß das U. als rechtl., finanzielle oder Verwaltungseinheit und der Betrieb als techn. Einheit definiert wird. - Der steuerl. Begriff U. bezeichnet umfassender die gesamte gewerbl. und berufl. Tätigkeit des Unternehmers, sofern er sie selbständig ausübt. Gewerbl. und berufl. ist jede nachhaltige Tätigkeit zur Erzielung von Einnahmen. - Übersicht S. 8 f.

Unternehmensberater (Betriebsberater), i. d. R. freiberuflich tätiger, mit wirtschaftswissenschaftl. Kenntissen (nicht notwendig durch Hochschulstudium) vertrauter Fachmann, der Unternehmen in sämtlichen betriebswirtschaftl. und steuerrechtl. Fragen berät.

Unternehmensform, Rechtsform, unter der ein Unternehmen nach außen hin in Erscheinung tritt. Man unterscheidet Einzelunternehmen, Personalgesellschaften (offene Handelsgesellschaften, Kommanditgesellschaft), Kapitalgesellschaften (Aktiengesellschaften, Gesellschaft mit beschränkter Haftung, Kommanditgesellschaft auf Aktien, bergrechtl. Gewerkschaft) und Genossenschaften.

Unternehmensverträge, zusammenfassender Begriff des Aktienrechts für Verträge, die die Beherrschung, Gewinnabführung, Gewinngemeinschaft, Betriebspacht oder Betriebsüberlassung regeln. Der Abschluß von U. bedarf der Zustimmung einer Dreiviertelmehrheit der vertretenen Grundkapitals in der Hauptversammlung und der Eintragung in das Handelsregister.

Unternehmer, derjenige, der selbständig und eigenverantwortlich ein Unternehmen leitet und hierüber zu umfassenden Entscheidungen befugt ist. Der selbständige U. ist Inhaber des von ihm geleiteten Unternehmens, hat die Verfügungsgewalt über den erwirtschafteten Gewinn und trägt das Risiko (↑ auch Manager).

Unternehmereinkommen, Summe von ↑ Unternehmerlohn, Unternehmergewinn und Zinsen auf das Eigenkapital, soweit der Unternehmer mit dem Kapitalgeber identisch ist.

Unternehmerlohn

Unternehmerlohn, kalkulator. Arbeitslohn des Unternehmers als Entgelt für seine reine Arbeitsleistung, wie er sie auch in einer abhängigen und weisungsgebundenen Stellung mit vergleichbarer Tätigkeit erbringen würde.

Unternehmerpfandrecht, gesetzl. Pfandrecht des Unternehmers an den in seinen Besitz gelangten und von ihm hergestellten oder ausgebesserten bewegl. Sachen für alle Forderungen aus dem ↑Werkvertrag. Das U. erlischt mit der Rückgabe der Sache an den Besteller.

Unternehmerverbände, Vereinigungen zur Wahrung von wirtschaftspolit. Unternehmerinteressen, z. B. Arbeitgeberverbände, Fachverbände mit fach- und wirtschaftspolit. Zielen. - ↑auch Wirtschaftsverbände.

Unternehmung, svw. ↑Unternehmen.

Unternehmungsforschung, svw. ↑Operations-research.

Unteroffizier, Soldat mit Dienstgrad vom U. bis zum Oberstabsfeldwebel (↑Übersicht Dienstgradbezeichnungen, Bd. 5, S. 237); in der dt. Bundeswehr Laufbahngruppe mit den Dienstgradgruppen der U. mit Portepee (Feldwebel, Oberfeldwebel, Hauptfeldwebel, Stabsfeldwebel, Oberstabsfeldwebel; in der Marine Bootsmann, Oberbootsmann, Hauptbootsmann, Stabsbootsmann, Oberstabsbootsmann), der U. ohne Portepee (Unteroffizier, Stabsunteroffizier; in der Marine Maat, Obermaat) und der Unteroffiziersanwärter.

Unteroffizier vom Dienst (Abk. UvD) heißt der für 24 Stunden zum Wach- und Ordnungsdienst in einem bestimmten Bereich (z. B. Kompanie, Batterie, Stab) eingeteilte Soldat (mit U.- oder Mannschaftsdienstgrad).

Unteroffizieranwärter, Abk. UA, Dienstgradgruppe innerhalb der Laufbahngruppe der Unteroffiziere; U. - es gibt sie in jedem Mannschaftsdienstgrad - führen als Zusatz zu ihrer Dienstgradbez. die Bez. UA oder RUA (Reserve-U.).

Unterordnung, in der *Sprachwiss.* svw. ↑Hypotaxe.

Unter-pari-Emission, beim Emissionsgeschäft die Ausgabe von Wertpapieren zu einem geringeren Betrag als dem Nennbetrag.

Unterpflasterbahn ↑Untergrundbahn.

Unterprima [zu lat. prima (classis) „erste (Klasse)"], Bez. für die vorletzte Klasse des Gymnasiums (Klasse 12).

Unterprivilegierung, Zustand der Benachteiligung, in dem sich einzelne Mgl. der Gesellschaft, soziale Gruppen (Unterschichten, Randgruppen, Minderheiten) und ganze Gesellschaften (z. B. Entwicklungsländer) befinden, die im nat. oder internat. System der Verteilung von materiellen Gütern, Macht und Einfluß am Rande stehen. Mit der U. ist eine Abhängigkeit von den gesellschaftlich Privilegierten verbunden.

Unterricht, geplanter Lehr- bzw. Lernprozeß, in dem durch einen oder mehrere Lehrer an einen oder mehrere Schüler Wissen, Fähigkeiten, Fertigkeiten, Handlungsweisen und Einstellungen in meist organisierter und institutionalisierter Form vermittelt werden. Vorgeschichtl. geschah diese Vermittlung vermutl. ausschließl. durch Nachahmung, Erfahrung, Beobachtung und Umgang sowie durch Überlieferung und Belehrung z. B. in alltägl. Arbeitszusammenhängen. In frühgeschichtl. Kulturen entwickelte sich mit zunehmender Spezialisierung und Differenzierung der Arbeit wahrscheinlich schon eine systemat. Berufsvorbereitung in zeitl. und räuml. Trennung von der eigtl. Berufsausübung. Erst in späteren Kulturen wurden aber für den U. eigenständige Institutionen, v. a. die Schule, geschaffen; Unterrichten wurde zum Beruf. U. wird durch mehrere voneinander abhängige Faktoren bestimmt: 1. fachl. und überfachl. U.ziele, die sich die Lehrenden und Lernenden selbst gestellt haben oder die ihnen i. d. R. auf Grund kulturpolit. Entscheidungen in Form von Lehrplänen oder Curricula vorgegeben wurden; 2. die U.planung der jeweiligen Bildungsinstitutionen und der zuständigen Lehrenden, z. B. Aufteilung und Gliederung des Lehrstoffs in U.einheiten; 3. die Auswahl der U.methoden; 4. die U.mittel, zum einen die traditionellen Hilfsmittel wie Tafel, Kreide, Papier, Schulbücher, Zeichengeräte oder Anschauungsmittel (Sammlungen), zum anderen die audiovisuellen Medien (↑auch Schulfunk, ↑Schulfernsehen, ↑Projektionsapparate); 5. die Sozialisation der Adressaten des U.; 6. das soziale Umfeld der Lehrenden; 7. die Art der jeweiligen Bildungsinstitution und deren Träger; 8. die Erfolgskontrolle für Lehrende und Lernende als Selbst- oder Fremdkontrolle. Die wiss. Aufarbeitung und die Zusammenhänge der unterschiedl. Faktoren untersucht die ↑Didaktik.

Unterrichtslehre, svw. ↑Didaktik.

Unterrichtspflicht ↑Schulpflicht.

Unterrichtsmunition ↑Munition.

Untersatz, in der *Orgel* eine (meist gedackte) Stimme zu 32- oder 16-Fuß, oft im Pedal.
◆ in der *Syllogistik* die zweite Prämisse eines Syllogismus.

Untersberg, Gebirgsstock sw. von Salzburg, bis 1 972 m hoch, stark verkarstet. - Im Volksmund Sagen- und Zauberberg.

Unterschenkel ↑Bein.

Unterschenkelgeschwür, svw. ↑offenes Bein.

Unterschicht ↑Schichtung.

unterschlächtig, durch Wasser von unten angetrieben (z. B. bei einem Mühlrad). - Ggs. oberschlächtig.

Unterschlagung, die nichtberechtigte Aneignung einer fremden bewegl. Sache, die man in Besitz oder Gewahrsam (z. B. zur Aufbewahrung) hat, wobei nach außen erkennbar sein muß, daß der Täter die Sache unter Ausschluß des Eigentümers seinem Vermögen einverleibt (z. B. durch Verkauf, Vermietung). U. erfaßt als allgemeinstes Zueignungsdelikt alle Fälle, in denen sich jemand eine fremde Sache ihrem Wert oder ihrer Substanz nach zueignet, ohne sie zuvor einem anderen weggenommen zu haben. Die U. ist nach § 246 StGB mit Freiheitsstrafe bis zu 3 (bei Veruntreuung, d. h. bes. Vertrauensbruch bis zu 5) Jahren oder mit Geldstrafe bedroht; der Versuch ist strafbar. U. zum Nachteil Angehöriger, des Vormunds oder von Mgl. der Hausgemeinschaft ist Antragsdelikt, das gleiche gilt für U. geringwertiger Sachen, soweit nicht das öffentl. Interesse ein Einschreiten von Amts wegen erfordert (§ 248 a StGB). Die Nichtanzeige eines Funds (mit Ausnahme der Kleinfunde) kann als sog. *Fundunterschlagung* strafbar sein. - In *Österreich* und der *Schweiz* gilt dem dt. Recht Entsprechendes.

Unterschlundganglion, im Kopfteil unterhalb des Schlunds gelegener, mit dem ↑Oberschlundganglion bzw. Gehirn verbundener Ganglienkomplex aus Ganglienknoten des Bauchmarks.

Unterschrift, das schriftl. Bekenntnis zum Inhalt einer Urkunde durch den eigenhändigen Namenszug, der nicht unbedingt lesbar sein, jedoch charakterist. Besonderheiten aufweisen muß. Bei nicht des Schreibens Kundigen wird die U. durch ein ↑Handzeichen ersetzt.

Unterschwingungen, svw. ↑subharmonische Schwingungen.

Unterseeboot (U-Boot), Schiff zum Einsatz unter der Wasseroberfläche, im zivilen Bereich als Forschungs- oder Arbeitsfahrzeug für Unterwasserarbeiten oder auch als Frachtschiff („U-Deutschland", 1916), sonst aber fast ausschließl. für den militär. Einsatz gedacht. Die modernen U. sind wieder, wie auch die ersten Experimentier-U., reine Ein-Medien- und damit auch Ein-Hüllen-Fahrzeuge mit zigarren- oder tropfenförmigem Rumpf, der als Druckkörper entsprechend der erwünschten erreichbaren Tiefe ausgelegt ist. In diesem befinden sich die Aufenthalts- und Versorgungsräume für die Besatzung, die Operationsräume mit Ortungs-, Navigations- und Kommunikationseinrichtungen und der Kommandozentrale, die Antriebsanlagen mit Kernenergie- und Dampfturbinenanlage, Diesel- und Elektromotoren, die Trimm- und Regelzellen mit ihren Leitungen zum Manövrieren des U., Betriebsstofftanks sowie meistens die Bewaffnung, die heute normalerweise aus zielsuchenden oder drahtgesteuerten Torpedos, Raketentorpedos oder Marschflugkörpern und/oder Kurz-, Mittelstrecken- oder Interkontinentalraketen besteht. Vorn und hinten ist der Druckkörper durch kugelschalenförmige Deckel abgeschlossen, durch die die Torpedorohre und die Schraubenwelle hindurchführen. Um möglichst widerstands- und geräuscharme Schiffsformen zu erhalten, werden das vordere und hintere Ende des Schiffs mit freiflutenden oder als Tauchzellen ausgebildeten Räumen überdeckt. Auf dem Druckkörper befindet sich der Turm (Segel), als Schutz der Brückenwache und Ausguckplattform bei Überwasserfahrt, als Verkleidung des Einstiegsluks und Träger und Stabilisationsteil der Ausfahrgeräte (Sehrohr, Antennen, Schnorchel, Radarmast), auf Grund seiner verschiedenen Formen ein wichtiges Erkennungsmerkmal des Unterseebootes.

Man unterscheidet 1. Kleinst-U., die eigentl. nur im Krieg als billiger und schnell zu erstellender Notbehelf gelten, 2. Küsten-U. (bis ca. 1 000 ts) und Ozean-U. mit konventionellem Antrieb (bis ca. 3 500 ts) und 3. Jagd-U. (bis etwa 4 000 ts) und strateg. U. (mit Raketenbewaffnung bis ca. 19 000 ts) mit Nuklearantrieb. Die größeren U. wurden früher Unterseekreuzer, sie werden heute oft Unterseeschiffe genannt.

Zum Tauchen muß ein U. sein Gewicht soweit vergrößern, daß es das der von ihm verdrängten Wassermenge übertrifft. Das geschieht durch Fluten der Tauch- und Ballastzellen. Dann wird es so ausgewogen (getrimmt), daß es mit geringen Bewegungen der vorderen (am Bug oder am Turm befindlichen) und hinteren Tiefenruder, von seiner (heute meist einzigen) Schraube getrieben, den befohlenen Kurs in der befohlenen Tiefe steuern kann. Zum Auftauchen fährt das U. in die Nähe der Wasseroberfläche und drückt das Wasser mit Druckluft oder Lenzpumpen aus den Tauch- und Ballastzellen wieder heraus. Heute sind auch konventionell (dieselelektr.) getriebene U. reine Unterseeschiffe, da ihnen der über die Wasseroberfläche gestreckte (ausgefahrene) Schnorchel Außenluft, und damit Sauerstoff für die Dieselmotoren zuführt, mit deren Hilfe die Batterien aufgeladen werden. Außenluftunabhängige, nichtnukleare U.antriebe werden erprobt (Walter-Turbine, Kreislaufmotor, Brennstoffzelle), v. a. für Küstenunterseeboote.

Geschichte: Das erste eigtl. U. war der „Turtle" des Amerikaners Bushnell 1775. W. Bauer („Brandtaucher", 1850), der Franzose G. Zede, der Schwede T. V. Nordenfelt und der Amerikaner J. P. Holland waren weitere Pioniere des U.baues des 19. Jh. Erst mit der Serienreife des Dieselmotors kurz vor dem 1. Weltkrieg wurde das U. zu einem Seekriegsmittel, das als „Waffe des kleinen Mannes" in beiden Weltkriegen fast kriegsentscheidend war, obwohl es eigtl. nur ein Tauchboot war, da die Batteriekapazität für Unterwasserfahrt noch sehr gering war. Der Schritt zum reinen U. gelang erst mit der Einführung des Kernenergieantriebes (erstes nuklear getriebenes U.: „SSN 571 Nautilus", 4 040 ts,

Unterseebootbekämpfung

98 × 8,5 × 6,7 m, 1954–1980). Die modernen Atom-U. der amerikan. Tridentklasse haben eine Wasserverdrängung von (getaucht) 18 700 ts bei einer Länge von 171 m, die der sowjet. Typhon-Klasse 18 000 ts; die Geschwindigkeit bei beiden Typen beträgt über Wasser etwa 20 kn, getaucht etwa 30 kn (37 bzw. 56 km/h); die erreichbare Tauchtiefe liegt vermutl. bei etwa 600 m; die U. der sowjet. Delta-II-Klasse haben eine Wasserverdrängung von 11 750 ts und sind 152 m lang.
▭ *Gabler, U.: U.bau. Koblenz ³1987. - Garrett, R.: U-Boote. Dt. Übers. 1977. - Gunston, B.: U-Boote u. ihre Gesch. Dt. Übers. Mchn. 1977. - Preston, A./Batchelor, J.: Das U-Boot seit 1919. Dt. Übers. Mchn. 1975. - Rössler, E.: Gesch. des deutschen U-Bootbaus. Mchn. 1975.*

Unterseebootbekämpfung, Gesamtheit aller militär. Maßnahmen, um gegner. Unterseebootskriegsführung unwirksam zu machen. Dazu gehören sowohl die Aufklärung mittels elektron. (Funkverkehr, Radar), akust. (Unterwasserhorchanlagen zum Auffangen der Schiffsgeräusche, Sonar[früher Asdic-]anlagen, die im Schall- und Ultraschallbereich Impulse aussenden und deren Echo zum Orten von U-Booten verwenden) und opt. Überwachungsgeräte (auch Infrarotkameras), die an Land, in Satelliten, Flugzeugen und auf Schiffen, oder unterseeisch stationiert sein können und es erlauben, erkannte gegner. U-Boote zu vermeiden und so unwirksam zu machen, als auch die direkte Bekämpfung erkannter U-Boote.
Nachdem am Anfang nur die klassischen Seekriegsmittel zur U. zur Verfügung standen (Beschießung, Rammstoß), entwickelte man schon im 1. Weltkrieg spezielle U-Bootminen und -fallen (getarnte, stark bewaffnete Handelsschiffe), Netz- und Balkensperren sowie Wasserbomben. Im 2. Weltkrieg wurden die akust. und die elektromagnet. Aufklärung intensiviert und eigene U-Jagd-Gruppen aus Flugzeugträgern, Zerstörern und Fregatten aufgestellt und speziell eingerichtete Bombenflugzeuge eingesetzt. Heute geschieht die aktive U. in Zusammenarbeit von Flugzeugen (meist Hubschraubern) und U-Jagd-Schiffen (meist Zerstörer und Fregatten) oder durch U-Jagd-U-Boote, sog. Sub-sub-Killer, deren Rechengeräte die verschiedenen Ortungsergebnisse aufnehmen und die U.waffen steuern. Die U.waffen bestehen in nuklearen und konventionellen Raketentorpedos, U-Jagd-Torpedos, Wasserbomben sowie Anti-U-Bootminen und -raketen. - ↑ auch U-Jagd-Waffen.

Unterseebootkrieg, Form der Seekriegsführung, in erster Linie als Wirtschaftskrieg (Bekämpfung der feindl. Handelsschiffahrt mit Unterseebooten). - In beiden ↑ Weltkriegen angewandt, v. a. vom Dt. Reich gegenüber Großbritannien.

Untersegel, das an der untersten Rah eines vollgetakelten Mastes angebrachte Segel (Fock-, Groß-, Kreuzsegel).

Untersetzer, elektron. Gerät, das zur Zählung sehr rascher Impulsfolgen die Anzahl der Impulse um einen bestimmten Faktor verringert.

Untersetzung ↑ Übersetzungsverhältnis.

Unterstand, meist unter der Erdoberfläche angelegte, befestigte militär. Feldunterkunft, die weitgehenden Schutz vor feindl. Waffenwirkungen gibt.

Untersteuern, Eigenlenkverhalten von Kfz. in Kurven, bei dem das Fahrzeug über die Vorderräder nach außen drängt; die Vorderräder müssen stärker eingeschlagen werden, als es der Straßenverlauf verlangt.

Unterstimme, die tiefste Stimme eines mehrstimmigen musikal. Satzes.

Unterströmungstheorie ↑ Gebirgsbildung.

Unterstützungskassen, meist privatrechtl. betriebl. Einrichtungen zur Ergänzung der betriebl. Alters- und Hinterbliebenenversicherung. Auf die von den U. gewährten Lei-

Unterseeboot. Teilschematische Darstellung eines mit Kernenergie angetriebenen Unterseebootes

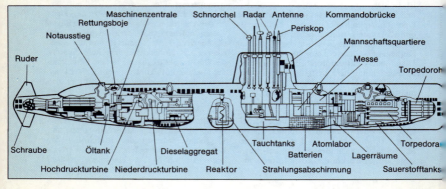

Untertagevergasung

stungen besteht seitens der Arbeitnehmer kein Rechtsanspruch.

Untersuchung, (ärztl. U.) alle zum Zweck der Krankheitserkennung an einem Patienten vorgenommenen Maßnahmen.
◆ im Strafverfahren die körperl. U. des Beschuldigten und ausnahmsweise anderer Personen (z. B. Zeugen) zur Feststellung von Tatsachen, die für das Verfahren erhebl. sind (z. B. Entnahmen von Blutproben). Die von einem Arzt vorgenommene U. ist ohne Einwilligung des Beschuldigten bzw. anderer Personen zulässig, wenn kein Nachteil für die Gesundheit zu befürchten ist bzw. sie zumutbar und unerläßlich ist. Die Anordnung der U. erfolgt durch den Richter, in Eilfällen durch den Staatsanwalt oder die Polizei.

Untersuchungsausschuß, durch ein Parlament eingesetztes Gremium zur Aufklärung bestimmter Sachverhalte; der Gegenstand der Untersuchung ist genau festgelegt. Nach Art. 44 GG hat der Dt. Bundestag das Recht, auf Verlangen $1/4$ der Mgl. die Pflicht, einen U. zu installieren. Die Mgl. werden entsprechend der Sitzverteilung der Fraktionen bestimmt. Grundlage für die Verhandlung ist die StPO, d. h. grundsätzl. öffentl. Verhandlung (Ausschluß der Öffentlichkeit mögl.), Zeugenvernehmung unter Eid; Brief-, Post- und Telegrafengeheimnis bleiben unberührt. Der Abschlußbericht (u. U. mit Minderheitsvotum) wird dem Parlament vorgelegt. Histor. Vorbilder finden sich in der Weimarer Reichsverfassung (Art. 34), im brit. Unterhaus (Royal Commission) und im frz. Parlament (Commission d'enquête). Die Problematik des U. liegt darin, daß er die 3 Funktionen Richter, Ankläger und Verteidiger gleichzeitig hat, wobei die Richterfunktion im allg. durch die Mehrheit besetzt wird. Das Ziel einer neutralen Untersuchung ist bislang noch nicht erreicht worden.

Untersuchungsgrundsatz (Untersuchungsmaxime), zu den Prozeßmaximen gehörender verfahrensrechtl. Grundsatz, wonach die Gerichte den entscheidungserhebl. Sachverhalt von Amts wegen zu erforschen haben (↑Inquisitionsprinzip).

Untersuchungshaft, die durch ↑Haftbefehl i. d. R. bei Vorliegen eines Haftgrundes (bei bestimmten Straftaten wie Mord, Bildung einer terrorist. Vereinigung kann die U. ohne Haftgrund angeordnet werden) angeordnete Freiheitsbeschränkung zur Sicherung der Durchführung eines Strafverfahrens und der späteren Strafvollstreckung. Während der U. kann der *Untersuchungsgefangene* (der in U. genommene Beschuldigte) jederzeit eine gerichtl. Haftprüfung beantragen (↑Haftprüfungsverfahren). Solange kein Urteil ergangen ist, darf der Vollzug der U. wegen derselben Tat über 6 Monate hinaus (ist der Haftbefehl auf Grund von Wiederholungsgefahr ergangen, länger als ein Jahr) nur aufrechterhalten werden, wenn die bes. Schwierigkeit oder der Umfang der Ermittlungen die Fortdauer der Haft rechtfertigen. Die U. ist zu unterscheiden von der ↑einstweiligen Unterbringung und der vorläufigen Festnahme. Für den Vollzug der U. sind im wesentl. die Vorschriften der ↑Strafprozeßordnung und der U.vollzugsordnung maßgebend, daneben z. T. die Strafvollzugsgesetzes und des bes. Bestimmungen wie z. B. das Kontaktsperregesetz. Sie regeln u. a. die Unterbringung, soziale Fürsorge und Besuchsrechte der Untersuchungsgefangenen. Im einzelnen obliegt dem Richter die Gestaltung des Vollzugs (Kontrolle des Schriftverkehrs, Beschränkung des Besuchs, Verhängung von Hausstrafen). Die vollstreckte U. ist bei der Strafzumessung auf die Freiheits- oder Geldstrafe grundsätzl. anzurechnen, es sei denn, das Verhalten des Angeklagten hat dies nicht gerechtfertigt. - ↑auch Haftentschädigung.

In *Österreich* darf die U. nur vom Gericht und nur dann verhängt werden, wenn der Beschuldigte dringend verdächtig ist, ein bestimmtes Verbrechen oder Vergehen begangen zu haben, ein gesetzl. Haftgrund vorliegt und der Beschuldigte vom Untersuchungsrichter bereits zur Sache und den Voraussetzungen der U. vernommen wurde.

In der *Schweiz* sind im Bundesgesetz entsprechende Voraussetzungen der U. festgelegt. In den Strafprozeßordnungen der Kantone ist die U. mit unterschiedl. Voraussetzungen geregelt.

Untersuchungskommissionen, im Völkerrecht unabhängige, meist gemischt zusammengesetzte Kommissionen, die zur friedl. Streitbeilegung zw. Staaten durch die Feststellung strittiger Tatsachen in einem gerichtsähnl., förml. Verfahren beitragen sollen. Sie werden meist ad hoc, nach manchen Verträgen auch als ständige U. gebildet. - ↑auch Haager Friedenskonferenzen. Zu parlamentar. U. ↑Untersuchungsausschuß.

Untersuchungsmaxime ↑Untersuchungsgrundsatz.

Untersuchungsrichter (Instruktionsrichter), nach früherem Recht der mit der Voruntersuchung im Strafverfahren beauftragte Richter. In *Österreich* der am Gerichtshof erster Instanz tätige Richter, der die Vorerhebungen und Voruntersuchungen bei Straftaten führt sowie den schriftl. und mündl. Verkehr des Untersuchungshäftlings überwacht. In der *Schweiz* eröffnen die U. die Untersuchung bei Vorliegen der Voraussetzungen einer Strafverfolgung.

Untertagebau, im Bergwesen svw. Flözbau, untertägiger Abbau.

Untertagevergasung (Flözvergasung), die unmittelbare Vergasung nicht abbauwürdiger Kohlenflöze, wobei stark erhitzte Luft durch ein Bohrloch eingepreßt und das gebildete Kohlenmonoxid-Kohlenwasserstoff-Ge-

15

Untertan

misch mit dem Kohlenstaub durch ein anderes Bohrloch abgesaugt und über Tage weiterverarbeitet wird.

Untertan (lat. subditus), im vorkonstitutionellen Staat der Staatsangehörige, wobei die Unterworfenheit unter den Landesherren (v. a. den absoluten Herrscher) betont wird.

Untertemperatur, svw. ↑ Hypothermie.

Untertöne, in bestimmten mechan.-akust. Schwingungssystemen auftretende ↑ subharmonische Schwingungen im Hörbereich (Töne).

Unterwalden nid dem Wald (Nidwalden), zentralschweizer. Halbkanton, 276 km², 30 600 E (1986), Hauptort Stans. Umfaßt das Tal der Engelberger Aa, das S-Ufer des Vierwaldstätter Sees, den Bürgenstock und die nördl. Hälfte des Alpnacher Sees sowie den Pilatusnordhang. In der Landw. dominiert die Milchviehhaltung. Die Ind., v. a. Maschinenbau, befindet sich überwiegend im Raum Luzern. Bed. Fremdenverkehr.

Geschichte (Nidwalden und Obwalden): 1240 schloß *Nidwalden* ein Bündnis mit Luzern, 1291 den Bund mit Uri und Schwyz, dem wenig später auch *Obwalden* beitrat. 1309 erlangte ganz Unterwalden die Reichsunmittelbarkeit. Um 1350 war die Teilung des Gebietes in die beiden eigenständigen polit. Einheiten bereits Tatsache, doch zwangen die Bundesgenossen v. a. aus rechtl. Gründen die beiden Teile, als ein Ganzes aufzutreten. Bis 1798 konnte Obwalden im Innern ²/₃ der Stimmen des Gesamtlandes behaupten. In der Reformation stellten sich die beiden Länder entschieden auf die Seite der alten Kirche. 1798 unterwarf sich Unterwalden den Franzosen erst nach der Kapitulation des Kt. Schwyz. In der Helvet. Republik wurde Unterwalden mit Uri, Schwyz und Zug zum Kt. Waldstätten verschmolzen. 1803 wurden die beiden gleichberechtigten Halbkantone gebildet. Die Unabhängigkeitserklärung von der Eidgenossenschaft (1815) und Streitigkeiten um die neue Bistumseinteilung (1818) führten in Nidwalden zu militär. Besetzungen. Beide Halbkantone nahmen 1845–47 am kath. Sonderbund teil. 1850 erhielten sie neue Verfassungen.

Verfassung: Nach der Verfassung vom 10. Okt. 1965 liegt die Exekutive beim vom Volk für 4 Jahre gewählten Regierungsrat (9 Mgl). Die Legislative bilden der vom Volk auf 4 Jahre gewählte Landrat (60 Mgl.) und das Volk selbst. Frauenstimmrecht seit 1973.

Unterwalden ob dem Wald (Obwalden), zentralschweizer. Halbkanton, 491 km², 27 300 E (1986), Hauptort Sarnen. Umfaßt das nördl. des Brünigpasses liegende Tal der Sarner Aa mit dem Lungerer und dem Sarner See sowie das Melchtal, ferner als Exklave das Geb. der ehem. Klosterrepublik Engelberg. Holzverarbeitung, Nahrungsmittelind., Maschinenbau sowie zahlr. Steinbruchbetriebe; Milchviehhaltung; bed. Fremdenverkehr. Zur **Geschichte** ↑ Unterwalden nid dem Wald.

Verfassung: Nach der Verfassung vom 19. Mai 1968 liegt die Exekutive beim vom Volk auf 4 Jahre gewählten Regierungsrat (7 Mgl.). Die Legislative bilden der vom Volk auf 4 Jahre gewählte Kantonsrat (51 Mgl.) und das Volk selbst; Frauenstimmrecht seit 1973.

Unterwasserball (Unterwasserrugby) ↑ Tauchen (Tauchsport).

Unterwasserjagd, Disziplin im Tauchsport (↑ Tauchen).

Unterwassermassage, in der Hydrotherapie: 1. die unter Wasser, d. h. gewöhnl. im warmen Vollbad bei entspannter Muskulatur, durchgeführte manuelle Massage; 2. die Massage von Weichteilen unter Wasser mit einem Wasserstrahl, dessen Druck 2–5 bar beträgt.

Unterwasserortung, Verfahren zur Erkennung und Ortung von unter Wasser befindl. Objekten, insbes. von Unterseebooten, sowie zur geomorphol. Aufnahme des Meeresbodens. Überwiegend kommen akust., d. h. mit Schall bzw. Ultraschall arbeitende Verfahren zur Anwendung, neuerdings auch solche, die Laserstrahlen verwenden. Bei den Schallortungsverfahren unterscheidet man passive Verfahren, die mit Horchgeräten die Geräuschquellen im Wasser orten, sowie aktive Verfahren, die mit Echoloten arbeiten, z. B. das ↑ Sonar und die Verfahren der Ultraschallortung.

Unterwasserphotographie ↑ Photographie.

Unterwelt, in den Vorstellungen vieler Religionen das Reich der Verstorbenen, oft verbunden mit der Ansicht eines dort stattfindenden Totengerichts. Die Existenz in der U. gilt meist als wesentl. Verschlechterung gegenüber ird. Lebensbedingungen.

Unterwerfungsgebärde, svw. ↑ Demutsgebärde.

Unterwerfungsklausel, die in eine gerichtl. oder notarielle Urkunde aufgenommene Erklärung des Schuldners, daß er sich wegen eines in der Urkunde bezeichneten Anspruchs der sofortigen Zwangsvollstreckung unterwerfe. Der Anspruch muß auf Leistung einer ziffernmäßig bestimmten Geldsumme oder von Wertpapieren oder anderen vertretbaren Sachen gerichtet sein. Aus den mit einer U. versehenen sog. vollstreckbaren Urkunden findet unmittelbar die Zwangsvollstreckung statt.

Unter-Wisternitz, prähistor. Fundstelle, ↑ Dolní Věstonice.

Untiefe, flache Stelle in Gewässern.

Untreue, die strafbare vorsätzl. Schädigung fremden Vermögens durch Verletzung der Vermögensbetreuungspflicht gegenüber dem Vermögensträger (§ 266 StGB). Die U. kann in Form des *Mißbrauchstatbestandes* (der Täter mißbraucht die ihm durch Gesetz, behördl. Auftrag oder Rechtsgeschäft eingeräumte Befugnis, über fremdes Vermögen zu verfügen) und des *Treubruchstatbestandes* (Verletzung der kraft Gesetzes, behördl. Auftrags, Rechtsgeschäfts oder eines tatsächl. Treueverhältnisses begründeten Pflicht der Wahrnehmung fremder Vermögensinteressen) begangen werden.

U Nu, früher Thakin Nu, *Wakema (Verw.-Geb. Irrawaddy) 25. Mai 1907, birman. Politiker. - 1943/44 Außen-, 1944/45 Propagandamin.; seit 1947 Präs. der Anti-Fascist People's Freedom League und Premiermin. (mit Unterbrechungen 1956 und 1958–60); 1962 von Ne Win entmachtet, bis 1967 unter Hausarrest; 1969–74 im Exil in Bangkok, seit 1974 in Indien; Bemühungen, die Reg. Ne Win zu stürzen, scheiterten; kehrte nach einer Generalamnestie 1980 nach Birma zurück.

Ununterscheidbarkeit, eine mit formallog. Mitteln allein definierte zweistellige Relation zur Herstellung einer log. Gleichheit.

Ununterscheidbarkeitssatz, bei Leibniz Satz von der Identität des Ununterscheidbaren: Er definiert die Identität zweier Gegenstände durch die gegenseitige Ersetzbarkeit ihrer vollständigen Begriffe in beliebigen Aussagen, ohne daß sich dadurch etwas an deren Wahrheitswert ändert.

Unverantwortlichkeit, in *Österreich* und der *Schweiz* die den Mgl. des Nationalrats, des Bundesrats und der Landtage bzw. der Bundesversammlung und der Kantonsparlamente verfassungsrechtl. garantierte ↑Immunität. - ↑auch Indemnität.

Unverdorben, Otto, *Dahme (Landkr. Luckau) 13. Okt. 1806, †ebd. 28. Dez. 1873, dt. Chemiker und Apotheker. - Entdeckte 1826 bei der trockenen Destillation von Indigo das ↑Anilin.

Unverletzlichkeit der Wohnung, das dem Inhaber (Eigentümer, Besitzer [Mieter]) einer Wohnung (auch Betriebs- und Geschäftsräume) in Art. 13 GG gewährleistete Grundrecht. Es steht jedermann, d. h. auch Ausländern und jurist. Personen zu und ist Abwehrrecht gegen die Staatsgewalt. Wohnungsdurchsuchungen bedürfen grundsätzl. der richterl. Anordnung. Im übrigen sind Eingriffe und Beschränkungen ohne gesetzl. Grundlage nur zur Abwehr einer gemeinen Gefahr oder einer Lebensgefahr für einzelne Personen, auf Grund eines Gesetzes auch zur Verhütung dringender Gefahren für die öffentl. Sicherheit und Ordnung zulässig.

Unverträglichkeit, zu überschießenden Abwehrreaktionen des Körpers führende Eigenschaft bestimmter Substanzen, bes. von Fremdstoffen; U.erscheinungen sind u. a. die immunolog. Inkompatibilität (↑Allergie, ↑anaphylaktischer Schock).

unvollkommene Verwandlung, svw. Hemimetabolie (↑Metamorphose).

Unwirksamkeit, rechtl. svw. ↑Nichtigkeit.

Unwucht, unsymmetr. Massenverteilung eines rotierenden Körpers (Massenschwerpunkt außerhalb der Drehachse); auch Bez. für die Gesamtheit der dazu führenden Massen.

Unze (lat. uncia), 1. antike Maß- und Gewichtseinheit; 2. antike Münzeinheit im griech. Sizilien und Unteritalien und in Rom, meist mit einer Kugel als Wertzeichen; 3. im MA und in der frühen Neuzeit = $^1/_{12}$ Pfund bzw. $^1/_8$ Gewichtsmark, später vielfach durch das Lot verdrängt; 4. als Feingewicht für Edelmetalle 29,82 g bzw. 30 g; in Großbrit. und den USA: ↑Ounce, in Italien: Oncia (meist zw. 26 und 30 g), in Spanien und den ehemals span. Kolonien: Onza (meist 28,7 g), in Frankr.: Once (= 30,594 g); 5. in der Geldrechnung mehrfach Bez. für den Wert von 20 Pfennigen.

Unzertrennliche (Agapornis), Gatt. bis 17 cm langer, kurzschwänziger, vorwiegend grüner, meist an Kopf, Bürzel und Schwanz bunt gezeichneter Papageien mit rd. zehn Arten in Steppen, Savannen und Wäldern Afrikas (einschl. Madagaskar); brüten teils in Baumhöhlen, teils in verlassenen Vogelnestern, eine Art (*Orangeköpfchen*, Agapornis pullaria; mit orangerotem Vorderkopf und hellblauem Bürzel) auch in Bauten von Baumtermiten; können gelegentl. an Kulturpflanzen (bes. Mais, Reis) schädl. werden; mehrere Arten sind beliebte Stubenvögel, z. B. *Fischers Unzertrennlicher* (Agapornis fischeri).

Unziale [lat.], ma. Majuskelschrift mit gerundeten Formen (*griech. U.* 4.–12. Jh.; *röm. U.* 4.–8. Jh.); Neuschöpfungen liegen u. a. von O. Hupp vor. - ↑auch Halbunziale.

Unzicker, Wolfgang, *Pirmasens 26. Juni 1925, dt. Schachspieler. - Internat. Großmeister seit 1954; einer der führenden Spieler der BR Deutschland.

Unzucht, Verhalten, das das allg. Scham- und Sittlichkeitsgefühl in geschlechtl. Hinsicht nicht unerheblich verletzt. Das reformierte Strafrecht verwendet statt U. den Begriff der ↑sexuellen Handlungen.

unzulässiger Lärm, Erregung von Lärm ohne berechtigten Anlaß oder in einem unzulässigen oder nach den Umständen vermeidbaren Ausmaß, der geeignet ist, die Allgemeinheit oder die Nachbarschaft erheblich zu belästigen (*ruhestörender Lärm*) oder die Gesundheit eines anderen zu schädigen. U. L. kann als Ordnungswidrigkeit mit einer Geldbuße bis zu 10 000 DM geahndet werden.

Unzumutbarkeit, die (auf den Einzelfall bezogene) Unangemessenheit, ein von der Rechtsordnung an sich gebotenes Verhalten zu verlangen. U.gesichtspunkte liegen z. B. den Schuldnerschutzvorschriften im Zwangsvollstreckungsrecht zugrunde. Im Schuldrecht kann die Fortsetzung eines Vertragsver-

Unzurechnungsfähigkeit

hältnisses z. B. wegen Wegfall der ↑ Geschäftsgrundlage unzumutbar sein. Im Strafrecht kann wegen U. eines rechtl. gebotenen Verhaltens die Strafbarkeit entfallen, z. B. als Entschuldigungsgrund bei den Unterlassungsdelikten.

Unzurechnungsfähigkeit ↑ Schuldunfähigkeit.

Unzustellbarkeit, im Postwesen die Unmöglichkeit, eine Postsendung dem Empfänger zuzustellen, z. B. weil der Empfangsberechtigte nicht zu ermitteln ist oder der Empfänger die Annahme verweigert. Die Postsendung wird - abgesehen von Ausnahmefällen, z. B. bei Massendrucksachen - an den Absender zurückgesandt. Ist dies nicht mögl., handelt es sich um ↑ unanbringliche Sendungen.

Upanischaden [Sanskrit „das Sich-in-der-Nähe-Niedersetzen (bei einem Lehrer)"], philosoph.-theolog. Abhandlungen des Brahmanismus in Prosa und Vers im Anschluß an die Weden. Im Mittelpunkt der U. steht das Nachdenken über den Ursprung der Welt, den Geburtenkreislauf, das Wirken des Karma und die Erlösung. Spekulationen der U. sehen im Atem die wichtigste Lebenskraft oder entwickeln aus der Lehre vom alles durchdringenden Feuer ein System, in dem die Erkenntnis der Einheit des individuellen Atman mit dem Brahman zur Erlösung führt.

Upasbaum [malai./dt.] (Antiaris toxicaria), Maulbeerbaumgewächs der Gatt. Antiaris in SO-Asien. Der giftige Milchsaft enthält die herzwirksamen Glykoside *Antiarin* und *Antiosidin* und liefert das *Ipopfeilgift*.

Updike [engl. 'ʌpdaɪk], Daniel Berkeley, * Providence 24. Febr. 1860, † Boston 28. Dez. 1941, amerikan. Buchkünstler. - Gründete 1893 in Boston die „Merrymount Press", die zahlr. buchkünstler. bed. Drucke herausbrachte. Mit seinen „Printing types" (1922) einer der Klassiker der Buchkunstliteratur.
U., John, * Shillington (Pa.) 18. März 1932, amerikan. Schriftsteller. - Gibt in seinen gesellschaftskrit., z. T. satir. Romanen („Das Fest am Abend", R., 1959) und Erzählungen („Glücklicher war ich nie", dt. Auswahl 1966) präzis-eindringl. Schilderungen des Alltagslebens der amerikan. Mittelklasse. - *Weitere Werke:* Hasenherz (R., 1960), Der Zentaur (R., 1963), Unter dem Astronautenmond (R., 1971), Der Sonntagsmonat (R., 1975), Heirate mich! (R., 1976), The witches of Eastwick (R., 1984).

Uperisation [Kw. aus Ultrapasteurisation], svw. ↑ Ultrahocherhitzung.

UPI [engl. 'ju:pi:'aɪ] ↑ Nachrichtenagenturen (Übersicht).

Upolu, eine der Hauptinseln des Staates ↑ Westsamoa, 1 121 km², bis 1 100 m hoch.

Upper Avon [engl. 'ʌpə 'ɛɪvən, 'ʌpə 'ævən] ↑ Avon.

Uppercut ['apərkat; engl.], kurzer Aufwärtshaken beim Boxen.

Upper ten [engl. 'ʌpə 'tɛn; kurz für: upper ten thousand], die oberen Zehntausend, Oberschicht.

Uppland, histor. Prov. in Schweden, an Botten- und Ostsee, 12 674 km². U. wird von Grundgebirge eingenommen, das zumeist von einer Moränendecke verhüllt ist. Die Küste ist stark gegliedert. Die Sommer sind warm, die Niederschläge verhältnismäßig gering. Wichtigste Städte sind Stockholm und Uppsala. - Gehört seit dem frühen MA zum Kerngebiet des Kgr. Schweden; 1634 in Verwaltungsgebiete (Län) aufgeteilt.

Uppsala ['ʊpsala, schwed. ˌʊpsɑːla], schwed. Stadt 60 km nnw. von Stockholm, 152 600 E. Hauptstadt des Verw.-Geb. U., Sitz des Erzbischofs der ev.-luth. Staatskirche; Univ. (gegr. 1477) mit berühmter Bibliothek, Landwirtschaftsuniv. (gegr. 1977), PH, Afrikainstitut; Museen; graph. Betriebe, pharmazeut. und Nahrungsmittelindustrie. - Entstand im 12. Jh. als **Östra Aros;** 1130 Verlegung des Bistums Sigtuna nach **Gamla Uppsala (Alt-Uppsala;** etwa 5 km nördl. von Östra Aros), dem alten polit.-religiösen Zentrum des Reiches der Svear (im 6./7. Jh. Grabstätte der hier residierenden Ynglingarkönige); 1164 zum Erzbistum erhoben (seit 1531 luth.), dessen Sitz 1273 unter Beibehaltung des alten Namens nach Östra Aros verlegt wurde; erhielt 1314 Stadtrecht; Mitte des 16. Jh. bis ins 17. Jh. ständige Residenz der schwed. Könige; 1643 nach regelmäßigem Plan ausgebaut, 1707 durch Großbrand fast völlig zerstört. - Got. Domkirche (1435 geweiht), Dreifaltigkeitskirche, z. T. aus dem 12. Jh.
U., schwed. Verw.-Geb., 6 989 km², 249 700 E (1985), Hauptstadt Uppsala.

Upstallsboom (altfries. Obstallisbaem), urspr. bronzezeitl. Grabhügel bei Aurich (Ostfriesland), wo sich im 13./14., vielleicht schon im 12. Jh. die Vertreter der fries. Seelande zu Beratungen, Rechtsprechung und Landfriedenswahrung versammelten (*U.verband*); 1323 Erlaß umfassender Rechtssatzungen (*Leges Upstallsbomicae*). Der U. galt als Symbol fries. Freiheit.

up to date [engl. 'ʌp tə 'dɛɪt], auf dem neuesten Stand, zeitgemäß.

UPU [engl. 'juːpiː'juː], Abk. für engl.: Universal Postal Union (↑ Weltpostverein).

Ur, altoriental. Stadt in Sumer, heute Ruinenhügel Tall Al Mukaijar im südl. Irak, heute rd. 15 km vom SW-Ufer des Euphrat entfernt. Ur war in frühdynast. Zeit (1. Dyn. von Ur um 2500) und v. a. unter der 3. Dyn. von Ur (etwa 2070–1950) polit. Zentrum von Sumer; Kult des Mondgottes Nanna (semit. Sin) und seiner Gemahlin Ningal; bed. Handelsstadt, u. a. Seehandel (z. B. mit Tilmun [= Bahrain]). Engl. Ausgrabungen (bes. 1922–34 durch L. Woolley) fanden über der Kulturschicht des 5./4. Jt. (Ubaidkeramik) eine bis 4 m hohe Schlammschicht (4. Jt.); aus

Ural

Ur. Zikkurat Etemenniguru des Mondgottes Nanna (Ende des 3. Jt. v. Chr.)

dem sog. Königsfriedhof (um 2500) frühdynast. Zeit wurden in den Gräbern der Gefolgsleute seinerzeit sensationelle Grabbeigaben (Schmuck, Musikinstrumente, Standarte) geborgen; characterist. Einlegearbeiten. Aus der Zeit der 3. Dyn. stammen Reste vom Nanna-Heiligtum Ekischnugal und seiner dreistufigen Zikkurat (Tempelturm) Etemenniguru sowie von Palast- und Grabbauten (Mausoleeum). - auch Abb. S. 20.
📖 *Nissen, H. J.: Zur Datierung des Königsfriedhofes v. Ur. Bonn 1966. - Strommenger, E./Hirmer, M.: Ur. Mchn. 1964. - Woolley, Sir L.: Ur in Chaldäa. Dt. Übers. Wsb. ²1957.*

Ur, svw. †Auerochse.

UR, Abk. für die veraltete Bez. Ultrarot; heute Infrarot (Abk. IR).

Urabi Pascha, Ahmad (Arabi Pascha), * Sakasik 1839, † Kairo 21. Sept. 1911, ägypt. Offizier und Politiker. - Führte 1881 eine Revolte gegen die türk. und europ. Vorherrschaft, erzwang die Einsetzung eines Parlaments und einer nationalist. Reg.; 1882 Kriegsmin.; nach der Niederlage gegen die Briten bis 1901 im Exil in Ceylon.

Urabstimmung, in verschiedenen Organisationen satzungsgemäß vorgesehene Abstimmung aller Mgl. zur Entscheidung grundsätzl. Fragen, v. a. Abstimmung von gewerkschaftlich organisierten Arbeitnehmern über Einleitung und Durchführung eines Streiks bzw. die Beendigung eines Arbeitskampfes. Meist ist eine Zustimmung von 75% für die Ausrufung eines Streiks, entsprechend die Ablehnung eines Einigungsvorschlags mit 75% der Stimmen für die Weiterführung des Arbeitskampfes erforderlich.

Urach, Stadt in Bad.-Württ., seit 1983 †Bad Urach.

Uracil (2,4(1H,3H)-Pyrimidindion), als Nukleinsäurebase ausschließl. in der †RNS enthaltene Pyrimidinverbindung; mit Glucose-1-phosphat bildet *Uridintriphosphat* (UTP; dreifach phosphoryliertes U.) unter Abspaltung eines Phosphatrests die biochem. wichtige *Uridindiphosphatglucose* (UDP-Glucose, UDPG). Strukturformel von U.:

Ural, über 2 000 km langes, größtenteils meridional verlaufendes Mittelgebirge zw. der Osteurop. Ebene und dem Westsibir. Tiefland. Der nur bis rd. 150 km breite U. gilt als Grenze zw. Europa und Asien. Über die Rücken des Pachoiberglandes setzt sich der U. noch über weitere 1 200 km bis zum N-Ende der Doppelinsel Nowaja Semlja fort, nach S, jenseits des Flusses Ural, über weitere 200 km in den Mugodscharbergen. Der U. dacht sich nach W zur Osteurop. Ebene sanft, nach O zum Westsibir. Tiefland steil ab. Nach S. spaltet sich der U. in mehrere Kämme auf. Nur selten werden 1 500 m Höhe überschritten. Höchste Erhebung ist mit 1 894 m die Narodnaja. Die Wirkung des U. als Klimascheide zw. europ. und asiat. Teil der UdSSR ist gering. Polar- und Subpolarer U. haben Tundrenvegetation, Nördl. und Mittlerer U. liegen im Bereich der Taiga, der Südl. U. trägt in höheren Lagen Laubwald, sonst Waldsteppen-, im äußersten S Steppenvegetation. Der U. ist reich an Erzen, Salzvorkommen, Stein- und Braunkohle sowie, in der westl. Vortiefe, an Erdöl.

U., Grenzfluß zw. Europa und Asien, entspringt im Südl. Ural, mündet 25 km sw. von Gurjew in das Kasp. Meer, 2 528 km

uralische Sprachen

Ur. Stierkopf (Teil des Dekors einer Harfe) aus einem der Königsgräber (Mitte des 3. Jahrtausends v. Chr.; Bagdad, Irak-Museum)

lang; schiffbar ab Uralsk, mehrfach gestaut.
uralische Sprachen, Oberbegriff für die ↑finnisch-ugrischen Sprachen und die ↑samojedischen Sprachen, deren nahe Verwandtschaft gesichert ist. Angenommen wird eine ural. Grundsprache, die einem ural. „Urvolk" zugeordnet wird, dessen Heimat (mit wechselnden Ansätzen zw. 4000 und 7000 v. Chr.) entweder in weiten Gebieten des nördl. europ. Rußland oder im nördl. Ural und Sibirien gesucht wird.
Uralsk, sowjet. Geb.hauptstadt am Fluß Ural, Kasach. SSR, 192 000 E. Landw.hochschule, PH, Theater; Verarbeitung von landw. Produkten, Maschinenbau, Armaturenfabrik, Anlegeplatz. - 1613–22 als befestigtes Städtchen der Uralkosaken gegr. (**Jaizkigorodok**), das sich 40 km vom heutigen U. entfernt befand; entstand nach Zerstörung durch die Tataren neu an der heutigen Stelle; 1775 Umbenennung in U.; seit 1868 Zentrum des Uralgebietes.
Urämie [griech.] (Harnvergiftung), durch die Retention harnpflichtiger Stoffe bedingte Krankheitserscheinungen, u.a. bei akutem Nierenversagen, chron. Niereninsuffizienz und bei Harnabflußstörungen. Zu den Erscheinungen der U. gehören u.a. Kopfschmerzen, Benommenheit, Sehstörungen, Appetitlosigkeit, Erbrechen, Hautjucken, Hautblutungen, Nasenbluten, „urämische" Entzündungen an Brustfell, Herzbeutel und Bauchfell, Lungenödem mit Atemnot, Schlafsucht und schließl. Koma. - Die Behandlung richtet sich nach der auslösenden Grundkrankheit und besteht im übrigen in einer Hunger- und Durstkur bzw. einer u.a. kochsalz- und eiweißarmen Diät sowie in einer Blutdialyse.
urämisch, harnvergiftet, auf einer ↑Urämie beruhend.
Uran [griech., nach dem im gleichen Jahrzehnt entdeckten Planeten Uranus], chem. Symbol U; radioaktives, metall. Element aus der Reihe der Actinoide des Periodensystems der chem. Elemente, Ordnungszahl 92, mittlere Atommasse 238,03, Dichte 18,95 g/cm³, Schmelzpunkt 1 132 °C, Siedepunkt 3 818 °C. An Isotopen sind U 227 bis U 240 bekannt, von denen U 238 mit $4{,}51 \cdot 10^9$ Jahren die längste Halbwertszeit hat; U 238 und U 235 sind die Anfangsglieder natürl. Zerfallsreihen. U. ist ein silberglänzendes, weiches, sich an der Luft mit einer grauen Oxidschicht überziehendes Schwermetall, das von Säuren rasch, von Alkalien aber kaum angegriffen wird; mit Halogenen, Stickstoff und Schwefel reagiert es z. T. schon bei Zimmertemperatur. Die wichtigste Sauerstoffverbindung ist das *U.dioxid* (Uran(IV)-oxid), UO_2, ein braunschwarzes Pulver, das mit U 235 angereichert zu Preßkörpern verarbeitet wird, die als Kernbrennstoff dienen. U. ist mit $2{,}9 \cdot 10^{-4}$ Gew.-% an der Zusammensetzung der Erdkruste beteiligt und steht in der Häufigkeit der chem. Elemente an 54. Stelle. U. ist in sauren silicat. Gesteinen, daneben auch in Golderzen, Braunkohle und Ölschiefer enthalten und kann daraus als Nebenprodukt gewonnen werden. Für die U.gewinnung wichtige Erze sind Uranglimmer und Uranpecherz. Die Erze werden geröstet, mit Sodalösung oder Schwefelsäure ausgelaugt und in Konzentrate überführt, die in Salpetersäure gelöst werden, wobei sich Uranylnitrat, $UO_2(NO_3)_2$, bildet; durch Glühen erhält man Triuranoctoxid, U_3O_8, das zu UO_2 reduziert und mit Fluorwasserstoff in das grüne, pulverige Urantetrafluorid, UF_4, übergeführt wird; daraus erhält man durch Reduktion mit Calcium oder Magnesium metall. Uran. Zur Anreicherung des Isotops U 235 wird das leicht flüchtige U.hexafluorid, UF_6, benutzt. Gebräuchl. Verfahren sind das Gasdiffusionsverfahren (Diffusion des Gases durch poröse Wände), das Trenndüsenverfahren (Entmischung des mit Schallgeschwindigkeit aus der Trenndüse austretenden Gases) und die Ultrazentrifuge. Mit U 235 angereichertes U. wird in Kernreaktoren als Kernbrennstoff und Brutstoff sowie zur Herstellung von Kernwaffen verwendet. Die größten U.vorkommen besitzen die USA, die UdSSR, Schweden, Südafrika

und Kanada; in der BR Deutschland gibt es nur geringe Vorkommen im Schwarzwald. - U. wurde 1789 von M. H. Klaproth im Uranpecherz entdeckt.

📖 *Uranium enrichment. Hg. v. S. Villani. Bln. u. a. 1979. - Gärtner, E.: U. Essen 1977. - Natural uranium supply. Hg. vom Dt. Atomforum. Bonn 1975. - U.anreicherung. Hg. vom Dt. Atomforum. Bonn 1974. - Uranium, Plutonium, transplutonic elements. Hg. v. H. C. Hodge u. a. Bln. u. a. 1973.*

Uranblei, Bez. für das Bleiisotop Pb 206, das Endglied der Uran-Radium-Zerfallsreihe.

Uranglas, svw. ↑Uranylglas.

Uranglimmer, Sammelbez. für die Doppelphosphate, -arsenate und -vanadate des Urans und v. a. zweiwertiger Metalle, insbes. Calcium, Barium oder Kupfer. Die U. bilden dünntafelige, zitronengelbe oder grünl., blättrig-glimmerige Kristalle, die meist tetragonal sind und wechselnde Mengen an Kristallwasser enthalten. Wichtige Varietäten: Autunit, Carnotit, Chalkolith, Tujamunit, Uranocirit, Uranospinit und Zeunerit.

Urangst, psychoanalyt. Begriff zur Bez. der ursprünglichsten Angst, die (nach S. Freud) bei der Geburt durch die Trennung von der Mutter entsteht.

Urania, eine der ↑Musen.

Urania, gesellschaftl. Organisation der DDR zur Verbreitung von Kenntnissen der Natur- und Gesellschaftswissenschaften. Die im Juni 1954 geschaffene *„Gesellschaft zur Verbreitung wiss. Kenntnisse"* benannte sich 1966 nach der Zeitschrift „Urania". Die Mgl. meist Wissenschaftler, halten populärwiss. Vorträge. Die U. hat weitgehend die Arbeit der Volkshochschulen übernommen und wurde in das Weiterbildungsprogramm der DDR einbezogen.

Uraninit [griech.] ↑Uranpecherz.

uranisch, svw. himmlisch, auf den Himmel bezogen.

Uranismus [griech.], svw. männl. ↑Homosexualität.

Uranos, in der griech. Mythologie Begriff und Personifikation des „Himmels", eines der göttl. Ursprungsprinzipien, aus dessen Verbindung mit Gäa („Erde") die Zyklopen, Hekatoncheiren und Titanen hervorgehen. Letztere läßt U. nicht aus dem Schoß der Erde ans Licht, wofür er von Kronos entmannt und gestürzt wird.

Uranpecherz, stark radioaktives, meist in Form kryptokristalliner bis kolloidaler, nierig-traubiger, schwarzer bis pechglänzender Massen *(Pechblende, Uranpech, Nasturan)*, seltener in würfeligen oder oktaedr., schwarz glänzenden Kristallen *(Uraninit)* oder in pulverigen, schwarzen Massen *(Uranschwärze)* auftretendes Mineral, das v. a. aus Urandioxid, UO_2, besteht. U. kommt v. a. in hydrothermalen Lagerstätten (oft zus. mit Kobalt-, Nickel-, Wismut-, Silbererzen) sowie in Granit- und Syenitpegmatiten vor. Es wurde zuerst bes. bei Jáchymov (Joachimsthal) in Böhmen gefunden; wichtige Lagerstätten befinden sich in Kanada (am Großen Bärensee), in Zaïre (Shaba), in Südafrika (Witwatersrand), in Nordaustralien und in den USA. Mohshärte 5–6; Dichte 10,3–10,6 g/cm³.

Uranus [griech., nach Uranos], astronom. Zeichen ♅, der [von der Sonne aus gerechnet] siebte Planet. Der von F. W. Herschel am 13. März 1781 entdeckte Planet unterscheidet sich durch die Lage seiner Rotationsachse, die fast genau in seiner Bahnebene liegt, von allen anderen Planeten. Neueste Meßergebnisse stammen von der Raumsonde Voyager 2, die den Planeten im Jan. 1986 in 93 000 km Abstand passierte: Äquatordurchmesser 51 200 km; die Masse entspricht 14,6 Erdmassen; Dichte 1,27 g/cm³; sider. Umlaufzeit 84,67 Jahre; die U.-Atmosphäre besteht aus 88% Wasserstoff und 12% Helium (mittlere Temperatur 60 K [−213 °C], Druck an der Planetenoberfläche etwa 100 hPa), im unteren Wolken von Methan auf. U. besitzt ein Ringsystem (10 Ringe aus relativ großen „Brocken", Durchmesser meist über 1 m) und 15 Monde: die seit längerem bekannten Monde Miranda, Ariel, Umbriel, Titania und Oberon sowie 10 durch Voyager 2 neuentdeckte Monde, deren Durchmesser zw. etwa 30 und 170 km liegen.

Uranylglas (Uranglas), bei Bestrahlung mit UV-Licht fluoreszierendes Glas; die Fluoreszenz wird durch Uranylsalze bewirkt.

Uranylsalze, durch Umsetzen von Urantrioxid (Uran(VI)-oxid), UO_3, mit Säuren erhaltene Salze, die das Uranylkation, $(UO_2)^{2+}$ enthalten.

Urartäer (fälschl. Chalder, Chaldäer), die Bewohner des Reiches von *Urartu*, dessen Zentrum sich im armen. Hochland (zw. Vansee, Urmiasee, Sewansee) befand und sich nach archäolog. Funden im W bis etwa Ardabil (NW-Iran) im O, von Leniakan (Armen. SSR) im N bis Rawandus (N-Irak) im S erstreckte. Unter Sardur I. (⚰ 832 bis um 825), Argischti I. (⚰ 790–765) und Sardur II. (⚰ 765–733) dehnten die U. ihr Reich bis nach N-Syrien und in den W-Iran aus und waren zeitweise gefährl. Gegner Assyriens. Auch nach dem siegreichen Zug des Assyrerkönigs Tiglatpileser III. bis vor die Residenz Tschupa (= Van) drangen die U. v. a. nach O vor; dem Angriff Sargons II. (714) konnten sie jedoch nicht mehr standhalten, 609 erlag ihr Reich den Kimmeriern. Von der *Religion* der U. sind nur die Namen der Hauptgötter Chaldi, Teischeba und Schwini bekannt. - Als Zeugnisse ihrer *Wirtschaft* sind umfangreiche Terrassen- und Kanalbauten erhalten. Der Steinbau (mehrstöckige Quaderbauten, z. T. Bossenwerk) war hoch entwickelt, auch die Metallkunst, insbes. Bronzeschmuck und -beschläge an

Urartäisch

Gerät und Möbeln (assyr. Einflüsse); in den Kleinelfenbeinplastiken syr.-phönik. Einflüsse.

📖 *Pjotrowski, B. B.:* Urartu. Dt. Übers. Mchn. u. a. 1969. - *Riemschneider, M.:* Das Reich am Ararat. Lpz. 1965.

Urartäisch, Sprache der Urartäer; das auf Felseninschriften des 9. bis 7. Jh. in neuassyr. Keilschrift überlieferte U. ist eine mit dem Churritischen, vielleicht auch mit ostkaukas. Sprachen verwandte Sprache agglutinierenden Typs.

Urartu, das Reich der † Urartäer mit Zentrum im armen. Hochland zw. Vansee, Urmiasee und Sewansee. Aus dem Namen U. entstand durch falsche Vokalisierung der Bergname Ararat.

Urate [griech.], die Salze der Harnsäure.

Uratmosphäre, Bez. für die im Frühstadium der Erdentwicklung vor etwa 4,5 bis 3,5 Mrd. Jahren vorhandene, vermutl. anfangs sehr dichte Atmosphäre, die sich in ihrer Zusammensetzung wesentl. von der heutigen unterschied. Man nimmt an, daß sich die U. bei der Abkühlung der Erde durch Freiwerden gasförmiger Substanzen aus dem Erdinneren gebildet hat und v. a. Wasserstoff sowie einfache Kohlenstoff-, Stickstoff-, Sauerstoff- und Schwefelverbindungen (wie Methan, Kohlenmonoxid, Ammoniak, Wasserdampf und Schwefelwasserstoff) enthielt; ferner vermutet man, daß sich in dieser reduzierend wirkenden Atmosphäre durch Energiezufuhr (insbes. durch die UV-Strahlung der Sonne und durch elektr. Entladungen) erste organ. Moleküle gebildet haben. Die Zusammensetzung der U. veränderte sich im Laufe der Zeit zunächst dadurch, daß der Wasserstoff allmähl. in den Weltraum entwich; später setzte zuerst durch die Photolyse des Wassers, dann auch durch die photosynthet. Prozesse der Pflanzen eine Anreicherung an Sauerstoff ein, so daß allmähl. die heutige, oxidierend wirkende Atmosphäre entstand.

Uraufführung, Bez. für die erste, öffentl. Aufführung eines musikal. oder dramat. Bühnenwerkes oder Films, im Unterschied zu den nachfolgenden **Erstaufführungen** eines bereits uraufgeführten Werks bzw. Films in anderen Ländern oder Städten.

Uräusschlange [griech./dt.] (Naja haje), bis 2 m lange Kobra in Trockengebieten von N- bis SO-Afrika sowie auf der Arab. Halbinsel; einfarbig hellbraun bis fast schwarz, ohne Brillenzeichnung in der Nackenregion; wird oft von Schlangenbeschwörern zur Schau gestellt; Giftwirkung für den Menschen sehr gefährlich. - In der *altägypt. Kunst* v. a. königl. Symbol (an der Krone), zugleich bes. Symbol der Göttin Uto.

Urawa, jap. Stadt auf Hondo, 377 200 E. Verwaltungssitz der Präfektur Saitama; kath. Bischofssitz, private Univ.; Pendlerwohngemeinde von Tokio; Textilindustrie.

Urbain, Georges [frz. yr'bɛ̃], * Paris 12. April 1872, † ebd. 5. Nov. 1938, frz. Chemiker. - Prof. an der Sorbonne; arbeitete u. a. über Magnetismus, Phosphoreszens, Spektroskopie sowie insbes. über seltene Erden; entdeckte unabhängig von C. Auer von Welsbach 1907 das Lutetium.

urban [zu lat. urbanus „städtisch"], weltgewandt und gebildet; charakterist. für die Stadt.

Urban, männl. Vorname (zu lat. urbanus „zur Stadt [Rom] gehörend; feingebildet; Städter").

Urban, Name von Päpsten:

U. II., sel., * bei Châtillon-sur-Marne (?) um 1035, † 29. Juli 1099, vorher Oddo von Châtillon (oder Lagery), Papst (seit 12. März 1088). - Prior in Cluny, 1084/85 Legat Gregors VII. in Deutschland. Im Investiturstreit konnte U. das kaiserl. Schisma weitgehend überwinden und das gregorian. Reformpapsttum einem neuen Höhepunkt zuführen. Auf der Synode von Clermont (1095) beantwortete U. den Hilferuf aus Byzanz mit dem Aufruf zum (ersten) Kreuzzug, womit er die Kreuzzugsbewegung einleitete.

U. VI., * Neapel um 1318, † Rom 15. Okt. 1389, vorher Bartolomeo Prignano, Papst (?) (seit 8. April 1378). - Seit der Rückkehr Gregors XI. von Avignon nach Rom Leiter der päpstl. Kanzlei. Durch schroffes Eifern überwarf er sich rasch mit den (v. a. frz.) Kardinälen, von denen 13 in einem Manifest seine Wahl für ungültig erklärten. Mit der Wahl Klemens' VII. (20. Sept. 1378) zum Papst begann das große † Abendländische Schisma. Die Frage der Rechtmäßigkeit des Pontifikats

Urartäer. Greif (Bronze; 685–645 v. Chr.). Berlin-Dahlem

Urbino

Urbans gehört zu den schwierigsten Problemen der späteren Kirchengeschichte.

U. VIII., * Florenz 1568, † Rom 29. Juli 1644, vorher Maffeo Barberini, Papst (seit 6. Aug. 1623). - Dichter, Freund und Förderer der Künste und Wissenschaften. Seine Regierung fiel in die schwerste Zeit des Dreißigjährigen Krieges. Im Ggs. zu seinen Vorgängern stellte U. die Subsidienzahlungen an die kath. Partei (Kaiser und Liga) ein, unterstützte Frankr. gegen Habsburg und damit indirekt die prot. Partei, drängte aber ab 1632 zum Frieden (unter fakt. Preisgabe der Gegenreformation). Sein hemmungsloser Nepotismus prägte seine unglückl. Politik v. a. in Italien ebenso wie seine für den Kirchenstaat ruinöse Finanzpolitik - zus. mit einer grandiosen Bautätigkeit (1626 Weihe der Peterskirche). - Folgenschwer erwiesen sich die Bekämpfung des Gallikanismus und Jansenismus sowie die Verurteilung G. Galileis 1633.

Urbanisation [zu lat. urbs „Stadt"], 1. städtebaul. Erschließung; 2. durch städtebaul. Erschließung entstandene moderne Stadtsiedlung (zur Nutzung durch Tourismus oder Ind.); 3. (Urbanisierung, Verstädterung) der Prozeß zunehmender Bev.verdichtung in städt. Gebieten (bei entsprechendem Rückgang der Bev. in ländl. Bereichen). Die U. ist eine Folge der Industrialisierung; die Konzentration von industriellen Produktionsstätten, von Handel und Gewerbe in den Städten begünstigt sowohl den Zuzug aus dem ländl. Umland als auch eine Ausdehnung städt. Kultur und Lebensformen (Urbanität) auf die Bev.gruppen, die zwar weiterhin auf dem Land wohnen, aber in der Stadt arbeiten (Pendler). Dadurch führt der U.prozeß zu einer starken Polarisierung zw. privatem und öffentl. Leben der Bürger, zu Anonymität und einem rationalen Lebenszuschnitt.

Urbanistinnen ↑ Klarissen.

Urban & Schwarzenberg ↑ Verlage (Übersicht).

Urbantu, hypothet. Ursprache der Bantu, die durch einen exakten lautl. Vergleich moderner Bantusprachen ermittelt worden ist. Erste lexikal. Rekonstruktionsversuche wurden von C. Meinhof durch die Entdeckung lautgesetzl. Zusammenhänge entscheidend erweitert und verbessert, so daß er als Begründer der histor.-vergleichenden Forschung von den Bantusprachen gilt. Der brit. Afrikanist M. Guthrie (* 1903, † 1972) revidierte und erweiterte Meinhofs U. und nannte es *Protobantu*.

Urbar (Urbarium), ma. Güter- und Abgabenverzeichnis großer Grundherrschaften, mit Verzeichnis von Abgaben und Diensten sowie der Inhaber der Ländereien.

Urbarmachung, die Umwandlung von im Naturzustand befindl. Ländereien, d. h. mit Urvegetation (z. B. Moor, Heide, Steppe, Urwald), in land- oder forstwirtsch. nutzbares Kulturland.

Urbienen (Prosopinae), weltweit verbreitete Unterfam. primitiver, einzeln lebender Bienen mit rd. 600 etwa 5–20 mm langen (in der einzigen Gatt. ↑ Maskenbienen zusammengefaßten) Arten.

urbi et orbi [lat.], „der Stadt (Rom) und dem Erdkreis" (Bez. für den Segen, den der Papst v. a. zu Weihnachten und Ostern von der Loggia der Peterskirche aus der ganzen Welt spendet).

Urbild, in der *Biologie* ↑ Typus.
◆ in der *Mathematik* Bez. für das Objekt einer ↑ Abbildung, z. B. Urbildpunkt.

Urbino, italien. Stadt in den Marken, 485 m ü. d. M., 16 000 E. Kath. Erzbischofssitz; Univ. (gegr. 1506), Kunsthochschule; Galleria Nazionale delle Marche (v. a. Gemäldesammlung). - In der Antike **Urbinum Me-**

Urbino. Palazzo Ducale (1444 ff.)

Urbs vetus

taurense, Bischofssitz seit dem 6. Jh. bezeugt (1563 zum Erzbistum erhoben), fiel nach verschiedenen Besitzwechseln 756 durch die Pippinsche Schenkung an den Papst; wurde ab 1213, unter päpstl. Lehnshoheit stehend und 1443/74 zum Hzgt. erhoben, Mittelpunkt eines blühenden Staatswesens; 1631 direkt dem Kirchenstaat unterstellt. - Palazzo Ducale (1444 ff.), ein Meisterwerk der italien. Renaissance; Renaissancedom (1789 wiederaufgebaut); got. Kirche San Domenico (1362–65), Oratorio di San Giovanni Battista mit got. Fresken (1416).

Urbs vetus ↑ Orvieto.

Urchristentum (Urkirche), zusammenfassende Bez. für die ersten Christengemeinden, die seit dem Tod Jesu (etwa im Jahre 30) zunächst in Jerusalem bzw. Palästina, bald aber auch im angrenzenden syr. Raum und dann in zahlr. Städten v. a. Kleinasiens und Griechenlands bis hin nach Rom entstanden sind. Die *zeitl.* Grenze zum Beginn der folgenden sog. *altkirchl.* Epoche ist unbestimmt und fließend. Grob läßt sich das U. vielleicht eingrenzen auf die *ersten 70–100 Jahre* christl. Geschichte. - Obwohl das U. weder in Lehre und Ethik noch in Gemeindekonzeption und -struktur oder gottesdienstl. Praxis einheitl. war, sind in den urchristl. Gemeinden doch die für die spätere Kirche konstitutiven Prozesse in Gang gesetzt worden: 1. Mit dem Bekenntnis zur alleinigen Heilsmittlerschaft Jesu wurden die bisher im Judentum exklusiv geltenden Instanzen (Gesetz und Propheten, Tempel, Beschneidung) aufgehoben, die Trennung von der jüd. Tempelgemeinde, die Öffnung der Mission und die Gründung einer weltweiten Kirche aus Christen jüd. Herkunft (**Judaisten, Judenchristen**) und Christen heidn. Herkunft (**Heidenchristen**) vollzogen. Dieser Schritt geschah nicht ohne heftige Auseinandersetzungen (↑ auch Apostelderet). 2. Die missionar. Ausrichtung auf die „ganze (damals bekannte) Welt", das Röm Reich, dessen Kultur vom Hellenismus geprägt war, konnte nur Erfolg haben, wenn die aram. Sprache und das jüd. Denken zugunsten des Griech. (Koine) und des hellenist. Denkens zurücktraten. 3. Die Hellenisierung der Theologie führte zu radikalen Transformationen: Aus dem judenchristl. erhofften Heil für menschl. *Geschichte* („Reich Gottes") wurde eine Heilung der menschl. *Natur* („Vergöttlichung"). Die Rolle Jesu wurde also nicht mehr *geschichtl.* verstanden, sondern *seinshaft* als Vermittlung zw. Endl. und Unendl., zw. Mensch und Gott (Zweinaturenlehre). 4. Die Entwicklung des Christentums zu einer „Schriftreligion" begann (Anfänge der Entstehung des N. T.). 5. Die zentralen gottesdienstl. Formen, v. a. Taufe und Eucharistiefeier, wurden ausgebildet. 6. Die Erwartung des baldigen Eintretens von Weltende und Wiederkunft Christi (endzeitl. Naherwartung) trat zurück: Die Kirchen richteten sich „auf Dauer" ein. 7. Es wurde eine Reihe von Funktionen geschaffen, die v. a. den damaligen Erfordernissen der *Mission* (Apostolat), des *inneren Aufbaus* (Gemeindeunterweisung) und *sozialen Zwecken* (Diakonat) dienten. Später wurden *Ämter* erforderl., die die Kontinuität und Stabilität der Gemeinden auf lange Sicht gewährleisten konnten (Gemeindeleitung). Die Formen der Gemeindeleitung orientierten sich weithin an der kollegialen Leitung der jüd. Synagogen durch „Älteste" (Presbyter), ein eigtl. Bischofsamt entstand erst in nach-urchristl. Zeit.
📖 *Hengel, M.: Zur urchristl. Geschichtsschreibung. Calw* ² *1984. - Conzelmann, H.: Gesch. des U. Gött.* ⁵ *1983. - Theissen, G.: Studien zur Soziologie des U. Tüb.* ² *1983. - Kee, H. C.: Das frühe Christentum in soziolog. Sicht. Dt. Übers. Gött. 1982. - Kraft, H.: Die Entstehung des Christentums. Darmst. 1981.*

Urd ↑ Nornen.

Urdarm (Archenteron, Progaster), der die U.*höhle* (Gastrozöl) umschließende Entodermanteil der ↑ Gastrula, mit dem Urmund als Mündung nach außen. Der U. stellt die erste Anlage des späteren Darmtrakts bei den Vielzellern dar.

Urdbohne [Hindi/dt.] (Phaseolus mungo), vermutl. in Indien heim. und dort in vielen Sorten kultivierte Bohnenart mit 80–100 cm hohen, mit kurzen, braunen Haaren besetzten Stengeln; Blüten hellgelb, Hülsen etwa 7 cm lang, mit 7–10 meist schwarzen Samen.

Urdinger Linie, nördlichste Linie des ↑ rheinischen Fächers, die durch den Krefelder Stadtteil Uerdingen verläuft und bis zu der in der zweiten Lautverschiebung *-k* zu *-ch* (*ik* zu *ich*) verschoben wurde.

Urdu, zu den indoar. Sprachen gehörende offizielle Staatssprache Pakistans mit etwa 3,3 Mill. Sprechern in Pakistan und etwa 29 Mill. in Indien. Das U. ist in der Grammatik mit dem Hindi identisch, dagegen wird sein Wortschatz von arab.-pers. Lehnwörtern beherrscht; es wird in einer Variante der arab. Schrift geschrieben; seine Abgrenzung zum Hindustani ist fließend. - ↑ auch indische Sprachen.

Urea [griech.], svw. ↑ Harnstoff.

Urease [griech.], Enzym, das Harnstoff in Kohlendioxid und Ammoniak spaltet; kommt bes. in Samen und Pilzen sowie in Bakterien, Krebsen und marinen Muscheln vor. U. wird in der klin. Chemie zur quantitativen Bestimmung von Harnstoff in Blut und Harn verwendet.

Uredinales [lat.], svw. ↑ Rostpilze.

Ureide [griech.] (N-Acylharnstoffe), Verbindungen des Harnstoffs mit organ. Säuren, allg. Formel: $H_2N - CO - NH - CO - R$ (R Acylrest); wichtig sind die mit Dicarbonsäuren erhaltenen cycl. U., zu denen die Derivate der ↑ Barbitursäure gehören.

Urheberrecht

ureotelisch [griech.], Harnstoff als hauptsächl. Endprodukt des Eiweißstoffwechsels im Urin ausscheidend; von Tieren gesagt; z. B. sind Haie, terrestr. Lurche, einige Schildkröten, Regenwürmer und alle Säuger ureotelisch.

Urese [griech.], svw. Harnentleerung († Harn).

Urethane [Kw.], die Ester der Carbaminsäure, allg. Formel: $H_2N - CO - OR$; zahlr. U. haben Bedeutung als Schlaf- und Beruhigungsmittel sowie als Schädlingsbekämpfungsmittel. Durch Umsetzen mehrwertiger Isocyanate mit mehrwertigen Alkoholen erhält man die als Kunststoffe wichtigen † Polyurethane.

Urethra [griech.], svw. † Harnröhre.

Urethritis [griech.], svw. † Harnröhrenentzündung.

Urey, Harold Clayton [engl. 'juərɪ]. * Walkerton (Ind.) 29. April 1893, † La Jolla (Calif.) 6. Jan. 1981, amerikan. Chemiker. - Prof. in New York, Chicago und San Diego. U. arbeitete v. a. über Spektren und Molekülstruktur, über das Frühstadium der Planeten und die Uratmosphäre und über die Isotopentrennung (u. a. über die Gewinnung von schwerem Wasser und des Uranisotops U 235). Für seine Entdeckung des Wasserstoffisotops Deuterium (1931) erhielt er 1934 den Nobelpreis für Chemie.

Urfa, türk. Stadt in SO-Anatolien, 540 m ü. d. M., 206 400 E. Hauptstadt des Verw.-Geb. U.; Fleischwarenkombinat, Tabakverarbeitung, Landmaschinenwerk. - Bereits in altoriental. Zeit bed. Stadt; 333 v. Chr. von Alexander d. Gr. eingenommen (griech. **Orrhoe,** ab 304 v. Chr. **Edessa** nach der makedon. Hauptstadt); 132 v. Chr. bis 216 n. Chr. Hauptstadt des Reiches der Abgariden; im ausgehenden 2. Jh. wichtiges Zentrum des Christentums († Edessa); nach byzantin., zeitweise pers. Herrschaft, 1031 von den Arabern erobert (**Ar Ruha**); 1031 von Byzanz zurückerobert; 1098–1144/45 Zentrum eines Kreuzfahrerstaates; seit 1637 zum Osman. Reich. - In beherrschender Lage Reste einer Festung aus der Kreuzfahrerzeit (12. Jh.) mit 2 Säulen eines ehem. Baaltempels. Unterhalb der sog. Teich Abrahams mit hl. Karpfen; mehrere Moscheen.

Urfarne (Psilophytatae), im Devon verbreitete Klasse der Farnpflanzen mit der einzigen Ordnung † Nacktpflanzen. Die gabelig verzweigten, blatt- und wurzellosen U. sind die ältesten Landpflanzen.

Urfaust, älteste erhaltene Fassung von Goethes „Faust" († Faust, Johannes).

Urfé, Honoré d' [frz. yr'fe], * Marseille 11. Febr. 1568 (1567?), † Villefranche (Alpes-Maritimes) 1. Juni 1625, frz. Dichter. - Sein umfangreicher Schäferroman „L'Astrée" (1607–27) bildet den Höhepunkt der frz. Schäferdichtung.

Urfehde, urspr. der die Fehde beendigende Eid der Parteien (und deren Sippen), künftig Frieden zu halten. Im MA (z. T. bis ins 19. Jh.) auch Bez. für den eidl. Verzicht des Freigesprochenen oder Freigelassenen auf Rache gegenüber Ankläger und Gericht.

Urflügler (Urflüglerinsekten), Sammelbez. für einige ausgestorbene, vom Oberdevon bis Perm bekannte Ordnungen etwa 5–10 (maximal 40) cm langer, maximal 50 cm spannender Insekten; libellenähnl., schwerfällig fliegende Tiere mit starren, nicht zusammenlegbaren Flügeln, häufig unbewegl., flügelartigen Fortsätzen am Prothorax und entweder einem Saugrüssel zum Aufsaugen von Pflanzensäften oder einem kurzen Stechrüssel, der auf räuber. Lebensweise schließen läßt. - Die U. waren wahrscheinl. nicht die direkten Vorfahren der heutigen Insekten, sondern bildeten einen frühen Seitenzweig.

Urflut, andere Bez. für Sintflut.

Urfrösche (Leiopelmatidae), ursprünglichste Fam. der Froschlurche mit nur 4 bekannten, bis 5 cm langen, grau getönten Arten, davon 3 in Neuseeland und eine im nw. N-Amerika (*Schwanzfrosch,* Ascaphus truei); in höheren, kalten Gebirgslagen.

Urfttalsperre † Stauseen (Übersicht).

Urgebirge, veraltete Bez. für den kristallinen Untergrund der Erdkruste.

Urgemeinde, in der Kirchengeschichte Bez. für die aus Judenchristen († Urchristentum) bestehende Gemeinde von Jerusalem als die älteste Kirche. Sie löste sich in den Jahren 64–66 auf.

Urgentsch [russ. ur'gjɛntʃ], Hauptstadt des sowjet. Geb. Choresm in der Usbek. SSR, am unteren Amu-Darja, 116 000 E. PH, Theater; Seidenraupenzucht, Baumwollentkörnung, Weinkellerei, Hausbaukombinat.

Urgeschichte, ältester Abschnitt der Menschheitsgeschichte; seit den 1920er Jahren vielfach statt Vorgeschichte oder für deren ältere Abschnitte (Paläo- und Mesolithikum) verwendet.

Urgeschlechtszellen (Urkeimzellen, Urgenitalzellen), (diploide) Zellen der † Keimbahn, die schon zu Beginn der Keimesentwicklung vorhanden sind. Aus ihnen entwickeln sich Ursamen- bzw. Ureizellen und später die entsprechenden Keimzellen.

Urgestein, falsche Bez. für magmat. und metamorphe Gesteine.

Urheberrecht, in subjektiver Hinsicht das dem Urheber (*Autor, Verfasser*) eines Werkes der Literatur, Wissenschaft oder Kunst zustehende, gegen jedermann wirkende (absolute) Recht an seiner geistigen Schöpfung; in objektiven Sinn das im wesentlichen im Gesetz über Urheberrecht und verwandte Schutzrechte (Urheberrechtsgesetz) von 1965 geregelte Sonderrecht, das die U.schutz betreffenden Bestimmungen zusammenfaßt.

25

Urheberrecht

Bei der grenzüberschreitenden Wirkung geistiger Schöpfungen ist der **internat. Urheberrechtsschutz** von bes. Bedeutung. Das Fundament bildet die 1886 abgeschlossene ↑ Berner Übereinkunft, die für die BR Deutschland seit 1966 in Kraft ist. Da der Berner Union große Kulturnationen fernblieben, kam 1952 auf Betreiben der UNESCO das umfassendere *Welturheberrechtsabkommen* zustande, dem auch die USA und die Sowjetunion angehören. Weithin erreichtes Ziel dieser Abkommen ist es, dem Urheber, der einem der Mitgliedsstaaten angehört, in allen anderen Mitgliedsländern den gleichen U.schutz zu sichern wie deren eigenen Staatsangehörigen (Prinzip der Inländerbehandlung). Eine international wichtige Sonderregelung enthält das ↑Copyright in den USA.

Zu den geschützten Werken gehören v. a. die sog. *Sprachwerke*. Dieser Begriff umfaßt Reden und Vorträge einschl. Interviews, ferner literar. und wiss. Schriftwerke. Der Urheberschutz erstreckt sich auch auf Zeichnungen, Pläne, Karten, Tabellen und plast. Darstellungen. Geschützt sind ferner die Werke der Musik, der Pantomime und der Tanzkunst (Choreographie). Zu den geschützten Werken der bildenden Kunst gehören auch Baukunst und Kunstgewerbe (Modeschöpfungen). Selbständig geschützt werden auch Werke der Photographien und sonstige Lichtbildwerke sowie Film- und Fernsehwerke. Voraussetzung des Schutzes ist in allen Fällen, daß eine selbständige geistige Schöpfung vorliegt, die auch in der Bearbeitung eines fremden Werkes (z. B. Übersetzung) bestehen kann. Gewisse wichtige Leistungen im kulturellen Bereich werden auch geschützt, obwohl keine selbständige geistige Schöpfung vorliegt. Ein solches *Leistungsschutzrecht* steht insbes. dem ausübenden Künstler zu, aber auch z. B. Theater- und Konzertveranstaltern, Schallplatten- und Tonbandherstellern.

Der Schutz des *geistigen Eigentums* (Eigentum an den eigenen geistigen Schöpfungen) sichert die ideellen und materiellen Interessen des Urhebers. Zu den ideellen Interessen gehört der Anspruch des Urhebers auf allg. Anerkennung seiner Urheberschaft am Werk sowie das sog. *Veröffentlichungsrecht*, wonach er allein darüber bestimmt, ob, wann und in welcher Form sein Werk der Öffentlichkeit zugänglich gemacht wird. Auch kann er jede Entstellung seines Werkes durch Einspruch verhindern. Im Mittelpunkt der materiellen Interessen des Urhebers steht sein alleiniges *Verwertungsrecht* am Werk in Form der Vervielfältigung, Verbreitung und Ausstellung. Vervielfältigung ist auch die Übertragung des Werkes auf Bild- oder Tonträger (Tonbänder, Kassetten). Bei Verwertung des Werks in unkörperl. Form (z. B. Rundfunksendung) beschränkt sich das Recht des Autors auf die öffentl. Wiedergabe des Werkes, so daß dessen Wiedergabe im privaten Kreis (z. B. Vorlesen) frei ist. Das Recht der öffentl. Wiedergabe des Werks umfaßt neben dem Senderecht insbes. das Aufführungs- und Vorführungsrecht sowie die Wiedergabe durch Bild- und Tonträger (Verfilmungsrecht). Das Verwertungsrecht des Autors erstreckt sich auch auf Bearbeitungen oder Umgestaltungen des Werkes (z. B. Übersetzungen, Verfilmungen). Von der rechtlich abhängigen Bearbeitung zu unterscheiden ist der geistig unabhängige (sog. „freie Benutzung") eines Werkes, zu der die Zustimmung des Schöpfers des Originalwerks nicht erforderlich ist.

Dem Urheber verbleibt, auch wenn er das Original aus der Hand gibt, stets das Recht des Zugangs zum Original. Der bildende Künstler besitzt außerdem das sog. *Folgerecht*, d. h. eine 5%ige Beteiligung am Erlös, den später ein Kunsthändler oder sonstiger Vermittler beim Weiterverkauf des Werkes erzielt. Dem Folgerecht des bildenden Künstlers entspricht die sog. „*Bestsellerklausel*", wonach ein Autor vom Verleger seines Werkes nachträglich eine angemessene Beteiligung am Ertrag des Werkes verlangen kann, wenn das urspr. vereinbarte Honorar in grobem Mißverhältnis zum tatsächlichen Ertrag steht. Ein Urheber ist vielfach weder willens noch in der Lage, die Rechte selbst auszuwerten. Hier greift die Vermittlungsfunktion des *Verlegers* ein, dem der Autor durch den Verlagsvertrag sein Werk gegen ein zu vereinbarendes Honorar zur Vervielfältigung und Verbreitung überläßt. Will der Autor dem Vermittler nicht das ganze, sondern nur ein begrenztes Werknutzungsrecht überlassen, so räumt er ihm statt des umfassenden Verlagsrechts eine begrenzte Nutzungserlaubnis, die sog. *Lizenz*, ein. Neben den Verlegern sind als Helfer und Vermittler bei der Verwertung von Urheberrechten vor allem die sog. ↑Verwertungsgesellschaften tätig.

Die *Schranken des U.* ergeben sich aus der Sozialbindung des Eigentums. Die wohl wichtigste Schranke ist die *zeitl. Begrenzung.* Nach dem Ablauf einer Schutzdauer von 70 Jahren, gerechnet vom Ende des Todesjahres des Urhebers, wird sein Werk gemeinfrei. Eine verkürzte Schutzdauer von 25 Jahren gilt u. a. für Werke der Photographie, für das Leistungsschutzrecht des ausübenden Künstlers und für Funksendungen. Zwar ist das U. als solches nicht übertragbar, seine Vererbung ist aber unbeschränkt möglich. - Eine weitere Einschränkung muß sich das Ausschließlichkeitsrecht des Urhebers im Interesse der allg. *Informationsfreiheit* gefallen lassen. Bei öffentl. Reden und Vorträgen, insbes. im Parlament und vor Gericht, besteht weitgehend Wiedergabefreiheit. Auch sind Presse, Film und Funk bei der Bild- und Tonberichterstattung über Tagesereignisse von einer Rücksichtnahme auf etwaige U. befreit. - Zugunsten der Erziehung und Bildung können bei Schulbüchern und sonstigen Sammlungen für den Schul- und Kirchengebrauch Entnahmen aus geschützten Werken ohne Zustimmung des Autors gemacht werden. Privilegiert sind Konzerte und Aufführungen in Schulen und Kirchen (*Aufführungsfreiheit*). Bedeutsam ist auch die Wiedergabefreiheit von Werken (Denkmälern, Bauwerken) auf öffentl. Straßen und Plätzen. - Dem Interesse der Wissenschaft trägt das Prinzip der *Zitierfreiheit* Rechnung. Bei allen Zitaten ist stets eine deutl. Quellenangabe erforderlich. Das Ausschließlichkeitsrecht des Urhebers muß dem Interesse der Allgemeinheit auch bei der Anfertigung von Photokopien und bei der sog. Tonbandüberspielung weichen, sofern derartige Entnahmen nur zum eigenen bzw. persönl. Gebrauch erfolgen. - Schließlich findet das U. seine Schranke am Recht der durch das Werk des Autors betroffenen Persönlichkeit. Geschütztes *Persönlichkeitsrecht* ist insbes. das Recht am eigenen Bild bzw. am Lebensbild. Unzulässig ist die ungenehmigte Anfertigung und Verbreitung eines Personenbildnisses oder der unerlaubte Eingriff in ein fremdes Lebensbild (*Schlüsselroman*). Eine begrenzte Ausnahme besteht bei Bildnissen aus dem „Bereich der Zeitgeschichte".

Soweit die Rechte des Urhebers reichen, sind sie durch einen umfassenden zivil- und strafrechtl. Schutz gesichert. Die Verletzung geschützter U. gilt als unerlaubte Handlung im Sinne des bürgerl. Rechts mit sich daraus ergebenden Rechtsfolgen (Ansprüche auf Unterlassung, Beseitigung und Schadenersatz). Der Urheber kann materiellen und immateriellen Schadenersatz verlangen. Zusätzlich gewährt das U. Ansprüche auf Auskunftserteilung und Rechnungslegung sowie auf Vernichtung widerrechtlich hergestellter Vervielfältigungsstücke und der dazu benutzten Herstellungseinrichtungen (z. B. Druckplatten, Matrizen). Die letzte Änderung des Urheberrechtsgesetzes vom 24. 6. 1985 brachte u. a. die Einführung einer Ausgleichsabgabe für Vervielfältigungsgeräte.

📖 *Hubmann, H.: Urheber- u. Verlagsrecht. Mchn.* [5]*1984.*

Urhuftiere (Protungulata), seit der Oberkreide bekannte, mit Ausnahme des Erdferkels ausgestorbene Überordnung kleiner bis sehr großer Säugetiere, deren Zehenendglieder bei primitiven Formen bekrallt waren, bei höherentwickelten Tieren dagegen hufähnl. Bildungen aufwiesen. Von den vielen ausgestorbenen Ordnungen lebten vom Paläozän bis Oligozän die *Condylarthra*, primitive, kurzbeinige Tiere von raubtierhaftem Gesamtgepräge, aus denen sich stammesgeschichtl. aus zwei Seitenzweigen die ↑ Unpaarhufer und ↑ Paarhufer entwickelt haben.

Uri, zentralschweizer. Kt., 1 076 km², 33 500 E (1986), Hauptort Altdorf (UR). U. umfaßt im wesentl. das Flußgebiet der Reuß vom Urserental bis zum Urner See. Seit jeher ist der Durchgangsverkehr auf der Gotthardroute eine wichtige wirtsch. Basis des Kantons. Die Landw. ist auf Viehhaltung ausgerichtet; Ind. findet sich fast ausschließl. im Raum Altdorf (UR); bed. Fremdenverkehr. **Geschichte:** Das Gebiet des heutigen Kt. wurde 853 von König Ludwig (II.), dem Deutschen, dem Kloster Fraumünster in Zürich geschenkt. Seine überragende Bed. gewann das Gebirgstal durch die Erschließung des Passes über den Sankt Gotthard (vor 1230). Die Talleute machten die Übertragung der Reichsvogtei an den Grafen von Habsburg rückgängig und erhielten vom Kaiser 1231 die Reichsfreiheit (1274 erneut garantiert). Gegen die Gefahr eines geschlossenen habsburg. Territoriums vom Elsaß bis zum Gotthard schlossen sich U., Schwyz und Unterwalden 1291 zusammen. U. erwarb 1317 die Reichsvogtei Urseren, nahm 1402 zus. mit Obwalden das Valla Leventina in sein Landrecht auf. Die Reformation konnte in U. nicht Fuß fassen. 1798 wurde U. dem Kt. Waldstätten zugeteilt, entstand aber 1803 neu. Nahm am kath. Sonderbund (1845-47) teil. 1928 wurde die Landsgemeinde abgeschafft und durch Urnenabstimmung ersetzt.

Verfassung: Nach der Verfassung vom 6. Mai 1888 liegt die Exekutive beim vom Volk auf 4 Jahre gewählten Regierungsrat (7 Mgl.). Die Legislative bilden der vom Volk auf 4 Jahre gewählte Landrat (64 Mgl.) und das Volk selbst. Frauenstimm- und Wahlrecht seit 1971.

📖 *U. Land am Gotthard.* Hg. v. M. Oechslin u. H. Dahinden. *Zürich 1965.*

Uria (Urija, Urias), hethit. Offizier im Heer Davids, dessen Frau ↑ Bathseba David verführt, der U. durch einen Brief (**Uriasbrief**) an die vorderste Front einer Schlacht schickt, damit er den Tod finde (2. Sam. 11).

Uriel [...i-ɛl], männl. Vorname hebr. Ursprungs, eigtl. „Mein Licht ist Gott".

Uriel [...i-ɛl], häufiger Engelname in der jüd.-christl. Tradition.

urikotelisch [griech.], Harnsäure als hauptsächl. Endprodukt des Eiweißstoffwechsels ausscheidend; von Tieren gesagt; Insekten, Tausendfüßer, Eidechsen, Schlangen und Vögel sind urikotelisch.

Urin [lat.], svw. ↑ Harn.

Urinsekten (Flügellose Insekten, Apterygoten, Apterygota), zusammenfassende Bez. für die ursprünglichsten und ältesten Ordnungen primär flügelloser, in ihrer Individualentwicklung kein bes. Larvenstadium durchlaufender Insekten: Doppelschwänze, Beintastler, Springschwänze, Borstenschwänze.

Uris, Leon [Marcus] [engl. 'jʊərɪs], * Baltimore 3. Aug. 1924, amerikan. Schriftsteller. - Verf. zeitgeschichtl. polit. Romane; der mit Elementen der Reportage versehene Roman

Urkantone

"Exodus" (1958) schildert die Entstehung des Staates Israel. Der Familienroman „Trinity" (1976) behandelt Aspekte ir. Geschichte im 19./20. Jahrhundert. - *Weitere Werke:* Schlachtruf oder Urlaub bis zum Wecken (1955), Topas (1967), QB VII. Ein Prozeß erregt die Welt (1970), Haddsch (R., 1984).

Urkantone, die 3 ersten Kantone der Schweizer. Eidgenossenschaft (Schwyz, Uri und Unterwalden), die 1291 den „Ewigen Bund" schlossen.

Urkeimzellen, svw. †Urgeschlechtszellen.

Urkilogramm, Bez. für das Normal († Normale) der Masseneinheit Kilogramm, das beim Bureau International des Poids et Mesures in Sèvres bei Paris aufbewahrt wird: Ein Zylinder aus Platin-Iridium von etwa 39 mm Durchmesser und 39 mm Höhe. - †auch Meterkonvention.

Urkirche, svw. †Urchristentum.

Urknall (Big Bang) †Kosmologie.

Urkommunismus (Urgesellschaft), in der Theorie des histor. Materialismus früheste Gesellschaftsformation, die kein Privateigentum, keine Ausbeutung, keine Klassen, keinen Staat sowie keine Mehrwertproduktion kannte und sich vom Kommunismus durch die Tatsache unterscheidet, daß in ihm noch keine Notwendigkeit zu gesellschaftl. organisierter Arbeit bestand. Die Bev. des U. soll sich in Familien- und Stammesverbände gegliedert haben, in denen zuerst die Frauen, solange noch die Hauswirtschaft vorherrschende Bed. hatte und Gruppenehe existierte (Periode des *Matriarchats* mit Abstammungszählung in weibl. Linie und mütterl. Erbrecht), mit der Entwicklung von Ackerbau und Viehzucht jedoch die Männer (Periode des *Patriarchats* mit männl. Abstammungszählung und väterl. Erbrecht) dominierten.

Urkunde, 1. im *Zivilrecht* jede in Schriftform verkörperte Gedankenerklärung. *Öffentl. U.* ist die von einer öffentl. Behörde innerhalb der Grenzen ihrer Amtsbefugnisse oder von einer mit öffentl. Glauben versehenen Person (z. B. Gerichtsvollzieher, Notar) innerhalb des ihr zugewiesenen Geschäftskreises in der vorgeschriebenen Form aufgenommene Urkunde. Sie begründet vollen Beweis des durch die Behörde oder die Urkundsperson beurkundeten Vorgangs (formelle Beweiskraft, §415 ZPO). *Privat-U.* ist jede nicht öffentl. Urkunde; ist sie vom Aussteller unterschrieben, so begründet sie vollen Beweis dafür, daß die in ihr enthaltene Erklärung vom Aussteller abgegeben ist. *Vollstreckbare U.* ist die von einem Notar aufgenommene U. über bestimmte Ansprüche (solche, die im Urkundenprozeß geltend gemacht werden können), wegen derer sich der Schuldner der sofortigen Zwangsvollstreckung unterworfen hat. *Unechte U.* ist eine U., die den Anschein erweckt, von einer anderen Person als dem wirklichen Hersteller herzurühren. U. sind Beweismittel im Sinne der ZPO. Beim **Urkundenbeweis** wird der Beweis durch *echte Urkunden,* d. h. solche, die von demjenigen herrühren, den der Beweisführer als Aussteller benennt, geführt. Im Zivilprozeß genügt die Vorlage der U.; im Strafprozeß hingegen ist ihre Verlesung erforderlich. Im **Urkundenprozeß,** ein beschleunigtes summarisches Zivilverfahren, wird ein Anspruch geltend gemacht, der die Zahlung einer bestimmten Geldsumme oder die Leistung einer bestimmten Menge anderer vertretbarer Sachen oder Wertpapiere zum Gegenstand hat. Die zur Begründung des Anspruchs erforderl. Tatsachen müssen sämtl. durch U. bewiesen werden können. In der Klageschrift muß der Prozeß als U.prozeß bezeichnet werden. Ein Sonderfall des U.prozesses ist der Wechsel- und Scheckprozeß.

2. Im *Strafrecht* ist U. eine verkörperte Gedankenerklärung, die allg. oder für Eingeweihte verständlich ist, den Aussteller erkennen läßt und zum Beweis einer rechtlichen erhebl. Tatsache geeignet und bestimmt ist (z. B. der Grenzstein, das amtl. Kraftfahrzeugkennzeichen). Wer eine unechte Urkunde herstellt, eine echte U. verfälscht (Veränderung der Gedankenerklärung) oder eine unechte oder verfälschte U. zur Täuschung im Rechtsverkehr gebraucht, wird wegen Urkundenfälschung mit Freiheitsstrafe bis zu 5 Jahren oder mit Geldstrafe bestraft (§ 267 StGB). Die **Wertzeichenfälschung** (Fälschung amtl. Wertzeichen, die keine U., sondern bloße Zahlungsmittel sind, wie z. B. Briefmarken) unterliegt der gleichen Strafdrohung nach § 148 StGB.

Im *öster.* und *schweizer. Recht* gilt im wesentl. dem dt. Recht Entsprechendes.

📖 Kienapfel, D.: Urkunden u. a. Gewährschaftsträger. Ffm. 1979. - Kienapfel, D.: Urkunden im *Strafrecht.* Ffm. 1967.

♦ (lat. instrumentum, privilegium; mittelhochdt. brief, handveste) in der Urkundenlehre ein schriftl. unter Beachtung bestimmter Formen angefertigtes Zeugnis rechtl. Natur. Die Urkundenlehre (**Diplomatik**) unterscheidet je nach *rechtl. Geltung* Geschäfts- und Beweis-U., nach ihrem *Aussteller* Königs-, Papst- und Privat-U. (zu letzteren zählen auch die U. der Städte und Landstände) sowie nach dem *Inhalt* zw. (feierlichem) Diplom und Mandat.

Die bes. feierl. Verfügung des Ausstellers ist das Diplom, das nach streng formalen Gesichtspunkten gegliedert ist. Seine wesentl. Teile sind:

1. **Protokoll,** das als Eingangsabsatz in die U. einführt. Es besteht aus *Invocatio* (Anrufung Gottes verbal bzw. symbol. durch Zeichen *[Chrismon], Intitulatio* (Name und Titel des Ausstellers), *Inscriptio* (Empfänger) mit *Salutatio* (allg. Grußformel) und *Arenga*

(allg. Begründung für die Ausstellung der U. z. B. ... „die veränderten Zeiten" ...). 2. **Text (Kontext)** mit *Promulgatio* (Verkündungsformel [... „geben kund und tun zu wissen" ...]), *Narratio* (Erzählung der einzelnen Umstände, die die Ausfertigung der U. veranlaßten), *Dispositio* (Inhalt der Rechtshandlung), *Sanctio* (Poenformel, Strafandrohung bei Zuwiderhandlung), *Corroboratio* (Angabe eines Beglaubigungsmittels [z. B. ... als Beweis setzen wir unser Siegel ...]). 3. *Eschatokoll* (Schlußprotokoll) mit *Subscriptio* (Unterschriften, Nennung der Zeugen) und *Datierung* (Datum und Ort der Ausstellung).

U. können im Original oder in nichtoriginaler Überlieferung überliefert sein. Letztere lassen sich einteilen in Schriftstücke mit und ohne Rechtskraft. Die Stücke mit Rechtskraft sind v. a. jene, in denen der Aussteller oder sein Nachfolger die von ihm gegebene U. später bestätigt oder erneuert, z. B. weil ein Nachfolger erst durch die Erneuerung den Inhalt der U. als für sich bindend anerkennt. Meist geschah die Erneuerung dadurch, daß der neue Aussteller den Text des Originals seiner eigenen U. wörtl. einfügt (**Insertion**); dieses sog. *Transsumpt* hat die gleiche Rechtskraft wie das Original. Nichtoriginale U. ohne Rechtskraft dienten ledigl. den internen Zwecken des Ausstellers, Empfängers oder Besitzers der Urkunde.

Die Kanzlei des Ausstellers hielt den Inhalt der U. häufig in Registern fest, die den Text in gekürzter Form wiedergeben. Die *Beglaubigung* der U. war wesentl. für deren Rechtskraft; wesentl. Formen der Beglaubigung ma. U. waren 1) das Chirograph, bei dem der Urtext auseinandergeschnitten wurde, wobei auf die Schnittlinie vorher ein Kennwort geschrieben wurde (z. B. Chirographum); jeder Partner erhielt einen Teil der U., der Echtheitsbeweis wurde durch Aneinanderlegen geführt; 2) die Aufbewahrung an öffentl. Stelle (Hinterlegung; heute noch üblich z. B. bei testamentar. Verfügungen) bzw. die Registrierung des Rechtsgeschäfts in den Stadtbüchern; 3) das Notariatsinstrument, das von einem öffentl. bestellten Urkundenschreiber (Notar) in streng geregelten Formen ausgefertigt wurde. Die gleiche Beweiskraft wie das Notariatsinstrument hatte der im Notariatsregister eingetragene Entwurf (**Imbreviatur**).

📖 Fichtenau, H.: *Das U.wesen in Österreich vom 8. bis zum frühen 13. Jh. Wien 1971.* - Santifaller, L.: *U.forschung. Köln u. Darmst.* ³1968. - Bresslau, H.: *Hdb. der U.lehre f. Deutschland u. Italien. Bln. u. New York* ⁴1968-69. 2 Bde.; Reg.-Bd. Bearb. v. Hans Schulze. Ebd. 1960. - Tessier, G.: *La diplomatique. Paris 1952.*

Urkundenbeweis ↑ Urkunde (Zivilrecht).

Urkundenfälschung, Mißbrauch der Beurkundungsform zur Täuschung im Rechtsverkehr. - ↑ Urkunde (Strafrecht).

Urkundenlehre (Diplomatik), histor. Hilfswiss., deren Aufgabe die krit. Bestimmung des Wertes von Urkunden als histor. Zeugnisse ist, d. h. v. a. die Echtheit oder Unechtheit feststellt. Wesentl. Kriterien für die Echtheit sind Untersuchung der Schrift (gibt den Hinweis auf eine Kanzlei) und des Siegels bei einer Originalurkunde, der Diktatvergleich (Stil) bei einer Kopialüberlieferung. Die U. wurde durch J. Mabillon („De re diplomatica", 1681) begründet; in Deutschland wurde sie v. a. durch das wiss. Programm der „Monumenta Germaniae historica" gefördert.

Urkundenprozeß ↑ Urkunde (Zivilrecht).

Urkundsbeamter, Beamter des gehobenen oder mittleren Dienstes, der bei der Geschäftsstelle eines Gerichts tätig ist, z. B. prozessuale Erklärungen beurkundet, Ladungen und Zustellungen bewirkt, Verhandlungsprotokolle sowie Akten und Register führt.

Urlaub, von Berufspflichten freier, der Erholung dienender Zeitraum, insbes. die dem Arbeitnehmer bei Fortzahlung des Arbeitsentgelts *(U.entgelt)* zu gewährende Arbeitsbefreiung *(Erholungsurlaub)*. Rechtl. geregelt ist der U. im Mindesturlaubsgesetz für Arbeitnehmer *(Bundesurlaubsgesetz* [BUrlG]) vom 8. 1. 1963 sowie in zahlr. Sondervorschriften, v. a. auch in Tarifverträgen.

Der Anspruch auf U. besteht grundsätzl. für alle Arbeiter und Angestellten sowie für die zu ihrer Berufsausbildung Beschäftigten. Der U. beträgt jährl. mindestens 18 Werktage *(Mindesturlaub)*. Dabei sind Werktage im Sinne dieser Vorschrift alle Kalendertage, die nicht Sonn- oder gesetzl. Feiertage sind. Der volle U.anspruch entsteht nach Ablauf einer *Wartezeit* von sechs Monaten. Erwirbt ein Arbeitnehmer keinen vollen U.anspruch, z. B. weil er die Wartezeit nicht mehr in dem Kalenderjahr erfüllt oder vor erfüllter Wartezeit aus dem Arbeitsverhältnis ausscheidet, so hat er Anspruch auf *Teil-U.* als ein Zwölftel des Jahres-U. für jeden vollen Monat des Bestehens des Arbeitsverhältnisses. - Bei der zeitl. Festlegung des U. sind die Wünsche des Arbeitnehmers zu berücksichtigen. Davon und von der Vorschrift, daß der U. zusammenhängend zu gewähren ist, darf nur in begründeten Ausnahmefällen, insbes. wegen dringender betriebl. Belange, abgewichen werden. Auch eine Übertragung des U. auf das nächste Kalenderjahr ist nur in diesem Fall statthaft; der U. muß dann bis spätestens Ende März genommen werden. Eine finanzielle Abgeltung des U.anspruchs darf nur erfolgen, wenn der U. wegen Beendigung des Arbeitsverhältnisses ganz oder teilweise nicht mehr gewährt werden kann. Das vor Antritt des U. auszuzahlende U.entgelt bemißt sich nach dem durchschnittl. Arbeitsverdienst des Arbeitnehmers in den letzten 13 Wochen vor Beginn

Urlaubsgeld

des Urlaubs. Während des U. darf der Arbeitnehmer keine dem U.zweck der Erholung widersprechende Erwerbstätigkeit leisten. Durch ärztl. Zeugnis nachgewiesene Krankheitstage während des U. werden auf den Jahres-U. nicht angerechnet. - Der *U. für Beamte* ist im Bundesbeamtengesetz (§ 89) geregelt. Danach steht dem Beamten alljährl. ein Erholungs-U. unter Fortgewährung der Dienstbezüge zu, dessen Dauer nach Besoldungsgruppen und Lebensalter verschieden geregelt ist.
In *Österreich* ist der U. im Arbeiterurlaubsgesetz und im Angestelltengesetz sowie in zahlr. anderen Vorschriften mit je nach Beruf und Beschäftigungsdauer unterschiedl. großem U.anspruch geregelt. - In der *Schweiz* ist der Anspruch der Arbeitnehmer auf U. im OR im Zusammenhang mit den Vorschriften über den Arbeitsvertrag als Anspruch auf Ferien geregelt. In den Kantonen bestehen weitergehende, unterschiedl. Regelungen.

Urlaubsgeld, 1. svw. Urlaubsentgelt (↑Urlaub); 2. zusätzl. zum Urlaubsentgelt gewährter Betrag, der dem Arbeitnehmer die Finanzierung seiner mit dem U. verbundenen bes. Ausgaben (v. a. für eine Urlaubsreise) ermöglichen soll. Das z. T. in Tarifverträgen oder in Betriebsvereinbarungen vereinbarte U. steht meist in einer bestimmten Relation zum Lohn bzw. Gehalt.

Urlaubsplan, Übersicht über die Verteilung des Jahresurlaubs der einzelnen Arbeitnehmer. Bei der Aufstellung des U. ist auf die persönl. Wünsche der einzelnen Arbeitnehmer Rücksicht zu nehmen. Die Aufstellung des U. unterliegt dem Mitbestimmungsrecht des Betriebsrats. Kommt zw. Arbeitgeber und Betriebsrat keine Einigung über den U. oder über die zeitl. Lage eines Urlaubs zustande, so entscheidet die Einigungsstelle.

Urmaß ↑Normale.

Urmensch, in vielen Religionen verbreitete Vorstellung von einem ersten Menschen, der u. a. als Ahnherr der gesamten Menschheit (z. B. Adam im A. T.), als kosm. Herrscher einer paradies. Urzeit (in der iran. Königsideologie) oder als Sohn des Lichtkönigs (in der Gnosis) gedacht werden kann.

Urmenschen (Australopithecinae), eine afrikan. Hominidengruppe (↑Mensch).

Urmeter, Bez. für das Normal (↑Normale) der Längeneinheit Meter, das beim Bureau International des Poids et Mesures in Sèvres bei Paris aufbewahrt wird: Ein aus einer Legierung aus 90 % Platin und 10 % Iridium bestehender Stab mit X-förmigem Querschnitt; auf der Mittelfläche sind nahe den Enden je drei feine Striche eingraviert, wobei der Abstand der mittleren Striche die Länge des Meters darstellt. - ↑auch Meterkonvention.

Urmia (früher Resaijje), iran. Stadt westl. des Urmiasees, 164 000 E. Hauptstadt des Verw.-Geb. Aserbaidschan-West; Sitz eines chaldäischen Metropoliten; Inst. für Bodenkultur; landw. Handelszentrum. - Freitagsmoschee (vermutl. vor 1277).

Urmiasee, abflußloser Salzsee mit unterschiedl. Wasserstand in NW-Iran, zw. 3 900 und 5 900 km^2, damit größter See des Landes, 1 275 m ü. d. M., etwa 6 m tief.

Urmotten (Micropterygidae), in den gemäßigten Klimaten weit verbreitete Fam. sehr urspr. Schmetterlinge mit kauenden Mundwerkzeugen; einheim. sind sieben Arten mit etwa 7–10 mm spannenden, goldvioletten oder bronzefarbenen, im Flug miteinander gekoppelten Flügeln; Imagines Pollenfresser, Larven fressen sich zersetzende Pflanzenteile.

Urmund (Prostoma, Blastoporus), bei der Gastrulation sich ausbildende, in den ↑Urdarm führende Öffnung. Je nachdem, ob der U. zum definitiven Mund oder zum After wird, unterscheidet man ↑Protostomier und ↑Deuterostomier.

Urmundtiere, svw. ↑Protostomier.

Urnammu (Ur-Nammu), neusumer. König (unabhängig 2047–30). - Gründer der 3. Dyn. von Ur; schuf von Ur aus ein zentral verwaltetes Reich in Babylonien und ermöglichte durch Sicherung der Fernhandelswege vom Pers. Golf nach Syrien dessen wirtsch. Aufschwung.

Urnen [lat.], Gefäße aus Metall oder Ton, urspr. wohl zur Aufnahme der Wegzehrung für den Toten, dann zur Aufnahme des Leichenbrandes. Bestattung in U. war in vorgeschichtl. Zeit bes. typ. für die Urnenfelderkulturen. Vorgeschichtl. Sonderformen: ↑Gesichtsurnen, ↑Hausurnen.

Urnenfelderkulturen, Bez. für vorgeschichtl. Kulturgruppen, die die Leichenbrände ihrer Toten in Urnen bergen und diese zu größeren Feldern (Friedhöfen) zusammenstellen. U. i. w. S. finden sich bereits im Neolithikum, sie sind jedoch bes. typ. für die **Urnenfelderzeit** (13.–8. Jh.; späte Bronzezeit), in regional unterschiedl. Ausprägung von O-Europa bis W-Europa verbreitet (z. B. Lausitzer Kultur), grundlegend für die Hallstattkultur. Hinter der weiträumigen Verbreitung von verschiedenen Keramikformen, Bronzen (wie Schwerter, Messer, Schutz- und Trutzwaffen, Kultgeräte) und Symbolgut wurden von der älteren Forschung ethn. einheitl. Träger (Illyrer) und die Ausbreitung von einem Zentrum (Lausitz) aus angenommen (**Urnenfelderkulturbewegung**).

Urnengräber, Gräber mit Bestattungen in Urnen.

Urner See, zw. der Reußmündung und Brunnen gelegener sö. Teil des ↑Vierwaldstätter Sees.

Urobilin [griech./lat.] (Mesobilin) ↑Gallenfarbstoffe.

Urobilinogen [griech./lat./griech.], svw. Mesobilirubinogen (↑Gallenfarbstoffe).

Urochrom [...'kro:m; griech.], Bez. für den gelben Farbstoff des normalen Harns; er enthält v. a. Polypeptidverbindungen sowie Abbauprodukte des Hämoglobins.

Urodela (Urodelen) [griech.], svw. ↑Schwanzlurche.

urogenital [griech./lat.], die Harn- und Geschlechtsorgane betreffend, zu ihnen gehörend.

Urogenitalsystem (Urogenitaltrakt, Harn-Geschlechts-Apparat), zusammenfassende Bez. für zwei bei den Wirbeltieren (einschl. Mensch) morpholog.-funktionell miteinander verknüpfte Organsysteme, das der Exkretion und das für die Geschlechtsprodukte. Eine direkte Verbindung zw. den beiden Systemen besteht jedoch nur im ♂ Geschlecht bei der Bildung des Nebenhodens aus der Urniere und beim Funktionswechsel des Urnierengangs zum Samenleiter, bei den Säugern (einschl. Mensch) auch hinsichtl. des Harn-Samen-Leiters.

Urolithe [griech.], svw. ↑Harnsteine.

Urologie [griech.], Wiss. und Lehre vom Bau, von der Funktion und den Krankheiten der Harnorgane. Der Facharzt für U. heißt **Urologe**.

Uronsäuren [griech./dt.], sich von den Monosacchariden durch Oxidation der endständigen Alkoholgruppe ableitende organ. Säuren. In der Natur treten z. B. die Glucuronsäure und die Galakturonsäure auf.

Uropoese [griech.], svw. Harnbildung (↑Harn).

Urotropin ⓦ [Kw.], Handelsbez. für ↑Hexamethylentetramin.

Urozeane, Kernräume der Erde, die seit präkambr. Zeit vom Meer bedeckt waren.

Urpassat ↑Passate.

Urphar ['urfar] ↑Wertheim.

Urpilze (Archimycetes), veraltete systemat. Bez. für eine Klasse der ↑Schleimpilze.

Urproduktion, im Ggs. zur Be- und Verarbeitung von Rohstoffen und Zwischenprodukten die Gewinnung materieller Güter unmittelbar aus der Natur, wobei unter Natur die gesamte naturgegebene Ausstattung eines Wirtschaftsraumes mit bestimmten Bodenqualitäten, Klima, Bodenschätzen, Fauna und Flora zu verstehen ist (z. B. Land- und Forstwirtschaft, Bergbau).

Urrassen, svw. ↑Primitivrassen.

Urraubtiere (Kreodonten, Creodonta), ausgestorbene, von der Oberkreide bis zum Miozän bekannte Ordnung primitiver Säugetiere mit raubtierartig differenziertem Gebiß; entweder Insektenfresser (kleinere Arten) oder Raubtiere und Aasfresser von Fuchs- bis Wolfgröße; letztere räuberisch lebend, mit Brechscherengebiß, das jedoch im Unterschied zu dem der heutigen Raubtiere nur aus Backenzähnen gebildet war. Auch die klauenförmig ausgebildeten Zehenendglieder sind von jenen der heute lebenden Raubtiere

Urne aus der Umgebung von Sopron (um 700 v. Chr.)

Urnenfelderkulturen. Plattenfibel (um 1100 v. Chr.). München, Staatliche Antikensammlungen

so verschieden, daß dieser Säugetierstamm nicht als deren direkte Vorfahren gelten kann. Aus ihm hat sich im nordamerikan. und europ. Paläozän und Eozän ein Seitenzweig entwickelt (*Miacidae*; kleine bis mittelgroße, langschwänzige Fleischfresser), der bezügl. des Brechscherengebisses und der Krallenglieder mit den heutigen Raubtieren übereinstimmt.

Urringelwürmer (Archiannelida), Ordnung meist 0,3–10 mm langer (maximal 10 cm messender) Ringelwürmer (Klasse Vielborster), v. a. im Sandlückensystem der Meere; in ihrer Organisation larvenartig stark vereinfachte Tiere mit homonomer Körpergliederung, völlig und weitgehend reduzierten Parapodien (lappenartige Stummelfüße) und Borsten sowie stark vereinfachtem Nerven- und Blutgefäßsystem; bewegen sich (mit Ausnahme der wenigen größeren Arten) durch Wimperschlag fort.

Urs (Ursus), männl. Vorname (zu lat. ursus „der Bär").

Ursache, in der philosoph. Tradition svw. ↑Causa. - Als U. wird im allg. das verstanden, was einen Gegenstand oder ein Ereignis (die Wirkung) hervorbringt und von dem aus der

Gegenstand oder das Ereignis erklärt werden kann. Bed. sind neuere handlungstheoret. Untersuchungen, in denen vom Begriff der Handlung und des Experiments her eine Klärung der verschiedenen Verwendungsweisen von „U. und Wirkung" in den Wiss. versucht wird. - ↑auch Kausalität.

Ursa Maior ↑Sternbilder (Übersicht).
Ursa Minor ↑Sternbilder (Übersicht).
Urschrift, in der Textphilologie die auf den Verf. selbst zurückgehende erste (Urfassung) oder von ihm selbst überarbeitete oder redigierte Niederschrift eines Textes, im Ggs. zur oft nicht authent. oder autorisierten Abschrift.

Urserental, oberster Talabschnitt der Reuß zw. Gotthard- und Dammagruppe, im schweizer. Kt. Uri.

Ursinus, Zacharias, * Breslau 18. Juli 1524, † Neustadt an der Weinstraße 6. März 1583, dt. ref. Theologe. - Schüler Melanchthons; Prof. in Heidelberg, wo er zus. mit C. Olevian den „Heidelberger Katechismus" verfaßte.

Ursprache, in der histor. Sprachwiss. früher übl., heute meist gemiedene Bez. für eine auf der Grundlage der Lautgesetze im Laut- und Formenbestand teilweise rekonstruierbare, mehreren verwandten Sprachen gemeinsame Grundsprache („Urgermanisch" usw.).

Ursprung, in der *Philosophie* svw. ↑Arche.
◆ in der *Mathematik* Bez. für den Nullpunkt eines Koordinatensystems (↑Koordinaten).

ursprüngliche Akkumulation, nach marxist. Theorie der Prozeß der Herausbildung der kapitalist. Produktionsweise durch Trennung der unmittelbaren Produzenten von ihren Produktionsmitteln und Konzentration der Produktionsmittel in den Händen der Kapitalisten.

Ursprungsbezeichnung, Bez. auf der Verpackung oder der Ware selbst, die das Herkunfts-(Ursprungs-)Land angibt. Die U. erfolgt durch die Angabe „Made in ..." mit dem Namen des Herkunftslandes. - Die zuerst 1887 von Großbrit. vorgeschriebene U. für Importe wurde rasch zu einer Art Markenzeichen, so daß schon 1891 das Madrider Abkommen zum Schutz vor falschen oder irreführenden Herkunftsangaben abgeschlossen wurde.

Ursprungszeugnis (Ursprungsnachweis), teils von Zollämtern, meist von Handelskammern des Herkunftlandes ausgestelltes und beglaubigtes Dokument, das die tatsächl. Herkunft sowie Menge, Art, Beschaffenheit der betreffenden Handelswaren eindeutig ausweist.

Urstand, heilsgeschichtl. Begriff in der christl. Theologie zur Bez. des urspr., durch den Sündenfall Adams verlorenen Zustandes der menschl. Vollkommenheit, der Gottebenbildlichkeit.

Urstromtal, während der pleistozänen Eiszeiten als Sammelrinne der Schmelzwässer des Inlandeises vor dessen Front entstandene breite, flache Talung.

Ursula, weibl. Vorname lat. Ursprungs, eigtl. „kleine Bärin".

Ursula, hl., Märtyrerin des 4./5. Jh. (?). - Nach der Legende Tochter eines brit. Königs, die von den Hunnen wegen ihres Glaubens zus. mit 11 000 Gefährtinnen in Köln umgebracht wurde. - Fest: 21. Oktober.

Ursuleac, Viorica [rumän. ursuˈl̦eak], * Czernowitz (= Tschernowzy) 26. März 1899, † Ehrwald (Tirol) 22. Okt. 1985, östr. Sängerin (Sopran). - V. a. als Strauss-Interpretin gefeiert.

Ursulinen (lat. offiziell: Ordo Sanctae Ursulae, Abk. OSU; Gesellschaft der hl. Ursula), die Mgl. des 1535 in Brescia von der hl. Angela Merici gegr. Schwesternordens mit eigener Regel und der Verpflichtung zur Erziehung der weibl. Jugend. Die U. sind heute in vielen Kongregationen mit rd. 13 000 Mgl. weltweit verbreitet.

Ursus und Viktor, hl., † Solothurn um 302, Märtyrer. - Nach der Legende Angehörige der Thebaischen Legion; seit dem 5./6. Jh. v. a. in der Schweiz verehrt. - Fest: 30. Sept.

Urteil, im Verfahrensrecht die bes. Formvorschriften unterliegende schriftl. Entscheidung eines Gerichts, die einen Rechtsstreit (i. d. R. nach mündl. Verhandlung) in der jeweiligen Instanz ganz *(End-U.)* oder teilweise *(Teil-U.)* beendet. Das gerichtl. U. entscheidende Verfahren wird als *Urteilsverfahren* bezeichnet (Ggs. *Beschlußverfahren*). Das U. ergeht im Namen des Volkes.
Im *Zivilprozeß* muß das U. grundsätzl. schriftl. abgefaßt werden. Es enthält das *Rubrum* (Urteilskopf), das insbes. die Parteien, ihre (gesetzl.) Vertreter und Prozeßbevollmächtigte, das Gericht und die Richter sowie den Tag der letzten mündl. Verhandlung bezeichnet, den *Tenor* (Urteilsformel) mit der Entscheidung über die zur Hauptsache gestellten Schlußanträge, die Verteilung der Kosten und ggf. die vorläufige Vollstreckbarkeit, den *Tatbestand* (knappe Darstellung des Sach- und Streitstandes) sowie die *Entscheidungsgründe*, in denen das Gericht den Sachverhalt rechtl. würdigt und seine Entscheidung begründet (§ 313 ZPO). Tatbestand und Entscheidungsgründe können gemäß § 313 a ZPO in bestimmten Fällen entfallen (sog. abgekürztes U.). Von den **Prozeßurteilen** (U., die nur über prozessuale Fragen, z. B. über die Zulässigkeit der Klage entscheiden) sind die **Sachurteile** zu unterscheiden. Diese enthalten eine Entscheidung über den geltend gemachten prozessualen Anspruch, d. h. darüber, ob eine Klage begründet ist. Beim *Vorbehalts-U.* wird der Beklagte unter dem Vorbehalt verurteilt, daß über von ihm erhobene Einwendungen (z. B. Aufrechnung) noch in demselben

Rechtszug entschieden wird. Das *Zwischen-U.* entscheidet über einen prozessualen Zwischenstreit (z. B. darüber, ob die Prozeßvoraussetzungen gegeben sind); es dient grundsätzl. der Klärung prozessualer Vorfragen hinsichtl. des End-U. Nach der rechtl. Wirkung des U. wird zw. Leistungs-U. (Verurteilung des Beklagten zu einer Leistung), ↑ Feststellungsurteil und ↑ Gestaltungsurteil unterschieden. U. werden grundsätzl. am Schluß der mündl. Verhandlung oder in einem besonderen Termin (Verkündungstermin) vom Vorsitzenden durch Verlesen der U.formel verkündet. Nach vollständiger schriftl. Abfassung werden U. den Parteien von Amts wegen zugestellt, was den Lauf der Rechtsmittelfristen in Gang setzt. - ↑ auch Anerkenntnisurteil, ↑ Versäumnisurteil.

Für das *Verwaltungs-, Finanz-* und *Sozialgerichtsverfahren* gilt dem Zivilprozeß Entsprechendes, jedoch mit der Besonderheit, daß U. in diesem Verfahren auch die Rechtsmittelbelehrung enthalten müssen. Im *Strafprozeß* beendet die U. das Hauptverfahren. Es kann im Tenor auf Einstellung des Verfahrens, Verurteilung, Freispruch oder Anordnung einer Maßregel der Besserung und Sicherung lauten. Im Rubrum müssen Sitzungstag, der Angeklagte, der Verteidiger sowie die Richter, Beamte der Staatsanwaltschaft und der Urkundsbeamte aufgeführt werden. Die für die Entscheidung maßgebl. Entscheidungsgründe sind in den „Gründen" gemäß § 267 StPO darzulegen. Das U. soll am Schluß der Hauptverhandlung, es muß spätestens am 11. Tag danach öffentl. verkündet werden. Der Verkündungstermin ist für die Rechtsmittelfristen von Bedeutung.

In *Österreich* und der *Schweiz* gilt im wesentl. dem dt. Recht Entsprechendes.

Geschichte: Im german. Recht war jedes U. ein Straf.-U., das von der Gerichtsgemeinde (↑ Thing) gefunden wurde und nur mit der Urteilsschelte angreifbar war. Charakterist. war dabei die Trennung von Richter und Urteiler. Das U. bestand aus dem U.vorschlag, den ein oder mehrere Mitglieder der Gerichtsversammlung (Urteilender, U.finder) nach Aufforderung durch den Vorsitzenden (Graf, Richter) machen mußten, und der Zustimmung (Vollbort) der anderen Anwesenden. Nachdem das MA die Trennung in Zivil- und Straf-U. sowie die Ablösung der U.schelte durch die Appellation gebracht hatte, wurde seit dem 16. Jh. der Richter an der U.findung beteiligt.

📖 Furtner, G.: *Das U. im Zivilprozeß.* Mchn. ⁵1984. - Kroschel, T., u. a.: *Die U. in Strafsachen.* Mchn. ²⁴1983.

◆ in der *Philosophie* seit Leibniz die intensionale Bed. einer Aussage (d. h. die Wahrheit oder Falschheit des U. hängt nicht nur von der Wahrheit und Falschheit der verknüpften Aussagen, sondern auch von deren Inhalt ab) und damit log. gleichwertig zu Sachverhalt. Daher kommt in der traditionellen Logik ein U. durch log. Verbindung oder Trennung zweier oder mehrerer Begriffe zustande. Man unterscheidet u. a. *analyt. U.* (Tautologie; ein nur erläuterndes U., bei dem das Prädikat im Subjekt enthalten ist), *synthet. U.* (erkenntniserweiterndes U.; das Prädikat ist nicht im Subjekt enthalten), *assertor. U.* (der Prädikatsbegriff kommt dem Subjektsbegriff tatsächl. zu), *apodikt. U.* (der Prädikatsbegriff kommt dem Subjektsbegriff notwendig zu) sowie *hypothet.* (nur bedingt richtige) und *disjunktive U.* (einem Subjektsbegriff werden mehrere Prädikatsbegriffe durch „oder" zugeordnet). Auch in der modernen Logik und Wissenschaftstheorie nimmt die Untersuchung der Aussagen und ihrer Beziehungen und damit die U.theorie eine zentrale Stellung ein.

📖 *Husserl, E.: Erfahrung u. U.* Hamb. ⁶1985. - *Lenk, H.: Kritik der log. Konstanten. Philosoph. Begründungen der U.formen vom Idealismus bis zur Gegenwart.* Bln. u. New York 1968.

Urteilsschelte ↑ Schelte.
Urteilsverfahren ↑ Urteil.
Urtica [lat.], svw. ↑ Brennessel.
Urticaceae [lat.], svw. ↑ Nesselgewächse.
Urtierchen, svw. ↑ Protozoen.
Urtikaria [lat.], svw. ↑ Nesselsucht.
Urtitersubstanz, Bez. für eine unbegrenzt haltbare, chem. reine, nicht hygroskop. Chemikalie, die sich zur Herstellung von sog. Urtiterlösungen eignet, mit denen der Gehalt anderer Titrierlösungen bestimmt werden kann. U. sind z. B. Natriumoxalat, Natriumchlorid, Silbernitrat, Jod, Bernstein- und Benzoesäure.

Uru, indian. Bev.gruppe auf Inseln des Titicacasees und im Ufergelände des Río Desaguadero und Poopósees, Bolivien; stark mit Ayamará vermischte Reste einer älteren Bev.-schicht. Sie stellen Binsenboote und -matten her.

Uruguay

['oruɣvaɪ, uru'ɣva:i] (amtl.: República Oriental del Uruguay), Republik im sö. Südamerika, zw. 30° 5' und 34° 58' s. Br. sowie 53° 7' und 58° 28' w. L. **Staatsgebiet:** Umfaßt das Gebiet zw. dem Atlantik im SO, dem Río de la Plata im S und dem Uruguay im W; grenzt im N an Brasilien, im W an Argentinien. **Fläche:** 176 215 km². **Bevölkerung:** 2,99 Mill. E (1984), 17,0 E/km². **Hauptstadt:** Montevideo. **Verwaltungsgliederung:** 19 Dep. **Amtssprache:** Spanisch. **Nationalfeiertag:** 25. Aug. (Unabhängigkeitstag). **Währung:** Uruguay. Neuer Peso (urug N$) = 100 Centésimos. **Internationale Mitgliedschaften:** UN, OAS, ALALC, Cuenca del Plata, SELA, GATT. **Zeitzone:** MEZ − 4 Stunden (mit Sommerzeit).

Uruguay

Landesnatur: U. nimmt den äußersten S des Brasilian. Schildes ein. Das Land hat den Charakter eines flachwelligen, weiten Hügellandes, das durch die zum Uruguay fließenden Flüsse gegliedert wird. Die O–W verlaufenden Hügelreihen werden als Cuchillas bezeichnet. Nur 10% des Landes liegen höher als 200 m ü.d.M. Die höchste Erhebung, 501 m ü.d.M., findet sich in der Sierra de las Ánimas im SO. Der östl. Küstenstreifen, am offenen Atlantik, wird von Schwemmland mit Lagunen und Landzungen gebildet.

Klima: U. hat subtrop., vollhumides Klima, das sowohl von feuchten Luftmassen aus NO als auch von Kaltlufteinbrüchen aus dem S, den sog. Pamperos, beeinflußt wird. Die sommerl. Temperaturmittelwerte liegen zw. 21–23 °C an der Küste und 25–26 °C im Landesinneren. Hauptregenzeit ist der Herbst, im NW der Sommer. Die jährl. Niederschlagsmenge erreicht etwa 1 000 mm.

Vegetation: Vorherrschend sind die weiten Grasflächen der Campos. Am Uruguay dringt subtrop. Feuchtwald als Galeriewald nach S vor. Auf den Steinfeldern der Cuchillas gedeihen Kakteen.

Bevölkerung: Die indian. Urbev. ist ausgestorben. Heute gibt es etwa 10% Mischlinge. Der überwiegende Anteil der Bev. ist europ. Herkunft. Bis 1930 war U. ein traditionelles Einwandererland. 90% der Bev. sind kath. Die einzige Univ. des Landes gibt es in Montevideo.

Wirtschaft: Wichtigster Zweig der uruguay. Landw. ist die Rinderzucht, neuerdings auch die Schafzucht. Wichtige Anbauprodukte sind Weizen, Reis, Mais und Gerste. Der Anteil von Ind. und Bergbau am Bruttoinlandsprodukt betrug 1983 20%. Wichtige Ind.-zweige sind Nahrungsmittel-, Lederwaren- und Textilind.; außerdem spielen chem., Metall-, Zement-, Glaswaren- und Papierind. eine Rolle. Bedeutendster Ind.standort ist Montevideo. U. ist arm an Bodenschätzen. Es werden v.a. Kalk und Quarz abgebaut.

Außenhandel: Die bedeutendsten Handelspartner sind die USA, Brasilien, Argentinien, die BR Deutschland, Nigeria, Iran, Großbritannien, Mexiko und Frankreich. U. exportiert Fleisch- und Fleischwaren, Wolle und Tierhaare, Felle und Häute, Reis, Bekleidung und Zitrusfrüchte. Importiert werden Erdöl, Fahrzeuge, Zucker, chem. Grundstoffe, Maschinen, Obst und Gemüse, Eisen und Stahl, Erdölderivate sowie Pharmazeutika.

Verkehr: Das Streckennetz der Eisenbahn umfaßt 3 005 km. Das Straßennetz hat eine Gesamtlänge von 49 813 km, davon sind rd. 10 000 km befestigt. Wichtigster Seehafen ist Montevideo; internat. ✈ bei Montevideo. Nat. Fluggesellschaft ist die PLUNA.

Geschichte: *Vorgeschichte:* Funde deuten auf eine jäger. Bev. seit um 10 000 v.Chr. hin, mit Beziehungen zu O-Brasilien und dem Andengebiet. Unter den Jäger- und Fischervölkern waren bei Ankunft der Spanier die krieger. Charrua die Hauptgruppe. *Kolonialgeschichte:* U. wurde 1515 von J. Díaz de Solís entdeckt. Die Charrua verhinderten lange eine Besiedlung des Landes, das unter dem Namen Banda Oriental de U. der Viehzucht für Siedler am S-Ufer des La Plata diente. 1680 gründete der Gouverneur von Rio de Janeiro im Rahmen der S-Expansion des portugies. Brasilien die erste bed. Siedlung, Nova Colonia do Sacramento, 1724 entstand Montevideo als Gegengründung der Spanier. Die Banda Oriental wurde nun Teil des neuen Vizekgr. Río de La Plata. Nach Ausrufung der Unabhängigkeit in Buenos Aires (25. Mai 1810) erhoben sich die Bewohner von U. und besiegten unter J. Artigas die spanientreuen Gruppen (Las Piedras, 18. Mai 1811). Ein erneutes Vordringen der Brasilianer führte 1817 zur Eingliederung von U. als „Cisplatan. Prov." in Brasilien. Am 19. April 1825 begann der Unabhängigkeitskampf gegen Brasilien. Ein Kongreß verkündete am 25. Aug. 1825 in Florida die Unabhängigkeit, die durch den Frieden von Rio de Janeiro (27. Aug. 1828) endgültig gesichert wurde.

Unabhängigkeit: Die Jahre bis zur Jh.wende waren mit innerpolit. Streit, Revolutionen und bürgerkriegsähnl. Auseinandersetzungen erfüllt. Die Einmischung Argentiniens und Brasiliens in die Auseinandersetzungen führte zu dem Krieg der Tripelallianz Argentinien, Brasilien und U. gegen Paraguay (1865–70); 1903 wurde J. Batlle y Ordóñez zum Präs. gewählt, er schuf die Grundlagen des heutigen Uruguay. In 2 Amtsperioden verwirklichte er ein Programm, das Arbeitsgesetzgebung, staatl. Sozialfürsorge, staatl. Kontrolle des Baus von Eisenbahnen und Straßen sowie die Überführung der Energieversorgung in die Hand des Staates umfaßte. 1952 wurde das Amt des Staatspräs. zugunsten des kollegial besetzten Nat.rats abgeschafft, aber 1966 wieder eingeführt. Die Amtszeit (1967–72) des Präs. J. Pacheco Areco war von wirtsch. Problemen gekennzeichnet. Auf Grund der verstärkten terrorist. Aktivitäten der sozialrevolutionären Tupamaros wurden Pacheco Areco 1970 diktator. Vollmachten eingeräumt. Der Wandel zum diktator. Staat setzte sich 1972–76 unter Präs. J. M. Bordaberry (Partido Colorado) fort. Der Ausnahmezustand (seit 1969) wurde auf unbestimmte Zeit verlängert, die Tupamaros wurden durch Einsatz von Militär, Polizei und ultrarechten Gruppen niedergeworfen. In einem Staatsstreich löste Bordaberry mit Zustimmung des Militärs 1973 das Parlament auf und ersetzte es durch einen von ihm ernannten Staatsrat. 1976 wurde Bordaberry von den Militärs, die langfristig eine demokrat.-parlamentar. Entwicklung anstreben, gestürzt. Der neue Präs. A. Méndez kündigte 1977 allg. Parlaments-

Uruguay

und Präsidentschaftswahlen für 1981 an. Doch wurde die neue Grundlage für diese geplanten Wahlen, die von dem Militärregime ausgearbeitete Verfassung, am 30. Nov. 1980 von der Bev. in einer Volksabstimmung abgelehnt. Im Sept. 1981 trat Generalleutnant G. Alvarez Armellino (* 1925) das Präs.amt an. Am 28. Nov. 1982 fanden Parteiwahlen zur Vorbereitung der für 1984 vorgesehenen Parlaments- und Präsidentschaftswahlen statt. Zugelassen waren jedoch nur der Partido Blanco bzw. Nacional, der Partido Colorado sowie die kath.-konservative Unión Cívica. Verboten blieb das linksorientierte Wahlbündnis Frente Amplio. Im Juli 1984 hob die Militärreg. das Betätigungsverbot für bestimmte linke Parteien auf. Bei den allg. Wahlen im Nov. 1984 wurde der Spitzenkandidat des Partido Colorado, J. M. Sanguinetti, zum neuen Staatspräs. gewählt. Er trat sein Amt am 1. März 1985 an. Kurz vorher setzte das Militär noch eine Amnestie für seine Angehörigen durch, um Strafverfolgungen wegen Menschenrechtsverletzungen unmöglich zu machen. Der im Nov. 1989 gewählte Nachfolger Sanguinettis, L. Albero Lacalle, bemüht sich um eine „große Koalition" aus Partido Blanco und Partido Colorado, um die wirtsch. Probleme des Landes zu lösen.

Politisches System: Nach der Verfassung von 1967 ist U. eine präsidiale Republik. *Staatsoberhaupt* ist der Präs. (seit März 1990 L. Albero Lacalle), dem bei der Ausübung der *Exekutivgewalt* der Min.rat zur Seite steht. Die *Legislative* liegt bei dem vom Volk gewählten Zweikammerparlament, dem Kongreß. Die 30 Senatoren und die 99 Deputierten werden in allg. Wahlen jeweils fünf Jahre gemeinsam mit dem Präs. für 5 Jahre gewählt. Die *Parteien* waren 1976–84 verboten. Neuorganisiert wurden 1981 der liberal orientierte Partido Colorado, der bis 1958 94 Jahre lang ununterbrochen regiert und den sozialstaatl. Charakter des Landes geprägt hatte, und die andere große Partei, der konservativ ausgerichtete Partido Nacional, die „Blancos". Die konservative Unión Cívica wurde 1980 gegründet. Im Frente Amplio haben sich 13 Parteien zusammengeschlossen. Der größte *Gewerk-*

Uruguay. Übersichtskarte

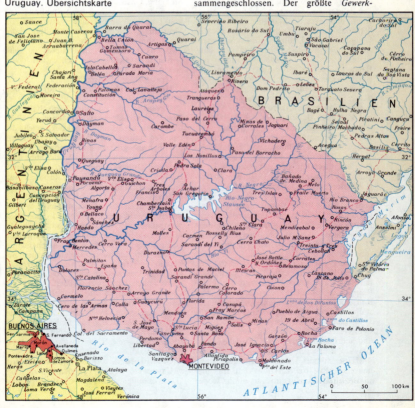

Uruguay

*schafts*verband, die kommunist. kontrollierte Confederación Nacional de Trabajadores (CNT) wurde 1973 verboten. In dem der Unión Cívica nahestehenden Plenario Intersindical de Trabajadores-Convención Nacional de Trabajadores (PIT-CNT) sind 200 Einzelgewerkschaften mit rd. 900 000 Mgl. zusammengeschlossen. Die *Verwaltung* ist aufgegliedert in 19 halbautonome Departements mit eigenen Gesetzgebungs- und Verwaltungsorganen. Das *Gerichtswesen* kennt Friedensrichter, Departementsgerichte (in Montevideo Gerichte 1. Instanz), Appellationsgerichte und den Obersten Gerichtshof. Die *Streitkräfte* sind rd. 24 000 Mann stark.

 Argentinien und U. Hg. v. T. Heydenreich u. J. Schneider. Mchn. 1983. - *Metzen, A. v.: Dt. Siedlungen im Norden U.* Marburg 1983. - *Polit. Lex. Lateinamerika.* Hg. v. P. Waldmann. Mchn. ²1982. - *Finch, M. H. J.: A political economy of U. since 1870.* London 1981. - *Kaufman, E.: U. in transition.* New Brunswick, (N.J.) 1978.

Uruguay ['uːrugvaɪ, uruˈgvaːɪ, span. uruˈɣu̯ai̯], Fluß in Südamerika, im Oberlauf Rio Pelotas gen., entspringt an der W-Abdachung der Serra do Mar (Brasilien), durchfließt das Brasilian. Bergland und das Paraná-Uruguay-Tiefland, mündet nördl. von Buenos Aires in den Río de la Plata, 1 600 km lang. Er bildet zw. Salto Grande del Uruguay und Barra do Quaraí die argentin.-brasilian., von Barra do Quaraí bis zur Mündung die argentin.-uruguay. Grenze. Die Schiffahrt wird z. T. durch Stromschnellen unterbrochen.

uruguayische Literatur, bed. Anfänge mit F. Acuña de Figueroa (* 1791, † 1862), dem Dichter der uruguay. Nationalhymne. Realist., bzw. naturalist. Gestaltung des ländl. Lebensbereiches stammen von J. de Viana (* 1869, † 1926) und C. Reyles (* 1868, † 1938). Hauptrepräsentant des *Modernismo* ist J. Herrera y Reissig (* 1875, † 1910), bed. Lyrikerinnen der modernist. Richtung sind M. Eugenia Vaz Ferreira (* 1875, † 1924) und D. Agustini (* 1886, † 1914). Kontinentale Bed. hatten die sozialkrit.-realist. Theaterstücke von F. Sánchez und die teils dramat.-realist., teils halluzinator.-phantast. Erzählungen von H. Quiroga. Zu den wichtigsten zeitgenöss. Autoren zählen u. a. J. C. Onetti, C. Martínez Moreno (* 1917) und M. Benedetti (* 1920), in deren Werk der Zustand einer permanenten Staatskrise durch Übertragung auf alptraumhafte Fiktionen oder frustrierte, von Entfremdung und Einsamkeit bedrohte Gestalten indirekt reflektiert wird. Die bereits 1972, verstärkt nach dem Militärputsch von 1973 einsetzende Verfolgung von Künstlern und Schriftstellern hat das Kulturleben Uruguays zum Erliegen gebracht.

Uruk (sumer. Unug), altoriental. Stadt, heute Ruinenstätte Warka im südl. Irak. Besiedelt vor 4000 v. Chr., im 5. Jh. n. Chr. wegen der Verlagerung des Euphrat aufgegeben. Um 3000 v. Chr. mächtigste Stadt Sumers. Von den frühdynast. Königen Enmerkar, Lugalbanda, Dumusi und Gilgamesch, dem auch der Bau der 9 km langen Stadtmauer (um 2700) zugeschrieben wird, handeln sumer. Mythen und Epen. Gegen 2350 unter Lugalzagesi von Umma und um 2070 unter Utuchengal erneut führende Stadt Babyloniens. Ausgrabungen in U. (1854; 1912–13, 1928–39, seit 1954) brachten bed. Zeugnisse der frühen sumer. Kunst und Kultur zu Tage, aber auch aus späterer Zeit (U. blieb im 19./18. Jh. Sitz einer altbabylon. Dyn. und bis in parth. Zeit ein religiöses Zentrum). V. a. Reste des Inannaheiligtums Eanna und des Anuheiligtums vom 4. Jt. an. Bes. hervorzuheben die Stiftmosaike des 4. Jt., Beispiele sumer. Monumentalplastik (Alabasterkopf, 28. Jh.), Reliefkunst auf Stelen und Gefäßen sowie zahlr. Keilschrifttafeln der archaischen sowie spätbabylon. Zeit.

Urumtschi (Wulumuqi [chin. ulumutɕi]), Hauptstadt der chin. Autonomen Region Sinkiang, Oasenstadt am NO-Fuß des Tienschan, 942 000 E. Eisen- und Stahlind., Bau von Traktoren und Kraftwerkausrüstungen, Uranannreicherungsanlage u. a. Endpunkt der Eisenbahnlinie von Lantschou.

Urväter, im A. T. die Häupter der zehn vorsintflutl. (nichthistor.) Generationen von Adam bis Noah.

Urvogel, svw. ↑ Archäopteryx.

Urvölker, fälschl. Bez. für Wildbeuter und Rückzugsvölker.

Urwald, im Ggs. zum Wirtschaftswald bzw. Naturwald der vom Menschen nicht oder wenig beeinflußte Wald der verschiedenen Vegetationszonen der Erde. U. ist heute nur noch in begrenzter, in den einzelnen Vegetationszonen unterschiedl. Ausdehnung vorhanden. Durch Rodung (zur Gewinnung landw. Nutzflächen) und Raubbau an Nutzhölzern sind bes. in dichtbesiedelten Gebieten (S-, SO- und O-Asien, M- und S-Europa, später auch N-Amerika) die urspr. Wälder (Hartlaubwald und Lorbeerwald des Mittelmeerraums, Vorderasiens und S-Chinas, Monsunwald Indiens und die sommergrünen Laubwälder M-Europas und O-Asiens) schon früh zerstört und durch eine artenärmere Sekundärvegetation (z. B. Macchie, Garrigue, Kultursteppe) ersetzt worden. Seit 200 Jahren werden auch der schwer zugängl. Regenwald der inneren Tropen und der boreale Nadelwald in N Amerikas und Eurasiens großflächig ausgebeutet. In neuerer Zeit versucht man durch Schaffung von Reservaten noch vorhandene U.bestände zu schützen (in der BR Deutschland z. B. im Nationalpark Bayerischer Wald).

Urwildpferd, svw. ↑ Prschewalskipferd.

Urworte, Zyklus von 5 mit „Dämon", „Das Zufällige", „Liebe", „Nötigung" und

„Hoffnung" überschriebenen Stanzen (gedruckt 1820) von J. W. von Goethe, der sich darin in Anlehnung an die griech. orph. Weisheitslehren mit den Mächten auseinandersetzte, die angebl. den Menschen bestimmen.

Urysson (Uryson) [russ. urison], Pawel Samuilowitsch, * Odessa 3. Febr. 1898, † Batz-sur-Mer (Dep. Loire-Atlantique) 17. Aug. 1924 (ertrunken), russ. Mathematiker. - Ab 1921 Prof. in Moskau. Seine grundlegenden Untersuchungen betrafen u. a. die Topologie und die Mengenlehre. Zusammen mit P. S. Alexandrow begründete er die sowjet. Schule der Topologie.

Urzeugung (Abiogenese, Archigonie), die spontane, elternlose Entstehung von Lebewesen aus anorgan. *(Autogonie)* oder organ. Substanzen *(Plasmogonie)*, im Ggs. zur Erschaffung von Lebewesen durch einen göttl. Schöpfungsakt. Eine U. wurde bis zur Erfindung leistungsfähiger Mikroskope bes. für einfache Organismen, wie Würmer und einige Schmarotzer, als mögl. angesehen. Daß das Phänomen der U. für die Mikrowelt Gültigkeit haben könnte, wurde endgültig durch L. Pasteur im 19. Jh. widerlegt. Es darf heute als gesichert angesehen werden, daß sich (ausgenommen die erste Entstehung von ↑Leben überhaupt) ein lebender Organismus nur aus Lebendigem entwickeln kann.

Urzidil, Johannes ['ʊrtsidɪl], * Prag 3. Febr. 1896, † Rom 2. Nov. 1970, östr. Schriftsteller. - Emigrierte 1939 nach Großbrit.; lebte ab 1941 in New York (1946 naturalisiert). Schrieb nach Anfängen mit expressionist. Lyrik („Sturz der Verdammten", 1919) v. a. Romane („Das große Halleluja", 1959) und Erzählungen („Prager Triptychon", 1960), in denen die starke Bindung an seine böhm. Heimat zum Ausdruck kommt, sowie Essays („Goethe in Böhmen", 1932, erweitert 1962). - *Weitere Werke:* Die verlorene Geliebte (En., 1956), Bist du es, Ronald? (En., 1968), Bekenntnisse eines Pedanten (En. und Essays, hg. 1972).

USA

[u:'ɛs'ˈa:; engl. 'ju:ɛs'ɛɪ] (amtl.: United States of America; dt. Vereinigte Staaten von Amerika), Staat in Nordamerika und im Pazifik. **Staatsgebiet:** Der festländ. Teil der USA wird im W vom Pazifik, im N von Kanada, im O vom Atlantik und im S vom Golf von Mexiko sowie von Mexiko begrenzt. Dieses Geb. liegt zw. 49° 7' und 49° 23' n. Br. sowie 66° 57' und 124° 44' w. L. Daneben gehören noch Alaska und Hawaii zum Staatsgebiet. **Fläche:** 9 363 353 km², davon 192 208 km² Wasserflächen. **Bevölkerung:** 237,4 Mill. E (1985), 25,4 E/km². **Hauptstadt:** Washington. **Verwaltungsgliederung:** 50 Bundesstaaten, 1 Bundesdistrikt. **Amtssprache:** Englisch. **Nationalfeiertag:** 4. Juli (Unabhängigkeitstag).

Währung: US-Dollar (US-$) = 100 Cents. **Internationale Mitgliedschaften:** UN, GATT, NATO, SEATO, OAS, SPC, OECD, ANZUS-Pakt. **Zeitzonen** (von W nach O): MEZ − 12 Stunden bis MEZ − 6 Stunden (mit Sommerzeit).

Landesnatur: Der festländ. Teil der USA hat Anteil an 4 Großlandschaften N-Amerikas: den Kordilleren des W, den Inneren Ebenen, den Appalachen und den Küstenebenen am Atlantik und dem Golf von Mexiko. Das gesamte westl. Drittel der USA wird von den Kordilleren eingenommen. Dieser im W unmittelbar an den Pazifik grenzende Großraum läßt sich in zwei Gebirgssysteme untergliedern: die Rocky Mountains im O und das pazif. Gebirge im W. Die Rocky Mountains beginnen in Nordalaska mit W-O-Verlauf, biegen auf kanad. Boden nach S um und streichen in New Mexico in einer Reihe niedriger Gebirgsketten aus. Die Rocky Mountains und das pazif. Gebirge werden durch zahlr. intramontane Becken und Plateaus voneinander getrennt (Yukonbecken, Columbia Plateau, Great Basin, Colorado Plateau, Hochland von Arizona und New Mexico). Das pazif. Gebirge besteht aus einer vielfach gegliederten Doppelkette, die eine Längstalzone umschließt. Die Längstalzone gliedert sich in die Puget-Willamette-Senke im N und das Kaliforn. Längstal im S. Östl. der Rocky Mountains schließen sich in einer W-O-Ausdehnung von 2 000 km die Inneren Ebenen (Interior Plains) an. Hierbei handelt es sich um eine von weiten Ebenen, flachen Tälern und den Großen Seen erfüllte Muldenzone, die im O von den Appalachen, im N vom Kanad. Schild und im S von der Golfküstenebene begrenzt wird. Die Inneren Ebenen lassen sich in 4 große Teilräume gliedern: das Appalachenplateau, das Zentrale Tiefland um die Großen Seen, die südl. davon gelegenen zentralen Plateaulandschaften und im W die den Rocky Mountains vorgelagerten Great Plains. Ozarkplateau und Ouachita Mountains nehmen eine Sonderstellung ein. Östl. der Inneren Ebenen schließt sich das Gebirgssystem der Appalachen an, das durch die Hudson-Champlain-Senke in eine nördl. Rumpfflächenlandschaft und in eine südl. Gebirgslandschaft mit mehreren NO-SW verlaufenden Längszonen unterteilt wird. Das jüngste Formenelement bilden die Küstenebenen am Atlantik und am Golf von Mexiko, die im Bereich der Halbinsel Florida ineinander übergehen.

Klima: Der größte Teil der USA liegt in der warm- und kühlgemäßigten Zone, im Bereich vorherrschender Westwinde. Die sommerfeuchten Randtropen greifen auf das südl. Florida und Texas über, Teile des SW liegen im Bereich der Subtropen, das südkaliforn. Küstengeb. hat winterfeuchtes Mediterrankli-

USA

VERWALTUNGSGLIEDERUNG (Stand 1984)

Bundesstaat bzw. -distrikt	Fläche (km^2)	E (in 1 000)	Hauptstadt
Alabama	133 915	4 717	Montgomery
Alaska	1 530 700	500	Juneau
Arizona	295 260	3 053	Phoenix
Arkansas	137 754	2 349	Little Rock
Colorado	269 596	3 178	Denver
Connecticut	12 997	3 154	Hartford
Delaware	5 295	613	Dover
District of Columbia (Washington)	178	623	–
Florida	151 939	10 976	Tallahassee
Georgia	152 576	5 837	Atlanta
Hawaii	16 759	1 039	Honolulu
Idaho	216 432	1 001	Boise
Illinois	145 934	11 511	Springfield
Indiana	93 720	5 498	Indianapolis
Iowa	145 753	2 910	Des Moines
Kalifornien	411 049	25 622	Sacramento
Kansas	213 098	2 438	Topeka
Kentucky	104 660	3 723	Frankfort
Louisiana	123 677	4 462	Baton Rouge
Maine	86 156	1 156	Augusta
Maryland	27 092	4 349	Annapolis
Massachusetts	21 456	5 798	Boston
Michigan	151 586	9 075	Lansing
Minnesota	218 601	4 162	Saint Paul
Mississippi	123 515	2 598	Jackson
Missouri	180 516	5 008	Jefferson City
Montana	380 848	824	Helena
Nebraska	200 350	1 606	Lincoln
Nevada	286 352	911	Carson City
New Hampshire	24 032	977	Concord
New Jersey	20 169	7 515	Trenton
New Mexico	314 925	1 424	Santa Fe
New York	127 190	17 735	Albany
North Carolina	136 413	6 165	Raleigh
North Dakota	183 119	686	Bismarck
Ohio	107 044	10 752	Columbus
Oklahoma	181 186	3 298	Oklahoma City
Oregon	251 419	2 674	Salem
Pennsylvania	117 348	11 901	Harrisburg
Rhode Island	3 140	962	Providence
South Carolina	80 582	3 300	Columbia
South Dakota	199 730	706	Pierre
Tennessee	109 152	4 717	Nashville
Texas	691 030	15 989	Austin
Utah	219 889	1 652	Salt Lake City
Vermont	24 900	530	Montpelier
Virginia	105 586	5 636	Richmond
Washington	176 479	4 349	Olympia
West Virginia	62 760	1 952	Charleston
Wisconsin	145 436	4 766	Madison
Wyoming	253 326	511	Cheyenne
abhängige Gebiete			
Amerikan.-Samoa	199	32	Pago Pago
Guam	541	116	Agana
Marianen	477	20	Saipan

USA

VERWALTUNGSGLIEDERUNG (Forts.)			
Bundesstaat bzw. -distrikt	Fläche (km²)	E (in 1 000)	Hauptstadt
Pazifische Inseln (Karolinen, Marshallinseln)	1 375	136	–
Puerto Rico	9 103	3 197	San Juan
Virgin Islands of the United States	344	100	Charlotte Amalie

ma. Hawaii hat ausgeglichenes trop. Seeklima und Alaska Boreal- oder Tundrenklima. Während die N–S verlaufenden hohen Gebirge im W das Vordringen pazif. Luftmassen in das Innere des Kontinents verhindern, ermöglicht das Fehlen einer W–O gerichteten Gebirgsschranke den ungehinderten Austausch polarer und trop. Luftmassen. Der Übergang zw. kalten und warmen Luftmassen erfolgt oft abrupt und führt häufig zur Bildung von Tornados. Schwere Verwüstungen verursachen auch die Hurrikane im Bereich der Atlantik- und Golfküste. Durch den ungehinderten meridionalen Luftmassenaustausch kommt es im Landesinneren und an der O-Küste zu starken Temperaturschwankungen. Heiße Sommer und kalte Winter sind daher kennzeichnend für weite Teile der USA. Bes. deutl. beeinflußt das N–S verlaufende Gebirgssystem im W der USA die Verteilung der Niederschläge. Während an der nördl. Pazifikküste z.T. über 3000 mm Niederschlag/Jahr fallen, liegen im Regenschatten der Cascade Range und der Sierra Nevada ausgesprochene Trockengeb. mit Niederschlägen unter 200 mm. Stellenweise findet sich echtes Wüstenklima. Erst östl. des Mississippi steigen die Niederschläge wieder auf mehr als 1000 mm, im SO auf mehr als 1 500 mm, stellenweise sogar auf 2500 mm/Jahr an.

Vegetation: Die natürl. Vegetation im Bereich der USA zeigt entsprechend der Niederschlagsverteilung weithin eine meridionale Anordnung. Vor der Erschließung des Landes durch europ. Siedler war der gesamte O bis hin zum Mississippi, teilweise darüber hinaus, von geschlossenen Waldbeständen bedeckt. Im NO und O der USA gedeihen heute Tanne, Fichte, Eiche, Buche, Ahorn und Kiefer (im gesamten Bereich der Küstenebenen). Nach W geht die Waldzone allmähl. in ein offenes, baumarmes Grasland, die Prärie, über. In den Bereichen mit Niederschlägen unter 200 mm findet sich Kurzgrastrockensteppe mit Zwergsträuchern. Im sw. Texas tritt Dornstrauchsavanne an ihre Stelle. Die niederschlagsreicheren, höheren Lagen des W (oberhalb 1 500 m) werden von Nadelwald eingenommen (Sitkafichte, Douglasie, Küstensequoia, Mammutbaum, Ponderosakiefer). Für weite Teile Kaliforniens (40–43° n. Br.) waren Hartlaubwälder charakterist.; heute sind überwiegend macchienähnl. Hartlaubstrauchformationen (Chaparral) an ihre Stelle getreten. Der S Floridas und Teile der Küste Louisianas weisen an Farnen, Lianen und Epiphyten reiche Waldinseln, lichte Kiefernwälder, Mangroven und Sumpfzypressen auf. In Alaska besitzt der südl. Küstenbereich ähnl. Nadelwald wie die pazif. NW-Küste (Sitkafichte), im Yukonbecken dominiert Weißfichte.

Tierwelt: Die einst sehr zahl- und artenreiche Tierwelt, zu deren bekanntesten Vertretern die Braun- und Grizzlybären, der Bison, der Puma, der Wapiti und der Elch gehörten, ist im Laufe der letzten Jh. stark dezimiert worden, so daß sich nur noch Reste davon erhalten haben, die heute v. a. in Naturparks zu finden sind.

Bevölkerung: Durch den Zustrom von europ. Siedlern seit dem frühen 17. Jh., die Einfuhr von über 650 000 Sklaven aus Schwarzafrika in die Plantagen des Südens sowie durch die Einwanderung aus ostasiat. Ländern, v. a. in den pazif. Bereich, und aus Mexiko in die angrenzenden Staaten der USA, wurde der zuvor von höchstens 1 Mill. Indianern bewohnte Kontinent aufgesiedelt. Die Indianer leben heute zumeist in den ihnen seit Ende des 19. Jh. zugewiesenen Reservaten, die überwiegend westl. des Mississippi liegen. Während zweier großer Einwanderungswellen (bis 1890 und von 1890–1910) kamen v. a. Engländer, Iren, Deutsche und Skandinavier (1. Welle) sowie süd- und osteurop. Einwanderer (2. Welle). Insgesamt kamen 1820–1981 50,3 Mill. Menschen in die USA, u. a. 6,99 Mill. aus Deutschland und 5,31 Mill. aus Italien. Für 1984 wurde die Zahl der Einwanderer mit 534 900 angegeben, zu 10,8% aus Mexiko, 8% aus den Philippinen, 7% aus Vietnam und 6,7% aus China.

Der Anteil der Schwarzen an der Gesamtbev. der USA wuchs von 1,3% (1630) auf 25% (1790) und fiel dann infolge der europ. Einwanderung trotz absoluter Zunahme auf 16% (1850), 12% (1900) und 11,7% (1980). Gegenwärtig ist die Wachstumsrate der Schwarzen höher als die der Weißen. Die nicht zu den Weißen, Indianern und Schwarzen gerechnete Bev. besteht hauptsächlich aus Chinesen

USA

(806 000), Filipinos (775 000) und Japanern (701 000). Von den 140,8 Mill. Angehörigen größerer Religionsgemeinschaften waren 55% Protestanten, 37% Mitglieder der röm.-kath. Kirche, 4% Juden und 2,8% orthodoxe Christen. Die Bevölkerungsverteilung ist sehr unterschiedlich. Alaska, die ausgedehnten Trockengeb. im W und die Gebirgsgegenden sind äußerst dünn besiedelt (unter 10 E/km^2). Ausgesprochene Ballungsräume sind der S Neuenglands, Teile der mittelatlant. Staaten, das Geb. der Großen Seen sowie Teile von Texas und Kalifornien.

Das freie öffentl. Bildungswesen („free public education") verkörpert mit seiner Durchgängigkeit den Typ der Gesamtschule: Auf den Kindergarten (4. bis 6. Lebensjahr) folgt die Elementary School (z. Z. rd. 80 500, davon rd. 20 900 private Einrichtungen) mit 6 bzw. 8 Stufen (6. bis 11. bzw. 13. Lebensjahr), der sich die High School (rd. 31 850, davon 7 900 private Schulen) mit 4 bzw. 6 Stufen (12. bzw. 14. bis 17. Lebensjahr) anschließt; diese ist meist in eine Junior (3 Stufen) und eine Senior High School untergliedert und schließt dann an die 6. Stufe der Elementary School an. Von der High School ist der Übergang an Hoch- oder Fachschulen („higher education") mögl., entweder an ein College, eine Univ., eine Fachschule (Professional School) oder an eine Schule der Streitkräfte (US Service School); insgesamt bestehen etwa 1 480 staatl. und 1 800 private Univ. bzw. Colleges. Schulpflicht besteht i. d. R. vom 6.–16. Lebensjahr.

Presse, Hörfunk und Fernsehen werden grundsätzl. privatwirtsch. betrieben. Während die Anzahl der Zeitungstitel von 1920 bis 1985 um etwa 180 auf 1 701 fiel, stieg die Gesamtauflage um mehr als das Doppelte auf 63 Mill. Exemplare an; auffallend ist auch ein anhaltender Konzentrationsprozeß: Ende 1984 umfaßten 155 Konzerne 1 169, d. h. über die Hälfte aller Tageszeitungen. Neben rd. 1 700 tägl. erscheinenden englischsprachigen Zeitungen mit einer Gesamtauflage von rd. 63 Mill. Exemplaren (tägl.) gibt es rd. 12 000 Zeitschriften mit einer Gesamtauflage von 200 Mill. Die rd. 8 400 Hörfunk- und Fernsehstationen finanzieren sich aus dem Verkauf von Sendezeit. Eine beherrschende Stellung beim Hörfunk (rd. 500 Mill. Empfangsgeräte) und Fernsehen (rd. 150 Mill. Geräte) errangen 4 nat. Programmgesellschaften: National Broadcasting Company (NBC), American Broadcasting Company (ABC), Columbia Broadcasting System (CBS), Mutual Broadcasting System (MBS). 1985 gab es 38 Mill. Kabelfernsehanschlüsse.

Wirtschaft: Die USA besitzen außerordentl. reiche landw. Möglichkeiten. Dennoch stellten die Land- und Forstwirtschaft einschl. Fischerei 1984 nur noch 2,5% des Bruttoinlandsprodukts. Die Agrarprodukte machten 1985 noch etwa 15% des Exports aus. Die landw. Nutzfläche (1983) umfaßt 187,881 Mill. ha Ackerland, 2,034 Mill. ha Dauerkulturen und 241, 467 Mill. ha Wiesen und Weiden (mehr als $^1/_4$ der Staatsfläche); insgesamt werden 19,831 Mill. ha Land künstl. bewässert. Die Zahl der Farmen hat sich von 6,35 Mill. (1940) auf 2,29 Mill. (1985) verringert. Ausgesprochene Landwirtsch.zonen („belts") finden sich im feuchten O mit seinem Regenfeldbau und mit intensiver Viehwirtschaft, weniger deutl. ausgeprägt sind sie im trockenen W mit Dry-farming, Bewässerungswirtschaft und extensiver Weidewirtschaft. Der gesamte NO und die nördl. Mittlere Westen (Michigan, Minnesota, Wisconsin) gehören zur Milchwirtschaftsregion, dem Dairy Belt. Der zentrale Teil der Inneren Ebenen ist eine Region intensiven Ackerbaus (Mais, Sojabohnen, Weizen, Hafer) als Grundlage für eine ebenso intensive Viehzucht (Corn Belt). Eine Zone gemischter Landw. schließt sich nach S und SO an (Missouri, Illinois, Kentucky, Ohio, Virginia, Tennessee) und trennt den Corn Belt von den inzwischen weitgehend aufgelösten Cotton Belt. Im Bereich der Prärie- und Plainsstaaten liegt eine Region extensiven Weizenanbaus (Wheat Belt). Obst-, Gemüse- und andere Sonderkulturen zeigen eine gewisse Konzentration in klimat. bzw. für den Absatz günstigen Teilen der USA, so in Kalifornien, im Golfküstenbereich, in Florida sowie um die Stadtregionen an der Küste der mittelatlant. Staaten und im Bereich der Großen Seen. Der gesamte Kordillerenbereich schließl. ist ein Geb. extensiver Rinder- und Schafhaltung. Die USA sind die bedeutendste Exporteur für Weizen, Reis und Tabak. Außerdem werden angebaut: Zuckerrüben (Kalifornien, Idaho, Utah, Colorado, Minnesota, Michigan, Ohio), Erdnüsse (Georgia, Teile der texan. Plains), Wein (um San Francisco, Los Angeles, im Kaliforn. Längstal). Bes. Tropenfrüchte wie Ananas und Bananen stammen ausschließl. von den Hawaii-Inseln. $^2/_3$ des heutigen Waldbestandes sind wirtsch. nutzbar. Die forst- und holzwirtschaftl. bed. Regionen sind die Nadelwälder des NW (Washington, Oregon) und die Kiefern- und Mischwälder im SO. Im NW ist die größte Sägeind. der Erde entstanden, die v. a. Bauholz liefert, während die Holzeinschläge im SO von der Papier- und Zelluloseind. verwertet werden. In Alaska, das zu 35% waldbedeckt ist, nimmt die Holzwirtschaft die 2. Stelle hinter der Fischind. ein. Sie ist hier stark exportorientiert, wobei bes. Japan als Abnehmer auftritt. Obwohl die USA die 6. Stelle unter den Fischereinationen der Erde einnehmen, muß Fisch importiert werden. - Die USA sind ein an Bodenschätzen sehr reiches Land und gehören auch heute noch zu den wichtigsten Bergbaunationen der Erde. In der Förderung von Steinkohle und Erdgas neh-

USA

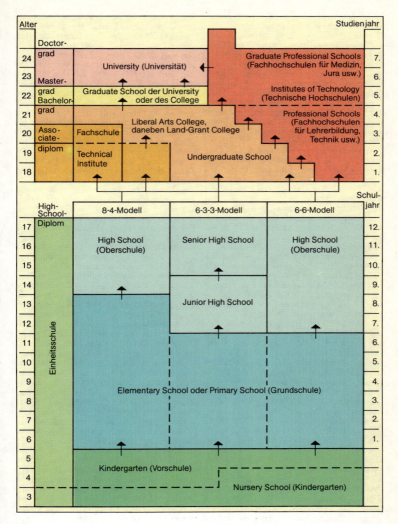

USA. Schematischer Aufbau des Bildungswesens

men die USA die 1. Stelle, bei Erdöl und Blei die 2. Stelle, bei Kupfer die 3. Stelle, bei Eisen die 5. Stelle und bei Gold die 6. Stelle in der Weltproduktion ein. Die USA verfügen über die größten Kohlenvorkommen der Erde (Reserven 2 Bill. t, gegenwärtig nutzbar 300 Mrd. t). Bis 1952 kam aus den USA mehr als die Hälfte der Weltproduktion von Erdöl. Durch Rückgang der Förderung (z. T. bewußte Drosselung) in den USA und Erschließung der Vorkommen in Vorderasien und N-Afrika ist dieser Anteil bis 1984 auf 17,3% gefallen. Die USA verbrauchen - mit rd. 6% der Weltbevölkerung - $^1/_3$ der Weltenergieproduktion. Der Pro-Kopf-Verbrauch von Energie ist sechsmal so hoch wie der Weltdurchschnitt. An der Energieerzeugung hatten 1984 Wärmekraftwerke einen Anteil von 72,5%, Kernkraftwerke 13,6%, Wasserkraftwerke 13,3 und Gastur-

USA

binenwerke von 0,6%. - Auf der Ind. beruhten 1984 31,8% des Bruttoinlandproduktes.
Die Herausbildung von Großbetrieben und der Zusammenschluß zu umfangreichen Konzernen ist charakterist. für die Wirtschaft der USA; so werden 80% der Produktion von Autos von den 3 Konzernen General Motors, Ford und Chrysler erbracht. Die Eisen- und Stahlind. hat ihre Schwerpunke um Pittsburgh (Kohlenlager), Chicago und Gary am Michigansee. Neuerdings sind im Zusammenhang mit dem wachsenden Import von Eisenerzen neue Verhüttungsanlagen entstanden, bes. an der Atlantikküste und in Texas (Houston). Die Aluminiumind. findet sich im Geb. des Columbia bzw. Tennessee River und in der Golfküstenebene. Schwerpunkt der Autoind. ist Detroit. Die USA stellten 1983 22,9% der Weltproduktion von Kfz.; bei der Luftfahrtind. betrug ihr Anteil fast 75%. Bei der Flugzeug-, Raumfahrt- und Elektronikind. handelt es sich überwiegend um Rüstungsind. (Golfküste, Kalifornien). Dem bed. Aufschwung der chem. Ind. nach dem 2. Weltkrieg folgte der Ausbau der Raffineriekapazität. Außerdem sind von Bed. die Gummi- und Reifenind., der Chemiefaserproduktion, die Textil-, Bekleidungs- und Lederind. sowie Papier- und Zelluloseherstellung. Die Elektronikind. zeigt weiterhin starke Wachstumsraten. In der Nahrungs- und Genußmittelind. herrschen Klein- und Mittelbetriebe vor. Große Schlachthäuser, Konservenfabriken, Getreidemühlen und Nahrungsmittelfabriken gibt es v. a. im Mittleren Westen und in den Prärie- und Plainsstaaten.

Außenhandel: Die wichtigsten Handelspartner der USA sind Kanada, Japan, Mexiko, die BR Deutschland, Großbrit., Italien, Frankr., Rep. Korea, Brasilien, Venezuela, Niederlande u. a. Exportiert werden: Maschinen, Kfz., Luftfahrzeuge, Weizen, Mais, Sojabohnen, chem. Produkte, Eisen und Stahl, Steinkohle, feinmechan. Erzeugnisse, Kunststoffe, Tabak u. a. Importiert werden: Erdöl, Kfz., Erdöldestillate, Maschinen, Eisen und Stahl, Bekleidung, Zucker, Papier und Pappe, Kaffee, Fisch, Schmuckdiamanten u. a.

Verkehr: Die USA haben in relativ kurzer Zeit die verschiedensten verkehrstechn. Entwicklungen durchgemacht. Die Ära der Binnenschiffahrt dauerte von 1825–1851, darauf folgte die Epoche der Eisenbahn, die ab 1916 durch den stark aufkommenden Straßenverkehr abgelöst wurde. Heute wird das Flugzeug bei der Personenbeförderung über größere Strecken vorgezogen. Das Straßennetz der Straßen umfaßt 6 242 000 km (1983), davon sind rd. 636 000 km Hauptstraßen und Nationalstraßen, von diesen wiederum rd. 81 000 km Autobahnen. Im Jahre 1983 waren in den USA 45% aller Pkws und 55% aller Kfz. der Erde registriert. Das Schienennetz umfaßt 259 000 km (1983). Das Netz der Rohrleitungen für den Transport von Erdöl- und Raffinerieprodukten hat eine Länge von 211 000 km. In der Binnenschiffahrt (40 000 km schiffbare Gewässer) dominiert der Verkehr auf dem Mississippiflußsystem mit 62% der Gesamtleistungen vor den Großen Seen mit 19% (1983). Seit dem Bau des Sankt-Lorenz-Seeweges können rd. 80% aller Seeschiffe vom Atlantik her in das Seegebiet einlaufen. Im inneramerikan. Liniendienst sind rd. 40 Flugunternehmen tätig, die über 500 Städte bedienen, im internat. Verkehr 15. Die am meisten frequentierten ⌀ sind O'Hare (Chicago), Los Angeles, Atlanta, John F. Kennedy International Airport (New York), San Francisco, La Guardia (New York), Miami, Dallas, National Airport (Washington), Boston und Denver.

Geschichte: Zur Vorgeschichte, Entdeckungs- und Kolonialgeschichte ↑ Nordamerika (Geschichte).

Unabhängigkeitskrieg und Konsolidierung (1763–1800): In der Periode von 1763–89 lösten sich die 13 brit. Kolonien an der Ostküste Nordamerikas vom Mutterland und bildeten die Vereinigten Staaten von Amerika. Die v. a. wirtsch. Differenzen zw. Großbrit. und den Kolonien bestanden schon seit deren Gründung. Doch der siegreiche Krieg gegen Frankr. (1756–63) hatte Großbrit. eine beträchtl. Verschuldung gebracht, an deren Abtragung das brit. Parlament nun auch die Kolonien beteiligen wollte. Hart trafen die Kolonien die neuen Handels- und Zollgesetze, die ihren bisher recht freien Handel auf das Mutterland konzentrieren sollten, diesem bei wichtigen Importwaren das Monopol gaben und den Kolonien Produktionsbeschränkungen und Exportverbote auferlegten, die für den jungen Ind. tödl. sein mußten. Die gleichzeitigen brit. Versuche einer Zentralisierung der Verwaltung, die auf eine Ausschaltung der verbrieften Autonomie der Kolonien hinausliefen, erschienen dort als der Anfang vom Ende der jedem brit. Untertanen zustehenden polit. Freiheit. Auf Grund ihrer Bev.zahl (1775: 2,5 Mill.) und ihrer wirtsch. Stärke hatten die Kolonien eine günstige Position gewonnen. Der Widerstand gegen die unliebsamen brit. Gesetze wurde auf 3 Ebenen geleistet: 1. die Legislativen der Kolonien, Zeitungen und Flugschriften protestierten unter Berufung auf den Grundsatz „no taxation without representation", 2. Kaufleute organisierten den Boykott brit. Waren, 3. der „Mob" verlieh beiden Aktionen durch Einschüchterung und Gewalt gegen Steuereinnehmer, Boykottbrecher und Zollbehörden Nachdruck. Zweimal gab das brit. Parlament nach: 1766 durch die Annullierung des Stempelakte, 1770 durch die Aufhebung der 1767 eingeführten Importabgaben (außer für Tee). Die ↑Boston Tea Party (1773) und die brit. Reaktion darauf verschärften die Auseinandersetzung.

USA

Der 1. Kontinentalkongreß (Sept./Okt. 1774), auf dem außer Georgia und den kanad. Prov. alle brit. Kolonien in Nordamerika vertreten waren, protestierte, rechtfertigte den Widerstand gegen verfassungswidrige Gesetze und rief zu einem neuen Boykott brit. Waren auf. Zu den ersten Gefechten zw. brit. Truppen und amerikan. Miliz kam es im April 1775 in Massachusetts. Der 2. Kontinentalkongreß (ab Mai 1775) proklamierte eine Kontinentalarmee aus Milizen aller Kolonien und wählte G. Washington zum Oberbefehlshaber. Am 2. Juli 1776 stellte der Kontinentalkongreß die Unabhängigkeit der 13 Staaten fest und verabschiedete zwei Tage später die Declaration of Independence.

Der Nordamerikan. Unabhängigkeitskrieg endete 1781 mit der brit. Kapitulation. Im Pariser Frieden (1783) erkannte Großbrit. die Unabhängigkeit seiner ehem. Kolonie an und verzichtete auch auf die Gebiete westl. der 13 Staaten bis zum Mississippi. Die neuen Verfassungen, die sich 11 Staaten zw. 1776 und 1780 gaben, basierten auf der Vorstellung des Gesellschaftsvertrages, garantierten Grundrechte und sahen Gewaltenteilung vor. Eigentumsklauseln beschränkten das Wahlrecht auf etwa drei Viertel der männl. Weißen. Mit den 1777 vom Kontinentalkongreß angenommenen, 1781 in Kraft getretenen Konföderationsartikeln schlossen sich die souveränen Einzelstaaten zu einem lockeren Staatenbund zusammen, dessen Kompetenzen jedoch so begrenzt waren, daß selbst die Finanzierung des Unabhängigkeitskrieges erhebl. Schwierigkeiten bereitete. Die Umwandlung des Staatenbundes in einen Bundesstaat mit gestärkter Zentralgewalt erfolgte erst durch die 1787 formulierte und 1788 ratifizierte Verfassung.

Ausdehnung nach Westen und Sezessionskrieg (1800–77): Mit dem Kauf des westl. Louisiane von Frankr. (1803) begann die territoriale Ausdehnung der USA. 1845 wurde Texas, 1846–48 im Mex. Krieg das Gebiet von New Mexico bis Kalifornien annektiert; die Erwerbung von Florida (1810/19) und die Teilung Oregons (1846) brachten die USA im wesentl. auf ihren heutigen Stand.

Die Besiedlung des Kontinents hatte für die amerikan. Geschichte weittragende Bed.: Pioniergeist und Individualismus wurden zu Nationaltugenden. Wenn auch die aus dieser Zeit stammende Eigentumsideologie, jeder Amerikaner könne Land kaufen und selbständig bebauen, wegen der erforderl. hohen Investitionen für eine Farm an der sozialen Realität vorbeiging, war die Siedlung an der † Frontier doch für eine relativ breite Schicht erschwingl. und erstrebenswert. Der daraus resultierende Landhunger führte dazu, daß den indian. Besitzern das Land genommen wurde, zuerst durch Vertragsmanipulation, Entzug der Existenzgrundlage, Vertreibung (1825, 1832), dann durch Ausrottungskriege (1861–90) oder Deportation in unwirtl. Reservate. Erst 1924 wurden den Überlebenden die Bürgerrechte zuerkannt, ohne daß dadurch ihre wirtsch. Lage verbessert wurde. Dem Mittleren W bzw. NW mit relativ breit gestreutem landw. Privateigentum standen um die Mitte des 19. Jh. der industrialisierte NO und das auf Sklaverei beruhende Plantagensystem des S gegenüber. Die unterschiedl. Interessen der drei Regionen führten zu Auseinandersetzungen über die Handels- und Zollpolitik. V. a. die wirtschaftspolit. Vorstellungen der Ind. entwickelten sich konträr zu denen des S; Wirtschaftsexpansion, gefördert durch Schutzzölle und liberalist. Arbeitsmarktpolitik, war mit den stat. gesellschaftspolit. Vorstellungen der Sklaven- und Plantagenbesitzer nicht vereinbar. Um den S für den industriellen Fortschritt und die Interessen der Unternehmer zu öffnen, mußte die archaische Wirtschaftsstruktur zerstört werden. Eng verbunden mit diesen ökonom. Überlegungen war die Entwicklung der Bewegung der Abolitionisten, die die Sklaverei aus humanitären Gründen abschaffen wollten. Weiterer wichtiger Streitpunkt war die Frage, ob der von der Verfassung bestimmte Grundsatz des Primates der Union vor den Einzelstaaten gültig sein sollte. In dieser Situation stellte die diesen Grundsatz vertretende Republikan. Partei 1860 den populären, der Sklaverei krit. gegenüberstehenden A. Lincoln als Kandidaten auf, versprach den Kapital- und Ind.interessen Schutzzölle und Privatbanken, den unteren Einkommensschichten freies Siedlungsland. Lincolns Wahlsieg wurde vom S zum Anlaß genommen, sich vom N zu lösen. 11 Südstaaten vereinigten sich unter dem Präs. J. Davis (Konföderierte Staaten von Amerika). Damit begann der † Sezessionskrieg (1861–65). Der mit äußerster Erbitterung geführte Bürgerkrieg kostete etwa 600 000 Menschenleben. Weite Landstriche, v. a. im unterlegenen S waren völlig verwüstet; der S war durch die Kriegsanstrengungen und die lange Wirtschaftsblockade ruiniert, das Plantagensystem zerbrochen, während N und NW durch den Krieg einen ungeheuren konjunkturellen Aufschwung erfahren hatten. In der Periode der † Reconstruction (1865–77) verringerten sich zwar die regionalen wirtsch. Unterschiede, die Sklaverei hingegen, Anlaß des Krieges, erfuhr nur eine Scheinlösung. Die formale Befreiung (Abschaffung der Sklaverei, Verankerung der Bürgerrechte für Schwarze in der Verfassung) veränderte die Situation der Schwarzen auf lange Sicht kaum, da v. a. im S die Mehrheit der Weißen die gleichberechtigte Eingliederung der Schwarzen in Wirtschaft und Gesellschaft verhinderte, v. a. durch Gerichtsentscheidungen und Gesetze der Einzelstaaten, die den Schwarzen das

USA

Stimmrecht nahmen und die Rassentrennung sanktionierten („Jim Crow laws").

Erschließung des Landes, Industrialisierung und Imperialismus (1877–1914): Der schnelle Ausbau des Eisenbahnnetzes (1869 Vollendung der 1. transkontinentalen Linie) erschloß das Innere des Kontinents. Hohe Schutzzölle, Erschließung großer Mineralvorkommen, Einwanderung (etwa 15 Mill. Menschen zw. 1865 und 1900) und Laissez-faire-Politik führten trotz mehrerer Krisen zu explosionsartiger Expansion der Ind., bei gleichzeitiger Verschärfung der sozialen Gegensätze. Der durch die Reg. begünstigten Anhäufung riesiger Vermögen stand die relative Armut weiter Bev.schichten gegenüber. Soziale Unruhen waren die Folge. Die Reg. der Bundesstaaten begannen erst gegen Ende des 19. Jh. regulierend in die Wirtschaft einzugreifen, als die Macht der Konzerne die demokrat. Freiheiten des einzelnen zu zerstören schien.

Für die Außenpolitik der USA war in der 2. Jh.hälfte v. a. die Absicherung wirtsch. Interessen bestimmend (z. B. gewaltsame Öffnung Japans für den amerikan. Handel, 1854); bis zum Ende des Sezessionskrieges hinderten die inneren Probleme die USA daran, eine weltpolit. Rolle, und sei es auch nur im gesamtamerikan. Rahmen, zu spielen. Erst die gegen Ende des 19. Jh. rasch anwachsenden privaten Investitionen, v. a. im polit. unruhigen Lateinamerika, führten in zunehmendem Maße zu Interventionen der USA. Diese Pha-

USA

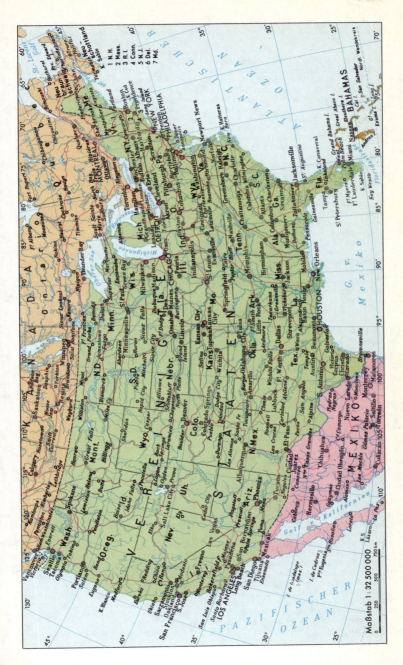

USA

se des Dollarimperialismus leitete über zu einer Politik des Erwerbs von Außenterritorien.

Der kuban. Aufstand von 1895 war ein willkommener Anlaß, um unter Anwendung der umgedeuteten Monroedoktrin Spanien 1898 den Krieg zu erklären und die Reste des span. Weltreiches (Puerto Rico, Philippinen, Guam; Protektorat Kuba) zu annektieren; ebenfalls 1898 wurde Hawaii annektiert. Ihren Höhepunkt fand die amerikan. Interventions- und Annexionspolitik 1903 mit der Abspaltung Panamas von Kolumbien, die den USA die Herrschaft über den Panamakanal einbrachte.

Vom 1. Weltkrieg zum 2. Weltkrieg (1914–45): Nach anfängl. Neutralität traten die USA 1917 in den 1. Weltkrieg ein; sie begannen als Weltmacht zu handeln. Als Grundlage für die Friedensverhandlungen verkündete Präs. T. W. Wilson 1918 seine moral.-idealist. Vierzehn Punkte. Der Senat lehnte jedoch 1919/20 die Ratifizierung des Versailler Vertrags ab, die USA blieben somit außerhalb des Völkerbundes und kehrten zum Isolationismus zurück. Unter den republikan. Präs. W. G. Harding und C. Coolidge und dem kapitalfreundl. Finanzmin. A. W. Mellon begann nach dem 1. Weltkrieg eine neue Periode des Big Business (1919–29), die von Korruptionsskandalen erschüttert wurde.

Die große Arbeitslosigkeit während der Weltwirtschaftskrise (ab 1929) veranlaßte Präs. F. D. Roosevelt, durch das Konzept des ↑New Deal mehr soziale Gerechtigkeit anzustreben. Doch schufen die Reformen keinen endgültigen sozialen Ausgleich; 1941–45 traten sie vollständig hinter den Kriegsanstrengungen zurück. Die Expansion Japans in Asien, des nat.-soz. Deutschland in Europa und des faschist. Italien in Afrika führte zw. 1937 und 1941 zur endgültigen Abkehr der USA von ihrer „isolationist." Außenpolitik. Nach dem Beginn des 2. Weltkrieges in Europa lieferten die USA Kriegsmaterial an die westl. Alliierten; sie begannen, mit einem großen Aufrüstungsprogramm militär. Versäumnisse der Zwischenkriegszeit aufzuholen. Mit dem jap. Überfall auf Pearl Harbor und der dt. italien. Kriegserklärung (Dez. 1941) traten die USA in den 2. Weltkrieg ein. Das rasche jap. Vordringen im Pazifik veranlaßte die USA, trotz der Konzentration ihrer Anstrengungen auf den europ. Kriegsschauplatz gegen Japan immer stärkere Kräfte einzusetzen. Auf dem europ.-afrikan. Nebenkriegsschauplatz brachte das amerikan. Eingreifen den Zusammenbruch der Achsenstreitkräfte in Nordafrika und das Ausscheiden Italiens aus dem Krieg. Die Invasion der Alliierten im Sommer 1944 warf die dt. Truppen auf die Reichsgrenzen zurück; im Mai 1945 war mit der Niederwerfung Deutschlands der Krieg in Europa beendet. Der Abwurf der beiden ersten Atombomben auf Japan (6./9. Aug. 1945) führte schließl. im Sept. 1945 zur jap. Kapitulation.

Die Weltmacht der USA und ihre inneren Krisen (ab 1945): Die Ergebnisse des 2. Weltkrieges bürdeten den USA als führender Weltmacht eine Vielzahl von Problemen auf. Bald nach Kriegsende begann die Allianz mit der UdSSR wegen der völligen Divergenz über die Gestaltung des Friedens zu zerbröckeln; die USA, die sofort mit der Abrüstung begonnen hatten, sahen sich einer wachsenden sowjet. Expansion gegenüber. Die Spannungen zw. den Alliierten entwickelten sich zum Kalten Krieg, der zuerst außenpolit. (1949 Gründung der NATO, 1950–53 Koreakrieg), unter Präs. Eisenhower aber auch innenpolit. geführt wurde (Kommunistengesetze 1954 und „rote Psychose" durch J. R. McCarthy). Außenmin. J. F. Dulles formulierte in Abkehr von Präs. Trumans Politik der Eindämmung des Ostblocks (Containment) die Politik der Zurückdrängung (Roll back). Präs. J. F. Kennedy setzte die Entspannungsbemühungen Eisenhowers verstärkt fort; sie wurden jedoch durch Operationen des Geheimdienstes in Kuba und Laos sowie durch die Übernahme militär. Verpflichtungen in Vietnam belastet. Die Erhaltung der Stabilität durch Unterstützung konservativer und diktator. Reg. mit Militärhilfe und Truppen blieb als Grundtendenz bestehen. Zur Unterstützung der reaktionären südvietnam. Reg. gegen kommunist. Guerillas und deren nordvietnam. Verbündete steigerten die USA unter den Präs. L. B. Johnson und R. M. Nixon ihren Einsatz bis Ende der 1960er Jahre stetig (↑Vietnamkrieg). Trotz dieses Aufwandes, der auch materiell (Einschränkung der Sozialausgaben und Verschlechterung der Zahlungsbilanz) teuer erkauft wurde, blieben dauerhafte Erfolge aus. Statt dessen begann 1965 an den Universitäten eine Protestbewegung gegen die amerikan. Kriegsbeteiligung, die 1969/70 ihren Höhepunkt erreichte: Nach Meinungsumfragen mißbilligte die Mehrheit der Bev. nun das amerikan. Engagement in Vietnam. Daraufhin stellte Präs. Johnson 1968 die Bombardierung Nord-Vietnams ein und verzichtete auf seine Wiederwahl. Präs. Nixon zog die amerikan. Truppen ab („Vietnamisierung"). Im Innern bewirkte der Vietnamkrieg eine massive Vertrauenskrise. Nicht nur der Glaube an die Unbesiegbarkeit der USA und an ihre Rolle als „Weltpolizist" ging verloren, sondern auch das Vertrauen auf die moral. Integrität und die Glaubwürdigkeit der Reg.; Zehntausende entzogen sich dem Wehrdienst, erhebl. Teile der akadem. Jugend sahen in diesem Krieg eine Entlarvung des kapitalist. Systems und zweifelten an seiner Reformierbarkeit.

Nixon initiierte gegenüber den beiden kom-

USA

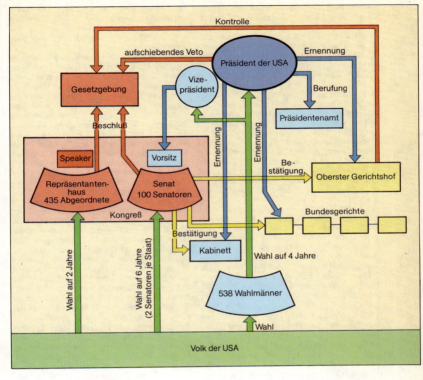

USA. Schematische Darstellung des politischen Systems

munist. Großmächten eine intensive Entspannungskampagne, die mit Abkommen mit der Sowjetunion und der Normalisierung der Beziehungen zu China Teilerfolge erzielte und eine Reihe von Verhandlungen (SALT, KSZE) in Gang brachte.

Präs. J. E. Carter (seit 1977) betonte anfangs stark die Menschenrechte, was die Beziehungen mit der Sowjetunion und einigen lateinamerikan. Staaten belastete. In den 1978 ratifizierten Verträgen vereinbarten die USA mit Panama die schrittweise Übergabe des Panamakanals. Im Nahostkonflikt setzte sich Carter für das Zustandekommen des ägypt.-israel. Separatfriedensvertrages (1979) ein. Das SALT-II-Abkommen mit der UdSSR wurde im Juni 1979 unterzeichnet, jedoch bisher nicht ratifiziert. Eine der schwersten Ost-West-Krisen der Nachkriegszeit löste der sowjet. Einmarsch in Afghanistan im Dez. 1979 aus. Die USA, die das geostrateg. Gleichgewicht gefährdet sahen, reagierten darauf u. a. mit dem Verbot von Getreideexporten in die UdSSR und mit dem Boykott der Olymp. Spiele in Moskau 1980. Die islam. Revolution im Iran 1979 brachte die USA, die das Schah-Regime gestützt hatten, in außenpolit. Verwicklungen, die im Nov. 1979 in der Besetzung der Teheraner US-Botschaft und der länger als ein Jahr währenden Festsetzung von über 50 US-Bürgern als Geiseln gipfelten.

Innenpolit. war während der 1960er Jahre die Rassenfrage das brisanteste Problem. Das Bürgerrechtsgesetz von 1964 gewährte den Schwarzen Schutz bei der Ausübung des Wahlrechts, förderte die Schulintegration, verbot Rassendiskriminierung in öffentl. Einrichtungen, in den Gewerkschaften und am Arbeitsplatz; das Elend der Großstadtghettos wurde jedoch kaum berührt. Die Folgen waren eine Radikalisierung der militanten Schwarzen und die blutigen Ghettoaufstände von 1966/67. Die Fortdauer der wirtsch. Unterprivilegierung des schwarzen Bev.teils ist auch ein Aspekt der schärfsten Rezession seit der Weltwirtschaftskrise, die Ende der

USA

1960er Jahre begann und - anders als frühere Krisen - durch eine Kombination von starker Arbeitslosigkeit und hoher Inflationsrate gekennzeichnet ist. Durch die angebotsorientierte Wirtschafts- und Finanzpolitik der Reg. R. W. Reagan konnte sie bisher nicht gedämpft werden.

Zu dem Krisenbewußtsein trugen nicht nur der Vietnamkrieg, die Rassenfrage und die Wirtschaftslage bei, sondern auch der massivste und folgenreichste polit. Skandal der Geschichte der USA, die ↑Watergate-Affäre, die mit dem Rücktritt von Präs. Nixon am 9. Aug. 1974 endete. Nixons Nachfolger, G. R. Ford, erschien noch so stark mit Nixon identifiziert, daß erst die Wahl des jeder Verbindung zu Vietnam und Watergate unverdächtigen J. E. Carter im Nov. 1976 als Erlösung aus einem nat. Alptraum empfunden wurde. Doch auch die von dem neuen Präs. ausgehenden starken moral. Impulse reichten zur Lösung der realen Probleme nicht aus. Der nach der Watergate-Affäre gegenüber der Exekutive selbstbewußter gewordene Kongreß verweigerte Carter die Gefolgschaft bei seinen Reformplänen zur Steuergesetzgebung und zur Sozialversicherung sowie v. a. bei seinem Energiesparprogramm, das zum Abbau des Handelsbilanzdefizits beitragen sollte. Auch die Erneuerung des Kabinetts im Juli 1979 konnte den Verfall der Popularität Carters nicht aufhalten. In den Wahlen vom 4. Nov. 1980 wurde der Republikaner R. W. Reagan mit 51% der Stimmen gegen Carter (41% der Stimmen) zum neuen Präs. der USA gewählt. Unter Präs. Reagan rückte die Verteidigungs- und Rüstungspolitik in den Mittelpunkt. Das erklärte Streben nach militär. Überlegenheit gegenüber der Sowjetunion, das zu einer beträchtl. Erhöhung der Militärausgaben bei drast. Sparmaßnahmen im Gesamthaushalt führte, rief Kritik aus den anderen NATO-Staaten hervor und gab einer sich ständig verbreiternden Friedensbewegung Auftrieb. Dies sowie wirtsch. Erfordernisse zwangen zu einer Korrektur. So wurden im Nov. 1981 amerikan.-sowjet. Abrüstungsverhandlungen über Mittelstreckenwaffen aufgenommen; im Juni 1982 begannen trotz erneuter Belastung der Beziehungen durch die Verhängung des Kriegsrechts in Polen (Dez. 1981) die START-Verhandlungen, die aber bald scheiterten. 1983/84 von Reagan vorgetragene Pläne für ein im Weltraum stationiertes Raketenabwehrsystem lösten auch bei den Reg. der Verbündeten Kritik aus. Stark von den unterschiedl. wirtsch. Interessen geprägt sind die Differenzen zw. den USA und ihren westeurop. Verbündeten, deren Wirtschaft erheblich unter der amerikan. Hochzinspolitik leidet. Wegen des Widerspruchs der westeurop. Staaten mußte Reagan seine Pläne einer gemeinsamen westl. Embargopolitik gegen die Sowjetunion aufgeben.

Trotz erhebl. Kritik an der Steuer- und Haushaltspolitik sowie an der Außenpolitik der Reagan-Administration wurde Reagan am 7. Nov. 1984 mit überragender Mehrheit wiedergewählt.

In der Rede zu seiner zweiten Amtseinführung gab Präs. Reagan bekannt, daß die USA in einem Forschungsvorhaben Waffen entwickeln wollen, die gegnerische Nuklearwaffen vernichten sollen, bevor diese ihr Ziel erreichen; diese Waffen sollen im Weltraum stationiert werden (sog. ´SDI-Projekt: strategic defense initiative = strateg. Verteidigungsinitiative). An der Entwicklung sollen auch die NATO-Verbündeten beteiligt werden. Diese Ankündigungen belasteten die im März 1985 wieder aufgenommenen Verhandlungen mit der Sowjetunion über Weltraumwaffen, Begrenzung der Kernwaffen und Abrüstung. Im Juni 1985 kündigte Präs. Reagan jedoch an, daß man prüfen werde, ob die Bestimmungen des SALT-II-Vertrages, der nicht ratifiziert worden war, noch eingehalten werden sollen. Nachdem in der Sowjetunion mit dem Amtsantritt M. Gorbatschows ein Führungswechsel stattgefunden hatte, kamen - wenn auch zögernd - die Gespräche zw. beiden Ländern wieder in Gang. Anfang Jan. 1985 vereinbarten die Außenmin. neue Verhandlungen über den gesamten Komplex von Kern- und Weltraumwaffen mit dem Ziel, ein Wettrüsten im Weltraum zu verhindern. Neue Initiativen des sowjet. Parteichefs wie z. B. der einseitige Atomteststopp sorgten dafür, daß Präs. Reagan in Zugzwang geriet. Im Okt. 1986 trafen sich Reagan und Gorbatschow in Reykjavík; konkrete Folgen dieser Begegnung blieben jedoch zunächst aus. Sie führten aber dann zu einer Serie von Begegnungen und Gipfeltreffen (Dez. 1987 in Washington und Mai 1988 in Moskau). Das im Dez. 1987 unterzeichnete Abkommen über die Beseitigung der landgestützten Mittelstreckenraketen (INF-Vertrag) wurde im Mai 1988 vom amerikan. Senat ratifiziert. Als Folge begannen die USA mit dem Abbau der Cruise-missile-Stellungen in der BR Deutschland. Die Verschrottungsaktionen werden von den Vertragspartnern überwacht.

Für eine nachhaltige Schwächung der Position Präs. Reagans sorgte die „Iran-Waffen-Affäre" Ende 1986, die deutlich machte, daß der Präs. über Aktivitäten der Administration im Weißen Haus nur unzureichend oder gar nicht informiert wurde.

Im Pers. Golf drohte das Eingreifen der USA 1987 zunächst den Krieg zw. Irak und Iran auszuweiten. Kuwait flaggte seine Tankerflotte um und erreichte damit die Sicherung der Schiffahrtssicherheit durch amerikan. Kriegsschiffe. Als Reaktion auf iran. Angriffe zerstörte die US-Flotte einige iran. Ölbohrinseln und schoß auf Grund einer Verwechslung ein iran. Zivilflugzeug ab.

Im Präsidentschaftswahlkampf 1988 konnte

USA

PRÄSIDENTEN DER USA

1. George Washington, Föderalist	1789–1797	
2. John Adams, Föderalist	1797–1801	
3. Thomas Jefferson, Rep. (Dem.)	1801–1809	
4. James Madison, Rep. (Dem.)	1809–1817	
5. James Monroe, Rep. (Dem.)	1817–1825	
6. John Qu. Adams, Unabhängiger	1825–1829	
7. Andrew Jackson, Dem.	1829–1837	
8. Martin Van Buren, Dem.	1837–1841	
9. William H. Harrison, Whig	1841	
10. John Tyler, Whig (später Dem.)	1841–1845	
11. James K. Polk, Dem.	1845–1849	
12. Zachary Taylor, Whig	1849–1850	
13. Millard Fillmore, Whig	1850–1853	
14. Franklin Pierce, Dem.	1853–1857	
15. James Buchanan, Dem.	1857–1861	
16. Abraham Lincoln, Rep.	1861–1865	
17. Andrew Johnson, Dem.	1865–1869	
18. Ulysses S. Grant, Rep.	1869–1877	
19. Rutherford B. Hayes, Rep.	1877–1881	
20. James A. Garfield, Rep.	1881	
21. Chester A. Arthur, Rep.	1881–1885	
22. S. Grover Cleveland, Dem.	1885–1889	
23. Benjamin Harrison, Rep.	1889–1893	
24. S. Grover Cleveland, Dem.	1893–1897	
25. William McKinley, Rep.	1897–1901	
26. Theodore Roosevelt, Rep.	1901–1909	
27. William H. Taft, Rep.	1909–1913	
28. T. Woodrow Wilson, Dem.	1913–1921	
29. Warren G. Harding, Rep.	1921–1923	
30. Calvin Coolidge, Rep.	1923–1929	
31. Herbert C. Hoover, Rep.	1929–1933	
32. Franklin D. Roosevelt, Dem.	1933–1945	
33. Harry S. Truman, Dem.	1945–1953	
34. Dwight D. Eisenhower, Rep.	1953–1961	
35. John F. Kennedy, Dem.	1961–1963	
36. Lyndon B. Johnson, Dem.	1963–1969	
37. Richard M. Nixon, Rep.	1969–1974	
38. Gerald R. Ford, Rep.	1974–1977	
39. James E. Carter, Dem.	1977–1981	
40. Ronald W. Reagan, Rep.	1981–1989	
41. George Bush, Rep.	seit 1989	

Rep.: Republikaner
Dem.: Demokrat

sich bei den Wahlen im Nov. 1988 Vizepräs. Bush gegen seinen Konkurrenten, den Demokraten M. Dukakis, durchsetzen. Bush hat allerdings wieder mit einer demokrat. Mehrheit in beiden Häusern des Kongresses zu regieren.
Politisches System: Die USA sind eine bundesstaatl. Republik mit präsidentieller Demokratie. Die Verfassung von 1787 bestand urspr. aus einer Präambel und 7 Artikeln, die die zentralen Institutionen und Prinzipien der bundesstaatl. Ordnung festhalten. 1791 wurden 10 Verfassungssätze („amendments") hinzugefügt, die einen Grundrechtskatalog enthalten. Insgesamt enthält die Verfassung der USA heute 26 Verfassungszusätze. Grundlegende Prinzipien für die institutionelle Ordnung der USA sind Gewaltenteilung („separation of powers") und Gewaltenbalance („checks and balances").
Die *exekutive Gewalt* des Bundes liegt beim Präs. (seit 1989 G. Bush). Er ist zugleich *Staatsoberhaupt*, Reg.chef und Oberbefehlshaber der Streitkräfte. Der Präs. wird zus. mit dem Vizepräs. für 4 Jahre gewählt; Wiederwahl ist seit 1951 nur einmal zulässig. Die Präsidentschaftswahlen bestehen aus zwei großen Wahlvorgängen: den Wahlen zur Nominierung der Parteikandidaten und den Wahlen, die über die von den Parteien nominierten Kandidaten entscheiden. Die Nominierung der Kandidaten findet in fast allen Staaten in Vorwahlen (↑ Primary) statt. Hier werden die einzelstaatl. Delegierten für den nat. Parteikonvent gewählt, der dann den Präsidentschaftskandidaten der jeweiligen Partei nominiert. In den eigtl. nat. Präsidentschaftswahlen, in denen dann die von den nat. Parteikonventen nominierten Kandidaten gegeneinander antreten, wird wiederum nicht direkt für die Kandidaten gestimmt, sondern für Wahlmänner. Jedem Staat steht soviele Wahlmänner zu, wie er Abg. in den Kongreß (Senat und Repräsentantenhaus) entsendet; der District of Columbia wählt 3 Wahlmänner. Der in einem Staat siegreichen Partei fallen alle Wahlmännerstimmen des jeweiligen Staates zu.
Der Präs. ernennt mit Zustimmung des Senats u. a. die Min. („secretaries"), Botschafter, Gesandten und Konsuln sowie die Bundesrichter. Der Präs. vertritt die USA nach außen, er hat das Recht, mit Zustimmung des Senats Verträge zu schließen und kann dem Kongreß „Maßnahmen zur Beratung empfehlen, die er für notwendig und nützlich erachtet", woraus sich die bed. Rolle des Präs. im modernen Gesetzgebungsprozeß entwickelte, wenngleich ihm kein formales Recht zur Gesetzesinitiative zusteht. Hinzu kommt das suspensive Vetorecht des Präs. gegenüber allen Beschlüssen des Kongresses. Der Präs. ist dem Kongreß nicht verantwortl. Er kann ebenso wie der Vizepräs. nur auf dem Wege der Anklage und Verurteilung wegen Verfassungs- und Rechtsverletzungen abgesetzt werden (↑ Impeachment). Der gleichzeitig mit dem Präs. gewählte Vizepräs. (seit 1981 G. Bush) hat nur die Bedeutung, die ihm der Präs. zugesteht. Von geringer polit. Bedeutung ist sein Vorsitz im Senat, wo er nur im Falle der Stimmengleichheit Stimmrecht hat. Seine wichtigste Funktion (neben der Vertretung des Präs. bei Missionen im Ausland) besteht darin, Nachfolger des Präs. zu sein, wenn

USA

PARTEIENSTÄRKE IM KONGRESS 1917–1990

Legislatur-periode	Kongreß	Präsident	Repräsentantenhaus Demokraten	Republikaner	sonstige	Senat Demokraten	Republikaner	sonstige
1917–19	65	T. W. Wilson, Dem.	216	210	6	53	42	–
1919–21	66	T. W. Wilson, Dem.	190	240	3	47	49	–
1921–23	67	W. G. Harding, Rep.	131	301	1	37	59	–
1923–25	68	C. Coolidge, Rep.	205	225	5	43	51	2
1925–27	69	C. Coolidge, Rep.	183	247	4	39	56	1
1927–29	70	C. Coolidge, Rep.	195	237	1	46	49	1
1929–31	71	H. C. Hoover, Rep.	167	267	1	39	56	1
1931–33	72	H. C. Hoover, Rep.	220	214	1	47	48	1
1933–35	73	F. D. Roosevelt, Dem.	310	117	5	60	35	1
1935–36	74	F. D. Roosevelt, Dem.	319	103	10	69	25	2
1937–38	75	F. D. Roosevelt, Dem.	331	89	13	76	16	4
1939–41	76	F. D. Roosevelt, Dem.	261	164	4	69	23	4
1941–42	77	F. D. Roosevelt, Dem.	268	162	5	66	28	2
1943–44	78	F. D. Roosevelt, Dem.	218	208	4	58	37	1
1945–46	79	{ F. D. Roosevelt, Dem. / H. S. Truman, Dem. }	242	190	2	56	38	1
1947–48	80	H. S. Truman, Dem.	188	245	1	45	51	–
1949–50	81	H. S. Truman, Dem.	263	171	1	54	42	–
1951–52	82	H. S. Truman, Dem.	234	199	1	49	47	–
1953–54	83	D. D. Eisenhower, Rep.	211	221	1	47	48	1
1955–56	84	D. D. Eisenhower, Rep.	232	203	–	48	47	1
1957–58	85	D. D. Eisenhower, Rep.	233	200	–	49	47	–
1959–60	86	D. D. Eisenhower, Rep.	283	153	–	64	34	–
1961–62	87	J. F. Kennedy, Dem.	263	174	–	65	35	–
1963–64	88	{ J. F. Kennedy, Dem. / L. B. Johnson, Dem. }	258	177	–	67	33	–
1965–66	89	L. B. Johnson, Dem.	295	140	–	68	32	–
1967–68	90	L. B. Johnson, Dem.	246	187	–	64	36	–
1969–70	91	R. M. Nixon, Rep.	245	189	–	57	43	–
1971–72	92	R. M. Nixon, Rep.	254	180	–	54	44	2
1973–74	93	{ R. M. Nixon, Rep. / G. R. Ford, Rep. }	239	192	–	57	43	–
1975–76	94	G. R. Ford, Rep.	291	144	–	61	38	1
1977–78	95	J. E. Carter, Dem.	292	143	–	62	38	–
1979–80	96	J. E. Carter, Dem.	274	161	–	58	41	1
1981–82	97	R. W. Reagan, Rep.	242	191	2	46	53	1
1983–84	98	R. W. Reagan, Rep.	269	166	–	46	54	–
1985–86	99	R. W. Reagan, Rep.	253	182	–	47	53	–
1987–88	100	R. W. Reagan, Rep.	259	176	–	55	45	–
1989–90	101	G. Bush, Rep.	252	173	–	56	44	–

dieser stirbt, zurücktritt oder abgesetzt wird. Das Kabinett setzt sich neben dem Präs. und dem Vizepräs. aus den Leitern der Ministerien („departments") sowie anderen vom Präs. ausgewählten hohen Beamten und persönl. Beratern zusammen, ist aber ein rein beratendes Gremium, da die *Exekutive* allein im Amt des Präs. ruht. Dem Präs. zur Seite steht ein umfangreiches, von den Ministerien unabhängiges Präsidentenamt (Executive Office of the President). 1939 geschaffen, zählt es heute mehr als 5 000 Mitarbeiter. Seine wichtigsten Abteilungen sind das Büro des Weißen Hauses (White House Office), das u. a. die persönl. Assistenten und Berater des Präs. und den Personalchef (Chief of Staff, „Stabschef des Weißen Hauses") umfaßt, das Haushaltsbüro (Office of Management and Budget), das v. a. den Bundeshaushalt aufstellt, der Rat der Wirtschaftsberater (Council of Economic Advisers) und der Nat. Sicherheitsrat (National Security Council). Der Nat. Sicherheitsrat, 1947 als Koordinierungsorgan für alle mit der Verteidigungspolitik zusammenhängenden Fragen geschaffen, entwickelte sich am Außenministerium vorbei zum zentralen Ort des außenpolit. Entscheidungsprozesses. Ihm gehören neben Präs. und Vizepräs. der Außen- und der Verteidigungsmin., der Vors. der Vereinigten Stabschefs der Streitkräfte, die Direktoren des Amtes für Notstandsplanung und des CIA an.

Die *Legislative* einschl. der Budgethoheit liegt beim Kongreß, er besteht aus Senat und Re-

USA

präsentantenhaus. Der Senat hat 100 Mgl. (zwei aus jedem Staat), alle zwei Jahre wird ein Drittel der Senatoren neu gewählt. Das Repräsentantenhaus besteht aus 435 Abg., die für zwei Jahre nach dem Mehrheitswahlrecht gewählt werden. Weder Senatoren noch Abg. dürfen ein öffentl. Amt bekleiden. Senat und Repräsentantenhaus sind im wesentl. gleichberechtigt. Jede Gesetzesvorlage bedarf der Zustimmung beider Kammern. Das Repräsentantenhaus hat jedoch gegenüber dem Senat die Budgetinitiative. Der Senat andererseits hat eine Sonderstellung durch seine Vorrechte in der Exekutive: Mitwirkung bei der Besetzung von Stellen in der Bundesreg. und -verwaltung, internat. Verträge bedürfen der Zustimmung einer Zweidrittelmehrheit im Senat. Der Kongreß hat das Recht der Kriegserklärung. Verfassungsänderungen bedürfen einer Zweidrittelmehrheit beider Häuser des Kongresses und müssen zusätzl. in drei Vierteln der Einzelstaaten von gesetzgebenden Körperschaften oder Verfassungskonventen ratifiziert werden. Die eigtl. Arbeit des Kongresses findet in den Ausschüssen und Unterausschüssen statt. Der Mehrheitsfraktion fällt in allen Ausschüssen die Mehrheit und der Vors. zu; Mehrheiten bilden sich meist ohne Rücksicht auf Parteigrenzen. Jede Gesetzesvorlage und Entschließung des Kongresses wird dem Präs. zugeleitet und erhält Rechtskraft, wenn dieser sie unterzeichnet. Legt der Präs. sein Veto ein, müssen beide Häuser des Kongresses die Vorlage nochmals - nunmehr mit Zweidrittelmehrheit - beschließen, damit sie rechtskräftig wird. Das schärfste Kontrollinstrument des Kongresses gegenüber der Exekutive ist das Amtsanklageverfahren († Impeachment).

Die *Parteien* sind in der Verfassung nicht erwähnt, doch haben alle Einzelstaaten Gesetze über Rechte, Pflichten und Organisation der Parteien erlassen. Die USA haben ein Zweiparteiensystem, das bestimmt wird von der Demokrat. Partei (Democratic Party) und der Republikan. Partei (Republican Party). Weitere Parteien haben allenfalls vorübergehend lokale oder regionale Bedeutung. Im Unterschied zu den europ. sind die amerikan. Parteien keine Mitglieder- und Programmparteien, sondern Wählerparteien, deren Finanzierung hauptsächl. durch Spenden erfolgt. Die Aktivitäten der Parteien werden im wesentl. von den zahlr. Wahlen bestimmt; immerhin werden von der lokalen bis zur Bundesebene rd. 500 000 Ämter durch Wahlen besetzt. Die Parteien sind gleichsam immer wieder mobilisierte Wahlbündnisse. Sie kennen weder eine Organisation mit fester Mitgliedschaft noch einen hauptamtl. Apparat. Auf Bundesebene haben die Nat.ausschüsse der Parteien, in denen die Delegierten der einzelstaatl. Parteien sitzen, nur die Aufgabe, alle 4 Jahre die Nat.konvente zu organisieren, die die Präsidentschaftskandidaten bestimmen. Der eigtl. Führer der siegreichen Partei ist der Präs., während die unterlegene Partei in diesem Sinne meist keinen nat. Führer hat. Obgleich sich in beiden großen Parteien progressive, gemäßigte und konservative Politiker finden und zw. den Parteien keine ideolog. Konflikte vorherrschen, lassen sich doch unterschiedl. polit. Tendenzen feststellen. Mit allen Vorbehalten können die Demokraten als eher staatsinterventionist. und wohlfahrtsstaatl. orientiert bezeichnet werden. Die wesentl. Bürgerrechtsgesetze zugunsten der schwarzen Bev. in den 1960er Jahren waren das Werk der Demokraten, die sich außenpolit. in den letzten Jahrzehnten interventionsfreundlicher als die Republikaner zeigten. Gewählt werden die Demokraten eher in den größten Städten von den weniger wohlhabenden Schichten, eher von Gewerkschaftsangehörigen, Einwanderern, Schwarzen, Intellektuellen, Katholiken und Juden. Die republikan. Wähler finden sich eher unter den Reichen, der Mittelschicht, den wohlhabenden Farmern und den Protestanten nat. Herkunft. Dem Einfluß von *Interessengruppen* sind die Politiker angesichts des organisator. und ideolog.-programmat. schwach ausgebildeten Parteiensystems direkter ausgesetzt als etwa in der BR Deutschland. Die Interessenvertreter - die Zahl der Lobbyisten in Washington wird auf 5 000 geschätzt - wirken auch als Experten im Gesetzgebungsprozeß, etwa in den Anhörungen (Hearings) der Kongreßausschüsse mit. Die größten Unternehmerorganisationen sind die Chamber of Commerce of the United States (Handelskammer), die National Association of Manufacturers (Nat. Fabrikantenverband) und die American Management Association. Die wichtigsten landw. Interessenverbände auf nat. Ebene sind die National Grange und die National Farmers Union. Rund 20 Mill. Arbeitnehmer sind in den ↑*Gewerkschaften* organisiert, denen es v. a. um höhere Löhne und bessere Arbeitsbedingungen im Rahmen des privatwirtschaftl. Systems geht, nicht jedoch um einen Systemwandel der Gesellschaft.

Die *bundesstaatl. Ordnung:* Die amerikan. Verfassung zählt eine knappe Anzahl von Bundeskompetenzen v. a. auf den Gebieten der Steuer-, Wirtschafts-, Zoll- und Verteidigungspolitik auf. Doch wuchs mit der Ausbildung des modernen Ind.- und Sozialstaates auch die Zentralgewalt gegenüber den Einzelstaaten. Die Entwicklung geht seit der New-Deal-Politik Präs. F. D. Roosevelts zunehmend in Richtung eines „kooperativen Föderalismus", eines Systems der Zusammenarbeit zw. Bund, Einzelstaaten und Gemeinden mit Dominanz des Bundes. Die polit. Struktur der Einzelstaaten stimmt mit der des Bundes weitgehend überein. Die Legislative liegt in allen Staaten mit Ausnahme von Nebraska, das nur eine Kammer kennt, bei einem Zweikammerparlament. Die Exekutive ruht in der Hand eines Gouverneurs, der in allg. und direkten Wahlen vom Volk gewählt wird. Die *Verwaltung* ist stark durch Föderalismus und Dezentralisierung (kommunale Selbstverwaltung) geprägt. Die Einzelstaaten sind in Counties unterteilt, denen außer einigen Großstädten alle Gemeinden angehören. Kennzeichnend ist der Dualismus der Verwaltung, d. h. Bundesgesetze werden durch bundesstaatl. Verwaltung und einzelstaatl. Gesetze durch einzelstaatl. Verwaltung ausgeführt. Erst im Zuge des kooperativen Föderalismus entwickelten sich Formen von Auftragsverwaltung.

Das amerikan. *Gerichtswesen* ist dualistisch. Sowohl die Einzelstaaten wie der Bund besitzen jeweils voll ausgebildete Gerichtssysteme. Die Zuständigkeit der Bundesgerichte erstreckt sich auf das Bundesrecht sowie auf alle Rechtsfälle, in denen die USA, mehrere Einzelstaaten, Einwohner verschiedener Einzelstaaten oder ausländ. Personen Partei sind. Die einzelstaatl. Rechtsprechung steht im allg. in der Tradition des ↑Common Law. Die Gerichtsbarkeit der Einzelstaaten besteht in 4–5 Instanzen mit einem Obersten Gericht an der Spitze und vielfach noch einem Friedensrichter auf der untersten Ebene. Die ordentl. Richter werden durch Volkswahl, parlamentar. Wahl oder Ernennung durch den Gouverneur berufen. Die Gerichtsorganisation des Bundes ist dreistufig mit 93 Distriktgerichten erster Instanz (United States District Courts), 11 Appellationsgerichten (United States Courts of Appeal) und dem Obersten Gerichtshof (United States Supreme Court). Von den ordentl. Gerichtshöfen werden die gesetzl. für bestimmte Bereiche eingesetzten Gerichte unterschieden, wie z. B. für das Steuer-, Zoll-, Patentwesen und die Kriegsgerichtsbarkeit. Alle Bundesrichter werden vom Präs. mit Zustimmung des Senats auf Lebenszeit ernannt. Der Oberste Gerichtshof nimmt eine Schlüsselstellung auch im polit. System der USA ein. Er ist nicht nur letzte Instanz der Bundesgerichtsbarkeit, sondern hat als Verfassungsgericht das Recht, die Gesetze der Einzelstaaten und des Bundes in konkreten Rechtsfällen auf ihre Verfassungsmäßigkeit zu überprüfen. Eine eigene Verwaltungsgerichtsbarkeit gibt es nicht.

Dem Präs. als Oberbefehlshaber der *Streitkräfte* unterstehen der Verteidigungsmin. und die Vereinigten Stabchefs (Joint Chiefs of Staff), die beiden wichtigsten Entscheidungszentren des Verteidigungsministeriums (Pentagon). Seit 1973 ist der Militärdienst freiwillig. Die *Streitkräfte* der USA umfassen 2,16 Mill. Soldaten (Heer rd. 776 000, Luftwaffe rd. 604 000, Marine rd. 585 000, Marinekorps rd. 198 000). Die strategischen Atomstreitkräfte (Strategic Nuclear Forces) umfassen die atomgetriebenen Raketen-U-Boote der Flotte, das strateg. Luftkommando (Strategic Air Command) und die Luftverteidigungseinrichtungen. Als Heeresreserve dient die Nationalgarde (Army National Guard) mit einer Stärke von 576 000 Mann, eine Art Bürgerwehr, die dem Bund untersteht und von diesem unterhalten wird.

📖 *Brogan, H.:* The Longman history of the USA. London 1985. - *Helms, E.: USA: Staat u. Gesellschaft.* Hannover ⁶1985. - *Kleinsteuber, H. J.: Die USA.* Hamb. 1984. - *Hohermuth, F./ Runge, M.: USA Nationalparks.* Muttenz 1983. - *Merseburger, P.: Die unberechenbare Vormacht.* Mchn. 1983. - *Schröder, H.-C.: Die amerikan. Revolution.* Mchn. 1982. - *Steinert, H.: Tausend Jahre Neue Welt.* Stg. 1982. - *Hahn. R.: USA.* Stg. 1981. - *Landauer, C.: Sozial- und Wirtschaftsgeschichte der Vereinigten Staaten von Amerika.* Stg. 1981. - *Kissinger, H. A.: Amerikan. Außenpolitik.* Dt. Übers. Mchn. 1980. - *Mittler, M.: Eroberung eines Kontinents.* Zürich u. Freib. ²1980. - *Steinberg, R.: Politik u. Verwaltungsorganisation.* Baden-Baden 1979. - *Czempiel, E. O.: Amerikan. Außenpolitik.* Stg. 1979. - *Guggisberg, H. R.: Gesch. der USA.* Stg. ²1979. 2 Bde. - *Herte, R. de/Nigra, H. J.: Die USA - Europas mißratenes Kind.* Mchn. 1979. - *Mayer, Margit: Die Entstehung des Nationalstaates in Nordamerika.* Ffm. 1979. - *Riege, H.: Nordamerika.* Mchn. 1978. 2 Bde. - *Blume, H.: Vereinigte Staaten von Amerika. Eine geograph. Landeskunde.* Darmst. ¹⁻²1978–79. 2 Bde. - *Brownawell, E. M.: Die Amerikaner und ihr Krieg.* Dt. Übers. Stg. 1978. - *Helms, E.: USA, Staat u. Gesellschaft.* Stg. 1978. - *Knapp, M., u.a.: Die USA u. Deutschland 1918–1975.* Mchn. 1978. - *200 Jahre USA: 1776–1976. Beitr. aus der BR Deutschland.* Bonn 1977. - *Blum, J. M., u.a.: The national experience; a history of the United States.* New York ⁴1977. - *Wehler, H. U.: Der Aufstieg des amerikan. Imperialismus: Studien zur Entwicklung des Imperium Americanum 1865–1900.* Gött. 1974.

USA, Kunst, die Kunst in den Vereinigten Staaten nach ihrer Unabhängigkeitserklärung von 1776, deren Voraussetzung die europ. Kunst bzw. ihre Übernahme im Kolonialstil bildet und deren Entwicklung noch bis ins 20. Jh. hinein weitgehend von Europa abhängig bleibt.

Architektur: Entsprechend den Siedlungsgebieten der frühen Einwanderer wurden in Neuengland engl. Elemente, bes. in New York niederl. und im S und an der W-Küste span. übernommen. Im wesentl. wurde der Kolonialstil vom engl. und niederl. Klassizismus (Palladianismus) geprägt. Die Spanier (Missionsstationen) nahmen auch indian. Elemente auf: den indian. Lehmziegel (Adobe), abgerundete Ecken und fensterlose Fassaden. Ein typ. Beispiel ist das älteste öffentl. Gebäude

USA, Kunst

USA, Kunst. Oben (von links): John de Andrea, Arden Anderson und Nora Murphy (1972). Privatbesitz; Helen Frankenthaler, Innere Landschaft (1964). San Francisco, Museum of Art; unten (von links): Gilbert Stuart, Mrs. Richard Yates (1793). Washington, National Gallery of Art; Benjamin West, Colonel Guy Johnson (1775/76). Washington, National Gallery of Art

USA, Kunst

der USA, der Palace of the Governors (1610–14, heute Museum of New Mexico) in Santa Fe. An der O-Küste dagegen wurden im 17. Jh. vorwiegend Holzhäuser gebaut, nur der Kamin war gemauert („colonial style"). Der von Deutschen und Niederländern eingeführte Backstein wurde oft nur für die Fassade benutzt. Beispiele für die städt. Wohnhausarchitektur des 18. Jh. haben sich u. a. in Salem (Mass.) und in Philadelphia erhalten, wo auch als frühes Beispiel repräsentativer öffentl. Bautätigkeit das Pennsylvania State house 1732, die spätere Independence Hall, entstand (Georgian style). In Virginia und Carolina bauten sich die Plantagenbesitzer nach engl. Vorbild Landhäuser im Georgian style: aus Backstein, mit hellen Fenster- und Türrahmen. Die New Yorker Wohnhäuser waren vierstöckig und meist durch Außentreppen zu erreichen (niederl. Einfluß). Im 19. Jh. entstanden zahlr. öffentl. Gebäude in einem klassizist. Repräsentationsstil mit Säulen, Portikus und Architraven (Kapitol in Washington nach W. Thornton, 1793 ff.). Bei Kirchen wurden dagegen Vorbilder der engl. Gotik bzw. des elisabethan. Stils bevorzugt, zunächst in Holzbauweise; im 19. Jh. entstanden dann große Kathedralen in neugot. Stil („gothic revival"). Entscheidend für einen neuen Baustil in den USA wurde die Entwicklung der Hochhausarchitektur in den Großstädten, ausgehend von Chicago, wo u. a. J. W. Root und L. H. Sullivan in den 1880er und 90er Jahren vorbildl. Wolkenkratzer bauten. Das Guaranty Trust Building in Buffalo (1894/95 von Sullivan & Adler) nützte die Stahlgerüsttechnik für vertikal durchgehende Fensterfassaden. An Sullivans epochales Funktionalitätsprinzip knüpfte F. L. Wright an, der Wohnbauten im engl. Landhausstil mit einer Architektur aus Eisen, Glas und Beton verband. Im Verlauf des 20. Jh. gewannen die aus Europa emigrierten Architekten, u. a. W. Gropius, L. Mies van der Rohe, E. Mendelsohn und R. Neutra, Einfluß auf die amerikan. Entwicklung. Nach dem 2. Weltkrieg setzte eine erhöhte Bautätigkeit ein, v. a. monumentale Verwaltungsgebäude der Industrie- und Wirtschaftskonzerne, Hotels, Flugplätze u. a. Zu den bekanntesten Architekturbüros zählt Skidmore, Owing & Merrill, für die u. a. G. Bunshaft tätig war. Außerdem sind L. J. Kahn und E. Saarinen bes. hervorzuheben, in jüngster Zeit P. C. Johnson und R. Venturi.

Plastik: Neoklassizist. Stiltendenzen bestimmen die Marmorfiguren und -porträts des 19. Jh., bis um 1870 realist. Tendenzen aufkamen, wobei als Material nun Bronze bevorzugt wird (A. Saint-Gaudens, *1848, †1907).

USA, Kunst. Von oben: Skidmore, Owing & Merrill, John Hancock Center in Chicago (1965–70); Alexander Calder, Wal (1937). New York, Museum of Modern Art

USA, Literatur

1895 wurde F. S. Remington mit dramat. Reiterbildern (Western art) berühmt. In den 1930er Jahren kamen u. a. die Kubisten und Konstruktivisten A. Archipenko, N. Gabo, J. Lipchitz, I. Moholy-Nagy in die USA. A. Calder, der mit seinen Mobiles die Skulptur in Beweglichkeit überführte, wurzelte ebenfalls in europ. (frz.) Kunst, mittelbar war auch David Smith von ihr beeinflußt (Picasso, Gonzáles). Er gab im Unterschied zu I. Noguchi die organ. zugunsten einer streng geometr.-kubischen Formenwelt auf. Es folgten die Vertreter der Minimal art, der Objektkunst (L. Nevelson), der Pop-art und des Environments (G. Segal, D. Hanson, C. Oldenburg, E. Kienholz).

In der **Malerei** erreichte der europ. Einfluß im 17. und 18. Jh. nur die Großstädte und auch diese z. T. nur mittelbar. Bis ins 18. Jh. dominierte die Porträtmalerei (J. S. Copley, G. Stuart). Zahlr. der wandernden Porträtisten waren Laienmaler; die naive Malerei fand bis ins 20. Jh. bed. Vertreter (E. Hicks, J. Pickett, J. Kane, M. Hirschfield, Grandma Moses). Zu Beginn des 19. Jh. kamen viele amerikan. Maler nach Düsseldorf und München. Sie lernten die europ. Landschaftsmalerei kennen und gründeten in der †Hudson River School eine eigene Richtung romant. Landschaftsmalerei (T. Cole). Erste Kunstakad. entstanden in Philadelphia, New York und Boston. Neben Landschaftsmalerei, Porträt (T. Eakins), Genremalerei (W. Homer) und Stilleben (Raphaelle Peale) gewann das Historienbild (E. Leutze: „Übergang Washingtons über den Delaware", 1850) an Bedeutung. Die erste Begegnung mit moderner Kunst des 20. Jh. vermittelte 1913 die Armory Show. Vor und nach dem 2. Weltkrieg erlangte die amerikan. Kunst internat. Geltung, zunächst v. a. durch die Einflüsse europ. Emigranten (Dada in New York), seit den 1950er Jahren gingen zahlr. avantgardist. Strömungen von den USA aus und prägten auch die europ. Kunstentwicklung: abstrakter Expressionismus (Action painting), Happening, Farbfeldmalerei und Hard-edge-Malerei, Pop-art, Photorealismus, Konzeptkunst und Land-art, Videokunst. Der Sammelpunkt avantgardist. Kunstströmungen war lange die O-Küste (New York), dann zog auch die Kunstszene der W-Küste (Los Angeles) die Aufmerksamkeit auf sich, wo v. a. die Materialien Mittel künstler. Innovation wurden.

📖 *Back to the USA. Amerikan. Kunst der Siebziger u. Achtziger. Ausstellungskat. Bonn 1983. - Amerikan. Malerei 1930–1980.* Hg. v. T. Armstrong. Dt. Übers. Mchn. 1981. *- Amerika. Traum u. Depression. Ausstellungskat. Bln. 1980. - Neutra, R. J.: Wie baut Amerika?* Mchn. 1980. *- 200 Jahre amerikan. Kunst, 1776–1976. Ausstellungskat. Bonn 1976.*

USA, Literatur, die Verschmelzung der vielen Elemente verschiedenartiger Völker und Rassen bewirkte ihren kosmopolit. Charakter.

Kolonialzeit (1607–1763): Die geistige und kulturelle Entwicklung war v. a. vom Puritanismus geprägt (1636 Gründung des Harvard Colleges, der ersten amerikan. Universität. Ab 1650 entstand im S der USA zunächst wiss. und beschreibende Prosaliteratur (Chroniken, Reise- und Entdeckungsberichte), im N ein reichhaltiges histor. Schrifttum, sowie Memoiren, Predigt- und Traktatliteratur (u. a. C. Mather, J. Edwards); Tagebuch und Autobiographie waren charakterist. Ausdrucksformen der Quäker W. Penn und J. Woolman. Erste weltl. Dichterin des Puritanismus wurde A. Bradstreet. Der Aufklärung verhalf B. Franklin zum Durchbruch.

Zeit der Unabhängigkeitskämpfe, Aufklärung und Anfänge der Romantik (1763–um 1820): Geistige Wegbereiter der Unabhängigkeit waren T. Paine und J. Dickinson (*1732, †1808). Den philosoph.-polit. Unterbau für die Erlangung der Unabhängigkeit und Gründung der USA sowie für deren Staatsform schufen mit polit. Prosaschriften insbes. T. Jefferson, J. Adams und A. Hamilton. Eine eigenständige nat. Dichtung wurde zuerst von der akadem. Dichterschule der „*Hartfort wits*" angestrebt, einem Kreis ehem. Yale-Studenten um T. Dwight, die jedoch bei der Gestaltung patriot. Stoffe ganz den engl. Formmustern verpflichtet blieben. Als erster bed. amerikan. Romancier gilt C. B. Brown; M. G. J. de Crèvecœurs Darstellungen der Revolutionszeit begründeten in Europa das romant. Amerikabild. Erster eigenständiger Lyriker war P. M. Freneau.

Romantik (etwa 1820–65): Bahnbrechend für die Entstehung einer amerikan. romant. Tradition wurde J. F. Cooper; seine „Lederstrumpf"-Erzählungen begründeten eine neue Gatt. amerikan. histor. Romane. Meister literar. Kurzformen und Begründer der Short story wurde W. Irving; ihre theoret. Grundlage erhielt diese durch E. A. Poe, der sie auch zur formalen Vollkommenheit entwickelte. Bed. Erzähler sind auch R. M. Bird und W. G. Simms. Als Lyriker übte bes. E. A. Poe starken Einfluß auf die frz. Symbolisten aus. Eine Reihe weiterer Lyriker schufen Naturdichtungen, Verssatiren und polit. Gedichte.

Neuengl. Transzendentalismus (1836 bis 1860): Der etwa gleichzeitig mit der Romantik einsetzende ideal. Transzendentalismus (S. M. Fuller, R. W. Emerson, H. D. Thoreau) gab der Literatur der USA eine völlig neue Richtung. In ihren Romanen zeigen sich N. Hawthorne und H. Melville fasziniert von den Auswirkungen des Bösen [als sittl. Phänomen] und der tiefen Hoffnungslosigkeit schuldig gewordener Menschen. Der bedeutendste Vertreter der Lyrik war W. Whitman, dessen hymn. Dichtungen zum Ausgangspunkt der modernen amerikan. Lyrik wurden.

55

USA, Literatur

Realismus, Naturalismus, Neuromantik (1861–1900): Die nach dem Bürgerkrieg verursachte krisenhafte Umschichtung im gesellschaftl. und wirtsch. Leben wirkte sich auch in der Literatur aus. Hatte noch bis zu dieser Zeit der Puritanismus das geistige Leben geprägt, setzte durch die naturwiss. Erkenntnisse eine völlig neue Denkweise ein: Determinismus und Pragmatismus beherrschten das philosoph. Denken. Die erzählende realist. Literatur der Epoche wurde eingeleitet durch H. Beecher Stowe, die die Unmenschlichkeit des Sklavereisystems aufzeigte; B. Harte führte in seinen milieugetreuen Goldgräbergeschichten Dialekt und Volkswitz in die heimatl. Literatur ein; in seiner Nachfolge stand A. G. Bierce. Die Vertreter der „*local colour school*" („Heimatkunst") suchten die Besonderheiten der verschiedenen Kulturlandschaften, die Sitten, Bräuche und Lebensstile vergangener Zeit darzustellen, v. a. S. O. Jewett und J. C. Harris; bed. Lyriker waren u. a. J. Miller, J. M. Hay. Gegen Ende des 19. Jh. entstand eine neue Vorliebe für histor. Romane; bedeutendster Vertreter: L. Wallace. Zu den eigtl. Realisten zählen W. D. Howells, M. W. Deland (*1857, †1945), Mark Twain. Wegbereiter der Seelenanalyse und des Bewußtseinsromans waren die psycholog.-analyt. Werke von H. James. Im nachfolgenden Naturalismus wurde der Mensch als Produkt von Erbanlagen und Milieu gezeigt und die Schwächen der menschl. Natur und der bürgerl. Gesellschaft dargestellt. Hauptvertreter der Prosa: H. Garland, S. Crane, F. Norris, J. London. Ein Vertreter des soziolog.-utopist. Romans war E. Bellamy. Bed. Lyrik verfaßten E. Dickinson, S. Lanier, J. G. Whittier. Europ. Traditionen verpflichtet waren v. a. H. W. Longfellow und J. R. Lowell. Erste Dramatiker der USA waren J. A. Herne (*1839, †1901) mit realist. Stücken, ferner D. Belasco (*1859, †1931), C. W. Fitch (*1865, †1909); die Dramen von W. V. Moody (*1869, †1910) leiteten vom kommerziellen zum Experimentierdrama über.

20. Jh.: Um die Jh.wende herrschte zunächst eine Stimmung des Protestes als Reaktion gegen überkommene Wertvorstellungen vor. In den 1920er Jahren (Jazzage) dominierte die Sozialkritik. Einflüsse der Psychoanalyse Freuds und der Tiefenpsychologie Jungs gaben dem *Roman* neue Impulse: Schilderung des Lebens als Kampf oppositioneller Kräftegruppen (T. Dreiser), sozialreformer. Anklageliteratur (U. Sinclair), satir. Gesellschaftskritik (S. Lewis), Darstellung des vom Schicksal umhergetriebenen, besitzlosen Menschen (J. Steinbeck), panoramahafte Schau der Atmosphäre der Zeit (J. Dos Passos). In der Nachfolge des Naturalismus stehen auch die Romane von S. Anderson, F. S. Fitzgerald, später die von I. Shaw, G. Vidal und H. Wouk. Die „*Muckrakers*" („Schmutzwühler") übten zu Beginn des 20. Jh. Sozialkritik im Kampf gegen Korruption und skandalöse Zustände v. a. in den Industrietrusts, u. a. D. G. Phillips, (*1867, †1911), I. M. Tarbell (*1857, †1944) und L. Steffens (*1866, †1936). Vertreter des psycholog. Romans sind insbes. E. Glasgow, E. Wharton, W. Cather, K. A. Porter und M. McCarthy. Nach 1918 erfolgte die Abwendung vom Naturalismus; bahnbrechend für das literar. Experiment wurde G. Stein, die für das literar. auf die nachfolgende Generation starken Einfluß ausübte, v. a. auf E. Hemingway, den bed. Vertreter des neuen Realismus, sowie auf W. Faulkner, den großen Vertreter des symbol. Realismus. T. Wolfe suchte die Fülle der Welt in einem zykl. Epos einzufangen; iron.-romant. Desillusionisierung spiegelt sich in den Romanen von J. B. Cabell und J. Erskine; romant. Vorliebe für das Esoterische zeigt J. Hergesheimer; E. Caldwell vertritt einen brutalen Realismus; C. McCullers gehört mit ihren schwermütig-poet. Romanen und Erzählungen zu den bedeutendsten Schriftstellerinnen der Südstaaten. Vertreter des neorealist. Romans, der die Ängste und Skepsis des existentialist. Zeitalters spiegelt, sind u. a. J. T. Farrell, N. Algren und N. Mailer, des philosoph. Romans v. a. T. Wilder und G. Santayana. Weitere Romanciers des 20. Jh. sind W. Goyen, H. Miller, H. Allen, D. Heyward, L. Bromfield, J. P. Marquand, J. A. Michener, W. Saroyen, R. P. Warren, P. Bowles, J. Hersey, W. Morris. Zu den wichtigsten Vertreterinnen der Frauenliteratur gehören D. Barnes, P. S. Buck, T. Caldwell, E. Ferber, M. Mitchell, D. Parker, E. Welty, J. West, F. O'Connor, H. Lee, S. A. Grau. Zu den bed. Epikern der Generation nach 1945 zählen S. Bellow, J. D. Salinger, J. Purdy, B. Malamud, J. Updike, P. Roth, W. Styron, K. Vonnegut, J. Barth. Eine Gruppe für sich bildeten die Vertreter der ↑Beat generation.

Die moderne amerikan. *Lyrik* (seit 1912) will Wirklichkeit in neuer Form ausdrücken, sie sucht nach der verborgenen Poesie des Alltäglichen, kündet von der Isolation des heutigen Menschen, insbes. E. A. Robinson, R. L. Frost. Panoramahafte Dichtungen des neuen Amerika verfaßten V. Lindsay, E. L. Masters, C. Sandburg, H. Crane. E. Pound gründete 1912 die internat. Bewegung des ↑Imagismus; zu den Vertretern der Bewegung u. a. J. C. Ransom, A. Tate und R. P. Warren. Experimentelle Dichtungen schrieben W. Stevens, E. E. Cummings und W. C. Williams. Zu den bed. Lyrikern zählen u. a. R. Jeffers, E. S. V. Millay, E. Wylie, K. Shapiro (*1913), R. Wilbur (*1921). Beat-Lyriker und Naturmystiker sind A. Ginsberg, G. Corso, L. Ferlinghetti, J. Kerouac, R. Creeley, C. Olson, F. O'Hara, M. McClure (*1932) und D. Meltzer (*1937). Nachromant. Tendenzen sind u. a. bei S. Plath zu finden.

Die Entwicklung des amerikan. *Dramas* zu Beginn des 20. Jh. wurde v. a. vom engl., frz. und dt. Theater bestimmt. Bed. Dramatiker sind: E. O'Neill, T. Wilder, T. Wolfe und W. Faulkner. A. Millers sozial-eth. Dramen gehören zu den bedeutendsten Werken der Generation nach dem 2. Weltkrieg. T. Williams und E. Albee sind Vertreter des psychoanalyt. Dramas. Versdramen schrieben u. a. M. Anderson, A. MacLeish; A. Kopit ist dem absurden Theater zuzurechnen. Gesellschafts- und Problemstücke verfaßten G. Ade (* 1866, † 1944), P. Barry (* 1896, † 1949), P. Osborn, S. Glaspell (* 1882, † 1948) und L. Hellman (* 1905, † 1984), sozialkrit. und sozialrevolutionäre Dramen u. a. E. L. Rice, R. Sherwood, C. Odets, S. Kingsley, I. Shaw, G. Vidal.

Von großer Bed. ist die Literatur der schwarzen Amerikaner († neoafrikanische Literatur) mit dem Hauptthema der existentiellen Not der Farbigen in einer von Weißen beherrschten Welt und der Suche nach der eigenen Identität.

📖 *Der zeitgenöss. amerikan Roman.* Hg. v. *Gerhard Hoffmann*. Mchn. 1985. 2 Tle. - *Das amerikan. Drama.* Hg. v. *Gerhard Hoffmann*: Bern u. Mchn. 1984. - *Hart, J. D.: The Oxford companion to American literature.* London ⁵1983. - *Schirmer, W. F.: Gesch. der engl. u. amerikan. Lit.*: v. *den Anfängen bis zur Gegenwart.* Hg. v. *A. Esch.* Tüb. Studienausgabe 1983. 4 Tle. - *Mazzaro, J.: Postmodern American Poetry.* Urbana (Ill.) 1980. - *Karrer, W./Kreutzer, E.: Daten der engl. u. amerikan. Lit.* v. 1700 bis zur Gegenwart. Mchn. ¹⁻²1979–80. 2 Bde. - *Kruse, H.: Schlüsselmotive der amerikan. Lit.* Düss. u. Mchn. 1979. - *Schröder, H.: Science Fiction Lit. in den USA.* Gießen 1978.

USA, Musik, characterist. ist der Reichtum an verschiedenartiger Volksmusik. Einerseits bewahrten die ethn.-nat., sozialen oder religiösen Gruppen der Einwanderer ihre kulturelle Eigenständigkeit, andererseits vermischten sich ihre unterschiedl. Musikarten, z. T. durch direkte Wechselwirkung, z. T. vermittelt durch die seit Ende des 19. Jh. sich entfaltende Musikindustrie. Während die als gesondert Schicht bestehende Musik der indian. Ureinwohner († indianische Musik) fast ohne Einfluß blieb, erwies sich die † afroamerikanische Musik, zumal die † Blues und seine Weiterentwicklungen, als sehr fruchtbar. Elemente dieser Folklore wiederum gingen ständig in die populäre Musik ein, die seit dem 1. und verstärkt seit dem 2. Weltkrieg die internat. Unterhaltungsmusik beherrscht. Demgegenüber fällt der Beitrag der USA zur Kunstmusik erst seit dem 2. Weltkrieg ins Gewicht.

Die Musik der puritan. Siedler in Neuengland beschränkte sich auf metr. Psalmengesänge („Bay Psalm Book", 1640). Mehrstimmige Psalmkompositionen brachte der Bostoner W. Billings (* 1746, † 1800) ab 1770 heraus. In den Städten entfaltete sich, nach engl. und dt. Muster und getragen hauptsächl. von frz. und italien. Musikern, ein gehobenes bürgerl. Musikleben; ein Zentrum war seit etwa 1755 Philadelphia (A. Reinagle [* 1756, † 1809]; F. Hopkinson [* 1737, † 1791]). Nach 1800 wurden unter starker dt. Beteiligung (L. Damrosch [* 1832, † 1885] und U. Damrosch [* 1862, † 1950]) Musikgesellschaften, Chöre, Orchester gegründet; bes. in Neuengland baute man (L. Mason [* 1792, † 1872], W. Mason [* 1829, † 1908]) die bereits von den Pionieren betriebene musikal. Volksbildung aus. - Seit etwa 1800 bildete sich den † Negro Spiritual und die Minstrel show († Minstrel) als eine spezif. US-amerikan. Form heraus. Ein bed. Komponist dieser Sphäre war S. Foster. Zu den ersten afroamerikan. Komponisten zählt der Ragtime-Pianist S. Joplin. Kreol. Volksmusik verarbeitete L. M. Gottschalk (* 1828, † 1869). - An klass.-romant. Traditionen orientierten sich die „Bostoner Klassizisten" (A. Foote, G. Chadwick, H. Parker, E. A. MacDowell [* 1861, † 1908]). Nach dem Vorbild der nat. europ. Schulen bezogen dagegen die „Amerikanisten" folklorist. Elemente ein, so J. A. Carpenter (* 1876, † 1951), W. G. Still (* 1895, † 1978), R. Harris, A. Copland, E. Bloch; sie leiten schon zur neuen Musik über. Spätromant. Traditionen verpflichtet sind u. a. W. Piston, E. Carter (* 1908), S. Barber. Zur sehr verbreiteten gemäßigten Moderne zählen u. a. C. T. Griffes (* 1884, † 1920), R. Sessions, V. Thomson, W. H. Schuman, L. Bernstein. Der bisher bedeutendste Komponist der universale C. Ives; ebenfalls eine Sonderstellung hat G. Gershwin, mit „Porgy and Bess" (1935) Schöpfer der US-amerikan. „Volksoper".- Als spezif. Form des populären Musiktheaters entwickelte sich in den 1920er Jahren das † Musical, zu dessen Entfaltung u. a. auch K. Weill einen bed. Beitrag leistete. Die hinter der Musicalproduktion zurückstehende Oper förderten u. a. V. Thomson, M. Blitzstein (* 1905, † 1964; „The cradle will rock", 1937), S. Barber, G. C. Menotti. - Die durch den Nationalsozialismus seit 1933 ausgelöste Einwanderung europ. Komponisten wie A. Schönberg, H. Eisler, E. Toch, E. Křenek, P. Hindemith. D. Milhaud, I. Strawinski, B. Martinů, B. Bartók bestärkte bereits bestehende avantgardist. Bestrebungen: u. a. H. D. Cowell, G. Antheil, H. Partch (* 1901, † 1974) und, bes. bed., E. Varèse. Den stärksten Einfluß hatten der Neoklassizismus und Schönbergs Zwölftontechnik, u. a. bei G. Perle (* 1915) und M. Babbitt (* 1916). Eine Verschmelzung von Jazz und sinfon. Musik strebt u. a. G. Schuller an. Seit Mitte der 1950er Jahre wirkt J. Cage mit seinen anarchist.-dadaist. Konzeptionen entscheidend auf die europ. Avantgarde. Oft stark unter seinem Einfluß stehen u. a. L. Hiller (* 1924), E. Brown (* 1926), M. Feldman (* 1926), C. Wolff (* 1934), S. Reich, F. Rzewski.

Wie schon der ↑ Ragtime überfluteten meist aus der afroamerikan. Kultur stammende Modetänze (Cakewalk, Onestep, Shimmy, Foxtrott, Charleston) seit Beginn des 20. Jh. Europa. Abgesehen vom ↑ Jazz mit seiner relativ eigenständigen Entwicklung wurde der afroamerikan. Blues bes. fruchtbar; trotz der Konkurrenz der weißen, von Broadway-Musical und Hollywood-Filmmusik mitgeprägten angloamerikan. Schlagermusik setzten sich städt. Weiterbildungen (↑ Rhythm and Blues) seit den 1940er Jahren in wachsendem Maß als Teil der populären Musik durch. Wie in den Rock 'n' Roll seit Mitte der 1950er Jahre gehen auch in die neuere Rockmusik (↑ Rock) neben der ↑ Country-music v. a. des Mittelwestens und Südens immer wieder Elemente afroamerikan. städt. Folklore (↑ Gospel, ↑ Soul) ein. In letzter Zeit wird auch die Musik anderer farbiger Minderheiten (Salsa der Puertorikaner) oder exot. Folklore verwertet. Bes. schließl. die Fülle polit. Lieder der US-amerikan. Arbeiter- und Gewerkschaftsbewegung (J. Hill [* 1879, † 1915], W. Guthrie, P. Seeger), die vielfältige Bezüge zur Volksmusik haben; der Protestsong (↑ Lied) seit den 1960er Jahren (J. Baez, B. Dylan) führt solche Traditionen fort, die ebenfalls in Europa große Resonanz fanden.

⌽ Sidran, B.: Black talk. Schwarze Musik - die andere Kultur im weißen Amerika. Hofheim am Taunus 1985. - Berendt, J. E.: Die Story des Jazz. Bayreuth 1984. - Berendt, J. E.: Das große Jazzbuch. Ffm. 1982. - Jost, E.: Sozialgesch. des Jazz in den USA. Ffm. 1982. - Jeier, T.: Country Music. Mchn. 1978. - Pape, U.: Die Orgelbewegung in Amerika. Bln. 1978. - Polillo, A.: Jazz. Dt. Übers. Mchn. 1978. - Palmer, T.: All you need is love. Hg. v. P. Medlicott. Dt. Übers. Mchn. u. Zürich 1977. - Thomson, V.: American music since 1910. New York; London 1971.

USA, Philosophie, das philosoph. Denken in den USA begann Anfang des 18. Jh. in der Auseinandersetzung mit Berkeley und der Schule von Cambridge; die so entstehende „New English Theology" hatte als einflußreichsten Repräsentanten J. Edwards. T. Paine propagierte den Aufklärung; R. W. Emerson entwickelte dagegen mit C. Brockmeyer (* 1826, † 1906) und W. T. Harris (* 1835, † 1909) die Philosophie des Transzendentalismus. - Der von Darwin ausgehende evolutionist. Positivismus wurde im ↑ Pragmatismus zunehmend auf die Praxis hin orientiert, dessen Hauptvertreter C. S. Peirce und W. James sind, deren Ansätze in verschiedener Richtung eigenständig weitergeführt wurden, z. B. im Instrumentalismus von J. Dewey oder im Behaviorismus von E. L. Thorndike. Im 20. Jh. gewann v. a. durch den Einfluß von R. Carnap und H. Reichenbach die analyt. Philosophie zunehmend an Einfluß (W. V. O. Quine, N. Goodman [* 1906]). Auf dem Gebiete der Logik, Wissenschaftstheorie und Grundlagenforschung der Mathematik sind A. Tarski und A. Church führend.

⌽ American philosophy in the twentieth century. Hg. v. P. W. Kurtz. New York 1966. - Reck, A. J.: Recent American philosophy. New York 1964. - Schneider, Herbert W.: Gesch. der amerikan. Philosophie. Dt. Übers. Hamb. 1957.

Uşak [türk. 'uʃak], türk. Stadt in Westanatolien, 900 m ü. d. M., 88 100 E. Hauptstadt der Verw.-Geb. U. und dessen Handelszentrum; Teppichherstellung; an der Bahnlinie und Fernstraße İzmir–Ankara.

Uşak [türk. 'uʃak] ↑ Orientteppiche (Übersicht).

Usambaraveilchen [nach den Usambara Mountains] (Saintpaulia), in O-Afrika heim. Gatt. der Gesneriengewächse mit rd. 20 Arten; kleine Stauden mit in Rosetten stehenden, rundl., meist fleischigen, weich behaarten Blättern und blauvioletten, fünfzähligen, zweiseitig-symmetr. Blüten in wenigblütigen Trugdolden; v. a. die Art **Saintpaulia ionantha** ist eine beliebte Zimmerpflanze mit zahlr. blau, rosafarben oder weiß blühenden Sorten; Vermehrung durch Blattstecklinge.

Usance [frz. y'zãːs; zu ↑ Usus], Brauch, Gepflogenheit im Geschäftsverkehr; entspricht in der rechtl. Bedeutung dem Handelsbrauch.

Usbeken, Volk in der Sowjetunion, in N-Afghanistan und W-China; sprechen Usbekisch. Die U. sind Ackerbauern und Viehzüchter. Sie sind sunnit. Muslime. - Die aus Turkstämmen hervorgegangenen U. drangen seit etwa 1500 in Transoxanien ein und vermischten sich mit der dortigen türk. (und in den Städten z. T. iran.) Bevölkerung. Im 19./20. Jh. kamen sie unter russ. Herrschaft.

Usbeken ↑ Usbekische SSR.

Usbekisch, zur südöstl. Gruppe der Turksprachen gehörende Sprache der Usbeken mit rd. 9 Mill. Sprechern; Nachfolgesprache des ↑ Tschagataiischen. Die wenig einheitl. Sprache zerfällt in eine nichtiranisierte Dialektgruppe (bis gegen 1940 Basis der Schriftsprache) und eine iranisierte Gruppe (Basis der heutigen Schriftsprache); die Schrift war bis 1928 arab., dann lat., seit 1940 kyrillisch.

Usbekische SSR (Usbekistan, Usbekien), Unionsrepublik der Sowjetunion in Mittelasien, 447 400 km², 18,0 Mill. E (1985), Hauptstadt Taschkent.

Landesnatur: Die U. SSR hat im NW Anteil am wüstenhaften Ust-Urt-Plateau, östl. des Aralsees und des sumpfigen Amu-Darja-Deltas an der Sandwüste Kysylkum. Im O geht diese allmähl. in ein flaches Vorgebirgsland über, das durch Gebirgsausläufer gegliedert wird. Hier liegen u. a. die künstl. bewässerte Oase von Taschkent und die bewässerte Südl. Hungersteppe. Die Hochgebirge, die die U.

SSR im O begrenzen, sind Ausläufer des Tienschan (im N) und des Gissar-Alai-Systems (im S); sie umschließen das dichtbesiedelte Ferganabecken. – Das ausgeprägt kontinentale Klima ist durch heiße trockene Sommer gekennzeichnet. Die wenigen Niederschläge fallen im Winter und in dem sehr kurzen Frühjahr, meist als Regen. – Gegenüber dem großen Wüstengebiet ist die Flora der Vorgebirgsebenen reichhaltiger, aber auch nur im Frühjahr. Die Gebirge sind durchweg von Steppen überzogen.

Bevölkerung, Wirtschaft, Verkehr: 68,7% sind Usbeken, daneben leben Russen, Tataren, Kasachen, Tadschiken, Karakalpaken, Koreaner, Ukrainer, Kirgisen, Juden, Turkmenen u. a. in der U. SSR. Charakterist. sind Bev.massierungen an Flüssen oder um Oasen. Das Ust-Urt-Plateau und die Kysylkum sind äußerst schwach oder überhaupt nicht besiedelt. Russ. und Usbek. sind gleichberechtigte Amtssprachen, in der Karakalpak. ASSR zusätzl. Karakalpakisch. Die traditionelle Religion der Usbeken ist der sunnit. Islam; Buchara gilt als hl. Stadt des Islam. Neben 39 Hochschulen verfügt die U. SSR über Univ. in Taschkent, Samarkand und Nukus. Die Akad. der Wiss. der U. SSR unterhält 30 Institute. – Wichtigstes Produkt ist Baumwolle, außerdem werden Weizen, Körnermais, Reis, Kartoffeln, Gambohanf, Jute, Futterpflanzen, Gemüse, Melonen, Obst und Weintrauben angebaut. Die großen Flächen mageren Weidelands werden durch Intensivierung der Schafhaltung maximal genutzt; traditionelle Seidenraupenzucht, in der Karakalpak. ASSR Pelztierzucht. An bed. Bodenschätzen gibt es Erdgas und Erdöl, Kohle, Buntmetalle, Gold sowie kleinere Vorkommen an Schwefel, Kali- und Steinsalz. Neben der Hüttenind. ist die Nahrungsmittelind. von Bed. sowie Maschinenbau, Baumwollverarbeitung, Seidenind., Bearbeitung von Karakulschaffellen und Weinkellereien. – Das Eisenbahnnetz ist 3480 km lang, das Straßennetz 69000 km, davon haben 57200 km eine feste Decke. Binnenschiffahrt auf dem Amu-Darja und dem Aralsee, Erdgasleitungen führen bis Moskau und Alma-Ata. Taschkent verfügt über einen internat. ✈.

Geschichte: Wurde am 27. Okt. 1924 aus einem Teil der Turkestan. ASSR und den beiden Sozialist. Sowjet. Republiken Choresmien (bis 1920 Khanat Kiwa) und Buchara gebildet; nach der Verfassung von 1936 ging die Karakalpak. ASSR in den Bestand der U. SSR ein. – ↑auch Turkestan (Geschichte).

U-Schätze ↑Schatzanweisungen.

Uschebti, altägypt. kleine, mumienförmige Figuren aus Fayence, Stein oder Holz (2000–300 v. Chr.), die dem Verstorbenen im Jenseits die (landw.) Arbeit abnehmen sollen.

Uschgorod [russ. ˈuʒɡərət], Hauptstadt des sowjet. Geb. Transkarpatien, am S-Fuß

Uschebti aus einem Grab in Abydos (18./19. Dynastie). Kairo, Ägyptisches Museum

der Waldkarpaten, Ukrain. SSR, 107000 E. Univ. (gegr. 1945), 3 Museen; Theater, Philharmonie; u. a. Möbelkombinat, Geräte- und Maschinenbau. – Gehörte im 10./11. Jh. zum Kiewer Reich; geriet seit dem Ende des 11. Jh. unter ungar. Herrschaft, kam 1919 an die Tschechoslowakei, gehört seit 1945 zur Ukraine.

Usedom [ˈuːzədɔm], Stadt im SW der Insel U., Bez. Rostock, DDR, 2800 E. Fremdenverkehr. – Entstand als Mittelpunkt einer slaw. Burgsiedlung, 1140 erstmals urkundl. gen., erhielt 1298 lüb. Recht. – Spätgot. Anklamer Tor (um 1450; mit Heimatstube).

U., Insel im Odermündungsbereich zw. Stettiner Haff und Pommerscher Bucht, durch die Swine im O von Wollin und durch die Peene im S und W vom Festland getrennt, DDR und Polen▼, 445 km².

Usher (Ussher), James [engl. ˈʌʃə], latin. Usserius, * Dublin 4. Jan. 1581, † Reigate 20. Febr. 1656, ir. anglikan. Theologe. – Seit 1625 Erzbischof von Armagh und Primas von Irland; resignierte 1630. Royalist und entschiedener Gegner der kath. Kirche, versuchte vergebl. zw. Anglikanern und Puritanern zu vermitteln; bed. Patristiker und Kirchenhistoriker; verfaßte u. a. 1615 die 104 „Ir. Artikel", die auf der Westminstersynode (1643) Grundlage der Westminster-Confession wurden.

Ushuaia [span. uˈsu̯aja], argentin. Stadt an der S-Küste von Feuerland, 11000 E. Hauptstadt des Nationalterritoriums Tierra

Usija del Fuego; Handelsplatz, Hafen; Marinebasis; südlichste Stadt der Erde. - 1868 als prot. Missionsstation gegr., 1884 zur Hauptstadt erhoben; ab 1886 Strafkolonie.

Usija (Asarja, Osias), alttestamentl. Name 1. für einen König von Juda (787-736), der erfolgreiche Kriege gegen die Philister führte und 2. für einen der drei Freunde Daniels.

Usingen, hess. Stadt im östl. Hintertaunus, 292 m ü. d. M., 11 000 E. Mittelpunkt des Usinger Beckens; Metallverarbeitung, chem. und Textilind.; Erdefunkstelle. - Bereits im 8. Jh. bezeugt, erste Erwähnung als Stadt 1377; Sitz der Hofhaltung und Landesreg. der Grafen (seit 1688 Fürsten) von Nassau-U. (1659-1744 und 1813/14). - Ev. Pfarrkirche (1651-58) mit spätgot. W-Turm (1490 ff.); Teile der Stadtbefestigung (14. Jh.); Fachwerkhäuser des 17./18. Jh.; Rathaus (1687).

Uskoken [zu serbokroat. uskoci „Flüchtlinge"], Bez. für seit Ende des 15. Jh. vor den Osmanen geflüchtete Serben, Bosnier und Kroaten, die sich überwiegend in Klis (Clissa; Dalmatien), nach dessen Einnahme durch die Osmanen (1537) in Senj niederließen. 1617 übersiedelte Österreich die U. in die südl. Grenzgebiete der Monarchie (Uskokengebirge; Gemeinden u. a. Žumberale [dt. Sichelburg]), wo schon (seit 1524) andere U. wohnten; sie wurden zum Kern der Grenzer der Militärgrenze.

Uskokengebirge, waldreiches Gebirge westl. von Zagreb, über das die Grenze zw. Slowenien und Kroatien verläuft, bis 1 181 m hoch.

Uslar, Stadt am S-Rand des Solling, Nds., 173 m ü. d. M., 16 000 E. Eisen- und holzverarbeitende Ind. - Anfang des 10. Jh. erstmals gen., 1269 erstmals als Stadt bezeichnet (1345 bestätigt). - Johanniskirche (13. Jh.; umgestaltet); Fachwerkhäuser, u. a. Rathaus (17. Jh.).

Usnea [arab.] ↑ Bartflechten.

Usninsäure [arab./dt.] (Flechtensäure), $C_{18}H_{16}O_7$; in Bartflechten enthaltene Säure mit bakteriostat. Wirkung; wird Pulvern, Salben und Sprays zur Behandlung von Haut- und Schleimhauterkrankungen zugesetzt.

USPD, Abk. für: ↑ Unabhängige Sozialdemokratische Partei Deutschlands.

Ussé [frz. y'se] ↑ Loireschlösser.

Ussuri, (chin. Wusulikiang), rechter Nebenfluß des Amur, entspringt im Sichote-Alin (2 Quellflüsse), bildet im Mittel- und Unterlauf bis 30 km oberhalb von Chabarowsk die Grenze zw. China und der Sowjetunion, mündet bei Chabarowsk auf sowjet. Gebiet, 588 km lang; schiffbar bis zur Imanmündung, Ende April-Anfang Nov. eisfrei. - Auf der im U. gelegenen, von der Sowjetunion und China beanspruchten Damanskiinsel westl. von Iman ereigneten sich am 2., 15. und 18. März 1969 schwere Feuergefechte zw. sowjet. und chin. Grenztruppen.

Ussurisk, sowjet. Stadt im Fernen Osten, RSFSR, 156 000 E. Landw. Hochschule, PH, metallverarbeitende und Nahrungsmittelind. Braunkohlentagebau; Bahnknotenpunkt an der Transsib. - Gegr. 1866.

Ustascha (kroat. Ustaša [„Aufständischer"]), kroat. rechtsradikale Unabhängigkeitsbewegung, ab Frühjahr 1929 aus Protest gegen die Errichtung der „Königsdiktatur" durch König Alexander I. von A. Pavelić aus dem italien. Exil aufgebaut; kämpfte für die staatl. Unabhängigkeit ↑ Kroatiens; von Italien und Ungarn unterstützt, inszenierte 1932 einen Aufstand im Velebitgebirge und war verantwortl. für die Ermordung König Alexanders I. im Okt. 1934 in Marseille; bildete nach Ausrufung des „Unabhängigen Staates Kroatien" 1941 die Reg., Pavelić wurde Staatschef („Poglavnik"). Juden, Muslime und Serben wurden von dem faschist. Regime grausam verfolgt. Nach dem Zusammenbruch im Mai 1945 gründete Pavelić 1949 in Argentinien eine U.-Exilregierung.

Uster, schweizer. Bez.hauptort östl. des Greifensees, Kt. Zürich, 463 m ü. d. M., 25 000 E. Apparate- und Maschinenbau, Textilindustrie. - Prot. Kirche (1823/24) mit breiter Freitreppe. Burg (um 1100; mehrfach umgebaut).

Ustilaginales [lat.], svw. ↑ Brandpilze.

Ustilago [lat.], svw. ↑ Flugbrand.

Ústí nad Labem [tschech. 'u:stji: 'nadlabɛm] ↑ Aussig.

Peter Ustinov (1983)

Ustinov, Peter [engl. 'ʊstɪnɔf], eigtl. Petrus Alexandrus von U., * London 16. April 1921, engl. Schriftsteller, Regisseur und Schauspieler russ.-frz. Abstammung. - Verf. zeitbezogener, geistvoll-satir. Romane, Bühnenstücke, u. a. „Die Liebe der vier Obersten" (Kom., 1951), „Romanoff und Julia" (Dr., 1957), „Endspurt" (Dr., 1962) und zahlr. Kurzgeschichten. Bed. Rollen in den Filmen „Quo vadis?" (1952), „Lola Montez" (1955), „Tod auf dem Nil" (1978), „Der Dieb von Bagdad" (1979). - *Weitere Werke:* Der Verlierer (R.,

1961), Das Leben in meiner Hand (Dr., 1964). Krumnagel (R., 1970), Mein Rußland (1983).

Ustinow, Dmitri Fjodorowitsch [russ. us-'tinɛf], * Kuibyschew 30. Okt. 1908, † Moskau 20. Dez. 1984, sowjet. Politiker. - 1941–46 Volkskommissar für Rüstung, 1946–53 Min. für Rüstung, 1953–57 für Rüstungsind.; 1957–63 stellv., 1963–65 erster stellv. Vors. des Min.rates; seit 1965 Sekretär des ZK der KPdSU, seit 1976 Mgl. des Politbüros und Verteidigungsmin.; im Mai 1976 zum Marschall der Sowjetunion ernannt.

Ustinow [russ. us'tinɛf] (früher Ischewsk), Hauptstadt der Udmurt. ASSR innerhalb des europ. Teils der RSFSR, 611 000 E. Univ., mehrere Hochschulen; drei Theater. Führend ist die Metallind., u. a. Waffenfabrik, Autowerk für den „Moskwitsch". - 1760 entstanden, seit 1917 Stadt.

Ust-Kamenogorsk [russ. ustjkəmɪnɐ-'gorsk], Hauptstadt des sowjet. Geb. Ostkasachstan, im O der Kasach. SSR, 307 000 E. Straßenbauhochschule, PH; bed. Zentrum der Nichteisenmetallverhüttung, Metallverarbeitung, Elektroind., Kombinat für Seidenweberei; Anlegeplatz am Irtysch. - 1720 als Festung gegr.; später Zollstation.

Ust-Ordynski [russ. ustjar'dinskij], sowjet. Ort und Verwaltungssitz des Burjat. Nat. Kreises U.-O. (22 400 km², 129 000 E [1985]) in S-Sibirien, RSFSR, 10 700 E. Holzwirtschaft.

Ust-Urt-Plateau [russ. ustj'urt pla'to:], Plateau im Tiefland von Turan, zw. der Halbinsel Mangyschlak und dem Kara-Bogas-Gol (Kasp. Meer) im W und dem Aralsee im O, etwa 200 000 km², bis 370 m ü. d. M.; Salzwüstenvegetation, Weidegebiet.

Usurpation [lat.], widerrechtl. Inbesitznahme, gesetzeswidrige Machtergreifung;
Usurpator, jemand, der widerrechtl. die Staatsgewalt an sich reißt.

Ut, die erste der Solmisationssilben († Solmisation); später für den Ton C.

UT [engl. 'ju:'ti:], Abk. für engl.: Universal time († Weltzeit).

Uta von Ballenstedt, * vor 1000, † 23. Okt. vor 1046, Markgräfin der Ostmark und von Meißen. - Gemahlin des Markgrafen Ekkehard II. der Ostmark und von Meißen; bekannt durch die Darstellung als Stifterfigur im Naumburger Dom.

Utagawa Hiroschige, anderer Name von Ando † Hiroschige.

Utah [engl. 'ju:tɑ:], Bundesstaat im W der USA, 219 889 km², 1,652 Mill. E (1984), Hauptstadt Salt Lake City.
Landesnatur: U. umfaßt das östl. Great Basin und greift im O auf die Rocky Mountains über. Das in U. durchschnittl. 1 500 m hohe Great Basin ist gekennzeichnet durch bis zu 120 km lange, oft über 20 km breite Bergketten, den sog. Ranges und dazwischenliegenden, flachen Becken. Eine hohe Bruchstufe grenzt die bis 3 660 m hohe Wasatch Range, den westl. Teil der Rocky Mountains, vom Great Basin ab. Auf der Breite von Salt Lake City stoßen die bis 4 114 m hohen Uinta Mountains auf die Wasatch Range und biegen dort nach N ab. Nach S geht das Gebirge in das Uinta Basin über, das die Verbindung zum Colorado Plateau herstellt. Der Colorado und seine Nebenflüsse haben sich in tiefen Cañons eingeschnitten und die Hochfläche in zahlr. ebene Platten (Mesas) geteilt. - U. gehört größtenteils zum intramontanen Trokkengebiet der USA. Die jährl. Niederschläge nehmen, im W bei 220 mm liegend, nach O zu und steigen im Gebirge rasch auf über 1 000 mm an. Der W besitzt keinen natürl. Abfluß zum Meer. Der größte der hier entstandenen Endseen ist der Great Salt Lake. - Auf den Salzböden herrscht die dem trokkenen Klima angepaßte Beifußart Artemisia tridentata vor, im S vergesellschaftet mit dem Kreosotstrauch. In den niederschlagsreicheren, höher gelegenen Gebieten lichter Wald.
Bevölkerung, Wirtschaft, Verkehr: 80% der Bev. wohnen in geschlossenen städt. Siedlungen, da die Mormonen während der Landnahme Einzelsiedlungen ausschlossen. Für die indian. Minderheit (1,3% der Gesamtbev.) bestehen 6 Reservate. 73% der Gesamtbev. sind Mormonen. Neben zahlr. staatl. und kirchl. Colleges verfügt U. über Univ. in Salt Lake City, Logan und Provo. - Die größte Bewässerungsoase ist das 250 km lange Great Salt Lake Valley, der histor. Kern des Mormonenlandes. Als Ergänzung des in 3 Höhenstufen erfolgenden Feldbaus betreiben die meisten Farmen Viehhaltung, die überwiegend auf Milchproduktion ausgerichtet ist, daneben auch Geflügelzucht. U. ist einer der führenden Bergbaustaaten der USA. 14% des in USA gewonnenen Primärkupfers wird in dem großen Tagebaugebiet bei Bingham Canyon gefördert. Nebenprodukte sind Gold, Silber, Blei und Zink; außerdem werden Silber, Wolfram, Molybdän, Uran, Erdöl und Erdgas gewonnen sowie Salze aus dem Great Salt Lake. Die wichtigsten Ind.zweige sind Hütten-, chem. und Nahrungsmittelind. sowie der Fremdenverkehr. - Das Eisenbahnnetz ist rd. 2 800 km lang, das Highwaynetz rd. 80 000 km. U. verfügt über 102 ✈.

Geschichte: Ende des 18.Jh. erstmals von Spaniern durchquert. Die Besiedlung leiteten die eine neue Heimstatt suchenden Mormonen ein, die 1847 Salt Lake City am Great Salt Lake als ihr neues Zion gründeten; 1848 kam U. von Mexiko in den Besitz der USA; 1850 als Territorium eingerichtet, von den Mormonen Deseret genannt. Nachdem in den 1880er Jahren der gemeinsame, von der Kirche verwaltete Grundbesitz der Mormonen auf die einzelnen Gläubigen verteilt worden war, 1890 die Mormonengemeinde die Polygamie aufgegeben und eine verfassunggeben-

Kitagawa Utamaro, Erwiderte Liebe (um 1794). Holzschnitt

de Versammlung 1895 eine Verfassung ausgearbeitet hatte, in der die Freiheit der Religion, Trennung von Kirche und Staat und das Verbot der Polygamie verankert waren, wurde U. am 4. Jan. 1896 als 45. Staat in die Union aufgenommen, das zuvor zugunsten von Colorado, Wyoming und Nevada beträchtl. verkleinert worden war.

📖 *Hohermuth, F./Runge, M.: USA Südwesten. Weil am Rhein 1986. - U.; county economic facts.* Hg. vom Bureau of Economic and Business Research, University of Utah. Salt Lake City (Utah) 1975.

Utah Lake [engl. 'juːtɑ: 'leɪk], See in nördl. Utah, etwa 370 km², entwässert zum Great Salt Lake.

U-Tal ↑ Trogtal.

Utamaro, Kitagawa, * Kawagoe (?) 1753, † Edo (= Tokio) 31. Okt. 1806, jap. Maler und Holzschnittmeister. - Tätig in Edo; stellte v. a. anmutige erot. Frauen in Halb- oder schlanker überlanger Ganzfigur dar. Neben Motiven aus dem Vergnügungsviertel Joschiwara stehen häusl. Szenen; über die Thematik der Ukijo-E hinaus gehen seine Insekten, Blumen, Vögel und Landschaften. Große Ausdrucksfähigkeit in Linie, Farbe und Psychologie zeichnet seine Kunst aus. - Abb. auch Bd. 8, S. 57.

Ute (Uta), alter dt. weibl. Vorname, hochdt. Form von Oda, der Kurzform von mit Ot- gebildeten Namen, wie z. B. Othilt (↑ Otto).

Ute [engl. 'juːt(ɪ)], indian. Sprachfamilie des Shoshone (Uto-Aztek.) in Utah und W-Colorado. Urspr. Wildbeuter, übernahmen nach Erwerb des Pferdes die krieger. Plainskultur.

Utensilien [lat.], notwendige Geräte, Gebrauchsgegenstände, Hilfsmittel.

uterin [lat.], zur Gebärmutter gehörend, die Gebärmutter betreffend.

Uterinmilch (Uterusmilch, Embryotrophe), Nährflüssigkeit für den Keim bzw. Embryo lebendgebärender Wirbeltiere, die in der Gebärmutter aus enzymat. abgebauten Schleimhautzellen und Leukozyten, bei Säugern (einschl. Mensch) v. a. auch aus dem Sekret von Drüsen der Gebärmutterwand gebildet wird.

Uterus [lat.], svw. ↑ Gebärmutter.

Uteruskarzinom, svw. Gebärmutterkrebs (↑ Gebärmuttererkrankungen).

Uterusprolaps, svw. Gebärmuttervorfall (↑ Gebärmuttererkrankungen).

Utgard [altnord. „äußeres Gehöft"], in der nordgerman. Kosmologie das außerhalb des menschl. Lebensraumes lokalisierte Reich der Riesen und Dämonen.

U Thant, Sithu, * Pantanaw (Verw.-Geb. Irrawaddy) 22. Jan. 1909, † New York 25. Nov. 1974, birman. Politiker. - Zunächst im Schuldienst, ab 1943 Funktionär der Anti-Fascist People's Freedom League; ab 1949 Informationsmin., ab 1957 ständiger Vertreter bei den UN, 1961–71 deren Generalsekretär. U T. setzte sich für die Aufnahme der Volksrepublik China in die UN und die Schlichtung internat. Krisen ein (u. a. Kubakrise, Kongokrise, Bangladesch) und kritisierte das amerikan. Engagement in Vietnam.

Utica, histor. Ort in N-Tunesien, in der Mündungsebene des Oued Medjerda, 30 km sö. von Biserta. - Im 11. Jh. v. Chr. von Phönikern aus Tyrus direkt am Meer gegr. (heute 10 km landeinwärts gelegen); nach der Zerstörung Karthagos (146 v. Chr.) Hauptstadt der röm. Prov. Africa; als Bischofssitz erstmals 256 erwähnt; im 3. Jh. Versandung des Hafens. - Erhalten sind u. a. röm. Mosaiken und Reste einer pun. Nekropole, außerdem zahlr. Kleinfunde im lokalen Museum.

Utila ↑ Bahía, Islas de la.

Utilitarismus [lat.], Theorie der Ethik und Sozialphilosophie, des Rechts sowie der Nationalökonomie, nach der eine Handlung danach beurteilt und bewertet wird, in welchem Maße sie zur Förderung und Mehrung des Glücks der meisten Menschen „nützl." ist, d. h. beiträgt. Nach diesem sog. *Nützlichkeitsprinzip* wird eine Handlung also nicht an dem Motiv oder der Gesinnung, sondern an den Folgewirkungen gemessen. Als geschlossenes eth. System wurde der U. von

Utopie

J. ↑Bentham begründet und von J. ↑Mill und J. S. ↑Mill weiterentwickelt. Dieses System führte zu einem Glückskalkül, bei dem der Maximierungseffekt des gesellschaftl. Glücks, der aus bestimmten Handlungen oder Institutionen folgt, gemessen werden sollte. Der U. wurde damit zum Basistheorem der Nationalökonomie und diente der Begründung einer wohlfahrtsstaatl. Sozialpolitik.

Uto-Aztekisch [as...], Bez. für eine Gruppe von Indianersprachen, die im W der USA, in Mexiko und im N von Guatemala gesprochen werden. Untergruppen sind u. a. Shoshone, Hopi, Nahua und Sonora. Mit Tano, Kiowa und Zuni werden diese Sprachen zur Gruppe Uto-Aztekisch-Tano zusammengefaßt.

Utopie [zu griech. ou „nicht" und tópos „Ort"], ein dem Kunstwort „Utopia" im Titel von T. Mores Staatsroman „De optimo reipublicae statu deque nova insula Utopia" (1516) nachgebildeter Begriff zur Erfassung 1. einer die Realitätsbezüge ihrer Entwürfe bewußt oder unbewußt vernachlässigenden Denkweise sowie 2. einer literar. Denkform, in der Aufbau und Funktionieren idealer Gesellschaften und Staatsverfassungen eines räuml. und/oder zeitl. entrückten Ortes (z. B. das Land „Nirgendwo"), oft in Form fiktiver Reiseberichte, konstruiert werden.
Als Kritik und Verneinung gesellschaftl.-staatl. Verhältnisse ist utop. Denken eng mit der Entwicklungsgeschichte des menschl. Selbstbewußtseins verbunden. Es kann (vorwiegend) myth., religiöse und spekulative Züge annehmen. Utop. Entwürfe sind von Chiliasmus und Eschatologie häufig nur durch die Diesseitigkeit der entworfenen Gegenwelten zu unterscheiden. Nach Anfängen im 12. und 13. Jh. nimmt das christl.-abendländ. Denken die U. im Zeitalter der religiösen Krise und des Übergangs vom Feudalismus zum Kapitalismus wieder auf. Religiös-polit. Mischformen gehen voraus (Hussiten-, Täuferbewegung), die den theolog. Chiliasmus endgültig in die **Sozialutopie** überführen. In der Aufklärung beschränkt die Philosophie das utop. Denken auf den Entwurf des rational als mögl. Vorstellbaren und vermeidet so den Vorwurf des Irrationalismus. Utop. Denken findet sich auch in den normativen und revolutionären Schriften des Anarchismus, bei A. Comte und im histor. Materialismus, die ihre Prognosen aus histor. Gesetzmäßigkeiten abzuleiten beanspruchen und den wiss. Charakter ihrer U. betonen. Im Denken der Gegenwart tritt die U. v. a. als *negative* oder *Gegen-U.* auf, die den Verlust der Freiheit durch Perfektion von Technik und Wiss. mit den Mitteln der klass. U. beschreibt, sowie als positive *Sozial-U.*, z. B. bei E. Bloch, oder in der utop. Kritik der modernen Welt durch H. Marcuse.
Bevorzugte Gatt. der *literar. U.* ist der **utopische Roman (Zukunftsroman)**, in dem i. d. R. ein in den Augen des Verfassers ideales Gegenbild zu den sozialen, polit. und wirtsch. Verhältnissen der jeweiligen Gegenwart entworfen wird; die Wahl eines nicht lokalisierbaren Landes und einer unbestimmten Zeit hat ihren Grund einmal darin, die Möglichkeit der Existenz solcher idealer Gemeinwesen als denkbar erscheinen zu lassen, zum anderen, die direkte oder indirekte Kritik an den gegenwärtigen Zuständen so zu „verpakken", daß dem Kritiker Konflikte mit den polit. Machthabern erspart bleiben.
Als Vorbild einer literar. U. gilt Platons Idealstaatsentwurf in seiner „Politeía" (etwa 374 v. Chr.). Eine erste Blüte utop. **Staatsromane** setzt auf dem Hintergrund polit. gesellschaftl. Umbrüche im Gefolge von T. Mores „Utopia" ein; am bedeutendsten T. Campanellas „Sonnenstaat" (1623). Im 18. Jh. verschmolzen U. mit populären zeitgenöss. Romanformen: Von den Robinsonaden beeinflußt ist J. G. Schnabels „Insel Felsenburg" (1731–43); J. Swifts Roman „Gullivers sämtl. Reisen" (1726) verbindet utop. Züge mit schärfster Satire. Die zunehmende Erforschung der Erde führte dazu, daß man außerird. Räume oder das Erdinnere als utop. Schauplätze wählte; die sich daraus ergebenden Reiseprobleme wurden durch eine immer stärkere Berücksichtigung techn.-naturwiss. Möglichkeiten gelöst, in die man in der Zeit der industriellen Revolution uneingeschränktes Vertrauen setzte; bedeutendster Autor war J. Verne, der damit den Weg zur ↑Science-fiction wies. Als Gegenreaktion auf den ungetrübten Fortschrittsglauben sind die sog. **Antiutopien** zu sehen, in denen die Gefahren einer Überbetonung von Technik und Naturwiss. in Schreckensvisionen von einer total industrialisierten Welt und einer totalitär beherrschten Massengesellschaft beschworen werden, so etwa in J. I. Samjatins „Wir" (1924), in A. Huxleys „Schöne neue Welt" (1932), in G. Orwells „1984" (1949), in W. Jens' „Nein. Die Welt der Angeklagten" (1950) und in S. Lems „Der futurolog. Kongreß: aus Ijon Tichys Erinnerungen" (1972). Eines der bevorzugten Themen in diesem Zusammenhang ist die Darstellung der Situation nach einem atomaren Schlag, z. B. in A. Schmidts „Kaff auch Mare Crisium" (1960), J. Rehns „Die Kinder des Saturn" (1959) und C. Amerys „Der Untergang der Stadt Passau" (1975).

📖 *U.forschung. Hg. v. W. Vosskamp. Ffm. 1985. 3 Bde. - Zimmermann, R.: U. - Rationalität - Politik. Freib. 1985. - Gnüg, H.: Der utop. Roman. Mchn. u.a. 1983. - Literar. U. v. Morus bis zur Gegenwart. Hg. v. K. L. Berghahn u. H. U. Seeber. Königstein im Taunus 1983. - Hermand, J.: Orte, irgendwo: Formen utop. Denkens. Königstein im Taunus 1981. - Winter, M.: Compendium utopiarum. Stg. 1978. - Soeffner, H. G.: Der*

utopisch

geplante Mythos. Unterss. zur Struktur u. Wirkungsbedingung der U. Hamb. 1974.

utopisch, unerfüllbar, unwirklich; wirklichkeitsfremd.

utopischer Roman ↑ Utopie.

utopischer Sozialismus ↑ Sozialismus.

Utraquisten [lat.] ↑ Hussiten.

Utrecht ['u:trɛçt, niederl. 'y:trɛxt], niederl. Stadt am Kromme Rijn und Amsterdam-Rhein-Kanal, östl. Kern des N-Flügels der Randstad Holland, 229 900 E. Verwaltungssitz der Prov. U., Sitz des altkath. und kath. Erzbischofs der Niederlande, des Ökumen. Rats der niederl. Kirchen und zahlr. kirchl. Einrichtungen, Univ. (gegr. 1636), mehrere pädagog. Akad., Konservatorium, Laboratorien der Königl.-Niederl. Akad. der Wiss., Inst. für Völkerrecht; Sternwarte; viele Museen; botan. Garten. Zentrum des niederl. Binnenhandels mit zahlr. Fachmessen und Kongressen; bed. Ind.standort.

Geschichte: Etwa 48 n. Chr. gründeten die Römer am heutigen Domplatz ein Kohortenkastell, in dessen Umgebung eine zivile Ansiedlung entstand (**Traiectum [ad Rhenum]**), kam nach der Völkerwanderung unter die Herrschaft der Franken. 695 wurde das **Castellum Traiectum** Bischofssitz. Nach Rückschlägen im 9. Jh. (Normanneneinfälle) stieg (**Ut-**)**Trecht** im 12. Jh. zur bedeutendsten nordniederl. Stadt auf. Die Bürgerschaft konnte sich in der Folgezeit weitgehend von der bischöfl. Herrschaft lösen; 1304 gewannen die Zünfte entscheidenen Einfluß auf den städt. Rat. In napoleon. Zeit war U. Residenz König Ludwigs von Holland (1806–10). - In der **Union von Utrecht** schlossen sich 1579 7 niederl. (v. a. kalvinist.) Prov. als Gegenbewegung zur kath. Union von Arras zusammen. - **Der Friede von Utrecht** beendete mit 9 Verträgen (Verträge zw. Frankr. und Großbrit., den Generalstaaten, Preußen, Portugal und Savoyen [11. April 1713] sowie Verträge Spaniens mit Großbrit., Savoyen [13. Juli 1713], den Generalstaaten [26. Juni 1714] und Portugal [6. Febr. 1715]) den ↑ Spanischen Erbfolgekrieg.

Bauten: Got. Kathedrale (1254–1517) mit isoliert stehendem Turm (1321–82) und Kreuzgang (14./15. Jh.); mehrere Kirchen, u. a. Janskerk (11., 16. und 17. Jh.), Pieterskerk (11. Jh.), Catharijnekerk (1524–37; Fassade von 1900). Paushuize (Papsthaus, um 1520); got. ehem. Patrizierhaus Oudaen, Theater Lucas Bolwerk (1938–41).

U., niederl. Provinz nördl. des Lek, 1 402 km² (davon 71 km² Binnenwasserflächen), 944 400 E (1986), Verwaltungssitz Utrecht. Gliedert sich in die Niederung der Gelderse Vallei, den Utrechter Hügelrücken, das Flußgebiet von Lek, Kromme Rijn und Vecht sowie in die acht Fehngebiete um die Loosdrechtsche Plassen und im W der Provinz. Bed. Landw. (Milchviehhaltung, Erwerbsgartenbau und Blumenzucht). Wirtsch. Zentren sind ↑ Utrecht und ↑ Amersfoort. - 695 erhielt der angelsächs. Missionar Willibrord das *Castellum Traiectum* als Sitz eines neu errichteten Bistums im fries. Missionsraum. Umfangreiche kaiserl. Schenkungen ermöglichte den Bischöfen von U. v. a. im 11. Jh. den Aufbau eines größeren weltl. Territoriums, das neben dem Kerngebiet, dem *Niederstift,* auch Länder östl. der IJssel *(Oberstift)* mit dem heutigen Overijssel umfaßte. 1528 wurde der Niederstift habsburg.; im niederl. Freiheitskampf gegen die span. Gewaltherrschaft war das Land neben Holland und Seeland im Zentrum des Aufstandes. Die heutige Prov. entspricht dem *Niederstift* des ehem. weltl. Territoriums der Bischöfe von Utrecht.

Utrecht, Kirche von (offiziell: Kerkgenootschap der Oud-Bischoppelijke Clerezie), seit dem 18. Jh. von Rom getrennte niederl. Kirche jansenist. Prägung, die jedoch die apostol. Sukzession bewahrte; schloß sich 1889 in der ↑ Utrechter Union mit den Altkatholiken zusammen und gilt heute als altkath. Kirche der Niederlande.

Utrechter Hügelrücken, niederl. Landschaft zw. Gelderse Vallei im O und dem Flußgebiet des Kromme Rijn bzw. den Loosdrechtsche Plassen im W.

Utrechter Union, der Zusammenschluß der Altkatholiken mit der Kirche von Utrecht auf Grund der Utrechter Erklärung (Konvention) vom 24. Sept. 1889, die den universalen Lehr- und Jurisdiktionsprimat des Papstes, das Dogma von der Unbefleckten Empfängnis Mariä und die tridentin. Disziplinarentscheidungen verwirft, die kath. Abendmahlslehre jedoch voll anerkennt. 1910 wurde die Liturgie in der Landessprache eingeführt, 1922 der Zölibatszwang aufgehoben.

Utriculus [lat.], in der *Anatomie* ↑ Labyrinth.

Utrillo, Maurice [u'trijo, frz. ytri'jo], * Paris 26. Dez. 1883, † ebd. 5. Nov. 1955, frz. Maler. - Sohn der Malerin S. Valadon; malte die trostlosen Pariser Vororte und Stadtteile mit unbestechl. Schärfe. Bed. sind v. a. seine frühen Bilder: Sie geben die trostlosen Ansichten in einer satten, pastosen Malerei wieder; teilweise ist Gips unter die Farbe gemischt, um die Charakterisierung zerfallender Mauern in ihrem Wirklichkeitsgrad zu steigern.

Utrum [lat.], gemeinsame Form für das männl. und weibl. Geschlecht von Substantiven, z. B. im Schwedischen.

Utsunomija, jap. Stadt auf Hondo, am N-Rand der Kantoebene, 405 400 E. Verwaltungssitz der Präfektur Totschigi; Tabakverarbeitung, Maschinenbau und Nahrungsmittelindustrie. - Schon im Altertum Ansiedlung und religiöse Kultstätte; seit Anfang des 17. Jh. systemat. Ausbau als Burgstadt; seit 1884 Hauptstadt der Präfektur Totschigi. -

Nahebei der Kwannontempel mit 10 Buddhareliefs aus der Heianzeit (794–1185).

Uttar Pradesh ['ʊtar pra'deʃ], nordind. Bundesstaat, 294 413 km², 111 Mill. E (1981), Hauptstadt Lucknow. U. P. liegt überwiegend in der Gangesebene, hat im N Anteil am Himalaja, im S an den randl. Teilen des Hochlands von Dekhan. Der Bundesstaat ist einer der führenden Agrarproduzenten Indiens. Zu den wichtigsten Erzeugnissen zählen Weizen, Mais, Hirse, Reis, Zuckerrohr, Baumwolle, Jute, Raps, Senf, Erdnüsse, Tee und Tabak. Wälder breiten sich vornehml. am Fuß des Himalaja aus. Bed. Ind.betriebe, u. a. Textil- und Nahrungsmittelind., Metallverarbeitung, Elektro-, Glas-, chem. und pharmazeut., Aluminium-, Gummi-, Zement- und lederverarbeitende Ind., Kunsthandwerk. An Bodenschätzen verfügt der Bundesstaat über reiche Schwefelvorkommen, außerdem über Magnesit und Gips. - U. P. umfaßt im wesentl. das Gebiet der United Provinces, eine Bez. (1902 eingeführt) für die seit 1877 bestehende Verbindung der NW-Prov. (Agra) und Oudh; in der 1. Hälfte des 19. Jh. von den Briten erworben, zuletzt Oudh 1856.

Utzon, Jorn [dän. 'udsɔn], * Kopenhagen 9. April 1918, dän. Architekt. - Mitarbeiter von A. Aalto in Helsinki; sein bekanntester Bau ist das Opernhaus in Sydney (1959–75; die Bauausführung des z. T. nur skizzenhaften Plans [1957] für einen Schalenbau von schwingender Eleganz übernahmen 1966 Ove Arup und Peter Hall).

Uusimaa [finn. 'u:sima:] (schwed. Nyland), Verw.-Geb. und histor. Prov. in S-Finnland, 10 404 km², davon 9 858 km² Land, 1,16 Mill. E (1983), Hauptstadt Helsinki. Umfaßt die Abdachung vom Salpausselkä im N bis zum Finn. Meerbusen. Die Küste ist von einem Schärenhof begleitet. 24 % der Gesamtfläche sind Ackerland. Hinsichtl. Ind., Handel und Verkehr ist U. das bei weitem wichtigste Geb. des Landes.

UV, Abk. für: ↑Ultraviolett.

UV-Absorber, Bez. für überwiegend organ. Verbindungen, die kurzwelliges (ultraviolettes) Licht absorbieren und z. B. ultraviolettempfindl. Kunststoffe vor dem Altern (Sprödwerden, Verfärben) schützen können.

Uvala [serbokroat.], schüsselförmige geschlossene Hohlform in einem Karstgebiet.

UvD, Abk. für: Unteroffizier vom Dienst, ↑Unteroffizier.

Uvea [lat.], zusammenfassende Bez. für Aderhaut, Ziliarkörper und Regenbogenhaut des Auges.

Uvula [lat.], Kurzbez. für U. palatina (Gaumenzäpfchen).

UVW-Regel, Kurzbez. für Ursache-Vermittlung-Wirkung-Regel, ↑Handregeln (3 und 4).

Uwe, männl. Vorname (Herkunft und Bed. ungeklärt, vermutl. fries. Kurzform von

Maurice Utrillo, Impasse Cottin (um 1910). Paris, Musée National d'Art Moderne

mit Ul- bzw. Udal-gebildeten Namen, z. B. von Ulfried oder Udalbert).

Uxmal [span. uʃ'mal], Ruinenstätte der Maya auf der Halbinsel Yucatán, Mexiko, südl. von Mérida. Besiedelt zw. dem 7. und 11. Jahrhundert. Bed. Stadt mit Bauten im *Puucstil*, bei denen die Außenwände mit Steinmosaikfriesen (Masken des Regengottes und geometr. Mustern) verziert sind. Rekonstruiert wurden u. a. das sog. „Nonnenkloster", der „Gouverneurspalast" und die Tempelpyramide des Wahrsagers.

Uyl, Johannes (Joop) den [niederl. œÿl], * Hilversum 9. Aug. 1919, niederl. Politiker. - Seit 1956 Abg. (Partij van de Arbeid); 1965/66 Wirtschaftsmin., 1967–73 und ab 1977 Oppositionsführer im Parlament, 1973–77 Min.-präs. wechselnder Koalitionsreg. der „linken Mitte"; verficht ein Programm der Demokratisierung von Wirtschaft und Gesellschaft. 1981/82 Vizemin.präs. und Min. für Soziales. - † 24. Dez. 1987.

Uz, Johann Peter, * Ansbach 3. Okt. 1720, † ebd. 12. Mai 1796, dt. Dichter. - Typischer Anakreontiker, schrieb heitere, geselliggraziöse Lyrik, ohne die bürgerl. Tugendvorstellungen zu verletzen, Wein, Liebe und Freundschaft preist; von Bed. auch sein kom. Epos „Der Sieg des Liebesgottes" (1753) sowie die Ode „Theodicee" (poet. Reflexionen über den Theodizeegedanken Leibniz').

u. Z., Abk. für: **u**nserer **Z**eitrechnung; entspricht der Abk.: n. Chr.

Uznach, Bez.hauptort im schweizer. Kt. Sankt Gallen, am N-Rand der Linthebene, 427 m ü. d. M., 4300 E. Chem., Textil-, Möbel- und Schirmfabrikation. - 741 erstmals erwähnt; um 1220 wurde die Stadt gegr.; 1469 Übergang an die Orte Glarus und Schwyz als gemeine Herrschaft (bis 1798). - Ehem. Pfarrkirche (9. Jh.[?]: 1505 spätgot. erneuert); neugot. Kirche (1867–70) an Stelle einer got. Kapelle (1310 gestiftet).

V

V, 22. Buchstabe des dt., 20. des lat. Alphabets (hier mit dem Lautwert [u]), der auf griech. ↑Ypsilon zurückgeht; die Beschränkung auf konsonant. Verwendung des Zeichens (während zur Vokalbezeichnung ↑U herausgebildet wurde) vollzog sich im MA; so bezeichnet V heute meist den stimmhaften labiodentalen Reibelaut [v], teils (wie im Deutschen) den stimmlosen labiodentalen Reibelaut [f].
◆ (Münzbuchstabe) ↑Münzstätten.

V, Abk. für: ↑vertatur.

V, Kurzzeichen:
◆ (chem. Symbol) für ↑Vanadium.
◆ (Einheitenzeichen) für ↑Volt.
◆ *(V)* physikal. Zeichen für ↑Volumen.

v, physikal. Zeichen für die ↑Geschwindigkeit (*v*, *v*).

v., Abk.:
◆ für: lat. **v**ox, italien. **v**oce, frz. **v**oix, engl. **v**oice, svw. ↑Stimme.
◆ in der Botanik für **v**arietas (Varietät; ↑Abart).

V., Abk. für: ↑Violine.

V1, V2 ↑V-Waffen.

Va, Abk. für: ↑Viola.

VA, Einheitenzeichen für ↑Voltampere.

Vaal [engl. vɑːl, Afrikaans faːl], rechter Nebenfluß des Oranje, Republik Südafrika, entspringt in den Drakensbergen, mündet westl. von Douglas, 1 200 km lang; größtenteils Grenze zw. dem Oranjefreistaat und Transvaal; mehrfach gestaut für große Bewässerungssysteme.

Vaalserberg [niederl. vaːlsər'bɛrx], mit 322 m ü. d. M. höchste Erhebung in den Niederlanden (im SO des südlimburg. Hügellandes).

Vaasa [finn. 'vɑːsa] (schwed. Vasa; beides amtl.), finn. Hafenstadt am Bottn. Meerbusen, 54 300 E. Hauptstadt des Verw.-Geb. V., Wirtschaftshochschule; Textil-, Nahrungsmittel-, chem. und holzverarbeitende Ind., Eisenbahnendpunkt, im Sommer Fährverbindung mit Schweden. - 1606 bei der Festung Korsholm gegr.; wurde 1688 Prov.hauptstadt; hieß 1855–1917 **Nikolaistad.**

va banque spielen [frz. vaˈbãːk „es geht (gilt) die Bank"], alles aufs Spiel (um die Bank) setzen, alles auf eine Karte setzen.

Vác [ungar. vaːts], ungar. Stadt an der Donau, 36 000 E. Kath. Bischofssitz; Museum; Schiffswerft, Bildröhrenfabrik, Nahrungsmittel- u. a. Ind. - Barocker Dom (18. Jh.), bischöfl. Palast (1771 vollendet); sog. Steinernes Tor (1764).

vacat [lat. „es fehlt"], svw. nicht vorhanden, leer (↑Vakat).

Vaccarès, Étang de [frz. etɑ̃dvakaˈrɛs], Strandsee in der südl. Camargue, Frankr., bildet einschl. der im S vorgelagerten Inseln und Seen ein 10 000 ha umfassendes Naturreservat.

Vaccinium [vakˈtsiː...; lat.], svw. ↑Heidelbeere.

Václav [tschech. 'vaːtslaf], tschech. männl. Vorname, ↑Wenzeslaus.

Vaculík, Ludvik [tschech. 'vatsuliːk], * Brumov (Südmähr. Gebiet) 23. Juli 1926, tschech. Schriftsteller. - Einer der bedeutendsten zeitgenöss. Schriftsteller der ČSSR; Hauptvertreter des „Prager Frühlings", den er in seinem Roman „Das Beil" (1966) argumentativ-krit. vorbereitete und in seinem weltbekannt gewordenen „Manifest der 2 000 Worte" 1968 programmatisch verteidigte. Einer der Initiatoren der Bürgerrechtsgruppe „Charta 77". - *Weitere Werke:* Das Meerschweinchen (R., dt. 1971), Tagträume (R., dt. 1981).

Vademekum (Vademecum) [lat. „geh mit mir!"], Bez. für ein Buch handl. Formats, das als Leitfaden für das im Titel angegebene Gebiet benutzt werden soll.

Vadianus (Vadian), Joachim [va...], eigtl. J. von Watt, * Sankt Gallen 29. Nov. 1483 (1484?), † ebd. 6. April 1551, schweizer. Humanist. - 1514 zum Poeta laureatus gekrönt; 1526-50 Bürgermeister von Sankt Gallen, wo er [als Freund Zwinglis] die Reformation durchsetzte.

Vadim, Roger, eigtl. R. V. Plemiannikov, * Paris 26. Jan. 1928, frz. Filmregisseur. - ∞ u. a. mit B. Bardot (1952–57) und J. S. Fonda (1964–69); seine Filme kennzeichnen erot. Thematik und großzügige dekorative Bildgestaltung, u. a. „Und immer lockt das Weib" (1956), „Gefährl. Liebschaften" (1959), „Das Ruhekissen" (1962), „Der Reigen" (1964), „Barbarella" (1968), „La femme fidèle" (1976), „Histoires extraordinaires" (1983).

Vadodara (früher Baroda), ind. Stadt 100 km sö. von Ahmadabad, Bundesstaat Gujarat, 734 000 E. Univ. (gegr. 1949), Museum, Kunstgalerie; Baumwollwebereien, Glashütten, tabakverarbeitende u. a. Ind.; Verkehrsknotenpunkt.

vadoses Wasser [lat./dt.] ↑juveniles Wasser.

Vadsø [norweg. ˌvatsø], Hauptstadt des norweg. Verw.-Geb. Finnmark, am Varangerfjord, 6 000 E. Fischereihafen mit Fischverarbeitung. - 1833 Stadt.

Vaduz [faˈduts], Hauptstadt des Ft. Liechtenstein, am Rand der Alpenrheinebene, 455–576 m ü. d. M., 4 900 E. Gemäldesammlung, Landes-, Postmuseum; Fremdenverkehr; zus. mit dem nördl. angrenzenden Schaan größter Ind.standort Liechtensteins. - 1150 erstmals erwähnt; wurde 1342 Hauptstadt der später gleich ben. Gft. (Schloß V. Sitz der Grafen seit der Mitte des 14.Jh.), die 1396 Reichsunmittelbarkeit erlangte und 1712 an das Haus Liechtenstein (1719 reichsfürstl., 1806 souverän) fiel. - Schloß V. (1905–12 erneuert; Residenz des Landesfürsten). Aus dem MA stammen Bergfried und Schloßkapelle (12.Jh.), aus dem 16.Jh. die Eckbastionen. - Abb. Bd. 13, S. 143.

vae victis! [ˈvɛː ˈvɪktɪs; lat. „wehe den Besiegten!"], angebl. Ausspruch des Keltenfürsten Brennus.

Vaga ↑Béja [Tunesien].

Vagabund [lat.], Landstreicher; Weltenbummler.

vagabundierende Ströme ↑Erdströme.

Vagabundismus ↑Nomadismus.

Vagans [lat. „wandernd"], in der Musik des späten 15. und 16.Jh. eine auch als Quintus bezeichnete Stimme ohne feste Lage, die den strengen vierstimmigen Satz zur Fünfstimmigkeit erweitert.

Vaganten [lat.], zwischenständ. Schicht der ↑Fahrenden im Hoch-MA: Studierende (Scholaren) und Studierte (Kleriker, Geistliche), entweder unterwegs zu Studienorten oder nach abgeschlossenem Studium auf der Suche nach einer Anstellung, aber auch solche, die aus Abenteuerlust, aus Gefallen am ungebundenen Leben auf Wanderschaft blieben. V. suchten ihren Lebensunterhalt beim teilkundigen Teil der Bev., die sie mit ihren Künsten (↑Vagantendichtung) unterhielten. Die V. traten seit der Entstehung der weltl. Wiss. und ihren Schulen und Univ. im 12.Jh. auf; sie waren urspr. v. a. in Frankr. verbreitet.

Vagantendichtung, umstrittene Bez. für weltl. lat. Dichtung v. a. des 12. und 13.Jh., bes. für ma. Lyrik verschiedenster Gatt. wie Bettel- und Scheltlieder, Trink-, Spiel- und Buhllieder, Liebes- und Tanzlieder (**Vagantenlieder**), Parodien, Satiren und Schwänke.

Vágar [färöisch ˈvɔːar], eine der Hauptinseln der Färöer, 178 km², bis 722 m hoch.

vage (vag) [lat.-frz.], unbestimmt, ungewiß, verschwommen.

vagil [lat.], freilebend, bewegl., umherschweifend; gesagt von Lebewesen, die nicht festsitzend (sessil) sind.

Vagina [lat.], abgeplatteter, häutiger, muskelhaltiger Kanal, der sich von dem zw. den kleinen Schamlippen liegenden Scheidenvorhof zum Gebärmutterhals erstreckt (↑Scheide).
◆ Gewebsscheide, Gewebshülle, bindegewebige Hülle von Organen; z. B. *V. tendinis*, svw. Sehnenscheide.

vaginal [lat.], zur weibl. Scheide gehörend, die Scheide betreffend.

Vaginismus [lat.], svw. ↑Scheidenkrampf.

Vagotomie [lat./griech.], operative Durchschneidung des Eingeweidenervs (Nervus vagus), meist im Bereich der Speiseröhre; therapeut. (umstrittenes) Verfahren zur Behandlung von Magen- und Zwölffingerdarmgeschwüren.

Vagotonie [lat./griech.], erhöhte Erregbarkeit des parasympath. Nervensystems (Übergewicht über das sympath. System).

Vagus [lat. „umherschweifend, unstet"; Kurzbez. für: Nervus vagus] (Eingeweidenerv) ↑Gehirn.

Vaihingen an der Enz [ˈfaɪŋən], Stadt an der Enz, Bad.-Württ., 245 m ü. d. M., 22 600 E. Weinmuseum; Marktort; Leim- und Lederfabrik, Textil- und photochem. Ind. - Im Anschluß an die 779 erstmals erwähnte Siedlung und Burg Vaihingen wurde die Stadt zu Beginn des 13.Jh. angelegt. - Ev. spätgot. Stadtkirche (1513); ehem. Schloß Kaltenstein (16.Jh.), Reste der Stadtbefestigung (u. a. Pulverturm von 1493).

Vaihinger, Hans [ˈfaɪŋər, ˈvaɪ...], * Nehren (Landkr. Tübingen) 25. Sept. 1852, † Halle/Saale 18. Dez. 1933, dt. Philosoph. - Prof. in Straßburg und Halle/Saale; gründete 1904 die „Kant-Gesellschaft"; entwickelte in seiner Philosophie des Als-ob den *Fiktionalismus* als System des idealist. Positivismus: Alle Begriffe sind Fiktionen, d. h. subjektive bildl. Vor-

Vailland

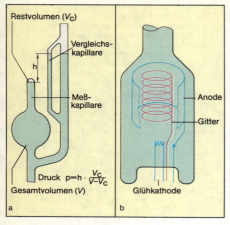

Vakuummeter.
a McLeod-Vakuummeter,
b Ionisationsvakuummeter

stellungsweisen, die so betrachtet werden, *als ob* sie wahr wären. Jede Fiktion ist ein method. Mittel des Denkens. Sie muß durch den Dienst, den sie zum Fortschritt der Erfahrenswiss. leistet, gerechtfertigt werden und trägt so zur Rationalität des Denkens bei. - *Werke:* Kommentar zu Kants Kritik der reinen Vernunft (1891/92), Die Philosophie des Als-Ob (1911).

Vailland, Roger [frz. va'jã], *Acy-en-Multien (Oise) 16. Okt. 1907, † Meillonnas (Ain) 12. Mai 1965, frz. Schriftsteller. - Mitbegr. der surrealist. Zeitschrift „Le Grand Jeu"; Journalist, Kriegsberichterstatter, Mgl. der Résistance; 1952–56 Mgl. der KP. Verf. realist. Zeitromane meist marxist. Tendenz mit oft erot. Thematik, u. a. „Seltsames Spiel" (1945), „Hart auf hart" (1957), „Das Liebesfest" (1960).

Vaison-la-Romaine [frz. vɛzõlarɔ'mɛn], frz. Stadt in der Provence, Dep. Vaucluse, 5900 E. Archäolog. Museum. - Im Siedlungsgebiet der Ligurer, dann der Vokontier gelegen (daher in der röm. Prov. Gallia Narbonensis **Vasio Vocontiorum** gen.); wurde Ende des 3. Jh. Bischofssitz; im 13./14. Jh. verließ die Bev. die alte Stadt am rechten Ufer der Ouvèze und siedelte sich auf dem linken Ufer im Schutz der Burg der Grafen von Toulouse an; seit dem 18. Jh. Wiederbelebung der alten Stadt und Errichtung neuer Viertel. - Ausgrabungen der röm. Stadt seit 1907, wobei die Fundamente zweier ausgedehnter Wohnviertel freigelegt wurden; gut erhaltene röm. Brücke und röm. Theater. Die heutige Kathedrale (11.–13. Jh.) steht an Stelle eines merowing. Baus (6. und 7. Jh.), Kloster (11./12. Jh.),

roman. Chapelle-Saint-Quenin (12. Jh.); z. T. ma. Stadtbild der oberen Stadt, Häuser des 16.–18. Jh.; Ruinen der Burg (12.–15. Jh.).

Vajda, János [ungar. 'vɔjdɔ], * Pest (= Budapest) 7. Mai 1827, † Budapest 17. Jan. 1897, ungar. Lyriker und Publizist. - Gehörte zum Kreis um S. Petőfi, nahm 1848/49 am ungar. Freiheitskampf teil; 1857–63 Redakteur der Zeitschrift „Nővilág"; bekämpfte in den 1850er Jahren mit seiner Dichtung die Herrschaft der Habsburger.

vakant [lat.], frei, leer, unbesetzt, offen; **Vakanz,** freie [Dienst]stelle.

Vakat [lat.], im graph. Gewerbe übl. Bez. für eine leere Seite.

Vakuole [lat.] (Zellvakuole), meist von einer Membran umschlossener, flüssigkeitsgefüllter Hohlraum in tier. und pflanzl. Zellen. I. e. S. die von einer dünnen Plasmahaut (Tonoplast) umschlossene V. ausdifferenzierter, lebender Pflanzenzellen. Der V.inhalt (*Zellsaft*) ist für die osmot. Eigenschaften der pflanzl. Zelle bestimmend. Im Zellsaft können Farbstoffe (z. B. Anthozyane) gelöst sein, Reservestoffe (z. B. Kohlenhydrate, Eiweiß) gespeichert und für die Pflanze wertlose oder giftige Stoffwechselprodukte (z. B. Salze) abgelagert sein und dadurch unschädl. gemacht werden. Bei Einzellern und tier. Zellen dienen V. v. a. der Nahrungsaufnahme und Verdauung (*Nahrungs*- bzw. *Verdauungsvakuolen*).

Vakuum [zu lat. vacuum „leerer Raum"], ein [abgeschlossener] Raumbereich, in dem ein Druck herrscht, der geringer ist als der Atmosphärendruck; auch Bez. für den Zustand [der Materielosigkeit] dieses Raumbereichs. In der Praxis unterscheidet man:

Grob-V.	$10^5 – 10^4$ Pa
	(1000 – 100 mbar)
Zwischen-V. (Mittel-V.)	$10^4 – 10^2$ Pa
	(100 – 1 mbar)
Fein-V.	$10^2 – 10^{-1}$ Pa
	(1000 – 1 μbar)
Hoch-V.	$10^{-1} – 10^{-4}$ Pa
	(1000 – 1 nbar)
Ultra[hoch]-V. (Höchst-V.)	$< 10^{-4}$ Pa
	(< 1 nbar)

Geschichte: Nach der theoret. Diskussion über das V. in der Antike (↑ Horror vacui, ↑ Raum) gewann das Problem des [luft]leeren Raumes erst durch Versuche von E. Torricelli (1644), B. Pascal (1647/48) und O. von Guericke (1654) prakt. Bedeutung. Diese erbrachten den experimentellen Nachweis luftverdünnter und luftleerer Räume.

Vakuumextraktion, in der Geburtshilfe die Unterstützung der Kindesaustreibung durch die Wehen mit einem über eine Saugglocke auf den kindl. Schädel ausgeübten Zug (*Vakuumextraktor*).

Vakuumformen ↑ Kunststoffverarbeitung.

Vakuumtechnik

Vakuumlichtbogenofen ↑Schmelzöfen.

Vakuumlichtgeschwindigkeit ↑Lichtgeschwindigkeit.

Vakuummetallurgie, Teilgebiet der Metallurgie, das sich mit der Durchführung metallurg. Prozesse bei Unterdruck - in Zukunft auch im Weltraum - befaßt. Verfahren der V. haben v. a. Bedeutung bei der Entfernung gelöster Gase aus Metallschmelzen sowie bei der Gewinnung und Verarbeitung von sauerstoffempfindl. Metallen (z. B. Titan).

Vakuummeter, Sammelbez. für die in der Vakuumtechnik verwendeten Geräte zur Messung von Gasdrücken, die weit geringer als der Normaldruck sind. Zu den *mechan. V.* zählen das quecksilbergefüllte *U-Rohr-Manometer (U-Rohr-V.)* und mechan. Zeigerinstrumente wie das *Röhrenfeder-V.* mit einer Bourdon-Röhre und das *Membran-V.,* bei dem die Durchbiegung einer Membran auf einer Skala angezeigt wird (Meßbereich bis 0,1 mbar). Im Druckbereich zw. 10 und 10^{-5} mbar können die *Kompressions-V.* messen, bei denen der Gasdruck aus dem Kompressionsverhältnis eines bekannten Ausgangsvolumens bestimmt wird, z. B. das *McLeod-Vakuummeter.* Etwa im gleichen Druckbereich messen die *Wärmeleitungs-V.,* bei denen die Druckabhängigkeit der Wärmeleitung eines Gases ausgenutzt wird z. B. beim *Pirani-V.* oder *Widerstandsmanometer.* Das *Molekulardruck-, Knudsen-* oder *Radiometer-V.* beruht darauf, daß bei Drücken von 10^{-3} bis 10^{-8} mbar die von verschieden temperierten Wänden kommenden Gasmoleküle eine unterschiedl. Druckwirkung ausüben. Bei den v. a. bei kleinsten Drücken verwendeten *elektr. V.* wird aus der Stärke des Ionenstroms bei einer Gasentladung auf den Gasdruck geschlossen. Hierzu gehören die verschiedenen Formen der *Ionisations-V.,* die Drücke unter 10^{-8} mbar messen können, insbes. das *Penning-V.* und das bis etwa 10^{-13} mbar messende *Redhead-V.* oder *Magnetron-V.,* bei dem durch ein starkes Magnetfeld die Ionisierungswahrscheinlichkeit der Elektronen stark erhöht wird.

Vakuumtechnik, Teilgebiet der Technik, das sich mit den Verfahren zur Erzeugung bzw. Aufrechterhaltung eines Vakuums (mit Hilfe von Vakuumpumpen) und seiner Anwendung sowie - im Rahmen der *Vakuummeßtechnik* - mit den Verfahren zur Messung kleiner Gasdrücke (mit ↑Vakuummetern) befaßt. Das früher für Vakuumapparaturen ausschließl. verwendete Glas wird zunehmend durch hochglanzpolierte, dadurch ein verringertes Haften von Gasmolekülen aufweisende Metalle (z. B. Nickel und Kupfer, nichtrostende Stähle) ersetzt. Die V. spielt in vielen Bereichen der Technik und der Naturwiss. eine bed. Rolle, insbes. in der chem. Verfahrenstechnik (z. B. bei der Vakuumdestillation), in der pharmazeut. und Lebensmittelind. (↑Vakuumtrocknung) sowie in der Metallurgie (↑Vakuummetallurgie). In der Raumfahrtforschung werden Vakuumanlagen zum Test von Satelliten unter Weltraumbedingungen, für Materialtests u. a. benutzt. Die *Hoch-V.* ist v. a. von großer Bedeutung bei der Herstellung von elektr. und elektron. Geräten (z. B. Elektronen- und Fernsehbildröhren), beim Vakuumaufdampfen (z. B. von dünnen Metallschichten bei der Herstellung von Spiegeln für Projektoren, Reflektoren und Scheinwerfer, bei der Vergütung opt. Systeme) sowie beim Betrieb unterschiedl. Geräte bzw. Anlagen (z. B. Elektronenmikroskope, Teilchenbeschleuniger). Die *Höchst-V.* wird u. a. bei der Untersuchung der Eigenschaften sehr reiner Oberflächen und dünner Schichten angewandt.

Zur Erzeugung eines Vakuums werden unterschiedl. Pumpentypen verwendet. Die wichtigsten *Vakuumpumpen* sind spezielle Verdrängerpumpen sowie Treibmittel-, Getter-, Molekular- und Kryopumpen. Die Arbeitsweise der *Verdrängerpumpen* beruht auf der period. Erweiterung und Verengung des Pumpraums. Bei der *Drehschieberpumpe* sind an einem exzentr. gelagerten Rotor mehrere Schieber verschiebbar angeordnet, die durch Feder- und Zentrifugalkraft an die Gehäusewand gepreßt werden. Bei den *Gasballastpumpen* wird während der Verdichtung über ein Ventil eine geringe Menge atmosphär. Luft (der sog. Gasballast) in den Verdichtungsraum eingeleitet; hierdurch wird ein unter Atmosphärendruck stehendes Gas-Dampf-Gemisch abgesaugt und verhindert, daß der verdichtete Dampf kondensiert. *Treibmittelpumpen* nutzen die Saugwirkung eines aus einer Düse austretenden Flüssigkeits- oder Gasstrahls. Die *Dampfstrahlpumpen* arbeiten mit Wasser-, Quecksilber- oder Öldampf. In großtechn. Vakuumanlagen werden für Drücke bis zu 10^{-2} mbar häufig mehrstufige Aggregate eingesetzt. In *Diffusionspumpen* wird als Treibmittel Quecksilber- oder Öldampf niedriger Dampfstrahldichte benutzt, wobei diese *Quecksilber-* bzw. *Öldiffusionspumpen* ein Vorvakuum von 10^{-2} bis 10^{-3} mbar benötigen; das abzupumpende Gas diffundiert hier in das Strahlinnere; durch Ausfrieren von rückströmenden Dämpfen bzw. mit gekühlten Dampfsperren (Baffles) läßt sich ein Endvakuum unter 0,1 nbar erreichen. *Getterpumpen* sind Vorrichtungen, die in einem bereits weitgehend evakuierten Gefäß Gase durch *Getter* sorptiv oder chem. binden, wodurch eine Pumpwirkung erzielt wird. *Ionengetterpumpen* stellen eine Kombination von Getter- und Ionenpumpen dar: Das Gettermaterial (z. B. ein Titandraht) wird durch einen Elektronenstrahl verdampft, schlägt sich an den Wänden nieder und absorbiert die Gasmoleküle, die zum Teil durch Stoßionisation zusätzl. ioni-

Vakuumtrocknung

Val Camonica. Felsgravierung in Capo di Ponte

siert werden und durch ein elektr. Feld beschleunigt auftreffen. *Molekularpumpen* erteilen im Druckbereich der Molekularströmung infolge der sehr schnellen Bewegung ihrer Flächen Molekülen eine Bewegungsrichtung, so daß sie in einen Raum höheren Druckes gefördert werden. Die *Turbomolekularpumpen* enthält z. B. eine Vielzahl in gleichbleibendem Abstand auf einer rotierenden Welle angebrachter Scheiben; diese und die dazw. angeordneten feststehenden Zwischenscheiben sind mit schräg ausgebildeten Strömungskanälen versehen; erreichbares Endvakuum: bis 10^{-10} mbar. *Kryopumpen* enthalten tiefgekühlte Wandflächen, an denen eine Kondensation von Gasen und Dämpfen (in Form eines festen Niederschlags) erfolgt, so daß eine Pumpwirkung erzielt wird; sie werden insbes. zur Erzeugung von Hoch- und Ultravakuum verwendet.

📖 Edelmann, C.: *Wissensspeicher V. Lpz. 1984.* - *Hoch- u. Ultrahochvakuum: Erzeugung u. Anwendung.* Hg. v. C. Recker. Grafenau 1984. - *Theorie u. Praxis der V.* Hg. v. M. Wutz u. a. Wsb. ²1982. - Eichmeier, J.: *Moderne Vakuumelektronik.* Bln. u. a. 1981. - Pupp, W.: *V. Grundlagen u. Anwendungen.* Mchn. ²1972.

Vakuumtrocknung, zur Konservierung von Lebensmitteln (auch zur Herstellung von Pulvern für Instantgetränke) angewandte Trocknung bei Unterdruck.

Vakuumverpackung ↑ Verpackung.

Vakzination [lat.], svw. ↑ Impfung; i. e. S. svw. Pockenimpfung.

Vakzine (Vakzin) [zu lat. vacca „Kuh"], svw. ↑ Impfstoffe.

Val [Kw. aus Äquivalent], svw. Grammäquivalent (↑ Äquivalentmasse).

Val, Abk. für: ↑ Valin.

Val [zu lat. vallis „Tal"], frz. und italien. svw. Tal.

Valais [frz. va'lɛ], schweizer. Kt., ↑ Wallis.

Val Camonica, rd. 80 km langer Talabschnitt des Oglio zw. Tonalepaß und Iseosee, Italien. Dem V. C. folgen Eisenbahn und Straße zw. Tonalepaß und Bergamo bzw. Brescia. In *Capo di Ponte* Nationalpark mit bed. (gepickten und gravierten) Felsbildern der Bronze- und Eisenzeit.

Val-de-Marne [frz. valdə'marn], Dep. in Frankreich.

Valdes, Petrus ↑ Waldes, Petrus.

Valdés [span. bal'des], Juan de, * Cuenca um 1500 (um 1490?), † Neapel im Mai 1541, span. Schriftsteller und Humanist. - Ging 1531 nach Italien; unterhielt, ebenso wie sein Bruder *Alfonso V.* (* 1490, † 1532), Verbindungen mit Erasmus von Rotterdam; einer der ersten span. Anhänger der Reformation. Schrieb eine der bedeutendsten frühen Abhandlungen über die Geschichte der span. Sprache.

V., Juan Meléndez, span. Dichter, ↑ Meléndez Valdés, Juan.

Valdés, Península [span. pe'ninsula βal'des], Halbinsel im Atlantik, an der südl. Küste Argentiniens.

Valdés Leal, Juan de [span. bal'dez le'al], eigtl. Juan de Valdés de Nisa, * Sevilla 4. Mai 1622, † ebd. 15. Okt. 1690, span. Maler portugies. Herkunft. - Ein Hauptvertreter der Sevillaner Malerschule, äußerst naturalist. und von barocker Dramatik erfüllte Bilder.

Val-d'Isère [frz. valdi'zɛːr], Wintersportort in den frz. Alpen, 105 km onö. von Grenoble, Dep. Savoie, 1 850 m ü. d. M., 1 600 E. Lifte bis in 3 350 m Höhe.

Valdivia, Pedro de [span. bal'diβja], * Villanueva de la Serena (Prov. Badajoz)

1500, † Tupacel (Chile) 25. Dez. 1553, span. Konquistador. - Spätestens seit 1535 in der Neuen Welt; brach 1540 von Cuzco aus zu einer Expedition nach Chile auf; gründete u. a. am 12. Febr. 1541 Santiago de Chile; fiel im Kampf gegen die Araukaner.

Valdivia [span. bal'diβja], chilen. Stadt im Kleinen Süden, 115 700 E. Kath. Bischofssitz; Univ. (gegr. 1954), dt. Schule. Werften, Reederei, Möbel-, Leder- und Schuhfabriken, Nahrungsmittel- u. a. Ind.; Hafen, Eisenbahnendpunkt. - 1552 von P. de Valdivia gegr., zuerst ein strateg. wichtiger Außenposten in den Kämpfen mit den Araukanern, die die Stadt 1599 zerstörten (1645 wiederaufgebaut). Das schwere Erdbeben und die Springflut vom 22. Mai 1960 zerstörten einen großen Teil der Stadt.

Val-d'Oise [frz. val'dwa:z], Dep. in Frankreich.

vale! [lat. „lebe wohl!"], altröm. Abschiedsgruß.

Valence [frz. va'lã:s], frz. Stadt an der mittleren Rhone, 123 m ü. d. M., 66 000 E. Verwaltungssitz des Dep. Drôme; kath. Bischofssitz; Kunstmuseum, Maschinen- und Apparatebau, Elektro-, Textil-, Möbel- und Nahrungsmittelindustrie. - Zur Römerzeit **Colonia Valentia**; 374 Bischofssitz. 413 westgot., 507 fränk.; kam mit dem Kgr. Burgund 1032 zum Hl. Röm. Reich; kam 1396 an die Dauphiné, 1452 Gründung einer Univ. (in der Frz. Revolution aufgehoben). - Roman. Kathedrale (11./12. und 17. Jh.), ehem. bischöfl. Palais (16. und 18. Jh.).

Valencia, Guillermo León [span. ba'lensja], * Popayán 27. April 1909, † New York 4. Nov. 1971, kolumban. Politiker. - 1962 als Wortführer der Opposition gegen den Diktator G. Rojas Pinilla und Befürworter der Nat. Front von 1957 zum Staatspräs. gewählt, 1966 abgelöst.

Valencia [va'lɛntsia, va'lɛnsia; span. ba'lenθja], span. Hafenstadt an der Mündung des Turia in den Golf von V., 785 300 E. Verwaltungssitz der Prov. und Mittelpunkt der Region V.; kath. Erzbischofssitz; Univ. (gegr. 1500), polytechn. Hochschule, Hochschulen für bildende Künste, Musik und Theater; Museen; botan. Garten. V. ist eine der wichtigsten Handelsstädte Spaniens und hat Bed. v. a. als Ausfuhrhafen für Agrarprodukte der Region. Nahrungsmittelind., Werften, Waggonbau, Automontage, chem., Textil- sowie Papierindustrie.

Geschichte: 138 v. Chr. als **Valentia Edetanorum** (Prov. Hispania Tarraconensis) von den Römern gegr.; 413 von den Westgoten erobert, 714 von den Arabern, unter deren Herrschaft V. 1021 Hauptstadt eines unabhängigen Kgr. wurde. Der Cid zog nach 5jährigen Kämpfen 1094 in V. ein und behauptete die Stadt bis zu seinem Tod (1099) gegen die muslim. Almoraviden. 1102 gehörte V. wieder zum maur. Kgr.; 1238 endgültig von König Jakob I. von Aragonien zurückerobert; das formal fortbestehende Kgr. V. wurde 1319 mit Aragonien durch Personalunion verbunden (Sonderrechte 1707 aufgehoben). 1812/13 von den Franzosen besetzt. Im Span. Bürgerkrieg war V. von Nov. 1936 bis Okt. 1937 Sitz der republikan. Regierung.

Bauten: Got. Kathedrale (1262–1480) mit barocker W-Fassade (1703–13) und isoliert stehendem Glockenturm „Miguelete" (1381–1429), Barockkirche Los Santos Juanes de Mercado (17./18. Jh.). Spätgot. Lonja de la Seda (Seidenbörse, 1483–98); Palacio de la Generalidad del Reino (15. und 16. Jh.); ehem. Palacio del Marqués de Dos Aguas (18. Jh.) mit churrigueresker Alabasterfassade.

📖 *Burns, R. I.: Medieval colonialism. Postcrusade exploitation of Islamic V.* Princeton (N. J.) 1975. - *Burns, R. I.: The crusader kingdom of V.* Cambridge (Mass.) 1967. 2 Bde.

V., Region (ehem. histor. Prov.) in O-Spanien, 23 305 km^2, 3,65 Mill. E (1981), wichtigste Stadt Valencia. V. erstreckt sich längs der Küste von den Golf von V. und besteht aus einer wechselnd breiten Küstenebene, die gegen W von Teilen des Iber. Randgebirges begrenzt wird; das bis zum Kap Náo ins Mittelmeer vorspringende Bergland von Alcoy erreicht 1 558 m ü. d. M. Während das Gebirgshinterland und das Bergland von Alcoy zum semihumiden Klimabereich zählen, weist die Küstenebene ein semiarides, um Alicante ein fast immertrockenes Klima auf. Der Bewässerungsfeldbau spielt deshalb eine überragende Rolle: Reisanbau, Apfelsinen-, Mandarinen- und Zitronenkulturen. Die Grenze zw. Bewässerungs- und Trockenfeldbau liegt am Gebirgsfuß; die z. T. terrassierten Trockenfelder reichen in das Gebirge hinein (Getreide- und Weinbau, Olivenpflanzungen). Waldgebiete im Gebirge werden ständig durch Anpflanzung von Aleppokiefern erweitert. Die Ind. ist v. a. auf die Bedürfnisse der Landw. ausgerichtet; Schwerind. entwickelte sich u. a. in Sagunto und Valencia. Zahlr. Fischerdörfer haben sich zu Seebädern gewandelt.

Die **Geschichte** des alten Kgr. V. entspricht der seiner ehem. Hauptstadt † Valencia.

V., [span. ba'lensja] Hauptstadt des Staates Carabobo in N-Venezuela, 480 m ü. d. M., 568 000 E. Erzbischofssitz; Univ. (gegründet 1852); wichtiges Handels- und Ind.zentrum in einem der führenden Agrargebiete des Landes; Eisenbahnendpunkt. - Gegr. 1555; zu Beginn der Befreiungskriege Hauptstadt von Venezuela, 1830 und noch einmal 1858 für kurze Zeit.

Valenciennes [frz. valã'sjɛn], frz. Ind.stadt an der oberen Schelde, Dep. Nord, 40 000 E. Univ.zentrum (gegr. 1969); Kunstmuseum. Zentrum des östl. nordfrz. Kohlenreviers; Eisen- und Stahlind., Metallverarbeitung, Textil- u. a. Ind. - Geht auf eine röm. Gründung zurück; fiel im 11. Jh. an die Gft. Hennegau und wurde deren Hauptstadt; kam 1678 an Frankr. (Hauptstadt des frz. Hennegaus). Hatte im 18. Jh. als Wirkungsstätte vieler Künstler den Beinamen „Athen des Nordens". - Got. Kirche Saint-Géry (13. Jh.).

Valens, Flavius, *Cibalae (= Vinkovci) 328, ✕ Adrianopel (= Edirne) 9. Aug. 378, röm. Kaiser (seit 364). - Nach Erhebung durch seinen Bruder Valentinian I. Kaiser im östl. Reichsteil; schlug den Aufstand des Prokop (365/366) nieder und führte 366/367-369 erfolgreich Krieg gegen die Westgoten; deren Aufnahme in die Prov. Mösien (376) führte zur Schlacht von Adrianopel, in der V. fiel; innenpolit. um Verminderung von Finanzlasten bemüht.

Valente, Caterina, *Paris 14. Jan. 1931, dt. Sängerin und Schauspielerin italien.-span. Abkunft. - Wurde ab 1953 als Schlager- und Jazzsängerin bekannt, trat in zahlr. Musikfilmen und Fernsehshows auf.

Valentia Edetanorum ↑ Valencia.

Valentin ['vaːlɛntiːn], männl. Vorname (zu lat. Valentinus, einer Weiterbildung von lat. valens „kräftig, gesund").

Valentin ['vaːlɛntiːn] (V. von Rom, V. von Terni, hl., Märtyrer und Bischof (?). - Viel verehrter Heiliger, dessen Identität kaum auszumachen ist; sein Kult geht in Rom bis ins 5. Jh. zurück. In Frankr., den angelsächs. Ländern und jetzt auch in der BR Deutschland ist der **Valentinstag** zum „Tag der Liebenden", einem Geschenktag („Valentine greetings") geworden, ein Brauch, der jedoch in der V.legende keinen Ansatzpunkt hat. - Fest: 14. Februar.

Valentin, Barbara ['vaːlɛntiːn], eigtl. Ursula Ledersteger, *Wien 15. Dez. 1940, östr. Schauspielerin. - In den 1960er Jahren Sexidol des dt. Unterhaltungsfilms. Seit Anfang der 1970er Jahre differenzierte Charakterdarstellerin, v. a. in Filmen von R. W. Fassbinder; u. a. „Angst essen Seele auf" (1973). - *Weitere Filme:* Bomber und Paganini (1976), Flammende Herzen (1978), Im Himmel ist die Hölle los (1984).

V., Erich ['vaːlɛntiːn], *Straßburg 27. Nov. 1906, dt. Musikforscher. - Veröffentlichungen v. a. zu G. P. Telemann, H. Pfitzner, W. A. Mozart, L. van Beethoven sowie zur Instrumentenkunde.

V., Karl ['falɛntiːn], eigtl. Valentin Ludwig Fey, *München 4. Juni 1882, † ebd. 9. Febr. 1948, dt. Komiker und Schriftsteller. - Verfaßte Couplets, Monologe und kurze, [grotesk]-kom. Szenen von abstrakter, absurder Logik, z. T. voller beißender Ironie, die er zus. mit L. Karlstadt aufführte. Einfluß auf die Jugendarbeiten B. Brechts. Trat ab 1912 auch in [Kurz]filmen auf, besprach zahlr. Schallplatten.

V., Thomas ['vaːlɛntiːn], *Weilburg 13. Jan.

Karl Valentin (1937)

1922, † Lippstadt 22. Dez. 1980, dt. Schriftsteller. - Setzt sich in eindringl. gestalteten gesellschaftskrit. Romanen wie „Die Fahndung" (1962), Dramen und Erzählungen („Nachtzüge", 1964) mit Gegenwartsproblemen auseinander. - *Weitere Werke:* Hölle für Kinder (R., 1961), Die Unberatenen (R., 1963; Dr., 1965), Jugend einer Studienrätin (En., Ged., Fsp., 1974), Grabbes letzter Sommer (R., 1980), Niemandslicht (Ged., 1980).

Valentin de Boulogne (Boullongne) [frz. valãtɛ̃dbuˈlɔɲ], *Coulommiers (Seine-et-Marne) 1591 oder im Jan. 1594, † Rom 7. Aug. 1632, frz. Maler. - Lebte ab 1613 in Rom. Neben G. de La Tour der bedeutendste Vertreter der frz. Caravaggismus; Volksszenen, auch religiöse Szenen, u. a. „Dornenkrönung" (Alte Pinakothek, München), „Judith und Holofernes" (Valletta [Malta], Nationalmuseum), „Das Urteil Salomos" (Paris, Louvre). - Abb. S. 74.

Valentine (Valentina), weibl. Vorname (zu ↑ Valentin).

Valentinian (lat. Valentinianus), Name röm. Kaiser:

V. I. (Flavius Valentinianus), *Cibalae (= Vinkovci) 321, † Brigetio (Pannonien) 17. Nov. 375, Kaiser (seit 364). - Ernannte seinen Bruder Valens und 367 seinen Sohn Gratian zu Augusti; kämpfte als Kaiser des westl. Reichsteils ab 365 u. a. erfolgreich gegen die Alemannen; 368-370 Sicherung Britanniens bis zum Hadrianswall; ab Juni 375 zur Abwehr der Quaden in Pannonien. Gesetzgebung zur Erleichterung der Steuerlasten bes. für untere Schichten.

V. II. (Flavius Valentinianus), *Trier (?) 371, † Vienna (= Vienne) 15. Mai 392, Kaiser (seit 375). - Sohn von V. I.; unter Vormundschaft seines Stiefbruders Gratian zum Augustus für den mittleren Reichsteil erhoben; 387 Flucht vor Magnus Maximus nach Konstantinopel, 388 Rückführung durch Theodosius I.; durch Arbogast ermordet oder zum Selbstmord getrieben.

V. III. (Flavius Placidus Valentinianus),

*Ravenna 2. Juli 419, † Rom 16. März 455, Kaiser (seit 425). - Sohn von Konstantius III.; durch Theodosius II. 425 zum Augustus erhoben; Ausübung der Herrschaft durch seine Mutter Galla Placidia und Berater (u. a. Aetius); verteidigte das Reich in Gallien gegen Germanen und Hunnen; wurde nach eigenhändiger Tötung des nach dem Hunnensieg von 451 mächtigen Aetius von dessen Gefolgsleuten ermordet.

Valentinianer, christl. Sekte des Altertums, ben. nach dem Gnostiker Valentinos (* um 100, † um 160), die einen gemäßigten gnost. Dualismus vertrat; der Lehre von der Erlösung durch Gnosis fügten sie sakramentale Riten als Heilsmittel hinzu.

Valentinit [nach dem dt. Alchimisten B. Valentinus, 15.Jh.] (Antimonblüte, Weißspießglanz), rhomb., in säuligen Kristallen, häufig in faserigen Aggregaten vorkommendes, farbloses oder gelbl. Mineral, chem. Sb_2O_3; Verwitterungsprodukt antimonhaltiger Erze. Vorkommen im Harz, in Algerien, Bolivien und auf Sardinien. Mohshärte 2–3; Dichte 5,6–5,8 g/cm^3.

Valentino, Rudolph, eigtl. Rodolfo Guglielmi, * Castellaneta bei Tarent 6. Mai 1895, † New York 23. Aug. 1926, italien.-amerikan. Schauspieler. - Kam 1913 in die USA; ab 1918 in Hollywood, Star und Idol der Frauen in den 1920er Jahren, insbes. durch „Die vier apokalypt. Reiter" (1921), „Der Scheich" (1921), „Der Sohn des Scheichs" (1926).

Valentinstag [ˈvaːlɛntiːn] ↑ Valentin, hl.

Valenz [zu lat. valentia „Stärke"] (Wertigkeit), in der *Chemie* Bez. für das Mengenverhältnis, in dem sich ein Element mit einem anderen zu einer Verbindung umsetzt. Die *Valenzzahl* oder *stöchiometr. Wertigkeit* eines Elements gibt an, mit wievielen (einwertigen) Wasserstoffatomen sich ein Atom eines Elements verbinden kann.

◆ in der *Sprachwiss.* die semant.-syntakt. Eigenschaft des Verbs und anderer Prädikatsausdrücke, zur Bildung eines inhaltl. und syntakt. vollständigen Satzes eine bestimmte Zahl von Ergänzungsbestimmungen zu fordern. Nach der Zahl der Leerstellen unterscheidet man zwischen nullwertigen Verben, die keine inhaltl. Ergänzung zulassen (*Es regnet*), einwertigen Verben (*Das Kind schläft*), zweiwertigen Verben (*Hans liebt Grete; Das Buch liegt auf dem Tisch*) und dreiwertigen Verben (*Hans gibt Peter ein Buch; Grete legt das Buch auf den Tisch*).

◆ in der *Psychologie* svw. ↑ Aufforderungscharakter.

Valenzelektronen, die für chem. Reaktionen verfügbaren Elektronen eines Atoms, die sich in den unvollständig besetzten, äußeren Elektronenschalen befinden.

Valenzisomerie, bei organ. Verbindungen mit Einfach- und Doppelbindungen auftretende Isomerieform, bei der durch Umordnung der Sigma- und Pielektronen isomere Moleküle entstehen, die sich nur durch die Lage ihrer Bindungen unterscheiden.

Valenzstrichformel, svw. Strukturformel († chemische Formeln).

Valenztheorie, theoret. Begründung für die Entstehung von Molekülen und die Ausbildung chem. Bindungen. Nach der *elektrochem. Theorie* von J. J. von Berzelius (1811) sind Verbindungen aus Atomen oder Atomgruppen entgegengesetzter Ladung aufgebaut; durch Übertragung dieser Theorie auf die organ. Chemie entstand die *Radikaltheorie*, nach der bestimmte Atomgruppen, sog. Radikale, als Molekülbausteine angenommen wurden. Aufbauend auf dem von E. Frankland 1852 geprägten Begriff der Wertigkeit schufen 1854 A. S. Couper und A. Kekulé von Stradonitz die eigtl. V., wonach den Elementen bestimmte Wertigkeiten zukommen. Erweiterungen der V. waren die Annahme von Mehrfachbindungen, die Aufstellung der Ringformel des Benzols mit alternierenden Doppelbindungen durch A. Kekulé von Stradonitz (1865) sowie die Grundlegung der Stereochemie durch J. H. van't Hoff und J. A. Le Bel (1874). 1916 wurde von W. Kossel und G. N. Lewis die *Elektronentheorie der Valenz* (Valenzelektronentheorie) aufgestellt, wonach die Bindung der Atome untereinander durch Elektronenpaare (bei der Atombindung), durch Übertragung von Elektronen bzw. elektrostat. Wechselwirkung (bei der Ionenbindung) oder (bei Metallen) durch zw. den Atomrümpfen freibewegl. Elektronen zustandekommt. Diese Theorie wurde durch die Anwendung der Quantenmechanik auf die chem. Bindung ausgebaut (*quantenmechan. V.*). - ↑ auch chemische Bindung, ↑ Quantenchemie.

Valera, Eamon de [engl. də vəˈlɛərə], * New York 14. Okt. 1882, † Dublin 29. Aug. 1975, ir. Politiker. - Sohn eines Spaniers und einer Irin; lebte seit 1886 in Irland; engagierte sich seit 1913 in der ir. Freiheitsbewegung; kapitulierte beim Osteraufstand 1916 als letzter Kommandant in Dublin; von einem brit. Gericht zum Tode verurteilt, als amerikan. Staatsbürger begnadigt, 1917 freigelassen; erneut verhaftet und 1918 nach Großbrit. deportiert; floh 1919 in die USA, von wo er, 1919 zum Präs. der künftigen ir. Republik gewählt, 1921 nach Irland zurückkehrte; ab 1917 Präs. der Sinn Féin, lehnte als Führer von deren radikalem Flügel den von seinen Unterhändlern 1921 mit Großbrit. abgeschlossenen Vertrag über die Errichtung des ir. Freistaats im Rahmen des Commonwealth unter Abtrennung von Nordirland ab und trat 1922 als Präs. zurück; unterstützte im Bürgerkrieg die Republikaner, deshalb 1923/1924 von der Reg. Cosgrave inhaftiert. An der Spitze der von ihm gegr. Fianna Fáil, mit der er Irland schließl. auf der Grundlage

des Vertrages von 1921 zur vollen Unabhängigkeit führen wollte, gewann er 1932 die Wahlen und war danach bis 1948 sowie 1951–54 und 1957–59 Premiermin.; führte bis 1938 einen Wirtschaftskrieg mit Großbrit. und förderte den Aufbau einer eigenen ir. Ind.; erklärte beim Ausbruch des 2. Weltkrieges die Neutralität Irlands; verzichtete 1959 auf den Kabinettsvorsitz und die Führung der Fianna Fáil und wurde zum Präs. gewählt (bis 1973).
📖 *Dwyer, T. R.: E. de V. Dublin 1980. - Longford, F. P./O'Neill, T. P.: E. de V. Dublin; London; Boston (Mass.) 1970. - Schall, P.: E. de V. u. der Kampf Irlands um seine Freiheit. Kreuzweingarten 1964.*

Valera y Alcalá Galiano, Juan [span. ba'lera i alka'la ya'ljano], * Cabra (Prov. Córdoba) 18. Okt. 1824, † Madrid 18. April 1905, span. Schriftsteller. - Ab 1846 Diplomat. Mit „Pepita Jiménez" (1874) und „Die Illusionen des Doctor Faustino" (1875) Schöpfer des modernen span. Romans.

Valerian (Publius Licinius Valerianus), * um 190, † nach 259, röm. Kaiser (seit 253). - Als militär. Kommandant in Rätien 253 gegen Aemilianus zum Kaiser ausgerufen; übernahm nach Einsetzung seines Sohnes Gallienus als Mitregent den Krieg gegen die Perser, geriet aber 259 bei Edessa in Gefangenschaft Schapurs I., in der er starb.

Valeriana [mittellat.], svw. ↑Baldrian.
Valerianella [mittellat.], svw. ↑Feldsalat.
Valeriansäuren [mittellat./dt.] (Pentansäuren), die vier strukturisomeren, von den Pentanen abgeleiteten Carbonsäuren. Ester der ranzig riechenden, flüssigen *n-Valeriansäure (n-Pentansäure)*, $CH_3-(CH_2)_3-COOH$, und der aus der Baldrianwurzel gewonnenen, flüssigen *Isovaleriansäure (3-Methylbutansäure)*, $(CH_3)_2CH-CH_2-COOH$; werden als Parfümzusätze verwendet.

Valerie (Valeria), weibl. Vorname (zu ↑Valerius).

Valerius, männl. Vorname lat. Ursprungs, eigtl. „einer aus dem Geschlecht der Valerier" (zu lat. *valere* „kräftig, stark sein").

Valerius (Publius V. Poplicola [„Volksfreund"]), † 503 v. Chr., röm. Konsul (509–507, 504 nach traditioneller Datierung). - Nach der Sage an der Verschwörung gegen Tarquinius Superbus beteiligt; in seiner Amtszeit wurde der Krieg gegen Porsenna erfolgreich beendigt; für die Republik grundlegende Gesetze werden ihm zugeschrieben.

Valerius Flaccus, Gaius, † vor 95 n. Chr., röm. Epiker. - Zählt mit dem [unvollendeten] myth. Epos „Argonautica" zu den Nachklassikern der röm. Literatur, der in der Darstellung auch psycholog. Momente berücksichtigte.

Valéry, Paul Ambroise [frz. vale'ri], * Sète (Hérault) 30. Okt. 1871, † Paris 20. Juli 1945, frz. Dichter. - Bedeutendster frz. Lyriker des 20. Jh.; Schüler und Nachfolger S. Mallarmés; seit 1925 Mgl. der Académie française. Ab 1937 Prof. für Poetik am Collège de France. Wandte sich nach Anfängen mit symbolist. Lyrik in den 1890er Jahren und einer 20jährigen vornehml. philosoph. und mathemat. Studien gewidmeten Pause erst 1917 wieder der Dichtung zu („Die junge Parze", 1917; „Der Friedhof am Meer", 1920), für die ein von klassizist. Formenstrenge getragener und in äußerster geistiger Selbstdisziplin zu einer Poésie pure sublimierter Symbolismus kennzeichnend ist. Zahlr. Essays sind dem Problem der Dichtung und der Analyse des künstler. Bewußtseins gewidmet („Zur Theorie der Dichtkunst", 1938); auch zeitkrit. kulturphilosoph. Schriften („Die Krise des Geistes", dt. Auswahl 1956).

Valeska, weibl. Vorname (vermutl. poln. Bildung zu Valerie).

Valet [lat.], veraltet für: Lebwohl.

Valeurs [va'lø:rs; lat.-frz.], Tonwerte, feine Abstufungen einer oder mehrerer verwandter Farben innerhalb eines Bildes.

Valhöll, svw. ↑Walhall.

Valentin de Boulogne, Martyrium der Heiligen Processus und Martinianus (undatiert). Vatikanische Sammlungen

Vali † Wali.

Validität [lat.], die Gültigkeit eines wiss. Versuchs oder eines Meßverfahrens, insbes. eines † psychologischen Tests. Die V. gibt den Grad der Genauigkeit an, mit dem ein Verfahren das mißt, was es messen soll (z. B. ein Persönlichkeitsmerkmal oder eine Verhaltensweise).

Valier, Maximilian (gen. Max) [vali'e:], * Bozen 9. Febr. 1895, † (verunglückt bei Raketenversuchen) Berlin 17. Mai 1930, dt. Ingenieur und Schriftsteller östr. Herkunft. - V. lieferte bed. Beiträge zur Raketentechnik. Er konstruierte 1928 ein von Raketen getriebenes Auto, 1928/29 einen von Pulverraketen getriebenen Schlitten (unbemannt, 380 km/h).

Valin [Kw.] (2-Amino-3-methylbuttersäure), Abk. Val, eine essentielle Aminosäure.

Valkenauer, Hans ['fal...], * um 1448, † nach 1518, östr. Bildhauer. - Vertreter der spätgot. Plastik in Salzburg; zahlr. Grabdenkmäler; Statuen für ein monumentales Kaisergrabmal für den Speyrer Dom (1514 ff. im Auftrag Kaiser Maximilians I., Salzburg, Städt. Museum).

Valla, Lorenzo, auch L. della Valle, * Rom 1407, † ebd. 1. Aug. 1457, italien. Humanist. - Wies als Begründer der philolog.-histor. Quellenkritik die Konstantin. Schenkung als Fälschung nach.

Valladolid [span. baʎaðo'lið], span. Stadt in Altkastilien, 692 m ü. d. M., 330 200 E. Verwaltungssitz der Prov. V.; kath. Erzbischofssitz; Univ. (gegr. 1346); u. a. archäolog. Museum; Handelszentrum; Ind.standort. - Erste Erwähnung 1074 (der Name soll sich von dem arab. Belad-Ulid herleiten); seit der Mitte des 15. Jh. Residenz der kastil. Könige. V. war das Zentrum der span. Renaissance; es verlor seine Bed., als König Philipp II. 1560 Madrid zur Hauptstadt seines Reiches machte. - Unvollendete Kathedrale (1585 ff., nach Plänen von J. de Herrera), Klosterkirche San Pablo mit plateresker Fassade (1488–91 von Simon von Köln), zu dem Dominikanerkloster (gegr. 1276) gehört auch das Colegio de San Gregorio (1488–96), ebenfalls mit bed. plateresker Fassade; außerdem u. a. Colegio Mayor de Santa Cruz (1487–91), Haus von Cervantes, Kolumbusdenkmal; von Arkaden umgebene Plaza Mayor (16. Jh.).

Valle [italien. 'valle, span. 'baʎe, 'baje; zu lat. vallis „Tal"], italien. und span. svw. Tal.

Valle Central [span. 'baje sen'tral], intensiv landw. genutzte Senkungszone in zentralen Costa Rica, südl. der Cordillera Central.

V. C., Landschaft im mex. Staat † Chiapas.

Valle del Cauca [span. 'baje ðel 'kauka], Dep. in W-Kolumbien, 22 140 km², 2,8 Mill. E (1985), Hauptstadt Cali. Das Dep. erstreckt sich von der Zentralkordillere bis zur Küste.

Valledupar [span. bajeðu'par], Hauptstadt des Dep. Cesar in N-Kolumbien, 200 m ü. d. M., 197 000 E. Zentrum eines Agrargebiets.

Vallée, Jean de la [schwed. va'le:], * 1620, † Stockholm 9. März 1696, schwed. Baumeister frz. Herkunft. - Erbaute, v. a. vom röm. Barock beeinflußt, im wesentl. das Riddarhus (1674 vollendet) und 1656–95 die Katharinenkirche, beide in Stockholm.

Vallée [frz. va'le; zu lat. vallis „Tal"], frz. svw. Tal.

Vallée-Poussin, Charles de la (seit 1928) [frz. valepu'sɛ̃], * Löwen 14. Aug. 1866, † ebd. 2. März 1962, belg. Mathematiker. - Prof. in Löwen; grundlegende Arbeiten zur Zahlentheorie, Analysis, Potentialtheorie und analyt. Mechanik.

Valle-Inclán, Ramón María del [span. 'baʎeiŋ'klan], * Villanueva de Arosa (Prov. Pontevedra) 28. Okt. 1866, † Santiago de Compostela 5. Jan. 1936, span. Schriftsteller. - Originellster Vertreter des span. Modernismo, dessen Romane („Sommersonate", 1903), Gedichte und Dramen einens. Menschen seiner Heimat und aus Madrid darstellen. Gelangte in seinen sozialkrit.-satir. Theaterstücken, sog. Esperpentos, zu einer grotesken Verzerrung der Realität.

Vallejo [engl. və'lɛɪoʊ], Stadt in Kalifornien, USA, 40 km nnö. von San Francisco, 72 000 E. Akad. für Seefahrt; Bootsbau, Holzverarbeitung, Nahrungsmittelind.; Hafen. - Entstand Ende der 1840er Jahre; 1851–53 Hauptstadt von Kalifornien.

Vallenar [span. baje'nar], chilen. Stadt im Kleinen Norden, 370 m ü. d. M., 38 000 E. Zentrum eines Agrar- und Bergbaugebiets; Export von Erzen im nahegelegenen Hafen Huasco.

Vallendar ['faləndar], Stadt am unteren Mittelrhein, Rhld.-Pf., 109 m ü. d. M., 9 400 E. Theolog. Hochschule der Pallotiner; Wallfahrtsort, Heilbad und Luftkurort; Bimsstein- und Tongruben. - 836 erstmals genannt; 1856 Stadtrecht. - Barocker Wiltberger Hof (17. Jh.); Marienburg (Haus d'Ester, 1773) im frz.-klassizist. Stil; Gnadenkapelle in V.-Schönstatt.

Vallès, Jules [frz. va'lɛs], * Le Puy 11. Juni 1832, † Paris 14. Febr. 1885, frz. Journalist und Schriftsteller. - 1871 Mgl. der Kommune, leitete die Zeitung „Le cri du peuple"; bis 1880 im Exil in Großbrit. Kämpfte in Schriften und Romanen für den Sozialismus, gegen die bürgerl. Gesellschaft, gegen Krieg und Tyrannei; realist.-naturalist. ist die autobiograph.-sozialkrit. Romantrilogie „Vingtras' junge Leiden" (1879–1886; 1951 u. d. T. „Geschichte eines Insurgenten").

Valletta (amtl. il-Belt Valletta), Hauptstadt des Staates Malta, an der O-Küste der Insel Malta, 14 000 E. Sitz des Parlaments und des höchsten Gerichtshofes; kath. Erzbischofssitz; Univ. (gegr. 1592 als päpstl. Akad.),

Malta College of Arts, Science and Technology; Sovereign Order of St. John of Jerusalem (Johanniterorden); Observatorium; Nationalmuseum; Opernhaus; botan. Garten. Das Dienstleistungsgewerbe und der Hafen sind die wichtigsten Erwerbsquellen. - 1566 durch den Großmeister des Johanniterordens, J. P. de La Valette (* 1494, † 1568), nach dem V. ben. ist, als neue Hauptstadt der bis 1798 im Ordensbesitz befindl. Insel gegr., planmäßig auf schachbrettähnl. Grundriß angelegt und stark befestigt; ab 1798 kurzfristig frz., ab 1800 brit. besetzt, 1814 an Großbrit. (Kronkolonie Malta) und strateg. wichtiger brit. Flottenstützpunkt bis Mitte des 20. Jh.; im 2. Weltkrieg schweren italien. und dt. Luftangriffen ausgesetzt; seit 1964 Hauptstadt der unabhängigen Republik Malta. - Die bedeutendsten Bauwerke stammen aus dem 16. Jh., u. a. Kirche San Giovanni mit Großmeistergrabmälern und das Großmeisterhospital des Johanniterordens.

Vallin de la Mothe, Jean-Baptiste Michel [frz. valɛ̃dla'mɔt], * Angoulême 1729, † ebd. 7. Mai 1800, frz. Baumeister. - Schuf für Katharina II. zahlr. Bauten im Übergang vom Barock zum Klassizismus. Von prägendem Einfluß auf die Entwicklung der russ. Architektur. In Petersburg: Katharinenkirche (1763 ff.), Akad. der Künste (1764-72), Erste Eremitage für Katharina II. (1764-67).

Vallisneria (Vallisnerie) [nach dem italien. Botaniker A. Vallisnieri, * 1661, † 1730], svw. ↑ Wasserschraube.

Vallote (Vallota) [nach dem frz. Arzt und Botaniker A. Vallot, * 1594, † 1671], Gatt. der Amaryllisgewächse mit der einzigen Art *Vallota speciosa* im kapländ. Florenreich; Staude mit längl.-eiförmiger Zwiebel, linealförmigen Blättern und großen, scharlach- bis rosafarbenen, in einer Dolde stehenden Blüten; Zimmerpflanze.

Vallotton [frz. valɔ'tõ], Benjamin, * Gryon (Waadt) 10. Jan. 1877, † Sanary-sur-Mer (Var) 19. Mai 1962, schweizer. Schriftsteller. - Verf. humorvoller Romane [in frz. Sprache] über volkstüml. Typen, u. a. „Polizeikommissär Potterat" (1915), „Der Blitz schlägt ins Haus" (1943).

V., Félix, * Lausanne 28. Dez. 1865, † Paris 29. Dez. 1925, frz. Maler und Graphiker schweizer. Herkunft. - Ging 1882 nach Paris und schloß sich dort den Nabis an, Vertreter von Symbolismus und Art Nouveau (Jugendstil). Klare Flächen und Linien zeichnen seine häufig pessimist.-realist. Holzschnitte aus, die zugleich von großer dekorativer Wirkung sind.

Valmy [frz. val'mi], frz. Gem. 11 km östl. von Sainte-Menehould, Dep. Marne, 290 E. - Mit dem Artillerieduell bei V. am 20. Sept. 1792 (**Kanonade von Valmy**) im Verlauf des 1. Koalitionskrieges begann der siegreiche Vormarsch der frz. Revolutionstruppen zum Rhein. Goethe erlebte die Kanonade von V. mit, bekannt ist sein Ausspruch gegenüber preuß. Offizieren: „Von hier und heute geht eine neue Epoche der Weltgeschichte aus ..."

Valois [frz. va'lwa], Seitenlinie des frz. Königshauses der Kapetinger, die nach dem Aussterben der Kapetinger im Mannesstamm 1328 (Philipp VI.) zur Herrschaft gelangte, in direkter Linie bis 1498 und danach in den Linien des älteren Hauses Orléans bis 1589 regierte. Die V. haben die Auseinandersetzung mit England im Hundertjährigen Krieg erfolgreich bestanden, die Monarchie im Inneren gefestigt, die Krondomäne erheblich ausgeweitet und den zentralist. Ausbau des frz. Staates vorangetrieben. Der Ausgang der Dyn. stand im Zeichen der Hugenottenkriege.

Valois, Dame (seit 1947) Ninette de [engl. 'vælwa:], geb. Edris Stannus, verh. Connell, * Baltiboys (Grafschaft Wicklow) 6. Juni 1898, ir. Tänzerin und Choreographin. - 1923 Mgl. von Diaghilews Ballets Russes; eröffnete 1926 in London die Academy of Choreographic Art, gründete das Vic-Wells Ballet, aus dem das Sadler's Wells Ballet und das spätere ↑ Royal Ballet hervorging, das sie bis 1963 leitete.

Valoren [lat.] (Valeurs), allg. Wertgegenstände, Schmuck; im Bankverkehr früher gebräuchl. Bez. für alle Wertpapiere i. w. S. einschl. der Banknoten.

Valorismus [lat.] ↑ Geldschuld.

Valparaíso [span. balpara'iso], Hauptstadt der Region Aconcagua in Zentralchile, Hafen am Pazifik, 266 700 E. Bischofssitz; 2 Univ. (gegr. 1928 bzw. 1981), TU, hydrograph., ozeanograph., Goethe-Inst., dt. Schule, Marineakad.; naturhistor. Museum. Textil-, Bekleidungs-, Lederind., Gießereien, Fischkonservenfabriken, Werften. Der Hafen ist der größte an der W-Küste Südamerikas und Hauptimporthafen Chiles; Eisenbahnendpunkt, ✈. - Wohl entweder 1536 durch J. de Saavedra (* 1544) oder 1544 durch P. de Valdivia gegr.; 1578 von Sir Francis Drake, 1594 von Sir Richard Hawkins (* um 1560, † 1622) geplündert, 1600 von Niederländern eingenommen und zerstört; 1795 zur Stadt erhoben; zw. 1885 und 1916 wichtigster Hafen für den Salpeterhandel.

Valpolicella [italien. valpoli'tʃɛlla; nach dem gleichnamigen Tal (nw. von Verona)], frischer Rotwein aus 4 verschiedenen Traubensorten (Lombardei).

Valsalva-Versuch [nach dem italien. Anatomen A. Valsalva, * 1666, † 1723], Versuch, bei geschlossenem Mund und geschlossener Nase Luft durch die Ohrtrompete in die Paukenhöhle zu pressen; dient zur Prüfung der Durchgängigkeit der Ohrtrompete.
◆ Pressen nach tiefer Einatmung führt bei Schluckbewegungen zu Druckerhöhung im Brustkorb und normalerweise zu einer Verkleinerung des Herzens.

Valuta [italien.; zu lat. valere „gelten, wert sein"], eine fremde Währung; im zwischenstaatl. Geldhandel spricht man auch von Inlandsvaluta.
◆ im Sinne einer Valutierung die Wertstellung eines Postens auf dem Konto.

Valutageschäft (Geldwechselgeschäft), Umtausch von inländ. Geld in ausländ. und umgekehrt.

Valutakredit, an Inländer gegebener Kredit in ausländ. Währung; kommt insbes. im Rahmen der Außenhandelsfinanzierungen vor, wenn ein Kreditnehmer durch Vermittlung eines Kreditinstitutes bei einer ausländ. Bank einen Akzeptkredit erhält.

Valutapapiere, ausländ. oder auf fremde Währung lautende Wertpapiere.

Valuten, Kupons von Valutapapieren; auch Bez. für ausländ. Geldsorten (Banknoten und Münzen) im Ggs. zu Devisen.

Valutierung [lat.-italien.], svw. ↑ Wertstellung.

Valva (Mrz. Valvae) [lat.], in der *Anatomie* Bez. für klappenartige Schleimhautfalten zur Regulierung des Flüssigkeitstromes im Organismus; z. B. *V. aortae* (Aortenklappe).

Valvation [lat., zu valere „gelten"], seit dem Spät-MA gebräuchl. Ausdruck für die wegen des Realwertprinzips erforderl. Festlegung des Kurswertes umlaufender, bes. landfremder Münzen auf Grund von Münzproben.

Valverde, Vincente de [span. balˈβerðe], * Oropesa (Prov. Toledo) um 1500, † auf der Isla Puná im Nov. 1541 (1542?), span. kath. Theologe. - Dominikaner; ging 1532 mit F. Pizarro nach Peru; 1536 von Karl V. zum Bischof von Südamerika und „Protektor der Indios" ernannt. V. wurde in der Schlacht von Chupas von Indianern getötet; seine Aufzeichnungen bieten wichtiges Quellenmaterial für die Kolonialgeschichte Perus.

Valvula (Mrz. Valvulae) [lat.], in der *Anatomie* Bez. für kleinere, klappen- bzw. faltenartige Strukturen in Blut- und Lymphgefäßen oder in der Darmschleimhaut.

Vamp [vɛmp; engl., gekürzt aus Vampire], Frauentyp bes. des amerikan. Films: erot. anziehende, dabei kalt berechnende Frau, deren Typ insbes. durch Theda Bara (* 1890, † 1955) geprägt wurde.

Vampir [slaw.], Verstorbener, der nachts unverwest dem Grab entsteigt, um Lebenden das Blut auszusaugen. Die auf dem Glauben vom *lebenden Leichnam* basierende V.vorstellung entstammt dem südslaw., rumän. und griech. Volksglauben vom *Wiedergänger;* in Deutschland, etwa um 1720 zuerst belegt, sprachl. Variante zu **Blutsauger** oder **Nachzehrer.**

Vampire [slaw.] (Echte V., Desmodontidae), Fam. der Fledermäuse mit drei Arten, v. a. in trockenen Landschaften und feuchten Wäldern der amerikan. Tropen und Subtropen (von der südl. Grenze der USA bis nach Argentinien); Körperlänge 6,5–9 cm, ohne äußerl. sichtbaren Schwanz; fliegen aus den Tagesquartieren (Felshöhlen, auch hohle Bäume und unbewohnte Gebäude) erst bei völliger Dunkelheit aus; ernähren sich ausschließl. vom Blut von Säugetieren (v. a. Haustiere, selten auch Menschen) oder Vögeln; sie schneiden dabei an wenig oder unbehaarten Körperstellen mit ihren messerscharfen Schneide- und Eckzähnen (völlig schmerzlos) eine Wunde und lecken das ausfließende Blut auf; manchmal tritt längeres Nachbluten durch den gerinnungshemmenden Speichel der V. auf. V. können gefährl. [Haustier]krankheiten (z. B. auch Tollwut) übertragen. - Am bekanntesten ist der **Gemeine Vampir** (Desmodus rotundus).

Vampirfilm ↑ Horrorfilm.

Vampirroman, Spät- und Sonderform der Gatt. Schauerroman. Hauptwerk und den Prototyp der Gatt. schuf B. Stoker mit dem Roman „Dracula" (1897), der zahlr. Bearbeitungen und Nachahmungen fand.

Van, türk. Stadt in Ostanatolien, nahe dem O-Ufer des Vansees, 1 725 m ü. d. M., 121 300 E. Hauptstadt des Verw.-Geb. V., landw. Handelszentrum; Zementfabrik; Eisenbahnstation, ✈. - Das heutige V. ist eine in den 1920er Jahren modern angelegte Stadt in einer Oase, von der Altstadt stehen nur noch 2 Moscheen. - Auf dem Felsen von V. am Ufer des Sees lag die ältere Residenzburg der Könige von Urartu mit Namen *Tuschpa (Turuschpa),* mächtige Reste (Mauern, Tunnel) der Burg Sardurs I. Auf einem anderen Felsen *(Toprakkale),* etwa 5 km östl. von Van, lag die jüngere Residenz *Rusachinili* (Ende des 8. Jh. v. Chr.), Ruinen der Burg mit kleinem Tempel des Chaldi (Hauptgott der Urartäer); Funde zahlr. Metallarbeiten.

Vanadin, svw. ↑ Vanadium.

Vanadinit (Vanadinbleierz), gelbes, braunes oder orangerotes, in kurzsäuligen oder spitzpyramidalen Kristallen oder in derben Massen vorkommendes Mineral, chem. $Pb_5Cl(VO_4)_3$; wird v. a. in der Oxidationszo-

Vanadinit
(Fundort: Mibladen, Marokko)

ne von Bleierzlagerstätten gebildet, wichtiges Vanadiumerz. Vorkommen in Südwestafrika und Argentinien. Mohshärte 3; Dichte 6,8–7,1 g/cm³.

Vanadium (Vanadin) [nach dem Beinamen Vanadis der altnord. Göttin Freya], chem. Symbol V; metall. Element aus der V. Nebengruppe des Periodensystems der chem. Elemente, Ordnungszahl 23, mittlere Atommasse 50,942, Dichte 6,11 g/cm³, Schmelzpunkt etwa 1 890 ± 10 °C, Siedepunkt 3 380 °C. V. ist ein graues, chem. beständiges Metall, das nur von oxidierenden Säuren angegriffen wird. Die wichtigste Sauerstoffverbindung des V. ist das *V.pentoxid* (Vanadium(V)-oxid), V_2O_5, ein orangegelbes bis rotes Pulver, das u. a. als Katalysator bei verschiedenen Synthesen verwendet wird. In seinen Verbindungen tritt V. meist fünf-, seltener zwei-, drei- und vierwertig auf. In der Erdkruste ist es zu 0,014 Gew.-% enthalten und steht in der Häufigkeitsliste der chem. Elemente an 23. Stelle. V. kommt meist als Begleitmetall in Eisen-, Blei-, Chrom- und Zinkerzen vor; reine V.minerale sind selten. Bei der Verarbeitung vanadiumhaltiger Eisenerze im Hochofen kann V. aus der Schlacke durch Rösten mit Soda, Überführen in V.pentoxid und anschließende Reduktion mit Calcium oder Aluminium gewonnen werden. Reines V. hat nur geringe techn. Bedeutung; wichtig ist das aus V.pentoxid und Eisenoxid durch Aluminium oder Silicium reduzierte **Ferrovanadium**, das zur Herstellung harter, zäher, schwingungs- und hitzebeständiger Stähle (**Vanadiumstähle**) dient. - V. wurde 1801 von dem mex. Mineralogen A. M. del Rio in einem Bleierz entdeckt.

Van Allen, James Alfred [engl. væn 'ælɪn], * Mount Pleasant (Iowa) 7. Sept. 1914, amerikan. Physiker. - Prof. in Iowa City; entdeckte bei den von ihm im Rahmen des Internat. Geophysikal. Jahrs geleiteten Experimenten mit künstl. Erdsatelliten der Explorer-Serie (ab 1958) die später nach ihm ben. Strahlungsgürtel der Erde, für deren Entstehung er auch die theoret. Deutung lieferte.

Van-Allen-Gürtel [engl. væn 'ælɪn; nach J. A. Van Allen], zwei Strahlungsgürtel der Erde, als Zonen ionisierender Strahlung hoher Intensität 1958 mit Satelliten entdeckt (↑ Explorer). Die V.-A.-G. sind rotationssymmetr. zur magnet. Erdachse und nahezu spiegelsymmetr. zur magnet. Äquatorialebene. Im V.-A.-G. werden elektr. geladene Teilchen vom Erdmagnetfeld eingefangen und gespeichert (Verweilzeiten bis zu mehreren Jahren). Die Protonen und Elektronen des inneren V.-A.-G. sind Zerfallsprodukte von aus der Atmosphäre rückgestreuten freien und daher instabilen Neutronen (sog. *Albedoneutronen*). Der äußere V.-A.-G. fluktuiert mit der Sonnenaktivität. Er besteht aus Protonen und Elektronen, die bereits in relativ hoher Dichte in der Ionosphäre vorhanden sind und erst durch die Schwankungen des Erdmagnetfeldes (infolge von der Sonne ausgestoßener Plasmaströme) beschleunigt werden. - Abb. Bd. 13, S. 314.

Van Buren, Martin [engl. væn 'bjʊərən], * Kinderhook (N. Y.) 5. Dez. 1782, † ebd. 24. Juli 1862, 8. Präs. der USA (1837–41). - Anwalt; baute den demokrat. Parteiapparat in New York auf, 1821–28 Senator, 1829 Gouverneur von New York, 1829–31 Außenmin., 1833–37 Vizepräsident. V. B. galt als einer der Hauptverfechter des ↑ Spoils system.

Vance, Cyrus Roberts [engl. væns], * Clarksburg (W. Va.) 27. März 1917, amerikan. Politiker. - 1957–60 militär. Berater des Senats; 1962–64 Heeresmin.; 1964–67 stellv. Verteidigungsmin.; 1967–69 Sonderbotschafter des amerikan. Präs., u. a. bei den ergebnislosen Vietnam-Friedensverhandlungen in Paris; danach in der Leitung mehrerer Großunternehmen; Jan. 1977–Mai 1980 Außenminister.

Vancouver [engl. væn'kuːvə], Stadt am Columbia River, im SW des Bundesstaats Washington, USA, 42 800 E. Chem., Papierind., Aluminiumschmelze, Obst- und Fischkonservenherstellung; Flußhafen. - Entstand um die 1824 errichtete Handelsstation Fort Vancouver; seit 1857 City. - Das histor. Fort ist heute Nationaldenkmal.

V., kanad. Hafenstadt am Pazifik, 414 300 E. Metropolitan Area 1,33 Mill. E. Sitz eines kath. Erzbischofs und eines anglikan. Bischofs; Univ. (gegr. 1908), 5 theolog. Seminare; Kunstgalerie, Stadt-, Schiffahrts-, geolog., anthropolog. Museum; V. International Festival; Wirtschaftszentrum des zum Pazifik orientierten äußersten W von Kanada. Nahrungsmittelind., holzverarbeitende Betriebe, Metallverarbeitung, Maschinenbau, Erdölraffinerien. Der Hafen ist der größte an der kanad. Pazifikküste und der zweitwichtigste Kanadas. Fährverkehr nach Victoria und Nanaimo auf V. Island. 1 517 m lange Hängebrücke über den Burrard Inlet nach West V.; internat. ✈. - Seit etwa 1865 besiedelt, seit 1886 City.

Vancouver Island [engl. væn'kuːvə 'aɪlənd], kanad. Insel im Pazifik, vor dem Festland von British Columbia und der Olympic Peninsula des Bundesstaates Washington, USA, 440 km NW–SO-Erstreckung, bis 130 km breit, mit 31 284 km² die größte Insel vor der W-Küste Nordamerikas, bis 2 200 m hoch; wichtigste Stadt ist Victoria, die Hauptstadt von British Columbia. - Um 1775 im Auftrag des Vizekönigs von Mexiko erstmals erforscht; 1778 landete J. Cook am Nootka Sound, wo Spanier 1789 die erste Dauersiedlung anlegten, was zum Krieg zw. Spanien und Großbrit. führte; die Briten übernahmen die span. Siedlungen. 1849 wurde V. I. Kronkolonie, 1866 mit British Columbia vereinigt, das 1871 dem Dominion Kanada als Prov. eingegliedert wurde.

Vančura, Vladislav [tschech. ˈvantʃura], * Háj bei Opava 23. Juni 1891, † Prag 1. Juni 1942 (hingerichtet), tschech. Schriftsteller. - Arzt; gehört zu den bedeutendsten tschech. Prosaschriftstellern zw. den beiden Weltkriegen. Behandelte in seinen Romanen das Leben von Außenseitern („Der Bäcker Jan Marhoul", 1924), Antikriegsstoffe sowie aktuelle nat. und histor. Themen („Marketa und Miklas", R., 1931).

Vandalen (lat. Vandali; Wandalen), ostgerman. Volk; wohl aus N-Jütland oder M-Schweden; um die Zeit vor Christi Geburt im Besitz M-Schlesiens (ben. nach dem Stamm der Silingen), der Stamm der Hasdingen seit der 2. Hälfte des 2. Jh. n. Chr. nördl. von Dakien nachweisbar. 406 stießen Hasdingen und Silingen unter Gunderich (406–428) zus. mit Sweben und Resten der Alanen nach Gallien vor. Nach Aufenthalt in Spanien (ab 409) und teilweiser Vernichtung (418, 422) durch die Westgoten führte Geiserich (428–477) 429 V. und Alanen nach N-Afrika (435 Föderatenvertrag mit Rom). Geiserichs Reich umfaßte neben ehem. röm. Gebieten N-Afrikas die Inseln des westl. Mittelmeeres einschl. W-Sizilien (Juni 455 vierzehntägige Plünderung Roms). Die Absetzung des byzantinfreundl. Hilderich (523–530) durch Gelimer (ab 530) löste die byzantin. Landung (533) unter Belisar und die Vernichtung des V.reiches (534) aus.
📖 *Pischel, B.:* Kulturgesch. u. Volkskunst der Wandalen. Ffm. 1980. - *Schreiber, H.:* Die V. Mchn. u. Bern 1979.

Vandalismus (frz. vandalisme), 1794 von H. Grégoire geprägter Begriff zur Bez. barbar., blinder Zerstörungswut; das Wort nimmt Bezug auf die Plünderung Roms durch die Vandalen (455).

van de Graaff, Robert Jemison [engl. ˈvændəgræf], * Tuscaloosa (Ala.) 20. Dez. 1901, † Boston 16. Jan. 1967, amerikan. Physiker. - 1931–60 am Massachusetts Institute of Technology in Cambridge tätig. 1929 entwickelte er den nach ihm ben. elektrostat. Generator zur Hochspannungserzeugung (↑ Bandgenerator) und widmete sich später vorwiegend der Weiterentwicklung und Anwendung dieses v. a. zur Beschleunigung geladener Teilchen dienenden Systems.

Vandenberg Air Force Base [engl. ˈvændənbəːg ˈɛə fɔːs ˈbeɪs], Raketenstartgelände der amerikan. Luftstreitkräfte an der kaliforn. Küste, 200 km nw. von Los Angeles.

Vandenhoeck & Ruprecht [ˈfandənhuːk] ↑ Verlage (Übersicht).

Vanderbijlpark (Afrikaans fandərˈbɛjlpark], Stadt in S-Transvaal, Republik Südafrika, 79 000 E. Außenabteilung der Univ. Potchefstroom; Zentrum der südafrikan. Eisen- und Stahlindustrie. - 1942 gegründet; planmäßig ausgebaut; seit 1952 Stadt.

Van der Meersch, Maxence [frz. vãdɛrˈmɛrʃ], eigtl. M. Vandermeersch, * Roubaix 4. Mai 1907, † Le Touquet-Paris-Plage 14. Jan. 1951, frz. Schriftsteller. - Verf. naturalist. Romane und Erzählungen, die meist im nordfrz. Industriegebiet spielen; u. a. der Arztroman „Leib und Seele" (1943); vertrat zunächst marxist., später christl. Sozialideen. - *Weitere Werke:* Sein Vermächtnis (R., 1936), Die kleine Heilige (R., 1947).

Vandervelde, Émile [niederl. vandərˈvɛldə], * Ixelles 25. Jan. 1866, † Brüssel 27. Dez. 1938, belg. sozialist. Politiker. - Parteiführer der belg. Arbeiterpartei; seit 1894 Abg.; 1900–14 Präs. der 2. Internationale; 1914 Staatsmin., 1916/17 Kriegs-, 1917/18 Innen-, 1919–21 Justizmin. (Reform des Strafvollzugs); unterzeichnete als Außenmin. 1925–27 den Locarnopakt; 1935/36 Min. ohne Portefeuille, 1936/37 Gesundheitsmin.; 1929–36 Präs. der Sozialist. Arbeiter-Internationale.

Van-der-Waals-Kräfte [niederl. vandərˈwaːls; nach J. D. van der Waals], zw. den Gitterbausteinen von Molekülkristallen und zw. Gasmolekülen wirkende, auf gegenseitiger Polarisation der Dipolmomenten beruhende Anziehungskräfte. - ↑ auch Molekularkräfte.

Van-der-Waalssche Zustandsgleichung [niederl. vandərˈwaːls; nach J. D. van der Waals] ↑ Zustandsgleichung.

van der Waerden, Bartel Leendert [niederl. vandərˈwaːrdə] ↑ Waerden, Bartel (Leendert) van der.

Vane, John Robert [engl. veɪn], * Tardebigg (Worcestershire) 29. März 1927, brit. Pharmakologe. - Erhielt für die Entdeckung und Erforschung der mit den Prostaglandinen verwandten Prostazykline 1982 den Nobelpreis für Physiologie oder Medizin (zus. mit S. Bergström und B. Samuelsson).

Vanen ↑ Wanen.

Vänersborg [schwed. vɛːnərsˈbɔrj], Hauptstadt der schwed. Verw.-Geb. Älvsborg, am SW-Ende des Vänersees, 35 500 E. Museum; Herstellung von Schuhen, Elektrogeräten, Damenbekleidung. - Gegr. 1664.

Vänersee (schwed. Vänern), See im westl. Mittelschweden, 5 585 km², bis 92 m tief, 44 m ü. d. M., größter Zufluß ist der Klarälv; Abfluß durch den Götaälv. Der V. ist reguliert, sein Wasserstand kann um 1,7 m verändert werden. Er kann über den Trollhättekanal von Seeschiffen bis zu 3 000 BRT erreicht werden.

Vanessa, aus dem Engl. übernommener weibl. Vorname (nach „Cadenus und Vanessa" von J. Swift).

Vanessa, mit zahlr. Arten weltweit verbreitete Gatt. der Tagschmetterlinge (Fam. Edelfalter), davon in M-Europa als einzige Arten ↑ Admiral und ↑ Distelfalter.

Vanguard [engl. ˈvæŋgɑːd; eigtl. „Vorhut"], Name einer Serie amerikan. Meßsatelliten im Rahmen des Geophysikal. Jahres (1957/58).

Vaňhal, Jan Křtitel [tschech. 'vanjhal], dt. Johann Baptist Vanhal, * Nechanice (Ostböhm. Gebiet) 12. Mai 1739, † Wien 20. Aug. 1813, tschech. Komponist. - Mit mehr als 100 Sinfonien, die von der tschech. Volksmusik geprägt sind, gilt er als bed. Vorläufer der klass. Wiener Sinfonik; daneben 2 Opern, Konzerte, etwa 100 Streichquartette u. a. Kammer- sowie Klaviermusik und zahlr. Kirchenmusikwerke.

Vanille (Vanilla) [va'nɪljə, va'nɪlə; span., eigtl. „kleine Scheide, kleine Schote" (zu lat. vagina „Scheide")], Gatt. der Orchideen mit rd. 100 Arten im trop. Amerika, in W-Afrika, auf Malakka und Borneo; Lianen mit Luftwurzeln, fleischigen Blättern, in Trauben stehenden Blüten und schotenähnl. Kapselfrüchten. Die wirtsch. wichtigste Art ist die im trop. Amerika heim., in den gesamten Tropen kultivierte **Gewürzvanille** (Echte V., Vanilla planifolia) mit bis 25 cm langen, ellipt. Blättern und gelblichweißen, duftenden Blüten. Die zu Beginn der Reife geernteten, bis 30 cm langen Früchte liefern die ↑Vanillestangen (*Bourbon-* und *Mexiko-V.*). Die ebenfalls in den Küstenwäldern des trop. Amerika vorkommende, v. a. auf Tahiti angepflanzte *Pompon-V.* (Vanilla pompona) liefert ↑Vanillons (*Tahitivanille*).

Geschichte: Die Azteken verwendeten die V. zum Würzen von Kakaobrei. Durch die Spanier wurde die V. Ende des 16. Jh. in Europa bekannt, wo sie ebenfalls bei der Kakao- und Schokoladenbereitung verwendet wurde. Der Inhaltsstoff Vanillin wurde 1874 synthetisiert, worauf der Anbau von V. stark zurückging.

Vanillestangen (Vanilleschoten) [va-'nɪljə, va'nɪlə], die glänzend schwarzbraunen, durch Trocknungs- und Fermentierungsprozesse eingeschrumpften Fruchtkapseln der Gewürzvanille. Die V. enthalten Vanillin, Vanillinalkohol, Zimtsäureester und verschiedene Mono- und Disaccharide. Sie werden als Gewürz für Süßspeisen und zur Gewinnung von Duftstoffen in der Parfümerie verwendet.

Vanillin (Vanillinaldehyd, 4-Hydroxy-3-methoxy-benzaldehyd), in äther. Ölen zahlr. Pflanzen, v. a. in den Kapselfrüchten von Vanillearten enthaltener aromat., farbloser, kristalliner Aldehyd, der durch Wasserdampfdestillation, heute aber meist synthet. aus dem bei der Zellstoffproduktion anfallenden Lignin gewonnen und als Geruchs- und Geschmacksstoff in der Lebensmittelind. sowie in der Parfümind. verwendet wird. Chem. Strukturformel:

Vanillons [frz. vani'jõ; lat.-span.-frz.], Früchte verschiedener Vanillearten, v. a. der Pomponvanille; die Aromastoffe sind durch Beimischung von Piperonal und Anisalkohol weniger wertvoll als die der Vanillestangen. Die V. finden v. a. in der Parfümind. Verwendung.

Vanitas [lat. „Leere, Wahn, Eitelkeit"], die Vergänglichkeit alles Irdischen, Thema abendländ. Dichtung und bildender Kunst, in der sich eine **Vanitassymbolik** herausbildete. Im MA v. a. figürl. Darstellungen wie „Frau Welt", ↑Totentanz, Lebensalter, dazu kommen im 16. Jh. Tod und Mädchen, Liebespaar und Tod, Personifikationen der V. als Frau mit Spiegel (V. bild.). Der Totenkopf als wichtigstes **Vanitasattribut** tritt seit dem 15. Jh. in Zusammenhang mit Bildnissen auf, seit dem 17. Jh. bildet sich mit weiteren Attributen wie Stundenglas, Kerze, Kugel, Briefen, Blumen usw. v. a. in der niederl. Kunst ein eigener Typus des Stillebens aus.

Vannes [frz. van], frz. Stadt an der S-Küste der Bretagne, 42 000 E. Verwaltungssitz des Dep. Morbihan; kath. Bischofssitz; Kunst-, vorgeschichtl. und naturwiss. Museum; metallverarbeitende, Textil-, Reifen- und Nahrungsmittelind.; Hafen. - Hauptort der kelt. Veneter (**Darioritum**); wurde im 5. Jh. Bischofssitz und Hauptort einer Gft., die 990 zur Domäne des Herzogs der Bretagne kam;

Georges Vantongerloo, Rapport des Volumens (1919)

im späten MA Residenz der breton. Herzöge; seit dem 13. Jh. häufig Versammlungsort der breton. Stände, die hier 1532 die Vereinigung des Hzgt. mit Frankr. beschlossen. - Kathedrale (13., 15./16. und 18. Jh.); zahlr. Häuser des 16. Jh.; Reste der Stadtbefestigung (13.-17. Jh.); got. ehem. Haus der breton. Ständeversammlung (15. Jh.).

Vanoise [frz. va'nwa:z], Gebirgsmassiv in den frz. N-Alpen, zw. den Talschaften Tarentaise und Maurienne, bis 3852 m hoch, z. T. vergletschert; 53000 ha sind Nationalpark.

Vansee, abflußloser See in Ostanatolien, 1648 m ü. d. M., 3574 km², maximal 451 m tief, Salzgehalt 21,6‰, mit 8,7‰ Soda größter Sodasee der Erde. Süßwasserfauna kann nur an der Mündung der Flüsse leben, einzige Fischart ist die Ukeleivarietät Alburnus tarihi. Eisenbahnfähre zw. Tatvan am W- und Van İskelesi am O-Ufer (Teil der Fernverbindung Europa-Iran). Im S liegt die Insel ↑ Ahtamar.

Vansittart, Robert Gilbert, Baron (seit 1941) [engl. væn'sɪtət], * Farnham 25. Juni 1881, † Denham (Buckinghamshire) 14. Febr. 1957, brit. Diplomat. - Ab 1930 ständiger Unterstaatssekretär im Außenministerium; forderte eine rigorose antidt. Politik (**Vansittartismus**) und warnte die brit. Reg. vor dem NS-Regime; 1938-41 auf den einflußlosen Posten eines diplomat. Beraters der Reg. abgeschoben.

van 't Hoff, Jacobus Henricus [niederl. vɑnt'hɔf] ↑ Hoff, Jacobus Henricus van 't.

Van-'t-Hoffsches Gesetz [niederl. vɑnt'hɔf; nach J. H. van 't Hoff] ↑ Osmose.

Vantongerloo, Georges [niederl. vɑn'tɔŋərlo:], * Antwerpen 24. Nov. 1886, † Paris 6. Okt. 1965, belg. Bildhauer und Maler. - Mgl. der ↑ Stijl-Gruppe. Lebte ab 1919 in Frankr., Mitbegr. der Gruppe ↑ Abstraction-Création. Vertreter der geometr. Abstraktion, z. T. unter Verwendung mathemat. Gleichungen.

Vanua Levu [engl. və'nu:ə 'lɛvu:], mit 5535 km² zweitgrößte der ↑ Fidschiinseln.

Vanuatu

[engl. vanju'ɛɪtu:], Republik im sw. Pazifik, zw. 13° und 21° s. Br. sowie 166° und 171° ö. L. **Staatsgebiet:** Umfaßt die Neuen Hebriden. **Fläche:** 14763 km². **Bevölkerung:** 130000 E (1984), 8,8 E/km². **Hauptstadt:** Vila (auf Efate). **Verwaltungsgliederung:** 4 Distr. **Amtssprachen:** Bislama, Englisch und Französisch. **Währung:** Vatu (VT). **Internationale Mitgliedschaften:** UN, Commonwealth, der EWG assoziiert (AKP-Staat). **Zeitzone:** Südseezeit, d. i. MEZ +10 Stunden.

Landesnatur: Die Neuen Hebriden bestehen fast ausschließl. aus gebirgigen, von Korallenriffen gesäumten Vulkaninseln, z. T. mit Plateaucharakter, z. T. mit noch aktiven Vulkanen.

Klima: Abgesehen von den südlichsten Inseln mit trockenen Wintern herrscht trop. Regenklima.

Vegetation: Dem Klima entsprechend sind im N trop. Regenwald, im S Trockenwälder und Savannen verbreitet.

Bevölkerung: Die überwiegend christl. Bev. setzt sich aus Melanesiern (rd. 93%), Polynesiern und Mikronesiern, Europäern u. a. Minderheiten zusammen.

Wirtschaft: Hauptwirtschaftszweig ist die Kopragewinnung, daneben Kaffee- und Kakaoplantagen. Der Anbau von Jams, Taro, Gemüse, Süßkartoffeln und Maniok im Brandrodungsfeldbau dient der Eigenversorgung. Gehalten werden Fleischrinder, Schweine, Ziegen und Schafe; Fischerei; auf Efate Manganerzabbau; Fremdenverkehr.

Außenhandel: Ausgeführt werden Kopra, Fleisch und Fleischwaren, Manganerz, Kakao, Kaffee, Fisch, eingeführt Nahrungsmittel, Bau- und Brennstoffe, Textilien, Maschinen und Fahrzeuge. Die wichtigsten Partner sind Australien, Frankr., Japan und Neuseeland.

Verkehr: Das Straßennetz ist 1062 km lang. Überseehäfen sind Vila (auf Efate) und Luganville (auf Espiritu Santo). Der Verkehr zw. den Inseln wird mit Motor- und Segelbooten sowie Flügen der Air Melanesia durchgeführt. 3 ausländ. Fluggesellschaften fliegen den internat. ✈ auf Efate an.

Geschichte: Mitte 1977 einigten sich Frankr. und Großbrit. darauf, die Neuen Hebriden 1980 in die Unabhängigkeit zu entlassen, am 19. Sept. 1979 wurde die Verfassung der unabhängigen Republik V. von der 1978 gebildeten Allparteienregierung der Neuen Hebriden und Vertretern der beiden Kolonialmächte gebilligt. Als aus den folgenden Wahlen (Nov. 1979) die Unser-Land-Partei (Vanuaaku Pati) als Siegerin hervorgegangen war und eine Reg. nur aus Mgl. dieser Partei unter dem anglikan. Pfarrer W. H. Lini gebildet worden war, kam es im Mai 1980 nach Unruhen zu einem Sezessionsversuch der Insel Espiritu Santo. Die beiden Kolonialmächte einigten sich erst Ende Juni 1980 auf ein gemeinsames Vorgehen. Nachdem sich die Sezessionisten vor den brit.-frz. Einheiten in den Dschungel zurückgezogen hatten, wurde V. am 30. Juli unter dem Präs. A. G. Kalkoa unabhängig. Mitte Aug. 1980 wurden die brit.-frz. Truppen aus V. abgezogen und auf Grund eines Verteidigungsabkommens mit Papua-Neuguinea durch Einheiten dieses Landes und durch austral. Militärberater ersetzt. Anfang 1981 entstanden diplomat. Differenzen zw. V. und Frankr., die jedoch im März 1981 mit der Unterzeichnung von Kooperationsabkommen zwischen beiden Ländern beigelegt wurden. Gemeinsam mit den Reg. der Salomonen und Papua-Neuguineas gründete V. eine panmelanes. polit. Union; im März 1988 unterzeichneten die Reg.chefs ein Abkommen über die Grundsätze einer engeren Zusammenarbeit.

Politisches System: Nach der Verfassung von 1979 ist V. eine parlamentar. Republik. *Staatsoberhaupt* ist der Präs. Die *Exekutive* liegt bei der Reg., die dem Parlament verantwortl. ist, die *Legislative* beim Einkammerparlament (39 Mgl.), neben dem ein Rat der Häuptlinge beratende Funktion hat. Wichtigste *Parteien* sind die regierende, 1972 gegr. Unser-Land-Partei (Vanuaaku Pati), in Opposition steht die Union of Moderate Parties. Hinsichtl. der *Verwaltung* bestehen für die Inseln Espiritu Santo und Tana eigene Regionalräte. Eigene *Streitkräfte* besitzt V. nicht.

Van Vleck, John Hasbrouck [engl. væn 'vlɛk], * Middletown (Conn.) 13. März 1899, † Cambridge (Mass.) 27. Okt. 1980, amerikan. Physiker. - Prof. in Minneapolis, Madison und an der Harvard University. V. V. war wesentl. an der Entwicklung der Quantentheorie der magnet. Suszeptibilität und des Magnetismus beteiligt. Nobelpreis für Physik 1977 (zus. mit P. W. Anderson und Sir N. F. Mott).

Vaquero [va'ke:ro; span., zu lat. vacca „Kuh"], Kuhhirte, Viehtreiber, ↑Cowboy.

Var [frz. va:r], Dep. in Frankreich.

V., Zufluß des Mittelländ. Meeres, entspringt in den Meeralpen, mündet bei Saint-Laurent-du-V., 120 km lang; mehrere Kraftwerke.

VAR, Abk. für: ↑ Vereinigte Arabische Republik.

var., in der Botanik Abk. für: **var**ietas (Varietät; ↑Abart).

Varanasi (früher Benares), ind. Stadt am linken Ufer des Ganges, Bundesstaat Uttar Pradesh, 82 m ü. d. M., 708 000 E. Sanskrit-Univ. (gegr. 1958), Hindu-Univ. (gegr. 1916); archäolog. Museum. Bedeutendster Pilgerort der Hindus (über 1500 Tempel und Kultstätten); 6 km des Gangesufers sind hl. Land, 47 hundertstufige Steintreppen („ghats") führen zum Fluß hinab. Wichtigster Ind.zweig ist das Textilind., ferner Bau von Elektrolokomotiven, aluminiumverarbeitende, chem., Papier-, Glas- und Tabakind.; bed. Kunsthandwerk. V. ist das Verkehrszentrum der mittleren Gangesebene; Brücke über den Ganges; ⚒. - Seit der 1. Hälfte des 1. Jt. v. Chr. archäolog. nachweisbar; geriet im späten 12. Jh. unter muslim. Herrschaft, unter der nur wenige der alten Tempel zerstört; 1781 von den Briten erobert.

Varangerfjord [norweg. va'raŋərfju:r], von der Barentssee ausgehender größter Fjord Norwegens, verläuft südl. der Varangerhalbinsel, 118 km lang.

Varangerhalbinsel, Halbinsel im äußersten NO Norwegens, vom Tanafjord im W und dem Varangerfjord im S begrenzt. Das Innere ist eine plateauartige Gebirgseinöde mit weiten, oft versumpften Tälern und spärl. Vegetation (Renweide).

Varaždin [serbokroat. va,raʒdi:n], jugoslaw. Stadt an der Drau, 173 m ü. d. M., 34 000 E. Gemäldegalerie, Theater; Hauptort Zagoriens. - 1181 erstmals erwähnt; ab 1209 königl.-ungar. Freistadt (Rechte 1220 erneuert); teilte seit dem MA die Geschichte Kroatiens. - Burg (13. Jh.; mit Museum); barocke Bauten, u. a. Jesuitenkirche, Franziskanerkloster mit Kirche und Päläste.

Varaždinske Toplice [serbokroat. va,raʒdi:nskɛ: ˌtɔplitsɛ], jugoslaw. Heilbad 15 km ssw. von Varaždin, rd. 2 000 E. Trink- und Badekuren bei Gelenk- und Muskelkrankheiten, Frauen- und Nervenleiden. - Bereits zur Römerzeit als **Aquae Jasae** bekannter Badeort. - Ausgrabungen röm. Thermen mit Mosaiken.

Vardar, Hauptfluß Makedoniens, entspringt sw. von Gostivar (Jugoslawien), mündet westl. von Saloniki (Griechenland) in den Thermaischen Golf des Ägäischen Meeres, 420 km lang. Über die niedrige Wasserscheide (460 m ü. d. M.) zw. dem linken Nebenfluß Pčinja und dem Moravanebenfluß Moravica verläuft die bedeutendste Verkehrsleitlinie der Balkanhalbinsel, die *Morava-V.-Furche*, ihr folgen die Europastraße 5 und die Bahnlinie von Mitteleuropa nach Griechenland.

Vardø [norweg. ˌvardø], östlichste Stadt Norwegens auf der Insel **Vardøy** (3,7 km²) in der Barentssee, 3 700 E. Fischereiversuchsstation; Fischfang und -verarbeitung. - Die Festung, bei der die heutige Stadt entstand, wurde im 13. Jh. gebaut und heißt seit 1340 V.; 1638 Garnison; 1789 Stadt.

Varè, Daniele [italien. va're], * Rom 12. Jan. 1880, † ebd. 27. Febr. 1956, italien. Schriftsteller. - Verf. geistreicher und amüsanter Unterhaltungsliteratur über Begegnungen und Erlebnisse im diplomat. Berufsleben. Bes. erfolgreich war die Roman-Trilogie über China „Der Schneider himml. Hosen" (1936), „Das Tor der glückl. Sperlinge" (1938), „Der Tempel der kostbaren Weisheit" (1940); schrieb in engl. und italien. Sprache.

Varel ['fa:rəl], Stadt südl. des Jadebusens, Nds., 8 m ü. d. M., 23 900 E. Nahrungsmittel-, Halbzellstoff-, Baustoff- und Maschinenbauind., Flugzeugbau und Porzellanfabrik; kleiner Sielhafen. - Erstmals 1124 gen.; seit 1856 Stadt. - Ev. Schloßkirche (um 1200), im 13. Jh. erweitert.

Varese [italien. va're:se], italien. Stadt in der Lombardei, am S-Rand der Bergamasker Alpen, 382 m ü. d. M., 89 000 E. Hauptstadt der Prov. V.; Museen, Staatsarchiv; Handelszentrum und wichtiger Ind.standort. - Hauptkirche San Vittore (1580–1615) mit klassizist. Fassade, Kampanile (17. Jh.) und roman. Baptisterium (12./13. Jh.).

Varèse, Edgar [frz. va'rɛːz], * Paris 22. Dez. 1883, † New York 6. Nov. 1965, amerikan. Komponist frz.-italien. Herkunft. - Schüler von A. Roussel, V. d'Indy und C. Widor; lebte ab 1915 in New York. V. trug mit der Befreiung des Klangs einschl. des Geräuschs entscheidend zur Entwicklung der neuesten Musik bei (z. B. der Klangfarbenkomposition seit Anfang der 60er Jahre). Seine Klangvorstellungen realisierte er anfangs mit dem tradierten instrumentalen Apparat („Intégrales" für 11 Bläser und Schlagzeug, 1924), erweiterte diesen aber allmählich („Ionisation" für Schlagzeugensemble mit zwei Sirenen und Klavier, 1930/31) bis hin zur Verwendung elektron. Instrumente (in „Ecuatorial" 1933/1934) und elektron. Musik (drei elektron. Interpolationen in „Déserts", 1949–54; „Poème electronique", 1957/58).

Varga, Jenő (Eugen) (russ. Warga, Jewgeni Samoilowitsch [russ. 'vargə]), * Nagytétény (= Budapest) 6. Nov. 1879, † Moskau 7. Okt. 1964, sowjet. Nationalökonom ungar. Herkunft. - 1906 Mgl. der Ungar. Sozialdemokrat. Partei, 1918 Prof. in Budapest, 1919 Vors. des Obersten Rates der Volkswirtschaft der Ungar. Räterepublik; emigrierte in die Sowjetunion und wurde dort Mgl. der KPR (B) (später KPdSU); 1927–47 Leiter des Inst. für Weltwirtschaft und Weltpolitik der Moskauer Akad. der Wiss.; persönl.Berater Stalins für Wirtschaftsfragen des Kapitalismus. Erhielt 1954 den Stalinpreis, 1963 den Leninpreis. - Nach dem Scheitern der Ungar. Räterepublik beschäftigte sich V. mit Fragen des Übergangs vom Kapitalismus zum Sozialismus („Die wirtschaftspolit. Probleme der proletar. Diktatur", 1920). In den 1920er Jahren entwickelte V. Methoden der marxist. Konjunkturanalyse; in den 30er und 40er Jahren war er einer der bedeutendsten Wirtschaftstheoretiker der Sowjetunion. Kurz vor seinem Tode rückte er vom Stalinismus ab.

V., Tibor [ungar. 'vɔrgɔ], * Győr 4. Juli 1921, ungar. Violinist. - Schüler von J. Hubay und C. Flesch; wurde bekannt als Interpret zeitgenöss. Musik (B. Bartók, A. Schönberg u. a.); seit 1949 Prof. an der Nordwestdt. Musikakademie in Detmold.

Vargas, Getúlio Dornelles, * São Borja (Rio Grande do Sul) 19. April 1883, † Rio de Janeiro 24. Aug. 1954 (Selbstmord), brasilian. Politiker. - 1922 Kongreß-Abg., 1926 Finanzmin., 1928 Gouverneur von Rio Grande do Sul; ab 1930 provisor., 1934 gewählter Präs.; 1937–45 durch Staatsstreich Diktator; 1950 erneut gewählt; 1954 von der Armee zum Rücktritt gezwungen, trug durch wirtsch. und soziale Maßnahmen in starkem Maße zur Umwandlung Brasiliens in einen modernen Staat bei.

Vargas Llosa, Mario [span. 'barɣas 'josa], * Arequipa 28. März 1936, peruan. Schriftsteller und Literaturkritiker. - Lebte 1958–74 in Europa; 1976–79 Präs. des internat. PEN-Clubs. Übt in seinen vielschichtigen, oft brutal-realist. Romanen schonungslose Kritik an der Gesellschaft Perus; u. a. „Die Stadt und die Hunde" (1962), „Das grüne Haus" (1965). Auch Erzählungen und Essays. - *Weitere Werke:* Die andere Seite des Lebens (R., 1969), Der Hauptmann und sein Frauenbataillon (R., 1973), Tante Julia und der Lohnschreiber (R., 1977), Historia de Mayta (R., 1984). - 1990 Präsidentschaftskandidat.

Vargas Vila, José María [span. 'barɣas 'βila], * Bogotá 23. Juli 1860, † Barcelona 23. Mai 1933, kolumbian. Schriftsteller. - Kämpfte in seinen stilist. brillanten polit. Schriften gegen die antidemokrat. Kräfte Lateinamerikas und den Imperialismus der USA. Verfaßte auch Gedichte, Theaterstücke, Erzählungen und [melodramat.] Romane, u. a. „Die Neunte Symphonie" (1928; 1956 u. d. T. „Die Liebessymphonie").

Vargsund ↑Seiland.

Vari [Malagassi] ↑Lemuren.

Varia [lat.], im Buchwesen Bez. für Vermischtes, Verschiedenes, Allerlei.

variabel [lat.], veränderlich, abwandelbar; schwankend.

Variabilität [lat.], in der Biologie die Eigenschaft der Veränderlichkeit der Lebewesen, die Fähigkeit zum Abweichen von der Norm. V. äußert sich im Entstehen von ↑Variationen.

Variable [lat.], allg. ein beliebiges Element aus einer vorgegebenen Menge; speziell eine mathemat. Größe, deren Wert (im Ggs. zu einer Konstanten) nicht festgelegt oder zu Beginn der Betrachtung noch unbekannt ist. Im Sinne der Analysis ist eine V. eine Größe, die im Verlaufe der Betrachtung verschiedene Werte annehmen kann (dann auch als *Veränderliche* bezeichnet), z. B. in Funktionsbeziehungen. Die Elemente des Definitionsbereichs einer ↑Funktion bezeichnet man als *unabhängige V.* (Symbol meist x), die des Wertebereichs als *abhängige V.* (Symbol meist y). - ↑auch Funktion. In der *formalen Logik* und *Metamathematik* Zeichen, die (in Aussagen) stellvertretend für Eigennamen von Gegenständen, Eigenschaften, Beziehungen usw. oder allg. von Ausdrücken stehen.

variable Kosten ↑Kosten.

variable Metren, von B. Blacher 1950 eingeführte Bez. für planvoll (nach mathemat. Regeln) angelegte Taktwechsel, die für die Struktur eines Musikstücks bestimmend sind; auch von K. A. Hartmann und H. W. Henze verwendet.

Variante [lat.], in der *Linguistik* stellungsbedingt oder stellungsunabhängig auftretende phonolog. oder morpholog. Einheit, die dieselbe Funktion wie eine andere Einheit hat (↑Allomorph, ↑Allophon).

◆ Bez. der *Textkritik* für Textabweichungen bei zwei oder mehreren Fassungen (↑Lesart).

Varianz

♦ von H. Riemann in die *Musiktheorie* eingeführte Bez. für den durch die Veränderung der Terz (groß statt klein und umgekehrt) herbeigeführten Wechsel von Moll nach Dur (und Dur nach Moll) im Tonikadreiklang.
♦ im *Schach* eine von mehreren Zugfolgen, die in einer bestimmten Stellung möglich und sinnvoll sind.

Varianz [lat.], in der Wahrscheinlichkeitsrechnung und Statistik verwendetes Maß für die Größe der Abweichung einer Zufallsgröße von ihrem Mittelwert.

variatio delectat [lat.], Abwechslung macht Freude (aus Euripides' „Orest").

Variation [zu lat. variatio „Veränderung"], allg. svw. Abänderung, Veränderung.
♦ in der *Biologie* die bei einem Lebewesen im Erscheinungsbild (Phänotyp) zutage tretende Abweichung von der Norm, die der betreffenden Art bzw. einer entsprechenden Population eigen ist, oder die bei gleicher Erbanlage und gleicher Umwelt im Rahmen der V.breite vom Mittelwert abweichende (streuende) Merkmalsausbildung (z. B. in bezug auf die Größe der Früchte an ein und derselben Pflanze). Die individuelle V. ist durch innere (physiolog. oder genet. [Mutation]) und/oder äußere Faktoren (Modifikation) bedingt. Die abweichenden Individuen werden als *Varianten* bezeichnet.
♦ in der *Musik* i. w. S. die Veränderung einer gegebenen melod., klangl. oder rhythm. Struktur als elementares Gestaltungsprinzip. Als bes. Technik ist die V. Grundlage einer Vielzahl von Satzweisen und Formtypen der abendländ. Musik. 1. Bei der melod. V. wird eine vorhandene oder neu komponierte Melodie durch Verzierungen, Diminution, Kolorierung, Umrhythmisierung, Tongeschlechtoder Tonartwechsel oder Motivabspaltung bearbeitet. Sie findet sich in vielen Gattungen und Formen seit dem MA, und liegt auch der themat. Arbeit und der Leitmotivik zugrunde. 2. Bei der kontrapunkt. V. werden zu einer mehrfach unverändert wiederkehrenden Stimme (Cantus firmus) oder zu einem gleichbleibenden Thema (Subjekt) jeweils neue, kontrapunktierende Stimmen gesetzt. Sie findet sich u. a. in den Messen der Niederländer, in Choralvorspielen und -bearbeitungen des 17.Jh., in Kanon und Fuge. 3. Bei der als Reihungsform gestalteten V. wird ein umfangsmäßig und meist auch harmon. festgelegtes Modell in jeweils neuer Gestalt wiederholt. Die Ostinato-V. des 16./17.Jh. entsteht über einer auch als Gerüst konstant bleibenden Baßmelodie. Die Generalbaß-V. des 17./18.Jh. gründet auf einer allein konstant bleibenden Harmonik. Die V.suite entsteht aus nur rhythm. Wechsel bei konstanter Oberstimmenmelodie, das Double aus Diminution der Oberstimme bei konstanter Rhythmik. 4. Bei der freien V. (Charakter-V.) wird das Thema nicht als Modell variiert, sondern aus seinem Ausdrucksgehalt heraus bis hin zur Aufgabe seines Grundcharakters entwickelt. In der Fantasie-V. werden in einer poet. begründeten Folge von Charakterstükken nur noch einzelne Themenelemente variativ verarbeitet. Die Musik des 20.Jh. pflegt die V. als zykl. Reihungsform weiter; als Kompositionsprinzip ist sie außerdem eine Grundlage der Reihentechnik.

Variationsbewegungen (Turgorbewegungen), bei Pflanzen durch reversible Änderungen des in bestimmten Zellen oder Gewebszonen herrschenden Turgors hervorgerufene, meist ungerichtete Bewegungen. - Ggs. ↑ Nutationsbewegungen.

Variationsbreite (Spannweite, Streubreite), in der Wahrscheinlichkeitsrechnung und Statistik Bez. für die Differenz zw. größtem und kleinstem Merkmalswert.

Variationsprinzipien ↑ Extremalprinzipien.

Variationsrechnung, eine Verallgemeinerung der Theorie der Extremwerte von Funktionen, die zur Lösung vieler Probleme der Geometrie, Physik und Technik angewandt wird. Bei der V. ist nicht eine Funktion gegeben, deren Extremwerte gesucht sind, sondern es soll eine Funktion so bestimmt werden, daß ein gegebenes, von der Wahl dieser Funktion abhängiges bestimmtes Integral einen größten oder kleinsten Wert annimmt. Die gesuchte Funktion wird als *Extremale* bezeichnet. So ist z.B. die Länge s einer Kurve $f(x)$ zw. $x = a$ und $x = b$ durch das bestimmte Integral

$$s = \int_a^b \sqrt{1 + f'^2}\, dx$$

gegeben; Aufgabe der V. ist in diesem Fall, diejenige Funktion $f(x)$ zu bestimmen, für die s einen kleinsten Wert (Minimum) annimmt.

Variationston, ein Ton, dessen Schwingungsamplitude sich periodisch ändert.

Varietät [...i-e...; lat.], svw. ↑ Abart.

Varieté [vari-e'te:; eigtl. Varietétheater (nach frz. théâtre des variétés; zu lat. varius „verschiedenartig")], Form des Unterhaltungstheaters mit wechselndem Programm artist., tänzer. und gesangl. Darbietungen, die Ende des 19.Jh., beeinflußt von Zirkus, Kabarett und Music hall, entstanden ist.

varikös [zu lat. varix „Krampfader"], in der *Medizin* für: krampfadrig, Krampfadern betreffend.

Varin, Jean [frz. va'rɛ̃], frz. Bildhauer fläm. Herkunft, ↑ Warin, Jean.

Variola [zu lat. varius „verschieden, buntfarbig"], svw. ↑ Pocken.

Variomatic ⓦ [Kw.], ein stufenloses Pkw-Getriebe († automatisches Getriebe).

Variometer [lat./griech.], allg. ein Gerät zur Messung bzw. Registrierung *(Variograph)* der örtl. oder zeitl. Veränderungen einer Größe.

♦ Gerät zur Messung kleiner Änderungen des Luftdrucks; in einfacher Form ein ↑ Aneroidbarometer mit einer Vidie-Dose aus sehr dünnem Blech und mit sehr weichen Spannfedern; die Bewegung der Dosenmembran wird optisch durch die Drehung eines Spiegels oder über ein Zeigersystem auf die Anzeigeskala übertragen. V. in spezieller Form dienen bei Flugzeugen zur Messung und Anzeige der Steig- oder Sinkgeschwindigkeit *(Höhenänderungsmesser)*.

variskische Gebirgsbildung [nach dem german. Volksstamm der Varisker] (herzyn. Gebirgsbildung), Ära der Gebirgsbildung im Paläozoikum, führte in Mitteleuropa zur Auffaltung des **Variskischen Gebirges**, das sich vom Frz. Zentralplateau in 2 großen Bögen nach NW (↑ Armorikanisches Gebirge) und NO über Vogesen, Schwarzwald bis zu den Sudeten erstreckte.

Varistor [engl., gebildet aus lat. *varius* „verschieden" und lat.-engl. *resistor* „Widerstand"] (VDR-Widerstand), zur Spannungsstabilisierung verwendeter, spannungsabhängiger elektr. Widerstand, meist aus gesintertem Siliciumcarbid.

Varix [lat.], svw. ↑ Krampfader.

Varizellen [lat.], svw. ↑ Windpocken.

Värmland [schwed. 'væmland], Verw.-Geb. in M-Schweden, 17 582 km², 280 500 E (1985), Hauptstadt Karlstad.
V., histor. Prov. im westl. M-Schweden, zentraler Ort Karlstad. Das Grundgebirge ist von Moränen und Mooren bedeckt, in Höhenlagen unter 170 m im S bis 236 m im N auch von marinen Ablagerungen. Die Sommer sind verhältnismäßig warm, der N gehört im Winter zum zentralskand. Kältegebiet. 70% der Fläche sind mit Nadelwald bestanden. Der O gehört zum Bergbaugebiet von Bergslagen. Die Bed. der Landw. ist rückläufig. Führender Ind.zweig ist die Metallverarbeitung, ferner Glas-, Textil- und chem. Ind. - 1639 gebildet, kam 1648 zum Generalgouvernement Västergötland, bildete 1654 zus. mit Närke ein Län; besteht in seinen heutigen Grenzen seit 1779.

Varnhagen von Ense ['farnha:gən], Karl August, *Düsseldorf 21. Febr. 1785, †Berlin 10. Okt. 1858, dt. Schriftsteller und Literaturkritiker. - 1804–06 mit Chamisso Hg. des „Musenalmanachs"; 1815–19 Min.resident in Karlsruhe; lebte danach meist in Berlin, wo er mit seiner Frau Rahel Varnhagen Mittelpunkt eines literar. Salons war. Bed. Publizist des literar. Vormärz. Seine 5bändigen „Biograph. Denkmale" (1824–30) beschreiben u. a. histor. Persönlichkeiten; von zeitgeschichtl. Wert sind auch seine „Tagebücher" (14 Bde., hg. 1861–70) und sein umfangreicher Briefwechsel, u. a. mit A. von Humboldt, Metternich, Heine, Bettina von Arnim, Chamisso.
V. v. E., Rahel, geb. Levin, *Berlin 26. Mai 1771, †ebd. 7. März 1833, [seit 1814] Gattin von Karl August V. von Ense. - Ihr Berliner Salon war ein bed. Mittelpunkt eines großen Kreises von Philosophen, Literaten und Künstlern (Zentrum der Berliner Romantik); ihre Briefe und Aufzeichnungen „Rahel. Ein Buch des Andenkens für ihre Freunde" (hg. 1833) und „Galerie von Bildnissen aus Rahels Umgang und Briefwechsel" (hg. 1836) kennzeichnen sie als Vorkämpferin für die Gleichberechtigung der Juden und der Frauenbewegung.

Varro, Marcus Terentius, gen. Reatinus (nach Reate [= Rieti], wo er Landbesitz hatte), *116, †27, röm. Gelehrter und Schriftsteller. - Im Bürgerkrieg Anhänger des Pompejus; nach der Schlacht bei Pharsalus (48 v. Chr.) von Cäsar begnadigt. Nach Cäsars Ermordung von Antonius geächtet (entging 43 der Exekution). Vielseitigster und produktivster Gelehrter der röm. Republik, deren geistiger Wegbereiter er wurde; ein von Hieronymus angefertigtes, unvollständiges Schriftenverzeichnis nennt 39 Titel mit insgesamt 490 Büchern; 24 weitere Werke sind aus anderen Quellen bekannt. Die Enzyklopädie in 41 Büchern „Antiquitates rerum humanarum et divinarum" behandelt die röm. Staats- und Kultaltertümer. Von seinen anderen Werken (über Recht, Kunst, Grammatik, Literaturgeschichte) sind nur 3 Bücher „Res rusticae" (Landwirtschaft) und die Bücher 5–10 eines Werkes „Über die lat. Sprache" („De lingua Latina") erhalten. Fragmente der „Saturae Menippeae" (Menippeische Satiren) zeigen V. als drast. Zivilisations- und Gesellschaftskritiker.
📖 Cardauns, B.: *Stand u. Aufgaben der V.forschung*. Wsb. 1982. - Dahlmann, H.: *V. u. die hellenist. Sprachtheorie*. Zürich ²1964.

Varsinais-Suomi [finn. 'varsinajs-'suomi] (schwed. Egentliga Finland), histor. Prov. in SW-Finnland, umfaßt den S des heutigen Verw.-Geb. Turku-Pori.

Varuna, ↑ Waruna.

Varus, Publius Quinctilius, *um 46 v. Chr., †Teutoburger Wald 9 n. Chr., röm. Statthalter Germaniens. - 13 v. Chr. Konsul, wohl 7 Prokonsul von Africa, 6–4 Statthalter (Legat) in Syrien, ab 7 n. Chr. in Germanien, wo er die Romanisierung des Gebietes zw. Rhein und Elbe durch intensivierte Verwaltung und Rechtsprechung voranzutreiben und so die Provinzialisierung einzuleiten suchte. Er wurde jedoch im Herbst 9 n. Chr. im Teutoburger Wald vernichtend durch den Cherusker Arminius geschlagen und nahm sich das Leben.

Varviso, Silvio, *Zürich 26. Febr. 1924, schweizer. Dirigent. - Wurde 1956 musikal. Oberleiter des Stadttheaters Basel, kam 1962 an die Metropolitan Opera in New York, 1972–79 Generalmusikdirektor der Württemberg. Staatsoper in Stuttgart, 1979–81 Direktor der Pariser Opéra.

85

Victor de Vasarély, Harlekin (1935). Privatbesitz

Vas (Mrz. Vasa) [lat.], in der *Anatomie* Bez. für röhrenartige Strukturen, v. a. bestimmte Blut- und Lymphgefäße. - **Vas deferens**, svw. ↑Samenleiter.

Vasa ↑Wasa.

vasal [lat.], in der *Biologie* und *Medizin* für: die [Blut]gefäße betreffend.

Vasall [kelt.-mittellat.-frz.], im MA der Freie, der sich (zunächst aus Not) in den Schutz eines mächtigen Herrn begab, von diesem seinen Unterhalt bezog und sich dafür zu Gehorsam und Dienst, später zu Rat und Hilfe verpflichtete. Die **Vasallität**, das persönl. Verhältnis zw. dem V. und seinem Herrn, war ein wichtiges Element des Lehnswesens.

Vasarély, Victor de [frz. vazare'li], eigtl. Viktor Vásárhelyi, * Pécs 9. April 1908, frz. Maler ungar. Herkunft. - In Budapest im Sinne des Bauhauses („Műhely"-Schule von S. Bortnyik) geschult. 1930 Übersiedlung nach Paris. 1929–39 figürl. Bilder mit Schwarz-Weiß-Kontrasten (Zebrabilder, Tiger, Harlekine, Schachbretter). Seit 1947 Entdeckung der reinen Farbe und der reinen (abstrakten) Form; um 1951 formulierte er die Prinzipien der ↑Op-art bzw. der Farbkinetik: Durch sich kreuzende Linien bzw. Netzüberlagerungen werden Bewegungseffekte hervorgerufen. Seine Arbeiten beruhen auf mathemat. Berechnungen. - Abb. auch Bd. 16, S. 88.

Vasari, Giorgio, * Arezzo 30. Juli 1511, † Florenz 27. Juni 1574, italien. Maler, Baumeister und Kunstschriftsteller. - Schuf als vielbeschäftigter Künstler Tafelbilder und Fresken in manierist. Stil (u. a. Porträt des Lorenzo (I) de' Medici, 1553, Florenz, Uffizien; Scala Regia im Vatikan, 1571–73) und von Michelangelo beeinflußte Bauten (u. a. Uffizien, Florenz, 1560 ff.). Seine Bedeutung liegt jedoch in seinen Künstlerbiographien („Die Lebensbeschreibungen der berühmtesten italien. Architekten, Maler und Bildhauer", 1550, erweiterte Ausgabe 1568), die zu den wichtigsten Quellen der Kunstgeschichte gehören. Wichtig ist V. auch für die Theatergeschichte (Einführung der Wandeldekorationen).

Vasco, männl. Vorname span. oder portugies. Herkunft, eigtl. „der Baske".

Vasco [portugies. 'vaʃku], eigtl. V. Fernandes, * Viseu um 1480, † ebd. 1543, portugies. Maler. - Bed. Vertreter der portugies. Renaissancemalerei (italien. und fläm. Einflüsse), u. a. „Kreuzigung Christi" für die Kathedrale in Viseu (heute im Museum ebd.).

Vasco da Gama [portugies. 'vaʃku ðɐ 'ɣɐmɐ] ↑Gama, Dom Vasco da.

Vasektomie [lat./griech.], in der *Medizin:* operative Entfernung eines Stücks des Samenleiters (z. B. zur ↑Sterilisation).

Vaseline [Kw. aus Wasser und griech. élaion „Öl"], aus Gemischen v. a. gesättigter Kohlenwasserstoffe bestehendes, salbenartiges, aus hochsiedenden Erdölfraktionen und durch Lösen von Paraffin in Paraffinöl gewonnenes Produkt, das als Salbengrundlage in der pharmazeut. Ind. und in der Technik als Schmierstoff und Rostschutzmittel dient.

Vasen [lat.-frz.], Bez. der Keramik des ägäischen Raums, v. a. kret. und griech. Ware, bemalte gebrannte Tongefäße verschiedener Form, die als Vorratsbehälter, Misch-, Schöpf- und Gieß-, Trink-, Salb- sowie als Kultgefäße dienten. - ↑auch Vasenmalerei.

◆ Gefäße, in die man Blumen stellt; aus Porzellan, Glas, Kristall oder Keramik.

Vasenmalerei, im besonderen die Malerei auf den kret. (minoischen) und altgriech. Vasen, Höhepunkte der V. des ägäischen Raums. Der minoische *Kamaresstil* (↑Kamaresvasen, 2000–1700) zeigt ornamentalisierende Buntmalerei auf dunklem Grund, die Zeit der Neuen Paläste (1700–1450) den naturalist. Flora- und Meeresstil auf hellem Grund, den die myken. V. übernimmt. Am Beginn der griech. Kunst steht der *geometr. Stil* der V. (900–700), es sind dunkelwandige Vasen, sparsam mit schmalen, später breiteren geometr. Ornamentstreifen geschmückt, im 8. Jh. werden auch Tierfriese und figürl.

Västerbotten

Bilder eingeordnet (Dipylonvasen). In *archaischer Zeit* (7. und 6. Jh.) verdrängt die Figurenmalerei die Ornamentik. Bed. ist Korinth, das seit dem Anfang des 6. Jh. den **schwarzfigurigen Stil** ausbildet. Bei dieser Technik wird die auf das luftgetrocknete Gefäß aufgebrachte Umrißzeichnung mit einem Tonschlicker ausgemalt, der beim Brennen schwarz wird, (das andere Material ist rot). Binnenzeichnungen werden (vor dem Brennen) in diese Schicht eingeritzt. Bed. sind v. a. die Vasen mit vielfiguriger Miniaturmalerei im *protokorinth. Stil.* Im späten 7. bis zur Mitte des 6. Jh. folgen großfigurige Szenen (korinth. Stil). Die *att. V.* findet in der 2. Hälfte des 7. Jh. zur großfigurigen Malerei die, gegen 600 in den schwarzfigurigen Stil mündet. Hauptmeister in der 1. Hälfte des 6. Jh. sind Sophilos und Kleitias (↑ Françoisvase). Gemalt werden figurenreiche myth. Szenen in Friesform. Binnenritzung ist durch Weiß und Violett bereichert. In der 2. Hälfte des 6. Jh. sind wichtig v. a. der ↑ Amasis-Maler und ↑ Exekias. In brillanter Technik konzentrieren sie die Bilder auf Bauchamphoren auf wenige Figuren. Der Übergang zum **rotfigurigen Stil** vollzieht sich um 530. Hierbei wird der Grund zw. den Figuren mit dunklem Malschlicker überzogen und die Binnenzeichnung auf den freigelassenen Räumen (Figuren) mit einem Pinsel o. ä. aufgetragen. Dieser Stil erzielt eine starke plast. Wirkung. Hauptmeister der Frühzeit sind: der ↑Andokides-Maler, ↑Euthymides, ↑Euphronios, ↑Oltos; im 1. Viertel des 5. Jh.: der ↑Kleophrades-Maler, der ↑Berliner Maler, der ↑Panaitios-Maler und die übrigen Schalenmaler ↑Makron, ↑Duris und der Brygos-Maler (↑Brygos); um die Mitte des 5. Jh.: der Niobiden-Maler, ↑Hermonax und der ↑Penthesilea-Maler; hochklass. Maler sind ↑Polygnotos, der ↑Achilleus-Maler, der ↑Kleophon-Maler. Den sog. reichen Stil des späten Jh. vertreten der Eretria-Maler und der Meidias-Maler (↑Meidias). Wichtig neben dem rotfigurigen Stil ist die weißgrundige V. insbes. der Lekythen: Auf weiß gedecktem Grund wird gezeichnet und braunrot und gelb gehöht. Eine Nachblüte des rotfigurigen Stils bringt das 4. Jh. (sog. Kertscher Vasen). Der rotfigurige Stil fand seit dem späten 5. Jh. in Unteritalien Verbreitung. - Abb. S. 88.

📖 *Boardman, J.: Rotfigurige Vasen aus Athen. Dt. Übers. Mainz 1981. - Tetzlaff, I.: Griech. Vasenbilder. Köln 1980. - Boardmann, J.: Schwarzfigurige Vasen aus Athen. Ein Hdb. Dt. Übers. Mainz 1977. - Arias, P. E./Hirmer, M.: Tausend Jahre griech. Vasenkunst. Dt. Übers. Mchn. 1960.*

vaskulär [lat.], in der *Medizin* und *Biologie* für: zu den Körpergefäßen gehörend, Gefäße enthaltend.

Vaslui [rumän. vas'luj], rumän. Stadt in der Moldau, 57 600 E. Verwaltungssitz des Verw.-Geb. V.; Textil-, Bekleidungs-, Nahrungsmittelindustrie. - 1335 erstmals urkundl. erwähnt; im 15. Jh. zeitweise Sitz der moldauischen Fürsten. - Kirche des hl. Johannes des Täufers (1490); Ruinen des Herrscherhofes (15. Jh.).

Vasmer, Max ['fasmər], * Petersburg 28. Febr. 1886, † Berlin 30. Nov. 1962, dt. Slawist. - Prof. u. a. in Leningrad und Dorpat, Leipzig, ab 1925 in Berlin; verfaßte bed. und materialreiche Untersuchungen zur slaw. Siedlungsgeschichte, Ortsnamen- und Lehnwortkunde und zur Etymologie.

Vasodilatantia [lat.], svw. ↑ gefäßerweiternde Mittel.

Vasographie [lat./griech.], svw. ↑ Angiographie.

vasomotorisch [lat.], in der *Medizin* und *Biologie* für: auf die Gefäßnerven bezüglich; von den Gefäßnerven gesteuert, durch sie ausgelöst.

Vasoneurose [lat./griech.] (Angionurose, Gefäßneurose), vasomotor. Übererregbarkeit, z. B. bei vegetativer Dystonie (geht mit Erröten und Erblassen, Kopfschmerzen und Migräne einher).

Vasopressin [lat.] (Adiuretin, ADH), Peptidhormon des Hypophysenhinterlappens. V. wird im Hypothalamus gebildet und auf dem Weg der Neurosekretion aus dem Hypophysenhinterlappen freigesetzt. Eine Mehrausschüttung von V. erfolgt v. a. bei Erhöhung des osmot. Drucks der Körperflüssigkeiten, z. B. bei Wasserverlust infolge Schweißsekretion. Das Hormon hemmt die Diurese, d. h., es fördert die Rückresorption des Wassers in der Niere und damit eine Konzentrierung des Harns. Höhere Dosen von V. führen zum Blutdruckanstieg.

Vásquez, Gabriel [span. 'baskeθ] ↑ Vázquez, Gabriel.

Vassilikos ↑ Wassilikos.

Vassy [frz. va'si], ältere Schreibung der frz. Stadt Wassy (Haute-Marne); ↑ Hugenotten.

Västerås [schwed. vɛstər'o:s], schwed. Ind.stadt am N-Ufer des Mälarsees, 117 700 E. Hauptstadt des Verw.-Geb. Västmanland, luth. Bischofssitz; Museen; Elektroind.; Binnenhafen. - Seit dem 12. Jh. als **Väster Aros** belegt, wurde vor 1164 Bischofssitz (seit 1534 luth.); 1244 Gründung eines Dominikanerklosters, im 14. Jh. eine königl. Burg (im 18. Jh. erneuert; bed. Reichssaal; das älteste bekannte Stadtrecht stammt von 1360; öfters Tagungsort des Reichstages. - Roman. Domkirche (1271 geweiht).

Västerbotten [schwed. ˌvɛstərbɔtən], Verw.-Geb. in N-Schweden, 55 401 km², 245 600 E (1985), Hauptstadt Umeå.

V., histor. Prov. in N-Schweden, steigt von der Küste aus gleichmäßig zur Grenze gegen Lappland an, weithin von Moränen, Mooren und marinen Tonen bedeckt; kontinentales

Västerdalälv

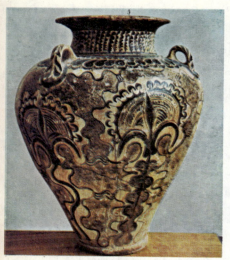

Vasenmalerei. Oben (von links): Spätminoische Amphora mit Pflanzenmotiven aus Knossos (15. Jh. v. Chr.). Iraklion, Archäologisches Museum; Kleophon-Maler, Stamnos aus Vulci (um 430 v. Chr.; rotfigurige Malerei). München, Staatliche Antikensammlung; unten: Amphora im geometrischen Stil (8. Jh. v. Chr.). Athen, Archäologisches Nationalmuseum

Västergötland [schwed. ˌvɛstərjø:tland], histor. Prov. in W-Schweden. Im N liegen einige Plateauberge, der SO gehört zum südschwed. Hochland. Das Klima ist abgesehen vom O maritim. Im SW kommen Buchenbestände vor, im O Nadelwälder, auf den Kalkflächen der Plateauberge Steppenpflanzen. 31% der Gesamtfläche werden landw. genutzt, 50% sind mit Wald bestanden. In der Ind. ist die Metallind. am wichtigsten, gefolgt von Textil- und Bekleidungsind., ferner Holz- und Holzveredlungsindustrie. Göteborg ist der bedeutendste Überseehafen Schwedens.

Västernorrland [schwed. ˌvɛstərnɔrland], Verw.-Geb. in N-Schweden, 21 711 km², 263 600 E (1985), Hauptstadt Härnösand.

Västmanland [schwed. ˌvɛstmanland], Verw.-Geb. im östl. M-Schweden, 6 302 km², 255 700 E (1985), Hauptstadt Västerås.

V., histor. schwed. Prov. nw. des Mälarsees. Der NW ist reich an Eisenerz, der S und O sind von Moränen und marinen Tonen überdeckt. V. hat ein gemäßigtes Binnenlandklima. Im NW, der zum Bergbaugebiet von Bergslagen gehört, dominiert der Nadelwald.

Klima; die Häfen sind i. d. R. 6 Monate vereist. Die Besiedlung konzentriert sich auf die Küstenbereiche und Täler. V. hat bed. Wasserkräfte und reiche Erzvorkommen; bed. Hüttenwerke sowie Holzverarbeitung.

Västerdalälv ↑ Dalälv.

³/₄ der Bev. leben in Städten und zentralen Orten, von denen viele auf alte Bergwerksorte zurückgehen. Die Landw. hat sich im SO auf Getreideanbau spezialisiert. In der Ind. dominiert die Eisenind., ferner Maschinenbau, Holz-, Zement-, Salpeterind. und Ziegeleien.

Vaszary, Gábor von [ungar. ˈvɔsɔri], * Budapest 7. Juni 1905, † Lugano 22. Mai 1985, ungar. Schriftsteller. - Seit Mitte der 1920er Jahre meist in Paris; seit 1961 in der Schweiz; iron.-humorist. Romancier; schrieb u. a. „Monpti" (1934), „Mit 17 beginnt das Leben" (1943), „Heirate mich, Chérie" (1956), „Man nannte sie Céline" (1975); auch Lustspiele und Filmdrehbücher.

Vaté, Île [frz. ilvaˈte] ↑ Efate.

Vater, der Erzeuger eines Kindes; im rechtl. Sinn der Mann, dessen ↑ Vaterschaft anerkannt bzw. festgestellt ist oder der die ↑ elterliche Sorge über ein Kind ausübt (auch der *Adoptiv-V.*, nicht aber der *Stiefvater*).
Mit zunehmender Entwicklung der Familie zur Kleinfam. hat sich die *Rolle* des V. in bezug auf Erziehung und Sozialisation der Kinder stark gewandelt. In der bäuerl. oder handwerkl. Fam., in der Berufs- und Familienleben eng miteinander verbunden waren, war der V. für die Kinder permanent gegenwärtig (wie die Mutter); er galt somit als unmittelbar wirkendes Vorbild und war meist (in einer quasi elterl. Arbeitsteilung) v. a. für die berufl. Sozialisation der Söhne verantwortlich. In der Ind.gesellschaft wurde die materielle Versorgung der Fam. meist nur noch durch Arbeit in einem vom Haus getrennten Betrieb mögl., in dem der Arbeiter untergeordnet und abhängig war, wobei die Anforderung der Arbeitswelt (Unterordnung, Gehorsam) und der Fam. (Verantwortung, Vorbild usw.) widersprachen. So hielt sich der V. meist völlig aus den Erziehungs- und Sozialisationsprozeß seiner Kinder heraus oder beeinflußte ihn eher negativ. Durch Reduzierung der Arbeitszeit ist es dem V. in zunehmendem Maße mögl. geworden, am häusl. Leben wieder stärker teilzunehmen. Gerade die Art der *V.-Mutter-Beziehung,* d. h. die Verteilung der Verantwortung (einseitig bis ausgewogen) für die Entwicklung der Kinder, spielt eine zentrale Rolle für deren seel. Entwicklung. Die Neugestaltung dieser V.-Mutter-Beziehung ist v. a. auch deswegen wichtig geworden, weil die Mutter zunehmend am Arbeitsleben teilnimmt; die strikte Rollenverteilung wurde dadurch mehr oder weniger aufgehoben, und im Sinne gleichberechtigter Partnerschaft (auch entgegen noch allg. anerkannten Normen) werden Aufgaben und Rollen in der Familie individuell neu verteilt.

Religionsgeschichtl. weit verbreitete Bez. des Hochgottes (z. B. Zeus: „V. der Menschen und Götter"). Im Christentum findet der V.gedanke in der Vorstellung von der menschl. Gotteskindschaft seinen vergeistigten Ausdruck.

⚌ *Gabert, E.: Autorität u. Freiheit. Das mütterl. u. das väterl. Element.* Ffm. ²1985. - *Braun, W.: Der Vater im familiären Erziehungsprozeß.* Bad Heilbrunn 1980. - *König, R.: Die Familie der Gegenwart.* Mchn. ²1977. - *Mitterauer, M./Sieder, R.: Vom Patriarchat zur Partnerschaft. Zum Strukturwandel der Familie.* Mchn. 1977. - *Das V.vorbild in Gesch. u. Mythos.* Hg. v. *H. Tellenbach.* Stg. 1976.

Vaterbindung, starke libidinöse Beziehung des Kindes, bes. der Tochter, zum männl. Elternteil (entsprechend der ↑ Mutterbindung). Von der V. können sowohl Idealvorstellungen vom Sexual- und Ehepartner als auch die Motive der Entscheidungen bei der Partnerwahl beeinflußt werden.

Vaterland (lat. patria), eigtl. das Land der Vorfahren, auch die [weitere] Heimat, mit der meist Gefühle des Patriotismus verbunden sind.

Vaterländische Front, 1933 von E. Dollfuß gegr. polit. Sammlungsbewegung, die programmat. die Selbständigkeit Österreichs und einen autoritär-ständestaatl. Gesellschaftsaufbau verfocht. Die Verfassung von 1934 verlieh der V. F. einen öffentl.-rechtl. Charakter in der polit. Betätigung das Monopol; war nach dem Führerprinzip organisiert und gliederte sich in eine Zivil- und eine Wehrfront (zu ihr gehörten u. a. die Heimwehren), die nach Auflösung der Wehrverbände (Okt. 1936) in die Frontmiliz der V. F. überging; konnte ihr Ziel, den Parteienstaat zu überwinden, nicht erreichen, da sie weder die sozialdemokrat. Arbeiter noch die nat.-soz. Rechte integrieren konnte; stand zunächst unter der Führung von Dollfuß, nach dessen Ermordung unter der seines Stellvertreters E. R. Starhemberg, seit Mai 1936 des Bundeskanzlers Schuschnigg (vorher Stellvertreter Starhembergs); nach dem „Anschluß" 1938 aufgelöst.

Vaterländischer Krieg (1812), in Rußland bzw. in der Sowjetunion gebräuchl. Bez. für den Krieg gegen Napoleon I. (↑ Napoleonische Kriege).

Vatermörder, Bez. für einen hohen, steifen Kragen, mit Spitzen bis an die Wangen.

Vater-Pacini-Körperchen (Vater-Pacini-Tastkörperchen, Vater-Pacini-Lamellenkörperchen) [italien. paˈtʃiːni; nach dem dt. Arzt A. Vater, * 1684, † 1751, und F. Pacini], in der Unterhaut sowie im Bindegewebe zahlr. innerer Organe lokalisierte Drucksinnesorgane bei Reptilien, Vögeln und Säugetieren (einschl. Mensch). Die beim Menschen v. a. in den Fingerbeeren vorkommenden, bis 4 mm langen und 2 mm dicken, kolbenförmigen V.-P.-K. bestehen aus bis zu 60 konzentr. geschichteten Bindegewebslamellen, die einen Innenkolben umgeben.

Vaterrecht, ethnolog. Begriff zur Bez. einer Gesellschaftsstruktur, die durch die Vormachtstellung des Mannes in der Familie und im öffentl. Leben gekennzeichnet ist.

Vaterschaft, im Recht die Feststellung des Erzeugers eines Kindes, d. h. des Vaters. Die V. wird vermutet, wenn der Mann der Mutter während der Empfängniszeit beigewohnt hat. - ↑auch nichteheliche Kinder.

Vaterschaftsanerkenntnis, höchstpersönl., einseitige Erklärung des Anerkennenden, daß das Kind als von ihm gezeugt ansieht, weil er der Mutter des Kindes in der Empfängniszeit beigewohnt hat. Das V. bedarf zu seiner Wirksamkeit der Zustimmung des Kindes. Anerkennungs- und Zustimmungserklärung müssen öffentl. beurkundet werden. Der anerkennende Mann, dessen Eltern und die Mutter des Kindes können binnen Jahresfrist, das Kind kann binnen zwei Jahren das V. anfechten. Ist die Vaterschaft nicht anerkannt, so kann sie gerichtl. festgestellt werden.

Vaterschaftsgutachten, auf humangenet. Methoden und Methoden der vergleichenden Messung und Beschreibung in der Anthropologie basierendes **erbbiolog.** (erbkundl.) *Gutachten,* das zivilrechtl. und strafrechtl., aber auch außergerichtl. als Beweismittel zur Feststellung der Vaterschaft herangezogen werden kann. Es wird zw. dem negativen und dem positiven Nachweisverfahren unterschieden. Das **negative Verfahren** stützt sich v. a. auf serolog. Merkmale und erlaubt bei bestimmten Genkonstellationen den Vaterschaftsausschluß; dies ist in rd. 70% der fragl. Fälle schon auf Grund verschiedener Bluteigentümlichkeiten mit einfachem Erbgang möglich. Generell gilt, daß ein beim Kind vorhandenes, bei der Mutter aber fehlendes dominantes Blutmerkmal beim Erzeuger vorhanden sein muß. Das bei weiterhin fragl. Fällen zusätzl. anzuwendende **positive Verfahren** stützt sich auf eine polysymptomat. Analyse von Ähnlichkeiten zw. Vater und Kind. Hierzu werden die (an Finger-, Zehen-, Handflächen- und Fußflächenabdrücken zu ermittelnden) Hautleistenstrukturen ebenso berücksichtigt wie die Struktur und Färbung der Regenbogenhaut des Auges oder die Formen, Umrisse (Profile) und Maße von Kopf und Gesicht (insbes. Augenregion, Nase, Mund-Kinn-Region), bestimmte Ausprägungen der Ohrmuschel oder u. a. auch die Haargrenzen und -strömungen. Beim positiven Vaterschaftsnachweis wird - je nach Ausprägungsgrad und Häufung der überprüften Merkmale - die Vaterschaft als „wahrscheinl." bis „offenbar" (mit an Sicherheit grenzender Wahrscheinlichkeit anzunehmen) bezeichnet. Überwiegen dagegen deutl. die Unähnlichkeiten oder bestehen nur unwesentl. oder so gut wie keine Ähnlichkeiten zw. fragl. Vater und Kind, gilt die Vaterschaft als „unwahrscheinl." bis „offenbar unmögl." (mit an Sicherheit grenzender Wahrscheinlichkeit auszuschließen). Unentscheidbar ist die Vaterschaftsfrage, wenn keine Ausschlußmöglichkeit auf Grund des negativen Verfahrens besteht und überdies das Kind in den von der Mutter abweichenden Merkmalen etwa nur zur Hälfte dem fragl. Vater ähnelt.
⚇ *Beitzke, G., u. a.: V. f. die gerichtl. Praxis.* Gött. ³1978. - *Zimmermann, W.: Forens. Blutgruppenkunde. Einf. zum Verständnis v. V.* Bln. 1975.

Vaterschaftsnachweis, Nachweis der Abstammung durch ein anthropolog.-erbbiolog. Gutachten (↑Vaterschaftsgutachten).

Vaterunser (Paternoster), das Matth. 6, 9–13 („Langform" mit 7 Bitten) und Luk. 11, 2–4 („Kurzform" mit 5 Bitten) überlieferte „Gebet des Herrn" (Herrengebet) in zwei Strophen, das gleichzeitig urgemeindl. Gebetskatechese und Gebetsformular ist. Die aus der altkirchl. Praxis belegte zweigliedrige doxolog. Schlußformel („Denn dein ist das Reich ...") dürfte zum urspr. Bestand zählen. Das V. blieb bis heute das elementare Gebet aller christl. Konfessionen (in einigen ev., v. a. ref. Kirchen „Unser Vater" genannt). Liturg. wurde es zunächst in den Taufritus, seit dem 5. Jh. auch in die Eucharistiefeier übernommen.

Väter vom Hl. Geist, andere Bez. für ↑Spiritaner.

Vaticana (Biblioteca Apostolica V., Vatikan. Bibliothek) ↑Bibliotheken (Übersicht).

Vaticanum [lat.], ↑Vatikanische Konzile.

Vaticanus [lat.], svw. ↑Codex Vaticanus.

Vatikan, der nach dem *Mons Vaticanus* (Monte Vaticano) in Rom gelegenen Wohnsitz (und Residenz) des Papstes geprägte Kurzbez. für die oberste Behörde der röm.-kath. Kirche.

Vatikanische Bibliothek (Vaticana) ↑Bibliotheken (Übersicht).

Vatikanische Konzile (V. Konzilien), die nach ihrem Tagungsort (Vatikan) ben. allg. Konzile der kath. Kirche: das *1. Vatikan. Konzil* (Vaticanum I [= 21. bzw. 20. allg. Konzil] 1869/1870) und das *2. Vatikan. Konzil* (Vaticanum II [= 22. bzw. 21. allg. Konzil] 1962–1965).

Das **1. Vatikan. Konzil** wurde von Papst Pius IX. zum 8. Dez. 1869 einberufen mit dem Ziel der Abwehr von Zeitirrtümern und der Verbesserung der kirchl. Gesetzgebung. Schon die Konzilsankündigung im Juni 1867 löste die Kritik liberaler Katholiken aus. Eine Einladung zur Teilnahme an die mit Rom nicht vereinten oriental. Kirchen und die anderen nichtkath. Christen erzielte eine negative Reaktion. So war bereits vor dem Zusammentritt des Konzils entschieden, daß das Vaticanum kein Unionskonzil werden konnte. Am 24. April 1870 nahm das Konzil sein erstes dogmat. Dekret an, die Konstitution

„Dei Filius", die gegen Pantheismus, Materialismus und Rationalismus die kath. Lehre über Gott, die Schöpfung, die Offenbarung und den Glauben formulierte. Inzwischen war auf dem Konzil die päpstl. Unfehlbarkeit Hauptgegenstand der Diskussion geworden. Die Konstitution „*Pastor aeternus*" formuliert die kath. Lehre über die Stellung des Papstes in der Kirche: Der päpstl. Primat wird als das Fundament der Einheit der Kirche bezeichnet. Der Jurisdiktionsprimat des Papstes über die Gesamtkirche sei Petrus direkt durch Christus übertragen worden. Dieser Primat lebe durch den Willen Christi in den Nachfolgern des Petrus, den Bischöfen von Rom, fort. Der Papst besitze eine ordentl., unmittelbare und bischöfl. Jurisdiktion, nicht nur in Fragen des Glaubens und der Sitte, sondern auch der kirchl. Disziplin. Im Primat des Papstes sei dessen höchste Lehrgewalt eingeschlossen, die von den Päpsten in der Geschichte immer ausgeübt worden sei. Der Papst besitze die † Unfehlbarkeit, wenn er „ex cathedra" spreche, d. h., wenn er in seiner Eigenschaft als Hirt und Lehrer aller Christen in höchster apostol. Amtsgewalt eine Glaubens- oder Sittenfrage für die ganze Kirche verbindlich entscheide. Wegen des Ausbruchs des Dt.-Frz. Krieges und der Besetzung Roms (20. Sept. 1870) durch die italien. Regierung vertagte der Papst am 20. Okt. 1870 das Konzil auf unbestimmte Zeit. Die Dogmatisierung der päpstl. Unfehlbarkeit rief u. a. in Deutschland eine Opposition hervor, die sich später im Altkatholizismus sammelte.

Hasler, A. B.: Wie der Papst unfehlbar wurde. Bln. 1981. - *Schatz, K.: Kirchenbild u. päpstl. Unfehlbarkeit bei den deutschsprachigen Minoritätsbischöfen auf dem 1. Vaticanum.* Rom 1975. - *Aubert, R.: Vaticanum I. Dt. Übers.* Mainz 1965. - *Butler, C.: Das 1. vatikan. Konzil. Dt. Übers. Hg. v. H. Lang. Mchn.* ²1961.

Das **2. Vatikan. Konzil** wurde von Johannes XXIII. am 25. Jan. 1959 angekündigt und am 25. Dez. 1961 zum 11. Okt. 1962 einberufen. Über 2 500 Konzilsväter nahmen an den Beratungen teil. Als Beobachter waren 93 Vertreter nichtkath. christl. Gemeinschaften vertreten. - In der *1. Sitzungsperiode* vom 11. Okt. bis 8. Dez. 1962 wurden u. a. die Vorlagen (Schemata) über die Liturgie, über die Offenbarungsquellen und die publizist. Mittel beraten. Am 3. Juni 1963 starb Johannes XXIII. Sein Nachfolger Paul VI. erklärte bereits am 22. Juni 1963, daß er das Konzil weiterführen werde. - Die *2. Sitzungsperiode* vom 29. Sept. bis 4. Dez. 1963 begann mit der Erörterung des umgearbeiteten Schemas über die Kirche. Dabei wurde bes. die Frage diskutiert, ob das Kollegium der Bischöfe zus. mit seinem Haupt Gewalt und Verantwortung für die ganze Kirche trage. - Die *3. Sitzungsperiode* vom 14. Sept. bis 21. Nov. 1964 verabschiedete das Schema über die Kirche, die Dekrete über die Ostkirche und den Ökumenismus. Das Kapitel über die Kollegialität der Bischöfe wurde durch den Papst authent. interpretiert. Eingehend berieten die Konzilsväter die Schemata über die Religionsfreiheit, das Verhältnis zu Juden und Nichtchristen, über die Kirche in der Welt von heute und über den Apostolat der Laien. - In der *4. Sitzungsperiode* vom 14. Sept. bis 8. Dez. 1965 verabschiedeten die Väter am 7. Dez. die umgearbeiteten und verbesserten Vorlagen der 3. Sitzungsperiode, das Schema über die Religionsfreiheit, die Mission, über Priesterdienst und Priesterleben. Am 8. Dez. 1965 schloß Paul VI. feierl. das Konzil.

Die *Bedeutung* des 2. Vatikan. Konzils liegt bes. in den Aussagen über die Kirche, u. a. über die Kollegialität der Bischöfe, über die Religionsfreiheit und über den Ökumenismus. Ungeklärt ist die Frage, welche dogmat. Verbindlichkeit den einzelnen Konzilsaussagen zukommt.

Rahner, K./Vorgrimler, H.: Kleines Konzilskompendium. Freib. ¹⁸1985. - *Jedin, H.: Vaticanum 2 u. Tridentinum.* Köln u. Opladen 1968. - *Seeber, D. A.: Das Zweite Vaticanum.* Freib. u. a. 1966.

Vatikanische Sammlungen (Pinacoteca Vaticana) † Museen (Übersicht).

Vatikanisches Archiv (italien. Archivio Segreto Vaticano), umfangreiche, v. a. für die europ. Geschichte des 13.–16. Jh. bed. päpstl. Archivsammlung im Vatikan. - Das V. A. im eigentl. Sinne wurde erst von Paul V. geschaffen, der 1611–14 Archivalien der Engelsburg, der päpstl. Behörden und der Vatikan. Bibliothek zu einem Geheimarchiv vereinigte. Die Bestände setzten sich aus den Bullenregistern (Registra Vaticana) des 13.–16. Jh., den Amtsbüchern der Apostol. Kammer des 14./15. Jh., den Brevenregistern des 15./16. Jh., einzelnen Behördenregistraturen und v. a. den Akten des Staatssekretariats aus dem 16. Jh. zusammen. 1810–15/17 wurden die Bestände unter Napoleon I. nach Paris geschafft, was den Verlust der Hälfte der Bullenregister zur Folge hatte. Nach dem Rücktransport des Materials nach Rom erfolgte die Hinzufügung der im Lateran aufbewahrten Bullenregister (Registra Lateranensia), geschlossener Registraturen der meisten kurialen Behörden und vieler Nuntiaturen, der Akten des 1. Vatikan. Konzils und der Hausarchive röm. Familien. Leo XIII. richtete das V. A. als Zentralarchiv der Kurie ein und verfügte 1881 seine Öffnung für wiss. Zwecke (Zeitgrenze bis 1878). Seit 1884 ist dem V. A. die „Scuola pontificia di paleografia, diplomatica e archivistica" angegliedert.

Vatikanstadt (amtl. [Stato della] Città del Vaticano), autonomer Stadtstaat im NW von Rom, 0,44 km², etwa 1 000 E, davon 830 mit vatikan. Staatsbürgerschaft (1980). Die V. umfaßt die Peterskirche, den Petersplatz, den Vatikanspalast (Vatikan) und seine Gärten mit Vatikan. Sammlungen, Vatikan. Bibliothek und Vatikan. Archiv. Weitere Kirchen und Paläste in Rom genießen Exterritorialität, ebenso der Sommersitz in Castel Gandolfo. Die V. besitzt eine eigene Garde (Schweizergarde), die auch Polizeifunktionen ausübt, zahlr. wiss. Studieneinrichtungen, Rundfunkanstalt (Radio Vatikan sendet in 33 Sprachen), Observatorium, Zeitungen, Post- und Telegrafenamt, Druckerei; sie gibt eigene Münzen und Briefmarken heraus. Eigener Bahnhof mit Anschluß an das Netz der italien. Staatsbahnen. Die wirtsch. Interessen der V. werden durch Banken vertreten, außerdem ist sie an zahlr. Industrieunternehmen beteiligt.

Zur **Geschichte** ↑Papsttum, ↑Kirchenstaat.

Politisches System: Die V. ist seit den Lateranverträgen 1929 souveräner Staat (↑auch Apostolischer Stuhl). Nach dem Staatsgrundgesetz von 1929 ist die V. eine absolute Monarchie. *Staatsoberhaupt* ist der Papst (seit 1978 Papst Johannes Paul II.); er hat zugleich die höchste *legislative, exekutive* und *judikative* Gewalt inne und regiert auch die V. mit Hilfe von ihm ernannter und von ihm abhängiger Organe (↑Kurie). Bei Sedisvakanz liegen diese Vollmachten bei einem Kardinalskollegium, das jedoch Gesetze nur für die Dauer der Sedisvakanz erlassen kann. Die V. hat ein eigenes Gerichtswesen. Appellationsgericht ist der Gerichtshof der ↑Rota. - *Internat. Mitgliedschaften* bestehen nicht.

⌨ *Petersdom u. Vatikan*. Hg. v. M. Fagiolo. Freib. 1983. - *Neuvecelle, J./Imber, W.: Vatikan. Blick über die Mauer*. Dt. Übers. Aschaffenburg 1982.

Vatnajökull [isländ. 'vahtnajœːkʏdl], Plateaugletscher in SO-Island, mit 8456 km² und einer Eismächtigkeit von über 1000 m der größte Gletscher Europas.

Vättersee (schwed. Vättern), See im östl. S-Schweden, 88 m ü. d. M., mit 1912 km² zweitgrößter schwed. See, 128 km lang, 31 km breit, 128 m tief, durch den ↑Götakanal mit Vänersee und Ostsee verbunden.

Vauban, Sébastien le Prestre de [frz. vo'bã], * Saint-Léger (= Saint-Léger-Vauban [Yonne]) 1. Mai 1633, † Paris 30. März 1707, frz. Marschall und Festungsbaumeister. - Nach Ausbildung zum Ingenieuroffizier in der span. Armee ab 1653 in frz. Diensten, leitete 1658 Belagerungen von Grenzfestungen in den Span. Niederlanden, befestigte ab 1662 Dünkirchen und wurde 1678 Generalinspekteur des Festungswesens. V. legte planmäßig im gesamten N und O Frankreichs Sperrfestungen an, darunter Metz, Straßburg und Neubreisach (Abb. Bd. 7, S. 50) und trug so zur Begründung der größten Militärmacht Europas bei. Neben militärwiss. Schriften verfaßte V. auch wirtschaftswiss. Werke und umfangreiche statist. Untersuchungen.

Vaucluse [frz. voˈklyːz], Dep. in Frankreich.

Vaud [frz. vo], schweizer. Kt., ↑Waadt.

Vaudeville [vodəˈviːl; frz.], urspr. populäre Lieder sowie Liedeinlagen in den Stegreifstücken der italien. Komödianten in Paris (seit etwa 1640), dann auch Bez. der Stücke und schließl. das Theater selbst. Das V. war zw. etwa 1700 und 1750 die Hauptform des frz. Singspiels, v. a. als Zeitkritik und Satire auf dem Pariser Jahrmarktstheater (Théâtre de la foire) gepflegt. Um 1765 wurde es von der Opéra comique weitgehend verdrängt. V. hießen auch die in der Opéra comique am Schluß übl. stroph. Rundgesänge auf populäre Melodien.

Vaudou (Vaudoux) [frz. voˈdu] ↑Wodu.

Vaughan, Sarah [engl. vɔːn], * Newark (N. J.) 27. März 1924, amerikan. Jazzmusikerin (Gesang, Klavier). - Eine der bedeutendsten Sängerinnen des modernen Jazz; ihr Stil ist u. a. durch instrumentalen Einsatz der Stimme gekennzeichnet.

Vaughan Williams, Ralph [engl. ˈvɔːn ˈwɪljəmz], * Down Ampney (Gloucestershire) 12. Okt. 1872, † London 26. Aug. 1958, engl. Komponist. - Ab 1919 Kompositionslehrer am Royal College of Music in London. Stilistisch integriert V. W. Traditionen des engl. Volkslieds und der Kunstmusik von der Tudorzeit bis H. Purcell; in seinen späteren Werken entwickelte er eine werkspezif. Tonordnung im Rahmen erweiterter Tonalität. Er komponierte Opern (u. a. „The pilgrim's progress", 1951), Oratorien, Ballette, Orchesterwerke (u. a. 9 Sinfonien), Kammer-, Klavier- und Orgelmusik, Chorwerke und Lieder.

Vaugoin, Karl [frz. voˈgwɛ̃], * Wien 8. Juli 1873, † Krems an der Donau 11. Juni 1949, östr. Politiker (Christlichsozialer). - 1920-33 Abg. im Nationalrat; schuf als Min. für das Heerwesen 1921 und 1922-33 das östr. Bundesheer; Sept. 1929-Sept. 1930 Vizekanzler, Sept.-Nov. 1930 Bundeskanzler; 1930-34 Obmann der Christlichsozialen Partei, 1938/39 in nat.-soz. Haft, danach bis 1945 Zwangsaufenthalt in Thüringen.

Vauquelin, Nicolas Louis [frz. voˈklɛ̃], * Saint-André-d'Hébertot (Calvados) 16. Mai 1763, † ebd. 14. Nov. 1829, frz. Chemiker. - Prof. an der École polytechnique in Paris und an anderen Hochschulen; entdeckte 1797 das Chrom und stellte das Beryllium dar.

Vauthier, Jean [frz. voˈtje], * Bordeaux 20. Sept. 1910, frz. Dramatiker. - Vertreter der zeitgenöss. frz. Theateravantgarde, dessen Drama „Kapitän Bada" (1952) am Beginn der Ära des absurden Theaters steht; behandelt mit Vorliebe in seinen „Antistücken" den Schaffensprozeß des Dichters („Fortissimo", 1955); auch Hörspiele.

Vauvenargues, Luc de Clapiers, Marquis de [frz. vovˈnarg], * Aix-en-Provence 6. Aug. 1715, † Paris 28. Mai 1747, frz. philosoph. Schriftsteller. - Freund Voltaires. Seine aphorismenartigen Reflexionen weisen ihn als Gegner des Rationalismus und Vertreter stoischer Lebenshaltung aus; erblickte im unmittelbaren, myst.-frommen Gefühl die Quelle des Erkennens; einer der größten frz. Moralisten mit nachhaltigem Einfluß auf Nietzsche. - *Werke:* Einleitung zur Kenntnis des menschl. Geistes (1746), Betrachtungen und Maximen (1746).

Vaux, Roland de [frz. vo], eigtl. R. Guérin de V., * Paris 17. Dez. 1903, † Jerusalem 10. Sept. 1971, frz. kath. Theologe und Archäologe. - Dominikaner; 1933 Prof. und 1945-65 Direktor der „École biblique et archéologique française de Jérusalem"; leitete 1946-60 die Ausgrabungen von Tel Fara (der Residenzstadt Thirsa der alttestamentl. Könige Jerobeam bis Omri) und 1949-58 von Kumran.

Vaux-le-Vicomte [frz. volvi'kõ:t], frz. Schloß 5 km nö. von Melun; erbaut von L. ↑Le Vau, ein wichtiger Bau der frz. Schloßbaukunst, Vorstufe von Versailles; großartiger Park von A. Le Nôtre (1653-60).

Växjö [schwed. ˌvɛkʃøː], schwed. Stadt in Småland, 66 200 E. Hauptstadt des Verw.-Geb. Kronoberg, luth. Bischofssitz; Hochschule (gegr. 1977), Museen, Garnison; Maschinenbau, Holzindustrie. - Alte Kultstätte; wurde 1164/70 Bischofssitz (seit 1530 luth.); im MA bed. Handelsplatz; erhielt 1342 Stadtrecht.

Väyrynen, Paavo Matti [finn. 'væÿrynɛn], * Kemi 2. Sept. 1946, finn. Politiker. - Seit 1970 Mgl. des Parlaments; seit 1972 stellv. Vors. der Zentrumspartei; 1975/76 Erziehungs-, 1976/77 Arbeits-, 1977-82 und 1983-86 Außenminister.

Vázquez (Vásquez), Gabriel [span. 'baθkɛθ], gen. Bellomontanus, * Villaescusa de Haro 18. Juni 1549, † Jesús del Monte 30. Sept. 1604, span. kath. Theologe und Jesuit. - Prof. in Ocaña, Madrid und am Jesuitenkolleg in Alcalá; 1586-91 Nachfolger von F. Suárez am Collegium Romanum in Rom; ab 1591 wieder in Alcalá; einer der bedeutendsten Vertreter der Schule von Salamanca und der Barockscholastik, der sich v. a. um eine enge Verknüpfung von thomist.-spekulativer mit postiver Theologie bemühte; seine Morallehre beeinflußte nachhaltig die Sozial- und Rechtsgeschichte der Folgezeit.

Vázquez de Coronado, Francisco [span. 'baθkɛθ ðe koro'naðo], * Salamanca um 1510, † Mexiko Ende 1554, span. Konquistador und Erforscher des sw. Nordamerika. - Kam 1535 nach Neuspanien und brach im Febr. 1540 zur Suche nach den legendären 7 Städten von Cíbola auf. V. de C. entdeckte und erforschte die Grand Canyon, Teile New Mexicos und Arizonas, die Mündung des Colorado und Teile von Texas und Kansas.

Vatikanstadt. Übersichtskarte

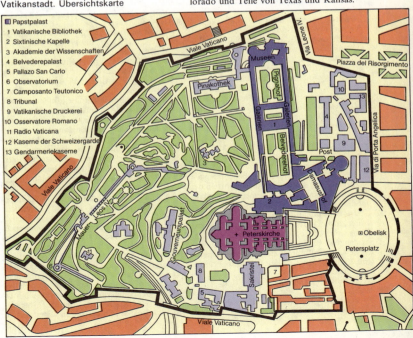

Vc., Abk. für: ↑ Violoncello.
v. Chr., Abk. für: vor Christus (vor Christi Geburt).
VDA, Abk. für: ↑ Verband der Automobilindustrie e. V.
VDE, Abk. für: ↑ Verband Deutscher Elektrotechniker e. V.
VDEW, Abk. für: ↑ Vereinigung Deutscher Elektrizitätswerke - VDEW - e. V.
VDI, Abk. für: ↑ Verein Deutscher Ingenieure e. V.
VDS, Abk. für: ↑ Vereinigte Deutsche Studentenschaften.
VE, Abk. für: ↑ Verrechnungseinheit.
Veadar [hebr. „und ein (weiterer Monat) Adar"] (Adar scheni), 13. Monat des jüd. (Schalt)jahres, der zum Ausgleich der Differenz zw. Mondjahr und Sonnenjahr eingeschaltet wird.
VEB, Abk. für: ↑ Volkseigener Betrieb.
VEBA-AG, dt. Konzern der Energiewirtschaft, Sitz Düsseldorf, gegr. 1929 vom Freistaat Preußen als Vereinigte Elektrizitäts- und Bergwerks-AG; wichtige Unternehmensbereiche: Elektrizitätswirtschaft, Mineralöl, Chemie sowie Handel und Verkehr. Zum Konzern gehören weit über 500 in- und ausländische Gesellschaften, darunter Preuß. Elektrizitäts-AG, Chem. Werke Hüls AG, Stinnes AG, Raab-Karcher AG, Aral AG, Ruhrkohle AG. - Nach Teilprivatisierungen (1965 und 1980) verkaufte der Bund 1987 seine Kapitalanteile vollständig.
Veblen, Thorstein Bunde [engl. 'vɛblən], * Valders (Wis.) 30. Juli 1857, † Menlo Park (Calif.) 3. Aug. 1929, amerikan. Nationalökonom und Soziologe. - Begründer des Institutionalismus; auch bekannt durch seine Analyse externer Effekte beim Konsum, wonach bei gegebenen tatsächl. Preis eines Gutes die Nachfrage um so größer ist, je höher der vermeintl. Preis in den Augen der anderen liegt (**Veblen-Effekt**).
Vecchi, Orazio [italien. 'vɛkki], ≈ Modena 6. Dez. 1550, † ebd. 19./20. Febr. 1605, italien. Komponist. - 1581 Domkapellmeister in Salò, 1584 in Modena, ab 1586 Kanonikus am Dom von Correggio, ab 1596 wieder Domkapellmeister in Modena, ab 1598 auch Hofkapellmeister. Einer der bedeutendsten Madrigal- und Kanzonettenkomponisten der Zeit. Bes. bekannt durch seine Madrigalkomödie „L'Amfiparnaso" (1594).
Vecchietta, il [italien. vek'kjetta], eigtl. Lorenzo di Pietro, * Castiglione d'Orcia bei Siena um 1412, † Siena 6. Juni 1480, italien. Maler und Bildhauer. - Verband einen von Sassetta beeinflußten sienes. Traditionsstil mit Errungenschaften der florentin. Frührenaissance.
Vecellio, Tiziano [italien. ve'tʃɛllio] ↑ Tizian.
Vechta ['fɛçta], Krst. im Oldenburg. Münsterland, Nds., 34 m ü. d. M., 24 100 E. Abteilung der Univ. Osnabrück und der Kath. Fachhochschule Norddeutschland; Landesreit- und Fahrschule; Bischöfl. Münstersches Offizialat. Maschinenbau, Herstellung von Kränen und Baggern, Bekleidungswerk, Nahrungsmittelind. - Entstand als Siedlung bei einer um 1150 errichteten Burg der Grafen von Kalvelage (später: von V. oder von Ravensberg); Stadtrechtsverleihung wohl im 13. Jh. - Pfarrkirche Sankt Georg (1452 ff., im 18. Jh. wesentl. erneuert), ehem. Franziskanerkirche (1642).
V., Landkr. in Niedersachsen.
Vectis, röm. Name der Insel Wight.
Veda ↑ Weda.
Vedanta ↑ Wedanta.
vedische Religion ↑ wedische Religion.
Vedute [italien. „Ansichten" (zu lat. videre „sehen")], topograph. getreue Wiedergabe einer Landschaft, eines Stadtpanoramas, auch von Plätzen in Malerei und Graphik, oft mit Hilfe mathemat. Perspektive; es handelt sich v. a. um Italienansichten; auch schweizer. und niederl. Motive, die im 17.–19. Jh. im Zuge der Bildungsreisen aufkamen. - Abb. Bd. 4, S. 194.
Veen, Adriaan van der [niederl. ve:n], * Venray 16. Dez. 1916, niederl. Schriftsteller. - Zunächst stark vom Surrealismus beeinflußt; beschäftigt sich in seinen Romanen mit dem Verhältnis des einzelnen zur Gesellschaft.
Vega, Garcilaso de la [span. 'beɣa] ↑ Garcilaso de la Vega.
Vega [norweg. ˌveːga], Insel im südl. N-Norwegen, 127 km², bis 797 m hoch.
Vega [span.] ↑ Huerta.
Vega Carpio, Lope Félix de [span. 'beɣa 'karpjo] (Lope de Vega), * Madrid 25. Nov. 1562, † ebd. 27. Aug. 1635, span. Dichter. - Bedeutendster span. Lyriker von außerordentl. Volkstümlichkeit; Begründer des nat. span. Theaters. Aus einfachen Verhältnissen; nahm [als offizieller Dichter] an der Expedition der Armada gegen England teil; 1590–95 Sekretär des Herzogs von Alba; 1614 zum Priester geweiht; 1627 Ernennung zum Johanniterritter. Neben Romanzen, Eklogen, Kanzonen und Sonetten stehen erzähler. Werke wie der autobiograph. Roman „Dorothea" (1632), Schäferromane „Arkadien", 1598) und Verserzählungen; seine Hauptleistung liegt jedoch auf dramat. Gebiet, v. a. in der Entwicklung einer ausgeglichenen, spannungsreichen Handlung, deren bewegende Kräfte Ehre, Treue, Hingabe an das Königtum, span.-kath. Glaube und leidenschaftl. Liebe sind; die Charaktere sind der Handlung untergeordnet, die Grenzen zw. Rationalem und Irrationalem verwischt, der Handlungsablauf wird immer wieder durch unmittelbares Eingreifen übernatürl. Mächte beeinflußt; typ. für V. C. ist die kom. Figur des Graciosos, der den Helden parodiert. Von seinen angebl.

1 500 Dramen sind rd. 500 erhalten: u. a. histor. („Die Jüdin von Toledo", 1617), religiöse, mytholog. Schauspiele, Komödien („Der Ritter vom Mirakel", 1621; „Die schlaue Susanna", hg. 1635), in adliger Gesellschaft spielende Mantel- und Degenstücke, Dramatisierungen von Heiligenleben, Autos sacramentales.

📖 *Fries, F. R.: L. de Vega. Ffm. 1979. - L. de Vega. Hg. v. E. Müller-Bochat. Darmst. 1975. - L. de Vega studies, 1937–1962. Hg. v. J. H. Parker u. A. M. Fox. Toronto 1964.*

Vegesack, Siegfried von ['fe:gəzak], * Gut Blumbergshof bei Valmiera (Livland) 20. März 1888, † Burg Weißenstein bei Regen 26. Jan. 1974, dt. Schriftsteller. - Aus balt. Adel; ab 1918 in Deutschland. 1933 in „Schutzhaft"; 1934–38 in der Emigration (Schweden, Südamerika). Verf. von Romanen, Erzählungen und Gedichten, die v. a. die balt. Heimat und die Emigrantenzeit reflektieren; u. a. „Die balt. Tragödie" (R.-Trilogie, 1933–35), „Das Unverlierbare" (Ged., 1947), „Tanja" (En., 1959), „Die Überfahrt" (R., 1967).

vegetabilisch [lat.], pflanzlich.

vegetabilische Gerbung, svw. pflanzliche Gerbung (↑ Lederherstellung).

vegetabilische Wolle, svw. ↑ Kapok.

Vegetarier [engl., zu lat. vegetare „beleben"], jemand, der ausschließl. oder vorwiegend pflanzl. Nahrung zu sich nimmt.

Vegetarismus [lat.-engl.], Ernährungsweise, die ausschließlich rein pflanzl. Kost gelten läßt und alle tier. Produkte ablehnt *(strenger V.);* eine gemäßigtere Form ist der *Lakto-V.*, der neben pflanzl. Kost auch tier. Produkte wie Eier, Milch und Milcherzeugnisse zuläßt.

Vegetation [zu lat. vegetatio „Belebung, belebende Bewegung"] (Pflanzendecke), Gesamtheit der Pflanzen, die die Erdoberfläche bzw. ein bestimmtes Gebiet mehr oder weniger geschlossen bedecken. Die V. der Erde bzw. eines Teilgebietes läßt sich nach verschiedenen Kriterien gliedern: 1. pflanzengeograph.-systemat. nach Florenreichen; 2. pflanzensoziolog. nach Pflanzengesellschaften; 3. physiognom.-ökolog. nach Pflanzenformationen. Diese Gliederung spiegelt sich in der räuml. Verteilung der V. über die Erde in Form von ↑ Vegetationszonen wider.

Vegetationsgeographie, Teilgebiet der Biogeographie bzw. geograph. Forschungsrichtung der Geobotanik, die die räuml. Verbreitung der Pflanzen auf der Erde darzustellen und ursächl. zu erklären versucht.

Vegetationsgottheiten, in der Religionsgeschichte Bez. für sterbende und auferstehende Götter, deren Tod die einbrechende Dürre, deren Wiederkehr den Beginn der Regenzeit brachte. Tod und Auferstehungen der V. wurden im **Vegetationskult** rituell gefeiert; bes. charakterist. für den Alten Orient.

Vegetationsgürtel, svw. ↑ Vegetationszonen.

Vegetationskunde ↑ Geobotanik.

Vegetationsorgane, in der Botanik Bez. für diejenigen Teile der Pflanzen, die im Ggs. zu den Geschlechtsorganen nur der Lebenserhaltung und nicht der geschlechtl. Fortpflanzung dienen. Die V. der höheren Pflanzen sind Sproßachse, Laubblätter und Wurzel.

Vegetationsperiode (Vegetationszeit), derjenige Zeitraum des Jahres, in dem Pflanzen photosynthetisch aktiv sind, d. h. wachsen, blühen und fruchten; im Ggs. zu der durch Trockenheit oder Kälte verursachten **Vegetationsruhe**.

Vegetationspunkt (Vegetationskegel), kegel- oder kuppenförmige Spitzenregion von Sproß und Wurzel bei Farn- und Samenpflanzen. Der *Sproß-V.* besteht aus primärem Bildungsgewebe, das, von einer einzelnen Scheitelzelle (bei den meisten Farnpflanzen) bzw. von einer Gruppe von Initialzellen (bei den Samenpflanzen) ausgehend, durch fortlaufende Zellteilungen das Ausgangsmaterial für die in der anschließenden Differenzierungszone stattfindende Organbildung und Gewebsdifferenzierung liefert. Der *Wurzel-V.* wird von einer sich ständig erneuernden Wurzelhaube geschützt. Der V. gewährleistet das lebenslang anhaltende Wachstum der Pflanze. Nur bei der Blütenbildung wird der Sproß-V. vollständig in Dauergewebe übergeführt.

Vegetationsstufen (Höhenstufen), durch Temperatur und Niederschlag bedingte Vegetationszonen (auch Wirtschaftszonen), die an einem Gebirgshang (vertikal) aufeinander folgen. In den gemäßigten Breiten (von unten): **kolline Stufe** (Hügellandstufe), umfaßt das Hügelland und die Hanglagen der Mittelgebirge bis 500 (maximal 800) m; Standorte für wärmeliebenden Eichenmischwald und Kiefernwald; in sehr trockenen Lagen Ausbildung von Steppenheidevegetation. **Montane Stufe** (Bergwaldstufe), im allg. von einer charakterist. Waldformation gebildet; bis etwa 1 400–1 600 m. **Alpine Stufe**, von der Baumgrenze bis zur klimat. Schneegrenze; bis etwa 2 500 m. Nach den Wuchsformen der vorherrschenden Pflanzen werden unterschieden (von unten nach oben aufeinanderfolgend): Krummholz-, Zwergstrauch-, Matten- *(subalpine Stufe)* und Polsterpflanzengürtel. **Nivale Stufe** (Schneestufe), die hier noch wachsenden Moose und Flechten treten in Gruppen oder nur einzeln an schneearmen Standorten (Grate, Felswände) auf; in den Alpen von 2 700–3 100 m.

Vegetationszeit, svw. ↑ Vegetationsperiode.

Vegetationszonen (Vegetationsgürtel, Vegetationsgebiete), den Klimazonen der Erde zugeordnete, mehr oder weniger breitenkreisparallel verlaufende Gebiete, die von be-

vegetativ

stimmten, für die jeweiligen klimat. Bedingungen charakterist. Pflanzenformationen besiedelt werden (z. B. Regenwald und Savanne der Tropen, Laubwald der gemäßigten Zonen, Tundra der subpolaren Gebiete).

vegetativ [lat.], ungeschlechtlich; nicht mit der geschlechtl. Fortpflanzung in Zusammenhang stehend.
♦ unwillkürlich, unbewußt; in der Biologie und Medizin von den Funktionen des vegetativen Nervensystems gesagt.

vegetative Dystonie ↑ Dystonie.

vegetative Fortpflanzung ↑ Fortpflanzung.

vegetative Funktionen, die für den inneren Betrieb des Organismus zuständigen, vom vegetativen Nervensystem gesteuerten, i. d. R. unbewußt-unwillkürlich ablaufenden Funktionen; im Ggs. zu den vom animal. Nervensystem gesteuerten *animal. Funktionen,* die für die Auseinandersetzung mit der Umwelt zuständig sind.

vegetative Muskulatur, svw. glatte Muskulatur (↑ Muskeln).

vegetative Phase, die der ↑ reproduktiven Phase vorausgehende Entwicklungs- und Wachstumsphase eines Lebewesens.

vegetatives Nervensystem (autonomes Nervensystem, Eingeweidenervensystem), bei den Wirbeltieren (einschl. Mensch) das im Unterschied zu dem hauptsächl. die Extremitätenmuskulatur innervierenden (willkürl.) Nervensystem das v. a. die Funktionen der Eingeweideorgane steuernde und kontrollierende (unwillkürl.) Nervensystem, das sich aus ↑ Sympathikus und ↑ Parasympathikus zusammensetzt.

vegetieren [lat.], ohne Blüte, nur in der ↑ vegetativen Phase leben; im *übertragenen Sinne:* kümmerlich, kärglich dahinleben.

Végh, Sándor (Alexandre) [ungar. ve:g], * Klausenburg 17. Mai 1912, ungar.-frz. Violinist. - 1940 Prof. in Budapest; gründete ein eigenes Quartett, mit dem er seit 1946 internat. Konzerttourneen unternahm. Unterrichtete in Basel, Freiburg im Breisgau, Düsseldorf, seit 1978 in Salzburg.

vehement [lat.], heftig, ungestüm, jäh; **Vehemenz,** Heftigkeit, Schwung.

Vehikel [zu lat. vehiculum „Fahrzeug"], 1. Hilfsmittel; etwas, das als Mittel zu etwas dient; etwas, wodurch etwas ausgedrückt oder begründet wird; 2. umgangssprachl. für altes, klappriges Fahrzeug; 3. wirkungsloser Stoff in Arzneien zum Transport der Wirkstoffe.

Veidt, Conrad [faɪt], * Berlin 22. Jan. 1893, † Los Angeles-Hollywood 3. April 1943, dt. Schauspieler. - Ab 1917 beim Film mit dämon.-bösen Rollen, u. a. „Das Kabinett des Dr. Caligari" (1919), „Das Wachsfigurenkabinett" (1924), „Der Student von Prag" (1926); danach bis 1930 in Hollywood; emigrierte 1932 nach Großbrit.; wurde - ab 1940 wieder in Hollywood - v. a. in Mörder- und Nazirollen eingesetzt. - *Weitere Filme:* Der Kongreß tanzt (1931), Der Dieb von Bagdad (1940), Casablanca (1943).

Veil, Simone [frz. vɛj], * Nizza 13. Juli 1927, frz. Politikerin. - Während der nat.-soz. Zeit zeitweise im KZ Ravensbrück; 1974–77 Gesundheitsmin., 1977/78 Min. für Gesundheit und soziale Sicherheit, 1978/79 für Gesundheit und Familienfragen; 1979–82 Präs. des Europ. Parlaments; erhielt 1981 den Internat. Karlspreis.

Veilchen [zu lat. viola „Veilchen"] (Viola), Gatt. der V.gewächse mit rd. 450 Arten in der nördl. gemäßigten Zone und den Gebirgen der Tropen und Subtropen; meist Stauden, seltener Halbsträucher; Blätter wechsel- oder grundständig, oft ei- oder herzförmig, mit Nebenblättern; Blüten meist einzeln, zweiseitig-symmetr. (zygomorph), mit Sporn, oft blau bis violett oder gelb. - Die häufigsten in Deutschland vorkommenden 22 Arten sind **Hundsveilchen** (Viola canina, niedrige Staude mit kriechendem Stengel, lanzettförmigen Blättern und blauen, duftlosen Blüten mit gelbl. Sporn; auf Heiden und in Wäldern mit sauren Böden), **Waldveilchen** (Viola reichenbachiana, 5–20 cm hohe Staude mit aufsteigenden Stengeln und längl.-eiförmigen Blättern mit lang gefransten Nebenblättern; Blüten violett, mit langem, geradem, meist tiefviolettem Sporn, geruchlos; in Mischwäldern), **Spornveilchen** (Viola calcarata, 4–10 cm hoch, mit unverzweigten Stengeln; Blüten 2,5–4 cm lang, meist dunkelviolett, mit meist 8–15 mm langem Sporn; in den Alpen ab etwa 1600 m). Zur Gatt. V. gehören auch das ↑ Stiefmütterchen und das **Hornveilchen** (Viola cornuta, 20–25 cm hoch, mit kriechendem Wurzelstock und beblättertem Stengel; Blüten violett).

Veilchengewächse (Violaceae), Fam. der Zweikeimblättrigen mit rd. 850 Arten in 16 Gatt., v. a. in den Tropen und Subtropen; einzelne Gatt. v. a. die Gatt. ↑ Veilchen, auch in den gemäßigten Zonen bis in die Arktis; Bäume, Sträucher, Halbsträucher oder Kräuter; Blätter mit Nebenblättern; Blüten in Trauben, Ähren, Rispen oder einzeln achselständig.

Veilchenschnecken (Floßschnecken, Janthina), Gatt. 1–5 cm langer, die Hochsee bewohnender Vorderkiemer mit dünnwandigem, rundl., violett gefärbten Gehäuse ohne Deckel. Die räuber. lebenden Tiere treiben an der Wasseroberfläche an einem selbstgebauten lufterfüllten, gekammerten, an erhärtetem Schleim gebildeten „Schwimmfloß".

Veilchenwurzel, svw. ↑ Iriswurzel.
♦ (Beißwurzel) saponinhaltiger Wurzelstock des Märzveilchens.

Veiling [niederl. 'vɛɪlɪŋ], in den Niederlanden und in Belgien Ende des 19. Jh. entstandene Versteigerungszentralen, v. a. für

Produkte der Landwirtschaft und des Gartenbaus. Die Versteigerung erfolgt meist durch Abschlag, indem von einem [hohen] Preis so lange nach unten gegangen wird, bis sich ein Bieter findet.

Veillon-Preis [frz. vɛˈjõ] (Charles-V.-P.), 1947 von dem schweizer. Industriellen C. Veillon (* 1900, † 1971) gestifteter internat. Literaturpreis.

Veilsdorf [ˈfaɪlsdɔrf], Gem. an der Werra, Bez. Suhl, DDR, 2000 E. Im ehem. *Kloster V.* (1524/25 aufgegeben) wurde 1760 eine Porzellanmanufaktur gegr. (Geschirre und v. a. Plastik im Rokoko- und klassizist. Stil).

Veit [faɪt], männl. Vorname (zu mittellat. Vitus, dessen Bed. ungeklärt ist).

Veit, hl. [faɪt] ↑ Vitus, hl.

Veitshöchheim [faɪtsˈhøːçaɪm], Gem. am rechten Mainufer, Bay., 178 m ü. d. M., 9400 E. Meisterschule der Bayer. Landesanstalt für Wein-, Obst- und Gartenbau; Garnison. - Ehem. Lustschloß der Würzburger Fürstbischöfe (1763 ff. umgestaltet und erweitert) mit figur. Park.

Veitstanz [ˈfaɪts; nach dem hl. Veit (↑ Vitus)], (Chorea minor) v. a. bei Mädchen zw. dem 6. und 13. Lebensjahr (mit einem Häufigkeitsgipfel im Winter und Frühjahr) auftretende Nervenkrankheit (zerebrale Form des rheumat. Fiebers als Äquivalent eines Rheumarezidivs). Die Kinder fallen anfangs durch Reizbarkeit, Zappeligkeit und Verschlechterung des Schriftbildes auf. Hauptsymptome der Erkrankung sind eine Abnahme des Muskeltonus der Skelettmuskulatur und Hyperkinese (Grimassieren und choreat., d. h. ungewollte unkoordiniert-ausfahrende, schleudernde Bewegungen und Zuckungen der Gliedmaßen), die sich bei seel. Anspannung verstärkt. Die Erkrankung dauert selten länger als 8–12 Wochen, sie neigt jedoch zu Rückfällen. Die Behandlung besteht in strenger Bettruhe, u. U. mit Milieuwechsel, ferner in der Gabe von Beruhigungs- und antirheumat. Mitteln. Zur Vorbeugung gegen Rückfälle wird über Jahre Penicillin gegeben.

◆ (Huntington-Chorea, Chorea chronica progressiva hereditaria, Chorea major, erbl. Veitstanz) dominant vererbbare Erkrankung des Zentralnervensystems mit Zelluntergang im Streifenhügel und in der Stirnhirnrinde. Anzeichen des zw. dem 30. und 50. Lebensjahr beginnenden Leidens sind regellose, plötzlich einschießende Bewegungen der Arme, Beine oder des Gesichtes (Grimassieren, Schmatzen), später körperl. Verfall und zunehmende Verblödung. Die Krankheit ist unheilbar und führt innerhalb von 10 bis 15 Jahren zum Tode.

Veji (lat. Veii), wohl größte etrusk. Stadt, etwa 19 km nw. von Rom, beim heutigen Isola Farnese; aus Siedlungen der Villanovakultur entstanden; im etrusk. Zwölfstädtebund; hatte um 500 v. Chr. bed. Werkstätten der Tonplastik; nach der Überlieferung seit den Anfängen Roms zusammen mit Fidenae im Krieg mit Rom; nach langer Belagerung 396 v. Chr. von den Römern erobert; später röm. Munizipium. Etrusk. Reste: Minervatempel auf Portonaccio (berühmte Terrakottaplastiken, darunter der Apollon von Veji), ein in den Felsen gehauener Wassertunnel (Ponte Sodo; 6. Jh. v. Chr.), Grabanlage (Tomba oder Grotta Campana; wohl älteste etrusk. Grabmalereien, Anfang des 6. Jh. v. Chr.), Akropolis.

Vektor [lat.; eigtl. „Träger, Fahrer"], eine in *Mathematik, Physik* und *Technik* oft verwendete Größe, die in geometr. Deutung als eine mit bestimmtem Richtungssinn versehene Strecke aufgefaßt und durch einen Pfeil dargestellt werden kann, der beliebig parallel verschoben werden darf. Allg. wird ein V. in einem n-dimensionalen Raum durch n Komponenten $v_1, v_2, ..., v_n$ bezügl. eines Koordinatensystems festgelegt, die ein geordnetes n-tupel von n reellen Zahlen bilden; man schreibt $\boldsymbol{v} = (v_1, ..., v_n)$, speziell im dreidimensionalen Raum mit auf ein kartes. (rechtwinkliges) Koordinatensystem bezogenen Komponenten: $\boldsymbol{v} = (v_x, v_y, v_z)$. Die skalare Größe $|\boldsymbol{v}| = v = \sqrt{v_x^2 + v_y^2 + v_z^2}$ nennt man den *Betrag* des V. $\boldsymbol{v}$; sie ist gleich der Länge einer gerichteten Strecke, die $\boldsymbol{v}$ repräsentiert. V. mit dem Betrag 1 nennt man *Einheitsvektoren*. Durch die in Richtung der Koordinatenachsen weisenden Einheitsvektoren $\boldsymbol{e}_x = (1,0,0)$, $\boldsymbol{e}_y = (0,1,0)$, $\boldsymbol{e}_z = (0,0,1)$ kann ein beliebiger V. folgendermaßen in eindeutiger Weise dargestellt werden: $\boldsymbol{v} = v_x \boldsymbol{e}_x + v_y \boldsymbol{e}_y + v_z \boldsymbol{e}_z$. (↑ auch Vektorraum, ↑ Vektorrechnung.)

Vektoranalysis, Teilgebiet der Vektorrechnung, das sich v. a. mit der Differentiation und Integration von **Vektorfunktionen** befaßt, d. h. mit Funktionen, deren Werte nicht Zahlen, sondern Vektoren sind.

Vektorfunktion ↑ Vektoranalysis.

vektoriell [lat.], svw. vektorartig (↑ Vektor).

Vektor. Darstellung eines Vektors $\boldsymbol{v}$ durch Komponentenzerlegung im kartesischen Koordinatensystem

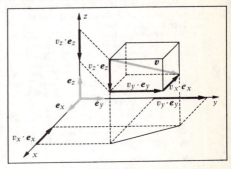

Vektorkardiographie

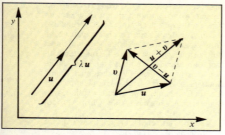

Vektorrechnung. Multiplikation eines Vektors **u** mit einem skalaren Faktor $\lambda > 1$ (links) und Addition beziehungsweise Subtraktion zweier Vektoren **u** und **v** im zweidimensionalen Raum (sogenanntes Vektorparallelogramm)

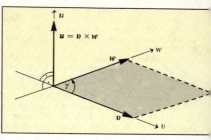

Vektorrechnung. Graphische Darstellung des Vektorprodukts zweier Vektoren **v** und **w** (der Betrag des resultierenden Vektors **u** ist gleich dem Inhalt des von **v** und **w** unter dem Winkel γ aufgespannten Parallelogramms)

Vektorkardiographie, Aufzeichnung der Veränderungen der Stärke und Richtung der Aktionsströme der Herzmuskelfasern während des zeitl. Ablaufs der Herzaktion mit Hilfe des Vektorkardiographen. Die V. ermöglicht neben der Beurteilung der Herztätigkeit auch die Erfassung der Herzmaße und der Lage des Herzens im Körper.

Vektorprodukt ↑Vektorrechnung.

Vektorraum (linearer Raum), eine Menge V, für deren als *Vektoren* bezeichnete Elemente (**u**, **v**, **w**, ...) die Addition, ferner die Multiplikation mit den als *Skalare* bezeichneten Elementen eines ↑Körpers K auf folgende Weise definiert sind: 1. Je zwei Elementen **u**, **v** ∈ V ist eindeutig ein Element (**u** + **v**) ∈ V zugeordnet, die Summe von **u** und **v**; V bildet bezügl. der Addition eine abelsche ↑Gruppe. 2. Die Multiplikation mit einem Skalar $k \in K$ ordnet jedem Element **u** ∈ V eindeutig ein Element $k \cdot \mathbf{u} \in V$ zu; für diese [äußere] Multiplikation mit Skalaren aus K gelten die Regeln:

(a) $a \cdot (\mathbf{u} + \mathbf{v}) = a \cdot \mathbf{u} + a \cdot \mathbf{v}$
(b) $(a + b) \cdot \mathbf{u} = a \cdot \mathbf{u} + b \cdot \mathbf{u}$
(c) $a \cdot (b \cdot \mathbf{u}) = (a \cdot b) \cdot \mathbf{u}$
(d) $1 \cdot \mathbf{u} = \mathbf{u}$

für alle $a, b \in K$ und **u**, **v** ∈ V. Bei der übl. Anwendungen ist K der Körper der reellen oder komplexen Zahlen.

Vektorrechnung, Teilgebiet der Mathematik, das sich mit den ↑Vektoren und ihren algebraischen Verknüpfungen befaßt (*Vektoralgebra*), i. w. S. auch mit der Anwendung der Differential- und Integralrechnung auf Vektorfunktionen (*Vektoranalysis*). - Die *Summe* zweier Vektoren $\mathbf{v} = (v_x, v_y, v_z)$ und $\mathbf{w} = (w_x, w_y, w_z)$ ist definiert als

$$\mathbf{v} + \mathbf{w} = (v_x + w_x, v_y + w_y, v_z + w_z).$$

Die *Multiplikation* eines Vektors $\mathbf{u} = (u_x, u_y, u_z)$ mit einem Zahlenfaktor (Skalar) λ ist erklärt durch $\lambda \mathbf{u} = (\lambda u_x, \lambda u_y, \lambda u_z)$. Es gelten die folgenden Rechenregeln:

1) $\mathbf{u} + (\mathbf{v} + \mathbf{w}) = (\mathbf{u} + \mathbf{v}) + \mathbf{w}$ (Assoziativgesetz),
  $\mathbf{u} + \mathbf{v} = \mathbf{v} + \mathbf{u}$ (Kommutativgesetz),
2) $\lambda (\mu \mathbf{u}) = (\lambda \mu) \mathbf{u} = \mu (\lambda \mathbf{u})$,
3) $(\lambda + \mu) \mathbf{u} = \lambda \mathbf{u} + \mu \mathbf{u}$ } (Distributiv-
  $\lambda (\mathbf{u} + \mathbf{v}) = \lambda \mathbf{u} + \lambda \mathbf{v}$ } gesetze),
4) $1 \mathbf{u} = \mathbf{u}$.

Dabei sind λ und μ reelle Zahlen. Als Axiome genommen definieren diese Regeln den ↑Vektorraum. Das *Skalarprodukt* $\mathbf{u} \cdot \mathbf{v} = (\mathbf{u}, \mathbf{v})$ zweier Vektoren **u** und **v** definiert man als

$$\mathbf{u} \cdot \mathbf{v} = (\mathbf{u}, \mathbf{v}) = u_x v_x + u_y v_y + u_z v_z$$
$$= |\mathbf{u}| \cdot |\mathbf{v}| \cdot \cos \varphi = u \cdot v \cdot \cos \varphi$$

($|\mathbf{u}|$ und $|\mathbf{v}|$ Beträge der Vektoren **u** und **v**, φ Winkel zw. **u** und **v**). Das Skalarprodukt ist also kein Vektor, sondern eine Zahl. Es ist Null, wenn mindestens einer der beiden Vektoren Null ist oder wenn die beiden Vektoren senkrecht aufeinander stehen ($\cos 90° = 0$).

Das *Vektorprodukt* (äußeres Produkt, Kreuzprodukt), das je zwei Vektoren **v**, **w** einen dritten Vektor $\mathbf{u} = \mathbf{v} \times \mathbf{w}$ zuordnet, ist definiert als

$$\mathbf{u} = \begin{vmatrix} v_y & w_y \\ v_z & w_z \end{vmatrix} \mathbf{e}_x + \begin{vmatrix} v_z & w_z \\ v_x & w_x \end{vmatrix} \mathbf{e}_y + \begin{vmatrix} v_x & w_x \\ v_y & w_y \end{vmatrix} \mathbf{e}_z.$$

Der Vektor **u** steht senkrecht auf **v** und auf **w**, er ist so gerichtet, daß die Vektoren **v**, **w** und **u** in dieser Reihenfolge ein Rechtssystem bilden (↑Dreibein) und hat den Betrag $|\mathbf{u}| = |\mathbf{v}| |\mathbf{w}| \cdot \sin \gamma$ (γ Winkel zw. **v** und **w**). Der Betrag von **u** ist somit gleich dem Inhalt des von **v** und **w** aufgespannten Parallelogramms. Das Vektorprodukt ist im Ggs. zum Skalarprodukt antikommutativ, d. h., es gilt

$$\mathbf{v} \times \mathbf{w} = - \mathbf{w} \times \mathbf{v}.$$

Das *Spatprodukt (Dreierprodukt)* dreier Vektoren **u**, **v** und **w** ist definiert als:

$$uvw = [uvw] = u \cdot (v \times w) = \begin{vmatrix} u_x & v_x & w_x \\ u_y & v_y & w_y \\ u_z & v_z & w_z \end{vmatrix}$$

Es ist kein Vektor, sondern eine (positive oder negative) reelle Zahl, deren Betrag gleich der Maßzahl des Volumens des von **u**, **v**, **w** aufgespannten Spates ist (↑ Parallelepiped).

Vela [lat.] ↑ Sternbilder (Übersicht).

velar [zu lat. velum „(Gaumen)segel"], in der Phonetik: auf den hinteren Gaumen bezogen, mit Hilfe des Gaumensegels artikuliert, z. B. der Laut [x] in *ach*. Velare Konsonanten [k, g, ŋ, x, ɣ] werden auch als Gaumensegellaute bezeichnet, velare Vokale, z. B. [o, ʌ, ɔ, ɑ] nennt man meist hintere Vokale.

Velasco Alvarado, Juan [span. beˈlasko alβaˈraðo], * Piura 16. Juni 1910, † Lima 24. Dez. 1977, peruan. General und Politiker. - 1968 Oberbefehlshaber des Heeres und nach dem Militärputsch gegen Präs. F. Belaúnde Terry (3. Okt. 1968) dessen Nachfolger; am 29. Aug. 1975 durch einen Militärputsch gestürzt.

Velasco Ibarra, José Maria [span. beˈlasko iˈβarra], * Quito 19. März 1893, † ebd. 30. März 1979, ecuadorian. Jurist und Politiker. - 1934/35, 1944–47, 1952–56, 1960/61 und 1968–72 Staatspräs.; mehrfach gestürzt und im argentin. Exil.

Velay [frz. vəˈlɛ], Bergland beiderseits der oberen Loire im östl. Zentralmassiv, Frankr., bis 1 421 m hoch, Hauptort Le Puy.

Velázquez, Diego Rodríguez de Silva y [span. beˈlaθkɛθ], ≈ Sevilla 6. Juni 1599, † Madrid 6. Aug. 1660, span. Maler. - Seine Frühzeit verbrachte V. in Sevilla, 1613–17 in dem gebildeten Hause von F. Pacheco als dessen Schüler (und Schwiegersohn seit 1618). Sein Frühwerk steht wesentlich unter dem Einfluß Caravaggios und der niederl. Malerei, er schuf v. a. Genrebilder des einfachen Volkes. 1622 reiste V. ein erstes, 1623 ein zweites Mal nach Madrid und wurde für sein Porträt Philipps IV. (nicht bekannt) zum Hofmaler berufen, Beginn einer glänzenden Hofkarriere (1652 Hofmarschall, 1658 Ritter des Santiago-Ordens). Das Leben im königl. Palast verschaffte V. freien Zugang zu den dortigen Kunstsammlungen und 1628 die persönl. Bekanntschaft mit Rubens. 1629–31 unternahm er eine Italienreise, bei der er die Bekanntschaft J. de Riberas machte. Das leuchtende Kolorit der großen Venezianer (Tizian) wirkte in der folgenden Madrider Zeit auch sein Werk, er dämpfte die Farbigkeit seiner Malerei jedoch wieder bis hin zu einem Silberton feinster (v. a. Grau-)Nuancen in seinem Spätwerk, dabei ist der Farbauftrag vergleichsweise dick („pastos"). Als Einkäufer für die königl. Kunstsammlungen bereiste V. 1649–51 erneut Italien und malte 1650 in Rom das Bildnis Papst Innozenz' X. (Rom, Galleria Doria Pamphili). V., der seine Funktion als Hofkünstler mit ausgeprägt persönl. Ausdruck zu verbinden wußte, fand - von den frühen Genrebildern (ein berühmtes spätes Arbeitsbild sind „Die Spinnerinnen", um 1657, Madrid, Prado) sowie einigen religiösen und mytholog. Kompositionen, Landschaftsausschnitten u. a. abgesehen - sein eigtl. Fach im Porträt und zählt zu dessen größten Vertretern. Auch Historienbilder wie „Die Übergabe von Breda" (1635; Madrid, Prado) oder sein Meisterwerk, die höf. Szene „Las Meninas" (1656; ebd.), gestaltete er als subtile Gruppenporträts. - *Weitere Werke:* Der Wasserträger von Sevilla (um 1620, London, Privatsammlung), Philipp IV. (zw. 1631–35, London, National Gallery); in Madrid, Prado: Triumph des Bacchus (1629), Die Schmiede Vulkans (1630), Ansichten der Gärten der Villa Medici (1630), Prinz Baltasar Carlos zu Pferde (1634/35), Der Hofnarr Don Diego de Acedo (1644), Die Infantin Margarita (um 1660). - Abb. S. 100.

📖 *Harris, E.:* V. Dt. Übers. Stg. 1982. - *Spinosa, N.:* V. Das Gesamtwerk. Bln. 1979. - *López Rey, J.:* V. A catalogue raisonné of his œvre. London 1963.

Velbert [ˈfɛlbərt], Stadt im Niederberg. Land, NRW, 77–303 m ü. d. M., 88 900 E. Dt. Schloß- und Beschlägemuseum. Zentrum der dt. Beschläge-, Schlösser- und Schlüsselind. - 875 zuerst erwähnt; seit 1860 Stadt; 1975 wurden die ehem. selbständigen Städte Langenberg (Stadtrecht 1831), Neviges (als Hardenberg-Neviges 1922 Stadtrecht, seit 1935 Neviges) und V. zur neuen Stadt V. zusammengeschlossen. - Im Ortsteil *Neviges* Wallfahrtskirche Maria, Königin des Friedens (1965–68); Schloß Hardenberg (16., 17./18. Jh.).

Veld [fɛlt; Afrikaans], das subtrop., sommerfeuchte Grasland im inneren Hochland S-Afrikas.

Velde, van de [niederl. ˈvɛldə], Name einer bed. niederl. Malerfamilie des 16. und 17. Jh. Bed. Vertreter:

V., *Adriaen van de,* ≈ Amsterdam 30. Nov. 1636, ⌂ ebd. 21. Jan. 1672. - Bruder von Willem van de V. d. J.; schuf weite, sonnige, horizontal gegliederte Flachlandschaften mit tiefem Horizont, bes. auch Strandbilder und Winterlandschaften, immer figürl. belebt und von heiterer festl. Stimmung, u. a. „Strand von Scheveningen" (1658, Kassel, Staatl. Kunstsammlungen).

V., *Esaias van de,* * Amsterdam 1590 oder 1591, ⌂ Den Haag 18. Nov. 1630. - Onkel von Adriaen und Willem d. J. van de V.; Reitergefechte, Überfälle und Plünderszenen waren vorbild. für viele Pferdemaler, seine Landschaften gehören zu den ersten Stimmungslandschaften, v. a. Winterlandschaften in silbrigem Ton; seine späten Werke in toni-

Velde

Diego Rodríguez de Silva y Velázquez, Las Meninas (1656). Madrid, Prado

gen Valeurs weisen auf das warmbraune Kolorit seines bed. Schülers J. van Goyen.

V., Willem van de, d.J., ≈ Leiden 18. Dez. 1633, † London 6. April 1707. - Bruder von Adriaen van de V.; v.a. in seiner Frühzeit vorzügl. Marinemaler, bes. Seeschlachten, wobei er genaue Kenntnis und zeichner. Virtuosität mit der Wiedergabe stimmungsvoller Seelandschaften von transparenter Farbigkeit verband. Seit 1674 als Hofmaler Karls II. am engl. Hof, dramatisierte er seine Darstellungen.

Velde [niederl. 'vɛldə], Anton van de, * Antwerpen 8. Juni 1895, † s'Gravenwezel (Prov. Antwerpen) 21. Juni 1983, fläm. Schriftsteller und Theaterregisseur. - Wurde als Verf. expressionist. [histor.] Schauspiele zum Erneuerer des fläm. Theaters nach dem 1. Weltkrieg. Schrieb auch Romane („Der Tag hat 24 Stunden" [1950]) und Kinderbücher.

V., Bram van, * Zoeterwoude (Südholland) 19. Okt. 1895, † Grimaud (Dep. Var, Frankreich) 28. Dez. 1981, niederl. Maler. - Vertreter der † École de Paris; seine Kompositionen suggerieren trotz ihrer abstrakten Formwerte figürl. Andeutungen.

V., Henry van de, * Antwerpen 2. April 1863, † Zürich 25. Okt. 1957, belg. Architekt und Kunstgewerbler. - Als Maler ausgebildet, wandte sich nach der Berührung mit der engl. Kunstbewegung der Architektur, der Inneneinrichtung und dem Kunstgewerbe zu (neben Möbeln, Gerät auch Buchkunst). In seiner Forderung nach Funktions- und Materialgerechtigkeit, seiner Verbindung von Kunst und Handwerk und seiner Vielseitigkeit wurde V. zum führenden Künstler und Theoretiker des Jugendstils. Seine Werke sind gekennzeichnet durch Kurven und Wölbungen, abgerundete Ecken und ein Ornament, das funktionale Zusammenhänge veranschaulicht. - 1902 als künstler. Berater an den großherzogl. Hof nach Weimar berufen, begr. 1906 die Kunstgewerbeschule ebd.; 1907 Mitbegr. des Dt. Werkbundes. Seit 1926 war er in Brüssel tätig, von 1947 an lebte er in der Schweiz. Zu seinen Hauptwerken zählen Wohnhäuser (u. a. sein eigenes in Uccle bei Brüssel, 1895), die Innenausstattung für das Folkwangmuseum in Hagen (1900-02; Original in Essen) und das Werkbundtheater in Köln (1914; abgebrochen). - Abb. Bd. 11, S. 106.

V., Theodo[o]r Hendrik van de, * Leeuwarden 12. Febr. 1873, † 27. April 1937 (Flugzeugabsturz), niederl. Frauenarzt und Sexualforscher. - Direktor der Frauenklinik in Haarlem, danach Direktor der Frauenklinik in Zürich. V. versuchte phys. und psych. Störungen in Ehebeziehungen zu erforschen und klin. zu behandeln. Von seinen Werken wurde insbes. „Die vollkommene Ehe. Eine Studie über ihre Physiologie und Technik" (dt. 1926, [77]1967) zu einem Welterfolg.

Veldeke, Heinrich von † Heinrich von Veldeke.

Vélez de Guevara, Luis [span. 'beleð ðe ɣe'βara], * Écija im Juli 1579, † Madrid 10. Nov. 1644, span. Dichter. - Verf. des satir. Schelmenromans „El diablo cojuelo" (1641), der durch die Bearbeitung von A. R. Lesage („Der hinkende Teufel", 1707) berühmt wurde; als Dramatiker (über 400 Stücke) in der Nachfolge Lope de Vegas.

Velin [ve'lɛ̃:; ve'liːn; lat.-frz.; eigtl. „vom Kalb"], urspr. Bez. für handgeschöpftes feines, weiches pergamentähnl. Papier (Durchdruck des Drahtgeflechts); seit Mitte des 18. Jh. mit glatter, gleichmäßiger Oberfläche (ohne Wasserzeichen).

Velitrae † Velletri.

VELKD, Abk. für: **V**ereinigte **E**vangelisch-**L**utherische **K**irche **D**eutschlands, † Evangelische Kirche in Deutschland.

VELK in der DDR, Abk. für: † **V**ereinigte **E**vangelisch-**L**utherische **K**irche in der **D**eutschen **D**emokratischen **R**epublik.

Vellberg ['fɛlbɛrk], Stadt am NW-Rand der Ellwanger Berge, Bad.-Württ., 375 m ü.d. M., 3 300 E. Gips-, Textilverarbeitung. - Aus einer Burgsiedlung hervorgegangen, 1102 erstmals erwähnt; 1500 Stadt. - Weitgehend erhaltene Befestigung (15. und 16. Jh.); ehem. Schloß, z. T. im Renaissancestil (16. Jh., jetzt Rathaus und Hotel).

Velleius Paterculus, Gajus (?), * um 20 v.Chr., † nach 30 n.Chr., röm. Offizier und Geschichtsschreiber. - U. a. Legionslegat des von ihm bewunderten Tiberius in Germanien und Pannonien; Verf. eines Abrisses der röm. Geschichte bis 30 n. Chr. in 2 Büchern, von denen das erste größtenteils verloren ist.

Velletri [italien. vel'le:tri], italien. Stadt in Latium, am S-Rand der Albaner Berge, 352 m ü. d. M., 42 400 E. Kath. Bischofssitz; Museum; landw. Markt und Weinhandelszentrum. - **Velitrae** wurde im 6. Jh. v. Chr. von den Volskern erobert und 338 v. Chr. von Rom unterworfen (Colonia unter Claudius); um die Mitte des 5. Jh. Bischofssitz; 1150 wurde das Bistum mit Ostia Antica vereint (bis 1914); besaß im Spät-MA städt. Autonomie. - Dom (13., 14. und 17. Jh.), Kirche Santa Maria del Trivio (1662, umgestaltet 1762) mit roman.-got. Kampanile; achteckiges Oratorium Santa Maria del Sangue (16. Jh.; heute Gedenkstätte); Palazzo Comunale (v. a. 17. Jh., nach 1944 mehrmals restauriert).

Velo [Kw. aus † Velozipe̲d], schweizer. für † Fahrrad.

veloce [ve'lo:tʃe; italien.], musikal. Vortragsbez.: schnell, geläufig.

Velodrom [frz., zu † Velozipe̲d und griech. drómos „Lauf"], [geschlossene] Radrennbahn mit überhöhten Kurven.

Velours [və'lu:r, ve'lu:r; frz.; zu lat. villosus „zottig"]. 1. svw. Samt; z. B. *V. coupé* geschnittener Samt, *V. frisé (V. épinglé)* ungeschnittener Samt. 2. Bez. für Gewebe mit gleichmäßig langer, samtartiger Haardecke, die durch Rauhen, mehrmaliges Hochbürsten und Scheren *(V.ausrüstung)* entstanden ist. Baumwollstoffe dieser Art werden als *V. veloutine*, Wollstoffe als *V. de laine*, Stoffe mit aufrecht stehender Haardecke als *Steh-V.*, solche mit Strichbildung als *Strich-V.* bezeichnet.

Veloursleder [və'lu:r, ve'lu:r], auf der Fleischseite durch bes. feines Schleifen zugerichtetes Kalb- oder Rindleder; für Bekleidung, als Schuhobermaterial und als Polster- und Täschnerleder.

Veloziped [frz., zu lat. velox „schnell" und pes „Fuß"], veraltet für Fahrrad.

Velsen [niederl. 'vɛlsə], niederl. Gem. an der Mündung des Nordseekanals in die Nordsee, 57 200 E. Besteht aus der Stadt V. sowie dem Ind.- und Hafenort **IJmuiden**, aus Santpoort und Driehuis. Niederl. Forschungsinst. für Fischerei, Museum; Eisen- und Stahlwerk, Stickstoffwerk, Papierindustrie.

Velten, Johannes ['fɛl...], * Halle/Saale 27. Dez. 1640, † Hamburg 8. April 1693 (?), dt. Schauspieler. - Universitätsstudium, danach Mgl. einer Wandertruppe; 1678 Leiter einer eigenen Truppe („Kursächs. Komödianten"), 1685 im Dienst des Dresdener Hofes. V. verbesserte den Spielplan (übersetzte z. B. Molière und Calderón) und den Darstellungsstil durch Überwindung des im 17. Jh. in Deutschland noch übl., überzogenen Stegreifspiels.

Veltlin [fɛlt'li:n, vɛlt'li:n], Tallandschaft der Adda in der Lombardei, trennt die Berninagruppe im N von den Bergamasker Alpen im S, reicht von Bormio bis zum N-Ende des Comer Sees. - Im MA lombard., 11.–13. Jh. zw. Como und Mailand umstritten, kam schließl. unter Mailänder Herrschaft; fiel 1500 an Frankr., 1512 als Untertanengebiet an Graubünden; Reformationsversuche des kulturell eng mit Italien verbundenen Geb. führten 1620–39 zu einem Krieg zw. Katholiken und der Graubündner Reg., in den auch Spanier und Franzosen eingriffen (**Veltliner Wirren**). 1797 der Zisalpin. Republik einverleibt, kam 1814/15 mit der Lombardei an Österreich, 1859/61 an Sardinien bzw. Italien.

Velum [lat.], (Velarium) im antiken Theater die an gespannten Seilen aufziehbare Plane zum Schutz der Zuschauer vor der Sonnenhitze (Sonnensegel). Im röm. Haus ein Türvorhang.
◆ liturg. Tuch: 1. zum Bedecken der eucharist. Gaben und Geräte; 2. Umhang des kath. Priesters beim Erteilen des sakramentalen Segens.
◆ in der *Anatomie* bzw. *Morphologie* Bez. für segelartige Strukturen am oder im Körper verschiedener Lebewesen.

Veluwe [niederl. 've:ly:wə], Hügellandschaft in der niederl. Prov. Geldern, steigt von der flachen Niederveluwe im W gegen O zu einem schmalen Plateau (Hochveluwe) an. Auf den sandigen Böden wechseln ausgedehnte Heideflächen mit Waldkomplexen. Im S liegt der rd. 6 000 ha große Nationalpark **Hoge Veluwe**, mit Wildpark, Kröller-Müller-Museum (v. a. moderne Kunst und Werke von Vincent van Gogh) und der 4 600 ha große Nationalpark **Veluwezoom**.

Velvet ['vɛlvət; engl.], Baumwollsamt mit glatter Oberfläche.

Ven [schwed. ve:n], schwed. Insel im Sund, 7,5 km²; Tycho-Brahe-Museum. - 1576–97 dem schwed. Astronomen T. Brahe überlassen. Von seinem Schloß und dem Observatorium sind nur Reste erhalten.

Venantius Fortunatus (V. Honorius Clementianus F.), * bei Treviso um 530, † Poitiers um 600, lat. christl. Dichter. - Hofdichter am merowing. Hof; 599/600 Bischof in Poitiers. Verfaßte Hymnen, Elegien, Epigramme, Gelegenheitsgedichte, die ein lebendiges Bild der Zeit geben, lehrhafte Prosastücke und Heiligenviten.

Venatorius, Thomas, wahrscheinl. eigtl. T. Gechauf oder T. Jäger, * Nürnberg um 1488, † ebd. 4. Febr. 1551, dt. ev. Theologe und Humanist. - Ab 1534 Leiter des Schulwesens in Nürnberg, 1544 Einführung der Reformation in Rothenburg ob der Tauber; edierte viele klass. Werke und verwaltete den wiss. Nachlaß Pirckheimers.

Venda, ehem. Heimatland der Venda im äußersten NO von Transvaal, Republik Südafrika, rd. 7 000 km², de jure sind 514 000 Venda Bürger von V., de facto 316 000 E. Hauptstadt Thohoyandou (im Aufbau). V. ist weitgehend Landw.gebiet (Ackerbau und Viehzucht). An Bodenschätzen verfügt es über Graphit, Kohle, Magnesit, Gold und Sandstein. - Erhielt 1969 innere Selbstverwaltung, wurde im Sept. 1979 (formal) unabhängig.

Venda, Bantuvolk in der Republik Südafrika, auch im südl. Simbabwe, betreiben noch weitgehend Ackerbau (Mais, Hirse) und Viehhaltung.

Vendée [frz. vã'de], histor. Geb. in W-Frankreich südl. der unteren Loire; hinter der von Dünen begleiteten Küste liegen eingepolderte Marschen, im Inneren Bocagelandschaft. Bed. Viehwirtschaft; an der Küste Fischerei, Austernzucht und Fremdenverkehr. - Während der Frz. Revolution Zentrum royalist.-klerikaler Bauernerhebungen gegen die Revolutionsreg. (1793-96, 1799/1800); 1815 und 1832 kämpften die Bauern der V. erneut für das Thronrecht der Bourbonen.

V., Dep. in Frankreich.

Vendelstil [schwed. 'vɛndəl; nach dem schwed. Fundort Vendel (nördl. von Uppsala)] † germanische Kunst.

Vendémiaire [vãdemi'ɛːr; frz. „Wein(lese)monat"], nach dem Kalender der Frz. Revolution der 1. Monat des Jahres (22., 23. bzw. 24. Sept. bis 21., 22. bzw. 23. Oktober).

Vendetta [italien.], Rache, v. a. in Sizilien Bez. für Blutrache.

Vendôme [frz. vã'doːm], Name von 2 Linien des Hauses Bourbon: 1. die von Jakob I., Graf de la Marche († 1361), begr. jüngere Linie Bourbon, von der König Heinrich IV. von Frankr. abstammt. Sie vererbte 1374 durch Heirat die Gft. V. (ab 1514 Hzgt.); 2. die von César (* 1594, † 1665), Sohn Heinrichs IV. und seiner Mätresse Gabrielle d'Estrées, begr. bourbon. Bastardlinie, 1727 erlosch.

Vendôme [frz. vã'doːm], frz. Stadt am Loir, Dep. Loir-et-Cher, 18 000 E. Museum. - Seit dem 6. Jh. belegt; im 11. Jh. Gründung der Benediktinerabtei La Trinité, im HochMA bed. kirchl. Zentrum. Das Gebiet um V. (**Vendômois**) wurde 1214 der frz. Krondomäne einverleibt; 1514-1712 bourbon. Hzgt. - Roman. und got. ehem. Abteikirche (11.-16. Jh.) mit bed. Glasfenstern; got. Stadttor (14. Jh.; nach 1945 wiederhergestellt); Ruinen des Schlosses (12.-15. Jh.).

Venedig (italien. Venezia), Hauptstadt der italien. Region Venetien, auf 118 eng beieinanderliegenden Inseln in der Lagune von V., 4 km vom Festland entfernt, 334 100 E. Verwaltungssitz der Prov. V., kath. Erzbischofssitz; Univ. (gegr. 1868), Hochschulen für Architektur, Musik und Fremdsprachen, Akad. der Wiss., Kunstakad., naut. und ozeanograph. Institut, Markusbibliothek; Staatsarchiv, zahlr. Museen und Gemäldesammlungen; internationale Biennale für zeitgenöss. Kunst, Film- und Musikfestspiele, Opernhäuser und Theater. Im engeren Stadtbereich sind meist kunstgewerbl. Betriebe angesiedelt. Die Ind.viertel liegen auf dem Festland in **Mestre** und **Marghera.** Von größter wirtsch. Bed. ist der Fremdenverkehr. Seit 1846 ist V. durch eine Eisenbahnbrücke mit dem Festland verbunden, seit 1933 auch durch eine Straßenbrücke. Der innerstädt. Verkehr erfolgt zum großen Teil mit Barken und Motorbooten. Die Bauten sind auf weit in den schlammigen Untergrund getriebenen Pfählen errichtet worden. Durch eine langsame Absenkung des gesamten Lagunengebiets ist V. gefährdet, ebenfalls durch die mangelhafte Kanalisation, den gestiegenen Schiffsverkehr und die Luftverunreinigungen insbes. der petrochem. Ind. in Marghera und Mestre.

Geschichte: Nach neueren Grabungen reichen die histor. Wurzeln von V. bis in das 1. Jh. v. Chr. zurück. Die im Zug der hunn., dann langobard. Verwüstungen auf dem Festland (5./6. Jh.) besiedelten Laguneninseln unterstanden dem byzantin. Exarchen von Ravenna, die direkte Herrschaft übte ein 639 erstmals gen. Magister militum aus, an dessen Stelle 697 ein gewählter Dux (seit 742 Doge, Residenz ab 811 auf der Insel Rialto) trat. 828 wurden die legendären Reliquien des hl. Markus aus Alexandria nach dem Rialto verschleppt (Grundstein der späteren Bez. Markusrepublik). Bereits seit dem 9./10. Jh. Haupthandelspartner von Byzanz und der Levante (v. a. Gewürze, Wein, Oliven, Waffen), begann V. im 10. Jh. in Istrien und Dalmatien Fuß zu fassen und konnte seit dem 12. Jh. durch Unterstützung und Ausnutzung der Kreuzzüge seine polit. und wirtsch. Stellung im östl. Mittelmeer ausbauen (1204 auf Betreiben des Dogen E. Dandolo beim 4. Kreuzzug Eroberung Konstantinopels und Errichtung des kurzlebigen, venezian. Einfluß ausgesetzten Lat. Kaiserreichs). Die *Verfassung* von V. nahm im 13. Jh. Züge einer strengen Oligarchie an. Der Große Rat wählte den Dogen (auf Lebenszeit) und seine 6 Räte, den Kleinen Rat, aus dem sich die Signoria, das eigentl. regierende Gremium, entwickelt hatte, sowie den aus 60 Mgl. des Großen Rates bestehenden Consiglio dei Pregadi (später Senat). Als Kontrollorgan wurde 1310 der Rat der Zehn geschaffen. Nachdem V. im sog. Chioggiakrieg (1378-81) Genua besiegt hatte, eroberte es bis zum Frieden von Lodi (1454) ein geschlossenes Gebiet im östl. Oberitalien († Terra ferma). Seine Handelsverbindungen reichten im 15. Jh. bis nach England und Flandern. Die Einnahme Konstantinopels durch die Osmanen (1453), die Entdeckung Amerikas (1492) und die Öffnung des Seewegs nach Indien (1498) bedeuteten eine Schwerpunktverlagerung des Welthandels und damit einen Machtverlust für V.; der osman. Druck wuchs (osman. Besetzung der Dardanellen 1453,

Verlust von Rhodos 1523 und Zypern 1573; †auch Türkenkriege). Hinzu kam seit der Mitte des 16. Jh. die Konkurrenz Portugals im Gewürzhandel mit der Levante. 1669/70 verlor V. auch Kreta, den letzten bed. Stützpunkt im östl. Mittelmeer. In der Mitte des 18. Jh. erlangte es noch einmal gesellschaftl. Bed. als „Hauptstadt des Rokoko". Nach der Absetzung des letzten Dogen durch frz. Truppen kam V. 1797 an Österreich, 1805–14 an das napoleon. Kgr. Italien, 1815 an das habsburg. Kgr. Lombardo-Venetien, 1866 an das Kgr. Italien.
Bauten: Mittelpunkt der Stadt ist der Markusplatz mit der Basilica di San Marco bzw. die Piazzetta mit dem †Dogenpalast. Der kreuzförmige Kuppelbau von San Marco ist der 3. Bau an dieser Stelle (2. Hälfte 11. Jh.) nach dem Vorbild der Apostelkirche des 6. Jh. in Konstantinopel; die Säulenfassade und die Auskleidung mit Mosaiken und Marmorinkrustationen im 13. Jh. machen San Marco zum typ. Bau der venezian. Protorenaissance. Am Markusplatz stehen u. a. die Alte Bibliothek von I. Sansovino (1537 ff.), die Prokurazien (16.–19. Jh.), Uhrturm (um 1500), Münze (1537–45, heute Biblioteca Marciano), der Kampanile (12. Jh.) mit Loggetta von I. Sansovino (1536–40). Am Canal Grande mit der berühmten Rialtobrücke (1588–91) liegen zahlr. Paläste aus Gotik, Renaissance und Barock, u. a. Ca' d'Oro (1421–40), die Palazzi Vendramin-Calergi und Corner-Spinelli (beide um 1500, von M. Coducci), Corner (1537 ff. von I. Sansovino), Grimani (1540 ff.), Rezzonico (um 1660; Fresken von Tiepolo, 1758), Pesaro (1676). Die charakterist. Säulenarkaden wurden im 12. und 13. Jh. entwickelt, im 14. Jh. wurde darunter ein geschlossenes Erdgeschoß gelegt, das später wieder aufgelockert wurde. Sakralbauten: Dominikanerkirche Santi Giovanni e Paolo (13.[?]–15. Jh.; mit zahlr. Grabdenkmälern der Dogen), Frarikirche (Santa Maria Gloriosa dei Frari, 14./15. Jh.; mit Tizians Assunta). Bed. städtebaul. Akzente setzen San Giorgio Maggiore (1566–1610) und Il Rendentore (1577–92) von A. Palladio, das Hauptwerk des venezian. Barock ist Santa Maria della Salute (1631–87 von B. Longhena). Die Scuola di San Rocco bewahrt Gemäldezyklen von Tintoretto, die Reiterstatue des Colleoni von Verrocchio steht auf dem Platz vor Santi Giovanni e Paolo. - Abb. S. 104.
📖 Crivellari, D.: V. Gesch., Kunst u. Kultur der Lagunenstadt. Dt. Übers. Mchn. 1982. - Hellmann, M.: Grundzüge der Gesch. V. Darmst. ²1981. - Zorzi, A.: V. Eine Stadt, eine Republik, ein Weltreich. 697–1797. Dt. Übers. Mchn. 1981. - Langewiesche, M.: V. Gesch. u. Kunst. Köln ⁵1979. - Longworth, P.: Aufstieg u. Fall der Republik V. Bergisch Gladbach 1978. - Renaissance Venice. Hg. v. J. R. Hale. London 1973. - Arslan, E.: Das got. V.: Die venezian. Profanbauten des 13. bis 15. Jh. Dt. Übers. Mchn. 1971. - Trincanato, E./Franzoi, U.: Venise au fil du temps. Atlas historique ... Boulogne 1971.

V., Erzbistum, 774 auf der Insel Olivolo als Suffragan des Patriarchats Grado gegründet; 1451 wurde V. Patriarchat; das heutige Patriarchat hat 9 Suffraganbistümer. - 1981 gab es bei einer Gesamtbevölkerung von 465 000 E etwa 451 000 Katholiken, die von 258 Welt- und 298 Ordenspriestern in 126 Pfarreien betreut wurden; Erzbischof ist seit Dez. 1978 M. Cé.

Venektasie [lat./griech.], auf Erschlaffung der Gefäßwände beruhende Venenerweiterung.

Venen [lat.] (Blutadern, Venae), bei Wirbeltieren (einschl. Mensch) diejenigen Blutgefäße, die im Unterschied zu den Arterien (mit denen sie über †Kapillaren in Verbindung stehen) das Blut dem Herzen zuführen. Ihre Wand ist ähnl. wie die der †Arterien gebaut (besteht ebenfalls aus drei Schichten), sie weist jedoch weniger elast. Fasern und Muskelzellen auf. Mit Ausnahme der Lungen-V. führen die V. mit Kohlensäure beladenes (venöses) Blut, dessen Druck geringer ist als in den Arterien und dessen Strömungsrichtung durch Venenklappen gesteuert wird.

Venenentzündung (Phlebitis), vom Gefäßlumen (z. B. bei einer infizierten Thrombose) oder von der entzündeten Umgebung ausgehende entzündl. Erkrankung der Venenwand, bes. häufig bei Krampfadern. Die Erscheinungen der V. sind umschriebene Schmerzen, u. U. Stauung und Ödeme sowie sonstige thrombot. Symptome.

Venenum [lat.], fachsprachl. für: Gift.

Venenverödung (Varizenverödung, Gefäßverödung), Unwegsammachen von Krampfadern durch die Injektion von Verödungsmitteln, die über eine Entzündung der Gefäßinnenhaut zur Bildung eines wandständigen Thrombus und dann schließl. zur dauernden narbigen Verlegung des Gefäßlichtung führen.

venerabel [lat.], verehrungswürdig; **Veneration,** Verehrung; **venerieren,** (als hl.) verehren.

venerisch [lat., nach der röm. Liebesgöttin Venus], die Geschlechtskrankheiten betreffend, durch Geschlechtsverkehr übertragen; **venerische Krankheiten,** svw. †Geschlechtskrankheiten.

Venesis †Wenesis.

Veneter (lat. Veneti), Name mehrerer antiker Völker bzw. Stämme, u. a.: 1. V. an der italien. Adriaküste, Hauptorte waren u. a. Ateste (= Este), Patavium (= Padua), Tarvisium (= Treviso); konnten sich gegenüber Etruskern und Kelten behaupten; sie wurden 215 v. Chr. von den Römern abhängig; 2. V. in der südl. Bretagne an der Atlantikküste, als Seefahrer berühmter Keltenstamm, den Cäsar 54 v. Chr. unterwarf (Hauptort Dariori-

Venetien

tum = Vannes); 3. V. an der mittleren Weichsel und im östl. Baltikum; als V. wurden mindestens seit dem 6. Jh. n. Chr. die Slawen bezeichnet (bei den Germanen: „Wenden").

Venetien (italien. Veneto), italien. Region und Großlandschaft am Adriat. Meer, 18 364 km², 4,37 Mill. E (1985), Hauptstadt Venedig. V. reicht von den Dolomiten im N über die östl. Poebene bis zur lagunenreichen Küste am Golf von Venedig. Zw. den eingedeichten Flüssen wird in der dichtbesiedelten, von Kanälen durchzogenen Ebene intensiver Akkerbau, auf den trockenen Schotterflächen Getreideanbau und Viehzucht betrieben. Die Bev. der Gebirgssiedlungen lebt aber ebenso wie die der schnellwachsenden Küstenorte v. a. vom Fremdenverkehr. Industrien haben sich in den Alpenrandstädten und im Großraum Venedig entwickelt.

Urspr. von Venetern besiedelt; seit dem 3. Jh. v. Chr. mit Rom verbündet, bildete nach der Einteilung Kaiser Augustus' mit Istrien die 10. Region (**Venetia et Histria**); fiel nach zahlr. Besitzwechseln im MA im 14./15. Jh. an Venedig (Ausbau der Terra ferma); 1815 mit der Lombardei zum Kgr. Lombardo-V. vereinigt; kam 1859 von Österreich an Italien (V. 1866); Italien kannte zw. den Weltkriegen 3 V. (italien. **Tre Venezie**): 1. **Venetien** (italien. Veneto, auch Venezia propria oder Venezia Eugeanea), der 1866 an Italien gefallene Teil des ehem. Kgr. Lombardo-V. (↑ Lombardei). 2. **Julisch-Venetien** (italien. Venezia Giulia). 1947 um wesentl. Teile reduziert und mit der Prov. Friaul zur Region ↑ Friaul-Julisch-V. vereinigt. 3. **Tridentinisch-Venetien** (italien. Venezia Tridentina) als Bez. für das 1920 an Italien gefallene Gebiet der Prov. Bozen und Trient (↑ Trentino-Südtirol).

Venetisch, die einheim. indogerman. Sprache der vorröm. Bevölkerung (↑ Veneter) im östl. Oberitalien, die auf knapp 400 Inschriften aus dem 6. bis 2. Jh. v. Chr. bezeugt ist und heute meist als selbständiger Zweig der indogerman. Sprachen gilt. Die Inschriften (Fundorte: Este, Padua, oberes Piavetal, Gailtal) sind meist in *venet. Schrift* geschrieben, die in verschiedenen lokalen Abarten bekannt ist; sie ist von der ↑ etruskischen Schrift abgeleitet.

Venezia Giulia [italien. 'dʒuːlja] ↑ Venetien.

venezianische Schule, Bez. für eine Gruppe von Kapellmeistern und Organisten, die zw. 1530 und 1620 in Venedig wirkten und in ihren Kompositionen die Hauptformen des Barock ausprägten. Begründer war A. Willaert; Vertreter: C. de Rore, G. Zarlino, G. Croce, C. Monteverdi sowie C. Merulo, A. und G. Gabrieli. Sie entwickelten, durch die räuml. Bedingungen der Markuskirche begünstigt, die vokal-instrumental gemischte oder rein instrumentale Mehrchörigkeit.

venezianisches Glas, seit dem 14./15. Jh. aufblühende Glasproduktion und -technik in venezian. Glashütten auf der Insel Murano bei Venedig. - ↑ auch Glas.

Venezianisch-Rot ↑ Caput mortuum.

Venezia Tridentina ↑ Venetien.

venezolanische Literatur, früheste Chronisten Venezuelas sind die Franziskaner P. de Aguado († nach 1589) und P. Simón (* um 1574, † 1630). Überragende Dichtergestalt der Epoche der Freiheitskämpfe bis zum Beginn der Konsolidierung der Republik war der Neoklassizist A. Bello. Zur *Romantik* zählen J. V. González mit subjektiver, gefühlsbetonter Prosa und histor.-biograph. Essays sowie die Lyriker J. A. Maitín (* 1804, † 1874) und J. A. Pérez Bonalde (* 1846, † 1892). Der *Modernismo* manifestierte sich v. a. in der nuancenreichen, preziösen Prosa der Romane von M. Díaz Rodríguez (* 1871, † 1927). Dem Naturalismus verpflichtet waren

Venedig mit dem Dogenpalast (Mitte)

die zeitsatir. Romane von R. Blanco Fombona (* 1874, † 1944). Im Rahmen der allg. Reaktion auf den Modernismo suchten die Mgl. der „*Generation von 1918*" europ. Normen mit naz. Themen zu verbinden: R. Gallegos gab mit seinen Romanen ein komplexes Bild des Landes; J. R. Pocaterra (* 1889, † 1955) kritisierte aggressiv-iron. die durch jahrzehntelange Diktatur korrumpierte bürgerl. Gesellschaft; T. de la Parra (* 1890, † 1936) schilderte die Dekadenz der Oberschicht. Mit der Rückkehr zahlr. Emigranten nach dem Tod des Diktators J. V. Gómez (1935) setzten sich avantgardist. Tendenzen, v. a. *Ultraismo* und *Surrealismus*, durch; in der Lyrik bei A. M. Queremel (* 1899, † 1939), J. R. Heredia (* 1900), P. Rojas Guardia (* 1909), V. Gerbasi (* 1913), bei den Prosaisten insbes. R. Díaz Sánchez, M. Otero Silva. Weitere Romanciers und Erzähler sind A. Márquez Salas (* 1919), G. Díaz Solís (* 1920), A. Armas Alfonso (* 1921), S. Garmendia (* 1928), O. Trejo (* 1928), A. González León (* 1931). Das Großstadtleben beschreiben insbes. J. Balza (* 1939), L. Britto García (* 1940), L. Antillano (* 1950). Bed. jüngere Lyriker sind G. Pereira (* 1940), L. A. Crespo (* 1941).

Venezuela

[venetsu'e:la, span. bene'sųela] (amtl.: República de Venezuela), Republik im nördl. Südamerika, zw. 0° 45′ und 12° 10′ n. Br. sowie 59° 45′ und 73° 40′ w. L. **Staatsgebiet:** V. grenzt im N an das Karib. Meer und den offenen Atlantik, im W an Kolumbien, im S an Brasilien und im O an Guyana. **Fläche:** 912 050 km². **Bevölkerung:** 16,1 Mill. E (1985), 17,6 E/km². **Hauptstadt:** Caracas. **Verwaltungsgliederung:** 20 Bundesstaaten (Estados), 1 Bundesdistrikt, 2 Bundesterritorien und die aus 72 Inseln im Karib. Meer bestehenden Dependencias Federales. **Amtssprache:** Spanisch. **Nationalfeiertag:** 5. Juli (Unabhängigkeitstag). **Währung:** Bolívar (Bs) = 100 Céntimos. **Internat. Mitgliedschaften:** UN, OAS, ALALC, Andenpakt, SELA, OPEC. **Zeitzone:** MEZ −5 Std.

Landesnatur: V. hat Anteil an drei südamerikan. Großlandschaften. Den gesamten SO nehmen Teile des Berglandes von Guayana ein. Im W und N des Landes erstrecken sich die nö. Ausläufer der Anden mit dem Senkungsfeld um Maracaibo und die durch mehrere Hochbecken gegliederte karib. Küstenkordillere um Barquisimeto. Im Andenteil Venezuelas liegt mit 5 007 m ü. d. M. (Pico Bolívar) die höchste Erhebung des Landes. Zw. Kordilleren und Bergland von Guayana ist das meist unter 200 m ü. d. M. gelegene Orinokotiefland (Llanos del Orinoco) eingesenkt. Der Orinoko (drittgrößtes Stromgebiet S-Amerikas) entwässert 70% Venezuelas.

Klima: V. hat wechselfeuchtes Tropenklima, mit einer winterl. Trockenzeit und einer Regenzeit von April bis Okt., die von einer kurzen Trockenperiode unterbrochen wird. Der nördl. Küstenbereich, überwiegend trocken, erhält 550 mm Niederschlag/Jahr. Im Orinokotiefland nehmen die Niederschläge von O (1 200 mm/Jahr) nach W (1 850 mm/Jahr) zu. In den Anden werden 3 000 mm/Jahr erreicht. Im Bergland von Guayana erfolgt nach S zu ebenfalls eine Steigerung der Niederschläge bis auf 3 000 mm/Jahr. Hinsichtl. der Temperaturen ergeben sich mehrere Höhenstufen von der Tierra caliente (bis etwa 800 m ü. d. M.; 25–29 °C) über die Tierra templada (bis etwa 2 000 m; 15–25 °C) bis zur Tierra fría (über 2 000 m; 11 °C).

Vegetation: Im Bereich der Tierra caliente des stärker beregneten Kordillerengebiets ist trop. Regenwald verbreitet, der im Tiefland von Maracaibo allmähl. in Trockenwald übergeht. Trop. Höhenwald (Nebelwald) findet sich in den Gebirgsregionen von W- und N-V. oberhalb von 1 800 m, darüber folgt die Páramovegetation. Ausgedehnte Grasfluren mit Galeriewäldern finden sich nur in den inneren Llanos, Im Bergland von Guayana wechseln Feuchtwälder mit Savannen (z. T. Höhensavannen).

Bevölkerung: Die heutigen Bewohner treten als vielfältige Mischung von Indianern, Europäern und Schwarzen in Erscheinung. ²/₃ der Bev. sind Mestizen und Mulatten; die Weißen (rd. 20%) sind hauptsächl. span. und italien. Herkunft. Die Indianer leben in kleinen Stammesverbänden in Rückzugsgebieten, vielfach noch ohne Kontakt zur span.-kolonialen oder modern-industriellen Kultur des Landes. ²/₃ der Bev. leben im N des Landes. Bevorzugte Siedlungsräume sind die karib. Küstenkordillere (Tierra templada) und das Andengebiet im W des Landes. Das Bergland von Guayana ist fast unbesiedelt. Die Landflucht in V. ist v. a. auf die größeren Städte gerichtet. In alle drei städt. Regionen mit den Zentren Caracas, Puerto Cabello und Maracaibo beherbergten 1979 48,3% der venezolan. Gesamtbev., die überwiegend der röm.-kath. Kirche angehört. Es besteht Schulpflicht vom 7.–13. Lebensjahr, jedoch besuchen schätzungsweise nur 35% der Kinder den Unterricht. Unter den 106 höheren Bildungseinrichtungen gibt es 17 Universitäten.

Wirtschaft: Die Wirtschaft hat unter dem Einfluß des Erdöls bed. Wandlungen durchgemacht. Die Landw. beschäftigt zwar annähernd 15% der Erwerbstätigen, erbringt jedoch nur einen Anteil von 6% (1980) des Bruttosozialprodukts. Ihre Produktion ist nicht ausreichend für den Eigenbedarf. Die wichtigsten Anbauprodukte sind Mais, Reis, Kaffee, Baumwolle, Zuckerrohr, Sorghum, Erdnüsse, Bohnen, Maniok und Sesam sowie Gemüse. Trop. Früchte (Bananen, Ananas,

Venezuela

Orangen) werden in großen Mengen geerntet. Der Kaffee, an den Kordillerenhängen zw. 400 und 1 700 m Höhe angebaut, bildete bis 1925 das wichtigste Exportprodukt. Die Rinderhaltung hat ihre einst bed. Rolle im Rahmen der Gesamtwirtschaft eingebüßt. Wichtigster Wirtschaftszweig des Landes ist die verstaatlichte Erdölind., obwohl sie nur 0,6 % aller Arbeitskräfte beschäftigt. 1982 trug sie 12,1 % zum Bruttosozialprodukt bei. Erdöl und seine Produkte erbrachten 1984 80 % der Mittel des Staatshaushaltes und 81 % der Exporteinnahmen. Unter den Erdölförderländern steht V. an 6., unter den Erdöl exportierenden Ländern an 4. Stelle. 75 % der gesamten Erdölförderung stammen aus dem Maracaibobecken. Am zweitwichtigsten sind die Lagerstätten des Orinokobeckens, in dem sich auch bed. Ölsandvorkommen befinden. Von erhebl. Bed. auf dem Bergbausektor ist die Förderung von Eisenerz, das zu 89 % exportiert wird. Weitere wichtige Bergbauprodukte sind: Manganerz, Gold, Diamanten und Bauxit. V. verfügt außerdem über Vorkommen an Nickel, Kupfer-, Blei- und Zinkerzen. Die verarbeitende Ind. erbrachte 1980 17 % des Bruttosozialprodukts. Führend sind Nahrungs- und Genußmittel-, chem., Metall- und Textilindustrie.

Außenhandel: Die wichtigsten Handelspartner sind die USA, die Niederländ. Antillen, die BR Deutschland, Kanada, Japan, Italien, Frankr., Brasilien, Großbrit., Kolumbien, Spanien und die Niederlande. Exportiert werden Erdöl, Erdölderivate, Eisenerze und -konzentrate, Aluminium, Kakao, Kaffee. Importiert werden: Maschinen, Kfz., Getreide, Stabeflachstahl, Garne, Gewebe, Kunststoffe, Kunstharze und organ.-chem. Erzeugnisse, Lebensmittel.

Verkehr: Von den nördl. Landesteilen abgesehen, ist die Verkehrserschließung noch unzulänglich. Das Streckennetz der Eisenbahn hat eine Länge von 336 km; wichtigste Linie Puerto Cabello – Barquisimeto. Das Straßennetz hat eine Länge von rd. 62 400 km, davon sind rd. 23 000 km asphaltiert, weitere 25 000 km andere Allwetterstraßen. Die wichtigsten Überseehäfen sind La Guaira und Puerto Cabello sowie Maracaibo und Puerto Ordaz, über die der Erdöl- bzw. Eisenerzexport erfolgt. V. besitzt ein ausgedehntes inländ. Flugnetz und 7 internat. ✈, von denen der von Caracas (Maiquetía) am wichtigsten ist.

Geschichte: Vorgeschichte: Die ältesten Funde, datiert um 15 000 v. Chr., stammen aus Muaco (Falcón). Um 2500 v. Chr. läßt sich im Maracaibobecken Keramik nachweisen. Im größten Teil von V. beginnen Feldbau und Keramik erst im 1. Jt. v. Chr.
Kolonialgeschichte: 1498 entdeckte Kolumbus auf seiner 3. Reise die venezolan. Küste zw. Orinokomündung und Isla Margarita; die übrige Küste entdeckte u. a. A. de Ojeda, der dem Land auf Grund der Pfahlbauten am Golf von Maracaibo den Namen V. gab (Klein-Venedig). Kurz nach 1500 wurde die erste span. Siedlung gegründet, zeitweise stand das Land auch unter Statthaltern der Welser (bis 1546). Caracas (gegr. 1567) wurde 1577 Sitz eines Gouverneurs, der der Audiencia von Santo Domingo unterstand. 1777 wurde das Generalkapitanat V. geschaffen, dem die Prov. Cumaná, Guayano, Maracaibo und die Inseln Margarita und Trinidad angeschlossen wurden. Von Bed. für die Ausdehnung von V. waren die Entdeckungszüge im Bereich des oberen und am unteren Orinoko.
Die Unabhängigkeit: Die ersten Versuche (1797, 1806), die Unabhängigkeit zu erringen, scheiterten. Die Revolution von 1810 führte 1811 zur Unabhängigkeitserklärung und Ausrufung der Republik. Doch konnte erst 1821 S. Bolívar nach wechselvollen Kämpfen den entscheidenden Sieg über die Spanier erringen und die Unabhängigkeit sichern. Unter Bolívars Leitung vereinigten sich V., Neugranada (Kolumbien, Panama) und Quito (Ecuador) zur Republik Groß-Kolumbien (1819/22); mit dem Zerfall dieser Föderation (1829/30) wurde V. vollkommen unabhängig. Seither hat V. bis in die jüngste Vergangenheit nur Bürgerkrieg oder Diktaturen gekannt.
Seit den 1920er Jahren profitierte V. von der Ausbeutung der Erdölvorkommen und entwickelte sich auf dieser Grundlage zu einem der modernsten lateinamerikan. Staaten. Im 2. Weltkrieg entstanden neue polit. Parteien, die sich den drängenden sozialen Fragen zuwandten und Unterstützung bei den Massen suchten (z. B. 1941 die Acción Democrática, AD). Die AD, 1945–48 erstmals an der Macht, wurde zwar nach dem Putsch des Militärs verboten; nach dem Sturz des Diktators M. Pérez Jiménez (1958) gewann sie jedoch erneut die Macht im Staate, und V. erlebte 1964 den ersten verfassungsmäßigen Präs.-wechsel. Innenpolit. gelang die Beilegung sozialer Unruhen, der darauffolgende, von Kuba unterstützte Guerillakrieg ließ bis 1968 nach. 1974–79 war die AD mit C. A. Pérez Rodríguez (* 1922) erneut an der Macht. Anfang Dez. 1978 wurde L. Herrera Campins (* 1925) als Kandidat des christl.-sozialen, linksliberalen Comitado Organización Politica Electoral Independiente (COPEI) zum Präs. gewählt, 1983 und 1989 die Kandidaten der AD, J. Lusinchi bzw. C. A. Pérez.
Außenpolit. distanzierte sich V. von den Militärdiktaturen Südamerikas und stärkte seine Bed. im Rahmen der lateinamerikan. Staaten, auch im Rahmen der OPEC sucht V. eine aktive Rolle zu spielen. Die sozialen Ggs. sind noch immer scharf ausgeprägt, obwohl V. auf Grund seiner Erdölvorkommen das höchste Pro-Kopf-Einkommen aller Staaten Lateinamerikas aufweist.

Politisches System: Nach der Verfassung von

Venezuela

1961 ist V. Republik mit bundesstaatl. Gliederung und präsidialer Reg.form. *Staatsoberhaupt* und oberster Inhaber der *Exekutive* ist der Präs. (seit 1989 C. A. Pérez); er ist Regierungschef, Oberbefehlshaber der Streitkräfte und ernennt und entläßt die Reg.mitglieder sowie die Gouverneure der Bundesstaaten; er wird für 5 Jahre (ohne unmittelbare Wiederwahlmöglichkeit) zus. mit dem Parlament vom Volk gewählt. Das Parlament (Congreso), Organ der *Legislative*, besteht aus 2 Kammern, Abg.kammer (203 Abg.) und Senat (49 Mgl.).

Im Senat sind die 20 Bundesstaaten und der Bundesdistrikt der Hauptstadt durch je 2 Senatoren, die 2 Bundesterritorien und die abhängigen Gebiete durch 5 Senatoren vertreten; Mgl. des Senats sind auch die Ex-Präsidenten. Das *Parteiensystem* ist von einer Vielzahl polit. Parteien und starker organisator. Fluktuation geprägt. Die bedeutendsten Parteiblöcke sind die linksgemäßigte Acción Democrática (AD, 97 Abg., 23 Senatoren) und das christl.-soziale, linksliberale Comitado Organización Politica Electoral Independiente (COPEI, 67 Abg., 22 Senatoren). Die Parteienzersplitterung wird durch das strikt proportionale Wahlsystem begünstigt. Die rd. 5000 *Gewerkschaften* sind eng mit den polit. Parteien verflochten. Der AD steht die Confederación de Trabajadores de V. (CTV, rd. 1,5 Mill. Mgl.) nahe, die Confederación de Sindicatos Autónomos de Venezuela (CODESA) ist der COPEI zuzurechnen.

*Verwaltungs*mäßig ist V. in 20 Bundesstaaten, den Bundesdistrikt, 2 zentral verwaltete Bundesterritorien und bundesabhängige Gebiete (72 kleinere Westind. Inseln) gegliedert. Oberstes Exekutivorgan in jedem Bundesstaat ist der vom Präs. ernannte Gouverneur. Oberstes Organ der *Recht*sprechung ist der Oberste Gerichtshof; er ist zugleich oberstes Verwaltungsgericht und mit verfassungsgerichtl. Kassationskompetenz gegenüber Gesetzgebung und Verwaltungsakten ausgestattet. Zivil- und Strafrecht sind nach westeurop. Vorbild gestaltet. Die *Streitkräfte* sind 49 000 Mann stark (Heer 34 000, Luftwaffe 5 000, Marine 10 000); es besteht allg. Wehrpflicht. Die paramilitär. Kräfte sind in der 22 000 Mann starken Nat.garde organisiert.

📖 Ewell, J.: *V.: A centuny of change.* London 1984. - Hein, W.: *Weltmarktabhängigkeit u. Entwicklung in einem Ölland: das Beispiel V. (1958–1978).* Stg. 1983. - Werz, N.: *Parteien, Staat u. Entwicklung in V.* Köln 1983. - *V. - Ko-*

Venezuela. Wirtschaftskarte

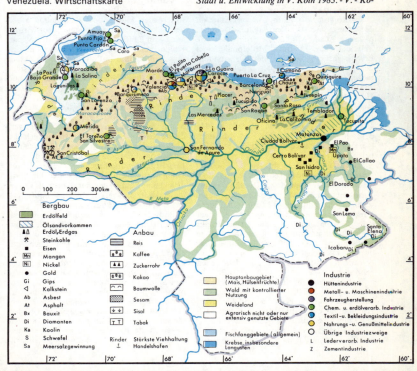

Venezuela

lumbien - Ekuador. Wirtschaft, Gesellschaft u. Gesch. Hg. v. H. A. Steger u. J. Schneider. Mchn. 1980. - Waldt, H.-O.: Sonderkulturen in V. Mainz 1978. - Lombardi, J. V., u. a.: Venezuelan history. Boston (Mass.) 1977. - Pollak-Eltz, A.: Indian. Relikte in der Volkskultur Venezuelas. Wsb. 1977.

Venezuela, Golf von, Bucht des Karib. Meers vor der Küste Venezuelas und Kolumbiens.

Venia legendi [lat. „Erlaubnis, zu lesen"] (Venia docendi „Erlaubnis, zu lehren"), Lehrbefugnis an wiss. Hochschulen.

Veni creator spiritus! [lat. „Komm, Schöpfer Geist!"], liturg. Vesperhymnus der Pfingstzeit; erstmals in Handschriften des 9. Jh. nachgewiesen; der Hymnus umfaßt sechs Strophen und eine Doxologie; starker Einfluß auf das dt. Liedschaffen; dt. Fassung von Luther: „Komm, Gott Schöpfer, Hl. Geist".

Veni sancte spiritus! [lat. „Komm, Hl. Geist!"], zehnstrophige Pfingstsequenz der röm. Liturgie.

Veniselos ↑ Weniselos.

veni, vidi, vici [lat.], ich kam, ich sah, ich siegte (nach Plutarch Aussage Cäsars über seinen 47 v. Chr. bei Zela errungenen Sieg über Pharnakes II.).

Venizelos ↑ Weniselos.

Venlo [niederl. ˈvɛnloː], niederl. Stadt an der Maas, 63 500 E. Gartenbaufachschulen, pädagog. Akad.; Museen. Zentrum des nördl. Teils der Prov. Limburg, Mittelpunkt eines Erwerbsgartenbaugebiets; metallverarbeitende, opt., elektrotechn., Papier- u. a. Ind. - **Vennelon/Venlo** erhielt 1343 Stadtrecht, wurde 1481 Hansestadt; kam 1543 unter habsburg. Herrschaft; fiel 1715 (als Generalitätsland) an die Vereinigten Niederlande, 1794 an Frankr., 1814 wieder an die Niederlande; 1830–39 belg., Sept. 1944 bis März 1945 deutsch. - Spätgot. Kirche Sint Martinus (15. Jh.), Renaissancerathaus (1597–99), Giebelhäuser (16. und 18. Jh.).

Venn [fɛn], svw. ↑ Fehn.

Venn-Diagramm [engl. vɛn; nach dem brit. Logiker J. Venn, * 1834, † 1923] (Euler-Venn-Diagramm, Mengendiagramm), eine schemat. Darstellung von Mengen und ihren Verknüpfungen bzw. Relationen. Man ordnet jedem Element einer endl. Menge einen Punkt der Ebene zu und umgibt die zu einer Menge gehörenden Punkte mit einer geschlossenen, doppelpunktfreien Kurve.

venös [lat.], venenreich; zu den Venen gehörend.

Venosa, italien. Stadt in der Basilicata, 412 m ü. d. M., 12 000 E. Kath. Bischofssitz; Museum; Landw., Handels- und Gewerbezentrum. - In der Antike **Venusia,** wurde nach der Einnahme durch die Römer 291 v. Chr. Colonia latin. Rechts und bildete einen bed. militär. Stützpunkt; im 5. Jh. als Bischofssitz bezeugt. - Dom (1470–1502); Benediktinerabtei (gegr. 1046) mit Normannenkirche sowie unvollendeter Stauferkirche (1135 ff.). Kastell (15. Jh.); Ruinen eines röm. Amphitheaters.

Venstre [dän. ˈvɛnsdrə „Linke"], nach 1870 aus bäuerl. Interessengruppen hervorgegangene, bis zum Ende des 19. Jh. in verschiedene Gruppen gespaltene dän. liberale Partei; 1872–1924 stärkste Partei im Folketing, kämpfte für eine demokrat. Verfassungsrevision. Heute versucht die V. ihre primär agrar. Ausrichtung aufzugeben und gegen ihren Ruf als liberale Laissez-faire-Partei des 19. Jh. anzugehen. Seit 1905 besteht neben der V. die Sozialliberale Partei (Radikale Venstre).

Venta, La [span. la ˈβenta], Ruinenstätte auf einer trockenen Anhöhe in sumpfigem Gelände im Küstentiefland von Mexiko; um 1000 v. Chr. als Kultstätte gegr.; Ausgrabungen seit 1938 (zahlr. Funde); ↑ auch Olmeken.

Ventadorn, Bernart von [frz. vãtaˈdɔrn] ↑ Bernart de Ventadour.

Ventana, Sierra de la [span. ˈsjɛrra ðe la βenˈtana], Gebirgszug in den südl. Pampas, Argentinien, bis 1 243 m hoch.

Ventilation [lat., zu ventus „Wind"], Lüftung, Luftwechsel.

Ventilator [lat.-engl.] (Lüfter), meist von einem Elektromotor angetriebene, mit einem rotierenden Flügel- oder Schaufelrad arbeitende Vorrichtung (Verdichter) zur Erzeugung von Luftströmungen (z. B. der V. am Kühler eines Kfz.), zum raschen Luftaustausch in Be- und Entlüftungsanlagen. *Axiallüfter* saugen und fördern das Strömungsmittel axial, *Radiallüfter* saugen axial an und fördern radial.

Ventile [zu mittellat. ventile „Schleuse eines Wasserkanals"], häufigste Form der Absperrorgane *(Absperrventil).* Das strömende Medium tritt in das meist kugelförmig verdickte Gehäuse ein, wird etwas umgelenkt, fließt durch den sog. *V.sitz* und verläßt das *V.gehäuse* fast immer auf der dem Eintritt gegenüberliegenden Seite. Durch Drehen an einem Hahnrad oder Drehgriff drückt eine Spindel den daran befindl. *V.kegel* in den *V.sitz* und verschließt das Ventil. *Platten-V.* besitzen statt des *V.kegels* eine *V.platte* (z. B. die meist als „Wasserhähne" bezeichneten V.). Beim *Nadel-V.* dichtet die Spindelspitze selbst. Beim *Kugel-V.* arbeitet eine Kugel oder eine kugelig gewölbte Tellerfläche mit einer kegeligen Sitzfläche im Gehäuse zusammen. Beim *Freifluß-* oder *Schrägsitz-V.* ist der Durchflußwiderstand der Schräglage von Spindel und Sitz geringer, da die Strömung weniger umgelenkt wird als beim Normalventil. Beim *Rückschlag-V.* (z. B. ein Schrägsitz-V. mit axial verschiebbarer *V.platte*) verschließt rückströmendes Wasser das V. selbsttätig. Beim *Sicherheits-V.* oder *Überdruck-V.* wird der *V.kegel* durch eine einstell-

bare Feder (oder ein Gewicht) auf den Sitz gedrückt.
Bei Kolbenmotoren dienen die im Einlaß- und Auslaßkanal eines Zylinders angebrachten V. zur Steuerung (mittels Nockenwelle und Kipphebel) des Ladungswechsels. Es werden ausschließl. *Teller-V.* verwendet, bestehend aus dem V.teller mit kegeliger Paßfläche, die sich an den V.sitz anlegt, und dem Schaft, der das V. führt. - Abb. S. 110.
◆ (elektr. V.) elektr. Bauelemente, deren Widerstand von der Stromrichtung abhängig ist: Er ist in Durchlaßrichtung annähernd null, in Sperrichtung sehr groß; Verwendung als † Gleichrichter.
◆ Vorrichtung an Orgeln und Blechblasinstrumenten zur Steuerung des Luftstroms. Bei der Orgel führen Fang-, Saug- oder Schöpf-V. den Luftstrom zum Balg, Kropf-V. zu den Windkanälen, durch die Klaviatur geöffnete Spiel-V. zu den Pfeifen. Bei den Blechblasinstrumenten machen V. die Töne der chromat. Tonleiter spielbar. Sie verlängern oder verkürzen die Schallröhre oder verändern die Gesamtstimmung des Instruments. Pumpoder Kolben-V. (Pistons; seit 1814) und Drehoder Zylinder-V. sind heute nebeneinander gebräuchlich.

Ventilhorn, Bez. für das heute übl. Waldhorn mit Ventilen.

ventilieren [lat.-frz.], 1. lüften; 2. (übertragen:) sorgfältig prüfen, von allen Seiten betrachten.

Ventilsitte, Bez. für soziale Regeln, die der Neutralisierung von gesellschaftl. bzw. gruppeninternen Spannungen und Aggressionen dienen, indem sie diese in institutionalisierte und damit kontrollierte Bahnen lenken (z. B. Kampfspiele, Prostitution).

Ventimiglia [italien. venti'miʎʎa], italien. Hafenstadt im westl. Ligurien, 9 m ü. d. M., 26 000 E. Archäolog. Museum; Grenzbahnhof zw. Frankr. und Italien; Blumenmarkt; Bade- und Winterkurort. - In der Römerzeit **Album Intimilium (Albintimilium),** seit dem 1. Jh. n. Chr. Munizipium; durch Flucht der Bewohner in der Völkerwanderungszeit entstand nahebei das heutige V., seit dem 4. Jh. als Sitz eines Bischofs bezeugt. - Roman. Dom (12. Jh.) mit got. Portal (14. Jh.), roman. Baptisterium (11. Jh.), Kirche San Michele, im 11. Jh. (?) über einem Tempel des Kastor und Pollux errichtet. Nahebei Ausgrabungen der röm. Siedlung. In mehreren umliegenden Tälern wurden seit 1650 bronze- und früheisenzeitl. Felsbilder entdeckt.

Vento, Ivo de [niederl. 'vɛnto:], * um 1544, † München 1575, dt. Komponist wahrscheinl. niederl. Herkunft. - Organist und Kapellmeister in München und Landshut. Neben mehreren größeren Motettenausgaben für vier und fünf Stimmen erschienen von ihm über 100 dt. Lieder sowie ein Buch mit Motetten, Liedern und Chansons (1575).

Ventôse [frz. vã'to:z; zu lat. ventosus „windig"], nach dem Kalender der Frz. Revolution der 6. Monat des Jahres (19., 20. bzw. 21. Febr. bis 20. bzw. 21. März).

Ventoux, Mont [frz. mõvã'tu], verkarsteter Gebirgsrücken in den südl. frz. Kalkvoralpen, 1 909 m hoch; Observatorium.

ventral [lat., zu venter „Bauch"], in der Anatomie: an der Bauchseite (Vorderseite) gelegen, zur Bauchseite (Vorderseite) hin.

Ventriculus [lat.] † Ventrikel.
◆ svw. † Magen.

Ventrikel (Ventriculus) [lat., eigtl. „kleiner Bauch"], in der Anatomie Bez. für: Kammer, Hohlraum, bes. von Organen; z. B. *Herz-V., Gehirn-V.* († Gehirn).

Ventrikulographie [lat./griech.], röntgenograph. Darstellung der Gehirnkammern nach Kontrastmittelinjektion; v. a. zur Erkennung von Gehirntumoren.

Ventura, Lino, eigtl. Angelo Borrini, * Parma 14. Juli 1919, frz. Filmschauspieler italien. Herkunft. - Urspr. Boxer; seit 1953 Held in Gangster- und Kriminalfilmen, u. a. „Der Panther wird gehetzt" (1959), „100 000 Dollar in der Sonne" (1964), „Armee der Schatten" (1969), „Der Maulwurf" (1983). - † 22. Okt. 1987.

Venturi, Robert [engl. vɛn'tʊərɪ], * Philadelphia (Pa.) 25. Juni 1925, amerikan. Architekt. - Mitarbeiter u. a. von E. Saarinen, ab 1958 eigenes Büro in Philadelphia. Greift für seine Bauten historisierende Dekorationsformen, Elemente der kommerziellen Werbung und „häßlicher" Zweckbauten auf; erbaute u. a. das Guild House in Philadelphia (1960-63), Allen Art Museum of the Oberlin College, Oberlin, Ohio (1973-76); verfaßte u. a. „Vielfalt und Widerspruch" (1966).

Venturia [nach dem italien. Botaniker A. Venturi, 19. Jh.], artenreiche Schlauchpilzgatt. mit der Nebenfruchtform *Fusicladium*. Die Pilze parasitieren in Blättern, Zweigen und Früchten von Pflanzen; sie verursachen Schorf und sind z. T. sehr schädlich.

Venturi-Rohr [nach dem italien. Physiker G. B. Venturi, * 1746, † 1822] (Venturi-Düse, Saugdüse), Rohr mit düsenförmiger Verengung, das aus dem Unterschied zw. dem Druck im Eingangsquerschnitt und dem Druck an der engsten Stelle Geschwindigkeit und Menge der durchströmenden Flüssigkeiten oder Gase zu messen gestattet; u. a. zur Messung der Fluggeschwindigkeit.

Venüle [Kw. aus **Vene** und **Kanüle**], Glasröhrchen mit eingeschmolzener Kanüle zur keimfreien Entnahme von Blut aus Körpervenen.

Venus, bei den Römern Begriff für Anmut und Liebreiz, personifiziert zur Göttin der (geschlechtl.) Liebe und mit der griech. Aphrodite gleichgesetzt. Die Verknüpfung der röm. Gründungssage mit dem Schicksal des Äneas ließ dessen göttl. Mutter V. zur

Venus

röm. Nationalgöttin werden. Cäsar ließ ihr als seiner „Ahnherrin" einen Tempel auf seinem Forum errichten.
In der *bildenden Kunst* sind v.a. die griech. Statuen in zahlr. röm. Kopien erhalten, in der Malerei wichtiges Bildthema seit der Renaissance (↑Aphrodite).

Venus [nach der röm. Göttin], astronom. Zeichen ♀, der (von der Sonne aus gesehen) zweite Planet unseres Sonnensystems. V. bewegt sich auf einer sehr wenig exzentr. Ellipse in 224,7 Tagen einmal um die Sonne. Die Entfernung zur Erde schwankt dabei zw. 41 Mill. und 257 Mill. km. Als innerer Planet kann sie sich, von der Erde aus gesehen, nicht weit von der Sonne entfernen (größte Elongation 47°, jeweils östl. oder westl. der Sonne). Steht V. westl. der Sonne, so geht sie als *Morgenstern* vor der Sonne im Osten auf.

Bei östl. Elongation läuft V. scheinbar hinter der Sonne her und ist am Abendhimmel als *Abendstern* zu sehen.

V. und Erde sind sich bezügl. Masse, Dichte und Radius sehr ähnlich; in den anderen physikal. Parametern treten jedoch kaum Gemeinsamkeiten auf (↑ auch Planeten, Übersicht). Eine Besonderheit gegenüber allen anderen Planeten ist die langsame V.rotation von 243 Erdtagen. Da die Rotation um die Achse und die Bahnbewegung um die Sonne entgegengesetzt gerichtet sind, entspricht die Länge eines Sonnentages auf der V. 117 Erdtagen.

Bis vor wenigen Jahren konnten über die Planetenoberfläche und die den Planeten einhüllenden Wolken nur wenig gesicherte Angaben gemacht werden. Erst Raumsondenexperimente gaben sichere Anhaltspunkte für die Erstellung eines Atmosphärenmodells. Insbes. die Meßergebnisse der sowjet. Raumsonde Venus 8 (Landung Dez. 1972) und der im Okt. 1975 abgesetzten Landeeinheiten von Venus 9 und 10 haben gezeigt, daß V. eine nahezu reine Kohlendioxidatmosphäre besitzt (97% Kohlendioxid, höchstens 2% Stickstoff und Edelgase, weniger als 0,4% Sauerstoff, 0,1–0,2% Wasserdampf). Infrarot-

Ventile. 1 Wasserhahn (a geschlossen, b geöffnet), 2 Freiflußventil, 3 Tellerventil am Auslaßkanal eines Verbrennungsmotors (α Winkel des Ventilsitzes, h Ventilhub, q freier Ventilquerschnitt, d Ventildurchmesser)

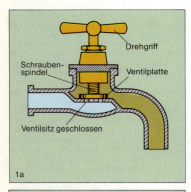

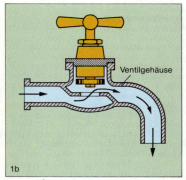

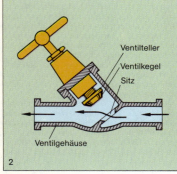

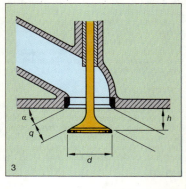

Venusfliegenfalle

aufnahmen der Pioneer-Venus-Orbiter zeigten, daß die größte Wolkenhöhe (Temperatur −60 °C) in etwa 70° nördl. bzw. südl. Breite vorliegt. Am Pol und zum Äquator hin reichen die Wolken weniger hoch und sind an ihrer Obergrenze bis zu 40 °C wärmer: Bei etwa 70° Breite spannt sich ein breiter, kälterer und höher liegender Wolkenring um beide Pole. Die über 20 km dicke Wolkendecke läßt sich in drei Schichten unterteilen. Die oberste Schicht erstreckt sich zw. 56 und 70 km Höhe (Temperatur etwa −20 °C). Darunter folgt eine nur 6 km starke Schicht, die etwa 49,5 km Höhe über der Planetenoberfläche beginnt (Temperatur zw. 20 und 80 °C). In der zw. 47,5 und 49,5 km Höhe liegenden unteren Schicht wurden Schwefelpartikel in fester und flüssiger Form bei einer Temperatur von 200 °C nachgewiesen. Zur Oberfläche hin folgt eine diffuse Nebelschicht. Darunter ist die V.atmosphäre außerordentl. klar, insbes. völlig frei von Schwebeteilchen: In 30 km Höhe (Temperatur bei 310 °C) würde die Sichtweite 80 km betragen, am Boden dagegen nur noch 2 km. Die bei Annäherung an die V.oberfläche stark zunehmende Temperatur erreicht in 20 km Höhe Werte von 380 °C, am V.boden selbst Werte um 460 °C. Der Druck am Boden beträgt um 90 bar.

Die Oberseite der Wolkenschicht zeigt die schon früher gefundene retrograde Rotation der Atmosphäre mit Geschwindigkeiten um 360 km/h in Richtung der Planetendrehung, die das gesamte Wolkensystem in vier Tagen um die V. rotieren läßt.

Die Oberfläche der V. macht nach Radarmessungen von Bord des Pioneer-Venus-Orbiters aus einen flachen bis hügeligen Eindruck. Auf der Nordhalbkugel wurde jedoch ein Hochplateau (3 200 km Länge, 1 600 km Breite) entdeckt, das fast 5 000 m höher als die Umgebung ist und an dessen Rändern sich drei große Berggruppen bis zu 12 000 m über das Grundniveau der V. erheben. Ferner wurde ein 250 km breites und mindestens 1 500 km langes Kluftsystem aufgefunden, in dem sich eine etwa 6,5 km tiefe und 400 km lange Spalte befindet. Aus Fernsehbildern der Sonden Venus 9 und 10 ist zu folgern, daß die Oberfläche mit scharfen, granitartigen Felsbrocken bedeckt ist; aus den Werten von Masse und Dichte kann man vermuten, daß der innere Aufbau im wesentl. dem der Erde ähnl. ist. - V. besitzt kein Magnetfeld von größerer Stärke als 10^{-3} Gauß und keinen Strahlungsgürtel. Aus den vorliegenden Erkenntnissen kann gefolgert werden, daß V. kein organ. Leben tragen kann und der Aufenthalt von Menschen ohne gewaltigen techn. Aufwand selbst für kurze Zeit kaum mögl. sein wird.

📖 *Hunt, G./Moore, P.: The planet V. Winchester (Mass.) 1983. - V. Hg. v. D. M. Hunten u. L. Colin. Tucson (Ariz.) 1983.*

Venus (russ. Wenera), Name einer Serie sowjet. Raumsonden, die ab 1961 zur Erforschung des Planeten Venus gestartet wurden; von *V. 4* (Start Juni 1967) wurde im Okt. 1967 ein Landekörper auf dem Planeten abgesetzt, der beim Niedergehen erstmals direkte Meßwerte über die Atmosphäre des Planeten lieferte, die von weiteren V.sonden und auch von amerikan. Marinersonden ergänzt wurden. Insbes. übermittelten die im Okt. 1975 abgesetzten Landeeinheiten von *V. 9* und *V. 10* die ersten Fernsehbilder von der Venusoberfläche. Die Sonden *V. 11* bzw. *V. 12* erreichten den Planeten Venus im Dez. 1978, *V. 13* und *V. 14* im März 1982, *V. 15* und *V. 16* im Okt. 1983. Die Landekapseln lieferten eine Vielzahl von Meßdaten, z. T. auch farbige Panoramaphotos von der Landegegend und aus Bodenproben ermittelte Daten. V. 15 und V. 16 nahmen u. a. eine Radarabtastung der Venusoberfläche vor.

Venus [nach der röm. Göttin], in der Alchimie Bez. für das Kupfer.

Venusberg, Berg und Höhle der sagenhaften Königin Sibylle bei Spoleto (Italien); in Deutschland wurden mehrere Berge, v. a. in Thüringen und Schwaben, mit „Frau Venus" in Verbindung gebracht; auch mit der Sage vom Tannhäuser in Beziehung gesetzt.

Venusberg, svw. ↑Schamberg.

Venusfliegenfalle [nach der röm. Göttin] (Dionaea), Gatt. der Sonnentaugewächse mit der einzigen Art *Dionaea muscipula* auf

Venus. Der Planet mit seiner turbulenten dichten Wolkenhülle. Aufnahme vom Pioneer-Venus-Orbiter (1979)

Venusgürtel

Mooren von North Carolina und South Carolina (USA); fleischfressende, ausdauernde, krautige Pflanze; Blätter grundständig, mit flachem, keilförmig verbreitertem Stiel; Blattspreite in zwei rundl., am Rand mit langen, steifen Haaren besetzte Klappen umgebildet; Blüten weiß, in langgestielter Doldentraube stehend. Auf der Innenseite jeder Blattspreitenhälfte stehen drei Fühlhaare, bei deren Reizung (durch Berührung oder Stoßreize) die Blatthälften sehr schnell (0,01–0,02 s) zusammenklappen. Die steifen Randborsten verschränken sich hierbei, so daß ein Entkommen der gefangenen Tiere (v. a. Insekten) nicht mehr mögl. ist. Durch auf der Blattinnenseite befindl. Drüsen werden Enzyme ausgeschieden, die die Beute zersetzen.

Venusgürtel [nach der röm. Göttin] ↑ Rippenquallen.

Venushügel, svw. ↑ Schamberg.

Venusmuscheln [nach der röm. Göttin] (Veneridae), Fam. der Muscheln, v. a. auf Sand- und Weichböden küstennaher Meeresregionen; Schalen rundl. bis längl., 0,5–8 cm lang, oft gefärbt, teils gerippt; können mit Hilfe ihres Fußes zentimeterweise springen. Zu den V. gehört u. a. die in der Nordsee vorkommende *Venus gallina.* Einige Arten sind eßbar.

Venusschuh [nach der röm. Göttin] (Paphiopedilum), Gatt. der Orchideen mit ggf. 50 Arten im trop. Asien; erdbewohnende Pflanzen mit meist einzeln an einem Schaft stehenden, prächtigen Blüten mit schuhförmiger Lippe. Zahlr. Arten und Hybriden sind für Zimmerkultur geeignet.

Venusstatuetten, jungpaläolith., in der Regel 6–12 cm hohe weibl. Statuetten; ↑ auch Idol.

Venus von Milo ↑ Aphrodite.

Venuti, Joe, eigtl. Giuseppe V., * Lecco 19. März 1894, † Seattle 14. Aug. 1978, amerikan. Jazzmusiker (Violinist) italien. Abstammung. - Bekannt durch seine Zusammenarbeit mit Musikern aus dem Bereich des Chicagostils; gilt als der erste bed. Violinist der Jazzgeschichte.

Vera (Wera), aus dem Russ. übernommener weibl. Vorname, eigtl. „Glaube".

Veracini, Francesco Maria [italien. vera'tʃiːni], * Florenz 1. Febr. 1690, † ebd. 31. Okt. 1768, italien. Violinist und Komponist. - 1717 Kammervirtuose in Dresden, ging 1722 nach Florenz, 1735 nach London (bis 1744); komponierte u. a. 24 Violinsonaten (op. 1, 1721; op. 2, 1740), ferner Violinkonzerte, Sinfonien und fünf Opern.

Veracruz [vera'kruːs; span. bera'krus], Staat in Mexiko, am Golf von Mexiko, 71 699 km², 5,71 Mill. E (1982), Hauptstadt Jalapa Enríquez. Der Staat erstreckt sich fast ganz in der Golfküstenebene; nur dort, wo die Cordillera Volcánica fast bis an die Küste stößt, reicht er bis auf das Hochland hinauf. Westl. des Isthmus von Tehuantepec erhebt sich das Vulkangebirge von San Andrés Tuxtla. Das Klima ist trop.; die Savanne im N der Küstenebene wird gegen das Innere hin immer trockener; erst am Gebirgsrand stellt sich Feuchtwald ein. Hauptanbaugebiet ist die Gebirgsabdachung im zentralen Bereich. Die nördl. Küstenseite dient v. a. der Rinderhaltung. Im Stromgebiet des Río Papaloapan wurden 1947 staatl. Wasserbaumaßnahmen für die landw. Entwicklung des südl. V. begonnen. Der ergiebigste Wirtschaftszweig ist die Erdölförderung, außerdem Salz- und Schwefelgewinnung; chem. Industrie.

Geschichte: Als Cortés 1519 hier landete (Küste 1518 entdeckt), lebten im N Huaxteken und Totonaken, im zentralen Teil Nahuasprachige und im SO Olmeken; gehörte zum Vize-Kgr. Neuspanien, wurde 1786 Intendencia, mit einigen Grenzänderungen 1824 Staat.

Veracruz Llave [span. bera'kruz 'jaβe], mex. Hafenstadt am Golf von Mexiko, 305 500 E. Kath. Bischofssitz; Musikakad., meeresbiol. Station, Regionalmuseum; Nahrungs- und Genußmittel-, Textilind.; Fischerei; durch Bahn und Straßen mit der Stadt Mexiko verbunden. - An der bereits 1518 erkundeten Stelle von V. L. betrat Cortés am 21. April 1519 erstmals das mex. Festland. Das aus klimat. Gründen nö von Zempoala gegr. **Villa Rica de Vera Cruz** wurde 1525 nach dem heutigen La Antigua (20 km nw. von V. L.), 1598 an die heutige Stelle verlegt; besaß in der Kolonialzeit das Monopol für die Aus- und Einfuhr des Landes. 1821 ergab sich hier der letzte span. Vizekönig dem mex. General Itúrbide (die Spanier hielten aber noch bis 1825 das Fort San Juan de Ulúa); 1838 und 1861–67 von frz., 1847 von amerikan. Truppen besetzt. - Die Stadt ist im Schachbrettgrundriß angelegt; Kathedrale Nuestra Señora de la Asunción (1734).

Veranda [portugies.-engl.], gedeckter, oft seitl. verglaster Anbau bzw. Vorbau eines Hauses.

Veränderliche (veränderl. Sterne, Variable), Sterne, die eine oder mehrere Zustandsgrößen, insbes. die scheinbare Helligkeit, das Spektrum und das Magnetfeld, einer zeitl. Änderung unterworfen sind.

Veränderungssperre, im Planungsrecht vorgesehene Möglichkeit zur Sicherung der Planung, insbes. der Bebauungsplanung. Durch die V. soll verhindert werden, daß während der Planung Fakten geschaffen werden, die dem späteren Planungsvollzug entgegenstehen. Ihre nach dem ↑ Bundesbaugesetz betrifft v. a. die Errichtung, Änderung oder Beseitigung baul. Anlagen *(Bausperre).*

Veranlagung (Steuerveranlagung), Feststellung, ob und in welcher Höhe eine Steuerschuld besteht, sowie Festsetzung der Steuerschuld durch das Finanzamt für einen bestimmten Zeitraum.

Verantwortlichkeit (parlamentar. V.) ↑ Minister.

Verantwortung, urspr. v. a. in der Rechtsprechung verwendeter Terminus zur Bez. des - als Antwort auf eine Anklage - Rechenschaftgebens für ein bestimmtes Handeln oder für dessen Folgen. Als soziale Beziehungsstruktur umfaßt V. einen Träger, einen Bezugspunkt (V. für Person[en] oder Sache[n]) und eine Legitimationsinstanz (V. vor Person[en] oder Transzendentem). V. setzt Mündigkeit voraus, d. h. die Fähigkeit, das eigene Handeln frei zu bestimmen und dessen Folgen abzusehen.

verarbeitende Industrie, Sammelbez. für Ind.betriebe, die Rohstoffe und Zwischenprodukte umwandeln oder veredeln; im wesentl. alle Ind.betriebe, die Güter von einer vorgeschalteten Produktionsstufe beziehen und diese zu Fertigfabrikaten verarbeiten.

Verarbeitung, Herstellung einer neuen bewegl. Sache durch menschl. Arbeit mittels Umbildung eines oder mehrerer Stoffe. Der Verarbeitende erwirbt durch die V. von Gesetzes wegen das Eigentum an der verarbeiteten Sache, sofern er es nicht schon hat und der Wert der Verarbeitung nicht erheblich geringer ist als der Wert des Stoffes (§ 950 BGB). Derjenige, der auf Grund der V. einen Rechtsverlust erleidet, hat gegen den Verarbeitenden einen Anspruch aus ungerechtfertigter Bereicherung (§ 951 BGB).

Veratrum [lat.], svw. ↑ Germer.

Verätzung, mit einem Substanzverlust durch Nekrose einhergehende flächenhafte Schädigung der Haut oder Schleimhaut durch starke Säuren oder Laugen. - ↑ auch Erste Hilfe.

Veräußerung, rechtsgeschäftl. Übertragung von Sachen (Übereignung), Forderungen (Abtretung) und dingl. Rechten (Übertragung).

Veräußerungsgewinn, der bei Veräußerung eines Betriebes oder Betriebsteiles entstehende Gewinn. Der V. unterliegt einer ermäßigten Besteuerung bei der Einkommensteuer.

Veräußerungsverbot, das absolute oder relative Verbot, über bestimmte Gegenstände Verfügungen zu treffen. *Absolut* ist ein V., wenn eine bestimmte Verfügung im Interesse aller verboten ist (z. B. Grundstücksveräußerung an Ausländer), *relativ* dann, wenn sie im Interesse einzelner bestimmter Personen verboten ist. Die gegen ein absolutes V. verstoßende Verfügung ist nach § 134 BGB absolut nichtig; der Verstoß gegen ein relatives V. ist [nur] dem geschützten Personenkreis gegenüber („relativ") unwirksam, gegenüber allen anderen Personen jedoch voll wirksam (§§ 135, 136 BGB).

Veräußerungswert (Realisationswert), der bei der Veräußerung eines Gutes erzielbare Preis. Der V. ist als Wertansatz der Vermögensgegenstände in der Liquidationsbilanz maßgebend.

Verb [lat. verbum, eigtl. „Wort"] (Verbum, Zeitwort, Tätigkeitswort, Tuwort; Mrz. Verben, Verba), Bez. für eine Wortart, die in ihrer Form veränderlich ist und der ↑ Konjugation unterliegt, die semantisch ein Sein oder Geschehen kennzeichnet und in syntakt. Hinsicht gewöhnlich den grammat. Kern der Aussage eines Satzes, das Prädikat, bildet. Das V. wird insbes. durch Angaben zur Zeit des Geschehens bzw. Seins im Verhältnis zur Gegenwart der Äußerung charakterisiert, durch die Tempora (↑ Tempus); dabei werden durch ein oft sehr reiches Formensystem in den einzelnen Sprachen jeweils verschiedene Kategorien ausgedrückt: bestimmte Modi (↑ Modus), die eine Stellungnahme des Sprechers zum Geltungsgrad der verbalen Aussage als tatsächlich, wirklich (Indikativ), möglich (Konjunktiv), erwünscht (Optativ), befohlen (Imperativ) u. a. beinhalten; die unterschiedl. Betrachtungsweise des Urhebers einer Handlung oder der Handlung selbst durch den Sprecher/Schreiber (Aktiv, Passiv, Medium); Person und Numerus, in manchen (z. B. den semit.) Sprachen sogar das grammat. Geschlecht (↑ Genus) beim Subjekt, teilweise auch beim Objekt; in vielen Sprachen auch bestimmte Sehweisen des objektiven Ablaufs eines Geschehens (↑ Aktionsart) oder der subjektiven Einstellung des Sprechers dazu (↑ Aspekt). Das V. als konstitutives Element eines Satzes bedarf verschiedener, in ihrer Zahl und Art jeweils festgelegter Ergänzungsbestimmungen (↑ Valenz).

Die nicht konjugierten, aber von Verbalstämmen gebildeten Verbalnomina wie Infinitiv, Partizip usw. werden unter den Begriff *Verbum infinitum* (↑ infinite Form; Ggs.: *Verbum finitum,* ↑ finite Form) zusammengefaßt.

Nach ihrer *syntakt. Verwendung* unterscheidet man die auf ein Objekt als Zielpunkt gerichteten sog. *transitiven V.,* die auch ein persönl. Passiv bilden können, und die niemals ein direktes Objekt regierenden *intransitiven V.;* bei den *reflexiven V.* ist das Verb eine feste Verbindung mit dem Reflexivpronomen eingegangen („ich ärgere *mich*"; „ich nehme *mir* etwas vor"). V., die nur in Verbindung mit einem anderen V. (Vollverb) ihre semant.-syntakt. Funktion erfüllen können, heißen *Modal-V.* (z. B. „Ich *muß* gehen"); ein V., das ein durch einen Infinitiv mit „zu" ausgedrücktes Sein oder Geschehen modifiziert, heißt *modifizierendes V.* (z. B. „Er *pflegt* lange zu schlafen"). - Nach der *Formenbildung* sind etwa zu unterscheiden: in den indogerman. Sprachen *themat.* und *athemat. V.* je nach dem Vorhandensein oder Fehlen eines Themavokals, in den german. Sprachen *starke* und *schwache V.* je nach der Bildung des Präteritums und des 2. Partizips (↑ schwaches Verb). - ↑ auch Hilfsverb.

verbal

📖 *Snell-Hornby, M. V.-descriptivity in German and English*. Hdbg. 1983. - *Tendenzen verbaler Wortbildung in der dt. Gegenwartssprache*. Hg. v. *L. M. Eichinger*. Hamb. 1982. - *Elst, G. van der: V.semantik* Stg. 1982. - *Seyfert, G.: Zur Theorie der V.grammatik*. Tüb. ²1979. - *Bierwisch, M.: Gramm. des dt. Verbs*. Bln. ⁸1973.

verbal [lat.], 1. wörtlich, mit Worten, mündlich; 2. auf das Verb bezüglich, als Verb [gebraucht].

Verbaladjektiv, 1. als Adjektiv gebrauchte Verbform, z. B. das Partizip „blühend"; 2. das von einem Verb abgeleitete Adjektiv, z. B. „tragbar".

Verbalinjurie [...i-ε; lat.], durch Worte verübte ↑ Beleidigung.

Verbalinspiration ↑ Inspiration.

verbalisieren [lat.], Gedanken, Gefühle, Vorstellungen u. a. in Worten ausdrücken.

verballhornen (ballhornisieren) [nach J. ↑ Balhorn], [sprachl.] Äußerungen verbessern wollen und dabei aus Unvermögen oder aus Mißverständnis verschlechtern bzw. absichtlich entstellen, um eine lächerl. Wirkung zu erzielen.

Verbalnomen ↑ Nomen.

Verbalphrase, Abk. VP, in der Linguistik, bes. in der generativen Grammatik, gewöhnl. alle Teile eines Satzes außer der ↑ Nominalphrase. Die V. besteht notwendig aus einem Verb, zu dem Objekte treten müssen oder können und das durch adverbiale Bestimmungen (Angaben) näher bestimmt werden kann. - ↑ auch Konstituentenanalyse.

Verbalsubstantiv, zu einem Verb gebildetes Substantiv, das ein Nomen actionis (↑ Nomen), eine Geschehensbezeichnung ist (z. B. *Gabe* zu geben).

Verband, zur Verfolgung gemeinsamer Interessen gebildeter Zusammenschluß, z. B. Arbeitgeberverbände, ↑ Berufsverbände (↑ auch Interessenverbände).

◆ *militär.* die Zusammenfassung mehrerer Einheiten von Bataillonstärke an aufwärts; von Brigadestärke an aufwärts spricht man vom Großverband.

◆ im *techn. Bereich:* 1. Konstruktion im Fachwerkbau, die der Aufnahme von Seitenkräften und der Formerhaltung eines Tragwerkes dient, 2. svw. Mauersteinverband, 3. versteifendes, stützendes oder tragendes Bauteil (Längs-, Quer-, Stütz-V.) im Schiffbau.

◆ (Dualgruppe) eine algebraische Struktur V (↑ Algebra) mit zwei zweistelligen inneren Verknüpfungen (Zeichen $\cap$ und $\cup$), in der für beliebige Elemente $a, b, c \in V$ folgende Axiome gelten:

$$\left.\begin{array}{l} a \cup b = b \cup a \\ a \cap b = b \cap a \end{array}\right\} \text{(Kommutativgesetze),}$$

$$\left.\begin{array}{l} a \cap (b \cap c) = (a \cap b) \cap c \\ a \cup (b \cup c) = (a \cup b) \cup c \end{array}\right\} \text{(Assoziativgesetze),}$$

$$\left.\begin{array}{l} a \cup (a \cap b) = a \\ a \cap (a \cup b) = a \end{array}\right\} \text{(Absorptions- oder Verschmelzungsgesetze).}$$

Gelten zusätzl. noch die beiden Distributivgesetze

$$a \cup (b \cap c) = (a \cup b) \cap (a \cup c),$$
$$a \cap (b \cup c) = (a \cap b) \cup (a \cap c),$$

so spricht man von einem *distributiven Verband*. Als *Nullelement* eines V. bezeichnet man ein Element 0 (oder *n*) mit der Eigenschaft $a \cap 0 = 0$ und $a \cup 0 = a$ für alle $a \in V$, als *Einselement* ein Element 1 (oder *ě*) mit der Eigenschaft $a \cap 1 = a$ und $a \cup 1 = 1$ für alle $a \in V$.

◆ in der *Medizin* ↑ Verbände.

Verband alleinstehender Mütter und Väter, Abk. VAMV, eine in fast allen größeren Städten durch Ortsgruppen vertretene Gruppe, die von alleinstehenden Männern und Frauen ins Leben gerufen wurde, um eine gegenseitige Hilfe bei der Kinderbetreuung zu organisieren, und insbes. über soziale Rechte und behördl. Hilfen zu informieren.

Verband der Automobilindustrie e. V., Abk. VDA, Spitzenverband der Kfz.-Ind. der BR Deutschland, Sitz Frankfurt am Main; gegr. 1949.

Verband der Chemischen Industrie e. V., Abk. VCI, Spitzenverband der chem. Ind. der BR Deutschland, Sitz Frankfurt am Main; gegr. 1877 unter dem Namen „Verein zur Wahrung der Interessen der chem. Industrie", unter dem heutigen Namen 1951 neu gegründet.

Verband der Diözesen Deutschlands, Bez. für den Zusammenschluß (1967) der Diözesen der BR Deutschland (Sitz Bonn) zum Zweck der Wahrnehmung überdiözesaner Aufgaben der Verwaltung und Organisation.

Verband der Haftpflicht-, Unfall- und Kraftverkehrsversicherer e. V. (Kurzform HUK-Verband), Spitzenverband der privaten und öffentl.-rechtl. Versicherungen der BR Deutschland, Sitz Hamburg; gegr. 1947.

Verband der Unabhängigen (Wahlpartei der Unabhängigen), Abk. VdU, im März 1949 in Österreich gegr. bürgerl.-liberale Partei, die an die Traditionen der Großdt. Volkspartei und den Landbunds anknüpfte; erreichte 1949 bei den Nationalratswahlen 11,7%, 1953 10,9% der Stimmen; löste sich im April 1956 nach Bildung der Freiheitl. Partei Österreichs (Nov. 1955) auf.

Verband der Vereine Deutscher Studenten, Abk. VVDSt, gegr. 1881 als Kyffhäuser-Verband der Vereine Dt. Studenten. Die einzelnen *Vereine Dt. Studenten (VDSt)*, die Mensuren und Farbentragen ablehnen, pflegen seit der Gründungszeit eine betont christl.-nat. Haltung.

Verband der wissenschaftlichen katholischen Studentenvereine Unitas, Abk. UV, Verband kath. nichtfarbentragender, nichtschlagender student. Verbindungen; gegr. 1855 als Verband von Theologenvereinen, seit 1887 für Studenten aller Fakultäten offen.

Verband Deutscher Elektrotechniker (VDE) e. V., 1893 gegr. techn.-wiss. Verband; Sitz Frankfurt am Main. Zu den Aufgaben gehören u. a. die fachl. Betreuung und Fortbildung seiner Mgl. in vier wiss. Fachgesellschaften (Energietechn. Gesellschaft, Nachrichtentechn. Gesellschaft, VDI/VDE-Gesellschaft Meß- und Regelungstechnik, VDI/VDE-Fachgruppe Feinwerktechnik) sowie die berufs- und bildungspolit. Vertretung der Interessen der Elektroingenieure. Der VDE ist der Hg. des VDE-Vorschriftenwerks, das die vom VDE getragene *Dt. Elektrotechn. Kommission* (DKE) erarbeitet. In dieses Vorschriftenwerk werden aufgenommen: *VDE-Bestimmungen,* deren Anwendung eine Gefährdung von Menschen, Tieren und Sachen durch elektr. Geräte und Anlagen verhindern soll, *VDE-Richtlinien,* die dem gleichen Zweck wie die VDE-Bestimmungen dienen, aber noch nicht „anerkannte Regeln der Technik" sind, und *VDE-Merkblätter* als Empfehlungen oder Informationen über techn. Sachverhalte. VDE-Bestimmungen und VDE-Richtlinien sind gleichzeitig DIN-Normen. Für bestimmte elektr. Geräte und Bauteile erteilt die *VDE-Prüfstelle* den Herstellern die Erlaubnis zur Anbringung des *VDE-Sicherheitszeichens,* bei Geräten, die unter das Gesetz über techn. Arbeitsmittel (GtA) fallen, die Erlaubnis zur Anbringung des *Sicherheitszeichens GS* („Geprüfte Sicherheit") des Bundesarbeitsministeriums in Verbindung mit dem VDE-Sicherheitszeichen.

Verband deutscher Schriftsteller e. V. ↑ Schriftsteller.

Verbände, Hilfsmittel zur Abdeckung von offenen Wunden *(Schutzverband)* oder zur Fixierung und Ruhigstellung von Körperteilen bei geschlossenen Verletzungen bzw. zur Stützung und Stellungskorrektur von Gliedmaßen und Rumpf. Kleine offene Wunden werden zum Schutz mit Pflaster oder einer Mullbinde abgedeckt; bei blutenden Wunden ist zusätzl. ein *Kompressionsverband* mit einer elast. Binde oder einem Verbandpäckchen angezeigt. Bei geschlossenen Körperverletzungen wie Prellungen, Zerrungen oder nach Verrenkungen sind *Stütz-V.* aus Zinkleim- oder elast. Pflasterbinden gebräuchlich. Bei Knochenbrüchen im Gliedmaßen- und Rumpfbereich ist der aus Gipsbinden hergestellte *Gipsverband* bis heute unübertroffen; bei Extremitätenbrüchen dient er als umhüllender Verband zur Fixierung der Bruchenden, bei Brüchen im Becken- und Wirbelsäulenbereich wird er als Lagerungsschale angewandt. Bei Brüchen, deren Bruchenden zur Verlagerung neigen, werden *Streck-V.* in Form von einfachen Zugmanschetten, als ↑ Extensionsverband oder als *Zinkleim-Gips-Verband* (v. a. bei Kleinkindern) angelegt. - Abb. S. 116.

Verbänderung (Fasziation), durch Wachstumsstörungen am Vegetationskegel hervorgerufene abnorme bandartige Verbreiterung pflanzl. Sproßachsen. Als erbl. Mißbildung kommt V. z. B. beim Spargel vor.

Verbandsgemeinde, im Zuge der Verwaltungsreform in einigen Bundesländern gebildete Gebietskörperschaften, die aus benachbarten Ortsgemeinden des gleichen Landkreises bestehen; nehmen anstelle der Ortsgemeinden wesentl. Selbstverwaltungsaufgaben wahr.

Verbandsklage, Bez. für eine von Verbänden erhobene Klage, mit der diese keine eigenen Rechte, sondern Interessen ihrer Mgl. oder der Allgemeinheit geltend machen. Nach der Verwaltungsgerichtsordnung ist die V. unzulässig; Klage kann nur erheben, wer geltend macht, in seinen Individualinteressen verletzt zu sein. Im Umweltrecht (Naturschutzgesetz und Atomrecht) wird zunehmend gefordert, Naturschutzverbänden und ähnl. Organisationen ein Klagerecht zu geben. Im Bremischen Naturschutzgesetz ist die V. seit dem 12. 9. 1979 verankert. Im Recht der Allgemeinen Geschäftsbedingungen können Verbraucher- oder Interessenverbände, Handwerks- oder Industrie- und Handelskammern gegen den Verwender von unwirksamen Klauseln in Allgemeinen Geschäftsbedingungen im Wege der V. auf Unterlassung klagen. Im Wirtschaftsrecht können Interessenverbände (z. B. Industrie- und Handelskammern) auf Unterlassung klagen, wenn gegen das Verbot des unlauteren Wettbewerbs verstoßen wird.

Verbannung, bereits in der Antike, aber auch noch im 20. Jh. (z. B. Rußland/Sowjetunion, Südafrika) praktizierte Verweisung einer Person aus und bisweilen auch in ein bestimmtes Gebiet aus rechtl. oder polit. Gründen auf Dauer, für bestimmte Zeit oder bis zum Widerruf.

Verbascum [lat.], svw. ↑ Königskerze.

verbellen, wm. vom Jagdhund gesagt, wenn er dem Jäger durch Bellen anzeigt, daß er ein erlegtes Stück Wild gefunden hat oder ein noch lebendes an seinem Platz festhält.

Verbena [lat.], svw. ↑ Eisenkraut.

Verbindlichkeiten, vorwiegend aus Warenlieferungen und Leistungen resultierende Verpflichtungen gegenüber Geschäftspartnern, die in der Kontokorrentbuchhaltung als Kreditoren bezeichnet.

Verbindung, im *Zivilrecht* das Zusammenfügen einer Sache mit einem Grundstück oder anderen bewegl. Sachen dergestalt, daß sie wesentl. ↑ Bestandteil des Grundstücks oder einheitl. Sache wird, d. h. ohne (ihre) Zerstörung nicht mehr entfernt werden kann. Die V. hat zur Folge, daß sich das

Verblendmauer

Eigentum am Grundstück auch auf die bewegl. Sache erstreckt bzw. die bisherigen Eigentümer mehrerer bewegl. Sachen Miteigentümer werden oder, wenn eine der bewegl. Sachen als Hauptsache anzusehen ist, ihr Eigentümer das Alleineigentum erwirbt. Wer infolge der V. einen Rechtsverlust erleidet, hat gegen den Begünstigten einen Anspruch aus ungerechtfertigter Bereicherung. Das gleiche gilt bei untrennbarer Vermischung (von Flüssigkeiten) oder Vermengung.
◆ im Verfahrensrecht die Verbindung mehrerer Verfahren zu einem (§ 147 ZPO, § 237 StPO).
◆ ↑chemische Verbindungen.

Verblendmauer, eine Mauer, deren Kern (bzw. Hinterfüllung) z. B. aus Bruchsteinen oder Beton besteht, während die Sichtfläche mit hochwertigen [Verblend]klinkern, -ziegeln, mit Natur- oder Kunststeinplatten u. a. „verblendet" ist.

Verblödung, svw. ↑Demenz.

Verblutung, zum Tode führender akuter Blutverlust. Beim Gesunden ist gewöhnl. ein Blutverlust von 1,5–2,5 l (entspricht rd. 50% der Blutmenge) tödlich.

Verborgenrüßler (Ceutor[r]hynchinae), weltweit verbreitete, sehr artenreiche Unterfam. kleiner, gedrungener Rüsselkäfer, die ihren Rüssel in einer Rinne der Vorderbrust (von oben unsichtbar) verbergen können. Die Larven entwickeln sich im Innern krautiger Pflanzen. Einige Arten (z. B. ↑Kohlgallenrüßler) schädigen Nutzpflanzen.

Verbot, Anordnung einer dazu befugten Person oder Institution, etwas zu unterlassen, was bei Nichtbefolgung Sanktionen oder Nachteile zur Folge hat.

verbotene Eigenmacht, Entziehung oder Störung des Besitzes an einer Sache ohne Willen des unmittelbaren Besitzers (↑Besitz), sofern das Gesetz diese nicht ausnahmsweise gestattet, wie z. B. im Falle der Notwehr oder Selbsthilfe (§ 858 BGB). - ↑auch Besitzschutzanspruch.

Verbotsirrtum, Irrtum über das Verbotensein eines strafrechtl. relevanten Verhal-

Verbände. a Rahmenverband als Schutzverband, b Stützverband des Fußes, c Armtragetuch bei Arm- und Handbrüchen, d Kompressionsverband am ganzen Bein, e–f Dreiecktuchverbände (e Kinn-, f Kopf-, g Ellbogenverband), h–k Anlegen eines Handverbandes, l Unterschenkelgehgips

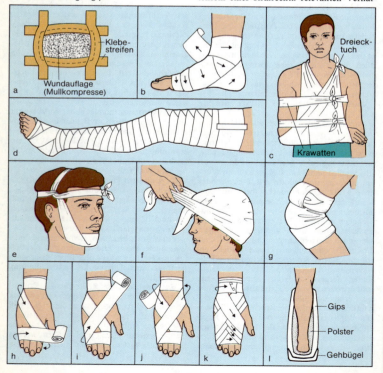

Verbrecher

tens. Der Täter nimmt irrig an, sein Verhalten sei erlaubt, so daß ihm das Unrechtsbewußtsein fehlt (§ 17 StGB). Beim V. sind 2 Formen zu unterscheiden: Beim *direkten* V. kennt der Täter die Verbotsnorm nicht, hält sie für ungültig oder auf seinen Fall nicht anwendbar und deshalb sein Verhalten für erlaubt. Beim *indirekten* V. kennt der Täter das Verbot, glaubt aber an das Eingreifen eines Rechtfertigungsgrundes (z. B. Notwehr). Der *unvermeidbare* V. (Täter kann auf Grund seiner Fähigkeiten und Kenntnisse nicht zur Unrechtseinsicht gelangen) ist Schuldausschließungsgrund, d. h., der Täter bleibt straffrei, weil er keine tadelnswerte Rechtsgesinnung bewiesen hat. Der *vermeidbare* V. hingegen kann nur zur Strafmilderung führen. - ↑ auch Irrtum.

verbrannte Erde, eine Kriegstaktik, die die Vernichtung der gesamten Lebensgrundlage der beim Rückzug geräumten Gebiete beabsichtigt: u. a. Zerstörung von Verkehrsverbindungen, Ind.- und Versorgungsanlagen, der Ernte sowie der privaten und öffentl. Gebäude.

Verbrauch ↑ Konsum.

Verbrauch der Strafklage ↑ Strafklageverbrauch.

Verbraucheraufklärung ↑ Verbraucherverbände.

Verbraucherforschung, Teilgebiet der Marktforschung (↑ Meinungsforschung), das sich mit der Analyse der Bedürfnisse und des Bedarfs unterschiedl. Verbrauchergruppen sowie der Kaufmotive und mit dem Vergleich der Meinungsbilder über konkurrierende Produkte, der Ergründung der sog. Markentreue u. a. befaßt.

Verbrauchergenossenschaften, svw. ↑ Konsumgenossenschaften.

Verbrauchermärkte, Selbstbedienungsläden oder -abteilungen mit mehr als 2 000 m² Verkaufsfläche, häufig mit großer Non-food („Nicht-Lebensmittel")-Abteilung.

Verbraucherpreise, die [Endverkaufs]preise für die Güter und Dienstleistungen, die vom Endverbraucher gekauft werden. Die V. werden in Verbindung mit bestimmten Warenkörben (↑ Lebenshaltungskosten) zur Ermittlung der verschiedenen Preisindizes für die Lebenshaltung privater Haushalte herangezogen.

Verbraucherschutz, die Gesamtheit der rechtl. Vorschriften, die den Verbraucher vor Benachteiligungen im Wirtschaftsleben schützen sollen. Die im Rahmen des V. bestehenden Gesetze und Vorschriften können unterschieden werden in solche, die eine korrekte und möglichst umfassende Information des Verbrauchers als Grundlage seiner Kaufentscheidungen sichern (z. B. Lebensmittel-Kennzeichnungsverordnung, Preisauszeichnungspflicht), und solche, die dem einzelnen Verbraucher in bestimmten Rechtsgeschäften des tägl. Lebens bes. Schutz gewähren sollen (z. B. Abzahlungsgesetz [↑ Abzahlungsgeschäft]).

Verbraucherverbände, Organisationen, deren satzungsgemäße Aufgabe die Vertretung der Interessen der Verbraucher ist. Im Vordergrund der Tätigkeit der V. bzw. der *Verbraucherzentralen,* die in jedem Bundesland und Berlin (West) bestehen, ist die Information und Beratung *(Verbraucheraufklärung),* wobei die V. auch zur Rechtsberatung befugt sind. Außerdem sind die V. berechtigt, mit Unterlassungsklagen gegen Verstöße gegen das Gesetz gegen den unlauteren Wettbewerb vorzugehen.

Verbrauchsgewohnheiten (Konsumgewohnheiten), die Verhaltensweisen der Konsumenten in Hinsicht auf angebotene Güter und Dienstleistungen. Als *urspr.* V. sind die Maßnahmen zur Befriedigung elementarer Bedürfnisse anzusehen. Daraus abgeleitet gelten als *mittelbare* V. Entscheidungen über Umfang und Häufigkeit des Konsums, Auswahl der Produkte nach Qualität, Nutzen und Grad ihrer Ersetzbarkeit durch andere Produkte sowie ferner die Bevorzugung einer bestimmten Marke.

Verbrauchssteuern, indirekte Steuern, die durch die Besteuerung der Einkommensverwendung für bestimmte Güter die persönl. Leistungsfähigkeit nur mittelbar erfassen. Durch V. belastete Waren sind u. a. Zucker, Salz, Tabakwaren, Kaffee, Tee. Zu den V. im weiteren Sinne gehören auch die *Aufwandsteuer,* deren Maßstab ein oft durch ein spezielles Objekt bestimmter Aufwand ist (z. B. Kraftfahrzeugsteuer, Hundesteuer).

Verbrechen ↑ Straftat.

Verbrechen gegen den Frieden, nach dem Statut des Interalliierten Militärgerichtshofs (↑ Nürnberger Prozesse) das Planen, Vorbereiten, Einleiten und Durchführen von Angriffskriegen sowie eine Beteiligung an solchen Plänen; wegen eines völkerrechtl. V. g. d. F. können auch einzelne zur Verantwortung gezogen werden. Die BR Deutschland hat den Tatbestand in ihr innerstaatl. Strafrecht eingeführt (↑ Friedensverrat).

Verbrechen gegen die Menschlichkeit, nach dem Statut des Interalliierten Militärgerichtshofs (↑ Nürnberger Prozesse) Mord, Ausrottung, Versklavung, Deportation und andere unmenschl. Handlungen, begangen an einer Zivilbevölkerung (auch der eigenen) vor und während des Krieges, sowie Verfolgung aus polit., rass. oder religiösen Gründen (↑ auch Verschleppung, ↑ politische Verdächtigung, ↑ Völkermord).

Verbrechensmerkmale, die Tatbestandsmerkmale eines Verbrechens. - ↑ auch Tatbestand.

Verbrecher, im strafrechtl. Sinne der Straftäter, der ein Verbrechen begangen hat; i. w. S. derjenige, der eine strafbare Handlung

Verbrennung

begangen hat. Man unterscheidet Gelegenheits- und Gewohnheitsverbrecher.

Verbrennung, unter Flammenbildung und Wärmeentwicklung ablaufende Reaktion von Stoffen mit Sauerstoff oder anderen Oxidationsmitteln nach Erreichen der jeweiligen Entzündungstemperatur. Mit Hilfe eines Kalorimeters kann die bei der vollständigen V. eines Stoffs freiwerdende Wärmemenge (*V.wärme;* gemessen in J/mol) bestimmt werden. Bei vollständiger V. von organ. Brennstoffen entstehen vorwiegend Kohlendioxid und Wasserdampf, bei unvollständiger V. Ruß und Kohlenmonoxid.

♦ (Combustio, Kombustion) durch örtl. Hitzeeinwirkung hervorgerufene Gewebeschädigung. Als V.ursachen (i. d. R. ein Unfallgeschehen) kommen heißes Wasser oder andere heiße Flüssigkeiten (*Verbrühung*), Heißwasserdampf, Feuer und elektr. Strom in Betracht. Nach der Tiefe der Schädigung unterscheidet man vier Schweregrade: Bei *V. ersten Grades* kommt es zu einer schmerzhaften Rötung der Oberhaut, die ohne Narbenbildung innerhalb von wenigen Tagen wieder verschwindet (*Combustio erythematosa*). Bei einer *V. zweiten Grades* entstehen die außerordentl. schmerzhaften Brandblasen (*Combustio bullosa*) durch Schädigung der Blutkapillaren mit Austritt von Blutflüssigkeit und Abhebung der obersten Hautschicht. Ist das Kapillarnetz im wesentlichen unzerstört, heilen die Blasen in 10–14 Tagen meist narbenlos ab; tiefe Brandblasen verheilen langsamer und hinterlassen leichte Narben. Bei *V. dritten Grades (Combustio escharotica)* ist auch die Lederhaut mit ihren Gefäßen und Nerven (verbrannte Partien zeigen stellenweise Gefühllosigkeit u. ein verkohltes oder weißl.-lederartiges Aussehen) betroffen. Die nekrot. Hautpartien werden innerhalb von zwei bis drei Wochen abgestoßen und hinterlassen tiefe Narben, die u. U. durch Hauttransplantationen abgedeckt werden müssen. Bei *V. vierten Grades (Verkohlung, Karbonisation)* sind außer der Haut auch Muskeln, größere Gefäße, ja selbst Knochen geschädigt. Solche tiefgreifenden Zerstörungen zwingen zur Amputation der betroffenen Gliedmaßen; an Kopf und Rumpf führen sie meist schnell zum Tod. - Das Schicksal des Verletzten hängt bei weniger tiefen V. außer von der örtl. Intensität v. a. auch von der Ausdehnung der Hautschädigung ab. Eine Lebensbedrohung entsteht durch die beim Eiweißzerfall gebildeten Toxine, ferner durch die Salz- und Wasserverluste und später durch Infektion der Brandwundenflächen (*V.krankheit*). Die Ausdehnung der V. wird in Prozenten der Gesamtkörperoberfläche abgeschätzt. Eine V. von etwa zwei Dritteln der gesamten Haut wird selten überlebt, eine solche von 50% der Hautoberfläche immer noch von kaum mehr als der Hälfte der Betroffenen; selbst eine Schädigung von 15–20% führt, v. a. durch den Flüssigkeitsverlust, noch zum V.schock. Zur *Behandlung* einer ausgedehnten V. gehört daher neben der keimfreien Wundversorgung († Erste Hilfe) die Gabe von Blutplasma oder Blutersatzmitteln. Die Gefahr der bakteriellen Infektion kann mit Antibiotika beherrscht werden.

Verbrennungskraftmaschinen, Kraftmaschinen, bei denen mechan. Arbeit durch die unmittelbar im Zylinder bzw. einer Brennkammer stattfindende rasche Verbrennung eines Brennstoff-Luft-Gemischs gewonnen wird; period. Ablauf z. B. in Verbrennungsmotoren, kontinuierl. z. B. in der Gasturbine.

Verbrennungsmotoren (Explosionsmotoren), Kraftmaschinen, bei denen in einem Zylinder durch Verbrennung eines Brennstoff-Luft-Gemisches ein Kolben bewegt und so über diesen die Wärmeenergie in mechan. Energie umgewandelt wird. Nach dem Arbeitsablauf unterscheidet man z. B. Zweitakt- und Viertaktmotoren, nach der Art der Gemischbildung und -zündung Ottomotoren, Einspritzmotoren und Dieselmotoren, nach der Steuerung der Kraftstoffzufuhr Motoren mit Ventilsteuerung und Schiebersteuerung, nach der Zahl der Zylinder Ein-, Zwei-, Drei- usw. -zylindermotoren, nach der Art der Zylinderanordnung Boxermotoren, Reihenmotoren, H-Motoren, Sternmotoren, V-Motoren usw., nach der Kolbenart und -bewegung Hubkolbenmotoren, Doppelkolbenmotoren und Rotationskolbenmotoren (speziell Wankel-Motoren). - † auch Stelzer-Motor. *Geschichte:* Der erste brauchbare Verbrennungsmotor war die von J. J. É. Lenoir 1860 konstruierte und 1862 erstmals eingesetzte Gasmaschine. N. A. Otto entwickelte eine Maschine (Ottomotor), die das Gasgemisch verdichtete und in der sog. Totpunktlage zündete. Der von Otto und E. Langen 1867 vorgestellte Ottomotor wurde ab 1882 v. a. von Daimler und Maybach in Cannstatt zum schnellaufenden Benzinmotor weiterentwickelt und ab 1886 als Fahrzeugantrieb eingesetzt. Mit dem Glühkopfverfahren bemühte sich 1890–93 der Brite H. S. Acroyd, schwerflüchtige Kraftstoffe in V. zu verwenden, doch erst die Entwicklungen der R. C. K. Diesel (1893–97) führten mit dem Dieselmotor zu einem einsatzfähigen Ölmotor. Ab 1926 befaßte sich F. Wankel mit der Konstruktion von Rotationskolbenmotoren; Serienproduktion des sog. Wankel-Motors ab 1964.

📖 *Kraemer, O./Jungbluth, G.:* Bau u. Berechnung von V. Hubkolben- u. Rotationskolbenmotoren. Bln. u. a. ⁵1983. - *Zimmer, K.:* Aufladung v. V. Bln. u. a. ²1980. - *Grohe, H.:* Messen an V. Würzburg ²1979. - *Hütten, H.:* Motoren: Technik, Praxis, Gesch. Stg. 1974. - *Mettig, H.:* Die Konstruktion schnellaufender V. Bln. u. New York 1973.

Verbrennungswärme ↑ Verbrennung.
Verbruggen (Verbrugghen) [niederl. vərˈbrʏxə], fläm. Bildhauerfamilie des 17./18. Jh., tätig v. a. in Antwerpen, spezialisiert auf Holzschnitzereien. Bed. v. a.:
V., Pieter, d. Ä., ≈ Antwerpen 5. Mai 1615, † ebd. 31. Okt. 1686. - Vermutlich Schüler, später Schwiegersohn von E. Quellinus; wichtigster Vertreter des fläm. hochbarocken Kircheninventars, u. a. Altar und Orgelgehäuse von Sint Paulus, Antwerpen (1654), Hochaltar von Sint Andries, ebd. (1665). Seine Söhne *Pieter d. J.* (*1640, † 1691) und *Hendrik Frans V.* (*1654, † 1724) schufen ebenfalls Kircheneinrichtungen.
Verbrühung ↑ Verbrennung.
Verbuchen ↑ Buchung.
Verbum finitum [lat.] ↑ finite Form.
Verbum infinitum [lat.] ↑ infinite Form.
Verbundbauweise, eine Bauweise, bei der eine tragende Konstruktion aus unterschiedl. Baustoffen zusammengesetzt ist.
Verbundguß (Compoundguß) ↑ Gießverfahren.
Verbundplatte, häufig in Leichtbauweise ausgeführte Platte aus drei oder mehr miteinander verklebten Lagen aus unterschiedl. Werkstoffen, die jeweils dem Verwendungszweck angepaßt sind. Verwendung u. a. im Behälter-, Waggon-, Schiff- und Flugzeugbau.
Verbundsicherheitsglas ↑ Sicherheitsglas.
Verbundtriebwerk, svw. ↑ Compoundtriebwerk.
Verbundwerkstoffe (Kompositwerkstoffe), aus mehreren Komponenten zusammengesetzte Werkstoffe. Typ. Beispiel für *Faser-V.* sind die glasfaserverstärkten Kunststoffe († GFK-Technik), deren Zugfestigkeit in Faserrichtung in der gleichen Größenordnung wie die des Stahls liegen, wobei das Gewicht jedoch nur etwa $1/4$ beträgt, ferner Faser-V. mit Bor- (borfaserverstärkte Kunststoffe; BFK) oder Kohlenstoffasern (kohlefaser- oder carbonfaserverstärkte Kunststoffe, Abk. KFK bzw. CFK), die in Kunststoffe, Aluminium oder Titan eingebettet sind (v. a. im Flugzeugbau) sowie Faser-V. mit Kristallfäden (Whisker), die bezüglich der Festigkeitswerte an der Spitze aller Faser-V. liegen. - *Bandverstärkte V.* mit parallelen, nebeneinander angeordneten Bändern (meist aus Stahl) in einer Grundsubstanz (Kunststoffe, Aluminium) zeichnen sich v. a. durch hohe Festigkeitswerte in zwei Richtungen aus. - *Schicht-V.* aus mehreren Lagen unterschiedl. Materials haben schon relativ früh weite Verbreitung gefunden. Ein bekanntes Beispiel für moderne Schicht-V. sind Kunststoffskier, interessante Anwendungsgebiete sind z. B. die Elektrotechnik (z. B. hochwertige Kontaktfedern aus Kupfer-, Edelstahl- und Neusilberschichten) sowie die Luft- und Raumfahrttechnik. - Bei *Teilchen-V.* werden verschiedenartige Materialien durch Mischen, Pressen, Sintern u. a. zu einem einheitl. Werkstoff „zusammengeschweißt".

Verbundwirtschaft, Zusammenschluß von mehreren Betrieben, der horizontaler oder vertikaler Art sein kann; er kann die rechtl. bzw. wirtschaftl. Selbständigkeit aufheben, kann aber auch nur organisator. Art sein, so z. B. in der europ. V. für Energie, die so gestaltet ist, daß ein Ausgleich der unterschiedl. örtl., regionalen oder territorialen Hauptbelastung des Energienetzes herbeigeführt werden kann.

Verbürgerlichung, Bez. für den behaupteten Prozeß der Angleichung von ehem. proletar. Bewußtsein und Lebensstil sozialer Unterschichten an die Standards sozialer Mittelschichten durch allmähl. Übernahme von deren „bürgerl." Denk- und Verhaltensformen.

Vercelli [italien. verˈtʃɛlli], italien. Stadt in Piemont, in der westl. Poebene, 131 m ü. d. M., 51 400 E. Hauptstadt der Prov. V.; kath. Erzbischofssitz; Museen und Gemäldesammlungen, Staatsarchiv; Mittelpunkt des norditalien. Reisbaugebiets; Reismühlen, Textil- und Lederindustrie. - V., das röm. Munizipium **Vercellae,** wo 101 v. Chr. die Kimbern von Gajus Marius geschlagen wurden, wurde im 4. Jh. Bischofssitz; nach Ende des Weström. Reichs Mittelpunkt eines langobard. Hzgt., dann einer fränk. Gft.; seit der 2. Hälfte des 11. Jh. eine der blühendsten Kommunen N-Italiens; gelangte 1335 an die Visconti, 1427 an Savoyen. - Dom (16. und 18. Jh.) mit roman. Kampanile; roman. Zisterzienserkirche Sant'Andrea (1219–24), Dominikanerkirche San Cristoforo (1526).

Verchromen, Verfahren der Oberflächenbehandlung, bei dem Metallgegenstände mit einer Chromschicht als Korrosionsschutz überzogen werden. Das V. wird meist durch elektrolyt. Metallabscheidung vorgenommen; das zu verchromende Werkteil wird als Kathode geschaltet, die Anode besteht aus Blei, das galvan. Bad aus einer Lösung von Chromoxiden, Chromsulfaten und Schwefelsäure. Beim **Glanzverchromen** (zum Schutz und Verschönern von Oberflächen) werden meist Schichten von 0,3–0,5 µm Dicke, beim **Hartverchromen** (v. a. zum Schutz von mechan. stark beanspruchten Metallgegenständen) Schichten bis zu 0,5 mm Dicke aufgetragen.

Vercingetorix, *um 82, † Rom 46, König der gall. Arverner. - 52 v. Chr. Führer des gesamtgall. Aufstandes gegen Cäsar; konnte nach dem Sieg bei Gergovia die mit Cäsar verbündeten Äduer und Atrebaten zum Abfall bringen, so daß dessen gall. Erfolge in Frage gestellt waren; wurde in Alesia eingeschlossen und zur Kapitulation gezwungen. 46 im Triumphzug Cäsars mitgeführt und anschließend hingerichtet.

Vercors [frz. vɛrˈkɔːr], eigtl. Jean Bruller, * Paris 26. Febr. 1902, frz. Schriftsteller und Verleger. - Seine Novellen („Das Schweigen des Meeres", 1942; „Waffen der Nacht", 1946) und Romane („Das Geheimnis der Tropis", 1952) über den frz. Widerstand gegen den Nationalsozialismus und die Nachkriegszeit sind von einem engagierten Humanismus getragen. - *Weitere Werke:* Auflehnung (R., 1956), Zoo oder Der menschenfreundl. Mörder (Kom., 1964), Anne Boleyn (1985).

Vercors [frz. vɛrˈkɔːr], Massiv der nördl. frz. Kalkvoralpen, bis 2 341 m hoch.

Verdacht, im Recht die auf konkrete Anzeichen (Indizien) oder Beweise gegr. Wahrscheinlichkeit oder Möglichkeit, daß jemand als Täter oder Teilnehmer an einer Straftat in Betracht kommt. Im Strafverfahren werden verschiedene Verdachtsgrade unterschieden. Der zum Erlaß eines Haftbefehls erforderl. *dringende Tatverdacht* liegt vor, wenn der zu Inhaftierende sich mit großer Wahrscheinlichkeit als Täter oder Teilnehmer strafbar gemacht hat. Der zur Eröffnung des Hauptverfahrens († Strafverfahren) erforderl. *hinreichende Verdacht* liegt vor, wenn nach den vorliegenden Beweisen eine Bestrafung des Angeschuldigten zu erwarten ist.

Verdächtiger, eine als Täter oder Teilnehmer einer Straftat verdächtigte Person. Sobald gegen sie ein förml. Ermittlungsverfahren († Strafverfahren) eingeleitet worden ist, wird sie zum Beschuldigten.

Verdächtigung, 1. †falsche Verdächtigung; 2. (polit. V.) †politische Verdächtigung.

Verdammnis, nach bibl. und christl. Auffassung der Zustand ewiger Totalbestrafung (ewige V.); Ort der V. ist die † Hölle.

Verdampfen, allg. svw. † Verdampfung (als Vorgang); i. e. S. das in der therm. Verfahrenstechnik bzw. Trocknungstechnik mit Hilfe von Verdampfern durchgeführte Trennen von miteinander vermischten oder ineinander gelösten festen und flüssigen Stoffen durch Überführen der flüssigen Anteile in den Dampfzustand (z. B. bei der Meerwasserentsalzung).

Verdampfung, Bez. für den Übergang eines Stoffes vom flüssigen in den gasförmigen Aggregatzustand, die v. a. dann benutzt wird, wenn dieser Übergang (im Ggs. zum † Sieden) nur an der Oberfläche der Flüssigkeit, also ohne Blasenbildung stattfindet. Der Quotient aus verdampfter Flüssigkeitsmenge und dazu erforderl. Zeit wird als *V.geschwindigkeit* bezeichnet.

Verdampfungswärme, diejenige Wärme[energie]menge, die erforderl. ist, um einen Körper ohne Temperaturerhöhung aus dem flüssigen in den gasförmigen Aggregatzustand zu überführen. Der Quotient aus der V. und der Masse eines Körpers wird als *spezifische Verdampfungswärme* bezeichnet; sie beträgt z. B. für Wasser 2256,7 kJ/kg.

Verdauung (Digestion), Abbau der organ. Grundnahrungsstoffe Kohlenhydrate, Eiweiße und Fette in einfache und für den Organismus bzw. eine einzelne Zelle resorbierbare Bausteine des Stoffwechsels durch die Einwirkung von † Verdauungsenzymen. Bei Einzellern, Schwämmen, Hohltieren, Strudelwürmern, einigen Muscheln und Schnecken erfolgt die V. innerhalb der Zellen *(intrazellulare Verdauung).* Bei höheren Tieren erfolgt die V. im Darm *(extrazellulare Verdauung).* Dabei kann die Nahrung bereits außerhalb des Körpers durch nach außen abgegebene V.enzyme vorverdaut und dann verflüssigt in den Darm aufgenommen werden *(extraintestinale V.;* z. B. bei Spinnen).

Verdauungsenzyme, i. w. S. alle Enzyme, die eine † Verdauung bewirken; i. e. S. nur die von † in den Darmtrakt mündenden Verdauungsdrüsen bzw. aus Darmepithelzellen stammenden Enzyme. Man unterscheidet die zu den Hydrolasen zählenden Carbohydrasen, Proteasen und Lipasen. Bei den *Carbohydrasen* unterscheidet man Polyasen, Oligasen, Glykosidasen. Zu den Polyasen zählen die die Stärke und das Glykogen bis zu den Oligo- bzw. Disacchariden abbauenden Amylasen, die Zellulose bis zur Glucose abbauenden Zellulasen und die Chitinasen, die Chitin zu einfachen Zuckern spalten. Die Oligasen (v. a. Maltase, Lactase) spalten Glykoside und Oligosaccharide zu Monosacchariden. Bei den *Proteasen* unterscheidet man Proteinasen (Endopeptidasen; Pepsin, Trypsin, Chemotrypsin), die Proteine und höhere Polypeptide in niedermolekulare Eiweißstoffe spalten, und die Peptidasen i. e. S. (Exopeptidasen), die v. a. niedermolekulare Eiweißstoffe in die einzelnen Aminosäuren zerlegen. Die die Fette in Glycerin und Fettsäuren spaltenden *Lipasen* können erst nach Einwirken der Gallensäuren wirksam werden. - Bei manchen Tieren werden bestimmte V., die sie nicht selbst produzieren können, von symbiont. Mikroorganismen geliefert (v. a. die Zellulasen und Chitinasen).

Verdauungsstörung † Dyspepsie.

Verden [ˈfeːrdən], Landkr. in Nds.

Verden (Aller) [ˈfeːrdən], Krst. oberhalb der Mündung der Aller in die Weser, Nds., 20 m ü. d. M., 24 300 E. Verwaltungssitz des Landkr. Verden; Rechenzentrum zur Förderung der Landwirtschaft; Reit- und Fahrschule; Dt. Pferdemuseum; Reiterstadt mit Turnieren, Rennen und Reitpferdauktionen. - 810 als *Ferdi* urkundl. erstmals gen.; wuchs aus 3 Kernen zusammen, der Gerichtsstätte, einer Fährleute- und Fischereisiedlung und einer auf dem rechten Allerufer gelegenen, aus einem karoling. Königshof entstandenen Marktsiedlung. Nach 800, spätestens 849, wurde der Bischofssitz von Bardowick nach V. verlegt, das 985 Markt- und Münzrecht erhielt und 1192 erstmals als Stadt bezeichnet wird; fiel mit dem 1566 reformierten und 1648 säkularisierten Bistum 1648 an Schweden, 1712/19 an Kurhannover, 1866 an Preußen. - 782 waren bei V. laut Bericht der fränk. Reichsannalen 4 500 aufständ. Sachsen vom sächs. Adel ausgeliefert und auf Befehl Karls d. Gr. getötet worden (sog. **Blutbad von Verden**). - Got. ev. Dom (12.-15. Jh.) mit roman. W-Turm, ev. roman. Andreaskirche (frühes 13. Jh.), ev. Johanniskriche (im 15. Jh. erweitert) mit Wandmalereien; Bürgerhäuser des 16.-19. Jahrhunderts.

Verdi, Giuseppe, * Le Roncole (= Busseto, Prov. Parma) 10. Okt. 1813, † Mailand 27. Jan. 1901, italien. Komponist. - V. wurde 1836 städt. Musikdirektor in Busseto. Seine erste, stilist. konventionelle Oper „Oberto" (1839) wurde ein mäßiger Erfolg. Die zweite, „Un giorno di regno" (oder „Il finto Stanislao"), komponiert, während Frau und Kind einer epidem. Krankheit erlagen, fiel durch. Aus der verzweifelten Situation befreite ihn der nat. und internat. Erfolg des „Nabucco" (1842). Patriot. Thematik in histor. Stoffen machte V. zum Repräsentanten der nat. italien. Oper und des Risorgimento, so „Die Lombarden auf dem ersten Kreuzzug" (1843), „Ernani" (1844; nach V. Hugo) und bes. „Die Schlacht von Legnano" (1849), in Rom unmittelbar vor Garibaldis Einmarsch uraufgeführt. Von seinen drei Opern nach Schiller „Giovanna d'Arco" (1845), „I masna dieri" (1847) und „Luisa Miller" (1849) überdauerte nur die letztere. Seit 1847 lebte V. mit der Sängerin Giuseppina Strepponi (* 1817, † 1897) auf seinem Landgut Sant'Agata zusammen. - Eine Verstärkung realist. Züge zeichnete sich in „Macbeth" (1847; Neufassung 1865) ab. Eine neue Stufe erreichte V. mit drei bis heute populären Werken - „Rigoletto" (1851, nach V. Hugo), „Der Troubadour" (1853) und „La Traviata" (1853, nach A. Dumas d. J.) -, in denen er den Kampf von Ernniedrigten um ihre menschl. Selbstverwirklichung gestaltete. - Auf „Simon Boccanegra" (1857) folgten dann die bekannteren „Ein Maskenball" (1859) und „Die Macht des Schicksals" (1862). In dieser Zeit konzentrierte sich sein Interesse auf Politik. 1862 schrieb er die Kantate „Hymne der Nationen". - Das Alterswerk leiten „Don Carlos" (1867, Neufassung 1894; nach Schiller) und „Aida" über (komponiert 1869 zur Eröffnung des Sueskanals; Uraufführung 1871 in Kairo). V. zielt hier auf eine Synthese von Belcantooper und Grand opéra, von Staatsaktion und persönl. Schicksal. Mit seinem (einzigen) Streichquartett (e-Moll, 1873) und dem „Requiem" (1873/74) schien sein Schaffen beendet. - Aus der Zusammenarbeit mit dem kongenialen Librettisten A. Boito entstanden aber nochmals zwei Opern nach Shakespeare. „Otello" (1887) zeigt mit intensiver musikal. Dramatik das Zerbrechen von Liebe an sozialen und rass. Schranken. Traditionen der Opera buffa greift die lyr. Komödie „Falstaff" (1893) auf. Zwei geistl. Werke, „Te Deum" (1895) und „Stabat Mater" (1897) beendeten V.s Lebenswerk, das die lange Tradition der italien. Oper zu einem neuen, letzten Höhepunkt führte.

📖 *Casini, C.: V. Königstein im Taunus 1985. - Kühner, H.: G. V. Rbk. 1983. - Gal, H.: G. V. u. die Oper. Ffm. 1982. - Bourgeois, J.: G. V. Hamb. 1980. - Mila, M.: L'arte di V. Turin 1980. - G. V. Hg. v. H. K. Metzger u. R. Riehn. Mchn. 1979.*

Verdichter (Kompressor), ein- und mehrstufig gebaute Arbeitsmaschine zum Verdichten von Gasen und Dämpfen. Da sich ein Teil der zum Verdichten aufgewandten mechan. Arbeit in Wärme umsetzt, ist eine Kühlung erforderlich. - V. werden nach ihrem Druckverhältnis (Quotient aus dem Druck auf der Druck- und Saugseite) unterschieden in: *Lüfter* (↑ Ventilator) mit 0,1 bar Druckdifferenz zw. End- und Anfangsdruck; ↑ *Gebläse*, die bis zu einem mittleren Druckverhältnis von 3 verdichten, und *Verdichter* i. e. S. mit einem Druckverhältnis, das zw. 3 und 12 liegt (*Hochdruck-V.* mit einem Überdruck bis etwa 500 bar; *Höchstdruck-V.* für maximale Drücke bis etwa 5000 bar). Nach Bauart und Funktion des Förderelementes unterscheidet man *Kolben-V., Drehkolben-V. (Umlauf-V.)* und *Kreisel-V. (Kreiselkompressor)* bzw. *Axial-V.* und *Radialverdichter.* - Abb. S. 122.

Verdichtungsgeräte, Sammelbez. für die im Erd- und Straßenbau (↑ Straßenbaumaschinen) zur Bodenverdichtung (insbes. nach Erdarbeiten) eingesetzten Maschinen, insbes. Rüttler, Stampfer und Walzen.

Verdichtungsverhältnis, der Quotient ε aus dem Volumen vor der Verdichtung V_1 und dem Volumen nach der Verdichtung V_2. Bei Verbrennungsmotoren ist $V_1 = V_H + V_C$ (V_H Hubvolumen bzw. Hubraum eines Zylinders, V_C Volumen des Verdichtungsraums eines Zylinders) und $V_2 = V_C$, also $\varepsilon = V_H/V_C + 1$. Übl. V. bei Verbrennungsmotoren: $\varepsilon = 7$-11 für Ottomotoren, $\varepsilon = 16$-24 für Dieselmotoren.

Verdickungsmittel, meist hochmolekulare, in Flüssigkeiten (v. a. Wasser) quellbare Substanzen (z. B. Gelatine, Stärke, Polyacryl- und Polyvinylverbindungen), die Produkten (z. B. Farbmitteln, Klebstoffen, Lebensmittelzubereitungen) zur Konsistenzbeeinflussung zugegeben werden.

Verdienst, in der *jüd. Rechtfertigungslehre* der auf der Entsprechung von Leistung und Lohn beruhende Gedanke, daß der Mensch durch die Erfüllung der Gebote der Thora vor Gott gerecht wird, sich also durch seine guten Werke sein Heil selbst schafft. Das *N. T.* kennt diesen V.gedanken nicht. - Auch wenn sich der Begriff V. in der Bibel nicht findet, geht die *kath. Theologie* davon

Verdienstbescheinigung

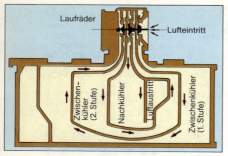

Verdichter. Arbeitsprinzip eines Kreiselverdichters

aus, daß seine Elemente - Lohn, Strafe, Vergeltung, Gericht - in der Predigt Jesu und in der Verkündigung der Urkirche enthalten sind. - Die *reformator. Theologie* mit ihrer Lehre von der Rechtfertigung des Sünders allein aus Gnade lehnt den V.gedanken ab, da die guten Werke keinen Anspruch auf das Heil schaffen.

Verdienstbescheinigung, dem Arbeitnehmer vom Arbeitgeber auszuhändigende Bescheinigung, die Auskunft über die Höhe des Arbeitsentgelts, die vorgenommenen Abzüge sowie zusätzl. zum Arbeitsentgelt gewährte Beträge gibt. Die V. ist am Ende eines jeden Jahres oder beim Ausscheiden des Arbeitnehmers zu erstellen.

Verdienstorden ↑ Orden.

Verdienstorden der Bundesrepublik Deutschland (Bundesverdienstkreuz), vom Bundespräs. am 7. Sept. 1951 gestiftete und nur durch ihn verliehene Auszeichnung für „Leistungen, die im Bereich der polit., wirtsch., sozialen und geistigen Arbeit dem Wiederaufbau des Vaterlandes dienten"; umfaßt 8 Stufen und eine Medaille, nach den internat. Normen in 3 Klassen unterteilt: Verdienstkreuz, Großes Verdienstkreuz und Großkreuz. Die Sonderstufe des Großkreuzes wird nur an Staatsoberhäupter verliehen, dem Bundespräs. steht sie von Amts wegen zu.

Verdikt [lat.], Urteil[sspruch der Geschworenen], Entscheidung; vernichtendes Urteil.

Verdinglichung (Vergegenständlichung), die Einsetzung einer Person als Mittel, mit dessen Hilfe sachl. Zwecke erreicht werden sollen. Bes. bei Hegel und Marx im Zusammenhang mit dem Problem der ↑ Entfremdung behandelt. Während für Hegel sich die V. des Menschen dann aufhebt, wenn dieser ein Bewußtsein seiner Freiheit gewinnt und die Einsicht in die Sittlichkeit, die sich in der bürgerl. Gesellschaft und im Staat verwirklicht, läßt sich nach Marx die (die bürgerl.-kapitalist. Gesellschaft kennzeichnende) V. nur aufheben durch Änderung der ökonom. Bedingungen und durch die Revolutionierung von Staat und Gesellschaft.

Verdingung, 1. Bez. für den Abschluß eines Arbeitsverhältnisses; 2. svw. Ausschreibung († Verdingungsordnungen).

Verdingungsordnungen, Bestimmungen für die Vergabe von Aufträgen und für den Inhalt der entsprechenden Verträge, enthalten in der *Verdingungsordnung für Bauleistungen (VOB)* und in der *Verdingungsordnung für* [andere] *Leistungen (VOL).* Die VOB ist eine vom Dt. Normenausschuß herausgegebene Norm, die VOL eine vom Bundeswirtschaftsminister herausgegebene Verwaltungsanweisung für Behörden. Teil A der VOB bzw. VOL enthält Bestimmungen über die Vergabe der Leistungen (insbes. die *Ausschreibung*), Teil B allg. Vertragsbedingungen für die Ausführung der Leistungen. Teil B gilt jedoch im Einzelvertrag nur, wenn dies ausdrückl. vereinbart wurde. Die VOB enthält noch einen Teil C („Allg. Techn. Vorschriften für Bauleistungen") mit zahlr. DIN-Normen. Die V., urspr. nur für die öffentl. Verwaltung gedacht, werden mehr und mehr auch von privaten Auftraggebern verwendet.

Verdoppelung, das gleichzeitige Erklingen desselben Tons in zwei oder mehr Stimmen. Im vierstimmigen Satz wird normalerweise der Grundton des Dreiklangs, in zweiter Linie die Quinte und nur ausnahmsweise die Terz verdoppelt. Nicht gestattet ist die V. von dissonanten Akkordtönen sowie, entsprechend dem Verbot von Parallelen, die V. von Tonfolgen (Ausnahme ↑ Unisono).

Verdoppelung des Würfels ↑ delisches Problem.

Verdrängerpumpen ↑ Pumpen.

Verdrängung (Repression), in der *Psychoanalyse* Bez. für einen Abwehrmechanismus, durch den Triebwünsche und damit zusammenhängende Vorstellungen und Erinnerungen, die im Konflikt mit anderen Forderungen (z. B. des Gewissens) stehen, ins Unbewußte abgedrängt und dort fixiert werden. Das Verdrängte wird nach psychoanalyt. Lehrmeinung nicht verloren, sondern kehrt in Träumen, Fehlhandlungen (z. B. Sichversprechen) und Krankheitssymptomen (z. B. denen der Hysterie) wieder. Bei der psychoanalyt. Therapie wird versucht, verdrängte Inhalte wieder bewußt und damit verarbeitbar zu machen.

Verdrängungsboot, Wasserfahrzeug, das beim Fahren das es umgebende Wasser verdrängt. - Ggs. ↑ Gleitboot.

Verdrängungslagerstätten ↑ Erzlagerstätten.

Verdross, Alfred [ˈfɛrdrɔs], * Innsbruck 22. Febr. 1890, † Innsbruck 27. April 1980, östr. Jurist. - Prof. in Wien; gehörte 1957-64 der Völkerrechtskommission der UN an, 1958-77 dem Europ. Gerichtshof für Men-

Veredelung

schenrechte. - *Werke:* Die Verfassung der Völkerrechtsgemeinschaft (1926), Völkerrecht (1937), Antike Rechts- und Staatsphilosophie (1946), Abendländ. Rechtsphilosophie (1958), Universelles Völkerrecht (1976; mit B. Simma).

Verdun [frz. vɛr'dœ̃], frz. Stadt an der Maas, Dep. Meuse, 200–275 m ü. d. M., 21 500 E. Kath. Bischofssitz; Kriegs-, archäolog. Museum; Textilindustrie. - Kelt. Gründung **Verodunum** (urspr. Oppidum auf dem linken Maasufer); wurde im 4. Jh. Bischofssitz (1801–22 aufgehoben); kam bei der Teilung des Fränk. Reichs im **Vertrag von Verdun** 843 zunächst an das Mittelreich, 880 zum Ostfränk. Reich und gehörte somit später zum Hl. Röm. Reich; seit den Karolingern bed. und wohlhabender Handelsplatz; wurde im 13. Jh. Reichsstadt. Nachdem 1552 dem frz. König das Reichsvikariat über V. übertragen worden war, wurde V. 1648 von Reich an Frankr. abgetreten; wegen seiner strateg. wichtigen Lage (Maasübergang) von Vauban zur starken Festung ausgebaut, erneut nach Räumung durch dt. Truppen 1873. Die **Schlacht um Verdun** (Febr.–Dez. 1916) wurde zum Symbol der nat. Widerstandskraft Frankreichs sowie einer verfehlten „Ausblutungsstrategie" des dt. Generalstabs (rd. 700 000 Tote auf beiden Seiten). - Roman. Kathedrale (11. und 12. Jh.) mit roman. Löwentor und spätgot. Kreuzgang; Bischofspalais (18. Jh.); Barockrathaus (17. Jh.); Reste der Stadtbefestigung (14. Jh.); nahebei Fort ↑ Douaumont. - Karte Bd. 14, S. 266.

📖 *Ettighoffer, P.:* V. Mchn. ⁵1985. - *Werth, G.:* V. Die Schlacht u. der Mythos. Bergisch Gladbach 1979.

Verdunklungsgefahr, der dringende Verdacht, daß der einer Straftat Beschuldigte zur Erschwerung der Wahrheitsfindung Beweismittel vernichten, verändern, beiseite schaffen, unterdrücken oder fälschen bzw. auf Mitschuldige, Zeugen oder Sachverständige in unlauterer Weise einwirken oder andere zu solchem Verhalten veranlassen wird. V. ist ein Haftgrund (↑ Haftbefehl).

Verdunstung, der sich unterhalb des Siedepunktes vollziehende Übergang einer Flüssigkeit in den gasförmigen Zustand, v. a. von Wasser in Wasserdampf. Es verdunstet so lange Flüssigkeit aus ihrer Oberfläche in die umgebende Luft, bis der Partialdruck des Dampfes dem Sättigungsdruck bei der herrschenden Temperatur entspricht. Die beim V.vorgang verbrauchte Wärme (bei 2441 kJ/kg = 583 kcal/kg bei 25 °C) wird zunächst dem Wärmereservoir der [verdunstenden] Flüssigkeit und damit der Umgebung entzogen; daher ist V. mit Abkühlung verbunden (*V.kühlung* z. B. beim Schwitzen). Die große Bed. der V. für den Wärmehaushalt der Natur liegt darin, daß die im Wasserdampf latent gebundene Wärme bei dessen Kondensation wieder der Atmosphäre zugeführt wird. Eine von der verfügbaren Wassermenge, dem Sättigungsdefizit der Luft und deren Temperatur, dem Luftdruck und der Luftbewegung abhängige V. findet sowohl von Wasserflächen als auch vom festen Erdboden mit seiner Pflanzendecke statt. Auch Schnee und Eis verdunsten, wenn die Temperatur über dem Taupunkt der Luft liegt. Die V. ist ein wichtiges Glied im Kreislauf des Wassers zw. Meer, Atmosphäre und Festland. Sie bildet die Grundlage für das gesamte Pflanzenleben, da erst durch die Wasser-V. von den Blättern den Pflanzen die Aufnahme von Nährlösungen aus dem Boden ermöglicht wird. - Die V. wird mit ↑ Verdunstungsmessern und ↑ Lysimetern gemessen.

Verdunstungsmesser, (Atmometer, Evaporimeter) Gerät zur Bestimmung der von einer Oberfläche verdunsteten Wassermenge.

◆ (Heizkostenverteiler), ein mit einer speziellen Flüssigkeit gefülltes Glasröhrchen (mit Skala) an Heizkörpern. Die entsprechend der Betriebsdauer und der Heizkörpertemperatur daraus verdunstete Flüssigkeitsmenge ist ein Maß für die abgegebene Wärmemenge und dient zur Berechnung der auf die einzelnen Heizkörper entfallenden Heizkostenanteile.

Verdursten ↑ Durst.

Veredelung (Veredlung), in der *verarbeitenden* Industrie die Bearbeitung eines Rohstoffs oder Produkts, die, ohne wesentl. stoffl. Veränderung des bearbeiteten Gegenstandes, zu einer Qualitätsverbesserung führt. *Zollrechtl.* ist V. ein Be- oder Verarbeitungs- bzw. Ausbesserungsvorgang, zu dessen Ausführung ein Gut die Zollgrenze eines Landes ein- oder zweimal in unfertigem bzw. einmal in unfertigem und einmal in fertigem Zustand überschreitet. Dieser sog. *V.verkehr* tritt in drei Formen auf: 1. *aktiver V.verkehr:* Ausländ. Güter werden im Inland veredelt und danach wieder ausgeführt; Arten des aktiven V.verkehrs sind die *Lohn-V.* (V. im Inland für Rechnung eines Gebietsfremden bzw. unentgeltl.) und die *Eigen-V.* (V. im Inland auf eigene Rechnung); 2. *passiver V.verkehr:* Die V. findet im Ausland statt; 3. *Freihafen-V.:* Die V. findet in einem Freihafen statt. Die *zollrechtl.* Behandlung des V.verkehrs trägt der Einsicht Rechnung, daß Zölle die internat. Arbeitsteilung nicht be- oder verhindern sollen. Deshalb wird im aktiven und im Freihafenveredelungsverkehr kein Zoll erhoben; im passiven V.verkehr unterliegt nur der Wertschöpfung durch die V. dem Zoll.

◆ in der *Metallverarbeitung* die Erzielung eines feineren Gußgefüges und verbesserter Festigkeitseigenschaften bei Metallen durch Zugabe spezieller Zusätze zur Schmelze.

◆ ↑ Textilhilfsmittel.

◆ im *Pflanzenbau* das der Qualitätssteigerung, der vegetativen Vermehrung u. a. Zwek-

Veredelungsverkehr

ken dienende Überpflanzen (Transplantation) eines Teils (Edelreis, Edelauge) einer gewünschten Pflanze (v. a. Obst- und Rosensorten) auf eine geeignete (weniger edle) Unterlage, mit der der überpflanzte Teil (Transplantat) zu einer künstl. Lebensgemeinschaft verwächst. Durch die V. wird bes. die Wuchsstärke des Transplantats beeinflußt; das gilt in erster Linie für den Obstbau. Ein anderer wichtiger Zweck, der mit der V. angestrebt wird, ist die Resistenz gegen Krankheitserreger, z. B. bei der Reben-V. († Pfropfrebe). – Nach der Art des Transplantats unterscheidet man † Okulation und **Reisveredelung** (Vereinigung eines Edelreises mit einer geeigneten Unterlage). Reisveredelungsverfahren sind: † Pfropfung; **Ablaktieren,** dabei wird das Edelreis erst nach Verwachsung mit der Unterlage von der Mutterpflanze abgetrennt. Dann wird auch die Unterlage dicht oberhalb der V.stelle abgeschnitten. Bei der **Kopulation** wird das Edelreis über schräge, gleichlange Schnittflächen mit der Unterlage vereinigt.

Veredelungsverkehr † Außenhandelsstatistik.

vereidigter Buchprüfer (Buchprüfer), nach der Wirtschaftsprüferordnung anerkannter Berufsstand mit der Aufgabe, Prüfungen auf dem Gebiete des betriebl. Rechnungswesens, insbes. Buch- und Bilanzprüfungen, durchzuführen.

Vereidigung, Abnahme eines Eides durch ein dazu befugtes Organ (z. B. Gericht, Untersuchungsausschuß, Dienstvorgesetzter und Bundestag). – † auch Eid, † Amtseid.

Verein, freiwilliger Zusammenschluß von Personen zu einem bestimmten Zweck mit einer von der Individualität der jeweiligen Mgl. unabhängigen (körperschaftl.), den Bestand auf Dauer sichernden Organisation. I. w. S. umfaßt der Begriff V. die † Personengesellschaft, den † Personenverein und die † Kapitalgesellschaft. I. e. S. ist V. nur der V. des bürgerl. Rechts (§ 21 ff. BGB). Die Gründung eines V. geschieht durch Einigung der Gründer, die die Satzung mit Namen und Zweck des V. feststellen. Höchstes Organ des V. ist die Mitgliederversammlung. Sie handelt durch *V.beschlüsse* und wählt i. d. R. auch den Vorstand, der die Geschäfte des V. führt und ihn nach außen vertritt. Zur Auflösung des V. ist ein bes. Auflösungsbeschluß erforderl., der zur Liquidation des V. führt. Der **rechtsfähige Verein** ist † juristische Person, d. h. er ist selbst Träger von Rechten und Pflichten. Der *rechtsfähige wirtsch. V.* ist auf einen wirtsch. Geschäftsbetrieb gerichtet und erhält seine Rechtsfähigkeit durch staatl. Verleihung (sog. Konzessionssystem). Der *rechtsfähige nicht wirtsch. V.* (sog. Ideal-V.) erlangt die Rechtsfähigkeit durch Eintragung in das vom Amtsgericht geführte **Vereinsregister** (eingetragener V., „e. V."). Voraussetzungen für die Eintragung sind: schriftl. Satzung mit dem gesetzl. vorgeschriebenen Inhalt (z. B. Name und Sitz des Vereins, Bestimmungen über Ein- und Austritt der Mitglieder), Mindestmitgliederzahl von 7 Personen und die Anmeldung durch alle Vorstandsmitglieder in öffentl. beglaubigter Form. Für Schäden, die ein durch Satzung berufener Vertreter des V. (z. B. der Vorstand) anrichtet, ist der V. nach den Grundsätzen der Organhaftung verantwortlich. Der **nichtrechtsfähige** (nichteingetragene) **Verein** hat keine eigene Rechtsfähigkeit. Nach § 54 BGB finden auf ihn die Vorschriften über die † Gesellschaft Anwendung, doch wird diese Verweisung allg. als verfehlt angesehen und weitestgehend das Recht des rechtsfähigen V. auch auf den nicht rechtsfähigen V. angewandt. Die Haftung der Vereinsmitglieder wird regelmäßig auf den Anteil am V.vermögen beschränkt.

Verein Deutscher Ingenieure e. V. [ɪŋʒənjˈøːrə], Abk. VDI, 1856 gegr. Verein von Ingenieuren aller Fachrichtungen mit dem Ziel der Förderung und des Austausches der techn.-wiss. Erkenntnisse und der Vertretung ihrer berufl. Interessen. 1946 Neugründung mit Sitz in Düsseldorf. Die techn.-wiss. Arbeit des Verbandes koordiniert ein wiss. Beirat. Innerhalb des VDI bestehen 16 Fachgliederungen (VDI-Fachgruppen, VDI-Gesellschaften und VDI-Kommissionen), in denen u. a. die *VDI-Richtlinien* als „anerkannte Regeln der Technik und Maßstäbe für einwandfreies techn. Verhalten" erarbeitet werden.

Verein für Socialpolitik, 1872 in Eisenach u. a. von G. Schmoller, L. Brentano und A. H. G. Wagner gegr. Verein, der sich theoret. an den Lehren der histor. Schule der Nationalökonomie orientierte. Er war insbes. gegen den strikten Freihandel eingestellt, befürwortete eine den nat. Interessen entsprechende Wirtschaftspolitik und förderte innenpolit. Bestrebungen zu einer reformer. orientierten Sozialpolitik, die v. a. die Lage der Arbeiterschaft verbessern sollte. Teilweise polem. als Vereinigung von † Kathedersoziali-

Veredelung. Stadien des Ablaktierens

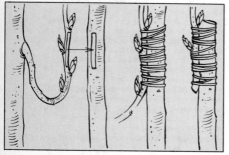

sten bezeichnet, von konservativer Seite als „Gönner des Sozialismus" (d. h. der Sozialdemokratie) denunziert. Ab 1905 wandelte sich der V. f. S. in eine rein wiss. Forschungsgesellschaft zu Fragen der Wirtschaftstheorie und -politik; 1936 wurde er aufgelöst und 1948 in Marburg erneut gegründet. Seit 1955 trägt er den Namen „Gesellschaft für Wirtschafts- und Sozialwissenschaften - Verein für Sozialpolitik"; seit 1948 gibt er wieder eine Schriftenreihe heraus.

Vereinigte Arabische Emirate

(amtl.: Al Imarat Al Arabijja Al Muttahida), Föderation von 7 Emiraten auf der Arab. Halbinsel, zw. 23° und 26° n. Br. sowie 51° und 56° 30′ ö. L. **Staatsgebiet:** Die V. A. E. grenzen im N an den Pers. Golf, im NO an den Golf von Oman, im O an Oman, im S und W an Saudi-Arabien. Die Landgrenzen (außer im NO) sind nicht festgelegt. **Fläche:** 83 600 km². **Bevölkerung:** 1,26 Mill. E (1984). **Hauptstadt:** Abu Dhabi. **Verwaltungsgliederung:** Die einzelnen weitgehend autonomen Emirate sind (Angaben von 1980): *Abu Dhabi*, 73 548 km², 449 000 E; *Dubaij*, 3 750 km², 278 000 E; *Schardscha*, 2 500 km², 159 000 E; *Adschman*, 250 km², 36 100 E; *Umm Al Kaiwain*, 777 km², 20 300 E; *Ras Al Chaima*, 1 625 km², 73 700 E; *Fudschaira*, 1 150 km², 24 100 E. **Amtssprache:** Arabisch, daneben Englisch. **Nationalfeiertage:** 2. und 3. Dez. **Währung:** Dirham (DH) = 100 Fils. **Internationale Mitgliedschaften:** Arab. Liga, OPEC, OAPEC. **Zeitzone:** MEZ +3 Std.

Landesnatur: Das Geb. der Emirate umfaßt den früher Piratenküste (Seeräuberküste) genannten flachen Küstenabschnitt am Pers. Golf, der über weite Strecken von Korallenriffen und Wattengebieten begleitet wird. Das Hinterland dieses Küstenstreifens ist bereits Teil der Sandwüste Rub Al Khali mit Wanderdünen. Unter den vereinzelten Oasen ist v. a. Al Buraimi von Bedeutung. Im NO reicht das Geb. bis auf das Omangebirge hinauf und umfaßt im äußersten NO sogar dessen Ostfuß mit einem vorgelagerten schmalen Küstenstreifen am Golf von Oman.
Klima, Vegetation: Das Klima ist schwülheiß mit seltenen Niederschlägen. Außer in den Oasen findet sich kein Pflanzenwuchs.
Bevölkerung: Von den Bewohnern sind heute nur mehr ein Viertel Einheimische (meist sunnit. Muslime). Der Großteil der Bev. sind Gastarbeiter und zwar Inder, Pakistani, Araber aus anderen Staaten, Perser, Europäer und Nordamerikaner. Am meisten sind die erdölfördernden Emirate Abu Dhabi, Dubaij und Schardscha überfremdet. Der größte Teil der Bev. lebt in den Hauptorten. In Al Ain besteht seit 1977 eine Universität.
Wirtschaft: Um die Küstenorte erfolgt Subsistenzlandw. im Gartenbau; wichtiger sind dagegen die Oasengruppen Al Buraimi (22 000 E) und Al Dschiwa mit umfangreichem Gemüsebau und großen Dattelpalmenbeständen. Fischerei wird an der gesamten Küste betrieben. Die Erdölförderung ist der wichtigste Wirtschaftszweig. Die Förderung betrug 1985 in Abu Dhabi (seit 1962) 39 Mill. t, Dubaij (seit 1969) 14 Mill. t und Schard-

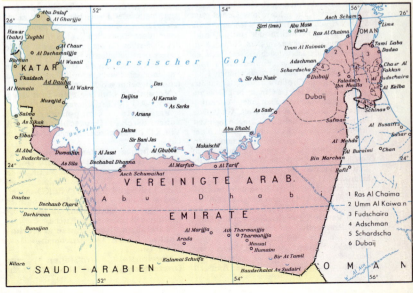

scha (seit 1974) 3,2 Mill. t. In Abu Dhabi bestehen eine Aluminiumschmelze, eine Zementfabrik und Betriebe zur Herstellung von Schwefel, Soda und Kunstdünger. In Ras Al Chaima besteht ebenfalls eine Zementfabrik, in Schardscha Bootsbau. Der Handel ist der eigtl. Grund für die Existenz der Küstenorte. Dubaij besitzt den einzigen natürl. Hafen an diesem Küstenabschnitt und entwickelte sich daher zum Handelszentrum im östl. Pers. Golf. Dubaij ist heute der größte Goldumschlagplatz im Nahen Osten.
Außenhandel: Die wichtigsten Handelspartner der V. A. E sind Japan, Frankr., Großbrit., die USA, die BR Deutschland und Italien. Zum Export kommt fast ausschließl. Erdöl, daneben etwas Trockenfisch und Datteln. Importiert werden v. a. Maschinen, Haushaltswaren, Nahrungsmittel, Baumaterial und Bekleidung.
Verkehr: Ein leistungsfähiges Straßennetz (rd. 4 600 km) verbindet alle wichtigen Orte. Bed. sind die Verbindungen von Abu Dhabi nach Al Buraimi bzw. Al Liwa und die Küstenstraße Abu Dhabi-Ras Al Chaima. Eisenbahnlinien gibt es nicht. Dem Rohöltransport dienen die 112 km langen Unterwasserpipelines im Umkreis der Insel Das. Häfen besitzen Dubaij, Abu Dhabi und Schardscha. Die Erdölverschiffung erfolgt in Dschabal Dhanna und vor der Insel Das. Den Flugverkehr versieht die Gulf Air. Internat. ⚓ besitzen Abu Dhabi, Dubaij, Schardscha und Ras Al Chaima. Weitere ⚓ besitzen Al Ain (in der Oase Al Buraimi) und Fudschaira.
Geschichte: Im 8. Jh. errichtete die islam. Sekte der Charidschiten dort ein Staatswesen, vom 9. bis 11. Jh. gehörte das Gebiet zum Staat der schiit. Karmaten. Den im 18. Jh. einsetzenden Versuchen der brit. Ostind. Kompanie, den Seeweg im Pers. Golf zu kontrollieren, widersetzten sich die seefahrenden arab. Beduinen (daher „Piratenküste"). 1853 schlossen die lokalen Herrscher einen Friedensvertrag mit Großbrit. und unterstanden seitdem als „Befriedetes Oman" brit. Oberhoheit. 1968 entstand der Plan einer Föderation der *Arab. Emirate am Pers. Golf*. Am 2. Dez. 1971 erklärte Großbrit. die Unabhängigkeit des Gebiets; gleichzeitig schlossen sich 6 der Scheichtümer zu den V. A. E. zusammen, erließen eine provisor. Verfassung und wählten den Herrscher des Scheichtums Abu Dhabi zum Präsidenten. Im Febr. 1972 schloß sich auch Ras Al Chaima der Föderation an. 1975 wurde eine endgültige Verfassung entworfen. Die V. A. E. waren Gründungsmgl. des Golfrates, dessen erste Gipfelkonferenz 1981 in Abu Dhabi stattfand. Die Bemühungen des Golfrates, den Konflikt zw. Iran und Irak zu beenden, scheiterten bis jetzt.
Politisches System: Die V. A. E. bilden eine bundesstaatl. Föderation 7 selbständiger Emirate. *Staatsoberhaupt* mit einer Amtszeit von 5 Jahren ist der Präs. (seit 1971 Scheich Said Bin Sultan von Abu Dhabi). Zus. mit dem Vizepräs. leitet er das höchste Föderationsorgan, den Obersten Rat, der von den Herrschern der 7 Emirate gebildet wird und oberster Inhaber von *Exekutive* und *Legislative* ist. Eine vom Obersten Rat ernannte Föderationsreg. nimmt die Verwaltungsaufgaben wahr. Die aus 40 Vertretern der Emirate bestehende Föderationsversammlung hat lediglich. beratende Aufgaben. Es gibt keine polit. *Parteien.* Die Einzelstaaten werden nach traditionellem Feudalsystem von Scheichen, Emiren und deren Familien regiert. Die *Rechts*prechung erfolgt weitgehend nach islam. Tradition durch das Staatsoberhaupt, ein Mgl. seiner Familie oder den Kadi. Die *Streitkräfte* der Föderation sind ca. 43 000 Mann stark (Heer 40 000, Luftwaffe 1 500, Marine 1 500).
⌽ *Beduinen im Zeichen des Erdöls.* Hg. v. F. Scholz. Wsb. 1981. - *Wohlfahrt, E.: Arab. Halbinsel.* Bln. u. a. 1980. - *Khalifa, Ali M.: The United Arab Emirates.* Boulder (Colo.) 1979. - *Zohlan, R. S.: The origins of the United Arab Emirates.* London 1978.
Vereinigte Arabische Republik (Abk. VAR), Staatenbund zw. Syrien und Ägypten (in Kraft ab 1. Febr. 1958), aus dem Syrien jedoch 1961 wieder ausschied, so daß VAR nun Staatsname von Ägypten blieb, bis dieses 1971 wieder seinen urspr. Namen annahm († auch ägyptische Geschichte).
Vereinigte Deutsche Studentenschaften, Abk. VDS, freiwilliger Dachverband der ↑Studentenschaften der BR Deutschland und Berlins (West). 1975 hervorgegangen aus dem Zusammenschluß des 1949 gegr. Verbandes Deutscher Studentenschaften (VDS) mit dem Studentenverband Deutscher Ingenieurschulen (SVI e. V.). Aufgabe des VDS ist es, für die Interessen und Forderungen der Studenten in Hochschule und Gesellschaft einzutreten, die Arbeit der einzelnen Studentenschaften zu koordinieren sowie internat. Beziehungen zu fördern.
Vereinigte Elektrizitäts- und Bergwerks-AG ↑VEBA-Konzern.
Vereinigte Evangelisch-Lutherische Kirche Deutschlands, Abk. VELKD ↑Evangelische Kirche in Deutschland.
Vereinigte Evangelisch-Lutherische Kirche in der Deutschen Demokratischen Republik, Abk. VELK in der DDR, der am 1. Dez. 1968 erfolgte Zusammenschluß der bis dahin der VELKD angehörenden ev.-luth. Landeskirchen in Sachsen, Thüringen und Mecklenburg als rechtl. und institutionell selbständige Kirche.
Vereinigte Flugtechnische Werke – Fokker GmbH ↑Messerschmidt-Bölkow-Blohm GmbH.
Vereinigte Großlogen von Deutschland [...lo:ʒən], Abk. VGLvD, Zu-

Vereinigung evangelischer Freikirchen ...

sammenschluß aller dt. freimaurer. Großlogen zu einer souveränen Körperschaft durch Vertrag (*Magna Charta*) vom 17. Mai 1958, zur Vertretung der dt. Freimaurerei gegenüber der Öffentlichkeit. Freimaurerei und gegenüber der Öffentlichkeit; Sitz: Berlin (West).

Vereinigte Österreichische Eisen- und Stahlwerke – Alpine Montan AG, Kurzform VÖEST-ALPINE, größtes Unternehmen der östr. Stahlind., Sitz Linz. Die 1938 als „Reichswerke AG. Alpine Montanbetriebe" gegr. VÖEST-ALPINE erhielt ihren heutigen Namen mit der Verstaatlichung 1946 (den Zusatz „Alpine Montan" nach der Fusion mit der „Östr.-Alpinen Montangesellschaft AG" 1973).

Vereinigte Ostindische Kompanie (niederl. Vereenigde Oost-Indische Compagnie), 1602 durch den Zusammenschluß mehrerer Handelsgesellschaften entstandene niederl. Handelskompanie, die bis zu ihrer Auflösung (1798) erfolgreich beim Aufbau des niederl. Kolonialreichs in SO-Asien mitwirkte. 1619 wurde das heutige Jakarta ihr Verwaltungszentrum in Übersee.

Vereinigte Polnische Arbeiterpartei (Polska Zjednoczona Partia Robotnicza [Abk. PZPR]), kommunist. Reg.partei Polens, entstanden aus der Zwangsvereinigung der kommunist. Poln. Arbeiterpartei und der Poln. Sozialist. Partei am 15. Dez. 1948; von B. Bierut (1948–56) nach stalinist. Vorbild geführt; konnte nach großen Umbrüchen von W. Gomułka (1956–70) konsolidiert werden; an die Stelle E. Giereks als 1. Sekretär (seit 1970) trat im Sept. 1980 S. Kania, im Okt. 1981 W. W. Jaruzelski. Die V. P. A. löste sich im Jan. 1990 selbst auf.

Vereinigte Protestantisch-Evangelisch-Christliche Kirche der Pfalz, dt. ev. Landeskirche auf dem Gebiet des früheren Reg.bez. Pfalz in Rheinland-Pfalz, der saarländ. Landkr. Sankt Ingbert, Homburg und Sankt Wendel; Gliedkirche der EKD.

Vereinigte Staaten von Amerika ↑ USA.

Vereinigte Stahlwerke AG, 1926 durch Zusammenschluß von 7 Gesellschaften entstandenes Unternehmen, das bis 1945 der größte europ. Montankonzern war. Im Zuge der Entflechtung der dt. Montanind. wurden die V. S. AG in zahlr. Nachfolgegesellschaften aufgeteilt, darunter die August-Thyssen-Hütte AG, die Gelsenkirchener Bergwerks-AG, die Dortmund-Hörder Hüttenunion AG und die Stahlwerke Südwestfalen AG.

Vereinigte Vaterländische Verbände Deutschlands, Abk. VVVD, Dachorganisation nationalist. Verbände (1922/23–1933/34), der auf ihrem Höhepunkt rd. 130–140 einzelne Organisationen angehörten; programmat. Ziel war der Kampf gegen den Versailler Vertrag und gegen die parlamentar. Demokratie; unter dem Vorsitz von R. Graf von der Goltz (seit 1924) unterstützten die VVVD die DNVP und NSDAP, 1931 die Harzburger Front, 1932 Hitlers Kandidatur für das Amt des Reichspräsidenten.

Vereinigung (V.menge, Aggregat), die Menge der Elemente, die (bei zwei gegebenen Mengen A und B) in A oder in B enthalten sind; Formelzeichen $A \cup B$. - ↑ auch Mengenlehre.

Vereinigung der gegenseitigen Bauernhilfe, Abk. VdgB, Massenorganisation der Genossenschaftsbauern, Gärtner und Winzer in der DDR; die in ihr zusammengeschlossenen ländl. Genossenschaften sind örtl. Einrichtungen mit Produktions-, Verarbeitungs- oder sonstigen Dienstleistungsaufgaben; entstand 1946 aus den Bauernkomitees und Ausschüssen der gegenseitigen Bauernhilfe. 1950 Zusammenschluß mit den landw. Genossenschaften; hatte u. a. großen Anteil an der Durchführung und Sicherung der Bodenreform, indem sie die Errichtung sozialist. Landw.betriebe (LPG) unterstützten.

Vereinigung der Verfolgten des Naziregimes, Abk. VVN, 1947 in Berlin (Ost) und (für Westdeutschland) 1947 in Frankfurt am Main gegr. Zusammenschluß ehem. Widerstandskämpfer gegen das NS-Regime; 1953 in der DDR durch das „Komitee der Antifaschist. Widerstandskämpfer" ersetzt. 1950 gründeten in der BR Deutschland nichtkommunist. Mgl. der VVN den „Bund der Verfolgten des Naziregimes – BVN – Die Mahnung" mit Sitz in Berlin (West). Die „VVN – Bund der Antifaschisten" der BR Deutschland, in der neben Kommunisten auch Mgl. anderer Parteien und Parteilose mitarbeiten, hat ihren Sitz in Frankfurt am Main.

Vereinigung Deutscher Elektrizitätswerke – VDEW – e. V., Spitzenverband der Unternehmen der Elektrizitätsversorgung der BR Deutschland, Sitz Frankfurt am Main; 1950 gegr. in Nachfolge der 1892 gegr. „Vereinigung der Elektrizitätswerke".

Vereinigungen, Zusammenschlüsse von (gleichgesinnten) Personen zur Verfolgung eines gemeinsamen Zweckes, die im Unterschied zum Verein rechtl. unverbindl. gestaltet sein können. Zu unterscheiden sind Vereinigungen im privatrechtl. Sinne (↑ Verein), im strafrechtl. Sinne (↑ kriminelle Vereinigung, ↑ terroristische Vereinigung) und im öffentl.-rechtl. Sinne (↑ Vereinsgesetz, ↑ auch verfassungswidrige Organisationen). *Geschlossene Vereinigungen* sind V., bei denen die Mitgliedschaft an bestimmte Voraussetzungen gebunden und damit nur einem begrenzten Personenkreis zugänglich ist.

Vereinigung evangelischer Freikirchen in Deutschland, seit 1926 bestehende Arbeitsgemeinschaft aus dem „Bund Ev. Freikirchl. Gemeinden", dem „Bund Freier ev. Gemeinden" und der „Ev.-methodist.

Vereinigungsfreiheit

Kirche" zur Vertretung nach außen und Förderung zwischenkirchl. Beziehungen.

Vereinigungsfreiheit (Vereinsfreiheit), die in Art. 9 GG allen Deutschen gewährte Freiheit, Vereine und Gesellschaften zu bilden, insbes. die ↑ Koalitionsfreiheit. Vereinigungen, deren Zwecke oder deren Tätigkeit den Strafgesetzen zuwiderlaufen oder die sich gegen die verfassungsmäßige Ordnung oder gegen den Gedanken der Völkerverständigung richten, sind verboten. Nähere Regelungen trifft das ↑ Vereinsgesetz, das in § 1 die grundsätzl. (also auch für Ausländer geltende) Vereinsfreiheit normiert. In *Österreich* und der *Schweiz* gilt Entsprechendes.

Vereinigungskirche e. V. (Unification Church), 1954 von dem Koreaner San Myung Mun (*1920) unter dem Namen „Tong-Il" (korean. „Vereinigung") gegr. neue Religion, die sich später auch „*Gesellschaft zur Vereinigung des Weltchristentums*" nannte, heute aber meist nach ihrem Gründer „*Mun-Sekte*" genannt wird. Die V. verehrt ihren Gründer als zweiten Messias, der den Satan endgültig unterwerfen wird, dessen Wirken sie v. a. im Kommunismus sieht.

Vereinigungstheorie ↑ Strafe.

Vereinsgesetz, Gesetz zur Regelung des öffentl. Vereinsrechts vom 5. 8. 1964; es regelt das Verbot von Vereinen bei Mißbrauch der Vereinsfreiheit (↑ Vereinigungsfreiheit). Ein Verein darf erst dann als verboten behandelt werden, wenn durch Verfügung der Verbotsbehörde (oberste Landesbehörde, wenn sich Organisation und Tätigkeit des zu verbietenden Vereins auf das Gebiet eines Landes beschränkt, ansonsten der Bundesminister des Innern) festgestellt ist, daß seine Zwecke oder seine Tätigkeit den Strafgesetzen zuwiderlaufen oder sich gegen die verfassungsmäßige Ordnung oder den Gedanken der Völkerverständigung richten. Mit dem Verbot ist i. d. R. die Beschlagnahme und die Einziehung des Vereinsvermögens verbunden. Ausländervereine können auch dann verboten werden, wenn sie durch polit. Betätigung erhebl. Belange der BR Deutschland gefährden.

Vereinsregister ↑ Verein.

Vereinstaler, letzter dt. Taler, 1857–71 von den meisten Taler- und Guldenländern, bis 1867 auch von Österreich(-Ungarn) als Vereinsmünze über sonst divergierenden einzelstaatl. Systemen geprägt; 1871–75 offiziell als Reichstaler bezeichnet; blieb im Wert von 3 Mark als einzige Silberkurantmünze neben den Reichsgoldmünzen bis 1907 in Kurs, danach als Scheidemünze gleichen Nennwerts, 1908 eingezogen.

Vereinte Nationen ↑ UN.

Vereisung, Bildung von Eis (Klareis, Rauheis) an Körpern beim Auftreffen unterkühlter Wassertröpfchen, speziell an Luftfahrzeugen beim Flug durch Wolken mit Temperaturen unterhalb des Gefrierpunkts.
◆ svw. ↑ Vergletscherung.
◆ in der *Medizin:* 1. oberflächl. Anästhesie durch Einfrieren des Gewebes mit Chloräthylspray, Kohlensäureschnee oder flüssigem Stickstoff; 2. Einfrieren von Gewebe zum Zweck der Zerstörung und/oder operativen Entfernung (↑ Kältechirurgie).

Vereiteilung ↑ Strafvereitelung.

Verelendungstheorie, in der ersten Hälfte des 19. Jh. im Zuge der frühkapitalist. Industrialisierung entstandene Theorie, wonach die Löhne der Industriearbeiter im Verlauf der kapitalist. Entwicklung unter das Existenzminimum sinken würden. V. wurden sowohl von konservativen wie von sozialist. Kritikern der industriell-kapitalist. Entwicklung formuliert. Die Armut ist danach nicht einfach Resultat absolut unzureichender Lebensverhältnisse, sondern Ergebnis der Produktion des Reichtums unter kapitalist. Verhältnissen. Je mehr industrieller Reichtum als Kapital produziert wird, desto ärmer wird der Arbeiter. - Die V. ist ein wichtiger Bestandteil der marxist. Theorie; innerhalb des Marxismus wird Verelendung meistens im Sinne einer *relativen Verelendung* als Sinken des Pro-Kopf-Anteils der Lohnabhängigen am Sozialprodukt verstanden. Die Behauptung einer *absoluten Verelendung* als Sinken des Reallohns der Lohnabhängigen gilt für die westl. Ind.staaten nach herrschender Meinung als nicht haltbar. Demgegenüber war jedoch in den letzten Jahren ein Rückgang der Realeinkommen einerseits und eine Zunahme der Armut in der BR Deutschland und einigen anderen Indsustriestaaten zu verzeichnen.
📖 Balsen, W., u. a.: *Die neue Armut.* Köln 1984.

Vererbung, die Übertragung von Merkmalsanlagen (d. h. von genet. Information) von den Elternindividuen auf deren Nachkommen bei Pflanzen, Tieren und beim Menschen. Die Entstehung eines neuen Organismus aus Strukturen seiner Eltern kann vegetativ oder sexuell (über ↑ Geschlechtszellen) erfolgen (↑ Fortpflanzung). Immer ist der materielle Träger der im Erbgut enthaltenen, als Gene bezeichneten „Anweisungen" zur Ausbildung bestimmter Eigenschaften die DNS bzw. (bei einigen Viren) die virale RNS. Bei Organismen mit echtem Zellkern, den Eukaryonten, ist die genet. Information v. a. in den einzelnen Chromosomen bzw. deren Genen lokalisiert, die dann beim V.vorgang von Generation zu Generation weitergegeben werden (*chromosomale V., karyont. V.*; im Unterschied zur *akaryont. V.* bei den Prokaryonten [Bakterien, Blaualgen]). Je nachdem, ob entsprechende (allele) Erbanlagen (allele Gene) die Nachkommen von ihren Eltern mitbekommen haben, gleich oder ungleich sind, spricht man von rein- oder von mischerbigen Merkmalen bzw. Individuen (↑ Homozygotie, ↑ Heterozygotie); bei Mischerbigkeit kann das eine allele Gen dominant (↑ Dominanz) und damit das andere rezessiv sein (↑ Rezessivität), oder beider Einfluß auf die Merkmalsausbildung ist etwa gleich stark *(intermediäre Vererbung)*. Auf diesen Verhätnissen beruhen die klass. ↑ Mendel-Regeln, die in reiner Ausprägung jedoch durch Faktorenaustauschvorgänge auch durch Mutationen, meist nicht verwirklicht sind. Von einer *geschlechtsgebundenen V.* wird dann gesprochen, wenn im V.gang ↑ geschlechtsgebundene Merkmale eine bes. Rolle spielen. Die Ausbildung des jeweiligen Geschlechts erfolgt v. a. durch die Geschlechtschromosomen. Ein einzelnes Merkmal kann durch ein einzelnes Gen, durch mehrere oder durch viele Gene bedingt sein. Neben der chromosomalen V. gibt es noch die (nicht den Mendel-Regeln folgende) *extrachromosomale V. (Plasmavererbung)* über sog. im Zellplasma lokalisierte Plasmagene. Die Plasma-V. höherer Organismen zeigt, entsprechend den Plasmaanteilen von Eizelle und Spermien, bei der Zygote einen mütterl. Erbgang. Außer den chromosomalen und extrachromosomalen Genen nehmen noch weitere zytoplasmat. Faktoren zusätzl. Einfluß auf die V. (sie kommen v. a. bei Artkreuzungen zu erkennbarer Wirkung, da hierbei die Gene mit dem gebotenen Zytoplasma nicht mehr harmon. übereinstimmen). Die den ↑ Genotyp ergebenden V.faktoren führen zus. mit (modifizierenden) Umweltfaktoren zur Ausbildung des jeweiligen ↑ Phänotyps. - Die Wiss. und Lehre von der V. ist die ↑ Genetik.

📖 *Gottschalk, W.: Allg. Genetik. Stg. ²1984. - Heß, D.: Genetik. Grundll. - Erkenntnisse - Entwicklungen der modernen Vererbungsforschung. Freib. ⁹1982. - Knodel, H./Kull, U.: Genetik u. Molekularbiologie. Stg. ²1980. - Murken, J. D./ Cleve, H.: Humangenetik. Dt. Übers. Stg. ²1979. - Smith, A.: Das Abenteuer Mensch. Die Herausforderung der Genetik. Dt. Übers. Ffm. 1978.*

Vererbungslehre, svw. ↑ Genetik.

Veres, Péter [ungar. 'vɛrɛʃ], * Balmazújváros (Bez. Hajdu-Bihar) 6. Jan. 1897, † Budapest 17. April 1970, ungar. Schriftsteller. - Aus Kleinbauernfamilie; Autodidakt. Thema seiner sozialkrit. Erzählungen („Die Knechte des Herrn Csatáry", 1950) und Romane („Knechtschaft", 1951; „Die Liebe der Armen", 1952) ist das Leben des ostungar. Bauerntums und Agrarproletariats.

Veress, Sándor [ungar. 'vɛrɛʃ], * Klausenburg 1. Febr. 1907, ungar. Komponist und Musikforscher. - Schüler von Z. Kodály und B. Bartók, lehrte Komposition in Budapest, seit 1950 in Bern. Von ungar. Volksmusik geprägter, rhythm. und kontrapunkt. differenzierter Stil, u. a. Ballette, 2 Sinfonien (1936; 1954), „Erinnerung an Paul Klee" (1952), Violin- und Klavierkonzert, Kammermusik, Chorwerke, Lieder.

Veresterung, die Umsetzung von Alkoholen und Säuren zu ↑ Estern.

Verfahrensbeteiligte, i. w. S. alle diejenigen - mit Ausnahme des Gerichts bzw. der verfahrensleitenden Behörde -, denen in einem Verfahren eine Funktion zukommt oder deren Rechte von dem Verfahren betroffen werden. - ↑ auch Beteiligter.

Verfahrensgrundsatz, svw. ↑ Prozeßmaxime.

Verfahrenstechnik, Teilgebiet der Technik, das sich mit den Gesetzmäßigkeiten und den ingenieurtechn. Fragen bei der Herstellung formloser, insbes. fließfähiger Stoffe (im Ggs. zur Fertigungstechnik) beschäftigt. Die V. spielt v. a. in der chem. Ind. eine bed. Rolle *(chem. V.)*, wo sie sich insbes. mit der Übertragung chem. Reaktionen in den großindustriellen Maßstab, mit der Berechnung des Rohstoff- und Energiebedarfs bei chem. Umsetzungen usw. befaßt. Die *theoret. V.* setzt sich u. a. auseinander mit Fragen der chem. bzw. techn. Thermodynamik (z. B. Berechnung der bei chem. Vorgängen auftretenden Wärmetönungen), der Reaktionskinetik (z. B. Einfluß von Druck, Temperatur, pH-Wert auf den Reaktionsverlauf), des Stoffaustausches in seinen verschiedenen Formen (z. B. Diffusion, Verdampfung, Kondensation) sowie des Wärmeaustausches (z. B. Berechnung des Wärmeübergangs zw. einer festen Fläche und einem daran grenzenden strömungsfähigen Medium). Die *angewandte V.* beschäftigt sich insbes. mit den physikal.-techn. Grundverfahren (sog. *Unit-operations* wie Zerkleinern, Trennen, Agglomerieren, Fördern usw.), den chem. Grundverfahren (sog. *Unit-processes* wie Oxidation, Reduktion, Neutralisation, Polymerisation usw.) und - in der *Reaktionstechnik* - mit der Erarbeitung der optimalen techn. Reaktionsführung für die Fabrikationsprozesse.

Verfahrensvoraussetzungen, svw. ↑ Prozeßvoraussetzungen.

Verfall, in kultur- und geschichtsphilosoph. Theorien die Vorstellung vom (notwendigen oder vom Menschen verschuldeten) Niedergang von Staaten, Kulturen, Gesellschaften. Frühe Geschichtsdeutungen gehen von einem Goldenen Zeitalter aus und sehen alle weitere Menschheitsgeschichte als V., an deren Ende der endgültige Untergang oder die Erneuerung des Goldenen Zeitalters (eventuell mit nachfolgendem erneutem V. [zykl. Entwicklung]) steht. Auch organizist. Theorien, denen das Schema Aufstieg-Blütezeit-V. (analog zur Entwicklung der Lebewesen) zugrunde liegt, sind seit der Antike bekannt (Platons Kreislauf der Verfassungen). Dieses Modell wurde von O. Spengler („Der Untergang des Abendlandes", 1918–22) zur universal-histor. Kulturzyklentheorie ausgeweitet. A. J. Toynbee sieht dagegen den Mechanismus des „challenge and response"

Verfallklausel

(Herausforderung und Antwort) als Grundlage der Entstehung und des V. von Kulturen an. - ↑auch Geschichtsbild, ↑Geschichtsphilosophie.
♦ der Verlust eines Rechtes ohne Willen des Berechtigten. Im *Strafverfahren* oder in einem bes. Sicherungsverfahren die ↑Einziehung der durch eine rechtswidrige Tat erlangten Vermögensvorteile; diese verfallen durch gerichtl. Anordnung (Verfallserkärung) an den Staat. Der V. wird nicht angeordnet, wenn aus der Tat erwachsene Ansprüche des Verletzten beeinträchtigt werden.

Verfallklausel (Verwirkungsklausel, kassatorische Klausel), eine Vereinbarung, durch die der Schuldner eines Teiles oder aller seiner Rechte verlustig gehen soll, sofern er seine Pflichten aus dem Vertrag schuldhaft nicht oder nicht in der gehörigen Weise (z. B. nicht rechtzeitig) erfüllt.

Verfasser ↑Urheberrecht.

Verfassung (Konstitution, lat. constitutio), i. w. S. die in einem Staat bestehende polit. Kräfteverteilung, die übl. Macht- und Entscheidungsmechanismen, die nicht unbedingt in bestimmter Form fixiert sein müssen; i. e. S. die Gesamtheit der Regeln über die Staatsform, die Leitung des Staates, über die Bildung und den Aufgabenkreis der obersten Staatsorgane (**Verfassungsorgane,** in der BR Deutschland z. B. Bundespräs., Bundestag, Bundesrat, Bundesreg., Bundesverfassungsgericht), über Verfahren zur Bewältigung von Konflikten und die Beschreibung der ↑Grundrechte (**Verfassungsrecht**). Diese Regeln sind meist (nicht jedoch z. B. in Großbrit.) in einem formellen Gesetz - das selbst auch V. genannt wird - niedergelegt, das i. d. R. in einem bestimmten Verfahren (durch eine verfassunggebende Versammlung, Konstituante) zustande kommt und nur mit qualifizierten Mehrheiten geändert werden kann. Die geschriebene V. steht in allg. in einem Spannungsverhältnis zur tatsächl. Machtverteilung (z. B. Parteien- und Verbändeeinfluß) und zum polit. Prozeß in einem Staat (**Verfassungswirklichkeit**). Als **Verfassungsstaaten** werden allg. alle Staaten mit einer V.urkunde bezeichnet, i. e. S. nur Staaten, in denen durch V. die Staatsgewalt prinzipiell beschränkt und aufgeteilt ist, eine unabhängige Rechtsprechung besteht und Grundrechte der Bürger garantiert sind.

Die Verfassung der *BR Deutschland,* das ↑Grundgesetz, legt als Kern der freiheitl. demokrat. Grundordnung u. a. folgende, auch strafrechtl. geschützte **Verfassungsgrundsätze** fest: Volkssouveränität, Gewaltenteilung, allg., unmittelbares, freies, gleiches und geheimes Wahlrecht, Bindung der Gesetzgebung an die V. und der vollziehenden Gewalt und der Rechtsprechung an Gesetz und Recht, Recht auf Bildung und Ausübung einer parlamentar. Opposition, Ablösbarkeit der Reg. und ihre Verantwortlichkeit gegenüber der Volksvertretung, Unabhängigkeit der Gerichte, Ausschluß jeder Gewalt- und Willkürherrschaft. Diese Grundsätze sowie die Gliederung des Bundes in Länder und deren grundsätzl. Mitwirkung bei der Gesetzgebung dürfen durch **Verfassungsänderungen** in ihrem Wesensgehalt nicht angetastet werden; im übrigen sind Grundgesetzänderungen nur durch Gesetz mit Zustimmung einer Zweidrittelmehrheit des Bundestags und des Bundesrats möglich. Zur Regelung von V.streitigkeiten wurde eine eigene ↑Verfassungsgerichtsbarkeit geschaffen.

Die V. *Österreichs* ist in dem ↑Bundes-Verfassungsgesetz i. d. F. von 1929 niedergelegt, das 1945 wieder in Geltung gesetzt wurde. Seine Bausteine sind das demokrat., das bundesstaatl. und das rechtsstaatl. Prinzip. Zum östr. V.recht gehören außerdem weitere V.gesetze wie z. B. das Staatsgrundgesetz über die allg. Rechte der Staatsbürger von 1867 und die Europ. Menschenrechtskonvention von 1950 in einem anderen Gesetze mit V.rang. Jede Gesamtänderung der Bundesverfassung unterliegt einer Volksabstimmung, Teiländerungen nur, wenn ein Drittel der Mgl. des Nationalrates oder des Bundesrates dies verlangt.

In der *Schweiz* gilt die mehrfach ergänzte Bundesverfassung (BV) aus dem Jahr 1874. Vorschläge zur Änderung der V. *(Verfassungsinitiative)* können von den Mgl. der Bundesversammlung, den Kantonen oder mindestens 100 000 Stimmberechtigten eingebracht werden. Sie unterliegen in jedem Fall einer ↑Volksabstimmung *(Verfassungsreferendum),* wobei in der Mehrheit der Kantone ein zustimmendes Ergebnis erforderl. ist.

Geschichte: Die Forderungen nach schriftl. festgelegten, von den Ständen vertragsähnl. vereinbarten Regeln staatl. Zusammenlebens (↑auch Gesellschaftsvertrag) entstand erst im 18.Jh. mit dem polit. Emanzipationsstreben des Bürgertums. V. in kodifizierter Form (Konstitutionen) gab es zuerst in den USA (1787), dann in Frankr. (1791). In Deutschland erhielten zuerst Sachsen-Weimar-Eisenach (1816), Bayern und Baden (1818), Württemberg (1819) Verfassungen. Preußen erhielt erst 1850 eine von souveränen Monarchen erlassene *(oktroyierte)* V., nachdem die Frankfurter Nationalversammlung mit ihrem Entwurf einer Reichsverfassung 1849 gescheitert war. Die V. des Dt. Reiches von 1871 beruhte weitgehend auf der V. des Norddt. Bundes von 1867 (↑Reichsverfassung). Nach der Revolution von 1918 wurde die Weimarer Reichsverfassung ausgearbeitet, die an den Entwurf von 1849 anknüpfte. Die V. der BR Deutschland ist das 1949 entstandene Grundgesetz, dem V. einzelner Bundesländer vorausgingen. Die V. der DDR von 1949 wurde 1968 durch eine neue V. ersetzt, die den sozialist. Staat proklamierte.

Verfassungsschutz

📖 Tosch, E.: *Die Bindung des verfassungsändernden Gesetzgebers an den Willen des histor. V.gebers.* Bln. 1979. - *V. Beitrr. zur Verfassungstheorie.* Hg. v. M. Friedrich. Darmst. 1978. - Loewenstein, K.: *V.lehre.* Tüb. ²1975. - Peters, H.: *Geschichtl. Entwicklung u. Grundfragen der V.* Bln. u.a. 1969.

Verfassungsbeschwerde, verfassungsrechtl. mögl. Beschwerde des einzelnen Bürgers, zum Schutz gegen verfassungswidrige Eingriffe der Staatsgewalt in seine von der Verfassung geschützten Rechte, das Verfassungsgericht anzurufen. Nach Art. 93 Abs. 1 Nr. 4a GG kann jedermann mit der Behauptung, durch die öffentl. Gewalt (Gesetzgebung, Rechtsprechung, Verwaltung) in einem seiner Grundrechte oder in einem seiner in anderen Artikeln enthaltenen Rechte unmittelbar verletzt zu sein, die V. zum Bundesverfassungsgericht erheben. Grundsätzl. kann die V. erst erhoben werden, wenn der Rechtsweg erschöpft ist, d.h. mit allen gegebenen Rechtsmitteln versucht worden ist, vor den jeweils zuständigen Gerichten die Beseitigung des verletzenden Hoheitsaktes (Verwaltungsakt, Gerichtsurteil) zu erreichen.
In *Österreich* kann der einzelne Verfassungsbeschwerde beim Verfassungsgerichtshof erheben, wenn er in einem verfassungsgesetzl. gewährleisteten Recht verletzt zu sein behauptet. In der *Schweiz* kann mit der staatsrechtl. Beschwerde jeder kantonale Hoheitsakt wegen Verletzung verfassungsmäßiger Rechte der Bürger vor das Bundesgericht gebracht werden. Eine V. gegen Hoheitsakte des Bundes ist nicht vorgesehen.

Verfassungsgerichtsbarkeit, die in der BR Deutschland durch das ↑Bundesverfassungsgericht und in den Ländern durch die Staats- bzw. Verfassungsgerichtshöfe ausgeübte Gerichtsbarkeit zur Entscheidung von Verfassungsstreitigkeiten. Das Bundesverfassungsgericht entscheidet als „Hüter der Verfassung" v.a. in folgenden Fällen, denen jeweils verschiedene, im BundesverfassungsgerichtsG geregelte Verfahren entsprechen: 1. Streitigkeiten über den Umfang der Rechte und Pflichten eines obersten Bundesorgans oder anderer Beteiligter, die durch das GG oder die Geschäftsordnung eines obersten Bundesorgans mit eigenen Rechten ausgestattet sind, z.B. einer Fraktion *(Organstreitigkeiten);* 2. im Verfahren der abstrakten ↑Normenkontrolle; 3. Streitigkeiten zw. Bund und Ländern und zw. verschiedenen Ländern; 4. Verfassungsbeschwerden (zahlenmäßig bedeutendste Form der V.); 5. im Verfahren der konkreten ↑Normenkontrolle, wenn ein Gericht, das ein Gesetz, auf dessen Gültigkeit es bei seiner Entscheidung ankommt, für verfassungswidrig hält, es im Vorlageverfahren gemäß Art. 100 GG zur Entscheidung über die Verfassungsmäßigkeit vorlegt; 6. in sonstigen im GG genannten Fällen (z.B. Parteiverbot, Verwirkung von Grundrechten). Die Staats- und Verfassungsgerichtshöfe der Länder entscheiden über landesrechtl. Verfassungsstreitigkeiten; Prüfungsmaßstab ist die jeweilige Landesverfassung.
In *Österreich* wird die V. durch den Verfassungsgerichtshof ausgeübt. Im einzelnen ergeben sich die Kompetenzen des Verfassungsgerichtshofes aus dem B-VG.
In der *Schweiz* werden Funktionen der V. im Wege parlamentar. Verfassungskontrolle, bundesgerichtl. Verfassungsrechtsprechung und allg. richterl. Prüfung vorgenommen. Der bundesgerichtl. Verfassungsjustiz obliegt insbes. die Beurteilung von Verfassungsbeschwerden sowie die Entscheidung über die sich aus der föderativen Struktur der Schweiz ergebenden Streitigkeiten.

Verfassungsgeschichte, aus der ↑Rechtsgeschichte im frühen 19. Jh. hervorgegangene Wiss.disziplin, die sowohl der Rechts- als auch der Geschichtswiss. zugewandt; erforscht die Grundordnung polit. Gemeinschaften. Verfassung ist dabei umfassend als konkrete polit.-soziale Bauform einer Zeit zu verstehen. Die moderne V. versteht sich zunehmend als Strukturgeschichte und rückt in die Nähe der Sozialgeschichte.

Verfassungsinitiative ↑Verfassung (Schweiz), ↑Volksabstimmung.

Verfassungsorgane ↑Verfassung.

Verfassungsrecht ↑Verfassung, ↑Staatsrecht.

Verfassungsreferendum ↑Verfassung (Schweiz), ↑Volksabstimmung.

Verfassungsschutz, i.w.S. die Gesamtheit der Normen, Einrichtungen und Maßnahmen zum Schutz der freiheitl. demokrat. Grundordnung, des Bestandes und der Sicherheit der BR Deutschland; i.e.S. Sammelbez. für das Bundesamt für V. und die *V.ämter* der Länder. Die Aufgaben dieser Behörden sind im Gesetz über die Zusammenarbeit des Bundes und der Länder in Angelegenheiten des V. vom 27. 9. 1950 geregelt; sie umfassen u.a. die Sammlung und Auswertung von Auskünften, Nachrichten und sonstigen Unterlagen über Bestrebungen gegen die frei-

Verfolgungskurve (rot) mit Startpunkt P_0 (Q_0 Startpunkt auf der verfolgten Kurve)

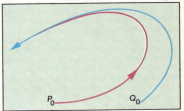

Verfassungsstaat

heitl. demokrat. Grundordnung, über sicherheitsgefährdende oder geheimdienstl. Tätigkeiten für eine fremde Macht und über gewaltsame Bestrebungen gegen auswärtige Belange der BR Deutschland. Der V. wirkt ferner mit bei der Überprüfung von Geheimnisträgern sowie von Personen, die an sicherheitsempfindl. Stellen von lebens- und verteidigungswichtigen Einrichtungen beschäftigt sind. Er hat keine polizeil. Befugnisse, ist aber zur Anwendung nachrichtendienstl. Mittel berechtigt.
In *Österreich* und der *Schweiz* gibt es keine bes. V.ämter.

Verfassungsstaat, svw. Rechtsstaat (↑Staat).

verfassungswidrige Organisationen, Sammelbez. für die vom Bundesverfassungsgericht für verfassungswidrig erklärten Parteien (↑Parteiverbot) oder Bez. für eine Partei oder Vereinigung, von der unanfechtbar festgestellt worden ist, daß sie Ersatzorganisation einer solchen Partei ist, für nach dem ↑Vereinsgesetz verbotene Vereinigungen und deren Ersatzorganisationen sowie für Regierungen, Vereinigungen oder Einrichtungen außerhalb des Geltungsbereichs des StGB, die für die Zwecke einer der genannten Organisationen tätig sind. Die Fortführung einer für verfassungswidrig erklärten Partei oder ihrer Ersatzorganisation, der Verstoß gegen ein Vereinigungsverbot sowie das Verbreiten von Propagandamitteln und die Verwendung von Kennzeichen v. O. wird nach den §§ 84 ff. StGB bestraft. Der Begriff *verfassungsfeindl. Organisationen* ist die gesetzl. nicht vorgesehene Bez. für Parteien und Vereinigungen, die aus polit. Opportunitätsgründen nicht für verfassungswidrig erklärt bzw. verboten werden, deren Mgl. jedoch von der Beschäftigung im öffentl. Dienst ferngehalten werden sollen (↑Extremistenbeschluß).

Verfassungswirklichkeit ↑Verfassung.

Verfettung, in der *Medizin:* 1. (tropfige V.) in Zellen z. B. der Niere, Leber, Herzmuskulatur die krankhafte Ablagerung von Fett in Tröpfchenform *(fettige Degeneration)* infolge verschiedener Störungen des Zellstoffwechsels; 2. svw. ↑Fettsucht.

Verfilmungsrecht ↑Urheberrecht.

Verflüssigung, die Überführung von Stoffen in den flüssigen Aggregatzustand. Gase und Dämpfe werden durch Abkühlung, Kondensation oder Komprimieren dann flüssig, wenn bei einem gegebenen Druck die der Dampfdruckkurve entsprechende Kondensationstemperatur vorliegt. Feststoffe werden durch Zuführen von Wärme (Schmelzen) oder Erhöhung des Druckes flüssig.
◆ die Herstellung flüssiger Substanzen durch chem. Umsetzung fester Ausgangsprodukte, z. B. Kohleverflüssigung.

Verfolgungskurve (Hundekurve, Fluchtkurve), Bahnkurve, die ein Punkt (Körper) P beschreibt, wenn er sich ständig [mit konstanter Geschwindigkeit v_P] in Richtung auf einen anderen Punkt (Körper) Q zu bewegt, der seinerseits [mit konstanter Geschwindigkeit v_Q] eine bestimmte Kurve beschreibt ($v_P > v_Q$). - Abb. S. 131.

Verfolgungsrecht, im *Zivilrecht* das Recht des unmittelbaren Besitzers, eine Sache, die aus seiner Gewalt auf ein anderes Grundstück gelangt ist, zurückzuholen (§ 867 BGB). Der Besitzer des anderen Grundstücks hat die Wegschaffung zu gestatten, sofern er nicht die Sache inzwischen in Besitz genommen hat. Verweigert er dies, so darf der Berechtigte nur im Ausnahmefall eigenmächtig vorgehen; ansonsten ist er auf den Klageweg angewiesen. - ↑auch Nacheile.

Verfolgungsrennen ↑Radsport.

Verfolgungswahn, Vorstellung und Überzeugung, von anderen beobachtet, überwacht, bedroht und verfolgt zu werden; tritt am häufigsten bei Schizophrenie und Alkoholismus auf.

Verfolgung von NS-Verbrechen, Anklage und Verurteilung wegen während der Herrschaft des NS begangenen Straftaten, insbes. wegen Verbrechen gegen den Frieden, Kriegsverbrechen und Verbrechen gegen die Menschlichkeit. Die Hauptkriegsverbrecher wurden auf Grund des Londoner Abkommens von 1945 in Verfahren vor dem Internat. Militärgerichtshof in Nürnberg abgeurteilt (↑Nürnberger Prozesse). Danach verfolgten die Besatzungsgerichte und später dt. Gerichte die NS-Verbrechen u. a. auf Grund des Kontrollratsgesetzes Nr. 10 (Verbrechen gegen die Menschlichkeit). Ab 1950 hatte die dt. Justiz bei der Aburteilung von NS-Gewaltverbrechen nur noch dt. Strafrecht anzuwenden. Zu verfolgen waren v. a. die Judenverfolgung, in den Konzentrationslagern (↑auch Auschwitz-Prozesse) und in den besetzten Gebieten begangenen Verbrechen, aber auch die Verhängung überhöhter Strafen durch Sondergerichte. - ↑auch NS-Prozesse.

Verformungsbruch ↑Bruch.

Verfrachter, der Frachtführer im Seefrachtgeschäft, d. h. derjenige, der die vom Befrachter verfrachteten Güter zu befördern übernimmt.

Verfremdung, Begriff der Literaturtheorie für die Thematisierung der grundlegenden Distanz der poet. Sprache zur Alltagssprache selbst. Der Rezipient soll aus seinen Sprachgewohnheiten herausgerissen und damit auf das Neue der künstler. Darstellung und die in ihr vermittelten Wirklichkeit aufmerksam gemacht werden. In B. Brechts Theorie vom ↑epischen Theater soll das vorhandene ungenügende Verstehen durch den Schock des Nicht-Verstehens zum wirkl. Verstehen geführt werden (V. als Negation der Negation); das formale Prinzip wird zugleich mit der marxist. Gesellschaftstheorie verbunden. V. wird zum didakt. Prinzip.

Verfügung, 1. im öffentl. Recht ein ↑ Verwaltungsakt; 2. im *Verfahrensrecht* die meist prozeßleitende Entscheidung des Vorsitzenden oder eines beauftragten oder ersuchten Richters, die meist den äußeren Ablauf des Verfahrens betrifft (↑ auch einstweilige Verfügung); 3. im Zivilrecht ein ↑ Rechtsgeschäft, das unmittelbar darauf gerichtet ist, ein bestehendes Recht zu übertragen, zu ändern oder aufzuheben (V.geschäft), z. B. die Übereignung einer Sache (auch Veräußerung genannt) oder Bestellung einer Hypothek oder die Abtretung, der Erlaß oder die Kündigung einer Forderung. Die V. ist streng zu trennen von dem ihr i. d. R. zugrundeliegenden Rechtsgrund (z. B. Kaufvertrag). Trifft jemand auf Grund einer vermeintl. Verpflichtung eine V., so kann er die Sache, über die er verfügt hat, nur nach den Regeln über die ungerechtfertigte Bereicherung zurückverlangen. Die V. ist grundsätzl. nur wirksam, wenn der Verfügende die ↑ Verfügungsbefugnis hat. Eine abweichende Bedeutung hat der Begriff der V. (Testament) im Erbrecht. Im östr. und schweizer. *Recht* gilt weitgehend dem dt. Recht Entsprechendes.

Verfügungsbefugnis (Verfügungsmacht), die Berechtigung, über ein Recht bzw. über einen Gegenstand wirksam zu verfügen. Sie ist von der Geschäftsfähigkeit zu unterscheiden. Die V. steht grundsätzlich dem Inhaber des Rechtes zu, z. B. hat der Eigentümer einer Sache das Recht, über diese Verfügungen zu treffen. Der Rechtsinhaber kann einen anderen ermächtigen, mit Wirkung gegen ihn über das Recht zu verfügen. Der Rechtsinhaber kann in seiner V. auf Grund eines Gesetzes (↑ Veräußerungsverbot) oder behördl. Anordnung beschränkt sein (**Verfügungsbeschränkung**). Verfügt ein Nichtberechtigter über ein Recht, so kann seine Verfügung unter bestimmten Voraussetzungen wirksam sein (↑ gutgläubiger Erwerb, ↑ auch Gutglaubensschutz). Der Berechtigte hat dann i. d. R. einen Anspruch gegen den Nichtberechtigten aus ungerechtfertigter Bereicherung.

Verfügungsbereitschaft ↑ Wehrdienst.

Verfügungsgrundsatz, svw. ↑ Dispositionsmaxime.

Verfügungsraum, in der militär. Kampfzone liegender Raum, in dem Truppenteile zum Einsatz bereitstehen.

Verfügung von Todes wegen, Oberbegriff für die für den Fall des Todes getroffenen Verfügungen. Die V. v. T. w. kann Testament oder Erbvertrag sein; ungenaue Bez. auch für die einseitig erbrechtl. Anordnung, z. B. eine Erbeinsetzung als Alleinerbe oder ein Vermächtnis.

Verführung (Verführung Minderjähriger), im Strafrecht das nach § 182 StGB für den Beischläfer strafbare Verleiten eines Mädchens unter 16 Jahren zum Vollzug des Beischlafs. Verführen ist jede Form des Einwirkens auf den Willen unter Ausnutzung der sexuellen Unerfahrenheit oder geringen Widerstandskraft des Mädchens. Die V. ist ein ↑ Antragsdelikt; bei Tätern unter 21 Jahren kann das Gericht von Strafe absehen. Heiratet der Täter das Mädchen, entfällt die Strafbarkeit ganz.

Verga, Giovanni [italien. 'verga], * Aci bei Catania 31. Aug. 1840, † Catania 27. Jan. 1922, italien. Schriftsteller. - Hauptvertreter des Verismus, der italien. Variante des europ. Naturalismus. Ab 1872 in Mailand; Verbindung zur nonkonformist. Künstlergruppe „Scapigliatura"; später auf Sizilien. Schrieb histor.-patriot. Romane, später autobiograph., psycholog.-realist. Romane („Die Malavoglia", 1881) sowie Novellen aus dem sizilian. Landleben („Sizilian. Novellen", 1883); darunter auch „Cavalleria rusticana", die von V. 1884 dramatisiert wurde und Mascagni als Opernlibretto diente.

vergällen ↑ denaturieren.

Vergangenheit ↑ Präteritum.

Vergaser, Vorrichtung an Ottomotoren, die das zum Betrieb notwendige Kraftstoff-Luft-Gemisch aufbereitet. Zur restlosen Verbrennung von einem Gewichtsanteil Benzin werden theoret. rd. 15 Gewichtsteile Luft benötigt. Wird mehr Luft beigemischt, so wird das Gemisch als *mager*, bei Luftmangel als *fett* bezeichnet. Der V. muß so gebaut sein, daß er bei allen vorkommenden Betriebszuständen das richtige Gemisch herstellt. Beim Start bzw. bei kaltem Motor soll z. B. das Gemisch extrem fett sein, da sich ein Teil des Kraftstoffs auf dem Weg bis zum Zylinder an den kalten Wandungen niederschlägt und das verbleibende Gemisch zündfähig sein muß. Im V. wird der Sachverhalt ausgenutzt, daß an einer Engstelle ein Unterdruck und damit eine Saugwirkung entsteht, wenn ein Medium mit hoher Geschwindigkeit hindurchströmt bzw. hindurchgesaugt wird. Beim sog. *Fallstrom-V.* wird Luft von oben (beim *Flachstrom-* und *Schrägstrom-V.* von der Seite, beim *Steigrohr-V.* von unten) durch den V., Ansaugkrümmer und Einlaßventil hindurch, vom Kolben (während des Ansaugtakts) angesaugt. Die Saugwirkung wird durch Verdrehen der Drosselklappe unterhalb des Mischkanals verändert (durch Betätigen des Gaspedals). An der Engstelle des Mischkanals (Lufttrichter) entsteht eine bes. hohe Luftgeschwindigkeit und damit ein hoher Unterdruck, so daß die Luft aus den seitl. Öffnungen des Mischrohrs Kraftstoff mitreißt. Das Mischrohr steht über einer Leitung, in die eine Engstelle (Hauptdüse) zur Begrenzung der Kraftstoffmenge eingebaut ist, mit der Schwimmerkammer in Verbindung. Hier verschließt ein Schwimmer bei Erreichen ei-

Vergaserkraftstoffe

nes gewissen Kraftstoffniveaus das Schwimmernadelventil gegen den durch die Kraftstoffpumpe erzeugten Überdruck (0,1 bis 0,2 bar) des zufließenden Kraftstoffs. Zur Vermeidung eines überfetten Gemisches bei steigendem Luftdurchsatz dienen *Ausgleichseinrichtungen* (z. B. *Ausgleichsdüse*), zur Herstellung der im Leerlauf des Motors notwendigen Gemischzusammensetzung *Leerlaufeinrichtungen* (z. B. *Leerlaufdüse*). Spezielle *Startvorrichtungen* bewirken die zusätzl. Gemischfettung, z. B. die drehbar am Eingang des Mischkanals sitzende Starterklappe; Betätigung von Hand (*Choke*) oder automat. über eine Bimetallfeder (*Startautomatik*). *Beschleunigungspumpen* erlauben den Ausgleich der Gemischabmagerung bei raschem Gasgeben. Für Hochleistungsmotoren verwendet man *Doppel-V.*, 2 parallele V. mit einer gemeinsamen Schwimmerkammer, wobei beide Drosselklappen gleichzeitig betätigt werden. ⌑ *Kasedorf, J.: Service-Fibel f. die Gemischaufbereitung. Würzburg* $^{1-3}$*1982–84. 5 Bde.* - *Gnadt, W. W.: V.technik. Ottobrunn* ^{3}*1981.*

Vergaserkraftstoffe (Ottokraftstoffe, Motorenbenzin), Gemische verschiedener flüssiger Kohlenwasserstoffe. Anforderungen an V.: Hoher Heizwert, Reinheit, hohe Klopffestigkeit, günstiger Siedeverlauf (zw. 30 und 200 °C), rückstandsarme Verbrennung. Im allg. werden V. in *Normalbenzin* (20–30 % aromat. Verbindungen) und *Super[benzin]* (40–50 % aromat. Verbindungen; erhöhte Klopffestigkeit) eingeteilt. Während die Klopffestigkeit von V. bisher v. a. durch bleitetraäthylhaltige Antiklopfmittel erhöht wurde, wird sie bei *bleifreiem Benzin* durch zusätzl. Verfahrensschritte bei der Herstellung (v. a. höherer Anteil klopffester Kohlenwasserstoffanteile) erreicht.

Vergasung, Umwandlung fester oder flüssiger Brennstoffe in Brenngase durch Umsetzen mit Luft (Sauerstoff) oder Wasserdampf bei erhöhten Temperaturen, z. B. Kohle-V. († Kohleveredlung).

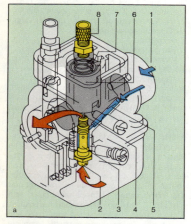

Vergaser. Funktionszeichnung eines Flachstrom-/Schrägstrom-Schiebervergasers bei Betrieb des Hauptreguliersystems (a), des Leerlaufsystems (b) und des Startvergasers (c; die entsprechenden Bauteile sind jeweils herausgehoben)
1 Luftzufuhr, 2 Hauptdüse, 3 Nadeldüse, 4 Düsennadel, 5 Korrekturluftkanal, 6 Gasschieber, 7 Rückholfeder, 8 Stellschraube, 9 Leerlauf-Austrittsbohrung, 10 Leerlaufdüse, 11 Luftregulierschraube, 12 Gasschieber-Stellschraube, 13 Bohrung zur zusätzlichen Luftbeimengung, 14 Beruhigungskammer, 15 Startdüse, 16 Vorkammer, 17 Schieber des Startvergasers, 18 Stellschraube des Startvergasers

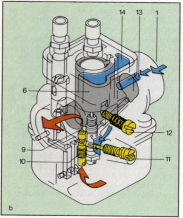

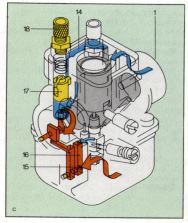

◆ Bekämpfung von Ungeziefer durch Giftgase († Begasung).
◆ während des NS Massenvernichtung von Juden durch Giftgase in † Vernichtungslagern.

Vergatterung, beim Militär urspr. das Signal (mit Trommel, Horn oder Trompete) zur Wachablösung; heute die formelle Belehrung der Wachsoldaten beim Antritt des Wachdienstes, die mit dem Kommando „V." abgeschlossen wird.

Vergegenständlichung, svw. † Verdinglichung.

Vergeltung, allg. die Reaktion auf eine moral. abzulehnende oder auch anzuerkennende Tat.
◆ im *Strafrecht* eine der mögl. Sinngebungen für die staatl. † Strafe. Die vergeltende Strafe will durch die gewollte Zufügung des mit ihr verbundenen Übels die geschehene Rechtsverletzung ausgleichen.
◆ in der *Religionsgeschichte* der Glaube an eine über die jeweils aktuelle Situation hinauswirkende und künftiges Schicksal des Menschen bestimmende Bedeutung ird. Taten. Dieser V.gedanke hat große Bed. für das eth. Verhalten des Menschen.

Vergemeinschaftung, von M. Weber (als Ggs. zum stat. Gemeinschaftsbegriff F. Tönnies') geprägte Bez. für Prozesse des sozialen Handelns, die auf der Basis gegenseitiger Zuneigung, gesellschaftl. festgelegter Zusammengehörigkeitsgefühle und Emotionen soziale Beziehungen herstellen und aufrechterhalten (z. B. in der Familie); der Gegenbegriff **Vergesellschaftung** bezeichnet soziale Beziehungsstrukturen, die durch wert- oder zweckrational ausgerichtetes soziales Handeln zustande kommen (z. B. in Parteien).

Vergesellschaftung, svw. † Sozialisierung.

Vergessen, dem Behalten und Erinnern († Gedächtnis) gegenläufiger Vorgang, durch den Wahrgenommenes bzw. Gelerntes nicht mehr oder nur unvollständig reproduziert werden kann. Im allg. gilt: 1. Es wird um so mehr vergessen, je größer der zeitl. Abstand zw. Einspeicherung und Erinnerung ist; 2. sinnarmes, unwichtiges und umfangreiches Material wird eher vergessen; 3. Art und Anzahl der auf einen Lernvorgang folgenden Eindrücke beeinflussen das Ausmaß des Vergessens.

Vergewaltigung (Notzucht), Straftat gegen die sexuelle Selbstbestimmung der Frau. Wer eine Frau mit Gewalt oder durch † Drohung mit gegenwärtiger Gefahr für Leib und Leben zum außerehel. Beischlaf mit dem Täter selbst oder einem Dritten nötigt, wird mit Freiheitsstrafe nicht unter 2 Jahren und, wenn der Täter. leichtfertig den Tod des Opfers verursacht, nicht unter 5 Jahren bestraft (§ 177 StGB). Obwohl das Gesetz die Strafbarkeit der V. nicht an etwaige Verletzungsfolgen knüpft, führt ihr Fehlen in der gerichtl. Praxis als Zeichen mangelnden körperl. Widerstands der Frau oft zu schleppenden oder gar keinen Ermittlungen bzw. zum Freispruch des Vergewaltigers.

Vergiftung, (Intoxikation) schädigende Einwirkung von chem., tier., pflanzl., bakteriellen oder sonstigen Giftstoffen auf den Organismus. Zur Soforthilfe † Erste Hilfe.
◆ im Strafrecht das Beibringen von Gift oder anderen Stoffen, die geeignet sind, die Gesundheit zu zerstören, in der Absicht, die Gesundheit eines anderen zu schädigen; wird mit Freiheitsstrafe von einem bis zu zehn Jahren bestraft. Beim Tod des Opfers drohen lebenslange Freiheitsstrafe oder Freiheitsstrafe nicht unter 10 Jahren (§ 229 StGB). Handelt der Täter in Tötungsabsicht, wird er wegen Mordes oder Totschlags bestraft.

Vergil (Publius Vergilius Maro), * Andes (= Pietole) bei Mantua 15. Okt. 70, † Brundisium (= Brindisi) 21. Sept. 19 v. Chr., röm. Dichter. - Aus bäuerl. Milieu; sorgfältige Ausbildung in Rhetorik und Philosophie; lebte meist in Neapel. Seit 39 Mgl. des Dichterkreises um Maecenas. Während der frühesten Gedichte V. in der Nachfolge Catulls standen, knüpfte V. mit den 10 Hirtengedichten („Bucolica", auch „Eclogae" gen.; entstanden 42–39) an Theokrits Idyllen an; die vierte Ekloge, eine dunkle Prophetie, die ein neues Zeitalter des Friedens verheißt, wurde in der christl. Tradition als Ankündigung des Heilands gedeutet. Die „Georgica", ein überaus kunstvoll komponiertes landwirtschaftl. Lehrgedicht in 4 Büchern (entstanden 39–29), sind durch ihren existenzdeutenden Anspruch der altgriech. Epik (bes. Hesiod) sowie Lukrez und durch ihren geschliffenen Stil der didakt. Poesie des Hellenismus verpflichtet; sie preisen die schwere, mühevolle Arbeit der ital. Bauern und machen [einem intellektuellen städt. Publikum] die Ordnung der ländl. Welt begreiflich. Die „Äneis", ein Heldenepos in 12 Büchern, wurde gegen den Wunsch des sterbenden V. auf Weisung des Augustus von Varius Rufus veröffentlicht. Im Anschluß an Homer fanden darin die Irrfahrten der Trojaner unter Führung des Äneas bis zu deren Ansiedlung in Latium Gestaltung. Das Werk unterscheidet sich jedoch durch seinen Symbolgehalt vom griech. Vorbild. Dargestellt wird die Herrschaft des Augustus, der sein Geschlecht auf die Göttin Venus, die Mutter des Äneas, zurückführte, als die Erfüllung des vom Schicksal bestimmten Verlaufs der röm. Geschichte. Das Werk wurde an Stelle der „Annalen" des Ennius zum Nationalepos der Römer. V. war von der röm. Kaiserzeit bis zum Barock Maßstab für große Dichtung.

📖 *Schmidt, Ernst A.: Bukolische Leidenschaft. Ffm. 1985. - Berres, T.: Die Entstehung der Aeneis. Wsb. 1982. - Pöschl, V.: Die Dichtkunst Virgils: Bild u. Symbol in der Äneis. Bln. u. New York ³1977.*

Vergißmeinnicht

Vergißmeinnicht (Myosotis), Gatt. der Rauhblattgewächse mit rd. 80 Arten im gemäßigten Eurasien, in den Gebirgen des trop. Afrika bis zum Kapland, auf Neuguinea, in Australien und Neuseeland; einjährige, zweijährige oder ausdauernde Kräuter mit rauhhaarigen Blättern; Blüten in trauben- bis ährenförmigen Wickeln; Blütenkrone blau, rosafarben oder weiß. Von den in Deutschland vorkommenden 11 formenreichen Arten sind u. a. das **Sumpfvergißmeinnicht** (Myosotis palustris; bis 50 cm hohe Staude mit blauen oder weißen Blüten; auf feuchten Böden) und das **Ackervergißmeinnicht** (Myosotis arvensis) häufig. Vom **Waldvergißmeinnicht** (Myosotis silvatica) leiten sich zahlr. zweijährig gezogene Gartenformen ab. - Das V. galt bei den Germanen als Symbol der Freundschaft und Erinnerung.

Vergleich, im *Recht*: im Schuldrecht ein Vertrag, durch den der Streit oder die Ungewißheit der Parteien über ein Rechtsverhältnis im Wege gegenseitigen Nachgebens beseitigt wird (§ 779 BGB), d. h., daß die Beteiligten sich kraft ihrer Privatautonomie gütlich einigen (z. B. durch Erlaß, Anerkenntnis, Stundung); ein Irrtum über den als feststehend zugrundegelegten Sachverhalt (V.basis) macht ihn unwirksam; 2. der im ↑Vergleichsverfahren zustandegekommene Vertrag; 3. im Prozeßrecht ↑Prozeßvergleich.
Im *östr. Recht* ein zweiseitig verbindl. Vertrag, in dem streitige oder zweifelhafte Rechte bestimmt werden. Die gerichtl. Entscheidung über die Änderung von Forderungen, die mehreren Gläubigern gegenüber einem Schuldner zustehen, wird als *Ausgleich* bezeichnet. Das Ausgleichsverfahren ist vergleichbar dem dt. Vergleichsverfahren.
Im *schweizer*. Obligationenrecht ist der V. nicht eigens geregelt.
◆ als rhetor. Figur Sinnfigur, die im Gegenüber von Bild und Gegenbild die Anschaulichkeit erhöhen, eine verdeutlichende Analogie herstellen soll. Ein breiter ausgeführter V. wird ein Gleichnis, der selbständig ausgemalte V. zur Parabel.

vergleichende Erziehungswissenschaft (vergleichende ↑Pädagogik), Forschungszweig der ↑Pädagogik, dessen Aufgabe die vergleichende Betrachtung verschiedener Erziehungssysteme, -ideen, -ziele sowie spezif. Bildungsprobleme einzelner Länder ist. Dieser Aufgabe dienen Untersuchungen zur Bildungsplanung, zur Effizienz von Bildungsinstitutionen und zur Funktion der Erziehung im jeweiligen nationalstaatl. bzw. regionalen Bereich.

vergleichende Literaturwissenschaft (komparative Literaturwissenschaft, Komparatistik), beschäftigt sich bes. mit Beziehungen, Verwandtschaften, Gemeinsamkeiten und Unterschieden zw. den Nationalliteraturen (↑Literatur).

vergleichende Sprachwissenschaft (Sprachvergleichung, Komparatistik), Bez. für diejenige Forschungsrichtung der Sprachwiss., die durch Vergleichen zweier oder mehrerer verwandter Sprachen und durch Feststellen der zw. diesen bestehenden Gleichheiten oder Ähnlichkeiten deren Vorgeschichte untersucht und eine ihnen zugrundeliegende Grundsprache zu rekonstruieren versucht. Die nicht auf genet. verwandte Sprachen beschränkte Vergleichung von Sprachen zur Aufdeckung von deren Strukturähnlichkeiten ist Aufgabe der ↑Sprachtypologie.

Vergleichsdelikte ↑Konkurs- und Vergleichsdelikte.

Vergleichsmiete, der der Kostenmiete vergleichbare zulässige Mietzins bei Sozialwohnungen (↑Mietpreisbindung) sowie die einem Mieterhöhungsverlangen zugrundezulegende ortsübl. V. (↑Mietpreisrecht).

Vergleichsordnung ↑Vergleichsverfahren.

Vergleichsquote ↑Vergleichsverfahren.

Vergleichsverfahren, das in der Vergleichsordnung vom 26. 2. 1935 geregelte gerichtl. Verfahren zur Abwendung des Konkurses. Ziel des V. ist die Herbeiführung eines Vergleichs (sog. Akkord), d. h. eines Vertrages zw. dem Schuldner und der Gläubigermehrheit, der mit Wirkung für und gegen alle Gläubiger die endgültige Befriedigung der Gläubiger gegen den Erlaß der Restforderungen sicherstellen soll, damit das schuldner. Unternehmen im Interesse von Schuldner, Gläubiger, der dort Beschäftigten und nicht zuletzt aus gesamtwirtsch. Gründen fortgeführt und saniert werden kann. Der Antrag auf Eröffnung des Vergleichs kann nur vom Schuldner und nur bis zur Konkurseröffnung gestellt werden; er setzt einen *Vergleichsgrund*, i. d. R. die Zahlungsunfähigkeit des Schuldners oder - bei jurist. Personen sowie bei bestimmten Handelsgesellschaften - die Überschuldung voraus. Der Antrag muß einen *Vergleichsvorschlag* enthalten, der angibt, zu welchem Teil, d. h. zu welcher Quote (**Vergleichsquote**) - mindestens 35% - die Forderungen der Gläubiger befriedigt werden. Dieser Mindestprozentsatz der Vergleichsquote muß auch beim *Liquidationsvergleich* (Schuldner überläßt den Gläubigern sein Vermögen ganz oder teilweise, mit der Abrede, daß der durch die Verwertung nicht gedeckte Teil der Forderungen erlassen sein soll) gewährleistet sein. Mit Antragstellung sind bis zur rechtskräftigen Beendigung des V. einzelne Vollstreckungsmaßnahmen ausgeschlossen. Im Falle der Eröffnung des V. bestellt das Gericht den ↑Vergleichsverwalter und fordert die Gläubiger auf, ihre Forderungen anzumelden (↑Gläubigerverzeichnis). Der Vergleich kommt durch die Annahme des Vergleichsvorschlags und die Bestätigung des Gerichts zustande. Lehnt das Gericht die Eröffnung des V. oder die Bestätigung des Vergleichs ab oder stellt das Verfahren ein, hat es von Amts wegen über die Eröffnung des Konkursverfahrens († Konkurs) zu entscheiden. Zum *östr. Recht* † Vergleich. - Im *schweizer. Recht* entspricht der gerichtl. Nachlaßvertrag dem dt. Vergleichsverfahren.

Vergleichsverwalter, mit Prüfungs- und Überwachungsaufgaben betrauter, von Schuldner und Gläubigern unabhängiger Amtsträger im Vergleichsverfahren. Der V. wird vom Gericht bestellt und steht unter dessen Aufsicht. Er hat die wirtsch. Lage des Schuldners zu prüfen sowie seine Geschäftsführung und Lebenshaltung zu überwachen. Für die sorgfältige Erfüllung seiner Pflichten haftet er allen Beteiligten persönlich. Sein Amt erlischt mit der Aufhebung des Verfahrens. Das Vergleichsverfahren wird mit der Bestätigung des Vergleichs durch das Gericht aufgehoben, wenn sich der Schuldner bei der Vergleichserfüllung der Überwachung durch einen *Sachwalter* unterwirft.

Vergletscherung (Vereisung), Bildung und Ausbreitung von Gletschereis bzw. Gletschern.

Vergnügungssteuer, örtl. Verbrauch- und Aufwandsteuer, deren Erhebung in die Gesetzgebungskompetenz der Länder fällt und deren Aufkommen den Gemeinden zufließt.

Vergöttlichung † Apotheose.

Vergrößerung, (V.zahl) das Verhältnis vom Tangens des Sehwinkels mit vergrößerndem Instrument (z. B. Fernrohr) zum Tangens des Sehwinkels ohne Instrument.

◆ (Lateral-V., Seitenmaßstab, Seitenverhältnis) das Verhältnis von Bildgröße zur Objektgröße bei einer opt. Abbildung († auch Abbildungsmaßstab).

◆ in der *Musik* † Augmentation.

Vergrößerungsapparat † Projektionsapparate.

Vergrößerungsglas, svw. † Lupe.

Vergrusung, Bez. für den durch Verwitterung verursachten Gesteinszerfall grobkristalliner Gesteine.

Vergütung (Vergüten, Entspiegelung), das Aufbringen einer dünnen reflexvermindernden Schicht (**Antireflexbelag,** z. B. Calciumfluorid oder Lithiumchlorid) auf Linsen, Prismen u. ä., die das an der freien Glasoberfläche reflektierte Licht durch Interferenz weitgehend auslöscht, bei vielinsigen Objektiven den Durchlaßgrad (d. h. die Transparenz) erhöht und durch Mehrfachreflexionen auf das Bild gelangendes Streulicht oder Nebenbilder unterdrückt. Für die Entspiegelung über einen größeren Spektralbereich werden heute Mehrfachschichten aus unterschiedl. brechenden Substanzen verwendet (sog. **Multicoating**).

Vergütung, Entgelt für eine Leistung. Die Entrichtung der V. ist die Hauptpflicht des Bestellers eines Werkes aus einem Werkvertrag und des Dienstberechtigten oder Arbeitgebers aus einem Dienst- oder Arbeitsvertrag (v. a. in Form von Lohn und Gehalt).

Verhaeren, Émile [frz. vɛra'rɛn, niederl. vər'haːrə], *Sint-Amands (Antwerpen) 21. Mai 1855, † Rouen 27. Nov. 1916 (bei einem Eisenbahnunglück), belg. Dichter. - Bedeutendster frz.sprachiger belg. Lyriker. Kurze Zeit Rechtsanwalt. Mitbegr. der Bewegung um die Zeitschrift „La Jeune Belgique". Begann mit symbolist. Gedichten über seine fläm. Heimat. Wurde nach seiner Hinwendung zum Sozialismus mit seinen Gedichten „Die geträumten Dörfer" (1895), „Die Gesichter des Lebens" (1899), in denen Großstadt, moderne Technik und Arbeitswelt thematisiert wurden, zum lebensbejahenden „Sänger des Maschinenzeitalters". Auch Dramatiker („Die Morgenröte", 1898). Setzte sich bes. für Frieden und Völkerfreundschaft ein.

Verhaftung, die Festnahme eines Beschuldigten auf Grund eines † Haftbefehls.

Verhalten, i. w. S. die Gesamtheit aller beobachtbaren (feststellbaren oder meßbaren) Reaktionsweisen oder Zustandsänderungen von Materie, insbes. das Reagieren lebender Strukturen auf Reize; i. e. S. die Gesamtheit aller Körperbewegungen, Körperhaltungen und der Ausdrucksverhalten (Lautäußerungen, Setzen von Duftmarken u. a.) eines lebenden tier. Organismus in seiner Umwelt. Dieses letztere V. ist der Untersuchungsgegenstand der vergleichenden † Verhaltensforschung. Der klass. † Behaviorismus unterschied zw. offenem (Overt-behavior, umfaßt diejenigen Verhaltenselemente, die der direkten Beobachtung zugängl. sind, z. B. Fortbewegung, Lachen, Lautäußerung) und verborgenem oder verdecktem V. (Covert-behavior, umfaßt alle jene [meist physiolog.] Veränderungen, wie z. B. des Blutdrucks, des Muskeltonus, die sich der direkten Beobachtung entziehen und erst mit Hilfe von Instrumenten als Reaktionen auf bestimmte Reize objektiv festgestellt werden können). Heute unterscheidet man im allg. Kategorien bestimmter V.weisen. So versteht man unter *autochthonem* V. die Gesamtheit der Reaktionen, die auf einem spezif. Antrieb beruhen und durch einen passenden Schlüsselreiz ausgelöst werden. Im Unterschied dazu wird V., dem auch individuelle Lernvorgänge zugrunde liegen, als *allochthones* V. bezeichnet. Des weiteren wird etwa zw. *spontanem* V., *agonist*. V. (V. im Zusammenhang mit [kämpfer.] Auseinandersetzungen) und *appetitivem* V. († Appetenzverhalten) unterschieden. Bes. Interesse wird dem insgesamt *artspezif*. V. in seiner Angepaßtheit (Funktion) und stammesgeschichtl. Entwicklung (Evolution) entgegengebracht, das bei der Mehrzahl der einer bestimmten Tierart zugehörigen Individuen in relativ ähnl. Situationen und unter relativ ähnl.

Verhaltensforschung

Begleitumständen regelmäßig auftritt. Zu grundlegend neuen Aspekten in den V.wiss. haben in den letzten Jahren Ansätze geführt, die aus der Kybernetik und Systemanalyse hervorgegangen sind. Es werden hierbei kybernet. Modelle der *V.organisation* entwickelt, in denen der Organismus weniger ein Wesen ist, das auf seine (inneren) Bedürfnisse und (äußeren) Verhältnisse oder Situationen nach einer durch Vererbung und Erfahrung entstandenen Vorprogrammierung und Programmierung reagiert, als vielmehr ein in hohem Grade aktives System, das sich Reizen zuwendet, sie aufnimmt, umformt, koordiniert und verarbeitet und die Verarbeitungsergebnisse in neue Aktivitäten umsetzt; dadurch wiederum wird die äußere Reizsituation beeinflußt. V. ist damit kein Mechanismus, der an einer bestimmten Stelle beginnt und dann abläuft, sondern eine Ganzheit in einem geschlossenen System von Organismus und Umwelt, die voneinander abhängig sind und sich gegenseitig modifizieren.
📖 *Eibl-Eibesfeldt, I.: Liebe u. Haß. Zur Naturgesch. elementarer V.weisen. Mchn.* [12]*1987. - Morris, D.: Der Mensch, mit dem wir leben. Ein Hdb. unseres V. Dt. Übers. Mchn. 1981. - Thiel, W.: Der codierte Mensch. Vererbung, Umwelt, V.; Gefahren der Manipulation. Freib. u. a. 1973. - Alland, A.: Evolution u. menschl. V. Dt. Übers. Ffm. 1970.*

Verhaltensforschung (vergleichende V., Ethologie, Teilgebiet der Biologie, das sich mit der objektiven Erforschung des † Verhaltens der Tiere *(Tierethologie)* und des Menschen *(Humanethologie)* befaßt. Die deskriptive V. beobachtet und registriert Verhaltensabläufe in möglichst natürl. Umgebung. Demgegenüber arbeitet die analyt. (experimentelle) V. mit veränderten Untersuchungsbedingungen, um Einblick in die Kausalzusammenhänge zu gewinnen. Insgesamt werden von der *allg. V.* u. a. die neuro- und sinnesphysiolog. sowie u. a. die hormonalen und auch morpholog. Grundlagen des Verhaltens untersucht. Die *spezielle V.* befaßt sich u. a. mit den Formen der Orientierung, des Erkundens, des territorialen Verhaltens, des stoffwechselbedingten Verhaltens (z. B. Nahrungserwerb und -aufnahme), des Fortpflanzungsverhaltens (z. B. Balz, Kopulation, Brutpflege), des sozialen Verhaltens (z. B. Vergesellschaftung, Sozialstrukturen, Kommunikation), der baul. Tätigkeit (z. B. Nestbau, Netzbau), der Lautäußerung, des Neugier- und Spielverhaltens.
Geschichte: Die V. im heutigen Sinn (als Biologie des Verhaltens) wurde 1895 von L. Dollo begründet. Als eigtl. Begründer der modernen V. gilt K. Lorenz, ein Schüler Heinroths, der sich v. a. mit dem Instinktverhalten beschäftigte. Erst E. von Holst allerdings konnte 1937 nachweisen, daß es angeborene, arteigene Bewegungsfolgen gibt, die nicht - wie viele andere tier. und menschl. Verhaltensweisen - den bedingten und unbedingten Reflexen zuzuordnen sind, sondern auf der automat.-rhythm. Erzeugung von Reizen im Zentralnervensystem beruhen. Mit diesem wohl wichtigsten Forschungsergebnis begann der endgültige Eigenweg der Verhaltensforschung. - Die Ergebnisse der V. faßte erstmals N. Tinbergen in einem Lehrbuch („Instinktlehre", 1952) zusammen. Zentrale Forschungsstätte der V. in der BR Deutschland ist das *Max-Planck-Institut für Verhaltensphysiologie* in Seewiesen bei Starnberg; es unterhält eine eigene *Arbeitsgruppe für Humanethologie*, die von I. Eibl-Eibesfeldt geleitet wird.
📖 *Eibl-Eibesfeld, I.: Grundr. der vergleichenden V., Ethologie. Mchn.* [7]*1986. - Immelmann, K.: Einf. i. d. V. Bln. u. Hamb.* [3]*1983. - Lamprecht, J.: Verhalten. Grundll., Erkenntnisse, Entwicklungen der Ethologie. Freib.* [10]*1982. - Tembrock, G.: Grundr. der Verhaltenswissenschaften. Stg.* [3]*1980. - Tinbergen, N.: Instinktlehre. Vergleichende Erforschung angeborener Verhaltens. Dt. Übers. Hamb. u. Bln.* [6]*1979.*

Verhaltensfreiheit (Handlungsfreiheit) † Persönlichkeitsrecht.

Verhaltensmuster † Pattern.

Verhaltensstörungen, eine Gruppe funktioneller psychophys. Störungen, die zu einer mehr oder minder starken Beeinträchtigung im Leistungs- und sozialen Bereich führen, aber nicht primär auf körperl. Veränderungen oder Schädigungen zurückzuführen sind. Allerdings können konstitutionelle Besonderheiten oder körperl. Erkrankungen V. begünstigen. Andererseits können schwere, langanhaltende V. somat. Störungen nach sich ziehen. Die Symptomatik der V. reicht von körperl. und psych. Allgemeinbeschwerden bis zu speziellen V., wie leichtes Schwitzen oder Erröten, Ermüdbarkeit, Affektlabilität, Konzentrationsschwäche, Schreckhaftigkeit, erhöhte Sensibilität.

Verhaltenstherapie, Sammelbez. für Formen der Psychotherapie, die psych. Störungen auf der Basis psycholog. Lerntheorien erklären und behandeln und sich dabei experimenteller Methodik bedienen. - Die Grundthesen der V. lauten: 1. Verhalten (auch Fehlverhalten) enthält stets wesentl. Anteile, die erlernt und damit prinzipiell verlernbar sind. 2. Die Bedingungen für das Entstehen und für das Fortbestehen von Verhaltensformen sind häufig nicht identisch, weshalb - im Unterschied zur Psychoanalyse - bes. Wert auf aktuelles Verhalten und dessen aktuelle Umweltbezüge zu legen ist. 3. Die verwendeten Konzepte sollen empirisch nachprüfbar sein, d. h. sich möglichst auf beobachtbares Verhalten beziehen, Hypothesen über den Zusammenhang zw. Umweltvariablen und Verhalten sollen möglichst nach Art eines psycholog. Experiments zu belegen sein.
Die V. bedient sich verschiedener Techniken.

Zu den klass. Verfahren gehören u. a. die operante Konditionierung, die systemat. Desensibilisierung und die Aversionstherapie. Inzwischen haben sich die theoret. Grundlagen sowie die prakt. Maßnahmen der V. erhebl. fortentwickelt. In der *kognitiven* V. verbreitet sich die Einsicht, daß die motivationalen und kognitiven Vorgänge (Gedanken, Gefühle, Überzeugungen) erhebl. Bedeutung für das menschl. Verhalten haben. Lernprozesse werden als komplex angesehen und nicht mehr mit reinen Konditionierungsvorgängen gleichgesetzt. Schwerpunktmäßig wurden dementsprechend sog. kognitive Techniken und Selbstkontrolltechniken entwickelt. Darüber hinaus werden soziale Faktoren (z. B. in der verhaltenstherapeut. Gruppen- und Familientherapie) verstärkt berücksichtigt.

Verhältnis, (V.größe) Bez. für Brüche, in denen Zähler und Nenner Größen gleicher Art (z. B. Längen, Leistungen) oder auch reine Zahlen sind.
◆ in der *formalen Logik* die Beziehung zw. bestimmten Dingen, Sachverhalten u. a.; ↑ Relation.

Verhältnisgleichung, svw. ↑ Proportion.

Verhältnismäßigkeitsgrundsatz, die sich aus dem Rechtsstaatsprinzip ergebende Leitregel allen staatl. Handelns, wonach jeder Eingriff der öffentl. Gewalt (Gesetzgebung, Verwaltung, Rechtsprechung) in den grundrechtl. geschützten Bereich des Bürgers unter dem rechtsstaatl. Gebot der Verhältnismäßigkeit steht. Im *Verwaltungsrecht* besagt der V., daß die Verwaltung (insbes. die Polizei) bei nach ihrem Ermessen zu treffenden Entscheidungen von mehreren mögl. geeigneten Maßnahmen zur Erreichung eines rechtmäßigen Zieles nur diejenige wählen darf, die den Betroffenen und die Allgemeinheit am wenigsten beeinträchtigt (*Grundsatz der Erforderlichkeit und Geeignetheit* des Mittels; angesichts eines zu erwartenden Schadens nicht in grobem Mißverhältnis, d. h. außer Verhältnis zu dem angestrebten Erfolg steht. Im *Strafrecht* gebietet der V., daß die angedrohte und verhängte Strafe in einem angemessenen Verhältnis zur Schwere der Tat und zum Verschulden des Täters stehen muß.

Verhältniswahl ↑ Wahlen.

Verhältniswort, svw. ↑ Präposition.

Verhandlungsgrundsatz (Verhandlungsmaxime), ein zu den Prozeßmaximen gehörender Verfahrensgrundsatz, wonach die Sammlung des für die Entscheidungsfindung (z. B. Urteil) benötigten Tatsachenstoffes grundsätzl. den Prozeßparteien obliegt (auch *Beibringungsgrundsatz*). Das Gericht darf bei seiner Entscheidung nur solche Tatsachen berücksichtigen, die die Parteien selbst in der Darlegungsstation oder im Laufe des Verfahrens vorgetragen haben sowie nur die von den Parteien angebotenen Beweise erheben; z. B. hat es unstreitige Tatsachen als wahr hinzunehmen. Das Gericht muß allerdings durch die Erörterung des Sach- und Streitstandes mit den Parteien, insbes. durch die Ausübung des Fragerechts, auf vollständige Erklärungen der Parteien hinwirken. Der V. findet sich am ausgeprägtesten im Zivilprozeß sowie (mit Einschränkungen) im Arbeitsgerichtsprozeß. Im Straf- und im Verwaltungsprozeß sowie in einigen bes. Verfahrensarten der ZPO (u. a. in Ehe-, Kindschafts- und Entmündigungssachen) gilt wegen des dort vorhandenen öffentl. Interesses dagegen die Untersuchungs- oder Inquisitionsmaxime (Inquisitionsprinzip).

Verhandlungsmaxime ↑ Verhandlungsgrundsatz.

Verhandlungsprotokoll, im Verfahrensrecht die vom Vorsitzenden und vom Protokollführer zu unterschreibende Niederschrift, die über jede mündl. Verhandlung, Beweisaufnahme sowie Hauptverhandlung anzufertigen ist. Das V. enthält die wesentl. Vorgänge der Verhandlung. Es ist öffentl. Urkunde und hat Beweiskraft dafür, daß die gesetzl. vorgeschriebenen Förmlichkeiten der Verhandlung eingehalten worden sind.

Verhärtung, svw. ↑ Induration.

Verharzung, Bez. für die Bildung harzartiger, meist dunkler, schwer- bis unlösl. Produkte, die durch Polymerisation ungesättigter oder carbonylgruppenhaltiger Verbindungen, z. B. in Fetten, Mineralölen oder äther. Ölen, entstehen.

Verhelst, Aegid, d. Ä. [niederl. vər'hɛlst], * Antwerpen 13. Dez. 1696, † Augsburg 19. April 1749, fläm. Bildhauer und Stukkator. - Schuf in Oberbayern und Schwaben u. a. Apostelfiguren für die Fassade der Klosterkirche von Ettal; vier allegor. Figuren (1740–42) für die ehem. fürstäbtl. Residenz in Kempten; sechs Standfiguren (vor 1749) für den Hochaltar der Wies.

Verheugen, Günter, * Bad Kreuznach 28. April 1944, dt. Politiker. - 1960–82 Mgl. der FDP; wurde 1969 persönl. Referent von Bundesinnenmin. Genscher; 1978–Sept. 1982 Generalsekretär der FDP; trat im Nov. 1982 zur SPD über; MdB seit März 1983.

Verhexen (Berufen), schädigende Zauberei in Wort, Gebärde, Mimik (böser Blick) u. a.

Verhoeven, Paul [fɛr'hø:fən], * Unna 23. Juni 1901, † München 22. März 1975, dt. Schauspieler, Regisseur, Bühnen- und Filmautor. - Schauspieler und Regisseur in München, Dresden, Wien und Frankfurt am Main, 1933 am Dt. Theater in Berlin, 1943/44 als Intendant des Theaters unter den Linden; 1945–49 Intendant des Bayer. Staatstheaters. Verfaßte u. a. Drehbücher für „Das kalte Herz" (1950) und „Hoheit lassen bitten" (1954), die er selbst inszenierte.

Verholzung, Verfestigung (und damit

Verhör

verbundene Verdickung) der Zellwände im Festigungs- und Leitgewebe der Sproßachsen und Wurzeln mehrjähriger Pflanzen durch Einlagerung von ↑Lignin.

Verhör ↑Vernehmung.

Verhüttung, industrielle Verarbeitung von Erzen zur Gewinnung von Metallen.

Verifikation [zu lat. verus „wahr"], allg. die Überprüfung einer Aussage auf ihre Wahrheit; [wiss.] Erhärtung; **verifizieren,** als wahr erweisen; bestätigen, überprüfen. - Ggs. ↑Falsifikation.

Verifikationsprinzip, von Philosophen des Wiener Kreises eingeführte method. Norm der Wissenschaftskritik, nach der die (wiss.) Behauptungssätze (Aussagen) nur dann überhaupt sinnvoll sind, wenn es mögl. ist, sie auf formaler oder empir. Basis zu verifizieren, d. h. zu bestätigen.

Veringenstadt ['feːrɪŋən], Stadt auf der Schwäb. Alb nö. von Sigmaringen, Bad.-Württ., 620–820 m ü. d. M., 2100 E. - 1251 erstmals erwähnt; als planmäßige Anlage der Grafen von V. unterhalb von deren Burg entstanden (1393 Stadtrecht). - In der Umgebung 10 Höhlen, Grotten und Felsüberhänge, die fast alle in vorgeschichtl. Zeit (seit dem Moustérien) aufgesucht wurden. - Burgruine (z. T. 12. Jh.) mit roman. Peterskapelle.

Verinnerlichung, svw. Internalisierung (↑internalisieren).

Verismus [zu lat. verus „wahr"] (italien. verismo), Bez. für die schonungslose, i. d. R. unter dem Gesichtspunkt sozialkrit. Anklage ausgewählte Wiedergabe einer harten und bes. auch häßl. Wirklichkeit in Literatur, Schauspielkunst, Oper, bildender Kunst, Photographie und Film. Kraß und grell werden menschl. Leidenschaften oder Katastrophen in äußerstem Naturalismus wiedergegeben. Ende des 19. Jh. wurden u. a. L. N. Tolstoi und H. Ibsen als Vertreter des V. angesehen, in der bildenden Kunst v. a. G. Grosz, O. Dix u. a. Vertreter der Neuen Sachlichkeit der 1920er Jahre, die eine entlarvende und aggressive Kunst vertraten. Verist. Tendenzen kennzeichnen bes. den zeitgenöss. [italien.] Film und die Stücke der neuen Volksdramatik. - Als **Verismo** wird die italien., dem europ. Naturalismus entsprechenden Stilrichtung bezeichnet; Hauptvertreter in der [bald regionalist.] Literatur waren G. Verga und L. Capuana. Nach dem 2. Weltkrieg knüpfte der italien. Neorealismus an die naturalist. (verist.) Tendenzen an. - In der *Musik* zielte der v. a. vom naturalist. Drama geprägte [italien.] Opernstil seit 1890 auf ein „wahres", naturgetreues Bild der Realität, oft mit krassen, wirkungssicheren Mitteln. Verist. Opern sind u. a. „Cavalleria rusticana" (1890) von P. Mascagni und „I pagliacci" (1892) von R. Leoncavallo und „Tiefland" (1903) von E. d'Albert.

veritabel [lat.-frz.], wahrhaft, echt.

Verjährung, im *Zivilrecht* der durch Zeitablauf eintretende Verlust der Durchsetzbarkeit eines Rechts. Die V. dient der Wahrung des Rechtsfriedens. Ihr unterliegen grundsätzlich alle Ansprüche, dagegen nicht die sonstigen Rechte wie Persönlichkeitsrechte, das Eigentum, Gestaltungsrechte usw. Die **Verjährungsfrist** beträgt allg. 30 Jahre, für Entgeltansprüche aus den häufigsten und prakt. wichtigsten Umsatz- und Dienstleistungsgeschäften, d. h. den Geschäften des tägl. Lebens, hingegen 2 Jahre, für Ansprüche aus unerlaubter Handlung 3 Jahre. Die nach Fristablauf eingetretene V. beseitigt den Anspruch als solchen nicht, gibt jedoch dem Schuldner ein einredeweise geltend zu machendes Leistungsverweigerungsrecht. Die V. beginnt i. d. R. mit dem Tag der Entstehung des Anspruchs. Die *Hemmung der Verjährung* tritt ein, wenn die Leistung gestundet ist (d. h. der Lauf der V.frist wird durch ↑Stundung gehemmt) oder bei Stillstand der Rechtspflege (z. B. Verhinderung der Rechtsverfolgung

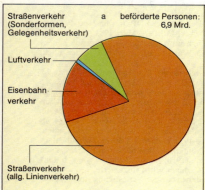

Verkehr. a öffentlicher Personenverkehr, b Güterverkehr nach Verkehrszweigen jeweils in der BR Deutschland 1985

durch höhere Gewalt, Kriegswirren). Die V. wird unterbrochen und muß von neuem beginnen im Falle des Anerkenntnisses (z. B. durch Abschlagszahlung, Sicherheitsleistung des Schuldners) sowie durch Klageerhebung. Bei *Ordnungswidrigkeiten* tritt die Verfolgungs-V. je nach Höhe der angedrohten Geldbuße nach 3, 2, 1 Jahr bzw. nach 6 Monaten ein (bei Verkehrsordnungswidrigkeiten i. d. R. nach 3 Monaten); die Vollstreckungs-V. tritt nach 5 bzw. 3 Jahren ein.
Im *östr. Zivilrecht* gelten dem dt. Recht im wesentl. ähnl. Vorschriften. Im *schweizer. Obligationenrecht* beträgt die allg. V.frist 10 Jahre. Forderungen aus den Geschäften des tägl. Lebens verjähren i. d. R. in 5 Jahren. Zur V. im *Strafrecht* ↑ Strafverfolgung.

Verjüngung (Bestandsverjüngung), in der *Forstwirtschaft* die Ablösung einer alten Baumgeneration durch eine junge. Bei der *natürl. V.* (Natur-V.) geht der Jungwuchs aus Stockausschlägen, aus Wurzelsprossen oder aus herabfallenden Samen hervor. Zur *künstl. V.* werden Stecklinge oder bewurzelte Pflanzen verwendet oder Samen ausgesät.

Verkabelung, allg. das Verlegen von Kabeln (z. B. anstelle von Freileitungen), i. e. S. der Aufbau eines Kabelnetzes - insbes. im Rahmen des ↑ Kabelfernsehens - um Verbrauchern oder Interessenten den Anschluß an dieses Netz zu ermöglichen.

Verkalkung, in der Medizin: 1. die physiolog. Einlagerung von Calciumsalzen in die Knochen *(Kalzifizierung);* 2. die krankhafte Ablagerung von Calciumsalzen im Bereich abgestorbener oder schlecht ernährter Gewebe, auch im Gefolge abgelaufener Entzündungen; volkstüml. auch im Sinne einer Arterienverkalkung (↑ Arteriosklerose).

Verkäsung (Tyrosis), käsige Degeneration, bestimmte Entzündungsform, bei der das Gewebe zu einer käseartigen Masse zerfällt (z. B. bei der Lungentuberkulose).

Verkauf, die in direktem Kontakt mit dem Kunden durchgeführten Maßnahmen und Vorgänge bei der Veräußerung von Gütern und Dienstleistungen.

Verkäufermarkt, Markt, auf dem die Verkäufer auf Grund eines Nachfrageüberschusses das Marktgeschehen entscheidend beeinflussen können (insbes. durch Preissteigerungen). - Ggs. ↑ Käufermarkt.

Verkaufsförderung ↑ Sales-promotion, ↑ Merchandising.

Verkaufspreis, Preis, zu dem Waren am Markt angeboten werden. Man unterscheidet den *Brutto-V.,* der noch Rabatt, Skonto u. a. enthält, und den *Netto-V.,* den der Käufer effektiv zahlt.

Verkaufspsychologie, befaßt sich mit der Wirkung von Waren, Warenverpackungen, des Warenumfelds auf potentielle Käufer und der Interaktion zw. Verkäufer und Käufer.

Verkaufstrainer [...treːnər], Berufsbez. für den Handel oder Ind. für die Schulung der Verkäufer bzw. des Außendienstpersonals zuständiger Mitarbeiter, meist in leitender Position. Bes. Bed. hat der V. v. a. in Unternehmen, deren Produkte meist auf Grund ständiger techn. Weiterentwicklung erklärungsbedürftig sind.

Verkehr, 1. svw. ↑ Geschlechtsverkehr; 2. i. w. S. alle Arten und Formen sozialer Kontakte; in diesem Sinne spricht man von gesellschaftl. V., V.sitte (z. B. unter Kaufleuten), verkehrsüblich; 3. in den Wirtschaftswiss. die Ortsveränderung von Personen, Gütern und Nachrichten.
Für das Wirtschaftsleben ist V. von grundlegender Bed., da ohne ihn arbeitsteiliges Wirtschaften nicht mögl. ist und andererseits die Ortsveränderung von Nachrichten und Gütern notwendige Voraussetzung der Spezialisierung ist. Die Möglichkeiten im Personen-V. haben die Bindungen der Menschen an den Wohnort erhebl. gelockert, die zunehmende Mobilität eröffnete die Wahl zw. einer steigenden Zahl von Arbeitsplätzen, löste damit die enge räuml. Beziehung zw. Wohnung und Arbeitsplatz und beeinflußte infolgedessen grundlegend die Siedlungsstrukturen. Die Leistungen des Personen-V. wurden zu einem wichtigen Konsumgut. Für die Erfüllung staatl. Aufgaben ist ein funktionierendes System von Anlagen und Einrichtungen zur Ortsveränderung eine wesentl. Vorbedingung, z. B. kann die innere und äußere Sicherheit nur dann gewährleistet werden, wenn alle Teile des Staatsgebietes durch V.wege und -verbindungen erschlossen sind.
Je nach V.weg wird unterschieden zw. Straßen-, Schienen-, Wasser- und Luftverkehr. Die Ausnutzung elektr. Leiter bzw. elektromagnet. Wellen für die Zwecke der Nachrichtenübertragung heißt *Nachrichtenverkehr.* Nach Art der V.teilnehmer und V.mittel lassen sich *Individual-V.* (Fußgänger, Pkw) und *öffentl. V.* (Busse, Straßenbahn, Eisenbahn) unterscheiden. Im Hinblick auf ein bestimmtes Gebiet (z. B. Stadt) ergibt sich der Unterschied zw. *Durchgangs-V.* (das Gebiet wird ohne Halt durchfahren), *Ziel-V.* (in das Gebiet wird von außen eingefahren), *Quell-V.* (aus dem Gebiet fährt ein Fahrzeug heraus) und *Binnen-V.* (innerhalb der Gebietsgrenzen bewegt sich ein Fahrzeug). Nach der Form (V.art des Straßenverkehrs) wird u. a. unterschieden zw. *ruhendem V.* (parkende Fahrzeuge), *fließendem V.* (die V.teilnehmer nehmen aktiv am V. teil) und *Wirtschafts-V.* für die Versorgung einer Stadt. Als Verkehrszwecke lassen sich v. a. der *Berufs-V.* (zw. Wohnung und Arbeitsplatz), der *Einkaufs-V.* (zw. Wohnung und Geschäftsvierteln) sowie der *Erholungs-* und *Freizeit-V.* feststellen. Darüber hinaus wird je nach der Entfernung zw. *Nah-* und *Fern-V.* unterschieden. Weiterhin unter-

Verkehr

scheidet man zw. *Güter-* und *Personenverkehr*. Infolge seiner großen wirtsch. Bed. hat sich die staatl. Planung besonders des Verkehrswesens angenommen. Dies betrifft v. a. die Bereiche des Schienenverkehrs, dessen Bed. für den *Nahverkehr* in den großen Ballungsgebieten durch den Zusammenschluß verschiedener Verkehrsbetriebe (Dt. Bundesbahn, kommunale und private V.betriebe) zu einem **Verkehrsverbund** (z. B. in Hamburg, im Ruhrgebiet, Rhein-Main-Gebiet, Stuttgart, München) beträchtl. gewachsen ist, und den Bereich des Straßenverkehrs, der v. a. durch die Straßenverkehrszulassungsordnung und die Straßenverkehrsordnung reglementiert ist. Das starke Anwachsen des Straßen-V. in den 1950er und 1960er Jahren und die damit verbundene Belästigung durch Abgase und Lärm hat v. a. in den Städten zur Bildung von Bürgerinitiativen geführt, die sich gegen die „autogerechte Stadt" wehren. Ausgehend von den steigenden Unfallziffern (v. a. Kinderunfälle) fordern diese Initiativen verkehrsberuhigende Maßnahmen, wie sie in vielen Städten durch ein Schleifensystem in den Wohngebieten (Einbahnstraßen, die immer wieder auf die Hauptverkehrsstraße zurückführen) erreicht worden sind. Ergänzende Forderungen dazu sind Lärmschutzmaßnahmen an den wichtigsten Ausfallstraßen (Lärmschutzwände, Erdwälle, schalldichte Fenster an Wohnbauten). Die Dichte des modernen Straßen-V. und die hohe Zahl der Informationsabläufe im Rahmen des Verkehrsgeschehens hat schon früh besondere pädagog. Maßnahmen der **Verkehrserziehung** gefordert, mit denen Menschen jeden Alters Kenntnisse der Verkehrsordnung, der V.regeln und der V.zeichen vermittelt werden. Die Möglichkeiten des Erlernens sind der Verkehrsunterricht an Schulen, z. T. bereits in Kindergärten, und der für den Erwerb einer Fahrerlaubnis notwendige Besuch einer Fahrschule. Bei verkehrswidrigem Verhalten kann der polizeil. V.unterricht vorgeschrieben werden. Wichtige Lehrformen sind Verkehrsteilnahme (soweit didakt. mögl.), -beobachtung und -übung. Ziel der Verkehrserziehung ist nicht nur das Erlernen regelgerechten Verhaltens, sondern verkehrsgerechten Verhaltens, das auch Rücksicht auf andere V.teilnehmer nimmt.

Geschichte: Tragtier, zweirädriger Karren, Boot und Schiff auf Flüssen bzw. auf See waren zunächst die wichtigsten Verkehrsmittel in Europa. Das zweirädrige Landfahrzeug wurde Mitte des 13. Jh. durch den vierrädrigen Lastwagen (der schon in der Römerzeit benutzt wurde) abgelöst, mit dem schwere Transporte leichter bewältigt werden konnten. Massengüter wie z. B. Getreide wurden auf dem Schiff transportiert. Die Zunahme des V. lief parallel mit dem Aufschwung der Städte. Erste Reglementierungen trafen um 1220 der Sachsenspiegel für die Landfahrzeuge und das Hamburger Schiffsrecht aus dem Jahr 1270 für Schiffe. Im Laufe des 16. Jh. bildeten sich große Speditionsfirmen, die den Transport im Fernhandel übernahmen. Für die Landrouten benutzte man gedruckte Itinerare, Wegweiser oder Reisebücher; sie beschränkten sich im allg. darauf, ein Verzeichnis der Stationen zu. den Hauptorten zu liefern. Mit der Verwissenschaftlichung des Straßenbaus in der Ära des Merkantilismus verbesserten sich die Bedingungen für den Landverkehr, die Reisezeiten zw. den einzelnen Handelsorten wurden verringert. Die Schiffbarmachung zahlr. Flüsse und viele Kanalbauten seit 1750 (v. a. in England) wurden zu einem wichtigen Investitionsbereich und beschäftigte zahlr. Menschen. Im Überseeverkehr wurden neue Routen befahren. Mit der Erfindung der Dampfmaschine wurde das Verkehrswesen revolutioniert: Als Lokomotive zog sie Eisenbahnzüge, im Schiff eingebaut, ermöglichte sie seit Ende des amerikan. Sezessionskrieges die schnellere Überquerung des Ozeans, obgleich die Segelschiffe bis Ende des 19. Jh. ihre Bed. behielten.

Während des 1. Weltkrieges nahm die Motorisierung einen starken Aufschwung, die Verwendung des Lastkraftwagens wurde durch die Wirtschaftskrise 1929–33 begünstigt, da mit ihm leichter zu disponieren war als mit Eisenbahnwaggonladungen. Die Entwicklung des Automobilbaus in den USA führte dazu, daß sich auch der „kleine Mann" in Auto leisten konnte. Im Personennahverkehr ergänzten Busse die Eisenbahnen und verdrängten Straßenbahnen. Der Gedanke, eigene Verkehrswege für das Kfz. zu bauen, wurde erstmals der Avus in Berlin verwirklicht (↑ Straße, Geschichte). Die Entwicklung billiger Kraftwagentypen während des 2. Weltkriegs und in der Nachkriegszeit weitete den privaten Individualverkehr zum Massenverkehr aus und führte dazu, daß der Automobilind. eine Schlüsselfunktion in der Industrialisierung zufiel. Unter dem Konkurrenzdruck des Straßen-V. und des Luft-V. für die schnelle Beförderung von Gütern sank der Anteil der Beförderungsleistungen der Eisenbahnen am Gesamtverkehrsaufkommen. Anderseits führte diese Entwicklung zu einem immer expansiveren Straßenbau und zur Ausweitung bestehender und zur Anlage neuer Flughäfen, was zur Bildung von Bürgerinitiativen gegen die damit verbundene Belästigung führte. Mit der Entwicklung von Schienenverkehrskonzepten (Intercity-Netz, Haus-zu-Haus-Verkehr im Güterverkehr) versuchen die Eisenbahnen mit der neuen Entwicklung Schritt zu halten. Im Bereich des Nah-V. wurde durch die Bildung von Verkehrsverbünden versucht, den Individual-V. einzudämmen und den öffentl. V. für größte Benutzerkreise attraktiv zu machen.

📖 *Brohm, W.: Verkehrsberuhigung in Städten.*

Verkehrsrechner

Hdbg. 1985. - *Untersuchungen zu Handel u. V. der vor- und frühgeschichtl. Zeit in Mittel- u. Nordeuropa.* Hg. v. K. Düwel u. a. Gött. 1985. 3 Tle. - Ihde, G. B.: *Transport - Verkehr - Logistik. Gesamtwirtschaftl. Aspekte u. einzelwirtschaftl. Handhabung.* Mchn. 1984. - Schütte, K.: *Verkehrsberuhigung im Städtebau.* Köln; Stg. 1982. - *Verkehrssysteme im Wandel.* Hg. v. R. Neumann u. M. Zachcial. Bln. 1980. - Leusmann, C.: *Strukturierung eines Verkehrsnetzes.* Bonn 1979. - Strecker, D.: *Didaktik der Verkehrserziehung.* Hdbg. 1979. - *Wirtschaftl. Wachstum, Energie u. V. vom Mittelalter bis ins 19. Jahrhundert.* Hg. v. H. Kellenbenz. Stg. 1978.

Verkehrsampel ↑ Verkehrssignalanlage.
Verkehrsamt ↑ Verkehrsvereine.
Verkehrsanschauung (Verkehrsauffassung) ↑ Verkehrssitte.
Verkehrserziehung ↑ Verkehr.
Verkehrsflugzeugführer ↑ Pilot.
Verkehrsfund ↑ Fund.
Verkehrsfunk (Verkehrsrundfunk, Verkehrswarnfunk), in regelmäßigen Abständen von bestimmten UKW-Sendern ausgestrahlte Verkehrsmitteilungen (für Autofahrer), die über die aktuelle Verkehrssituation Auskunft geben. Das in der BR Deutschland seit Juni 1974 offiziell eingeführte Verfahren (*ARI-Verfahren*; Abk. für: Autofahrer-Rundfunk-Information) arbeitet mit doppelter Kennung: Den Sendern wird eine nicht hörbare Kennung von 57 kHz aufmoduliert, die mit Hilfe eines V.decoders zur opt. und/oder akust. Anzeige am Autoradio führt, sobald ein entsprechender Sender eingestellt ist. Zusätzlich wird eine Modulationsfrequenz zw. 23,75 und 53,98 Hz ausgestrahlt, die jeweils einem bestimmten Bereich zugeordnet ist. Entsprechende Decoder im Autoradio sprechen auf Sender- und Bereichskennung an, so daß der Empfänger bei entsprechender Einstellung nur V.sender aufnimmt bzw. den Lautsprecher nur dann einschaltet (sog. Stummschaltung), wenn eine mit der in Betracht kommenden Durchsagekennung (die nur während der Durchsage ausgestrahlt wird) versehene Verkehrsmeldung erfolgt.

Verkehrsgefährdung, die in den §§ 315 ff. StGB mit Freiheits- oder Geldstrafe bedrohte Gefährdung des Bahn-, Schiffs-, Luft- und Straßenverkehrs. - ↑ auch Straßenverkehrsgefährdung.

Verkehrsgewerbe, alle Dienstleistungsbetriebe, die am Transport, an der Verteilung von Gütern sowie an der Beförderung von Personen beteiligt sind.

Verkehrsgleichung (Quantitätsgleichung), von I. Fisher dargestellte definitor. Gleichheit der Werte des Geld- und des Güterstromes einer Periode in einer Volkswirtschaft. Der Wert des Geldstromes ist das Produkt von Geldvolumen und Geldumlaufgeschwindigkeit, der Wert des Güterstromes die Summe der umgesetzten und jeweils mit ihren Preisen multiplizierten Gütermengen.

Verkehrsmedizin, Bereich der Medizin, der sich mit physiolog. und psycholog. Fragen v. a. des Straßenverkehrs beschäftigt; dazu gehören u. a. Beziehungen zw. Krankheiten, Arzneimitteln, Genußmitteln, Drogen und Fahrverhalten bzw. Verkehrstüchtigkeit.

Verkehrsplanung, Planungen zur Anpassung und Erweiterung des Verkehrsnetzes entsprechend den Bedürfnissen der Bev., insbes. der Wirtschaft. Dabei sind die Grundsätze der Raumordnung und der Landesplanung über die verkehrsmäßige Erschließung, die Bedienung mit Verkehrsleistungen sowie über die allg. Verbesserung der Verkehrseinrichtungen in unterentwickelten Gebieten (z. B. Zonenrandgebiet) zu berücksichtigen (↑ auch Verkehrspolitik). Bes. Schwierigkeiten entstehen bei der Abstimmung zw. dem überproportional wachsenden Individualverkehr und dem Ausbau der öffentl. Verkehrsmittel.

Verkehrspolitik, alle Maßnahmen des Staates und der öffentl. Körperschaften im Zusammenhang mit der Raumüberwindung. Maßnahmen der *Ordnungspolitik* beziehen sich auf die Regulierung des Verkehrs durch Verbesserung der Wettbewerbs, Regulierung der Märkte (staatl. Kontrollen oder Übernahme durch den Staat bei Monopolbildung, Beaufsichtigung und Angleichung der Preise und Kosten, soweit Differenzen in der Preishöhe nicht durch techn. Verschiedenartigkeit bedingt sind. Maßnahmen der *Strukturpolitik* sind auf bestimmte volkswirtschaftl. Ziele ausgerichtet. *Wirtschafts-* und *sozialpolit.* Zielsetzungen erlauben ein Abweichen vom Grundsatz der Kostendeckung. Eines der Hauptprobleme der V. ist die Beeinflussung der Anteile der konkurrierenden Verkehrsträger am Verkehrsaufkommen. Im Vordergrund steht dabei neben der Konkurrenz beim Güterverkehr zwischen dem [öffentl. betriebenen] Schienenverkehr und dem [privatwirtschaftl.] Straßenverkehr das Problem des in den Stoßzeiten das Straßennetz überbelastenden Individualverkehrs bei gleichzeitigem Rückgang des Anteils des [defizitären] öffentl. Nahverkehrs an der Personenbeförderung.

Verkehrspolizei, mit der Regelung und der Überwachung des [Straßen]verkehrs betraute Beamte der Vollzugspolizei (↑ Polizei).

Verkehrspsychologie, Teilgebiet der angewandten Psychologie, das sich mit den Problemen des Straßenverkehrs sowie des Schienen-, Wasser- und Luftverkehrs befaßt. Die gewonnenen Erkenntnisse dienen der prakt. Verbesserung der Verkehrsanlagen, der Verkehrsmittel, der Belehrung über verkehrsgerechtes Verhalten und der Prüfung der Fahrtüchtigkeit.

Verkehrsrechner, elektron. Datenverarbeitungsanlage, die die von automat. arbei-

Verkehrsrecht

tenden Zählvorrichtungen (z. B. mit Hilfe von Lichtschranken oder elektr. Fahrbahnkontakten) gelieferten Daten über die Belastung verschiedener Verkehrswege vergleicht und eine automat. Steuerung der Verkehrssignalanlagen bewirkt, die den jeweiligen Verhältnissen am besten angepaßt ist.

Verkehrsrecht, 1. Recht der Eltern auf persönl. Umgang mit dem Kind. Wird einem Elternteil die Personensorge entzogen, z. B. infolge einer Ehescheidung, so bleibt das V. (auch Besuchsrecht genannt) bestehen; u. U. trifft das Gericht hinsichtl. Art und Dauer des V. nähere Regelungen. 2. ↑ Straßenverkehrsrecht.

Verkehrssicherstellungsgesetze ↑ Sicherstellungsgesetz.

Verkehrssicherungspflicht, Rechtspflicht desjenigen, der einen Verkehr (z. B. Baugrube, Gaststätte) eröffnet oder duldet und dadurch eine Gefahrenlage schafft, die für die Sicherheit des Verkehrs erforderl. Maßnahmen im Rahmen des Zumutbaren zu treffen (z. B. den zu seinem Grundstück gehörenden bzw. angrenzenden Weg bei Glatteis zu streuen, die Baustelle ordnungsgemäß abzusichern). Der Verkehrssicherungspflichtige haftet für einen entstandenen Schaden aus unerlaubter Handlung; dies gilt auch dann, wenn er einen anderen mit der Erfüllung der V. beauftragt hat, den von ihm Beauftragten jedoch nicht (laufend) beaufsichtigt hat. Die V. ist v. a. im Straßen- und Wegerecht bedeutsam. Bei öffentl.-rechtl. Körperschaften (z. B. Gemeinden) ist die V. i. d. R. durch einen Organisationsakt in eine Amtspflicht (wegen der damit verbundenen Haftungsprivilegierung des Staates) umgewandelt worden.

Verkehrssignalanlage (Lichtzeichenanlage, Lichtsignalanlage), unter Normalbedingungen mit Wechselzeichen *(Lichtsignalen)* arbeitende Anlage zur Regelung des Straßenverkehrs (meist als *[Verkehrs]ampel* bezeichnet): drei übereinander angeordnete Signallichter (Rot, Gelb, Grün [von oben nach unten]), die an Kreuzungen oder Einmündungen die Fahrt in bestimmte Richtungen sperren (Rot) bzw. freigeben (Grün); Gelb ordnet an: Vor der Kreuzung auf das nächste Zeichen warten bzw. Kreuzung räumen. Gelbes Blinklicht dient der Verdeutlichung der Wartepflicht. V. können festzeitgesteuert (mit festgelegten Signalzeiten) oder verkehrsabhängig gesteuert sein; dabei wird der Verkehr durch Detektoren erfaßt und die Signalschaltung diesem Verkehr jeweils angepaßt. Ist die V. eines Knotenpunktes mit der benachbarter Knoten zeitl. abgestimmt (sog. grüne Welle), so spricht man von *koordinierter Signalsteuerung*.

Verkehrssitte, Inbegriff von ungeschriebenen Rechtsgrundsätzen, die sich im Rechtsverkehr bei der Abwicklung von Rechtsgeschäften (z. B. Verträge) herausgebildet haben. Die V., d. h. die herrschende Anschauung und tatsächl. Übung *(Verkehrsanschauung)* der am Rechtsverkehr Beteiligten (meist eines bestimmten Kreises, z. B. Kaufleute), ist bei der Auslegung von Rechtsgeschäften, insbes. von der Rechtsprechung zur Erreichung lebensnaher Entscheidungen nach Treu und Glauben, zu berücksichtigen. Die V. ist weder Rechtsnorm noch Gewohnheitsrecht; sie hat bes. Bedeutung im Handelsrecht (↑ Handelsbrauch).

Verkehrssprache, eine Sprache, mit deren Hilfe Angehörige verschiedener Sprachgemeinschaften miteinander kommunizieren können; als V. kann eine weitverbreitete geläufige Sprache übernommen werden (z. B. Englisch); es kann aber auch eine bes. V. auf jeweils verschiedener Grundlage ausgebildet werden, z. B. die ↑ Lingua franca des östl. Mittelmeerraumes.

Verkehrssünderkartei ↑ Verkehrszentralregister.

Verkehrsteuern, Steuern auf Vorgänge des volkswirtschaftl. Güter- und Leistungstauschs. Eine eindeutige Bestimmung ist nicht möglich, da ihre finanzwirtschaftl. Ansatzpunkte systematisch und geschichtlich von sehr unterschiedl. Art sind. Zu den V. werden gezählt: 1. die Umsatzsteuer, obwohl sie infolge der Fortwälzung Merkmale der Verbrauchsteuern trägt; 2. die Steuern auf den Vermögensverkehr (Grunderwerb-, Börsenumsatz-, Gesellschaft-, Versicherung-, Rennwett- und Lotteriesteuern); 3. Steuern auf den Beförderungsverkehr.

Verkehrsverbund ↑ Verkehr.

Verkehrsvereine, lokale Institutionen zur Werbung für den Besuch einer Stadt oder eines Ortes, meist organisiert als eingetragener Verein (e. V.), häufig auch der kommunalen Verwaltung zugeordnetes Amt *(Verkehrsamt)*.

Verkehrsvertrag, Kurzbez. für den Vertrag zw. der BR Deutschland und der DDR über Fragen des Verkehrs vom 26. 5. 1972. Der V. regelt den gegenseitigen Wechsel- und Transitverkehr auf Straßen, Schienen und Wasserwegen. Der Transitverkehr zw. der BR Deutschland und Berlin (West) wurde gesondert geregelt (↑ Berlinabkommen).

Verkehrswacht, eingetragener Verein (e. V.), der als gemeinnützige Selbsthilfeorganisation in Zusammenarbeit mit den zuständigen Behörden zur Erhöhung der Verkehrssicherheit durch die Schaffung eines höheren Verantwortungsbewußtseins der Verkehrsteilnehmer beitragen will. Die in der BR Deutschland bestehenden über 500 örtl. V. sind in 11 Landes-V. zusammengeschlossen mit der *Bundesverkehrswacht e. V.* (Dt. Verkehrswacht e. V.; Sitz Bonn) als Spitzenorganisation.

Verkehrswarnfunk, svw. ↑ Verkehrsfunk.

Verkehrswirtschaft, svw. ↑Tauschwirtschaft.

Verkehrszeichen, Zeichen zur Regelung des Straßenverkehrs, unterschieden in Gefahr-, Vorschrift- und Richtzeichen; können mit Zusatzzeichen versehen sein. *Gefahrzeichen* (Grundform Dreieck) kündigen eine Gefahrenstelle an; sie stehen außerhalb geschlossener Ortschaften 150–250 m vor der Gefahrenstelle; *Vorschriftzeichen* (Grundform Kreis, u. a. auch Fahrbahnmarkierungen) enthalten Gebote und Verbote; *Richtzeichen* (Grundform Viereck, z. B. Wegweiser) geben Hinweise zur Erleichterung des Verkehrs. Wechsel-V. zeigen einen wechselnden Inhalt und werden ferngesteuert der Verkehrssituation angepaßt. - Die in der BR Deutschland gültigen V. sind in der Straßenverkehrsordnung aufgeführt.

Verkehrszentralregister, vom Kraftfahrt-Bundesamt in Flensburg geführtes Verzeichnis (sog. *Verkehrssünderkartei*) über Verkehrsverstöße von Kraftfahrern und entsprechenden Verwaltungs- und Gerichtsentscheidungen (z. B. rechtskräftige Verurteilungen wegen Verkehrsstraftaten, rechtskräftige Entscheidungen wegen im Straßenverkehr begangener Ordnungswidrigkeiten, wenn eine Geldbuße von mehr als 80 DM festgesetzt worden ist, [vorläufige] Entziehung oder Versagung der Fahrerlaubnis sowie Fahrverbote). Jeder Verkehrsverstoß wird nach dem Bußgeldkatalog mit 1–7 Punkten bewertet. Beim Erreichen von 9 Punkten erfolgt eine schriftl. Verwarnung, bei 14 Punkten muß die theoret., evtl. auch die prakt. Fahrprüfung wiederholt werden; werden 18 Punkte in zwei Jahren erreicht, erfolgt Führerscheinentzug. Die Eintragungen sind nach zwei Jahren (bei Ordnungswidrigkeiten), fünf Jahren (Verurteilung zu Geldstrafe und zu Freiheitsstrafe bis zu drei Monaten, Entziehung oder Versagung der Fahrerlaubnis) oder nach 10 Jahren zu tilgen. Auskünfte erhalten neben den Betroffenen nur Gerichte und Verwaltungsbehörden, soweit sie für Verkehrssachen zuständig sind. Rechtsgrundlagen sind das StraßenverkehrsG und die Straßenverkehrszulassungsordnung.

Verkieselung, nachträgl. Durchtränkung von Gesteinen mit Kieselsäure.

Verklappen, das Einbringen von Abfallstoffen durch Spezialschiffe ins Meer. Die Schiffe öffnen auf hoher See die Klappen bzw. Ventile der Abfallbehälter, so daß die Abfallstoffe ins Meer fließen können. Verklappt werden u. a. Klärschlämme, die als unverwertbare Rückstände in Kläranlagen (↑Abwasser) anfallen, und die bei chem.-techn. Prozessen entstehenden, meist stark verunreinigten Abfallsäuren niederer Konzentration (**Dünnsäuren**). Das V. soll wegen der Schadstoffbelastung der Schelfmeere zukünftig eingestellt werden.

Verklärung Christi, die im N. T. (Mark. 9, 2–10 u. a.) berichtete Offenbarung der *messian. Würde Jesu* auf dem Berg Tabor und der Verwandlung („Verklärung") der Gestalt Jesu in die Daseinsweise der himml. Wesen; heute als Legende, Vision des Petrus bzw. als eine in die Geschichte Jesu rückprojizierte Auferstehungserscheinung gedeutet.

Verkleidungstrieb ↑Transvestismus.

Verkleinerung, in der Musik ↑Diminution.

Verkleinerungsform, svw. ↑Diminutiv.

Verknöcherung (Knochenbildung, Ossifikation) ↑Knochen.

Verknüpfung, (algebraische V., V.operation, algebraische Operation, Komposition) Bez. für eine Abbildung des kartes. Produktes $M_1 \times M_2 \times \cdots \times M_n$ (↑Mengenlehre) von n Mengen $M_1, M_2, ..., M_n$ in eine Menge M (genauer spricht man dann von einer *n-stelligen V.*). Jedem n-tupel $(x_1, x_2, ..., x_n)$ mit $x_i \in M_i$ wird dabei eindeutig ein Element

$$\varphi(x_1, x_2, ..., x_n) \in M$$

zugeordnet. Ist $M_1 = M_2 = \cdots = M_n = M$, so liegt eine *V. in M* oder *innere V.* vor. Bes. wichtig ist der Fall der *zweistelligen* oder *binären V.* in einer Menge M; statt $\varphi(x_1, x_2)$ schreibt man dann z. B. auch $x_1 \perp x_2$. Eine solche V. nennt man kommutativ, wenn das Kommutativgesetz

$$x_1 \perp x_2 = x_2 \perp x_1$$

gilt (andernfalls antikommutativ), und assoziativ, wenn das Assoziativgesetz

$$x_1 \perp (x_2 \perp x_3) = (x_1 \perp x_2) \perp x_3$$

gilt; Beispiele für kommutative und assoziative binäre V. sind die Addition und die Multiplikation von Zahlen.

◆ (log. V.) in der *Logik* Bez. für eine mit Hilfe eines Junktors dargestellte Zusammensetzung oder Umwandlung von Aussagen bzw. Variablen.

Verkohlung, die Zersetzung organ. Stoffe durch Erhitzen unter Sauerstoffmangel oder durch Einwirken wasserabspaltender Substanzen, z. B. konzentrierter Schwefelsäure, wobei stark kohlenstoffhaltiges Material zurückbleibt.

◆ in der *Medizin* eine ↑Verbrennung vierten Grades.

Verkokung, die therm. Zersetzung von Kohle, Holz, Torf, Ölschiefer u. ä. unter Luftabschluß. - ↑auch Kohleveredlung.

Verkrampfung, (Muskel-V.) Muskelverspannung im Bereich der Rumpf- oder Extremitätenmuskulatur auf Grund unphysiolog. Beanspruchung (z. B. ungewohnte Körperhaltung).

◆ (psych. V., seel. V.) vorübergehende seel. Gehemmtheit; zeitweilige Unfähigkeit, angemessen zu reagieren.

Verkündigung, dt. Bez. für ↑Kerygma.

Verkündigung Mariä, die im N. T. (Luk. 1, 26–38) berichtete Mitteilung des Engels Gabriel an Maria über die Empfängnis Jesu (*Engl. Gruß*). Die theolog. Tradition sieht in dem Lukastext die wesent. und dogmat. Grundlage für die Lehren der Mariologie. In der *bildenden Kunst* ist die V. M. eines der häufigsten Themen der christl. Kunst überhaupt, bes. beliebt im 14.–16. Jh., aber schon im 5. Jh. belegt. Allmähl. bildet sich ein Darstellungsschema heraus: Der Engel Gabriel (meist mit Stab) tritt zu Maria, die am Betpult kniet; von der Hand Gottes fließen Strahlen, auf denen die Taube des Hl. Geistes herabschwebt. Berühmt ist z. B. die V. M. auf dem Isenheimer Altar des M. Grünewald (Abb. Bd. 9, S. 65).

Verkündung, 1. (V. von Rechtsvorschriften) amtl. Bekanntmachung in der durch Verfassung oder sonstige Bestimmungen vorgeschriebenen Form von Gesetzen und Verordnungen in den sog. Verkündungsblättern (Bundesgesetzblatt, Gesetzblätter der Länder; Verordnungen auch im Bundesanzeiger). Die V. ist Voraussetzung für das Inkrafttreten der Vorschriften. Vereinfachte V. (durch Rundfunk, Presse, Aushang) sind für den Verteidigungsfall vorgesehen. 2. (V. von Entscheidungen) das Verlesen von Urteilen, Beschlüssen oder Verfügungen durch den Vorsitzenden des Gerichts. Mit der V. beginnen die Fristen für die Einlegung von Rechtsmitteln.

Verkupfern, Bez. für das Aufbringen dünner Kupferschichten, z. B. als Korrosionsschutz, auf metall. Unterlagen; meist durch elektrolyt. Metallabscheidung, wobei Elektrolytkupfer als Anodenmaterial dient und saure Lösungen von Kupfer(II)-Salzen oder alkal. bzw. cyanidhaltige Lösungen von Kupfer(I)-Salzen als galvan. Bäder verwendet werden.

Verkürzung ↑ Perspektive.

Verladebrücke, brückenartige, häufig auf Schienen fahrbare Stahlkonstruktion mit darauf laufendem Hebezeug (Kran, Laufkatze).

Verlader, jemand, der Güter einem Transportunternehmen zur Beförderung übergibt.

Verlag, 1. Betriebssystem, bei dem die zu erstellende Leistung oder Produktion in Heimarbeit erstellt wird, während der Verleger den Vertrieb übernimmt; 2. Unternehmen, das die Veröffentlichung (Herstellung und Vertrieb [direkt oder über den Sortimentsbuchhandel]) von Druckerzeugnissen betreibt, indem es entweder den Verfassern der Manuskripte (Schriftsteller, Autoren) das Verlagsrecht erwirbt oder die Manuskripte im V. selbst erstellen läßt. Man unterscheidet im wesentl. den als Teil des ↑ Buchhandels (herstellender Buchhandel) fungierenden Buchverlag und den der journalist. Presse zuzuordnenden Zeitungs- und Zeitschriftenverlag. Ein V. kann, muß aber nicht mit einer Druckerei verbunden sein. Eine Besonderheit des V.wesens in der BR Deutschland ist die nach dem Wettbewerbsrecht einzig für Verlagserzeugnisse zulässige vertikale ↑ Preisbindung. - ↑ auch Übersicht.

Verlagsalmanach ↑ Almanach.

Verlagsbuchhandel, herstellender ↑ Buchhandel.

Verlagsgesetz ↑ Verlagsrecht.

Verlagskatalog, Verzeichnis der greifbaren Titel eines Verlags, heute nicht selten in mehrere Kataloge geteilt. Der V. entwickelte sich aus den Bücheranzeigen (Einblattdrukke) der Frühdrucker; erster V. 1498 von A. Manutius.

Verlagsrecht, 1. im *objektiven Sinne* die im Gesetz über das V. vom 19. 6. 1901 (VerlagsG) enthaltenen weitgehend dispositiven Normen; 2. im *subjektiven Sinne* aus dem Urheberrecht abgeleitetes Nutzungsrecht, das dem Verleger das ausschließl. Vervielfältigungs- und Verbreitungsrecht für ein Werk der Literatur oder der Tonkunst gewährt (§ 8 VerlG). Es entsteht in der Regel erst mit Ablieferung des Manuskripts an den Verleger und erlischt mit Beendigung des durch den ↑ Verlagsvertrag begr. Rechtsverhältnisses. Das V. ist ein absolutes Recht und als solches geschützt gegen rechtswidrige Eingriffe.
📖 *Bappert, W., u. a.: V. Mchn. ²1984.*

Verlagssystem, frühe Form der arbeitsteiligen Gütererzeugung, die als Stadium in der Entwicklung des Kapitalismus zw. dem selbständigen Handwerk und der Manufaktur liegt. Das V. entstand im 14. und 15. Jh. in Norditalien und Flandern. Im V. geraten ehem. selbständige Handwerker in die Abhängigkeit von im Fernhandel reichgewordenen Großkaufleuten, die ihnen die Rohstoffe zur Produktion in Heimarbeit „vorlegen" und dafür die Abnahme des Produkts garantieren. Mit der Zeit erstreckt sich der „Verlag" auch auf die Arbeitsgeräte, so daß die Heimarbeit der Beschäftigten als dezentralisierte Fabrikarbeit für den „Verleger" verstanden werden kann. Die so entstehenden Hausgewerbe, die außerhalb des Zunftzwangs stehen, werden dann vorwiegend nicht mehr von Handwerkern ausgeübt, sondern von „versteckten" Lohnarbeitern. Das bes. im 17. und 18. Jh. von den absolutist. Staaten geförderte V. paßte sich wegen mangelnder Arbeitsteilung dem steigenden Bedarf nicht an, die mit ihm verbundenen vorindustriellen Verhaltensweisen standen einer weiteren Entwicklung der industriellen Produktion im Wege. Hinzu kam, daß die großtechn. Organisation der Produktion nur in der Fabrik stattfinden kann. Die Zerstörung des V., z. B. bei den Webern, rief beträchtl. Widerstand der Betroffenen hervor und war so eine der sozialen Quellen für den frühsozialist. Arbeiterradikalismus.

Verlagsvertrag, gegenseitiger Vertrag,

Verlage

BUCHVERLAGE (Auswahl)
(Gründungsjahr in eckiger Klammer)

Bundesrepublik Deutschland

Arena-Verlag Georg Popp GmbH & Co., Würzburg [1949]: 1, 9, 14, 24, 26, 27
Baedekers Autoführer Verlag GmbH, Ostfildern [1951]: 16
Bärenreiter-Verlag Karl Vötterle GmbH & Co. KG, Kassel [1923]: 10, 11, 13, 24
Richard Bechtle Graphische Betriebe und Verlagsgesellschaft, Esslingen/München [1949]: 8, 27
C. H. Beck'sche Verlagsbuchhandlung Oskar Beck, München/Frankfurt am Main [1763]: 3, 4, 5, 6, 7, 14, 15, 18, 19, 25, 27
Julius Beltz KG, Weinheim/Basel [1841]: 3, 6, 9, 10, 11, 14, 27
Verlagsgruppe Bertelsmann GmbH, Gütersloh/Düsseldorf/München [1968]: 6, 8, 9, 10, 11, 12, 13, 14, 15, 16, 17, 20, 23, 24, 25
Bibliographisches Institut & F. A. Brockhaus AG, Mannheim/Wien/Zürich [1826/1805]: 1, 3, 7, 9, 11, 12, 13, 14, 15, 16, 18, 19, 20, 24, 25, 26
Blanvalet Verlag GmbH, München [1935]: 8, 9
BLV Verlagsgesellschaft mbH, München [1946]: 11, 14, 15, 16, 18, 22, 23, 24, 27
Böhlau-Verlag GmbH, Köln [1951]: 2, 4, 5, 6, 7, 12, 13, 14, 25, 27
Breitkopf & Härtel, Wiesbaden [1719]: 13
F. A. Brockhaus GmbH, Mannheim [1805]: 1, 3, 9, 11, 13, 14, 15, 16, 18, 20, 25
F. Bruckmann KG, München [1858]: 1, 2, 14, 15, 24, 27
Buchheim-Verlag Inh. Lothar-Günther Buchheim, Feldafing [1951]: 12, 15
Bund-Verlag GmbH, Köln/Frankfurt am Main/München/Stuttgart [1947]: 4, 5, 6
Burda GmbH, Offenburg/München/Darmstadt [1908]: 15, 27
Georg D. W. Callwey, München [1884]: 6, 12, 14, 15, 20, 22, 27
Claassen Verlag GmbH, Düsseldorf [1834]: 8, 14
Cornelsen-Velhagen & Klasing Verlagsgesellschaft mbH & Co. KG, Bielefeld [1966]: 10, 11
Kurt Desch GmbH, München [1945]: 1, 8
Deutscher Kunstverlag GmbH, München/Berlin (West) [1921]: 1, 12, 25, 27
Deutscher Taschenbuch Verlag GmbH & Co. KG, München [1960]: 26
Deutsche Verlags-Anstalt, Stuttgart [1848]: 1, 3, 6, 8, 12, 14, 15, 18, 20, 25, 27
Eugen Diederichs Verlag, Düsseldorf/Köln [1896]: 3, 6, 8, 12, 14, 15
Moritz Diesterweg, Frankfurt am Main/Berlin (West)/Essen/München [1860]: 10, 11, 27
Droemersche Verlagsanstalt Th. Knaur Nachf. GmbH & Co., München [1901]: 1, 8, 12, 13, 14, 15, 16, 18, 25, 26
DuMont Buchverlag GmbH & Co. KG, Köln [1976]: 12, 14, 15, 16, 18, 26
Duncker & Humblot, Berlin (West) [1798]: 4, 5, 6, 14, 18, 27
Econ-Verlag GmbH, Düsseldorf [1950]: 10, 12, 13, 14, 18, 20
Ehrenwirth Verlag GmbH, München [1945]: 1, 8, 9, 10, 11, 14, 20
N. G. Elwert Verlag Inh. Dr. Wilhelm Braun-Elwert, Marburg (Lahn) [1726]: 2, 4, 7, 14
Europäische Verlagsanstalt GmbH, Frankfurt am Main [1947]: 4, 5, 6, 12, 14
Gustav Fischer Verlag GmbH & Co. KG, Stuttgart/New York [1878]: 1, 5, 17, 18
Fischer Taschenbuch Verlag GmbH, Frankfurt am Main [1951]: 26
S. Fischer Verlag GmbH, Frankfurt am Main [1886]: 1, 6, 8, 13, 14, 25
Franckh'sche Verlagshandlung W. Keller & Co., Stuttgart [1822]: 9, 10, 14, 15, 18, 20, 24, 25, 27
Wilhelm Goldmann Verlag GmbH, München [1922]: 8, 12, 15, 16, 18, 20, 26
Gräfe und Unzer GmbH, München [1722]: 8, 14, 15, 16, 23, 27
G. Grote'sche Verlagsbuchhandlung GmbH & Co. KG, Köln [1849]: 4, 5, 14, 27
Gruner + Jahr AG & Co., Hamburg [1950]: 1, 27

Verlagsgebiete: **1** allg. Sachbuch; **2** Theologie, Religionswissenschaft; **3** Philosophie, Psychologie; **4** Rechtswissenschaft, Verwaltung; **5** Wirtschafts- und Sozialwissenschaften; **6** Politik, Zeitgeschichte, Wehrwesen; **7** Sprach- und Literaturwissenschaft; **8** Belletristik; **9** Kinder- und Jugendliteratur, Bilder- und Bastelbücher; **10** Pädagogik, Jugendpflege; **11** Schulbücher, Lehrmittel, Wörterbücher; **12** Bildende Kunst, Photographie, Architektur, Kunstgewerbe; **13** Musik, Tanz, Theater, Film, Rundfunk, Fernsehen; **14** Geschichte, Kulturgeschichte, Volkskunde; **15** Geographie, Völkerkunde, Reisen, Bildbände; **16** Reiseführer, Karten, Atlanten; **17** Medizin; **18** Naturwissenschaften; **19** Mathematik; **20** Technik, Industrie, Handwerk, Gewerbe; **21** Handel, Verkehrswesen; **22** Land- und Forstwirtschaft, Gartenbau; **23** Sport- und Hobbyliteratur, Spiele; **24** Jahrbücher, Almanache; **25** Lexika, Nachschlagewerke; **26** Taschenbücher; **27** Zeitschriften.

Verlage

Buchverlage (Forts.)

Walter de Gruyter & Co., Berlin (West)/New York [1919]: 2, 3, 4, 5, 6, 7, 10, 12, 14, 17, 20, 25, 26
Carl Hanser, München [1928]: 5, 6, 7, 8, 13, 18, 20, 27
Otto Harrassowitz, Wiesbaden [1872]: 3, 7, 14, 15, 27
F. A. Herbig Verlagsbuchhandlung, München [1821]: 6, 8, 12, 14
Verlag Herder GmbH & Co. KG, Freiburg im Breisgau [1801]: 2, 3, 5, 6, 7, 8, 9, 10, 11, 12, 14, 15, 23, 25, 26
Carl Heymanns Verlag KG, Köln/Bonn/Berlin (West)/München [1815]: 4, 5, 6
Wilhelm Heyne Verlag, München [1934]: 26
Hirmer Verlag München Gesellschaft für wissenschaftliches Lichtbild mbH, München [1948]: 12, 14, 15
Ferdinand Hirt, Kiel [1832]: 6, 7, 8, 10, 11, 14
Hoffmann und Campe Verlag, Hamburg [1781]: 1, 6, 8, 14, 27
Insel Verlag Anton Kippenberg, Frankfurt am Main [1899]: 26
Verlag Kiepenheuer & Witsch GmbH & Co. KG, Köln [1948]: 1, 3, 6, 8, 14
Kindler Verlag GmbH, München [1951]: 1, 3, 6, 8, 9, 10, 12, 14, 25, 26
Ernst Klett, Stuttgart [1897]: 10, 11
Klett-Cotta, Stuttgart [1977]: 1, 3, 6, 7, 8, 10, 14
W. Kohlhammer GmbH, Stuttgart/Köln/Berlin (West)/Mainz [1866]: 1, 4, 5, 6, 7, 14, 16, 18, 20
Kösel-Verlag GmbH & Co., München [1593]: 2, 3, 6, 7, 8, 10, 11, 14, 27
Alfred Kröner Verlag, Stuttgart [1897]: 7, 12, 14, 18, 20, 25, 26
Albert Langen/Georg Müller Verlag GmbH, München [1894]: 8, 12, 13, 14
Langenscheidt KG, Berlin (West)/München [1856]: 11
Paul List Verlag KG, München [1894]: 1, 3, 7, 8, 10, 14, 16, 26
Hermann Luchterhand Verlag GmbH & Co. KG, Neuwied/Darmstadt [1924]: 4, 5, 6, 8
Otto Maier Verlag, Ravensburg [1883]: 1, 9, 10, 23, 26
J. C. B. Mohr (Paul Siebeck), Tübingen [1801]: 2, 3, 4, 5, 14
Max Niemeyer Verlag, Tübingen [1870]: 3, 7, 14
R. Oldenburg Verlag GmbH, München [1858]: 10, 11
Paul Parey, Hamburg/Berlin (West) [1848]: 1, 22, 23
C. F. Peters, Frankfurt am Main [1800]: 13
R. Piper & Co., München [1904]: 1, 5, 8, 9, 10, 12, 25, 26
Philipp Reclam jun., Stuttgart [1828]: 7, 8, 10, 12, 13, 14, 25, 26
Rowohlt Taschenbuch Verlag GmbH, Reinbek [1953]: 26
Rowohlt Verlag GmbH, Reinbek [1908]: 1, 6, 7, 8, 25
Scherz Verlag GmbH, München [1957]: 1, 6, 8
Franz Schneider Verlag GmbH & Co. KG, München [1913]: 9
Ferdinand Schöningh, Paderborn [1847]: 2, 3, 7, 10, 11, 13, 14
B. Schott's Söhne, Mainz [1770]: 13
Hermann Schroedel Verlag KG, Hannover [1792]: 9, 10, 11
Springer-Verlag KG, Berlin (West)/Heidelberg [1842]: 3, 17, 18, 19, 20, 27
Gerhard Stalling AG (seit 1984 Lappan Verlag GmbH), Oldenburg [1789]: 1, 6, 9, 12, 14
Franz Steiner Verlag GmbH, Wiesbaden [1949]: 3, 4, 7, 12, 13, 14, 15, 27
Suhrkamp Verlag KG, Frankfurt am Main [1950]: 3, 6, 7, 8, 14, 26
Georg Thieme Verlag, Stuttgart [1886]: 17, 18
K. Thienemanns Verlag GmbH & Co., Stuttgart [1849]: 9
Verlag Ullstein GmbH, Berlin (West) [1877]: 1, 3, 6, 8, 14, 25, 26
Urban & Schwarzenberg, München/Berlin (West) [1866]: 3, 17, 18, 27
Vandenhoeck & Ruprecht, Göttingen [1735]: 2, 3, 4, 5, 7, 10, 26

Verlagsgebiete: **1** allg. Sachbuch; **2** Theologie, Religionswissenschaft; **3** Philosophie, Psychologie; **4** Rechtswissenschaft, Verwaltung; **5** Wirtschafts- und Sozialwissenschaften; **6** Politik, Zeitgeschichte, Wehrwesen; **7** Sprach- und Literaturwissenschaft; **8** Belletristik; **9** Kinder- und Jugendliteratur, Bilder- und Bastelbücher; **10** Pädagogik, Jugendpflege; **11** Schulbücher, Lehrmittel, Wörterbücher; **12** Bildende Kunst, Photographie, Architektur, Kunstgewerbe; **13** Musik, Tanz, Theater, Film, Rundfunk, Fernsehen; **14** Geschichte, Kulturgeschichte, Volkskunde; **15** Geographie, Völkerkunde, Reisen, Bildbände; **16** Reiseführer, Karten, Atlanten; **17** Medizin; **18** Naturwissenschaften; **19** Mathematik; **20** Technik, Industrie, Handwerk, Gewerbe; **21** Handel, Verkehrswesen; **22** Land- und Forstwirtschaft, Gartenbau; **23** Sport- und Hobbyliteratur, Spiele; **24** Jahrbücher, Almanache; **25** Lexika, Nachschlagewerke; **26** Taschenbücher; **27** Zeitschriften.

Verlage

Buchverlage (Forts.)

Friedr. Vieweg & Sohn Verlagsgesellschaft mbH, Wiesbaden [1786]: 18, 20, 27
Klaus Wagenbach, Berlin (West) [1964]: 6, 8, 26, 27
Westdeutscher Verlag GmbH, Opladen/Wiesbaden [1947]: 5, 6, 10, 14, 27
Georg Westermann Verlag Druckerei und Kartographische Anstalt GmbH & Co., Braunschweig [1838]: 1, 10, 11, 14, 15, 16, 27
Rainer Wunderlich Verlag Hermann Leins GmbH & Co., Tübingen [1926]: 6, 7, 8, 13

Deutsche Demokratische Republik

Akademie-Verlag, Berlin (Ost) [1946]: 5, 6, 18, 27
Aufbau Verlag, Berlin (Ost)/Weimar [1945]: 7, 8
VEB Bibliographisches Institut, Leipzig [1826; seit 1946 volkseigen]: 3, 4, 5, 8, 14, 25
VEB Deutscher Verlag der Wissenschaften, Berlin (Ost) [1954]: 3, 14, 17, 18, 19, 27
Dietz Verlag Berlin, Berlin (Ost) [1945]: 3, 4, 5, 6, 25
VEB Fachbuchverlag, Leipzig [1949]: 18, 19, 20, 27
Henschelverlag Kunst und Gesellschaft, Berlin (Ost) [1945]: 8, 12, 13, 27
Mitteldeutscher Verlag, Halle/Saale [1946]: 7, 8
Staatsverlag der DDR, Berlin (Ost) [1963]: 3, 5, 6, 25
Urania-Verlag, Leipzig/Jena/Berlin (Ost) [1924]: 2, 3, 6, 17, 18, 19, 25, 27
Verlag der Nation, Berlin (Ost) [1948]: 6, 8, 26
VEB Verlag Enzyklopädie, Leipzig [1960]: 7, 10, 25, 27
Verlag Neues Leben, Berlin (Ost) [1946]: 8, 9, 10
Verlag Philipp Reclam jun., Leipzig [1828]: 3, 6, 7, 8, 12
VEB Verlag Technik, Berlin (Ost) [1946]: 20, 21, 25, 27
Verlag Volk und Welt, Berlin (Ost) [1947]: 6, 8, 15
Volk und Wissen Volkseigener Verlag, Berlin (Ost) [1945]: 3, 4, 6, 7, 10, 12, 13, 14, 15

Frankreich

Librairie E. Flammarion et Cie, Paris [1875]: 1, 8, 9, 10, 12, 14, 15, 16, 17, 18, 23
Éditions Gallimard S. A., Paris [1911]: 3, 5, 7, 8, 12, 14, 15, 26, 27
Société des Éditions Grasset & Fasquelle S. A., Paris [1907]: 1, 8
Librairie Hachette S. A., Paris [1826]: 1, 3, 5, 6, 8, 9, 11, 12, 13, 14, 16, 25, 26, 27
Librairie Larousse S. A. R. L., Paris [1852]: 1, 8, 9, 13, 25

Großbritannien

The Cambridge University Press, London [1534]: 2, 3, 4, 5, 6, 7, 14, 16, 17, 18, 19, 20, 21, 22, 26
J. M. Dent & Sons Ltd., London [1888]: 1, 2, 3, 5, 6, 7, 8, 9, 12, 13, 14, 16, 23, 25, 26
Faber & Faber Ltd., London [1928]: 1, 2, 3, 4, 5, 6, 7, 8, 9, 10, 12, 13, 14, 16, 18, 20, 21, 23
Victor Gollancz Ltd., London [1928]: 3, 5, 6, 7, 8, 9, 12, 13
International Publishing Corporation Ltd. (IPC Press), London [1963]: 1, 4, 27
Macmillan Publishers Ltd., London [1843]: 2, 3, 5, 6, 8, 9, 12, 13, 14, 15, 16, 17, 20, 21, 23, 25
Oxford University Press, Oxford [1478]: 1, 2, 3, 4, 5, 6, 7, 8, 9, 10, 12, 14, 15, 16, 17, 18, 19, 20, 22, 23, 25, 26
Penguin Books Ltd., London [1935]: 1, 3, 6, 7, 8, 12, 14, 16, 26
Pergamon Press Ltd., Oxford [1948]: 2, 3, 4, 6, 7, 8, 12, 14, 17, 18, 19, 20, 21

Italien

Giulio Einaudi Editore S. p. A., Turin [1933]: 3, 5, 6, 8, 9, 12, 13, 14, 19
Giangiacomo Feltrinelli S. p. A., Mailand [1954]: 1, 5, 6, 8, 14, 26
Arnoldo Mondadori Editore S. p. A., Segrate/New York/London/Paris/München [1909]: 1, 2, 3, 5, 6, 7, 8, 14, 15, 16, 17, 18, 19, 23

Niederlande

E. J. Brill N. V. Boekhandel en Drukkerij v/h, Leiden [1683]: 2, 3, 5, 7, 8, 14
Elsevier Nederland, B. V., Amsterdam [1880]: 5, 6, 7, 8, 10, 12, 17, 18, 20, 25
Mouton B. V. Uitgeverij, Den Haag ('s-Grafenhage) [1884]: 2, 3, 4, 5, 6, 7, 8, 14, 16, 17

Verlage

Buchverlage (Forts.)

Österreich

Akademische Druck- und Verlagsanstalt Dr. Paul Struzl, Graz [1949]: 2, 7, 13, 14, 25
Amalthea-Verlag, Wien [1917]: 6, 8, 12, 13, 14
Wilhelm Braumüller, Universitäts-Verlagsbuchhandlung GmbH, Wien [1783]: 3, 4, 5, 6, 7, 10, 14, 15
Freytag-Berndt u. Artaria KG Kartographische Anstalt, Wien [1879]: 11, 16
Brüder Hollinek Gesellschaftsbuchdruckerei und Verlagsbuchhandlung, Wien [1872]: 27
Jugend und Volk Verlagsgesellschaft mbH, Wien [1921]: 4, 5, 6, 9, 10, 11, 12, 13, 14, 24, 25, 26
Kremayr & Scheriau Verlag, Wien [1951]: 6, 8, 9, 14, 17
Leykam AG, Graz [1585]: 8, 10, 11, 12
Manz'sche Verlags- und Universitätsbuchhandlung (Julius Klinkhardt & Co.), Wien [1848]: 4, 5, 6, 11, 27
Fritz Molden Verlag, Wien/München [1946]: 3, 5, 6, 8, 12, 14, 18
Otto Müller Verlag KG, Salzburg [1937]: 2, 3, 7, 8, 16
Österreichischer Bundesverlag für Unterricht, Wissenschaft und Kunst, Wien [1772]: 9, 10, 11, 27
Residenz Verlag Wolfgang Schaffler, Salzburg [1956]: 8, 12, 13
Anton Schroll & Co., Wien/München [1884]: 12, 15, 24
Carl Ueberreuter Druck und Verlag (M. Salzer), Wien/Heidelberg [1548]: 9, 11
Universitätsverlag Wagner GmbH, Innsbruck/München [1554]: 8, 14, 16
Verlag für Geschichte und Politik, Wien [1946]: 5, 6, 11
Verlag Styria, Graz [1869]: 2, 3, 6, 8, 9, 14
Verlagsanstalt Tyrolia GmbH, Innsbruck [1907]: 2, 5, 8, 9, 11, 12, 14, 15, 16, 24
Paul Zsolnay Verlag, Wien/Frankfurt am Main [1923]: 6, 8, 12

Schweiz

Die Arche Verlags-AG, Zürich [1944]: 8
Artemis Verlags-AG und Verlag für Architektur, Zürich [1943]: 7, 8, 12, 14, 15
Atlantis Verlag AG, Zürich [1930]: 6, 9, 12, 13, 14, 15
Benziger Verlag GmbH, Zürich/Köln [1792]: 1, 8, 9, 10, 14, 25, 26
Birkhäuser Verlag AG, Basel/Stuttgart [1879]: 8, 12, 15, 18, 19, 20, 27
C. J. Bucher AG, Luzern/München [1861]: 8, 12, 13, 14, 15, 18, 24, 25
Diogenes Verlag AG, Zürich [1953]: 8, 9, 12, 26
Éditions d'Art Albert Skira, Genf [1928]: 12, 14, 15
Europa Verlag AG, Zürich [1933]: 3, 6, 8, 12, 14
Francke Verlag, Bern/München [1831]: 3, 7, 14, 25, 26
Hallwag AG, Bern [1912]: 1, 12, 14, 15, 16, 20, 26, 27
Paul Haupt AG, Bern/Stuttgart [1906]: 1, 5, 6, 10, 11, 14, 15
Hans Huber, Bern/Stuttgart/Wien [1927]: 3, 17, 27
Huber & Co. AG, Frauenfeld [1809]: 7, 8, 9, 10, 11, 12, 14
S. Karger AG, Basel [1890]: 17, 18
Kümmerly & Frey AG, Bern [1852]: 15, 16
Manesse Verlag, Zürich [1886]: 8, 12, 27
Albert Müller Verlag AG, Rüschlikon [1936]: 1, 3, 8, 9, 13, 15, 20, 23
Orell Füssli Verlag, Zürich [1519]: 4, 7, 8, 9, 11, 12, 14, 15, 16, 20
Friedrich Reinhardt AG, Basel [1900]: 2, 8, 9, 14, 18
Eugen Rentsch Verlag AG, Erlenbach/Zürich [1910]: 1, 3, 5, 6, 10, 14, 15
Ringier & Co. AG, Zofingen/Zürich/München [1833]: 1, 8, 23, 27
Sauerländer AG, Aarau [1807]: 8, 11, 18, 27
Scherz Verlag AG, Bern [1830]: 1, 8, 14, 15, 26
Schulthess Polygraphischer Verlag AG, Zürich [1791]: 4, 5, 6, 11, 14

Verlagsgebiete: **1** allg. Sachbuch; **2** Theologie, Religionswissenschaft; **3** Philosophie, Psychologie; **4** Rechtswissenschaft, Verwaltung; **5** Wirtschafts- und Sozialwissenschaften; **6** Politik, Zeitgeschichte, Wehrwesen; **7** Sprach- und Literaturwissenschaft; **8** Belletristik; **9** Kinder- und Jugendliteratur, Bilder- und Bastelbücher; **10** Pädagogik, Jugendpflege; **11** Schulbücher, Lehrmittel, Wörterbücher; **12** Bildende Kunst, Photographie, Architektur, Kunstgewerbe; **13** Musik, Tanz, Theater, Film, Rundfunk, Fernsehen; **14** Geschichte, Kulturgeschichte, Volkskunde; **15** Geographie, Völkerkunde, Reisen, Bildbände; **16** Reiseführer, Karten, Atlanten; **17** Medizin; **18** Naturwissenschaften; **19** Mathematik; **20** Technik, Industrie, Handwerk, Gewerbe; **21** Handel, Verkehrswesen; **22** Land- und Forstwirtschaft, Gartenbau; **23** Sport- und Hobbyliteratur, Spiele; **24** Jahrbücher, Almanache; **25** Lexika, Nachschlagewerke; **26** Taschenbücher; **27** Zeitschriften.

Buchverlage (Forts.)

Schwabe & Co., Basel [1494]: 3, 11, 12, 14, 17
Stämpfli & Cie AG, Bern [1799]: 4, 5, 6, 14
Walter Verlag AG, Olten/Freiburg im Breisgau [1921]: 2, 3, 8, 12, 16

Schweden
Almquist & Wiksell Förlag AB, Stockholm [1878]: 1, 2, 3, 4, 5, 6, 7, 8, 9, 10, 14, 16, 17, 18, 19, 22, 23, 25, 27
Albert Bonniers Förlag AB, Stockholm [1837]: 1, 3, 4, 5, 7, 8, 9, 13, 14, 15, 16, 18, 23

USA
Bantam Books Inc., New York [1946]: 1, 6, 8, 25, 26
Doubleday & Co. Inc., New York [1897]: 2, 3, 5, 6, 7, 10, 12, 14, 16, 17, 18, 19, 22, 23
Harper & Row Publishers Inc., New York [1817]: 1, 2, 3, 4, 5, 6, 8, 9, 10, 12, 14, 15, 16, 17, 18, 19, 20
Harvard University Press, Cambridge (Mass.) [1913]: 1, 2, 3, 4, 5, 6, 7, 12, 13, 14, 15, 16, 17, 18, 19, 20, 21
McGraw-Hill Book Co., New York: 1, 2, 3, 4, 8, 9, 10, 12, 15, 17, 18, 19, 20, 22, 25
Prentice-Hall Inc., Englewood Cliffs (N. J.) [1913]: 1, 2, 3, 4, 5, 6, 7, 8, 9, 10, 12, 13, 14, 15, 16, 17, 18, 19, 20, 21, 22, 23, 25, 26
Princeton University Press, Princeton (N. J.) [1910]: 1, 2, 3, 6, 8, 12, 14, 18, 19, 20, 26
The Reader's Digest Association, Pleasantville (N. Y.) [1922]: 1, 27
Time-Life Books, New York: 1, 5, 6, 12, 14, 15, 23
Yale University Press, New Haven (Conn.) [1908]: 1, 2, 3, 4, 5, 6, 7, 10, 12, 13, 14, 16, 17, 18, 19

durch den einerseits der Verfasser eines Werkes der Literatur oder der Tonkunst sich verpflichtet, dem Verleger das Werk zur Vervielfältigung und Verbreitung für eigene Rechnung zu überlassen (Verlagsrecht im subjektiven Sinne), und andererseits der Verleger sich verpflichtet, das Werk zu vervielfältigen und zu verbreiten sowie ein vereinbartes Honorar (i. d. R. bei Ablieferung des Werkes) zu zahlen. Verträge über künftige Werke, die nicht näher oder nur der Gattung nach bestimmt sind, bedürfen der Schriftform. In der Praxis spielen sog. *Normalverlagsverträge*, d. h. Formularverträge für a) das schöngeistige und b) das wiss. Schrifttum eine große Rolle. Das Eigentum an dem Manuskript verbleibt auch nach der Übergabe an den Verleger i. d. R. beim nach dem Urheberrecht zu bestimmenden Verfasser. Kein V. ist der †Bestellvertrag.

Verlaine, Paul [frz. vɛrˈlɛn], * Metz 30. März 1844, † Paris 8. Jan. 1896, frz. Dichter. - Als einer der bedeutendsten Lyriker des frühen frz. Symbolismus von großem Einfluß auf die gesamte moderne Dichtung. Offizierssohn; Verwaltungsbeamter; 1870–74 ∞ mit Mathilde Mauté (* 1853, † 1914); Alkoholiker; 1871–73 homophile Freundschaft mit A. Rimbaud, dem er in Brüssel im Verlauf einer Auseinandersetzung in angetrunkenem Zustand eine Schußverletzung an der Hand beibrachte; wurde dafür zu einer Gefängnisstrafe verurteilt, die er 1873–75 im Gefängnis von Mons verbüßte; nach der Entlassung vergebl. Versuch einer Rückkehr ins bürgerl. Leben. Seine ersten Verssammlungen, u. a. „Saturn. Gedichte" (1866) und „Galante Feste" (1869) standen noch ganz im Zeichen des Parnassiens; erst unter dem Einfluß Rimbauds fand er seinen eigenen Stil: Befreiung vom starren Reim- und Regelzwang, doch ohne Verzicht auf den Reim, Sichtbarmachung der [seel.] Zwischentöne, Betonung der Musikalität der Sprache. - *Weitere Werke:* Frauen (1890), Einst und jüngst (dt. Auswahl 1922), Lieder ohne Worte (dt. Auswahl 1922).

Verlandung, die fortschreitende Ausfüllung nährstoffreicher stehender Gewässer durch Anschwemmung fester Stoffe, verbunden mit dem Vordringen der Ufervegetation.

verlängertes Mark †Gehirn.

Verlaufsform, im Dt. mit „am, im, beim" in Verbindung mit „sein" und einem substantivierten Infinitiv gebildete Form, die ein Geschehen als zeitl. unbegrenzt kennzeichnet („Er ist am Arbeiten"; „Sie ist beim Lesen").

Verlegenheitsgeste (Verlegenheitsgebärde), ritualisierte Verhaltensweise in Form einer †Übersprungbewegung.

Verleger, (Verlagsbuchhändler) Unternehmer, der einen Verlag (†auch Buchhandel) betreibt.
◆ †Verlagssystem.

Verleih †Film (Filmwirtschaft).

Verletzung, svw. †Trauma.

Verletzung der Fürsorge- oder Erziehungspflicht, Straftat nach §170d StGB, wonach die gröbl. V. der F.- oder E. gegenüber einer Person unter 16 Jahren, so daß diese in Gefahr gebracht wird, in ihrer körperl. oder psych. Entwicklung erhebl. ge-

Verletzung ...

schädigt zu werden oder einen kriminellen Lebenswandel zu führen, mit Freiheitsstrafe bis zu 3 Jahren oder mit Geldstrafe bestraft wird.

Verletzung des Dienstgeheimnisses, das unbefugte Offenbaren von Geheimnissen, die jemandem als Amtsträger, für den öffentl. Dienst bes. Verpflichteten oder als Person mit Aufgaben im Personalvertretungsrecht bekannt wurden, sofern dadurch wichtige öffentl. Interessen gefährdet werden († auch Amtsverschwiegenheit). In bestimmten gesetzl. geregelten Fällen ist die Strafverfolgung nur auf Grund einer Ermächtigung eines Staatsorgans bzw. einer obersten Bundes- oder Landesbehörde möglich.

Verleumdung † Beleidigung.

Verlies, meist unterird. Kerker (Burgverlies).

Verlöbnis, das gegenseitige Versprechen von Mann und Frau, die Ehe miteinander einzugehen sowie das durch dieses Versprechen begr. Verhältnis (§§ 1297 ff. BGB). Bes. Förmlichkeiten (z. B. Ringwechsel) sind für das V. nicht erforderlich. Bei beschränkter Geschäftsfähigkeit eines oder beider Teile ist die Zustimmung des jeweiligen gesetzl. Vertreters zur Gültigkeit des V. erforderlich. Aus einem V. kann nie auf Eingehung der Ehe geklagt werden. Das bestehende V. begründet aber zw. den Verlobten, d. h. zw. Braut und Bräutigam, Pflichten zu gegenseitiger Hilfe, die strafrechtl. von Bedeutung sein können, ferner die Eigenschaft als „Angehöriger" im Sinne des StGB und Zeugnisverweigerungsrechte im Prozeß. Ein Rücktritt vom V. ohne Vorliegen eines anerkennungswerten wichtigen Grundes oder das Veranlassen des Rücktritts aus einem solchen Grunde, verpflichtet gegenüber dem Partner zum Schadenersatz († auch Deflorationsanspruch). Verlobungsgeschenke *(Brautgeschenke)* sind nach den Regeln der ungerechtfertigten Bereicherung zurückzugeben. Die Regelungen in *Österreich,* wo das V. Eheverlöbnis genannt wird, und in der *Schweiz* entsprechen denen des dt. Rechts.

verlorene Eier † pochieren.

verlorene Form † Gießverfahren.

verlorene Generation † Lost generation.

verlorenes Profil, die Abwendung eines Kopfes aus der Profilstellung in die Bildtiefe hinein.

Verlust, in der Gewinn-und-Verlust-Rechnung und Bilanz ermitteltes negatives Betriebsergebnis. Während der V. bei Einzelfirmen und Personengesellschaften von den Kapitalkonten abgesetzt wird, erfolgt bei Kapitalgesellschaften der Ausweis von V. nach Saldierung mit etwaigen Gewinnvorträgen auf der Aktivseite der Bilanz (V.vortrag, wenn der V. nicht durch Auflösung der gesetzl. oder freien Rücklagen ausgeglichen wird).

Verlustabzug, nach § 10 d des Einkommensteuergesetzes bestehende Möglichkeit, Verluste vorangegangener Veranlagungszeiträume wie Sonderausgaben vom Gesamtbetrag der Einkünfte abzuziehen.

Verlustausgleich, nach § 2 Abs. 3 des Einkommensteuergesetzes bestehende Möglichkeit, Verluste aus einer oder mehreren Einkunftsarten mit anderen Einkünften auszugleichen (Einschränkungen bei Spekulationsgeschäften, erhöhten Absetzungen, Sonderabschreibungen und bei beschränkt Steuerpflichtigen).

Verlust der Amtsfähigkeit, der Wählbarkeit sowie des Wahl- und Stimmrechts, die mit einer Verurteilung wegen eines Verbrechens zu Freiheitsstrafe von mindestens einem Jahr verbundene Nebenfolge, wonach der Täter für die Dauer von 5 Jahren die Fähigkeit, öffentl. Ämter zu bekleiden (Amtsfähigkeit) und Rechte aus öffentl. Wahlen zu erlangen (passives Wahlrecht) verliert. Bei anderen, im StGB bes. genannten Straftaten kann das Gericht neben der Strafe als Nebenstrafe die Amtsfähigkeit sowie das aktive und passive Wahlrecht für die Dauer von 2–5 Jahren aberkennen (z. B. bei Landesverrat und Straftaten gegen die Landesverteidigung).

Verlustvortrag, bei Kapitalgesellschaften Übertragung des Verlustes auf das neue Geschäftsjahr.

Vermächtnis, auf Grund von Testament oder Erbvertrag erfolgende Zuwendung eines bestimmten Vermögensvorteils, ohne daß der Bedachte (V.nehmer) als Erbe eingesetzt wird. Der V.nehmer erwirbt den betreffenden Gegenstand nicht mit dem Tode des Erblassers unmittelbar, sondern erlangt einen [schuldrechtl.] Anspruch gegen den V. Belasteten (i. d. R. ist das der Erbe). Das V. ist somit von der † Erbeinsetzung und von der † Auflage zu unterscheiden. Ein *Voraus-V.* ist die Zuwendung eines Gegenstandes an einen von mehreren Erben mit der Maßgabe, daß er bei der Teilung des Nachlasses nicht auf den Anteil des Betreffenden angerechnet werden soll. Ein solches V. ist oft schwer von einer bloßen Teilungsanordnung zu unterscheiden. Beim *Nach-V.* wird hinsichtl. desselben Gegenstandes erst eine Person, später eine andere V.nehmer. Beim *Mit-V.* werden mehrere Personen hinsichtl. desselben Gegenstandes V.nehmer. Im Zweifel sind sie zu gleichen Bruchteilen bedacht. Ein *Unter-V.* liegt vor, wenn ein V.nehmer selbst zugleich mit einem V. beschwert ist.

Vermainkraut, svw. † Leinblatt.

Vermännlichung † Virilisierung, † Virilismus.

Vermeer, Jan (Johannes), gen. V. van Delft, ≈ Delft 31. Okt. 1632, □ ebd. 15. Dez. 1675, niederl. Maler. - Obwohl nur knapp 40 Bilder von V. bekannt sind, zählt er zu den Hauptmeistern der holländ. Malerei des 17. Jh. Als äußerster Gegenpol zu Rembrandt entwickelte V., anscheinend ausgehend von C. Fabritius, H. Terbrugghen, G. Houckgeest, E. de Witte u. a. eine Malweise, die durch Ruhe und Maß, Ordnung und Harmonie eine höchste Vollendung erreicht. In genrehaften Darstellungen sind in einer Atmosphäre intensiver Stille ein oder 2 Figuren in kleinstem Raumausschnitt in stillebenhafter Erscheinung wiedergegeben. Sie versinnbildlichen eine konzentrierte Tätigkeit wie Lesen, Musizieren u. a. Der Klarheit in der Komposition entspricht eine subtile Farbgebung, in der häufig Komplementärfarben (Blau – Gelb) nebeneinanderstehen; durch Anwendung großer Farbintervalle wird eine außergewöhnl. Lichtwirkung ermöglicht und der Innenraum in zerstreutes kühl-mildes Tageslicht getaucht. Zu den bedeutendsten Werken zählen „Bei der Kupplerin" (1656; Dresden, Gemäldegalerie), „Die Küchenmagd" (um 1660; Amsterdam, Rijksmuseum), „Ansicht von Delft" (um 1660; Den Haag, Mauritshuis), „Die Brieflesern" (um 1664; Amsterdam, Rijksmuseum), „Die Spitzenklöpplerin" (um 1664/65; Paris, Louvre), „Das Mädchen mit der Perle" (um 1665; Den Haag, Mauritshuis), „Der Maler in seinem Atelier" (um 1666; Wien, Kunsthistor. Museum).

Jan Vermeer, Die Spitzenklöpplerin (um 1664). Paris, Louvre

📖 *Blanker, A.: V. van Delft. Das Gesamtwerk. Bln. 1980. - Grimme, E. G.: J. V. van Delft. Köln 1974. - J. V. van Delft. Die Malkunst. Einf. v. W. Hager. Stg. 1966.*

Vermeil [vɛrˈmɛːj; lat.-frz.] ↑ silbervergoldet.

Vermengung ↑ Verbindung.

Vermes [lat.], svw. ↑ Würmer.

Vermessungsformel, in der Sportschiffahrt Bez. für eine Formel, die es gestattet, Jachten so zu klassifizieren, daß ein sinnvoller Wettbewerb unterschiedl. Boote möglich wird. Seit 1970 wird v. a. die sog. *IOR-Formel* (Abk. für engl.: International offshore rule) verwendet, nach der es acht Klassen für Jachten der Längen von rd. 6 bis 22 m gibt.

Vermessungsschiff, mit Spezialgeräten ausgerüstetes Schiff zur Durchführung von Lotungen und Seevermessungen sowie meereskundl. Untersuchungen.

Vermeylen, August [niederl. vərˈmɛilə], * Brüssel 12. Mai 1872, † Uccle bei Brüssel 10. Dez. 1945, fläm. Schriftsteller und Kunsthistoriker. - 1901–23 Prof. in Brüssel, 1923–40 in Gent; geistiger Führer der Emanzipation der fläm. Literatur in der 1. Hälfte des 20. Jh.; als Sinnbild des eigenen Volkes diente ihm Ahasver in der symbol. Erzählung „Der ewige Jude" (1906); schrieb auch Essays.

Vermicelli [vɛrmiˈtʃɛli; italien., zu lat. vermiculus „Würmchen"], dünne Fadennudeln.

Vermiculit [zu lat. vermiculus „Würmchen"], zu den Hydroglimmern zählendes, in vielen Tonen enthaltenes Mineral, chem. $(Mg,Fe^{2+},Fe^{3+})_3[(OH)_2|(Si,Al)_4O_{10}] \cdot xH_2O$; es wird in einigen Lagerstätten, u. a. in W-Australien und Montana (USA), abgebaut; beim Brennen dehnt sich V. auf das 25- bis 50fache seines Volumens aus und bildet dann lockere Massen, die als Wärmeisoliermaterialien verwendet werden.

Vermigli, Pier Martire [italien. verˈmiʎʎi], latin. Petrus Martyr Vermilius, * Florenz 8. Sept. 1500, † Zürich 12. Dez. 1562, italien. reformator. Theologe. - Augustiner-Chorherr; wollte als Abt von Lucca die Glaubenserneuerung mit einer polit. Stadtrevolution verbinden; wurde deshalb von der Inquisition verfolgt; floh nach Straßburg, wo er bis 1547 A. T. lehrte; ab 1556 in Zürich; Autor bibl. Kommentare und weitverbreiteter kontroverstheolog. Schriften.

Vermilionville [frz. vɛrmiljõnˈvil] ↑ Lafayette.

vermindert, um einen chromat. Halbton kleiner als reine (z. B. c-fes statt c-f) oder kleine (z. B. e-ges statt e-g) Intervalle. Die Umkehrung v. Intervalle ergibt übermäßige Intervalle. - Der *v. Dreiklang* (z. B. h-d-f) hat die v. Quinte als Rahmenintervall; er wird meist als Teil des Dominantseptakkords (bei dem der Grundton fehlt) oder als Umkehrung der Subdominante in Moll mit Sexte anstelle Quinte (d-f-h statt d-f-a) erklärt. - Der aus drei kleinen Terzen aufgebaute *v. Septakkord* ist funktionsharmon. ein verkürzter (grundtonloser) Dominantseptnonakkord mit kleiner None.

Vermischung ↑ Verbindung.

Vermißte, Personen, deren Aufenthalt während längerer Zeit unbekannt ist. Wer als Soldat oder Zivilperson im Zusammenhang mit Kriegsereignissen von 1939 bis 1945 vermißt worden und seitdem verschollen ist, kann für tot erklärt werden (↑ auch Todeserklärung).

Vermittlung, im *Völkerrecht* ein Verfahren der friedl. Streitbeilegung zw. Staaten, wobei ein unbeteiligter Dritter (Staat, internat. Organisation, auch Privatperson) den Parteien sachl. Vorschläge ohne bindende Wirkung zum Ausgleich des Interessenkonflikts unterbreitet. Die Rolle des Vermittlers endet, wenn seine Vorschläge nicht angenommen werden. - ↑ auch Haager Friedenskonferenzen.

Vermittlungsausschuß, durch Art. 77 GG im ↑ Gesetzgebungsverfahren institutionalisiertes Organ zur Harmonisierung der Gesetzgebungsarbeit zw. Bundestag und Bundesrat. Dem V. gehören je 11 vom Bundestag gewählte MdB und von den Ländern entsandte, nicht weisungsgebundene Mgl. des Bundesrats an; er kann von Bundesrat, Bundestag und Bundesreg. angerufen werden (von letzteren beiden aber nur bei den sog. Zustimmungsgesetzen) und kann i. d. R. Einigungsvorschläge empfehlen, die auf Änderung, Aufhebung oder Beseitigung des vom Bundestag beschlossenen Gesetzes lauten und dann von beiden Gesetzgebungsorganen beschlossen bzw. abgelehnt werden müssen.

Vermittlungstheologie, neben der restaurativen und der liberalen Theologie eine der Hauptrichtungen der ev. Theologie des 19. Jh., die im Anschluß an Hegel und Schleiermacher und beeinflußt von P. K. Marheineke zw. Liberalismus und Konfessionalismus, modernem wiss. Geist und Tradition zu vermitteln suchte.

Vermizid [lat.], wurmtötendes Arzneimittel.

Vermoderung, gemeinsprachl. Bez. für Humifizierung (↑ Humus).

Vermögen, die auf der Aktivseite der Bilanz ausgewiesenen V.gegenstände: Anlage-V., Umlauf-V.; nach Abzug der Schulden ergibt sich das Reinvermögen. - V. gemäß dem Bewertungsgesetz ist die Summe der Einheitswerte des land- und forstwirtschaftl. V., des Grund- und Betriebs- sowie des sonstigen V. nach Abzug der Schulden und Lasten.

Vermögensabgabe, 1. einmaliger staatl. Zugriff auf alle Vermögen, meist zur Beseitigung staatl. Überschuldung; 2. eine der Ausgleichsabgaben beim Lastenausgleich.

Vermögensaufstellung, Zusammenstellung der Besitz- und Schuldposten zur Ermittlung des Einheitswertes eines Gewerbebetriebes.

Vermögensbilanz, unter Ansatz von Zeitwerten aufgestellte Bilanz, wie sie z. B. im Falle der Ermittlung der Überschuldung einer Kapitalgesellschaft anzufertigen ist.

Vermögensbildung (V. in Arbeitnehmerhand), die durch das 3. V.gesetz vom 27. 6. 1970 (mit späteren Änderungen) geförderte, heute meist tarifl. vereinbarte Zuwendung *vermögenswirksamer Leistungen* der Arbeitgeber an Arbeitnehmer. Die Anlage erfolgt nach dem Sparprämiengesetz. Weitere Möglichkeiten sind die Anlage nach dem Wohnungsbau-Prämiengesetz, der Erwerb von Belegschaftsaktien und die Anlage als Darlehen an den Arbeitgeber (jeweils mit einer Sperrfrist von fünf Jahren) sowie der Abschluß einer Lebens- und Todesfallversicherung. Bereits 1965 erfolgte die Aufnahme des sog. *Investivlohns* in den Tarifvertrag für gewerbl. Arbeitnehmer im Baugewerbe: ein Teil des Lohns soll nicht konsumtiven, sondern (für eine bestimmte Zeit festgelegt) investiven Zwecken zufließen. In der in den 1960er Jahren aufgekommenen Diskussion, wie durch V. die Vermögensverteilung gerechter gestaltet und der zunehmenden Vermögenskonzentration begegnet werden könne, spielten auch Modelle einer Gewinnbeteiligung der Arbeitnehmer eine bes. Rolle; heute erfolgt eine solche Beteiligung der Arbeitnehmer am Reingewinn meist durch Ausgabe von Belegschaftsaktien. Von der Gewinnbeteiligung zu unterscheiden ist die im Rahmen der V. erfolgende Beteiligung der Arbeitnehmer am betriebl. Ergebnis (Ergebnisbeteiligung), die auf der Grundlage von Einzelverträgen oder Betriebsvereinbarungen, deren Mindestinhalt im 3. V.gesetz geregelt ist, gewährt wird. Die Begründungen für eine V. in Arbeitnehmerhand gehen davon aus, daß von der Beteiligung aller am Volksvermögen die soziale Glaubwürdigkeit einer liberalen Wirtschafts- und Gesellschaftsordnung abhänge. Während von Arbeitnehmerseite vielfach kritisiert wurde, daß die Möglichkeiten zur V. nicht für eine wirkl. einschneidende Veränderung der Vermögensverteilung hinreichend seien und sich insbes. an der Verteilung der wirtschaftl. Macht dadurch nichts ändere, wurden von Unternehmerseite insbes. die sich auf eine Beteiligung der Arbeitnehmer am Produktivvermögen stützenden V.modelle als mit der freien Marktwirtschaft nicht zu vereinbaren abgelehnt.

Vermögenskonzentration ↑ Vermögensverteilung.

Vermögensschaden ↑ Schaden, ↑ Schadensersatz.

Vermögenssorge ↑ elterliche Sorge.

Vermögensteuer, wie die Einkommensteuer eine direkte Steuer, die diese insofern ergänzt, als sie das Vermögen als Quelle des fundierten Einkommen zusätzl. belastet, da das Vermögen als ein Merkmal bes. Leistungsfähigkeit und das daraus fließende Einkommen als bes. „müheloses und sicheres"

Einkommen gilt. Die V. fließt den Ländern zu. Sie ist eine direkt erhobene und persönl. Steuer, bei deren Festsetzung die persönl. Verhältnisse des Steuerpflichtigen durch bes. *Freibeträge* berücksichtigt werden. Unbeschränkt vermögensteuerpflichtig sind mit ihrem gesamten Vermögen alle natürl. und jurist. Personen, die im Inland wohnen; beschränkt vermögensteuerpflichtig sind Personen, die im Ausland wohnen, nur mit ihrem Inlandsvermögen; von der V. befreit sind verschiedene Körperschaften des öffentl. Rechts sowie alle Körperschaften, die ausschließl. gemeinnützigen, mildtätigen oder kirchl. Zwecken dienen.

Vermögensverteilung, die Verteilung (Distribution) der Verfügungsgewalt über Sachgüter und Rechtstitel unter den Mgl. einer Gesellschaft. Dabei interessiert im Zusammenhang mit der V. v. a. das Vermögen, das für seinen Besitzer ein Einkommen abwirft; eine enge wechselseitige Beziehung besteht zw. der V. und der ↑Einkommensverteilung, die ihrerseits über die Möglichkeit zur Bildung von Vermögen auf die V. zurückwirkt. Während insgesamt in der BR Deutschland die V. gleichmäßiger wurde, v. a. durch eine Angleichung der Sparquoten der verschiedenen sozialen Schichten, zeigte sich beim Eigentum am Produktivvermögen eine Tendenz zu verstärkter Ungleichheit, die als **Vermögenskonzentration** bezeichnet wird. Korrekturen der vielfach als „ungerecht" empfundenen unverteilten Verteilung des Reichtums unter die Mgl. der Gesellschaft erfolgen im Rahmen einer marktwirtsch. Ordnung in erster Linie als Vermögensumverteilung durch staatl. Maßnahmen, z. B. durch die Finanzpolitik, aber auch durch Maßnahmen, die die Bildung von Vermögen in den weit überwiegend von Einkommen aus unselbständiger Arbeit lebenden Schichten fördern sollen (↑Vermögensbildung). Maßnahmen der **Eigentumspolitik** zielen darauf ab, das Eigentum breiter zu streuen, indem die Eigentumsbildung auf breiter Basis gefördert wird und bestehende Vermögen steuerlich stärker belastet werden.

Vermögensverwaltung ↑Treuhandgeschäfte.

vermögenswirksame Leistungen ↑Vermögensbildung.

Vermont [engl. vəˈmɔnt], Bundesstaat im NO der USA, 24 900 km², 530 000 E (1984), Hauptstadt Montpelier.

Landesnatur: V., in den Appalachen liegt, erreicht in den Green Mountains mit 1 339 m seinen höchsten Punkt. Zw. den Green Mountains und dem Tal des Connecticut River (im O) breitet sich das Plateau der New England Uplands aus mit Höhen zw. 300 und 600 m. Lake Champlain und der nach S fließende Hudson River liegen in einer tekton. Senke. - Das Klima ist kontinental; die Verteilung der Niederschläge im Jahresablauf ist relativ gleichmäßig. - Die natürl. Vegetation ist der Mischwald, der heute noch etwa $^2/_3$ der Fläche einnimmt.

Bevölkerung, Wirtschaft, Verkehr: Die Bev. ist überwiegend brit. Abkunft. Der Grad der Verstädterung ist gering. Die wichtigste kirchl. Gemeinschaft ist die röm.-kath. Kirche. V. verfügt über 6 Colleges und 2 Univ. - Landw. wird v. a. in den Flußtälern und in der Champlainsenke betrieben (Milchwirtschaft, Anbau von Futterpflanzen und Kartoffeln; Obstkulturen sowie Gewinnung von Ahornsirup). Dem Produktionswert nach führen Maschinen-, elektron., Holz- und Nahrungsmittelind., Papierherstellung sowie Gewinnung und Verarbeitung von Natursteinen. Bed. Fremdenverkehr (auch Skisport). - Das Eisenbahnnetz ist 1 210 km lang, das Straßennetz rd. 22 400 km. V. verfügt über 22 ⚒.

Geschichte: Erste Europäer im Gebiet von V. waren Franzosen 1609 (bei einem Feldzug gegen die Irokesen); die ersten Dauersiedlungen entstanden nach 1724 an der heutigen Grenze zu Massachusetts. Die 1777 verabschiedete Verfassung sah als erste amerikan. Staatsverfassung das Verbot der Sklaverei und das allg. Wahlrecht für Männer vor, doch

Vermögensbildung. a Investivlohnmodell mit der Möglichkeit der Anlage im eigenen Betrieb oder über einen Fond in anderen Betrieben; b Modell überbetrieblicher Gewinnbeteiligung

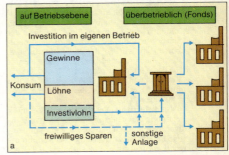

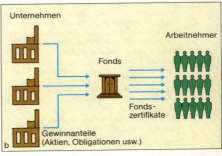

erst im März 1791 wurde V. als erster Nichtgründerstaat in die Union aufgenommen. Im Sezessionskrieg unterstützte V. die Union.
▱ *V. Atlas and gazetteer. Hg. v. D. Delorme. Freeport (N. Y.)² 1983.-. Morrissey, C. T.: V. New York 1981. - Hill, R. N.: Contrary country: a chronicle of V. Brattleboro (Vt.) Neuaufl. 1974.*

Vermuntstausee ↑Stauseen (Übersicht).

Vermutung (gesetzl. Vermutung), im Recht die Annahme einer Tatsache als wahrscheinlich wahr. Die V. ist *Tatsachen-V.*, wenn von dem Vorliegen eines bestimmten Umstandes auf eine Tatsache als wahr geschlossen wird (z. B. die gesetzl. Vaterschafts-V., ↑Vaterschaftsgutachten, ↑eheliche Kinder). Sie ist *Rechts-V.*, wenn von einem bestimmten Umstand auf ein Recht geschlossen wird (z. B. die V. zugunsten des Besitzers einer bewegl. Sache, daß er Eigentümer sei). Im Verfahrensrecht dient die V. der Beweiserleichterung; sie kann i. d. R. durch den Gegenbeweis widerlegt werden *(widerlegl. Vermutung)*.

Vernalisation [zu lat. vernalis „zum Frühling gehörig"] (Jarowisation), von dem sowjet. Agrarbiologen T. D. Lyssenko ausgearbeitete Methode in der Pflanzenzüchtung und Landw. zur Beschleunigung der Entwicklung und Generationsfolge, auch um die Blütezeit von zu kreuzenden Formen (bes. von Getreide) in Übereinstimmung zu bringen; erfolgt durch künstl. Kältebehandlung der (vorgequollenen) Samen.

Verne, Jules [frz. vɛrn], * Nantes 8. Febr. 1828, † Amiens 24. März 1905, frz. Schriftsteller. - Seine utop.-halbwiss. Abenteuer- und Zukunftsromane stehen am Beginn der ↑Science-fiction und gehören zu den meistübersetzten Werken der frz. Literatur, u. a. „Reise nach dem Mittelpunkt der Erde" (1864), „Von der Erde zum Mond" (1865), „Reise um den Mond" (1869), „20 000 Meilen unter'm Meer' (1870), „Reise um die Erde in 80 Tagen" (1873).

Vernehmung (Verhör), die i. d. R. mündl. Befragung einer Person (Zeuge, Sachverständiger, Beschuldigter sowie Parteien und sonstige Beteiligte) zur Klärung eines verfahrensrechtl. bedeutsame Sachverhalte; u. U. besteht ein Aussageverweigerungsrecht. Zeugen müssen vor der V. zur Sache auf ein etwaiges Zeugnisverweigerungsrecht hingewiesen werden. Im *Strafverfahren* sind bestimmte V.methoden nach § 136 a StPO verboten (z. B. Drohung, Zwang, Quälerei, Ausnützen einer Ermüdung, Verabreichung auf die freie Willensbildung beeinflussenden Mitteln). - ↑auch Kreuzverhör, ↑Parteivernehmung.

Verneinung, svw. ↑Negation.

Verner, Karl, eigtl. Carl Adolph Werner, * Århus 7. März 1846, † Kopenhagen 5. Nov. 1896, dän. Sprachwissenschaftler. - Ab 1888 Prof. für slaw. Sprachen und Literaturen in Kopenhagen; seine Untersuchungen über die Akzentuation der indogerman. (v. a. der german. und slaw.) Sprachen führten ihn zur Entdeckung des ↑Vernerschen Gesetzes.

V., Paul, * Chemnitz (= Karl-Marx-Stadt) 26. April 1911, † Berlin 12. Dez. 1986, dt. Politiker. - Ab 1929 Mgl. der KPD, emigrierte 1935, nahm am Span. Bürgerkrieg teil; Internierung in Schweden (1939–43) bis 1945 in der Sowjetunion; 1946 Mitbegr. der FDJ, 1949 Leiter der Organisationsabteilung im SED-Parteivorstand, seit 1950 Mgl. des ZK, 1950–53 im Sekretariat des ZK, danach Leiter der Westabteilung; 1958 Kandidat (seit 1963 Mgl.) des Politbüros und Mgl. des Sekretariats des ZK; seit 1971 Sekretär des ZK für Sicherheitsfragen und Mgl. des Staatsrats.

Vernersches Gesetz, die von K. Verner als lautgesetzl. Ausnahme zur german. (ersten) ↑Lautverschiebung erkannte Regel, daß die indogerman. stimmlosen Verschlußlaute (erschlossen) $p, t, k/k', k^u$ (sowie die Spirans s) dann, wenn sie nicht zu german. stimmhaften Reibelauten $\bar{b}, \bar{d}, \bar{g}, \bar{g}^w$ (sowie z) geworden sind, wenn der freie Wortakzent auf der unmittelbar vorangehenden Silbe lag. Das V. G. formuliert die Bedingungen, unter denen der sog. *grammatische Wechsel* im Konjugationssystem der german. schwachen Verben stattfindet (z. B. leiden - litten).

Vernet, Joseph [frz. vɛr'nɛ], * Avignon 14. Aug. 1714, † Paris 3. Dez. 1789, frz. Maler. - Die Stärke seiner klassizist. Landschaftsmalerei liegt im Atmosphärischen; 1734–53 in Rom, wo er sich mit Bildern wie „Ponte Rotto" (1745, Paris, Louvre) durchsetzte; wählte v. a. Motive wie Sturm und Unwetter (bes. auch Schiffbrüche). In Paris erhielt er den Auftrag für die Serie der „Häfen Frankreichs" (1753–65, 24 Gemälde; Louvre). Wirkte bes. auf die engl. Frühromantiker.

Verneuerte Landesordnung, bis ins 19. Jh. geltendes Staatsgrundgesetz für Böhmen (10. Mai 1627) und Mähren (10. Mai 1628); es sicherte dem Monarchen u. a. das primäre Gesetzgebungsrecht und das Recht zur Aufhebung gerichtl. Entscheidungen des Landtags.

Verneuil [frz. vɛr'nœj], Henri, eigtl. Achod Malakian, * Rodosto (Türkei) 15. Okt. 1920, frz. Filmregisseur. - 1946–50 Kurzfilme; danach insbes. Actionfilme, u. a. „Der Tisch mit den Kadavern" (1951), „Staatsfeind Nr. 1" (1953), „Der Clan der Sizilianer" (1969), „Der Körper meines Feindes" (1976), „I wie Ikarus" (1979), „Die Glorreichen" (1984).

V., Louis, eigtl. Louis Colin du Bocage, * Paris 14. Mai 1893, † ebd. 3. Nov. 1952 (Selbstmord), frz. Schriftsteller und Schauspieler. - Schrieb Gesellschaftskomödien über polit. und erot. Themen, u. a. „Meine Schwester und ich" (1930), „Staatsaffären" (1952).

Verneuil-Verfahren [frz. vɛr'nœj; nach dem frz. Chemiker A. V. L. Verneuil, * 1856,

† 1913], Verfahren zur Herstellung von synthet. Korund (auch Rubin und Saphir) durch Schmelzen feingepulverter Tonerde; heute auch zur Herstellung von Einkristallen anderer hochschmelzender Verbindungen und von als Schmucksteine geeigneten Spinellen angewandt.

Vernichtungsgefühl, durch hochgradige, ausgebreitete Erregung des vegetativen Nervensystems (v. a. bei Angina pectoris und Herzinfarkt) bedingtes Gefühl der unmittelbaren Lebensbedrohung.

Vernichtungslager, im Unterschied zu den nat.-soz. Konzentrationslagern, zu deren Zwecken wesentl. die Ausbeutung der Arbeitskraft der Häftlinge gehörte, von der SS seit Ende 1941 zum Zweck der Massentötung der europ. Juden errichtete Lager. Mehr als die Hälfte der nahezu 6 Mill. Opfer der nat.-soz. Judenverfolgung kamen in V. um (daneben über 1 Mill. Opfer von Massenerschießungen durch Einsatzgruppen und Polizeikommandos und eine ähnl. Zahl von Opfern aus Deportationstransporten, Ghettos und Zwangsarbeitslagern). V., die aus Geheimhaltungsgründen im besetzten Polen errichtet wurden, waren u. a. Bełżec (1942/43, 600 000 Opfer), Sobibór (1942/43, 250 000), Treblinka (1942/43 zw. 700 000 und 900 000), Auschwitz-Birkenau (als KZ 1940, als V. 1941–45, 2,5–4 Mill., geschätzte Zahl) und Lublin-Majdanek (1941–44, um 250 000, nach anderen Schätzungen 360 000). Die beiden letztgenannten Lager hatten eine Doppelfunktion als V. und KZ.

Vernichtungsstrahlung, die Gammastrahlung, die bei einer ↑Paarvernichtung (allg. bei der gegenseitigen Annihilation von Materie und Antimaterie) ausgesandt wird.

Vernier, Pierre [frz. vɛr'nje], * Ornans bei Besançon 19. Aug. 1584, † ebd. 14. Sept. 1638, frz. Mathematiker. - Münzdirektor von Burgund; erfand und beschrieb (1631) den ↑Nonius.

Vernis mou [frz. vɛrnɪ'mu „weicher Firnis"], Radierung, bei der durch Papier in den Ätzgrund gezeichnet wird, wodurch die Härte der Linien abgeschwächt wird.

Vernissage [vɛrnɪ'saːʒə; frz. vɛrni'saːʒ; eigtl. „Lackierung"], Eröffnung einer Kunstausstellung, zu der die Galerie o. ä. Einladungen verschickt; meist abends im Unterschied zu den sonstigen Öffnungszeiten der Ausstellung.

Vernon, Konstanze [vɛr'nõ], geb. Herzfeld, * Berlin 2. Jan. 1939, dt. Tänzerin. - 1962 bis 1980 Primaballerina der Bayer. Staatsoper in München; trat in Rollen des klass. und modernen Repertoires auf.

Vernunft, in der dt. Philosophie seit Kant Bez. für die Fähigkeit von Menschen, sich gemeinsam über die aller Verständigung und sinnl. Wahrnehmung *(theoret. V.),* allen Orientierungen des Handelns *(prakt. V.)* vorausliegenden und durch sie vorausgesetzten Prinzipien, Evidenzen und Konstruktionen Rechenschaft zu geben. Wortgeschichtl. greift die nachkant. Unterscheidung von V. und Verstand auf die Unterscheidung von „noûs" bzw. „intellectus" und „diánoia" bzw. „ratio" in der griech. und ma. Philosophie zurück, wobei die Übersetzung von V. bzw. Verstand bis ausschließl. Kant schwankend war. Seit der griech. Philosophie ist durch den Begriff V. das philosoph. Grundproblem bezeichnet, auf welche unverzichtbaren Bedingungen menschl. Redens und Handelns der Mensch zurückgreifen können muß, um sich seiner eigenen Möglichkeiten zu vergewissern. Aristoteles sah das V.problem im Bereich intersubjektiver Begründung und Rechtfertigung. V. wird erkennbar in der Prüfung der Gründe und Gegengründe gemäß situationsunabhängigen Regeln; die Logik wurde zentrales Instrumentarium der V.kritik. Die neuzeitl. V.philosophie (bes. der Aufklärung) ist v. a. durch eine Radikalisierung des Begründungs- bzw. Rechtfertigungsproblems gekennzeichnet. Nach Kant muß die Geltung von Wissensinhalten und Handlungsvorstellungen allein auf den „Leistungen" der V. selbst beruhen, wenn sich die V. nicht mehr auf einen überkommenen Bestand von Vorstellungen und Überzeugungen berufen kann. Die moderne V. Philosophie ist durch das Bemühen gekennzeichnet, Kriterien des vernünftigen Redens und Handelns in Form von situationsunabhängigen Regeln zu rekonstruieren.

📖 *Sallis, J.:* Die Krise der V. Dt. Übers. Hamb. 1983. - *Wandel des V.begriffs.* Hg. v. H. Poser. Freib. u. Mchn. 1981. - *Konhardt, K.:* Die Einheit der V. Meisenheim 1979. - *Koppermschidt, J.:* Sprache u. V. Stg. 1968. 2 Tle.

Vernunftreligion, in der Aufklärung Bez. für ↑natürliche Theologie.

Verödung (Obliteration), in der Medizin Verstopfung bzw. Verschluß des ↑Lumens von Körperhöhlen, Kanälen oder Gefäßen (u. a. durch entzündl. Veränderungen oder Thromben verursacht).

Verona, italien. Stadt in Venetien, an der Etsch, 59 m ü. d. M., 260 000 E. Hauptstadt der Prov. V.; kath. Bischofssitz; zahlr. Museen, Opern- und Theateraufführungen im röm. Amphitheater; internat. Landw.messe, holzverarbeitende, Metall-, chem., pharmazeut. Ind. und graph. Gewerbe, Eisenbahn- und Straßenknotenpunkt.

Geschichte: Angeblich eine kelt. Gründung, wurde 89 v. Chr. röm. Colonia latin. Rechts, 49 v. Chr. Munizipium; wahrscheinl. seit dem 3. Jh. Bischofssitz; eine der Residenzen des Ostgotenkönigs Theoderich d. Gr. („Dietrich von Bern" [Bern = V.]) und des Langobardenkönigs Alboin; ab 572 Mittelpunkt eines Hzgt., in fränk. Zeit (seit 774) Hauptort einer Gft.; 952 Errichtung der **Mark Verona** vom

Veronese

Alpenkamm entlang der Etsch bis zum Adriat. Meer, zunächst dem Hzgt. Bayern unterstellt, seit 976 Teil des neugegr. Hzgt. Kärnten; seit Beginn des 12. Jh. freie Kommune, gründete 1164 mit anderen Städten des östl. Oberitalien den **Veroneser Bund,** ein Militärbündnis, das sich 1167 zum Lombardenbund erweiterte; verdoppelte 1193 seinen Herrschaftsbereich durch die Erwerbung von Garda und dessen Umgebung; stand 1222–59 unter der Herrschaft von Ezzelino III. da Romano; ab 1259 unter der Herrschaft der Familie della Scala (Scaliger), fiel 1387 an die Visconti von Mailand; gelangte 1405 an die Republik Venedig, wurde 1797 mit Venetien östr. und bildete nach der napoleon. Zeit (1805–14) mit Mantua, Peschiera del Garda und Legnago das östr. Festungsviereck in Oberitalien, 1866 dem Kgr. Italien eingegliedert.

Bauten: Aus röm. Zeit sind aus dem 1. Jh. n. Chr. v. a. das Amphitheater („Arena") und die Porta dei Borsari erhalten. Zahlreiche ma. Sakralbauten mit dem charakterist. Schmuckmotiv bänderartiger Musterung (verschiedenartige Steine): roman. die Kirchen San Lorenzo (um 1100, Fassade und Apsis im 14. Jh. erneuert) und Santa Maria Antica (1185 geweiht) mit den ↑Scaliger-Gräbern, roman.-got. San Zeno Maggiore (die bed. Fassade 1138 vollendet) mit Kampanile (1178) und die Doppelkirche San Fermo Maggiore (1065–1143; Oberkirche umgebaut). Profanbauten: Castel Vecchio (ehem. Scaligerburg, 1354–56); von dem 83 m hohen Lambertiturm überragt der Palazzo del Comune (1194, erneuert und ergänzt im 13., 15., 19. Jh., 1942 restauriert), Palazzo del Governo (13. Jh., mehrfach umgebaut, 1928–30 restauriert), Loggia del Consiglio im Frührenaissancestil (1476–93); bed. hochroman. Renaissancepaläste baute M. Sanmicheli um 1530ff.: Palazzo Pompei, Palazzo Canossa und Palazzo Bevilacqua.

Veronese, Paolo, eigtl. P. Caliari, * Verona 1528, † Venedig 19. April 1588, italien. Maler. - Seine Ausbildung (in Verona) erfolgte im Umkreis des frühen Manierismus, er verarbeitete diese Einflüsse aber zu einem klass.-heiteren Stil, für den bes. auch Tizian wichtig wurde. V. erhielt früh Aufträge, seit 1553 in Venedig; nach Mitarbeit im Dogenpalast 1555 erster großer selbständiger Auftrag (Ausstattung von San Sebastiano). Der Reichtum der Stadt ermöglichte ihm, ein glänzendes Werk voll dekorativer Prachtentfaltung zu schaffen. Ein Meisterwerk der Freskomalerei, mit starken illusionist. Wirkungen, ist seine Ausmalung der Villa Barbaro in Maser bei Treviso (1561/62). Zu seinen exemplar. Leistungen gehören monumentale Gastmahlbilder („Hochzeit zu Kana" 1563; Paris, Louvre; „Gastmahl des Levi" 1573; Venedig, Accademia), die in lichtdurchfluteter Architektur eine Vielzahl prunkvoll kostümierter Figuren in gelassener Bewegung darstellen. V. arbeitete mit effektvollen klaren Komplementär-Farbwirkungen, die nach 1570 einem gedämpfteren Kolorit mit gebrochenen Tönen und verschwimmenden Übergängen weichen. Die Gestik wird lebhafter, und v. a. seine Bilder und Fresken der 1580er Jahre, u. a. „Apotheose Venedigs" in der Sala del Maggior Consiglio im Dogenpalast (um 1582), sind ein Vorgriff auf die Barockmalerei.

Veroneser Klause (Berner Klause), Engtalstrecke der mittleren Etsch vor ihrem Austritt in die Poebene.

Veronica [nach der hl. Veronika], svw. ↑Ehrenpreis.

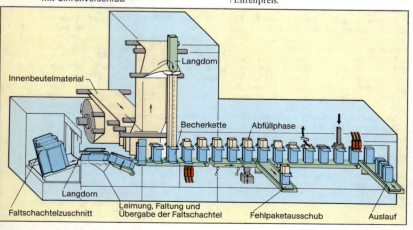

Verpackungsmaschinen. Phantombild einer Verpackungsmaschine zur Herstellung von Standbodenbeuteln mit Einrollverschluß

Veronika, weibl. Vorname (über kirchenlat. Veronica zu griech. Phereníkē „die Siegträgerin").

Veronika, hl., legendäre Frau aus dem Kreis der Frauen um Jesus von Nazareth. - Die Legende (4. Jh.) kennt eine Frau namens Beronike, die ein wahres Bild Christi entweder als Abdruck Christi in dem von Beronike dem kreuztragenden Jesus gereichten Schweißtuch (**Schweißtuch der Veronika**) oder durch ein Wunder empfangen hat.

Verordnung ↑ Rechtsverordnung.

Verpackung, Umhüllung von Produkten unterschiedlichster Art zum Schutz bei Transport und Lagerung, häufig zugleich zur Unterteilung in bestimmte, der Verwendung oder dem Transport angepaßte Mengen (*Abpackung*). Als *V.mittel* dienen Tüten, Beutel, Säcke, Schachteln, Dosen, Eimer, Kisten, Körbe, Fässer, Tuben, Flaschen usw.; als *V.material* werden Papier, Pappe, Holz, Glas, keram. Stoffe, Metalle (Bleche und Folien), Kunststoffe (v. a. Klarsicht-, Schrumpffolien und Schaumstoffe) u. a. verwendet. Die Wahl des V.mittels und V.materials hängt von dem V.gut und der Art der zu erwartenden äußeren Einflüsse ab (z. B. können Druck- und Stoßunempfindlichkeit, Temperaturbeständigkeit, Lichtundurchlässigkeit, Fett- und Öldichtigkeit, Luftdurchlässigkeit usw. von einer V. gefordert werden). Als V. für zum Verkauf ausliegender Ware fanden in den letzten Jahren Klarsichtfolien weite Verbreitung, die die bei Unterdruck verpackte Ware eng umschließen (sog. Vakuum-V.). Bes. Ansprüchen muß das V.material von Lebensmitteln genügen; es darf z. B. nicht den Nähr- und Genußwert der Lebensmittel beeinträchtigen und keine fremden Stoffe an sie abgeben (Kunststoffolien dürfen z. B. keine Weichmacher enthalten, die in die Lebensmittel übergehen können).

Durch die Entwicklung von Einwegpackungen und die Verbreitung von Selbstbedienungsläden hat die mit der Herstellung von V. und V.maschinen befaßte V.ind. zunehmende Bedeutung erlangt. Zugleich brachte die ständig steigende Verwendung von Kunststoffen ernstzunehmende Probleme der Umweltbelastung bei der Abfallbeseitigung mit sich: Kunststoffe verrotten allg. nur sehr langsam; bei der Verbrennung von PVC-Folien wird Chlor freigesetzt, das sich mit dem Wasserdampf der Außenluft zu Salzsäure umsetzt, so daß in Müllverbrennungsanlagen für die Reinhaltung der Abluft bes. Gaswaschanlagen notwendig sind.

Verpackungsmaschinen, Maschinen und Anlagen zum teil- oder vollautomat. Abpacken bzw. Abfüllen bestimmter Mengen eines Produkts sowie zur Dekoration und zum Beschriften der Verpackung. Je nach zu verpackendem Produkt (z. B. Einzelteile, pulverförmige oder körnige Produkte, Flüssigkeiten, Pasten usw.) und Verpackungsmaterial werden V. unterschiedlichster Art verwendet, die einzelne Arbeitsgänge automat. verrichten (z. B. Verschnürmaschinen) oder den gesamten Abfüll- bzw. Abpack- und Verpackungsvorgang (innere Verpackung, äußere Verpackung) bis zur Versand- bzw. Lagerfertigkeit vollautomat. durchführen. Liegt die Verpackung bereits in einer zum Abfüllen vorbereiteten Form (Schachteln, Flaschen, Ampullen usw.) vor, so spricht man meist von **Abfüllmaschinen.** Sie enthalten als wesentl. Teile eine Dosiereinrichtung, die das Füllgut nach Gewicht, Volumen oder Stückzahl unterteilt, die eigtl. Füllanlage sowie eine Verschließanlage, die durch Falzen, Leimen, Schweißen u. a. oder durch Aufbringen eines Verschlusses die Verpackung verschließt. V. werden bes. in der Nahrungsmittel-, der chem.-techn., pharmazeut. und kosmet. Ind. eingesetzt.

Verpflichtung des Beamten ↑ Amtseid.

Verpflichtungsgeschäft, das auf einem Rechtsgrund (causa) beruhende ↑ Rechtsgeschäft (z. B. Kaufvertrag), mit dem eine Verpflichtung (z. B. die Kaufsache nach Kaufpreiszahlung zu übereignen) begründet wird; streng zu trennen von dem aus ihm u. U. folgenden Erfüllungsgeschäft (sog. Verfügungsgeschäft, z. B. Übereignung der Kaufsache).

Verpflichtungsklage (Vornahmeklage), bes. Klageart (Unterart der ↑ Leistungsklage) in der Verwaltungs-, Finanz- und Sozialgerichtsbarkeit. Mit der V. kann der Kläger begehren, den Beklagten (Bund, Land, Gemeinde usw.) zu verurteilen, einen ihn begünstigenden Verwaltungsakt (z. B. Baugenehmigung) zu erlassen. Die V. ist fristgebunden. Ihr muß in der Regel ein ↑ Widerspruchsverfahren vorangehen.

Verpuffung, die Umsetzung von Gasen, Dämpfen oder Stäuben, die im Ggs. zur Explosion mit nur geringer Geschwindigkeit und Druckwirkung und mit dumpfem Geräusch verläuft.

Verpuppung, bei den Insekten die Umwandlung der Larve in die ↑ Puppe.

Verputz, svw. ↑ Putz.

verquicken, im Hüttenwesen und in der Galvanotechnik svw. amalgamieren.

Verrat, von german. Zeit bis in die Zeit des Lehnswesens als Verletzung des Gemeinschaftsfriedens die schwerste Straftat, die alle Treueverletzungen gegenüber Gemeinschaft, Herrn, Familie umfaßte. Zum geltenden Recht ↑ Geheimnisverrat, ↑ Hochverrat, ↑ Landesverrat und Gefährdung der äußeren Sicherheit.

Verrechnungseinheit, Abk. VE, in internat. Zahlungsabkommen wie auch im innerdt. Handel vereinbarte Einheit, nach der zu leistende Zahlungen abgerechnet werden.

Verrenkung

Die V. bietet den Vorteil, unabhängig von Kursschwankungen der beteiligten Länder zu sein.

Verrenkung (Luxation), Verschiebung zweier durch ein Gelenk verbundener Knochenenden gegeneinander mit Überdehnung oder Zerreißen des Kapsel-Band-Apparats. Hauptursache der V. ist ein Trauma. Eine *angeborene* V. findet man am häufigsten am Hüftgelenk. Die Zeichen einer V. sind neben einer schmerzhaften Schwellung und Einschränkung der Beweglichkeit die Fehlstellung der betroffenen Gliedmaße und die Lagerung des Gelenkkopfs außerhalb der Pfanne (Auskugelung). Die Therapie einer V. besteht in der Wiedereinrichtung *(Reluxation)* in lokaler oder allg. Betäubung und danach in einer Ruhigstellung.

Verrichtungsgehilfe, die weisungsabhängige Hilfsperson, der von einem anderen (dem Geschäftsherrn) eine Tätigkeit übertragen worden ist (z. B. Auszubildender, Arbeiter). Für †unerlaubte Handlungen des V. hat derjenige, für den der V. tätig geworden ist (unabhängig von einem Verschulden des V.) Schadenersatz zu leisten, wenn die schädigende Handlung in einem inneren Zusammenhang mit der aufgetragenen Verrichtung steht. Der Geschäftsherr haftet für eigenes vermutetes Verschulden; er kann die Schadenersatzpflicht abwenden, indem er beweist, daß er bei der Auswahl oder Überwachung des V. oder bei der Beschaffung der nötigen Arbeitsmittel die erforderl. Sorgfalt hat walten lassen oder daß der Schaden auch bei Anwendung dieser Sorgfalt entstanden wäre *(Entlastungs-* oder *Exkulpationsbeweis).* Der V. ist vom Erfüllungsgehilfen zu unterscheiden.

Verrillon [frz. vɛri'jõ], frz. Bez. für †Glasspiel.

Verrocchio, Andrea del [italien. ver'rɔkkjo], eigtl. A. di Cione, * Florenz 1435, † Venedig vor dem 7. Okt. 1488, italien. Bildhauer und Maler. - Als Goldschmied ausgebildet, zeitweilig in der Bildhauerwerkstatt Donatellos tätig, dann seit 1465 selbst Inhaber der wichtigsten Florentiner Werkstatt für Skulpturen, Prachtausrüstungen, Baudekoration sowie Malerei. Er schuf neben kraftvoll-eleganten Bronzewerken (Porträtbüsten, Davidstatue) das Grabmal für Piero und Giovanni de'Medici in San Lorenzo (1472) und fand mit der Thomas-Gruppe (1483) für eine Nische an Or San Michele eine ungewöhnl., dramat. und raumhaltige Lösung des Themas. Seit 1486 arbeitete V. in Venedig an dem Modell des Reiterdenkmals des Bartolomeo Colleoni. Sein maler. Werk ist weitgehend ungesichert, eine Ausnahme bildet die „Taufe Christi" (um 1470/80). Deutl. sind niederl. Einflüsse; charakterist. und vorausweisend ist die Bewegtheit der Figuren, die in konturbetonender, präzis modellierter Plastizität gemalt sind.

Verruca [lat.], svw. †Warze.

Vers [zu lat. versus, eigtl. „Umwendung (des Pflugs)", „Furche, Reihe"], rhythm. Wortreihe als Grundeinheit in einem Gedicht, gekennzeichnet durch eine mehr oder minder feste Binnenstruktur und eine Endpause. Die Binnenstruktur kann je nach den phonet. Voraussetzungen der zugrundeliegenden Sprachen 1. durch die bloße Silbenzahl *(silbenzählendes V.prinzip)*, 2. durch die Zahl der betonten Silben bei freier Umgebung *(akzentuierendes V.prinzip)*, 3. durch die geregelte Abfolge qualitativ unterschiedener Silbenfolgen (lang-kurz, betont-unbetont; *quantitierendes V.prinzip)* definiert werden; hinzu können als zusätzl. Strukturmerkmale auf eine oder mehrere Positionen fixierte Binnenpausen (Zäsuren) kommen, die den V. in z. T. gegensätzl. gestaltete rhythm. Einheiten (**Kolon**) teilen. Das Ende des V. ist die durch das Zeilenende repräsentierte **Pause,** die in der Regel mit einer syntakt. Pause zusammenfällt und die durch Klangsignale verstärkt werden kann. Die Parallelität der V.struktur kann durch den Zeilensprung (Enjambement) durchbrochen werden. Extreme sind einerseits der Zeilenstil, andererseits die völlige Verwischung der V.struktur. Unter **Schwellvers** versteht man eine durch erhöhte Silbenzahl „aufgeschwellte" Sonderform von Versen (z. B. in der german. Stabreimdichtung).

Die **Verslehre** (**Metrik**) im Sinne einer systemat. Erfassung der in verschiedenen Literaturen jeweils bindenden Regeln der V.sprache und des V.baus umfaßt rhetor.-stilist. Einzelerscheinungen des V. (Lautwiederholungen z. B. in der Form der Alliteration oder des Reims), die Regelung der Silbenfolge in akzentuierender oder quantitierender Dichtung oder in V., die nicht durch ein bestimmtes **Metrum** (V.maß) geordnet sind (freie oder eigenrhythm. Verse). Das metr. Schema eines V., d. h. die mehr oder weniger fest geregelte Anzahl und Abfolge der in Quantität und Qualität unterschiedl. Silben, wird durch das Metrum gekennzeichnet. Hierbei ergibt sich in akzentuierender Dichtung auf Grund der Variationsmöglichkeiten bei der sprachl. Ausgestaltung der metr. Schemata aus dem Widerstreit zw. Sprache und metr. Organisation der Rhythmus. In der Bed. **Versfuß** (Fuß) bezeichnet Metrum das kleinste feste Einheit des metr. Baus eines Verses. Ein V.fuß (z. B. Jambus, Trochäus, Daktylus) besteht aus einer festgelegten Anzahl und einer bestimmten Abfolge von langen oder kurzen, bzw. betonten und unbetonten Silben. Für V.fuß verwendet man gelegentl. die der Musik entlehnte Bez. **Takt** anstelle von Metrum oder V.fuß, um den Unterschied zw. dem antiken quantitierenden und dem dt. akzentuierenden Versprinzip gerecht zu werden. Im Zusammenhang damit werden die Symbole – für eine lange und ∪ für eine kurze Silbe durch

Versailler Vertrag

die Zeichen x́ (betont) und x (unbetont) ersetzt.

Eine Hilfsdisziplin der Metrik ist die **Prosodie** als Lehre von den für die V.struktur konstitutiven Elementen einer Sprache (bei den dt. V. beschäftigt sich die Prosodie v. a. mit Fragen der Kongruenz zw. V.akzent und Wortakzent).

Die *Geschichte* des V. begann mit dem auf dem quantitierenden V.prinzip fußenden, griech. V.; die Nachfolgesprachen des Lat. gaben die Unterscheidung von Silbentypen im wesentl. auf und gelangten zum silbenzählenden V.prinzip. Die german. Sprachen zeigten von Anfang an das akzentuierende V.prinzip, wobei die Zahl der Hebungen fest ist. Bewahrt im Volks- und Kirchenlied, bildeten diese Bauformen einen bis in die neueste V.geschichte reichenden Impuls. Seit dem im 17. Jh. erfolgten Einfluß des antiken V.baus war im letzten Drittel des 18. Jh. die breiteste metr. Vielfalt erreicht: Neben den dominierenden alternierenden Metren standen das neu belebte Lied, die Nachahmung antiker V. (Hexameter, Distichon, Odenmaße) und die freien Rhythmen. Im 20. Jh. erfolgte durch sehr persönl. Diktion eine Erweiterung der rhythm. und expressiven Möglichkeiten.

⌑ Kayser, W.: Gesch. des dt. Verses. Bern u. Mchn. ³1981. - Klopsch, P.: Einf. in die ma. V.lehre. Darmst. 1972. - See, K. v.: German. V.kunst. Stg. 1967.

Ver sacrum [lat. „hl. (gottgeweihter) Frühling"], archaischer Ritus bei italischen Völkern: In schwerer Not gelobte der Staat ein V. s., wobei alle in diesem Frühling geborenen Menschen und Tiere dem Gott *Mars* geopfert wurden. Die Tiere wurden als Opfer dargebracht, während die Menschen zur Gründung neuer Kolonien ausgesandt wurden, sobald sie erwachsen waren, und nicht mehr zurückkehren durften.

Versailler Vertrag [vɛrˈsaːjər], wichtigster der Pariser Vorortverträge, die 1919/20 den 1. Weltkrieg beendeten. Der V. V. wurde am 28. 6. 1919 im Versailler Schloß zw. dem Dt. Reich und 27 alliierten und assoziierten Mächten unterzeichnet und trat am 10. 1. 1920 in Kraft. Verschiedene Länder ratifizierten ihn jedoch nicht oder beendeten den Kriegszustand mit dem Dt. Reich durch besondere Verträge (Costa Rica 1920, USA 1921, China 1921, Ecuador 1921/22, Hedschas/Saudiarabien 1929).

Nach dem dt. Waffenstillstandsersuchen an Präs. Wilson mußte die von der dt. Reg. im Einvernehmen mit der obersten Heeresleitung abgesandte Waffenstillstandskommission am 11. 11. 1918 in Compiègne harte Waffenstillstandsbedingungen annehmen. Ohne dt. Beteiligung wurde ab 18. 1. 1919 in Paris der Text des Friedensvertrages in

Versailles. Oben: Schloßkapelle (1699–1710) von Jules Hardouin Mansart; unten: Trakt des Schlosses vom Schloßgarten aus gesehen

Versailler Vertrag

meist geheimen Beratungen zw. Wilson, Lloyd George, Clemenceau und Orlando (Die „Großen Vier") ausgearbeitet. Am 7. 5. 1919 wurde der Text der dt. Delegation zugestellt, dt. Gegenvorschläge wurden abgelehnt und am 16. 6. 1919 ultimativ die Vertragsannahme binnen 5 Tagen gefordert. Die Weimarer Nationalversammlung stimmte (mit 237 Abg. gegen 138 Abg. bei 6 Enthaltungen) am 22. 6. 1919 der Unterzeichnung zu, obwohl viele Bestimmungen als ungerecht abgelehnt wurden.

Der V. V. umfaßte 440 Artikel in 15 Teilen. Teil I enthielt die Satzung des Völkerbunds (ohne daß damit das Dt. Reich dessen Mgl. wurde). Die Teile II und III legten die neuen dt. Grenzen und die polit. Bestimmungen über Europa fest: Moresnet und - nach einer strittigen Volksbefragung - Eupen-Malmedy fielen an Belgien. Luxemburg schied aus dem dt. Zollverein aus und verlor seinen neutralen Status. Elsaß-Lothringen kam ohne Abstimmung an Frankreich. Fast ganz Westpreußen, die Prov. Posen, das Gebiet um Soldau und Teile Pommerns fielen an Polen (Poln. Korridor). Danzig wurde als Freie Stadt dem Schutz des Völkerbunds unterstellt. Das Memelland kam unter alliierte Verwaltung. Das Hultschiner Ländchen fiel an die Tschechoslowakei. Volksabstimmungen wurden für Oberschlesien, das südliche Ostpreußen, Westpreußen östl. der Weichsel und Schleswig vorgesehen (sog. *Abstimmungsgebiete*). Sie führten zur Teilung Oberschlesiens, wobei die kohlereichen Gebiete im SO an Polen kamen, und zur Abtretung Nordschleswigs an Dänemark. Das Saargebiet wurde für 15 Jahre vom Völkerbund verwaltet und konnte danach durch Volksabstimmung über seinen Status entscheiden. Der von der Republik Dt.-Österreich proklamierte Anschluß an das Dt. Reich wurde untersagt. Teil IV legte die Abgabe der Kolonien als Mandate an den Völkerbund sowie den Verzicht auf vertragl. Rechte im Ausland fest. Teil V enthielt die militär. Entwaffnungsbestimmungen: Das Heer wurde auf 100 000 Mann (spätere Reichswehr), die Marine auf 15 000 Mann mit geringem Schiffsbestand beschränkt. Wehrpflicht, Generalstab und Kriegsakad. wurden abgeschafft; schwere Artillerie, Panzer- und Luftwaffe blieben verboten. Interalliierte Kommissionen hatten dies zu überwachen. Teil VI regelte Fragen der Kriegsgefangenen und Soldatengräber. Teil VII enthielt die Forderung nach Auslieferung Wilhelms II. durch die Niederlande und Bestimmungen über Kriegsverbrecherprozesse (später wurde darauf verzichtet). Die Teile VIII und IX behandelten die dt. Reparationen, ohne deren Höhe und Laufzeit festzulegen. Sie wurden mit der in Art. 231 genannten dt. Alleinschuld am 1. Weltkrieg (*Kriegsschuldfrage*) begründet. Als Wiedergutmachung hatte das Dt. Reich Eisenbahneinrichtungen, Fernkabel und 90% der Handelsflotte auszuliefern, ferner umfangreiche Lieferungen an Kohle, Maschinen, Fabrikeinrichtungen, Werkzeugen und Haustieren zu leisten. In Teil X–XII mußte es der Konfiskation des dt. Eigentums und sonstiger Rechte im Ausland, der Einräumung des Meistbegünstigungsrechts für die alliierten Staaten ohne Gegenseitigkeit, der Beschränkung der dt. Eisenbahnhoheit sowie der Privilegierung der Alliierten in der Luftfahrt und der Häfen und der Internationalisierung der dt. Flüsse zustimmen. Teil XIII betraf die Gründung der Internat. Arbeitsorganisation. Teil XIV bestimmte den Rückzug der dt. Truppen aus den ehem. russ. Gebieten und die Besetzung des Saargebietes, des linken Rheinufers mit rechtsrhein. Brückenköpfen bei Köln, Koblenz und Mainz für 15 Jahre sowie die etappenweise Räumung in jeweils 5 Jahren. Die Besatzungskosten hatte das Reich zu tragen.

Durch die Gebietsabtretungen verlor das Dt. Reich (ohne Kolonien) 70 579 km^2 seines ehem. Territoriums (540 787 km^2) mit 6,5 Mill. E (1910). Die Verluste für die jährl. Produktion betrugen bei: Zink- und Eisenerz 75%, Steinkohle 28,3%, Kartoffeln 19,7%, Roggen 18,2%, Gerste 17,2% und Weizen 12,6%. Für Eisen und Stahl belief sich die Verminderung der Produktionskapazität auf mehr als 40% bzw. 30%.

So hart die Bedingungen des V. V. auch waren, beließen sie doch dem Dt. Reich trotz Verlust der erstrebten Weltmachtposition den Status einer potentiellen Großmacht, so daß ihm nicht die Hoffnung oder Möglichkeit genommen war, sich der Erfüllung des V. V. zu entziehen oder dessen Revision zu betreiben. Die Reg. der Weimarer Republik erreichten zwar die vorzeitige Räumung der Rheinlande 1930, das faktische Ende der Reparationen 1931/32, die formelle Anerkennung als Großmacht (beim Eintritt in den Völkerbund 1926) und die Gleichberechtigung bei den Abrüstungsverhandlungen 1932; sie konnten aber nicht verhindern, daß die Forderung nach Revision des V. V. in der öffentl. Meinung grundsätzl. als außenpolit. Ziel dt. Politik galt und daß schließl. die antidemokrat. Kräfte von rechts und links im „Diktat von Versailles", wie sie den V. V. bezeichneten, das entscheidende Element für ihre Agitation zur Zerstörung der parlamentar. Demokratie fanden. ↑Dolchstoßlegende und Versailles-Trauma begünstigten den Aufstieg Hitlers, der nach 1933 den Bruch und die gewaltsame Revision des V. V. betrieb, wobei die ehem. Alliierten dieser Zerschlagung des V. V. durch Hitler keinen entscheidenden Widerstand entgegensetzten (Appeasement).

📖 *Haffner, S., u.a.: Der Vertrag v. Versailles. Mchn. 1978. - Bariéty, J.: Les relations franco-allemandes après la première guerre mondiale.*

Paris 1977. - Headlam-Morley, J.: A memoir of the Paris Peace Conference 1919. London 1972. - Versailles-St. Germain-Trianon. Umbruch in Europa vor fünfzig Jahren. Hg. v. K. Bosl u. a. Mchn. 1971.

Versailles [frz. vɛrˈsɑːj], frz. Stadt im sw. Vorortbereich von Paris, 130 m ü. d. M., 91 500 E. Verwaltungssitz des Dep. Yvelines; kath. Bischofssitz; Fachhochschule für Gartenbau, histor. Wagenmuseum; Sommerfrische; Pendler nach Paris. - Seit 1037 belegt, 1561 Marktrecht. 1627 kaufte es König Ludwig XIII., der dort ein Jagdschloß errichten ließ. Ludwig XIV. ließ das Schloß bauen, das bis zur Frz. Revolution Residenz der frz. Könige war. - Am 18. Jan. 1871 wurde im Spiegelsaal des Schlosses von V. König Wilhelm I. von Preußen zum Kaiser proklamiert; am 28. Juni 1919 wurde in demselben Saal der Versailler Vertrag unterzeichnet. - Kern des heutigen Schlosses (z. T. histor. Museum) ist das Jagdschloß Ludwigs XIII., nach 1661 ausgebaut (mit Anbauten v. a. des 18. Jh.) in hochbarockem und klassizist. Stil. Es ist vorbildl. geworden für die barocken Schloßanlagen ganz Europas. Von großer Wirkung ist die Gartenseite in ihrer strengen Gliederung, dominierend das Hauptgeschoß als Geschoß des Königs. Berühmt ist der lichtdurchflutete Spiegelsaal (1686 vollendet). Die Schloßkapelle (1699-1710) greift den Typus der zweigeschossigen Palastkapelle auf. Bed. Garten- und Parkanlage mit Lustschlössern (↑ Trianon) und dem Pavillon Français (1750). - Abb. S. 161.

Versalien [lat.], im Druckwesen Bez. für die Großbuchstaben (↑ Majuskeln).

Versammlung, die zu einem bestimmten Zweck zusammengekommene Personenmehrheit. *Öffentl. V.* sind V. in geschlossenen Räumen (geschlossene V.) oder unter freiem Himmel (z. B. Aufzüge, Demonstrationen). Die **Versammlungsfreiheit,** d. h. das Recht, sich friedlich und ohne Waffen zu versammeln, ist in Art. 8 GG allen Deutschen als Grundrecht gewährleistet. Zu den Beschränkungen der Versammlungsfreiheit ↑ Versammlungsgesetz.

In *Österreich* und der *Schweiz* ist das V.recht ebenfalls gesetzl. gewährleistet.

Versammlungsgesetz, das auf Grund des Art. 8 Abs. 2 GG erlassene Gesetz über Versammlungen und Aufzüge i. d. F. vom 15. 11. 1978. Es konkretisiert Inhalt und Schranken der Versammlungsfreiheit (z. B. das Demonstrationsrecht). Die Versammlungsfreiheit in geschlossenen Räumen kann nur in einzelnen Ausnahmefällen eingeschränkt werden. Versammlungen unter freiem Himmel hingegen sind mindestens 48 Stunden vor Beginn bei der zuständigen Behörde anzumelden. Diese kann bei unmittelbaren Gefahren für die öffentl. Sicherheit oder Ordnung die Versammlung verbieten bzw. von bestimmten Auflagen abhängig machen. Bei Verstößen gegen das V. (Nichtanmeldung, von den Angaben der Anmeldung abweichende bzw. den Auflagen zuwiderlaufende Durchführung der Versammlung) kann die Auflösung der Versammlung erfolgen. Verbotene Versammlungen sind aufzulösen.

In *Österreich* gilt im wesentlichen Entsprechendes; Versammlungen sind 24 Stunden vor ihrer Durchführung anzuzeigen.

In der *Schweiz* fällt die Regelung des Versammlungswesens in die Kompetenz der Kantone.

Versandbuchhandel ↑ Buchhandel.

Versandhandel (Distanzhandel), Handelsform, die durch Anbieten der Ware in Prospekten, schriftl. Bestellung durch den Käufer und Zustellung der Ware im Versandwege gekennzeichnet ist.

Versandhäuser, den Gemischtwarenhandel betreibende Einzelhandelsunternehmen, die ihre Kunden überwiegend im Versandwege (↑ Versandhandel) bedienen.

Versatz, im *Bergbau* Bez. für die Ausfüllung leergeförderter Abbauräume von Hand, durch Einblasen bzw. Hineinschleudern *(Schleuder-V.)* oder mit Hilfe eines Druckwasserstroms *(Spülversatz).*
♦ im *Fachwerkbau* eine Holzverbindung, bei der eine (schräge) Strebe in einen Einschnitt eines Unterlagebalkens eingefügt wird.

Versatzstücke, im Theater die bewegl., beliebig zu versetzenden Teile der Bühnenausstattung.

Versäumnisurteil, im Zivilprozeß das bei Säumnis, d. h. bei Ausbleiben oder Nichtverhandeln einer Partei in einem ordnungsgemäß anberaumten Termin zur notwendigen mündl. Verhandlung auf Antrag der Gegenpartei ergehende Urteil (§§ 330 ff. ZPO). Bei Säumnis des Klägers ist die Klage abzuweisen, bei Säumnis des Beklagten gilt das tatsächl. mündl. Vorbringen des Klägers als zugestanden; rechtfertigt es die Klage (↑ Schlüssigkeit), ist der Beklagte antragsgemäß zu verurteilen, andernfalls die Klage abzuweisen (sog. *unechtes Versäumnisurteil).* Gegen ein echtes V. ist der Rechtsbehelf des ↑ Einspruchs gegeben, der den Prozeß in die Lage vor Eintritt der Säumnis zurücksetzt. Ein unechtes V. kann nur mit den normalen Rechtsmitteln der Berufung bzw. Revision angegriffen werden.

Versäumung, Nichtvornahme einer ↑ Prozeßhandlung innerhalb der dafür vorgeschriebenen Zeitraums mit der grundsätzl. Folge, daß die spätere Vornahme dieser Prozeßhandlung ausgeschlossen ist. In einer Reihe von Fällen besteht aber die Möglichkeit der ↑ Wiedereinsetzung in den vorigen Stand.

Verschaffelt, Pieter-Antoon [niederl. vərˈsxafəlt], * Gent 8. Mai 1710, † Mannheim 5. Juli 1793, fläm. Bildhauer und Baumeister. - Stilbestimmend für sein Gesamtwerk wurde die klassizist. Schulung in Paris ab 1730 und

Verschiebebahnhof

der Romaufenthalt 1737 ff.; seit 1752 in Diensten des Kurfürsten Karl Theodor in Mannheim. Hauptwerke: hl. Michael als Bekrönung der Engelsburg in Rom (1748–52), Skulpturen für den Schwetzinger Schloßgarten (um 1772), Reliefs u. a. für das Zeughaus in Mannheim (1777/78) und das Palais Bretzenheim ebd. (1782–87).

Verschiebebahnhof ↑ Bahnhof.

Verschiebung, in der *Mathematik* svw. ↑ Parallelverschiebung.

◆ ([di]elektr. V.) svw. ↑ Verschiebungsdichte.

◆ (chem. V.) ↑ NMR-Spektroskopie.

◆ Vorrichtung beim Klavier, bei der mit Hilfe eines Pedals die Mechanik so verschoben wird, daß der Hammer jeweils nur eine bzw. zwei Saiten des Bezugs trifft.

Verschiebungsdichte (dielektr. Erregung, [di]elektr. Verschiebung, elektr. Flußdichte), die in isotropen Medien mit der elektr. Feldstärke E gleichgerichtete und ihr proportionale vektorielle Feldgröße D, deren Quellen die wahren Ladungen sind. Es gilt $D = \varepsilon_r \varepsilon_0 E$ (ε_r relative Dielektrizitätskonstante, ε_0 elektr. Feldkonstante).

Verschiebungssatz ↑ Kraft.

Verschießen, Farbtonänderung, Ausbleichen (insbes. durch Tageslicht) von gefärbten Textilien bei mangelnder Lichtechtheit.

Verschleierung (V. der Bilanz), Verstoß gegen das Prinzip der Bilanzklarheit, z. B. durch Verwendung irreführender Bezeichnungen, Zusammenfassung oder Aufrechnung nicht zusammengehöriger Bilanzposten. Bei wesentl. Beeinträchtigung der Klarheit und Übersichtlichkeit ist der Jahresabschluß einer AG nichtig.

Verschleimung, vermehrte Schleimsekretion im Bereich des Respirationstrakts, v. a. bei Bronchitis.

Verschleiß, bei Dauerbeanspruchung von Werkstücken und Gebrauchsgegenständen auftretende Abnutzungserscheinungen; auch Bez. für die Größe der während eines V.vorganges eingetretenen Gestaltsänderung eines Körpers. Das *V.verhalten* eines Werkstoffs wird von folgenden Faktoren beeinflußt: Dem Gegenstoff (fest, flüssig oder gasförmig), dem zw. beiden befindl. Zwischenstoff, den Bewegungsverhältnissen (Gleiten, Rollen u. a.) und den Belastungsverhältnissen. Durch strömende Flüssigkeiten hervorgerufener V. wird als ↑ Kavitation, *Sog-V.* oder *Hohlsog* bezeichnet.

verschleppt, in der Medizin für: in Ermangelung der erforderl. Behandlung in ein chron.-progressives Stadium übergetreten (von Krankheiten gesagt).

Verschleppung, eine mit Freiheitsstrafe nicht unter 1 Jahr, in schweren Fällen von 3 Monaten bis zu 5 Jahren bedrohtes Gefährdungsdelikt (§ 234 a StGB). Der V. macht sich schuldig, wer einen anderen durch List, Drohung oder Gewalt in ein Gebiet außerhalb der BR Deutschland und Berlins (West) verbringt, ihn veranlaßt, sich dorthin zu begeben, oder davon abhält, von dort zurückzukehren, und ihn dadurch der Gefahr aussetzt, aus polit. Gründen verfolgt zu werden und hierbei - in Widerspruch zu rechtsstaatl. Grundsätzen - durch Gewalt oder Willkürmaßnahmen Schaden an Leib und Leben zu erleiden, der Freiheit beraubt oder in einer berufl. oder wirtschaftl. Stellung beeinträchtigt zu werden. Im Unterschied zum Menschenraub ist schon die Tatvorbereitung strafbar. Diese Vorschrift wurde anläßl. der Verschleppung zahlr. Personen aus der BR Deutschland und den Westsektoren Berlins in den Ostsektor und in die DDR 1951 in das StGB eingefügt.

Das *östr. Recht* kennt im Ggs. zum *schweizer. Recht* den Tatbestand der Verschleppung.

verschlossenes Depot [de'po:] ↑ Depot.

Verschluß ↑ photographische Apparate.

◆ (V.einrichtung) bei Feuerwaffen (Hinterladern) ein den Lauf oder das Rohr (bzw. Patronen- oder Kartuschenlager) nach hinten abschließender bewegl. Teil, der auch die Spann-, Abzugs-, Sicherungsvorrichtungen und den Auswerfer enthält. - ↑ auch Gewehr, ↑ Geschütz, ↑ Maschinenwaffen, ↑ Pistole.

Verschlußlaut (Sprenglaut, Explosiv-[laut], Klusil, Muta, Okklusiv, Plosiv), Laut, bei dessen Artikulation der von innen nach außen drängende Luftstrom im Mundraum oder am Hintergaumen völlig gestoppt wird. Es lassen sich bei der Artikulation drei Phasen unterscheiden: 1. Schließung (Implosion); 2. Verschlußhaltung; es entsteht ein Überdruck; 3. Öffnung (Explosion); die Luft entweicht mit einem leichten Knall nach außen. Man unterscheidet u. a. bilabiale [p, b], dentale [t, d] und velare V. [k, g]. - ↑ auch Stimmritzen-Verschlußlaut.

Verschmelzung, in der *Wirtschaft* svw. ↑ Fusion.

Verschmelzungsfrequenz, svw. Flimmerverschmelzungsfrequenz (↑ Flimmerfrequenz).

verschneiden ↑ Verschnitt.

◆ svw. kastrieren (↑ Kastration).

Verschnitt, bei der Holzbe- und -verarbeitung anfallender kleinstückiger Abfall.

◆ bei der Herstellung von Weinen und Spirituosen Mischung verschiedener Jahrgänge oder verschiedener Rebsorten oder von Weinen verschiedener Herkunft; Spitzenprodukte sind z. B. Portweine, Cognac, schott. Whisky. Es bestehen z. T. gesetzl. Vorschriften für das Verschneiden (bes. bei Weinen).

Verschollenheitsfrist ↑ Todeserklärung.

Verschorfung, in der Medizin: 1. Ausbildung eines ↑ Schorfs auf Wunden, Ablauf einer verschorfenden (oberflächlich nekrotisierenden) Entzündung; 2. künstl. Erzeugung eines Schorfs durch Kauterisation oder Elektrochirurgie.

Verschränkung, Bez. für das Ineinandergreifen zweier musikal. Phrasen, wobei der Schluß der ersten zugleich Beginn der neuen Phrase ist; bes. häufig in der Musik der Klassik.

Verschuer, Otmar Freiherr von [fɛrˈʃyːr], * Richelsdorferhütte (= Wildeck, Landkr. Hersfeld-Rotenburg) 16. Juli 1896, † Münster 8. Aug. 1969, dt. Genetiker. - Prof. in Frankfurt, Berlin und Münster; 1927–45 am Kaiser Wilhelm-Institut für Anthropologie, menschl. Erblehre und Eugenik in Berlin tätig; Arbeiten zur Zwillingsforschung und zur Eugenik.

Verschulden, im *Zivilrecht* die Beurteilung menschl. Verhaltens als objektiv pflichtwidrig und vorwerfbar und damit als Schuld. Die beiden Formen des V. sind Vorsatz und Fahrlässigkeit. Der Schuldner hat grundsätzl. für jedes V. einzustehen (*Vertretenmüssen*), d. h. Schadenersatz zu leisten, es sei denn, ihm kann die Verletzung seiner Pflichten mangels Schuldfähigkeit, d. h. V.fähigkeit nicht zugerechnet werden. Die V.fähigkeit fehlt bei Kindern unter 7 Jahren sowie bei demjenigen, der bei der Handlung im Zustand der Bewußtlosigkeit oder in einem die freie Willensbestimmung ausschließenden Zustand krankhafter Störung der Geistestätigkeit befindet. Bei einem Jugendlichen, der das 17., aber nicht das 18. Lebensjahr vollendet hat, fehlt die V.fähigkeit, wenn er bei der Handlung nicht die zur Erkenntnis der Verantwortlichkeit erforderl. Einsicht hatte (gilt im Rahmen von Verträgen und bei unerlaubten Handlungen – sog. Deliktsfähigkeit). Ein V. des gesetzl. Vertreters und des ↑Erfüllungsgehilfen im Rahmen eines bestehenden Schuldverhältnisses hat der Schuldner wie eigenes Verschulden zu vertreten (§ 278 BGB). Im Recht der unerlaubten Handlungen wird grundsätzl. nur für eigenes V. gehaftet (↑auch Verrichtungsgehilfe). Trifft den Geschädigten bei der Entstehung des Schadens selbst ein V., so ist bei der Höhe des Schadenersatzes sein V. mitzuberücksichtigen (*konkurrierendes Verschulden*). Das V. bei Vertragsabschluß (lat. culpa in contrahendo) kann bei Verletzung des vorvertragl. Vertrauensverhältnisses zu Schadenersatz führen (z. B. wenn ein Kunde ein Warenhaus betritt, dabei auf einer Bananenschale ausrutscht und sich verletzt).

In *Österreich* und der *Schweiz* gilt Entsprechendes.
◆ im *Strafrecht* ↑Schuld.

Verschuldungsgrenze, nicht absolut festzulegende Grenze, bis zu der sich der Staat verschulden kann. Mögl. Kriterien für die Beurteilung der Staatsverschuldung sind 1. die *Schuldenquote*, d. h. die Relation Staatsschuld zu Sozialprodukt; 2. die *Zins-Steuer-Quote*, d. h. das Verhältnis zw. den Zinsverpflichtungen des Staates und dem Steueraufkommen.

Verschwärung, svw. ↑Geschwürbildung.

Verschwiegenheitspflicht ↑Amtsverschwiegenheit. - auch Berufsgeheimnis.

Verschwörungstheorie, eine von herrschenden gesellschaftl. Gruppen bei mangelnder bzw. schwindender Legitimation ihrer Herrschaft benutzte Ideologie, die als Grund für aktuelle Krisenerscheinungen eine Subversion durch innere (z. B. soziale, rass. oder polit. Minderheiten) oder äußere Feinde behauptet. Die V. schirmt die normativen Grundlagen des eigenen Verhaltens gegenüber berechtigter Kritik ab und dient der Entlastung des gesellschaftl. Zusammenlebens durch Ablenkung des Konfliktpotentials.

Versehgang, in der kath. Kirche Bez. für den Gang eines Geistlichen zur Spendung der Sterbesakramente.

Versehrtensport (Behindertensport, Invalidensport) ↑Sport.

Verseifung, die hydrolyt. Spaltung von Estern zu Säuren und Alkoholen unter dem Einfluß von Säuren, Basen oder Enzymen. Die Bez. V. rührt von der Bildung von ↑Seifen bei der Spaltung von Fetten (Ester aus Glycerin und Fettsäuren) mit Alkalien her.

Verseifungszahl, Abk. VZ, Kennzahl von Fetten und Ölen, die angibt, wieviel mg Kaliumhydroxid zur Verseifung von 1 g Fett erforderl. sind; je niedriger die V. ist, desto höher ist die Qualität des Fetts.

Versender, 1. im Speditionsgeschäft derjenige, für dessen Rechnung der Spediteur die Versendung (Beförderung von Ort zu Ort) der Güter betreibt; 2. im Außenwirtschaftsrecht Person, die auf Weisung eines anderen (Exporteur) auf Grund vertragl. Bindungen Waren an ausländ. Abnehmer schickt.

Versendungskauf, Kauf, bei dem der Verkäufer, ohne dazu verpflichtet zu sein, die zusätzl. Pflicht übernimmt, die verkaufte Sache auf Verlangen des Käufers nach einem anderen Ort als dem Erfüllungsort zu versenden (§ 447 BGB). Mit Auslieferung der Kaufsache an die zur Versendung bestimmte Person (Spediteur, Frachtführer) geht die Gefahr des zufälligen Untergangs oder der Beschädigung der Sache auf den Käufer über (dieser hat mangels Vertragsschlusses keine eigenen ↑Schadenersatzansprüche gegen den Spediteur; Fall der Drittschadensliquidation). Der Verkäufer haftet aber für den Schaden, der dadurch entsteht, daß er von einer Anweisung über die Art der Versendung ohne dringenden Grund abweicht.

Versenkbühne ↑Theater.

Versenker (Senkstift, Setzeisen), Stahlstift mit kegelstumpfförmiger Spitze zum Versenken eingeschlagener Nägel.

Versenkung

Versenkung, ein Aufzug, mit dem Teile des Bühnenbodens mit Personen oder Gegenständen hinabgelassen bzw. emporgehoben werden können, so daß sie im Boden (der Bühne) zu verschwinden bzw. aus ihm aufzutauchen scheinen.
◆ ↑ Kontemplation.

Versepos ↑ Epos.

Verserzählung, kürzere, häufig anekdot., schwankhaft-idyll. oder sagen- und märchenhaft gehaltene Erzähldichtung in Versen; i. w. S. jedes kürzere Epos.

Versetzung, (innerbetriebl. V., Arbeitsplatzwechsel) Zuweisung eines anderen Arbeitsplatzes (d. h. Aufgabenbereich) für eine längere Zeit als einen Monat oder unter erhebl. Änderungen der Arbeitsbedingungen. Dabei kommt es nicht auf die räuml. Zuordnung, sondern auf den durch die Aufgaben umschriebenen Arbeitsbereich an. Eine *Beförderung* ist nur dann eine V., wenn damit die Zuweisung eines anderen Aufgabenbereiches verbunden ist. Die [früher] sog. *Umsetzung* (Aufgabenwechsel im selben Betrieb) ist eine V. (nicht hingegen die Umquartierung, z. B. in ein anderes Zimmer). - *Richtlinien* über die personelle Auswahl bei V. bedürfen der Zustimmung des Betriebsrates. In Betrieben mit mehr als 20 wahlberechtigten Arbeitnehmern hat der Arbeitgeber den Betriebsrat von jeder geplanten V. unter Mitteilung des in Aussicht genommenen Arbeitsplatzes zu unterrichten und die Zustimmung des Betriebsrats einzuholen. - Bei Beamten ist V. die dauernde Übertragung eines neuen Amtes bei einer anderen Dienststelle. Ist es dienstlich erforderlich und entspricht das neue Amtsstelle der bisherigen Laufbahn, ist eine V. ohne Zustimmung des Beamten möglich; die V. in den Bereich eines anderen Dienstherrn erfordert dagegen dessen Zustimmung.
◆ Vorrücken des Schülers in die nächsthöhere Klasse einer nach Jahrgangsklassen aufgebauten Schule. Die Richtlinien für die V. sind unter Berücksichtigung der von der Kultusministerkonferenz aufgestellten Grundsätze in den Schulgesetzen der Länder festgelegt worden. Danach wird die Entscheidung i. d. R. am Schuljahresende von den Lehrern des Schülers und vom Schulleiter getroffen, wobei die Leistungen in den Schulfächern (Noten) maßgebend sind. Der Wert der V. als pädagog. Maßnahme wird durch die negativen psych. und sozialen Auswirkungen in Frage gestellt, die eine Nicht-V., **das Sitzenbleiben,** mit sich bringt (z. B. Überalterung, Motivationsverlust). Ein bundesweiter „Rahmenplan" schränkt die Möglichkeit zum Sitzenbleiben ein, die V.bestimmungen im einzelnen sind länderspezif. geregelt. In den Waldorfschulen und in einigen Modellschulen gibt es kein Sitzenbleiben. In Zusammenhang mit der Schulreform sind verschiedene Einrichtungen geschaffen worden, die eine V. überflüssig machen sollen: Verzicht auf Jahrgangsklassen und innere Differenzierung in der Gesamtschule, gezielter Förderunterricht für leistungsschwache Schüler, schulpsycholog. Dienste.
◆ durch Wind, Seegang und/oder Strömung (Strom-V.) verursachte Abweichung des wirkl. Standorts eines Schiffes vom vorausberechneten.

Versetzung in den Ruhestand, Pensionierung eines ↑ Beamten vor Erreichen der Altersgrenze; ist nur auf Antrag des Beamten oder bei dauernder Dienstunfähigkeit statthaft. Die sog. polit. Beamten können dagegen jederzeit in den einstweiligen Ruhestand versetzt werden.

Versetzungszeichen ↑ Vorzeichen.

Versfuß (Metrum), nach Klangmerkmalen (meist Quantität oder Akzent) geordnete Silbenabfolge (lange und kurze bzw. betonte und unbetonte Silben in charakterist. Reihung); kleinste Einheit des metr. Schemas eines ↑ Verses.

Versicherung (Assekuranz), die gegenseitige Deckung eines im einzelnen zufälligen, im ganzen aber abschätzbaren Geldbedarfs durch eine Vielzahl gleichartig bedrohter Wirtschaftseinheiten. 1. Das Merkmal der *Gegenseitigkeit* grenzt die V. von der sog. „Selbst-V." ab, bei der die Bedarfsdeckung innerhalb einer einzigen Wirtschaftseinheit erfolgt. Es bringt die Zusammenfassung mehrerer Wirtschaftseinheiten zum Ausdruck. 2. Die *Deckung eines Geldbedarfs* besagt, daß die materielle Entschädigung sich immer nur auf den Teil des Schadens beziehen kann, der in Geld meßbar ist. Mit wenigen Ausnahmen (Glas-, Rechtsschutz-V.) wird dieser Teil des Schadens auch durch eine Geldleistung gedeckt. 3. Das Merkmal der *gleichartigen Bedrohung* wird vielfach nicht als notwendige Voraussetzung der V. angesehen, da die Gleichartigkeit der Risiken innerhalb eines V.bestandes nicht gegeben sein muß. Für die Berechnung der Nettoprämie dagegen ist die Gleichartigkeit der einzelnen Risiken unbedingt erforderlich. - Wichtige V.zweige sind z. B. Feuerversicherung, Glasversicherung, Haftpflichtversicherung, Hausratversicherung, Kraftfahrzeughaftpflichtversicherung, Krankenversicherung, Lebensversicherung, Rechtsschutzversicherung, Reiseversicherung, Sachversicherung, Schadenversicherung, Unfallversicherung.

📖 *Meyer, Hans D.:* Ratgeber V. Mchn. ³1984. - V.-Enzyklop. Hg. v. W. Grosse u. a. Wsb. ¹⁻³1984. 5 Bde. - *Weiss, W.:* V. in der BR *Deutschland. Was sie sind u. was sie leisten. Hdbg.* 1984. - *Greb, W., u. a.:* Betriebl. V.-Hdb. Ludwigshafen ²1983.

Versicherung an Eides Statt, svw. ↑ eidesstattliche Versicherung.

Versicherungsämter ↑ Versicherungsbehörden.

Versicherung

VERSICHERUNGSGESELLSCHAFTEN IN DER BUNDESREPUBLIK DEUTSCHLAND (Auswahl)

Firma, Sitz	Sparte/Geschäftszweig	Beiträge 1985 (in Mill. DM)	Beiträge 1984 (in Mill. DM)
Allianz Lebensversicherungs-AG, Stuttgart	Lebensversicherung	5 671,0	5 256,0
Allianz Versicherungs-AG, München	Schaden- und Unfallversicherung	4 880,6	7 820,6
Hamburg-Mannheimer Versicherungs-AG, Hamburg	Lebensversicherung	2 658,5	2 501,5
Volksfürsorge Lebensversicherung AG, Hamburg	Lebensversicherung	2 588,0	2 461,0
Deutsche Krankenversicherung AG, Köln	Krankenversicherung	2 298,0	2 205,0
Colonia Versicherung AG, Köln	Schaden- und Unfallversicherung	2 190,0	2 106,0
Vereinigte Krankenversicherung AG, München	Krankenversicherung	2 145,0	2 001,0
Gerling-Konzern Allg. Versicherungs AG, Köln	Industrieversicherung	1 930,3	1 802,5
R+V Allgemeine Versicherung AG, Wiesbaden	Schaden- und Unfallversicherung	1 619,0	1 481,0
Victoria Lebens-Versicherungs-AG, Berlin und Düsseldorf	Lebens- und Rentenversicherung	1 563,9	1 640,0
Iduna Vereinigte Lebensversicherung a. G. für Handwerk, Handel und Gewerbe, Hamburg	Lebens- und Rentenversicherung	1 543,8	1 468,5
Haftpflicht-Unterstützungs-Kasse kraftfahrender Beamter Deutschlands a. G., Coburg	Kraftfahrt, Hausrat, Wohngebäude, Unfall, Transportversicherung	1 507,0	1 359,0
Debeka Krankenversicherung a. G., Koblenz	Krankenversicherung	1 436,2	1 426,9
R+V Lebensversicherung a. G., Wiesbaden	Lebensversicherung	1 419,0	1 319,0
Haftpflichtverband der Deutschen Industrie V. a. G., Hannover	Schaden- und Unfallversicherung	1 325,7	1 225,3
Victoria Feuer-Versicherungs-AG, Berlin	Schaden- und Unfallversicherung	1 300,0	1 189,1
Frankfurter Versicherungs-AG, Frankfurt	Schaden- und Unfallversicherung	1 272,2	1 185,5
Provinzial-Feuerversicherungsanstalt der Rheinprovinz, Düsseldorf	Schaden- und Unfallversicherung	1 259,8	1 250,4
Württembergische Feuerversicherung AG, Stuttgart	Schaden- und Unfallversicherung	1 198,6	1 137,2
Aachener und Münchener Versicherungs-AG, Aachen	Sach- und Transportversicherung	1 129,9	1 074,6
Albingia Versicherung-AG, Hamburg	Sach- und Transportversicherung	1 095,8	1 035,7
Nordstern Allgemeine Versicherungs-AG, Köln	Schaden- und Unfallversicherung	1 038,7	1 002,9
Colonia Lebensversicherung AG, Köln	Lebensversicherung	1 009,0	960,0
Westfäl. Provinzial-Feuersozietät Versicherung der Sparkassen, Münster	Sachversicherung	970,9	899,6
Landschaftl. Brandkasse Hannover, Hannover	Feuerversicherung	957,7	910,8
Aachener und Münchener Lebensversicherung AG, Aachen	Lebensversicherung	957,2	885,3

Versicherungsaufsichtsgesetz

VERSICHERUNGSGESELLSCHAFTEN IN DER BUNDESREPUBLIK DEUTSCHLAND (Forts.)

Firma, Sitz	Sparte/Geschäftszweig	Beiträge 1985 (in Mill. DM)	Beiträge 1984 (in Mill. DM)
Nürnberger Lebensversicherungs-AG, Nürnberg	Lebensversicherung, Familienschutz, Unfallversicherung	941,0	906,0
Karlsruher Lebensversicherung AG, Karlsruhe	Lebensversicherung	926,8	1 054,8
Alte Leipziger Lebensversicherungsgesellschaft a. G., Oberursel	Lebensversicherung	916,0	882,0
Deutsche Herold Lebensversicherungs-AG, Bonn	Lebensversicherung	911,0	872,0
Gerling-Konzern Lebensversicherungs-AG, Köln	Lebensversicherung	890,0	909,8
Signal Krankenversicherung a. G., Dortmund	Krankenversicherung	871,1	879,9
Continentale Krankenversicherung a. G., Dortmund	Krankenversicherung	867,0	860,0
Bayerische Versicherungsbank AG, München	Schaden- und Unfallversicherung	822,3	757,6
Deutsche Beamten-Versicherung, Wiesbaden	Lebens- und Rentenversicherung	793,5	777,7
Bayern-Versicherung, München	Lebensversicherung	783,0	719,0
Volksfürsorge Deutsche Sachversicherung AG, Hamburg	Sachversicherung	772,4	726,6
Vereinigte Haftpflicht Versicherung V. a. G., Hannover	Haftpflicht, Kraftfahrt, Unfall, Hausrat	723,0	644,1

Versicherungsaufsichtsgesetz, Abk. VAG, Kurzbez. für das [Reichs-]Gesetz über die Beaufsichtigung der privaten Versicherungsunternehmen und *Bausparkassen* i. d. F. vom 6. 6. 1931 (mehrfach geändert), das in Deutschland (im Jahre 1901) eine einheitl. materielle Staatsaufsicht (*Versicherungsaufsicht*) über die privaten Versicherungsunternehmen (ab 1931 auch die privaten Bausparkassen) einführte, die zur Wahrung der Belange der Versicherten und zur Sicherung einer dauernden Erfüllbarkeit der Verpflichtungen aus den Versicherungsverträgen ausgeübt wird. Die Aufsicht über Versicherungsanstalten mit Zwangs- oder Monopolcharakter erfolgt durch die obersten Wirtschaftsbehörden der Länder und durch das Bundesaufsichtsamt für das Versicherungswesen.

Versicherungsbehörden, Aufsichts- und Verwaltungsbehörden (u. a. Beratung der Versicherten, Erstellung von Gutachten) in der Sozialversicherung: Die *Versicherungsämter* sind die unterste Instanz der V., die im allg. bei jeder unteren Verwaltungsbehörde der Landkreise und bei den kreisfreien Städten eingerichtet werden. Die *Oberversicherungsämter* (früher teilweise Landesversicherungsämter) sind die obersten Aufsichts- und Verwaltungsbehörden der Länder. Das *Bundesversicherungsamt* in Berlin (West) ist die oberste Instanz.

Versicherungsbetrug, im Strafrecht das Inbrandsetzen einer gegen Feuersgefahr versicherten Sache bzw. das Sinken- oder Strandenmachen eines Schiffes, das als solches oder in seiner Ladung oder in seinem Frachtlohn versichert ist, in der betrüger. Absicht, die Versicherungssumme zu erlangen, auf die kein [oder nur zum Teil ein] Anspruch besteht (§ 265 StGB). Der V. ist eine selbständig mit Strafe (Freiheitsstrafe von 1 bis zu 10 bzw. von 6 Monaten bis zu 5 Jahren) bedrohte Vorbereitungshandlung zum ↑Betrug, d. h., es kommt nicht auf das tatsächl. Einfordern der Versicherungssumme an. Zahlt die Versicherung auf Grund des V. die Versicherungssumme aus, so ist der Täter auch wegen Betrugs zu bestrafen.

Versicherungsfall, im jurist. Sinn ein Ereignis, das einen Schaden zu verursachen imstande ist und objektiv unter die Haftung des Versicherers fällt.

Versicherungsfreiheit, innerhalb der Sozialversicherung in der gesetzl. ↑Krankenversicherung (nicht in der Rentenversicherung) bestehende Möglichkeit der freiwilligen Selbstversicherung als freiwillige Höherversi-

cherung oder auch als Weiterversicherung.
Versicherungsgericht (Eidgenöss. V.) ↑ Bundesgerichte (Schweiz).
Versicherungskarte ↑ Versicherungsnachweisheft.
◆ ↑ grüne Versicherungskarte.
Versicherungsmathematik, Zweig der angewandten Mathematik, der v. a. mit Hilfe der Wahrscheinlichkeitsrechnung die Häufigkeit der für die verschiedenen Versicherungszweige relevanten [Zufalls]ereignisse ermittelt. Die V. liefert die Grundlage für die Prämienberechnung.
Versicherungsnachweisheft, seit Einführung der elektron. Datenverarbeitung in der sozialen Rentenversicherung verwendetes Heft, das den *Versicherungsausweis* (mit der Versicherungsnummer), 7 *Versicherungskarten* (Bescheinigungen über die versicherungspflichtig oder freiwillig zurückgelegten Beschäftigungszeiten, Arbeitsverdienste, entrichteten Beiträge, Ersatz-, Ausfall- und Zurechnungszeiten) und Vordrucke zur An- und Abmeldung sowie zur Anforderung von neuen V. enthält.
Versicherungspflicht, 1. in der *Sozialversicherung* die kraft Gesetzes bewirkte Zugehörigkeit zu einem bestimmten Zweig der Sozialversicherung. Zur Herbeiführung des Versicherungsschutzes bedarf es, sofern die gesetzl. Voraussetzungen für die V. erfüllt sind, der Mitwirkung des Versicherten (z. B. Vertragsschluß) nicht; 2. in der *Individualversicherung* die Pflicht zum Abschluß oder zur Aufrechterhaltung eines Versicherungsvertrages, so v. a. bei der Kraftfahrzeughaftpflichtversicherung oder der Haftpflichtversicherung für bestimmte Berufe.
Versicherungspolice [po'li:sə] (Versicherungsschein) ↑ Police, ↑ Versicherungsvertrag.
Versicherungsprämie ↑ Prämie.
Versicherungsrecht, rechtl. Regelung des Versicherungswesens in allg. Normen und speziellen Vorschriften. Es wird zw. Sozial-V. (↑ Sozialversicherung) und Privat-V. unterschieden. Zum *Privat-V.* gehören das Versicherungsvertragsgesetz, das die allg. Versicherungsbedingungen, also die Versicherungsverträge, regelt, das Versicherungsunternehmensrecht, das die Rechtsverhältnisse der Versicherungsunternehmen regelt, das Versicherungsvermittlerrecht, das Versicherungswettbewerbsrecht (Regelung des Wettbewerbs, der Werbung sowie Kartellgesetz) und das Versicherungsaufsichtsgesetz.
Versicherungsschein, svw. Versicherungspolice (Police), ↑ Versicherungsvertrag.
Versicherungssumme, in der Summenversicherung derjenige Betrag, den der Versicherer im Versicherungsfall ohne Rücksicht auf die Höhe des entstandenen Schadens zu zahlen hat. In der Sachversicherung wird die Entschädigung bestimmt durch die V., die Höhe des Schadens und den Versicherungswert. In der Haftpflicht- und Unfallversicherung stellt die V. grundsätzl. die Haftungsobergrenze dar.
Versicherungsteuer (Versicherungssteuer), Verkehrsteuer auf die Zahlung des Versicherungsentgelts aus einem Versicherungsverhältnis mit einem inländ. Versicherungsnehmer. Ausgenommen von der Besteuerung ist die Prämienzahlung bestimmter Lebens-, Kranken-, Pensions- und Sozialversicherungen. Der Steuersatz beträgt in der BR Deutschland 5% des Versicherungsentgelts.
Versicherungsunternehmen, Versicherungseinrichtungen der Individualversicherung. Das Bundesaufsichtsamt für das Versicherungswesen darf nur Aktiengesellschaften, Versicherungsvereinen auf Gegenseitigkeit und öffentl.-rechtl. Anstalten und Körperschaften die Erlaubnis zum Betreiben aller Versicherungszweige erteilen.
Versicherungsverein auf Gegenseitigkeit, Abk. VVaG, typ. Unternehmensform der Versicherungswirtschaft, die sowohl genossenschaftl. Züge als auch Merkmale des bürgerl.-rechtl. Vereins trägt. Grundsätzl. sind die Versicherungsnehmer Mgl. des Vereins, wie auch Mitgliedschaft i. d. R. nur durch Versicherungsvertrag erworben werden kann. Der Unterschied zw. VVaG und Genossenschaft besteht v. a. darin, daß die Mitgliedschaft nicht durch eine Kapitalanlage, sondern durch die Teilnahme am Umsatz begründet wird. Das Risiko der Geschäftsführung liegt im Ggs. zur Versicherungs-AG bei den Versicherten. Versicherer ist die Gesamtheit der Mgl.; die Leitung des VVaG wird von Vorstand, Aufsichtsrat und der Mgl.versammlung durchgeführt.
Versicherungsvertrag, ein gegenseitiger Vertrag zw. einem Versicherungsunternehmen (VU) und dem Versicherungsnehmer (VN) zur Begründung eines privatrechtl. Versicherungsverhältnisses. Das VU verspricht eine bestimmte, versicherte Gefahr zu tragen, d. h., die vertragl. vereinbarte Versicherungssumme bei Eintritt des Versicherungsfalles zu zahlen; dieser besteht in einem zukünftigen ungewissen Ereignis oder Zeitpunkt. Der VN hat als Gegenleistung die vereinbarte Prämie zu entrichten, die entweder für die gesamte Versicherungsperiode auf einmal oder in Teilbeträgen gezahlt werden kann. - Bei einer **Gruppenversicherung** ist eine Personenmehrheit v. bezugsberechtigt. Gruppen-V. werden vornehml. von Firmen und Vereinen für ihre Arbeitnehmer bzw. Mgl. abgeschlossen. Die Gruppenversicherung bietet Vorteile für die Versicherungsnehmer wegen der geringeren Prämie (Gruppentarif) und der günstigeren Versicherungsbedingungen, für den Versicherer wegen der Arbeitsersparnis.

Versicherungsvertreter

Der V. gehört ähnlich wie Bank- und Beförderungsverträge zu den Massenverträgen. Er wird angeboten durch privatrechtl. (Aktiengesellschaft, Versicherungsverein auf Gegenseitigkeit) oder öffentl.-rechtl. (Anstalt, Körperschaft) organisierte VU und häufig durch Vertreter vermittelt. Sein Abschluß ist nicht formbedürftig. Die Rechtsgrundlagen des V. sind im wesentlichen das Versicherungsvertragsgesetz und die staatl. Kontrolle unterliegenden *Allgemeinen Versicherungsbedingungen* (AVB). Die gegenseitigen Verpflichtungen von VU und VN werden zunächst im Versicherungsschein (Police), v. a. aber in den AVB festgelegt. Individualvereinbarungen sind zwar grundsätzl. möglich, werden jedoch weitgehend durch standardisierte Vertragsbzw. Antragsregelungen ersetzt. Die AVB beschreiben das versicherte Risiko, erhalten für bestimmte Fälle Ausschlußklauseln und legen dem VN und den mitversicherten Personen Obliegenheiten auf, deren Verletzung zu einer ganz oder teilweisen Verwirkung des Versicherungsschutzes führen kann (z. B. Anzeigepflichten bei Gefahrenerhöhung). Die Leistung des VU kann entweder in der Schadloshaltung oder in der Zahlung einer bestimmten - schadensunabhängigen - Summe liegen. Haben andere Personen als der VN Anspruch auf die Versicherungssumme, ist der V. als Vertrag zugunsten Dritter ausgestaltet. Der V. endet grundsätzl. entweder nach Ablauf einer bestimmten Versicherungsdauer oder durch Kündigung. Aus Anlaß eines Schadenfalles stehen in der Schadensversicherung sowohl dem VU als auch dem VN ein Kündigungsrecht zu.

📖 *Prölls, J./Martin, A.: Versicherungsvertragsgesetz.* Mchn. ²³1984 (mit Berücksichtigung öster. Rechtsprechung).

Versicherungsvertreter (Versicherungsagent), Handelsvertreter, der damit betraut ist, Versicherungsverträge zu vermitteln (*Vermittlungsagent*) oder abzuschließen (*Abschlußagent*).

Versicherungszeiten, Zeiten, in denen Beiträge gezahlt werden, die die Höhe des Leistungsanspruchs sowie den Leistungsanspruch selbst in der sozialen Rentenversicherung begründen. - ↑auch Ausfallzeit, ↑Ersatzzeiten.

Versiegelung, Verschließen von Briefen, Paketen u. a. mit einem Siegel.
◆ Oberflächenbehandlung von Holzfußböden mit Kunstharzlacken, die in das Holz eindringen und auf der Oberfläche einen Schutzfilm bilden.

versiert [lat.], erfahren, bewandert, gewitzt.

Versilbern, das Aufbringen dünner Silberüberzüge v. a. auf Bestecke, Tafelgeräte und Schmuck durch elektrolyt. Metallscheidung aus silbercyanidhaltigen galvan. Bädern oder Tauchen in Silbersalzlösungen nichtmetall. Gegenstände werden durch Abscheiden von Silber aus Silbersalzlösungen unter Einwirkung reduzierender Substanzen versilbert.

Version [lat.-frz.], im 16. Jh. aus dem Frz. übernommene Bez. für Übersetzung, Lesart, spezielle Fassung eines Textes; allg. svw. Darstellung, Sicht.

Verslehre ↑Vers.

Versmaß (Metrum) ↑Vers.

Versnovelle ↑Novelle.

Verso [lat.], Bez. für die Rückseite eines Blattes v. a. von nichtpaginierten Drucken und Handschriften (Ggs. Rekto).

Versöhnungstag, Sühnetag der Juden, der vor der Zerstörung des Tempels (70 n. Chr.) feierl. im Tempel unter der Leitung des Hohenpriesters begangen wurde: Von den Opfergaben schlachtete der Hohepriester einen Stier als Sündopfer für sich, warf das Los über zwei Böcke, von denen einer für Jahwe geschlachtet und der andere als ↑Sündenbock zu ↑Asasel geschickt wurde. Für die Zeit ab 70 n. Chr. ↑Jom Kippur.

Versorgung, Vorsorge zur Sicherstellung des Lebensunterhalts durch Ruhegelder, Witwen-, Witwer- und Waisenrenten, Kinderzuschläge und gleichartige Leistungen, die durch den Staat erbracht werden. Diese Leistungen gründen auf gesetzl. Ansprüchen (Beamtengesetze, Bundesversorgungsgesetz, Rechtsansprüche der V.berechtigten) und werden aus öffentl. Mitteln ohne eigene Beiträge der zu Versorgenden gedeckt. Die Bedürftigkeit muß nicht geprüft werden. Für die Landwirte gibt es als V. die Altershilfe für Landwirte, für die freien Berufe sowie für die Arbeitnehmer der Wirtschaft u. a. die Rentenversicherung.

Versorgungsanstalt des Bundes und der Länder, Abk. VBL, Einrichtung zur Gewährung einer privatrechtl. zusätzl. Alters- und Hinterbliebenenversorgung für Arbeitnehmer öffentl. Verwaltungen, Anstalten und Stiftungen des öffentl. Rechts sowie sonstiger Körperschaften. Die Versorgung besteht aus Ruhegeldern, Witwen-, Witwer- und Waisenrenten, Sterbegeldern und Kinderzuschlägen. Voraussetzung für die Gewährung ist jedoch eine Vereinbarung zw. der arbeitgebenden Behörde und der VBL. Sitz der 1929 gegr. VBL ist Karlsruhe; sie ist dem Bundesmin. der Finanzen unterstellt.

Versorgungsausgleich, der bei der Ehescheidung vor Ausspruch der Scheidung durch das Familiengericht durchzuführende Ausgleich zw. den Anwartschaften der Ehegatten auf eine voneinander unabhängige Versorgung wegen Alters, Berufs- oder Erwerbsunfähigkeit. Der V. beruht auf dem Grundgedanken, daß die während der Ehe erworbenen Vermögenswerte aus der Leistung beider Ehegatten resultieren. Er bezweckt, den Ehegatten, der während der Ehe

nicht oder nicht voll erwerbstätig war und daher keine oder nur eine geringwertige eigene Altersversorgung aufbauen konnte, bei der Ehescheidung an den während der Ehezeit erworbenen Anwartschaften oder Aussichten gerecht zu beteiligen. Der V. erfolgt in der Weise, daß nach Ermittlung von Art und Höhe der jeweiligen Versorgungstitel beider Ehegatten (z. B. Renten aus der Sozialversicherung, Beamtenpensionen, betriebl. Altersversorgung oder einer Zusatzversorgung, Renten aus einer privaten Versicherung) der Ehegatte mit den werthöheren Anwartschaften als Ausgleich die Hälfte des Wertunterschiedes an den anderen Ehegatten zu übertragen hat (sog. *Wertausgleich*). Rentenanwartschaften aus der gesetzl. Rentenversicherung werden durch unmittelbare Übertragung der Hälfte des Wertunterschiedes auf den versorgungsrechtl. schlechter gestellten Ehegatten ausgeglichen, sog. **Renten-Splitting**. Bei Beamtenpensionen oder diesen gleichgestellten Versorgungstiteln werden zu Lasten des Versorgungskontos eines Beamten für den ausgleichsberechtigten Ehegatten neue Anwartschaften in der gesetzl. Rentenversicherung als Form der fiktiven Nachversicherung begründet, sog. **Quasi-Splitting**. Bei einer betriebl. Altersversorgung oder einer privaten Lebensversicherung hat der ausgleichspflichtige Ehegatte den Berechtigten durch Beitragszahlung in entsprechender Höhe in die gesetzl. Rentenversicherung „einzukaufen".
Auf Antrag findet die **schuldrechtl. V.** statt, wenn ein öffentl.-rechtl. V. nicht durchgeführt werden kann (z. B. wenn der Berechtigte bereits in einer gesetzl. Rentenversicherung ist) oder das Familiengericht ihn anordnet oder die Ehegatten diesen vereinbart haben. Der Ausgleich erfolgt dann durch Zahlung einer Geldrente direkt an den ausgleichsberechtigten Ehegatten. Der V. kann durch Ehevertrag oder vom Familiengericht wegen grober Unbilligkeit ausgeschlossen werden oder durch notariell beurkundete oder gerichtl. protokollierte Vereinbarung durch die Ehegatten mit Genehmigung des Familiengerichts selbst geregelt werden. Die Ausdehnung des obligator. V. auf alle „Altehen" ist nach dem Urteil des Bundesverfassungsgerichts vom 28. 2. 1980 verfassungsgemäß, da der V. als Eingriff in die dem Eigentumsschutz des Art. 14 GG unterfallenden Renten und Rentenanwartschaften unter Berücksichtigung der sich aus der Ehe ergebenden Mitverantwortung der Ehegatten der Sozialpflichtigkeit des Eigentums unterliegt. Die einmal übertragenen Anwartschaftsrechte kommen auf das Rentenoder Versorgungskonto des Ausgleichspflichtigen auch dann nicht zurück, wenn der geschiedene Gatte vor dem Rentenalter stirbt.
📖 Glockner, R., u. a.: V. bei Scheidung. Hdbg. [2]1981. - Voskuhl, U., u. a.: V. in der Praxis. St. Augustin 1976 (mit Beiheft 1980).

Versorgungstruppen, in der Bundeswehr veraltete Bez. für die Logistiktruppen (↑ auch Logistik) des Heeres (techn. Truppe und Sanitätstruppe). In der Luftwaffe führen die V. den Einsatzverbänden das Material zu.
Versorgungswirtschaft, der Teil der Wirtschaft, der in Gemeinwesen die Versorgung mit Energie (Elektrizität, Gas, Fernwärme) und Wasser sowie den öffentl. Nahverkehr betreibt. Die **Versorgungsbetriebe** haben den Charakter öffentl. Wirtschaftsbetriebe; sie sind i. d. R. Gemeindeeigentum, sofern sie nicht eigene Rechtspersönlichkeit besitzen. Die Versorgungsunternehmen, die meist den Namen Gemeindewerk oder Stadtwerk führen, unterliegen i. d. R. dem ↑ Anschluß- und Benutzungszwang.
Versprödung, das Absinken der Zähigkeit und damit der Festigkeit eines Werkstoffs. Als Ursachen gelten u. a. mechan. Wechselbelastungen (Schwingungen), plötzl. Temperaturänderungen (Thermoschocks) oder hohe Temperaturen über längere Zeiträume, Neutronenbestrahlung (*Neutronen-V.* z. B. im Material von Kernreaktoren); in versprödeten Werkstoffen können u. a. intermetall. Verbindungen, Gefügeumwandlungen, äußerlich auch Haarrisse nachgewiesen werden. In Extremfällen führt die V. zum sog. *Sprödbruch.*
Verstaatlichung, Form der ↑ Sozialisierung, bei der Rechtsträger der sozialisierten Güter der Staat (der Bund oder ein Land) ist. Eine V. ist in der BR Deutschland nur durch ein Gesetz, das Art und Ausmaß der Entschädigung regelt, zulässig. Die V. muß schließlich Zwecken der Gemeinwirtschaft dienen.
Verstädterung, svw. ↑ Urbanisation.
Verstand, mit V. werden in der Philosophie bestimmte Erkenntnisfähigkeiten des Menschen bezeichnet, die dem Verknüpfen von Elementen zu Zusammenhängen zu tun haben. In der neuzeitl. Philosophie wird v. a. sein Verhältnis zu Vernunft diskutiert. Nach Aristoteles ist der V. das Vermögen des begriffl. und schlußfolgernden (diskursiven) Denkens. Die ma. Philosophie folgt der Unterscheidung des Augustinus zw. einer „ratio inferior", die sich mit den endl. Dingen befaßt, und einer „ratio superior", die das Ewige zu erfassen sucht. Objekte des V. sind Begriff, Urteil und Schluß. Das diskursive Denken des V. ist für den Menschen spezifisch.
Verstandesbegriffe, bei Kant svw. ↑ Kategorien.
Verständigungsfriede, im 1. Weltkrieg zur polit. Parole gewordene Bez. für einen Frieden, der im Ggs. zum „Siegfrieden" auf einem Verhandlungskompromiß zw. den Kriegführenden beruht.
Verstärker, Geräte zur Steuerung einer

Verstärkerhypothese

von außen zugeführten Leistung mittels einer kleinen Signalleistung entsprechend deren zeitl. Verlauf. Die Steuerung kann auf verschiedene Weise erfolgen: Bei hydraul. und pneumat. V. erfolgt sie mechanisch, bei magnet., dielektr., elektron. und optoelektron. V. auf elektromagnet. Basis, bei Maschinen-V. nach elektromechan. Prinzipien. Unter V. i. e. S. werden *elektron. Linear-V.* verstanden. Je nachdem, ob die Ausgangsleistung sich vom Eingangssignal im wesentl. durch Vergrößerung der Spannungs- oder Stromwerte auszeichnet, spricht man von *Spannungs-* bzw. *Stromverstärker*. Als *Leistungs-V.* bezeichnet man solche, die Leistung (z. B. zum Betrieb von Lautsprechern) abzugeben vermögen; quantitative Merkmale sind: Nenn- oder *Sinusleistung* (Dauerausgangsleistung ohne Verzerrung) und die höhere [Gesamt-] *Musikleistung* (engl.: music power; kurzzeitige Spitzenleistung). Nach den aktiven Elementen unterscheidet man *Transistor-* und *Röhrenverstärker. Gleichspannungs-V.* bzw. *Gleichstrom-V.* werden v. a. zu Meßzwecken sowie als Operations-V. in Analogrechnern verwendet. *Wechselspannungs-* bzw. *Wechselstrom-V.* verarbeiten nur sinusförmige Signale (bzw. deren Überlagerungen). Wichtig für ihre Beurteilung ist der Frequenzgang ihrer Verstärkung. Je nach Größe des Übertragungsbereiches - weniger als ein oder mehrere Vielfache z. B. der unteren Grenzfrequenz - unterscheidet man *Schmal-* und *Breitbandverstärker*. Spezielle Breitband-V. sind z. B. die meisten Niederfrequenz-V. (Bandbreite etwa 20 Hz–20 kHz) und die Fernsehbild-V. (Video-V.); Schmalband-V. im Ggs. dazu sind die HF-, ZF-, UHF-, VHF-V. der Rundfunk- und Fernsehgeräte. *Abstimm-V.* (abstimmbare V.) sind Schmalband-V. mit in der Frequenz veränderl. Übertragungsbereich. *Grundschaltungen und Betriebsarten:* Die wesentl. aktiven Elemente der V. sind Elektronenröhren bzw. Transistoren. Bei Verwendung von Elektronenröhren ist die gebräuchlichste Grundschaltung zur Spannungsverstärkung die *Kathodenbasisschaltung (Anodenverstärkerschaltung)*, bei der die Kathode gemeinsame Elektrode („Basis") für Eingangs- und Ausgangskreis ist. Bei Verwendung von bipolaren Transistoren unterscheidet man Emitter-, Basis- und Kollektorschaltung als Grundschaltungen, bei Verwendung von unipolaren Transistoren Source-, Gate- und Drain-Schaltung (↑ Transistor). - Durch direkte Kopplung von einzelnen Grundschaltungen kann man mehrere günstige Eigenschaften vereinen; so erreicht man *beim Kaskaden-V.* mit der *Cascode-Schaltung (Kaskode)* zweier Trioden bzw. Transistoren die hohe Verstärkung einer Pentodenstufe, jedoch mit einem wesentl. geringeren Rauschen. - ↑ auch Laser, ↑ Maser.

📖 *Gad, H./Fricke, H.:* Grundll. der V. Stg. 1983. - *Wirsum, S.:* V.bau mit integrierten Schaltungen. Mchn. ³1983. - *Harms, G.:* Linear-V. Würzbg ²1980. - *Kirschbaum, H.-D.:* Transistorverstärker. Stg. ²⁻³ 1980–83. 3 Bde.

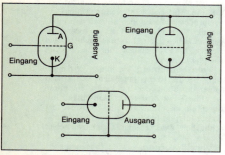

Verstärkergrundschaltungen mit Elektronenröhren (Trioden).
A Anode, K Kathode, G Gitter

Kaskadenverstärkerschaltung mit zwei Transistoren (Trioden) T_1 und T_2, von denen T_2 als Kaskade geschaltet in Basisschaltung arbeitet (R Widerstände)

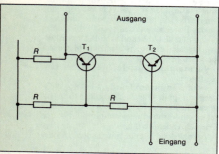

Verstärkerhypothese, in der Medienwirkungsforschung die Annahme, daß nicht Veränderung, sondern Verstärkung bestehender Einstellungen und Meinungen dominierender Effekt der Massenkommunikation sei. Gestützt wird die V. durch empir. Befunde der Soziologie und Psychologie zum Selektionsverhalten des Rezipienten, der in der präkommunikativen Phase entscheidet, welchen Medien und Aussagen er sich zuwendet (Selbstselektion), in der kommunikativen Phase, welche Inhalte er aufnimmt bzw. wie er sie interpretiert (selektive Wahrnehmung), und in der postkommunikativen Phase, was er behält (selektives Behalten).

Verstärkung (Reinforcement), in der *Lernpsychologie* Bez. für die Erhöhung der Motivation oder Handlungsbereitschaft - und damit der Wahrscheinlichkeit für Handlungswiederholungen - durch Erfolg oder Belohnung (*positive V.*) bzw. der Nichtbereitschaft durch Mißerfolg oder Bestrafung (*negative V.*). V. a. B. F. Skinner ging bei seinen lernpsycholog. Experimenten davon aus, daß Organismen von sich aus (d. h. ohne Anregung durch Umweltreize) aktiv sind und daß diese Aktivität jeweils durch Reaktionen der Umwelt positiv oder negativ verstärkt wird.

Verstauchung (Distorsion), durch plötzl. Überschreiten der normalen Bewegungsgrenze eines Gelenks hervorgerufene Verletzung (Zerrung oder Riß der Gelenkbänder), meist am Hand- oder Sprunggelenk.

Verstehen, 1. das Erfassen von Zusammenhängen (zw. Dingen, Menschen und Gedanken); 2. das nachvollziehende Begreifen seel. Zustände (Gefühle, Motivationen) anderer Menschen; 3. das Erfassen einer Bedeutung, bes. eines Symbol- oder Regelsystems, z. B. einer Sprache oder eines Spiels. - In der Tradition sind v. a. Wege gesucht worden, auf denen man die Sicherung eines bestimmten V.vorschlags gewährleisten kann, wie z. B. in der Hermeneutik oder in den verstehenden Sozialwiss.; in diesem Zusammenhang ist auch, bes. einflußreich durch W. Dilthey (und im Anschluß an ihn durch K. Jaspers), ein Unterschied von erklärenden Naturwiss. und verstehenden Geisteswiss. (↑ auch historische Methode) konstruiert worden.

verstehende Psychologie, auf W. Dilthey zurückgehende psycholog. Richtung, deren Ziel nicht die nomothet. (allgemeingültige Gesetze verwendende) Erklärung sich wiederholender einfacher Prozesse, sondern die idiograph. (das Einmalige aufspürende) Beschreibung eines Individuums in seiner Komplexität ist (↑ beschreibende Psychologie).

Versteigerung (Auktion), öffentl. Verkauf eines Gegenstandes an den Meistbietenden. 1. Im *Schuldrecht* ist die V. zulässig beim Selbsthilfeverkauf, bei Fundsachen und bei der Pfandleihe sowie bei der ↑ Hinterlegung ungeeigneten Sachen. Die V. ist unter Angabe von Zeit und Ort öffentl. bekanntzumachen und wird durch den Gerichtsvollzieher oder einen öffentl. bestellten Versteigerer (*Auktionator*) durchgeführt. Der Kaufvertrag kommt durch Gebot des Bieters und Zuschlag des Versteigerers zustande. Der Versteigerer oder seine Gehilfen dürfen nicht mitbieten. - Eine bes. Form der V., insbes. von Lebensmitteln, ist der Abschlag (Veiling). - 2. In der Zwangsvollstreckung werden bewegl. Sachen durch den Gerichtsvollzieher öffentl. versteigert. Diese V. ist Hoheitsakt. Die Verwertung von Grundstücken erfolgt durch *Zwangsversteigerung*.

Im *östr.* und *schweizer. Recht* gilt im wesentl. Entsprechendes.

Versteigerungserlös, der durch die Verwertung eines Gegenstandes im Wege der öffentl. Versteigerung oder der Zwangsversteigerung vom Ersteher bar zu zahlende Geldbetrag. In der *öffentl. Versteigerung* entspricht er der Höhe nach dem *Gebot*. Die Empfangnahme des V. durch den Gerichtsvollzieher gilt bei gepfändeten Sachen als Zahlung seitens des Schuldners (§ 819 ZPO). In der *Zwangsversteigerung* von Grundstükken entspricht der V. dem Bargebot. Nach Erteilung des Zuschlags hat das Gericht einen Termin zur Verteilung des V. (Verteilungstermin) zu bestimmen.

Versteinerung, 1. Vorgang der ↑ Fossilisation; 2. zu Stein gewordene Überreste von Tieren und Pflanzen, d. h. ↑ Fossilien.

Verstellflügel, svw. ↑ Schwenkflügel.

Verstellpropeller↑ Luftschraube,↑ Schiff (Aufbau des Schiffes).

Versteppung, 1. durch Klimaänderung bedingte natürl. Umwandlung eines Waldgebiets an seiner Trockengrenze in Steppe; 2. populärwiss. Bez. für Austrocknung des Bodens und damit verbundene Veränderung der Vegetation, hervorgerufen durch Entwaldung und/oder Eingriffe in den Wasserhaushalt.

Verstopfung (Stuhlverstopfung, Obstipation, Konstipation, Darmträgheit, Hartleibigkeit), verzögerte oder erschwerte Kotentleerung infolge Erschlaffung der Darmwand oder Krampf der Darmmuskulatur. Vergleichsweise häufig ist die Kombination verschiedener Ursachen, die ohne wesentliche Strukturveränderungen des Darmkanals zu einer funktionellen Störung mit chron. V. führen. Dabei spielt häufig die Ernährungsweise eine Rolle. Ist die Nahrung schlackenarm, wird sie bereits im Dünndarm vollständig verdaut und im Dickdarm dann zu stark eingeengt und eingedickt. Schließlich fehlen die mechan. Reize für die vorwärtstreibende Muskeltätigkeit und die Mastdarmdehnung (als Ursache für Stuhldrang und Darmentleerung). Manche Nahrungsmittel, auch einzelne Medikamente härten den Stuhl und behindern die Stuhlentleerung zusätzlich. Umgekehrt vermehren unverdaul. pflanzl. Nahrungsschlacken aus Gemüse, Obst und grobgemahlenem Getreide den verbleibenden Dickdarminhalt und erhalten ihn verformbar; entsprechend wirken sie einer V. entgegen. Ferner sind v. a. falsche oder gestörte Entleerungsgewohnheiten (z. B Unterdrückung des Stuhldrangs durch falsche Zeiteinteilung oder in fremder Umgebung) eine häufige Ursache von V. (Abstumpfung, zuletzt Ausbleiben des Entleerungsreflexes). Schließlich kann die längere unkontrollierte Anwendung von Abführmitteln zu Funktionsstörungen führen. - Zu den allg. *Symptomen* der V. gehören: das subjektive Empfinden, „verstopft" zu sein, ein dumpfes Druckgefühl im Bauch, Appetitlosigkeit, schlechter Geschmack im Mund und Mundgeruch, nervöse Störungen, auch Kopfschmerz. Bei organ. Erkrankungen des Darmrohrs kommen die jeweils spezif. Symptome hinzu. - Zur *Behand-*

Verstrahlung

lung einer V. gehören (neben spezif. Maßnahmen bei organ. Erkrankungen) v. a. diätet. Maßnahmen (schlackenreiche Kost, bes. in Form von Gemüse und Obst, bei ausreichender Flüssigkeitszufuhr), außerdem körperl. Bewegung bzw. Gymnastik und die zeitl. Regulierung des Stuhlgangs. Die ärztl. Verordnung von Abführmitteln ist von Fall zu Fall angezeigt.

📖 *Bartussek, A.: Der chron. Darmschaden. Wien* ³1985. - *Holzschneider, A.: Elektromanometrie des Enddarms. Diagnostik der Inkontinenz u. chron. Obstipation. Mchn. u. Wien* 1977.

Verstrahlung, im militär. Bereich übl. Bez. für das Vorhandensein von radioaktiven Substanzen (aus Kernwaffenexplosionen) auf Kleidung, Waffen und Gerät. Im nichtmilitär. Bereich spricht man meist von *radioaktiver Verseuchung*.

Verstrecken Verfahren zur Verfestigung von ↑Chemiefasern.

Verstrickung ↑Pfändung.

Verstrickungsbruch, svw. ↑Pfandentstrickung.

Verstromungsgesetze, Gesetze, die die Verwendung von Kohle in Kraftwerken zur Stromerzeugung fördern. Die Förderung erfolgt durch Steuervergünstigungen, Subventionen und Ausgleichszahlungen, die z. T. durch den Endverbraucher (↑Kohlepfennig) finanziert werden müssen.

Verstümmelung (Mutilation), durch äußere Gewalt und Krankheit hervorgerufene sichtbare Entstellung von Körperteilen.

Versuch, im *Strafrecht* die begonnene, aber noch nicht vollendete Straftat. Eine Straftat wird begonnen, wenn der Täter auf Grund seines Entschlusses (Tatentschluß), eine Straftat zu begehen, Handlungen ausführt, mit denen er nach seiner subjektiven Vorstellung der Tat unmittelbar zur Verwirklichung des strafbaren Tatbestands ansetzt (§ 22 StGB). Von V. abzugrenzen ist die straflose Vorbereitungshandlung, die das geschützte Rechtsgut noch nicht konkret gefährdet (Vorfahren vor dem Haus, in das eingebrochen werden soll; versuchter Diebstahl hingegen: Eindringen, um zu stehlen). Den V. einer fahrlässigen Tat gibt es nicht. Der V. eines Verbrechens ist stets strafbar, der V. eines Vergehens nur, wenn es das StGB ausdrückl. bestimmt. Der V. kann milder bestraft werden als die vollendete Tat. Der Täter bleibt straflos, wenn er freiwillig vom V. zurücktritt, d. h. von der Tatbestandsverwirklichung absieht, obwohl diese an sich noch mögl. ist (↑Rücktritt, § 24 StGB). Auch der *untaugliche V.*, d. h. der V. mit untaugl. Mitteln (Vergiftungs-V. mit ungiftigen Mitteln) sowie der V. am untaugl. Objekt (Mordversuch an Leiche) ist wegen der vom Täter bewiesenen Auflehnung gegen die Rechtsordnung strafbar, das Gericht kann jedoch von Strafe absehen.

Für das *östr.* und *schweizer. Recht* gilt im wesentl. das gleiche wie im dt. Recht.

◆ svw. ↑Experiment.

◆ im *Sport* Bez. für bestimmte, wettkampfmäßig betriebene Übung (Aktion) in der jeweiligen Disziplin (Sportart).

Versuchsperson ↑Proband.

Versuchsschulen, svw. ↑Modellschulen.

Versuch und Irrtum ↑Trial-and-error-Methode.

Versuchung, jede aktuelle Hinlenkung des Willens auf eine dem religiösen oder sittl. Gebot widersprechende Haltung; gehört als Anreiz zur Sünde zu den Bedingungen menschl. Freiheit.

Versuchung Jesu, das im N. T. von allen drei synopt. Evangelien im Anschluß an die Taufe Jesu und seinen vierzigtägigen Wüstenaufenthalt berichtete Geschehen, das in drei Vorgängen die (vergebl.) V. J. durch den Satan beschreibt (Sinnenglück, Massenberauschung, Weltherrschaftsanspruch).

Versus [lat.], im MA in vielfacher Bed. verwendeter Begriff, der zunächst v. a. im Bereich der Liturgie für einen als Gebets- oder Gesangstext gebrauchten ↑Vers aus der Bibel gebraucht wurde. Bereits um 900 auch auf eine liturg. (Hymnus) oder geistl. Dichtung (Tropus, Conductus, liturg. Drama) übertragen.

Vertagung, 1. im *Strafverfahren* svw. ↑Aussetzung der Hauptverhandlung; 2. im *Zivilprozeß* die Bestimmung eines neuen Termins zur Verhandlung in einem noch nicht beendeten Termin durch das Gericht. Die V. ist von der *Verlegung* zu unterscheiden, bei der ein gerichtl. Termin vor Beginn der mündl. Verhandlung vom Vorsitzenden auf einen neuen Termin gelegt wird.

vertatur! [lat. „man drehe um"], Abk. vert, V; Korrekturanweisung, auf dem Kopf stehende Buchstaben umzudrehen (veraltet).

vertäuen, ein Schiff mit Trossen an Pollern u. ä. festmachen.

Vertauschbarkeit (Kommutierbarkeit), in der Quantentheorie Bez. für die Eigenschaft zweier beliebiger Operatoren A und B, die Gleichung $AB = BA$ bzw. $AB = -BA$ (*Antivertauschbarkeit*) zu erfüllen.

Vertebrae [lat.] ↑Wirbel.

vertebral [lat.], in der Anatomie und Medizin für: zu einem oder mehreren Wirbeln gehörend, einen Wirbel betreffend.

Vertebrata (Vertebraten) [lat.], svw. ↑Wirbeltiere.

Verteidiger, unabhängiges, Gericht und Staatsanwaltschaft gleichgeordnetes Organ der Rechtspflege. Hat im Strafverfahren als *Strafverteidiger* ausschließlich die Interessen des Beschuldigten zu vertreten, dessen Rechte zu wahren und auf die Einhaltung eines rechtmäßigen Verfahrens hinzuwirken. Beschuldigte können sich in jeder Lage des Verfah-

Verteidigungsfall

rens des Beistandes von bis zu 3 V. bedienen (§ 137 StPO). Die gemeinschaftl. Verteidigung mehrerer Beschuldigter durch einen V. ist unzulässig. Zum V. können die bei einem dt. Gericht zugelassenen Rechtsanwälte und die Rechtslehrer an dt. Hochschulen gewählt werden. Die Mitwirkung eines V. im Strafverfahren ist u. a. notwendig, wenn die Hauptverhandlung im ersten Rechtszug vor dem Oberlandesgericht oder dem Landgericht stattfindet bzw. wenn die Anklage wegen eines Verbrechens erhoben wird. In einem Fall *notwendiger Verteidigung* erhalten Beschuldigte, die keinen Wahlverteidiger haben, vom Gericht einen *Pflichtverteidiger* beigeordnet. V. a. in Verfahren wegen Bildung terrorist. Vereinigungen werden z. T. neben Wahl-V. gegen den Willen der Beschuldigten vom Gericht ausgewählte Pflicht-V., sog. „Zwangsverteidiger", zusätzl. beigeordnet. Die Rechte des V. wurden in der BR Deutschland durch vielfache Änderungen der Strafprozeßordnung († Strafverfahren) u. a. hinsichtl. des V.ausschlusses, der Überwachung des schriftl. V.verkehrs sowie der Frage- und Beweisantragsrechts in der Hauptverhandlung eingeschränkt. Anträge auf Richterablehnung kann das erkennende Gericht für eine begrenzte Zeit zurückstellen. Ferner können seit 1978 bei mündl. V.gesprächen in Verfahren nach § 129a StGB (terrorist. Vereinigung) Trennscheiben eingerichtet werden.
In *Österreich* und der *Schweiz* gilt dem dt. Recht im wesentl. Entsprechendes. - † auch Armenrecht.
◆ im *Sport* bei Mannschaftsspielen svw. Abwehrspieler.

Verteidigung, die völkerrechtl. zulässige Abwehr eines Angriffs. Das grundsätzl. Gewaltverbot der UN-Charta, legt den Mitgliedstaaten der UN die Pflicht auf, sich in ihren internat. Beziehungen jeder Drohung mit Gewalt oder Gewaltanwendung, die gegen die territoriale Unversehrtheit oder die polit. Unabhängigkeit irgendeines Staates gerichtet ist, zu enthalten. Für den Fall eines bewaffneten Angriffs räumt die Charta in Art. 51 eine Ausnahme ein: das Recht auf individuelle und kollektive Selbstverteidigung. Ob die V. erst dann zulässig ist, wenn der Angriff sein erstes Ziel erreicht hat, oder ob auch eine V. gegen einen unmittelbar bevorstehenden Angriff oder gegen die Vorbereitung eines Angriffs erlaubt ist *(präventive V.),* ist umstritten. Durch die Anerkennung der kollektiven Selbstverteidigung sind V.bündnisse (z. B. die NATO) legitimiert.
V. als militär. *Kampfart* zielt darauf, dem angreifenden Gegner bereits bei der Annäherung hohe Verluste beizubringen, seine Feuerkraft entscheidend zu schwächen, den Stoß der Hauptkräfte aufzufangen und abzuschwächen und so den gesamten gegner. Angriff in einem Geländeraum abzuwehren.

Verteidigungsfall, äußerer, durch einen mit Waffengewalt geführten oder unmittelbar drohenden Angriff auf das Bundesgebiet hervorgerufener † Notstand (Art. 115a GG; † auch Ausnahmezustand). Die Feststellung des V. hat grundsätzl. auf Antrag der Bundesreg. durch den Bundestag mit Zustimmung des Bundesrates zu erfolgen. Ausnahmsweise trifft die Feststellung der † Gemeinsame Ausschuß. Ist auch dieser verhindert, so gilt die Feststellung des V. als für den Zeitpunkt getroffen und verkündet, in dem der Angriff begonnen hat. In den anderen Fällen treten die Vorschriften über den V., die sog. Notstandsverfassung, erst nach Verkündung der Feststellung des V. durch den Bundespräs. in Kraft. Im V. geht die † Befehls- und Kommandogewalt auf den Bundeskanzler, die Strafgerichtsbarkeit über die Angehörigen der Streitkräfte auf Wehrstrafgerichte über (Art. 96 Abs. 2 GG). Die Streitkräfte können Aufgaben des zivilen Objektschutzes und der Verkehrsregelung - auch zur Unterstützung polizeil. Maßnahmen - wahrnehmen (Art. 87a Abs. 3). Ferner kann die Bundesreg. den † Bundesgrenzschutz im gesamten Bundesgebiet einsetzen sowie Landesreg. und Landesbehörden Weisungen erteilen (Art. 115f.). Ist die Bundesreg. zur Gefahrenabwehr außerstande, so können die Landesreg. für ihren Zuständigkeitsbereich Maßnahmen nach Art. 115f. treffen, die jedoch jederzeit durch die Bundesreg. oder den Min.präs. des Landes aufgehoben werden können. Das Gesetzgebungsverfahren kann beschleunigt werden (gemeinsame Beratung einer als dringl. bezeichneten Vorlage von Bundestag und Bundesrat). Wehrpflichtige, die weder zum Wehr- noch zum Ersatzdienst herangezogen sind, können zu zivilen Dienstleistungen in Arbeitsverhältnisse und zur Wahrnehmung polizeil. und anderer hoheitl. Aufgaben auch in öffentl.-rechtl. Dienstverhältnisse verpflichtet werden (Art. 12a Abs. 3). Frauen im Alter zw. 18 und 55 Jahren können zu Dienstleistungen im zivilen Sanitäts- und Heilwesen sowie in ortsfesten militär. Lazarettorganisationen herangezogen werden, wenn der Dienstleistungsbedarf nicht auf freiwilliger Grundlage gedeckt werden kann (Art. 12a Abs. 4). Zur Vorbereitung auf den V. ist der Gesetzgeber in Friedenszeiten befugt, „für den V." Gesetze zu erlassen, die normalerweise in den Zuständigkeitsbereich der Länder fallen, bzw. von den in Friedenszeiten geltenden Normen hinsichtl. Verwaltung, Finanzwesen, Enteignungsentschädigung und der ohne richterl. Anordnung erfolgenden Freiheitsentziehung abweichende Regelungen zu schaffen. Diese Gesetze können in Friedenszeiten „eingeübt", aber erst im V. angewandt werden (Art. 115c). Zur Vorbereitung auf Dienstleistungen nach Art. 12a Abs. 3 kann die Teilnahme an Ausbildungsveranstaltungen in

Verteidigungspolitik

Friedenszeiten zur Pflicht gemacht werden. Stellung und Funktion des ↑Bundesverfassungsgerichts als „Hüter der Verfassung" dürfen nicht beeinträchtigt werden. Im V. bleiben Parlamente, Bundesverfassungsrichter und Bundespräs. auch nach Ablauf ihrer Wahlperiode im Amt. Neuwahlen haben 6 Monate (beim Bundespräs. 9 Monate) nach Beendigung der V. stattzufinden.
Da Notstandsrecht im rechtsstaatl. Verfassungsstaat immer ein unter dem Gebot der Notwendigkeit (Erforderlichkeit) stehender Ausnahmezustand ist, muß der Bundestag mit Zustimmung des Bundesrates den V. unverzüglich für beendet erklären und zur Normallage zurückkehren, wenn die Voraussetzungen für seine Feststellung nicht mehr gegeben sind (Art. 115l Abs. 2). Der Beschluß über den Friedensschluß hat durch Bundesgesetz zu erfolgen.

Verteidigungspolitik, alle Maßnahmen eines Staates, die der Abwehr von Angriffen anderer Staaten auf das eigene Territorium dienen, insbes. der Unterhalt eigener Verteidigungsstreitkräfte *(Militärpolitik)* sowie der gesamte Bereich der internat. Bündnispolitik; i. w. S. auch das Bemühen, durch innerstaatl. (v. a. gesellschaftspolit.) Maßnahmen die innenpolit. Stabilität zu sichern und keine Möglichkeiten zur Einwirkung von außen zu bieten. - ↑auch Sicherheitspolitik.

Verteidigungsrat (Bundesverteidigungsrat) 1955–69 Bez. des heutigen ↑Bundessicherheitsrats.

Verteiler (Zündverteiler) ↑Zündanlage.

Verteilungsfunktion, in der statist. Mechanik und für jedes mikrophysikal. System sehr vieler Teilchen definierte Funktion $f(T,E)$ bzw. $f(T,H)$ der absoluten Temperatur T und der Energie E bzw. der Hamilton-Funktion H, die die thermodynam. Wahrscheinlichkeit der einzelnen Zustände des Systems festlegt. Mit ihr lassen sich thermodynam. Mittelwerte von beobachtbaren physikal. Größen des Systems bilden.

♦ in der Wahrscheinlichkeitsrechnung die einer Zufallsgröße X zugeordnete Funktion $F(x)$, die jeder reellen Zahl x die Wahrscheinlichkeit $P(X \leq x)$ zuordnet: $F(xt = P(X \leq x)$. Die V. gibt also die Wahrscheinlichkeit dafür an, daß die Zufallsgröße X höchstens den Wert x annimmt.

Verteilungsverfahren, bei der ↑Zwangsvollstreckung in beweglichem Vermögen ein von Amts wegen durchzuführendes Verfahren, wenn ein auf Grund der Pfändung erlangter Geldbetrag hinterlegt worden ist, der zur rangmäßigen Befriedigung der beteiligten Gläubiger nicht ausreicht. Im V. erfolgt zunächst die Aufstellung eines Teilungsplanes durch das Verteilungsgericht (Amtsgericht) und später die Durchführung des Verteilungstermins; 2. bei der Zwangsversteigerung und der Zwangsverwaltung von unbewegl. Vermögen das dem Zuschlag folgende Verfahren zur Verteilung des Erlöses, wenn sich nicht die Beteiligten außergerichtl. darüber einigen.

Vértesgebirge [ungar. 'veːrtɛʃ], SW-NO streichender mittlerer Teil des Transdanub. Mittelgebirges, Ungarn, zw. Bakony und Dunazug-hegység, bis 480 m hoch.

Vértesszőlős (Vértesszőllős) [ungar. 'veːrtɛsːølløːʃ], Fundort (bei Tata, Ungarn; Ausgrabung 1963–65) altpaläolith. Steinwerkzeuge mit Feuerstellen und u. a. menschl. Schädelresten; auf Grund der Fauna in ein Interstadial der Mindeleiszeit datiert; einer der ältesten Belege für die Nutzung des Feuers durch Menschen.

Vertex [lat. „Scheitel"], (Fluchtpunkt) in der *Astronomie* der Zielpunkt der Bewegung von Sterngruppen, u. a. am Himmel.

♦ in der *Anatomie* und *Morphologie* ↑Scheitel.

Vertikale [lat.], senkrechte Gerade oder Ebene; als *Vertikalkreis (Vertikal)* wird ein senkrecht (vertikal) auf dem Horizont stehender Großkreis durch den Zenit bezeichnet.

Vertisol [Kw. aus lat. vertere „umwenden" und sol „Boden"], Boden mit AC-Profil und hohem Anteil an quellfähigen Tonmineralen in trop. und subtrop. Gebieten.

Vertrag (Kontrakt), mehrseitiges Rechtsgeschäft zur Begründung, Aufhebung oder Änderung von Rechtsverhältnissen, die durch übereinstimmende Willenserklärungen, näml. ↑Antrag und ↑Annahme, zw. zwei oder mehreren Personen (V.sparteien, V.sgegner) zustandekommt. Zu unterscheiden sind **öffentl.-rechtl. Verträge** (V., die sich auf ein Rechtsverhältnis auf dem Gebiet des öffentl. Rechts beziehen, z. B. V. über die Vorauszahlung von Erschließungsbeiträgen) und **privatrechtl. Verträgen.** Letztere sind wieder zu unterteilen in *obligator.* (schuldrechtl., z. B. Kauf, Miete, Arbeitsvertrag), *dingl.* (sachenrechtl., z. B. Verpfändung), *familienrechtl.* (Eheverträge) und *erbrechtl. V.* (Erbvertrag und Erbverzicht). Das Zustandekommen eines wirksamen V. kann von der Einhaltung einer bestimmten ↑Form, der Zustimmung dritter Personen oder einer Behörde, der (konstitutiven) Eintragung in ein Register (z. B. Grundbuch) und dem Eintritt einer ↑Bedingung abhängig sein. Die *entgeltl.* V. unterscheiden sich von den *unentgeltl.* (z. B. Schenkung, Leihe) dadurch, daß bei letzteren keine Gegenleistung erfolgt. Die obligator. Verträge sind entweder einseitig verpflichtende Verträge (Schenkung), unvollkommen zweiseitig verpflichtende Verträge (z. B. Auftrag, Leihe) oder gegenseitige V., nach dem ob, durch die sie eine Verpflichtung nur für einen oder für beide V.steile begründet wird und ob einander gleichwertige (synallagmat.) Leistungen geschuldet werden, d. h. die beiderseitigen Leistungsverpflichtungen sich derart gegenüberstehen, daß jede Leistung gerade um der Gegenleistung willen versprochen ist.

Vertreibung

Das V.sprinzip geht auf den Gedanken der Selbstbestimmung und Gleichberechtigung zurück. Der V. ist das rechtstechn. Mittel, mit dessen Hilfe die einzelnen Rechtsgenossen innerhalb der bestehenden Gesetze ihre rechtl. Verhältnisse nach ihren Vorstellungen selbst gestalten und für die Deckung ihrer Bedürfnisse im Wege des freien Güteraustausches sorgen können. Diese sog. **Vertragsfreiheit** (Parteiautonomie) beinhaltet das Recht, über den Abschluß eines V. (sog. Abschlußfreiheit) sowie über dessen Inhalt (Inhaltsfreiheit) frei zu bestimmen. Die V.sfreiheit findet ihre Grenzen durch das Verbot der Gesetzes- sowie der Sittenwidrigkeit. Sie ist ferner durch den Grundsatz von Treu und Glauben sowie der Billigkeit und bei Monopolstellungen durch den *Kontrahierungszwang* (z. B. müssen Verkehrs- und Versorgungsunternehmen der öffentl. Hand Beförderungsverträge abschließen) eingeschränkt. Aus dem Grundsatz der V.freiheit ergibt sich, daß ein V. zu Lasten Dritter nicht zulässig ist. Ein *V. zugunsten Dritter*, bei dem eine vertragl. versprochene Leistung nicht dem Versprechensempfänger (V.gegner), sondern einem Dritten, nicht am V.sverhältnis Beteiligten, geschuldet wird (z. B. der Bezugsberechtigte bei einer Lebensversicherung), ist hingegen zulässig. Verhindert ein V.partner das Eintreten des mit dem V. gewollten Erfolges (V.verletzung), so ist er zum Schadenersatz verpflichtet. Durch einen *Vorvertrag* begründen die Parteien die (erzwingbare) Verpflichtung zum späteren Abschluß eines Haupt-V. Der Vor-V. bedarf i. d. R. der gleichen Form wie der Haupt-V. und ist vor dem vertragsähnl. (vorvertragl.) Vertrauensverhältnis zu unterscheiden (↑ Verschulden). - ↑ auch Verzug, ↑ Dissens, ↑ Verfallklausel.

📖 *Larenz, K.: Allg. Teil der dt. Bürgerl. Rechts.* Mchn. ⁶1983. - *V.recht* (Kohlhammer Stud.-Bücher). Stg. 1977–79. 3 Bde. - *Kramer, E. A.: Die „Krise" des liberalen V.denkens.* Mchn. 1974. - *Haegele, K.: Verträge des tägl. Lebens.* Bonn ⁷1973. - *Wolf, M.: Rechtsgeschäftl. Entscheidungsfreiheit u. vertragl. Interessenausgleich.* Tüb. 1970. - *Bailas, D.: Das Problem der V.schließung u. der vertragsbegründende Akt.* Gött. 1962. - *Stobbe, O.: Zur Gesch. des Dt. V.rechts.* Lpz. 1855. Nachdr. Ffm. 1969.

Vertragsarzt, Arzt, der auf Grund privatrechtl. Verpflichtung von öffentl. Einrichtung oder Behörde (z. B. Schule oder Gefängnis) regelmäßig ärztlich betreut.

Vertragsforschung ↑ Forschung.

Vertragshändler (Eigenhändler, Konzessionär), selbständiger Unternehmer, der durch einen Rahmenvertrag (V.vertrag) mit einem Hersteller von Waren (meist ↑ Markenartikel) in dessen Vertriebsorganisation eingegliedert ist, aber im eigenen Namen und auf eigene Rechnung Waren des Herstellers ankauft und weiterveräußert. Der V. hat meist, ähnl. wie ein Handelsvertreter, einen Alleinvertriebsbezirk; damit ist er verpflichtet, keine Verkäufe außerhalb seines Bezirkes durchzuführen. Grundsätzl. darf er auch keine anderen Waren als die des Herstellers verkaufen.

Vertragsklauseln, svw. ↑ Handelsklauseln.

Vertragslehre (Vertragstheorie), in vielen Varianten die Gesellschaftslehre der Aufklärung bestimmende sozialphilosoph. Anschauung, nach der sich die Menschen als gleiche und freie Wesen auf Grund eines Vertrages zu Staat und Gesellschaft (Gesellschaftsvertrag) zusammengetan haben. Die V. beruhte auf dem Naturrecht und richtete sich bes. gegen das absolutist. Dogma des von Gott eingesetzten Herrschers. Hauptvertreter waren T. Hobbes, J. Locke, J.-J. Rousseau, B. Spinoza, P. Gassendi, H. Grotius, T. Jefferson und T. Paine.

Vertragsstrafe (Konventionalstrafe), Versprechen einer Geldsumme als Strafe für den Fall, daß der Versprechende eine Schuld gegenüber dem Gläubiger nicht oder nicht gehörig erfüllt. Mangels anderer Vereinbarung ist die Strafe verwirkt, d. h. fällig, wenn der Schuldner mit der von ihm geschuldeten Leistung in Verzug kommt oder wenn die geschuldete Leistung in einem Unterlassen besteht. Auf Antrag des Schuldners kann eine unverhältnismäßig hohe V. durch Urteil auf den angemessenen Betrag herabgesetzt werden.

Vertrauensarzt, Arzt, der im Auftrag der gesetzl. Kranken- und Rentenversicherung beratende und gutachterl. Funktionen, v. a. bezüglich der Beurteilung von Arbeitsfähigkeit, Berentung und Rehabilitationsmaßnahmen, ausübt.

Vertrauensfrage, in parlamentar. Reg.systemen vom Reg.chef gestellter Antrag an das Parlament, ihm das Vertrauen auszusprechen; bei Ablehnung erfolgt i. d. R. der Rücktritt der Reg. und/oder Auflösung des Parlaments (↑ jedoch Gesetzgebungsnotstand). - ↑ auch Mißtrauensvotum.

Vertrauensinteresse (negatives Interesse, Vertrauensschaden), das Interesse desjenigen, der dadurch, daß er auf einen bestimmten rechtl. Zustand vertraut hat (z. B. auf die Gültigkeit eines Rechtsgeschäfts, das sich jedoch später wegen Anfechtung oder mangels Vertretungsmacht des Stellvertreters als unwirksam erweist), einen Schaden erlitten hat (Vertrauensschaden), so gestellt zu werden, wie er stünde, wenn er auf diesen Zustand (d. h. den Vertragsabschluß) nicht vertraut hätte. Das V. ist meist begrenzt durch die Höhe des Erfüllungsinteresses (danach ist der Gläubiger so zu stellen, wie er bei ordnungsgemäßer Erfüllung durch den Schuldner stünde) und ist bei der Schadenberechnung von Bedeutung.

Vertreibung, die mit Drohung oder Gewalt bewirkte Aussiedlung der Bev. aus ihrem

vertretbare Sache

Heimat über die Grenzen des vertreibenden Staates hinweg († auch Deportation). Die V. der eigenen Staatsangehörigen ist ein Verbrechen gegen die Menschlichkeit und ein Verstoß gegen Menschenrechte; sie ist im übrigen völkerrechtswidrig, wenn andere Staaten die Vertriebenen nicht aufnehmen wollen. Die V. fremder Staatsangehöriger, d. h. der Zivilbev. aus einem besetzten Gebiet, ist ein Kriegsverbrechen nach dem Londoner Abkommen und ein Verstoß gegen Art. 49 des Genfer Abkommens zum Schutz der Zivilbevölkerung von 1949. Die vorübergehende Räumung eines besetzten Gebietes aus militär. Gründen kann allerdings zulässig sein. Eine histor. Wurzel des Phänomens V. liegt im Nationalismus des 19. Jh., in den Bestrebungen, sprachl. und ethn. Übereinstimmung im Staatsgebiet herzustellen: So kam es z. B. 1919 zu einer erzwungenen Massenumsiedlung von 123 000 Bulgaren aus Griechenland und 30 000 Griechen aus Bulgarien; in der Konvention von Lausanne 1923 wurde die Zwangsumsiedlung von 1,3 Mill. Türken aus Griechenland festgelegt. Der Wunsch, staatl. und ethn.[-religiöse] Grenzlinien zur Deckung zu bringen, hat auch zu massenhaften V. und Fluchtbewegungen im Zuge der Entkolonisation geführt: Bei der Unabhängigkeit Indiens und Pakistans z. B. kam es zur V. und zum Tod von rd. 17 Mill. Hindus und Muslimen. Aus den ehemaligen Kolonialgebieten Afrikas wurde ein Großteil der europ. Bev. verdrängt; Uganda wies auch die (wirtsch. führende) ind. Minderheit aus.

Unter V. der Deutschen aus Ostmitteleuropa werden im allg. folgende Komplexe zusammengefaßt: 1. die in der Endphase des 2. Weltkriegs von den dt. Behörden verfügte Evakuierung bzw. durch den sowjet. Vormarsch und Partisanenerhebungen veranlaßte Flucht etwa der Hälfte der dt. Bev. aus den dt. Ostgebieten und anderen unterschiedl. großen Teilen der dt. Bev. in den dt. Siedlungsgebieten im Ausland; 2. die fast vollständige Ausweisung oder teilweise Zwangsumsiedlung der in den dt. Ostgebieten und den dt. Siedlungsgebieten im Ausland verbliebenen Deutschen in den Jahren unmittelbar nach 1945, die auf Beschlüsse der Konferenzen von Teheran, Jalta und Potsdam zurückging (zu den Zahlen der Vertriebenen, Flüchtlinge und Aussiedler † auch Deutschland [Bevölkerung]).

📖 *Dokumentation der V. der Deutschen aus Ost-Mitteleuropa.* Hg. v. T. Schieder. Mchn. Neuaufl. 1984. 5 Bde. in 8 Teilen. - Zayas, A. M. de: *Die Angloamerikaner u. die V. der Deutschen. Vorgesch., Verlauf, Folgen.* Dt. Übers. Mchn. [5]1979. - Neubach, H.: *Die Ausweisungen von Polen und Juden aus Preußen 1885/86.* Wsb. 1967.

vertretbare Sachen, bewegl. Sachen, die im Verkehr nach Maß, Zahl oder Gewicht bestimmt zu werden pflegen.

Vertretenmüssen, die i. d. R. † Verschulden voraussetzende Verantwortlichkeit des Schuldners für die Nicht- oder Schlechterfüllung seiner Leistungspflicht.

Vertreter † Stellvertretung, † Handelsvertreter.

Vertrieb, zusammenfassende Bez. für Vorbereitung, Anbahnung, Durchführung und Abwicklung absatzorientierter Tätigkeiten; häufig synonym gebraucht mit den Begriffen Absatz und Verkauf.

Vertriebene, dt. Staatsangehörige oder dt. Volkszugehörige, die ihren Wohnsitz in den zur Zeit unter fremder Verwaltung stehenden dt. Ostgebieten oder in den Gebieten außerhalb der Grenzen des Dt. Reiches nach dem Gebietsstand vom 31. 12. 1937 hatten und diesen im Zusammenhang mit den Ereignissen des 2. Weltkrieges infolge Vertreibung, insbes. durch Ausweisung oder Flucht, verloren haben. Gesetzl. Grundlage der Kriegsfolgenrechte der V. ist das † Bundesvertriebenengesetz (BVFG). Als bes. Gruppen der V. sind hier die Heimatvertriebenen angeführt.

Vertriebsgesellschaft, Gesellschaft, die auf Grund steuerl. Erwägungen oder zum Zwecke der Rationalisierung zum Vertrieb der Produkte eines oder mehrerer Produktionsunternehmen gegründet wird.

Vertriebskosten, die beim Vertrieb von Erzeugnissen oder Leistungen anfallenden *Vertriebssonderkosten* (Ausgangsfrachten, Provision, Verpackung) und *Vertriebsgemeinkosten* (Personalkosten, Werbekosten, Reisekosten, Bürokosten u. a.).

Vertumnus, röm. Vegetationsgott etrusk. Herkunft (Voltumna).

Verulamium † Saint Albans.

Verumpräparat [lat.] † Placebo.

Verunglimpfung † Beschimpfung.

Verunglimpfung des Andenkens Verstorbener † Beleidigung.

Veruntreuung, † Unterschlagung einer Sache, die dem Täter von dem Berechtigten bes. anvertraut wurde; wird gegenüber der Unterschlagung mit erhöhter Strafe bedroht. Im *östr.* und *schweizer. Recht* ist die V. ein gesondert geregelter Straftatbestand.

Verursacherprinzip, v. a. im Zusammenhang mit dem Umweltschutz häufig herangezogenes Prinzip, wonach derjenige die Kosten für Umweltmaßnahmen zu tragen hat, der für ihre Entstehung verantwortlich ist. In der Praxis stößt die Verwirklichung des V. jedoch auf viele Schwierigkeiten und Widerstände; zum einen ist häufig der Kreis der Verursacher nur schwer abzugrenzen, zum anderen bestehen vielfach - bes. bei Unternehmen - Möglichkeiten, auferlegte Belastungen zum Ausgleich von verursachten Umweltschäden abzuwälzen auf nicht zum Kreis der Verursacher Gehörende. Hinzu kommt, daß immaterielle Schäden, z. B. Ausrottung von Tierarten, Zerstörung des Landschaftsbildes, nachträglich nicht mehr durch finanzielle Aufwendungen auszugleichen sind.

Verursachungshaftung, svw. Gefährdungshaftung († Haftung).

Verus, Lucius Aurelius (Lucius V.), zunächst Lucius Aelius Aurelius Commodus, eigtl. Lucius Ceionius Commodus, * Rom 15. Dez. 130, † Altinum Jan./Febr. 169, röm. Kaiser (seit 161). - Von Antoninus Pius adoptiert (138), durch Mark Aurel 161 zum Mitkaiser ernannt; führte 162–166 erfolgreich Krieg gegen die Parther (Rückeroberung von Edessa [= Urfa] und Nisibis [= Nusaybin], Eroberung von Seleukeia am Tigris und Ktesiphon).

Verve [ˈvɛrvə; frz.], Schwung, Elan, Begeisterung, Eifer.

Vervielfältigungsgeräte (Vervielfältiger, Bürodruckmaschinen), von Hand oder elektr. betriebene Geräte (Büromaschinen), die zum Herstellen zahlr. Abzüge (Kopien) von einer Originalvorlage (Schriftstück oder Zeichnung) dienen und dabei - im Unterschied zu den mit Belichtung arbeitenden *Kopiergeräten* - eine Druckform und Druckfarbe verwenden. Die meisten Druckformen werden hierbei durch direkte Beschriftung mit der Schreibmaschine hergestellt, sog. Matrize; es ist aber auch die photomechan., thermograph. oder elektrophotograph. Übertragung der Vorlage auf die Druckform möglich. Die wichtigsten Verfahren sind die Hektographie mit *Hektographiergeräten* (Hektographen; bis zu 300 Abzüge von der mit einer Ton-Glycerin-Gelatine-Suspension beschichteten Druckplatte), das Umdruckverfahren mit *Umdruckern* (Spiegelschriftvervielfältiger; bis zu 100 Abzüge von dem auf eine Walze gespannten Druckpapier, auf das die Vorlage seitenverkehrt übertragen wurde), der Büroschablonendruck mit *Schablonenvervielfältigungsgeräten* (Schablonendrucker; bis zu 5000 Abzüge) sowie der Offsetdruck (Offsetverfahren) mit den in zunehmendem Maße verwendeten *Bürooffsetdruckern* (Kleinoffset-[druck]maschinen), wobei als Druckträger Papierfolien für eine kleinere Anzahl von Abdrucken, auf Papier kaschierte Metallfolien (oder Metallplatten) bei Großauflagen (bis zu 50000 und mehr) verwendet werden.

Vervielfältigungsrecht † Copyright.

Verviers [frz. vɛrˈvje], belg. Stadt 20 km östl. von Lüttich, 167–237 m ü. d. M., 53 800 E. Kunst- und archäolog. Museum; Mittelpunkt eines sich bis Eupen erstreckenden Textilindustriegebiets und Zentrum der belg. Wollind. - Im 7. Jh. erwähnt, erhielt 1651 Stadtrecht. - Kirche Notre-Dame (17. Jh.) mit Glockenspiel (40 Glocken); klassizist. Stadthaus (18. Jh.).

Verwachsenkiemer (Septibranchia), Ordnung 4–40 mm langer Muscheln mit rd. 600 Arten in der Tiefsee; mit an den Innenseiten der Mantellappen angewachsenen Fadenkiemen und einer (im Unterschied zu allen

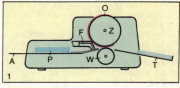

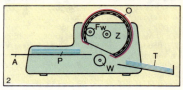

Vervielfältigungsgeräte.
Schematische Darstellung der Funktionsweise eines Umdruckers (1) und eines Schablonendruckers (2).
A Anlegetisch, F Feuchteinrichtung, Fw Farbwalze, O zu vervielfältigendes Original, P Druckpapier, T Auffangtisch, W Andruckwalze, Z Druckzylinder

übrigen Muscheln völlig andersartigen) Atemstromtechnik, die wegen fehlender Wimpern durch Heben und Senken der muskulösen Kiemensepten erfolgt, wobei mit dem Atemwasser bis 2 mm große Beutetiere eingesaugt werden.

Verwachsung, in der *Medizin* entzündl. Verklebung, flächenhafte oder strangförmige, schließlich dauerhafte Vereinigung bes. von serösen Häuten (und der von ihnen ausgekleideten Organe) im Brust- und Bauchraum. ◆ in der *Mineralogie* Bez. für den natürl., mehr oder weniger innig zusammengewachsenen, festen Verband mehrerer Kristalle bzw. Mineralkomponenten gleicher oder verschiedener Art.

Verwahrfunde, Gruppe der † Depotfunde.

Verwahrlosung, ein Zustand der menschl. Persönlichkeit, der durch das Fehlen einer Minimalanpassung an gesellschaftl. Verhaltensanforderungen gekennzeichnet ist. V. beruht auf - v. a. milieubedingten - Sozialisationsdefiziten, die eine entsprechende Rollenübernahme des Individuums (bes. Jugendliche [Jugend-V.]) verhindern. Da die Bestimmungen von V. vom jeweiligen gesellschaftl. Konsens über „normales" Verhalten abhängt, wird der Begriff V. häufig (zumeist auf der Grundlage von Vorurteilen) subjektiv beliebig verwendet.

Verwahrung, im *Zivilrecht* (§§ 688 ff. BGB) Gewährung von Raum und Übernahme der Obhut für eine bewegl. Sache auf Grund selbständiger Vertragsverpflichtung (V.vertrag) oder als Nebenpflicht eines ande-

Verwahrungsbruch

ren Vertrages (z. B. V. der Garderobe beim Theaterbesuch auf Grund des durch Verkauf der Theaterkarten geschlossenen Vertrages). Die *unentgeltl. V.* ist ein Gefälligkeitsverhältnis, bei dem der Verwahrer nur für diejenige Sorgfalt haftet, die er in eigenen Angelegenheiten zu beobachten pflegt; die *entgeltl. V.* ist ein gegenseitiger Vertrag mit normalem Haftungsmaßstab. Werden ↑vertretbare Sachen in der Weise hinterlegt, daß das Eigentum auf den Verwahrer übergehen und dieser verpflichtet sein soll, Sachen gleicher Art, Güte und Menge zurückzugeben (unregelmäßige V., „depositum irregulare"), so wird diese V. im wesentl. als Darlehen behandelt. Im *Verwaltungsrecht* liegt eine öffentl.-rechtl. V. vor, wenn eine Verwaltungsbehörde in Wahrnehmung ihrer Befugnisse Sachen in Besitz genommen hat. Für das öffentl.-rechtl. V.verhältnis gelten die Regeln des BGB entsprechend.

Verwahrungsbruch, die Zerstörung, Beschädigung oder das Unbrauchbarmachen von Schriftstücken oder anderen bewegl. Sachen, die sich in dienstl. Verwahrung befinden (§ 133 StGB); wird mit Geldstrafe oder Freiheitsstrafe bis zu zwei Jahren bestraft. Voraussetzung für einen V. ist, daß die betreffende Sache in dienstl. Gewahrsam ist und durch die Handlung des Täters der dienstl. Verfügung entzogen wird, also ein Gewahrsamsbruch vorliegt.

Verwaltung (Administration), im *materiellen* Sinne die Wahrnehmung von Angelegenheiten eines Trägers öffentl. V. (Bund, Länder, Gemeinden, Gemeindeverbände, sonstige Körperschaften, Anstalten und Stiftungen des öffentl. Rechts) durch dafür bestellte Organe; im *organisator.* Sinne die Gesamtheit der Organe, die Aufgaben der V. im materiellen Sinne wahrnehmen (insbes. die V.behörden); im *formellen* (funktionellen) Sinne die Gesamtheit der Aufgaben, die der V. im organisator. Sinne obliegen. - Von der V. im materiellen Sinne unterscheidet man die Regierung (Lenkung des Staates, Staats-V.), die ↑Gesetzgebung und die ↑Rechtsprechung. Innerhalb der V. wird differenziert zw. ↑Eingriffsverwaltung und ↑Leistungsverwaltung. - ↑auch Gesetzmäßigkeit der Verwaltung.

Geschichte: Die Herausbildung einer V. im heutigen Sinne hängt untrennbar zusammen mit der Entwicklung der staatl. Zentralgewalt und dem Entstehen eines ihr untergeordneten Beamtentums (↑Beamte [Geschichte]). Als Vorläufer eines zentralist. Verwaltungsapparats sind die im frühen MA eingerichteten ↑Hofämter anzusehen. In den folgenden Jh. entwickelte sich die V. in der Auseinandersetzung zw. Zentralgewalt und ständischen Amtsträgern. In Österreich wurden um 1500 im Rahmen einer V.reform von Kaiser Maximilian I. kollegial organisierte Zentralbehörden geschaffen, die als oberste Regierungsbehörde im Absolutismus vorherrschend blieb. Im 17. Jh. erstreckten sich erste Anfänge einer Aufteilung nach Zuständigkeitsbereichen meist auf die Ausgliederung der Außenpolitik und Kriegsführung. Das obsolet gewordene Kabinettsystem wurde im 19. Jh. endgültig zugunsten der Bildung von Ministerien mit klarer Ressortteilung beseitigt. In den folgenden Jahrzehnten wurde die V. den Erfordernissen des entstehenden Industriestaates entsprechend modernisiert.

Erste Bestrebungen zu einer grundlegenden Reform der V. hinsichtl. Aufbau, Inhalt und Verfahren setzten um 1900 ein, wurden jedoch durch das im NS geltende ↑Führerprinzip unterbrochen. - Im Vordergrund der heutigen **Verwaltungsreform** steht die Leistungsfähigkeit der Verwaltung. Diesem Ziel sollen v. a. die im Laufe der letzten Jahre in den Bundesländern durchgeführte *Gebietsreform* (wesentl. Verringerung der Zahl der Gemeinden und Gemeindeverbänden) und die *Funktionalreform* (Neuordnung der Aufgaben und Zuständigkeiten) sowie die *Büroreform* (Verbesserung der behördeninternen Aufbau- und Ablauforganisationen) und die Reform des öffentl. Dienstrechts dienen. - ↑auch Beamte. 📖 *Grundzüge der V.lehre.* Hg. v. G. Joerger u. M. Geppert. Stg. ³1983. 2 Bde. - König, H.: *Dynam. V.* Bonn ²1979. - Rauball, J.: *Allg. u. bes. V.kunde.* Neuwied ³1977. - Pankoke, E./Nokielski, H.: *V.soziologie.* Stg. 1977. - Brinkmann, G.: *Aufgaben und Qualifikation der öffentl. V.* Gött. 1976.

Verwaltungsakt, hoheitl. Maßnahme, die eine Verwaltungsbehörde im Verwaltungsverfahren zur Regelung eines Einzelfalles auf dem Gebiet des öffentl. Rechts trifft und die auf unmittelbare Rechtswirkung nach außen gerichtet ist. Der V. ist neben Rechtsverordnungen, Satzungen, öffentl.-rechtl. und privatrechtl. Verträgen sowie Realakten wichtigstes Handlungsinstrument der öffentl. Verwaltung. Der V. kann schriftl. (dann mit Begründung), mündl. oder in sonstiger Weise (konkludent) erlassen werden. Er wird wirksam mit seiner Bekanntgabe (z. B. mit Zugang des Schreibens). Ein V. ist rechtswidrig, wenn er mit einem inhaltl., Form-, Verfahrens- oder Zuständigkeitsmangel behaftet ist (bes. schwerwiegende Mängel haben die Nichtigkeit des V. zur Folge). Der rechtswidrige (belastende) V. ist wirksam (d. h. zu befolgen) und erlangt Bestandskraft, wenn nicht der durch den V. in seinen Rechten Betroffene diesen durch Widerspruch und verwaltungsgerichtl. Anfechtungsklage (die i. d. R. ↑aufschiebende Wirkung haben) innerhalb der jeweilige 4-Wochen-Fristen anficht. Der Erlaß eines zu Unrecht abgelehnten begünstigenden V. kann nach erfolglosem Widerspruchsverfahren durch Verpflichtungsklage begehrt werden. Bei Vorliegen bestimmter Voraussetzungen kann die Behörde einen

Verwaltungsgerichtsverfahren

von ihr erlassenen rechtmäßigen und bestandskräftigen V. widerrufen bzw. einen rechtswidrigen und bestandskräftigen V. zurücknehmen.
Dem V. des dt. Rechts entsprechen in der östr. *Terminologie* der individuelle V. oder Bescheid, in der *schweizer.* der V. („acte administratif") oder die Verfügung.

Verwaltungsbauten (Bürobauten, Bürohäuser), Gebäude, die ausschließl. Verwaltungszwecken und der Organisation von geschäftl. Kontakten dienen. In den alten Kaufmannshäusern lagen die Kontore noch unter einem Dach mit den Wohnräumen, die Trennung begann um 1800. In den 1870er Jahren entstanden in den USA die ersten großen V. der Banken und Versicherungsgesellschaften, 1885/86 baute M. Haller das Bürohaus der Firma Dovenhof in Hamburg. Die Trennung in Büronutzraum und Verkehrsraum zeigt bereits das Rappoldshaus in Hamburg (1910, Architekt: F. Höger). Von dem zentralen Verkehrsraum (Treppenhaus, Fahrstuhl, WC und Waschräume) führen Flure zu zahlr. Einzelräumen („Kojensystem"). Wichtig ist die Entwicklung der ↑ Stahlskelettbauweise und die Möglichkeit für nichttragende versetzbare Trennwände. Bed. Beispiele des Bürohochhauses: Lever Brothers, New York, 1951–52 (Skidmore, Owings & Merrill); J. E. Seagram & Sons, New York, 1956 bis 58 (L. Mies van der Rohe und P. C. Johnson). In den 1960er Jahren wurde das Großraumbüro modern, als Gebäudegrundriß bildete sich das Sechseck heraus. Organisationsplaner untergliederten die notwendigerweise künstl. beleuchteten Hallen durch überaugenhohe Stellwände, Schränke u. a. Eine alternative Lösung bauten H. Hertzberger u. a. 1968–72 in Apeldoorn (V. der Versicherung Centraal Beheer), eine Vielzahl offener, individuell einzurichtender Kuben (für je 12 Personen), um Lichthöfe gruppiert und durch Brücken verbunden.

Verwaltungsbehörden, organisator. selbständige Stellen, die Aufgaben der öffentl. Verwaltung wahrnehmen (§ 1 Abs. 4 Verwaltungsverfahrensgesetz). - ↑ Behörde.

Verwaltungsgerichtsbarkeit, bes. Gerichtszweig für öffentl.rechtl. Streitigkeiten nichtverfassungsrechtl. Art, soweit die Streitigkeit nicht einem anderen Gericht (z. B. den Gerichten der ordentl. Gerichtsbarkeit, der Verfassungs-, Arbeits-, Finanz-, Sozial-, Disziplinar-, Ehren- und Berufsgerichtsbarkeit) ausdrückl. zugewiesen ist (sog. *Verwaltungsrechtsweg*). Die V. wird durch die **Verwaltungsgerichte** ausgeübt. I. w. S. sind dies alle Gerichte der allg. V., einschließl. der **Oberverwaltungsgerichte** (in Baden-Württemberg und Bayern als Verwaltungsgerichtshof bezeichnet) und des Bundesverwaltungsgerichts; i. e. S. die erstinstanzl. Gerichte der allg. Verwaltungsgerichtsbarkeit. Diese bestehen aus dem Präsidenten, den Vorsitzenden und weiteren Richtern und entscheiden durch Kammern, die mit drei Berufs- und zwei ehrenamtl. Richtern (letztere wirken außerhalb der mündl. Verhandlung und bei Vorbescheiden nicht mit) besetzt sind.

In *Österreich* ist die V. im wesentl. bei dem Verwaltungsgerichtshof in Wien konzentriert. Er besteht aus einem Präsidenten, einem Vizepräsidenten und der erforderl. Zahl von Senatspräsidenten und Räten. Näheres regelt das Verwaltungsgerichtshofgesetz. Die früher vom Austrägalsenat ausgeübte Funktion der Beilegung von Kompetenzkonflikten zw. Verwaltungsgerichtshof und Reichsgericht wird heute vom Verfassungsgerichtshof ausgeübt.

In der *Schweiz* wird die V. auf Bundesebene durch ↑ Bundesgerichte ausgeübt. Auf kantonaler Ebene gibt es das allg. Verwaltungsgericht als selbständiges Gericht oder als Abteilung des obersten Gerichts der ordentl. Gerichtsbarkeit, das kantonale Versicherungsgericht und die Spezialverwaltungsgerichte.

Verwaltungsgerichtsordnung, Abk. VwGO, Bundesgesetz vom 21. 1. 1960, das Organisation und Verfahren der Verwaltungsgerichte und das Widerspruchsverfahren regelt. Ergänzend gelten das Gerichtsverfassungsgesetz und die Zivilprozeßordnung sowie die von den (Bundes-)Ländern erlassenen Ausführungsgesetze.

Verwaltungsgerichtsverfahren (Verwaltungsprozeß, Verwaltungsstreitverfahren), das durch die Verwaltungsgerichtsordnung (VwGO) geregelte Verfahren vor einem Gericht der Verwaltungsgerichtsbarkeit. Das V. beginnt mit Erhebung einer Klage oder Stellung eines Antrags. Die wichtigsten Klagearten im V. sind Anfechtungs- und Verpflichtungsklage (nach erfolglosem Widerspruchsverfahren) sowie Leistungs- und Feststellungsklage. Durch einen Antrag wird die abstrakte ↑ Normenkontrolle eingeleitet. Im vorläufigen Rechtsschutzverfahren kann das Verwaltungsgericht auf Antrag die ↑ aufschiebende Wirkung von Widerspruch und Anfechtungsklage wiederherstellen (wenn diese durch behördl. Anordnung entfallen war) oder anordnen (wenn sie durch gesetzl. Bestimmungen entfallen war) sowie eine einstweilige Anordnung treffen. Sachl. zuständig ist i. d. R. das Verwaltungsgericht 1. Instanz. Es entscheidet durch Urteil, Beschluß oder Vorbescheid. Wird ein angefochtener, jedoch bereits vollzogener Verwaltungsakt durch Urteil rechtskräftig aufgehoben, so hat der Betroffene einen Anspruch auf Folgenbeseitigung (sog. *Folgenbeseitigungsanspruch*). Urteile des Verwaltungsgerichts sind mit der Berufung, Beschlüsse mit der Beschwerde anfechtbar, über die das Oberverwaltungsgericht (in Bayern und Baden-Württemberg der Verwaltungsgerichtshof) entscheidet. Gegen dessen Urteil steht den Betei-

Verwaltungshilfe

ligten Revision an das Bundesverwaltungsgericht zu. Im V. gilt der Untersuchungs- und Verfügungsgrundsatz (↑ Dispositionsmaxime). In *Österreich* ist das V. v. a. im Verwaltungsgerichtshofgesetz geregelt. Es gliedert sich in ein schriftl. Vorverfahren (dient der Herbeiführung aller Unterlagen) und eine mündl. Verhandlung, die öffentl. ist.

In der *Schweiz* enthalten das Gesetz zur Organisation der Bundesrechtspflege und die verschiedenen kantonalen Gesetze entsprechende Vorschriften.

Verwaltungshilfe ↑ Amtshilfe.

Verwaltungskosten, Gebühren und Auslagen, die für die öffentl.-rechtl. Verwaltungstätigkeit der Behörden auf Grund von V.gesetzen erhoben werden. Die gebührenpflichtigen Tatbestände, die Gebührensätze und die Auslagenerstattung sind durch Gebührenordnungen bzw. Kostenordnungen näher geregelt.

Verwaltungspolizei, die Ordnungs- bzw. Sicherheitsbehörden. - ↑ Polizei.

Verwaltungsrat, ein dem Aufsichtsrat der AG entsprechendes Organ bei Körperschaften, Anstalten und Stiftungen des öffentl. Rechts.

Im *schweizer. Aktienrecht* das für die Geschäftsführung der AG verantwortliche Organ. Der V. kann aus einem oder mehreren Aktionären bestehen. Dabei kann der V. auch Aufgaben an andere Personen delegieren, z. B. die Geschäftsführung an den Direktor, der, falls er selbst Mgl. des V. ist, Delegierter des V. genannt wird.

Verwaltungsrecht, Gesamtheit der Rechtsnormen, die die Tätigkeit der öffentl. Verwaltung regeln. Das V. ist **Verwaltungsprivatrecht** (das Recht, i. d. R. Privatrecht, das Anwendung findet, wenn ein Träger öffentl. Verwaltung in privatrechtl. Rechtsformen handelt, z. B. bei der Stromversorgung) und als Teil des öffentl. Rechts Verwaltungsrecht i. e. S. Das allg. Verwaltungsrecht beinhaltet die für die Verwaltung allg. geltenden Regelungen (in den Verwaltungsverfahrensgesetzen des Bundes und der Länder teilweise kodifiziert). Das bes. V. umfaßt die jeweiligen speziellen Materien (z. B. Polizeirecht, Baurecht, Gemeinderecht, Wehrrecht, Beamtenrecht, Gewerberecht, Schulrecht, Wegerecht).

📖 *Rauball, J.:* Allg. V. Essen [13] 1983.

Verwaltungsreform ↑ Verwaltung.

Verwaltungs- und Wirtschaftsakademien, Abk. VWA, berufsbegleitende Fortbildungsstätten für Beamte und Angestellte des öffentl. Dienstes sowie für Nachwuchskräfte des mittleren Managements in der Wirtschaft; nach dem 1. Weltkrieg als **Verwaltungsakademien (VA)** für Nachwuchskräfte des öffentl. Dienstes gegründet und meist nach dem 2. Weltkrieg in V.- u. W. umgewandelt. Träger sind i. d. R. Gemeinden, die von der Bundesanstalt für Arbeit sowie vom jeweils zuständigen Land unterstützt werden. Als Studienrichtungen werden Verwaltungs-, Kommunal- und Wirtschaftswissenschaften angeboten. Die **Hochschule für Verwaltungswissenschaften** in Speyer bildet Referendare für den höheren Verwaltungsdienst aus und veranstaltet für höhere Beamte Fortbildungskurse.

Verwaltungsverfahren, i. w. S. jedes von einer Verwaltungsbehörde durchgeführte Verfahren; i. e. S. die nach außen wirkende Tätigkeit einer Behörde, die auf den Erlaß eines Verwaltungsaktes oder auf den Abschluß eines öffentl.-rechtl. Vertrages gerichtet ist. *Arten des V.:* Den Regelfall bildet das einfache (nichtförml.) V.; ein förml. V. oder ein Planfeststellungsverfahren findet nur dann statt, wenn dies bes. vorgeschrieben ist. Ein V. ist ferner das Rechtsbehelfs-, insbes. das Widerspruchsverfahren. Im V. gilt der Untersuchungsgrundsatz. Vor Erlaß eines Verwaltungsakts, der in die Rechte eines Beteiligten eingreift, muß diesem rechtl. Gehör gewährt werden. Eine mündl. Verhandlung findet regelmäßig nur im förml. V. und im Planfeststellungsverfahren statt.

Verwaltungsverfahrensgesetz, Abk. VwVfG, Bundesgesetz vom 25. 5. 1976, das das Verwaltungsverfahren i. e. S. sowie erhebl. Teile des materiellen allg. Verwaltungsrechts, insbes. den Verwaltungsakt und den öffentl.-rechtl. Vertrag regelt. Es gilt im wesentl. nur für die Behörden des Bundes und auch für sie nur, soweit sie im konkreten Fall eine öffentl.-rechtl. Verwaltungstätigkeit ausüben und nicht Rechtsvorschriften des Bundes inhaltsgleiche oder entgegenstehende Bestimmungen enthalten. 1976 und 1977 haben auch die Länder (Landes-)Verwaltungsverfahrensgesetze erlassen. Diese gelten für die Landes- und Kommunalbehörden, und zwar auch dann, wenn diese Bundesrecht ausführen. - ↑ auch Auftragsverwaltung.

Verwaltungsvollstreckungsgesetz, Bundesgesetz vom 27. 4. 1953, das die Vollstreckung von Geldforderungen des Bundes und der bundesunmittelbaren jurist. Personen des öffentl. Rechts sowie die Erzwingung von Handlungen, Duldungen oder Unterlassungen regelt. Für die Landesverwaltung haben die Länder entsprechende Gesetze erlassen.

Verwaltungsvorschriften, allg. Verwaltungsanordnungen vorgesetzter Behörden für die nachgeordneten Instanzen (z. B. Dienstvorschriften, Runderlasse, Richtlinien). Sie sind im Ggs. zu den ↑ Rechtsverordnungen lediglich verwaltungsintern verbindlich und bedürfen keiner gesetzl. Ermächtigungsgrundlage.

Den V. des dt. Rechts entsprechen in der *Schweiz* und in *Österreich* die Verwaltungsverordnungen.

Verwaltungszustellungsgesetz,

Abk. VwZG, Gesetz vom 3. 7. 1952, das die förml. Bekanntgabe von Verwaltungsentscheidungen, d. h. die Zustellung von Schriftstücken der Bundesbehörden regelt. Die Länder haben für ihre Behörden entsprechende Gesetze erlassen.

Verwaltungszwangsverfahren, gesetzl. geregeltes Vorgehen der Verwaltung zur Durchsetzung ihrer hoheitl. Anordnungen gegenüber dem Bürger. Die Verwaltung kann im V. ihre gesetzl. begr. Ansprüche gegen den Bürger ohne vorherige gerichtl. Prüfung selbst durch Verwaltungsakt festsetzen und durch eigene Behörden selbst vollstrecken (*Verwaltungsvollstreckung*). Grundlage des Verwaltungszwangs ist grundsätzl. ein Verwaltungsakt (in unaufschiebbaren Eilfällen kann auch ohne vorherigen Verwaltungsakt vollstreckt werden). Das V. gliedert sich in: 1. die sog. Beitreibung auf Grundlage des Verwaltungsvollstreckungsgesetzes. Die Beitreibung bedient sich derselben Mittel wie die Zwangsvollstreckung. Voraussetzung für die Anwendung des Verwaltungszwangs ist die Bekanntgabe des Leistungsbescheids, die Fälligkeit der Leistung, der Ablauf einer Schonfrist von einer Woche sowie die Mahnung mit einer Zahlungsfrist von einer weiteren Woche. Die Anwendung des Zwangs erfolgt auf Grund einer Vollstreckungsanordnung und wird von besonderen Vollstreckungsbehörden und -beamten bzw. bei der Immobiliarzwangsvollstreckung durch das Vollstreckungsgericht bzw. das Grundbuchamt durchgeführt. Die Kosten des V. trägt der Pflichtige. 2. die Erzwingungsvollstreckung, die mit spezifischen Beugemitteln, sog. ↑Zwangsmitteln, arbeitet.

Verwandtenheirat, zusammenfassende Bez. für die Heirat zw. Kindern von Geschwistern (z. B. **Kreuz-Vettern-Heirat** als Verbindung von Kindern eines Bruders und einer Schwester), ferner zw. Großonkel und Großnichte oder Großtante und Großneffe. - Im geltenden dt. Recht ist eine Verwandtenehe nicht zulässig (↑Eheschließung [Eheverbote]).

Verwandtschaft, im *Recht* i. e. S. der durch gemeinsame Abstammung miteinander verbundene Kreis von Personen (*Blutsverwandtschaft*). Dabei sind Personen, deren eine von der anderen abstammt, in gerader Linie, Personen, die von derselben dritten Person abstammen, in der Seitenlinie miteinander verwandt. Der Grad der V. bestimmt sich nach der Zahl der sie vermittelnden Geburten. Die V. schließt auch nichtehel. Kinder sowie adoptierte Kinder (↑Annahme als Kind) mit ein. I. w. S. gehören zur V. auch die Verwandten des Ehegatten (*Schwägerschaft*). Linie und Grad der Schwägerschaft bestimmen sich nach der Linie und dem Grad der sie vermittelnden Verwandtschaft. Von bes. Bedeutung ist die V. bezügl. familien- und erbrechtl. (↑Erbfolge) Rechte und Pflichten.

Verwandtschaftssystem, es spielt in der *Völkerkunde* eine große Rolle, da die Verwandtschaft meistens durch eine Heiratsordnung festgelegt ist und die **Verwandtschaftsordnung** Folgen für die Sozialordnung hat. Beim **klassifikatorischen Verwandtschaftssystem** wird nach der Zugehörigkeit zu Generationsgruppen unterschieden, z. B. werden alle Mgl. der eigenen Generation (also auch Vettern, Basen, Schwäger) als Geschwister bezeichnet. Geschwisterehen sind somit vielfach in Wirklichkeit Basen-Vettern-Ehen.

Verwarnung, im *Recht* 1. die im *Verwaltungsrecht* bei geringfügigen Ordnungswidrigkeiten bestehende Möglichkeit, ein Fehlverhalten zu ahnden; vielfach wird eine *gebührenpflichtige V.* (zw. 2,- und 20,- DM, bei Verkehrsordnungswidrigkeiten bis zu 40,- DM) erteilt. Die V. ist ein mitwirkungsbedürftiger Verwaltungsakt, da sie nur wirksam ist, wenn der Betroffene nach Belehrung über sein Weigerungsrecht mit ihr einverstanden ist und das V.geld entweder sofort oder innerhalb der Frist von einer Woche zahlt. - 2. im *Jugendstrafrecht* eines der für die Ahndung einer Straftat zur Verfügung stehenden Zuchtmittel, wenn Jugendstrafe nicht geboten ist. Durch die V. soll dem Jugendlichen das Unrecht der Tat eindringl. vorgehalten werden (§ 14 JugendgerichtsG). - 3. im *Strafrecht* kann eine V. mit Strafvorbehalt (§ 59 StGB), d. h. statt einer Verurteilung zur Geldstrafe bis zu 180 Tagessätzen in bestimmten Fällen erteilt werden. Der Verwarnte wird jedoch zur vorbehaltenen Strafe verurteilt, wenn er sich innerhalb einer bestimmten Bewährungszeit nicht bewährt.
◆ im *Sport* bei *Mannschaftsspielen* Bez. für die Androhung des Schiedsrichters, einen sich unsportl. oder regelwidrig verhaltenden Spieler des Spielfeldes zu verweisen (Feldverweis); im *Boxen* Verweis des Ringrichters bei einer Regelwidrigkeit; im *Ringen* verwarnt der Mattenleiter wegen Passivität (*automat. V.*); in der *Leichtathletik* (bei Lauf- und Gehwettbewerben) Maßnahme des Starters bei einem Fehlstart.

Verweiblichung ↑Feminierung.

Verweis ↑Disziplinarmaßnahmen.

Verweisung, im *Prozeßrecht* die Abgabe einer Streitsache an das nach Ansicht des [unzuständigen] verweisenden Gerichts zuständige Gericht. Erfolgt im Zivilprozeß nur auf Antrag des Klägers.
◆ im *Schulrecht* Bez. für den Ausschluß von der Schule. Gegen eine V. kann vom volljährigen Schüler oder den Erziehungsberechtigten Widerspruch oder Anfechtungsklage erhoben werden.

Verwendung, Vermögensaufwendungen, die eine Sache wiederherstellen, erhalten oder verbessern ohne sie zu verändern (z. B. Reparaturen, Fütterung eines Tieres). Zu den V. zählt u. U. auch die Aufwendung der eige-

Verwerfen

nen Arbeitskraft. Man unterscheidet: 1. *notwendige V.*, d. h. die zur Erhaltung einer Sache objektiv erforderl. V., und bei diesen die im gewöhnl. Betrieb anfallenden *ordentl. V.* und die *außerordentl. V.; 2. nützl.* oder *wertsteigernde V.*, die nicht notwendig sind, aber den Wert einer Sache objektiv steigern; 3. *sonstige* oder *Luxus-V.*, die den Wert einer Sache nicht erhöhen.

Verwerfen, das vorzeitige Ausstoßen der (nicht lebensfähigen) Leibesfrucht bes. bei Haustieren; u. a. verursacht durch häufig seuchenhaft auftretende Infektionen z. B. der Geschlechtsorgane, durch ansteckende Allgemeinkrankheiten (z. B. Rinderpest, Leptospirose, Maul- und Klauenseuche), Vergiftungen, Überanstrengung und (bes. bei Pferden) Stürze.

Verwerfung (Störung), tekton. Störung einer urspr. intakten Gesteinslagerung, wobei diese an einer Bewegungsfläche (Bruchfläche) in zwei Schollen zerbrochen wird und diese gegeneinander verschoben werden. Die Bewegung kann nicht nur steil, sondern auch in waagrechter Richtung erfolgen (**Horizontalverschiebung**). Die Differenz zweier vertikal gegeneinander verschobener Gesteinsschichten wird **Sprunghöhe** genannt. Nach der Art der relativen Bewegung der Gesteinsschollen unterscheidet man **Abschiebung** und **Aufschiebung**; oft ist nicht nur eine Bewegungsfläche, sondern ein V.system entwickelt, so daß ein treppenartiger **Staffelbruch** entsteht bei gleichsinnig einfallenden Verwerfungen.

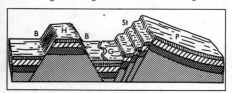

Verwerfung.
Schematische Darstellung
von Bruchformen. H Horst, P Pultscholle,
G Graben, St Staffelbruch, B Bruchlinie

Verwerfungslinie (Bruchlinie), Schnittlinie von Bruchfläche und Erdoberfläche.
Verwerfungsquelle ↑ Quelle.
Verwertungsgesellschaften (V. für Urheberrechte), Gesellschaften, die geschäftsmäßig aus dem Urheberrechtsgesetz sich ergebende Nutzungsrechte, Einwilligungsrechte und Vergütungsansprüche für Rechnung mehrerer Urheber oder Inhaber verwandter Schutzrechte (↑ Urheberrecht) zur gemeinsamen Auswertung wahrnehmen. Sie bedürfen der Erlaubnis durch das Bundespatentamt, dem auch die weitere Beaufsichtigung der V. obliegt. Die V. unterliegen einem doppelten ↑ Abschlußzwang: 1. Gegenüber Urhebern und Inhabern verwandter Schutzrechte sind sie verpflichtet, deren Rechte und Ansprüche wahrzunehmen, wenn diese zu ihrem Tätigkeitsbereich gehören und - wie meist der Fall - eine wirksame Wahrnehmung anders nicht mögl. ist. 2. Sie haben jedermann zu angemessenen Bedingungen Nutzungsrechte einzuräumen oder Einwilligungen zu erteilen.

Die V. haben die Einnahmen aus ihrer Tätigkeit nach einem *Verteilungsplan* aufzuteilen. Sie sind verpflichtet, jedermann kostenlos *Auskunft* zu erteilen, ob sie Nutzungsrechte an einem bestimmten Werk wahrnehmen, und haben *Tarife* über ihre Vergütungen aufzustellen.

Die wichtigsten V. der BR Deutschland sind nach der ↑ GEMA die „Verwertungsgesellschaft Wort", Sitz München, die nach Auflösung der früheren „Gesellschaft für literar. Urheberrechte" (GELU) von Autoren und Verlegern gemeinsam zur Wahrnehmung der Verwertungsmöglichkeiten schriftsteller. Arbeiten gegründet wurde, und die „Gesellschaft zur Verwertung von Leistungsschutzrechten mbH", Sitz Hamburg, die entsprechende Aufgaben für ausübende Künstler und Schallplattenfabrikanten hat.

Verwertungsrechte, beschränkte dingl. Rechte, die dem Inhaber unter gewissen Voraussetzungen die Befugnis verleihen, den betreffenden Gegenstand zu verwerten; insbes., wenn bestimmte Leistungen nicht erbracht werden. Solche Rechte sind das Pfandrecht an beweglichen Sachen und an Rechten, die Grundpfandrechte (Hypothek und Grundschuld) und die Reallast. - Im Urheberrecht zusammenfassende Bez. für die ausschließl. dem Urheber zustehenden Rechte, sein Werk zu verwerten.

Verwesung, Bez. für den mikrobiellen (durch Bakterien und Pilze bewirkten) Abbau organ. (menschl., pflanzl., tier.) Substanzen unter Luftzufuhr zu einfachen anorgan. Verbindungen. Die V. geht bei mangelndem Sauerstoffzutritt in ↑ Fäulnis über.

Verwey, Albert [niederl. vər'wɛi], * Amsterdam 15. Mai 1865, † Noordwijk-aan-Zee 8. März 1937, niederl. Schriftsteller. - 1924–35 Prof. für niederl. Literatur an der Univ. Leiden. Freund von S. George. Als Führer der Tachtigers Erneuerer der niederl. Dichtung aus romant.-klassizist. Erbe. Schrieb u. a. „Mein Verhältnis zu S. George" (dt. 1936).

Verwindung, in der *Elastomechanik* svw. ↑ Torsion.

Verwindungsklappen, svw. ↑ Querruder.

Verwirkung, aus dem Grundsatz von Treu und Glauben entwickeltes Verbot mißbräuchl. Rechtsausübung. Die V. führt zum Verlust eines Rechts, wenn 1. ein Recht während einer längeren Zeit nicht geltend gemacht wurde, 2. der Berechtigte durch sein Verhalten einen Vertrauenstatbestand gesetzt

hat, aus dem sich ergibt, daß er sein Recht nicht mehr auszuüben gedenkt, oder daß ein sonstiger Umstand eingetreten ist, der die verspätete Geltendmachung als mißbräuchl. erscheinen läßt, und 3. der Verpflichtete im Vertrauen darauf sich auf die Nichtgeltendmachung des Rechts eingerichtet hat.
Nach dem GG kann *V. von Grundrechten* vom Bundesverfassungsgericht auf Antrag des Bundestags, der Bundesreg. oder einer Landesreg. ausgesprochen werden, wenn ein Grundrecht vorsätzl. zum Kampf gegen die freiheitl. demokrat. Grundordnung mißbraucht wurde.

Verwitterung, der durch äußere Einflüsse bewirkte Zerfall von Gesteinen und Mineralen an oder nahe der Erdoberfläche. Man unterscheidet: 1. **mechanische Verwitterung** (physikal. V.), bei der Zerfall auf Grund physikal.-mechan. Vorgänge stattfindet, z. B. die Wirkungen ständiger großer Temperaturschwankungen, in Spalten gefrierendes Wasser und auskristallisierende Salze (Frost- bzw. Salzsprengung, Abwitterung von Gesteinsfragmenten); 2. **chemische Verwitterung,** die auf der Lösungsfähigkeit des Wassers beruht und zu Korrosion führt. Sie geht in geringerem Maße auch auf atmosphär. Gase zurück (Rauchschäden); 3. **biogene Verwitterung,** verursacht durch Pflanzen und Tiere, z. B. die Sprengwirkung von Wurzeln, die grabende Tätigkeit vieler Organismen, die Tätigkeit mariner Bohrmuscheln. - Art und Intensität der V. sind von Gestein und Klima abhängig. Sie ist die Voraussetzung für die Bodenbildung sowie die Abtragung und Neubildung von Sedimentgesteinen.

Verwoerd, Hendrik Frensch [Afrikaans fər'vu:rt], * Amsterdam 8. Sept. 1901, † Kapstadt 6. Sept. 1966 (ermordet), südafrikan. Politiker. - 1948-58 Senator der Südafrikan. Union, 1950-58 Min. für Eingeborenenfragen, seit 1958 Premiermin. und Vors. der National Party; verfocht mit polizeistaatl. Mitteln eine rigorose Apartheidspolitik und gründete Bantuheimatländer; setzte 1961 den Austritt Südafrikas aus dem Commonwealth und die Umwandlung des Landes in eine Republik durch; fiel einem Attentat zum Opfer.

Verwundete, im Zusammenhang mit Kriegshandlungen Verletzte, die auf Grund des Genfer Abkommens vom 12. 8. 1949 († Genfer Konventionen) zu schonen und zu schützen sind; dies gilt auch für Teilnehmer an Konflikten ohne internat. Charakter (etwa in einem Bürgerkrieg) und auf Grund des Zusatzprotokolls vom 12. Dez. 1977 auch für Zivilpersonen.

Verzahnung, in der Technik allg. das Ineinandergreifen zweier Bau- und Maschinenteile, auch die dazu erforderl. spezielle Form der entsprechenden Teile (z. B. der Zähne von Zahnrädern).

Verzasca, Val [italien. 'val ver'dzaska], von der Verzasca durchflossenes, etwa 30 km langes Tal im schweizer. Kt. Tessin.

Verzeichnung (Verzeichnungsfehler) † Abbildungsfehler.

Verzerrung, in der *Elektroakustik* und *Nachrichtentechnik* jede durch unvollkommene Übertragungseigenschaften eines Übertragungssystems bewirkte unerwünschte Veränderung der Signale nach Größe oder zeitl. Verlauf. Bei der V. von Analogsignalen spricht man von *linearer* V., wenn der Übertragungsfaktor frequenzabhängig ist. *Nichtlineare V. (Intermodulation)* liegt vor, wenn Ausgangs- und Eingangssignal nicht proportional sind. Die Nichtlinearität eines Übertragungsgliedes ist gekennzeichnet durch den Klirrfaktor bzw. den Verzerrungsfaktor.

Verzicht, die rechtsgeschäftl. Aufgabe eines Rechts bzw. rechtl. Vorteils. Der V. erfolgt bei Vermögensrechten meist durch einseitiges Rechtsgeschäft, nämlich beim Eigentum an bewegl. Sachen durch eine bloße Willensbetätigung bzw. durch Erklärung gegenüber dem durch den V. Begünstigten oder gegenüber einer Behörde (bei Rechten an Grundstücken ist die Eintragung im Grundbuch erforderl.). Auf Forderungen kann nur durch Vertrag verzichtet werden (Erlaßvertrag). Ein Verzicht auf künftige Rechte ist der † Erbverzicht.

Verzichtsurteil, im Zivilprozeß auf Antrag des Beklagten ergehendes, klageabweisendes Urteil, wenn der Kläger bei der mündl. Verhandlung auf den geltend gemachten Anspruch verzichtet hat. - † auch Anerkenntnisurteil.

Verzierungen (Ornamente, Manieren, Auszierungen, Koloraturen; Agréments, Ornements; Fioriture; Graves, Ornaments), in der Vokal- und Instrumentalmusik die Ausschmückungen von Melodien, meist durch bes. Zeichen oder kleinere Noten angedeutet. Ausgangspunkt der V. ist die improvisator. Spiel- und Gesangspraxis, die bei Wahrung des melod. Grundgerüsts einzelne Töne umspielt. In der europ. Musikgeschichte verfestigten sich allmählich typ., formelhafte V., die bes. von frz. Musikern des 17. und 18. Jh. normiert und systematisiert wurden. System, Bez. und Ausführung der V. wechseln je nach Land, Stil und Instrument. Das Ausschreiben der V. setzte sich mit der Wiener Klassik durch; die V. wurden auf wenige Typen der Gruppen † Vorschlag, † Triller und † Doppelschlag reduziert.

Verzinken, Verfahren der Oberflächenbehandlung, bei dem Metallgegenstände, v. a. Werkstücke aus Eisen und Stahl, mit einer Zinkschicht als Korrosionsschutz (Rostschutz) überzogen werden. Beim *Feuer-* oder *Tauch-V.* wird die Zinkschicht durch Eintauchen der Werkstücke in eine Zinkschmelze, beim *Spritz-V.* durch Aufspritzen des geschmolzenen Zinks aufgebracht. Bedeutung hat daneben die elektrolyt. Metallabscheidung *(Naß-V., Galvano-V.)*, bei der die zu verzinkenden Werkstücke als Kathode geschaltet werden; die Anode besteht aus Zink, das galvan. Bad aus einer Zinksalzlösung. Beim *Diffusions-V.* oder *Sheradisieren* wird das Werkstück in Gemischen aus Zink, Zinksalzen u. a. geglüht.

Verzinnen, Korrosionsschutzverfahren v. a. für Eisen- und Stahlbleche. Beim *Feuer-* oder *Tauch-V.* werden Metallgegenstände in eine Zinnschmelze eingetaucht. Bei der elektrolyt. Metallabscheidung *(Naß-V.)* wird die Zinnschicht z. B. aus einer sauren Lösung von Zinn(II)-Salzen auf den als Kathode geschalteten Metallgegenständen abgeschieden.

Verzinsung, die Zahlung von (in Prozenten ausgedrückten) Teilbeträgen auf eine entliehene Summe als Preis für die Leihe. Wird die V. auf den Nennwert der ausgeliehenen Summe berechnet, so handelt es sich um eine *Nominalverzinsung*. Zur Ermittlung des wirklichen Ertrags, der *effektiven V.*, müssen jedoch darüber hinaus der jeweilige Börsenkurs, Zinstermine sowie Agio bzw. Disagio berücksichtigt werden.

Verzollung, Bezahlung der Zollschuld, die im Zollerhebungsverfahren durch mündl. oder schriftl. Zollbescheid festgesetzt wird.

Verzuckerung, die hydrolyt. Spaltung von Polysacchariden in niedermolekulare Zucker, z. B. von Zellulose in Glucose († Holzverzuckerung).

Verzug, im Schuldrecht ein Fall der Leistungsstörung. 1. **Schuldnerverzug** (Leistungs-V.) ist die Verzögerung der Leistung durch den Schuldner nach den §§ 284 ff. BGB. Er setzt voraus, daß die Leistung nachholbar (d. h. noch erfüllbar ist) und fällig ist, eine † Mahnung erfolgt ist (entfällt, wenn die Leistung nach dem Kalender bestimmt ist) und daß der Schuldner die V. zu vertreten hat († Vertretenmüssen). *Rechtsfolgen des Schuldner-V.* sind: der Schuldner bleibt i. d. R. zur Leistung verpflichtet und hat darüber hinaus dem Gläubiger den durch den V. eingetretenen Schaden (sog. **Verzugsschaden**) samt **Verzugszinsen** (die für eine Geldschuld i. d. R. in Höhe von 4% zu entrichtenden Zinsen) zu ersetzen. Hat der Gläubiger kein Interesse mehr an der Leistung, so kann er unter Ablehnung der Leistung Schadenersatz wegen Nichterfüllung des Vertrages verlangen. Bei einem gegenseitigen † Vertrag kann der Gläubiger die Leistung ablehnen bzw. vom Vertrag zurücktreten († Rücktritt) oder Schadenersatz wegen Nichterfüllung verlangen. Während des V. hat der Schuldner jede Fahrlässigkeit zu vertreten und haftet i. d. R. auch für den zufälligen Untergang der Sache; 2. **Gläubigerverzug** (Annahme-V.) ist die Verzögerung der Annahme einer dem Gläubiger angebotenen Leistung oder der zur Erfüllung eines Schuldverhältnisses notwendigen Mitwirkungspflicht des Gläubigers, §§ 293 ff. BGB. Der Gläubiger gerät in V., wenn ihm die Leistung am Leistungsort, zur Leistungszeit in der geschuldeten Art, Menge und Güte *(Realangebot)* tatsächlich angeboten wird. Ein wörtl. Angebot *(Verbalangebot)* genügt, wenn der Gläubiger erklärt hat, er werde die Leistung ablehnen. Ist für die Mitwirkungshandlung des Gläubigers eine Zeit nach dem Kalender bestimmt, so bedarf es keinerlei Angebots. *Rechtsfolgen des Gläubiger-V.* sind: Die Haftung des Schuldners beschränkt sich auf Vorsatz und grobe Fahrlässigkeit, der Schuldner ist mit befreiender Wirkung zur † Hinterlegung befugt und behält seinen Vergütungsanspruch, auch wenn die Leistung unmöglich geworden ist. Ferner kann der Schuldner Ersatz der Mehraufwendung verlangen, die er für das erfolglose Angebot sowie für die Aufbewahrung und Erhaltung des geschuldeten Gegenstandes machen mußte. Im Arbeitsrecht behält der Schuldner seinen Vergütungsanspruch.

Im *östr.* und *schweizer. Recht* gilt im wesentl. dem dt. Recht Entsprechendes.

Verzweigung (Ramifikation), die räuml. Aufgliederung der Sproßachse und Wurzel (bei höheren Pflanzen) bzw. des Thallus (bei Lagerpflanzen) nach bestimmten Ordnungsprinzipien: bei niederen Pflanzen durch gabelige Teilung des Thallus († Dichotomie), bei höheren Pflanzen durch † seitliche Verzweigung der Sproßachse, die in † monopodiale Verzweigung und † sympodiale Verzweigung unterteilt werden kann.

Vesaas, Tarjei [norweg. ˈveːsoːs], * Vinje (Telemark) 20. Aug. 1897, † Oslo 15. März 1970, norweg. Schriftsteller. - Bauernsohn; einer der bedeutendsten modernen Romanciers und Hörspielautoren Norwegens. Seine Themen entstammen dem bäuerl. Milieu sowie der Welt der Kinder und Jugendlichen. Macht in seinen realist., später symbol. Romanen die reale Welt transparent, schildert seel. Vorgänge mit feinster Nuancierung, v. a. „Nachtwache" (1940), „Das Eis-Schloß" (1966) und „Drei Menschen" (1967), „Boot am Abend" (1968); auch Erzählungen („Regen im Haar", 1959) und Gedichte.

Vesal, Andreas, latin. A. Vesalius, * Brüssel in der Silvesternacht 1514/15, † auf Sakinthos um den 15. Okt. 1564, fläm. Mediziner dt. Abstammung. - Prof. der Chirurgie und Anatomie in Padua. Zus. mit dem Maler J. S. van Kalkar, der die anatom. Tafeln anfertigte, schuf er das erste vollständige Lehrbuch der menschl. Anatomie („De humani corporis fabrica libri septem", 1543). Später war er u. a. Leibarzt Kaiser Karls V.

Vesdre [frz. ˈvɛzdr], Fluß in der BR Deutschland und in Belgien, † Weser.

Vesica [lat.], in der Anatomie svw. † Blase.

Vesicula [lat.], in der *Anatomie:* bläschenförmiges Organ oder entsprechender Organteil; z. B. *V. seminalis* (Samenblase).

♦ in der *Medizin:* krankhaft Hautbläschenbildung; z. B. *V. haematica* (Blutbläschen).
vesikal [lat.], zur [Harn]blase gehörend, sie betreffend.
Vesoul [frz. vəˈzul], frz. Stadt im W der Burgund. Pforte, 18 400 E. Verwaltungssitz des Dep. Haute-Saône; Museum; Metallwaren- und Textilind. - Im 16. Jh. Stadtrecht. - Klassizist. Kirche Saint-Georges (18. Jh.).
Vespa [lat.], Gatt. der Wespen mit der ↑ Hornisse als einziger Art.
Vespasian (Titus Flavius Vespasianus), * bei Reate (= Rieti) 17. Nov. 9 n. Chr., † Rom 24. Juni 79, röm. Kaiser (seit 69). - Ritterl. Herkunft; Vater des Titus und des Domitian; Begründer der 1. flav. Dyn.; 41/42 Legionslegat in Germania superior, 43 an der Eroberung Britanniens beteiligt, 51 Konsul, um 62 (63/64?) Prokonsul von Africa, erfolgreich als Oberbefehlshaber im 1. jüd.-röm. Krieg (ab 66). Nach Ausrufung durch das Heer (Juli 69) und Vernichtung des Vitellius bei Betriacum mußte V. bes. in Gallien die Folgen der Wirren des Jahres 68/69 (sog. Vierkaiserjahr) bewältigen. Seine Außenpolitik bestand in der Sicherung der Grenzvorfeldes. Seine Innenpolitik ist gekennzeichnet u. a. durch Veteranenversorgung, Reorganisation des Heeres, Bautätigkeit (u. a. Kolosseum, Jupitertempel auf dem Kapitol), rigorose Steuerpolitik, Sparsamkeit; Biographie von Sueton.
Vesper [ˈfɛspər], Bernward, * Gut Triangel bei Gifhorn 1. Aug. 1938, † Hamburg 15. Mai 1971 (Selbstmord), dt. Schriftsteller. - Sohn von Will V.; führendes Mgl. der Apo; 1965–67 befreundet mit G. Ensslin. Sein autobiograph. Romanessay „Die Reise" (hg. 1977) ist ein erschütterndes Dokument über die Situation bürgerl. Linksintellektueller in der BR Deutschland während der 1960er Jahre.
V., Guntram, * Frohburg (Landkr. Geithain) 28. Mai 1941, dt. Schriftsteller. - Kam 1957 in die BR Deutschland. Verf. knapper Situationslyrik („Fahrplan", 1964) und gesellschaftskrit. Prosa („Kriegerdenkmal ganz hinten", 1970, „Nördl. der Liebe und südl. des Hasses", 1979). Schrieb auch „Laterna magica" (E., 1985). Auch Rundfunkautor.
V., Will, * Barmen (= Wuppertal) 11. Okt. 1882, † Gut Triangel bei Gifhorn 14. März 1962, dt. Schriftsteller. - 1918–20 Feuilletonchef der „Dt. Allg. Zeitung", 1923–43 Hg. der Zeitschrift „Die schöne Literatur"; während des NS Mgl. der Dichterakademie. In seinen humorist. und histor. Erzählungen und Romanen dominierte eine nat., z. T. nat.-soz. Grundhaltung.
Vesper [ˈfɛspər; zu lat. vespera „Abend"], liturg. Abendgottesdienst der kath. Kirche, der sich aus Hymnus, Psalmen, bibl. Kurzlesung und Fürbitergebet zusammensetzt; in der alten Kirche als Gemeindegottesdienst eingeführt; hielt sich kontinuierl. im Stundengebet, aber auch im „Evening Prayer" der anglikan. Kirche; auch ev. Kirchen kennen die V. als Gemeindegottesdienst. Die V. ist auch als nachmittägl. Volksandacht mit z. T. eigenen Stilgesetzen in Gebrauch.
♦ kalte [Zwischen]mahlzeit **(Wurstplatte).**
Vesperale [vɛs...; lat.], liturg. Buch mit den Texten und Melodien **(gregorian.** Choral) der ↑ Vesper.
Vesperbild [ˈfɛspər] ↑ Pieta.
Vespucci, Amerigo [italien. vesˈputtʃi], * Florenz 9. März 1454 (1451?), † Sevilla 22. Febr. 1512, italien. Seefahrer und Entdecker. - Unternahm 1497–1504 in portugies. und span. Diensten Reisen in mittel- und südamerikan. Küstengebiete und erkannte, daß die neuentdeckten Länder einem bes., zusammenhängenden Erdteil angehören. M. Waldseemüller benannte 1507 nach dessen Vornamen die neuen Länder „Amerika".
Vest [fɛst; zu lat. vestitura „Bekleidung"], nach Lehnsrecht vorgenommene Besitzeinweisung im ma. Frankr., über die ein Lehnsbrief, auch V. oder Fest (Handfeste) gen., ausgestellt wurde.
Vesta, bei den Römern die Göttin des häusl. Herdes und des hl. Herdfeuers, das in einem Tempel am Fuß des Palatins von den ↑ Vestalinnen gehütet wurde und den Bestand des Staates symbolisierte und sicherte; ihr offizielles Fest (die *Vestalia*) wurde am 9. Juni begangen.
Vest-Agder [norweg. ˌvɛstagdər], Verw.-Geb. im südl. Norwegen, 7 280 km², 139 800 E (1985), Hauptstadt Kristiansand. V.-A. umfaßt die Küste des Skagerraks und deren Hinterland. Die Landw. hat sich v. a. auf die Milchproduktion spezialisiert. Bed. Molybdänvorkommen.
Vestalia ↑ Vesta.
Vestalinnen (Vestalische Jungfrauen), jungfräul., aus vornehmen röm. Familien stammende Dienerinnen der Göttin Vesta, denen die Bewahrung des Staatsfeuers im Tempel der Vesta oblag. Sie mußten sich zu 30jährigem Dienst verpflichten, genossen bes. Ehrenrechte und trugen den Ehrentitel *Virgines sanctae* („hl. Jungfrauen"). Auf Verlust ihrer Jungfräulichkeit stand die Strafe der lebendigen Einmauerung.
Vestdijk, Simon [niederl. ˈvɛstdɛik], * Harlingen 17. Okt. 1898, † Utrecht 23. März 1971, niederl. Schriftsteller und Literaturkritiker. - Urspr. Schiffsarzt. Verfaßte autobiograph. Gesellschafts- und breitangelegte histor., psycholog. vertiefte Romane, u. a. „Das fünfte Siegel" (1937), „Ir. Nächte" (1944), und Novellen.
Vester, Frederic [ˈfɛstər], * Saarbrücken 23. Nov. 1925, dt. Biochemiker und Umweltfachmann. - Lehrte in Saarbrücken, Konstanz, Essen und Karlsruhe (Kernforschungszentrum); gründete 1970 und leitet seither die private „Studiengruppe für Biologie und Umwelt GmbH" in München. V. wurde v. a.

durch seine biokybernet. Arbeiten sowie seine Fernsehsendungen und Buchpublikationen bekannt (u. a. „Denken, Lernen, Vergessen", 1975; „Phänomen Streß", 1976; „Das Ei des Kolumbus", 1978; „Neuland des Denkens", 1980; „Leitmotiv vernetztes Denken", 1988).

Vesterålinseln [norweg. ˈvɛstɑroːl], nö. Fortsetzung der Lofotinseln, 2 368 km².

Vestfjord [norweg. ˈvɛstfjuːr], Meeresarm sö. der Lofotinseln mit zahlr. ins Festland eingreifenden Fjorden.

Vestfold [norweg. ˌvɛstfɔl], norweg. Verw.-Geb. westl. des Oslofjords, 2 216 km², 190 500 E (1985), Hauptstadt Tønsberg. Bed. Agrargebiet. Wichtig sind Nahrungsmittel- und chem. Ind., ferner Werften, Aluminiumverarbeitung.

Vestibül [lat.-frz.], Vorhalle, Treppenhalle.

vestibular (vestibulär) [lat.], in der Anatomie für: ein ↑Vestibulum betreffend, von einem solchen ausgehend (v. a. in bezug auf den Vorhof des knöchernen Labyrinths des Ohrs bzw. den Vestibularapparat).

Vestibularapparat, Gleichgewichtsorgan im Ohr, bestehend aus dem Vorhof (Vestibulum) und den häutigen Bogengängen.

vestibulärer Schwindel (Ohrschwindel, Vertigo vestibularis), Schwindel infolge primärer Erkrankung oder Schädigung des peripheren oder zentralen Vestibularapparates.

Vestibulum [lat.], Vorhalle des altröm. Hauses.
♦ in der *Anatomie* als Vorhof eine den Eingang zu einem Organ bildende Erweiterung.

Vestris, Gaetano, * Florenz 18. April 1729, † Paris 27. Sept. 1808, italien. Tänzer und Choreograph. - Gastierte in ganz Europa und wurde als „le dieu de la danse" (Gott des Tanzes) gefeiert. Sein Sohn und Schüler *Auguste V.* (* 1760, † 1842) wurde v. a. wegen seiner virtuosen (Pirouetten)technik bewundert.

Vestvågøy [norweg. ˌvɛstvoːgœj], eine der Lofotinseln, 411 km², bis 965 m hoch.

Vesuv, aktiver Vulkan am Golf von Neapel, Italien, 1 281 m ü. d. M. Der Doppelgipfel besteht aus dem Monte Somma und dem jungen Kegel des eigtl. V., der nach dem Ausbruch vom 24. 8. 79 n. Chr. (Zerstörung der röm. Siedlungen Pompeji, Herculaneum und Stabiae) entstand und seine heutige Gestalt nach über 70 nachgewiesenen Ausbrüchen erhielt. Unter dem z. Z. über 200 m tiefen, 400–600 m breiten Krater mit schwacher Fumarolentätigkeit wurde der Magmaherd in 4–5 km Tiefe festgestellt. Am W-Hang liegt in 608 m Höhe ein vulkanolog. Inst. und Observatorium. - Abb. S. 278.

Veszprém [ungar. ˈvɛspreːm] (dt. Veszprim), ungar. Stadt nördl. des Plattensees, 63 000 E. Verwaltungssitz des Bez. V.; kath. Bischofssitz; TU für Chemie, Forschungsinst. der Ungar. Akad. der Wiss. für Chemie; Bakony-Museum; Zentrum des Bergbau- und Ind.gebiets des Bakony. - Liegt auf dem Gebiet des röm. **Gimbriana**; entstand aus der Burg, einer awar. Gründung; Residenz der Fürsten des Großfürstl. Reichs, im 11.–13. Jh. bevorzugte Residenz der Königinnen der ungar. Arpaden-Dyn.; seit 1009 Bischofssitz; nach Verwüstung durch die Mongolen 1241 befestigt. - Roman. Dom (im 20. Jh. erneuert), Giselakapelle (jetzige Gestalt 13. Jh.) mit bed. Fresken. Barocker Bischofspalast (1765–76), barocke Dreifaltigkeitssäule (18. Jh.).

Veteran [lat., zu vetus „alt"], altgedienter Soldat; im Dienst alt gewordener, bewährter Mann.

Veterinär [frz., zu lat. veterinae „Zugvieh"], i. e. S. Berufsbez. des Tierarztes im öffentl. Dienst; i. w. S. svw. Tierarzt.

Veterinärmedizin, svw. ↑Tiermedizin.

Vetiveria [Tamil-frz.], Gatt. der Süßgräser mit zehn paläotrop. verbreiteten Arten. Die bekannteste, in Vorderindien, auf Java und den Philippinen heim., in den gesamten Tropen kultivierte Art ist **Vetiver** (Vetiveria zizanioides) mit harten, bestachelten Hüllspelzen und in Rispen stehenden Ährchen. Das Rhizom und die Wurzeln liefern das u. a. in der Parfümerie verwendete Vetiveröl.

Vetorecht [zu lat. veto „ich verbiete"], das Recht, durch Einspruch *(Veto)* das Zustandekommen eines Beschlusses endgültig *(absolutes V.)* oder aufschiebend *(suspensives V.)* zu verhindern. In der *BR Deutschland* hat der Bundesrat ein suspensives V. bei Einspruchsgesetzen und ein absolutes V. bei Zustimmungsgesetzen; in *Österreich* hat der Bundesrat i. d. R. ledigl. ein suspensives V. gegenüber dem Nat.rat; in der *Schweiz* besitzen Nat.rat und Ständerat jeweils ein absolutes V.; im *Völkerrecht* besitzen die 5 ständigen Mgl. des Weltsicherheitsrats der UN ein absolutes Vetorecht. Histor. berühmt wurden das V. des röm. Volkstribuns und das ↑Liberum veto im poln. Reichstag.

Vetter, Heinz Oskar, * Bochum 21. Okt. 1917, dt. Gewerkschafter. - 1964–69 2. Vors. der IG Bergbau und Energie; 1969–82 Vors. des DGB; seit 1974 Vizepräs. des IBFG und Präs. des Europ. Gewerkschaftsbundes (bis 1979); seit 1979 Mgl. des Europ. Parlaments (SPD); hat v. a. in der sozialliberalen Koalition bed. Einfluß auf die Gesellschaftspolitik in der BR Deutschland ausgeübt.

Vettersfelde [fɛ...] (poln. Witaszkowo), Fundort (10 km sö. von Guben, Polen▼) der 1882 geborgenen Grabausstattung oder des Schatzes eines skyth. Fürsten aus dem 6. Jh. v. Chr.; v. a. Goldarbeiten im skyth. Tierstil.

Vetulonia, im 7. Jh. v. Chr. an der Stelle einer Siedlung der Villanovakultur gegr. etrusk. Küstenstadt (bei Grosseto); Mitglied des etrusk. Zwölfstädtebundes. Bed. Nekropolen der Villanovakultur und der Etrusker, deren Gräber (Steinkreisgräber, Kammergräber) Bronzegerät, Großplastik, eine Grabstele mit dem Relief eines Kriegers, Goldschmiedearbeiten u. a. enthielten.

Vetus Latina [lat.] ↑ Bibel.

Vevey [frz. vəˈvɛ], schweizer. Bez.hauptort am Genfer See, Kt. Waadt, 383 m ü. d. M., 15 100 E. Hindemith-Inst.; Gemälde- und Skulpturensammlung; heilklimat. Kurort; Nahrungsmittel-, Tabakind., Maschinenbau. - Got. Kirche Saint-Martin (12., 14. und 15. Jh.), klassizist. Markthalle (1808).

Vexierbild [zu lat. vexare „plagen, quälen"], Suchbild, das eine nicht sofort erkennbare Figur enthält.

Vexillum [lat.], röm. ↑ Feldzeichen.

Vézelay [frz. veˈzlɛ], frz. Ort 45 km sö. von Auxerre, Dep. Yonne, rd. 600 E. Museum. Berühmte roman. Abteikirche Sainte-Madeleine (12. Jh.).

VFR, Abk. für engl.: visual flight rules (↑ Sichtflug).

v. H., Abk. für: vom Hundert (↑ Prozent).

VHF (vhf) [Abk. für engl.: very high frequency], internat. übl. Abk. für den Frequenzbereich der Ultrakurzwellen.

VHSIC, Abk. für engl.: very high speed integrated circuits, Bez. für integrierte Schaltkreise hohen Integrationsgrades, bei denen die Gatterverzögerungszeiten unter einer Nanosekunde liegen.

via [lat.], [auf dem Weg] über.

Via Aemilia [ɛ...] ↑ Römerstraßen.

Via antiqua [lat.] ↑ Via moderna.

Via Appia ↑ Römerstraßen.

Via Aurelia ↑ Römerstraßen.

Via Cassia ↑ Römerstraßen.

Via Claudia Augusta ↑ Römerstraßen.

Viadana, Lodovico, eigtl. L. Grossi da V., * Viadana bei Mantua um 1560, † Gualtieri (Prov. Reggio nell'Emilia) 2. Mai 1627, italien. Komponist. - Trat 1596 in den Franziskanerorden ein, war Kirchenkapellmeister in Mantua, Fano und Venedig. Gilt als erster bed. Meister des konzertierenden Stils; neu war, daß er den Generalbaß als obligate Stimme behandelte. Komponierte u. a. drei Bücher „Cento concerti ecclesiastici" (1602, 1607, 1609), „Sinfonie musicali" (1610) sowie v. a. zahlr. Messen, Motetten.

Viadukt [lat.], über größere Talabschnitte führende Brücke.

Via Egnatia ↑ Römerstraßen.

Via Flaminia ↑ Römerstraßen.

Via Mala, Schlucht des Hinterrheins oberhalb von Thusis im schweizer. Kt. Graubünden, bis 600 m tief, rd. 6 km lang.

Via moderna [lat.], seit dem 14. Jh. im Unterschied zur **Via antiqua** (thomist. Realismus) Bez. für die scholast. Position des Nominalismus des MA, insbes. aber für alle neueren Strömungen der Hochscholastik bzw. des Spät-MA, v. a. für die in der Nachfolge Wilhelms von Ockham vertretenen philosophischen und theologischen Positionen.

Vian, Boris (frz. vjã], * Ville-d'Avray 10. März 1920, † Paris 23. Juni 1959, frz. Schriftsteller. - Ingenieur, dann Schauspieler, Chansonnier, Jazzmusiker (Trompete). Verfaßte vom Surrealismus und Existenzialismus beeinflußte phantast.-groteske Romane („Chloé", 1947 [1977 u. d. T. „Die Gischt der Tage"]; „Herbst in Peking", 1947; „Der Herzausreißer", 1953) und Erzählungen.

Viana do Castelo [portugies. ˈvjɐnɐ ðu kɐʃˈtɛlu], Stadt in N-Portugal, am Atlantik, 15 100 E. Verwaltungssitz des Distr. V. do C.; histor. Inst., Museum, Theater; Fischereihafen. - Schon in vorchristl. Zeit besiedelt; 1258 Errichtung eines Kastells; hieß zeitweilig **Viana do Minho** bzw. **Viana de Caminha** oder **Viana da Foz do Lima**; v. a. nach der Entdeckung Brasiliens 1500 Erweiterung des Seehandels. - Maler. Stadtbild; Pfarrkirche (15. Jh.), Rathaus (16. Jh.).

Vianden [fiˈandən], luxemburg. Stadt an der Our, 230 m ü. d. M., 1 500 E. Museum; Sommerfrische. - Burgruine (12.–17. Jh.). Nahebei Pumpspeicherwerk (Leistung 800 MW).

Vianney, Jean-Baptiste Marie [frz. vjaˈnɛ], hl., gen. Pfarrer von Ars, * Dardilly (Rhône) 8. Mai 1786, † Ars (Ain) 4. Aug. 1859, frz. kath. Priester. - Intuitiv und myst. hoch-

Vézelay. Thronender Christus. Ausschnitt aus dem Tympanon des Hauptportals der Abteikirche Sainte-Madeleine (12. Jh.)

Viardot-García

begabter Beichtvater und Prediger mit weitreichender Wirkung; 1850 Ehrendomherr, 1855 Ritter der Ehrenlegion; Patron der Seelsorger. - Fest: 9. August.

Viardot-García, Pauline [frz. vjardogar'sja], *Paris 18. Juli 1821, †ebd. 18. Mai 1910, span.-frz. Sängerin (Mezzosopran). - Schwester von M. F. Malibran und M. P. R. García; wurde in London und Paris als Primadonna gefeiert und unternahm ausgedehnte Konzertreisen. Nach 1860 lebte sie in Baden-Baden, später in Paris, wo ihr Haus zum Treffpunkt bed. Künstler und Politiker wurde.

Viatikum [lat.], svw. ↑ Wegzehrung.

Viaud, Julien [frz. vjo], frz. Schriftsteller, ↑ Loti, Pierre.

Viborg [dän. 'vibɔr'], dän. Stadt in Jütland, 39 100 E. Hauptstadt der Amtskommune V., luth. Bischofssitz. Textil-, Maschinenbau-, Möbel- und Nahrungsmittelind.; Garnison. - Alte heidn. Kultstätte, wurde 1065 Bischofssitz (1537 luth.); bereits im MA bed. Handelsplatz; 1150 Stadtrecht; bis 1340 Wahlort der dän. Könige. - Vom urspr. roman. Dom (12. Jh.) ist nur die Krypta erhalten. Ehem. Rathaus (18. Jh.; jetzt Museum).

Vibrant [lat.] (Schwinglaut), Laut, bei dessen Artikulation das artikulierende Organ (Zungenspitze oder Zäpfchen) vom Luftstrom in Schwingung versetzt wird, wobei es bei jedem „Schlag" zu einer kurzen Unterbrechung des Luftstroms kommt, z. B. beim („gerollten") [r].

Vibraphon [lat./griech.], in den 1920er Jahren entwickeltes Metallstabspiel mit klaviaturmäßig angeordneten Platten aus Leichtmetall (Umfang f-f³), die mit Schlegeln angeschlagen werden. Die Klangplatten liegen mit einem Ende auf einem Dämpferfilzstreifen auf, der durch ein Pedal absenkbar ist. Unter den Platten befinden sich abgestimmte Röhren, in deren oberen Enden auf gemeinsamen Wellen angebrachte Drehklappen durch einen Elektromotor mit regelbarer Drehzahl angetrieben werden. Sie bewirken das typ. An- und Abschwellen der Resonanz.

Vibration [lat.], mechanische Schwingung[en] von relativ geringer Amplitude, Zitterbewegung.

Vibrationssinn (Erschütterungssinn), mechan. Sinn (bes. Form des Tastsinns), der zahlr. Tiere und den Menschen befähigt, rhythm. mechan. Schwingungen (Erschütterungen; beim Menschen 50–500 Hz) mit Hilfe von Vibrorezeptoren (v. a. Vater-Pacini-Körperchen) wahrzunehmen und in Nervenimpulse umzusetzen.

Vibrato [lat.-italien.], rasche Wiederholung von geringen Tonhöhenschwankungen bei Singstimmen, Blasinstrumenten und v. a. Streich- und Zupfinstrumenten mit Griffbrett, oft mit Tremolo verwechselt. Als bes. Verzierung bereits im Barock gebräuchlich.

Vibrator [lat.], Gerät zur Erzeugung mechan. Schwingungen (Vibrationen), z. B. an Siebvorrichtungen, an [Vibrations]massagegeräten, zur Bodenverdichtung u. a.

Vibrionen [lat.], allg. Bez. für kommaförmige Bakterien.
◆ Bakterien der Gatt. *Vibrio;* gekrümmte oder gerade, polar begeißelte, fakultativ anaerobe, gramnegative Stäbchen. Die fünf bekannten V.arten leben in Süß- und Salzgewässern. Einige können sich im Verdauungssystem des Menschen und von Tieren vermehren und zu Krankheitserregern werden (u. a. Cholera, Enteritis).

Vibraphon

Viburnum [lat.], svw. ↑ Schneeball.
vic., Abk. für lat.: vicinalis („benachbart"); in der Chemie zur Kennzeichnung benachbarter Substituenten in einer Verbindung verwendet.
Vicarius [lat. „Stellvertreter"], 1. spätantiker Verwaltungsbeamter; als Stellvertreter eines Prätorianerpräfekten Leiter einer Diözese. 2. (vicarius imperii) ↑ Reichsvikariat.
Vicarius Christi [lat. „Stellvertreter Christi"], Titel des Papstes.
Vicarius generalis [lat.], Abk. vic. gen., svw. ↑ Generalvikar.
Vicente, Gil [portugies. viˈsentə], * Lissabon (?) um 1465, † ebd. (?) um 1536, portugies. Dichter, Schauspieler und Musiker. - Eigtl. Goldschmied (Monstranz für Belém [heute Lissabon, Museum für alte Kunst]). Begründer des portugies. Dramas, bedeutendster portugies. Dichter neben Camões. Seine über 40, z. T. verlorengegangenen Dramen (Autos, Komödien, Tragikomödien, Farcen) verbinden Volkstümlichkeit mit Renaissancegeist und Einflüssen des Humanismus. - *Werke:* Der Indienfahrer (Farce, hg. 1562), Lusitania (Farce, hg. 1562; 1940 u. d. T. Jedermann und Niemand).
Vicentino, Don Nicola [italien. vitʃenˈtiːno], * Vicenza 1511, † wahrscheinl. Mailand 1576, italien. Komponist und Musiktheoretiker. - Bis 1539 Hofkapellmeister in Ferrara, lebte danach in Rom, 1563–65 als Domkapellmeister in Vicenza; komponierte fünfstimmige Madrigale und Motetten und konstruierte ein Archicembalo mit 132 Tasten in sechs Reihen.
Vicenza [italien. viˈtʃɛntsa], italien. Stadt in Venetien, am N-Fuß der Monti Berici, 40 m ü. d. M., 111 100 E. Hauptstadt der Prov. V.; kath. Bischofssitz; Priesterseminar, Kunstakad., bed. Museen, Staatsarchiv. Verwaltungs- und Handelszentrum; Theaterfestspiele, Kunsthandelsmessen.
Geschichte: In der Antike **Vicetia** (**Vicentia**); wurde 49 n. Chr. röm. Munizipium; seit dem 6. Jh. Bischofssitz; im Früh-MA Sitz eines langobard. Hzgt., dann einer fränk. Gft.; gehörte seit dem 10. Jh. zur Mark Verona; trat im Kampf gegen Kaiser Friedrich I. Barbarossa als freie Kommune und Mgl. des Lombardenbundes auf; unterstellte sich nach verschiedenen Besitzwechseln im 14. Jh. 1404 der Republik Venedig und wurde ein Teil Venetiens.
Bauten: An der Stelle des antiken Forums entstand die repräsentative Piazza dei Signori mit der sog. Basilica (Palazzo Publico; im Kern 1449–60, 1549 ff. von Palladio erneuert) und der Torre di Piazza (13.–15. Jh.), San Vicenzo (1614–17) und der Loggia del Capitano (1571 ff., ebenfalls von Palladio). Abgesehen von den zahlr. Kirchen (u. a. got. Dom [im Kern 1400 ff., Chor und Kuppel 16. Jh., 1946–50 wieder hergestellt], Oratorio di San Nicola [1617 ff.; 1946/47 restauriert; mit Bildern des Seicento ausgekleidet, v. a. von F. Maffei]) ist das Stadtbild von V. v. a. von Palästen geprägt: Palazzo Civena-Trissino (1540), Palazzo Porto-Festa (1551/52), von Palladio u. a., Palazzo Thiene (1550 ff.), Palazzo Valmarana (1565 ff.), das Teatro Olimpico (1580 ff.); nahe der Stadt die Villa „La Rotonda" (1566/67 ff.), in deren Nähe auch die Villa Valmarana dei Nani (1669 ff.) mit Fresken von G. Tiepolo (1757).
vice versa [lat.], Abk. v. v., umgekehrt.
Vich [span. bik], span. Stadt in Katalonien, 484 m ü. d. M., 27 500 E. Kath. Bischofssitz; Diözesanmuseum, Lapidarium. Textilind., Lederverarbeitung. - In der Römerzeit **Ausa**; wurde unter den Westgoten 516 Bischofssitz; 1306 Stadtrechte. - Von der urspr. roman. Kathedrale sind nur Krypta und Turm (beide 11. Jh.) erhalten; got. Kreuzgang (14. Jh.).
Vichada [span. biˈtʃaða], Verw.-Geb. (Comisaría) in O-Kolumbien, 100 242 km², 3 400 E (1985), Hauptstadt Puerto Carreño. V. liegt in den Llanos und ist kaum erschlossen.
Vichy [frz. viˈʃi], frz. Heilbad 45 km nö. von Clermont-Ferrand, Dep. Allier, 240 m ü. d. M., 30 500 E. Kunst- und histor. Museum; mehrere Theater, Freilichtbühne; Reitbahn. Heilanzeigen bei Leber- und Darmleiden. Tafelwasserabfüllung. - Von den Römern wegen der warmen Quellen gegr.; in der Völkerwanderungszeit zerstört; um das in den Ruinen im 11. Jh. gegr. Kloster entstand die heutige Stadt. 1940–44 Hauptstadt des État Français.
Vicia [lat.], svw. ↑ Wicke.
Vickers, Jon [engl. ˈvɪkəz], * Prince Albert (Saskatchewan) 29. Okt. 1926, kanad. Sänger. - Tritt als gefeierter Heldentenor in Rollen des dt., frz. und italien. Fachs an den internat. renommierten Opernhäusern auf.
Vickershärte [engl. ˈvɪkəz; nach der engl. Firma Vickers-Armstrong Ltd.] ↑ Härteprüfverfahren.
Vicki (Vicky), weibl. Vorname, Kurzform von ↑ Viktoria.
Vicksburg [engl. ˈvɪksbəːg], Stadt in W-Mississippi, USA, am Mississippi, 63 m ü. d. M., 25 000 E. Flußhafen; u. a. chem. Ind. - Entstand 1814 durch Gründung einer methodist. Missionsstation bei dem 1791 errichteten span. Fort Nogales (seit 1795 Fort Henry); im Sezessionskrieg nach dem Fall von New Orleans und Memphis (Frühjahr 1862) letzter Stützpunkt der Konföderierten am Mississippi, dessen Kapitulation nach siebenwöchiger Belagerung am 4. Juli 1863 zus. mit dem gleichzeitigen Sieg der Union bei Gettysburg (Pa.) Wendepunkt des Sezessionskrieges war.
Vico, Giovanni Battista (Giambattista) [italien. ˈviːko], * Neapel 23. Juni 1668, † ebd. 23. Jan. 1744, italien. Geschichts- und Rechts-

philosoph. - 1697 Prof. der Rhetorik in Neapel, 1734 Historiograph König Karls von Neapel. Begründer der Völkerpsychologie und der neuzeitl. spekulativen Geschichtsphilosophie; Wegbereiter des Historismus; gilt zudem als Systematiker der Geisteswissenschaften. V. setzt gegen den an Mathematik und Physik orientierten naturalist. Rationalismus Descartes' in „De antiquissima Italorum sapientia ..." (1710) den erkenntnistheoret. Grundsatz: „Nur das kann erkannt werden, was einer selbst hervorgebracht hat". Deshalb ist eine universale Erkenntnis nur Gott mögl., der in seiner Schöpfung alles geschaffen hat; da die Geschichte andererseits das ist, was der Mensch in der Welt geschaffen hat, ist die Geschichte sein vornehml. Erkenntnisobjekt. Ausgehend von diesem Grundsatz, entdeckt V. in seinem Werk „Von dem einen Ursprung und Ziel allen Rechtes" (1720) nicht nur die Geschichtlichkeit des Rechts, sondern entwickelt das für die gesamte Menschheitsgeschichte als gültig erachtete geschichtsphilosoph. Modell der gesetzmäßigen Wiederkehr je eines theokrat., heroischen und menschl. Zeitalters in einem Zyklus von Aufstieg, Verfall und ständiger Wiederkehr. V. beeinflußte Herder, seinen Entdecker, Goethe und die gesamteurop. Geschichtsphilosophie.

▭ *Schmidt, Richard W.: Die Geschichtsphilosophie G. B. Vicos. Würzburg 1982.* - *Viechtbauer, H.: Transzendentale Einsicht u. Theorie der Gesch. Mchn. 1977.* - *Fellmann, F.: Das V.-Axiom, der Mensch macht die Gesch. Freib. u. Mchn. 1976.* - *Pompa, L.: V.; a study of the new science. London u. New York 1975.* - *Löwith, K.: Vicos Grundsatz Verum et factum convertuntur. Hdbg. 1968.*

Vicomte [frz. viˈkõːt; zu spätlat. vicecomes „ständiger Vertreter des Grafen"], frz. Adelstitel (weibl. Form *Vicomtesse*) im Rang zw. Baron und Graf; entsprechende Titel sind in Italien *Visconte* (*Viscontessa*), in Spanien *Vizconde* (*Vizcondesa*) und in Großbrit. *Viscount* (*Viscountess*).

Vic-sur-Seille [frz. viksyrˈsɛj], frz. Gem. in Lothringen, Dep. Moselle, 1 500 E. - Wegen der Salzgewinnung schon in vorgeschichtl. Zeit besiedelt, in der Römerzeit blühender Ort; ab 13. Jh. Residenz der Bischöfe von Metz. - Spätgot. Kirche mit bed. Ausstattung des 15. Jh., u. a. überlebensgroße Muttergottes.

Victimologie [zu lat. victima „Opfer"], eine gegen Ende des 2. Weltkrieges entstandene Forschungsrichtung, die sich überwiegend als Teil der Kriminologie versteht und die Funktion des Verbrechensopfers im Prozeß der Straftat untersucht. Die V. setzt davon aus, daß Persönlichkeitsstruktur und Situation des Verbrechensopfers einen erhebl. Anteil an der Entstehung des Verbrechens haben, und versucht, die aus der Erfahrung dieses Phänomens gewonnenen Erkenntnisse u. a. für die Zwecke der Verbrechensprophylaxe fruchtbar zu machen.

Victor, männl. Vorname, ↑ Viktor.

Victoria, weibl. Vorname, ↑ Viktoria.

Victoria, bei den Römern Begriff und vergöttlichte Personifikation des „Sieges", deren alter Kult in den Kaiserkult integriert wurde.

Victoria, Tomás Luis de [span. bik'torja], * Ávila um 1548/50, † Madrid 27. Aug. 1611, span. Komponist. - 1569 Kapellmeister und Organist in Rom, 1571 Nachfolger Palestrinas als Musiklehrer am Collegium Romanum, spätestens 1573 Kapellmeister am Collegium Germanicum und an Sant'Apollinare; kehrte 1585 nach Spanien zurück, war Organist und Titularkapellmeister der Kaiserin Maria, später im Dienst von deren Tochter Margarete. V. ist einer der bedeutendsten Vertreter der röm. Schule. Er komponierte u. a. 20 Messen, 44 Motetten, 34 Hymnen, Magnifikats, Responsorien sowie „Officium hebdomadae sanctae" (1585) und „Missa da Requiem" (1603).

Victoria [engl. vɪkˈtɔːrɪə], Hauptstadt der Seychellen, auf Mahé, 23 300 E. Konsumgüterindustrie; Hafen.

V. (heute Limbe), Dep.hauptstadt in W-Kamerun, am S-Fuß des Kamerunberges, 32 900 E. Latexaufbereitung, Textilfabrik; Hafen. - 1858 von einem brit. Missionar gegründet.

V., Hauptstadt der kanad. Prov. British Columbia, an der SO-Küste von Vancouver Island, 64 000 E. Sitz eines kath. und eines anglikan. Bischofs; Univ. (gegr. 1963), astrophysikal. Observatorium; Prov.museum, Kunstgalerie, Wachsfigurenkabinett, Schiffahrtsmuseum. Holzverarbeitung und Schiffbau, 2 natürl. Tiefwasserhäfen. Fährverkehr nach Vancouver, Seattle und Port Angeles. - 1843 Anlage des Pelzhandelspostens und der Siedlung Fort Victoria; 1859 Hauptstadt der Kolonie Vancouver Island, 1868 von British Columbia.

V., Hauptstadt von ↑ Hongkong.

V., Hauptort der Insel ↑ Labuan.

V., Bundesland in SO-Australien, 227 618 km², 4,08 Mill. E (1984), Hauptstadt Melbourne. V. hat im O Anteil an den Austral. Alpen, deren Ausläufer nach W umbiegen und den zentralen Teil von V. bis zur Grenze gegen Südaustralien durchziehen. Im N lassen die ausgedehnten Ebenen des Murraybeckens. Die Küstenebene erfährt durch die Port Phillip Bay eine Zweiteilung. V. liegt überwiegend im südaustral. Winterregengebiet. Feuchte Eukalyptuswälder sind im Bergland verbreitet, trockene Eukalyptuswälder an der N-Abdachung und in Teilen des Küstentieflandes.

Neben Neusüdwales ist V. das volkreichste und am stärksten verstädterte Bundesland

Australiens. In der Landw. gibt es v. a. Schafzucht (Woll- und Fleischgewinnung), Milchwirtschaft und Fleischrinderzucht. Ackerbau bes. in der Küstenebene und im Murraytal (Weizen, Gerste, Hafer, Futterpflanzen, Wein-, Obst- und Gemüsebau). An Bodenschätzen verfügt das Land über Braunkohle, Erdgas und Erdöl. Etwa 70% aller Ind.betriebe sind im Raum Melbourne konzentriert. Von Melbourne gehen alle bed. Eisenbahnlinien und Fernstraßen aus. Wichtigster Hafen ist Melbourne, dort auch internat. ⚓.
Geschichte: Seit den 1830er Jahren von Tasmanien aus besiedelt (keine Strafkolonie); erhielt 1850/51 den Status einer brit. Kolonie.

Victoria [nach Königin Viktoria von England], Gatt. der Seerosengewächse mit 2 Arten im trop. S-Amerika. Die bekannteste, im Amazonasgebiet heim. Art ist *Victoria amazonica* mit bis 2 m im Durchmesser erreichenden, kreisrunden Schwimmblättern mit bis 6 cm hoch aufgebogenem Rand und kupferroter Unterseite; Blattunterseite, Blatt- und Blütenstiele sowie die Außenseite der Kelchblätter stark bestachelt; Blüten 25–40 cm im Durchmesser, duftend, nur zwei Nächte geöffnet, beim ersten Erblühen weiß, beim zweiten Erblühen dunkelrot.

Victoria and Albert Museum [engl. vɪkˈtɔːrɪə ənd ˈælbət mjuːˈzɪəm] ↑Museen (Übersicht).

Victoria Island [engl. vɪkˈtɔːrɪə ˈaɪlənd], Insel im Kanad.-Arkt. Archipel, vor der N-Küste des Kontinents, 217 290 km².

Victorialand, Teil der Ostantarktis, westl. des Rossmeeres.

Victorianil, Nilabschnitt in Uganda, entfließt dem Victoriasee, durchfließt den Kiogasee, mündet in den Albertsee.

Victoriasee, größter Süßwassersee Afrikas, 68 000 km², 1 134 m ü. d. M., bis 85 m tief, viele Inseln. Hauptzufluß ist der Kagera, Abfluß der Victorianil.

Victoria Strait [engl. vɪkˈtɔːrɪə ˈstreɪt], Meeresstraße im Kanad.-Arkt. Archipel, zw. Victoria Island (im W) und King William Island (im O).

Vidal, Gore [engl. vaɪdl], *West Point (N. Y.) 3. Okt. 1925, amerikan. Schriftsteller. - Einer der bedeutendsten zeitgenöss. amerikan. Romanciers, der v. a. gegenwartsbezogene Themen behandelt, z. B. in „Kalki" (1978; über religiöse Sekten in den USA). Das Drama „Der beste Mann" (1960) schildert der oft skrupellosen Methoden bei der Wahl des amerikan. Präsidentschaftskandidaten; auch Kriminalromane (unter dem Pseud. Edgar Box), Lyrik, Essays, Drehbücher. - *Weitere Werke:* Julian (R., 1964), Betrachtungen auf einem sinkenden Schiff (Essays, 1969), Burr (R., 1973), Lincoln (R., 1984).

Videla, Jorge Rafael [span. biˈðela], * Mercedes 2. Aug. 1925, argentin. General und Politiker. - 1976–78 Chef der Militärjunta, die im März 1976 die polit. Macht übernahm; 1976–81 Staatspräs.; 1985 wegen Menschenrechtsverletzungen zu lebenslanger Haft verurteilt.

Video... [engl., zu lat. videre „sehen"], Bestimmungswort von Zusammensetzungen mit der Bed. „Fernseh...", mit dem Fernsehgerät arbeitend, zum Fernsehbild gehörend".

Videokamera (Kamerarecorder), Aufzeichnungsgerät, bei dem die Aufnahmen auf das Magnetband einer Videokassette aufgezeichnet werden. Die Videoaufzeichnungen können unmittelbar danach am Bildschirm eines (mit der Kamera verbundenen) Fernsehgeräts betrachtet werden.

Videokunst, die Benutzung elektron.-opt. Medien (Videoaufzeichnungen bzw. Direktübertragung, sichtbar gemacht durch Monitoren) als künstler. Aussagemittel. Voraussetzungen liegen in der Fluxusbewegung (um 1960 der Versuch eines Medienverbundes von Musik, Theater und bildender Kunst; ↑Fluxus), der elektron. Experimentalmusik und dem Film. V. ermöglicht die Gestaltung zeitl. Abläufe und Bewegungen; darsteller.-gest. Aktionen stehen häufig im Mittelpunkt der Aussage. - Abb. S. 194.

Videoplatte (Bildplatte), aus PVC bestehende schallplattenähnl. Speichervorrichtung für Fernsehsendungen bzw. über Fernsehgeräte wiedergebbare Darbietungen. Die für die Speicherung eines Vollbildes notwendige Fläche beträgt etwa 0,6 mm². Auf einer Seite einer V. (Ø 30 cm) sind etwa 90 000 Vollbilder aufgezeichnet (eine Stunde Programm). Weltweit stehen für die Unterhaltungselektronik drei Systeme zur Auswahl.
Bei der *kapazitiven Abtastung* gibt es die beiden Systeme **CED** (Abk. für engl. capacitance electronic disc) und **VHD** (Abk. für engl. video high density). Beide Systeme verwenden eine Nadel, die kapazitiv die Information auf der Plattenoberfläche abtastet, wobei bei der CED-V. eine Rille zur Führung der Nadel dient, während bei der VHD-V. die Führung der Nadel rillenlos durch einen Servomechanismus erfolgt, der die Spurinformation aus einem auf der Platte aufgezeichneten Hilfssignal ableitet. Die Spieldauer beträgt bei beiden Systemen eine Stunde pro Seite.
Bei der *opt. Abtastung* („Laser Vision") wird die V. (Ø 30 cm) mit einem Laserstrahl berührungslos abgetastet. Dabei werden die Fernsehsignale in Form von spiralförmig angeordneten mikroskop. kleinen Vertiefungen (sog. Pits) in einem dünnen Metallfilm auf der Oberfläche der V. gespeichert. Beim Abspielen der V. mit dem **Bildplattenspieler** werden die durch unterschiedl. Reflexion des Laserstrahls sich ergebenden Lichtschwankungen mit Hilfe von Photodioden in elektr. Spannungsschwankungen umgewandelt und diese zum Aufbau des Fernsehbildes dem Fernsehempfänger zugeleitet.

Videorecorder

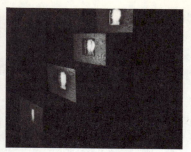

Videokunst. Shigeko Kubota, Duchampia – Akt, eine Treppe herabsteigend (1976). Videoskulptur mit vier Videomonitoren und einem Videorecorder. Der Titel bezieht sich auf das 1912 entstandene Gemälde „Akt, eine Treppe herabsteigend, Nr. 2" von Marcel Duchamp. – Oben: Anordnung der Monitoren innerhalb der „Video-Treppe". – Links: vier simultane Phasen

Videoprogrammsystem, Abk. VPS, ein System zur automat. Steuerung (Ein- und Ausschalten) von Videorecordern zur Aufzeichnung von Fernsehsendungen; arbeitet mit Hilfe eines zu Beginn der Sendung ausgestrahlten Codes, der den Recorder ein- und entsprechend wieder ausschaltet.

Videorecorder, für Unterrichtszwecke und zum Heimgebrauch entwickeltes Magnetbandgerät zur *magnet.* Bildaufzeichnung (MAZ) von Fernsehsendungen oder Aufnahmen mit einer Videokamera bzw. zur Wiedergabe von auf Magnetband (sog. *Videoband*) gespeicherten Bild-Ton-Inhalten über ein Fernsehgerät. Die V., bei denen das Magnet-

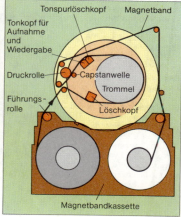

band in (auswechselbaren) Kassetten untergebracht ist, werden als *Videokassettenrecorder* oder ebenfalls als V. bezeichnet.
Im Unterschied zum Tonbandgerät (Tonfrequenzbereich bis 20 kHz; Längsspurverfahren bzw. Längsschrift) müssen V. in der Lage sein, Videosignale bis rd. 5 MHz aufzuzeichnen; im Längsspurverfahren erforderte dies eine Bandgeschwindigkeit von 6 m/s und damit einen unwirtsch. hohen Bandverbrauch. Handelsübl. V. für den Heimgebrauch arbeiten daher mit dem sog. *Schrägspurverfahren*. Das $^1/_2$ Zoll = 12,7 mm breite Magnetband enthält auf schräg liegenden Spuren (sog. Schrägspuraufzeichnung) die Videosignale (1 Halbbild pro Schrägspur) und auf zwei schmalen Randspuren jeweils Ton- bzw. Synchron- oder Kontrollsignale in Längsschrift. Das Band läuft schräg an der sich mit 25 Umdrehungen pro Sekunde drehenden *Kopftrommel* vorbei. Diese trägt 2 *Videoköpfe*, die bei jeder Umdrehung 2 Halbbilder, d. h. pro Sekunde 50 Halbbilder aufzeichnen bzw. abtasten (Fernsehnorm). Kopf und Band bewegen sich [aneinander reibend] unterschiedl. schnell, aber in derselben Richtung. Die Aufzeichnungsgeschwindigkeit für Videosignale ist gleich der Relativgeschwindigkeit, d. h. gleich der Differenz zw. Kopfgeschwindigkeit (5–8 m/s) und Band[transport]geschwindigkeit (rd. 2 cm/s). Die Aufzeichnungsgeschwindigkeit für Tonsignale (Randspur; Längsschrift) ist gleich der Bandgeschwindigkeit; die Tonqualität ist entsprechend begrenzt.
Den verschiedenen europ. V.systemen (z. B. *VCR-System* [Video-Cassetten-Recorder], *Video 2000*) und japan. Systemen (z. B. *Betamax*, *VHS* [Video-Home-System]) ist das Schrägspurverfahren gemeinsam. Unterschiede beruhen u. a. auf unterschiedl. Aufnahme- bzw. Bandgeschwindigkeiten und auf unterschiedl. Art der Bandführung an der Kopftrommel (VCR: *Omegaumschlingung*; VHS: *M-Umschlingung*).

Videorecorder. Unten: Spurlagenschema eines Videobandes; linke Seite: Bandlaufschema einer VCR-Kassette

In Fernsehstudios finden techn. aufwendigere Geräte Anwendung (MAZ-Technik). Die Videosignale werden in *Querschrift*, d. h. quer zur Bandlaufrichtung von der Kopftrommel mit insges. 4 Videoköpfen auf 2 Zoll breites Band aufgezeichnet (Bandgeschwindigkeit 38 cm/s).
📖 *Manz, F.:* V.-Technik. Würzburg ³1985. - *Glogger, H. M.:* Hdb. Video. Mchn. 1983. - *Heinrichs, G.:* V.-Service-Hdb. Mchn. ³1983.

Videosignal, svw. Bildsignal (↑Fernsehen).

Videotext, svw. ↑Bildschirmzeitung. - ↑auch Bildschirmtext.

Videospiele, svw. ↑Bildschirmspiele.

Videothek [lat./griech.], öffentl. oder private Sammlung von Videokassetten, die mit Hilfe von Videorecordern und Fernsehgeräten bzw. Monitoren gezeigt werden können.

Vidie-Dose [frz. vi'di; nach dem frz. Mechaniker L. Vidie, * 1805, † 1866], nahezu luftleere, flache Dose aus Blech, die den wichtigsten Bestandteil eines Aneroidbarometers darstellt. Die meist gerieffelten Ober- und Unterseiten der V.-D., die Membranen, bestehen aus dünnem elast. Material; die durch die Luftdruckschwankungen hervorgerufenen Bewegungen der Membranen werden über einen Zeiger oder über eine Registriervorrichtung sichtbar gemacht.

Vidikon [lat./griech.] (Vidicon, Endikon, Resistron), eine zu den ↑Bildspeicherröhren zählende Fernsehaufnahmeröhre, die ähnl. dem Superorthikon zur Abtastung der Speicherplatte bzw. -schicht langsame Elektronen verwendet, aber dabei den inneren Photoeffekt ausnutzt. Die Speicherschicht aus halbleitendem Material (z. B. Selen, Antimonsulfid) befindet sich an der Stirnwand der V.röhre auf einer durchsichtigen, elektr. leitenden Schicht, die als Signalplatte dient, und wird vom Elektronenstrahl negativ aufgeladen. Durch das auf sie geworfene opt. Bild bildet sich, entsprechend der jeweiligen lokalen Beleuchtungsstärke, ein von Punkt zu Punkt unterschiedl. elektr. Widerstand aus, so daß die Ladungen unterschiedl. rasch zur positiven Signalplatte abwandern; es entsteht ein

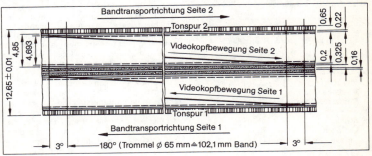

entsprechendes Ladungsbild, das beim nächsten Abtastzyklus wieder gelöscht wird. Die auf diese Weise entstehenden Strom- und Spannungsschwankungen liefern dann das Bildsignal. - Eine Weiterentwicklung ist das Plumbikon.

Vidor [engl. vɪˈdɔː], Charles, urspr. Károly V., * Budapest 27. Juli 1900, † Wien 5. Juni 1959, amerikan. Filmregisseur ungar. Herkunft. - Drehte u. a. „Die Brücke" (1929), „Polonaise" (1937), „Es tanzt die Göttin" (1944), „Gilda" (1946).

V., King, * Galveston (Tex.) 8. Febr. 1895, † bei Paso Robles (Kalifornien) 1. Nov. 1982, amerikan. Filmregisseur. - Seit 1913 Kurz- und Dokumentarfilme, seit 1918 sozialkrit., gefühlvoll und übersteigert inszenierte Spielfilme, u. a. „Die große Parade" (1925), „Ein Mensch der Masse" (1928), „Nordwest-Passage" (1940), „Eine amerikan. Romanze" (1944), „Duell in der Sonne" (1946), „Krieg und Frieden" (1956).

Viebig, Clara [ˈfiːbɪç], * Trier 17. Juli 1860, † Berlin (West) 31. Juli 1952, dt. Schriftstellerin. - Ab 1896 ∞ mit dem Verlagsbuchhändler F. T. Cohn. Ihre naturalist. Novellen „Kinder der Eifel" (1897) sowie der Roman „Das Weiberdorf" (1900) erregten durch genaue Milieuerfassung und plast. Personenzeichnung großes Aufsehen. Gegen soziale Ungerechtigkeit, Chauvinismus, Aberglauben und Unterdrückung wenden sich die Romane „Das tägl. Brot" (1902), „Das schlafende Heer" (1904), „Die Passion" (1926), „Insel der Hoffnung" (1933).

Viechtach [ˈfiç...], Stadt am Schwarzen Regen, Bay., 435 m ü. d. M., 7 300 E. Mineralienmuseum; Hotelfachschule, Luftkurort. - Anfang des 12. Jh. erstmals erwähnt; 1272 Markt, 1953 Stadt. - Got. Spitalkirche (1350), spätbarocke Stadtpfarrkirche (1760), Burgruine Neunußberg.

Viedma [span. ˈbjeðma], Hauptstadt der argentin. Prov. Río Negro im nördl. Patagonien, 7 m ü. d. M., 24 300 E. Kath. Bischofssitz; Erdbebenwarte, Theater. - 1779 gegründet.

Vieh, Sammelbez. für landw. Nutz-, Schlacht- und Zuchttiere. Man unterscheidet *Großvieh* (z. B. Rinder, Schweine, Pferde, Esel) und *Kleinvieh* (z. B. Ziegen, Kaninchen, Geflügel).

Viehfliegen, svw. † Bremsen.

Viehkauf, der Kauf bestimmter Tiere (Pferde, Esel, Maulesel, Maultiere, Rindvieh, Schafe oder Schweine), bei dem der Verkäufer, abweichend von der für den Kauf geltenden Mängelhaftung, nur *Hauptmängel* (in einer VO geregelt) und diese nur dann in der Form der Wandelung (u. U. der Nachlieferung) zu vertreten hat, wenn sie sich innerhalb bestimmter Fristen *(Gewährfristen)* zeigen.

Viehsalz, nicht der Besteuerung unterliegendes, meist mit Eisen(III)-oxid denaturiertes Kochsalz, das als Auftaumittel und zur Vieh- und Wildfütterung verwendet wird.

Viehseuchen, Infektionskrankheiten landw. Nutz- und Zuchttiere († Tierseuchen).

Viehseuchengesetz † Tierseuchen.

Viehwirtschaft (Viehhaltung), neben dem Ackerbau der wichtigste Zweig der Landw., der in weiten Gebieten der Erde (Trockengebiete der Tropen und Subtropen und Gebiete mit kurzer Vegetationsperiode) die einzig mögliche Form der Bodennutzung darstellt.

Vieira [portugies. ˈvjɐjrɐ], António, * Lissabon 6. Febr. 1608, † Bahia (= Salvador, Brasilien) 18. Juli 1697, portugies. kath. Theologe. - Jesuit; kam 1612 nach Brasilien; wegen seines Eintretens für die Indianer 1661-69 nach Portugal verbannt; kehrte 1682 endgültig nach Brasilien zurück; Missionar, Schriftsteller und entschiedener Gegner der Sklaverei; seine Predigten gelten als Meisterwerke barocker Rhetorik.

V., João Bernardo, * Bissau 27. April 1939, Politiker von Guinea-Bissau. - 1970/71 als Mgl. des Kriegsrats verantwortl. für militär. Operationen; ab 1973 Verteidigungsmin., seit 1978 Erster Kommissar (Min.präs.), seit Nov. 1980 (nach Absetzung des bisherigen Staatschefs L. Cabral) als Vors. des Revolutionsrates Staatsoberhaupt und Reg.chef.

Vielborster (Polychäten, Polychaeta), Klasse fast ausschließl. meerbewohnender Ringelwürmer mit rd. 5 300 Arten von weniger als 1 mm bis etwa 3 m Länge; Gliederung primitiv und homonom, jedes Segment mit einem Paar wohlentwickelter Zölomsäckchen und meist einem Paar mit Borstenbüscheln versehener Stummelfüße; Kopflappen meist mit einem Paar antennenähnl. Anhänge oder mit Tentakelkrone; überwiegend getrenntgeschlechtl. Tiere, deren Entwicklung über eine Trochophoralarve verläuft.

Vieleck (Polygon), geomentr. Gebilde aus n Punkten P_1, P_2, ..., P_n (den *Ecken* des V.) und den n Verbindungsstrecken $\overline{P_1P_2}, \overline{P_2P_3},...$, $\overline{P_{n-1}P_n}, \overline{P_nP_1}$ (den *Seiten*). Nach der Anzahl der Ecken unterscheidet man Dreieck, Viereck usw. und spricht allg. auch von einem n-Eck (von einem V. meist nur für $n > 4$). Die Verbindungsstrecken nicht benachbarter

Viehbestand in der Bundesrepublik Deutschland (in 1 000 Stück)		
	1981	1987
Pferde	363	250
Rindvieh	14 992	15 208
davon Kühe	5 438	5 368
Schweine	22 310	24 280
Schafe	1 108	1 186
Geflügel	80 508	61 683
davon Legehennen	42 985	38 226

Ecken bezeichnet man als *Diagonalen;* ihre Anzahl ist $n(n-3)/2$. Verlaufen alle Diagonalen im Inneren des V., so bezeichnet man es als *konvexes V.,* andernfalls als *konkaves V.,* falls sich zwei (oder mehr) Seiten schneiden, als *überschlagenes V.* Bes. Bedeutung besitzen die *regulären (regelmäßigen) Polygone* oder *V.,* das sind konvexe V., bei denen alle Seiten gleich lang und alle Innenwinkel gleich groß sind (z. B. gleichseitiges Dreieck, Quadrat).

Vielehe ↑Ehe (Völkerkunde).

Vielfachmeßinstrument ↑elektrische Meßgeräte.

Vielflach (Vielflächner), svw. ↑Polyeder.

Vielfraß [umgedeutet aus norweg. fjeldfross „Bergkater"] (Gulo), Gatt. der Marder mit dem *Järv* (Jerf, Carcajou, Gulo gulo) als einziger Art; plumpes, bärenähnl. aussehendes Raubtier v. a. in Wäldern und Tundren N-Eurasiens und großer Teile N-Amerikas; Körperlänge rd. 65–85 cm; Schulterhöhe etwa 45 cm; Fell sehr dicht und lang, dunkelbraun, mit breitem, gelblichbraunem Seitenstreifen; vorwiegend Bodentier, das kleinere Säugetiere sowie Jungtiere größerer Säuger und Vögel jagt, daneben auch Aas und pflanzl. Substanzen (bes. Beeren) frißt; ♀ bringt im Februar/März zwei bis vier (zunächst noch blinde) Junge in Baum- oder Erdhöhlen zur Welt; legt Vorratsgruben an.

Vielfrüchtler (Polycarpicae, Ranales), Ordnung der Zweikeimblättrigen mit zahlr. urspr. Merkmalen, daher meist an den Anfang des Systems der Bedecktsamer gestellt; Blüten meist mit vielteiligem freiblättrigen Gynözeum. Zu den V. gehören u. a. Magnoliengewächse, Hahnenfußgewächse und Seerosengewächse.

Vielkristall (Polykristall, Kristallaggregat), fester Körper, der aus einer Vielzahl gegebenenfalls mikroskopisch kleiner Kristalle (Kristallite) aufgebaut ist, die in verschiedener Orientierung aneinandergelagert sind. - Ggs. *Einkristall.*

Vielle [frz. vjɛl], svw. ↑Drehleier.

Vielmännerei ↑Ehe (Völkerkunde).

Vielseitigkeit, im Pferdesport neuere Bez. für ↑Military.

Vielstachler, Bez. für verschiedene Arten der ↑Nanderbarsche.

Vielstoffmotor, svw. ↑Mehrstoffmotor.

Vielteilchensystem, Bez. für ein ↑mikrophysikalisches System sehr vieler miteinander wechselwirkender Teilchen (z. B. die Gesamtheit der Leitungselektronen in einem Festkörper und dieser selbst), wenn seine physikal. Eigenschaften und die in ihm ablaufenden physikal. Vorgänge mit Hilfe der Quantentheorie und der Quantenstatistik erklärt und beschrieben werden (im Ggs. zu einem makroskop. Beschreibung z. B. bei thermodynam. Systemen).

Vielweiberei ↑Ehe (Völkerkunde).

Vielzähner, svw. ↑Löffelstöre.

Vielzeller (Metazoen, Metazoa), in allen Lebensräumen weltweit verbreitetes Unterreich des Tierreichs, dessen über 1 Million Arten im Ggs. zu den Protozoen aus zahlr. Zellen zusammengesetzt sind, die in mindestens zwei Schichten angeordnet und im Erwachsenenzustand in Körperzellen (Somazellen) und Keimzellen (Geschlechtszellen) gesondert sind. Zu den V. zählen die Mesozoen, Parazoa und die echte Gewebe aufweisenden *Gewebetiere* (Eumetazoa, Histozoa). Die letzteren umfassen die überwiegende Masse der Tiere, von den Hohltieren bis zu den Wirbeltieren.

Vielzitzenmäuse (Vielzitzenratten, Mastomys), Gatt. der Echtmäuse mit weiter Verbreitung in Afrika südl. der Sahara sowie in Marokko; Körperlänge etwa 10–15 cm, mit ebenso langem Schwanz; Färbung braun bis grau, Unterseite heller; mit 12–24 Zitzen.

Vienenburg ['fi...], Stadt im nördl. Harzvorland, Nds., 139 m ü. d. M., 11 400 E. Maschinenbau, Möbel- und Textilind., Guanowerk. - Entstand um die um 1300 angelegte Vienenburg (seit 1803 hannoversche Staatsdomäne); wurde 1935 Stadt.

Vienne [frz. vjɛn], frz. Stadt an der Rhone, Dep. Isère, 28 900 E. Lapidarium, Museum christl. Kunst, Kunst- und archäolog. Museum; Textil-, metallverarbeitende und pharmazeut. Ind. - Als Hauptort der kelt. Allobroger wurde **Vienna** 121 v. Chr. röm., unter Cäsar Colonia latinischen Rechts, erhielt unter Caligula Vollbürgerrecht (**Colonia Iulia Augusta Florentia Vienna**); unter Diokletian Hauptstadt der Diözese Viennensis; nachweisbar seit 314 Bischofs-, später Erzbischofssitz (1801 aufgehoben); wurde 464/471 Hauptort der Burgunder, 534 fränk., 879 Hauptstadt des Kgr. Niederburgund (Arelat). Die Erzbischöfe wurden 1023 Grafen des **Viennois,** das im 12. Jh. an die Herren der Dauphiné, mit dieser 1349 an Frankr. kam. - Bed. Reste röm. Bauten, u. a. Tempel (um 10 v. Chr. und 1. Jh. n. Chr., jetzt Freilichtbühne), Mosaiken aus Villen. Roman.-got. ehem. Kathedrale (12.–16. Jh.), ehem. Klosterkirche Saint-André-le-Bas (12. Jh.), roman. Kirche Saint-Pierre (heute Museum). Wohnhäuser des 15. bis 18. Jahrhunderts.

V., Dep. in Frankreich.

V., linker Nebenfluß der Loire, entspringt im westl. Zentralmassiv, mündet oberhalb von Saumur, 372 km lang.

Vienne, Konzil von [frz. vjɛn], das 15. allg. Konzil vom 16. Okt. 1311 bis zum 6. Mai 1312 unter Papst Klemens V.; Hauptthemen des Konzils waren die Reform der Kirche, die Wiedergewinnung des Hl. Landes und die Aufhebung des Templerordens.

Vientiane [vjɛnti'aːnə], Hauptstadt von Laos, am Mekong, 160 m ü. d. M., 377 400 E. Verwaltungssitz des Verw.-Geb. V.; Univ. (gegr. 1958), medizin. Hochschule, PH; Natio-

Vieraugenfische

nalbibliothek; archäolog. Museum; Marktort; Flußhafen, internat. ♃. - V., das alte **Wiangchan**, gehörte Ende des 12.Jh. zum Khmerreich von Angkor, ein Jh. später zum Reich Sukhothai, seit 1353 dem neugegr. laot. Lanchangreich; wurde 1694 Hauptstadt eines der neu entstandenen Teilstaaten, 1778 von Thai erobert, 1827 zerstört; wurde unter frz. Herrschaft (seit 1893) Handelsmetropole und Verwaltungszentrum von Laos. - Bedeutendstes Bauwerk der Stadt ist das Heiligtum That Luang (jetziger Zustand 18./19. Jh.), ein 35 m hoher, auf einem quadrat. Unterbau errichteter Stupa.

Vieraugenfische (Anablepidae), den Zahnkarpfen nahestehende Fam. bis 30 cm langer, längl.-walzenförmiger Knochenfische, v. a. in Süß- und Brackgewässern Mittel- und des nördl. S-Amerikas; breitköpfige Oberflächenfische mit (zum gleichzeitigen Sehen in der Luft sowie unter der Wasseroberfläche) zweigeteilten Augen.

Vierdanck, Johann, * wahrscheinl. bei Dresden um 1605, ⌂ Stralsund 1. April 1646, dt. Organist und Komponist. - Schüler von H. Schütz; wirkte in Güstrow, Lübeck, Kopenhagen, ab 1634 als Organist an Sankt Marien in Stralsund.

Viereck (Tetragon), eine ebene geometr. Figur, die entsteht, wenn man vier Punkte A, B, C, D einer Ebene, von denen keine drei auf einer Geraden liegen, durch die vier Strecken (*Seiten*) $\overline{AB} = a, \overline{BC} = b, \overline{CD} = c, \overline{DA} = d$ verbindet, wobei diese außer den *Ecken A, B, C, D* keinen Punkt gemeinsam haben sollen (*einfaches V.*). Je zwei benachbarte Seiten des V. bilden die Schenkel eines *Innenwinkels;* man bezeichnet sie mit kleinen griech. Buchstaben: $\alpha, \beta, \gamma, \delta$. Die Summe der Innenwinkel eines V. ist 360°. Verlängert man a über B, b über C, c über D, d über A hinaus, so entstehen im Äußeren des V. die vier *Außenwinkel* $\alpha_1, \beta_1, \gamma_1, \delta_1$ des Vierecks; ihre Summe beträgt ebenfalls 360°. Spezielle V. sind Drachen-V., Parallelogramm, Trapez, Rechteck, Raute und Quadrat. Besitzt ein V. einen Umkreis, so wird es als *Sehnenviereck* bezeichnet, besitzt es einen Inkreis, als *Tangentenviereck*.

Viereckflosser (Tetras, Tetragonopterinae), mit einigen hundert Arten größte Unterfam. 2–15 cm langer, häufig prächtig gefärbter Salmler in fließenden und stehenden Süßgewässern S- und M-Amerikas. Hierher gehören viele beliebte Warmwasseraquarienfische, bes. aus den Gatt. **Neonfische** (Neons); u. a. der **Rote Neon** (Cheirodon axelrodi) mit grünlichbraunem Rücken, der von der durchgehend roten Bauchseite durch ein grünlichblaues Längsband getrennt ist; Körperseite mit je einem gelbgrün bis türkisfarben schillernden Längsband.

Vierer, ein von 4 Ruderern gefahrenes Boot, als Riemenboot mit (Länge 13,50 m, Breite 0,50 m) und ohne Steuermann (Länge 12 m, Breite 0,50 m), als Skullboot **Doppelvierer** (Länge 13,50 m, Breite 0,50 m).
◆ ↑ Radsport.

Viererbande, Bez. für die nach Mao Tse-Tungs Tod (9. Sept. 1976) verhafteten (um den 7. Okt. 1976) und aus der KP Chinas ausgeschlossenen (offiziell im Juli 1977) Exponenten des ultralinken Flügels: Maos Witwe Chiang Ch'ing, Wang Hung-wen, Chang Ch'un-ch'iao und Yao Wen-yüan; sie sollen Unruhe in den chin. Prov. gestiftet, die chin. Produktionsanstrengungen sabotiert und die Lehren Maos vor und nach seinem Tod absichtl. falsch interpretiert haben, um die Macht in Partei und Staat an sich zu reißen. Mitte Nov. 1980 begann der Prozeß u. a. gegen die Mgl. der V. wegen Verbrechen im Rahmen der sog. Kulturrevolution. Die Urteile wurden am 25. Jan. 1981 verkündet: Chiang Ching und Chang Ch'un-ch'iao wurden zum Tode verurteilt (die Vollstreckung des Urteils wurde auf 2 Jahre ausgesetzt und dann in eine lebenslange Freiheitsstrafe umgewandelt), Wang Hung-wen zu lebenslanger Haft, Yao Wen-yüan zu 20jähriger Freiheitsstrafe.

Viererpakt (Viermächtepakt), am 15. Juli 1933 in Rom unterzeichneter Vertrag, in dem Italien, Deutschland, Frankr. und Großbrit. sich zur Beratung über alle Probleme von gemeinsamem Interesse verpflichteten; wurde durch den dt. Austritt aus dem Völkerbund hinfällig.

Vierervektoren (Vierergrößen), die Vektoren in der vierdimensionalen relativist. Raum-Zeit-Welt (↑Minkowski-Raum), insbes. die aus den räuml. Koordinaten $r = \{x, y, z\}$ und der imaginären Zeitkoordinate ict (c Lichtgeschwindigkeit, i imaginäre Einheit) gebildeten vierdimensionalen Ortsvektoren (Raum-Zeit-V., Weltvektoren) $R = \{r, ict\}$ der verschiedenen Weltpunkte. Weitere V. sind die Vierergeschwindigkeit und die Viererbeschleunigung, der Viererimpuls, die Viererkraft, das Viererpotential und der Viererstrom.

Viereck

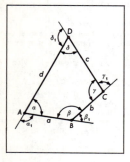

Vierfarbendruck ↑ Drucken.

Vierfarbenproblem, Bez. für die erstmals 1852 aufgetauchte Fragestellung: Kann man die Länder jeder Landkarte mit vier Farben so färben, daß benachbarte Länder stets verschiedene Farben haben? - Dieses topolog. Problem, das in der Geschichte der Mathematik (v. a. für die Entwicklung der Graphentheorie) eine bed. Rolle spielte, wurde erst 1976 im positiven Sinne gelöst.

Vierfarbentheorie ↑ Farbensehen.

Vierfingerfurche, svw. ↑ Affenfurche.

Vierflach (Vierflächner), svw. ↑ Tetraeder.

Vierfleck (Wanderlibelle, Libellula quadrimaculata), bis fast 9 cm spannende Segellibelle an stehenden Süßgewässern Europas, Vorderasiens und des westl. N-Amerika; am Vorderrand der vier Flügel ist ein auffallender schwarzer Mittelfleck; Hinterleib gelbbraun, dunkle Rückenbinde auf der hinteren Hälfte.

Vier Freiheiten (Four-Freedoms), von Präs. F. D. Roosevelt am 6. Jan. 1941 verkündete „wesentl. menschl. Freiheiten", die einer friedl. Nachkriegsordnung als Grundlage dienen sollten: Meinungs- und Redefreiheit, Religionsfreiheit, Freiheit von Not (d. h. internat. wirtsch. Kooperation) und Freiheit von Angst (d. h. internat. Abrüstung).

Vierfüßer (Tetrapoden, Tetrapoda), zusammenfassende Bez. für alle Wirbeltiere mit Ausnahme der Fische und Rundmäuler; zu den V. zählen Lurche, Kriechtiere, Vögel und Säugetiere; primär mit vier zum Gehen geeigneten Gliedmaßen (z. T. rückgebildet oder umgewandelt); erwachsen oder Lungen atmend; größtenteils Landbewohner.

Viergespann ↑ Quadriga.

Vierjahresplan, Wirtschaftsplan der nat.soz. Reichsreg. (VO vom 18. 10. 1936) mit dem Ziel, Unabhängigkeit vom Ausland bei der Versorgung mit Roh- und Grundstoffen zu erreichen und Wehrmacht und Wirtschaft in vier Jahren „einsatzfähig" und „kriegsfähig" zu machen. Beauftragter für den V. war H. Göring, sein Amt entwickelte sich zur rüstungswirtsch. wichtigsten Instanz.

Vierkaiserjahr, Bez. für den Zeitraum 68/69 n. Chr., in dem nacheinander Galba, Vitellius, Otho, Vespasian zu röm. Kaisern ausgerufen wurden. Aus den Kämpfen der 4 Kaiser ging Vespasian als Sieger hervor.

Vierkampf, Mehrkampf im Eisschnellauf; *kleiner V.:* 500 m und 3 000 m am 1. Tag, 1 500 und 5 000 m am 2. Tag; *großer V.:* 500 m und 5 000 m am 1. Tag, 1 500 und 10 000 m am 2. Tag; *V. für Damen:* 500 m und 1 500 m am 1., 1 000 und 3 000 m am 2. Tag; *Sprinter-V.* für Damen und Herren: über 500 und 1 000 m jeweils an 2 Tagen.

Vierkandt, Alfred ['fi:rkant], * Hamburg 4. Juni 1867, † Berlin (West) 24. April 1953, dt. Soziologe. - 1909 Mitb gr. der Dt. Gesellschaft für Soziologie; seit 1913 Prof. in Berlin (1934–46 emeritiert); einer der bed. Vertreter der sog. formalen Soziologie. Sein Gesellschaftsverständnis sieht soziale Verhältnisse auf Gegenseitigkeit und Anerkennung gegründet, je nach dem Grad innerer Verbundenheit als „gemeinschaftsnah" oder „-fern" einzustufen; die Sozialstruktur ist gekennzeichnet durch Bildung von Gruppen mit einem die Individuen verbindendem „Wir-Gefühl"; Macht- und Gewaltverhältnisse erscheinen als vorübergehende Grenzfälle sozialen Lebens. - *Werke:* Naturvölker und Kulturvölker (1896), Gesellschaftslehre (1923), Handwörterbuch der Soziologie (1931).

Vierlande, Flußmarschenlandschaft im Bereich des Elbe-Urstromtales im sö. Teil der Freien und Hansestadt Hamburg; bed. Gemüseanbaugebiet.

Vierling, in der Numismatik meist der 4. Teil eines Pfennigs, geprägt etwa seit dem 12. Jh. und solange der Pfennig eine Silbermünze mit hoher Kaufkraft war.

Vierlinge, vier gleichzeitig ausgetragene und kurz nacheinander geborene Kinder; selten eineiig. Nur rd. jede 100 000. Geburt ist eine Vierlingsgeburt.

Viermächteabkommen über Berlin, offizielle Bez. für das am 3. Sept. 1971 zw. den USA, Großbrit., Frankr. und der Sowjetunion abgeschlossene und am 3. Juni 1972 in Kraft getretene Abk. ↑ Berlinabkommen.

Viermächtepakt, svw. ↑ Viererpakt.

Vierne, Louis[-Victor-Jules] [frz. vjɛrn], * Poitiers 8. Okt. 1870, † Paris 2. Juni 1937, frz. Organist und Komponist. - Von Geburt an blind; wirkte ab 1900 als Organist an Notre-Dame. Komponierte, stilistisch an Franck und Widor angelehnt, u. a. 6 Sinfonien für Orgel, 2 sinfon. Dichtungen, Kammermusik, Lieder und Gesänge.

Viernheim ['fi:r...], hess. Stadt 10 km nö. von Mannheim, 101 m ü. d. M., 28 900 E. Metallverarbeitung, Elektro-, Textil- und chem. Industrie. - Erstmals 777 bezeugt; seit 1948 Stadt.

Vierpaß, got. Maßwerkfigur, die aus vier Dreiviertelkreisen und Pässen zusammengesetzt ist. In der armen. Architektur auch als Grundrißfigur vorkommend.

Vierpol

Vierpol, ein elektr. Netzwerk mit je einem Eingangs- und einem Ausgangsklemmenpaar, das der Übertragung elektr. Leistung oder elektr. Signale dient. V. sind z. B. Übertrager, Verstärker usw. *Aktive V.* enthalten Energiequellen, während *passive V.* nur Energiewandler und/oder Energiespeicher besitzen.

Vierpunkt (Ameisensackkäfer, Clytra quadripunctata), etwa 1 cm langer europ. Blattkäfer mit vier bläulichschwarzen Punkten auf den leuchtend gelben Flügeldecken; das ♀ klebt an jedes abgelegte Ei mehrere Kotballen, bis es tannenzapfenähnl. aussieht; wird direkt auf Ameisenhaufen abgelegt oder fällt von Gebüsch auf ein solches Nest, von wo es von Ameisen eingetragen wird; die Larve entwickelt sich als Ameisengast.

Vierschichtdiode (Dinistor, Shockley-Diode), ein dem ↑Thyristor gleichendes Halbleiterbauelement, das aber im Unterschied zu diesem keine Steuerelektrode aufweist; wegen seiner zwei mögl. Zustände als Schalter bei niedrigen Leistungen geeignet (v. a. in Impulsschaltungen). Als *Triggerdiode (Diac)* bezeichnet man die Kombination zweier antiparallel geschalteter V. im gleichen Halbleiterkristall.

Vierschichttransistor, svw. ↑Thyristor.

Viersen [ˈfiːrzən], Krst. im Niederrhein. Tiefland, NRW, 38–83 m ü. d. M., 78 700 E. Nahrungs- und Genußmittelind., Elektro-, Textil-, Leder-, Papier- u. a. Ind. - Das 1182 erstmals gen. V. (Stadtrecht seit 1856) sowie **Süchteln** (erste Erwähnung 1123, Stadtrechtsbestätigung 1826) und **Dülken** (erste Erwähnung vor 1210, Stadtrecht zw. 1352 und 1364) wurden 1970 zum heutigen V. zusammengeschlossen. - Spätgot. Pfarrkirche (15. Jh.).

V., Kreis in NRW.

Viersiebziger (470er[-Jolle], Vierhundertsiebziger), aus Kunststoff gefertigte Zweimannjolle, Länge 4,70 m, Breite 1,64 m, Tiefgang 1,05 m, Gewicht 115 kg; Segelfläche 12,70 m² (zusätzl. Spinnaker erlaubt); Kennzeichen: 470. Seit 1976 olympische Klasse.

Vierstreifennatter (Streifennatter, Elaphe quatuorlineata), bis 2,4 m lange, muskulöse Kletternatter, v. a. in steinigem, buschreichem Gelände S-Europas und W-Asiens; erwachsene V. graubraun mit zwei dunklen Längsstreifen auf jeder Körperseite oder (bei der östl. Unterart) mit dunkler Fleckenzeichnung.

Viertagefieber, svw. Malaria quartana (↑Malaria).

Viertaktverfahren, aus vier Takten bzw. Hüben (ein Hub ist der Kolbenweg zw. beiden Umkehrpunkten [unterer Totpunkt UT, oberer Totpunkt OT]) zusammengesetztes Arbeitsspiel bei **Viertakt[verbrennungs]-motoren** (Ottomotor, Dieselmotor). Während des 1. Taktes wird das Frischgas angesaugt; der abwärtsgehende Kolben erzeugt Unterdruck und saugt durch das Einlaßventil beim Ottomotor ein Kraftstoff-Luft-Gemisch, beim Dieselmotor reine Luft in den Zylinder. Während des 2. Taktes geht der Kolben bei geschlossenen Ventilen aufwärts. Gegen Ende dieses Taktes, wenn sich der Kolben fast am OT befindet, wird beim Ottomotor das Gemisch durch die Zündkerze gezündet, beim Dieselmotor der Kraftstoff in die verdichtete Luft eingespritzt; in beiden Fällen setzt die Verbrennung ein. Der 3. Takt ist der Arbeitstakt; der Druck der Verbrennungsgase treibt den Kolben bei geschlossenen Ventilen zum UT. Der 4. Takt dient dem Ausschieben der Abgase; der aufwärtsgehende Kolben drückt die Abgase bei geöffnetem Auslaßventil bis auf einen kleinen, im Brennraum verbleibenden Rest aus dem Zylinder.

vierte Dimension, Bez. für die Zeit, wenn sie (mit der Lichtgeschwindigkeit und der imaginären Einheit multipliziert) als vierte Koordinate zu den drei räuml. Koordinaten hinzugenommen wird und den Raum unserer Anschauung zur vierdimensionalen Raum-Zeit-Welt ergänzt. - ↑auch Minkowski-Raum.

Vierteilen, Vollstreckungsart der Todesstrafe (z. T. bis ins 18. Jh.) v. a. für Verrat; der Körper des Verurteilten wurde mit Beil oder Messer in vier Teile zerlegt oder von Pferden zerrissen.

Vierte Internationale ↑Internationale.

vierte Krankheit (Filatow-Dukes-

Viertaktverfahren. Schema des Ablaufs bei einem Ottomotor

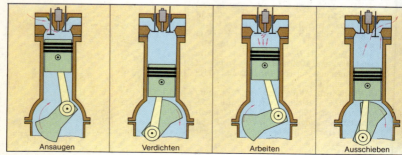

Ansaugen — Verdichten — Arbeiten — Ausschieben

Krankheit, Rubeolae scarlatinosae), leichtes, scharlach- oder rötelähnl., akutes ↑Exanthem bei Kindern.

Viertel, Berthold ['fɪrtəl], * Wien 28. Juni 1885, † ebd. 24. Sept. 1953, östr. Regisseur und Schriftsteller. - Mitarbeiter führender literar. Zeitschriften (u. a. der „Fackel" von K. Krauss); Mitbegr. (1912) und Dramaturg (bis 1914) der Wiener „Volksbühne"; Bühnen- und Filmregisseur u. a. in Berlin, London (ab 1934) und Hollywood (1938–48). Danach Regisseur in Zürich, Wien, Berlin (Ost), Salzburg; auch Lyriker, Dramatiker und Erzähler.

Viertel (Stadt-V., Quartier), seit dem 13. Jh. Bezirk der Städte, urspr. eingerichtet im Rahmen der Wehrorganisation (Wache), später auch Polizei-, Steuererhebungs-, Wahlbezirk und allg. Verwaltungseinheit.
◆ auf Ottokar II. von Böhmen zurückgehende verwaltungsmäßige Unterteilung von Nieder- und Oberösterreich von 1254; hat sich in den Namen einzelner Landesteile erhalten (z. B. Niederösterreich: Waldviertel, Weinviertel; Oberösterreich: Mühlviertel, Innviertel).

Viertelstab (Viertelrundstab), dreikantige Leiste mit viertelkreisförmigem Profil.

Viertelstamm ↑Obstbaumformen.

Vierteltonmusik, Musik, die unter Verwendung von Vierteltönen komponiert wird, d. h., die auf einem durch Halbierung der 12 Halbtöne der Oktave gewonnen 24stufigen temperierten Tonsystem beruht; erstmals 1898 von J. H. Foulds (* 1880, † 1939) in einem Streichquartett angewendet. Mit V. befaßten sich u. a. F. Busoni und A. Hába; gelegentl. tritt sie bei B. Bartók, A. Berg und L. Nono auf.

Vierte Republik (Quatrième République), Name des republikan. verfaßten frz. Staates 1944 (nach dem Zusammenbruch des État Français) bis 1958 (Beginn der Fünften Republik).

vierter Stand, von W. H. Riehl in Analogie zur Bez. dritter Stand geprägte Bez. für die als Folge der industriellen Revolution unterhalb der Schicht des Bürgertums entstandene Schicht der lohnabhängigen Arbeiter.

Vierte Welt, auf der Rohstoffkonferenz der UN 1974 geprägte Bez. für diejenigen 25 ärmsten Entwicklungsländer, die wegen fehlender eigener Rohstoff- und Energiereserven (bes. Erdöl) von dem Mengen- und Preispolitik der erdölfördernden Länder und den damit steigenden Importkosten für Erdöl (indirekt auch durch Preiserhöhungen für Fertigwaren aus den Industrieländern) am stärksten betroffen sind.

Vierung, im Kirchenbau der Raumteil, in dem sich Langhaus und Querhaus durchdringen. Bei gleicher Breite und Höhe entsteht das **Vierungsquadrat,** bei Verlängerung des Langhauses (um ein Chorjoch), durch Verstärkung der V.pfeiler sowie der V.bögen entsteht die sog. **ausgeschiedene Vierung,** die zusätzl. durch eine Kuppel und am Außenbau durch einen Vierungsturm betont werden kann. Das V.quadrat ist Grundlage des ↑gebundenen Systems.
◆ in der Heraldik svw. Freiviertel (↑Wappenkunde).

Vierwaldstätter See [fiːr...], von der Reuß durchflossener See am Alpennordrand in der Z-Schweiz, 434 m ü. d. M., 114 km², 214 m tief, gegliedert in Küßnachter, Luzerner, Alpnacher und Urner See.

Vierzehn Heilige ↑Nothelfer.

Vierzehnheiligen [fiːr...], Wallfahrtskirche in Oberfranken, südl. von Lichtenfels, Bayern; von J. B. Neumann erbaute bed. Barockkirche (1743–72), hochragende Fassade (Achse in Richtung auf Kloster Banz), bed. Rokokoausstattung (Gnadenaltar der 14 Nothelfer). - Abb. Bd. 15, S. 227.

Vierzehn Punkte, Friedensprogramm des amerikan. Präs. W. Wilson vom 8. Jan. 1918 zur Beendigung des 1. Weltkriegs. Die Punkte I–V betrafen die Öffentlichkeit von internat. Verhandlungen und Friedensverträgen, die Freiheit der Meere in Krieg und Frieden, die Beseitigung von Handelsschranken, die internat. Abrüstung und die unparteiische Ordnung der kolonialen Ansprüche unter Berücksichtigung der Interessen der Kolonialvölker. Die Punkte VI–VIII forderten die Räumung und Rückgabe der besetzten russ., belg. und frz. Gebiete einschl. Elsaß-Lothringens. Die Punkte IX–XIII sahen u. a. die autonome Entwicklung für die Völker der Donaumonarchie und des Osman. Reiches sowie die Räumung Rumäniens, Serbiens und Montenegros, die Gründung eines poln. Nationalstaats, die Öffnung der Dardanellen für die internat. Schiffahrt und einen freien Zugang zum Meer für Polen und Serbien vor. Punkt XIV verlangte die Bildung eines Völkerbundes. Die V.P. wurden von den Alliierten mit gewissen Modifikationen gebilligt, ohne indessen den Versailler Vertrag maßgebl. zu bestimmen.

Vierzig Märtyrer, Märtyrergruppe (christl. Soldaten) von Sebaste, die unter Kaiser Licinius um 320 zum Tod durch Erfrieren verurteilt worden waren.

Vierzigstundenwoche, die Normalarbeitszeit von 40 Stunden in der Woche. Die zuerst in den USA, in Kanada und Frankr. während der Weltwirtschaftskrise eingeführte V. wurde in der BR Deutschland in der Arbeitszeitordnung (AZO) festgeschrieben. Die Forderungen der Gewerkschaften gehen jedoch darüber hinaus auf eine Verkürzung der Normalarbeitszeit auf 35 Stunden in der Woche. In vielen Tarifbereichen wurde ab 1984 zunächst eine Arbeitszeitverkürzung auf 38,5 Std. durchgesetzt, neue Vereinbarungen (etwa in der Metallind.) sehen für 1988 Verkürzungen auf 38 und für 1989 auf 37 Std. vor.

Vierzigstündiges Gebet

Vierzigstündiges Gebet, svw. ↑ Ewige Anbetung.

Vieta, Franciscus ↑ Viète, François.

Vietasche Wurzelsätze [nach F. Viète], Sätze, die den Zusammenhang zw. den Koeffizienten $a_1, a_2, ..., a_n$ einer algebraischen Gleichung n-ten Grades in der Form

$$x^n + a_1 x^{n-1} + ... + a_n = 0$$

und ihren Lösungen (Wurzeln) $x_1, x_2, ..., x_n$ beschreiben. Speziell für eine quadrat. Gleichung der Form $x^2 + a_1 x + a_2 = 0$ mit den Lösungen x_1 und x_2 gilt:

$$x_1 + x_2 = -a_1$$
$$x_1 \cdot x_2 = a_2.$$

Vietcong [vi'ɛtkɔŋ, viɛt'kɔŋ], Abk. für Viêt Nam Công San („vietnames. Kommunisten"), seit 1957 in Süd-Vietnam, dann auch in der westl. Welt gebräuchl. Bez. für die südvietnames. Guerillakämpfer; errichtet 1960 als Dachorganisation unter kommunist. Führung die Front National de Libération du Viet-nam Sud (FNL; Nat. Befreiungsfront von Süd-Vietnam). - ↑ auch Vietnam (Geschichte), ↑ Vietnamkrieg.

Viète, François [frz. vjɛt], latinisiert Franciscus Vieta, * Fontenay-le-Comte (Vendée) 1540, † Paris 13. (?) Febr. (?) 1603, frz. Mathematiker. - Die Schriften des Diophantos von Alexandria regten ihn zur Entwicklung der Buchstabenalgebra an, die es ihm ermöglichte, erstmals Gleichungen beliebigen Grades darzustellen. Er erkannte den Zusammenhang zw. den Koeffizienten und den Lösungen von Gleichungen (↑ Vietasche Wurzelsätze). 1593 erdachte V. ein Iterationsverfahren zur numer. Berechnung der Nullstellen einer Gleichung und bestimmte erstmals die Zahl Pi durch einen unendl. Produktausdruck.

Vieth von Goßenau, Arnold Friedrich ['fi:t], dt. Schriftsteller, ↑ Renn, Ludwig.

Vietminh [vi'ɛtmɪn, viɛt'mɪn], Kurzbez. für Viêt Nam Dôc Lâp Dông Minh Hôi („Liga für die Unabhängigkeit Vietnams"), 1941 von Ho Chi Minh gegr. und unter kommunist. Führung stehende Bewegung von Bauern, Arbeitern, Kleinbürgern und „patriot. Großgrundbesitzern" gegen den jap. Imperialismus und den frz. Kolonialismus. - ↑ auch Vietnam (Geschichte), ↑ Vietnamkrieg.

Vietnam

[vi'ɛtnam, viɛt'nam] (amtl.: Sozialist. Republik Vietnam), Staat in SO-Asien, zw. 8° 33' und 23° 22' n. Br. sowie 102° 08' und 109° 28' ö. L. **Staatsgebiet:** V. grenzt im N an China, im W an Laos und an Kambodscha, im S und O an den Golf von Thailand bzw. an das Südchines. Meer; zum Staatsgebiet gehören die Insel Phu Quoc, die Con-Son-Inseln sowie mehrere kleine, der Küste vorgelagerte Inseln; V. erhebt außerdem Anspruch auf die Spratlyinseln. **Fläche:** 329 566 km². **Bevölkerung:** 58,3 Mill. E (1986), 176,9 E/km². **Hauptstadt:** Hanoi. **Verwaltungsgliederung:** 35 Prov. sowie 3 Städte mit Provinzstatus. **Amtssprache:** Vietnamesisch. **Nationalfeiertag:** 2. Sept. (Jahrestag der Unabhängigkeitserklärung). **Währung:** Dong (D) = 10 Hào = 100 Xu. **Internationale Mitgliedschaften:** UN, COMECON. **Zeitzone:** MEZ + 7 Stunden.

Landesnatur: V. erstreckt sich mit einer Länge von über 1 600 km an der O-Küste der Halbinsel Hinterindien. Die Breite, im N 600 km, im S 350 km, nimmt sich in der Mitte bis auf 60 km. Die Kernräume des Landes sind Aufschüttungstiefländer des Roten Flusses im N (Tonkin, 2400 km²) und des Mekong im S (Kotschinchina, 70000 km²). Unmittelbar nördl. des Tonkindeltas steigt ein stark gegliedertes Bergland auf, das fast ³/₄ von Nord-V. einnimmt. Das Bergland ist durchschnittl. 1 000-1 500 m hoch, im Fan Si werden die höchsten Berge Indochinas, werden 3 142 m Höhe erreicht. Nach S setzt sich das Gebirgsland als schmale Küstenkette von Annam fort und nimmt im südl. Vietnam nochmals ausgedehnten Plateaus mit nicht weniger breiten Raum ein (vereinzelt über 2 000 m hoch). Das Tonkindelta im N und das Mekongdelta im S werden durch einen etwa 960 km langen Tieflandsaum entlang der annamit. Küste verbunden, der stellenweise von Gebirgsrücken auf rd. 10 km Breite eingeengt wird.

Klima: Überwiegend trop.-monsunales Klima mit einer feucht-schwülen Regenzeit im Sommer (Südwestmonsun) und einer trockenheißen Vormonsunzeit. Thanh Phô Hô Chi Minh (Saigon), mit einem Jahresmittel der Temperatur von 27 °C, weist nur geringe jahreszeitl. Temperaturschwankungen auf (Jan.-mittel: 26,4 °C; Julimittel: 27,5 °C). Die Durchschnittstemperaturen in Hanoi liegen dagegen im Jan. bei 16,5 °C, im Juni bei 29 °C (Jahresmittel: 23,6 °C). An der O-Küste sind in der Zeit von Juni bis Nov. Taifune häufig; sie bringen hohe Regenmengen (über 3 000 mm/Jahr). In den Tieflandsgebieten fallen zw. 1 000 und 2 200 mm Niederschlag, im Hochland bis über 4 000 mm/Jahr.

Vegetation: In hohen Gebirgs- und Luvlagen ist trop. Regenwald vorherrschend, ausgenommen die Hochlagen des nördl. V., die vielfach Nadelwälder tragen. In den Lagen der Becken und Plateaus sind laubabwerfende Monsunwälder verbreitet. An den Küsten finden sich Mangroven.

Bevölkerung: Die fast ausschließl. in den Tieflandsgebieten lebenden Vietnamesen (Annamiten) machen etwa 84 % der Gesamtbev. aus. In den agrar. Gunsträumen des Tonkin- und Mekongdeltas übersteigen die Bev.dichten 1 000 E/km² z. T. erhebl. Die Konzentration der Vietnamesen auf die beiden Deltageb. und

Vietnam

die Küstenzone beruht auf der Wirtschaftsform des Naßreisanbaus. Die menschenarmen Berg- und Gebirgsländer werden von andersvölk. Minderheiten bewohnt, v. a. von Thai (und verwandten Stämmen), Miao, Muong, Yao, Dao u. a. Im südvietnames. Siedlungsgebiet leben außerdem Cham, Khmer und Chinesen. Traditionell bekennt sich die Bev.mehrheit zum Buddhismus. Es besteht zehnjährige Schulpflicht. V. verfügt über 80 Hochschulen und 3 Universitäten.

Wirtschaft: In den Wiederaufbauplänen hat die Landw. Vorrang. Da noch weite Teile der Anbaufläche durch Kriegseinwirkung brachliegen, muß weiterhin Reis eingeführt werden. Der N ist reich an Bodenschätzen (Steinkohle, Phosphate) und Wasserkraft, das südl. V. produziert v. a. Reis, Mais, Sojabohnen, Zuckerrohr, Kaffee, Tee und Kautschuk. In Nord-V. sind Eisen- und Stahl-, Zementind., Schiff- und Fahrzeugbau führend, Süd-V. verfügt über chem., Glas-, Papier-, Elektro-, Bekleidungs-, pharmazeut., holzverarbeitende, Nahrungs- und Genußmittelindustrie.

Außenhandel: Zu den wichtigsten Exportgütern zählen Kohle, Kautschuk, Fischereiprodukte, Früchte, Gemüse und kunstgewerbl. Erzeugnisse. Importiert werden Chemikalien, komplette Fabriken, Maschinen, Transportgeräte, Rohstoffe für die Textilind. und Nahrungsmittel.

Verkehr: Das Straßennetz wurde zw. 1976 und 1983 von 172 900 auf 347 200 km erweitert, davon sind etwa 60 000 km Hauptstraßen. Die Hauptverkehrsader bildet zus. mit der parallel verlaufenden Küstenstraße die Eisenbahnverbindung Hanoi–Thanh Phô Hô Chi Minh (1730 km). In den Deltagebieten spielt die Binnenschiffahrt eine große Rolle. Die wichtigsten Überseehäfen sind Haiphong, Thanh Phô Hô Chi Minh und Da Nāng. Internat. ⚓ sind Hanoi (Gia Lam) und Thanh Phô Hô Chi Minh (früher Saigon).

Geschichte: Zahlr. archäolog. Funde v. a. im N des heutigen V. zeigen, daß das Land seit ältesten Zeiten Kreuzungspunkt verschiedener Rassen und Kulturen gewesen ist. Etwa im 4./3. Jh. entwickelte sich in Nord-V. eine hochstehende Bronzekultur, die Dongsonkultur, die die südostasiat. Völker nachhaltig beeinflußte.

Erste Staatenbildungen und chin. Herrschaft (bis 1471): Erstmals auf vietnames. Boden, im Delta des Roten Flusses, errichteten die Viêt 257 v. Chr. den Staat Aulac. Mit dem Niedergang des Ch'inreiches nach 209 v. Chr. entstand das erste zieml. selbständige Reich Nam Viêt, das etwa die beiden damaligen südchin. Prov. Kwangtung und Kwangsi sowie das eroberte Reich Aulac umfaßte. 111 v. Chr. wurde es zur chin. Prov., Chiaochih (vietnames. Giao Chi). Die innere Schwäche des chin. Reiches ermöglichte 939 die Vertreibung der Chinesen aus dem ganzen

Vietnam. Übersichtskarte

Land und die Gründung der ersten nationalvietnames. Dynastie. 1413–28 stand das vietnames. Reich wieder unter chin. Herrschaft. Unter der späten Lêdyn. (1428–1788) gelang die endgültige Unterwerfung des mittelvietnames. Reiches Champa (1471), das dem Reich „Đai Viêt") (Groß-Viêt) einverleibt wurde.

Innere Kämpfe und Kaiserreich (bis 1862): Die kurzzeitige Verdrängung (1527–92) der Lêdyn. wurde durch die Feudalgeschlechter Nguyên und Trinh aufgehoben; die Restauration der Lêdyn. änderte indessen nichts an den bestehenden Machtverhältnissen, denn die Reg.gewalt lag de facto in den Händen des Hauses Trinh, die als Reichsverweser regierten. Die Nguyên verlagerten den Schwerpunkt ihrer Einflußpsphäre nach Süd-

Vietnam

V., das sie durch eine fortschrittl. Kolonisations- und Verwaltungspolitik zu einem seit 1620 autarken, vom N unabhängigen Herrschaftsgebiet ausbauten. Hilfreich war ihnen dabei der florierende Handelsverkehr mit den Europäern, die ihnen auch Waffen lieferten. Die Macht der Nguyênfürsten, die sich nördl. ihrer Hauptstadt Phu Xuan (heute Huê) etwa bis zum 17. Breitengrad erstreckte, dehnte sich im S bis zum Golf von Thailand aus. Die Zweiteilung des Landes, die zur Herausbildung zweier selbständiger Kultur- und Wirtschaftszentren führte, wurde im Tây-So'n-Aufstand (1772–78) beendet. Nach dem Sieg über die Nguyên und Trinh rief sich Nguyên Huê aus dem Geschlecht Tay So'n zum Kaiser einer neuen Dyn. aus, deren Macht aber schon 1801/02 mit frz. Hilfe durch die Nguyên wieder gebrochen wurde. Die Nguyêndyn. kapitulierte 1862 vor der militär. Überlegenheit der Franzosen und unterzeichnete einen Vertrag, demzufolge die reichsten Prov. in Süd-V. (Kotschinchina) an Frankr. abgetreten wurden. Ferner gestattete die Reg. den freien Zugang zu 3 Handelshäfen und die ungehinderte kath. Missionstätigkeit.

Die frz. Kolonialherrschaft (1863–1954): Nach dem Abschluß eines Freundschaftsvertrags mit Kambodscha (1863) konnte Frankr. 1880–85 Annam und Tonkin ein Protektoratsverhältnis aufzwingen und diese dann 1887 mit der frz. Kolonie Kotschinchina zur Indochin. Union vereinen. 1941 ging aus der von Ho Chi Minh 1930 gegr. Kommunist. Partei Indochinas, zunächst verstärkt durch andere polit. Gruppen, die nat., antikolonialist. Freiheitsbewegung Vietminh hervor, die nach der frz. Niederlage im 2. Weltkrieg und der Besetzung durch die Japaner das gesamte Land erfaßte. Am 2. Sept. 1945 rief Ho Chi Minh die unabhängige und souveräne Demokrat. Republik V. (DRV) aus. Entgegen dem frz.-vietnames. Abkommen vom 6. März 1946, das der DRV den Status eines freien Staates innerhalb der Frz. Union zuerkannte, betrieb Frankr. eine Rekolonialisierungspolitik, der den vietnam. militär. und polit. Widerstand entgegensetzte. Entschieden wurde der verlustreiche Kampf Frankr. gegen die von General Vo Nguyên Giap aufgestellte und geführte Befreiungsarmee durch die Niederlage des frz. Expeditionskorps in Điên Biên Phu (7. Mai 1954). Auf der Genfer Indochina-Konferenz 1954 schlossen die frz. und die DRV-Reg. ein Waffenstillstandsabkommen, das die Teilung von V. in eine nördl. Zone, in die sich die Truppen des Vietminh, und eine südl., in die sich die des frz. Expeditionskorps zurückziehen sollten, vorsah; die provisor. Grenze sollte der Fluß Bên Hai in der Nähe des 17. Breitengrads bilden. In einer Schlußerklärung stellten die Konferenzteilnehmer (Frankr., die ihm assoziierten Staaten V., Laos und Kambodscha, die DRV, Großbrit., China, Sowjetunion, USA) fest, daß diese Demarkationslinie provisor. Charakter habe und keinesfalls als polit. und territoriale Grenze zu interpretieren sei. Die USA schlossen sich der Schlußerklärung nicht an.

Teilung und Wiedervereinigung (seit 1954): In Nord-V. stabilisierte sich die Lage bis zum März 1955, und mit dem Zusammentritt der 1946 gewählten Nat.versammlung nahm die Reg. der DRV die soziale Umwälzung in Angriff, die in den befreiten Gebieten schon vorher begonnen hatte. Ho Chi Minh schloß Hilfsabkommen mit der UdSSR und China. Die seit Nov. 1955 durchgeführte Landreform festigte die Macht der Kommunisten. 1960 trat eine neue Verfassung in Kraft, und die ersten Wahlen seit 1946 wurden abgehalten. Die starke Abhängigkeit von den sowjet. Kriegsmateriallieferungen für den Guerillakrieg in Süd-V. bewirkte die zunehmende Orientierung nach Moskau. Die amerikan. Bombenangriffe auf Nord-V. ab 1964 brachten zwar erhebl. Verluste (etwa 4% der Zivilbev.) und Zerstörungen (45% der Städte, 75% der Ind.anlagen, 25% der landw. Produktion), unterbanden jedoch den Nachschub nach Süd-V. nicht.

In Süd-V. wurde 1954 der antikommunist. und antikolonialist. Katholik Ngô Đinh Diêm zum Reg.chef berufen; dem es gelang, seine polit. Gegner und die einander bekämpfenden Sekten auszuschalten; im Okt. 1955 wurde die Republik Süd-V. ausgerufen und Ngô Đinh Diêm zu deren erstem Präs. bestellt. Seine Gewaltherrschaft führte zum Anschluß auch der nationalgesinnten bürgerl. Kräfte an die kommunist. geführte Nat. Befreiungsfront von Süd-V. (Front National de Libération, Abk. FNL; Vietcong), die sich seit ihrer Konstituierung (1960) auf eine seit 1956 zunehmend ausgeweitete Guerillatätigkeit stützen konnte. Nach mehreren Militärrevolten wurde 1965 General Nguyên Văn Thieu Staatsoberhaupt (1967 Präs.). Sein Aktionsprogramm (u. a. Bodenreform, Pressefreiheit) wurde nicht durchgeführt, die alten Privilegien blieben ebenso bestehen wie die Korruption in Armee und Verwaltung. Nur widerwillig nahm die Saigoner Reg. ab 1969 an den Friedensgesprächen teil, die die USA und Nord-V. seit Mai 1968 in Paris führten. Nachdem sie unter starkem amerikan. Druck dem Friedensabkommen vom Jan. 1973 zugestimmt hatte, verhinderte sie hartnäckig die dort vorgesehene polit. Lösung. Unterdessen versuchten die Saigoner Regierung und die FNL, ihre Gebiete mit Waffengewalt zu vergrößern. Dieser Teil der Auseinandersetzung endete im April 1975 mit dem völligen Zusammenbruch der Republik Süd-V., der Besetzung Saigons durch FNL-Truppen und der Übernahme der Reg.gewalt durch die Provisor. Revolutionsreg. von Süd-Vietnam.

Vietnam

1976 wurde offiziell die Wiedervereinigung von Nord- und Süd-V. vollzogen. Nachdem im April Wahlen zur ersten vereinigten Nat.versammlung stattgefunden hatten, wurde am 2. Juli 1976 die „Sozialist. Republik V." (SRV) als gesamtvietnames. Staat gegründet. Der zunächst behutsame Prozeß der Integration von Süd-V. verschärfte sich ab 1978 und führte zu einem nicht abreißenden Flüchtlingsstrom (nach Schätzungen mehr als 200 000), der sich in die VR China und angrenzende Länder ergießt. Zwar bemühte sich V. zunächst um ein gutes Verhältnis zu den Nachbarn, doch begannen Ende 1977 krieger. Auseinandersetzungen mit dem nach China orientierten Kambodscha, das bis zum Frühsommer 1979 weitgehend unterworfen und durch einen Freundschaftsvertrag an V. gekettet wurde. Die VR China reagierte auf die Politik Hanois mit dem Einmarsch in Nord-V. Anfang 1979, zog sich aber nach für beide Seiten verlustreichen Kämpfen nach einigen Wochen aus den meisten besetzten Gebieten zurück. Die Verhandlungen über eine Beilegung der Differenzen zw. beiden Ländern in der Folgezeit blieben ergebnislos. Entlang der kambodschan.-thailänd. Grenze kam es immer wieder zu bewaffneten Auseinandersetzungen zw. vietnames. Truppen und kambodschan. Rebellen, die sich seit Anfang 1983 verstärkten und zu ernsten Spannungen zw. V. und Thailand führten. Die Mitte 1985 begonnenen Reformen im Lohn-, Preis- und Währungssystem führten bislang nur zu einem Inflationsschub, ohne daß die wirtsch. Probleme gelöst wurden.

Die innenpolit. und wirtsch. Schwierigkeiten, aber auch das Bemühen um internat. Ansehen, führten dazu, daß die vietnames. Reg. ihre Besetzungspolitik in Kambodscha überdachte. Bis Sept. 1989 zog V. seine Truppen aus Kambodscha abgezogen, obwohl ein Ende des Bürgerkriegs in Kambodscha nicht abzusehen ist.

Politisches System: Die im Dez. 1980 verabschiedete und in Kraft gesetzte neue Verfassung der Sozialist. Republik V. (SRV) löst die Verfassung der Demokrat. Republik V. vom 1. Jan. 1960 ab, die seit der Vereinigung von Nord- und Süd-V. (1976) für ganz V. gegolten hatte. Nach der neuen Verfassung ist V. ein Staat der Diktatur des Proletariats, in dem die KP die einzige führende Kraft des Staates und der Gesellschaft ist. Kollektives Staatsoberhaupt ist der Staatsrat, dessen 13 Mitglieder von der Nationalversammlung aus den Reihen der Abg. gewählt werden. Der Staatsrat beruft die Nat.versammlung ein, setzt die Gesetze in Kraft, er kann außerhalb der Parlamentssitzungen Min. ernennen und absetzen, Verträge ratifizieren und den Krieg erklären. Der Staatsratsvors. (seit 1988 Vo Chi Cong) ist Oberbefehlshaber der Streitkräfte und Vors. des Nat. Verteidigungsrates. Die *Exekutive* liegt beim Min.-rat, der Nat.versammlung bzw. dem Staatsrat verantwortl. ist. Vors. des Min.rats ist der Min.präsident. Die *Legislative* liegt bei der Nat.versammlung, die laut Verfassung die höchste staatl. Autorität ist. Ihre 496 Abg., die auf 5 Jahre gewählt werden, kommen regelmäßig zweimal im Jahr zusammen. Die Nat.versammlung beschließt über die Verfassung, über die Staatspläne und Haushalte, über Gesetze, über Krieg und Frieden sowie über Verträge; sie wählt den Staatsrat und den Min.rat. Beherrschende *Partei* ist die Kommunist. Partei Vietnams (KPV, bis Dez. 1976 Vietnames. Arbeiterpartei). Ihre Organe sind der alle 4 Jahre tagende Parteitag, das von diesem gewählte Zentralkomitee (116 Mgl. und 36 Kandidaten), das Sekretariat und als oberstes Leitungsorgan das Politbüro (15 Mgl.) mit dem Generalsekretär an der Spitze. Die Demokrat. Partei V. und die Sozialist. Partei Vietnams dienen der Integration insbes. der Gewerbetreibenden und der Intellektuellen. Die *Massenorganisationen* (Gewerkschaftsverband, Jugendverband, Frauenverband, Bauernunion, Berufsverbände und religiöse Vereinigungen) sind gemeinsam mit den Parteien in der „Vaterländ. Front" zusammengefaßt, die im Febr. 1977 unter Eingliederung der „Nat. Befreiungsfront für Süd-Vietnam" (FNL) und deren Massenorganisation „Allianz für Unabhängigkeit und Frieden" neu begründet wurde. Die *Verwaltung* ist dreistufig gegliedert: 35 Prov. sowie 3 Städte mit Prov.status (Hanoi, Thanh Phô Hô Chi Minh [früher Saigon], Haiphong), Distrikte sowie provinzunmittelbare Städte, Gemeinden. Auf allen Ebenen werden Volksräte als Vertretungsorgane und örtl. Organe der Staatsgewalt gewählt. Die Ausführung der lokalen und zentralen Entscheidungen obliegt Verwaltungskomitees, deren Mgl. von den Volksräten gewählt werden. Organe der *Rechtsprechung* sind das Oberste Volksgericht und die Volksgerichte der Prov. und Distrikte. Die Überwachung der Gesetzesbefolgung durch Staatsorgane und Bürger sowie die Strafverfolgung obliegen dem Obersten Volkskontrollorgan (Oberste Volksstaatsanwaltschaft) sowie örtl. Volkskontrollorganen. Die *Streitkräfte* haben eine Stärke von 1,252 Mill. Mann. Es besteht allg. Wehrpflicht von mindestens zwei Jahren.

Weggel, O.: Indochina. V. Kambodscha, Laos. Mchn. 1987. - Buro, A./Grobe, K.: V.! V.? Die Entwicklung der sozialist. Republik V. nach dem Fall Saigons. Ffm. 1984. - Malachanowa, I. A./Leskinen, A. N./Woronin, A. S.: Die sozialist. Republik V. Gotha 1982. - Lê Thành Khôi: Histoire du Viet Nam des origines à 1858. Paris 1982. - Tran, V.: V. heute. Ffm. 1980. - Truong, Qu. T.: Die marxist. Theorie in der Entwicklung der vietnames. Gesch. Ffm. 1979. - The, A. D.: Die V.politik der USA - v. der Johnson- zur Nixon-Kissinger-Doktrin. Ffm. 1979. - Lê Thành

Vietnamesen

Vietnamesische Kunst. Von oben:
Drache am Haupteingang des Tempels in
Co Loa bei Hanoi (16. Jh.); Der Vogel
Garuda mit zwei Schlangen (10. Jh.).
Hanoi, Historisches Museum

Khôi: Socialisme et développement au Viet-Nam. Paris 1978. - Vu, T. Qu.: Die vietnames. Gesellschaft im Wandel. Kolonialismus u. gesellschaftl. Entwicklung in V. Wsb. 1978. - Sembdner, F.: Das kommunist. Regierungssystem in V. Köln 1978. - Buttinger, J.: V. The unforgettable tragedy. New York 1976. - Whitfield,
D. J.: Historical and cultural dictionary of V. Metuchen (N.J.) 1976. - Ngô Vĩnh Long: Before the revolution; the Vietnamese peasants under the French. Cambridge (Mass.) 1973. - Weidemann, D./Wünsche, R.: V. 1945–1970. Bln. 1971. - Gheddo, P.: Katholiken u. Buddhisten in V. Dt. Übers. Mchn. 1970. - Lê Thành Khôi: 3000 Jahre V. Schicksal u. Kultur eines Landes. Dt. Übers. Bearb. u. ergänzt v. O. Karow. Mchn. 1969. - Crawford, A. C.: Customs and culture of V. Rutland (Vt.) 1966.

Vietnamesen (früher Annamiten), zur mongoliden Rasse gehörendes Volk in Hinterindien, mit eigener Sprache (Vietnamesisch); Staatsvolk Vietnams.

Vietnamesisch (Annamitisch), Sprache der Vietnamesen, deren Verwandtschaft zu den Thaisprachen auf Grund gewisser morpholog. und lexikal. Gegebenheiten noch ungeklärt ist; es ist eine flexionslose und syntakt. Stellungsgesetzen folgende „Mischsprache", die von den indones. und den Mon-Khmer-Sprachen nachhaltig beeinflußt worden ist. Der Ursprung des Tonalsystems (6 Töne), das für die einsilbigen Wortwurzeln bedeutungsbestimmend ist, ist noch nicht erforscht. Der Wortschatz ist durch zahlr. chin. Lehnwörter aufgefüllt worden. - Unter Verwendung verschiedener chin. Zeichenelemente entstand seit dem 13. Jh. die sog. „Nôm"-Schrift, in der v. a. die Werke der klass. Literatur aufgezeichnet wurden. Anstelle des nur den Gelehrten verständl. „Nôm" schufen christl. Missionare zum Zweck der Glaubenspropaganda im 17. Jh. mit Hilfe lat. Buchstaben und diakrit. Zeichen zur Kennzeichnung der Töne das „Quôc-ngu'" („Landesschrift"), das seit 1910 offizielle Nationalschrift ist.

Hung, N. T.: Einf. in die vietnames. Sprache. Ffm. 1979. - Truong Van Chinh: Structure de la langue vietnamienne. Paris 1970. - Thompson, L. C.: A Vietnamese grammar. Seattle (Wash.) 1965.

vietnamesische Kunst, die Kunst der heute und einst auf dem gegenwärtigen Staatsgebiet Vietnams lebenden Völker (Vietnamesen, Cham, Thai- und Mon-Khmer-Gruppen). Sie vereint mannigfache kulturelle Einflüsse v. a. aus China und Indien mit ethn. Eigenheiten. In der vorgeschichtl. Zeit war die ↑Dongsonkultur weithin verbreitet. Die Kunst in dem sich entlang der Ostküste erstreckenden Reich **Champa** nahm wiederholt ind. Elemente in Architektur und Plastik auf. Seit dem 7. Jh. erbauten die Cham Tempeltürme (Kalan) mit eigener Formsprache, die Einflüsse der Khmer sowie aus Java zeigen. Ihre bed. hierat. Plastik gibt den ethn. Typ der Cham wieder. Diese Strenge wurde im 10. Jh. durch die eleganten Skulpturen von Mi-Son und Tra-Kiêu abgelöst. Mit dem Abschütteln der chin. Herrschaft über N-Vietnam (111 v. Chr. bis 939 n. Chr.) setzte die eigtl. v. K. ein, die durch den Buddhismus und die Kunst

Chinas beherrscht wurde. In Dai-La, Hauptstadt des chin. Statthalters (bei Hanoi), verbanden sich eigene Traditionen mit Elementen aus China, Champa, Indien und Zentralasien. Die sakralen Ziegelbauten überwogen offenbar (Stupa von Binh-Son aus der Zeit der frühen Lêdyn., 980–1009), die Skulptur ist v. a. ind. beeinflußt. Hochentwickelte Keramik entstand nach chin. Vorbild v. a. in der neuen Hauptstadt Thang-Long (heute Hanoi) unter der Lydyn. (1010–1225). Unter der Trandyn. (1225–1413) Anlage großzügiger Zitadellen (u. a. in Thanh Hoa, 1397). Aus der späteren Lêdyn. (1428–1527 bzw. 1788) stammen königl. Grabbauten (Kalksteinstelen), bevorzugtes Ornament sind Drachen. Aus dem 16.–18. Jh. sind zahlr. Pagoden, Tempel und Stupa erhalten, es überwiegt der chin. Einfluß. Die Kunst der Nguyêndyn. (1802–1945) wird v. a. vertreten durch die nach dem Vorbild Pekings errichteten Palaststadt in der Hauptstadt Huê. Modernes Kunsthandwerk versucht, alte Techniken der Schnitzerei und der Perlmuttinkrustation neu zu beleben.

📖 *Forman, W., u. a.: V. K. Dt. Übers. Hanau 1973. - Bezacier, L.: Le Viêt-Nam, de la préhistoire à là la conquête chinoise. Paris 1972. - Patkó, I./Rév, M.: Die Kunst Vietnams. Dt. Übers. Lpz.; Budapest 1967.*

vietnamesische Literatur, auf Grund des während der Herrschaft des chin. Kaiserreiches über die nördl. Provinzen des heutigen Vietnam (111 v. Chr.–10. Jh. n. Chr.) stattfindenden Sinisierungsprozesses der polit. führenden Oberschicht wurde die chin. Sprache in Wort und Schrift als amtl. Verwaltungs- und Literatursprache übernommen, die Vietnamesen selbst jedoch als Umgangssprache belassen. Im Zuge der nat. Selbstbesinnung wurde im 13. Jh. ein eigenes Schriftsystem (die sog. „Nôm"-Schrift) der vietnames. Sprache geschaffen; in ihm sind u. a. *Geschichtswerke* und *Annalen, Gedichte, Versromane* und *Elegien* überliefert. Neben der nur einer dünnen Oberschicht verständl. chin. Literatur existierte seit ältester Zeit eine weithin unbeachtete mündl. tradierte *Volksliteratur* (Liebeslieder, Wechsel- und Arbeitsgesänge der Bauern und Fischer, Mythen, Sagen, Märchen und Sprichwörter). Höhepunkt der klass. v. L. ist das vietnames. Nationalepos „Das Mädchen Kiêu" des Nguyên-Du. Die *moderne v. L.* begann mit der Einführung der von kath. Missionaren des 17. Jh. entwickelten Buchstabenschrift („Quôc-ngu'") und der Anerkennung des Vietnames. als offizielle Landes- und Literatursprache, die sowohl als Mittel einer umfassenden Volksbildung, als auch als Instrument antikolonialist. und sozialrevolutionärer Propaganda, u. a. in den Schriften und Gedichten von Ho Chi Minh, eingesetzt wurde. Mit dem durch Frankr. vermittelten westl. Ideengut, insbes. mit der europ. Literatur, setzte sich eine „Unabhängige Literatengruppe" auseinander. Zentrale Thematik in der Dichtung und Romanliteratur bis in die Zeit des Vietnamkrieges war die Bewältigung brennender sozialer und polit. Probleme Vietnams; seit 1975 steht v. a. der Aufbau des Sozialismus im Vordergrund des literar. Schaffens.

📖 *Bui-Xuân-Bao: Le roman vietnamien contemporain. Saigon 1972. - Durand, M. M./ Nguyên Trân-Huân: Introduction à la littérature vietnamienne. Paris 1969. - Du'o'ng-dinh-Khuê: La littérature populaire vietnamienne. Saigon 1968.*

vietnamesische Musik, die seit dem 10. Jh. histor. faßbare v. M. ist von der ind. und der chin. Musikkultur geprägt. Bis ins 15. Jh. überwogen eher die ind., bis zum 18. Jh. dann die chin. Einflüsse, während vom 19. Jh. bis zur Gegenwart - im Kontakt auch mit der Musik des Abendlandes - sich ein verhältnismäßig eigenständiger, nat. Stil herausbildete. Die musikal. Stilvielfalt Hinterindiens spiegelt sich sowohl im vietnames. Instrumentarium als auch in den Gatt. der Volks- und Kunstmusik wider. Zu den archaischen Musikinstrumenten chin. Herkunft gehören die Mundorgel und die Klangplatten-Spiele aus Stein oder Metall. Dem ind. Kulturraum entstammt die zweifellige Trommel. Ind. Musizierpraxis verpflichtet sind die traditionellen improvisator. Vorspiele sowie die rhythm. Formeln als Basis der stets binären, gelegentlich polyrhythm. zeitl. Strukturierung.

Die v. M. beruht auf einer halbtonlosen pentaton. Skala, bestehend aus neun Tönen (angenähert temperiert: c-d-f-g-a-c'-f'-g'), aus denen zwei-, drei-, vier- und fünftönige Skalen mit oder ohne zusätzl. Zwischentöne gebildet werden. In der Kunstmusik beherrschen zwei (stimmungsmäßig entgegengesetzte) modale Typen in vielfältiger Differenzierung die Musik, dabei dem Prinzip des ind. ↑ Raga näherstehend als den abendländ. Tonarten. Die rituellen Gatt. der Hofmusik von Huê sind heute ebenso vom Aussterben bedroht wie die traditionelle Theatermusik, während die volkstüml. Kultmusik und die regional unterschiedl. Unterhaltungsmusik weiterleben.

📖 *Tran Vǎn Khê: Die Musik Vietnams. Dt. Übers. Wilhelmshaven 1982.*

Vietnamkrieg [vi'ɛtnam, viɛt'nam], die bewaffneten Kampfhandlungen in Indochina 1946–75, die ihren Ursprung und Hauptschauplatz in Vietnam hatten. Die frz. Kolonialpolitik nach dem 2. Weltkrieg führte zwar zunächst zu dem frz.-vietnames. Abkommen vom 6. März 1946, das der „Demokrat. Republik Vietnam" (DRV) mit Präs. Ho Chi Minh den Status eines „freien Staates" innerhalb der Frz. Union garantierte, überließ aber dann wieder das Land dem Einfluß traditioneller kolonialer Interessen. Der Haiphong-Zwischenfall führte zum offenen Konflikt:

Vietnamkrieg

Nach einem Streit um die Zollhoheit zw. frz. Zollbeamten und vietnames. Miliz im Hafen von Haiphong verlangte der frz. Oberbefehlshaber den sofortigen Abzug aller Einheiten der Vietminh aus Haiphong. Als dem Ultimatum nicht entsprochen wurde, ließ er am 23. Nov. 1946 durch Kriegsschiffe das Vietnamesenviertel der Stadt ohne Vorwarnung beschießen; über 6000 Zivilpersonen wurden dabei getötet. Am 19. Dez. 1946 griffen Vietminh-Einheiten die frz. Garnisonen an.

1. („frz.") Phase: Schon bald zeigte sich, daß das frz. Expeditionskorps den Vietminh-Truppen unterlegen war. Seit dem Sieg der Kommunisten in angrenzenden China erhielt die DRV von dort militär. Ausrüstungshilfe und polit. Unterstützung. Von nun an erschien dem Westen der V. als Teil des Kampfes gegen den „Weltkommunismus", der, wie man fürchtete, nach einem Sieg in Vietnam auch die benachbarten Staaten nacheinander umstürzen würde *(Dominotheorie).* Die amerikan. Reg. entsprach daher seit Mai 1950 bereitwillig dem frz. Hilfeersuchen durch Entsendung einer amerikan. Militärberatergruppe nach Saigon und durch umfangreiche Finanzhilfe, die 1954 78% der frz. Rüstungsausgaben deckte. 1953 war der Vietminh militär. im größten Teil des Landes präsent, besaß die Initiative und konnte mit der polit. Unterstützung der bäuerl. Bev.mehrheit rechnen; nur die größeren Städte blieben unter frz. Kontrolle. Nach dem militär. Desaster des Falls von Điên Biên Phu (seit 1946 über 92 000 Tote beim Expeditionskorps) gewann in der frz. Nat.versammlung die Bereitschaft zur Suche nach einer nichtmilitär. Lösung die Oberhand. Am 21. Juli 1954 wurden in Genf die Waffenstillstandsabkommen unterzeichnet. Das Abkommen über Vietnam sah im Kern die Umgruppierung der gegner. Truppen in zwei Zonen, getrennt durch eine ausdrückl. als vorläufig bezeichnete Demarkationslinie am 17. Breitengrad, vor. Die Schlußerklärung der Konferenz kündigte für 1956 gesamtvietnames. Wahlen zur Wiedervereinigung des Landes an. Sie blieb ohne die bindende Kraft von Unterschriften; die USA und Großbrit. hatten schon Ende Juni 1954 der frz. Reg. erklärt, sie würden keine Abmachung unterstützen, die den verbleibenden Teil Vietnams, Laos und Kambodscha unter kommunist. Herrschaft geraten lassen könnte. Ngô Đình Diêm, der während der Genfer Verhandlungen in Saigon mit Hilfe der USA die Reg. übernommen hatte, weigerte sich jedoch, die gesamtvietnames. Wahlen wie vorgesehen in Zusammenarbeit mit den Behörden der DRV von 1955 an vorzubereiten. Mit polit. und finanzieller Unterstützung der USA baute er Armee und Staat Süd-Vietnams zu einem antikommunist. Vorposten auf, drängte die an Genfer Abkommen gebundenen und die Wirtschaft des Landes beherrschenden Franzosen aus dem Land und schaltete nacheinander alle oppositionellen Kräfte aus bzw. drängte sie in den Untergrund. Im Dez. 1960 bildeten einzelne Oppositionsgruppen unter Mitwirkung Nord-Vietnams die „Nat. Befreiungsfront von Süd-Vietnam" (FNL).

2. („amerikan.") Phase: Präs. Kennedy verstärkte die amerikan. Militärberater in Süd-Vietnam von 2 000 Ende 1960 auf 11 300 Ende 1962 und 16 300 Ende 1963. Während sich zunehmend wieder in der Armee und nun auch unter den buddhist. Mönchen die Opposition regte, so daß Ngô Đình Diêm in einem Militärputsch am 1. Nov. 1963 gestürzt und getötet wurde, wuchs die Zahl der „eingesikkerten" Kader aus Nord-Vietnam (1961: rd. 3 700, 1962: rd. 5 800, 1963: rd. 4 000, fast alle zurückkehrende Südvietnamesen) und der Umfang der ländl. Gebiete, in denen die FNL (Vietcong) ihre eigene Verwaltung und Rekrutierung durchführte oder zumindest polit. Einfluß ausübte; Anfang 1964 kontrollierte die Saigoner Reg. nur noch ein Drittel aller Dörfer. Der amerikan. Präs. Johnson ergriff die Gelegenheit des nie ganz aufgeklärten *Tonkin-Zwischenfalls* (die angebl. Beschießung von zwei US-Zerstörern durch nordvietnames. Kriegsschiffe im Golf von Tonkin am 2. und 4. Aug. 1964), um erstmals Vergeltungsbombardements gegen Ziele in Nord-Vietnam anzuordnen und vom amerikan. Kongreß die Generalvollmacht für eine Ausweitung des Krieges geben zu lassen. Die wichtigsten Maßnahmen waren u. a. Verstärkung der amerikan. Truppen, ab Febr. 1965 systemat. Bombardierung militär. und wirtsch. Ziele in Nord-Vietnam sowie Luftangriffe gegen das von Nordvietnamesen benutzte Straßennetz des Ho-Chi-Minh-Pfades in Laos und Kambodscha, direkte Beteiligung mit Truppen verbündeter Staaten (Süd-Korea, Thailand, Australien, Neuseeland, Philippinen). In Süd-Vietnam konnten die Amerikaner auch durch den Einsatz ihrer überlegenen Luftwaffe und die Anwendung neuer Kampfmethoden (z. B. bewegl. Hubschraubereinsätze, gezielte Guerillabekämpfung und „Pazifizierung") zwar einen militär. Gesamtsieg ihres Gegners vereiteln, aber keinen eigenen Sieg erzwingen. Verschiedene Umsiedlungsaktionen in „Wehrdörfer" und in die Städte (um den FNL-Guerillas die Lebensbasis zu entziehen) entvölkerten ganze Landstriche und überfüllten die Städte. Bombardements, chem. Entlaubung und ähnl. Maßnahmen wurden in solchen Siedlungsgebieten eingesetzt, um die Bauern von der Rückkehr abzuhalten. Die amerikan. Luftangriffe schadeten der Infrastruktur der DRV zwar enorm und machten das Land abhängig von sowjet. und chin. Rüstungs- und Wirtschaftshilfe, sie wirkten aber zugleich innenpolit. solidarisierend und behinderten den Nachschub nach Süd-Vietnam nicht ernsthaft. Eine polit. Wendung brachte die Tet-Offensive der Truppen Vo Nguyên Giaps Ende Jan. 1968. Obwohl sie militär. letztl. ein Fehlschlag war, wirkte sie in den USA als Schock: Gegen die mittlerweile eine halbe Mill. Soldaten zählende amerikan. Streitmacht bewies der Gegner eine unerwartete Beweglichkeit und Schlagkraft. Als Konsequenz dieser Lage wurden Ende März 1968 die Bombardierungen des Nordens eingestellt, um die wichtigste Bedingung für die Aufnahme von Verhandlungen (ab Mai 1968 in Paris) zu erfüllen. In den USA und weltweit nahm die Kritik an der amerikan. Vietnampolitik zu, sowohl an ihren Mitteln und Begleiterscheinungen (Bomben auf die Zivilbev., Ausschreitungen von Truppen wie das Massaker von My Lai u. a.), als auch an ihren Zielen; Anfang 1969 standen in Süd-Vietnam 543 400 amerikan., 29 300 südvietnames. und 71 000 alliierte Soldaten, gegenüber jeweils rd. 100 000 Mann auf seiten der FNL und DRV. Die Lösung aus diesem Überengagement strebte der neue amerikan. Präsident R. M. Nixon auf mehreren Ebenen gleichzeitig an: durch den Abbau der amerikan. Streitmacht in Vietnam seit Anfang 1969, in bilateralen Geheimverhandlungen seines Sonderberaters H. A. Kissinger mit der DRV seit Aug. 1969 und durch die „Vietnamisierung" des Konflikts, d. h. den massiven Aufbau der südvietnames. Armee. Das bilateral ausgehandelte Waffenstillstandsabkommen wurde am 27. Jan. 1973 in Paris von den Außenmin. der 4 Kriegsparteien unterzeichnet und auf diese internat. Konferenz in Paris (26. Febr. bis 2. März 1973), an der auch die Außenmin. Chinas, der Sowjetunion, Großbrit. und Frankr. sowie der 4 im Abkommen für eine internat. Kontrollkommission vorgesehenen Staaten (Indonesien, Kanada, Polen und Ungarn) teilnahmen, bestätigt und garantiert. In seinem militär. Kern bestimmte das Abkommen den Abzug des gesamten militär. Personals der USA, ohne über die im Süden befindl. nordvietnames. Truppen (etwa 145 000 Mann) etwas auszusagen. Die polit. Regelung sah vor, daß ein „Nat. Versöhnungsrat" aus Vertretern der Saigoner Reg. unter Nguyên Văn Thiêu, der von der FNL 1969 gebildeten „Provisor. Revolutionsreg." (PRRSV) und der „Dritten Kraft" (Oppositionelle außerhalb der FNL) allg. Wahlen in Süd-Vietnam durchführen sollte; bis zu der Wahl sollten die gegner. Truppen und Verwaltungen in den jeweils von ihnen kontrollierten Gebieten bleiben.

3. („vietnames.") Phase: Verhandlungen zw. den südvietnames. Kriegsparteien zur Bildung des Versöhnungsrats blieben ergebnislos. Beide versuchten vielmehr, ihre Gebiete mit Waffengewalt zu vergrößern. Diese dritte Phase des Krieges endete Anfang 1975 mit dem vollständigen Zusammenbruch der südvietnames. Armee, ohne daß es noch zu einem Entscheidungskampf kam. Die Saigoner Führungsspitze konnte in letzter Stunde von den Amerikanern außer Landes gebracht werden. PRRSV-Einheiten besetzten am 30. April 1975 Saigon, am 2. Juli 1976 wurde die Sozialist. Republik Vietnam als gesamtvietnames. Staat gegründet.

📖 *Scholl-Latour, P.: Der Tod im Reisfeld. Stg.* [16]*1986. - Buttinger, J.: Vietnam. The unforgetable tragedy. New York 1977. - Die Pentagon-Papiere. Hg. v. N. Sheehan. Dt. Übers. Mchn. u. Zürich 1971. - Devillers, P./Lacouture, J.: Viet Nam. De la guerre française à la guerre américaine. Paris 1969. - Legler, A., u. a.: Der Krieg in Vietnam. Mchn. 1969–79. 5 Bde. - Pike, D.: Vietkong. Organisation u. Technik des revolutionären Befreiungskampfes. Mchn. 1968.*

Viëtor, Karl [viˈeːtɔr], * Wattenscheid 29. Nov. 1892, † Boston 7. Juni 1951, dt.-amerikan. Literaturhistoriker. - Ab 1925 Prof. in Gießen; nach seiner Emigration ab 1937 an der Harvard University; zahlr. geistesgeschichtl. orientierte Untersuchungen zur dt. Literatur und zu den Gattungen.

Viewdata [engl. ˈvjuːdɛɪtə], svw. ↑Bildschirmtext.

Vigée-Lebrun, Élisabeth [frz. viʒeləˈbrɛ̃], * Paris 16. April 1755, † Louveciennes (Yvelines) 30. März 1842, frz. Malerin. - Porträtierte die Frauen der Oberschicht, nach Ausbruch der Revolution in ausländ. Großstädten tätig. Ihr klassizist. Porträtstil ist an Rubens, Rembrandt und van Dyck geschult.

Vigeland, Gustav [norweg. ˈviːgəlan, ˈviːgəlan], * Mandal 11. April 1869, † Oslo 12. März 1943, norweg. Bildhauer. - Schuf u. a. die etwa 100 Skulpturen im Frognerpark in Oslo (1906 ff.).

Vigil [zu lat. vigilia „Wache, Nachtwache"], in der altkirchl. Gebetsordnung eine nächtl. Gebetszeit (Matutin, Mette). I. e. S. eine Feier als Vorbereitung auf ein kirchl. Fest, die urspr. in der Nacht begangen wurde und seit dem frühen MA auf den Vortag des Festes gerückt ist.

Vigneaud, Vincent du [engl. vɪnˈjou], * Chicago 18. Mai 1901, † White Plains (N. Y.) 11. Dez. 1978, amerikan. Biochemiker. - Prof. an der Cornell University. Für die Isolierung, Aufklärung der chem. Struktur und Synthetisierung der Hormone Oxytozin und Vasopressin erhielt er 1955 den Nobelpreis für Chemie.

Vignette [vɪnˈjɛtə; frz., eigtl. „kleine Weinrebe" (zu lat. vinea „Weinstock")], in ma. *Handschriften* Weinrankenzierrat, in der *Buchkunst* ornamentales Zierstück, oft auch mit bildl. Darstellung, auf dem Titelblatt (Fleuron), zu Beginn oder am Ende eines Kapitels eines Buches (Cul-de-lampe).
◆ in der *Photographie* Bez. für eine Maske mit bestimmten Ausschnitten vor dem Objektiv einer Filmaufnahmekamera; auch Bez. für eine Maske, die zur Verdeckung bestimmter

Vignola

Stellen eines Negativs beim Kopieren dient.
♦ im *schweizer. Verkehrswesen* Bez. für einen Aufkleber, der nachweist, daß die seit 1985 erhobene Autobahnbenutzungsgebühr vom Kraftfahrer bezahlt wurde.

Vignola, il, eigtl. Iacopo Barozzi [italien. vɪɲˈnɔːla], * Vignola bei Modena 1. Okt. 1507, † Rom 7. Juli 1573, italien. Architekt. - Erhielt 1534–36 erste Bauaufgaben (am Vatikan), vermaß antike Bauten, Mitarbeit an einer Vitruvausgabe, 1540/41 mit Primaticcio in Frankr.; seit 1546 wieder in Rom und dessen Umgebung tätig. Er begann 1551 die Villa Giulia und vollendete in Caprarola den Palazzo Farnese (1559–64), beides Meisterwerke des Manierismus. Unter seinen röm. Kirchenbauten weist Sant' Anna de' Palafrenieri (1573) in der Vatikanstadt mit ovalen Grundriß auf die barocke Baukunst voraus, weit mehr aber noch Il Gesù (seit 1568): In der Verbindung von Zentralraum (der überkuppelten Vierung) und basilikalem, tonnengewölbten Längsbau (mit Kapellenreihen statt Seitenschiffen) prägte V. einen im ganzen Abendland wirksamen Typus. Seine „Regole delli cinque ordini d'architettura" (1562) wurden zu einem Standardwerk der architekturtheoret. Literatur.

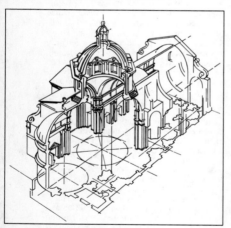

Il Vignola, Il Gesù (1568 ff.). Axonometrische Ansicht

Vigny, Alfred Comte de [frz. viˈɲi], * Schloß Loches (Indre-et-Loire) 27. März 1797, † Paris 17. Sept. 1863, frz. Dichter. - 1814–27 Offizier; einer der maßvollsten und zugleich gedankentiefsten Dichter der frz. Romantik, dessen Werk weitgehend von einem aristokrat. und stoischen Pessimismus geprägt ist, u. a. „Chatterton" (Dr., 1835), „Cinq Mars" (R., 1826), „Glanz und Elend des Militärs" (Nov., 1835), „Le journal d'un poète" (hg. 1867); auch Lyrik; wurde 1845 Mgl. der Académie française.

Vigo, Jean [frz. viˈgo], eigtl. J. Almereyda, * Paris 26. April 1905, † ebd. 5. Okt. 1934, frz. Filmregisseur. - Mit seinen surrealist. und sozialkrit. Elemente verbindenen Dokumentar- und Spielfilmen von nachhaltigem Einfluß auf die frz. Film; u. a. „Apropos Nizza" (1929), „Betragen ungenügend" (1932; bis 1945 verboten).

Vigo [ˈviːgo, span. ˈbiyo], span. Hafenstadt in Galicien, 277 500 E. Gemäldegalerie; Hauptzentrum der span. Fischkonservenind., Werften, Eisen- und Stahlind. - Seit der Antike bed. Hafen (in der Römerzeit *Vicus*); 1719 von den Briten erobert (Zerstörung aller Befestigungsanlagen); 1808/09 frz. besetzt. - Klassizist. Kollegialkirche (19. Jh.); Häuser mit Laubengängen aus dem 16.–18. Jahrhundert.

vigoroso [italien.], musikal. Vortragsbez.: energisch, lebhaft, kräftig.

Vihuela [viuˈeːla; span.], seit dem 13. Jh. in Spanien Bez. für Saiteninstrumente mit scharf abgesetztem Hals und einem Korpus mit Zargen. Das Instrument konnte mit Federkiel gezupft oder mit einem Bogen gestrichen werden. Im 16. Jh. trat die **Vihuela de mano** (Hand-V.) in den Vordergrund, die unmittelbar mit den Fingern gezupft wurde. Sie glich der Gitarre, hatte aber 5–7 doppelchörige Saiten.

Viipuri [finn. ˈviːpuri] † Wyborg.

Vijayawada [vɪˈdʒɑːjəvəˌdə], ind. Stadt an der Krishna, Bundesstaat Andhra Pradesh, 461 000 E. Kath. Bischofssitz; buddhist. und hinduist. Pilgerzentrum; Handelsplatz; Eisenbahnknotenpunkt; Brücke über die Krishna.

Vik, Bjørg [norweg. viːk], * Oslo 11. Sept. 1935, norweg. Schriftstellerin. - Mit Novellen, Romanen und einem Schauspiel von maßgebl. Einfluß auf die feminist. Bewegung und die neueste Frauenliteratur in Norwegen.

Vikar [zu lat. vicarius „Stellvertreter"], in der *kath.* Kirche der Vertreter einer geistl. Amtsperson (Apostol. V., Kapitels-V., Pfarr-V.). - Die *ev.* Kirchenverfassungen kennen den V. für alle kirchl. Ämter. Auch Frauen (**Vikarinnen**) sind zugelassen.

Vikariat [lat.], Amt eines † Vikars.

vikariierende Pflanzen [lat.], nah verwandte Pflanzen (zwei Arten einer Gatt. oder zwei Unterarten einer Art), die auf Grund unterschiedl. Standortansprüche nicht gemeinsam vorkommen, aber am jeweiligen Standort einander vertreten; z. B. Rostrote Alpenrose auf sauren Böden, Behaarte Alpenrose auf Kalkböden der Alpen.

Viking [engl. ˈvaɪkɪŋ], Name zweier amerikan. Planetensonden, die 1975 zur Erforschung des Mars gestartet wurden. *V. 1* (Start Aug. 1975) konnte im Juli 1976 eine Landeeinheit im äquatornahen Bereich des Planeten absetzen, die bereits 18 Minuten nach der Landung erste Funksignale zur Erde übermittelte. *V. 2* (Start Sept. 1975) setzte im Sept. 1976 eine Landeeinheit im Polarbereich des Planeten ab, die trotz einer beschädigten Antenne ebenfalls funktionsfähig war. Die V.sonden lieferten neben rd. 10 000 (auch farbigen) Aufnahmen hervorragender Qualität eine Fülle von Informationen über den Planeten Mars. Spuren organ. Lebens konnten nicht entdeckt werden.

Viktimologie ↑ Victimologie.

Viktor (Victor), männl. Vorname, eigtl. „der Sieger" (lat. victor, zu vincere „siegen").

Viktor von Solothurn, hl., röm. Märtyrer, ↑ Ursus und Viktor.

Viktor, Name von Päpsten:
V. I., hl., Papst (189?–198?). – Unter ihm trat in der röm. Gemeinde das lat. Element stark hervor, ebenso der röm. Führungsanspruch im Osterfeststreit. - Fest: 28. Juli.
V. II., † Arezzo 28. Juli 1057, vorher Gebhard von Eichstätt, Papst (seit 13. April 1055). - 1042 Bischof von Eichstätt; Vertrauter Kaiser Heinrichs III., der ihn im Herbst 1054 zum Papst bestimmte; 1055 in Rom inthronisiert. V. setzte die Reform in enger Verbindung mit dem kaiserl. Hof. Mit seinem unerwarteten Tod endete die kaiserl. Führung in der Kirchenreform.

Viktor, Name von Herrschern:
Italien:
V. Emanuel II., * Turin 14. März 1820, † Rom 9. Jan. 1878, König von Sardinien (1849–61) und Italien (seit 1861). - Akzeptierte mit der Beibehaltung der Verfassung von 1848 das Bündnis mit der liberalen Nat.bewegung, den Übergang zum parlamentar. Reg.system und die Unterstützung auch der demokrat.-republikan. Kräfte (Garibaldi) bei der Einigung Italiens (↑ Italien, Geschichte), konnte jedoch der Krone eine starke Stellung wahren.
V. Emanuel III., * Neapel 11. Nov. 1869, † Alexandria (Ägypten) 28. Dez. 1947, König (1900–46). - Sohn Humberts I.; begünstigte vor 1914 die liberal-demokrat. Reformpolitik G. Giolittis; im Mai 1915 hielt er die Reg. A. Salandra im Amt und entschied so den Kriegseintritt Italiens. Unter dem Druck des mit dem Marsch auf Rom und Bürgerkrieg drohenden Faschismus ernannte er am 30. Okt. 1922 B. Mussolini zum Min.präs. und hielt ihn 1924 auch in der Matteotti-Krise im Amt. Im Zusammenspiel mit dem monarchist. Flügel im Großrat des Faschismus (Mißtrauensvotum vom 24./25. Juli 1943) gelang es V. E., Mussolini zu stürzen und durch das Militärkabinett Badoglio zu ersetzen. Mußte auf Druck des Nat. Befreiungskomitees zugunsten seines Sohnes, Humbert II., abdanken (5. Juni 1944, endgültig 9. Mai 1946).
Sardinien:
V. Amadeus I., * Turin 14. Mai 1666, † Moncalieri 31. Okt. 1732, Hzg. von Savoyen (1675–1730; als V. A. II.), König von Sizilien (1713–1718/20) und Sardinien (1718/20–30). - Dank kluger Bündnispolitik gelang es V. A., Savoyen aus der Abhängigkeit von Frankr. zu lösen und durch Teilnahme am Span. Erbfolgekrieg 1713 seinem Haus die Königskrone zu sichern. Als 1720 Österreich Sizilien erhielt, wurde V. A. I. durch Sardinien entschädigt. Führte als Wegbereiter des aufgeklärten Absolutismus umfassende innere Reformen durch.

Viktoria (Victoria), weibl. Vorname (zu lat. victoria „der Sieg").

Viktoria, Name von Herrscherinnen:
Dt. Reich:
V., * London 21. Nov. 1840, † Schloß Friedrichshof (bei Kronberg) 5. Aug. 1901, preuß. Königin und Kaiserin. - Älteste Tochter der brit. Königin Viktoria; seit 1858 ∞ mit dem späteren Kaiser Friedrich, die Vorliebe für liberal-konstitutionelle Staatsformen nach brit. Vorbild und die Ablehnung preuß. Militär- und Machttraditionen sowie der Politik Bismarcks teilte. Als Witwe nannte sie sich „Kaiserin Friedrich".
Braunschweig-Lüneburg:
V. Luise, * Potsdam 13. Sept. 1892, † Hannover 11. Dez. 1980, Herzogin. - Tochter Kaiser Wilhelms II., ∞ mit Hzg. Ernst August von Braunschweig-Lüneburg; schrieb u. a. „Ein Leben als Tochter des Kaisers" (1965).
Großbritannien und Irland:
V., * Kensington Palace (Kensington and Chelsea, London) 24. Mai 1819, † Osborne House (Isle of Wight) 22. Jan. 1901, Königin (seit 1837) und Kaiserin von Indien (seit 1876). - Nachfolgerin ihres Onkels, Wilhelm IV.; seit 1840 ∞ mit ihrem Vetter Albert, Prinz von Sachsen-Coburg-Gotha, der sie in ihrer Reg.führung maßgebl. beeinflußte. V. war durch ihre 9 Kinder mit fast allen europ. Fürstenhöfen verwandt („*Großmutter Europas*"; u. a. war der dt. Kaiser Wilhelm II. ihr Enkel) und vermittelte der brit. Monarchie eine Stabilität, die ihren Tod überdauerte. Das *Viktorianische Zeitalter* war eine Glanzepoche mit höchster polit. Machtentfaltung (Kaisertum Indien 1876), wirtsch. Prosperität und imperialist. Expansion, aber auch kultureller Verflachung und Prüderie.

Viktoriaorden (The Royal Victorian Order), brit. Orden (↑ Orden, Übersicht).

Viktorinerschule ↑ Sankt Viktor, Schule von.

Viktualien [lat.], veraltete Bez. für Lebensmittel.

Vikunja [indian.] (Lama vicugna), kleinste Kamelart in den Anden Perus, Boliviens, Argentiniens und Chiles, zw. etwa 3 500 und knapp 6 000 m Höhe; Länge 125–190 cm, Schulterhöhe 70–110 cm; mit dichtem, oberseits bräunlichgelbem bis braunem, unterseits weißl. Fell; liefert kostbare, feine und leichte

Vila

Wolle; früher weit verbreitet; wurde von den Inkas in Farmen gehalten und geschoren, später jedoch von den Europäern zur Wollgewinnung rücksichtslos bejagt; Fortbestand in Reservaten gesichert.

Vila [engl. 'viːlə], Hauptstadt von Vanuatu, an der SW-Küste der Insel Efate, 17 000 E. Kath. Bischofssitz; Museum; Hafen, internationaler ✈.

Vila, Einz. von ↑ Vilen.

Vila Cabral ↑ Lichinga.

Világos [ungar. 'vilaːgoʃ], ungar. Name der Gemeinde Şiria nö. von Arad (Rumänien). Bei V. kapitulierte am 13. Aug. 1849 das ungar. Revolutionsheer A. Görgeys vor den Russen.

Vila Nova de Gaia, portugies. Stadt gegenüber von Porto, 61 000 E. Museum. Zentrum des Portweinhandels. - Bereits in röm. Zeit besiedelt; im 13. Jh. als V. N. de G. gen. (vorher: **Santa Marinha de Portugal**); erhielt erste Privilegien 1255.

Vilar, Esther, * Buenos Aires 16. Sept. 1935, dt. Publizistin. - Zunächst Ärztin; danach Übersetzerin, Schriftstellerin und Rundfunkautorin, erregte mit ihrem Buch „Der dressierte Mann" (1971), in dem sie die These von der Unterdrückung des Mannes durch die Frau vertritt, beträchtl. Aufsehen; schrieb u. a. auch „Das polygame Geschlecht" (1974), „Das Ende der Dressur" (1977), „Die Mathematik der Nina Gluckstein" (1985).

V., Jean, * Sète 25. März 1912, † ebd. 28. Mai 1971, frz. Schauspieler und Regisseur. - Gründete 1947 das „Festival d'Avignon", das er bis zu seinem Tod leitete. 1951–63 Leiter des „Théâtre National Populaire", das er zu einem Volkstheater ausbaute (v. a. Werke von Pirandello, Tschechow, Brecht und Shakespeare).

Vila Real [portugies. 'vilɐ 'rrjal], Stadt in N-Portugal, 13 300 E. Verwaltungssitz des Distr. V. R.; kath. Bischofssitz; ethnograph. Museum; Weinbauzentrum. - Geht auf die Errichtung einer Einsiedelei 1272 zurück; erhielt 1289 erste Privilegien. - Maler. Stadtbild, spätgot. ehem. Klosterkirche (14./15. Jh.).

Vilbel, Bad ['fɪl...] ↑ Bad Vilbel.

Vildrac, Charles [frz. vil'drak], eigtl. C. Messager, * Paris 22. Nov. 1882, † Saint-Tropez 25. Juni 1971, frz. Schriftsteller. - Anhänger des Unanimismus; Freund G. Duhamels, versuchte in seinen Dramen in alltägl. Situationen des Arbeiter- und Kleinbürgerlebens den wirkl. Menschen zu zeigen.

Vilen (Einz. Vila), bei den Südslawen kollektive Bez. für weibl. Geister von bezaubernder Schönheit, die auch als Falken oder Schwäne auftreten. Im allg. sollen sie den Menschen wohlgesonnen sein; können aber auch den menschl. Verstand verwirren und Kinder stehlen.

Viljoen, Marais [Afrikaans 'vɪljoːn], * Robertson 2. Dez. 1915, südafrikan. Politiker. - 1953–79 Parlamentsabg. für die National Party; 1966–76 Arbeitsmin. und zugleich Min. für andere Ressorts (zuletzt Min. für Arbeit sowie das Post- und Fernmeldewesen 1970–76); Senatspräs. 1976–79; nach dem Rücktritt B. J. Vorsters im Juni 1979 zum Staatspräs. gewählt (bis 1984).

Villa (Mrz. Villen) [lat.], herrschaftl. Wohnhaus. Bei den Römern eigtl. das zu einem Landgut gehörende Wohngebäude, dann auch Landhaus ohne Wirtschaftsgebäude, schließl. auch städt. Wohnsitz. Für die häufig von Gartenanlagen umgebene V. sind eine freie Grundrißdisposition mit Säulenhallen und -gängen sowie Terrassierungen charakteristisch. Bes. bekannte Anlagen sind die ↑ Hadriansvilla bei Tivoli oder die V. bei Piazza Amerina. Erst in der italien. Renaissance kehrte die V. wieder; bed. Beispiele sind die V. Farnesina und V. Madama in Rom (Entwurf bzw. Fresken von Raffael) oder die V. Lante bei Viterbo; große Bed. hat oft die Gartenanlage (V. d'Este in Tivoli). Als Höhepunkt der V.architektur gelten Palladios V. Carpa („La Rotonda") bei Vicenza und V. Barbaro in Maser. - V. bezeichnete in der Renaissance eigtl. den Park, das Wohnhaus hieß Casino. - Im 19. Jh. wurde die V. zur bevorzugten Bauform des wohlhabenden Bürgertums (V. Hügel der Fam. Krupp in Essen). Luxuriöse Einfamilienhäuser des 20. Jh. mit umgebenden Garten stehen in dieser Tradition.

Villa Basilica ↑ Bonn.

Villa Borghese [italien. bor'geːze], große Gartenanlage mit Casino (Gartenpalast) auf dem Pincio in Rom, 1613–16 im Auftrag von Kardinal S. Borghese errichtet. Skulpturen- und Gemäldesammlungen.

Villach ['fɪlax], östr. Stadt in Kärnten, an der Drau, 501 m ü. d. M., 52 700 E. Paracelsus-Inst., Stadtmuseum, Nahrungsmittel-, Textil- und Lederind., Holzveredlung, Lackfabrik u. a.; Fremdenverkehr; der Stadtteil **Warmbad V.** ist Kurbad (Rheuma, Kreislaufstörungen, Nervenleiden, Frauenkrankheiten).

Geschichte: Seit dem Neolithikum besiedelt; liegt an der Stelle zweier Römersiedlungen (**Bilachinium** und **Santicum**); entstand um die 878 erstmals erwähnte Draubrücke; erscheint 1239/40 erstmals als Stadt; gelangte durch Fernhandel im Spät-MA zur Blüte; 1348 durch Erdbeben (Dobratschabsturz) und Feuer vernichtet; fand in den folgenden Jh. eine neue wirtsch. Grundlage im Bleibergbau (↑ Bleiberg ob Villach) und in der Eisenverarbeitung der Umgebung; kam 1759 durch Kauf an das Haus Österreich.

Bauten: Spätgot. Hauptstadtpfarrkirche Sankt Jakob (14./15. Jh.; barockisiert) mit hohem W-Turm (um 1300), spätbarocke Stadtpfarr- und Wallfahrtskirche zum Hl. Kreuz (1726–38). Schloß Mörtenegg (16. und 18. Jh.).

Villard de Honnecourt

Im Ortsteil **Maria Gail** alte Wehrkirche (1606 Wiederaufbau).
Villa de Guadalupe Hidalgo [span. 'bija ðe ɣu̯aða'lupe i'ðalɣo], mex. Stadt im nö. Vorortbereich der Stadt Mexiko, bedeutender Wallfahrtsort. - Der am 2. Febr. 1848 hier geschlossene Friede von Guadalupe Hidalgo beendete den Mex. Krieg der USA gegen Mexiko 1846–48. - Wallfahrtskirche (1533 gegr., 1709 erneuert, später erweitert).
Villa d'Este [italien. 'dɛste], im W von Tivoli gelegene Villa mit berühmten (manierist.) Gartenanlagen (Terrassen, Fontänen), die 1550 ff. von P. Ligorio für Kardinal I. d'Este angelegt wurden.
Villaespesa, Francisco [span. biʎaes'pesa], * Laujar de Andarax (Prov. Almería) 14. Okt. 1877, † Madrid 9. April 1936, span. Schriftsteller. - Als Lyriker, Dramatiker und Romancier führender Vertreter des span. Modernismo.
Villafranca di Verona, Vorfriede von, am 11. Juli 1859 in Villafranca di Verona (Prov. Verona) abgeschlossener frz.-östr. Waffenstillstand (im Sardin.-Frz.-Östr. Krieg); Frankr. erhielt von Österreich die Lombardei und gab sie an Sardinien weiter.
Villa Hammerschmidt, Sitz des Bundespräs. der BR Deutschland in Bonn, ben. nach dem Großindustriellen R. Hammerschmidt (* 1853, † 1922), 1863–65 errichtet, 1878 umgebaut. Das **Palais Schaumburg**, ben. nach dem Prinzen Adolf zu Schaumburg-Lippe (* 1858, † 1916), früher Amtssitz des Bundeskanzlers ist heute dessen Gästehaus, ein spätklassizist. Bau von 1858–60 bzw. 1895.
Villa Herbordi ↑ Blaj.
Villahermosa [span. bijaɛr'mosa], Hauptstadt des mex. Staates Tabasco, in der Golfküstenebene, 10 m ü. d. M., 250900 E. Kath. Bischofssitz; Univ. (gegr. 1958); archäolog. Museum, archäolog. Park; Holz-, Tabak- und Nahrungsmittelind., Hafen. - 1596 als **Villa Felipe II** gegr., hieß ab 1598 **San Juan de Villa Hermosa**, ab 1826 **San Juan Bautista**; seit 1915 Villahermosa.
Villa-Lobos, Heitor [brasilian. 'vila'lobus], * Rio de Janeiro 5. März 1887, † ebd. 17. Nov. 1959, brasilian. Komponist und Dirigent. - In seinem umfangreichen, alle Gattungen umfassenden Werk verbindet er impressionist. und neoklassizist. mit folklorist. Stilelementen; u. a. Opern, Operetten, Ballette, 12 Sinfonien, sinfon. Dichtungen, Suiten, „Chôros" (1920–29), „Bachianas brasileiras" (1930–44), Kammermusik (u. a. 17 Streichquartette), Klaviermusik, Chorwerke, Lieder.
Villa Massimo (Deutsche Akademie V. M.), der Stiftung Preuß. Kulturbesitz untergeordnete kulturelle Einrichtung der BR Deutschland mit Sitz in Rom, in der seit jährl. 12 Maler, Bildhauer, Architekten, Schriftsteller und Komponisten für 6, 9 oder 12 Monate aufhalten, um künstler. zu arbeiten. Die V. M. gehörte ab 1910 dem preuß. Staat und diente den Trägern des Rom-Preises der preuß. Akademie der Künste als Aufenthaltsort; seit 1956 im Besitz der BR Deutschland.
Villancico [span. biʎan'θiko; zu mittellat. villanus „Bauer"], eine seit Ende des 15. Jh. bekannte span. Liedform mit Refrain. Der V. war volkssprachig, mit weltl. Inhalt und meist drei- oder vierstimmig homophon gesetzt. Neben der mehrstimmigen Form gab es den V. im 16. Jh. auch als Sololied mit Vihuelabegleitung sowie bis ins 18. Jh. auch als geistl. volkssprachiges Lied. - Im 17./18. Jh. bezeichnete V. bei hohen kirchl. Festen aufgeführte Kantaten; im heutigen span. Sprachgebrauch ist V. ein volkstüml. Weihnachtslied.
Villandry [frz. vilã'dri], frz. Ort am Cher, Dep. Indre-et-Loire, 740 E. Dreiflügeliges Renaissanceschloß (16. Jh.) mit Donjon der urspr. Burg und berühmten Gartenanlagen.
Villanelle (Villanella) [lat.-italien.], im 16. Jh. in Italien (Neapel) aufgekommene mehrstimmige Liedform. Die Texte beschreiben bäuerl.-ländl. Leben. Die Textform bestand häufig aus einer achtzeiligen Strophe mit dem Reimschema ab ab ab cc, im 16. und frühen 17. Jh. jeweils erweitert durch eine Refrainzeile. Der zunächst dreistimmige homophone Satz zeichnet sich durch volksliedhafte Melodik, einfache Harmonik und parallele Intervallführung (Quinten) aus. Die musikal. Angleichung an das Madrigal führte Ende des 16. Jh. zur Herausbildung der ↑ Kanzonette. - In Frankr. und England bezeichnet V. v. a. seit dem 19. Jh. eine lyr. Form, bei der die 1. und 3. Zeile der ersten Strophe in den folgenden abwechselnd wiederholt wird, u. a. verwendet von C. M. Leconte de Lisle und von Dylan Thomas.
Villanovakultur, nach dem Gut Villanova (10 km sö. von Bologna, wo 1853 ein Gräberfeld entdeckt wurde, ben. früheisenzeitl. Kulturgruppe M- und Oberitaliens (10.– 8. Jh.), die von der etrusk. Kultur, zu deren Grundlage sie zählt, abgelöst wurde; reichverzierte Urnen (oft mit Bronze- oder Tonhelmen abgedeckt) mit Bronzebeigaben.
Villanueva, Carlos Raul [span. bija'nu̯eβa], * London 30. Mai 1900, † Caracas 16. Aug. 1975, venezolan. Architekt und Stadtplaner. - Einer der führenden Architekten Venezuelas; baute u. a. die Universitätsstadt in Caracas sowie Wohnsiedlungen.
Villanueva y Geltrú [span. biʎa'nu̯eβa i xɛl'tru], span. Stadt in Katalonien, Prov. Barcelona, 41 000 E; Museen; Seebad; Nahrungsmittel-, Textil-, Leder-, chem., Kautschukindustrie, Elektrogerätebau. - Schloß (12. Jh.; im 14. und 15. Jh. umgebaut und erweitert).
Villard de Honnecourt [frz. vilardɔn-'ku:r], frz. Baumeister des 13. Jh. aus Honnecourt (= Honnecourt-sur-Escaut). - Sein

213

Bauhüttenbuch (1230–35; Paris, Bibliothèque Nationale) ist das einzige erhaltene Musterbuch aus der Zeit der Hochgotik; es ist nach den Gebieten „Baukunst" (Bauzeichnungen, z. B. auf Reisen skizzierte Details frz. u. a. Kathedralen, Steinmetzkunst, Maschinen u. a.) und „Plastik und Malerei" (Figurenkompositionen) in Kapitel geordnet. Erhalten sind 325 Federzeichnungen auf 33 Blättern (von 63).

Villarrica [span. bija'rrika], Hauptstadt des paraguay. Dep. Guairá, 140 km osö. von Asunción, 21 200 E. Kath. Bischofssitz; Zentrum eines Agrargebiets. - Gegr. 1576.

Villars, Claude Louis Hector Herzog von [frz. vi'la:r], * Moulins 8. Mai 1653, † Turin 17. Juni 1734, frz. Marschall. - 1697–1701 Gesandter in Wien; kämpfte in verschiedenen Feldzügen; unterdrückte die prot. Erhebung in den Cevennen († auch Kamisarden). 1708 Oberbefehlshaber in den Niederlanden, unterlag bei Malplaquet (1709), eroberte Landau in der Pfalz und Freiburg im Breisgau (1713) und schloß 1714 den Frieden von Rastatt.

Villavicencio [span. bijaβi'sensjo], Hauptstadt des Dep. Meta in Z-Kolumbien, 500 m ü. d. M., 173 900 E. Kath. Bischofssitz; Univ. (gegr. 1974); Nahrungsmittelindustrie.

Ville ['vɪlə], schmaler, NW–SO gerichteter Höhenrücken im S der Niederrhein. Bucht, bis 177 m hoch.

Villefranche-de-Rouergue [frz. vilfrɑ̃ʃdə'rwɛrg], frz. Stadt am Aveyron, Dep. Aveyron, 12 700 E. Archäolog. und volkskundl. Museum; Gerberei-, Bekleidungs- und Konservenind. - 1252 gegr., Got. Kirche Notre-Dame (14./15. Jh.); spätgot., gut erhaltene Klosteranlage der Kartäuser (1451–59).

Villehardouin [frz. vilaar'dwɛ̃], frz. Adelsfam. aus der Champagne. Gottfried I. († um 1228) begründete die Herrschaft seiner Fam. im Kreuzfahrerstaat Achaia (Morea), die unter Wilhelm II. (1246–78) auf den Höhepunkt gelangte (Bau der Festung Mistra); 1318 endete die Herrschaft der Fam. unter dem Zugriff Neapels auf das Fürstentum. - Bed. Vertreter:

V., Geoffroi de, * Villehardouin (Aube) um 1150, † in Thrakien um 1213, Geschichtsschreiber. - Führte die Verhandlungen der Kreuzfahrer mit Venedig über einen Transportvertrag für den 4. Kreuzzug. Das Ergebnis des Kreuzzuges, die Eroberung von Konstantinopel (1204), schildert er in seinem bed. Werk „La conquête de Constantinople" (hg. 1938/39).

Villella, Edward [engl. vɪ'lɛlə], * New York 10. Jan. 1936, amerikan. Tänzer und Choreograph. - 1957 Mgl. des New York City Ballet, an dem er durch seine Virtuosität und brillante Technik bald zu den führenden Solisten gehörte.

Villeneuve-lès-Avignon [frz. vilnœvlezavi'ɲɔ̃], frz. Gem. gegenüber von Avignon, Dep. Gard, 9 300 E. Museum (mit der Marienkrönung des E. † Quarton). Chartreuse (Kartäuserkloster), gegr. 1356, mit 1358 geweihter Kirche (eine Seitenkapelle ist Grabstätte Papst Innozenz' VI.), Fort Saint André (1362 ff. Ausbau der Befestigungsanlage). - Für 982 ist ein Benediktinerkloster bezeugt.

Villiers de L'Isle-Adam, Philippe Auguste Graf von [frz. viljedlila'dã], * Saint-Brieuc 7. Nov. 1838, † Paris 18. Aug. 1889, frz. Dichter. - Spätromantiker; Vorläufer des Symbolismus. Verbindung zu S. Mallarmé und C. Baudelaire; beeinflußt auch von E. T. A. Hoffmann, R. Wagner, E. A. Poe, G. W. F. Hegel; als Erzähler Neigung zu Ironie und Satire, zum Übersinnl. und Geheimnisvollen, u. a. „Grausame Geschichten" (1883), „Die Eva der Zukunft" (R., 1886); verfaßte auch Lyrik und Theaterstücke.

Villikation [lat.] (Fronhofsverband), in der Forschung Bez. für grundherrschaftl. Verbände (vom Ende des 7. Jh. an) in Streulage, mit Zentrum in einem vom Grundherrn betriebenen Fronhof sowie eventuell Nebenhöfen und von Unfreien selbständig bewirtschafteten Bauerngütern.

Villingen-Schwenningen ['fɪlŋən], Krst. in Bad.-Württ., die Doppelstadt reicht vom O-Rand des Schwarzwaldes bis zur Nekkarquelle, 693–700 m ü. d. M., 76 400 E. Verwaltungssitz des Schwarzwald-Baar-Kr.; Museen, Theater; Zentrum der Uhrenind.; Metallwaren- und Elektroind., Schuh- und Kartonagenherstellung; Kneippkurort. - Das 895 erstmals erwähnte **Schwenningen** entstand aus einem Haufendorf und erhielt 1907 Stadtrecht. - Das 817 erstmals erwähnte **Villingen** erhielt 999 Markt-, Münz- und Zollrecht und wurde 1119 planmäßig als Stadt neu gegr. 1972 wurden beide Städte zur Stadt V.-S. vereinigt. - Beim Ortsteil Villingen liegt einer der mächtigsten Grabhügel Deutschlands, der **Magdalenenberg** (118 m Durchmesser, 8 m hoch), dessen im 6. Jh. v. Chr. gehörendes Zentralgrab 1890 ausgegraben wurde. 1970–1973 wurde der Hügel vollständig ausgegraben. - In *Villingen:* Reste der Stadtbefestigung (v. a. 15. und 16. Jh.) mit 3 Toren; roman.-got. Pfarrkirche Unsere Liebe Frau (sog. Münster; 12. Jh. ff.), barocke Kirche des ehem. Reichsstifts Sankt Georgen (1688 ff.); Altes Rathaus (1534), barockes Neues Rathaus (18. Jh.).

Villon [frz. vi'jɔ̃], François, eigtl. F. de Montcorbier oder F. des Loges, * Paris um 1431, † nach dem 5. Jan. 1463, frz. Dichter. - Gilt als erster großer frz. Lyriker im modernen Sinne. Aus bescheidenen Verhältnissen, gen. nach seinem Gönner, dem Kaplan Guillaume de V., der ihn an der Sorbonne studieren ließ; 1452 Magister artium; floh 1455 wegen eines an einem Priester im Streit verübten Totschlags aus Paris; in der Provinz Mgl. einer Diebesbande („La Coquille"); 1461 und

1462 erneut im Gefängnis; 1463 in Paris zum Galgen verurteilt, zu 10jähriger Verbannung aus Paris begnadigt, dann verschollen. Sein Werk ist Ausklang und zugleich Höhepunkt der ma. Dichtung in der traditionellen Balladenform; Hauptwerk ist das bekenntnishafte Gedicht „Le grand testament" (2023 Verse, entstanden 1461, gedruckt 1489; dt. 1907 u. d. T. „Das große Testament"), in dem neben derb-zyn. Witz tiefe Empfindung und erschütternde Aufrichtigkeit stehen.

📖 *Favier, J.: F. V.* Paris 1982. - *Dufournet, J.: Nouvelles recherches sur V.* Paris 1980. - *Pinkernell, G.: F. Villons Lais. Versuch einer Gesamtdeutung.* Hdbg. 1979. - *Brockmeier, P.: F. V.* Stg. 1977. - *Champion, P.: F. V., sa vie et son temps.* Paris ²1967. 2 Bde.

V., Jacques, eigtl. Gaston Duchamp, * Damville (Eure) 31. Juli 1875, † Puteaux bei Paris 9. Juni 1963, frz. Maler. - Bruder von M. Duchamp und R. Duchamp-V.; Mgl. der Künstlergruppe Section d'Or, die aus dem Kubismus eine Wirklichkeitsabbildung in einer rhythm.-linearen Ordnung ableitete.

Vilma ['vɪlma, ungar. 'vilmɔ], weibl. Vorname, ungar. Form von Wilhelmine.

Vilmar ['fɪlmaːr], August Friedrich Christian, * Solz (= Bebra) 21. Nov. 1800, † Marburg 30. Juli 1868, dt. ev. Theologe, Schriftsteller und Literarhistoriker. - Prof. in Marburg; reformierte das kurhess. Schulwesen; polit. und theolog. Führer eines restaurativen kirchl. Konservatismus.

V., Wilhelm, * Solz (= Bebra) 4. Juni 1804, † Melsungen 7. Dez. 1884, dt. ev. Theologe. - Bruder von August Friedrich Christian V.; 1830 Pfarrer in Rotenburg, 1851 Metropolitan in Melsungen, ab 1868 (mit Unterbrechungen) suspendiert; Führer der gegen die preuß. Unionsbestrebungen gebildeten konfessionell-luth. Bewegung von der „Hess. Renitenz", deren Anhänger sich weigerten, mit dem durch einen Erlaß des preuß. Kultusministers gebildeten Gesamtkonsistorium (1873) in Kurhessen-Waldeck Verbindung aufzunehmen; erst nach 1945 kehrte ein Teil der „renitenten" Gemeinden in die Landeskirche zurück, die anderen gehören zur Selbständigen ev.-luth. Kirche.

Vilmorin, Louise Levêque de [frz. vilmɔ'rɛ̃], * Verrières-le-Buisson bei Paris 4. April 1902, † ebd. 26. Dez. 1969, frz. Schriftstellerin. - Befreundet mit A. de Saint-Exupéry und A. Malraux; verfaßte v. a. psycholog. Liebesromane („Weh dem, der liebt", 1955) und Erzählungen („Madame de ...", 1951).

Vilsbiburg [fɪls'...], Stadt an der Großen Vils, Bay., 449 m ü. d. M., 9 500 E. Textilind., Metallverarbeitung. - Etwa zw. 990 und 1000 erstmals erwähnt; 1929 Stadt. - Spätgot. Pfarrkirche Mariä Himmelfahrt (1412-27, später erweitert), spätgot. Spitalkirche (15. Jh.).

Vilshofen [fɪls...], Stadt an der Mündung der Vils in die Donau, Bay., 307 m ü. d. M.,

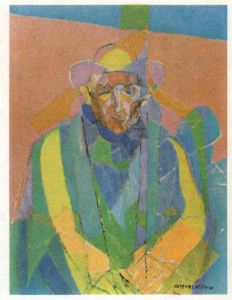

Jacques Villon, Selbstbildnis (undatiert). Privatbesitz

14900 E. Apparatebau, Kartonagenherstellung, Betonwerk, Brauerei. - Um 731 als **Filusa** erwähnt, Mitte des 13. Jh. zur Stadt erhoben. - Spätbarocke Pfarrkirche Sankt Johannes Baptist (1803 ff.) mit got. Resten des Vorgängerbaus, barocke Wallfahrtskirche Mariahilf (1691-94).

Viña del Mar [span. 'biɲa ðɛl 'mar], chilen. Stadt 5 km onö. von Valparaíso, 298 700 E. Meeresbiolog. Inst., Museum für Marinegeschichte, archäologisches Museum, Theater; dt. Schule; Seebad; Sommerpalast des chilen. Präs. - Entwickelte sich ab 1875 zum exklusiven Seebad.

Vinaigrette [frz. vinɛ'grɛt, eigtl. „kleiner Essig"], kalte Soße aus Essig, Öl und ggf. Gewürzen.

Viñas, David [span. 'biɲas], * Buenos Aires 1929, argentin. Schriftsteller. - Profiliertester Vertreter der modernen marxist. engagierten Literatur Argentiniens. Behandelt in Essays und Romanen die sozialen und ökonom. Strukturwandlungen seines Landes.

Vinca [lat.], svw. ↑Immergrün.

Vincaalkaloide, Sammelbez. für Alkaloide aus Immergrünarten, bes. Catharanthus roseus (Vinca rosea), die als Chemotherapeutika bei Krebserkrankungen verwendet werden; z. B. das *Vinblastin (Vincaleukoblastin)* und das *Vincristin (Leukocristin).*

Vinčakultur [serbokroat. 'vintʃa], nach dem jugoslaw. Dorf Vinča (= Belgrad; Fundort einer großen, mehrschichtigen Tellsiedlung) ben. neolith. Kulturgruppe (5. Jt. v. Chr., früher im 4. Jt. angesetzt), verbreitet u. a. in Serbien, W-Bulgarien, Siebenbürgen und im Banat. Die ältere V. (auch **Vinča-Turdaş-Kultur**) wird u. a. durch Keramik mit Streifen- bzw. Bandmustern und spiralähnl. Mustern sowie durch zahlr. Menschenfiguren, die jüngere V. (auch **Vinča-Pločnik-Kultur**) v. a. durch die ältesten Kupfergeräte dieses Raumes und durch schwarze polierte Keramik gekennzeichnet.

Vincennes [frz, vɛ̃'sɛn], frz. Stadt im östl. Vorortbereich von Paris, Dep. Val-de-Marne, 42900 E. Univ. (gegr. 1968), Museum der Kunst Afrikas und Ozeaniens, Zoo; Auspendler nach Paris. - 847 erstmals belegt; König Ludwig VII. (1137–80) baute dort ein Jagdhaus, Philipp II. August (1180–1223) ein Schloß. Die 1738 gegr. Porzellanmanufaktur wurde 1759 königl. (seit 1756 in Sèvres). - Schloß (14., 17. Jh.; heute z. T. kriegsgeschichtl. Museum).

Vincent de Paul [frz. vɛ̃sɑ̃'pɔl] ↑ Vinzenz von Paul, hl.

Vincent, Edgar [engl. 'vɪnsənt] ↑ D'Abernon, Edgar Vincent, Viscount.

Vincentius von Lerinum ↑ Vinzenz von Lérins.

Vinci [italien. 'vintʃi], Leonardo da, italien. Maler, Bildhauer, Baumeister, Zeichner und Naturforscher, ↑ Leonardo da Vinci.

V., Leonardo, * Strongolo (Prov. Catanzaro) oder Neapel zw. 1690 und 1696, † Neapel 27. oder 29. Mai 1730, italien. Komponist. - Ab 1725 Kapellmeister in Neapel; einer der ersten Vertreter der ↑ neapolitanischen Schule. Komponierte zahlr. Bühnenwerke, darunter Komödien in neapolitan. Dialekt und Opere serie, Oratorien und Kirchenmusik.

Vindeliker (lat. Vindelici), kelt. Volk im Alpenvorland; Hauptort vermutl. Manching; ihr Gebiet gehörte zur röm. Prov. Raetia et Vindelicia (Rätien).

Vindhya Range [engl. 'vɪndjə 'reɪndʒ], W–O verlaufender Höhenzug auf dem nördl. Dekhan, Indien, erstreckt sich über rd. 1 000 km, im W bis 881 m hoch, gilt als Grenze zw. N-Indien und der Halbinsel Indiens.

Vindobona ↑ Wien.

Vindonissa ↑ Windisch.

Vineta, ehem., der Sage nach vom Meer verschlungene Stadt an der Ostsee, deren Name auf falsche Lesung des in Quellen des 10. und 11. Jh. erwähnten Handelsplatzes Jumne oder Jumneta an der Odermündung zurückgeht, wahrscheinl. aber auf die Slawen- oder Wikingersiedlung Julin auf der Insel Wollin zu beziehen ist, wo Grabungen Reste einer Stadt des 11. Jh. zutage förderten, die nach Überlieferung im 12. Jh. zerstört wurde.

Vingboons, Philip [niederl. 'vɪŋboːns], * Amsterdam 1607 oder 1608, † ebd. 10. Febr. 1678, niederl. Baumeister. - Schuf den Typ des schmalen, tiefen Amsterdamer Kaufmannshauses.

Vinkovci [serbokroat. 'viːŋkɔːvtsi], jugoslaw. Stadt 30 km ssö. von Osijek, 29000 E. Museum mit röm. Ausgrabungen; größter Verschiebebahnhof des Landes; Holzverarbeitung, Nahrungsmittel- und Seidenind. - In der Antike **Cibalae**; im 2. Jh. n. Chr. Munizipium, im 3. Jh. Colonia. - Zahlr. prähistor., kelt. und röm. Funde sowie aus got.-gepid. und awar. Zeit.

Vinkulationsgeschäft [lat./dt.], Bevorschussung von Waren in Ex- und Importgeschäften, die per Bahn oder Lastzug transportiert werden. Für ihre Kreditgewährung an Ein- bzw. Ausfuhrländer verlangen Banken die Sicherungsübereignung der Waren.

vinkulierte Namensaktien [lat./dt.] (gebundene Aktien, vinkulierte Aktien), Namensaktien, deren Übertragung an die Zustimmung des nach der Satzung zuständigen Organs gebunden ist. Auf diese Weise soll erreicht werden, daß Aktien der Gesellschaft nur in solche Hände gelangen, die der Gesellschaft genehm sind.

Vinland ['viːn...], Abschnitt der nö. Küste Nordamerikas, an dem Leif Eriksson um 1000 landete; er erschien den Wikingern zur Besiedlung geeignet, nachdem sie auf ihrer Fahrt nur unwirtl. Küsten (**Helluland** [Steinland], wahrscheinl. das heutige Baffinland, sowie **Markland** [Waldland], wahrscheinl. die NO-Küste von Labrador) gefunden hatten.

Vintschgau ['fɪntʃ...], Tallandschaft der oberen Etsch in Südtirol, Italien, westl. von Meran.

Vinyl- [lat./griech.] (Äthenyl-), Bez. der chem. Nomenklatur, für die einwertige Gruppe $-CH=CH_2$.

Vinylalkohol (Äthenol), $CH_2=CHOH$; einfachster ungesättigter Alkohol; in freiem Zustand nicht beständig, nur in Form seiner Ester und Äther bekannt.

Vinylchlorid (Monochloräthen), $CH_2=CHCl$, farblose, gasförmige, sehr reaktionsfähige Substanz, die v. a. zur Herstellung des Kunststoffs ↑ Polyvinylchlorid (PVC) und zahlr. Mischpolymerisate verwendet wird. V. führt nach längerer Einwirkungsdauer zu erhebl. Gesundheitsschäden (v. a. Leberkrebs).

Vinylierung, die Umsetzung von Acetylen (Alkin) mit Substanzen, die ein abspaltbares Wasserstoffatom besitzen, das durch die Vinylgruppe ersetzt wird.

Vinylstyrole (Divinylbenzole), die drei stellungsisomeren Divinylderivate des Benzols; o- und m-Vinylstyrol sind farblose Flüssigkeiten, p-Vinylstyrol ist eine weiße kristalline Substanz. Die V. werden als Vernetzungsmittel von Polymerisaten verwendet.

Vinzent (Vincent) ['vɪntsɛnt], männl. Vorname, Nebenform von ↑ Vinzenz.

Vinzentia [vɪn'tsɛntsia], weibl. Vorname (zu ↑Vinzenz).

Vinzentiner ↑Lazaristen.

Vinzentinerinnen (Barmherzige Schwestern vom hl. Vinzenz von Paul, Töchter der christl. Liebe), Name der Mgl. der größten und (in über 10 Kongregationen) verbreitetsten religiös-laikalen Frauengenossenschaft der Welt mit sozial-karitativer Zielsetzung; die Ursprungskongregation wurde 1633 vom hl. Vinzenz von Paul und Louise de Marillac gegründet. Die V. legen nur für jeweils ein Jahr Gelübde ab und unterstehen dem Generalsuperior der Lazaristen. - 1979 über 50 000 Mgl. in über 5 000 Niederlassungen.

Vinzenz ['vɪntsɛnts], männl. Vorname (lat. Vincentius, eine Weiterbildung von vincens „siegend" zu vincere „siegen").

Vinzenz von Beauvais ['vɪntsɛnts, frz. bo'vɛ], *zw. 1184 und 1194, †Beauvais um 1264, frz. Pädagoge und Dominikaner. - Von König Ludwig IX. zum Leiter der Studien und zum erzieher. Berater für den königl. Hof der Abtei Royaumont ernannt; sein dreiteiliges „Speculum maius" (erstmals gedruckt 1474) ist die erste und umfassendste Enzyklopädie des MA, eine Zusammenfassung des scholast. Wissens und der damals bekannten Natur- und Weltgeschichte.

Vinzenz von Lérins ['vɪntsɛnts, frz. le'rɛ̃:s] (Vincentius von Lerinum), hl., †im Kloster Lerinum auf Saint-Honorat (Îles de Lérins) vor 450, Priestermönch. - Lebte im Kloster Lerinum; als altkirchl. Schriftsteller bekämpfte er die nestorian. Christologie und v.a. die Augustin. Gnaden- und Prädestinationslehre. - Fest: 24. Mai.

Vinzenz von Paul ['vɪntsɛnts] (Vincent de Paul), hl., *Pouy (= Saint-Vincent-de-Paul, bei Dax) 24. April 1581, †Paris 27. Sept. 1660, frz. kath. Theologe. - 1613 Hausgeistlicher und Lehrer beim General der königl. Galeeren; gründete 1617 eine „Confrérie des Dames de la Charité", eine Frauenvereinigung zur Betreuung armer Kranker, aus der später die ↑Vinzentinerinnen hervorgingen, und 1625 die ↑Lazaristen; erfolgreich in der Volksmission; unterrichtete ab 1633 zus. mit Louise de Marillac Mädchen vom Land im geistl. Leben und in der Krankenpflege; wurde unter dem Einfluß von Franz von Sales zum Erneuerer der Volksfrömmigkeit in Frankr. und zum Begründer der neuzeitl. Karitas. - Fest: 27. September.

Vinzenz Ferrer ['vɪntsɛnts, span. fɛ'rrɛr] (Vicente Ferrer), hl., *Valencia um 1350, †Vannes (Bretagne) 5. April 1419, span. kath. Bußprediger. - Dominikaner; 1377–85 Prior und Lehrer an der Kathedralschule von Valencia; wirkte als einer der bedeutendsten Bußprediger des MA in Spanien, Oberitalien, Südfrankr., in der Normandie sowie in der Bretagne. - Fest: 5. April.

Vinzenzkonferenzen (Vinzenzvereine) ['vɪntsɛnts], auf dem Gedankengut des Vinzenz von Paul basierende kath. Laiengruppen in Pfarreien, Schulen und Univ. mit der Aufgabe karitativer Arbeit; die erste V. wurde 1833 in Paris von A. F. ↑Ozanam gegründet; heute (1979) gibt es in über 100 Ländern etwa 32 000 V. mit über 400 000 Mitgliedern.

Vio, Jacobus de ↑Cajetan, Thomas.

Viola [vi'o:la], weibl. Vorname (zu lat. viola „Veilchen, Levkoje").

Viola [lat.], svw. ↑Veilchen.

Viola (Mrz. Violen) [altprovenzal.-italien.], 1. in den roman. Sprachen ma. Bez. für Streichinstrument; daraus abgeleitet Sammelname für die abendländ. Streichinstrumente, die seit dem 16. Jh. im wesentl. zwei nach der Spielhaltung unterschiedenen Familien angehören: die mit Kniehaltung gespielten Instrumente der Viola-da-gamba-Familie (kurz Gambenfamilie, ↑Viola da gamba) und die in Armhaltung gespielten Instrumente der Viola-da-braccio-Familie (kurz Violinfamilie, ↑Viola da braccio). Die V. sind den im 16. Jh. in Italien verbreiteten Liren (↑Lira) verwandt (Form des Korpus, Stimmung in Quinten). - 2. heute bezeichnet V. (Abk. Va) ohne Zusatz speziell das Altinstrument der Violinfamilie (gemeinsprachl. dt. Bratsche, in Frankreich seit Ende des 18. Jh. „alto"), wie die Violine viersaitig, in Quinten gestimmt (c g d¹ a¹), eine Quinte unter der Violine und eine Oktave über dem Violoncello stehend, mit einer Korpuslänge von 40–42,5 cm und einer Zargenhöhe von 3,8 cm. Anatom. bedingt (Armhaltung) ist der geringe Größenunterschied zur Violine und der große Abstand zum Violoncello. Die V. gelangte im 17. Jh. ins Orchester. Seit dem 18. Jh. wird sie auch als Soloinstrument eingesetzt.

Viola da braccio [italien. 'bratʃo „Armgeige"], Sammelname für die Streichinstrumente der Violinfamilie (Violine, Viola, Violoncello, Kontrabaß), speziell Bez. für das Altinstrument ↑Viola (dt. gemeinsprachl. Bratsche). Die V. da b. wird auf dem Arm gehalten und mit Obergriff-Bogenhaltung gespielt.

Viola da gamba [italien., eigtl. „Beingeige"] (Kniegeige, Gambe), im 16.–18. Jh. Bez. für die verbreitete Familie von Streichinstrumenten, die auf die Beine gestützt und mit untergriffiger Bogenhaltung gespielt werden. Die Normalform des Korpus hat abfallende Schultern (wie meist heute noch der Kontrabaß), hohe Zargen, Decke und Boden ohne Randüberstand, flachen, zum Hals hin abgeschrägten Boden und meist C-förmige Schallöcher. Die 6 Darmsaiten sind in Quarten mit einer Terz in der Mitte gestimmt, das Griffbrett trägt 7 Bünde im Abstand von chromat. Halbtönen. Speziell bezeichnet V. da g. (bzw. auch Gambe) das Instrument in Tenor-Baß-Lage mit der Stimmung D G c e a d¹. Ferner gab es die V. da g. in Diskant-, Alt- und Tenorlage. Die V. da g. war im 16./17. Jh.

Viola d'amore

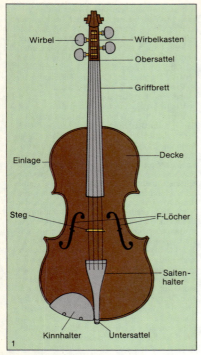

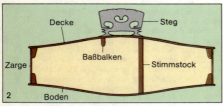

Violine. 1 Bauform, 2 Querschnitt

das wichtigste Streichinstrument der Ensemblemusik und wurde bis ins 18. Jh. (u. a. J. S. Bach) auch solistisch verwendet.

Viola d'amore [italien. da'more „Liebesgeige"], im Barock beliebtes Altinstrument der Viola-da-gamba-Familie von etwa gleicher Größe wie die Viola, mit 5–7 Griffsaiten (mit variabler Stimmung) und 7–14 unter dem Griffbrett verlaufenden, metallenen Resonanzsaiten. Das Instrument ist bundlos und wird in Armhaltung gespielt.

Viole [lat.] (Nelke, Veilchendrüse), die nahe der Schwanzwurzel auf dem Rücken des Schwanzes befindl. Duftdrüse des Rotfuchses, die (bes. stark in der Ranzzeit) ein nach Veilchen duftendes Sekret abscheidet.

violento [italien.], musikal. Vortragsbez.: heftig, gewaltsam, stürmisch.

Violett [lat.-frz.], allg. Name für den Farbenbereich zw. Blau und Rot, insbes. für eine gleichteilige Mischung aus Rot und Blau. Ein aufgehelltes V. ist das Lila; das V.rot wird auch als Purpurrot bezeichnet.

Violettverschiebung (Blauverschiebung), die durch Doppler-Effekt bewirkte Verschiebung von Spektrallinien nach kürzeren Wellenlängen (im sichtbaren Spektralbereich also nach Violett hin) bei Sternen, die sich auf uns zu bewegen.

Violine [italien.] (italien. violino, frz. violon, engl. violin, dt. gemeinsprachl. ↑Geige), Abk. V.; Diskantinstrument der modernen Streichinstrumentenfamilie vom Viola-da-braccio-Typus. Die Form der V., die Elemente der ma. Fidel, des Rebec und der Lira in sich vereinigt, stand spätestens um 1560 fest. Ihre grundsätzl. Konstruktion hat sich seit dem 17. Jh. bis auf einige Maßnahmen zur Vergrößerung des Klangvolumens nicht verändert. Die V. besteht aus einem in der Mitte eingezogenen Resonanzkörper (Korpus), dem angesetzten Hals mit bündelosem Griffbrett (Ebenholz) und dem in die Schnecke auslaufenden Wirbelkasten mit den seitl. Stimmwirbeln. Das Korpus besteht aus zwei leichtgewölbten Platten, der Decke mit zwei f-förmigen Schallöchern aus bes. Fichtenholz und dem Boden aus Ahornholz sowie den Zargen (ebenfalls Ahorn). Das Holz ist nach dem Spiegel geschnitten, die Wölbungen werden aus dem vollen Holz gehobelt. Aus Symmetriegründen ist die Decke fast immer, meist auch der Boden hälftig aus zwei Teilen in Längsrichtung verleimt. Wölbung und seitl. Randüberstand von Decke und Boden erhöhen die Druckfestigkeit des Korpus. Der Lack beeinflußt die klangl. Eigenschaften und schützt das Instrument vor Feuchtigkeit. Die vier in Quinten gestimmten Saiten ($g\,d^1\,a^1\,e^2$) aus Darm oder heute häufiger auch aus Stahl oder mit metallumsponnenem Kunststoff laufen von den Wirbeln über den Sattel und den zweifüßigen Steg aus Hartholz zum beweglich an der Zarge befestigten Saitenhalter. Akust. und stat. Funktion haben Stimmstock und Baßbalken. Der Stimmstock, ein 3 bis 5 mm dickes Holzstäbchen, wird in der Nähe des Diskantstegfußes zw. Boden und Decke gestellt. Dadurch wird ein Einsinken der Decke unmittelbar beim Steg verhindert. Der unterhalb der tiefsten Saite leicht schräg verlaufende Baßbalken erhöht die Tragfähigkeit und Spannung der Decke. Die Tonerzeugung erfogt durch Streichen der Saiten mit einem in Obergriffhaltung geführten Bogen. Seltener werden die Saiten auch gezupft (pizzicato). Der **Geigenbau** hat vom 16.–18. Jh. einige berühmte Schulen hervorgebracht, so die Schule von Brescia (Gasparo da Salò [*1540, †1609]), Cremona (A. Amati, A. Stradivari, G. A. Guarneri) und die Tiroler (J. Stainer) und Mittenwalder Schule (M. Klotz); ihre Instrumente wurden später vielfach kopiert. - Abb. auch Bd. 21, S. 152.

☐ *Kolneder, W.: Das Buch der V.* Zürich ³*1984.* - *Möckel, O./Winckel, F.: Die Kunst des Geigenbaues.* Hamb. ⁵*1979.*

Violinmusik, als früheste gedruckte V. gelten die fünfstimmigen Streichersätze des Pariser „Balet comique de la Royne" (1582). 1610 erschien die erste Violinsonate (G. P. Cima [* um 1570]); eine spezif. Violintechnik entwickelte sich in der begleiteten Solo- und der Triosonate. Den ersten kompositor. und spieltechn. Höhepunkt bildeten A. Corellis 12 Violinsonaten op. 5 (1700), die für viele italien. und dt. Komponisten beispielgebend waren. Aus dem Concerto mit solist. Violine erwuchs das epochemachende, von Vivaldi (op. 3, erschienen 1711) ausgeprägte Violinkonzert; in der Nachfolge Vivaldis stehen u. a. die Konzerte J. S. Bachs. In Frankr. lebte das Violinspiel durch das Wirken J.-B. Lullys auf. Weitgehend in der italien. Tradition stand die frz. V. des 18. Jh.; neben der begleiteten Solosonate und der Triosonate wurde hier die virtuose Caprice für Violine solo gepflegt. Seit der 2. Hälfte des 17. Jh. widmeten sich dt. Komponisten der virtuosen, durch reiches Doppelgriff- und Akkordspiel gekennzeichneten Solosonate ohne Baßbegleitung, die in J. S. Bachs sechs Sonaten und Partiten (1720, darin die berühmte Chaconne) gipfelt. In Paris und London schufen J. Schobert, J. Christian Bach und der junge Mozart Klaviersonaten mit begleitender Violine, aus denen sich die klass. Violinsonate mit vollgültigem Violinpart entwickelte. Seit dem frühen 19. Jh. schrieben auch Komponisten, die keine Geiger waren, Violinkonzerte, so Beethoven, F. Mendelssohn Bartholdy, J. Brahms, M. Bruch, P. I. Tschaikowski und A. Dvořák. Wichtige Beiträge zur konzertanten V. leisteten im 20. Jh. J. Sibelius, A. Schönberg, B. Bartók, I. Strawinski, A. Berg, S. S. Prokofiew und P. Hindemith; Bartók und Hindemith hinterließen auch Werke für Violine solo.

☐ *Apel, W.: Die italien. V. im 17. Jh.* Wsb. 1983. - *Beckmann, G.: Die frz. Violinsonate mit Basso continuo v. Jean-Marie Leclair bis Pierre Gaviniès.* Hamb. 1975.

Violino piccolo [italien. „kleine Violine"], kleine Violine von unterschiedl. Größe; auch kleine Tanzmeistergeige in Violinform († Pochette). Im 17./18. Jh. ist die Stimmung um eine Terz oder Quart höher als die der Violine (Terzgeige, Quartgeige).

Violinschlüssel, der † G-Schlüssel, früher auch auf der ersten, heute auf der zweiten Notenlinie.

Viollet-le-Duc, Eugène Emmanuel [frz. vjɔlɛl'dyk], * Paris 27. Jan. 1814, † Lausanne

Eugène Emmanuel Viollet-le-Duc, Entwurf für ein Gewölbe mit Eisenkonstruktion aus „Entretiens sur l'architecture" (um 1865)

17. Sept. 1879, frz. Baumeister und Architekturhistoriker. - Bed. sein zehnbändiges „Dictionnaire raisonné de l'architecture française du XIe au XVIe siécle" (1854–68) und andere Schriften. Restaurierungsaufgaben seit 1840, u. a. Sainte-Chapelle in Paris, Saint-Madeleine von Vézelay, Notre-Dame in Poissy, Saint-Nazaire sowie die Festungsbauten in Carcassonne, Notre-Dame in Paris (1845).

Violon [frz. vjɔ'lõ], 1. frz. Bez. für † Violine; 2. im 18. Jh. in Deutschland auch Bez. für den † Kontrabaß († Violone).

Violoncello [...'tʃɛlo; italien.] (dt. Kurzform Cello), Abk. Vc.; das Tenor-Baß-Instrument der Violinfamilie († Viola da braccio) mit der Stimmung C G d a, das wegen seiner Größe zw. den Knien gehalten wird (der Gebrauch des Stachels wurde erst um 1860 üblich). Neben dem V. gab es im 16./17. Jh. ein weiteres Baßinstrument der Viola-da-braccio-Familie mit etwas größerem Korpus und der Stimmung $_1$B F c g. Die klass. Mensur des V. fand A. Stradivari um 1710 mit 75–65 cm Korpuslänge und 11,5 cm Zargenhöhe. Eine Sonderform des V. im 18. Jh. war das *V. piccolo*, ein von J. S. Bach verwendetes fünfsaitiges V. mit nur 8 cm Zargenhöhe und der Stimmung C G d a e^1.

Violone

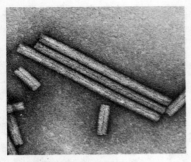
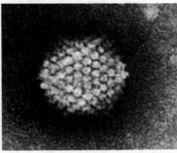

Viren. Von oben: Tabakmosaikviren (150 000fache Vergrößerung); Adenovirion (350 000fache Vergrößerung); Influenzavirus (220 000fache Vergrößerung)

Violone [italien.], im 16. und 17. Jh. Bez. für die Baßinstrumente der Violinfamilie (↑ Violoncello) oder auch der Viola-da-gamba-Familie. Seit dem 18. Jh. allg. Bez. für die in ihrer Stimmung unter dem normalen Baßinstrument liegenden, großen Instrumente (Contrabasso da viola, Kontrabaß).

Vionville [frz. vjõ'vil], frz. Gem. westl. von Metz, Dep. Moselle, 151 E. - Bei *V.* und *Mars-la-Tour* (Dep. Meurthe-et-Moselle, 807 E) wurde am 16. Aug. 1870 eine der den Dt.-Frz. Krieg 1870/71 entscheidenden Schlachten geschlagen, die mit einem dt. Sieg endete.

Viotti, Giovanni Battista, *Fontanetto Po (Prov. Vercelli) 12. Mai 1755, † London 3. März 1824, italien. Violinist und Komponist. - Bereiste ab 1780 als Violinvirtuose Europa. 1788–92 Theaterleiter in Paris, 1819–22 Direktor der dortigen Grand Opéra. Schrieb u. a. 29 Violinkonzerte.

VIP [vɪp, viar'pi; Kw. für engl. very important person], wichtige Persönlichkeit [mit bes. Privilegien].

Viper [lat.], gemeinsprachl. Kurzbez. für die ↑ Aspisviper; auch Bez. für andere Giftschlangenarten (↑ Vipern).

Viperfische (Chauliodontidae), Fam. tiefseebewohnender Knochenfische (Unterordnung Großmäuler) mit wenigen, bis etwa 25 cm langen Arten; langgestreckt, an den Körperseiten Leuchtorgane; Mundspalte weit, mit sehr langen Zähnen.

Vipern [lat.] (Ottern, Viperidae), Fam. meist gedrungener, kurzschwänziger, 30 cm bis 1,8 m langer Giftschlangen (Gruppe Röhrenzähner) mit rd. 60 Arten in Afrika und in wärmeren Regionen Eurasiens; durch bestimmte Drohreaktionen (S-förmig angehobener Hals, lautes Zischen, schnelles Vorstoßen des Kopfes) und typ. Beuteerwerbsverhalten gekennzeichnete Reptilien mit breitem, dreieckförmigem, deutl. vom Hals abgesetztem Kopf, meist senkrecht-ellipt. Pupille. Mit Ausnahme weniger primitiver, eierlegender Arten ist die Mehrzahl der V. lebendgebärend (ovovivipar). - Zu den V. gehören u. a. ↑ Aspisviper, ↑ Sandotter, ↑ Wiesenotter, ↑ Hornvipern, ↑ Puffotter und die etwa 1,6 m lange **Kettenviper** (Vipera russellii) in S-Asien; mit drei Reihen großer, rotbrauner, schwarz gesäumter Ringflecke auf hellbraunem Grund.

Vipernatter (Natrix maura), bis knapp 1 m lange Natter, v. a. in und an Süßgewässern SW-Europas und NW-Afrikas; Oberseite meist grau- bis rötlichbraun mit dunklen Fleckenreihen und an den Körperseiten mit je einer Reihe dunkler, weißl. gekernter Augenflecke; Bauchseite gelbl., rötl. oder grünl., mit verwaschener dunkler Fleckung; frißt v. a. Fische und Frösche.

Vipiteno ↑ Sterzing.

Viracocha [span. vira'kotʃa] (Huiracocha), Schöpfergott und Kulturheros im andinen Hochland, als solcher auch von den Inka verehrt.

Viraginität [lat.], patholog. männl. Sexualempfinden der Frau.

Virago [lat.], Frau mit den Symptomen der Viraginität.

virale RNS [lat.] (Virus-RNS), die die genet. Information enthaltende ein- oder doppelsträngige RNS der ↑ RNS-Viren.

Virämie [lat./griech.], das Vorkommen von Viren im Blut (nach Virusinfektion).

Virchow, Rudolf ['vɪrço], * Schivelbein bei Belgard (Persante) 13. Okt. 1821, † Berlin 5. Sept. 1902, dt. Mediziner und Politiker. - Prof. in Würzburg und ab 1856 in Berlin, wo er das neuerrichtete patholog. Inst. leitete; grundlegende Untersuchungen v. a. zur patholog. Anatomie (u. a. Geschwulstforschung, Entzündungslehre). Begründete die ↑ Zellularpathologie, stand deshalb der aufkommenden Bakteriologie (R. Koch u. a.) zunächst skept. gegenüber; Vorkämpfer der Hygiene (Desinfektion, Kanalisation u. a.); auch Arbeiten zur Anthropologie und Vorgeschichte. Er gab 1854–76 das sechsbändige „Handbuch der speziellen Pathologie und Therapie" sowie ab 1847 das „Archiv für Patholog. Anatomie und Physiologie und Klin. Medizin" (seit 1902 „V. Archiv") mit heraus. - Unterbreitete schon 1848 Vorschläge zu einschneidenden sozialpolit. Reformen; Mitbegr. der Dt. Fortschrittspartei (1861); seit 1862 Mgl. des preuß. Abg.hauses; Gegner Bismarcks im preuß. Verfassungskonflikt; prägte als liberaler Gegner der Kirche Anfang der 1870er Jahre die Bez. Kulturkampf; 1880–93 MdR (ab 1884 für die Dt. Freisinnige Partei).

Virdung, Sebastian ['fɪrdʊŋ], * Amberg um 1465 (vermutl. 19. oder 20. Jan.), dt. Sänger und Komponist. - Spätestens ab 1483 (bis 1505) Mgl. der Heidelberger Hofkantorei, 1507/08 am Dom in Konstanz. Seine 1511 in Basel veröffentlichte „Musica getutscht" ist eine wichtige Quelle für den Instrumentenbau und die Instrumentalmusik der Zeit.

Virelai [frz. vir'lɛ] (Chanson baladée), frz. Liedform des 13. bis 15. Jh., ein Tanzlied mit Refrain. Das V. beginnt mit einem vierzeiligen, später auch nur einzeiligen Refrain; es folgt eine dreiteilige Strophe, deren 3. Teil dem Refrain formal und musikalisch entspricht. Meist folgen zwei weitere Strophen dieser Art. Vers- und Reimformen sind frei. Ein V. aus nur einer Strophe wird als „Bergerette" bezeichnet. Das V. begegnet einstimmig oder im Kantilenensatz.

Viren (Einz. Virus) [zu lat. virus „Schleim, Saft, Gift"], urspr. allg. Bez. für Krankheitserreger, seit etwa 1900 nur noch Bez. für [krankheitserregende] Partikel, die bakteriendichte Filter passieren und deren Größe zw. 10 und 300 nm liegt. V. sind in Proteinhüllen verpackte Stücke genet. Materials, die den biochem. Apparat geeigneter Wirtszellen auf Produktion neuer V. derselben Art umprogrammieren können. V. haben keinen eigenen Stoffwechsel; sie sind für ihre Vermehrung ganz auf chem. Bausteine, Energie und Enzyme lebender Zellen angewiesen und daher nicht als primitive Organismen, sondern eher als „außer Kontrolle geratene Gene" aufzufassen. Die Grenze zw. V. und zellulärem genet. Material ist fließend: Manche V. können über lange Zeit frei oder ins Genom einer Wirtszelle integriert existieren und dabei symptomlos oder unter Transformation der Zelle im Rhythmus der Zellteilung mitvermehrt werden. Auch kennt man nackte (d. h. von keiner Proteinhülle umgebene) infektiöse Nukleinsäuren *(Viroide).* V. bestehen im wesentl. aus Nukleinsäuren und Protein. Jedes Virus enthält nur eine Art von Nukleinsäuren, entweder doppel- oder einsträngige DNS bzw. RNS. Isolierte virale Nukleinsäure ist in vielen Fällen infektiös, da die Virusvermehrung oft nur durch spezielle im Viruspartikel mitgebrachte Enzyme eingeleitet werden kann. Die meisten V. sind entweder stäbchenförmig oder annähernd kugelig. Bei allen ist die Nukleinsäure von einer Proteinhülle, dem ↑ Kapsid, umgeben. Bei der Infektion wird entweder nur die Nukleinsäure (z. B. bei Bakteriophagen) oder (meistens) das intakte Viruspartikel *(Virion)* in die Zelle, in der dann die Nukleinsäure freigegeben wird. Während der folgenden Periode der Eklipse (während dieser Zeit werden in der Zelle neue Viren produziert) läßt sich kein infektiöses Virus mehr nachweisen: dieses ist in seine Teile zerfallen. Die in die Zelle gelangte virale Nukleinsäure dirigiert den Zellstoffwechsel so um, daß v. a. Virusbausteine synthetisiert werden. Die Syntheseorte sind nicht immer mit den Sammelstellen ident., wo sich die Bausteine zuletzt zu neuen Virionen zusammenlagern. Diese sind in der Zelle oft nach Anfärben erkennbar und von diagnost. Wert (Negri-Körperchen bei Tollwut, Guarnieri-Körperchen bei Pocken). Die Virionen werden entweder durch Zellyse frei oder treten unter Knospung durch die Zellmembran. Man kennt heute rd. 1 500 V.; sie werden mit Trivialnamen bezeichnet, die auf Wirt, Krankheitssymptome und Vorkommen anspielen (z. B. Afrikan. Schweinefiebervirus), doch wird eine Nomenklatur mit latinisierten Gattungsnamen und Kurzbezeichnungen für die einzelnen Typen angestrebt (Orthopoxvirus b-1 für Kuhpockenvirus). - Die sog. *großen V.* (↑ Chlamydien) und die ↑ Rickettsien sind entgegen früherer Ansicht echte Bakterien. - V. können bei fast allen Lebewesen auftreten. Manche V. haben ein enges Wirtsspektrum (das menschl. Pockenvirus befällt nur den Menschen), andere besiedeln sehr viele Arten. - Eine Virusvermehrung gelingt nur in lebenden Wirtsorganismen oder Zellkulturen. - V. werden durch Hitze, Desinfektionsmittel, oft auch durch organ. Lösungsmittel zerstört.

Geschichte: Die V. wurden erst um die Jh.wende als Krankheitserreger bes. Art erkannt. Der Aufbau der V. und die Vorgänge bei ihrer Vermehrung wurden erst ab 1930 allmähl. aufgeklärt, wobei als Modellsysteme das Tabakmosaikvirus und die Bakteriophagen eine entscheidende Rolle spielten.

📖 *Horzinek, M.:* Kompendium der allgemeinen

Virga

Virologie. Hamb. u. Bln. ²*1985. - Antiviral chemotherapy, interferons and vaccines. Hg. v. D. O. White. Germering 1984. - Wedemeyer, F. W.: Viruserkrankungen. Leitf. f. Kinderärzte, Allgemeinärzte u. Internisten. Köln 1984. - Koch, William F.: Das Überleben bei Krebs- u. Viruskrankheiten. Dt. Übers. Hdbg.* ²*1981. - Grafe, A.: V. Parasiten unseres Lebensraumes. Bln. u. a. 1977.*

Virga [lat.], ma. Notenzeichen († Neumen).

Virgel ['vɪrgəl; zu lat. virgula „kleiner Zweig, Strich"], Schrägstrich zw. zwei Wörtern, z. B. in *Halle/Saale, und/oder;* Vorläufer des Kommas.

Virgil, männl. Vorname (Kurzform von lat. Virgilius, eines altröm. Geschlechternamens).

Virgil (Vergil), hl., † Salzburg 27. Nov. 784, Bischof. - Kam als Wandermönch aus Irland, 745 Bischof und Abt in Salzburg sowie Missionar in Kärnten. Aus kirchenrechtl. Gründen und wegen abweichender Ansichten (Kugelgestalt der Erde, Antipoden) wurde V. von Bonifatius angegriffen. - Fest: 27. November.

Virginal, mittelhochdt. Heldenepos aus der Mitte des 13. Jh.; im Mittelpunkt zahlr. Abenteuer von Zwergen, Riesen und Drachen steht die Befreiung der Zwergenkönigin V. durch Dietrich von Bern und dessen Waffenmeister Hildebrand.

Virginal [zu lat. virga „Stab"], Kleinform der † Kielinstrumente, im heutigen Sprachgebrauch die im Ggs. zum † Spinett rechteckige Form.

Virginalisten [lat.-engl.], Bez. für die engl. Komponisten der elisabethan. Zeit, die v. a. mit Werken für † Virginal hervortraten, v. a. W. Byrd, T. Morley, J. Bull, G. und R. Farnaby und O. Gibbons.

Virginia, weibl. Vorname (zu lat. Verginia, eigtl. „die aus dem Geschlecht der Verginier").

Virginia [vɪr'dʒiːnia; engl. və'dʒɪnjə], Bundesstaat im O der USA, an der Atlantikküste, 105 586 km², 5,55 Mill. E (1984), Hauptstadt Richmond.
Landesnatur: Auf die durch marin überflutete Flußmündungen, zahlr. Inseln und Halbinseln gegliederte Küste folgt die z. T. versumpfte Küstenebene. Von ihr ist das Piedmont Plateau durch einen Anstieg auf 300–450 m ü. d. M. deutl. abgegrenzt (Fall Line). Im W hat V. Anteil an den Appalachen. Höchste Erhebung ist mit 1 745 m der Mount Rogers im SW des Bundesstaats. - Das Klima ist mild und ausgeglichen. Die Niederschläge steigen von O nach W von 1 000 auf 1 400 mm/Jahr an. - In der Küstenebene und dem Piedmont Plateau wurden die urspr. Wälder stark gerodet. Die Bergzüge sind noch weitgehend bewaldet.
Bevölkerung, Wirtschaft, Verkehr: Neben den E europ. Abstammung sind rd. 19% der Bev. Nachkommen schwarzafrikan. Sklaven. 66% der E leben in Städten. Die wichtigsten kirchl. Gemeinschaften sind die Baptisten, Methodisten, Episkopalisten und Presbyterianer. V. verfügt neben mehreren Colleges über 11 Univ. - Hauptanbauprodukte der Landw. sind Tabak, Mais, Weizen, Hafer, Bataten, Erdnüsse und Baumwolle. An Vieh werden v. a. Rinder, Schweine und Schafe gehalten. Bed. Küstenfischerei und Austernzucht. Bergbau auf Kohle, ferner Blei- und Zink- sowie Titanerze. Innerhalb der eisenverarbeitenden Ind. nimmt der Schiffbau die 1. Stelle ein, gefolgt von der tabakverarbeitenden Ind., bes. südl. von Richmond. Der Fremdenverkehr konzentriert sich auf die Küste und die Nationalparks in den Appalachen. - Das Eisenbahnnetz hat eine Länge von rd. 5 900 km, das Straßennetz von 99 200 km. Die Flüsse sind von der Küste bis zur Fall Line schiffbar.
Geschichte: Die Küsten wurden Ende des 15. Jh. in engl. Auftrag erkundet; den ersten Ansiedlungsversuch unternahm Sir Walter Raleigh auf Roanoke Island. 1606 gründete die engl. Reg. die Virginia Company; 2 Tochtergesellschaften sollten jeweils den nördl. und südl. Teil des der Muttergesellschaft zugesprochenen Landes besiedeln. 1607 wurde die Siedlung Jamestown gegr.; 1619 entsandte jede der (inzwischen) 11 Siedlungen in V. 2 Repräsentanten in die erste Legislativversammlung im engl. N-Amerika. 1624 wurde V. direkt der Krone unterstellt. Die Weigerung des Gouverneurs, die kleinen, wirtsch. schwachen Farmer des W gegen die andauernden Angriffe der Indianer zu schützen, führte 1676 zu deren Rebellion, die mit der Ablösung des Gouverneurs endete. Die polit. Kontrolle blieb in den nächsten 100 Jahren in den Händen der großen Pflanzer. In den 1760er Jahren übernahm V. zus. mit Massachusetts die führende Rolle im Widerstand gegen die Kolonialpolitik des brit. Parlaments. Im Unabhängigkeitskrieg und in den ersten Jahrzehnten danach spielten polit. und militär. Führer aus V. eine führende Rolle. Beim Ausbruch des Sezessionskrieges (1861–65) folgte die Bev. des sklavenlosen W von V. der Reg. nicht beim Abfall von der Union zur Konföderation; 1863 bildete sich dort der neue, zur Union gehörende Staat West Virginia. Wegen seiner führenden polit., militär. und wirtsch. Stellung innerhalb der Konföderation war V. eines der Hauptschlachtfelder des Krieges. 1870 wurde V. nach Ausarbeitung einer neuen Verfassung wieder in die Union aufgenommen.

📖 *Rubin, L. D., jr.: V. A history.* New York 1977. - *Bodine, A. A.: Face of V.* Baltimore (Md.) ²1971.

Virginia Bill of Rights [engl. və'dʒɪnjə 'bɪl əv 'raɪts] (Virginia Declaration of Rights), am 12. Juni 1776 vom Konvent von Virginia angenommene Menschenrechtserklärung; sie diente T. Jefferson als Vorbild für die ersten Sätze der Declaration of Independence und war eine der Grundlagen der amerikan. Bill of Rights.

Virginiahirsch [vɪrˈdʒiːnia] ↑ Neuwelthirsche.

Virginiawachtel [vɪrˈdʒiːnia] (Colinus virginianus), über 20 cm langer, mit Ausnahme eines breiten, weißen Überaugenstreifs und der weißen Kehle vorwiegend brauner Hühnervogel in den USA, in Mexiko und Kuba.

Virginiazigarre (Virginia) [vɪrˈdʒiːnia], lange, dünne, aus kräftigem Kentucky- oder Virgin. Tabak hergestellte Zigarre mit einem Mundstück aus Stroh.

Virgin Islands of the United States [engl. ˈvəːdʒɪn ˈaɪləndz əv θə juˈnaɪtɪd ˈsteɪts] ↑ Jungferninseln.

Virgo [lat. „Jungfrau"] ↑ Sternbilder (Übersicht).

viril [lat.], 1. männlich, mannhaft; das männliche Geschlecht betreffend. 2. charakterist. männl. Züge oder Eigenschaften aufweisend; vermännlicht (speziell von Frauen, aber auch von Knaben gesagt).

Virilisierung [lat.] (Maskulinisierung), die der ↑ Feminierung entsprechende, auf ♀ Lebewesen bezogene, hormonell bedingte *Vermännlichung*; beim Menschen ↑ Virilismus.

Virilismus [lat.], (Vermännlichung, Maskulinismus) auf die Wirkung von Androgenen zurückführbares starkes Hervortreten der „männlichen" Eigenschaften beim weibl. Geschlecht; im biolog. Bereich bes. die Ausprägung männl. sekundärer Geschlechtsmerkmale; im psych. Bereich die Orientierung am „männlichen" Denken, Fühlen und Handeln.
◆ (Pubertas praecox) vorzeitige Geschlechtsreife bei Knaben.

Virilstimme, Recht eines einzelnen, bei Abstimmungen in verfassungsrechtl. Kollegien eine eigene Stimme zu führen (Ggs. ↑ Kuriatstimme). Im Plenum der Bundesversammlung der Dt. Bundes kam jedem Mgl. eine V., den Fürsten der größeren Staaten aber mehrere zu.

Virion [lat.], Bez. für ein einzelnes reifes Viruspartikel.

Virizide [lat.] ↑ Virosen.

Viroide [lat./griech.] ↑ Viren.

Virolainen, Johannes, * Viipuri (= Wyborg) 31. Jan. 1914, finn. Politiker (Agrarunion bzw. Zentrumspartei). - 1965–80 Parteivors.; 1950–70 verschiedentl. Min. (u. a. 1950–51 stellv. Innen-, 1954–56, 1957, 1958 Außen-, 1961–63 Landw.min.); 1964–66 Staatsmin. (Min.präs.), 1966–69 und 1979 bis 1983 Reichstagspräs., 1972–75 Finanzmin.; 1976–79 Landw.minister.

Virologie [lat./griech.], die Wiss. und Lehre von den Viren.

Virosen [lat.] (Viruskrankheiten), durch Viren verursachte infektiöse Erkrankungen bei allen Organismen. Beim Menschen († Viruserkrankungen) rufen Viren u. a. Gehirnhautentzündung, Viruspneumonie, Gelbfieber, Grippe, Gürtelrose, Windpocken, Kinderlähmung, Masern, Pocken, Röteln, Schnupfen und Leberentzündung hervor, bei Haus- und Wildtieren u. a. Maul- und Klauenseuche, Tollwut, Pockenseuche, Rinderleukose, Rinderpest, Visna, Schweinepest, Staupe. Bei Pflanzen sind V. am häufigsten Störungen der Blattgrünbildung (Marmorierung, Gelbfärbung) sowie Blattmißbildungen (Blattspreiten gekräuselt, verschmälert, unsymmetr., gelappt oder mit pustelförmigen Auswüchsen); ferner treten Stauchungen, Besenwuchs und Verkrüppelung oder Rauhschaligkeit von Früchten auf. Häufig sind Mischinfektionen. - Die medikamentöse Therapie der V. steckt noch in den Anfängen. Virushemmende Mittel (*Virostatika*) und Viren abtötende Mittel (*Virizide*) befinden sich in Entwicklung. Mensch und Tier können oft durch vorbeugende Impfung mit abgeschwächten (attenuierten) Viren geschützt werden. Neuerdings wird auch der Einsatz zelleigener Abwehrstoffe, der ↑ Interferone, versucht.

Virostatika [lat./griech.] ↑ Virosen.

Virta ↑ Wirta.

Virtanen, Artturi Ilmari, * Helsinki 15. Jan. 1895, † ebd. 11. Nov. 1973, finn. Biochemiker. - Prof. in Helsinki; Untersuchungen auf dem Gebiet der Agrikultur- und Nahrungsmittelchemie; erhielt 1945 den Nobelpreis für Chemie.

Virtualismus [lat.], philosoph. Position, nach der die Wirklichkeit nur aus dem Wirken von Kräften (und Gegenkräften) erkannt werden kann.

virtuell [lat.], der Kraft oder Möglichkeit nach vorhanden; anlagemäßig.

virtuelle Prozesse, Vorgänge in mikrophysikal. Systemen, bei denen für äußerst kurze Zeiten unter vorübergehender Verletzung des Energiesatzes Elementarteilchen (bzw. Feldquanten) entstehen und wieder verschwinden; sie werden als *virtuelle Teilchen* bezeichnet und sind unbeobachtbar, aber an ihren physikal. Auswirkungen feststellbar.

virtueller Zustand (Zwischenzustand), quantenmechan. Zustand eines mikrophysikal. Systems während eines ↑ virtuellen Prozesses.

virtuelles Bild ↑ Abbildung.

virtuos [lat.-italien.], meisterhaft, [techn.] vollendet.

Virtuose [lat.-italien.], im 16./17. Jh. in Italien Bez. für einen bed. Künstler oder Gelehrten, im frühen 18. Jh. in Deutschland Bez. für einen bed. Musiker; seit etwa 1740 mit weiterer Bedeutungsverengung nur noch Bez. für einen qualifizierten ausübenden Musiker, bes. für den Solisten.

Virtus, bei den Römern Begriff und vergöttlichte Personifikation der „Mannhaftigkeit", d. h. der krieger. Tüchtigkeit.

virulent [lat.], krankmachend, schädlich, aktiv; von Krankheitserregern im Organismus gesagt.

Virungavulkane, Vulkankette im Zentralafrikan. Graben, nördl. und nö. des Kiwusees, in Rwanda (hier: Birunga), Zaïre und Uganda, bis 4 507 m ü. d. M.

Virunum, röm. Stadt der Prov. Noricum, auf dem Zollfeld (Kärnten, Österreich). Um 45 n. Chr. als Munizipium und Nachfolgerin der Siedlung auf dem Magdalensberg gegr., war bis um 178 Hauptstadt der Prov.; Bischofssitz in der späten Kaiserzeit; seit Diokletian Sitz der Zivilverwaltung der Prov. Noricum mediterraneum, um 591 durch die Awaren zerstört. Ausgrabungen: Forum mit Kapitol, Tempelanlage, Bühnentheater, Bäderbezirk (mit Bacchusmosaik).

Virus [lat.] ↑ Viren.

Viruserkrankungen (Viruskrankheiten), durch das Eindringen von Viren in den Organismus und ihre Vermehrung hervorgerufene Infektionskrankheiten. Der Beginn von V. ist meist durch Fieber, Kopf- und Gliederschmerzen, Abgeschlagenheit und gelegentl. Übelkeit und Erbrechen gekennzeichnet. Nach 5–7 Tagen beginnt i. d. R. die Erkrankung eines Organsystems, das von dem jeweiligen Virus bevorzugt wird, mit den entsprechenden Erscheinungen, z. B. Dünndarm-, Gehirnhaut-, Leberentzündung. Die V. sind gegenüber bakteriellen Infektionskrankheiten gekennzeichnet durch diphas. Fieberverlauf, relativ verlangsamte Herzschlagfolge, relative Verminderung der weißen Blutkörperchen, lymphat. Reaktionen und nichteitrige Entzündungen. Zur Therapie von V. sind spezif. Seren im allg. wirkungslos; auf Antibiotika und Sulfonamide sprechen nur sehr wenige Virusarten an. Die Prophylaxe der V. besteht in aktiver Impfung oder in der Gabe von Hyperimmunseren.

Viruskrankheiten ↑ Virosen, ↑ Viruserkrankungen.

Viruspneumonie ↑ Lungenentzündung.

Virza, Edvarts [lett. 'vırza], eigtl. E. Lieknis, * Salgales Rāceņi (Semgallen) 27. Dez. 1883, † Riga 1. März 1940, lett. Schriftsteller. - Schildert in dem Roman „Die Himmelsleiter" (1933) den Jahreszyklus auf einem lett. Bauernhof und die ewige Ordnung in der Natur in einer an heidn. Überlieferung und die Bibel anknüpfenden Sprache.

Vis (italien. Lissa), jugoslaw. Adriainsel ssw. von Split, 90 km², bis 587 m hoch; Hauptorte sind Komiža und V. (2 200 E). - In der **Seeschlacht bei Lissa** schlug die östr. Flotte am 20. Juli 1866 im Dt. Krieg mit Hilfe der Rammtaktik die überlegene italien. Flotte.

Vis absoluta [lat.], im Strafrecht die den Willen ausschaltende ↑ Gewalt.

Visakhapatnam, ind. Hafenstadt am Golf von Bengalen, Bundesstaat Andhra Pradesh, 575 000 E. Kath. Bischofssitz; Univ. (gegr. 1926), Colleges; bed. Schiffbau, außerdem chem., Textil- und Nahrungsmittelind.; Eisenbahnknotenpunkt an der Strecke Madras–Kalkutta.

Visavis [viza'vi:; frz.], Gegenüber; **vis-à-vis,** gegenüber.

Visbreaking ⊕ [engl. 'vısbreıkıŋ; Kw. aus engl. **vis**cosity **breaking**], Verfahren zum therm. Kracken von schweren, hochviskosen Erdölfraktionen zur Gewinnung von Heizöl.

Visby [schwed. 'vi:sby:], schwed. Stadt an der W-Küste der Insel Gotland, Verwaltungssitz des Verw.-Geb. Gotland, 20 700 E. Wirtsch. und Verwaltungszentrum der Insel; luth. Bischofssitz (seit 1772); Garnison; Museum; elektrotechn., Nahrungsmittel- und Holzind.; Fremdenverkehr. - Hafen- und Marktort, wurde im MA Zentrum des Ostseehandels; 1280 Hansestadt; 1361 von den Dänen erobert und gebrandschatzt; wurde mit Gotland 1645 endgültig schwedisch. - Domkirche (1225 geweiht), Ruinen mehrerer roman. und got. Kirchen, gut erhaltene Stadtmauer (13. Jh.) mit Türmen.

Viscacha [vıs'katʃa; indian.-span.] (Große Chinchilla, *Lagostomus maximus*), geselliges, nachtaktives Nagetier (Fam. Chinchillas), v. a. im trockenen Flachland der südl. S-Amerika; Körperlänge knapp 50–65 cm, Schwanz etwa 15–20 cm lang; Kopf auffallend groß, mit schwarz-weißer Zeichnung; übrige Färbung braungrau mit weiß. Bauchseite; Fell steifhaarig; Pflanzenfresser, die umfangreiche Gangsysteme in der Erde graben.

Viscaria [lat.], svw. ↑ Pechnelke.

Viscera [lat.], svw. ↑ Eingeweide.

Vischer, Friedrich Theodor von (seit 1870), * Ludwigsburg 30. Juni 1807, † Gmunden 14. Sept. 1887, dt. Schriftsteller und Philosoph. - Pfarrerssohn; befreundet mit E. Mörike und D. F. Strauß; 1837 Prof. in Tübingen; 1848 liberaler Abg. in der Frankfurter Nationalversammlung, 1855 Prof. am Zürcher, 1866–77 am Stuttgarter Polytechnikum; Vertreter der Hegelschen Schule, was sich bes. in seinen Arbeiten zur Ästhetik zeigt („Ästhetik oder Wiss. des Schönen", 1846–57); schrieb anonym die „Epigramme aus Baden-Baden" (1868), unter dem Pseud. *Deutobold Symbolizetti Allegoriowitsch Mystifizinsky* die Parodie „Faust. Der Tragödie dritter Theil" (1862); der Mensch im Kampf mit der Tücke des Objekts ist das Thema des durch meisterhafte Charakterisierung ausgezeichneten grotesken Romans „Auch Einer" (1879); die Gedichte erschienen gesammelt u. d. T. „Lyrische Gänge" (1882).

V., Peter, d. Ä., * Nürnberg um 1460, † ebd. 7. Jan. 1529, dt. Erzgießer. - Führte als bedeutendstes Mitglied der Nürnberger Erzgießerfamilie V. die väterl. Gießhütte zu internat. Bedeutung. Sein Hauptwerk, das Sebaldusgrab in der Sebalduskirche in Nürnberg (1507–19) spiegelt die Wandlung der dt. Spätgotik zur Renaissance. Die Grundform des Pfeilerbaus mit Apostelstatuetten geht auf seinen Entwurf von 1488 zurück; die vorgesehenen turmartigen Bekrönungen sind jedoch durch gedrängtere Baldachinkuppeln ersetzt, zahlr. figürl. und dekorative Einzelelemente zeigen ebenfalls Renaissancecharakter (Mitarbeit seiner Söhne *Hermann V.* [* vor 1486, † 1517] und *Peter V.* [* 1487, † 1528]). Für die bed. Produktion von Grabplatten (Grabmal des Erzbischofs Ernst von Sachsen im Magdeburger Dom, 1494–95) verwendete er nicht nur eigene Modelle. Vielleicht nach Entwürfen A. Dürers entstanden die Standbilder der Könige Theoderich und Artus am Maximiliansgrab in Innsbruck (1513, Hofkirche [Abb. Bd. 14, S. 121]).

Vischnu ↑ Wischnu.

Vis compulsiva [lat.], im Strafrecht die die Willensbildung beeinflussende ↑ Gewalt.

Visconte [lat.-italien.] ↑ Vicomte.

Visconti [italien. vis'kɔnti], lombard. Adelsgeschlecht. Die ghibellin. V. erlangten 1277 die Herrschaft in Mailand, die sie im 14. Jh, auf die Lombardei und fast ganz Oberitalien ausdehnten. Seit 1395 im Besitz des Herzogstitels; die Hauptlinie erlosch 1447; ihre Herrschaft ging auf die Sforza über. - Bed. Vertreter:

V., Giangaleazzo, * Pavia 16. Okt. 1351, † Melegnano 3. Sept. 1402, Hzg. von Mailand (seit 1395). - Konnte ab 1379 sämtl. Besitzungen der Fam. in seiner Hand vereinen; wurde von König Wenzel zum Reichsfürsten und 1. Hzg. von Mailand sowie zum Hzg. der Lombardei (1397) erhoben. Zwang weite Teile Ober- und Mittelitaliens zur Anerkennung seiner Herrschaft.

V., Matteo I, * Invorio (Prov. Novara) 15. Aug. 1250, † Crescenzago (= Mailand) 24. Juli 1322, Signore von Mailand (seit 1313). - Seit 1287 mehrfach Capitano del popolo, 1294 erstmals kaiserl. Vikar; 1302 von guelf. Gegnern aus Mailand vertrieben, kehrte dank Kaiser Heinrich VII. 1310 zurück, unterwarf zahlr. lombard. Städte.

V., Ottone, * Ugogne 1207, † Chiavaralle Milanese (= Mailand) 1295, Erzbischof von Mailand (seit 1262) und Signore (1277/78 und seit 1282). - Führer der Ghibellinen in der Lombardei; verdrängte 1277 die guelf. Torre aus Mailand und begründete die Herrschaft der V. in der Stadt.

Visconti, Luchino [italien. vis'kɔnti], * Mailand 2. Nov. 1906, † Rom 17. März 1976, italien. Regisseur. - Verband als Vertreter des Neorealismus sozialkrit.-revolutionäres Engagement mit ästhet. Darstellung, u. a. in „Ossessione ... von Liebe besessen" (1942), „Die Erde bebt" (1948), „Weiße Nächte" (1957), „Rocco und seine Brüder" (1960), „Der Leo-

Peter Vischer d. Ä., Sebaldusgrab in der Sebalduskirche in Nürnberg (1507–19)

pard" (1962), „Sandra" (1964), „Götterdämmerung"/„Die Verdammten" (1968), „Der Tod in Venedig" (1970), „Ludwig II." (1972), „Die Unschuld" (1976).

Viscount [engl. 'vaɪkaʊnt] ↑ Vicomte.

Viscum [lat.], svw. ↑ Mistel.

Visegrád [ungar. 'viʃɛgraːd], ungar. Ort am rechten Donauufer, 1 900 E. Ausflugs- und Erholungsort. - Schon unter den Römern bestand hier eine Lagerstadt; der ungar. Ort V. ist seit den ersten Arpaden belegt. Die Burg V. wurde wahrscheinl. nach 1241 erbaut, 1323–50 Residenz der ungar. Könige; König Matthias I. Corvinus baute das im 13./14. Jh. errichtete Schloß in V. zu einem der prächtigsten Renaissanceschlösser der Zeit aus (mehrmals von den Osmanen erobert, z. T. verschüttet; ab 1934 freigelegt und restauriert); 1310–1440 und 1464–1526 Aufbewahrungsort der Stephanskrone.

Viseu [portugies. vi'zeu], portugies. Stadt 80 km sö. von Porto, 21 000 E. Verwaltungssitz des Distr. V.; kath. Bischofssitz; volkskundl. Museum, Gemäldesammlung. Marktort eines Agrargebiets. - In röm. Zeit wichtiger Militär- und Straßenstützpunkt (sog. **Cava de Viriato,** Reste eines röm. Feldlagers, nördl.

von V.); wurde wohl schon im 5. Jh. Bischofssitz. - Roman.-got. Kathedrale (12., 16. und 17. Jh.) mit Barockfassade und Kreuzgang.

visibel [lat.], sichtbar, (der Größenordnung nach) im Sichtbarkeitsbereich (etwa des Lichtmikroskops) liegend.

Visible speech [engl. ˈvɪzəbl ˈspiːtʃ] ↑ synthetische Sprachen.

Visier [frz., zu lat. visus „Gesicht"], eiserner Gesichtsschutz mit Sehschlitzen und Ventilationslöchern; schon in der Antike, vorwiegend jedoch am ritterl. Helm des 14. bis 16. Jh. bekannt.
◆ Zielvorrichtung an Feuerwaffen u. a. Geräten, die auf einen bestimmten Zielpunkt [aus]gerichtet werden müssen; im Unterschied zu *mechan. V.* (z. B. ↑ Kimme und ↑ Korn, Ring-V., Rohrsucher) ermöglichen *opt. V.* (z. B. in Form des sog. Richtglases [Grob-V., Kollimateur], als Reflex-V. oder als Albada-V.), daß Zielpunkt und Zielmarke (z. B. ein Fadenkreuz) gleichzeitig scharf gesehen werden können.

Visierlinie, Verbindungslinie zweier sich für einen Beobachter deckender Punkte.

Vision [zu lat. visio „das Schauen"], Bez. für eine ↑ Halluzination aus dem opt. Sinnesbereich. - Im theolog. Sprachgebrauch ein psych. Erlebnis, in dem ihrer Natur nach unsichtbare und unhörbare Objekte (Gott, Engel, Verstorbene, Menschen im endzeitl. Zustand u. a.) auf übernatürl. Weise (als Erscheinung) erkannt werden; im A. T. ist die V. als Mittel der Offenbarung (v. a. bei den Propheten) immer mit einer *Audition* (Wortoffenbarung) verbunden. In der Kirchengeschichte hat es immer wieder myst. Visionäre gegeben; die Grenze zu parapsycholog. Phänomenen ist fließend.

visionär [lat.], seherisch, traumhaft; im Geiste geschaut.

Visitation [lat.] (Kirchenvisitation), seit dem 4./5. Jh. bezeugtes Mittel der kirchl. Aufsicht über das glaubens-, sitten- und ordnungsgemäße Verhalten der Kirchenangehörigen sowie über den Zustand der kirchl. Sachen, Anstalten und Orte zur Erhaltung von Lehre und Sitte bzw. zur Feststellung und Behebung von Mängeln durch die zuständige kirchl. Autorität. Nach dem Recht der *röm.-kath. Kirche* ist z. B. der Diözesanbischof verpflichtet, seine Diözese wenigstens alle fünf Jahre zu visitieren. In den *reformator. Kirchen* wurden V. erstmals 1526 in Kursachsen durchgeführt. Die V. und ihre Durchführung durch das landesherrl. Beamtentum trugen wesentlich zur Bildung neuer Kirchenordnungen und eines ev. Kirchenrechts bei.

viskos [lat.], zähflüssig, leimartig.

Viskose [lat.], die bei der Herstellung von **Viskosefasern** (↑ Viskoseverfahren) entstehende dickflüssige Spinnlösung; auch Bez. für die aus regenerierter Zellulose bestehenden Viskosefasern (früher Reyon genannt) selbst.

Viskoseverfahren, Verfahren zur Herstellung von Zelluloseregeneratfasern. Ausgangsprodukt sind Zellstoffplatten, die mit Natronlauge behandelt werden, wobei gequollene sog. *Alkalizellulose* entsteht. Diese wird nach Zerkleinerung und Reifung (partieller oxidativer Abbau der Zellulose) mit Schwefelkohlenstoff zu lösl. *Natriumzellulosexanthogenat* umgesetzt, das in Natronlauge zu zähflüssiger Viskose gelöst und in ein aus Natriumsulfat und Schwefelsäure bestehendes Spinnbad gepreßt wird, in der die Zellulose wieder ausfällt (regeneriert wird). Zelluloseregeneratfasern besitzen gute Färbbarkeit, große Wasseraufnahmefähigkeit bei geringem Quellvermögen und sind gut waschbar. Ihre Eigenschaften lassen sich durch Änderung der Herstellungsbedingungen in weitem Maß variieren.

Viskosimeter [lat./griech.], Meßgerät zur Bestimmung der Viskosität (Zähigkeit) von Flüssigkeiten und Gasen. Beim *Kapillar-V.* wird die zu untersuchende Flüssigkeit durch eine Kapillare geleitet; die Zeit, in der ein bestimmtes Flüssigkeitsvolumen durch die Kapillare strömt, ist ein Maß für die kinemat. Viskosität. Eine einfache V.ausführung ist der *Viskositätsbecher* bes. zum Einstellen der Viskosität von Farbe (durch Verdünnen) für Farbspritzgeräte; bei geeignetem Verdünnungsgrad läuft der Becherinhalt in vorgegebener Zeit aus einer Bodenöffnung. Das nur für relativ zähe Flüssigkeiten geeignete *Fallkörper-V. (Kugelfall-V.)* besteht aus einem schwenkbaren zylindr. Glasrohr, in dem sich eine Kugel befindet; man mißt die Zeit, in der die Kugel die Strecke von 100 mm durch die Meßflüssigkeit fällt; sie ist ein Maß für die dynam. Viskosität der untersuchten Flüssigkeit.

Viskosität [lat.] (Zähigkeit, innere Reibung), diejenige Eigenschaft eines flüssigen oder gasförmigen Mediums (Fluids), die bei Deformation das Auftreten von sog. Reibungsspannungen zusätzl. zum thermodynam. Druck hervorruft, die einer Verschiebung von Flüssigkeits- oder Gasteilchen relativ zueinander entgegenwirken. Auch Bez. für die beiden Stoffgrößen mit den Formelzeichen η (*Koeffizient der inneren Reibung, Scher-V., dynam. V.*) und λ (*Volum-V.*), die bei Newtonschen Fluiden in den Zusammenhang zw. Reibungsspannungen und Deformationsgeschwindigkeiten eingehen. Die Größe $v = \eta/\varrho$ (ϱ Dichte) wird als *kinemat. V.* bezeichnet.

Visna, langsam fortschreitende, mit Entmarkung der Nervenfortsätze verbundene, mit Gehirnhaut- und Gehirn-Rückenmarks-Entzündung verbundene, tödl. verlaufende meldepflichtige Viruserkrankung der Schafs.

Visp, Bez.hauptort im schweizer. Kt. Wallis, 8 km westl. von Brig, 663 m ü. d. M., 6 500 E. Chem. Industrie. - 1972 erfolgte der

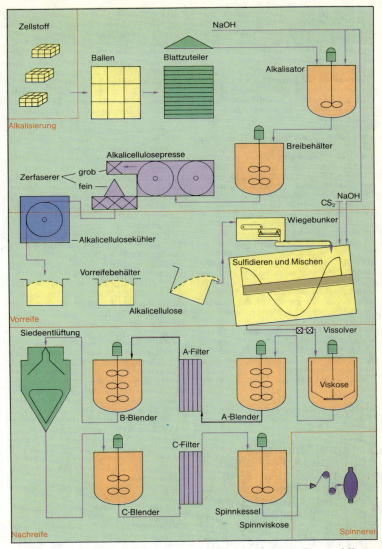

Viskoseverfahren. Schematische Darstellung der verschiedenen Stadien der Herstellung von Zellulosegeneratfasern aus Zellstoff bis zur Verspinnung

Zusammenschluß der Gemeinden V. und Eyholz. - Dreikönigskirche (1761 vollständig barockisiert) mit roman. Turm und Krypta.

Vispertal, von der Vispa durchflossenes linkes Nebental der Rhone in den Walliser Alpen.

Visser 't Hooft, Willem Adolph [niederl. vɪsərt'hoːft], *Haarlem 20. Sept. 1900, †Genf 4. Juli 1985, niederl. ev. Theologe. - 1924 Sekretär des Weltbundes des Christl.

Visualität

Vereins Junger Männer; 1931 Generalsekretär des Christl. Studenten-Weltbundes; erarbeitete die Voraussetzungen zur Gründung des Ökumen. Rates der Kirchen, dessen Generalsekretär er bis 1966 war; 1966 erhielt er zus. mit A. Bea den Friedenspreis des Dt. Buchhandels.

Visualität [lat.], Sammelbez. für den Gesamtbereich der opt. Wahrnehmung, Auffassung und Vorstellung; in der Psychodiagnostik auch Bez. für Formauffassung oder Formgedächtnis oder auch für die räuml. Vorstellung.

visuell [lat.], das Sehen, den Gesichtssinn betreffend.

visuelle Dichtung, neben der akust. Dichtung wesentlichste Spielart der konkreten Poesie, bei der das traditionelle Bild durch einen außersprachl. figuralen Wortbezug, durch das typograph. Bild *(Sehtext)* ersetzt wird; beginnt im 20. Jh. mit den Achsenkompositionen von A. Holz und S. Mallarmés Gedicht „Ein Würfelwurf hebt den Zufall nicht auf"; es folgten G. Apollinaire, K. Schwitters und F. T. Marinetti, die den Text aus seiner traditionellen Von-links-nach-rechts-Abfolge brachen und damit die Möglichkeit schufen, Silben, Laute, Wörter und Wortgruppen frei über eine Fläche zu verteilen. Wichtige deutschsprachige Vertreter sind neben E. Gomringer u. a. C. Bremer, E. Jandl, F. Kriwet, F. Mon, D. Roth. Internat. bekannt ist v. a. J. Kolář.

visuelle Kommunikation, Informationsvermittlung durch opt. wahrnehmbare Zeichen bzw. Signale, z. B. Schrift, Bild, Gestik, Flaggensignale. - ↑auch Kommunikation, ↑Kunsterziehung.

Visum [lat. „Gesehenes"], svw. ↑Sichtvermerk.

Visuelle Dichtung. Reinhard Döhl, Apfelgedicht (Apfel mit Wurm; 1965)

Vis vitalis [lat.], svw. ↑Lebenskraft.

viszeral [lat.], in der Medizin und Biologie für: die Eingeweide betreffend.

Vita [lat. „Leben"] (Mrz. Viten), Lebensbeschreibung; Abriß der aktenmäßigen Lebensdaten (Curriculum vitae), v. a. Bez. und Titel der antiken und ma. ↑Biographie.

Vita activa [lat.], idealtyp. konstruierte Lebensform der griech. und ma. Philosophie, das tätige, polit.-prakt. Leben. Im Ggs. dazu steht die **Vita contemplativa** als das beschaul., theoret. Leben in vornehmer, freier Muße (positiv) bzw. in trägem Genießen (negativ). Das Leben in Muße wird vorwiegend auf die theoret. Wahrheitssuche bezogen.

vital [lat.], lebenswichtig; lebens-, funktionstüchtig.

Vital, Chajim, * Safed (= Zefat) 1543, † Damaskus 1620, jüd. Kabbalist. - Gehörte mit seinem Lehrer Isaak Ben Salomon Luria zu den Hauptvertretern des Zentrums der Kabbalistik im Palästina des 16. Jh. (Safed).

Vitalfärbung ↑Färbung.

Vitali, Filippo, * Florenz um 1590, † ebd. 1653, italien. Komponist. - Wirkte u. a. als Kapellmeister in Florenz. Früher Vertreter der Monodie; komponierte v. a. weltl. (Madrigale) und geistl. Vokalwerke.

V., Giovanni Battista, * Bologna 18. Febr. 1632, † Modena 12. Okt. 1692, italien. Komponist. - Ab 1674 Kapellmeister an der herzogl. Kapelle in Modena. Einer der führenden Violinisten seiner Zeit und bed. Sonatenkomponist vor A. Corelli.

Vitalienbrüder [vi'ta:liɛn...] (niederdt. Likendeeler), Freibeuter, versorgten 1389–92 das von Königin Margarete I. von Dänemark eingeschlossene Stockholm von See her mit Lebensmitteln (Vitalien), setzten dann den Kaperkrieg auf eigene Faust von ihrem Stützpunkt Gotland aus fort, von wo sie 1398 der Dt. Orden vertrieb. Danach verlegten sie ihr Tätigkeitsgebiet in die Nordsee, wo sie bes. die hans. Fahrt nach Flandern und England beeinträchtigten. 1400/1401 erlitten sie schwere Niederlagen gegen die Hanse; ihre Führer K. Störtebeker und G. Michels wurden hingerichtet. - In Sagen als volkstüml. Helden dargestellt.

Vitalis, männl. Vorname lat. Ursprungs, eigtl. „der Lebenskräftige".

Vitalis, Pseud. des schwed. Dichters Erik ↑Sjöberg.

Vitalismus [zu lat. vita „Leben"], Theorien, die zur Erklärung von Entstehung, Struktur oder Funktion des Lebens oder lebender Systeme die Existenz von Substanzen oder Prinzipien annehmen, die sich dem Nachweis oder der Erklärung durch mathemat., physikal. und chem. Methoden prinzipiell entziehen. - Als Begründer des V. gilt Aristoteles; er nimmt an, daß die leblose Materie kraft der Prägung durch die Organisationsmuster der jeweiligen „Seele" zu einem

Organismus wird. Im 18. und 19. Jh. wird in Auseinandersetzung mit dem ↑Mechanismus der aristotel. Begriff der "Seele" weitgehend durch den der [Lebens-], "Kraft" ersetzt. Kant nimmt eine vermittelnde Stellung zw. Mechanismus und V. ein; nach ihm ist eine mechanist. Erklärung von Organismen unmögl., aber ein teleolog. Erklärungsmuster, in dem Vitalkräfte einen Platz haben, zu heurist. Zwecken denkbar. - Gegen den V. ist insbes. eingewendet worden, daß stete Behauptungen einer Existenz von geheimnisvollen "Kräften" oder immaterieller "Substanzen" empir. nicht verifizierbar sind. - ↑auch Neovitalismus.

Vitalität [lat.-frz.], die genet. und von Umweltbedingungen beeinflußte Lebenstüchtigkeit eines Organismus oder einer Population; äußert sich in Anpassungsfähigkeit an die Umwelt, Widerstandskraft gegen Krankheiten, körperl. und geistiger Leistungsfähigkeit sowie Fortpflanzungsfähigkeit.

Vitalkapazität, Fassungsvermögen der Lunge an Atemluft (etwa 3,5–5 l), besteht aus inspirator. Reservevolumen, Atemzugvolumen und exspirator. Reservevolumen.

Vitamine [Kw. aus lat. vita „Leben" und Amine], zusammenfassende Bez. für eine Gruppe von chem. sehr unterschiedl., v. a. von Pflanzen und Bakterien synthetisierten Substanzen, die für den Stoffwechsel der meisten Tiere und des Menschen unentbehrlich (*essentiell*) sind, die aber vom tier. und menschl. Organismus nicht synthetisiert werden können und daher ständig mit der Nahrung zugeführt werden müssen. Die V.eigenschaft bezieht sich nicht auf eine bestimmte chem. Struktur, sondern allein darauf, ob der betreffende Stoff von einem Tier (bzw. vom Menschen) gebraucht wird. Ascorbinsäure z. B. ist für Menschen, Affen und Meerschweinchen ein V., nicht jedoch z. B. für Ratten, die es selbst synthetisieren können. Einige V. können vom tier. Organismus aus bestimmten biolog. Vorstufen, den *Pro-V.*, in einem letzten Syntheseschritt hergestellt werden, z. B. die Vitamine A_1 und A_2 aus β-Karotin, die Vitamine D_2 und D_3 aus Ergosterin bzw. Dehydrocholesterin und die Nikotinsäure aus Tryptophan. Ein Mangel an V. kann zu verschiedenen patholog. Zuständen (↑Vitaminmangelkrankheiten) führen; jedoch sind bei einigen V. (Vitamin A und D) auch Störungen und Vergiftungen durch Vitaminüberdosierung bekannt. Bei den anderen V. treten ähnl. Erscheinungen nicht auf, da der menschl. Organismus die V. nicht speichern kann und einen Überschuß meist rasch wieder ausscheidet oder abbaut.

Die V. zeigen bereits in kleinsten Dosierungen (1 mg und weniger) biolog. Aktivitäten. Ihre biochem. Wirkung konnte in vielen Fällen aufgeklärt werden. Sie beruht v. a. bei den V. der B-Gruppe auf ihrer Funktion als Koenzyme; Vitamin A bildet in Form des Retinals zus. mit dem Eiweißstoff Scotopsin das für den Sehvorgang wichtige Rhodopsin.

Die V. werden üblicherweise mit einem Buchstaben und/oder einem Trivialnamen bezeichnet und nach ihrer Löslichkeit in die Gruppen der *fettlösl.* (Vitamin A, D, E, K; ihre Resorption hängt von der Funktionstüchtigkeit der Fette ab) und der *wasserlösl.* V. (Vitamine der B-Gruppe, Vitamin C) eingeteilt. Daneben werden häufig auch einige weitere Substanzen, die z. T. ebenfalls als essentielle Nahrungsbestandteile angesehen werden, zu den V. gerechnet, u. a. das [wasserlösl.] *Vitamin P* (Rutin), ferner einige Substanzen, die heute vielfach zu den V. der B-Gruppe gezählt werden, insbes. p-Aminobenzoesäure, Cholin, Myoinosit und Liponsäure.

V. sind in den meisten Nahrungsmitteln, insbes. in frischem Gemüse, Milch, Butter, Eidotter, Leber, Fleisch, Getreide, in ausreichender Menge enthalten, so daß bei einer ausgewogenen Ernährung keine Vitaminmangelerkrankungen auftreten. Durch unsachgemäße Lagerung oder Zubereitung der Lebensmittel kommt es jedoch zu einer beträchtl. Zerstörung der vielfach sauerstoffempfindl. und hitzelabilen V. (*Vitaminverlust*, bei Vitamin C und Folsäure bis zu 90%, bei den Vitaminen B_1, B_2, B_{12} und Nikotinsäure bis 30%). Vitamin E und C büßt bei längerer Lagerung an Aktivität ein. Ein überhöhter Vitaminbedarf kann u. a. im Wachstumsalter, bei Schwangerschaft, Krankheit und Rekonvaleszenz sowie bei Resorptionsstörungen im Alter vorliegen. - Für die meisten V. sind heute Methoden zur Synthese bzw. Partialsynthese bekannt, und für eine Vitaminsubstitutionstherapie stehen zahlr. Vitaminpräparate zur Verfügung. - Übersicht S. 230.

⑪ *Günther, W.: Das Buch der V. Südergellersen 1984. - Faelten, S.: Gesund durch V. Dt. Übers. Stg. 1983. - Isler, O./Brubacher, V./ Bd. 1: Fettlösl. V. Stg. u. New York 1982. - Bässler, K.-H./Lang, K.: V. Darmst. 1981. - Lang, K.: Biochemie der Ernährung. Darmst. ⁴1979. - Fermente, Hormone, V. u. die Beziehungen dieser Wirkstoffe zueinander. Hg. v. R. Ammon u. W. Dirschel. Bd. 3. Stg. u. New York ³1974–82. 3 Tle. - Kutsky, R. J.: Handbook of vitamins and hormones. New York 1973.*

Vitaminmangelkrankheiten (Hypovitaminosen, Avitaminosen), Erkrankungen, die durch relativen oder absoluten Mangel eines oder mehrerer Vitamine hervorgerufen werden. Ursachen sind ein erniedrigtes oder fehlendes Angebot an Vitaminen in der Nahrung, Verdauungs- oder Resorptionsstörungen und Erkrankungen mit erhöhtem Bedarf an Vitaminen.

vite [frz. vit] (vitement), musikal. Vortragsbez.: schnell, rasch.

Vitellius, Aulus, *7. Sept. 12 n. Chr.,

Vitamine

VITAMINE

Vitamine		Funktion	Vitaminmangel-erkrankungen	Vorkommen
A	Retinol	Schutz und Regeneration epithelialer Gewebe; Aufbau des Sehpurpurs	Nachtblindheit, Epithelschädigungen von Auge und Schleimhaut	Lebertran, Kalbsleber, Eidotter, Milch, Butter; Provitamin Karotin in Karotten und Tomaten
B_1	Thiamin (Aneurin)	Regulation des Kohlenhydratstoffwechsels	Beriberi; Störungen der Funktionen von Zentralnervensystem und Herzmuskel	Hefe, Weizenkeimlinge, Schweinefleisch, Nüsse
B_2	Riboflavin	Regulation von Atmungsvorgängen; Wasserstoffübertragung	Haut- und Schleimhauterkrankungen	Hefe, Leber, Fleischextrakt, Nieren
	Folsäure	Übertragung von Einkohlenstoffkörpern (C_1) im Stoffwechsel	Blutarmut	Leber, Niere, Hefe
	Pantothensäure	Übertragung von Säureresten im Stoffwechsel	unbekannt	Hefe, Früchte
	Nikotinsäure, Nikotinsäureamid (Niacin PP-Faktor)	Regulation von Atmungsvorgängen; Wasserstoffübertragung; Baustein der Koenzyme NAD und NADP	Pellagra	Hefe, Leber, Reiskleie
	Biotin	Koenzym von an Carboxylierungsreaktionen beteiligten Enzymen	Hautveränderungen, Haarausfall, Appetitlosigkeit, Nervosität	Hefe, Erdnüsse, Schokolade, Eidotter
B_6	Pyridoxol-Gruppe	Übertragung von Aminogruppen im Aminosäurestoffwechsel	Hautveränderungen	Hefe, Getreidekeimlinge, Kartoffeln
B_{12}	Cobalamine	Reifungsfaktor der roten Blutkörperchen	perniziöse Anämie	Leber, Rindfleisch, Austern, Eidotter
C	Ascorbinsäure	Redoxsubstanz des Zellstoffwechsels	Skorbut, Moeller-Barlow-Krankheit	Zitrusfrüchte, Johannisbeeren, Paprika
D	Calciferole	Regulation des Calcium- und Phosphatstoffwechsels	Rachitis, Knochenerweichung	Lebertran, v.a. von Thunfisch, Heilbutt, Dorsch; Eidotter, Milch, Butter
E	Tocopherole	antioxidativer Effekt (u. a. in Keimdrüsenepithel, Skelett- und Herzmuskel)	Mangelsymptome beim Menschen nicht sicher nachgewiesen	Weizenkeimöl, Baumwollsamenöl, Palmkernöl
K	Phyllochinon, Menachinone	Bildung von Blutgerinnungsfaktoren; v.a. von Prothrombin	Blutungen, Blutgerinnungsstörungen	grüne Pflanzen (u. a. Kohl, Spinat)

† Rom 20. Dez. 69, röm. Kaiser (69). - Am 2. Jan. 69 gegen Galba zum Kaiser ausgerufen. Seine Anhänger konnten Otho, den Nachfolger Galbas, Mitte April bei Betriacum vernichten. Schon am 24. Okt. wurde V. ebd. durch die Truppen Vespasians besiegt. Er verzichtete Mitte Dez. auf den Thron.

Vitellus [lat.], svw. ↑ Dotter.

Viterbo, italien. Stadt im nördl. Latium, 327 m ü. d. M., 58 700 E. Hauptstadt der Prov. V.; kath. Bischofssitz; bed. Museum, Gemäldesammlung, Staatsarchiv; Herstellung von Käse-, Wurst- und Likörspezialitäten, Maschinenbau, Gießereien, Ziegeleien. - In der Römerzeit wahrscheinl. **Vicus Elbii**, fiel 754/756 durch die Pippinsche Schenkung an den Papst; wurde 773 befestigt; errang Ende des 11. Jh. kommunale Freiheit; 1192 Bischofssitz; nach Zerstörung im 2. Weltkrieg auf schemat. Grundriß wiederaufgebaut. - Gut erhaltene Stadtmauer (13.–15. Jh.); roman. Dom (12. Jh.); roman. Kirche San Giovanni in Zoccoli (11. Jh.); got. Papstpalast (1266 ff.) mit offener Loggia.

Vitex [lat.], svw. ↑ Mönchspfeffer.

Viti, Timoteo (T. Della Vite), gen. T. da Urbino, * Urbino 1469, † ebd. 10. Okt. 1523, italien. Maler. - Ausgebildet bei il Francia in Bologna; schuf Andachtsbilder in enger Anlehnung an Raffael.

Viti Levu [engl. 'viːtiː 'lɛɪvuː], Hauptinsel der Fidschiinseln, mit Suva, der Hauptstadt von ↑ Fidschi.

Vitis [lat.], svw. ↑ Weinrebe.

Vitium [lat.], in der Medizin Bez. für: organ. Fehler, organ. Defekt.

Vitoria, Francisco de [span. bi'torja] (Franz von Vitoria), * Burgos (Vitoria?) zw. 1483 und 1493, † 12. Aug. 1546, span. kath. Theologe und Dominikaner (seit 1502). - Ab 1526 Prof. für Theologie in Salamanca; statt der Sentenzen des Petrus Lombardus verwendete er die „Summa theologiae" des Thomas von Aquin als Lehrbuch und leitete damit die Thomas-Renaissance der span. Barockscholastik und den krit. Realismus der Schule von Salamanca ein, deren Gründer er war. Angeregt durch die Entdeckung Amerikas, entwickelte er Gedanken zu einer Kolonialethik (Menschenrechte, Völkerrecht) und v. a. eine Definition des Völkerrechts als *„ius inter gentes"* (Recht zw. den Völkern) statt bisher „ius gentium" (Recht der Völker), die ihn zum eigtl. Begründer des modernen Völkerrechts machte.

Vitoria [span. bi'torja], span. Stadt im Baskenland, 539 m ü. d. M., 199 200 E. Verwaltungssitz der Prov. Álava; kath. Bischofssitz. Metallverarbeitung, Textil-, chem., Nahrungsmittel- und Getränkeind., Spielkartenherstellung, Holzverarbeitung. - Soll vom Westgotenkönig Leowigild (568–586) nach seinem Sieg über die Vaskonen (Basken) als **Victoriacum** gegr. worden sein (nach anderer Überlieferung erhielt das westgot. **Gaztez** erst nach der Eroberung durch König Sancho VI. von Navarra 1186 seinen heutigen Namen); gehörte seit 1382 zu Kastilien. - Got. Alte Kathedrale (um 1500 vollendet); neugot. Neue Kathedrale (20. Jh.); von Arkaden umgebene Plaza de España (1791).

Vitória [brasilian. vi'tɔrja], Hauptstadt des brasilian. Bundesstaates Espírito Santo, im SW der Ilha de Vitória, 207 600 E. Kath. Erzbischofssitz; Univ., Museen; stückgüter Exporthafen; Eisenbahnendpunkt. - 1551 gegr.; seit 1823 Hauptstadt von Espírito Santo.

Vitr., Abk. für lat.: **Vitrum**, auf Rezepten Bez. für: Arzneiflasche.

Vitrac, Roger [frz. vi'trak], * Pinsac (Lot) 17. Nov. 1899, † Paris 22. Jan. 1952, frz. Dramatiker. - Vorläufer des absurden Theaters. Gründete 1927 mit A. Artaud das „Théâtre Alfred Jarry". Schrieb sketchartige, satir.-groteske Farcen, in denen er die Hohlheit bürgerl. Lebensformen zu entlarven suchte („Victor oder Die Kinder an der Macht", 1930).

Vitré [frz. vi'tre], frz. Stadt in der Bretagne, an der Vilaine, 13 000 E. Schuhind., Landmaschinenbau. - Spätgot. Kirche Notre-Dame (15./16. Jh.); got. Schloß (14. und 15. Jh.) in Form eines Dreiecks.

Vitreous China [engl. 'vɪtrɪəs 't∫aɪnə] (Halbporzellan), Feinsteinzeug für Sanitärzwecke, Wandfliesen usw.

Vitrine [frz., zu lat. vitrum „Glas"], gläserner Schaukasten, Glasschrank.

Vitriole [mittellat., zu lat. vitreus „gläsern"], früher gebräuchl. Bez. für die Sulfate zweiwertiger Metalle, die mit sieben, seltener fünf Molekülen Kristallwasser kristallisieren und häufig kräftig gefärbt sind (z. B. das tiefblaue kristallwasserhaltige Kupfersulfat, $CuSO_4 \cdot 5H_2O$).

Vitruv (Vitruvius), röm. Architekturtheoretiker des 1. Jh. v. Chr. (* um 84 v. Chr.?). - Tätig als Militärtechniker, Baumeister (Basilika in Fano, vermutl. seine Geburtsstadt) und Wasserleitungsingenieur (seit 33 v. Chr. in Rom). Begann wohl vor 33 das einzige erhaltene antike Lehrwerk über Architektur und Technik (etwa 25 v. Chr. herausgegeben: 10 Bücher „De architectura"). In den techn. Abschnitten stützt er sich meist auf Eigenerfahrung, in Stil- und Proportionsfragen v. a. auf hellenist. Fachschriften (Hermogenes u. a.). Von großer Bed. wurde V. für die Renaissance, bes. seine Säulenordnung und Proportionslehre des menschl. Körpers. Die einst zum Werk gehörenden Risse und Skizzen sind verloren.

Vitry, Philippe de [frz. vi'tri] ↑ Philippe de Vitry.

Vittel, frz. Heilbad in den Monts Faucilles, Dep. Vosges, 340 m ü. d. M., 6 400 E. Mineralquellen; Thermalinstitut.

Vitti, Monica, eigtl. Maria Luisa Ceciarelli, * Rom 1931, italien. Schauspielerin. - Seit

Vittone

1958 beim Film; wurde bes. in der Rolle der ungewöhnl., unberechenbaren Frau berühmt, v. a. in „Die Nacht" (1960), „Liebe 1962" (1961), „Die rote Wüste" (1964), „Das Gespenst der Freiheit" (1974), „Flirt" (1984).

Vittone, Bernardo Antonio, * Turin 1704 oder 1705, † ebd. 19. Okt. 1770, italien. Baumeister. - Unter dem Einfluß von G. Guarini und F. Iuvara wurde V. zum bedeutendsten Baumeister des Rokoko in Piemont. Seine Zentralbauten mit Pendentifkuppeln sind lichtdurchflutete, verspielte und gleichzeitig großzügige Innenräume; u. a. Santa Chiara in Bra (Piemont; 1742).

Vittoria, Alessandro [italien. vit'tɔ:rja], * Trient 1525, † Venedig 27. Mai 1608, italien. Bildhauer. - Schüler und Mitarbeiter von il Sansovino (I. Tatti); tätig v. a. in Venedig und Vicenza, Zusammenarbeit mit Palladio und Veronese in der Villa Barbaro-Volpi in Maser. Schuf v. a. Bildnisbüsten (oft in Stuck), Kleinbronzen, Medaillen, auch Grabmäler, Altäre, Figuren.

Vittoria [italien. vit'tɔ:rja], italien. Stadt auf Sizilien, 18 km westl. von Ragusa, 169 m ü. d. M., 53 000 E. Kunststoff- und Metallverarbeitung; größter Weinmarkt von Sizilien.

Vittorini, Elio, * Syrakus 23. Juli 1908, † Mailand 13. Febr. 1966, italien. Schriftsteller und Übersetzer. - Journalist; Mgl. der antifaschist. Widerstandsbewegung und (bis 1947) der KP Italiens. Beeinflußt von E. Hemingway, W. Faulkner, J. Steinbeck, brach V. mit dem traditionellen italien. Prosastil und wurde zu einem der Mitbegründer des italien. Neorealismus. In dem Roman „Tränen im Wein" (1941, 1948 u. d. T. „Gespräch in Sizilien") sind sozialkrit. Tendenz und realist. Darstellungsweise mit symbolhaftem, lyr.-rhapsod. Stil verbunden. - *Weitere Werke:* Die rote Nelke (R., 1948), Die Frauen von Messina (R., 1949), Die Garibaldina (En., 1956), Offenes Tagebuch 1929–1959 (1957).

Vittorio [italien. vit'tɔ:rjo], italien. Form des männl. Vornamens Viktor.

Vittorio Veneto [italien. vit'tɔ:rjo 'vɛ:neto], italien. Stadt in Venetien, 60 km nördl. von Venedig, 149 m ü. d. M., 30 000 E. Kath. Bischofssitz; bed. Seidenind., Metallverarbeitung, Nahrungsmittelindustrie. - Entstand nach Eingliederung Venetiens in das Kgr. Italien (1866) durch Vereinigung der Gemeinden **Ceneda** (wohl seit dem 7. Jh. Bischofssitz) und **Serravalle** (seit 1337 Teil Venetiens) und erhielt seinen Namen zu Ehren König Viktor Emanuels (Vittorio Emanuele) II. - Bei V. V. fanden die Kämpfe an der Piavefront in den letzten Tagen (24. Okt.–3. Nov. 1918) des 1. Weltkriegs statt, die am 1. Nov. zum Zusammenbruch der östr. Widerstands und am 3. Nov. zum Waffenstillstand führten. - In Ceneda barocker Dom (18. Jh.) mit roman. Kampanile (13. Jh.); Loggia Cenedese (ehem. Rathaus, 1537/38). In Serravalle sind Teile der antiken Mauer erhalten; barokker Dom (18. Jh.) mit Hochaltarbild von Tizian (1547); got. und Renaissancehäuser.

Vitus (Veit), hl., † um 305 (?), frühchristl. Märtyrer der Diokletian. Verfolgung. - Angeblich in Rom seines Glaubens wegen in siedendes Öl geworfen. - Die Übertragung der Reliquien nach Saint-Denis (756) leitete eine lebhafte Reliquienteilung und -translation ein, aus der u. a. die Abteien Corvey und Ellwangen sowie Prag als Zentren der V.verehrung hervorgingen. Seit dem MA wird V. zu den 14 Nothelfern gezählt. - Fest: 15. Juni.

Vitzliputzli, svw. ↑ Huitzilopochtli.

Vitznau ['fɪtsnaʊ], schweizer. Gem. am Vierwaldstätter See, Kt. Luzern, 441 m ü. d. M., 1 000 E. Sommerfrische und heilklimat. Kurort; 998 erstmals urkundl. erwähnt. - Spätklassizist. Kirche (1841/42).

vivace [vi'va:tʃe; italien.], musikal. Vortragsbez.: lebhaft, schnell; **vivacissimo,** sehr schnell.

Vivaldi, Antonio, gen. il Prete rosso, * Venedig 4. März 1678, † Wien 28. Juli 1741, italien. Komponist und Violinist. - Wurde 1703 zum Priester geweiht; im gleichen Jahr Violinlehrer, Dirigent und Hauskomponist am Ospedale della Pietà in Venedig (mit Unterbrechungen bis 1740). V., einer der bedeutendsten Violinisten seiner Zeit, trug wesentlich zur Entwicklung und Ausbreitung der Solokonzertform (↑ Konzert) bei. Sein Werk wurde erst seit 1926 durch einen bed. Handschriftenfund erschlossen. Bekannt sind etwa 770 Werke, davon 46 Opern (21 erhalten; u. a. „Orlando furioso", 1727; „L'Olimpiade", 1734; „Griselda", 1735), drei Oratorien (u. a. „Juditha triumphans", 1716), 344 Solokonzerte (u. a. „L'estro armonico", op. 3, 1711; 12 Violinkonzerte „Il cimento dell'armonia e dell'inventione" op. 8, 1725 [darin die sog. „Vier Jahreszeiten"]), 81 Konzerte mit zwei oder mehr Soloinstrumenten, 61 Sinfonien und Ripienokonzerte, 23 Kammerkonzerte, 93 Sonaten und Trios, viele weltl. und geistl. Vokalwerke.

📖 *Talbot, M.: A. V. Dt. Übers. Stg. 1985.* - *Kolneder, W.: A. V. Dokumente seines Lebens u. Schaffens. Wilhelmshaven u. a. ²1983.* - *Kolneder, W.: Aufführungspraxis bei V. Adliswil Neuaufl. 1973.*

Vivarais, Monts du [frz. mõdyviva'rɛ], Bergland am O-Rand des frz. Zentralmassivs, bis 1 753 m hoch.

Vivarini, italien. Künstlerfam. des 15. Jh. in Venedig, Hauptvertreter der sog. Schule von Murano, durch die sich die venezian. Malerei vom Byzantinischen löste; begr. von Antonio da Murano, gen. V. (* um 1418, † vor 1484 oder nach 1491). Bed. Vertreter sind sein Bruder *Bartolomeo V.* (* um 1432, † um 1499) und sein Sohn *Alvise V.* (* um 1445, † um 1504).

Vivarium [lat.], Anlage, in der v. a. wechselwarme lebende Tiere gezeigt werden; z. B. Aquarium, Terrarium.

vivat! [lat.], er (sie, es) lebe hoch!

vivat, crescat, floreat! [lat.], er (sie, es) lebe, blühe und gedeihe!

Vivekananda (Wiwekananda), eigtl. Narendranath Datta, * Kalkutta 12. Jan. 1863, † Belur Math bei Kalkutta 4. Jan. 1902, ind. hinduist. Mönch. - Bedeutendster Schüler Ramakrishnas und Begründer (1897) der ↑ Ramakrishna-Mission. Wichtiges religiöses Anliegen, das V. schon 1893 auf einem Weltkongreß der Religionen in Chicago und auf Amerika- und Europareisen vertrat, war die Verbreitung der Lehre des ↑ Wedanta.

Vives, Juan Luis [span. 'βiβes], * Valencia 6. März 1492, † Brügge 6. Mai 1540, span. Humanist. - 1523–28 Erzieher am Hofe König Heinrichs VIII. von England. Wegen seines Widerstandes gegen dessen Ehescheidung aus England verbannt, lebte er bis zu seinem Tod in Brügge. V. war Gegner der Scholastik. In seinem Hauptwerk „De disciplinis" (Über die Wissenschaften, 1531) fordert er die experimentelle, auf unmittelbarer Beobachtung beruhende Naturwissenschaft. Mit seinem Werk „De anima et vita" (Über die Seele und das Leben, 1538), in dem er den Wert der Beobachtung seel. Phänomene betont, gilt V. als Begründer einer empir. Psychologie.

Viviani, René [frz. vivja'ni], * Sidi-bel-Abbès (Algerien) 8. Nov. 1863, † Le-Plessis-Robinson (Hauts-de-Seine) 7. Sept. 1925, frz. Journalist und Politiker (Sozialist.). - 1904 Mitbegr. der Zeitung „L'Humanité"; 1906–10 Arbeits-, 1913/14 Unterrichtsmin.; Aug. 1914–Okt. 1915 Premiermin., 1915–17 Justizmin.; 1920/21 frz. Vertreter beim Völkerbund.

Vivianit [nach dem brit. Mineralogen J. G. Vivian, 19. Jh.] (Blaueisenerz), längl. monokline Kristalle oder erdige Massen (*Blaueisenerde*) bildendes Mineral, chem. $Fe_3(PO_4)_2 \cdot 8 H_2O$. V. bildet sich bei der Einwirkung von phosphathaltigen Lösungen auf Eisen(II)-Verbindungen unter Abschluß von Luftsauerstoff u. a. in Tonen und in moorigen Böden. Mohshärte 2; Dichte 2,6 bis 2,7 g/cm³.

Vivin, Louis [frz. vi'vɛ̃], * Hadol (Vosges) 27. Juli 1861, † Paris 28. Mai 1936, frz. naiver Maler. - Postbeamter; gehört zu den Klassikern der naiven Kunst; malte in feiner, detailfreudiger Manier v. a. poet. Pariser Stadtansichten. - Abb. Bd. 15, S. 137.

vivipar [lat.], svw. ↑ lebendgebärend; ↑ auch Viviparie.

◆ auf der Mutterpflanze auskeimend; von Pflanzensamen z. B. des Mangrovebaums gesagt.

Viviparie [lat.], in der *Zoologie* im Ggs. zur ↑ Oviparie und ↑ Ovoviviparie das Gebären von lebenden Jungen, die die Eihüllen schon vor oder während der Geburt durchbrechen. V. ist kennzeichnend für die Säugetiere einschl. Mensch (Ausnahme sind die

Vix. Bronzekrater mit Relieffries (6. Jh. v. Chr.). Châtillon-sur-Seine, Musée Archéologique

Kloakentiere) und kommt auch bei manchen Kriechtieren (z. B. Boaschlangen), Lurchen (z. B. Alpensalamander), Fischen (z. B. Lebendgebärende Zahnkarpfen) sowie bei Wirbellosen (z. B. manche Fadenwürmer, Spinnentiere, Stummelfüßer und Insekten) vor.

Vivisektion [lat.], der zoolog. und medizin. Forschungszwecken dienende Eingriff am lebenden, meist narkotisierten (oder örtl. betäubten) Tier. V. unterliegen den Bestimmungen des Tierschutzgesetzes. - In den meisten nat.-soz. Konzentrationslagern wurden von SS-Ärzten im Rahmen ihrer mörder. Menschenversuche auch V. an kranken, z. T. an gesunden Häftlingen durchgeführt (z. B. grundlose Operationen und Gliedamputationen ohne Narkose).

vivo [italien.], musikal. Vortragsbez.: lebhaft.

Vix, frz. Gem. 7 km nnö. von Châtillon-sur-Seine, Dep. Côte-d'Or, 85 E. Fundstelle (unterhalb des Mont Lassois) eines frühkelt. Fürstengrabes des ausgehenden 6. Jh. v. Chr. mit der Bestattung einer etwa dreißigjährigen Frau (Grabhügel etwa 6 m hoch, Durchmesser 42 m); unter den Beigaben Bronzekrater (1,64 m hoch, 208,6 kg schwer) griech. (korinth.) Herkunft (Archäolog. Museum von Châtillon-sur-Seine).

Vizcaíno, Desierto de [span. de'sjɛrto ðe βiska'ino], Wüstenlandschaft im zentralen Teil der mex. Halbinsel Niederkaliforniern.

Vize... [fi:tsə; lat.], Bestimmungswort von

Vizeadmiral

Zusammensetzungen mit der Bed. „an Stelle von ..., stellvertretend".

Vizeadmiral ↑ Dienstgradbezeichnungen (Übersicht).

Vizekönig, Titel eines Generalgouverneurs oder Statthalters als Vertreter des Monarchen (z. B. der Generalgouverneur von Britisch-Indien).

Viztum ['fɪtstu:m, 'vi:tstu:m; mittellat.] (Vizedom, lat. vicedominus), in fränk. Zeit Verwaltungsbeamter in kirchl. Grundherrschaften (Kleriker); später in den dt. Territorialstaaten (v. a. Bayern) Beamter des Landesherrn mit administrativen Aufgaben (v. a. Finanzverwaltung).

Vlaanderen [niederl. 'vla:ndərə] ↑ Flandern.

Vlaardingen [niederl. 'vla:rdɪŋə], niederl. Hafenstadt im westl. Teil der Agglomeration Rotterdam, 75 500 E. Fischereimuseum; Teil des Hafen- und Ind.gebiets Rotterdam-Europoort. - 1959-64 durchgeführte Grabungen erbrachten Funde aus der Mitte des 3. Jh. v. Chr.; V. entstand am Ort einer Taufkirche des frühen 8. Jh. neben einer 1018 erbauten Burg des Grafen von Holland, die den Ort mit Zoll- und Stapelrechten begabten und 1326 zur Stadt erhoben. - Stadthaus im Renaissancestil (1650), Waage (1556), Fleischhalle (1681).

Vlad, Roman, * Cernăuți (= Tschernowzy) 29. Dez. 1919, italien. Komponist und Musikschriftsteller rumän. Herkunft. - Komponierte unter freier Anwendung serieller Techniken, u. a. „Sinfonia" (1948), Oper „Storia di una mamma" (1951), Ballette, Kantaten nach Nerval (1954) und Rilke (1965), Funkoper „Il dottore di vetro" (1960), Fernsehoper „La fontana" (1967), Kammermusik.

Vlădeasa, Munții [rumän. 'muntsi vləˈdʒasa] ↑ Westsiebenbürgisches Gebirge.

Vlad Țepeș [rumän. 'vlad 'tsepeʃ], * Sighișoara (?) 1430 oder 1431, † bei Bukarest Ende 1476/Anfang 1477, Fürst der Walachei 1448, 1456-62, 1476/77. - Sohn des Fürsten Vlad Dracul (daher auch Draculea oder Dracula [„Sohn des Dracul"] gen.). Der in der Abwehr der osman. Bedrohung zeitweise sehr erfolgreiche Herrscher erlangte Berühmtheit durch die ausgesuchte Grausamkeit (rumän. țepeș „Pfähler"), mit der er Feinde in großer Zahl umbringen ließ. Er gilt der heutigen rumän. Geschichtswiss. als Nationalheld. Die rumän. Volkssage hat V. Ț. zum strengen, aber gerechten und edlen Herrscher verklärt. - ↑ auch Dracula.

Vlahuță, Alexandru [rumän. vlaˈhutsə], * Pleșești (= Alexandru Vlahuță, Verw.-Geb. Vaslui) 5. Sept. 1858, † Bukarest 19. Nov. 1919, rumän. Schriftsteller. - Wandte sich in seinen realist. Novellen und in gesellschaftskrit. Schriften gegen Ausbeutung und Unterdrückung, v. a. der Bauern.

Vlaminck, Maurice de [frz. vlaˈmɛ̃:k], * Paris 4. April 1876, † Rueil-la-Gadelière (Eure-et-Loir) 11. Okt. 1958, frz. Maler und Graphiker. - Von van Gogh angeregt, wurde V. zu einem Hauptvertreter des Fauvismus; räumte der Farbe als autonomem Gestaltungsmittel eine große Ungebundenheit gegenüber akadem. Normen ein. - Abb. S. 237.

V-Leitwerk, Flugzeugleitwerk in V-Form, das die Aufgaben von Höhen- und Seitenleitwerk übernimmt.

Vlieland [niederl. 'vli:lɑnt], eine der Westfries. Inseln, Niederlande, rd. 18 km lang, bis 3 km breit, 34 km², einziger Ort ist das Seebad Oost-Vlieland.

Vlies [niederl.] (Wollvlies), die zusammenhängende Haarmasse der Wollschafe. Die Haare sind ungleichmäßig auf der Haut verteilt. Durch Kräuselung und Fettschweiß sind jeweils mehrere eng zusammenstehende Haare zu sog. *Strähnchen* verbunden. Beim bes. dichten V. der Merinoschafe ist jeweils eine größere Anzahl von Strähnchen durch *Schleierhaare* und gröbere *Bindehaare* zu einem *Stapel* vereinigt.

Vliesstoffe, Bez. für flexible, poröse textile Flächengebilde, die durch Verkleben von Faserflorschichten (Faservliesen) hergestellt werden, i. w. S. auch die durch Verkleben durch mit Hilfe der Nadelmaschine hergestellten ↑ Nadelfilz *(Nadelvliesstoff)* und mehrere vliesstoffähnl. Erzeugnisse. Steigende Bedeutung haben sog. *Spinnvliese (Spinn-V.),* die direkt aus geschmolzenen oder gelösten Polymeren hergestellt werden. V. dienten früher v. a. zur Herstellung von Einlagen für Kleider sowie als Filtertuche; heute werden sie auch zur Herstellung zahlr. Haushaltsartikel wie Tischdecken, Wischtücher u. a. verwendet.

Vlissingen [niederl. 'vlɪsɪŋə], niederl. Hafenstadt an der S-Küste von Walcheren, 45 300 E. Seefahrts- und Binnenschiffahrtsschule; Museen; Handels- und Fischereihafen; Schiffbau und Schiffsreparaturen, Maschinen-, Motorenbau, Fischverarbeitung, Seilereien, chem. Ind.; Seebad. - Ende des 12. Jh. erstmals erwähnt; um 1315 Stadtrecht; 14. bis Mitte des 18. Jh. wichtiges Zentrum für Handel und Schiffahrt. - Kirche Sint Jacob (14. Jh.); Alte Börse (17. Jh.); ehem. Stadthaus (18. Jh.); Stadttor (16. Jh.).

Vlorë [alban. 'vlorə], Stadt in S-Albanien, 60 000 E. Verwaltungssitz des Verw.-Geb. V.; histor. Museum. Zementfabrik, Textil-, Leder-, Nahrungsmittelind., Salinen. 2 km westl. von V. Erdölhafen, auch Fischereihafen und Marinebasis. - Entstand an der Stelle des antiken **Aulona**; im 5. Jh. als Bischofssitz erwähnt; gehörte bis zur serb. Eroberung (1337) meist zum Röm. bzw. Byzantin. Reich, bildete 1371-1414 ein eigenes Despotat, gehörte danach zum Osman. Reich, stand aber mehrfach für kurze Zeit unter venezian. Herrschaft (**Valona**); 1912 Sitz der provisor. alban. Reg.; 1914-20 von Italien besetzt.

Vlotho ['floːto], Stadt an der Weser, NRW, 50 m ü. d. M., 19 300 E. Gesamteurop. Studienwerk; Textil- und Möbelind., Maschinen-, Fahrzeugbau, Tabakmanufaktur. - 1198 erstmals erwähnt, Anfang des 13. Jh. Stadt. - Ev. got. Stephanskirche (13. und 17. Jh.), Fachwerkhäuser (16.–19. Jh.).

VLSI, Abk. für engl.: very large scale integration, Integrationsstufe von integrierten Schaltkreisen mit über 500 Logikelementen pro Chip.

Vltava [tschech. 'vltava] ↑ Moldau (Fluß).

V-Mann [Kurzbez. für Verbindungs-, Vertrauens**mann**], als Informant [gegen Entgelt] für Organisationen Tätiger, insbes. Zuträger der Polizei.

V-Motor (Gabelmotor), Verbrennungsmotor, bei dem die Zylinder paarweise so angeordnet sind, daß ihre Achsen einen spitzen Winkel (V-Form) miteinander bilden, dessen Scheitel in der Drehachse der gemeinsamen Kurbelwelle liegt.

VOB, Abk. für: Verdingungsordnung für Bauleistungen (↑ Verdingungsordnungen).

Voce ['voːtʃe; italien.], italien. Bez. für Singstimme; *V. alta*, hohe (auch laute) Stimme; *V. bassa*, tiefe (auch leise) Stimme; ↑ auch colla voce, ↑ mezza voce, ↑ sotto voce.

Vocke, Wilhelm, * Aufhausen (= Forheim, Landkr. Donau-Ries) 9. Febr. 1886, † Frankfurt am Main 19. Sept. 1973, dt. Bankfachmann. - 1919–39 Mgl. des Reichsbankdirektoriums; 1948–57 Präs. des Direktoriums der Bank dt. Länder bzw. der Dt. Bundesbank, ab 1950 auch Verwaltungsratsmitglied der Bank für Internat. Zahlungsausgleich.

Vöcklabruck [fœ...], oberöstr. Bez.hauptstadt im Attergau, 433 m ü. d. M., 11 000 E. Waagen- und Maschinenbau; Beton- und Eternitwerke. - 1134 (Pfarrkirche 824) erstmals genannt; Mitte des 14. Jh. Stadtrecht. - Spätgot. Pfarrkirche (14./15. Jh.) mit barocker Einrichtung, barockisierte Ägidiuskirche.

Vocoder [voˈkoːdər; engl. 'voʊkoʊdə; Kw. aus engl. **voice coder**], Bez. für ein 1939 in den USA entwickeltes Gerät zur leitungsgebundenen oder drahtlosen Übertragung von Sprache bei stark verminderter Bandbreite; besteht aus dem Analyseteil *(Coder)*, der nur wenige für die Spracherkennung wesentl. Parameter aus dem zu übertragenden Sprachsignal extrahiert (und weiterleitet), und dem sog. **Voder** (Synthesator, Sprachgenerator), der ein dem ursprüngl. Sprachsignal ähnl. Sprachsignal synthet. mit Hilfe von Rauschgeneratoren (für stimmlose Laute), Impulsgeneratoren (für stimmhafte Laute) u. a. erzeugt. Mit Hilfe von V. bzw. Vodern lassen sich auch die Resultate, die Datenverarbeitungsanlagen liefern, akust. (in Form von Worten) ausgeben.

Vodoo (Voodoo) ↑ Wodu.

Voerde ['føːrdə] ↑ Ennepetal.

VÖEST-ALPINE ↑ Vereinigte Österreichische Eisen- und Stahlwerke - Alpine Montan AG.

Vogel, Bernhard, * Göttingen 19. Dez. 1932, dt. Politiker (CDU). - Bruder von H.-J. Vogel; 1965–67 MdB; in Rheinland-Pfalz 1967–76 Kultusmin., seit 1971 MdL, 1974–88 CDU-Landesvors., 1976–88 Min.präsident.

V., Eduard, * Krefeld 7. März 1829, † Wara (ehem. Hauptstadt von Wadai) im Febr. 1856 (ermordet), dt. Afrikaforscher. - Bereiste ab 1853 im Auftrag der brit. Reg. den mittleren Sudan, bes. das Gebiet um den Tschadsee.

V., Hans-Jochen, * Göttingen 3. Febr. 1926, dt. Politiker (SPD). - Bruder von B. Vogel; 1960–72 Oberbürgermeister von München; 1972–81 Landesvors. der bayr. SPD; 1972–81 und seit März 1983 MdB; 1972–74 Bundesmin. für Raumordnung, Bauwesen und Städtebau, 1974–81 Bundesjustizmin.; Jan.–Juni 1981 Regierender Bürgermeister von Berlin (West); im März 1983 Kanzlerkandidat der SPD, seitdem Vors. der Bundestagsfraktion, seit 1987 Parteivorsitzender.

V., Hermann Karl, * Leipzig 3. April 1841, † Potsdam 13. Aug. 1907, dt. Astrophysiker. - Pionier der Astrospektroskopie; konstruierte 1888 den ersten Sternspektrographen und entwickelte eine spektroskop. Methode zur Messung der Radialgeschwindigkeit.

V., Herrmann Wilhelm, * Dobriluck (= Doberlug-Kirchhain) 26. März 1834, † Berlin 17. Dez. 1898, dt. Chemiker. - Prof. in Berlin; entdeckte 1873 die orthochromat. Sensibilisierung von Photoplatten durch organ. Farbstoffe.

V., Wladimir, * Moskau 29. Febr. 1896, † Zürich 19. Juni 1984, schweizer. Komponist dt.-russ. Herkunft. - Zunächst expressionist. (A. N. Skrjabin) und klassizist. (F. Busoni) Einflüsse, ab 1937 Verwendung von an A. Schönberg orientierter Zwölftontechnik; ferner sind Rhythmik und Sprechchöre charakterist.; u. a. „Thyl Claes" (1937, Neufassung 1943), „Arpiade" (1954), Oratorium „Jona ging doch nach Ninive" (1958).

Vögel (Aves), von Reptilien abstammende, heute mit rd. 8 600 Arten in allen Biotopen weltweit verbreitete Klasse warmblütiger, befiederter, meist flugfähiger Wirbeltiere, deren Vordergliedmaßen (unter starker Reduktion der fünf Finger) zu Flügeln umgebildet sind; bei einigen Arten sekundärer Verlust des Flugvermögens (z. B. Flachbrustvögel, Pinguine); Skelett teilweise lufthaltig (relative Verringerung des Körpergewichts; Haut ohne Schweißdrüsen und (mit Ausnahme einiger Vogelgruppen, z. B. Reiher) mit einer meist großen ↑ Bürzeldrüse; im Unterschied zu den Reptilien vollständig getrennte Herzkammern, daher Trennung von arteriellem und venösem Blut; Lunge relativ klein, wenig dehnbar, ohne Lungenbläschen, jedoch mit z. T. sich in die Röhrenknochen erstrecken-

Vogelbeerbaum

den, blasebalgartig wirkenden Luftsäcken; Stoffwechsel sehr intensiv; Körpertemperatur hoch (gegen 42 °C); entsprechend der Ernährung Schnabel unterschiedl. geformt; unverdaul. Nahrungsreste (z. B. Fellstücke, kleine Federn, z. T. auch Knochen) werden bes. von Eulen und Greifvögeln als ↑Gewölle ausgeschieden; mit Ausnahme von Strauß, Gänsevögeln und wenigen anderen Gruppen kein Penis vorhanden, dafür haben alle V. eine ↑Kloake; Harnblase fehlend, es wird Harnsäure ausgeschieden. Beim Eintritt der Brutzeit vergrößern sich die ♂ Keimdrüsen enorm. V. legen stets von Kalkschalen umschlossene Vogeleier in häufig kunstvoll gebaute Nester ab (Ausnahmen: einige Meeresvögel, z. T. auch Falken, die ihre Eier einfach auf dem Boden ablegen). Brütende V. bilden stets einen sog. ↑Brutfleck aus. Ihre Jungen schlüpfen entweder als Nesthocker oder Nestflüchter. Bei den Witwen und einem Teil der Kuckucke findet Brutparasitismus statt. - An Sinnesorganen steht bei den V. der Gesichtssinn im Vordergrund (Farbensehen im allg. ähnl. wie beim Menschen; Sehvermögen sonst dem Menschenauge überlegen hinsichtl. Größe des Gesichtsfeldes, z. B. bei Schnepfen, Singvögeln, und hinsichtl. der Sehschärfe, bes. bei Greifvögeln). Der gut ausgebildete Gehörsinn entspricht (mit Ausnahme der vermutl. besser hörenden Eulen) etwa dem des Menschen, wohingegen der Geruchssinn sehr schwach entwickelt ist (Ausnahme: Kiwis, Neuweltgeier). - Die Lauterzeugung erfolgt meist durch einen bes. Kehlkopf (↑Syrinx). - Unter den V. unterscheidet man bezüglich ihrer Zuggewohnheiten Standvögel, Strichvögel, Zugvögel und Teilzieher. Zu den rezenten V. gehören (neben den bereits erwähnten Gruppen) u. a. Steißhühner, Hühnervögel, Rallen, Kraniche, Trappen, Watvögel, Flamingos, Stelzvögel, Ruderfüßer, Sturmvögel, Pinguine, Steißfüße, Taubenvögel, Papageien, Nachtschwalben, Trogons, Rackenvögel, Seglerartige, Spechtvögel und Sperlingsvögel.

📖 Perrins, C.: Vogelbuch. Hamb. 1987. - Cerny, W./Drchal, K.: Welcher Vogel ist das? Stg. ⁵1984. - Grzimeks Tierleben. Bd. 7-9; V. Mchn. Neuaufl. 1984. - Nicolai, J., u. a.: Großer Naturführer der V. Mchn. 1984. - Bezzel, E.: V. Mchn. 1983-85. 3 Bde. - King, A. S., u. a.: Anatomie der V. Dt. Übers. Stg. 1978. - Hdb. der V. Mitteleuropas. Hg. v. U. N. Glutz v. Blotzheim. Wsb. 1966 ff. Bis 1986 11 Bde. erschienen. - Naturgesch. der V. Hg. v. B. Berndt u. W. Meise. Stg. 1959-66. 3 Bde.

Vogelbeerbaum, gemeinsprachl. Bez. für die Eberesche.

Vogelbeere, Bez. für die Frucht der Eberesche.

Vogeler, Heinrich, * Bremen 12. Dez. 1872, † in der Kasach. SSR 14. Juni 1942, dt. Graphiker, Maler und Kunsthandwerker. - Seit 1893 in Worpswede; schuf v. a. empfindsame Graphiken und Buchillustrationen im Jugendstil; seit 1908 auch Möbel; nach dem 1. Weltkrieg begann seine Auseinandersetzung mit kommunist. und anarchist. Gedankengut; bediente sich für seine Agitpropkunst spätexpressionist., realist. und dadaist. (Collage) Mittel; seit 1932 in der UdSSR.

Vogelerbse, svw. Vogelwicke (↑Wicke).

Vögel. 1 Körper, 2 Skelett

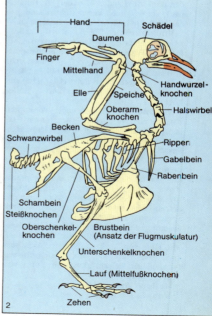

Vogelherdhöhle

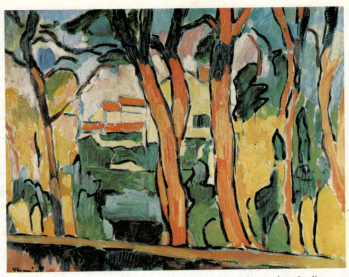

Maurice de Vlaminck,
Landschaft mit roten Bäumen
(1906). Paris,
Musée National d'Art Moderne

Vogelfeder (Feder), charakterist. Epidermisbildung der Vögel. V. sind Horngebilde von nur geringem Gewicht. Sie dienen v. a. der Wärmeisolation und sind eine notwendige Voraussetzung für das Fliegen. Man unterscheidet ↑ Dunen und bei erwachsenen Tieren über den Pelzdunen (vielästige Dunen) liegende Konturfedern (den Körperumriß, die Kontur bestimmende Federn), die in Schwungfedern, Deckfedern und Schwanzfedern unterteilt werden. Eine Konturfeder besteht aus einem *Federkiel* (Federachse, Federschaft, Rhachis, Scapus), der die *Federfahne* (Vexillum) trägt; sie ist bei den schwung- und Schwanzfedern asymmetr. ausgebildet. Die Federfahne wird aus *Federästen* (Rami) gebildet, die nach oben *(Hakenstrahlen)* gerichtete, kürzere *Federstrahlen* (Radii) tragen. Die Hakenstrahlen sind mit Häkchen *(Radioli)* besetzt, die in die Bogenstrahlen greifen (Reißverschlußprinzip), so daß die Federfahne eine geschlossene Fläche bildet. Der unterhalb der Federfahne anschließende Abschnitt des Federkiels steckt teilweise in dem in die Epidermis eingesenkten *Federbalg* und wird als *Federspule* (Calamus) bezeichnet. Die hohle Federspule enthält im Innern die Reste des bei der Federentwicklung beteiligten Unterhautbindegewebes, die sog. *Federseele.* - Die V. ist der Reptilienschuppe (nicht dem Haar der Säugetiere) homolog und entsteht wie diese aus einer Epidermisausstülpung, die sich mit ihrer Basis in die Haut einsenkt. Der innere, aus Unterhautbindegewebe bestehende Teil der Ausstülpung, die *Federpapille* (Pulpa), enthält Nerven und Blutgefäße und ernährt die sich entwickelnde Feder, die von einer zylinderförmigen Hornschicht, der *Federscheide*, umhüllt ist. In deren Innerem entsteht zunächst der Federkiel. Die Federäste werden als spiralig an der Innenwand der Federscheide verlaufende Hornleisten angelegt; das dazwischenliegende Gewebe geht zugrunde. Die Entfaltung der fertigen Feder erfolgt nach Platzen der Federscheide. Die Federn werden ein- oder zweimal im Jahr gewechselt (↑ Mauser). - Die Farben der Federn werden meist durch das Zusammenspiel von auf Interferenzerscheinungen beruhenden Strukturfarben mit den Pigmenten hervorgerufen.

Vogelfluglinie [nach der Route, der die Zugvögel folgen], Name für den südl. Abschnitt der kürzesten Eisenbahn- und Straßenverbindung zw. Mitteleuropa und der skand. Halbinsel (Eisenbahn- und Straßenbrücke über den Fehmarnsund, Straße und Bahnstrecke durch die Insel Fehmarn, Fährverbindung zw. Puttgarden und Rødbyhavn [auf Lolland]).

vogelfrei, Zustand völliger Recht- und Schutzlosigkeit. Schon in german. Zeit war der friedlose Straftäter v., niemand durfte ihn unterstützen, beherbergen, ernähren, jeder konnte ihn straflos töten.

Vogelfuß, svw. ↑ Serradella.

Vogelherdhöhle, bei Stetten ob Lontal

(Gem. Niederstotzingen) gelegene Höhle mit 3 Eingängen, 1931 ausgegraben; 9 Fundschichten des Mittel- und Jungpaläolithikums sowie des Neolithikums; bes. reiche Funde aus den Aurignacienschichten: v. a. die 12 meistens aus Mammutelfenbein geschnitzten Kleinplastiken, die zu den besten und ältesten Kunstwerken des Jungpaläolithikums gehören.

Vogelkirsche (Süßkirsche, Prunus avium), in Europa, W-Sibirien und Vorderasien heim. Rosengewächs der Gatt. Prunus; bis 20 m hoher Baum mit unterseits behaarten Blättern; Früchte der Wildform nur bis 1 cm im Durchmesser, bei der Reife schwarz, bittersüß schmeckend. Die V. wird unter der Bez. ↑Süßkirsche in den beiden Kulturformen Herzkirsche und Knorpelkirsche vielfach angepflanzt.

Vogelkophalbinsel [niederl. 'vo:xəlkɔp], Halbinsel im NW Neuguineas, Irian Jaya, rd. 360 km O–W- und 220 km N–S-Erstreckung; bis 3 000 m ü. d. M.

Vogelkunde, svw. ↑Ornithologie.

Vogelmiere ↑Sternmiere.

Vogelmilbe (Rote V., Hühnermilbe, Dermanyssus gallinae), etwa 0,75 mm lange Milbe; saugt nachts Blut, v. a. an Hühnern und Stubenvögeln.

Vogelmuscheln (Pteria), Gatt. meerbewohnender Muscheln mit stark ungleichklappigen, innen perlmutterartig glänzenden Schalen und schnabelartig verlängertem hinterem Schloßrand; im Mittelmeer die 6–8 cm lange *Pteria hirundo*.

Vogelperspektive ↑Perspektive.

Vogelsberg, Mittelgebirge in Hessen, mit rd. 2 500 km² größtes geschlossenes Basaltvorkommen Deutschlands mit etwa kreisförmigem Umfang, das sich bei radialer Entwässerung und Zertalung stufenförmig zu den umliegenden Landschaften abflacht, im Taufstein 774 m hoch. Im Ggs. zum dichtbewaldeten Oberwald ist der Untere V. (unterhalb von 500 m ü. d. M.) am Übergang zur Wetterau stärker ackerbaul. genutzt.

Vogelsbergkreis, Landkr. in Hessen.

Vogelschutz, Schutz der wildlebenden (nicht jagdbaren) Vögel (↑auch geschützte Tiere). Dazu gehören einerseits Verbote (z. B. den Fang oder Abschuß einschränkend), andererseits die Einrichtung von Nistgelegenheiten und die Bekämpfung der natürl. Feinde von Vögeln. Viele Vögel benötigen einen spezif. Lebensraum; deshalb wurden bes. Vogelschutzgebiete geschaffen, die als Regenerationsräume, Brut- und Raststätten für Vögel, aber auch für andere Tiere dienen. In der BR Deutschland gibt es über 1 000 i. d. R. nicht sehr große V.gebiete, deren Betreten gewissen Beschränkungen unterliegt.

Vogelschutzwarte, staatl. Inst., das sich (im Unterschied zur ↑Vogelwarte) dem Vogelschutz und der angewandten Vogelkunde widmet. In der BR Deutschland bestehen V. in Essen, Frankfurt am Main, Garmisch-Partenkirchen, Hamburg, Hannover, Kiel und Karlsruhe.

Vogelspinnen (Orthognatha), Unterordnung 6–100 mm langer Spinnen mit rd. 1 500, vorwiegend trop. und subtrop. Arten; gekennzeichnet durch lange Basalglieder der Kieferfühler, die den Stirnrand überragen, und durch annähernd parallel zur Körperlängsachse einschlagbare Giftklauen. Zu den V. gehören u. a. die *Eigentl. V.* (Buschspinnen, Aviculariidae): im Extremfall bis 9 cm lang, dämmerungs- und nachtaktiv, dicht braun bis schwarz behaart; laufen z. T. auf Büschen und Bäumen umher, wo sie (da sie keine Fangnetze weben) ihre Beutetiere (bes. Gliederfüßer) im Sprung bis $^{1}/_{2}$ m) überwältigen.

Vogelwarte, Inst. für wiss. Vogelkunde, das sich als „Beringungszentrale" vorwiegend mit der Aufklärung des Vogelzugs befaßt. In der BR Deutschland gibt es die *V. Helgoland* (Sitz: Wilhelmshaven) und die *V. Radolfzell,* in der DDR die *V. Hiddensee,* in Österreich die *V. Neusiedler See,* in der Schweiz die *V. Sempach.*

Vogelweide, Walther von der ↑Walther von der Vogelweide.

Vogelwicke ↑Wicke.

Vogelzug, bei vielen Vogelarten (↑Zugvögel) regelmäßige, jahreszeitlich bedingte Wanderung zw. zwei (häufig weit voneinander entfernt gelegenen) Gebieten (Brutgebiet und Winterquartier). Das Zugziel ist v. a. bei nah miteinander verwandten Vogelarten häufig durch die geograph. Lage ihrer Brutgebiete festgelegt: Die in den nördlichsten Regionen brütenden Arten ziehen am weitesten nach Süden. Entgegen der früheren Ansicht, daß der Zug auf einer schmalen Route („Zugstraße") verlaufe, weiß man heute, daß die meisten Zugvögel in breiter, mehr oder weniger lockerer Formation über Länder und Meere ziehen. Gelegentl. verdichtet sich die Formation an bestimmten geograph. Richtmarken (z. B. Küsten, Gebirge, Flüsse), die dann Leitlinien darstellen. Größere Hindernisse ohne entsprechendes Nahrungsangebot wie Meere und Wüsten werden überflogen (v. a. viele Kleinvogelarten) oder auf Umwegen umflogen (manche Großvögel). Als Auslösefaktoren für den V. kommen wahrscheinl. innere Faktoren in Betracht, wie hormonelle Einflüsse, ausgelöst durch Stoffwechseländerungen bei Lichtintensitätsab- bzw. -zunahme. Sie bewirken beim Vogel eine Zugunruhe, die das „Ziehen" einleitet. Ebenfalls noch nicht befriedigend geklärt ist, woran sich die Vögel beim V. orientieren. Tagzieher (die meisten Zugvögel) orientieren sich nach der Sonne und nach landschaftl. Richtmarken, während sich die Nachtzieher (z. B. Nachtigall, Nachtschwalben, viele Grasmücken) vermutl. v. a. nach den Sternen orientieren. Für Rotkehl-

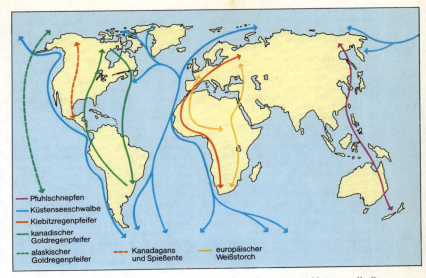

Vogelzug. Ausgewählte Beispiele

chen und Dorngrasmücke wurde nachgewiesen, daß für sie das Magnetfeld der Erde richtungweisend ist.

☐ *Schmidt-Koenig, K.: Das Rätsel des V.* Bln. 1986. - *Avian navigation.* Hg. v. F. Papi u. H. G. Wallraff. Bln. u.a. 1982. - *Curry-Lindahl, K.: Das große Buch vom V.* Hamb. u. Bln. 1982.

Vogesen (früher dt. Wasgenwald; frz. Vosges), Mittelgebirge in O-Frankreich, erstreckt sich über 125 km am W-Rand des Oberrhein. Tieflands. Die Begrenzung gegen den Pfälzer Wald bildet die Zaberner Steige, im W wird der vielfach bewaldete Buntsandstein noch zu den V. gerechnet, die Grenze also vom Muschelkalk bestimmt. Markant ist der durch Bruchstörungen und Flexuren bedingte, zum Oberrheingraben abfallende O-Rand der V., an deren Fuß es zur Ausbildung einer Vorbergzone kam (Hauptweinbaugebiet des Elsaß). Von ähnl. Beschaffenheit ist der S-Abfall zur Burgund. Pforte. In den südl. V. liegen die Hauptmassive mit Großem Belchen (1 423 m ü.d.M.), Hohneck (1 362 m) und Elsässer Belchen (1 247 m). Der Hauptkamm, der vom Donon (1 008 m) in den nördl. V. über den Hohneck zum Elsässer Belchen verläuft, bildet die Wasserscheide zw. Rheinzuflüssen und den auf der W-Abdachung entspringenden Flüssen Meurthe und Mosel bzw. Saône mit ihren Einzugsgebieten. Spuren pleistozäner Vergletscherungen tragen v.a. die niederschlagsreichen W-V., in denen ausgedehnte Talgletscher Trogformen schufen und Endmoränen ablagerten; die O-Seite weist v.a. Kare auf. Durch Stau im W steigen die Niederschläge bis zum Hauptkamm von etwa 1 000 mm auf 1 960 mm an, wogegen die Leeseite um 500 mm Jahresniederschlag (bei Colmar) empfängt. Die natürl. Vegetation besteht oberhalb einer Fußstufe mit Buchen ab 400/600 m aus Tannen-Buchen-Wald, der bei 1 000 m ü.d.M. in einen Buchen-Fichten-Bergahorn-Mischwald übergeht. Die Gipfellagen sind, soweit sie nicht kümmerwüchsige Buchenbestände tragen, auf Grund der Weidewirtschaft waldfrei bzw. von sumpfigen und vertorften Gebieten eingenommen. - Die Besiedlung ging von den am Rand gelegenen Klöstern aus; von Münster her erreichte die Rodung wohl bereits im 10. Jh. das Geb. des Hauptkammes. Ein bes. Charakteristikum sind vielerorts von Lesesteinmauern umrandete private Besitzparzellen, die aus Allmendland ausgesondert wurden. Die Dauersiedlungen reichen maximal bis in 1 000 m Höhe, darüber liegen jedoch zahlr. im Rahmen der rückläufigen Almwirtschaft zeitweise bewohnte Siedlungen. Im gewerbl. Sektor haben sich die V. - abgesehen von der Holzind. - zu einem bed. Textilind.- und Fremdenverkehrsgebiet entwickelt.

☐ *Frankenberg, P.: Schwarzwald u. V.* Bonn 1979. - *Eller, J.-P. v., u.a.: Vosges, Alsace.* Paris 1976.

Vogler, Georg Joseph, genannt Abbé V., * Würzburg 15. Juni 1749, † Darmstadt 6. Mai 1814, dt. Komponist und Musiktheoretiker. - In Rom zum Priester geweiht; gründete 1776 die Mannheimer Tonschule; 1784 Hofkapellmeister in München, 1786 in Stockholm, 1807 in Darmstadt. Erregte Aufsehen durch Improvisationen auf der Orgel und seinem transportablen „Orchestrion". Seine Kompositionen gehören zur Mannheimer Schule. Größere Bed. als Musikschriftsteller, u. a. „Tonwiss. und Tonsetzkunst" (1776) und „Betrachtungen der Mannheimer Tonschule" (1778–81).

Vogt [fo:kt], Alfred, * Menziken 31. Okt. 1879, † Oberägeri (Kanton Zug) 10. Dez. 1943, schweizer. Augenarzt. - Prof. in Basel und Zürich; bed. Arbeiten zur mikroskop. Augenuntersuchung mit der Spaltlampe und zur Entstehung der Augenkrankheiten.

V., Oskar, * Husum 6. April 1870, † Freiburg im Breisgau 31. Juli 1959, dt. Neurologe. - Prof. in Berlin und Direktor des dortigen Kaiser Wilhelm-Inst. für Hirnforschung. 1937 gründete er das Inst. für Hirnforschung und Allg. Biologie in Neustadt im Schwarzwald. Seine Arbeiten betreffen die Hirnforschung und die Psychiatrie (bes. Hypnoseforschung), die Pathologie des Gehirns und die Bestimmung von Zentren der Großhirnrinde.

Vogt [entlehnt aus lat. (ad)vocatus „Sachwalter"], 1. (Advocatus ecclesiae) im MA Vertreter von Klerikern oder kirchl. Institutionen in weltl. Angelegenheiten, insbes. vor Gericht; mit der allmähl. Übernahme der hohen Gerichtsbarkeit Übergang zur grafengleichen *Hochvogtei* (Edel-, Herrenvogtei). Im Spät-MA brachten die dt. Fürsten zahlr. Vogteien an sich; die **Vogtei**, Inbegriff der Rechte des Vogteiherrn, wurde so zum wichtigen Element bei der Ausbildung der Landesherrschaft; 2. (Reichsvogt) in bestimmten Gebieten des Reiches ministerial. Reichsbeamter, der seit dem 12. Jh. das Reichsgut verwaltete.

Vogtland, Bergland zw. Frankenwald im W, Fichtelgebirge im S und Erzgebirge im SO, BR Deutschland, DDR und ČSSR. Das V. ist eine wellige, sich nach N in Staffeln von etwa 800 m auf 350 m abdachende Hochfläche, im Aschberg 936 m hoch. Saale, Weiße Elster und ihre Nebenflüsse haben das V. in tiefen, steilwandigen Tälern zerschnitten. Anbau von Gerste, Roggen, Kartoffeln; der S ist stärker bewaldet. Die Ind. (Musikinstrumente, Textilind., Maschinen- und Fahrzeugbau) entstand aus Holzverarbeitung und Hausweberei.

Geschichte: Das V., lat. **Terra advocatorum**, wurde seit dem 6. Jh. von Sorben besiedelt, seit den Ottonen allmähl. ins Reich einbezogen. In der Stauferzeit wurde der umfangreiche Reichsbesitz von Ministerialen verwaltet; von diesen gelang einem Geschlecht, das sich vor 1209 Vögte von Weida nannte (Vogttitel nicht eindeutig zu erklären), der Aufstieg zur Landesherrschaft. Durch Erbteilungen zersplittert; im 16. Jh. zum größten Teil in den sächs. Kurstaat eingegliedert (1577 vogtländ. Kreis).

Vögtle, Anton [ˈføːktlə], * Vilsingen (= Inzigkofen, Landkr. Sigmaringen) 17. Dez. 1910, dt. kath. Theologe. - Prof. in Freiburg im Breisgau; Vorsitzender des Kath. Bibelwerkes; gehört zu den bedeutendsten kath. Exegeten der Gegenwart, v. a. durch seine Arbeiten zur Jesusforschung und zur Entmythologisierung. - *Werke:* Das N. T. und die neuere kath. Exegese. Teil I (1966), Das N. T. und die Zukunft des Kosmos (1970), Messias und Gottessohn (1971), Offenbarungsgeschehen und Wirkungsgeschichte (1985).

Vogüé, Eugène Melchior Vicomte de [frz. vɔˈgye], * Nizza 24. Febr. 1848, † Paris 24. März 1910, frz. Schriftsteller. - Gegner des Naturalismus; trug entscheidend dazu bei, die russ. Literatur des 19. Jh. in Frankr. bekanntzumachen. Verfaßte Reisebeschreibungen, Erinnerungen, idealist. Romane und Erzählungen („Wintermärchen", 1885); 1888 Mgl. der Académie française.

Vohrer, Alfred [ˈfoːrər], * Stuttgart 29. Dez. 1918, † München 3. Febr. 1986, dt. Filmregisseur. - Drehte Filmserien nach Romanen von E. Wallace, K. May und J. M. Simmel, seit 1978 auch Serien für das Fernsehen (u. a. „Die Schwarzwaldklinik", 1985/86).

Voice of America [engl. ˈvɔɪs əv əˈmerɪkə „Stimme Amerikas"], der ICA (bis 1978 United States Information Agency) unterstellte Rundfunkanstalt der USA, die mit Sendestationen im In- und Ausland (v. a. auf Kurzwelle) Hörfunksendungen in 35 Sprachen ausstrahlt (insbes. an das Publikum in der Dritten Welt und in kommunist. Staaten gerichtet).

Voiculescu, Vasile [rumän. vojkuˈlesku], * Pîrscov (Buzău) 9. Dez. 1884, † Bukarest 27. April 1963, rumän. Schriftsteller. - Prof. für Medizin; künstler. Leiter des Bukarester Rundfunks; nach 1945 polit. Haft und Zwangsarbeit. Gilt mit seiner religiösen Lyrik und phantast. Erzählungen („Mag. Liebe", dt. Auswahl 1970) als einer der bedeutendsten Dichter Rumäniens seiner Zeit.

Voigt [fo:kt], Wilhelm, * Tilsit 13. Febr. 1849, † Luxemburg 3. Jan. 1922, der „Hauptmann von Köpenick". - Schuhmacher; wurde nach Verbüßung einer Strafe durch polizeil. Maßnahmen „wieder auf den Weg des Verbrechens gedrängt" (Urteilsbegründung) und beging jenen „Handstreich" († Köpenickiade), durch den er weltberühmt wurde. Zu 4 Jahren Gefängnis verurteilt, nach rund 2 Jahren begnadigt.

V., Woldemar, * Leipzig 2. Sept. 1850, † Göttingen 13. Dez. 1919, dt. Physiker. - Prof. in Königsberg (Pr) und Göttingen. Trug wesentl. zur Entwicklung der Kristallphysik bei („Die fundamentalen physikal. Eigenschaften der Kristalle", 1898); weitere bed. Arbeiten betreffen die „Magneto- und Elektrooptik" (1908) und die Absorption, Brechung, Dispersion und Reflexion von Licht.

Voigt-Diederichs, Helene [fo:kt], * Gut

Marienhof bei Eckernförde 26. Mai 1875, † Jena 3. Dez. 1961, dt. Lyrikerin und Erzählerin. - 1898–1911 ∞ mit dem Verleger E. Diederichs; Volksleben und Menschen Schleswig-Holsteins stehen im Mittelpunkt ihrer herbrealist., psycholog. fundierten Erzählungen und Romane ("Waage des Lebens", 1952).

voilà [frz. vwa'la; frz.], sieh da!; da ist ..., da sind ...

Voile [vo'a:l; lat.-frz.], meist leinwandbindiges, sehr poröses Gewebe aus feinfädigen Voilegarnen; u. a. für Blusen, Kleider, Vorhänge.

Voith-Schneider-Propeller [fɔyt; nach der Herstellerfirma J. M. Voith GmbH (Heidenheim an der Brenz) und dem östr. Feinmechaniker und Erfinder E. L. Schneider, * 1894] ↑ Schiff (Aufbau des Schiffes).

Voitsberg ['fɔyts...], östr. Bez.hauptstadt in der westl. Mittelsteiermark, 394 m ü. d. M., 10 900 E. Glashütte, Pumpen-, Röhren- und Maschinenbau; Braunkohlentagebau. - Entstand 1200 als Straßenmarkt im Schutz einer nach 1170 erbauten Burg; um die Mitte des 13. Jh. (1245?) Stadtrecht; entwickelte sich zur bed. Handelsstadt. - Roman.-spätgot. Kirche zum hl. Michael (13.–15. Jh.), ehem. barocke Karmelitenkirche (1690–1708), Burgruine Obervoitsberg (12. Jh.).

Voiture, Vincent [frz. vwa'ty:r], * Amiens 24. Febr. 1598, † Paris 24. (25.?) Mai 1648, frz. Schriftsteller. - 1639 Haushofmeister des frz. Königs; Mgl. der Académie française seit ihrer Gründung (1634); Verfasser stilist. glänzender Briefe (hg. 1650).

Vojnović, Ivo Graf [serbokroat. ˌvɔjnɔvitɕ], * Dubrovnik 9. Okt. 1857, † Belgrad 30. Aug. 1929, kroat. Schriftsteller. - 1907–14 Dramaturg des Nationaltheaters in Zagreb; schrieb [symbolist.], psycholog. durchgeformte Novellen und Dramen mit nat. Thematik über allg. menschl. Probleme.

Vokabel [lat.], Einzelwort, bes. einer Fremdsprache.

Vokabular [lat.], 1. alphabet. oder nach Sachgebieten geordnetes Wörterverzeichnis; 2. Wortschatz.

Vokal [zu lat. vocalis „tönend, stimmreich"] (Selbstlaut, Freilaut), im Ggs. zum Konsonanten ein ↑ Laut, bei dessen Artikulation die Atemluft verhältnismäßig ungehindert ausströmt. In vielen Sprachen sind die V. silbenbildende Laute und Träger der prosod. Merkmale (Akzent, Tonhöhe u. a.). An der Artikulation sind v. a. Zungenrücken und Lippen beteiligt; entsprechend der Zungenhorizontallage (vorn, zentral, hinten) und der Zungenvertikallage (hoch, fasthoch usw.) werden die V. im sog. V.viereck angeordnet.

Vokalharmonie, Beeinflussung eines Vokals durch einen anderen, z. B. althochdt. *gibirgi* („Gebirge") aus *gabergi*. Als wichtiges Lautgesetz der ural., altaischen und paläosibir. Sprachen bezeichnet V. die Angleichung eines Suffixvokals in seiner Qualität an den Vokal der Stamm- oder Wurzelsilbe.

Vokalisation (Vokalisierung) [lat.], in der Sprachgeschichte die Verwandlung eines Konsonanten in einen Vokal, z. B. *l* zu *u* (lat. *alba* zu frz. *aube* [„Morgendämmerung"]).

Vokalise [lat.-frz.], Gesangsübung auf Vokale oder Silben; in neuerer Musik auch kompositor. verwendet. - ↑ auch Scat.

Vokalmusik, die von Singstimmen solist. oder chor., ein- oder mehrstimmig, mit oder ohne Begleitung von Instrumenten ausgeführte Musik. Sie ist im Unterschied zur ↑ Instrumentalmusik stets an Sprache gebunden und im Laufe ihrer Geschichte mehr oder weniger von den Prinzipien des Musikalischen und des Sprachlichen geprägt. Sie hatte ihren Höhepunkt in der klass. Vokalpolyphonie Palestrinas mit ihrer teilweise rein vokalen Ausführung und der vollkommenen Ausgewogenheit des sangl. und klangl. Moments im musikal. Satz. Danach setzte sich die Trennung von Vokal- und Instrumentalstil durch, die erst in der elektron. Musik vollends aufgehoben wurde.

Vokalverschleifung, svw. ↑ Synizese.

Vokation [lat.], in den ev. Kirchen die „Berufung" (Bevollmächtigung) seitens der Kirchenbehörde zur Erteilung von Religionsunterricht und zum Abhalten von Gottesdiensten; ihr entspricht in der kath. Kirche in etwa die ↑ Missio canonica.

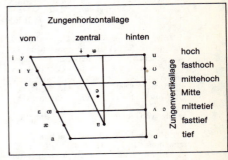

Vokalviereck

Vokativ [lat., zu *vocare* „rufen"] (Anredefall), Kasus v. a. in älteren indogerman. Sprachen (u. a. Lat., Griech., Sanskrit), der dem direkten Anruf und der Anrede eines Wesens dient und oft mit einer Interjektion (z. B. *o Herr!*) verbunden ist; da es eigene Formen für den V. nur teilweise gab, ist er allmähl. fast vollständig durch den Nominativ (Anredenominativ) ersetzt worden.

Vol., Abk. für: Volumen.

Vol.-%, Abk. für: Volumenprozent.

Volans [lat.] ↑ Sternbilder (Übersicht).

Volant [vo'lã:; lat.-frz., eigtl. „fliegend"],

Stoffstreifen, der an einer Seite angekraust und als Besatz auf- oder angesetzt wird; u. a. bei der Damenkleidung, z. B. bei weiten Rökken, als Ärmelabschluß oder anstelle eines Kragens.
◆ Lenkrad, Steuerrad eines Kraftwagens.

Volapük [Kw. aus vol (von engl. world) „Welt" und pük (von engl. speak) „Sprache"], 1879 von dem dt. Geistlichen J. M. Schleyer (* 1831, † 1912) geschaffene, v. a. Ende des 19. Jh. verbreitete ↑ Welthilfssprache.

Volcánica, Cordillera [span. kɔrði'jera βol'kanika], O-W streichende, transkontinentale Vulkanzone in Mexiko, bildet den S-Rand des zentralmex. Hochlandes, im Citlatépetl 5 700 m hoch. In 1 900–2 400 m Höhe befinden sich mehrere von Seeablagerungen erfüllte Hochbecken, Kernlandschaften alter mex. Kulturen. Die C. V. empfängt trop. Sommerregen und weist relativ niedrige Temperaturen auf.

Volendam [niederl. vo:lɑnˈdɑm] ↑ Edam.

Volhard, Franz [ˈfɔl...], * München 2. Mai 1872, † Frankfurt am Main 24. Mai 1950, dt. Internist. - Prof. in Halle/Saale und Frankfurt am Main; Arbeiten zur Pathologie der Nieren und des Herzens.

Voliere [lat.-frz.], bes. großer Vogelkäfig, in dem Vögel auch frei fliegen können.

Volk, Hermann, * Steinheim am Main 27. Dez. 1903, dt. kath. Theologe und Kardinal (seit 1973). - 1946–62 Prof. für Dogmatik in Münster; 1962–82 Bischof von Mainz; Mgl. der Glaubenskongregation und des Sekretariats für die Einheit der Christen. - † 1. Juli 1988.

Volk, durch gemeinsames kulturelles Erbe und histor. Schicksal gekennzeichnete Lebensgemeinschaft von Menschen. Der Begriff wird oft im Sinn von Nation oder Staats-V. verwendet, ist aber nicht notwendig damit identisch; wesentl. ist das Gefühl innerer, meist auch äußerer (räuml.) Zusammengehörigkeit. Das Staats-V. ist in Demokratien Träger der verfassung- und gesetzgebenden Gewalt.

Volkach [ˈfɔlkax], Stadt am linken Mittelmainufer, Bay., 204 m ü. d. M., 8 000 E. Dt. Akad. für Kinder- und Jugendliteratur; Marktort. - 906 erstmals erwähnt, 1258 als Stadt bezeichnet; verdankte seine frühe Bed. dem Weinbau und einer Zollstätte. - Spätgot. Bartholomäuskirche (15. Jh.; 1754 barockisiert); spätgot. Wallfahrtskirche Sankt Maria im Weingarten (Mitte 15. bis Anfang 16. Jh.) mit Rosenkranzmadonna von T. Riemenschneider (1521–24); Renaissancerathaus (1544 ff.) und Wohnhäuser des 16.–18. Jh.; Türme der Stadtbefestigung (16. Jh.). Nahebei die Hallburg mit Bergfried (13. Jh.), got. Kapelle (14. oder 15. Jh.) und Renaissancebauten.

Volker [ˈfɔlkər], männl. Vorname (zu althochdt. folc „Haufe, Kriegerschar, Volk" und heri „Heer").

Volker von Alzey [ˈfɔlkər], Held des Nibelungenlieds; Ritter und Spielmann, neben Hagen der stärkste und tapferste der burgund. Helden; wird nach vielen Kämpfen am Hof Etzels von Hildebrand getötet.

Völkerball, Wurfballspiel zw. 2 Mannschaften zu je 5–20 Spielern, die versuchen, die Mgl. der gegner. Mannschaft mit einem Ball abzuwerfen; wer getroffen wird (ohne den Ball zu fangen), muß das Spielfeld verlassen, kann sich aber von außerhalb weiterhin am Abwerfen beteiligen. Sieger ist, wer zuerst alle gegner. Spieler abgeworfen hat.

Völkerbund (frz. Société des Nations, engl. League of Nations), die von 1920–46 bestehende internat. Organisation der Staaten; angeregt durch Vorstellungen über eine allg. Friedensorganisation nach den Haager Konferenzen von 1899 und 1907 und dem Vorschlag des US-Präsidenten Wilson in seinen Vierzehn Punkten vom 8. 1. 1918. Oberste **Organe** waren die in Genf tagende *Bundesversammlung,* in der jedes Mgl. eine Stimme besaß, sowie der *V.rat,* dem die Hauptmächte (Großbrit., Frankr., Italien bis 1937, Japan bis 1933, Deutschland 1926–33 und UdSSR 1934–39) als ständige Mgl. und zuletzt 9 nichtständige, jeweils auf 3 Jahre gewählte Mgl. angehörten. Das *Sekretariat* in Genf wurde vom Generalsekretär geleitet (1920–33 J. E. Drummond, Earl of Perth [* 1876, † 1951], 1933–40 J. Avenol [* 1879, † 1952]).

Die Satzung vom 28. 4. 1919 (**Völkerbundakte**) war Bestandteil der Pariser Friedensverträge von 1919/20. Mgl. waren urspr. die 32 Siegermächte des 1. Weltkrieges und 13 neutrale Staaten. Die USA, die den Plan zur Bildung des V. am eifrigsten verfochten hatten, traten dem V. nicht bei und belasteten damit dessen Ansehen erheblich. Durch den Beschluß des amerikan. Senats 1919/20 kehrten sie zum Isolationismus im Sinne von Bündnisfreiheit zurück, ohne indessen auf eine aktive Außenhandelswirtschaft mit entsprechender polit. Einflußnahme zu verzichten. Weitere Staaten konnten mit Zweidrittel-Mehrheitsbeschluß aufgenommen werden (so u. a. Deutschland 1926, UdSSR 1934). Austritt war nach zweijähriger Kündigung möglich. Die Mitgliedsstaaten verpflichteten sich zur Ausarbeitung eines Abrüstungsplans sowie zur Wahrung der territorialen Integrität und polit. Unabhängigkeit. Für Streitfragen wurde ein Schiedsgerichtsverfahren vereinbart. Art. 16 der Satzung bestimmte Sanktionen gegen ein kriegsverursachendes Mitglied. Kolonien und Territorien, die sich noch nicht selbst verwalten konnten (z. B. ehem. dt. Kolonien), wurden als V.-Mandate verwaltet. Für die verschiedenen Aufgaben wurden mehrere *Hilfsorgane* geschaffen: Hoher Kommissar für Danzig, Regierungskommission für das Saargebiet, Kommissionen zur Bekämpfung

Völkerrecht

der Sklaverei, für soziale Fragen und für Flüchtlingsschutz, Internat. Gerichtshof in Den Haag, Internat. Arbeitsorganisation. Der V. konnte auf humanitärem Gebiet Bedeutendes leisten, scheiterte aber bei der Erhaltung des internat. Friedens und der territorialen Integrität der Mitgliedsländer stets dann, wenn Interessen von Großmächten berührt waren (jap. Expansion gegen China ab 1931, italien. Einfall in Äthiopien 1935 und Zerschlagung der ČSR 1938/39 durch Hitler). Erfolgreich war die Schlichtung bei den Konflikten um Wilna 1920, Korfu 1923 und Mosul 1925. Mehrere Austrittserklärungen schwächten die Position des V. (z. B. Brasilien 1928, Japan und Dt. Reich 1933, Italien 1937). Als einziger Staat wurde die UdSSR 1939 wegen des Überfalls auf Finnland vom V. ausgeschlossen. Die polit. Ohnmacht des V. wurde in dessen Einflußlosigkeit bei Ausbruch und Verlauf des 2. Weltkrieges deutlich. Nach Kriegsausbruch arbeiteten lediglich die wirtsch. und sozialen Organisationen des V. dank der Unterstützung der USA und Kanadas weiter. Nach Gründung der UN beschloß der V. am 18. April 1946 seine Auflösung.
📖 *The League of Nations in retrospect.* Bln. u. New York 1983. - *Sharma, S. K.: Der V. u. die Großmächte.* Ffm. 1978. - *Pfeil, A.: Der V.* Darmst. 1976.

Völkergewohnheitsrecht, die durch eine gleichmäßige und konstante Übung (Staatenpraxis) sowie durch die Anerkennung dieser Übung als Recht entstandenen Rechtssätze des ↑ Völkerrechts. Neben dem *universellen V.* (z. B. die Freiheit der Meere) gibt es *regionales* oder *partikulares V.,* das nur für eine Gruppe von Staaten gilt, sowie *bilaterales V.,* das nur auf die gegenseitigen Beziehungen zweier Staaten Anwendung findet (z. B. hinsichtl. des Grenzverlaufs in einem Fluß). V. kann durch die Etablierung einer gegenteiligen Praxis (lat. desuetudo) außer Kraft treten, nicht aber durch einseitige Handlungen oder Verträge einzelner Staaten.

Völkerkunde, svw. ↑ Ethnologie.

Völkermarkt, östr. Bez.hauptstadt in Unterkärnten, 25 km östl. von Klagenfurt, 462 m ü. d. M., 10 800 E. Herstellung von opt. Geräten, Betonfertigteilen und Hemden. - 1105 erstmals erwähnt, Marktsiedlung, 1254 Stadtrecht. - Spätgotische Stadtpfarrkirche (15. Jh.) mit spätroman. W-Türmen des Vorgängerbaus; Altes Rathaus (1499). Außerhalb der Altstadt roman. Pfarrkirche Sankt Ruprecht (11./12. Jh.).

Völkermord (Genocidium, Genozid), im 20. Jh. entwickelter Begriff, der i. e. S. die vollständige oder partielle, direkte oder indirekte phys. Ausrottung von nat., ethn., rass., religiösen oder sozialen Gruppen umfaßt; i. w. S. auch Maßnahmen, die die Existenz und Eigenständigkeit von Gruppen in Frage stellen (kultureller V.). Als histor. Phänomen ist V. von der Antike an belegt. In der Neuzeit wurde V. begangen v. a. im Zusammenhang mit der kolonialen Expansion Europas (z. B. von den Europäern an den Indianern), in Verbindung mit der Entkolonisation (von verschiedenen ethn. Gruppen untereinander, die auf Grund der kolonialzeitl. Grenzziehung in einem Staat leben; z. B. in Biafra, Bangladesch u. a.) sowie während des 1. und 2. Weltkriegs (Massenmorde an den Armeniern durch die Türken, nat.-soz. Rassenpolitik [↑ auch Wannseekonferenz], v. a. die Judenverfolgung [↑ Holocaust]). Die Verfolgung der assyr. Christen im Irak löste 1933 den Entwurf einer Konvention über die Bestrafung bestimmter Akte der Barbarei aus. Das Statut für den internat. Militärgerichtshof vom 8. Aug. 1945 (↑ Nürnberger Prozesse) fixierte erstmals positivrechtl. den Tatbestand des Völkermordes. Am 9. Dez. 1948 nahm die Generalversammlung der UN (bei Nichtteilnahme Südafrikas) einstimmig die *Konvention über die Verhütung und Bestrafung des Völkermordes* an, die den V. als ein Delikt wider das Völkerrecht deklarierte, aber den sog. kulturellen V. nicht erfaßte. Die Konvention verpflichtete die Vertragsstaaten, V. unter Strafe zu stellen. Dem entsprach die BR Deutschland 1954 durch die Schaffung des § 220 a StGB. Danach wird mit lebenslanger Freiheitsstrafe bestraft, wer in der Absicht, eine nat., rass., religiöse oder ethn. Gruppe zu zerstören, 1. Mgl. der Gruppe tötet; 2. ihnen schwere körperl. oder seel. Schäden zufügt; 3. die Gruppe unter Lebensbedingungen stellt, die geeignet sind, deren körperl. Zerstörung ganz oder teilweise herbeizuführen; 4. Geburten innerhalb der Gruppe verhindert; 5. Kinder der Gruppe gewaltsam in eine andere Gruppe überführt. Das Verbrechen des V. verjährt nicht.
📖 *Jaspers, K.: Die Schuldfrage. Für V. gibt es keine Verjährung.* Mchn. 1979. - *Die indian. Verweigerung.* Hg. v. M. Münzel. Rbk. 1978.

Völkerpsychologie (Ethnopsychologie), von dem dt. Philosophen M. Lazarus (* 1824, † 1903) und dem Sprachwissenschaftler H. Steinthal 1860 begründete psycholog. Disziplin mit der Aufgabe, komplexe psych. Vorgänge und Entwicklungen aus der Vielfalt geistiger Produkte (Sprache, Kunst, Recht, Brauchtum usw.) der Völker zu erschließen. Die V. sollte nach W. Wundt („Völkerpsychologie", 10 Bde., 1900–1920) als „Gemeinschaftspsychologie" eine Ergänzung der [individuellen] experimentellen Psychologie sein; verlor bald ihre Bedeutung.

Völkerrecht, die Gesamtheit der durch Vertrag oder Völkergewohnheitsrecht begründeten Rechtssätze, die die Rechte und Pflichten der Staaten und anderer Völkerrechtssubjekte in Anerkennung ihrer Existenz und Integrität regeln. Das röm. *Jus gentium* umfaßte nicht nur das zwischenstaatl. Recht,

völkerrechtliches Delikt

sondern auch das Recht im Verkehr mit Ausländern. Das moderne V. hat seine Wurzeln im europ. MA; es entstand mit der Herausbildung der souveränen Territorialstaaten. Bis zum 19. Jh. war es ein regionales christl. europ. V., dem nur die christl. Staaten Europas und der Heilige Stuhl, später auch die amerikan. Staaten unterworfen waren. Erst im Pariser Frieden von 1856 wurde das Osman. Reich als erster nichtchristl. Staat in das europ. Völkerrecht aufgenommen. Zur Zeit der Gründung des Völkerbundes erweiterte sich der Geltungsbereich des V. auf fast alle existierenden Staaten der Erde. Es war damit zum universellen V. geworden.

Im Ggs. zum innerstaatl. Recht wird das V. weder von einem zentralen Gesetzgebungsorgan erzeugt und durch eine zentrale Gewalt durchgesetzt, noch durch eine vom Willen der Streitteile unabhängige Gerichtsbarkeit ausgelegt. Da es sich in erster Linie an souveräne Rechtsgemeinschaften wendet, kann es nur durch das Zusammenwirken dieser Rechtsgemeinschaften geschaffen, ausgelegt und ausgeführt werden. Das Fehlen überstaatl. Organe zur Rechtsetzung und Rechtsdurchsetzung ist Wesensmerkmal des V., das im Ggs. zum staatl. Herrschaftsrecht (Subordinationsrecht) Koordinationsrecht ist. Die Anwendung völkerrechtl. Normen, d. h. die Verbindlichkeit des V., wird durch das Prinzip der Gegenseitigkeit gesichert. Die internat. Gerichtsbarkeit († Schiedsgerichtsbarkeit) spielt eine untergeordnete Rolle. Ein bes. gesetzgebendes Organ wird ersetzt durch internat. multilaterale Konferenzen, deren Beschlüsse jedoch nur empfehlenden Charakter haben. Ungewisses oder umstrittenes Recht wird kompensiert durch völkerrechtl. Verträge, das Instrument der Anerkennung (Festlegung des rechtl. unsicheren Tatbestandes mit verbindl. Kraft für den anerkennenden Staat) sowie durch den Grundsatz der Effektivität, wonach eine tatsächl. Situation dann als gegeben angesehen, d. h. ihr rechtl. selbständige Bedeutung beigemessen wird, wenn sie sich in der Welt der Tatsachen als dauerhaft und wirksam erwiesen hat. Das allg. V. der nichtorganisierten Staatengemeinschaft, das sog. traditionelle oder klass. V., war ein bloßes Recht der Koexistenz, indem es die staatl. Souveränitätsbereiche in räuml., zeitl., persönl. und sachl. Hinsicht voneinander abgrenzte. Das auch heute noch fortgeltende klass. V. wird insbes. von den Staaten der Dritten Welt in Frage gestellt; v. a. seit Geltung der Charta der UN durch ein rasch wachsendes V. der Kooperation ergänzt, das die Staaten auf bilateraler, regionaler und universaler Ebene unter Beteiligung internat. Organisationen zu einem positiven Zusammenwirken verpflichtet. Das V. hat hierarchisch einen höheren Rang als das Landesrecht, muß aber, um innerstaatl. verbindl. zu sein, durch staatl. Hoheitsakt in die jeweilige nat. Rechtsordnung aufgenommen worden sein.

Bis Anfang dieses Jh. umfaßte das V. v. a. die Regeln über Gebietserwerb, völkerrechtliches Delikt, Seerecht († Seerechtskonferenzen), Kriegsrecht und das Recht der Neutralität. Seither umspannt das V. alle Bereiche der zwischenstaatl. Beziehungen (z. B. Menschenrecht, Weltraumrecht, das Recht der internat. Organisationen, insbes. der UN, Gewaltverbot, Verbot der Intervention, Selbstbestimmungsrecht).

📖 *Seidl-Hohenveldern, I.: V.* Köln ⁵1984. - *Verdross, A./Simma, B.: Universelles V.* Bln. ²1981. - *Berber, F.: Lehrbuch des V.* Mchn. ²1969–77. 3 Bde. - *Wörterbuch des V.* Begr. v. K. Strupp. Hg. v. H.-J. Schlochauer. Bln. ²1960–62. 3 Bde. u. Registerband.

völkerrechtliches Delikt, die einem Staat oder sonstigen Völkerrechtssubjekt zuzurechnende Handlung oder Unterlassung, die gegen eine Norm des Völkerrechts verstößt. Ein v. D. verpflichtet dem verletzten Staat gegenüber zur Wiedergutmachung, durch die so weit wie möglich alle Folgen des Delikts zu beseitigen sind. Wird ein v. D. gegen eine Privatperson begangen, steht der Wiedergutmachungsanspruch nur ihrem Heimatstaat zu, der ihn im Wege des diplomatischen Schutzes geltend machen kann.

völkerrechtliche Verträge, ausdrückl. oder stillschweigend zustande gekommene Willenseinigungen zw. zwei oder mehreren Staaten oder anderen Völkerrechtssubjekten, in denen sich diese zu bestimmten Leistungen, Duldungen oder Unterlassungen völkerrechtl. verpflichten. Das Recht der v. V. beruht auf Völkergewohnheitsrecht (insbes. der Satz: Pacta sunt servanda [„Verträge sind zu halten"]) und allg. Rechtsgrundsätzen (z. B. der Grundsatz von Treu und Glauben, das Verbot des Rechtsmißbrauchs), die für zwischenstaatl. Verträge in der Wiener Konvention über das Recht der v. V. vom 22. 5. 1969 kodifiziert sind.

Jeder Staat ist befähigt, v. V. abzuschließen. Welche Organe zum Vertragsschluß, d. h. zur völkerrechtl. Vertretung berechtigt sind, ergibt sich aus der jeweiligen innerstaatl. Rechtsordnung. Bei Staatsoberhäuptern, Regierungschefs und Außenministern besteht eine Vermutung für die völkerrechtl. Vertretungsbefugnis (die Nichterfüllung eines Vertrages kann nicht durch Berufung auf entgegenstehendes innerstaatl. Recht gerechtfertigt werden). Die BR Deutschland wird vom Bundespräsidenten völkerrechtl. vertreten, der sein Vertretungsrecht jedoch nur mit Zustimmung der Regierung ausüben kann (Art. 59 GG). Der Vertragsabschluß besteht aus der Annahme des Textes, seiner Authentifizierung, Unterzeichnung, eventuell Paraphierung und aus der Ratifikation. Abschluß und Inkrafttreten

Völkerwanderung

eines Vertrages fallen nicht notwendig zusammen.

Völkerrechtssubjekt, natürl. oder jurist. Person, die Träger von völkerrechtl. Rechten und Pflichten sein kann. Ursprüngl. waren nur souveräne Staaten V., im Lauf der Geschichte haben sich aber zur Erfüllung neuer Bedürfnisse des internat. Lebens weitere V. gebildet, so z. B. der Apostolische Stuhl und seit Ende des 19. Jh. zahlreiche internat. Organisationen. Auch Einzelpersonen sind in begrenztem Umfang V. († Menschenrechtskonventionen). I. e. S. sind V. auch heute im wesentl. nur Staaten, da sie befugt sind, völkerrechtl. Normen zu setzen und damit Rechte und Pflichten des Völkerrechts zu begründen.

Völkerschlacht bei Leipzig † Leipzig (Geschichte).

Völkerschlachtdenkmal, in Leipzig 1898–1913 errichtetes Ehrenmal zum Gedächtnis an die Völkerschlacht von 1813.

Völkerwanderung, Bez. für Wanderungen german. Stämme im 3.–6. Jh., die im Zusammenhang mit Krise und Untergang des Weström. Reiches sowie dem Übergang zum ma. Europa gesehen werden.

Die sog. **1. Völkerwanderung** wurde durch die Wanderung (Ende des 2. Jh.) der Goten zum Schwarzmeerraum ausgelöst und kam gegen Ende des 3. Jh. weitgehend zum Stillstand. Das entscheidende Stadium (sog. **2. Völkerwanderung**) wurde erst mit dem Einbruch der Hunnen in Europa erreicht (375 Unterwerfung der Ostgoten). Der durch Ulfilas christianisierte Teil der Westgoten unter Frithigern wurde von Kaiser Valens in Mösien aufgenommen. Nach der Niederlage des Kaisers gegen die Westgoten bei Adrianopel (378) zogen sie unter Alarich (⚰ 395–410) nach Italien. Der röm. Magister militum Stilicho vermochte sie bei Verona (402 oder 403) noch aufzuhalten sowie ein Gotenheer unter Radagais 406 zu besiegen, doch die Schwächung der Rheingrenze begünstigte den Zug eines vandal.-alan.-sweb. Wanderbundes, der Gallien plünderte und 409 nach Spanien zog. Die Westgoten errichteten 419 zw. Pyrenäen und Loire das Tolosan. Reich, das unter Eurich (⚰ 466–484) Spanien zu erobern begann. Anders als die Sweben (Quaden), die ihre Herrschaft von Callaecia (= Galicien) aus bis 585 gegen die Westgoten behaupteten, wanderten Vandalen und Alanen 429 unter König Geiserich (⚰ 428–477) nach N-Afrika aus, das sie bis 439 (Fall Karthagos) eroberten. 413 nahmen Burgunder das Gebiet um Worms und Speyer in Besitz, wurden jedoch 436 von hunn. Truppen im Auftrag des Aetius besiegt und 443 in der Sapaudia (= Savoyen) angesiedelt. Angeln, Sachsen und Jüten nahmen um 450 Britannien ein. Das Hunnenreich brach nach dem Tod König Attilas (453) zusammen. Das weström. Kaisertum wurde 476 durch Odoaker (⚰ 476–493) beseitigt. Die Ostgoten fielen 489 in Italien ein und errichteten unter Theoderich d. Gr. das Ostgotenreich (493). Die Feldherren des oström. Kaiser Justinian I. (⚰ 527–565), Belisar und Narses, vernichteten 533/534 das Vandalenreich Gelimers und 552/553 das Ostgotenreich unter Totila und Teja. Byzanz konnte aber nicht verhindern, daß die Langobarden unter König Alboin (⚰ 560/565–572) 568 in N-Italien einfielen (Langobardenreich bis 774). Das Westgoten des Tolosan. Reiches wurden 507 von den Franken unter Chlodwig I., die 486/487 das röm. Restreich des Syagrius in Gallien beseitigt hatten, auf Spanien zurückgeworfen, wo sie bis zu ihrer Niederlage gegen die Araber (711) ihr Reich behaupteten. Dem Fränk. Reich wurden 531 auch das Thüringerreich und 532/534 das Burgunderreich einverleibt.

Die *Ursachen* der V. sind in der histor. Forschung noch stark umstritten. Man nimmt heute an, daß eine Dürrekatastrophe die Hunnen dazu zwang, ihre angestammten Weidegebiete auszudehnen und daß damit zwangsläufig die Expansion in den Raum nordiran.-sarmat. Reitervölker begann. Das Einbrechen der Hunnen in den ostgot. Siedlungsraum westl. des Don führte zu dessen inneren Krise und zum Zerfall des ostgot. Herrschaftsgebietes. Die Westgoten suchten sich dem auf sie ausgeübten Druck zu entziehen; die Aufnah-

Volksabstimmung.
Schematische Darstellung
der Durchführung von obligatorischen
und fakultativen Referenden
in der Schweiz

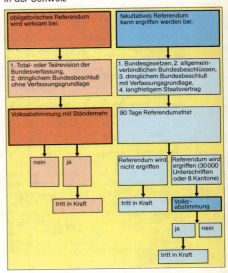

me der christianisierten Volksteile unter Frithigern 376 in die röm. Prov. Mösien löste dann eine Kettenreaktion aus, die alle östlichen Germanenstämme in Bewegung brachte.

📖 *Hdb. der europ. Gesch. Hg. v. T. Schieder. Bd. 1. Stg. Neuaufl. 1979. - Riehl, H.: Die V. Bergisch Gladbach 1978. - Diesner, H.-J.: Die V. Gütersloh 1976.*

Volk Gottes, in der christl. Theologie am A. T. orientierte Bez. für die Gesamtheit der an den Gott der Bibel glaubenden Menschen (Gottesvolk); in der kath. Theologie ersetzt V. G. seit dem 2. Vatikan. Konzil auch den Begriff †Corpus Christi mysticum.

völkisch, allg. (wie „volkl.") svw. „sich auf das Volk beziehend, dem Volk gemäß, zum Volk gehörig". Seit dem letzten Drittel des 19. Jh. insbes. als Eindeutschung für „national" verwendet, diente speziell zur Kennzeichnung eines ethnisch exklusiven, meist antisemit. Nationalismus.

Völkischer Beobachter, dt. Tageszeitung, hervorgegangen aus dem 1887 gegr. „Münchener Beobachter"; erschien ab 1918 als V. B., 1920 von der NSDAP als Zentralorgan erworben; ab 1923 Tageszeitung, 1924/25 verboten, ab 1925 zum polit.-propagandist. Massenblatt ausgebaut; am 27. April 1945 eingestellt.

Völklingen ['fœlk...], Stadt an der Saar, Saarland, 190 m ü. d. M., 43 500 E. Wichtigster Standort der eisen- und stahlschaffenden Ind. des Saarlandes; der Kohlenbergbau konzentriert sich im östl. Stadtgebiet. - 822 erstmals erwähnt; blieb bis zur Gründung des Völklinger Eisenwerks (1873) ein unbed. Ort; 1937 Stadtrecht.

Volkmar ['folk...], männl. Vorname (zu althochdt. folc „Haufe, Kriegerschar, Volk" und -mar „groß, berühmt").

Volksabstimmung (Plebiszit), Abstimmung der [wahlberechtigten] Bürger über eine bestimmte Sachfrage.

Innerstaatlich ein Instrument der unmittelbaren (plebiszitären) Demokratie im Unterschied zur Wahl als ein Instrument der mittelbaren (repräsentativen) Demokratie. In der BR Deutschland sieht das Grundgesetz (Art. 29 in der Fassung vom 23. 8. 1976, Art. 118) die V. nur für die Neugliederung des Bundesgebietes vor; daraus wird geschlossen, daß in anderen zur Zuständigkeit des Bundes gehörenden Sachfragen eine V. nicht zulässig ist. Größeren Raum für die V. eröffnen die Landesverfassungen mit Ausnahme von Hamburg, Niedersachsen und Schleswig-Holstein. So kann z. B. in Baden-Württemberg durch eine V. der Landtag aufgelöst sowie ein durch Volksbegehren eingebrachte Gesetzesvorlage verabschiedet werden. - Die Gemeindeordnungen von Baden-Württemberg, Hessen und Rheinland-Pfalz sehen darüber hinaus auch auf kommunaler Ebene V. (wie Bürgerantrag, -begehren, -initiative oder -entscheid) vor.

Bei einem **Volksbegehren** läßt i. d. R. das Landesinnenministerium auf schriftl. Antrag einer bestimmten Zahl von Wahlberechtigten nach Prüfung formeller Voraussetzungen innerhalb einer Frist Listen in den Gemeinden auslegen, in die sich die am Volksbegehren interessierten Bürger eintragen. Wird die Mindestzahl von Eintragungen erreicht (Quorum), so ist das zustandegekommene Volksbegehren zur Volksabstimmung (**Volksentscheid**) zu stellen. Obligator. sind häufig Reg.referenden, so in Bayern bei einer vom Landtag beschlossenen Verfassungsänderung. Fakultativ ist sie u. a. dann, wenn eine Landesreg. gegen einen Gesetzesbeschluß des Landtags oder gegen eine durch diesen erfolgte Ablehnung eines Reg.entwurfs vorgehen will.

In *Österreich* findet auf Bundesebene die V. (Referendum) statt bei Gesamtänderungen der Verfassung (**obligatorisches Referendum** [Verfassungsreferendum]. Jede Gesamtänderung der Verfassung muß nach Beendigung des Verfahrens im National- und Bundesrat einer V. unterzogen werden), bei Teiländerungen der Verfassung auf Verlangen eines Drittels der Mgl. des National- oder Bundesrats oder bei einfachen Gesetzesbeschlüssen auf Beschluß des Nationalrates oder auf Verlangen der Mehrheit seiner Mgl. (**fakultatives Referendum**). Daneben gibt es das Volksbegehren: jeder von 200 000 Stimmberechtigten oder je der Hälfte der Stimmberechtigten gestellte Antrag in Form eines Gesetzentwurfs (Art. 41 Abs. 2 BVG); er ist dem Nationalrat zur Beratung vorzulegen. Dieser ist rechtl. frei, die Vorlage anzunehmen oder abzulehnen. Ferner ist die V. in den Bundesländern Salzburg, Tirol und Vorarlberg vorgesehen.

In der *Schweiz* spielt die V. (Referendum) eine bes. große Rolle. Auf Bundesebene steht dem Volk 1. die Entscheidung darüber zu, ob eine Gesamtänderung der Verfassung durchzuführen ist (Art. 120 BV). 2. Jede Verfassungsänderung tritt erst in Kraft, wenn sie von der Mehrheit der an der Abstimmung teilnehmenden Bürger und von der Mehrheit der Kt. angenommen worden ist (**obligatorisches Referendum,** Art. 123 BV). 3. Wenn es von 30 000 stimmberechtigten Schweizerbürgern oder von 8 Kt. verlangt wird, sind Bundesgesetze und allg.verbindl. Bundesbeschlüsse dem Volk zur Annahme oder Verwerfung vorzulegen (**fakultatives Referendum,** Art. 89 BV). 4. Entsprechendes gilt für Staatsverträge mit dem Ausland, die unbefristet oder für länger als 15 Jahre abgeschlossen sind (Art. 89 BV). 5. Ein dringl. Bundesbeschluß tritt 1 Jahr nach Inkraftsetzung außer Kraft, wenn er nicht innerhalb dieser Frist vom Volk gutgeheißen wurde, soweit die V. durchzuführen verlangt wurde (Art. 89 bis BV). In den Kt.

Volksdemokratie

ist die V. unterschiedl. geregelt, überall gilt sie jedoch als obligator. bei Änderung der Kt.verfassung. Neben dem Gesetzesreferendum kennen manche Kt. auch die V. für Verträge zw. Kt., das Verwaltungs- und/oder Finanzreferendum oder auch die direkte Volksbefragung über bestimmte Sachfragen. Außerdem gibt es (dem Volksbegehren in der BR Deutschland und in Österreich entsprechend) die **Volksinitiative**: das Recht einer bestimmten Anzahl von Stimmbürgern, durch Antrag ein Gesetzgebungsverfahren in Gang zu setzen; es kann sich richten auf eine Total- bzw. eine Partialrevision der Bundesverfassung (Verfassungsinitiative auf Begehren von mindestens 100 000 Stimmberechtigten), in den Kt. auf Verfassungsänderung und einfache Gesetzgebung (Gesetzesinitiative).
Völkerrechtlich: Als V. wird im Völkerrecht die Abstimmung der Bev. eines bestimmten Gebietes über Gebietsveränderungen bezeichnet, wobei die stimmberechtigte Bev. i. d. R. darüber zu entscheiden hat, ob sie im bisherigen Staat verbleiben oder die Staatsangehörigkeit wechseln will bzw. ob das Gebiet beim bisherigen Staat verbleiben, einem anderen Staat zugeschlagen, unabhängig werden oder unter ein bes. Reg.system gestellt werden soll. Der Bev. des betreffenden Gebietes wird durch die V. die Entscheidung über die völkerrechtl. Zugehörigkeit des Gebietes eingeräumt; sie ist von bes. Bed. bei Gebietsabtretungen durch Zessionsverträge oder Annektionen. Histor. Beispiele von V. sind die von Neapel (1860), Rom (1870), Nordschleswig (auf Grund des Prager Friedens von 1866). In neuerer Zeit sind die V. auf Grund des Versailler Vertrages von 1919 im Saargebiet, in Oberschlesien, in den Bezirken Allenstein und Marienwerder, in Nordschleswig sowie die V. in Kärnten (Frieden von Saint-Germain-en-Laye von 1919) von Bed. († auch Abstimmungsgebiete). - Abb. S. 245.
📖 *Troitzsch, K. G.: Volksbegehren u. Volksentscheid.* Meisenheim 1979. - *Huber, H.: Das Gesetzesreferendum.* Tüb. 1969.

Volksaktien † Reprivatisierung.
Volksarmee † Nationale Volksarmee.
Volksbanken † Kreditgenossenschaften.
Volksbegehren † Volksabstimmung.
Volksbildungswerk (Bildungswerk), Bez. für Einrichtungen der † Erwachsenenbildung meist unter konfessioneller Trägerschaft (u. a. Mütterschulen, Kolpingwerke), die vergleichbar den † Volkshochschulen allgemeinbildende, nicht allein auf religiöse Thematik festgelegte Themen anbieten.
Volksbildungswesen, Bildungseinrichtungen außerhalb von Schule und Beruf, vorrangig für Erwachsene.
Volksbuch, von J. von Görres eingeführter Begriff für romanhafte Unterhaltungsprosa des 16. Jh. sowie volkstüml. Bücher belehrenden, erbaul., humorist.-unterhaltenden Charakters, Bauernkalender und prakt. Anleitungen der sog. Hausväterliteratur, der literaturhistor. Forschung auf den frühneuhochdt. Prosaroman und auf Schwanksammlungen eingeengt: u. a. Melusine, Hug Schapler, Magelone, Haimonskinder, Wigalois, Apollonius von Tyrus, Griseldis, Genoveva, Eulenspiegel. Da diese Prosaromane eine z. T. bis in das MA reichende stoffl. Vorgeschichte besitzen, als Buchgatt. jedoch in einzelnen Epochen an verschiedene soziale Schichten gebunden sind, da außerdem unterschiedl. literar. Inhalte und Gatt. teilweise gleichartige Überlieferungs- und Rezeptionsformen aufweisen, ist der V.begriff durch Volkslesestoffe zu ergänzen. Eine frühe Sammlung von V. ist das „Buch der Liebe" (1578); V.erneuerungen versuchten u. a. K. Simrock, G. Schwab, G. O. Marbach und R. Benz.
📖 *Kreutzer, H. J.: Der Mythos vom V.* Stg. 1977.

Volksbücherei, svw. öffentliche Bücherei; † auch Bibliothek.
Volksbühne, als Zweig der Arbeiterbildungsvereine († Arbeitervereine) gegr. Theaterbesuchsorganisation, die gute auch den niedrigen einheitl. Betrag regelmäßige Theaterbesuche ermöglichen will. 1890 Gründung der ersten „Freien V." in Berlin; 1892 spaltete sich die „Neue Freie V." ab, die 1914 ein eigenes Haus am Bülowplatz eröffnete; u. a. inszenierte dort M. Reinhardt. 1919 schlossen sich beide V. erneut zur „V. e. V." zusammen. Mit anderen neu gegr. V. vereinigten sie sich 1920 zum „Verband der dt. V.-Vereine e. V.", dessen Sitz heute Berlin (West) ist. 1963 Eröffnung eines eigenen Theaters der „Freien V." in Berlin (West).

Volksbund Deutsche Kriegsgräberfürsorge e. V., 1919 gegr. Verein (400 000 Mgl. [1984]), dem die Sorge für die Gräber der Opfer der Kriege und der Gewalt obliegt. Er pflegt in 17 Ländern die Gräber von 1,4 Mill. dt. Gefallenen des 1. und 2. Weltkrieges auf über 360 Soldatenfriedhöfen; in seiner Zentralgräberkartei sind 5 Mill. Tote erfaßt. Sitz Kassel.

Volksdemokratie, von kommunist. Seite geprägter Begriff, der eine Staatsform meint, in der im Unterschied zur bürgerl. Demokratie die Herrschaft von der Mehrheit des Volkes (nicht von der herrschenden Klasse) ausgehe; histor. angewendet auf die nach dem 2. Weltkrieg v. a. in M- und O-Europa sowie Asien entstandenen kommunist. regierten Staaten (Albanien, Bulgarien, DDR, Jugoslawien, Polen, Rumänien, Tschechoslowakei, Korea, Vietnam, China; die Sowjetunion wird aus histor. Gründen nicht als V. bezeichnet). Die wichtigsten Merkmale der V. sind die Vergesellschaftung der Produktionsmittel und das Herrschaftsmonopol der kommunist. Partei, der sich in manchen Staaten weitere Parteien im Rahmen eines Blocks unterordnen.

Volksdeutsche, Bez. für außerhalb Deutschlands (in den Grenzen von 1937) und Österreichs lebende Personen dt. Volks- und fremder Staatszugehörigkeit, v. a. in ost- und südosteurop. Ländern bis 1945.

volkseigener Betrieb, Abk. VEB, in der DDR Namenszusatz der verstaatlichten bzw. vom Staat errichteten Betriebe. Die Selbständigkeit der VEB ist nicht nur durch die zentralen Pläne, sondern auch durch ihre Zusammenfassung in Vereinigungen v. B. (VVB) stark eingeschränkt; ihre Stellung im ökonom. System, insbes. der Grad ihrer Selbständigkeit, waren in der DDR häufig Gegenstand von Auseinandersetzungen und Wirtschaftsreformen. - ↑auch Deutsche Demokratische Republik (Wirtschaft).

Volkseigentum, in der DDR Bez. für den Teil des sozialist. Eigentums, der direkt dem Staat unterstellt ist, insbes. die volkseigenen Betriebe, die Bodenschätze, Verkehrswege und Transportmittel. V. darf weder verpfändet, gepfändet noch belastet werden. Das genossenschaftl. **Gemeineigentum** gilt als niedere Entwicklungsstufe des sozialist. Eigentums. Eigentümer sind z. B. landw. Produktionsgenossenschaften, das Eigentumsrecht erstreckt sich auf Bauten, Geräte, Maschinen, Anlagen, Tierbestände u. a.

Volkseinkommen (Nationaleinkommen), Summe aller den inländ. Wirtschaftssubjekten aus dem In- und Ausland in einer Periode zufließenden Einkommen. Das V. erhält man aus dem Bruttosozialprodukt vermindert um die Abschreibungen und die direkten Steuern zuzügl. der Subventionen; es ist damit ident. mit dem Nettosozialprodukt zu Faktorkosten. Das um die Gewinne der öffentl. Unternehmen verminderte und um die staatl. Transferzahlungen vermehrte V. ergibt das sog. **private Einkommen.** Vermindert man dieses weiter um die unverteilten Gewinne der Privatunternehmen, so erhält man das **persönl. Einkommen,** bei einer weiteren Verminderung um die direkten Steuern und die Sozialversicherungsbeiträge der privaten Haushalte das sog. **persönlich verfügbare Einkommen.**

Volksentscheid ↑Volksabstimmung.

Volksepos ↑Epos.

Volksetymologie, volkstüml. Umdeutung von Wörtern oder Wortteilen, deren Sinn nicht mehr verstand und deren Lautgestalt man deshalb nach lautl. und bedeutungsmäßig anklingenden Wörtern umgestaltete; z. B. Sündflut statt Sintflut.

Volksfront, Bez. für eine Koalition, die im Ggs. zur Einheitsfront neben kommunist. und sozialdemokrat. auch linksbürgerl. Parteien einschließt, wobei nicht alle V.parteien in einer V.regierung vertreten sein müssen. Die von der Sowjetunion primär aus außenpolit. Motiven nach der Machtergreifung Hitlers durch den 7. Weltkongreß der Komintern 1935 zur verbindl. Richtschnur gemachte **Volksfrontpolitik** führte zwar zunächst zu den V.regierungen L. Blums in Frankr. (1936/37 und 1938), von Azaña y Díaz, Largo Caballero und Negrín 1936–39 in Spanien und zur V.ära in Chile 1938–47, scheiterte aber schließl. an ihrer immanenten Widersprüchlichkeit: Die v. a. von den sozialdemokrat. und linksbürgerl. Partnern im Kampf gegen Faschismus und Nationalsozialismus verfolgte Stärkung der parlamentar. Demokratie ließ sich nicht harmonisieren mit dem kommunist. Ziel des Übergangs zur sozialist. Gesellschaft unter kommunist. Führung. Diese innere Problematik der V. und die außenpolit. Bedrohung durch das nat.-soz. Deutschland ließen Stalin Ende der 1930er Jahre von der V.politik abrücken. Nach dem 2. Weltkrieg hatte die V.politik in der gewandelten Form der Politik der Nat. Front (↑auch Block) wesentl. Anteil an der Durchsetzung der sog. antifaschist.-demokrat. Ordnung und der schließl. Etablierung der kommunist. Herrschaft im europ. Einflußbereich der Sowjetunion. In den westl. Ländern erlangte die V.politik erst wieder Bed. im Zeichen der Entspannungspolitik, der Zunahme wirtsch.-sozialer Probleme und des Eurokommunismus. So etablierten sich V.regierungen in Finnland 1966–70 und in Chile (unter S. Allende Gossens) 1970–73. Das frz. V.bündnis der Union de la Gauche aus Sozialisten, Kommunisten und linken Radikalsozialisten konnte sich bei den Parlamentswahlen 1973 und 1978 nicht durchsetzen.

Volksfront zur Befreiung Palästinas ↑palästinensische Befreiungsbewegungen.

Volksfürsorge ↑Versicherungsgesellschaften (Übersicht).

Volksgericht, 1. nach altem dt. Recht im Ggs. zum Königsgericht das Gericht, bei dem die Rechtsfindung durch das Volk geschah (↑Thing); 2. in Bayern im Zuge der Liquidation der „Zweiten (Räte-)Revolution" eingeführte Sondergerichte (1919–24) zur strafrechtl. Verfolgung von Urhebern und Mittätern bei inneren Unruhen; 3. in Österreich 1945–55 Sondergerichte für Straftaten nach dem Kriegsverbrecher- und dem Verbotsgesetz.

Volksgerichtshof, durch Gesetz vom 24. 4. 1934 als Provisorium geschaffenes und durch Gesetz vom 18. 4. 1936 in ein Dauerorgan umgewandeltes Gericht, das als Erst- und Letztinstanz die Aufgaben des Reichsgerichts bei Hoch- und Landesverrat und anderen polit. Delikten übernahm und dessen Mgl. der Reichskanzler Hitler ernannte. In seinen Verhandlungen brauchten jeweils nur der Vors. und 1 Beisitzer (von 4 Richtern) Berufsjuristen zu sein; die ehrenamtl. Beisitzer (1944: 173) stammten aus Wehrmacht, Polizei und NSDAP. Ankläger war der Oberreichsanwalt beim Volksgerichtshof. Der V. diente zur Un-

Volkskunde

terdrückung polit. Gegner und im Krieg bes. zur Bekämpfung von „Wehrkraftzersetzung" und „Feindbegünstigung" durch Deutsche und Personen aus den besetzten Gebieten. Vor dem V. fanden auch die Verfahren gegen die Mgl. der dt. Widerstandsbewegung vom 20. Juli 1944 statt. Die etwa 200 Hinrichtungen als Folge dieser Verfahren gehören zu der Gesamtzahl von über 5000 vollstreckten Todesurteilen. Präs. des V. waren O. G. Thierack (1936–42), R. Freisler (1942 bis Febr. 1945) und H. Haffner (März/April 1945).

Volksheer, in der Frz. Revolution entstandener Typ der Armee auf der Grundlage der allg. Wehrpflicht. - ↑ auch Militärgeschichte.

Volkshochschule, autonome überparteil. und überkonfessionelle Weiterbildungseinrichtung, meist unter kommunaler Trägerschaft, die i. d. R. in Abendveranstaltungen ein thematisch frei angelegtes und nicht von inhaltl. Begrenzungen bestimmtes Programm anbietet. Die Veranstaltungsform ist nicht festgelegt; größtenteils werden die Lehrveranstaltungen von nebenberufl. Mitarbeitern durchgeführt. Ihre Aufgabe ist es, den steigenden Weiterbildungsbedarf in der arbeitsteiligen Industriegesellschaft mittels organisierten Lernens in thematisch und niveaumäßig differenzierten Kursen abzudecken, die als „Bausteine" so zueinander passen, daß sie vielfältig kombinierbar sind. Die ländl. **Heimvolkshochschulen** nehmen dagegen stärker Einfluß auf Art und Ziel der Veranstaltungen. Sie sind zumeist in Internatsform organisiert und betreuen in privater Trägerschaft die berufsbezogene und allg. Weiterbildung. Entstanden in der Mitte des 19. Jh. aus den Bemühungen um eine allg. Volksbildung sowie der ↑ Arbeiterbildung und der brit. University extension. Name und Idee stammen von dem dän. Pädagogen N. F. S. ↑ Grundtvig. Während sich in Deutschland mehr die Form der Abend-V. verbreitete, bes. nach dem 1. Weltkrieg, setzte sich Grundtvigs Idee der Heim-V. mehr in den skand. Ländern durch. Mit dem Nationalsozialismus wurde die Bewegung der V. in Deutschland zerschlagen. Erst nach 1945 konnte die V. ihre Arbeit wieder aufnehmen. 1953 schlossen sich die V. zum **Deutschen Volkshochschul-Verband e. V.** zusammen, der über die zentrale Pädagog. Arbeitsstelle (PAS) verfügt. Aufgabe der Pädagog. Arbeitsstelle ist die Veröffentlichung von Publikationen (auch Kursmaterial), die rechtl. und organisator. Beratung der V. und die Mitarbeiterfortbildung. In den letzten Jahren ist die V. Bestandteil des öffentl. Bildungswesens geworden, was u. a. 1. mit Hilfe von staatl. Regelungen (Erwachsenen- oder Weiterbildungsgesetze der Länder), 2. durch den organisator. und institutionellen Ausbau durch ihre Träger, 3. durch inhaltl. und didakt. Bemühungen von Mitarbeitern der V.

und auf Hochschulebene („Erwachsenenpädagogik") ermöglicht wurde. Die Finanzierung der V. erfolgt durch den Träger und die Ministerien der Länder.

Volksinitiative ↑ Volksabstimmung.

Volkskammer, Volksvertretung der DDR, hervorgegangen aus dem 2. Dt. Volksrat, der sich am 7. Okt. 1949 zur provisor. Volkskammer konstituierte. - ↑ auch Deutsche Demokratische Republik (politisches System).

Volkskirche, die christl. Kirche, in der der einzelne durch seine Zugehörigkeit zu einem bestimmten Volk und durch die Kindertaufe ohne eigene Entscheidung Mgl. wird und deren Wirken sich auf das Volk als Ganzes bezieht. Der V. steht die **Freiwilligenkirche** gegenüber, die heute mehr im Vordergrund der theolog. und seelsorgl. Diskussion steht.

Volkskommissare, in Sowjetrußland bzw. in der Sowjetunion und ihren Gliedstaaten 1917–46 Bez. für die Minister.

Volkskommune, ländl. Produktionskollektiv in China; entstanden im Frühjahr und Sommer 1958 auf unmittelbare Veranlassung Mao Tse-tungs aus dem Zusammenschluß jeweils mehrerer landw. Produktionsgenossenschaften; nach grundlegender Reorganisation (nach 1962) unterstehen den V. (durchschnittl. 1650 Haushalte) die allg. Verwaltung, Kliniken, Sekundarschulen und einige Werkstätten. Sie sind unterteilt in *Produktionsbrigaden* (durchschnittl. je 170–180 Haushalte) und *Produktionsgruppen* (durchschnittl. je etwa 20 Haushalte).

Volkskongreß, (Dt. V. für Einheit und gerechten Frieden) von der SED organisiertes Vorparlament (1947–49).
◆ (Nat. V.) Volksvertretung der VR China (↑ China, politisches System).

Volkskonservative Vereinigung, Abk. VKV, 1930 v. a. von G. R. Treviranus gegr. Sammelbecken konservativer Gegner Hugenbergs; formierte sich vor der Reichsberwahl 1930 mit einer deutschnat. Splittergruppe um K. Graf von Westarp zur **Konservativen Volkspartei** (Abk. KVP), die 4 Reichstagsmandate errang und die Reg. Brüning stützte; vor 1933 aufgelöst.

Volkskorrespondenten, ehrenamtl. Mitarbeiter in der Bev., die in kommunist. Massenmedien aus dem eigenen Berufs- und Lebensbereich berichten.

Volkskrieg ↑ Krieg.

Volkskunde (europ. Ethnologie), histor.-empir. Kulturwiss.; sie analysiert Innovations- und Tradierungsmechanismen vorwiegend der Mittel- und Unterschicht unter dem Aspekt ihrer Geschichte, Erscheinung und Funktion, sowohl im Bereich des Verhaltens (Bräuche, Feste usw.) als auch im Bereich materiellen Schaffens (Arbeit und Gerät, Kleidung usw.).

Geschichte: Der Begriff V. tauchte zum 1.

Volkskundemuseum

Mal (1797) in den kameralist. Landesbeschreibungen des aufgeklärten Absolutismus auf; zur wiss. Disziplin entwickelte sie sich im Laufe des 19. Jh.; sie war zunächst an die Germanistik gebunden und im wesentl. durch die histor.-philolog. Forschungen der Brüder Grimm zu Märchen, Sage und Mythologie geprägt *(dt. Volkskunde)*. Einen gesellschaftsbezogen-empir. Ansatz hatte W. H. Riehl, der V. als „Hilfsdisziplin der Staatswiss." betrachtete und aus konservativer Sicht die bürgerl. und insbes. die bäuerl. Kultur beschrieb. Mit zunehmender Industrialisierung wuchs das Interesse an vor- und nichtindustriellen Lebensformen; so wurde seit der Gründung kulturhistor. Museen mit volkskundl. Abteilungen zunehmend auch materielle Volkskultur dokumentiert, deren systemat. Erforschung im ausgehenden 19. Jh. einsetzte. Um 1900 etablierte sich die V. als selbständiges Fach an den Universitäten. Die wiss. Diskussionen sowie die damit verbundenen Theorien wurden wesentl. bestimmt von den Begriffen Volk, Individuum und Gemeinschaft. Während des NS war die V. entscheidend geprägt durch german. Kontinuitätsvorstellungen und rass. Forschungen, die die V. auf „Bauernkunde" reduzierten. Nach 1945 erhob die V. in der BR Deutschland mit den Forschungen der „Münchner Schule" den Anspruch, eine „histor.-exakte" Wiss. zu sein. Gegenwärtig sind sowohl kulturhistor. als auch zunehmend gegenwartsbezogen-empir. Untersuchungen zu registrieren. In der DDR hatten bis etwa 1965 die Frage kollektiver Traditionen in der mündl. Überlieferung und eine entwickelte Sachkulturforschung dominiert, die dann unter Betonung der Rolle der Entwicklung der Produktivkräfte in ein marxist. Konzept von „Kultur und Lebensweise" mündeten.

📖 Weiß, R.: V. der Schweiz. Erlenbach ³1984. - Erich, O. A./Beitl, R.: Wörterb. der dt. V. Stg ³1981. - Wiegelmann, G., u. a.: V. Eine Einf. Bln. 1977. - Bausinger, H.: V. Von der Altertumsforschung zur Kulturanalyse. Bln. u. Darmst. 1971. - Weber-Kellermann, I.: Dt. V. zw. Germanistik u. Sozialwissenschaften. Stg. 1969. - Dt. Philologie im Aufriß. Hg. v. W. Stammler. Bd. 3. Bln. u. a. ²1962, 2. Nachdr. 1979. - Bach, A.: Dt. V. Hdbg. ³1960. - Östr. V.atlas. Hg. v. E. Burgstaller u. a. Wien 1959-74. 5 Lfgg.

Volkskundemuseum, Sammlung und Präsentation von Volkskunst, Gebrauchsgegenständen, auch Trachten und Mobiliar der einheim. Bevölkerung (im Ggs. zum Völkerkundemuseum). Im letzten Viertel des 19. Jh. und zu Beginn des 20. Jh. wurde die Mehrzahl der V. begr. (Innsbruck, Berlin, Dresden, Straßburg, Basel, Rom, Palermo, Graz, Paris), auch die National- und Landesmuseen besitzen volkskundl. Abteilungen ebenso wie die Heimatmuseen. Zu den V. gehören auch die ↑Freilichtmuseen.

Volkskunst, nach traditioneller Definition die Kunst der unteren Volksschichten im 16.–19. Jh., d. h. die verzierten Gegenstände ihres Alltags wie ihrer vom Brauchtum geprägten Feste. Zunehmend ist man aber davon abgerückt, den ästhet. Aspekt allein in den Vordergrund zu rücken, sondern sucht auch das Typische und Durchschnittliche der materiellen Kultur zu erfassen. Der Begriff V. entstand in der 2. Hälfte des 19. Jh., als die zunehmende Industrialisierung die Lebensformen gerade dieser Schichten einschneidend zu verändern begann und der V. nach und nach ein Ende setzte. Geschaffen wurde V. vorwiegend im ländl. Bereich, doch sind entgegen der lange herrschenden Auffassung auch die unteren Bürgerschichten (v. a. der Kleinstädte) miteinzubeziehen. Sicher ist „die Anfertigung im eigenen Hause und zu eigenem Bedarf" (Alois Riegl) das Ursprüngliche, doch sind i. d. R. Produktionszentren und mehr oder weniger hauptberufl. Spezialisten anzunehmen, wie es schon für das 16. Jh. belegt ist (Töpferwaren in Wanfried, Messingblechwaren in Aachen). Die V. zeigt z. T. starke regionale und lokale Unterschiede, die mit dem Festhalten an den örtl. Traditionen, am örtl. Brauchtum (Fastnachtsbräuche), auf den oft geringen Kontakten mit der Außenwelt oder dem bewußten Abschließen gegen fremde Einflüsse (ethn. oder religiöse Minderheiten), auch auf das Abgeschlossensein von den Oberschichten durch die hierarch., ständ. Gliederung u. a. beruhen. Zudem haben einzelne Berufszweige ein spezielles Brauchtum entwickelt (z. B. Bergleute, Sennen). Während in der Hochkunst die rasch aufeinander folgenden Stilwechsel mit ihren Innovationen von grundlegender Bedeutung sind, ist für die V. eine gewisse Zeitlosigkeit kennzeichnend, ein Verhaftetsein in der Tradition. Anstöße der Hochkunst erscheinen mit zeitl. Verzögerung und werden umgeformt; unverwandeltes Formgut verschiedener Epochen kann so nebeneinander erscheinen. Der Prozeß der Einformung unterwirft die Übernahme inshes. bestimmten stilist. Merkmalen: Flächenhaftigkeit, d. h., auf Räumlichkeit und Plastik wird verzichtet, z. B. werden Figuren auf Bildern möglichst nebeneinander dargestellt; vereinfachende Formelhaftigkeit; Reihung; Gegenständigkeit (Symmetrie); paarweise Gruppierungen; Flächenfüllung; ornamental-geomet. Stilisierung. Offenbar haben viele Ornamente (z. B. Dreieck, Kreis, Spirale, Sonne), auch Bauglieder, symbol. Bedeutung. - Im 20. Jh. haben industrielle Massenprodukte (z. B. Postkarten, Drucke, Porzellan- und Plastikfigürchen oder auch Comics) die Funktion der V. übernommen und die Motive und Typik der V. verdrängt. Diese Art Massenwaren des 20. Jh. werden meistens als Populär- oder Trivialkunst zusammengefaßt, ein nicht kleiner Teil davon fällt auch

Volkskunst

Volkskunst. Links (von oben): Kuchenbrett aus Thüringen (1865). Berlin, Museum für deutsche Volkskunde; Paradehandtuch (Detail; 18. Jh.). Privatbesitz; rechts (von oben): Teller mit Schlickerbemalung und Bleiglasur (1747). Schleswig, Schleswig-Holsteinisches Landesmuseum; Spanschachtel (um 1840). Nürnberg, Germanisches Nationalmuseum; Trinkkrüge (Anfang des 18. Jh.). Privatbesitz

Volkslauf

unter den Begriff Kitsch. Daneben hat sich seit dem 19. Jh. eine individuelle, den Formeln der V. nicht verpflichtete Laienkunst († naive Kunst) entwickelt.

📖 *Itzelsberger, R.: V. u. Hochkunst.* Mchn. 1983. - *Seidl, D.: Bäuerl. V.* Mchn. 1982. - *Lucas, R. de: V. aus aller Welt.* Dt. Übers. Rosenheim 1978. - *Brauneck, M.: Religiöse V.* Köln 1978.

Volkslauf, ein im Rahmen des Breitensports (ab 1971 innerhalb der „Trimmspiele" des Dt. Sportbundes) durchgeführter Volkswettbewerb mit den Disziplinen Laufen, Gehen, Marsch und Wandern (ohne Sollzeit); in verschiedene Altersklassen und Streckenlängen eingeteilt.

Volkslied † Lied.

Volksmärchen † Märchen.

Volksmarine, seit 1960 Bez. der Seestreitkräfte der DDR († Nationale Volksarmee).

Volksmedizin, in der Volkskunde seit der Mitte des 19. Jh. Bez. für die volkstüml. heilkundl. Vorstellungen und Heilmaßnahmen, die auf überliefertem pflanzenkundl. und mineralog. Wissen, abergläub. und myth.-religiösen Vorstellungen und psychosomat. therapeut. Erfahrungen (Heilmagie) beruhen und von naiven Vorstellungen über die Körperfunktionen und ihre Störungen ausgehen. Die Grenzen der V. zur Naturheilkunde und zur Zaubermedizin der Naturvölker sind fließend. Als V. i. e. S. kann man die heilkundl. Tradition der naturnahen Bev.schichten der Kulturvölker bezeichnen, die bes. von Hebammen, Schäfern, Kräutersammlern, auch von Schmieden (Tierheilkunde) und Zigeunern getragen wird. Die Medizingeschichte zeigt die gemeinsamen Wurzeln von V. und wiss. Medizin in der Antike und die bis in die Neuzeit gehenden Wechselwirkungen beider Bereiche auf. Beispiele für den befruchtenden Einfluß der V. auf die Schulmedizin sind die Entdeckungsgeschichte des Chinins und die Pockenimpfung; auch die Anwendung von Jodpräparaten gegen Kropf und organotherapeut. Behandlungsmethoden beruhen auf urspr. volksmedizin. Erfahrungen und Praktiken.

Volksmission, in der *kath. Kirche* eine außerordentl. Form der Pfarrseelsorge mit dem Ziel der religiösen Erneuerung, nach dem Tridentinum im 16. Jh. entstanden, um 1650 v. a. von Vinzenz von Paul in ihre heutige Form gebracht (Zentralmission, Generalbeichte). - In den *ev. Kirchen* ist V. v. a. von der Inneren Mission ausgehende missionar. Arbeit in Bibelstunden, Vorträgen, Zeltmission, Campingseelsorge und Besuchsdienst.

Volksmusik (Musikfolklore), vokal und/oder instrumental ausgeführte Musizierformen und -praktiken unterschiedl. ethn. und sozialer Gruppen. V. wird i. d. R. von Laien ausgeführt und ist zumeist nicht schriftl. fixiert. Die mündl. Überlieferung und die auf gehörmäßiger Nachahmung beruhende Vermittlung bedingen willkürl. oder unwillkürl. vorgenommene Veränderungen der Musik, weiter feststehende Formeln wie z. B. Spielfiguren zum leichteren Erlernen und Spielen von Instrumenten oder melod. Floskeln, die den (oft improvisator.) Gesangsvortrag stützen. Verwendet werden sowohl einfache wie auch hochdifferenzierte Musikinstrumente (wie Fidel, Drehleier, Akkordeon, Dudelsack, Banjo). Wichtig für die musikal. Neuerungen in der Musikfolklore sind die stilist. Einflüsse, die sie von der Kunstmusik empfängt, während sich diese wiederum bewußt Elemente der V. aneignet, umformt und weiterentwickelt. Wissenschaftl. Sammelinteresse, Massenmedien und Ausbau der Bildungseinrichtungen haben im 19. und 20. Jh. wesentl. auf die volksmusikal. Traditionen eingewirkt; die mündl. Überlieferung der nun durch schriftl. oder phonograph. Aufzeichnung beliebig reproduzierbaren V. wurde weitgehend eingeschränkt, die Rezipienten wurden vielfach zu reinen Konsumenten. Im Ggs. zur professionell-kommerziellen Pflege von V., die heute weite Bereiche des Musikmarktes abdeckt, beschränkt sich die von Laien geübte Musik auf vereinsmäßig organisierte Gruppen (Blasmusik, Trachtenkapellen, Gesangvereine usw.), deren Repertoire jedoch auch überwiegend aus Bearbeitungen von V. oder arrangierter Kunstmusik besteht.

📖 *Frahm, E./Alber, W.: Volks-Musik.* Tüb. 1979. - *Baumann, M. P.: Musikfolklore u. Musikfolklorismus.* Winterthur 1976. - *Hoerburger, F.: Musica vulgaris. Lebensgesetze der instrumentalen V.* Erlangen 1966. - *Salmen, W.: Der fahrende Musiker im europ. MA.* Kassel 1960. - *Wiora, W.: Europ. V. u. abendländ. Tonkunst.* Kassel 1957.

Volksnationale Reichsvereinigung, Abk. VR, 1930 gegr. bürgerl. Splitterpartei auf der organisator. Basis des Jungdt. Ordens, die sich für die Reichstagswahlen vom Sept. 1930 mit der DDP zur Dt. Staatspartei zusammenschloß (6 volksnat. Abg.), aber schon im Okt. 1930 wieder aus ihr ausschied; unterstützte die Reg. Brüning; ging seit 1931 im Jungdt. Orden auf.

Volkspartei † Partei.

Volkspartij voor Vrijheid en Democratie [niederl. ˈvɔlkspɑrtɛj voːr ˈvrɛjhɛjt ən deˈmoːkraˈsiː], Abk. VVD, 1948 durch Zusammenschluß der Partij van de Vrijheid und einer Splittergruppe der Partij van de Arbeid entstandene bedeutendste liberale Partei der Niederlande, die sich für freies Unternehmertum einsetzt; 1948–51, 1959–73, 1977–81 und seit 1982 Regierungspartei.

Volkspoesie (Volksdichtung), von J. G. Herder geprägte Sammelbez. für verschiedene Dichtungsarten, die auf der v. a. in der Romantik verbreiteten Vorstellung vom

„dichtenden Volksgeist" (Volksballade, -buch, -erzählung, -lied, -märchen, -sage u. a.) beruhen.

Volkspolizei (Dt. V.), Abk. DVP, VP (umgangssprachl. Vopo), die Polizei der DDR; durch den Min. des Innern und den Chef der V. zentral geleitet; nach Dienststellen in Bezirksbehörden, Kreisämter und Reviere, nach Aufgaben in Kriminal-, Schutz- und Verkehrspolizei, Paß- und Meldewesen sowie in die Transportpolizei gegliedert.

Volksrepublik, nach dem 2. Weltkrieg Eigenbez. einiger Volksdemokratien, die z. T. von den kommunist. Staaten bis heute beibehalten wurde (z. B. von China), auch Eigenbez. sozialist. orientierter Staaten der dritten Welt.

Volksschauspiel, Bez. für Stücke, die von Laienorganisationen mit großem Personenaufwand (z. T. auch Ausstattungsaufwand) aufgeführt, meist auch verfaßt werden. Vorläufer waren im MA z. B. das ↑ Mysterienspiel aus religiösem Anlaß oder das ↑ Fastnachtsspiel als saisonalem Anlaß.

Volksschule, in der BR Deutschland frühere Bez. für die ↑ Grundschule und ↑ Hauptschule, die heute zwei selbständige Schulformen sind. Vorläufer der V. waren die ↑ Schreibschulen (↑ auch Schule [Geschichte des Schulwesens]) sowie die Bemühungen um eine allg. Volksbildung bes. im 19. Jh. - In der *Schweiz* ist die V. in die ↑ Primarschule und die Sekundarstufe I, häufig auch Volksschuloberstufe genannt, gegliedert. Die Primarschule entspricht annähernd der Grundschule der BR Deutschland, die Sekundarstufe I annähernd der Hauptschule der BR Deutschland.

Volkssouveränität, Grundprinzip der Legitimation demokrat. Herrschaft, fixiert in dem Verfassungssatz, daß alle Staatsgewalt vom Volke ausgeht. Herrschaftsausübung soll letztlich immer auf Zustimmung des Volkes - geäußert in unmittelbarer Sachentscheidung oder Wahl und Kompetenzzuweisung (Parlamentarismus) - zurückführbar sein. Das Prinzip der V. in seiner neuzeitl. Fassung ist von der rationalist. Naturrechtsphilosophie entwickelt worden. Ihre klass. Formulierung findet die Idee der V. bei J.-J. Rousseau; nach der in seinem Werk „Du contrat social ..." (1762) entwickelten Theorie ist der wahre Volkswille nicht einfach der Wille der jeweiligen Mehrheit, sondern setzt die Annahme eines objektiven, durch Vernunft erfaßbaren Allgemeinwohls voraus, in dessen Dienst sich die Individuen stellen und damit einen Staatskörper mit einem Gemeinwillen (Volonté générale) bilden. - In der modernen Demokratie westl. Prägung verbindet sich die Idee der V. mit der Lehre vom liberalen Verfassungsstaat, wodurch die Grund- und Menschenrechte der Verfügungsgewalt der V. entzogen bleiben.

Volksstaat (freier V.) ↑ Republik.

Volksstück, von professionellen Schauspieltruppen für ein breites Publikum teils auf Wanderbühnen, teils an festen Vorstadtbühnen gespieltes volkstüml. Stück; bedeutendste Ausprägungen im süddt. Raum, v. a. in Wien. In seinen Hauptvertretern J. A. Stranitzky, G. Prehauser, P. Hafner, J. A. Gleich, A. Bäuerle, F. Raimund und J. N. Nestroy entwickelte das V. eine Verbindung von Realismus, Sprachwitz, Satire, Charakter-, Zeit- und Gesellschaftskritik mit Sentiment, Skurrilem und Phantastischem. Das süddt. V. faszinierte durch seine Integration literar., sinnl.-theatral. und schlicht-volkstüml., sogar banaler Elemente. Moderne Autoren sind u. a. G. Hauptmann, L. Anzengruber, L. Thoma, H. von Hofmannsthal, B. Brecht, Ö. von Horváth, M. Fleißer, H. Lautensack, F. X. Kroetz, P. Turrini, W. Bauer, M. Sperr, F. Kusz (* 1944).

Volkssturm, durch Erlaß vom 25. 9. 1944 aus allen nicht der dt. Wehrmacht angehörigen, waffenfähigen Männern zw. 16 und 60 Jahren gebildete Kampforganisation; unterstand dem Reichsführer SS, H. Himmler, und sollte in unmittelbar bedrohten Heimatgebieten vorübergehend zur Verstärkung der Wehrmacht bei der örtl. Verteidigung und zu Bau- und Sicherungsmaßnahmen eingesetzt werden; unzureichend ausgebildet und ausgerüstet; erlangte nur an der Ostfront eine gewisse militär. Bedeutung.

Volkstanz, Bez. für die überlieferten, bei festl. oder geselligen Anlässen mit instrumentaler oder vokaler Begleitung getanzten Tänze sozialer oder regionaler Gemeinschaften. Der V. in Europa und den kulturell vergleichbaren außereurop. Ländern ist durch eine Vielfalt der brauchtüml. und soziolog. Bindungen, der Alters- und Entwicklungsstufen und der Formen gekennzeichnet. Seiner Funktion nach wurde er in drei Gruppen gegliedert: 1. Tänze für bestimmte Kulte oder Bräuche (wie Schwerttanz, Bandeltanz um den Maibaum), 2. Tänze, die von einzelnen (bzw. Paaren) zur Schau gestellt werden (wie Geschicklichkeitstänze, Werbetänze, z. B. Ländler und Schuhplattler), 3. gesellige Tänze (wie Reigen, Hora, Kolo, Country-dance, Square dance). In seiner urspr. Tradition hat sich der V. v. a. in O- und S-Europa erhalten. Er wurde von der V.pflege neu aufgegriffen, seine Verbreitung durch internat. V.treffen gefördert.

Volkstrachten, landschaftl. gebundene Kleidung (Tracht) v. a. der ländl. u. bäuerl. Bevölkerung, deren Differenzierung auf territorialer wie naturräuml. Abgrenzung beruht (*Trachtenlandschaften*), mit Blütezeit im 18. Jh. In Einzelheiten (Kopfputz, Farben) unterschieden die V. streng die verschiedenen Altersstufen und Lebensordnungen einer Gemeinschaft (Kinder, Verheiratete, Verwitwete). Von der *Festtagstracht* hebt sich die

Volkstrauertag

Trauertracht, bes. aber die *Brauttracht* ab, während die bäuerl. *Alltagstracht* deutl. an zeitlosen Elementen der „Urtracht" (einfache Kleidungsstücke wie Holzschuh, Lodenumhang u. a.) orientiert ist. Heute sind die V. in Deutschland weitgehend verschwunden, werden jedoch in *Trachtenvereinen* durch bewußte Pflege tradiert (oder mod. abgewandelt getragen). Einen großen Formenreichtum weisen die bayr. Trachten (1) auf; ebenso die Schwarzwälder Trachten (2), die fränk. Trachten (3), die Schaumburger Trachten (4, 18), die östr. Trachten (5), die Schweizer Trachten (6), die Mecklenburger Tracht (7), die ostpreuß. Tracht (8), die pommersche Tracht (9). Eigenständige Formen entwickelten auch die fries. Trachten (10), die hess. Trachten (11), die rhein. Tracht (12), die schles. Tracht (13), die Braunschweiger Tracht (14), die schwäb. Tracht (15), die Siebenbürger Tracht (16), die Altenburger Tracht (17), die württemberg. Tracht (19) und die elsäss. Tracht (20).

Volkstrauertag, seit 1952 nat. Trauertag in der BR Deutschland (vorletzter Sonntag vor dem 1. Advent) zum Gedenken der Gefallenen beider Weltkriege und der Opfer des NS; geht zurück auf den seit 1926 begangenen Gedenktag für die Opfer des 1. Weltkrieges, seit 1934 „Heldengedenktag" (5. Sonntag vor Ostern).

Volkstribun (lat. tribunus plebis) ↑ Tribun.

Volksunie [niederl. 'vɔlksy:ni:] ↑ Flämische Bewegung.

Volksverein für das katholische Deutschland, Abk. VkD, 1890 von L. Windthorst und F. Hitze gegr. Organisation dt. Katholiken zur Verbreitung religiöser, kultureller, sozialer und polit. Bildung; 1933 von den Nationalsozialisten verboten.

Volksverhetzung, Straftatbestand, den begeht, wer in einer Weise, die geeignet ist, den öffentl. Frieden zu stören, die Menschenwürde anderer angreift, indem er zum Haß gegen Teile der Bevölkerung aufstachelt, zu Gewalt- oder Willkürmaßnahmen gegen sie auffordert oder sie beschimpft, böswillig verächtl. macht oder verleumdet. Als Strafe droht Freiheitsstrafe von drei Monaten bis zu fünf Jahren (§ 130 StGB). - Mit Freiheitsstrafe bis zu einem Jahr oder mit Geldstrafe wird bestraft, wer durch Schriften oder über den Rundfunk zum *Rassenhaß* aufstachelt (§ 131 StGB). - ↑ auch Rassismus, ↑ Rassenfrage.

Volksvermögen (Reinvermögen einer Volkswirtschaft), Summe der Realvermögensbestände aller der Volkswirtschaft zugehörigen Wirtschaftssubjekte einschl. der dem Staat gehörigen Realvermögensbestände (*Staatsvermögen*) zuzügl. der Differenz zw. Forderungen und Verpflichtungen gegenüber dem Ausland. Dabei besteht das Realvermögen aus dem zusammengefaßten Wert aller Sachgüter (Boden, Gebäude, Einrichtungen, Maschinen, Vorräte usw.). Wegen der Ermittlungsprobleme umfaßt das angegebene V. meist nur das Produktivkapital, enthält also nicht das Konsumtivkapital (langlebige Gebrauchsgüter).

Volksversammlung, das Zusammentreten aller stimmberechtigten Bürger eines Staatswesens zur Wahrnehmung ihrer polit. Rechte; heute noch in einigen schweizer. Kt. üblich (↑ auch Landsgemeinde). - In verschiedenen Staaten wird auch das Parlament als V. bezeichnet.

Volksvertretung ↑ Parlament.

Volkswagenwerk AG, dt. Unternehmen der Automobilind., Sitz Wolfsburg; gegr. 1937 als „Gesellschaft zur Vorbereitung des dt. Volkswagens", ab 1938 V., seit 1960 AG. Die Umwandlung in die AG erfolgte durch Ausgabe von Volksaktien, jedoch behielten das Land Niedersachsen und die BR Deutschland größere Aktienpakete (je 20%). Wichtige Beteiligungen bzw. Tochtergesellschaften: Audi NSU Auto Union AG, Volkswagen do Brasil S. A., SEAT. - ↑ auch Stiftung Volkswagenwerk.

Volkswartbund, 1898 in Köln gegr. Vereinigung von Katholiken zur Bekämpfung öffentl. Unsittlichkeit v. a. durch Volksbildung, Jugendpflege, -fürsorge und -schutz; heute in Verband der „Kath. Bundesarbeitsgemeinschaft Jugendschutz e. V."; Sitz Hamm.

Volkswirtschaft, die Gesamtheit des wirtschaftenden Zusammenwirkens aller privaten und öffentl. Wirtschaftssubjekte innerhalb des [mit dem Staatsgebiet zusammenfallenden] Wirtschaftsraums. Dabei ergibt sich die V. nicht allein als Summe ihrer Teile (Wirtschaftssubjekte und Einzelwirtschaften), sondern erhält durch ein einheitl. Wirtschaftssystem, eine einheitl. Geld- und Währungsordnung sowie die staatl. Wirtschaftspolitik und die gegebenen Rechts- und Gesellschaftsverhältnisse wie auch durch die natürl. Ausstattung des Wirtschaftsraumes usw. ihr besonderes, sie von anderen V. unterscheidendes Gepräge.

volkswirtschaftliche Gesamtrechnung, auf der Kreislaufbetrachtung (↑ Kreislauftheorie) aufbauende und nach dem Prinzip der doppelten Buchführung organisierte Periodenrechnung der in der Sozialproduktstatistik ermittelten makroökonom. Kreislaufgrößen. Kern der v. G. ist ein Kontenschema, in dem jedem gesamtwirtschaftl. Aggregat (Unternehmen, private Haushalte, Staat, Ausland, Vermögensänderung) ein Konto zugeordnet ist, auf dem jeweils sämtl. Kreislauftransaktionen mit den übrigen Aggregaten als Soll- und Haben-Buchungen erscheinen. Eine auf Schätz- und Zielgrößen aufbauende, den zukünftigen Wirtschaftsprozeß beschreibende Gesamtrechnung ist das Nationalbudget. - Abb. S. 257.

Volkstrachten

Volkswirtschaftslehre

Volkswirtschaftslehre (Nationalökonomie, Sozialökonomie), Teilgebiet der Wirtschaftswiss., dessen Objekt die gesamte Wirtschaft einer Gesellschaft ist, wobei neben der Analyse einzelwirtschaftl. Phänomene die Beschreibung und Erklärung gesamtwirtschaftl. Zusammenhänge und Prozesse im Rahmen und über den Rahmen der Volkswirtschaft hinaus bes. Bed. haben. Kerngebiet der V. ist die Wirtschaftstheorie; i. w. S. zählen zur V. auch die theoret. Wirtschaftspolitik, die Finanzwiss., Teile der Wirtschaftsgeschichte sowie die Geschichte der V. selbst (Dogmengeschichte); Hilfswiss. der V. sind v. a. die Statistik sowie die Ökonometrie. - Die V. wird z. T. auch ↑politische Ökonomie genannt. Die *Geschichte* der V. i. e. S. beginnt mit dem ↑Merkantilismus und v. a. mit dem Tableau économique von F. Quesnay, dem Begründer der Schule der Physiokraten. In Deutschland entwickelte sich die V. dieser Zeit v. a. als Kameralwiss. (↑Kameralismus). Voll ausgebildet wurde die V. als Nationalökonomie bzw. polit. Ökonomie durch die sog. Klassiker (↑klassische Nationalökonomie) A. Smith, D. Ricardo, T. R. Malthus, J. B. Say. In der Folgezeit differenzierte sich die V. in verschiedenen Schulen, z. B. die ↑historische Schule, die österreichische Schule (↑Grenznutzenschule) und die neoklassische Schule (↑klassische Nationalökonomie). In neuerer Zeit erfuhr die V. eine Belebung einerseits durch J. M. Keynes und seine Anhänger, andererseits durch die Monetaristen.

Volkszählung, von der amtl. Statistik durchgeführte Erhebung über den Bevölkerungsbestand; eine der wichtigsten Materialquellen der ↑Bevölkerungsstatistik.

Vollbeschäftigung, volle Auslastung des volkswirtschaftl. Produktionsapparates und voller Einsatz aller arbeitswilligen Wirtschaftssubjekte im Produktionsprozeß. Formales Merkmal für das Bestehen von V. ist ein geringer Prozentsatz an Arbeitslosen. - Während die Klassiker an eine systemimmanente Tendenz zur V. glaubten, behauptete Marx die Notwendigkeit des Bestehens einer „industriellen Reservearmee", die nur in der vorübergehenden Zeit einer V. während des „Booms" Beschäftigung findet. Nach der modernen [keynesschen] Wirtschaftstheorie sind - im Unterschied zu den Auffassungen der Klassiker - stabile Gleichgewichtslagen auch bei Unterbeschäftigung möglich. Seit der Weltwirtschaftskrise gehört die Erreichung und Erhaltung der V. zu den grundlegenden wirtschaftspolit. Zielen, die dabei in Konflikt mit anderen Zielen geraten. - ↑auch Beschäftigungstheorie.

Vollbeschäftigungspolitik ↑Beschäftigungspolitik.

Vollbier ↑Bier.

Vollblut (Vollblutpferd), in zwei Rassen (Arab. Vollblut, Engl. Vollblut) gezüchtetes, bes. edles Hauspferd; v. a. als Rennpferd eingesetzt.

Vollerhebung (Totalerhebung), in der Statistik die vollständige Erfassung eines Erhebungsobjekts (↑Erhebung) im Unterschied zur Teilerhebung.

Vollerwerbsbetrieb, landw. Betrieb, der von der Bauernfamilie hauptberufl. bewirtschaftet wird und ohne Nebenberuf der Haushaltsangehörigen ein ausreichendes Jahreseinkommen sicherstellt.

Volleyball ['vɔle; engl./dt., zu lat.-frz. volée „Flug(bahn)"], 1895 unter der Bez. *Mintonette* erstmals [in den USA] gespieltes Rückschlagspiel für 2 Mannschaften zu je 6 Spielern auf einem Spielfeld von 18 × 9 m, das durch ein Netz (2,43 m hoch für Männer, 2,24 m hoch für Frauen) über einer Mittellinie in zwei Hälften geteilt ist; parallel zu ihr und in einem Abstand von jeweils 3 m ist in jeder Spielfeldhälfte die Angriffslinie markiert, an den Spielfeldenden ein 3 m breiter Aufgaberaum. Der Ball wird durch eine Aufgabe ins Spiel gebracht und muß im Fluge innerhalb einer Mannschaft so zugespielt werden, daß er spätestens nach der 3. Ballberührung in die gegner. Spielhälfte fliegt. Jede Mannschaft versucht, den Ball so in das gegner. Feld zu spielen, daß er dort den Boden berührt oder nur fehlerhaft angenommen werden kann; er darf jedoch auch außerhalb der Spielfeldgrenzen angenommen werden. Nur die Mannschaft, das Aufgaberecht hat, kann Punkte erzielen. Sie verliert es an den Gegner, wenn sie einen Fehler macht. Bei jedem Aufgabewechsel haben die Spieler der aufgebenden Mannschaft ihre Plätze im Uhrzeigersinn zu wechseln. Sieger eines Satzes ist die Mannschaft, die zuerst 15 Punkte (mit mindestens 2 Punkten Unterschied zur gegner. Mannschaft) erreicht. Sieger eines Spiels ist, wer 3 Sätze gewonnen hat.

📖 *Internat. V.-Spielregeln. Schorndorf* [23] *1985. - Christmann, E.: V. trainieren. Ahrensburg 1984. - Huhle, H.: V. Niederhausen 1983. - Kneyer, W.: V. Schorndorf 1983. - Beutelstahl, D.: Richtig V.spielen. Mchn. 1980. - Beutelstahl, D.: V. f. Spieler u. Trainer. Mchn.* [3] *1979.*

Vollgeschosse ↑Munition.

Völligkeit, Bez. für das Volumen-Form-Verhältnis bei Schiffen. Zur Beurteilung von Form, bes. des Unterwasserschiffes, Ladefähigkeit, Schwimmeigenschaften und Geschwindigkeit benutzt man den V.grad oder Formparameter der a) Wasserlinien-, b) Hauptspantfläche, c) Verdrängung und d) den Schärfegrad, wobei ins Verhältnis gesetzt werden: bei a)-c) Fläche bzw. Volumen zu dem umgebenden Rechteck bzw. Quader, bei d) die Wasserverdrängung zum Produkt aus Hauptspantfläche und Schiffslänge.

Vollindossament ↑Indossament.

Volljährigkeit (Mündigkeit), die mit

Vollmacht

Vollendung des 18. Lebensjahres erlangte Rechtsstellung, die die *Minderjährigkeit* beendet, d. h. zur Mündigkeit im Rechtsleben führt (↑Tabelle Rechte und Pflichten nach Altersstufen, Bd. 18, S. 116). In *Österreich* beginnt die V. mit Vollendung des 19., in der *Schweiz* mit Vollendung des 20. Lebenjahres.

Vollkaskoversicherung ↑Kraftverkehrsversicherung.

vollkommene Zahl (perfekte Zahl), eine natürl. Zahl, die halb so groß ist wie die Summe ihrer Teiler. Eine v. Z. ist z. B. 6, denn

$$6 = \tfrac{1}{2}(1 + 2 + 3 + 6).$$

Vollkommenheit, Begriff der Ontologie bzw. Metaphysik zur Bez. der Vollständigkeit sowie der Übereinstimmung aller Bestimmungen eines Objektes zu einer geordneten Einheit. In der *Ethik* ein anzustrebendes, aber nie voll erreichbares Ideal.

Vollkorn, hinsichtl. Länge und Umfang optimal ausgebildetes Getreidekorn. - Ggs. Schmachtkorn.

Vollkornbrot, dunkles, aus Vollkornschrot (↑Mehl) hergestelltes Brot.

Vollmacht, durch Rechtsgeschäft erteilte Vertretungsmacht (gewillkürte ↑Stellvertretung). Die V. wird erteilt durch einseitige Erklärung gegenüber dem Vertreter (Innen-V.) oder dem Geschäftsgegner oder durch öffentl. Bekanntmachung (Außenvollmacht). Ihr Umfang bestimmt sich nach der formlosen Erklärung des Bevollmächtigenden; in einigen Fällen ist ihr Umfang gesetzl. festgelegt, z. B. bei der Prokura. Die *Gattungs-V.* (Art-V.) bezieht sich auf eine bestimmte Art von Geschäften, die *General-V.* (Blanko-V.) auf alle Geschäfte schlechthin. Erteilt der zu einem Geschäft Bevollmächtigte seinerseits einem anderen V., so liegt eine *Unter-V.* vor. Das Erlöschen der V. bestimmt sich nach dem Rechtsverhältnis, das ihrer Erteilung zugrunde liegt (Auftrag, Dienstvertrag usw.). Danach erlischt die V. u. a. durch Zeitablauf. Ein Widerruf der V. ist grundsätzl. jederzeit möglich und kann nur unter bestimmten Vorausset-

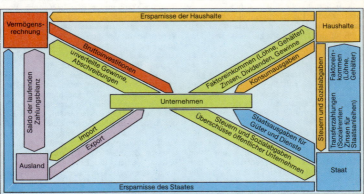

Volkswirtschaftliche Gesamtrechnung. Schema des Kreislaufs

Volleyball. Spielfeld (unten)

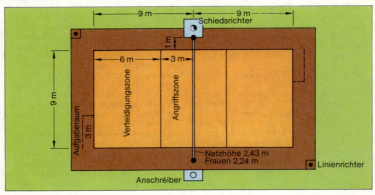

zungen ausgeschlossen oder erschwert werden. Die V. kann über den Tod des V.gebers hinaus erteilt werden *(postmortale V.)*. Ist die V. erloschen, so wird das Vertrauen von Geschäftspartnern auf das Fortbestehen der V. im Handelsrecht geschützt durch das Handelsregister; bei öffentl. Bekanntmachung, Erteilung einer V.urkunde oder Mitteilung der Bevollmächtigung an den Partner gilt die V. so lange als fortbestehend, bis die V. ebenso widerrufen wird, wie sie erteilt worden ist, es sei denn, dem Partner ist das Erlöschen der V. durch Fahrlässigkeit unbekannt. Gleiches gilt zugunsten des Bevollmächtigten, solange ihm das Erlöschen nicht bekannt ist und auch nicht hätte bekannt sein müssen. - ↑ auch Prozeßvollmacht, ↑ Anscheinsvollmacht.

Vollmachtindossament ↑ Indossament.

Vollmilch ↑ Milch.

Vollmoeller, Karl Gustav ['fɔlmølər], *Stuttgart 7. Mai 1878, † Los Angeles 18. Okt. 1948, dt. Schriftsteller. - Auto- und Flugzeugkonstrukteur; Filmpionier. Schrieb neuromant. [histor.] Dramen („Wieland", 1911); Mitautor des Drehbuchs zu dem Film „Der blaue Engel" (1930).

Vollrente, in der schweizer. Alters- und Hinterlassenenversicherung die Rente, die geschuldet wird, wenn der Versicherte die gleiche Anzahl von Jahren wie sein (Geburts-)Jahrgang Beiträge geleistet hat; wenn Beitragslücken bestehen, wird von der V. ausgehend die entsprechende Teilrente berechnet.

Vollschiff ↑ Segelschiff.

vollständige Induktion, ein Beweisverfahren der *Mathematik:* Wenn (1.) eine Aussage $A(n)$ für $n = 1$ richtig ist und wenn (2.) aus der Richtigkeit der Aussage für $n = k$ stets die Richtigkeit für den Nachfolger $n = k' = k + 1$ folgt, dann ist diese Aussage für alle natürl. Zahlen richtig. - In der *Logik* wird ein ähnl. Verfahren zum Beweis genereller Behauptungen über alle in einem Kalkül herstellbaren Objekte als v. I. angegeben.

vollständiges Differential ↑ Differentialrechnung.

Vollständigkeit, im *log.-metamathemat.* Sinn besteht die V. eines formalen Systems T (bzw. des diesem zugrundeliegenden Axiomensystems A) darin, daß jeder Satz von T (aus A) ableitbar ist.

vollstreckbare Titel, svw. ↑ Vollstreckungstitel.

vollstreckbare Urkunden ↑ Urkunde.

Vollstreckung, 1. im Strafrecht die zwangsweise Durchsetzung einer rechtmäßig und rechtskräftig verhängten Strafe (Straf-V.; ↑ auch Strafvollzug); 2. im Verwaltungsrecht die Durchsetzung von Verwaltungsakten mittels Zwangsmitteln; 3. im Steuerrecht die Durchsetzung von Verwaltungsakten (insbes. Steuerbescheiden) durch die Finanzbehörden, denen als Zwangsmittel das Zwangsgeld, die Ersatzvornahme und der unmittelbare Zwang zur Verfügung stehen; 4. svw. ↑ Zwangsvollstreckung.

Vollstreckungsbefehl veraltete Bez. für Vollstreckungsbescheid (↑ Mahnverfahren).

Vollstreckungsbehörde, svw. ↑ Vollstreckungsorgan.

Vollstreckungsbescheid ↑ Mahnverfahren.

Vollstreckungserinnerung ↑ Zwangsvollstreckung.

Vollstreckungsgericht, das Amtsgericht, in dessen Bezirk das Verfahren der Zwangsvollstreckung stattfinden soll oder stattgefunden hat. Es ist funktionell zuständig für alle vom Gesetz dem V. zugewiesenen Aufgaben (z. B. hat es über Anträge, Einwendungen und Erinnerungen, die das vom Gerichtsvollzieher bei der Durchführung der Zwangsvollstreckung zu beobachtende Verfahren betreffen, zu entscheiden). Für bestimmte Maßnahmen ist das V. auch Vollstreckungsorgan.

Vollstreckungsklausel, notwendiger Vermerk auf der vollstreckbaren Ausfertigung eines ↑ Vollstreckungstitels, der die Vollstreckbarkeit bescheinigt. Die V. ist Voraussetzung der Zwangsvollstreckung.

Vollstreckungsorgan (Vollstreckungsbehörde), das die Zwangsvollstreckung durchführende staatl. Organ, nämlich der Gerichtsvollzieher, das Vollstreckungsgericht, das Prozeßgericht sowie verschiedene Behörden. In den Aufgabenbereich des *Gerichtsvollziehers* fallen v.a. diejenigen Vollstreckungshandlungen, die eine Ausübung unmittelbaren Zwanges erfordern, die ↑ Pfändung bewegl. Sachen, die Erzwingung der Herausgabe bewegl. Sachen sowie die Verhaftung des Schuldners; in den Bereich der Zuständigkeit des Amtsgerichts als *Vollstreckungsgericht* fallen die Zwangsvollstreckung in Forderungen und andere Vermögensrechte, die Abnahme der eidesstaatl. Versicherung (früher Offenbarungseid), das Verteilungsverfahren und die Immobiliarzwangsvollstreckung. Die meisten dieser Vollstreckungshandlungen sind dem Rechtspfleger übertragen; das *Prozeßgericht* erster Instanz ist zuständig für die Zwangsvollstreckung zur Erzwingung von Handlungen und Unterlassungen; das *Grundbuchamt* und die *Schiffsregisterbehörde* sind als V. insbes. zuständig für die Eintragung von Zwangshypotheken.

Vollstreckungsschutz, im Urteil oder erst in der Zwangsvollstreckung gewährter Schutz zur Abwehr oder Milderung von Vollstreckungsmaßnahmen aus Gründen, die in der Person des Schuldners liegen (§§ 765a, 850a ZPO). V. wird nicht angeordnet, wenn überwiegende Belange des Gläubigers entgegenstehen. Das Vollstreckungsgericht kann insbes. auf Antrag des Schuldners Zwangsvollstreckungsmaßnahmen ganz oder teilweise aufheben, untersagen oder einstellen, wenn sie wegen bes. Umstände eine Härte bedeuten, die mit den guten Sitten nicht vereinbar ist.

Vollstreckungstitel (vollstreckbare Titel), neben Vollstreckungsklausel und Zustellung eine der drei notwendigen Voraussetzungen zur Durchführung der Zwangsvollstreckung. V. sind: 1. vollstreckbare Urkunden, 2. bestimmte rechtskräftige gerichtl. Entscheidungen (Arreste und einstweilige Verfügungen), 3. Urteile, die für vorläufig vollstreckbar (↑vorläufige Vollstreckbarkeit) erklärt worden sind. - Der V. muß *vollstreckungsfähig* sein, d. h. bestimmt oder doch bestimmbar, die Parteien sowie Inhalt, Art und Umfang der Zwangsvollstreckung erkennen lassen.

Vollstreckungsurteil, ein Gestaltungsurteil, durch das einem ausländ., formell rechtskräftigen Urteil die Vollstreckbarkeit in der BR Deutschland verliehen wird (§§ 722, 723 ZPO). Das V. ist ohne Prüfung der Gesetzmäßigkeit der Entscheidung zu erlassen, wenn die Anerkennung des Urteils nicht nach § 328 ZPO ausgeschlossen ist und das Urteil des ausländ. Gerichts nach dem für dieses Gericht geltenden Recht die Rechtskraft erlangt hat.

Vollstreckungsvereitelung, im Strafrecht das Veräußern oder das Beiseiteschaffen von Vermögensbestandteilen in der Absicht, bei einer drohenden Zwangsvollstreckung des Gläubigers zu vereiteln (mit Freiheits- oder Geldstrafe bedroht; § 288 StGB). - ↑auch Strafvereitelung.

Vollton, in der graph. Technik Bez. für eine (nicht gerasterte) gleichmäßig gedeckte Fläche.

Vollversammlung, svw. ↑Plenum.

Vollwandbauweise, im Flugzeugbau heute vorherrschende Rumpfbauweise, bei der (im Ggs. zu Fachwerkbauweise) Blechplatten wesentl. an der Übertragung der auftretenden Kräfte beteiligt sind.

Vollwinkel, Bez. für einen Winkel von 360°.

Vollzeitschulen, im Unterschied zu den **Teilzeitschulen** (z. B. Abendschule oder Berufsschule) wird die gesamte „Arbeitszeit" des Schülers in Anspruch genommen; die können sowohl als **Halbtagsschulen** mit den Unterricht ergänzenden Hausaufgaben oder als **Ganztagsschule** organisiert sein. V. sind die Grund-, Haupt-, Realschulen und Gymnasien im Bereich der berufl. Bildung die Berufsgrundschulen, die Berufsfachschulen und die Fachschulen.

vollziehende Gewalt (Exekutive), nach dem Prinzip der Gewaltentrennung die 3. Staatsfunktion neben Legislative (↑Gesetzgebung) und Jurisdiktion (↑Rechtsprechung). Die polit. Spitze der v. G. ist die Reg., der Vollzug der Gesetze obliegt der Verwaltung; in parlamentar. Reg.systemen kommt es zu Überschneidungen zw. Legislative und vollziehender Gewalt.

Vollzugsuntauglichkeit ↑Haftunfähigkeit.

Volmar ['fɔlmar], männl. Vorname, Nebenform von Volkmar.

Volontär [lat.-frz.], Bez. für einen in der Ausbildung befindl. Arbeitnehmer, der keine abgeschlossene Berufsausbildung, sondern Einarbeitung in eine bestimmte (v. a. journalist. oder kaufmänn.) Tätigkeit anstrebt und meist eine nur unerhebl. Vergütung erhält.

Volonté générale [frz. vɔlɔ̃'te ʒene'ral], in der Staats- und Sozialphilosophie J.-J. Rousseaus der auf das allg. Beste gerichtete „[All]gemeinwille".

Volsinii [...ni-i] (etrusk. Velsu, Velzna), eine der bedeutendsten Städte Etruriens (264 v. Chr. von den Römern erobert und zerstört, angebl. an anderer Stelle verlegt), in deren Gebiet das Voltumnaheiligtum, Zentralheiligtum des etrusk. Zwölfstädtebundes, lag; umstritten ist, ob V. bei Bolsena (Reste des römerzeitl. V.) oder bei Orvieto lag.

Volsker (lat. Volsci), altitalischer, zur osk.-umbr. Sprachgruppe gehörender Stamm, seit dem 6. Jh. v. Chr. im Bergland vom südl. Latium ansässig; Unterwerfung durch Rom 329 v. Chr. mit der Einnahme von Privernum (= Priverno) abgeschlossen; wichtigste Stadtstaaten: Antium (= Anzio), Anxur (= Terracina), Arpinum (= Arpino), Fregellae und Sora.

Völsunga saga („Die Geschichte von den Völsungen"), altisländ. Heldenroman, der im wesentl. das Schicksal Sigurds, des Drachentöters, schildert. Älteste Handschrift entstand um 1400 auf Island.

Volt [nach A. Graf Volta], Einheitenzeichen V; SI-Einheit der elektr. Spannung. Festlegung: 1 V ist gleich der elektr. Spannung oder elektr. Potentialdifferenz zw. zwei Punkten eines fadenförmigen, homogenen und gleichmäßig temperierten Leiters, in dem bei einem zeitl. unveränderl. elektr. Strom der Stärke 1 Ampere zw. den beiden Punkten die Leistung 1 Watt umgesetzt wird; 1 000 V = 1 kV.

Volta, Alessandro Graf (seit 1810), *Como 18. Febr. 1745, † ebd. 5. März 1827, italien. Physiker. - Prof. in Como und Pavia. Seine Arbeiten betrafen insbes. die Elektrizität. 1792 begonnene Experimente zum Galvanismus führten ihn zu der Erkenntnis, daß dessen Entstehung an das Vorhandensein von Leitern erster und zweiter Art (Metalle und Elektrolyte) gebunden ist, und zur Entdeckung der Kontaktelektrizität bei Berührung zweier Metalle. Er wies nach, daß die galvan. Elektrizität und die Reibungselektrizität von gleicher Natur bzw. Wirkung sind. Das bedeutendste Ergebnis seiner systemat. Untersuchungen war 1800 die Erfindung der nach ihm ben.

Volta

Voltaschen Säule, die die erste brauchbare elektr. Stromquelle darstellte.

Volta, größter Fluß Ghanas, entsteht durch Zusammenfluß von Schwarzem und Weißem Volta im nördl. Z-Ghana, mündet 100 km onö. von Accra in den Golf von Guinea, mit Schwarzem Volta rd. 1 800 km lang; wird bei Akosombo (Kraftwerk) zum 8 480 km² großen **Voltasee** gestaut, der sich z.T. bis weit in die Täler der Nebenflüsse erstreckt.

Volta [italien. „Mal, Umdrehung"], in der Notenschrift Bez. für verschiedene Schlüsse bei Wiederholungen: *prima v.*, Abk. 1ma, das erste Mal; *seconda v.*, Abk. 2da, das zweite Mal.

◆ aus der Provence stammender höf. Paartanz im schnellen Dreiertakt, in der 2. Hälfte des 16. bis Anfang des 17. Jh. in Europa verbreitet. Charakterist. sind wilde Drehungen und hohe Sprünge bei engem Körperkontakt.

Volta-Effekt [nach A. Graf Volta], das Auftreten einr ↑ Volta-Spannung.

Volta-Element [nach A. Graf Volta], ältestes elektrochem. Element, bestehend aus einer Kupfer- und einer Zinkelektrode in verdünnter Schwefelsäure; die Klemmenspannung beträgt etwa 1 Volt.

Voltaire [frz. vol'tɛːr], eigtl. François Marie Arouet, * Paris 21. Nov. 1694, † ebd. 30. Mai 1778, frz. Schriftsteller und Philosoph. - Sohn eines wohlhabenden Notars; beste Ausbildung im Jesuitenkolleg Louis-le-Grand; wegen krit. Haltung gegen Reg. und Hof 1716 verbannt; 1717 wegen einer ihm fälschl. zugeschriebenen Satire 11 Monate in der Bastille. Nach dem Erfolg der Tragödie „Oedipus" (1719) Karriere als erfolgreicher Hofdichter. 1726 mußte V. wegen einer persönl. Fehde mit dem Chevalier de Rohan Frankr. verlassen und ging wegen der dort verwirklichten polit. Freiheiten nach Großbrit.; nach seiner Rückkehr nach Frankr. 1729 wurde V. teils gefeiert, teils durch erneuter Haft bedroht. Als das Pariser Parlament seine „Lettres philosophiques" (entstanden 1726–29), in denen V. die polit. und geistigen Verhältnisse Großbrit. als einen Zusammenhang darlegte und den frz. Zuständen gegenüberstellte, verurteilte und verbrannte, floh V. nach Lothringen, um einer Inhaftierung zu entgehen. 15 Jahre (bis 1748) verbrachte er dort auf Schloß Cirey mit der Marquise du ↑ Châtelet und erarbeitete seine naturwiss.-mathemat. und histor.-polit. Grundlagen; zus. mit der Marquise kommentierte er Newton, Leibniz und C. Wolff; es entstanden u. a. seine „Éléments de la philosophie de Newton" (1738). V. arbeitete an der ersten Fassung seiner Darstellung „Die Zeiten Ludwigs XIV." (dt. 1752) sowie an dem „Essai sur l'histoire générale et sur les mœurs et l'esprit des nations" (1756), der die moderne Geschichtsschreibung begründete; er verfaßte auch Theaterstücke und Erzählungen. 1745 Ernennung zum Historiographen Frankreichs; 1746 Aufnahme in die Académie française. Nach dem Tode der Marquise du Châtelet nahm V. die Einladung Friedrichs d. Gr. nach Potsdam an; hier arbeitete er intensiv an einer geplanten Universalgeschichte, an den Bausteinen seines „Dictionnaire philosophique" (1764) und an mehreren Erzählungen. Nach einem Streit mit dem preuß. König verließ er 1753 Potsdam; es folgte eine Periode unsteter Reisen in depressiver Stimmung, die V. durch Arbeit überwand. In seinem Schloß „Les Délices" am Genfer See, wo V. sich 1755 niedergelassen hatte, entstand der berühmte Roman „Candide oder Die beste Welt" (1759). Nach Schwierigkeiten mit der kalvinist. Stadtregierung in Genf machte er das Gut Ferney bei Genf auf frz. Boden zu seinem Alterssitz. In den folgenden Jahren entstanden mehr als 400 Veröffentlichungen, darunter Kommentare zum Theater Corneilles, die Geschichte des Pariser Parlaments, außerordentl. einflußreiche Kommentare zu Beccarias Traktat über das Strafrecht und zahllose polit. Pamphlete. Eine Vielzahl wiss. Artikel, in denen V. seine Auffassung zu gesellschaftspolit. und philosoph. Problemen seiner Zeit darstellte, wurde in seinem „Dictionnaire philosophique" zusammengestellt, das einen erhebl. Anteil an der Verbreitung der Philosophie der ↑ Aufklärung hatte. Seine Religionskritik war neben seinen öffentl.-polit. Aktivitäten Teil seines Kampfes gegen Ungerechtigkeit und Unvernunft. Sein Einsatz in vielen Fällen von Justizirrtum trug V. den Beinamen eines Freundes der Unglücklichen ein. Im Febr. 1778 reiste V. ohne Erlaubnis nach Paris und wurde dort mit großer Begeisterung empfangen; erschöpft durch die zahllosen Ehrungen starb V. wenig später. Der Erzbischof von Paris verweigerte ein christl. Begräbnis. - V. war weder Autor eines großen Buches noch einer neuen Theorie. Seine Größe wird nur in der Gesamtheit des Werkes sichtbar, und erst der Zusammenhang von Leben und Werk zeigt, weshalb er als vollkommene Verkörperung des 18. Jh. gilt, das Frankr. häufig mit seinem Namen kennzeichnet („siècle de V."). V. war voller Widersprüche: maßlos, ehrgeizig, eitel, kalt, berechnend in seinem Habgier; zugleich aber bewegen ihn Gerechtigkeitsliebe und Mitleid, sein Wissen und seine Beherrschung der literar. Formen in den Dienst der prakt. polit. Philosophie zu stellen, die das Leben der Menschen durch die Beseitigung der Unvernunft in allen Gestalten leichter machen wollte. Die entscheidenden Impulse erhält seine Philosophie durch die engl. Philosophie, durch P. Gassendi und P. Bayle und die Praxis der liberal regierten bürgerl.-liberalen Gesellschaft Großbrit. vor dem Aufbruch in die industrielle Revolution. Erkenntnistheoret. übernahm V. (in den „Lettres philosophiques", entstanden 1726–29) den Sensualismus J. Lockes; v. a. die Form der Kritik an den Traditionen der Kirche führte zur Verurteilung und Verbrennung dieses Werkes. Mit den „Éléments de la philosophie de Newton" (1738) trug V. außerordentl. zur schnellen Verbreitung der neuen Kosmologie und zur Ablösung des Kartesianismus in Frankr. bei. Trotz seiner Ablehnung der kath. Kirche blieb V. Theist, für den die Gesetzmäßigkeit des Universums den Schluß auf Gott als höchste Intelligenz zuließ. - V. kämpfte einen unermüdl. Kampf gegen Metaphysik, Obskurantismus, Mystizismus und Dogmatismus als Urheber von Fanatismus und Intoleranz. Charakterist. für seinen Liberalismus ist das gegen Rousseau, diesen Angriff auf das klass. Naturrecht V. nicht begriffen hat, angewandte Prinzip der Toleranz: „Ich kann keinem Ihrer Worte zustimmen, werde aber bis an mein Ende Ihr Recht, diese auszusprechen, verteidigen". - Größer als in der Philosophie war seine Eigenständigkeit in der Methodologie der Geschichtsschreibung, die er zu einer Wiss. machte. Zum ersten Mal wurden ökonom., polit. und kulturelle Erscheinungen als Zusammenhang betrachtet. Mit dem „Essai sur les mœrs" (1756) setzte V. der theolog. Universalgeschichte Bossuets die „Geschichtsphilosophie" (als Begriff erstmals bei V.) entgegen. V. forderte von der Geschichtsschreibung, sich der Exaktheit ihrer Fakten durch Quellenprüfung und -kritik zu vergewissern. Er begriff die Geschichte als Genese der Gegenwart. Als Ursachen der Geschichte sah er: 1. die großen Menschen (in einer spezif. Situation), 2. den Zufall und 3. eine komplexe Gesetzmäßigkeit von materiellen und institutionellen Faktoren. V. interpretierte die Weltgeschichte aus einem ihr immanenten Entwicklungsgesetz heraus als fortschreitende Vervollkommnung der Vernunft. - V. gilt heute u. a. als brillanter Schriftsteller, glänzender Erzähler, als Kritiker, der mit geistvoller Ironie den Angegriffenen der Lächerlichkeit preisgibt und als Schöpfer formal vollendeter Versdichtungen. Die Ziele, für die sich V. einsetzte, sind die eines liberalen Bürgertums, das die Menschenrechte, die formelle Freiheit und die Gleichheit aller Menschen vor einem allg. Gesetz gegen den feudalen Absolutismus vertritt.

Weitere Werke: Der Heldengesang auf Heinrich IV. (Epos, 1723), Hérode et Mariamne (Dr., 1725), Brutus (Dr., 1730), Zayre (Dr., 1733), L'enfant prodigue (Dr., 1736), Geschichte des russ. Reiches unter der Reg. Peters d. Gr. (1759–63), Das Mädchen von Orléans (Epos, endgültige Ausg. 1762), L'ingénu (176,).

Orieux, J.: Das Leben des V. Dt. Übers. Ffm. 1985. - Lindner, M.: V. u. die Poetik des Epos. Mchn. 1980. - V. Hg. v. H. Baader. Darmst. 1980. - Stackelberg, J. v.: Themen der Aufklärung. Mchn. 1979. - Besterman, T.: V. Chicago (Ill.) ³1977. - Noyes, A.: V. Dt. Übers. Mchn. 1976. - Gay, P.: V.'s politics: the poet as realist. Princeton (N. J.) 1959. - Brumfitt, J. H.: V. historian. London 1958.

voltaische Sprachen, svw. ↑Gursprachen.

Voltameter [nach A. Graf Volta] (Coulombmeter, Coulometer), Gerät zur Messung von Elektrizitätsmengen, die einen Stromkreis in einer bestimmten Zeit durchflossen haben, durch Bestimmung der Menge der vom Strom bewirkten elektrolyt. Abscheidungen. Beim *Knallgas-V.* (*Knallgascoulo[mb]meter*) wird z. B. die Menge des Knallgases gemessen, das durch Elektrolyse wäßriger Lösungen gebildet wird (der Ladungsmenge 1 C entwickelt 0,1740 cm³ Knallgas), beim *Kupfer-* und *Silber-V.* die abgeschiedene Metallmenge.

Voltammetrie [nach A. Graf Volta, Kw. aus **Volta**metrie und **Amp**erometrie], Verfahren der Elektroanalyse (z. B. zur Bestimmung von Metallionen, Sauerstoff, Schwefeldioxid, Aldehyden, Ketonen und Nitroverbindungen), bei dem man die Abhängigkeit der sich zw. einer durch Gleichstrom polarisierten Meßelektrode und einer unpolarisierten Bezugselektrode einstellenden Stromstärke von der angelegten Spannung mißt.

Voltampere [...ã'per], Einheitenzeichen VA, bei der Angabe elektr. Scheinleistung übl., gesetzl. zulässige Bez. für das ↑Watt: 1 000 VA = 1 kVA (Kilovoltampere).

Volta Redonda, brasilian. Stadt 100 km wnw. von Rio de Janeiro, 121 000 E. Zentrum der brasilian. Stahlindustrie.

Volta-Spannung [nach A. Graf Volta], Bez. für die elektr. Spannung, die zw. 2 verschiedenen Metallplatten auftritt, wenn diese nach enger Berührung plötzl. auseinandergerissen werden. - ↑auch Kontaktelektrizität.

Volte ['vɔltə; frz.], *Fechten:* seitl. Ausweichen aus der Gefechtslinie.
♦ *Reitfigur* der Hohen Schule: Kreis von 6 Schritt Durchmesser.
♦ *Kunstgriff* beim *Kartenspiel,* durch den beim Mischen einem Kartenblatt eine gewünschte Lage gegeben wird.

Volterra, italien. Stadt in der Toskana, 531 m ü. d. M., 14 000 E. Kath. Bischofssitz; Museen, Gemäldegalerie; Zentrum der Alabasterverarbeitung. - Das etrusk. **Velathri** entstand im 7./6. Jh. an der Stelle einer Siedlung der Villanovakultur; Mgl. des etrusk. Zwölfstädtebundes; ab 298 v. Chr. mit Rom verbündet, später röm. Munizipium **Volaterrae;** seit dem 5. Jh. Bischofssitz; in fränk. Zeit Sitz eines Grafen; im 12. Jh. kommunale Freiheit; fiel 1361 an Florenz. - Etrusk. Baureste, u. a. die gut erhaltene Stadtmauer mit 2 Toren; Reste eines röm. Theaters. Urspr. roman. Dom (im 16. Jh. umgebaut) mit oktogonalem Baptisterium (1284).

Voltigieren

Voltigieren [vɔlti'ʒiːrən; frz.], im *Kunstkraftsport* Gewandtheits- und Kletterübungen an Geräten.
◆ im *Pferdesport* Geschicklichkeitsübungen am galoppierenden Pferd.
Voltmeter ([elektr.] Spannungsmesser), zur Messung von elektr. Gleich- und Wechselspannungen dienende ↑ elektrische Meßgeräte.
Voltsekunde, Einheitenzeichen Vs, Einheit des magnet. Flusses; svw. ↑ Weber.
Voltumna ↑ Vertumnus.
Volturno, italien. Fluß im nördl. Kampanien, entspringt in den südl. Abruzzen, mündet bei Castel V. in den Golf von Gaeta; 175 km lang, ab Capua schiffbar.
Volubilis ↑ Moulay-Idriss.
Volumen [lat., zu volvere „wickeln"], (Rauminhalt) der von der Oberfläche eines Körpers eingeschlossene Teil eines Raumes; Formelzeichen *V.* SI-Einheit des V. ist das Kubikmeter (Einheitenzeichen m³) bzw. seine dezimalen Vielfachen und Teile: Kubikkilometer (km³), Kubikdezimeter (dm³), Kubikzentimeter (cm³) und Kubikmillimeter (mm³): 1 m³ = 1 000 dm³ = 1 000 000 cm³ = 10⁹ mm³. Als bes. Name für 1 dm³ ist die Bez. Liter (Einheitenzeichen l) üblich und gesetzl. zulässig.
Das V. einfacher Körper (Würfel, Quader u. a.) ist aus Länge, Breite und Höhe berechenbar; die Berechnung des V. von Körpern, deren Oberfläche durch algebraische Gleichungen für die Raumkoordinaten festgelegt ist, erfolgt mit Hilfe der Integralrechnung. Das V. eines unregelmäßig geformten festen Körpers kann man ermitteln, indem man ihn in einen mit einer Flüssigkeit gefüllten Meßzylinder bringt und aus dem Anstieg der Flüssigkeitsoberfläche das von ihm verdrängte Flüssigkeitsvolumen bestimmt († auch molare Größen).
◆ (Mrz. Volumina; Abk. Vol.) im Buchwesen Schriftrolle, Band.
Volumengewicht, svw. spezifisches Gewicht († Wichte).
Volumenprozent ↑ Volumprozent.
Volumenzähler ↑ Durchflußmessung.
Volumetrie [lat./griech.], svw. ↑ Maßanalyse.
Volumprozent (Volumenprozent), Abk. Vol.-%, Hundertsatz vom Rauminhalt; der Volumenanteil eines Stoffes, der in 100 cm³ einer Lösung enthalten ist.
Völundur, altnord. für ↑ Wieland.
Voluntarismus [zu lat. voluntarius „freiwillig"] (Thelematismus), von F. Tönnies eingeführte und v. a. von W. Wundt und F. Paulsen verwendete Bez. für die philosoph. Position, nach der der Wille als Basis der Erkenntnis (erkenntnistheoret. V.), als Grundfunktion der Seele (psycholog. V.), als bestimmendes Prinzip der Welt (metaphys. V.), als Grundprinzip der Ethik (eth. V.) oder als vorherrschende Eigenschaft Gottes (theolog. V.) gilt. Der *erkenntnistheoret.* und der *psycholog. V.* betonen, daß der menschl. Wille (nicht seine Vernunft) theoret. und prakt. Handeln bestimmt. A. Schopenhauer sieht im Willen das Grundprinzip nicht nur des Menschen, sondern der Welt überhaupt. Diese Zurückführung der gesamten Wirklichkeit auf den Willen ist das Merkmal des *metaphys. V.,* der sich in Ansätzen auch bei Fichte und H. Bergson findet. Der blinde, d. h. ohne konkretes Ziel und ohne Vernunftgründe wirkende Wille bestimmt nach Schopenhauer v. a. über die Sexualität das Verhalten und die Struktur aller Lebewesen: der Pflanzen, Tiere und Menschen. Für den *eth. V.* folgt daraus, daß Moralität nicht (wie bei Platon) durch Einsicht in die Idee des Guten, nicht (wie bei Kant) durch den rationalen Beweggrund des Handelns aus Pflicht, sondern durch die Eigenliebe und die Freiheit des Willens definiert wird. Der *theolog. V.* bezieht sich einerseits auf den Primat des göttl. Willens (vor der Vernunft), andererseits auf den Vorrang des Willens bzw. des Glaubens[entschlusses] vor dem Intellekt. Augustinus identifiziert den Willen als Liebeskraft mit dem Glauben, den er (voluntaristisch) als Voraussetzung der Erkenntnis ansieht.
Voluntary [engl. 'vɔləntəri; zu lat. voluntarius „freiwillig"], in der engl. Musik seit dem 16. Jh. Bez. für eine Orgelkomposition oder -improvisation, die als Präludium oder Postludium im Gottesdienst gespielt wird.
Voluntativ (Volitiv) [lat., zu volo „ich will"], Form des Verbs, die einen Wunsch, eine Absicht oder eine Aufforderung ausdrückt; als V. dienen v. a. Modi oder Tempora wie der Konjunktiv (lat. *eamus* „gehen wir!"), das Futur (lat. *ibo* „ich will gehen") oder der Imperativ.
Völuspá [altisländ. „Der Seherin Gedicht"], Lied aus der ↑ „Edda". Die V. ist im wesentl. als ein Monolog angelegt, vorgetragen von einer mit außermenschl. Wissen begabten Seherin *(Völva).* Sie beginnt ihre visionäre Schau mit der Aufforderung zur Ruhe, um in *Odins* Auftrag das Geschick der Götter von der Urzeit bis in die ferne Zukunft zu verkünden: von der Zeit des Riesen *Ymir* an, als es weder Erde noch Himmel gab, über die Zeit, als die Erde geschaffen wurde, als Odin aus der Ulme *Embla* und der Esche *Ask* das erste Menschenpaar mitschuf und das Übel, der Krieg, unter die Götter kam, *Baldr* unschuldig den Tod erlitt, bis in die Zukunft, in der sich das Götterschicksal erfüllt und die Welt in einem kosm. Ereignis untergeht *(Ragnarök).* Dann steigt wieder Land aus den Fluten, Baldr kehrt zurück und mit ihm die goldene Zeit.
Volute [lat., zu voluta „schneckenförmige Einrollung"], Einrollung bei einem Ornament oder einem Bauelement.

Vorarlberg

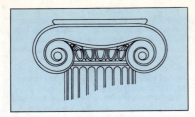

Volute eines ionischen Kapitells

Volvo AB, schwed. Kfz.- und Maschinenbaukonzern, hervorgegangen aus einer 1915 gegr. Tochtergesellschaft der Svenska Kullagerfabriken AB.

Volvox [lat.] (Gitterkugel, Kugelalge), Gatt. der Grünalgen mit über zehn frei im Süßwasser lebenden Arten; hohlkugelförmige Kolonien aus bis zu 20 000 jeweils mit zwei Geißeln ausgestatteten Zellen, die durch Plasmastränge miteinander in Verbindung stehen. Die Zellen des bei der Bewegung nach vorn gerichteten vegetativen Pols teilen sich nicht und weisen größere Augenflecke auf als die Zellen des hinteren, generativen Pols, die der ungeschlechtl. und geschlechtl. Fortpflanzung (durch Oogamie) dienen. Auf Grund dieser Arbeitsteilung können die V.arten als echte vielzellige Organismen aufgefaßt werden.

Volvulus [lat.], svw. ↑Darmverschlingung.

Vomitiva (Vomitoria) [lat.], svw. ↑Brechmittel.

Vomitus [lat.], svw. ↑Erbrechen.

Vondel, Joost van den [niederl. 'vɔndəl], * Köln 17. Nov. 1587, † Amsterdam 5. Febr. 1679, niederl. Dichter. - Sein Werk ist von europ. Bed. (beeinflußte u. a. das dt. Barocktrauerspiel). Seine Dramen sind v. a. durch die lyr. Chöre gekennzeichnet, u. a. „Maria Stuart" (1646), „Lucifer" (1654), ein Weltschöpfungsspiel, in dem er schon vor Milton mit visionärer Kraft das Urbild des Weltenzwiespalts konzipierte. Verfaßte daneben gefühlvolle Natur-, Liebes- und Gedankenlyrik; griff in polit. Satiren bes. den Fanatismus der Kalvinisten an.

 Bunte, W.: J. v. d. V. Ffm. 1984.

Vo Nguyên Giap [vietnames. vɔ ŋuiən ʒap], * An Xa 1. Sept. 1910, vietnames. General und Politiker. - Seit den 1930er Jahren aktiv in der KP Indochinas; im Mai 1941 in China Mitbegr. der Vereinigung für die Unabhängigkeit Vietnams (später Vietminh gen.); baute in Vietnam eine schlagkräftige Partisanenarmee auf, die unter seinem Oberbefehl 1954 bei Điên Biên Phu den entscheidenden Sieg über die Franzosen errang; seither Verteidigungsmin. (bis Jan. 1980) und einer der stellv. Min.präs. Nord-Vietnams bzw. (seit 1976) Vietnams sowie Mgl. der obersten Parteigremien; war ab Sommer 1967 auch Oberbefehlshaber der nordvietnames. Truppen im Vietnamkrieg; entwickelte maßgebl. die Strategie des modernen Guerillakrieges.

Vonnegut, Kurt [engl. 'vɔnɪgʌt], * Indianapolis 11. Nov. 1922, amerikan. Schriftsteller. - Seine zeitkrit. satir. Romane („Schlachthof 5 oder Der Kinderkreuzzug", 1969; „Frühstück für starke Männer", 1973; „Slapstick oder Nie wieder einsam", 1976) und Erzählungen („Geh zurück zu deiner lieben Frau und deinem Sohn", 1968), in denen sich Elemente der Science-fiction mit schwarzem Humor verbinden, wenden sich gegen Krieg, Gewalt, Rassenhaß und soziale Ungerechtigkeit; auch Dramen und Essays. - *Weitere Werke:* Die Sirenen des Titan (R., 1959), Katzenwiege oder Die Verantwortlichkeit der Kernphysiker (R., 1963), Galgenvogel (R., 1979), Palm Sunday (R., 1981), Dead-Eye Dick (R., 1982), Galápagos (R., 1985).

Voorne-Putten [niederl. 'vo:rnə'pytə], Doppelinsel im Rhein-Maas-Delta, 157 km², Hauptorte Hellevoetsluis, Spijkenisse und Brielle.

VOR ↑VOR-Verfahren.

Voranschlag, im Rahmen der Planungsrechnung erfolgende Schätzung der künftigen Einnahmen, Ausgaben, Kosten und Erlöse; beim Werkvertrag als *Kosten-V.* die überschlägige Berechnung der voraussichtl. entstehenden Kosten der Herstellung eines versprochenen Werks. Bei einer wesentl. Überschreitung des Kosten-V. kann der Besteller jederzeit den Werkvertrag kündigen, er hat in diesem Fall nur die bereits geleistete (gelieferte) Arbeit zu vergüten.

Vorarlberg ['fo:r'arlbɛrk, -'--], westlichstes Bundesland von Österreich, 2 601 km², 309 300 E (1985), Hauptstadt Bregenz. V. hat Anteil an 4 Landschaftseinheiten: Der Aufschüttungsebene des Alpenrheins, den Voralpen, die vom Bregenzerwald gebildet werden, den Nördl. Kalkalpen und ganz im S an den Zentralalpen, und zwar an der Silvrettagruppe (mit dem Piz Buin [3 312 m]) und der Verwallgruppe. Die Rheinebene und die bis Bludenz ausgreifende, von der unteren Ill durchflossene Walgau stehen unter dem Einfluß des Bodensee-Lokalklimas. Der Bregenzerwald zählt zu den niederschlagsreichsten Geb. Österreichs (2 000–3 000 mm jährl.). Die Rheinebene ist charakterisiert durch die Aulandschaft, im Illtal dominieren Mischwälder aus Buchen, Tannen und Fichten, in höheren Lagen Lichten, später Lärchen; über der Baumgrenze folgt alpine Grasheide mit Almmatten. Die höchsten Gipfel tragen z. T. ständige Schnee- und Eisdecken.

Bevölkerung, Wirtschaft, Verkehr: Der größte Teil der Bev. lebt im Rhein- und im unteren Illtal, wo sich ein fast geschlossenes Siedlungsband von Bregenz über Dornbirn und Feldkirch bis Bludenz hinzieht. Ebenfalls ge-

Vorarlberger Bauschule

besiedelt sind das Montafon, das Klostertal und der Vorderwald. - Etwa 29% der Fläche sind bewaldet. Bes. hoch entwickelt sind Molkereiwirtschaft und Viehzucht; Ackerbau wird nur in der Rheinebene betrieben; am Bodensee gibt es auch Obstanlagen. Wichtigster Ind.zweig ist die Textil- und Bekleidungsind. (v. a. Stickereiind.), gefolgt von Bauwesen, Handel und Metallverarbeitung, Nahrungs- und Genußmittel-, Elektro- und Metallindustrie. Viele Bewohner arbeiten in der Schweiz, in der BR Deutschland und in Liechtenstein. Ein wichtiger Wirtschaftszweig ist außerdem die Energieproduktion durch die Vorarlberger Illwerke und der Fremdenverkehr. - Die wichtigsten Achsen sind das Rhein- und untere Illtal. Straße und Bahn zum Inntal führen unter dem Arlbergpaß durch Tunnels. Weitere W–O-Verbindungen sind die Silvretta-Hochalpenstraße und die Straße im Lechtal. **Geschichte:** Im nördl. Teil von den kelt. Brigantiern, im übrigen Teil von den wohl rät. Vennonen bewohnt; 15 v. Chr. vom Röm. Reich unterworfen, der Prov. Rätien, im 4. Jh. der Prov. Raetia prima (Hauptstadt Curia [= Chur]) zugeschlagen. Seit dem 5. Jh. wurde die Bev. vom N her von Alemannen durchsetzt; doch blieb das Rätoromanentum im S z. T. (Montafon, Walgau) bis ins 17. Jh. lebendig. Um 537 ging Rätien in fränk. Herrschaft über. 1032/40 erfolgte die Teilung in Bregenz, Unter- und Oberrätien; seit dem 13. Jh. bauten die Grafen von Montfort eine Landesherrschaft auf. Seit 1363 erwarben die Habsburger Land in V., bis 1523 (Erwerb von Bregenz) einigten sie V. unter ihrer Herrschaft. Bis 1752 und seit 1782 Tirol unterstellt (1752–82 Vorderösterreich), mit dem es 1805 an Bayern fiel, bevor es 1814 mit Ausnahme eines bei Bayern verbleibenden Landstrichs im westl. Allgäu endgültig an Österreich kam; 1918 von Tirol gelöst. Trotz der Volksabstimmung von 1919, die mit 80% den Anschluß an die Schweiz forderte, wurde V. östr. Bundesland (1938–45 wieder Tirol angegliedert).
📖 *Burmeister, K. H.: Gesch. Vorarlbergs. Mchn. ²1983. - Bilgeri, B.: Gesch. Vorarlbergs. Wien u. Köln ¹⁻²1974–82. 3 Bde.*

Vorarlberger Bauschule, Gruppe von Baumeistern, Maurermeistern, Stukkatoren, Malern usw. aus Vorarlberg, v. a. die Familien Beer, Thumb und Moosbrugger, die während des 17. und 18. Jh. in Süddeutschland und in der Schweiz wirkten, u. a. in Weingarten, Einsiedeln und Obermarchtal. Sie entwickelten das *Vorarlberger Schema* (Wandpfeilerkirche): Hallenlanghaus mit eingezogenen Strebepfeilern und Kapellennischen (statt Seitenschiffen) kaum ausgeprägtes Querhaus.

Vorau ['foːrau], östr. Marktgemeinde in der O-Steiermark, 659 m ü. d. M., 1 500 E. Augustiner-Chorherrenstift (gegr. 1163), Barockanlage mit bed. Stiftskirche (1660–62) und Bibliothekssaal (um 1731).

Voraus, das dem Ehegatten des Erblassers neben seinem gesetzl. Erbteil zustehende gesetzl. Vermächtnis. Der V. umfaßt die zum ehel. Haushalt gehörenden Gegenstände und die Hochzeitsgeschenke. Der V. steht dem Ehegatten, der die Erbfolge neben Kindern des Erblassers antritt, nur zu, wenn er die Gegenstände zur Führung eines angemessenen Haushalts benötigt.

Vorausexemplare, im Buchwesen Bez. für die Bücher, die vor der Auslieferung als Besprechungs- und Werbeexemplare an Zeitungen und Zeitschriften, gelegentl. auch an Persönlichkeiten des öffentl. Lebens versandt werden.

Vorausklage, ↑ Bürgschaft.

Vorausnahme, in der Musik svw. ↑ Antizipation.

Voraussetzung, svw. ↑ Prämisse.

Vorbehalt, im *Privatrecht* ↑ Willenserklärung (↑ auch Eigentumsvorbehalt). Im *Verwaltungsrecht* ist der *Vorbehalt des Gesetzes* Ausprägung des rechtsstaatl. Gebotes, wonach Eingriffsverwaltung einer gesetzl. Ermächtigung bedarf.

Vorbehaltseigentum ↑ Eigentumsvorbehalt.

Vorbehaltsgut, bei der ehel. Gütergemeinschaft das aus dem Gesamtgut ausgeschlossene, der alleinigen Zuständigkeit und selbständigen Verwaltung durch den einzelnen Ehegatten vorbehaltene Vermögen. Es entsteht z. B. durch Ehevertrag oder Bestimmung eines Erblassers oder Schenkers.

Vorbereitungsdienst (Referendariat), berufsprakt. Ausbildung der Anwärter für die höhere Beamtenlaufbahn (↑ auch Referendar).

Vorbereitungsfall, vorbereitende Anwendung von Notstandsgesetzen für den Verteidigungsfall.

Vorbescheid, im *Verwaltungsgerichtsverfahren* die gerichtl. Entscheidung, mit der eine Klage, die sich als unzulässig oder offenbar unbegründet erweist, ohne (d. h. ohne Anberaumung einer) mündl. Verhandlung abgewiesen werden kann. Wird kein Rechtsmittel eingelegt, so gilt der V. als rechtskräftiges Urteil. Im *Baurecht* (Bauordnungsrecht) der auf schriftl. Antrag ergehende Bescheid zu einzelnen, i. d. R. im Baugenehmigungsverfahren zu entscheidenden Fragen. Der V. ist Verwaltungsakt und bindet die Bauaufsichtsbehörde im Baugenehmigungsverfahren an die von ihr im V. getroffenen Entscheidungen.

Vorbeugehaft, Inhaftnahme ohne richterl. Entscheidung durch die Polizei oder polizeiähnl. Organe. In totalitären Staaten dient die Vorbeugehaft der Ausschaltung polit. Gegner unter Umgehung jeder richterl. und rechtsstaatl. Kontrolle.

Vorbewußtes (das Vorbewußte), die Gesamtheit der latenten, reproduzierbaren Gedächtnisinhalte.

Vorfinanzierung

◆ in der *Psychoanalyse* (nach S. Freud) das zw. dem Bewußten und dem Unbewußten liegende, von diesen durch „zensierende" Reizregulatoren, die nur das jeweils „Zuträgliche" durchlassen, getrennte System des psych. Apparats.

Vorbild, das an bestimmte (lebende oder histor.) Personen gebundene (im Unterschied zum kollektiven, abstrakten Leitbild) konkrete Bild, das einem [heranwachsenden] Individuum bei der Verhaltensorientierung behilflich ist.

Vorblatt (Brakteole, Bracteola), das dem Tragblatt (↑ Braktee) folgende Blatt an Seitensprossen.

Vörden ['fø:rdən] ↑ Marienmünster.

Vorderachse ↑ Fahrwerk.

vorderasiatische Kunst, zusammenfassende Bez. für die Kunst Vorderasiens im Altertum (↑ assyrische Kunst, ↑ babylonische Kunst, ↑ hethitische Kunst, ↑ jüdische Kunst, ↑ persische Kunst, ↑ phönikische Kunst, ↑ sumerisch-akkadische Kunst, Kunst von ↑ Elam, Kunst der Urartäer).

vorderasiatische Rasse, den Europiden zuzurechnende Menschenrasse von mittelhohem Körperwuchs; mit extrem kurzem Kopf, hohem und reliefreichem Gesicht, großer Nase und dicken Lippen, leicht bräunl. Haut, schwarzbraunem Haar und braunen Augen; Hauptverbreitungsgebiet: Armenien, Iran und östl. Mittelmeerraum.

Vorderasien (Südwestasien), zusammenfassende Bez. für die Türkei, Zypern, Libanon, Israel, Jordanien, Syrien, Irak, Iran und die Länder auf der Arab. Halbinsel.

Vordereifel ↑ Eifel.

Vorderer Bayerischer Wald ↑ Bayerischer Wald.

Vordergaumenlaut ↑ palatal.

Vorderhimalaja [hi'ma:laja, hima'la:ja] ↑ Himalaja.

Vorderindien (ind. Subkontinent), im NW, N und NO durch Gebirge vom übrigen Asien getrennter Raum; Zentralgebiet ist die nach S spitz auslaufende Halbinsel mit dem Hochland von Dekhan.

Vorderkiefer, svw. ↑ Mandibeln.

Vorderkiemer (V.schnecken, Prosobranchia, Streptoneura), seit dem Kambrium bekannte Unterklasse primitiver, fast ausschließl. getrenntgeschlechtiger Schnecken mit rd. 20 000 Arten, v. a. in Meeren; Gehäuse im allg. vorhanden, kräftig entwickelt, meist mit Deckel; Mantelhöhle stets vorn (hinter dem Kopf) gelegen mit vor dem Herzen ausgebildeten Kiemen und Längsnervenüberkreuzung. - Zu den V. gehören u. a. Nadelschnecke, Porzellan-, Kreisel-, Pantoffel-, Flügel-, Tonnen-, Strand-, Sumpfdeckel-, Veilchenschnecken, Seeohren und Schmalzüngler (u. a. mit Reusen-, Harfen-, Kegel-, Purpur-, Oliven-, Mitra-, Schraubenschnecken).

Vorderlader, Feuerwaffe, bei der Treibladung und Geschoß von der Rohr- oder Laufmündung her eingeführt werden.

Vorderösterreich, der aus dem habsburg. Besitz im (1268 erloschenen) Hzgt. Schwaben entstandene südwestdt. habsburg. Länderkomplex, im 14. und 15. Jh. zu dem zersplitterten Territorium der **vorderen Lande** bzw. **Vorlande** zusammengefaßt, seit dem 16. Jh. V. gen.; es bestand v. a. aus der Land-Gft. im Oberelsaß (Sundgau), der Reichslandvogtei über die elsäss. Dekapolis, der Reichslandvogtei Ortenau, dem Breisgau, dem südl. Schwarzwald, den Waldstädten am Hochrhein sowie aus „Schwäb. Österreich" (Burgau, Hohenberg, Nellenburg [Stockach], Reichslandvogtei in Ober- und Niederschwaben) mit den Donaustädten; Vorarlberg war polit. nur 1752–82 angegliedert. 1648 fielen die Gebiete und Rechtstitel im Elsaß an Frankr.; 1801–05 kam der größte Teil des restl. V. an Bayern, Württemberg und Baden.

⚌ *V. Hg. v. F. Metz. Freib.* ³1977.

Vorderpfalz, Landschaft im Oberrhein. Tiefland, Rhld.-Pf., zw. der dt.-frz. Grenze im S, der Pfrimm im N, der Haardt im W und der Rheinaue im O; ein Gebiet intensiver landw. Nutzung (Wein-, Feldgemüse- und Tabakbau).

Vorderradantrieb ↑ Frontantrieb.

Vorderrhein ↑ Rhein.

Vordersatz, in der *Musik* ↑ Periode.

◆ in der *Orgel* die vorn (im Prospekt) stehenden Orgelpfeifen.

◆ in der *Logik* svw. ↑ Prämisse eines Syllogismus.

Vorderwald ↑ Bregenzerwald.

Voreid ↑ Eid.

Vorerbschaft, Erbschaft, die durch die Einsetzung eines Nacherben durch den Erblasser beschränkt ist. Von den dem Schutze des Nacherben dienenden Beschränkungen und Verpflichtungen kann der Erblasser den **Vorerben** (derjenige, der vor dem Nacherben zunächst Erbe wird) durch letztwillige Verfügung befreien (befreite Vorerbschaft).

Voretzsch, Karl ['fo:retʃ], *Altenburg 17. April 1867, †Naumburg/Saale 15. Jan. 1947, dt. Romanist. - Prof. in Tübingen, Kiel und Halle, erforschte bes. die altfrz. Literatur und Sprachgeschichte.

Vorfach ↑ Angelfischerei.

Vorfall, svw. ↑ Prolaps.

Vorfastenzeit, in der kath. Liturgie (seit dem 5./6. Jh.) die Zeit zw. dem Sonntag Septuagesima und dem Aschermittwoch als Zeit der Vorbereitung auf die eigentl. Fastenzeit.

Vorfinanzierung, Aufnahme kurzfristigen Fremdkapitals (als Überbrückungs- oder Zwischenkredit) zur vorläufigen Deckung eines langfristigen Kapitalbedarfs bis zur [späteren] Ablösung des kurzfristigen Fremdkapitals durch Eigenkapital oder langfristiges Fremdkapital.

265

Vorfluter, Bez. für Gewässer (Flüsse, Bäche), die ober- und unterirdisch zufließendes Wasser (z. B. aus Kläranlagen) aufnehmen und abführen sollen.

Vorfrieden, svw. ↑ Präliminarfrieden.

Vorführung, die Erzwingung des Erscheinens von Beschuldigten (im Strafverfahren §§ 134 f. StPO) und Zeugen (im Straf- und Zivilverfahren, §§ 51 StPO, 380 ZPO) vor Gericht oder einer Behörde. Die V. ist erst nach erfolgloser schriftl. Ladung zulässig. Die V. erfolgt durch die Polizei auf Grund eines *V.befehls*. Bei der V. wird der Betroffene, anders als beim Haftbefehl, zum spätest notwendigen Zeitpunkt (i. d. R. am frühen Morgen des Terminstages) in Gewahrsam genommen. Zur Strafvollstreckung ist die V. zulässig, wenn der Verurteilte der Ladung zum Strafantritt keine Folge leistet oder wenn er fluchtverdächtig oder entwichen ist (§ 457 StPO).

Vorgabe, Ausgleichsverfahren im Sport; im *Golf* die Differenz zw. den vom Platzstandard vorgeschriebenen und den vom Spieler gebrauchten Schlägen; die Spieler werden auf Grund eines Jahresdurchschnitts in verschiedene V.stufen eingeteilt; spielt ein schlechterer gegen einen besseren Spieler, so erhält er eine V. (Handikap).

Vorgabekosten, die im Rahmen der Plankostenrechnung auf Grund von Arbeits- und Zeitstudien, von Stücklisten sowie aus Erfahrungen der Vergangenheit festgesetzten Soll-Kosten.

Vorgelege, Zahnradgetriebe zur Änderung des Übersetzungsverhältnisses zw. treibender und angetriebener Welle.

Vorgeschichte, 1. der Zeitraum der menschl. Frühzeit, der durch schriftl. Überlieferungen erhellbaren Vergangenheit (Geschichte) vorangeht; 2. ([prähistor.] Archäologie) der Wiss.zweig, der sich der Erforschung und Interpretation aller Überreste menschl. Aktivitäten dieser Epoche widmet. - Systemat. Bemühungen um eine zeitl. Einordnung vorgeschichtl. Funde setzten erst im frühen 19. Jh. ein. Der Däne C. J. Thomsen begründete das Dreiperiodensystem (Nachweis einer Bronzezeit zw. Stein- und Eisenzeit). 1858/59 wurde die These des Franzosen J. Boucher de Crèvecœur de Perthes, daß Menschen schon Zeitgenossen einer für ausgestorben gehaltenen Tierwelt waren, von den führenden brit. und frz. Gelehrten anerkannt. Zw. 1880 und 1912 wurden die noch heute gültigen chronolog. Systeme für die europ. V. geschaffen, deren Begriffe jedoch entweder nur regional begrenzt gültig sind (z. B. Hallstattzeit) oder in den einzelnen Regionen mit zeitl. Verschiebungen vorkommen (z. B. Neolithikum, Bronze- und Eisenzeit). Die seit etwa der Mitte unseres Jh. entwickelten naturwiss. Methoden der Altersbestimmung ermöglichen es mehr und mehr, einen Überblick über gleichzeitige Vorgänge auch in den anderen Erdteilen zu gewinnen und die meist europazentr. Geschichtsbilder abzulösen, die ohne Kenntnis der V. konstruiert wurden. Nach der Definition des Menschen als „Werkzeug herstellendes Lebewesen" (B. Franklin) beginnt das Forschungsgebiet der V. mit der ↑ Steinzeit (↑ auch Paläolithikum). Die ältesten datierbaren Funde von Steinwerkzeugen sind 2–3 Mill. Jahre alt und wurden in O-Afrika gemacht. Da Fundverhältnisse und Datierungsmöglichkeiten in anderen Teilen Afrikas, in den westl. Mittelmeerländern und in den südl. Teilen Asiens (Indien) wesentl. schlechter sind, können diese Gebiete noch nicht als Entstehungsräume der menschl. Kultur ausgeschlossen werden. Regionale und entwicklungstypolog. Gliederungsmöglichkeiten werden erst mit dem Auftreten von ↑ Faustkeilen (Afrika, W-Europa, Iber. Halbinsel, Vorderasien, Indien) erkennbar. Außerhalb des Gebietes der Faustkeilkultur kommen in N-Frankr. und auf den Brit. Inseln, in Mähren und in Ungarn sowie in SO- und O-Asien Fundgruppen vor, bei denen sich die ältesten Belege für Feuerstellen fanden. Vor etwa 50 000/40 000 Jahren waren anscheinend auch gemäßigte und weniger günstige Klimazonen Afrikas und Eurasiens bewohnt. Es folgte die Ausbreitung nach Australien und - spätestens vor etwa 25 000 Jahren - nach Amerika. Dem entsprach eine immer stärkere Differenzierung der Kulturformen. Mit der vor etwa 10 000 Jahren einsetzenden Herausbildung produktiver Wirtschaftsformen durch Kultivierung von Pflanzen und Domestikation von Tieren (↑ Neolithikum) war eine starke Bev.vermehrung verknüpft, eine Voraussetzung für weitere kulturelle Aufsplitterung (Entstehung erster Hochkulturen). - Abb. S. 268 f.

📖 *V.* Hg. v. *M. H. Alimen* u. *M. J. Steve.* Ffm. ⁸1984. - *Müller-Karpe, H.:* Einf. in die V. Mchn. 1975. - *Müller-Karpe, H.:* Hdb. der V. Mchn. ¹⁻²1969 ff. Auf 5 Bde. berechnet. - *Smolla, G.:* Epochen der menschl. Frühzeit. Freib. u. Mchn. 1967.

vorgeschobener Beobachter, Abk. VB, Offizier oder Unteroffizier einer Artillerieeinheit, der zur vorne kämpfenden Truppe abgestellt ist und dort von unmittelbarer Kenntnis der Kampflage das Geschützfeuer der eigenen und anderer Einheiten anfordert und beobachtend leitet.

Vorgesetzter, ein Beamter, der einem anderen Beamten für seine dienstl. Tätigkeit Anordnungen erteilen kann. Der *Dienstvorgesetzte* (Dienstherr) ist ein Beamter, der für Entscheidungen über persönl. Angelegenheiten (z. B. Urlaub) der ihm nachgeordneten Beamten zuständig ist.

♦ in der Bundeswehr nach § 1 Abs. 4 Soldatengesetz Person, die befugt ist, einem Soldaten Befehle zu erteilen. Die Verordnung über die

Vorkordillere

Regelung des militär. Vorgesetztenverhältnisses vom 4. 6. 1956 i. d. F. vom 6. 8. 1960 unterscheidet folgende Vorgesetztenverhältnisse: 1. Zu den *Vorgesetzten auf Grund der Dienststellung* mit Befehlsbefugnis gegenüber den ihnen unterstellten Soldaten gehören die unmittelbaren V. (z. B. Kommandeure, Kompaniechefs, Zug- und Gruppenführer, Dienststellenleiter), die Fachvorgesetzten mit fachdienstl. Befehlsbefugnis und die V. mit bes. Aufgabenbereich (z. B. Standortkommandant, Angehörige des Wachdienstes oder der Feldjägertruppe; zur Erfüllung ihrer bes. Aufgaben im allg. befehlsbefugt ohne Rücksicht auf den Dienstgrad). 2. Das *Vorgesetztenverhältnis auf Grund des Dienstgrades* wird nur innerhalb der Kompanien und entsprechenden Einheiten sowie innerhalb von Schiffsbesatzungen begründet. 3. Dem *Vorgesetzten auf Grund bes. Anordnung* werden nur vorübergehend Soldaten zur Ausführung bestimmter Aufgaben unterstellt. 4. Zum *Vorgesetzten auf Grund eigener Erklärung* über Soldaten, die im Dienstgrad nicht über ihm stehen, kann sich ein Offizier oder Unteroffizier machen, wenn die Behebung einer Notlage, die Aufrechterhaltung von Disziplin oder Sicherheit oder die Herstellung einheitlicher Befehlsgebung in einer krit. Lage dies erfordern.

vorgespanntes Glas ↑Sicherheitsglas.

Vorhalt, im mehrstimmigen musikal. Satz ein harmoniefremder, dissonanter Ton auf betontem Taktteil bzw. das verzögerte Eintreten eines Akkord- oder Melodietons. Der V. kann

Vorbereiteter (a), freier (b) und halbfreier Vorhalt (c)

in einer oder mehreren Stimmen gleichzeitig auftreten. Beim *vorbereiteten* (gebundenen) *V.* wird der V.ton aus dem vorausgehenden Akkord übernommen; beim *freien V.* ist er nicht im vorausgehenden Akkord, beim *halbfreien V.* in einer anderen Stimme dieses Akkords enthalten.

Vorhand, im Tennis, Tischtennis, Badminton, Polo und Eis[hockey] Bez. für eine Schlagart, bei der der Ball rechts vom Spieler und mit der rechten Hand (bzw. links mit der linken Hand) geschlagen wird.

◆ im *Kartenspiel* Bez. für den Spieler, der beim Geben zuerst bedient wird.

Vorhangwand, svw. ↑Curtain-wall.

Vorhaut ↑Penis.

Vorhautverengung, svw. ↑Phimose.

Vorherbestimmung, svw. ↑Prädestination.

Vorhof, svw. Vorkammer (↑Herz).

Vorhofflimmern ↑Herzkrankheiten.

Vorhölle ↑Limbus.

Vorhut, selbständiger (militär.) Verband, der vor der marschierenden Truppe Sicherungsaufgaben wahrnimmt.

Vorkammer ↑Herz.

Vorkaufsrecht, das Recht einer Person, in einen von dem Vorkaufsverpflichteten anderweitig geschlossenen Kaufvertrag einzutreten, d. h. einen Gegenstand zu den gleichen Bedingungen, die der Verpflichtete mit dem anderen vereinbart hat, zu erwerben. Durch die (fristgebundene) Ausübung des V. kommt ein neuer, selbständiger Kaufvertrag zw. Vorkaufsberechtigtem und -verpflichtetem zustande. Man unterscheidet das ledigl. zw. dem Berechtigten und dem Verpflichteten wirkende *persönl. (schuldrechtl.) V.* (bezogen also auf eine bestimmte Person) sowie das als eintragungsfähige Grundstücksbelastung ausgestaltete *dingl. V.,* das nur an einem Grundstück oder an grundstücksgleichen Rechten (z. B. Hypothek, Grundschuld, Nießbrauch) zulässig ist. Das dingl. V. kann zugunsten einer bestimmten Person wie auch zugunsten des jeweiligen Eigentümers eines anderen Grundstücks, ferner auch für mehrere oder alle Verkaufsfälle bestellt werden. Es hat die Wirkung einer Vormerkung zur Sicherung des durch die Ausübung des V. entstandenen Auflassungsanspruchs. Das V. entsteht durch Vertrag oder durch unmittelbar aus Gesetz (z. B. das Vorkaufsrecht der Miterben, wenn ein Miterbe seinen Erbanteil verkauft, §§ 2034 ff. BGB). Große prakt. Bedeutung hat das umfassende gesetzl. **Vorkaufsrecht der Gemeinden,** denen nach §§ 24 ff. Bundesbaugesetz und § 17 Städtebauförderungsgesetz zur Sicherung der städtebaul. Entwicklungsplanung (insbes. der Bauleitplanung) das Recht zusteht, durch Verwaltungsakt in einen Kaufvertrag über Grundstücke einzutreten. Anders als beim normalen V. tritt die Gemeinde nicht zu dem von den Parteien vereinbarten Kaufpreis in den Kaufvertrag ein, sondern der von ihr zu zahlende Betrag bemißt sich nach dem Verkehrswert des Grundstücks.

Vorkeim, Bez. für den Gametophyten der Farnpflanzen (↑Prothallium) und für das ↑Protonema der Moose.

◆ (Proembryo) bei den Samenpflanzen die aus der befruchteten Eizelle durch Querteilungen hervorgehende Zellreihe, aus der sich der Embryo entwickelt.

vorkolumbische Kulturen (präkolumb. Kulturen), Bez. für die Gesamtheit der vor der Entdeckung Amerikas (durch C. Kolumbus) entstandenen kulturellen Manifestationen; oft fälschl. **vorkolumbianische Kulturen** genannt. - ↑auch altamerikanische Kulturen.

Vorkordillere [...kordiʎera], eine Kette von Gebirgszügen in den argentin. Anden, erstreckt sich über 800 km vom Rand der Puna im N bis etwa Mendoza; in der Sierra del Tontal 4 366 m hoch.

Vorlande

Vorlande ↑ Vorderösterreich.

Vorländer, Karl ['foːr...], * Marburg 2. Jan. 1860, † Münster 6. Dez. 1928, dt. Philosoph. - Oberschulrat und Honorarprof. in Münster. Vertreter der Marburger Schule; bed. Kant-Forscher; versuchte, die Ethik Kants zur Grundlage des von ihm vertretenen Sozialismus zu machen; v. a. durch seine „Geschichte der Philosophie" (1902) bekannt.

Vorlandseen (Randseen), am Rande ehem. vergletscherter Gebirge in Zungenbecken liegende und durch Moränenwälle abgedämmte Seen.

vorläufige Dienstenthebung (Suspendierung), vorläufige Enthebung eines Beamten vom Dienst, wenn das förml. ↑ Disziplinarverfahren gegen den Beamten eingeleitet wird oder bereits eingeleitet worden ist.

Die v. D. steht grundsätzl. im Ermessen der das Verfahren einleitenden Behörde (Einleitungsbehörde). Gleichzeitig mit der v. D. oder später kann die Einleitungsbehörde die Einbehaltung eines Teils (höchstens die Hälfte) der Dienstbezüge anordnen, wenn im Disziplinarverfahren voraussichtlich auf Entfernung aus dem Dienst oder auf Aberkennung des Ruhegehalts erkannt werden wird.

vorläufige Festnahme (Sistierung), vorläufige Freiheitsentziehung bis zur richterl. Entscheidung über die Freilassung oder den Erlaß eines Haftbefehls. Wird jemand auf frischer Tat betroffen oder verfolgt (d. h. bei Ausführung der Straftat bzw. sofort danach am Tatort gestellt oder verfolgt), kann ihn *jedermann* vorläufig festnehmen, wenn er der Flucht verdächtig ist oder die Feststellung seiner Identität nicht sofort möglich ist (§ 127 Abs. 1 StPO). Erlaubt sind die Festnahmeerklärung, die Festnahme - notfalls unter Anwendung von Gewalt - und das Verbringen

Vorgeschichtliche Kulturen und Perioden Europas (Übersicht)

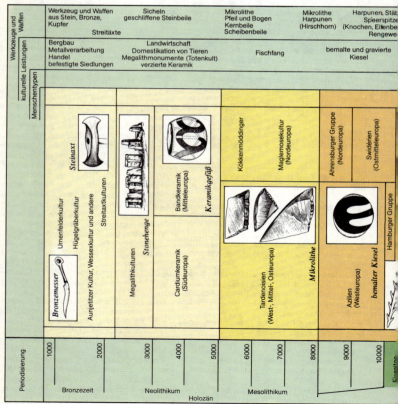

Vormärz

zur nächsten Polizeidienststelle. Darüber hinaus sind Staatsanwalt und Polizeibeamte zur v. F. befugt, wenn Gefahr im Verzug ist und die Voraussetzungen für den Erlaß eines Haft- oder Unterbringungsbefehls vorliegen (§ 127 Abs. 2 StPO). Der Festgenommene ist unverzügl., spätestens am Tag nach der v. F. dem Amtsrichter vorzuführen, der über den Erlaß eines Haftbefehls oder die Freilassung (§ 128 StPO) entscheidet. Eine vorübergehende Festnahme, ist im Rahmen einer Strafverfolgung seit April 1978 auch zur bloßen Feststellung der Identität einer unverdächtigten Person möglich. Die Freiheitsentziehung darf dann nicht länger als 12 Stunden dauern. In *Österreich* und der *Schweiz* gilt im wesentl. dem dt. Recht Entsprechendes; in Österreich wird die v. F. als *vorläufige Verwahrung* bezeichnet.

vorläufige Vollstreckbarkeit, die in der Urteilsformel i. d. R. gegen Sicherheitsleistung erklärte Vollstreckbarkeit eines noch nicht in Rechtskraft erwachsenen Urteils.

Vorlegungsfrist, Zeitraum, in dem ein Wechsel zur Annahme oder ein Wechsel oder Scheck zur Zahlung vorzulegen ist.

Vorleistung, in der *Bilanz* transitor. Posten der Rechnungsabgrenzung: im voraus geleistete Mieten, Beiträge, Versicherungen, Gebühren sind *aktive Posten* der Rechnungsabgrenzung; im voraus erhaltene Mieten usw. sind *passive Posten* der Rechnungsabgrenzung.
◆ im *Zivilrecht* bei gegenseitigen Verträgen (Dienst-, Werk-, Mietvertrag) die Verpflichtung einer Partei, vor der anderen Partei zu leisten.

Vormärz, Epochenbez. für die Periode der dt. Geschichte zw. Wiener Kongreß (1815) und ↑Märzrevolution (1848), z. T. auch nur für den Zeitraum zw. 1830 und 1848, sowie Bez. für die nat. und liberalen Kräfte, die schließl. die Märzrevolution herbeiführten. Der V. ist gekennzeichnet durch äußeren Frie-

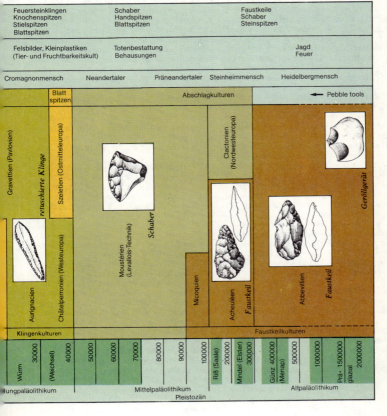

269

Vormensch

den und gewaltsam erzwungene innere Ruhe, durch Zersplitterung in zeitweise 39 Einzelstaaten, die im Rahmen des Dt. Bundes nur locker verbunden waren, durch eine reaktionäre Knebelung aller nat. und liberalen Bewegungen im „System Metternich" mit Hilfe von Bundesbeschlüssen (Karlsbader Beschlüsse), durch zögernd einsetzende Industrialisierung und ein (bes. seit etwa 1830) verbreitetes Massenelend (Pauperismus). Die Forderungen des V. nach Schwurgerichten, Pressefreiheit, Bauernbefreiung und Reform frühkonstitutioneller Verfassungen blieben weitgehend unerfüllt.

Vormenschen ↑ Mensch.

Vormerkung, Vermerk im Grundbuch zur Sicherung des persönl. (schuldrechtl.) Anspruchs auf Eintragung einer Rechtsänderung (z. B. Eigentumsübertragung, Bestellung einer Hypothek) hinsichtl. eines Grundstücksrechts. Die V. ist ein Sicherungsmittel eigener Art im Grundstücksrecht, mit dem verhindert werden soll, daß der im Grundbuch als Inhaber des Rechts Ausgewiesene (z. B. der im Grundbuch als Eigentümer eingetragene) in der oft langen Zeit zw. schuldrechtl. Vertrag (z. B. Grundstückskaufvertrag) und der zum Eigentumsübergang notwendigen Grundbucheintragung als Buchberechtigter weitere wirksame Verfügungen über den Vertragsgegenstand trifft. Jede Verfügung über das Grundstück oder ein Grundstücksrecht, die nach Eintragung der V. getroffen wird, ist dem Anspruchsberechtigten gegenüber insoweit unwirksam, als sie den gesicherten Anspruch vereiteln oder beeinträchtigen würde. Im Konkurs des V.schuldners ist der Konkursverwalter zur Erfüllung des durch V. gesicherten Anspruchs verpflichtet. Durch die V. tritt eine relative Verfügungsbeschränkung ein. Der V.gläubiger hat einen Anspruch auf Zustimmung zu der Grundbucheintragung oder -löschung, die zur Verwirklichung des gesicherten Anspruchs erforderl. ist (§§ 883 ff. BGB). In der Praxis von bes. Bedeutung sind die *Auflassungs-V.* (Sicherung des Anspruchs auf Übertragung des Eigentums an einem Grundstück) und die ↑ *Löschungsvormerkung.*

Vormilch, svw. ↑ Kolostrum.

Vormund, vom Amtsgericht bestellte und beaufsichtigte Vertrauensperson zur Ausübung der ↑ Vormundschaft. In bes. Fällen wird ein **Mitvormund** bestellt, der die Vormundschaft neben anderen Vormündern ausübt.

Vormundschaft, staatl. beaufsichtigte Fürsorge für Person und Vermögen eines Menschen, der außerstande ist, seine Angelegenheiten selbst zu besorgen *(Mündel).* Die V. wird bei Volljährigen angeordnet, wenn sie entmündigt sind, bei Minderjährigen, wenn sie nicht unter elterl. Sorge stehen (z. B. keiner von beiden Elternteilen zur gesetzl. Vertretung befugt ist). Die V. beginnt mit ihrer Anordnung durch das V.gericht, sie endet mit Volljährigkeit oder Tod des Mündels, Aufhebung der Entmündigung, Eintritt der elterl. Sorge (mindestens eines Elternteils) und Aufhebung der V. durch das Gericht. Die Fürsorge hinsichtl. der Personen- und Vermögenssorge obliegt als gesetzl. Vertreter des Mündels dem Vormund, der der Aufsicht des V.gerichts unterliegt und in der Verwaltung des Vermögens bei bestimmten gesetzl. normierten Arten von Geschäften der Genehmigung des V.gerichtes bedarf. Die Auswahl des Vormundes obliegt dem V.gericht (es sei denn, die Eltern des Mündels haben durch letztwillige Verfügung einen Vormund benannt). Der ausgewählte Vormund (u. U. auch ein Berufsvormund, d. h. ein vom Landesjugendamt für geeignet erklärter rechtsfähiger Verein oder das Jugendamt [↑ Amtsvormundschaft]) ist grundsätzl. zur Übernahme der V. verpflichtet. Für ein Mündel können mehrere Vormünder mit gleichem Rang *(Mitvormünder)* oder teils zur Fürsorge, teils zur Kontrolle *(Gegenvormund)* bestellt werden. Der Vormund erhält zu seiner Legitimation eine Bestallung. Er haftet dem Mündel für jedes Verschulden bei Führung der V. auf Schadenersatz, andererseits hat er einen Anspruch auf Ersatz von Aufwendungen, die er für erforderl. halten durfte. Nach Beendigung seines Amtes hat er das verwaltete Vermögen herauszugeben und darüber Rechnung zu legen.

Im *östr.* und *schweizer. Recht* gilt im wesentl. Entsprechendes; der Amts-V. bzw. der Pflegschaft entspricht im östr. Recht der Kurator, im schweizer. Recht die Beiratschaft bzw. Beistandschaft.

Vormundschaftsgericht, bes. Abteilung des Amtsgerichts, dem die gerichtl. Entscheidungen im Familienrecht übertragen sind, soweit nicht das ↑ Familiengericht oder das Prozeßgericht (z. B. in Kindschaftssachen) zuständig ist. Das V. nimmt i. d. R. durch den Rechtspfleger insbes. die staatl. Aufsicht über die Vormundschaft und Pflegschaft und die Kontrolle und Unterstützung bei der Ausübung der elterlichen Sorge wahr. Das Verfahren des V. richtet sich nach den Regeln der freiwilligen Gerichtsbarkeit.

Vormundschaftsrecht, die gesetzl. Regelung einer verwaltenden Fürsorgetätigkeit in persönl. und vermögensrechtl. Angelegenheiten einer der Vormundschaft unterstellten Person.

Vornahmeklage ↑ Verpflichtungsklage.

Vorname, der ↑ Name, der in Verbindung mit dem Familiennamen eine Person bezeichnet. Die Beilegung von V. erfolgt seitens der Personensorgeberechtigten (Eltern) oder einer Behörde und wird in das Geburtenbuch eingetragen. In bestimmten Fällen ist eine ↑ Namensänderung möglich.

Vorneverteidigung, strateg. Begriff, der Ende der 1960er Jahre in der NATO den 1963 eingeführten Begriff der **Vorwärtsverteidigung** - v. a. aus entspannungspolit. Rücksichtnahme - ablöste. Beide beinhalten die grenznahe Zusammenfassung der militär. Abwehrkräfte, um einen Gegner vom Angriff abzuschrecken oder diesen unverzügl. und schlagkräftig zu beantworten.

Vorniere (Stammniere, Pronephros), ontogenet. zuerst und am weitesten vorn (in der Kopf- und Halsregion) angelegter (paariger) Abschnitt des primitiven Nierengewebes der Wirbeltiere. Auf die V. folgt kaudal die Hinterniere (Opisthonephros). Im Unterschied zu dieser ist die V. beim erwachsenen Wirbeltier meist völlig rückgebildet.

Vorort, Randgemeinde einer größeren Stadt, entweder selbständig oder eingemeindet, die größtenteils von den zentralörtl. Einrichtungen derselben abhängig und v. a. Pendlerwohnort ist.
◆ leitender Ort in einem Verband: 1. in der Schweiz vor 1848 im Turnus wechselnder Ort, der die Tagsatzung leitete und deren administrative Arbeiten erledigte. Die Wahl Berns als Bundeshauptstadt beendete das Prinzip des V.; 2. bei der Hanse und ähnl. Städtebünden die führende Stadt einer Städtegruppe.

Vorparlament, ohne Wahl und Mandat gebildete, sehr ungleichmäßig (Preußen: 141, Österreich: 2 Vertreter) zusammengesetzte Versammlung von 574 Mgl., die vom 31. März bis 3. April 1848 in Frankfurt am Main tagte und die Wahlen zur ↑Frankfurter Nationalversammlung vorbereitete.

Vorpfändung, eine vor der Pfändung erfolgende private Vollstreckungsmaßnahme des Gläubigers, mit der dieser dem Drittschuldner und dem Schuldner die Benachrichtigung zustellen läßt, daß die Pfändung durch Pfändungsbeschluß bevorstehe. Die Benachrichtigung an den Drittschuldner hat die Wirkung eines ↑Arrestes; diese Wirkung entfällt, wenn nicht innerhalb von 3 Wochen nach Zustellung der Benachrichtigung die Pfändung erfolgt ist.

Vorpommern, 1532 vom übrigen ↑Pommern abgeteilter westl. Landesteil.

Vorrang des Gesetzes, der in Art. 20 Abs. 3 GG niedergelegte Grundsatz, daß das Gesetz Richtschnur und Grenze des Verwaltungshandelns ist.

Vorrat, in Industriebetrieben die Menge an Roh-, Hilfs- und Betriebsstoffen, die notwendig ist, um einen reibungslosen Produktionsablauf auch bei Beschaffungshemmung zu gewährleisten; in Handelsbetrieben die Menge, die notwendig erscheint, um die erwartete Nachfrage jederzeit befriedigen zu können.

Vorratsmilben (Acaridae), weltweit verbreitete Fam. bis etwa 1 mm großer, weißl. oder gelbl. Milben. V. befallen in oft riesigen Mengen Vorräte und Möbel; derartige Massenansammlungen können beim Menschen allerg. Erscheinungen hervorrufen. Bekannt ist die Mehlmilbe.

Vorratsschädlinge, Sammelbez. für Insekten (v. a. Käfer, Schmetterlinge, Fliegen und/oder deren Larven), Milben und Nagetiere, die meist an vegetabil. Vorräten v. a. Fraßschäden hervorrufen. Der Verbreitung von V. durch den Handel wird mit Warenkontrollen und Quarantänebestimmungen entgegengewirkt.

Vorratsstellen ↑Einfuhr- und Vorratsstellen.

Vorrechtsaktien, svw. ↑Vorzugsaktien.

Vorruhestandsregelung, Bez. für gesetzl. Maßnahmen als Rahmen für tarif- oder arbeitsvertragl. Vereinbarungen, die zur Entlastung des Arbeitsmarkts das vorzeitige Ausscheiden von Arbeitnehmern aus der Erwerbstätigkeit erleichtern sollen. Rechtl. Grundlage ist insbes. das am 1. 5. 1984 in Kraft getretene (bis 31. 12. 1988 befristete) **Vorruhestandsgesetz** vom 13. 4. 1984 (mit Begleitgesetzen). Es sieht vor, daß Arbeitgeber, die auf Grund eines Tarifvertrages oder einer Vereinbarung mit dem Arbeitnehmer an aus dem Betrieb ausgeschiedene Arbeitnehmer, die das 58. Lebensjahr vollendet haben, ein *Vorruhestandsgeld* in Höhe von mindestens 65 % des bisherigen Bruttoarbeitsentgelts zahlen, für ihre Aufwendungen unter bestimmten Bedingungen einen Zuschuß von 35 % von der Bundesanstalt für Arbeit erhalten. Ein höheres Vorruhestandsgeld kann durch Tarifvertrag zur sog. *Tarifrente* vereinbart werden.

Vorsatz, im *Meßwesen* ein zur Bez. eines bestimmten dezimalen Vielfachen bzw. Teiles einer Einheit verwendeter, vor diese gesetzter Ausdruck. *Beispiele* sind: Hektoliter (1 hl = 10^2 l = 100 l), Kilogramm (1 kg = 10^3 g = 1 000 g), Megawatt (1 MW = 10^6 W = 1 000 000 W), Dezimeter (1 dm = 10^{-1} m = 0,1 m), Milliampere (1 mA = 10^{-3} A = 1/1 000 A) und Mikrometer (1 μm = 10^{-6} m = 1/1 000 000 m). - ↑ auch Übersicht Physikalische Größen und ihre Einheiten, Bd. 17, S. 102.
◆ (Dolus malus, Dolus) 1. im *Strafrecht* das Wissen und Wollen der Verwirklichung eines gesetzl. Straftatbestands. Der V. ist als Merkmal der Vorwerfbarkeit des Täterverhaltens notwendiger Bestandteil der Schuld (↑Straftaten), soweit nicht bereits die weniger vorwerfbare fahrlässige Tatbegehung unter Strafe steht. Nach der Vorstellung des Täters unterscheidet man den unbedingten oder direkten V. (Dolus directus) und den bedingten V. (Dolus eventualis). *Direkter V.* liegt vor, wenn der Täter den mit Strafe bedrohten Tatbestand kennt und ihn verwirklichen will (eine Form des direkten V. ist die Absicht). Hingegen liegt *bedingter V.* vor, wenn der Täter die Verwirklichung des gesetzl. Straftatbe-

Vorsatzlinse

stands weder anstrebt noch für sicher, durch sein Verhalten jedoch ernstl. für möglich hält und sich damit abfindet. Vom bedingten V. ist die bewußte ↑ Fahrlässigkeit abzugrenzen. - ↑auch Irrtum. - Im *östr. Recht* wird V. auch als „böse Absicht" bezeichnet. Im übrigen gilt im östr. und *schweizer. Recht* Entsprechendes. 2. Im *Zivilrecht* Form des Verschuldens. V. ist gegeben bei Kenntnis der Pflichtwidrigkeit des Handelns und zumindest billigender Inkaufnahme des rechtswidrigen Erfolges. Die Haftung für V. kann nicht vertragl. ausgeschlossen werden.

Vorsatzlinse, zur Brennweitenverkürzung *(Proxarlinse)* oder -verlängerung *(Distarlinse)* vor dem Objektiv [einer photograph. Kamera] anzubringende Linse.

Vorschlag (Appoggiatura), in der *Musik* Verzierung, die aus dem Einschub von einem oder mehreren Tönen zw. zwei Melodietönen besteht und meist von der Unter- oder Obersekunde zur Hauptnote geführt wird. Der *lange V.* verkürzt die Hauptnote um die Hälfte ihres Werts, bei punktierten Noten um $^2/_3$, oder ersetzt diese ganz. Er wird gewöhnl. „auf den Schlag" und meist von der Obersekunde ausgeführt. Der *kurze V.* kann auf den Schlag (Verkürzung der Hauptnote) oder (seit etwa 1850 meist) „vor dem Schlag" (Verkürzung der vorangehenden Note) ausgeführt werden. Bes. Formen des V. sind der Doppel-V. (oder Anschlag), bestehend aus zwei V.noten, und der ↑Schleifer. - ↑auch Nachschlag.

Langer (a) und kurzer Vorschlag (b)

Vorschule, öffentl. oder private Erziehungseinrichtung im 19. Jh., die (schulgeldpflichtig) auf den Eintritt in die unterste Klasse einer höheren Schule vorbereitete; i. d. R. 3 Schuljahre; durch das Reichsschulgesetz von 1920 aufgelöst.

vorschulische Erziehung (Vorschulerziehung), Förderung von Kindern der Altersstufe von 3–6 Jahren v. a. durch öffentl. Erziehungseinrichtungen. Neben einer allg. Förderung auf Grund der Ergebnisse der pädagog. Psychologie hinsichtl. der ↑Intelligenz des Kindes und damit der Schulchancen sollen bes. mittels kompensator. Maßnahmen eventuell vorhandene sprachl., kognitive, emotionale und soziale Entwicklungsrückstände ausgeglichen und gemildert werden. So wurde seit Mitte der 1960er Jahre in einer Reihe von Schulversuchen in den Bundesländern im Primarbereich eine zweijährige Eingangsstufe in Form von Vorklassen für die Fünfjährigen eingerichtet, die den Übergang von der familiären Erziehung auf die Schule vorbereiten und erleichtern sollte. Gleichzeitig wurden die Aufgaben und Methoden des ↑Kindergartens reformiert.

Vorschuß, Vorauszahlung von Lohn bzw. Gehalt, die mit den regelmäßigen Lohn- bzw. Gehaltszahlungen verrechnet wird. Der V. unterscheidet sich von der Abschlagszahlung dadurch, daß er ohne rechtl. Verpflichtung gezahlt wird, während die Abschlagszahlung die teilweise Begleichung einer bestehenden Geldschuld ist.

Vorsehung, urspr. von der Stoa entwickelter Begriff für eine vernunftmäßig über die Welt waltende Macht. - Die christl. Theologie deutet die V. als Lenkung von Welt, Geschichte und Menschen durch Gott.

Vorsehungsschwestern, Bez. für Mgl. von etwa 30 weltweit verbreiteten Kongregationen (mit über 20 000 V.) mit karitativer Zielsetzung; ihr Ursprung geht zurück auf die 1643 von Marie des Lumages unter der geistl. Leitung des Vinzenz von Paul gegr. Kongregation „Filles de la providence de Dieu" (Töchter der göttl. Vorsehung).

Vorsignal ↑Eisenbahn (Signaltechnik).

Vorsilbe, svw. ↑Präfix.

Vorsitzender (Vorsitzender Richter), bei einem Kollegialgericht der mit der Vorbereitung und Leitung der Verhandlung betraute Richter (↑ gesetzlicher Richter); bei Abstimmung hat er gleiches Stimmrecht wie die Beisitzer.

Vorsokratiker ↑griechische Philosophie.

Vorsorgeaufwendungen, steuerrechtl. ein Teil der Sonderausgaben (↑Einkommensteuer), der für Beiträge zu Kranken-, Unfall-, Haftpflichtversicherungen, zur gesetzl. Rentenversicherung, zur Arbeitslosenversicherung, zu Lebensversicherungen und zu Bausparverträgen verwendet wird.

Vorsorgefall (Vorbereitungsfall), vorsorgl. Anwendung von Notstandsgesetzen zur Vorbereitung ihres Vollzugs vor Eintritt des Verteidigungsfalls.

Vorsorgeuntersuchung, gezielte medizin. Untersuchung zur Früherkennung von Erkrankungen. Gesetzl. vorgeschrieben ist die V. als Einstellungsuntersuchung oder regelmäßige Überwachungsuntersuchung bei Personen, die berufsmäßig einer erhöhten gesundheitl. Gefährdung ausgesetzt sind. Empfohlen wird die V. allen Personen ab einem bestimmten Alter zur frühzeitigen Krebserkennung (↑Krebs).

Vorspann, einem Film vorangehende Aufstellung über die beteiligten Personen und Institutionen (Produzent, Regisseur, Schauspieler, Verleih usw.) sowie Entstehungsdatum (auch nach dem Film als **Nachspann**).

Vorspiel, (Anteludium) die instrumentale Einleitung eines Musikstücks (↑ auch Präludium); speziell die Orchestereinleitung zu R. Wagners Musikdramen (seit „Lohengrin",

1850), statt der in sich abgeschlossenen ↑Ouvertüre.

◆ Szene, Szenenfolge oder einaktiges Stück als Eröffnungsteil eines Dramas, einer Oper, eines Films (Vorsequenz); gehört themat. und funktional als Vorbereitung des Zuschauers eng zum folgenden Stück.

◆ i. w. S. das der allg. Liebeswerbung dienende, die erot. Aufmerksamkeit erregende und einen sexuellen Anreiz bildende Verhalten (einschl. Flirt); i. e. S. der einer sexuellen Vereinigung vorausgehende, die sexuelle Bereitschaft steigernde sowie den Koitus vorbereitende und einleitende Austausch von Zärtlichkeiten zw. den Sexualpartnern.

Vorspruch, svw. ↑Prolog.

Vorspur ↑Fahrwerk.

Vorstadt, Teil der Stadt, der aus den Ansiedlungen der Bev. außerhalb der Stadtmauern oder Festungsanlagen und jenseits des freizuhaltenden Schußfeldes entstand.

Vorstand ↑Aktiengesellschaft.

Vorstecker (Brustlatz), in Trachten der Miedereinsatz. Das **Vortuch** wird in den Miederausschnitt gelegt.

Vorsteherdrüse, svw. ↑Prostata.

Vorstehhunde (Hühnerhunde), Sammelbez. für meist mittelgroße Jagdhunde, die Niederwild durch *Vorstehen* (Stehenbleiben in charakterist. Körperhaltung) anzeigen; u. a. Deutsch Drahthaar, Deutsch Kurzhaar, Deutsch Langhaar, Griffon, Münsterländer sowie Pudelpointer; engl. Rassen sind für das Vorstehen auf Flugwild spezialisiert: u. a. Pointer und die Gruppe der Setter.

Vorstellung, Bez. für die psych. Abbilder der in Sinnes- und Selbstwahrnehmung im Bewußtsein gegenwärtigen Gegenstände (Objekte) und Erscheinungen. Es lassen sich an V. drei Aspekte unterscheiden: der *V.akt* (als Tätigkeit des Vorstellens), der *V.inhalt* (als Bewußtseinsbild) und der *V.gegenstand* (derjenige Gegenstand, der durch den V.inhalt dargestellt wird).

◆ im *Arbeitsrecht* bei der Bewerbung für eine Stelle das persönl. Aufsuchen eines potentiellen Arbeitgebers. Häufig wird die V. über das persönl. Gespräch hinaus zur Prüfung der Eignung des Bewerbers für die in Frage kommende Stelle durch bes. ausgearbeitete Tests genutzt.

Vorster, Balthazar Johannes [Afrikaans ˈfɔrstər], * Jamestown (Kapprovinz) 13. Dez. 1915, † Kapstadt 10. Sept. 1983, südafrikan. Politiker. - Seit 1953 Abg. der National Party; 1961–66 Justizmin.; 1966–78 Vors. der regierenden National Party und Min.präs.; entschiedener Verfechter der Apartheid-Politik, in deren Rahmen er einzelnen Bantuheimatländern Teilautonomie gewährte; 1978/79 Staatspräsident.

Vorsteuerabzug, bei der Ermittlung der Umsatzsteuerschuld (Mehrwertsteuerschuld) der Abzug der von Lieferanten in Rechnung gestellten Umsatzsteuer. Der V. vermeidet das prakt. schwierige Problem der Ermittlung der Wertschöpfung auf jeder Stufe.

Vorsteven ↑Steven.

Vorstrafen, die zeitl. vor einer erneuten Verurteilung rechtskräftig gegen einen Straftäter verhängten Strafen. Sie sind u. a. für die Strafzumessung von Bedeutung und können bei entsprechendem Gewicht zur Anordnung der Sicherungsverwahrung führen. - V. können ferner die Aufnahme in den öffentl. Dienst oder die Zulassung zu bestimmten Berufen erschweren.

Vortäuschen einer Straftat, die wider besseres Wissen einer Behörde gegenüber aufgestellte Behauptung, daß eine rechtswidrige Tat begangen wurde bzw. bevorstehe, um dadurch ein Einschreiten des staatl. Verfolgungsapparates auszulösen; mit Freiheitsstrafe bis zu drei Jahren oder mit Geldstrafe bedroht; die gleiche Strafe droht für die Täuschung über Tatbeteiligte (§ 145d StGB). Die Vorschrift schützt die Rechtspflege gegen ungerechtfertigte Inanspruchnahme.

Vorteil, im *Tennis* ↑Einstand.

◆ (Vorteilsregel) Bestimmung im *Fußball, Rugby* und *Hockey:* Bei einem regelwidrigen Verhalten braucht der Schiedsrichter das Spiel nicht zu unterbrechen, wenn die benachteiligte Mannschaft dennoch in Ballbesitz bleibt.

Vorteilsausgleichung, bei der ↑Schadenberechnung Anrechnung desjenigen Vorteils auf den zu leistenden Schadenersatz, der durch ein zum Schadenersatz verpflichtendes Ereignis ausgelöst wurde. V. findet dann statt, wenn das schädigende Ereignis den Vorteil *adäquat* (d. h. objektiv vorhersehbar) verursacht hat und die V. dem Zweck des Schadenersatzes nicht dadurch widerspricht, daß sie den Schädiger unbillig entlastet.

Vorticellidae [lat.], svw. ↑Glockentierchen.

Vortizismus (Vorticism) [zu lat. vortex „Wirbel"], kurzlebige literar. und künstler. Bewegung in England um W. Lewis und seine Zeitschrift „Blast, review of the great English vortex" (1914/15) mit einem gegen die epigonale Romantik gerichteten Erneuerungsprogramm, das versuchte, kontinentale moderne Tendenzen, insbes. Kubismus und Futurismus für Literatur und Kunst fruchtbar zu machen. Personell z. T. ident. mit dem nachhaltigen erneuernden Imagismus (T. E. Hulme, E. Pound, T. S. Eliot).

Vortopp, bei Segelschiffen die Spitze des vorderen Mastes.

Vortrag, im *Prozeßrecht* svw. ↑Darlegung.

◆ in der *Buchführung* Saldo eines Kontos, der zu Beginn eines neuen Rechnungsabschnitts übertragen wird.

Vortragsbezeichnungen, den Notentext (↑Noten) verbal oder durch bes. Zeichen

Vortragsrecht

ergänzende, charakterisierende Angaben zu Ausdrucksgehalt, Tempo, Dynamik, syntakt. Gliederung (↑Artikulation, ↑Phrasierung), Spieltechnik.

Vortragsrecht, das Recht eines Min. auf direkten amtl. Zugang zum und Vortrag beim Monarchen (↑ auch Immediat).

◆ im *Urheberrecht* das dem ↑Aufführungsrecht entsprechende Recht des Urhebers eines Sprachwerkes, das Sprachwerk durch persönl. Darbietung öffentl. zu Gehör zu bringen (auch durch Bildschirm, Lautsprecher oder ähnl. techn. Einrichtungen öffentl. wahrnehmbar zu machen).

Vortrieb, in der *Bewegungsrichtung* eines Schiffes oder Flugzeugs wirkende Kraft.

◆ im *Bergbau* ein in der Errichtung (Auffahrung) befindl. Grubenbau, z. B. Streckenvortrieb.

Voruntersuchung (gerichtl. Voruntersuchung), 1975 abgeschaffte Vorprüfung der Beweismittel und des Tatverdachts in schwerwiegenden Strafverfahren durch einen Untersuchungsrichter. In *Österreich* ist die V. obligator., wenn es um ein Verbrechen oder Vergehen geht, dessen Aburteilung dem Geschwornengericht zukommt, oder wenn ein Strafverfahren gegen einen Abwesenden eingeleitet werden soll. In der *Schweiz* gilt dem östr. Recht Entsprechendes.

Vorurteil, ein relativ starres und häufig von größeren gesellschaftl. Gruppen vertretenes (negatives oder positives) Urteil über Gegenstände, Vorstellungen, Personen oder Gruppen ohne Überprüfung an objektiven und bereits bekannten Tatbeständen und Informationen, d. h. ohne begründeten Wahrheitsanspruch. Es dient der psych. Entlastung des Urteilenden in Situationen, die durch Mangel an Orientierung Angst erzeugen, und mit der Festlegung der eigenen gesellschaftl. Stellung dem Abbau von Unsicherheit in sozialen Handlungsfeldern. Gruppen-V., mit denen eigenes Unvermögen dadurch kompensiert wird, daß dieses auf Fremdpersonen oder -gruppen, insbes. fremde Völker, rass., religiöse oder nat. Minderheiten und/oder deren Wertsysteme verlagert wird, werden oft durch Manipulation vermittelt oder bestärkt.

Vorverfahren, verwaltungsinternes Kontrollverfahren zur Überprüfung der Recht- und Zweckmäßigkeit eines Verwaltungsaktes vor Einleitung eines gerichtl. Verfahrens. Es dient der Selbstkontrolle der Verwaltung, dem Rechtsschutz des Bürgers sowie der Entlastung der Gerichte. Eingeleitet wird das V. durch Widerspruch (↑Widerspruchsverfahren), in der ↑Finanzgerichtsbarkeit durch Einspruch oder Beschwerde.

VOR-Verfahren [engl. 'viːoʊ'ɑː], Kurzbez. für engl.: Very-high-frequency-omnidirectional-range-Verfahren, in der Luftfahrt am weitesten verbreitetes, internat. standardisiertes Funknavigationsverfahren für die Kurz- und Mittelstreckennavigation; arbeitet mit einem am Boden installierten UKW-Drehfunkfeuer (VOR), bestehend aus einer Rundstrahlantenne und einer mit 30 U/s umlaufenden Richtantenne (beim gegen Störeinflüsse unempfindlicheren Doppler-VOR kreisförmig angeordnete, zykl. angeschaltete Einzelstrahler), die im Empfangsgerät an Bord des Flugzeugs eine in der Phase richtungsabhängige Wechselspannung liefern, so daß mit Hilfe einer Phasenmessung eine Richtungsbestimmung bezügl. des VOR mögl. ist.

Vorvergangenheit, svw. ↑Plusquamperfekt.

Vorvertrag ↑Vertrag.

Vorwärts, dt. Zeitung, ↑Zeitungen (Übersicht).

Vorwärtsverteidigung ↑Vorneverteidigung.

Vorwehen ↑Geburt.

Vorzeichen, mathemat. Zeichen zur Unterscheidung positiver und negativer Zahlen; positive Zahlen (d. h. Zahlen, die größer als Null sind) werden durch das *positive* V. (Pluszeichen, +), negative durch das *negative* V. (Minuszeichen, −) gekennzeichnet.

◆ (Versetzungszeichen, Akzidentien) Zusatzzeichen vor den ↑Noten, die die chromat. Veränderung eines Tons oder die Aufhebung derselben anzeigen. Das Kreuz (♯) erhöht um einen Halbton, das Doppelkreuz (𝄪) um zwei Halbtöne; B (♭) erniedrigt um einen Halbton, Doppel-B (♭♭) um zwei Halbtöne; das Auflösungszeichen (♮) hebt bisherige Erhöhung oder Erniedrigung auf. Die drei Haupt-V. (♯,♭,♮) entstanden aus histor. Bed. bzw. Schreibweisen des Tonbuchstaben B. Seit der Einführung des Taktstrichs (nach 1700) gilt jedes V. nur für den Takt und den Oktavraum, in dem es steht. Seit dem 18. Jh. wurde die V.setzung durch die Tonartvorzeichnung vereinfacht, bei der die entsprechenden V. zu Beginn jedes Liniensystems vorweggenommen werden.

vorzeitiger Erbausgleich, Abgeltung des künftigen ↑Erbersatzanspruchs eines nichtehel. Kindes gegen seinen Vater zu dessen Lebzeiten. Das Kind hat, wenn es 21, aber noch nicht 27 Jahre alt ist, einen Geldanspruch, der i. d. R. auf das Dreifache des jährl. Unterhalts geht, den der Vater ihm im Durchschnitt der letzten 5 Jahre, in denen es voll unterhaltsbedürftig war, jährl. zu leisten hatte.

Vorzugsaktien (Vorrechtsaktien, Prioritätsaktien), Aktien, die gegenüber den Stammaktien bestimmte Vorrechte genießen. Diese Vorrechte bestehen insbes. auf die Gewinnverteilung, z. B. durch Zusicherung einer erhöhten oder einer Mindestdividende (*Dividendenvorzugsaktien;* bei erhöhter Dividende kann das ↑Stimmrecht entfallen; und/oder auf die Vermögensverteilung bei Auflösung der AG.

Vorzugsdividende, Gewinnausschüttung auf bestimmte Vorzugsaktien († auch Dividende).

Vorzugsmilch † Milch.

Vorzukunft, svw. † Futurum exaktum.

Voscherau, Henning, * Hamburg 13. Aug. 1941, dt. Politiker (SPD). - Jurist; seit 1974 Mgl. der Hamburg. Bürgerschaft, 1982–87 dort Vors. der SPD-Fraktion; seit 1981 stellv. Landesvors.; seit 8. Juni 1988 Erster Bürgermeister von Hamburg.

Vosges [frz. voːʒ], Dep. in Frankreich.

Vöslau, Bad † Bad Vöslau.

Voß [fɔs], Johann Heinrich, * Sommerstorf (= Grabowhöfe, Landkr. Waren) 20. Febr. 1751, † Heidelberg 29. März 1826, dt. Dichter. - Gab dem „Göttinger Hain" den Namen; 1775 als Hg. des „Göttinger Musenalmanachs" in Wandsbek; ab 1805 in Heidelberg. Seine in Hexametern geschriebenen Idyllen verbinden inniges Naturgefühl, breitangelegte Landschaftsschilderungen und behagl. ausgemalte Szenen des bürgerl. Lebens mit gelehrter Bildung und aufgeklärtem Protestantismus. Erschloß mit seinen Nachdichtungen griech. und röm. Autoren seiner Zeit ein neues Verhältnis zur Antike.

Vossische Zeitung [ˈfɔ...], Berliner Tageszeitung mit wechselnden Titeln ab 1617; nach dem Familiennamen der Besitzer 1751–95 meist als „V. Z." bezeichnet, seit 1910/11 unter dem offiziellen Titel „V. Z."; linksliberal orientiert; stellte nach dem Berufsverbot für viele Redakteure (1933) 1934 das Erscheinen ein; bekannte Mitarbeiter waren u. a. G. E. Lessing und T. Fontane.

Vossler, Karl [ˈfɔs...], * Hohenheim (= Stuttgart-Hohenheim) 6. Sept. 1872, † München 18. Mai 1949, dt. Romanist. - Prof. in Heidelberg, Würzburg und München. Wandte sich gegen den sprachwiss. Positivismus der Junggrammatiker und forderte eine ästhet. Betrachtung der Sprache („Positivismus und Idealismus in der Sprachwiss.", 1904; „Sprache als Schöpfung und Entwicklung", 1905). Seine Haupttätigkeit lag auf dem Gebiet der Literaturgeschichte; schrieb u. a. „Die göttl. Komödie. Entwicklungsgeschichte und Erklärung" (1907–10).

Vostell, Wolf [fɔsˈtɛl], * Leverkusen 14. Okt. 1932, dt. Happeningkünstler. - Ausgehend von großen Decollagen (streifenweise abgerissenen Plakatwänden) gelangt V. zum Begriff des Decollage-Happenings, bei dem die Wirklichkeit gesellschaftskrit. durchleuchtet wird. Seit 1959 einer der führenden europ. Fluxuskünstler; auch kunsttheoret. Schriften, Zeichnungen.

votieren [lat.-engl.-frz.], sich für jemanden oder etwas entscheiden; abstimmen.

Votivbild, gemalte Bitt-, Gelübde- oder Danktafel, auf dem das angerufene Gnadenbild dargestellt sind sowie die Inschrift ex voto („auf Grund eines Gelübdes"). Volkskunst in Zusammenhang mit dem

Votivbild in der Wallfahrtskirche von Sammarei in Niederbayern (1833)

Wallfahrtsbrauchtum seit dem Spätmittelalter.

Votive [zu lat. votivus „durch ein Gelübde versprochen, geweiht"] (Votivgaben, Weihegaben), Gaben, die einer Gottheit, Gott oder einem Heiligen aus Dankbarkeit oder um Hilfe in bestimmter Not dargebracht werden († auch Votivbild).

Votivfunde † Depotfunde.

Votivgaben, svw. † Votive.

Votivmessen, in der kath. Liturgie „Messen in bes. Anliegen". V. sind v. a. Meßfeiern zur Danksagung für empfangene Wohltat oder um Hilfe in bestimmter Not.

Votivtafel, kath. Votivgabe in Form einer kleinen Tafel mit Inschrift (meist: „... hat geholfen").

Votum [lat.], 1. [feierl.] Gelübde; 2. Urteil, Gutachten; [Wahl]stimme; [Volks]entscheid[ung].

Vouel, Jean Baptiste Raymond [frz. vwɛl], * Rumelange 8. April 1923, luxemburg. Politiker. - 1974–76 stellv. Min.präs., Finanzmin. und Min. für landw. Entwicklung; 1969–74 Parlaments-Abg., ab 1970 Vors. der sozialist. Fraktion; 1976–80 EG-Kommissar zunächst für Wettbewerb und Verwaltung (bis 1977), dann für Wettbewerb.

Vouet, Simon [frz. vwɛ], ≈ Paris 9. Jan. 1590, † ebd. 30. Juni 1649, frz. Maler. - Kehrte 1627 aus Italien nach Frankr. zurück; Dekorationen u. a. für den Louvre, das Palais du

Luxembourg, Schloß Fontainebleau, Gobelinentwürfe, Pastellporträts des Hochadels, Altarbilder. Von Caravaggio angeregtes Frühwerk, später weichere Licht- und Schattenwirkungen; wegweisend für die frz. Barockmalerei.

Vox [lat.], bei der Orgel Bez. für verschiedene, v. a. klangnachahmende Register; *V. angelica* („Engelsstimme"), ein flötenartiges Zungenregister zu 4- oder 2-Fuß; *V. humana* („menschl. Stimme"), ein Zungenregister zu 8-Fuß von nasalem Klang.

Vox nihili [lat. „Stimme des Nichts"], svw. ↑ Ghostword.

Voyager [engl. 'vɔɪədʒə „Reisender"], Name zweier amerikan. Raumsonden, die 1977 zur Erforschung der äußeren Planeten des Sonnensystems gestartet wurden. Die 825 kg schweren Sonden enthalten neben den Forschungsgeräten auch Botschaften für mögliche außerird. Zivilisationen. Im März 1979 erreichte V. 1 nach einem Flug von $1^1/_2$ Jahren Dauer den kürzesten Abstand zum Jupiter (rd. 278 000 km). Kurz vor dem Jupitervorbeiflug wurde der innerste Jupitermond Amalthea in 415 000 km Abstand passiert, danach die Monde Io in 22 000 km, Europa in 733 000 km, Ganymed in 115 000 km und Callisto in 124 000 km Abstand. - Im Juli 1979 erreichte V. 2 den Jupiter und konnte beim Vorbeiflug (Abstand 647 000 km) rd. 15 000 Bilder und zahlr. Daten über Jupiter und seine Monde zur Erde übermitteln (u. a. wurden 2 weitere Monde entdeckt). V. 1 passierte im Nov. 1980 Saturn in rd. 123 000 km Entfernung; zahlr. Bilder mit Einzelheiten des Ringsystems, Wolkenformationen an der Oberfläche und 3 weiteren Monden. Der Vorbeiflug von V. 2 am Saturn (Abstand von der Wolkengrenze 101 000 km) im August 1981 brachte sensationelle Ergebnisse bezügl. des Ringsystems und der Monde des Saturn (u. a. Entdeckung von 4, wahrscheinlich sogar 6 neuen Monden) sowie der Planetenatmosphäre. Im Jan. 1986 erreichte V. 2 Uranus (Vorbeiflug in etwa 93 000 km Abstand) und erbrachte auch hier eine Vielzahl neuer Erkenntnisse, u. a. Entdeckung 10 neuer Uranusmonde. Im Okt. 1989 erreichte V. 2 den Planeten Neptun.

Voyeurismus [voajø...; zu lat.-frz. voyeur, eigtl. „Zuschauer"], sexuelle Perversion, bei der eine Person *(Voyeur)* durch den heiml. Anblick der Geschlechtsorgane anderer Personen und/oder durch heiml. Zuschauen bei sexuellen Handlungen anderer sexuelle Luststeigerung erfährt.

VPS, Abk. für: ↑ Videoprogrammsystem.

Vranitzky, Franz, * Wien 4. Okt. 1937, östr. Politiker (SPÖ). - Wirtschaftswissenschaftler; 1970–76 wirtschafts- und finanzpolit. Berater des Bundesmin. für Finanzen, seit Sept. 1984 Bundesmin. für Finanzen. Nach dem Rücktritt von F. Sinowatz als Bundeskanzler wurde V. im Juni 1986 dessen Nachfolger.

Vranje [serbokroat. 'vranjɛ], jugoslaw. Ort 90 km südl. von Niš, 487 m ü. d. M., 26 000 E. Marktort. Nahebei das Heilbad **Vranjska Banja** mit den heißesten Quellen Jugoslawiens (65–95 °C, schwach schwefel- und kochsalzhaltig). Zahlr. türk. Bauten.

Vrchlabí [tschech. 'vrxlabi:] (dt. Hohenelbe), Stadt am Oberlauf der Elbe, ČSSR, 484 m ü. d. M., 13 400 E. Riesengebirgsmuseum; u. a. Maschinen- und Karosseriebau. - Schloß (1546–1614), Rathaus (1735 barockisiert).

Vrchlický, Jaroslav [tschech. 'vrxlitski:], eigtl. Emil Frida, * Louny 17. Febr. 1853, † Domažlice 9. Sept. 1912, tschech. Dichter. - Ab 1893 Prof. für Literatur an der Univ. Prag. V. a. durch seine zahlr. Übersetzungen (Dante, Petrarca, Calderón, Molière, Hugo, Baudelaire, Shelley, Goethe, Schiller) und seine Lyrik erhielt die tschech. Literatur Anschluß an die literar. Entwicklung Europas. Die Stoffe für sein umfangreiches Werk (mehr als 100 Bände Dramen, lyr. und ep. Dichtungen, Novellen, Essays) fand er in allen Kulturkreisen und Epochen.

Vredeling, Hendrikus (Henk) [niederl. 're:dəlɪŋ], * Amersfoort (Prov. Utrecht) 20. Nov. 1924, niederl. Politiker. - Seit 1956 Parlaments-Abg.; 1958–73 Mgl. des Europ. Parlaments; 1973–77 Verteidigungsmin.; 1977–80 EG-Kommissar für Sozialpolitik und der Dreierkonferenz für Wirtschaftspolitik.

Vredeman de Vries, Hans (Jan) [niederl. 're:dəman də 'vri:s] (Fredeman, Hans), * Leeuwarden 1527, † nach 1604 (?), niederl. Zeichner. - Wichtig seine Stichfolgen (seit 1555) und später theoret. Werke mit perspektiv. Phantasiearchitekturansichten.

Vreden ['fre:dən], Stadt im westl. Münsterland, NRW, 40 m ü. d. M., 18 600 E. Hamaland-, Bauernhausmuseum; metallverarbeitende, Textil- und Bekleidungs-, Schmuck-, Leder- und Papierind. - Entstand bei einem 839 (?) gegr. Kanonissenstift; Stadtrechte spätestens seit 1252. - Nach schweren Zerstörungen des 2. Weltkriegs wurde anstelle einer spätgot. Hallenkirche die Pfarrkirche Sankt Georg modern errichtet (1952–57), die Reste der Krypta (9. und 11. Jh.) zugänglich gemacht (bed. Antwerpener Schnitzaltar; um 1520); die ehem. Stiftskirche, roman. mit got. Gewölben (15. und 16. Jh.) und bed. Krypta (Mitte des 11. Jh.) wurde wiederaufgebaut; Reste der Stadtmauer.

Vrîdanc ['fri:daŋk] ↑ Freidank.

Vries [vri:s], Adriaen de, * Den Haag um 1560, □ Prag 15. Dez. 1626, niederl. Bronzebildhauer. - Schüler von Giovanni da Bologna in Florenz; 1596 ff. in Augsburg, wo er den Auftrag für den Merkur- und den Herkulesbrunnen erhielt. 1601 ging er nach Prag an den Hof Kaiser Rudolfs II. (Büsten des

Kaisers, 1603 und 1607, Wien, Kunsthistor. Museum). Nach dem Tode Rudolfs II. (1612) war de V. für Ernst von Schaumburg in Bükkeburg (Taufbecken der Stadtkirche, 1615) und Stadthagen (Mausoleum des Fürsten, 1618–20) sowie in Dänemark (Neptunbrunnen für Schloß Frederiksborg, 1616–23, heute im Park von Drottningholm), anschließend für Wallenstein in Prag tätig. - Abb. Bd. 14, S. 8.

V., Hans (Jan) Vredeman de † Vredeman de Vries, Hans.

V., Jan de, * Amsterdam 11. Febr. 1890, † Utrecht 23. Juli 1964, niederl. Religionswissenschaftler und Germanist. - Prof. in Leiden; verfaßte bed. Werke zur Mythologie und Religionsgeschichte sowie zur Volkskunde, Etymologie, Sprach- und Literaturwissenschaft.

V., Theun de, eigtl. Theunis Uilke de V., * Veenwouden (Friesland) 26. April 1907, niederl. Schriftsteller. - Journalist, Bibliothekar, während des 2. Weltkrieges Redakteur einer illegalen Zeitung; kam ins KZ. Schrieb Gedichte, Romane mit starker sozialkrit. Tendenz, Geschichts- und Heimatromane sowie Hörspiele, u. a. „Das Glücksrad" (R., 1938), „Die Freiheit geht im roten Kleide" (R., 1946), „Das Mädchen mit dem roten Haar" (R., 1956), „De blinde Venus" (R., 1980).

Vriesea ['fri:zea; nach dem niederl. Botaniker W. H. de Vriese, * 1807, † 1862], Gatt. der Ananasgewächse mit rd. 200 Arten im trop. Amerika; meist Epiphyten mit in Rosetten angeordneten, oft marmorierten, quergebänderten oder gitterartig strukturierten Blättern; Blüten gelb, weiß oder grün, in oft schwertförmigen Ähren, mit leuchtend gefärbten Deckblättern. Zahlr. Arten und Hybriden sind beliebte Zimmerpflanzen.

Vring, Georg von der [frɪŋ], * Brake (Unterweser) 30. Dez. 1889, † München 1. März 1968, dt. Schriftsteller. - 1919–28 Zeichenlehrer; schrieb neben liedhafter Liebes- und Naturlyrik („Bilderbuch für eine junge Mutter", 1938; „Verse für Minette", 1947; „Der Schwan", 1961; „Der Mann am Fenster", 1964; „Gesang im Schnee", 1967) und Romanen (auch Kriminal-, Abenteuer- und Unterhaltungsromane) auch Kriegsbücher („Soldat Suhren", R., 1928; „Camp Lafayette", R., 1929) sowie Hörspiele.

Vroni ['fro:ni, 'vro:ni], weibl. Vorname, oberdt. Kurz- und Koseform von Veronika.

Vršac [serbokroat. 'vrʃats], jugoslaw. Stadt 70 km nö. von Belgrad, 92 m ü. d. M., 34 000 E. Serb.-orth. Bischofssitz; Stadtmuseum. Mittelpunkt eines Weinbaugebiets. - In der 2. Hälfte des 15. Jh. erstmals als **Podvršac** erwähnt; kam 1552 unter osman. Herrschaft; wurde im 17. Jh. eine reiche Handelsstadt. - Stadtturm (15. Jh.); orth. Nikolauskirche (1783–85).

V-Stähle, Bez. für eine Gruppe von säurefesten und nichtrostenden Stählen: z. B. *V2A-Stahl* (18% Cr, 8% Ni und bis 0,12% C) und *V4A-Stahl* (18% Cr, 11% Ni und bis 0,7% C).

Vučedolkultur [serbokroat. vu'tʃɛdɔl], nach der vorgeschichtl. „Burg" Vučedol (5 km östl. der jugoslaw. Stadt Vukovar) ben. endneolith. Kulturgruppe (Ende des 3. Jt. v. Chr.) im Gebiet des heutigen Jugoslawien, S-Ungarn und Niederösterreich sowie in Böhmen und in der Slowakei; kennzeichnend sind Gefäße mit Bänderverzierung in Furchen-, Ritz-, Schnitt- oder Stempeltechnik.

Vuillard, Édouard [frz. vɥi'ja:r], * Cuiseaux (Saône-et-Loire) 11. Nov. 1868, † Baule (Loiret) 21. Juni 1940, frz. Maler und Graphiker. - Gehörte zu den Mitbegr. der † Nabis. Schildert unter Verzicht auf jede Tiefenillusion Interieurs von stiller Intimität. Seine lockere, fleckenartige Malweise ist von großer Dichte und Schönheit der Farbwerte. Mit großflächig gegliederten Lithographien Wegbereiter der modernen Graphik.

Vuillaume, Jean-Baptiste [frz. vɥi'jo:m], * Mirecourt 7. Okt. 1798, † Paris 19. März 1875, frz. Geigenbauer. - Wurde bekannt durch den Nachbau von Stradivari-Geigen. Schuf einen Bratschentyp mit bes. vollem Ton („Contralto") und einen vier Meter hohen Kontrabaß („Octobasse"), der eine Oktave tiefer als das Violoncello klingt, der V.-Bogen ist aus Stahlrohr.

Vukovar [serbokroat. vu,kɔva:r], jugoslaw. Stadt am rechten Ufer der Donau, 108 m ü. d. M., 30 000 E. Schuhfabrik; wichtiger Donauhafen. - Entstand im 13. Jh. aus einer älteren Siedlung; erhielt 1345 Markt- und Zollrecht, 1919 Stadtrecht. - Zahlr. Bauten des 18. Jh., u. a. Franziskanerkloster, Rochuskapelle, orth. Nikolauskirche, Komitatspalast.

Vulcano, eine der Lipar. Inseln, Italien, 21 km^2, bis 499 m hoch. Dem Gran Cratere entweichen schwefelhaltige Dämpfe bis über 500 °C.

Vulcanus (Volcanus), in der röm. Mythologie Gott des Feuers; als kunstfertiger Schmied angesehen; sein Fest (die *Volcanalia*) wurde am 23. Aug. begangen.

Vulci (etrusk. Velch), etrusk. Stadt in Mittelitalien, Prov. Viterbo, sw. des Bolsenasees. Bed. Fundstätte etrusk. Kunst in den riesigen Nekropolen, u. a. Bronzegeräte des 6. Jh., die auch exportiert wurden, frühe Steinskulpturen (Flügellöwen, Kentaur) sowie nahezu 4 000 altere. Vasen des 7. und 6. Jh., meist athen. Herkunft. Die Fresken der 1857 entdeckten sog. Tomba François (4. Jh. v. Chr.?) befinden sich heute im Museo Torlonia in Rom.

vulgär [frz., zu lat. vulgus „Volk"], gewöhnlich, gemein, niedrig.

Vulgärmarxismus, Bez. für eine gesellschaftl.-polit. Theorie, die - nach ihrem Anspruch marxist. - einzelne Elemente des Marxismus (häufig vereinfacht) verabsolutiert, während andere Bestandteile außer acht ge-

Vulgarrecht

lassen werden. So tritt z. B. an die Stelle des dialekt. Materialismus ein bloß mechan. Materialismus, und die Vermittlung zw. Produktionsweise und kulturellem Überbau fehlt. In seiner Anwendung auf die Politik sozialist. Parteien begünstigte der V. einerseits den Wortradikalismus, andererseits das (reine) Abwarten einer revolutionären Situation.

Vulgarrecht [lat./dt.], das ↑römische Recht in der Zeit nach Diokletian.

Vulgata [zu lat. (versio) vulgata „allg. gebräuchl., übl. Fassung"], die auf Hieronymus zurückgehende, seit dem 8. Jh. maßgebl. und seit dem Tridentinum (1546) als authent. und in Glaubens- und Sittenlehre verbindl. geltende lat. Bibelübersetzung. - Hieronymus überarbeitete im Auftrag Papst Damasus' I. ab 383 das N. T. und einige Schriften des A. T. Bei seiner ab 390 erschienenen lat. Übersetzung des A. T. aus dem Hebr. übersetzte er im Unterschied zu dem bis dahin geübten Übersetzungsverfahren nicht mehr strikt wörtl., sondern freier und griff auf das klass. Latein zurück. Von den Revisionen, die der V.text im Lauf der Geschichte erfuhr, setzte sich schließl. die unter Sixtus V. erarbeitete Fassung (*Sixtina*; 1590) durch, die dann als *Sixtina-Clementina* (1592) durch Klemens VIII. zur offiziellen Bibelausgabe der kath. Kirche wurde. Das 2. Vatikan. Konzil setzte eine Kommission zur erneuten Revision der V. ein.

vulgo [lat.], gemeinhin, gewöhnlich.

Vulkane [nach Vulcanus], durch vulkan. Tätigkeit entstandene geolog. Bauformen, ↑Vulkanismus.

Vulkane, Nationalpark der, Nationalpark in NW-Rwanda, umfaßt das rwand. Geb. der Virungavulkane oberhalb 2 200–3 000 m ü. d. M.

Vulkanfiber [lat.-engl.], aus zellulosehaltigem Material, insbes. Papier, durch starkes Quellen mit konzentrierter Zinkchloridlösung und anschließendes Pressen hergestellter harter bis elast. Kunststoff, der v. a. für Schleifscheiben, Dichtungen, Koffer u. a. verwendet wird.

Vulkaninseln, jap. Inselgruppe im Pazifik, umfaßt Iwo, Kita und Minami sowie weiter nördl. Nischino, insgesamt 28 km^2.

Vulkanisation [lat.-engl.; zu engl. to vulcanize, eigtl. „dem Feuer aussetzen"], die Umwandlung des nur wenig elast., rasch brüchig werdenden Rohkautschuks (Naturkautschuk und Synthesekautschuk) in elast. und beständigeres Gummi durch Vernetzung der Kettenmoleküle mit Hilfe geeigneter Chemikalien, meist Schwefel oder schwefelabgebende Substanzen wie Dischwefeldichlorid. Die wenige Minuten bis mehrere Stunden dauernde *Heiß-V.* wird bei 130–145 °C durchgeführt, die nur wenige Sekunden dauernde *Kalt-V.* (mit in Schwefelkohlenstoff gelöstem Dischwefeldichlorid) bei Zimmertemperatur (nur bei dünnen Folien anwendbar). Mit *V.beschleunigern* (Magnesiumoxid, Calciumhydroxid, Antimonpentasulfid, Derivate des 2-Mercaptobenzthiazols, Salze substituierter Dithiocarbaminsäuren, Xanthogenate) läßt sich die V.dauer verkürzen oder die V.temperatur herabsetzen. Je nach Art und Dauer der V., d. h. je nach Schwefelgehalt erhält man Weichgummi mit bis zu 4% Schwefel oder Hartgummi mit über 20% Schwefel.

Vulkanismus. Blockbild des Vesuvs

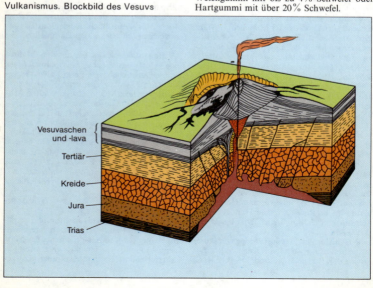

vulkanisches Glas, vulkan. Gestein mit glasigem Gefüge.

Vulkanismus, zusammenfassende Bez. für alle Vorgänge, die mit dem Austritt fester, flüssiger und gasförmiger Stoffe aus dem Erdinneren an die Erdoberfläche in Zusammenhang stehen. Die Förderung, die durch Spalten und Schlote erfolgt, geht von Vulkanherden (Ansammlungen von ↑Magma) aus, die in etwa 2 bis über 50 km Tiefe liegen. Typ. für Vulkane mit heißen (1 000°C und mehr), dünnflüssigen bas. Laven ist das ruhige Ausfließen (Effusion), typ. für Vulkane mit 700–800°C heißen, zähflüssigen, sauren Laven die explosive Förderung. Diese beiden Typen sind auf der Erde weitgehend getrennt verbreitet. Die explosiven Vulkane bilden einen Gürtel rings um den Pazifik, die effusiven treten auf den mittelozean. Rücken sowie im Bereich des Ostafrikan. Grabensystems auf. Die durch vulkan. Tätigkeit entstandenen geolog. Formen nennt man **Vulkane.** Man unterscheidet: 1. überwiegend aus Lava aufgebaute *Lavavulkane.* Zu ihnen gehören die **Schildvulkane,** bei denen man den kleineren island. vom größeren Hawaii-Typ unterscheidet. Bei letzterem enthält der Krater einen kochenden Lavasee. Durch langanhaltenden Austritt dünnflüssiger Laven aus vielen benachbarten Spalten entsteht Plateaubasalt. 2. *Gemischte Vulkane* bestehen aus einer Wechselfolge von Lavaergüssen und Lockermaterial. Wegen dieses schichtartigen Aufbaus nennt man sie **Stratovulkane.** Ihre Form ist im allg. ein Kegel; die Spitze ist durch den zentralen Krater gekappt. Entsteht eine ↑Caldera, so kann es durch erneute Ausbrüche auf deren Boden zum Aufbau meist kleinerer Vulkankegel kommen (Vesuv- oder Monte-Somma-Typ). 3. *Lockervulkane* entstehen, wenn nur Lockermaterial gefördert wird. Sie sind deckenförmig, als Ringwall um den Ausbruchstrichter oder als Aschenkegel ausgebildet. 4. *Gasvulkane* sind die Folge von [fast] reinen Gasausbrüchen. Dazu gehören die Maare und Durchschlagsröhren. 5. *Vulkanotektonik. Horste* entstehen durch Aufwölbung von Deckschollen durch hochgepreßtes Magma. Wenn die eigtl. vulkan. Tätigkeit erlischt, treten sog. postvulkan. Erscheinungen auf (Ausströmen von heißen Gasen, Austreten heißer Quellen). Die durch vulkan. Tätigkeit verursachten oder ausgelösten Schäden können katastrophale Ausmaße erreichen, sind aber zeitl. und räuml. begrenzt. Andererseits sind Böden auf vulkan. Gesteinen sehr fruchtbar; Schwefel, Erze und Energie werden in Vulkangebieten gewonnen. Bed. Institute zur Erforschung des V. befinden sich am Ätna, auf Hawaii und Kamtschatka.

📖 *Pichler, H., u. a.: V. Hdbg. 1985. - Rast, H.: Vulkane u. V. Stg. ²1983. - Rittmann, A.: Vulkane u. ihre Tätigkeit. Stg. ³1981. - Rittmann, A./ Rittmann, L.: Vulkane in Farbe. Mchn. 1977. - Tazieff, H.: V. u. Kontinentwanderung. Dt. Übers. Stg. 1974. - Macdonald, G. A.: Volcanoes. Englewood Cliffs (N.J.) 1972. - Vulkane. Herausgegeben v. C. Krüger. Wien u. Mchn. 1970.*

Vulkanite [lat.], svw. Ergußgesteine, ↑Gesteine.

Vulkanologie, Wiss., die sich mit dem ↑Vulkanismus befaßt.

Vulpecula [lat. „Füchschen"] ↑Sternbilder (Übersicht).

Vulpera ↑Schuls.

Vulpius, Christian August, * Weimar 23. Jan. 1762, † ebd. 26. Juni 1827, dt. Schriftsteller. - Bruder der Christiane von Goethe; durch Goethes Vermittlung ab 1797 Theater- und Bibliothekssekretär in Weimar. Verfaßte zu seiner Zeit viel gelesene Ritter- und Schauerromane; in „Rinaldo Rinaldini, der Räuberhauptmann" (1798) schuf er das Vorbild des edlen Räubers.

V., Christiane ↑Goethe, Christiane von.

Vulva [lat.], die äußeren Geschlechtsorgane der Frau, bestehend aus den großen und kleinen Schamlippen, die den Scheidenvorhof mit der Schamspalte umgrenzen.

v. v., Abk. für: ↑vice versa.

VVaG, Abk. für: Versicherungsverein auf Gegenseitigkeit.

V-Waffen, Kurzbez. für 2 während des 2. Weltkriegs auf dt. Seite entwickelte, neuartige Waffensysteme, propagandist. als „Vergeltungswaffen" bezeichnet; **V1** (Entwicklungsbez. Fieseler Fi-103): unbemannter, mit Tragflächen und Leitwerk ausgestatteter und einer Selbststeuerungsanlage versehener Flugkörper, rd. 8 m lang, Gefechtskopf mit rd. 850 kg Sprengstoff, Pulsotriebwerk (Argus-Schmidt-Rohr); Erstflug Dez. 1942, Reichweite rd. 330 km; rd. 21 500 V1 wurden gestartet; **V2** (Bez. der Heeresversuchsanstalt in Peenemünde A4): ballist. Flüssigkeitsrakete; rd. 14,30 m lang; Gefechtskopf mit rd. 1 000 kg Sprengstoff; Erststart Okt. 1942, Reichweite rd. 320 km, maximale Flughöhe rd. 100 km, Geschwindigkeit bei Brennschluß des Triebwerks 5 630 km/h; über 3 000 V2 wurden gestartet.

VwGO, Abk. für: ↑Verwaltungsgerichtsordnung.

Vyšší Brod [tschech. 'viʃiːbrɔt] (dt. Hohenfurth), Stadt an der Moldau, ČSSR, 2 500 E. Möbelindustrie. - Zisterzienserkloster (gegr. 1259) mit got. Kirche (13./14. Jh.). - ↑auch Hohenfurther Altar.

VZ, Abk. für: ↑Verseifungszahl.

W, 23. Buchstabe des dt. Alphabets, der im MA durch Verdoppelung des V bei Verwendung als Konsonantenzeichen entstand; er bezeichnet im Dt. und in anderen Sprachen den stimmhaften labiodentalen Reibelaut [v], im Engl. und Niederl. den Halbvokal [ṷ].
◆ (Münzbuchstabe) ↑ Münzstätten.

W, Kurzzeichen:
◆ (chem. Symbol) für ↑ Wolfram.
◆ (Einheitenzeichen) für ↑ Watt.

Wa, eine austroasiat. Sprache sprechendes Volk in der chin. Prov. Yünnan und im Schanhochland, NO-Birmas.

Waadt [vat, va:t], amtl. Canton de Vaud [frz. kãtõd'vo], Kt. im SW der Schweiz, 3 219 km², 543 700 E (1986), Hauptstadt Lausanne. Die W. hat Anteil an den 3 Großlandschaften: Der zum Kettenjura gehörende **Waadtländer Jura** erreicht im Mont Tendre 1 679 m ü. d. M.; etwa ²/₃ des Gebiets liegen im Schweizer Mittelland; in die Voralpen und Alpen reicht die W. östl. von Montreux, hier werden 3 210 m ü. d. M. erreicht (Les Diablerets). - Die W. besitzt große, intensiv genutzte Landw.gebiete: Die Wein- und Obstbaugebiete am N-Ufer des Genfer Sees, im Rhonetal und um den Neuenburger See; die v. a. ackerbaul. genutzten Geb. der Rhoneebene, des Venogetales, des Gros de Vaud und der meliorierten Orbe- und Broyeebene. Im Jura und in den niederschlagsreichen Geb. der Alpen und Voralpen herrscht Viehhaltung vor. In den landw. wenig begünstigten Juragebieten hat sich schon früh die arbeitsintensive Uhren- u. a. feinmechan. Ind. entwickelt. Mittelpunkt des Fremdenverkehrs in der W. sind v. a. das klimat. bevorzugte Geb. am Genfer See, ferner Luftkurorte und Wintersportstationen in den Alpen und im Jura. - Die W. ist Schnittpunkt wichtiger Eisenbahnlinien; die Autobahn am Genfer See ist Zubringer zum Autotunnel durch den Großen Sankt Bernhard.

Geschichte: Bildete in röm. Zeit die Civitas Helvetiorum mit Aventicum (= Avenches) als Hauptstadt. Im 5. Jh. ließen sich Burgunder nieder, das Land wurde Teil des ma. Kgr. Burgund und kam mit diesem 1032 an das Hl. Röm. Reich. Savoyen erwarb im 13. Jh. einige Stützpunkte und dehnte seinen Besitz immer weiter aus. Im Burgunderkrieg (1474–77) besetzte Bern erstmals die W., erneut 1536, beseitigte die savoyische Herrschaft und teilte das Gebiet in 16 Vogteien ein. Nachdem im Jan. 1798 die Bildung der Leman. Republik verkündet worden war, trat die W. im April 1798 als Kt. Léman der Helvet. Republik bei. 1813 widersetzte sich der seit 1803 wieder W. gen. Kt. der von Bern geforderten Unterwerfung und ließ sich seinen Bestand durch den Bundesvertrag von 1815 garantieren.

Verfassung: Nach der Verfassung vom 1. März 1885 liegt die Exekutive beim vom Volk auf 4 Jahre gewählten Staatsrat (Conseil d'État, 7 Mgl.). Die Legislative bilden der vom Volk auf 4 Jahre gewählte Große Rat (Grand Conseil, 200 Mgl.) und beim Volk selbst. Frauenstimmrecht und -wahlrecht seit 1959.

⦿ *Encyclopédie illustrée du pays de Vaud. Hg. v. B. Galland. Lausanne 1970–71. 2 Bde. - Poudret, J.-F., u. a.: Nouvelles pages d'histoire vaudoise. Lausanne 1967.*

Waag, linker Nebenfluß der Donau, entsteht im Liptauer Becken aus den in der Hohen bzw. Niederen Tatra entspringenden Quellflüssen *Schwarze* und *Weiße W.*, vereinigt sich bei Kolárovo mit der Kleinen Donau zur **Waagdonau,** mündet bei Komárno, 390 km lang; mehrere Talsperren.

Waage ↑ Sternbilder (Übersicht).

Waage, Meßgerät zur Bestimmung von Massen oder Gewichten. - Der Zweck einer *Wägung* ist die Ermittlung der unbekannten Masse eines Objekts, die mit Hebel-W. durch Vergleich mit einer bekannten Masse, bei W. mit einem elast. Meßglied unmittelbar durch Bestimmung der auf die Masse einwirkenden Schwerkraft erfolgt. Nach ihrer Wirkungsweise und dem physikal. Meßprinzip können die W. in folgende Hauptgruppen unterteilt werden: Bei *Hebel-W.* wird die unbekannte Masse (Last) durch den Ausgleich der Hebeldrehmomente mit der bekannten Masse (Gewicht) direkt verglichen. Bei *Feder-* und *Torsions-W.* wird das Gewicht der Last durch Formänderung (Dehnung von Federn, Verdrillung von Drähten oder Bändern) bestimmt. Bei *hydraul. W.* ergibt sich das Gewicht der Last aus der Größe des Druckes, den die Last mit einem Kolben auf eine Flüssigkeit in einem Behälter ausübt. Bei *elektromechan. W.* wird das Gewicht der Last in elektr. Größen umgesetzt und mit elektr. Meßinstrumenten gemessen.

Bauarten von Hebelwaagen: Hebel-W., bei de-

Waage

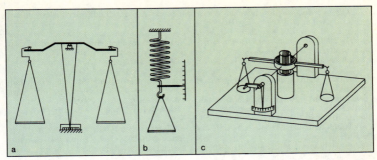

Waage. a gleicharmige Balkenwaage, b reine Federwaage, c elektromagnetische Waage

nen der Gewichtsausgleich durch lose Gewichte erfolgt, sind: die *gleicharmigen Balken-W.*, bei denen das Hebelverhältnis gleich 1 ist; die *Tafel-W.*, die außer dem gleicharmigen Haupthebel einen oder mehrere Nebenhebel oder Parallelogrammlenker haben (das Hebelverhältnis ist auch hier gleich 1); die *Dezimal-* und *Zentesimal-W.* (Hebelverhältnis 1 : 10 bzw. 1 : 100); die Last wird durch Gewichte ausgeglichen, die nur $1/10$ bzw. $1/100$ der Last betragen. Bei *Hebel-W. mit Schaltgewichtseinrichtung* werden die Gewichtsstücke durch Hebel auf die Gewichtsauflage gelegt oder abgehoben. Bei *Hebel-W. mit Laufgewichtseinrichtung*, ebenso bei der *Rollgewichtseinrichtung*, wird der Gewichtsausgleich durch ein unverändert. Gewicht bewirkt, das auf einem mit Teilung (und Kerben) versehenen Laufgewichtsbalken verschoben wird; diese W.typen wurden urspr. als *Schnell-W.* bezeichnet. Bei *Hebel-W. mit Neigungsgewichtseinrichtung (Neigungs-W.)* erfolgt der Gewichtsausgleich durch ein an einem Winkelhebel befestigtes Neigungsgewicht; durch Drehung des Winkelhebels bei Belastung des Lastarmes stellt sich das Gleichgewicht durch Änderung des wirksamen Kraftarms des Neigungsgewichts von selbst ein; die Größe der Last kann durch einen Zeiger auf einer festen Skala unmittelbar angezeigt werden. Als reine *Neigungs-W.* werden Brief-W., Garn-W., Ladentisch-W. (mit sog. Fächerkopf und Preisskalen) und einige oberschalige Präzisions-W. gebaut. Anstelle eines Zeigers und einer festen Skala wird bei *Leuchtbild-W.* eine am Neigungshebel befestigte durchsichtige Mikroskala (Diapositiv) angebracht, von der ein Ausschnitt, durch eine Projektionseinrichtung vergrößert, auf einer Mattscheibe sichtbar ist; an einer feststehenden Nullmarke wird das Meßergebnis abgelesen (Leuchtbildanzeige). Für eine elektr. Meßwertanzeige und Weiterverarbeitung der Werte (z. B. in einem Preisdrucker mit Addierwerk) kann auf der Mikroskala neben der Gewichtsskala eine weitere Strichskala vorgesehen sein, die photoelektr. abgetastet wird. Anstelle einer Strichskala können auch Codespuren vorgesehen sein, die direkt ein digitales elektr. Signal liefern. Zu den Hebel-W. gehören auch die *Brücken-W.* sowie die *selbsttätigen W.*, wie u. a. Abfüll- und Absackwaage.

Bauarten von Feder- und Torsionswaagen: Die Feder-W. werden im Ggs. zu den Torsions-W. meist nur für relativ grobe Wägungen, z. B. als Haushalts-W., verwendet. *Reine Feder-W.* haben vorzugsweise eine Schraubenfeder als Meßglied; die Längenänderung der Feder ist in bestimmten Grenzen der Last proportional. Bei *Torsions-W.* gilt die Verdrillung eines Drahtes oder Bandes als Maß.

Bauarten von elektromechan. Waagen: Elektromechan. W. unterscheiden sich durch die angewandten Meßmittel, z. B. ein Dehnungsmeßstreifen auf einem auf Zug belastbaren Stab; die durch die Längenänderung des Stabs hervorgerufene Widerstandsänderung des Dehnungsmeßstreifens wird elektr. gemessen. Mit den *elektromagnet. W.* wird das durch das Gewicht hervorgerufene Drehmoment durch ein elektromagnet. Gegendrehmoment kompensiert; da der für die Kompensation benötigte Strom mit hoher Genauigkeit gemessen werden kann, läßt sich eine Ablesbarkeit bis zu 0,1 µg erreichen.

Zur Einstufung nach der *Waagengenauigkeit* wird nach internat. Vereinbarungen von der relativen Ablesbarkeit, dem Verhältnis von Höchstlast zu Ablesegenauigkeit der Waage, ausgegangen. Es wird folgende Unterscheidung getroffen: *Grob-W.* (Höchstlasten 1 kg bis 10 t, relative Ablesbarkeit 10^2 bis 10^3); *Handels-W.* (Höchstlasten 20 g bis 100 t, relative Ablesbarkeit 10^3 bis 10^4); *Präzisions-W.* (Höchstlasten 1 g bis etwa 100 kg, relative Ablesbarkeit 10^4 bis 10^5); *Fein-W.*, z. B. *Mikro-W.* und *Analysen-W.* (Höchstlast etwa 0,1 g bis 200 g, relative Ablesbarkeit 10^5 bis 10^8).

⟐ Hdb. des Wägens. Hg. v. M. Kochsieck. Braunschweig 1985. - Sawelski, F.: Die Masse und ihre Messung. Dt. Übers. Thun u. Ffm.; Lpz.

1977. - *Wägetechnik in der Automatisierung.* Hg. v. E. Padelt u. H. Damm. Bln.-Ost 1972. - *Santen, G. W. van: Elektromechan. Wägen u. Dosieren.* Dt. Übers. Eindhoven u. Hamb. 1967. - *Haeberle, K. E.: 10 000 Jahre W.* Balingen 1967.
◆ in verschiedenen Sportarten (z. T. Turnen, Eis- und Rollkunstlauf) Figur oder Übungsteil, bei dem der Körper in die Waagerechte gebracht wird. - ↑ auch Standwaage.

waagerecht (waagrecht, horizontal), rechtwinklig zur Lotrichtung verlaufend, in einer (z. B. mit der Wasserwaage feststellbaren) Äquipotentialfläche des Schwerefeldes der Erde liegend.

Waal, Hauptmündungsarm des Rheins und wichtigster Schiffahrtsweg des Rhein-Maas-Deltas (in den Niederlanden).

Waalkes, Otto ↑ Otto.

Waals, Johannes Diderik van der, * Leiden 23. Nov. 1837, † Amsterdam 8. März 1923, niederl. Physiker. - Prof. in Amsterdam; grundlegende Arbeiten über den gasförmigen und den flüssigen Aggregatzustand der Materie. 1873 stellte v. d. W. die nach ihm ben. Zustandsgleichung der realen Gase auf. 1889 formulierte er die Theorie der binären Gemische, später auch thermodynam. Theorien der Oberflächenspannung (1894) und der Kapillarität. Nobelpreis für Physik 1910.

Waalwijk [niederl. 'waːlwɛjk], niederl. Stadt an der Bergsche Maas, 28 600 E. Lederforschungsinst., Schuh- und Lederwarenmuseum; ein Zentrum der niederl. Lederind. - Ref. spätgot. Kirche (1450–1520); neubyzantin. Kirche (1926).

Waart, Edo de, * Amsterdam 1. Juni 1941, niederl. Oboist und Dirigent. - Seit 1967 Dirigent des Philharmon. Orchesters in Rotterdam (1973 Chefdirigent), seit 1976 Chefdirigent des San Francisco Symphony Orchestra.

Waasland, Landschaft im N der belg. Prov. Ostflandern, seit dem 14. Jh. kultiviertes Landw.gebiet.

Wabash River [engl. 'wɔːbæʃ 'rɪvə], rechter Nebenfluß des Ohio, entspringt 150 km nw. von Columbus, bildet im Unterlauf die Grenze zw. Indiana und Illinois, 764 km lang; schiffbar.

Wabe, vielzelliger, aus körpereigenem Wachs gefertigter Bau von Bienen und Wespen; dient zur Aufzucht der Larven und zur Speicherung von Honig und Pollen.

Wabenhonig ↑ Honig.

Wabenkröten (Pipa), Gatt. der Zungenlosen Frösche mit 5 etwa 5–20 cm großen Arten im trop. Amerika; Körper extrem abgeflacht, mit dreieckigem Kopf; reine Wasserbewohner. Die Eier entwickeln sich zu Larven oder Jungtieren in wabenartigen Vertiefungen der Rückenhaut des ♀, die der Paarung kissenartig anschwillt. Die bekannteste Art ist die bis 20 cm lange *Wabenkröte* (Pipa pipa) in Guayana und N-Brasilien.

Waberlohe [altnord. vafrlogi „flackernde Flamme"], in der „Edda" der Feuerwall, mit dem Odin die Burg der ungehorsamen und in einen Zauberschlaf versetzten Walküre Brunhilde umgeben hatte. Sigurd durchbricht die W. und weckt die Walküre.

Wäbi Schäbäle [amhar. wɛbi ʃɛbɛlɛ] (Webbe Shibeli), Fluß in O-Äthiopien und S-Somalia, entspringt im Abessin. Hochland, versiegt kurz vor Erreichen des Juba, etwa 1 900 km lang.

WAC [engl. wæk], Abk. für ↑ Women's Army Corps.

Wace [frz. vas] (fälschl. Robert W.), * auf Jersey um 1100, † Caen (?) um 1174, anglonormann. Dichter. - Kanonikus in Bayeux; erster namentl. bekannter Dichter der frz. Literatur; schrieb u. a. Heiligenleben und 2 Reimchroniken, von denen „Le roman de Brut" (beendet 1155) in über 15 000 Versen die Geschichte Britanniens erzählt. Erstmals in der frz. Literatur wird darin von König Artus' Tafelrunde berichtet.

Wach, Joachim, * Chemnitz (= Karl-Marx-Stadt) 25. Jan. 1898, † Orselina bei Locarno 27. Aug. 1955, dt. Religionswissenschaftler. - Prof. für Religionsgeschichte in Leipzig; emigrierte 1935 in die USA, dort Prof. in Providence (Rh. I.) und Chicago (Ill.). W. war einer der bedeutendsten dt. Religionswissenschaftler, der auf den Gebieten der Religionssoziologie und der wissenschaftstheoret. Grundlegung einer „Religionswiss. des Verstehens" führend hervortrat. - *Werke:* Religionswiss. Prolegomena zu ihrer wissenschaftstheoret. Grundlegung (1924), Das Verstehen (1929–33), Religionssoziologie (1944), Vergleichende Religionsforschung (1958).

Wachau, Engtalstrecke der Donau zw. Melk und Krems an der Donau, etwa 30 km lang; bed. Obst- und Weinbau.

Wache, 1. beim *Militär* die einem Wachvorgesetzten unterstellten Soldaten, die den Wachdienst versehen - d. h. die Truppe, die sonstigen militär. Dienststellen, Einrichtungen und Anlagen schützen und sichern sollen - und durch die ↑ Vergatterung aus dem allg. Unterstellungsverhältnis herausgelöst sind. - Das *Wachbataillon* beim Bundesministerium der Verteidigung wurde 1957 zu Repräsentationszwecken (z. B. Staatsbesuche) aufgestellt. Es umfaßt u. a. Heeres-, Luftwaffen- und Marinekompanien und das Stabsmusikkorps.
2. In der *Seeschiffahrt* die Einteilung der Mannschaft für den Borddienst, insbes. die Tätigkeit des „W.gehens"; auch Bez. für die Dauer des Wachdienstes.

Wachenheim an der Weinstraße, Stadt am Haardtrand, Rhld.-Pf., 158 m ü. d. M., 4 400 E. Weinbau und -handel, Sektkellerei; beim Forsthaus Rotsteig Hochwildschutzpark. - Im 8. Jh. erstmals erwähnt, seit 1341 Stadt. - Ehem. Adelshöfe aus dem 16. und 17. Jh., frühgot. Pfarrkirche, Reste der Stadtbefestigung.

Wacholder (Juniperus), Gatt. der Zypressengewächse mit rd. 60 Arten auf der N-Halbkugel; immergrüne, meist zweihäusige Sträucher oder Bäume; Blätter entweder immer nadelartig (dann meist zu dreien quirlig angeordnet und oberseits oft weißstreifig) oder nur bei den Jungpflanzen (dann bei den älteren Pflanzen schuppenförmig und gegenständig); Zapfen zur Samenreife beerenartig, aus mehreren verwachsenen Schuppen gebildet; meist giftige Pflanzen. Einheim. Arten: **Heidewacholder** (Gemeiner W., Machandel, Kranewitt, Juniperus communis), säulenförmiger Strauch oder bis 12 m hoher Baum mit abstehenden, stechenden Nadeln und schwarzblauen, bereiften, dreisamigen Beerenzapfen *(Wacholderbeeren);* auf Sand- und Heideböden der nördl. gemäßigten und kalten Zonen. Die W.beeren werden zur Herstellung von Säften und Schnäpsen sowie als Gewürz verwendet. **Sadebaum** (Sade-W., Juniperus sabina), niedriger Strauch, Blätter an dünnen Zweigen, beim Zerreiben unangenehm riechend; Früchte kugelig bis eirund, blauschwarz, bereift; niederliegende Formen werden als Ziersträucher angepflanzt. Zahlr. aus N-Amerika und O-Asien stammende Arten und deren Zuchtformen werden als Ziergehölze kultiviert, u. a. die bis 30 m hohe **Rote Zeder** (Juniperus virginiana, mit grau- bis rotbrauner Rinde).

Wacholderdrossel (Krammetsvogel, Ziemer, Turdus pilaris), in M-Europa und im nördl. Eurasien heim. Drosselart; bis 25 cm langer Singvogel mit hellgrauem Kopf und Bürzel, kastanienbraunem Rücken und rostfarbener, schwarzgefleckter Kehle und Brust; Teilzieher.

Wachsausschmelzungsverfahren, Gießverfahren mit verlorener Form. Der Formkern (das Modell) wird aus Ton hergestellt, gebrannt, mit einer Schicht Wachs umgeben und mit Einguß- und Luftkanälen versehen. Darüber wird der Tonmantel aufgetragen. Das Wachs wird ausgeschmolzen (dabei auch der Tonmantel gehärtet) und das geschmolzene Metall (Bronze, Gold) eingefüllt.

Wachsbildnerei ↑ Zeroplastik.

Wachsblume, (Cerinthe) Gatt. der Rauhblattgewächse mit rd. 10 Arten im Mittelmeergebiet und in M-Europa (2 Arten in Deutschland); einjährige oder ausdauernde Kräuter mit bläul. bereiften Stengeln und Blättern; Blüten gelb.

◆ (Porzellanblume, Hoya [falscher dt. Name Asklepias, falsche lat. Gatt.bezeichnung Asclepias]) Gatt. der Schwalbenwurzgewächse mit rd. 100 Arten im trop. Asien, in Australien und Ozeanien; meist windende Sträucher mit fleischigen Blättern und in Trugdolden stehenden Blüten. Die Art *Hoya carnosa* mit weißen oder blaß fleischfarbenen, in der Mitte rotgefleckten, wohlriechenden Blüten ist eine beliebte Zimmerpflanze.

Wachsbohne, Zuchtsorte der Gartenbohne mit gelben (wachsfarbenen) Hülsen.

Wachsch [russ. vaxʃ], rechter Nebenfluß des Pjandsch, der nach seiner Vereinigung mit dem W. den Namen Amudarja trägt, in der Kirgis. und Tadschik. SSR; entspringt als **Kysylsu** im Transalaigebirge, trägt nach Eintritt in die Tadschik. SSR zunächst den Namen Surchob und wird dann W. genannt, 524 km lang; im Unterlauf schiffbar. Bei Duschanbe Umleitung durch einen 7,5 km langen Tunnel zur Bewässerung des Jawansutales; Energiegewinnung am Nureker Stausee.

Wachse, natürl. oder synthet., chem. uneinheitl. Substanzgemische mit stark temperaturabhängiger Konsistenz (bei 20°C knetbar, fest oder brüchig hart, über 40°C ohne Zersetzung schmelzend und nicht fadenziehend); W. sind undurchsichtig, grob- bis feinkristallin und unter leichtem Druck polierbar. *Ester-W.* bestehen aus Estern langkettiger, ein- oder zweiwertiger Alkohole mit langkettigen Fettsäuren (sog. *Wachsalkohole* und *Wachssäuren); Paraffin-W.* aus höheren Kohlenwasserstoffen. *Natürl. W.* werden in solche pflanzl. (z. B. das Karnaubawachs), tier. (z. B. Bienenwachs und Schellack) und mineral. Herkunft unterschieden (z. B. Erdwachs und die im Erdöl enthaltenen Paraffine. Zu den *synthet. W.* zählt das paraffinartige Polyäthylen-W. und die nach der Fischer-Tropsch-Synthese gewonnenen Paraffine. W. werden als Dichtungs- und Isoliermittel, zur Kerzen-, Zündholz- und Bohnerwachsherstellung und als Ausgangsmaterial für Salbengrundlagen verwendet.

Wachsenburg, Burg in Thüringen, ↑ Gleichen.

Wachsfarben, fettlösl. Farbstoffe zum Einfärben von Wachsprodukten.

◆ Malstifte, bei denen die Pigmentstoffe durch Wachs gebunden sind (↑ Enkaustik).

Wachsfigurenkabinett, Sammlung von meist lebensgroßen Nachbildungen berühmter, auch berüchtigter Persönlichkeiten in Wachs; am bekanntesten ist das W. der Madame ↑ Tussaud in London.

Wachshaut (Cera, Ceroma), nackte, oft auffällig gefärbte, verdickte, weiche, sehr tastempfindl. Hautpartie an der Oberschnabelbasis bestimmter Vögel (v. a. Papageien, Greifvögel, Tauben), die i. d. R. die Nasenöffnungen umschließt.

Wachsmalerei, svw. ↑ Enkaustik.

Wachsmotten (Wachszünsler, Galleriinae), weltweit verbreitete Unterfam. mottenähnl. Kleinschmetterlinge (Fam. Zünsler) mit 6 einheim. Arten; Raupen oft schädl. in Bienenstöcken oder an Trockenfrüchten. Eine bekannte Art ist die graubraune, etwa 3 cm spannende *Große Wachsmotte* (Galleria melonella).

Wachspalme, (Copernicia) Gatt. der Palmen mit über 40 Arten im trop. S-Amerika

Wachspapier

Die wirtsch. wichtigste Art ist die Karnaubapalme (↑ Karnaubawachs).

◆ (Ceroxylon) Gatt. der Palmen mit rd. 20 Arten im westl. S-Amerika. Die wichtigste Art ist *Ceroxylon andicola*, ein bis 30 m hoher Baum, dessen Stamm von einer dicken Wachsschicht bedeckt ist. Das Wachs findet ähnl. Verwendung wie das ↑ Karnaubawachs.

Wachspapier (Wachsschichtpapier), ein mit gereinigtem Paraffin imprägniertes, wasserfestes Papier für Verpackungszwecke.

Wachsschildlaus (Ericerus pela), bis etwa 5 mm große, in O-Asien gezüchtete Schildlausart; ♀♀ mit dunkelbraunrotem, kugeligem Schild. Die ♂ Larven scheiden Pelawachs aus, das v. a. in ostasiat. Ländern gesammelt und z. B. für Kerzen verwendet wird.

Wachsschildläuse, svw. ↑ Napfschildläuse.

Wachstuch, mit einer glänzenden, elast. Schicht aus Leinölfirnis überzogenes, meist buntbedrucktes Baumwoll- oder Mischgarngewebe; v. a. für Tischdecken.

Wachstum (somat. W.), irreversible Volumenzunahme einer Zelle oder eines Organismus bis zu einer genet. festgelegten Endgröße. Das W. beruht auf dem Aufbau körpereigener Substanz und ist daher eine Grundeigenschaft des Lebens; es wird (zumindest bei mehrzelligen Organismen) hormonell gesteuert. Bei den Wirbeltieren (einschließl. Mensch) z. B. wirken das W.hormon Somatotropin und das Schilddrüsenhormon Thyroxin wachstumssteigernd, während die Geschlechtshormone das W. beenden. Bei den höheren Pflanzen wird das W. durch verschiedene Phytohormone (Indolylessigsäure, Gibberelline, Zytokinine) geregelt. Das W. ist in seiner Intensität auch abhängig von äußeren Faktoren (v. a. Ernährung, Temperatur, bei Pflanzen auch Licht). Bei einzelligen Lebewesen ist das W. nach Erreichen einer bestimmten Kern-Plasma-Relation abgeschlossen. Bei mehrzelligen Tieren und beim Menschen beruht das W. (das sich hier v. a. als Zunahme der Körperlänge bzw. -höhe [Längenwachstum] äußert) auf Zellvermehrung und damit verbundener Plasmaneubildung. Die W.intensität ist daher während der Embryonalentwicklung (d. h. während der Zeit der größten Zellteilungsaktivität) am stärksten und nimmt nach dem Schlüpfen bzw. nach der Geburt ab (mit Ausnahme des ersten extrauterinen Lebensjahrs beim Säugling). Die W.geschwindigkeit der einzelnen Organe und Körperteile ist unterschiedl., woraus die unterschiedl. Körperproportionen von juvenilen und adulten, männl. und weibl. Vertretern einer Art resultieren. Kurz nach der Geschlechtsreife ist das W. gewöhnl. weitgehend abgeschlossen. Bei Pflanzen dagegen hält das W. die gesamte Lebensdauer über an, bewirkt durch ständig teilungsfähige, undifferenzierte (embryonale) Zellen. Das W. der Pflanzen beruht im Ggs. zu dem der Tiere weniger auf der Zunahme der Zellenzahl als vielmehr auf einer starken Streckung der Zellen. Das Dickenwachstum der höheren Pflanzen wird entweder durch Zellvermehrung im Bereich des Sproßscheitels oder durch ein spezielles Bildungsgewebe in der Sproßachse bewirkt.
📖 *Jentzsch, K.-D.:* Regulation des Wachstums u. der Zellvermehrung. Stg. 1983. - *Black, M./ Edelman, J.:* Plant growth. Cambridge (Mass.) 1970. - *Butterfass, T.:* Wachstums- u. Entwicklungsphysiologie der Pflanze. Hdbg. 1970. - *Tanner, J. M., u. a.:* W. Dt. Übers. Rbk. 1970.

◆ in der *Wirtschaft* die Zunahme des Sozialprodukts; dabei schließt der Begriff W. auch die Zunahme des Kapitalbestandes sowie den techn. Fortschritt und das Bevölkerungs-W. ein.

In den 1970er Jahren wurde das wirtsch. W. zum Gegenstand anhaltender kontroverser Diskussionen, die die bis dahin vorherrschende Vorstellung von der Selbstverständlichkeit ungebrochenen quantitativen W. erschütterten. Dabei sind zwei, das W. begrenzende bzw. seinen Sinn in Frage stellende Faktoren

Wachstum (schematisch)

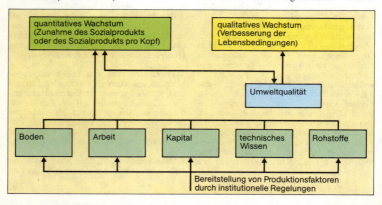

zu unterscheiden, die freil. in der Diskussion oft nicht voneinander zu trennen sind: 1. Rohstoffknappheit; ausgehend von einer Fortschreibung der W.raten läßt sich errechnen, wann die bekannten Reserven verschiedener †Rohstoffe, die für die industrielle Produktion unentbehrlich sind, erschöpft sein werden. Wenn solche Berechnungen auch oft von zweifelhaften Annahmen (z. B. gleichbleibender Technologie) ausgehen, zeigen sie doch die Notwendigkeit, frühzeitig nach Alternativen, sei es zu bestimmten Rohstoffen, sei es zu den bisher angewandten Produktionsverfahren, zu forschen. Dieser Aspekt wurde auch durch die Ölkrise 1974 rasch überaus aktuell. Auch bei noch hinlängl. Rohstoffvorräten kann eine Gefährdung des W. aus der Verteuerung der zu importierenden Rohstoffe und der damit einhergehenden Passivierung der Leistungsbilanz resultieren. 2. Umweltbelastung; das nur quantitativ als Zunahme des Sozialprodukts verstandene W. bringt auch eine zunehmende Belastung der Umwelt mit sich, die bis hin zur Zerstörung der Umwelt geht. Eine hier anknüpfende Kritik an der „W.ideologie" stellt v. a. darauf ab, daß dem W. als Selbstzweck Lebensqualität geopfert werden, bis hin zur generellen Gefährdung des Lebens z. B. durch Kernkraftwerke. Aus diesen Gründen wird verstärkt zw. *quantitativem W.* (gemessen am Sozialprodukt bzw. an der Zunahme des Sozialprodukts) und *qualitativem W.* (Verbesserung des Wohlstands bzw. der Lebensqualität) unterschieden.
Entgegenzuhalten ist der Kritik an auf W. gerichteter Politik v. a., daß ohne W. nicht einmal die Erhaltung der erreichten Lebensqualität, geschweige denn ihre Vermehrung, möglich sei, daß im übrigen W. keineswegs notwendig umweltbelastend wirken müsse, sondern in zunehmend umweltfreundlicherer Weise vonstatten gehen könne. Die durch Rohstoffknappheit gegebenen „Grenzen des Wachstums" schließl. seien durch das W. an technolog. und wiss. Kenntnissen, die rechtzeitige Anwendung von Alternativen ermöglichten, zumindest partiell zu überwinden.
📖 *Enke, H., u. a.: Struktur, Konjunktur u. Wirtschafts-W. Tüb. 1984. Memorandum '82: Qualitatives W. statt Gewinnförderung. Köln* [4] *1984. - Ströbele, W.: Wirtschafts-W. bei begrenzten Energieressourcen. Bln. 1984. - Giersch, H.: Konjunktur- u. W.politik in der offenen Wirtschaft. Wsb. 1983.*

Wachstumshormon, svw. †Somatotropin.

Wachstumsstörungen, krankhafte, meist hormonell bedingte Abweichungen des (somat.) Wachstums von der normalen Entwicklung - im Hinblick sowohl auf die Größenentwicklung des Körpers als auch einzelner Körperteile bzw. Organe; z. B. Riesenbzw. Zwergwuchs.

Wachstumstheorie, Teilgebiet der Volkswirtschaftstheorie, das unter langfristigem Aspekt von gesamtwirtsch. Ebene das wirtsch. Wachstum untersucht. Die W. unterscheidet dabei zw. globaler und Pro-Kopf-Veränderung des Sozialprodukts; das Verhältnis zw. Zuwachs und Ausgangswert wird als *Wachstumsrate* bezeichnet. In der modernen W. spielt das sog. gleichgewichtige Wachstum im Ggs. zum tatsächl. Wachstum eine bes. Rolle. Unter *gleichgewichtigem Wachstum* wird eine hypothet. Entwicklung des Sozialprodukts und seiner Bestimmungsgrößen verstanden, die sich unter Berücksichtigung gesamtwirtsch. Gleichgewichtsbedingungen ergibt, wozu insbes. die Gleichheit der geplanten von vornherein festgelegten (Ex-ante-) Größen von Ersparnis und Investition zählt.

Wachszünsler, svw. †Wachsmotten.

Wachtangow, Jewgeni Bagrationowitsch [russ. vax'tangœf], * Wladikawkas (= Ordschonikidse) 13. Febr. 1883, † Moskau 29. Mai 1922, russ.-sowjet. Schauspieler und Regisseur. - Gilt neben A. J. Tairow und W. E. Mejerchold als einer der wichtigsten Vertreter des russ. Revolutionstheaters.

Wächte [schweizer., eigtl. „Angewehtes"] (Schneewächte), im Gebirge am Rand von Plateauabstürzen, an den Kanten von Kämmen und Graten, auch an Gletscherspalten (*Spalten-W.*) durch den Wind abgelagerte, auf der Leeseite dachartig überhängende (*W.dach*) Schneemassen, die sich allmähl. durch ihre zunehmende Schwere unter Bildung einer *W.hohlkehle* senken und unter Lawinenbildung (z. B. bei Neuschneefall) abstürzen können.

Wachtelkönig (Crex crex), im gemäßigten Eurasien auf Wiesen und in Getreidefeldern lebende, bis 27 cm lange Ralle; Gefieder mit Ausnahme der rostbraunen Flügel gelbbraun, am Rücken schwarz gefleckt; dämmerungsaktiv.

Wachteln †Feldhühner.

Wachtelweizen (Melampyrum), Gatt. der Rachenblütler mit rd. 25 Arten in der nördl. gemäßigten Zone; einjährige Halbschmarotzer mit lanzettförmigen Blättern und gelben, purpurfarbenen oder weißl. Blüten. Einheim. Arten sind u. a. der †Ackerwachtelweizen und die sehr formenreichen, in Wäldern, an Waldrändern, in Gebüschen und Magerrasen vorkommenden Arten **Wiesenwachtelweizen** (Melampyrum pratense) mit gelbl.-weißen Blüten und **Waldwachtelweizen** (Melampyrum silvaticum) mit gelben, in einseitswendigen Trauben stehenden Blüten.

Wächtersbach, hess. Stadt an der Kinzig, 162 m ü. d. M., 10 400 E. Ausbildungsstätte des Dt. Entwicklungsdienstes; Herstellung von Apparaten, Gummiwaren, Kunststoffen, Kartonagen, Steingut u. a. - Entstand neben der wohl im 12. Jh. errichteten Burg; seit 1404 Stadt. - Pfarrkirche (14. Jh., 1702 umgebaut),

Wachtmeister

Schloß (15.–19. Jh.); Fachwerkrathaus (1495); Fachwerkhäuser (17./18. Jh.).

Wachtmeister 1. militär. Dienstgrad (↑ Feldwebel); 2. i. w. S. Bez. für die im Polizeivollzugsdienst tätigen Dienstkräfte; i. e. S. Amtsbez. für die unteren Laufbahnen der im mittleren (uniformierten) Polizeivollzugsdienst beschäftigten (z. B. Polizeiwachtmeister, Polizeioberwachtmeister). 3. Der **Justizwachtmeister** ist ein mit Vollzugs- und Sicherungsaufgaben betrauter Beamter in gerichtl. Verfahren, der zur Durchsetzung der Anordnungen des Vorsitzenden Richters zur Aufrechterhaltung der Ordnung in der Sitzung zu Zwangsmaßnahmen unmittelbar befugt ist.

Wachtraum (Tagtraum), lebhafte Phantasietätigkeit, bei der man sich unwirkl. (meist gewünschte) Erlebnisse in unverhüllter Form vorstellt.

Wachtturm Bibel- und Traktatgesellschaft, Deutscher Zweig e. V. ↑ Zeugen Jehovas.

Wach- und Schließgesellschaften, konzessionspflichtige private Dienstleistungsunternehmen zur Bewachung von Gebäuden, Parkplätzen, [Fabrik]anlagen u. ä.; auch als Werkschutz, Personenschutz sowie bei Geld- und Werttransporten tätig.

Wachzentrum ↑ Schlafzentrum.

Wackenroder, Wilhelm Heinrich, * Berlin 13. Juli 1773, † ebd. 13. Febr. 1798, dt. Schriftsteller. - Freund L. Tiecks; übte als Kunstschriftsteller auf die Entwicklung der gesamten romant. Bewegung und deren Kunstauffassung entscheidenden Einfluß aus. Die Begegnung mit altdt. Kunst und Kultur ließ W. deren religiösen Grundgehalt entdecken; Zeugnis dieser Erfahrung sind die „Herzensergießungen eines kunstliebenden Klosterbruders" (hg. 1797). - *Weitere Werke:* Die Unsichtbaren (R., 1794), Das Schloß Montford (R., 1796).

Wackernagel, Jacob (Jakob), * Basel 11. Dez. 1853, † ebd. 22. Mai 1938, schweizer. Sprachwissenschaftler und Philologe. - Sohn von Wilhelm W.; Prof. in Basel und Göttingen; neben bed. Werken zur Grammatik des Griech. und wichtigen Beiträgen zur Syntaxforschung ist sein grundlegendes Hauptwerk die „Altind. Grammatik" (1896 ff.).

W., Philipp, * Berlin 28. Juni 1800, † Dresden 20. Juni 1877, dt. Literar- und Kirchenliedhistoriker. - Bruder von Wilhelm W.; 1849–61 Direktor der Real- und Gewerbeschule Elberfeld; schuf mit seiner 5bändigen Sammlung „Das dt. Kirchenlied von der ältesten Zeit bis zu Anfang des 17. Jh." (1864–77) ein hymnolog. Standardwerk.

W., Wilhelm, * Berlin 23. April 1806, † Basel 21. Dez. 1869, dt. Philologe. - Ab 1833 Prof. in Basel; neben J. Grimm der bedeutendste Germanist seiner Zeit; veröffentlichte zahlr. Untersuchungen zur altdt. Literatur; bed. textkrit. Hg. der dt. und frz. Literatur des MA; schrieb auch am Minnesang orientierte Lyrik.

Wadai, ehem. sudan. Reich; östlichstes der mittelsudan. Reiche; war Bornu und Darfur tributpflichtig. Im 18. Jh. konnte W. sich unabhängig machen, eroberte einen Teil der zu Bornu gehörenden Prov. Kanem und errang im frühen 19. Jh. auch die Oberherrschaft über Bagirmi; verlor nach 1898 schnell an Bed.; wurde 1912 frz. Kolonialgebiet.

Wade (Sura), die durch den kräftigen dreiköpfigen Wadenmuskel stark muskulöse Rückseite des Unterschenkels des Menschen.

Wadenbein ↑ Bein.

Wadenkrampf, schmerzhafter ton. Krampfzustand der Wadenmuskulatur, u. a. bei Durchblutungsstörungen, Krampfadern, auch als Folge von Wasserverlusten (so bei anstrengendem Sport und nach Märschen).

Wadenstecher ↑ Stechfliegen.

Wädenswil, Stadt im schweizer. Kt. Zürich, am W-Ufer des Zürichsees, 408 m ü. d. M., 19 100 E. Eidgenöss. Forschungsanstalt für Obst-, Wein- und Gartenbau; Heimatmuseum; Textilind., Metallverarbeitung. - Spätbarocke Kirche (1764–67); klassizist. Neues Schloß (1812–18), Ruinen der Burg Alt-W. (15. Jh.).

Wader, Hannes, * bei Bielefeld 23. Juni 1942, dt. Folksänger und Liedermacher. - Dekorateur; begann Mitte der 1960er Jahre eigene Lieder zu schreiben und zur Gitarre vorzutragen; bringt neben zunehmend auch engagierte, polit.-sozialkrit. Songs (u. a. „Monika", „Viel zu schade für mich") außerdem Pflege des Volksliedguts.

Wadi [arab.] (frz. Oued [frz. wɛd]), meist tief eingeschnittenes Bett eines Wüstenflusses, das nur episod. nach plötzl. heftigen Regenfällen Wasser führt.

Wadi Amud ↑ Amud, Wadi.

Wad Madani, Prov.hauptstadt in der Republik Sudan, am Blauen Nil. 407 m ü. d. M., 141 000 E. Universität (gegr. 1975); Sitz der Vereinigung für Bewässerung und Ausgrabungen; Wirtschaftszentrum des Anbaugebietes Al Gasira; Bahnstation. - 1821 bis zur Gründung von Khartum wichtigster ägypt. Stützpunkt im Sudan.

Wadschrajana (Vadschrayana) [Sanskrit „Diamantfahrzeug"], tantr. Richtung des späten nördl. Buddhismus, die sich um die Mitte des 1. Jt. n. Chr. zu entwickeln begann und v. a. in Tibet und O-Asien (im Lamaismus) Verbreitung fand. Wie im Tantrismus wird die Erlösung durch mag. Praktiken oder auch durch rituelle sexuelle Vereinigung gesucht.

Waechter ['vɛç...], Eberhard, * Wien 9. Juli 1929, östr. Sänger (Bariton). - Wurde 1955 Mgl. der Wiener Staatsoper; gastiert an zahlr. bed. Bühnen sowie bei Festspielen.

W., F[riedrich] K[arl], * Danzig 3. Nov.

1937, dt. Zeichner und Schriftsteller. - Satir. Zeichnungen für „Pardon", „Zeitmagazin", „Titanic"; schrieb und illustrierte zahl. Kinderbücher, u. a. „Der Anti-Struwwelpeter" (1970), „Wir können noch viel zusammen machen" (1973), „Spiele" (1979), „Wahrscheinl. guckt wieder kein Schwein" (1978), auch Stücke: „Nach Aschenfeld" (1984).

Waerden, Bartel (Leendert) van der [niederl. 'wa:rdə], *Amsterdam 2. Febr. 1903, niederl. Mathematiker. - Prof. in Groningen, Leipzig, Amsterdam und Zürich; bed. Arbeiten zur Algebra, Statistik, Zahlentheorie, Gruppentheorie und Quantenmechanik.

waf, Abk. für: wasser- und aschefrei.

Wafd-Partei, nationalist. Partei in Ägypten, hervorgegangen aus der 1918 gebildeten Delegation (arab. wafd), die in London und Versailles die Unabhängigkeit fordern sollte; wurde ab 1924 zum bestimmenden innenpolit. Faktor, geriet aber zeitweilig in schroffen Ggs. zum König; vertrat schließl. die Interessen der westl. orientierten Oberschicht; 1953 verboten; im Aug. 1977 neu gegr. und im Febr. 1978 zugelassen, löste sich im Juni 1978 aus Protest gegen das ihre führenden Mgl. ausschaltende Gesetz vom Juni 1978 auf. Nach Neugründung 1983 durch die Wahlen von 1984 Oppositionspartei.

Wafer [engl. 'wɛɪfə; „Oblate"] ↑Chip.

Waffen, Sammelbez. für alle Mittel, die zum Angriff auf einen Gegner bzw. zur Selbstverteidigung oder auch zu weidmänn. oder sportl. Zwecken (Jagdwaffen, Sportwaffen) dienen; insbes. als *militär. W. (Kriegs-W.)* solche Mittel und Vorrichtungen, die eine Schädigung bzw. Vernichtung der Truppen des Gegners sowie seiner militär., industriellen [und zivilen] Einrichtungen und Anlagen bewirken. Man unterscheidet die. Hieb- und Stoßwaffen zur unmittelbaren phys. Einwirkung (*kalte* oder *blanke W.* wie z. B. Degen, Säbel, Bajonett, Dolch, Lanze u. a.), Feuerwaffen (*heiße W.)* und *Wurf-W.* (früher: Wurfäxte, -hölzer und -messer, Wurflanzen, -speere und -spieße sowie Wurfmaschinen; heute: Handgranaten, geballte und gestreckte Ladungen, Wurfminen, Flieger- und Wasserbomben). Nach der Wirkung unterscheidet man *A-W.* mit Sprengwirkung, biolog. W., chem. W. und *Kern-W.* (↑ABC-Waffen). Bei den *konventionellen W.* (alle W. außer den ABC-Waffen) unterscheidet man *Nahkampf-W.* zum Einsatz von Mann gegen Mann (z. B. blanke W., Handfeuer-W., Faustfeuer-W., Handgranaten, Flammenwerfer) und *Fernkampf-W.* (z. B. Geschütze, Raketen, Torpedos; ↑auch Fernlenkwaffen). Im militär. Bereich gliedert man die Feuer-W. in *Schützen-W.* (Handfeuer-W., Maschinengewehre, Panzernahbekämpfungs-W., leichte Granatwerfer u. a.), *Artillerie-W.* (Geschütze, Minenwerfer, schwere Granatwerfer) und *Raketen-W.* (↑Raketen). Nach dem Zerstörungspotential unterschei-

Friedrich Karl Waechter, Titelblatt der Sammlung satirischer Zeichnungen „Wahrscheinlich guckt wieder kein Schwein" (1978)

det man in der atomaren Kriegführung zw. ↑strategischen Waffen und ↑taktischen Waffen.

Geschichte: Schild, Helm, Panzer, Harnisch (↑auch Rüstung) und Küraß dienten größtenteils schon in vorgeschichtl. Zeit dem Körperschutz; sie zählen zu den Defensiv- oder Schutzwaffen. Offensiv-W., zu denen in vorgeschichtl. Zeit schon Beil, Axt, Dolch, Dolchstab, Schwert, Lanze gehören, umfassen mehrere Unterabteilungen, so die Hieb- und Stich-W. wie Schwert, Degen, Säbel und Dolch, zu denen im 17. Jh. noch das Spundbajonett, im 19. Jh. das Seitengewehr kamen. Eine bes. Kategorie bilden die sog. Mordäxte, wie Streitbeil, Streithammer, Streitkolben und Morgenstern, die in Europa im 17. Jh. verschwanden, im Orient und bei Naturvölkern jedoch ihre Bed. als Kampf- und Zeremonien-W. bis zu Beginn des 20. Jh. beibehielten. Die Stangen-W. in ihren vielerlei Variationen wie Spieß, Lanze, Hellebarde, Gleve, Partisane verloren durch die verbesserte Wirksamkeit der Feuerwaffen im 17. Jh. ihre Bed. und wurden abgelöst durch Sponton und das diesem ähnl. Kurzgewehr der Unteroffiziere, die jedoch mehr als Rangabzeichen denn als Waffe zu werten sind und Ende des 18. Jh. ganz aufgegeben wurden. Z. T. schon in vorgeschichtl. Zeit größte Bed. hatten die

Waffenbesitzkarte

Fern-W., wie Schleuder, Speer, Speerschleuder, Pfeil und Bogen, Armbrust, sowie die schweren Kriegsmaschinen der Antike und des MA. Diese Art der Fern-W. verlor (mit der Erfindung des Schießpulvers) in Europa gegen Mitte des 14. Jh. ihre Wirkung; sie wurden von den nun aufkommenden Feuerwaffen verdrängt, ledigl. Speer, Pfeil und Bogen und Armbrust fanden bei der Jagd noch Verwendung und erfreuen sich heute wieder als Sport-W. großer Beliebtheit. Die Hand- und Faustfeuer-W., bis zur Mitte des 19. Jh. von vorne geladen, unterschieden sich im wesentl. nur durch die verschiedenartige Funktionsweise der Zündung († auch Gewehr). Mit der Konstruktion der Hinterlade-, Repetierwaffen sowie der halb- und vollautomat. Schuß-W. († Maschinenwaffen) in den letzten hundert Jahren erreichten diese ihren höchsten Stand. Die gleiche Entwicklung vom Vorderlader zum Hinterlader vollzog sich auch bei den Geschützen. Die seit dem 1. Weltkrieg entwickelten hochtechnisierten konventionellen und insbes. die ABC-Waffen haben ein im Verlauf der W.geschichte bislang nicht gekanntes Vernichtungspotential geschaffen († auch Rüstung, † Abrüstung).
Zu den *rechtl.* Bestimmungen über die Herstellung und den Handel mit W. sowie für deren Besitz und Gebrauch † Waffenrecht.
ⵈ *Dathan, H.: W.lehre f. die Bundeswehr. Herford*[4]*1980. - Hermann, W./Wagner, E. L.: Alte W. Mchn. 1979. - Funcken, L./Funcken, F.: Rüstungen u. Kriegsgerät im MA. Mchn. 1979. - Gee, K. J.: Der W.-Schock. Der techn. Krieg in der Weltgesch. Hannover 1977. - Reid, W.: Buch der W. Von der Steinzeit bis zur Gegenwart. Dt. Übers. Düss. u. Wien 1976. - Norman, V.: W. u. Rüstungen. Dt. Übers. Stg. Neuausg. 1974.*

Waffenbesitzkarte † Waffenrecht.
Waffenfliegen (Stratiomyidae), weltweit verbreitete Fam. der Fliegen mit rd. 1500 etwa 0,5–1,5 cm großen Arten; meist metall. glänzend oder schwarz-gelb gezeichnet; Hinterleib breit und flach; Blütenbesucher; Larven im Boden an faulenden Substanzen oder im Wasser (hängen zum Atmen mit röhrenförmig ausgezogenem Hinterende an der Wasseroberfläche). - Zu den W. gehören u. a. † Chamäleonfliege und † Dornfliegen.
Waffengattungen, in der Bundeswehr frühere Bez. für die heutigen Truppengattungen; im nichtamtl. Gebrauch oft auch als Bez. für die Teilstreitkräfte (Heer, Luftwaffe, Marine) gebräuchlich.
Waffenrecht, die Gesamtheit der gesetzl. Regelungen über die Herstellung und den Umgang mit Waffen, geregelt insbes. im Bundeswaffengesetz i. d. F. vom 8. 3. 1976. Das WaffenG unterscheidet Schußwaffen, Handfeuerwaffen, Hieb- und Stoßwaffen sowie Munition und Geschosse. Es enthält nähere Bestimmungen über die Erlaubnis zur Herstellung, Bearbeitung und Instandsetzung von Waffen sowie den Handel damit. Es schreibt die Führung von Waffenherstellungs-, Waffenhandels- und Munitionshandelsbüchern vor, verpflichtet die Schußwaffenhersteller zur deutl. Kennzeichnung der Schußwaffen, schreibt die Beschußpflicht und Beschußprüfung (amtl. Überprüfung von Handfeuerwaffen u. ä.) vor und trifft nähere Regelungen für die Einfuhr, den Erwerb und das Überlassen von Waffen und Munition. Wer Schußwaffen erwerben und die tatsächl. Gewalt über sie ausüben will - d. h. sie innerhalb seiner Wohnung, Geschäftsräume oder seines befriedeten Besitztums gebrauchen will -, bedarf der **Waffenbesitzkarte.** Wer Schußwaffen außerhalb seines befriedeten Besitztums bei sich führen will, bedarf eines **Waffenscheins.** Verstöße gegen das Waffengesetz können nach den umfangreichen Straf- und Bußgeldvorschriften mit Freiheitsstrafe bis zu 10 Jahren bzw. mit Geldstrafe oder mit Geldbuße bis zu 10 000 DM geahndet werden. Daneben können Waffen eingezogen werden. Kriegswaffen dürfen nach Art. 26 Abs. 2 GG nur mit Zustimmung der Bundesregierung hergestellt, befördert und in den Verkehr gebracht werden. Nähere Einzelheiten sind im KriegswaffenkontrollG vom 20. 4. 1961 geregelt. Rechtsgeschäfte, die sich auf Kriegswaffen, insbes. auf deren Erwerb beziehen, sowie die Vermittlung von Geschäften über Kriegswaffen, die sich im Ausland befinden, unterliegen einer Genehmigungspflicht.
Waffenruhe, im Völkerrecht Vereinbarung über eine vorübergehende Einstellung bewaffneter Feindseligkeiten zw. Kriegsparteien (meist durch höhere militär. Befehlshaber für ihren jeweiligen Befehlsbereich abgeschlossen); sie soll z. B. die Bergung Verwundeter, die Evakuierung der Zivilbevölkerung, den Durchlaß von Parlamentären und neutralen Diplomaten oder die Respektierung religiöser Feiertage ermöglichen.
Waffenschein † Waffenrecht.
Waffenschmied, früher Hersteller von oft kunstvoll gearbeiteten Schwertern, Degen, Schilden, Helmen, Harnischen, Panzerhemden, Feuerwaffen usw.
Waffensegen, im MA die nur vom Papst bzw. Bischof vorgenommene Segnung des Schwertes (Schwertweihe) anläßl. der *Schwertleite* († Rittertum). - Obwohl eine liturg. Segnung der [Vernichtungs]waffen in keiner Agende und keinem Rituale einer christl. Konfession zu finden ist, wurden doch in nahezu allen Kriegen von allen Konfessionen solche Segnungen vorgenommen.
Waffen-SS, seit 1939/40 gebräuchl. Bez. für die aus dem Haushalt des Dt. Reiches finanzierten bewaffneten Formationen der Schutzstaffel (Abk. SS); umfaßte die im Krieg eingesetzten militär. Verbände und die Wachmannschaften der Konzentrationslager.

Grundstock für die W.-SS waren die Polit. Bereitschaften der SS (später SS-Verfügungstruppe) und die Totenkopfverbände, die, zunächst als Polizeitruppen konzipiert, 1938 zur „stehenden bewaffneten Truppe der SS" erklärt wurden. Nach dem Polenfeldzug 1939 wurden die SS-Verfügungsdivision und die SS-Totenkopfdivision gebildet, die die Grundlage für den Ausbau der W.-SS abgaben, die von 100 000 (1940) auf rd. 900 000 Mann (1944) anwuchs. Entgegen dem aufrechterhaltenen Elitenanspruch bestand sie höchstens zur Hälfte aus Freiwilligen. Die Konkurrenzsituation zur Wehrmacht bei der Rekrutierung und die Kriegslage führten dazu, daß zunehmend Volksdeutsche (rd. 300 000, z. T. zwangsverpflichtet) und ausländ. Freiwillige (wenigstens 200 000) in die W.-SS aufgenommen wurden. Ihre aktiven Verbände kämpften im Rahmen des Heeres, wurden z. T. aber auch zu verbrecher. Sonderaktionen eingesetzt. Die KZ-Wachmannschaften gehörten nicht nur formal zur W.-SS; während des ganzen Krieges fand zw. ihnen und den Feldeinheiten Personalaustausch statt.

Waffenstillstand, über die Waffenruhe hinausgehende Vereinbarung der Kriegsparteien, bewaffnete Feindseligkeiten zeitweilig oder dauernd, allg. oder für einen Teil des Kriegsgebietes zu beenden; i. d. R. zeitl. begrenzt zu Verhandlungen über einen Friedensvertrag. Gemäß den Genfer Konventionen sind die Kriegsparteien verpflichtet, im W.vertrag oder in einem dem. Vertrag nach Einstellung der Feindseligkeiten die Rückkehr der Zivilinternierten und der Kriegsgefangenen vorzusehen.

Waffentanz (Kriegstanz), v. a. unter Naturvölkern (Maori, Indianer) verbreiteter, von bewaffneten Männern ausgeführter Tanz vor oder nach einem Kampf; soll eine Zauberwirkung auf die Tänzer oder auf ihre Feinde ausüben. Bei den Germanen war der *Schwerttanz* verbreitet, der im MA zum Schautanz wurde.

Waffentechnik, Bereich der Technik, der sich mit der Entwicklung und Bereitstellung von Waffen, Waffenleitanlagen, Waffensystemen und Waffenträgern befaßt. Neben der Entwicklung von Waffen i. e. S. hat in der modernen W. die Entwicklung von Anlagen und Systemen, die der militär. Aufklärung dienen, zunehmend Bed. erlangt. Hierher gehören z. B. weitreichende Radaranlagen für die Fernaufklärung, Radar-, Funküberwachungsgeräte und opt. Geräte zum Einbau in Aufklärungsflugzeuge und -schiffe, Navigations- und Ortungsanlagen, Anlagen zur Übertragung der Aufklärungsdaten, Einrichtungen zur Freund-Feind-Unterscheidung usw. Entsprechendes gilt für den Bereich der *[Waffen]leitanlagen:* radartechn., opt., akust. und auf Infrarotbasis arbeitende Zielerfassungs- und -verfolgungsgeräte, Rechengeräte zur automat. Bestimmung des Standorts des Ziels, Anlagen zur Weitergabe der ermittelten Werte an den Schußwertrechner, Übertragungsanlagen zur Weiterleitung der Schußwerte an die betreffenden Waffen, Bildschirmgeräte zur Zieldarstellung.

Waffenträger, Sammelbez. für alle mit Waffen ausgerüsteten und für deren Einsatz speziell konzipierten Land-, Wasser-, Luftfahrzeuge und Raketen.

Wafio [neugriech. va'fjɔ] (Vaphio), südl. der griech. Stadt Sparta (Lakonien) gelegener Fundort des Kuppelgrabes eines myken. Fürsten; 1888 ausgegraben. Wichtigste Beigabe: ein Paar goldener Becher (1. Hälfte des 15. Jh. v. Chr.; Athen, Archäolog. Nationalmuseum) mit getriebenen Reliefs, die bedeutendsten erhaltenen minoischen Treibarbeiten.

Waganowa, Agrippina Jakowlewna [russ. va'ganɛvə], * Petersburg 24. Juni 1879, † Leningrad 5. Nov. 1951, russ.-sowjet. Tänzerin und Ballettpädagogin. - Entwickelte als Lehrerin an der Leningrader Choreograph. Schule das sog. W.-Unterrichtssystem, das zur Grundlage der Ballettausbildung in der Sowjetunion wurde.

Wagemann, Ernst, * Chanarcillo (= Juan Godoy, Chile) 18. Febr. 1884, † Bonn 20. März 1956, dt. Nationalökonom. - Prof. in Berlin, 1923–33 Präs. des Statist. Reichsamts, Gründer (1925) und Leiter (1925–45) des Inst. für Konjunkturforschung (heute: Dt. Inst. für Wirtschaftsforschung) in Berlin; 1949–53 Prof. in Santiago de Chile. - *Werke:* Allg. Geldlehre (1923), Konjunkturlehre (1928).

Wagen, ein- oder auch mehrachsiges Räderfahrzeug zum Transport von Gütern, Personen u. a.; im urspr. Sinne ein bespanntes, d. h. von Zugtieren (v. a. Pferden) gezogenes Fuhrwerk mit drehbarer Vorderachse und damit verbundener Deichsel (z. B. Droschke, Kutsche, Leiter- u. a. Acker-W.), heute svw. Kraftwagen oder Eisenbahnwagen.
Die Entwicklung des W. (vermutl. aus der Schleife) begann mit der Erfindung des Rads im späten Neolithikum. Eine Darstellung aus Ur zeigt um 2600 v. Chr. einen W. bei einer Prozession.

◆ ↑Schreibmaschine.
◆ (Großer W., Kleiner W.) ↑Sternbilder (Übersicht).

Wagenbach, Verlag Klaus ↑Verlage (Übersicht).

Wagenbühne ↑Theater.

Wagenburg, ringförmige Aufstellung von Wagen zur Verteidigung gegen Feinde (z. B. nordamerikan. Kolonialzeit).

Wagener, Hermann, * Segeletz (bei Kyritz) 8. März 1815, † Friedenau (= Berlin) 22. April 1889, preuß. Politiker. - Mitbegr. u. 1848–72 Mitarbeiter der „Kreuzzeitung"; Mgl. des preuß. Abg.hauses (1853–58, 1861–70) und MdR (1867–73); beeinflußte im Geiste eines konservativen Sozialismus als Vertrauter Bismarcks dessen sozialpolit. und Wahlrechtsvorstellungen.

Wagenfeld, Wilhelm, * Bremen 15. April 1900, dt. Industriedesigner. - 1931–35 und 1947–49 Prof. an der Kunsthochschule Berlin; hat seit 1954 eine eigene Werkstatt in Stuttgart. Bestimmend für sein Design v. a. von Gebrauchsgegenständen sind Funktionalität, Materialeigenschaften und Fabrikationsmöglichkeiten. Designs v. a. für Glas und Porzellan.

Wagenführ, Rolf, * Langewiesen 5. Nov. 1905, † Heidelberg 15. April 1975, dt. Statistiker. - Prof. in Heidelberg, 1958–66 Generaldirektor des Statist. Amtes der EG; grundlegende Arbeiten über internat. statist. Vergleiche („Der internat. wirtsch.- und sozialstatist. Vergleich", 1959); entwickelte ein am wirtsch. Kreislauf orientiertes System der Wirtschafts- und Sozialstatistik.

Wagengrab, vorgeschichtl. Grabtyp, gekennzeichnet durch Mitbestattung eines (kompletten oder partiellen) Wagens, der oft zerlegt wurde; z. T. sind Zugtiere mit Anschirrungen beigegeben; seit dem jüngeren Neolithikum Eurasiens bekannt, in der Urnenfelder- und Hallstattzeit sowie in der frühen La-Tène-Zeit übl. und auf die Oberschicht beschränkt.

Wageningen [niederl. 'wa:xənɪŋə], niederl. Stadt 17 km westl. von Arnheim, 32 400 E. Landw. Hochschule; internat. Forschungsinst. für Landgewinnung und Kultivierung, bodenkundl. Forschungsinst., Internat. Museum für Bodenkunde; graph. Gewerbe, Baustoff- und Bekleidungsindustrie.

Wagenrennen, v. a. bei den Festspielen der Antike im Hippodrom bzw. in der Arena des röm. Zirkus ausgetragene Rennen auf leichten zweirädrigen Karren mit Zwei- und Viergespannen; Länge der Rennstrecken: in Rom etwa 8,5 km.

Wagenseil, Georg Christoph, * Wien 29. Jan. 1715, † ebd. 1. März 1777, östr. Komponist und Pianist. - War in Wien Musiklehrer der kaiserl. Familie, ab 1739 kaiserl. Hofkomponist, 1741–50 Organist an der Kapelle der Kaiserinwitwe Elisabeth Christine. Bed. Vertreter der Wiener Schule; komponierte u. a. 16 Opern, 3 Oratorien, 36 Sinfonien, 27 Klavierkonzerte, Klaviersonaten und Kantaten.

Waggerl, Karl Heinrich, * Badgastein 10. Dez. 1897, † Wagrain (bei Sankt Johann im Pongau) 4. Dez. 1973, östr. Schriftsteller. - Einer der beliebtesten deutschsprachigen Volksschriftsteller des 20. Jh.; schildert in Romanen, Erzählungen und Lyrik das einfache, beständige, der Natur zugewandte „freie" Leben der ländl. Bev. seiner Heimat, v. a. in „Brot" (R., 1930), „Das Jahr des Herrn" (R., 1933), „Wagrainer Tagebuch" (1936), „Fröhl. Armut" (En., 1948), „Heiteres Herbarium" (Ged., 1950), „Ein Mensch wie ich" (Autobiogr., 1963), „Kraut und Unkraut" (En., 1968), „Wagrainer Bilderbuch" (Skizzen, 1973).

Waggon [va'gõ:; engl.], svw. Eisenbahnwagen.

Waginger See, See im oberbayer. Alpenvorland, nö. von Traunstein, 442 m ü. d. M., 9 km lang, bis 28 m tief.

Wagner, Adolph Heinrich Gotthilf, * Erlangen 25. März 1835, † Berlin 8. Nov. 1917, dt. Nationalökonom. - Prof. u. a. in Wien und Berlin; Mgl. des preuß. Abg.hauses (Christl.-Soziale Partei, 1882–85) und des preuß. Herrenhauses (ab 1910). Als sog. Kathedersozialist Mitbegr. des Vereins für Sozialpolitik. - *Werke:* Die Gesetzmäßigkeit in den scheinbar willkürl. menschl. Handlungen vom Standpunkt der Statistik (1864), Die Abschaffung des privaten Grundeigentums (1870), Grundlegung der polit. Ökonomie (1876), Finanzwiss. (1877–1901), Finanzwiss. und Sozialismus (1887), Allg. und theoret. Volkswirtschaftslehre oder Sozialökonomik (1896).

W., Carl-Ludwig, * Düsseldorf 9. Jan. 1930, dt. Politiker (CDU). - Jurist; 1969–76 MdB; 1976–79 Oberbürgermeister von Trier; 1979–81 Justizmin. in Rhld.-Pf., 1981–88 dort Finanzmin.; seit 1983 MdL; seit 8. Dez. 1988 Min.präs. von Rheinland-Pfalz.

W., Christophorus, in den Bearbeitungen des Fauststoffes der Famulus des Johannes ↑Faust.

W., Cosima, * Como 24. Dez. 1837, † Bayreuth 1. April 1930, Frau von Richard Wagner. - Tochter Franz Liszts und der Marie Gräfin d'Agoult; ab 1857 mit H. von Bülow, ab 1870 mit Richard W. verheiratet. Aus der 2. Ehe stammen Isolde, Eva (später ∞ mit H. S. Chamberlain) und Siegfried W.; hatte 1883 bis 1906 die künstler. und organisator. Leitung der Bayreuther Festspiele inne.

W., Eduard, * Kirchenlamitz 1. April 1894, † Zossen 23. Juli 1944 (Selbstmord), dt. General. - 1940 Generalquartiermeister des Heeres; wurde mit seinem Stab zeitweise zur Zentrale des militär. Widerstandes; nahm sich nach dem mißglückten Attentat auf Hitler (20. Juli 1944) das Leben.

W., Heinrich Leopold, * Straßburg 19. Febr. 1747, † Frankfurt am Main 4. März 1779, dt. Dramatiker. - Neben F. M. von Klinger und J. M. R. Lenz typ. Vertreter des Sturm- und-Drang-Dramas; bes. bekannt wurde die das Gretchenmotiv von Goethes „Faust" drast. gestaltende Tragödie „Die Kindermörderin" (1776), ein gegen den Adel gerichtetes Tendenzstück aus der Welt der Kleinbürger.

W., Martin, * Königsberg (Pr) 5. Nov. 1885, † Cambridge (Mass.) 28. Mai 1957, dt. Architekt. - 1926–33 als Stadtbaurat in Berlin tätig, in enger Zusammenarbeit u. a. mit L. Mies van der Rohe, W. Gropius und H. Scharoun; ab 1938 Prof. für Städtebau an der Harvard University in Cambridge (Mass.).

W., Otto, * Penzing (= Wien-Penzing) 13. Juli 1841, † Wien 11. April 1918, östr. Architekt. - Während die Frühwerke (v. a. Miethäuser in Wien) durch einen zurückhaltenden Historismus gekennzeichnet sind, reduzierte W. ab 1890 mehr und mehr Dekorations- und Detailformen und gelangte zu einem aus Funktion, Konstruktion und Material bestimmten „Nutzstil", der ihn zum führenden Architekten Österreichs machte. Nach seinen Bauten für die Wiener Stadtbahn (1894–97) wurde Höhepunkt dieser Entwicklung das Postsparkassenamt in Wien (1904–06). Durch seine Bed. als Lehrer (1894–1912 Prof. an der Kunstakad. in Wien) und seine publizist. Tätigkeit wirkte W. weit in das 20. Jh. Zu seinen Schülern zählten J. Hoffmann, A. Loos und J. M. Olbrich.

W., Peter, * Obertheres (= Theres [bei Haßberge]) 26. Febr. 1730, † Würzburg 7. Jan. 1809, dt. Bildhauer. - Bis in die 1770er Jahre schuf er heiter bewegte Rokokoskulpturen, später entwickelte er frühklassizist. Formen. V. a. Entwurf und teilweise Ausführung der Kreuzwegstationen des Käppele (1767 ff., Würzburg); Figuren für Treppenhaus und Hofgarten der Würzburger Residenz (bis 1779).

W., Richard, * Leipzig 22. Mai 1813, † Venedig 13. Febr. 1883, dt. Komponist. - Verbrachte seine Jugend in Dresden und Leipzig; wesentl. künstler. Eindrücke vermittelten ihm die Musik Mozarts, Beethovens, C. M. von Webers sowie die Dichtungen Shakespeares und E. T. A. Hoffmanns. 1833 begann W. seine Theatertätigkeit als Chordirektor in Würzburg; es folgten bis 1837 Anstellungen als Musikdirektor in Lauchstädt, Magdeburg, Königsberg. Damals entstanden die beiden ersten vollendeten Opern, die W. - wie sämtl. spätere musikdramat. Werke - auf eigene Texte komponierte: „Die Feen" (1833/34; UA 1888) und „Das Liebesverbot" (1834–36; UA 1836). 1836 heiratete er die Schauspielerin Minna Planer (* 1809, † 1866). 1837–39 war er Musikdirektor in Riga. Hier schrieb er den Text von „Rienzi" und begann mit der Komposition der beiden ersten Akte (in der Nachfolge der Grand opéra Spontinis und Meyerbeers). Im März 1839 mußte W., hochverschuldet, Riga heiml. verlassen. Über London kam er nach Paris, wo er vergebl. auf einen Erfolg an der Großen Oper mit „Rienzi" hoffte. Im Nov. 1840 vollendete W. den „Rienzi"; zudem entstanden die „Faust-Ouvertüre" sowie „Der fliegende Holländer" (1839–41). Als frühestes von W. musikdramat. Werken hat es einen festen Platz im Repertoire der Opernhäuser. Neu ist die Vereinheitlichung durch die Ausbreitung von Motiven aus dem „themat. Keim", der vorauskomponierten Ballade der Senta, über das Gesamtwerk - eine Vorstufe der späteren Leitmotivtechnik. Die Annahme des „Rienzi" durch die Dresdner Hofoper veranlaßte W. zur Übersiedlung nach Dresden. Die UA (1842) wurde ein großer Erfolg und führte zur Annahme auch des „Fliegenden Holländers" (UA 1843) wie zur Ernennung zum Königl. Sächs. Hofkapellmeister. Seine Hauptwerke der Dresdner Zeit sind die beiden romant. Opern „Tannhäuser" (1842–45; UA 1845) und „Lohengrin" (1845–48; UA 1850). Hier griff W. erstmals zu Stoffen aus der dt. ma. Literatur. Musikal. führt er die Ansätze des „Holländers" zur Leitmotivtechnik weiter, daneben sind musikalisch charakterist. die Auflösung des traditionellen Nummernaufbaus zugunsten größerer szen. Einheiten sowie die Verfeinerung von Harmonik und Instrumentation. - 1848 schrieb W. den Text zur Heldenoper „Siegfrieds Tod" (Vorform der späteren „Götterdämmerung"). Sie erwuchs aus gesellschaftskrit. Ideen (P. J. Proudhon, L. Feuerbach) im Zusammenhang mit den revolutionären Strömungen von 1848/49 sowie aus literar. und histor. Studien. Auf Grund seiner Beteiligung an der dt. Revolution 1848/49 wurde er nach dem gescheiterten Dresdner Maiaufstand von 1849 steckbriefl. gesucht und floh in die Schweiz. Er ließ sich in Zürich nieder (ab 1857 in einer von dem Großkaufmann O. Wesendonck [* 1815, † 1896] und seiner Frau Mathilde [* 1828, † 1902] eingerichteten Wohnung). Nach der Flucht schrieb W. einige seiner gewichtigsten Kunstschriften: „Das Kunstwerk der Zukunft" (1849), „Oper und Drama" (1850/51), „Eine Mitteilung an meine Freunde" (1851). 1851/52 erweiterte W. die Operndichtung „Siegfrieds Tod" durch Voranstellung von „Der junge Siegfried" (später „Siegfried"), „Die Walküre" und „Das Rheingold" zum „Ring des Nibelungen" (mit der Gattungsbez. „Bühnenfestspiel"). Im Herbst 1854 lernte W. Schopenhauers Hauptwerk „Die Welt als Wille und Vorstellung" kennen, das er als verwandt zur resignativen Grundtendenz der erweiterten „Ring"-Fassung erkannte; seine späteren Dramendichtungen und sein kunsttheoret. Denken wurden von Schopenhauers Philosophie nachhaltig beeinflußt. 1853–57 komponierte er „Rheingold", „Walküre" und „Siegfried" (1. und 2. Akt), in denen das Leitmotivtechnik tragendes Kompositionsprinzip wurde. 1857–59 entstanden Text und Musik von „Tristan und Isolde". Die Musik erreicht in der Chromatisierung der Harmonik die Grenzen der funktionalen Tonalität und verbindet entfernteste Ausdrucksbereiche durch die „Kunst des feinsten allmählichsten Übergangs". Die aus W. Neigung zu M. Wesendonck erwachsenden Spannungen zw. den beiden Familien nötigten W. 1858 zur Aufgabe des Zürcher Exils. Die letzten Jahre des unseßhaften Lebens u. a. in Venedig, Luzern, Paris, Wien. 1864 berief Ludwig II. von Bayern den völlig verschuldeten W. nach München und finanzierte seine Komponistentätigkeit. 1865 wurde in München „Tristan" unter der Leitung H. von Bülows uraufgeführt. Noch im gleichen Jahr mußte W. wegen Spannungen mit dem bayer. Kabinett München verlassen, wurde aber weiter von Ludwig II. unterstützt. 1866–72 wohnte er in Tribschen bei Luzern. Hier vollendete er 1867 „Die Meistersinger von Nürnberg" (begonnen 1861; UA 1868). Das Werk wurde wegen des volkstüml. Stoffs und der im Vergleich zum „Tristan" eingängigeren Musik sofort erfolgreich und blieb sein populärstes Werk. 1868 zog Cosima von Bülow nach Tribschen zu W., der sie 1870 heiratete (Kinder sind Isolde [* 1865, † 1919], Eva [* 1867, † 1942] und Siegfried). - 1872 übersiedelte W. mit Familie nach Bayreuth. Im Festspielhaus (Grundsteinlegung 1872) erlebte „Der Ring des Nibelungen", dessen Komposition W. zw. 1869 und 1874 abschloß, seine UA. 1877 folgte die Ausarbeitung der Dichtung von „Parsifal" und der Beginn der Komposition (Abschluß 1882). In diesem „Weltabschiedswerk" verbindet W. das Musikdrama mit Zügen des Mysterienspiels und des Oratoriums. In der musikal. Motivik kontrastieren Diatonik und Chromatik, in der Orchesterbehandlung Farbmischung mit registerartigem Einsatz der Instrumentengruppen. Nach den 2. Bayreuther Festspielen mit der UA des „Parsifal" (1882) reiste W. nach Venedig, wo er 1883 an einem chron. Herzleiden starb. - Sein musikdramat. Werk bildet als Realisierung der Idee einer erneuerten dramat. Kunst, durch die Aktualisierung von ma. Dichtung und Gedankenwelt und die Kraft der musikal. Erfindung und Gestaltung eine der herausragenden Leistungen des 19. Jh. Seine musikhistor. Wirkung reicht bis an die Schwelle der Neuen Musik (A. Bruckner, G. Mahler, R. Strauss, A. Schönberg); seine Musik und sein gedankl.-philosoph. Werk zogen immer wieder Schriftsteller (C. Baudelaire, B. Shaw, T. Mann) und Philosophen (F. Nietzsche, E. Bloch, T. W. Adorno) an.

ω Katz, J.: R. W. Königstein im Taunus 1985. - Oberkogler, F.: R. W. - Vom Ring zum Gral. Stg. ²1985. - Drusche, E.: R. W. Wsb. 1983. - Mann, T.: W. u. unsere Zeit. Ffm. Neuaufl. 1983. - Neitzel, O.: R. Wagners Opern. Essen 1983. - Nietzsche, F.: Der Fall W.: Schrr., Aufzeichnungen, Briefe. Hg. v. D. Borchmeyer. Ffm. 1983. - Wapnewski, P.: R. W. Die Szene u. ihre Meister. Mchn. ²1983. - Borchmeyer, D.: Das Theater R. Wagners. Stg. 1982. - Gregor-Dellin, M.: R. W. Mchn. u. Zürich 1980. - Wapnewski, P.: Der traurige Gott. R. W. in seinen Helden. Mchn. ²1980. - Donington, R.: R. Wagners „Ring des Nibelungen" u. seine Symbole. Dt. Übers. Stg. ²1978.

W., Siegfried, * Tribschen bei Luzern 6. Juni 1869, † Bayreuth 4. Aug. 1930, dt. Komponist, Dirigent und Regisseur. - Sohn von Richard W.; ab 1894 Hilfs-, ab 1896 Mitdirigent, v. a. aber Regisseur der Bayreuther Festspiele, deren Gesamtleitung er 1908 erhielt. Komponierte 13 Opern bewußt volkstüml. Art, zu denen er auch die Texte verfaßte, u. a. „Der Bärenhäuter" (1899).

W., Wieland, * Bayreuth 5. Jan. 1917, † München 17. Okt. 1966, dt. Regisseur und Bühnenbildner. - Sohn von Siegfried W.; übernahm 1951 die künstler. Leitung der Bayreuther Festspiele. Er schuf einen neuen Inszenierungsstil für die Werke von Richard W., indem er die Bühne von allem Überflüssigen „entrümpelte" und durch Abstraktion das Symbolhafte betonte.

W., Winifred, geb. Williams, * Hastings 23. Juni 1897, † Überlingen 5. März 1980, Frau von Siegfried W. - Übernahm nach dem Tod ihres Mannes 1930 die Leitung der Bayreuther Festspiele bis 1944; wegen ihrer positiven Einstellung zum NS heftig angegriffen.

W., Wolfgang, * Bayreuth 30. Aug. 1919, dt. Regisseur. - Sohn von Siegfried W.; übernahm mit seinem Bruder Wieland 1951 die Leitung der Bayreuther Festspiele und wurde nach dessen Tod (1966) alleiniger Leiter der Festspiele. Seit 1953 trat er auch zunehmend als Regisseur der Bühnenwerke von Richard W. in Bayreuth hervor.

Wägner, Elin [schwed. 'vɛːgnər], * Lund 16. Mai 1882, † Lilla Björka 7. Jan. 1949, schwed. Schriftstellerin - Pazifistin; Vorkämpferin der Frauenemanzipation („Kämpfende Frauen", R., 1915). Schrieb auch realist.-humorvolle Bauernromane aus Småland, u. a. „Das Drehkreuz" (R., 1935).

Wagner-Régeny, Rudolf ['reːgɛni], * Sächsisch-Reen (= Reghin) 28. Aug. 1903, † Berlin 18. Sept. 1969, dt. Komponist. - Seit 1947 Rektor der Musikhochschule in Rostock, 1950 Kompositionslehrer an der Dt. Hochschule für Musik in Berlin (Ost). Komponierte insbes. Opern; orientiert an den übersichtl. Formen der vorromant. Oper, Kontrapunktik mit Song-Stil verschränkend, näherte sich z. T. der Brechtschen Theaterkonzeption. Erfolgreich war v. a. „Der Günstling" (1935), ferner „Die Bürger von Calais" (1939), „Johanna Balk" (1941), „Pers. Episode" (1951), „Das Bergwerk zu Falun" (1961). Daneben umfangreiches Liedschaffen.

Wagnerscher Hammer [nach dem dt. Ingenieur J. P. Wagner, * 1799, † 1879] (Neefscher Hammer), einfacher elektr. Unterbrecher; ein an einer Blattfeder befindl. eiserner Anker wird bei Stromfluß in einem kleinen Elektromagneten von dessen Magnetfeld angezogen; diese Bewegung unterbricht den Erregerstromkreis und schaltet den Elektromagneten aus; der Anker schwingt in seine Ruhelage zurück, wobei er im Stromkreis wieder schließt, so daß der Vorgang erneut beginnt; Verwendung in der elektr. Klingel.

Wagnertuba (Waldhorntuba), engmensurierte † Tuba mit Waldhornmundstück und

4 Ventilen, in B (Umfang E_1-b^2) und F (Umfang Es_1-f^2). Auf Anregung R. Wagners gebaut.

Wagner von Jauregg, Julius Ritter (J. Wagner-Jauregg), * Wels 7. März 1857, † Wien 27. Sept. 1940, östr. Psychiater. - Prof. in Graz und Wien; grundlegende Arbeiten über den Kretinismus (insbes. im Zusammenhang mit dem Kropfproblem). W. v. J. führte (mit der Malariaimpfung zur Behandlung der progressiven Paralyse) die Infektionstherapie († Heilfieber) zur Behandlung von Psychosen ein; hierfür erhielt er 1927 den Nobelpreis für Physiologie oder Medizin.

Wagnis, allg. svw. Risiko; in der *Betriebswirtschaft:* das Inkaufnehmen von mögl. Beeinträchtigungen der betriebl. Leistung; nach der Möglichkeit der rechner. Erfaßbarkeit lassen sich unterscheiden: 1. kalkulierbare Einzel-W. (Anlagen-, Bestände-, Fertigungs- und Absatz-W.), 2. nicht kalkulierbares allg. Unternehmer-W., das im Gewinn abgegolten wird.

Wagram, der 10-30 m hohe Abfall des Hügellandes des Weinviertels zum Tullner Becken, Niederösterreich.

W. † Deutsch Wagram.

Wagrien ['va:griən], Teil des Ostholstein. Hügellandes zw. Kieler und Lübecker Bucht. - Nach dem wend. Stamm der **Wagrier,** einem Teilstamm der Obotriten ben.; um 968 Gründung des Bistums Oldenburg (in Holstein); 983 Slawenaufstand; seit 1126 Neubeginn der Mission durch den hl. Vicelin; ab 1143 planmäßige Ansiedlung dt. Siedler (1149 Neugründung Oldenburgs).

Wahhabiten, Anhänger einer puritan. Bewegung des Islams, deren Begründer † Muhammad Ibn Abd Al Wahhab in Anlehnung an die Lehren Taki Ad Din Ahmad † Ibn Taimijjas den Islam auf seine urspr. Form zurückführen und alle nachkoran. Neuerungen ausmerzen wollte. Im Hinblick auf die gebotene alleinige Verehrung Gottes lehnen die W. jede Art von Totenkult wie auch die Verehrung des Propheten Mohammed ab. Das koran. Weinverbot dehnen sie auf alle Genußmittel (z. B. Kaffee, Tabak) aus. Die altarab. Strafgesetze wie Steinigung der Ehebrecherin oder Abhacken der Hand des Diebes werden strikt eingehalten, infolge des Bilderverbots sind Film- oder Theatervorstellungen untersagt. Um 1740 gewann Ibn Abd Al Wahhab den Stammesscheich Ibn Saud (* 1735, † 1765) für seine Lehren; dessen Nachfolger breiteten sie über ganz Z-Arabien aus, eroberten 1806 Mekka und Medina und bedrohten die osman. Herrschaft über Arabien. 1883 wurde das Haus Ibn Saud aus Ar Rijad vertrieben und fand Zuflucht in Kuwait. Erst 1902 gelang es Abd Al Asis † Ibn Saud, nach Ar Rijad zurückzukehren und die Macht seines Hauses wieder aufzubauen. Die Lehren der W. sind die herrschende religiöse Doktrin in dem von ihm begr. Kgr. Saudi-Arabien.

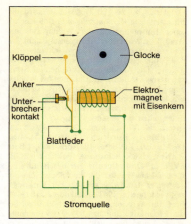

Wagnerscher Hammer. Funktionsprinzip in einer elektrischen Klingel

Wahlanfechtung † Wahlprüfung.

Wählbarkeit, svw. passives † Wahlrecht.

Wahlbeamte † Beamte.

Wahldelikte, zusammenfassende Bez. für die in den §§ 107 ff. StGB normierten Straftaten, die im Zusammenhang mit Wahlen zu den Volksvertretungen und sonstigen Wahlen und Abstimmungen des Volkes in Bund, Ländern, Gemeinden und Gemeindeverbänden sowie bei Urwahlen in der Sozialversicherung begangen werden. Mit Freiheitsstrafe bis zu 5 Jahren oder mit Geldstrafe werden bestraft: die *Wahlbehinderung* (Verhinderung oder Störung einer Wahl bzw. der Feststellung ihres Ergebnisses durch Gewalt oder durch Drohung mit Gewalt), die *Wahlfälschung* (Herbeiführen eines unrichtigen Wahlergebnisses [z. B. durch unbefugtes Wählen] oder Verfälschen des Wahlergebnisses), die *Wählernötigung* (die Hinderung eines anderen mit Gewalt, durch Drohung, durch sonstigen wirtsch. Druck [z. B. Mißbrauch eines berufl. oder wirtsch. Abhängigkeitsverhältnisses] zu wählen oder sein Wahlrecht in einem bestimmten Sinne auszuüben; in bes. schweren Fällen mit Freiheitsstrafe bis zu 10 Jahren bestraft) und die *Wählerbestechung* (das Anbieten, Versprechen oder Gewähren von Geschenken oder anderen Vorteilen dafür, daß nicht oder in einem bestimmten Sinne gewählt wird). Mit Freiheitsstrafe bis zu 2 Jahren werden bestraft die *Verletzung des Wahlgeheimnisses* und die *Wählertäuschung* (der durch Täuschung bewirkte Irrtum über den Inhalt einer Wahlerklärung bzw. die durch Täuschung bewirkte Nichtwahl oder ungültige Wahl). Mit Freiheitsstrafe bis zu 6 Monaten oder mit

Wahlen

Geldstrafe bis zu 180 Tagessätzen wird die *Fälschung von Wahlunterlagen* (z. B. hinsichtl. einer Eintragung in die Wählerliste) bestraft. Der Wahl oder Abstimmung steht das Unterschreiben eines Wahlvorschlages oder das Unterschreiben für ein Volksbegehren gleich. - Die Ahndung entsprechender Straftaten bzw. Ordnungswidrigkeiten bei Wahlen zum Betriebsrat, Personalrat, Aufsichtsrat u. a. ist in den einschlägigen Gesetzen geregelt. Im *östr.* und *schweizer. Recht* (Stimmrechtsdelikte) gelten im wesentl. dem dt. Recht entsprechende Vorschriften.

Wahlen, Friedrich Traugott, * Gmeis (= Mirchel, Kt. Bern) 10. April 1899, † Bern 7. Nov. 1985, schweizer. Politiker (BGB/SVP). - 1942–45 Beauftragter des Bundesrats für den **Plan Wahlen,** der die Anbaufläche der schweizer. Landw. gegenüber der Vorkriegszeit verdoppelte; 1942–49 Ständerat, 1943–49 Prof. für Agronomie in Zürich; 1949–58 bei der FAO tätig; Bundesrat 1959–65 (nacheinander Leiter des Justiz- und Polizei-, des Volkswirtschafts-, des Polit. Departements), 1961 Bundespräsident; 1967–74 Vors. der sog. **Wahlenkommission** für die Vorbereitung der Totalrevision der Bundesverfassung; schrieb agrarpolitische Werke.

Wahlen, Verfahren in Staaten, Gebiets- und anderen Körperschaften sowie Personenvereinigungen und Organisationen zur Bestellung von repräsentativen Entscheidungs- oder herrschaftsausübenden Organen. Aus W. können Abg. (bei *Landtags-* und *Bundestagswahlen*), Kreis-, Stadt-, Gemeinderäte (bei *Kommunalwahlen*), Vereins- und Kirchenvorstände, Präsidenten und Reg.chefs, Betriebs- und Personalräte, Jugendvertreter usw. hervorgehen. Diese Amts- oder Mandatsinhaber erhalten ihre Legitimation dadurch, daß eine Personengruppe in einem vorher festgelegten Verfahren ihren Willen äußert. Die Summe der Einzelentscheidungen führt zur Gesamtentscheidung, der Wahl. Die Vorteile einer Wahl gegenüber anderen Verfahren der Organbestellung und Herrschaftsübernahme sind: 1. geordnetes, friedl. Verfahren im Ggs. zu gewaltsamen Machtergreifungen; 2. Rationalität gegenüber irrationalen Verfahren wie Erbfolge oder Losentscheid; 3. demokrat. Legitimation von Herrschaft durch die Gruppe derer, für die die Gewählten entscheiden und handeln sollen; 4. i. d. R. zeitl. Begrenzung der Wahlperiode zur Ermöglichung der Herrschaftsbestätigung oder des Herrschaftswechsels.

Wahlgrundsätze: Man unterscheidet grundsätzl. zw. **allgemeiner Wahl** (das Wahlrecht steht allen Staatsbürgern ohne Ansehen des Geschlechts bzw. der Berufs-, Gruppen-, Schichten- oder Klassenzugehörigkeit zu) und **beschränktem Wahlrecht** (z. B. Ausschluß des Frauenwahlrechts, †Dreiklassenwahlrecht), zw. **unmittelbarer (direkter) Wahl** und **indirekter Wahl** (zw. Wählern und Wahlbewerbern gibt es eine weitere Instanz, z. B. eine Wahlmännerversammlung), zw. **freier Wahl** (jede Art von Druck auf die Wahlberechtigten von öffentl. oder privater Seite ist untersagt; jeder Wähler wählt freiwillig) und **Wahlpflicht** (das Fernbleiben von einer Wahl wird mit Strafe bedroht), zw. **gleicher Wahl** (jede Stimme hat gleiches Gewicht; jeder Wähler darf die gleiche Stimmenanzahl abgeben; es muß *Chancengleichheit* zw. den Wahlbewerbern herrschen) und *Ungleichheit der Wahlchancen* (z. B. bei Klassenwahlrecht, Listenbeschränkung, evtl. auch bei Sperrklausel), zw. **geheimer Wahl** (verdeckte Stimmabgabe auf Stimmzetteln oder mit Hilfe von Wahlmaschinen) und **offener Wahl** (durch Handzeichen; oft in Vereinssatzungen verankert; wird jedoch i. d. R. durch den Antrag eines Teilnehmers aufgehoben). - In der *BR Deutschland* gelten für die Wahlen zum Bundestag die Grundsätze der allg., unmittelbaren, freien, gleichen und geheimen Wahl (Art. 38 Abs. 1 GG). Eine *Ausnahme* von der Unmittelbarkeit stellt die Wahl der Berliner Bundestagsabg. durch das Berliner Abg.haus dar; das Prinzip der [Chancen]gleichheit wird durch die †Fünfprozentklausel beschnitten, eine **Sperrklausel** (Erreichen eines Mindestprozentanteils an gültigen Stimmen bzw. einer Mindestanzahl von direkt gewählten Abg. als Voraussetzung für den Einzug in ein Vertretungsorgan, mit der eine Zersplitterung des Parteiengefüges verhindert werden soll, die aber auch aussichtsreichen neuen polit. Gruppierungen den Start erschwert.

Wahlsysteme: Es wird zw. Mehrheits-, Verhältnis- und Mischwahlsystemen unterschieden. - Bei der **Mehrheitswahl** gelten die Abg. als *Repräsentanten* (Vertreter) ihrer Wahlkreise; es bestehen u. a. folgende *Mehrheitswahlverfahren*: In Einerwahlkreisen (pro Wahlkreis wird 1 Abg. gewählt) gilt derjenige Kandidat als gewählt, der die relative bzw. absolute Mehrheit auf sich vereinigt; bei absoluter Mehrheitswahl wird ein 2. Wahlgang erforderl. (*Stichwahl;* oft der beiden Bestplazierten), wenn im 1. Wahlgang keiner der Kandidaten die absolute Mehrheit erreicht hat. In *Mehrerwahlkreisen* (pro Wahlkreis wird eine festgelegte Anzahl von Abg. gewählt) hat bei sog. *Persönlichkeitswahl* i. d. R. jeder Wähler so viele Stimmen, wie Mandate im Wahlkreis zu vergeben sind. Beim *Mehrheitssystem mit freien Listen* kann der Wähler Kandidaten aus verschiedenen Listen wählen (*panaschieren);* bei *Mehrheitswahl mit Kumulation* (Stimmenhäufung) kann der Wähler alle oder einen bestimmten Teil seiner Stimmen auf einen Wahlbewerber vereinen (*kumulieren);* gewählt sind jeweils die Kandidaten mit höchster Stimmenzahl. Beim *Mehrheitssystem mit starren Listen* sind alle Wahlbewerber der Liste, die die Stimmenmehrheit erreicht haben, gewählt. - Ziel der **Verhältniswahl** (Proportionalwahl) ist eine möglichst genaue und repräsentative Widerspiegelung der Wählerpopulation im zu wählenden Vertretungsorgan; zur Durchführung der Verhältniswahl bedarf es keiner Wahlkreise. Die Parteien stellen für das ganze Land *(Einheitswahlkreis)* Listen auf, zw. denen die Wähler zu entscheiden haben *(Listenwahl).* Man unterscheidet *starre Listen* (jeder Wähler hat nur eine Stimme für eine Liste, die nicht verändert werden darf), *einfach gebundene Listen* (der Wähler darf auf der von ihm gewählten Liste die Reihenfolge der Kandidaten ändern, einem oder mehreren Kandidaten Vorzugsstimmen einräumen oder einen Bewerber aus der von ihm gewählten Liste namentl. wählen) und *freie Listen* (der Wähler kann panaschieren, d. h. Kandidaten verschiedener Listen wählen bzw. Kandidaten aus der von ihm gewählten Liste streichen und durch Kandidaten aus anderen Listen ersetzen). Die Verteilung der Mandate auf die einzelnen Parteien erfolgt entsprechend ihrem Anteil an den insges. abgegebenen Stimmen. - Aus dem Mehrheits- und dem Verhältniswahlsystem kombinierte Systeme werden **Mischwahlsysteme** genannt. - *Beispiel des Mischwahlsystems, der Kandidatenaufstellung und des Wahlablaufs an Hand der Wahl zum Dt. Bundestag:* Das Bundesgebiet ist in 248 Wahlkreise eingeteilt, in denen die Parteien oder Wählervereine Direktkandidaten aufstellen. 248 der insges. 496 Abg. (ohne die Berliner Abg.) werden in den Wahlkreisen nach den Grundsätzen der relativen Mehrheitswahl gewählt; mit seiner Zweitstimme (↑ auch Wahlsystem) wählt der Wähler die Landesliste einer Partei, wobei er mit diesen beiden Stimmen verschiedene Parteien wählen kann (sog. **Splitting**). Die Zahl der für die einzelnen Listen abgegebenen Stimmen wird bundesweit addiert. Nach den Grundsätzen der Verhältniswahl werden die auf die Parteien entfallenden Mandate mit Hilfe des ↑ d'Hondtschen Höchstzahlverfahrens verteilt. Wenn feststeht, wie viele Sitze auf jede Partei entfallen, werden von dieser Gesamtzahl die durch die Erststimmenauszählung bereits gewonnenen Direktmandate abgezogen. Die restl. Sitze werden aus den Landeslisten in den dort festgelegten Reihenfolge besetzt. Sollte eine Partei in einem Bundesland mehr Direktmandate erhalten haben, als ihr nach dem Ergebnis der Zweitstimmen zustehen, erhöht sich die Gesamtzahl der Bundestagssitze um diese **Überhangmandate.** Der Bundestag wird alle 4 Jahre gewählt *(Wahlperiode);* vorzeitige W. finden statt, wenn das Parlament aufgelöst wird. Die Wahlkreiskandidaten werden in Mgl.- bzw. Delegiertenversammlungen der Parteien gewählt, die Landeslisten werden von den Landesdelegiertenkonferenzen bzw. Landesparteitagen aufgestellt, deren Mgl. nach dem Parteiengesetz nicht länger als ein Jahr vor der Aufstellung gewählt sein dürfen. Spätestens am 34. Tag vor der Wahl müssen die Kreiswahlvorschläge der Parteien beim Kreiswahlleiter eingereicht werden. Am 30. Tag vor der Wahl entscheiden die Kreis- bzw. Landeswahlausschüsse über die Zulassung der Wahlvorschläge. Die Reihenfolge der Listen auf den Stimmzetteln richtet sich nach den Stimmergebnissen der vorangegangenen Wahl. Ehrenamtl. Wahlvorstände überprüfen in den Wahllokalen an Hand des von der jeweiligen Gemeinde angelegten **Wählerverzeichnisses** (Liste der Wahlberechtigten in einem Wahlbezirk) die Wahlberechtigung, überwachen die Wahl und zählen nach dem Ende der Wahl die Stimmen aus. Der Bundeswahlleiter trägt die Ergebnisse aus den Ländern zusammen und gibt zunächst das vorläufige, nach wiederholter Kontrolle das endgültige amtl. Ergebnis der Bundestagswahl bekannt. - In *Österreich* wird der Nationalrat nach den Grundsätzen der Verhältniswahl gewählt. Das Bundesgebiet ist dabei in räuml. geschlossene Wahlkreise zu teilen, deren Grenzen die Landesgrenzen nicht schneiden dürfen; die Anzahl der Abg. ist auf die Wahlkreise im Verhältnis der Bürgerzahl zu verteilen. Die Nationalrats-Wahlordnung sieht 9 Wahlkreise (ident. mit den Bundesländern), 2 Wahlkreisverbände und eine Gesamtzahl von 183 Abg. vor. Nach dem Wahlgang werden in einem ersten Ermittlungsverfahren zunächst innerhalb der Wahlkreise die Mandate entsprechend den Stimmenanteilen auf die einzelnen wahlwerbenden Parteien verteilt. Die anfallenden Reststimmen und Restmandate werden im zweiten Ermittlungsverfahren auf der Ebene der beiden Wahlkreisverbände auf die Parteien verteilt. - In der *Schweiz* wird bei der Wahl zum Nationalrat das System der Verhältniswahl angewandt, wobei jeder Kanton einen Wahlkreis bildet. Die Aufstellung der Kandidatenlisten wird von den kantonalen Parteien vorgenommen.

Vor W. versuchen Parteien und Wählervereinigungen mit Hilfe der Kandidatenaufstellung, der Erstellung eines Wahlprogramms, mit einem aus verschiedenen Formen von Wahlveranstaltungen und Werbemaßnahmen (Plakate, Flugblätter, Wahlzeitungen, Informationsbroschüren, Annoncen, Werbesendungen in Hörfunk und Fernsehen, Werbegeschenke) bestehenden **Wahlkampf** auf das Wählerverhalten Einfluß zu nehmen. Bei der Planung dieser Maßnahmen stützen sie sich auf von Meinungsforschungsinstituten durchgeführte, empir. überprüfbare **Wahlprognosen** (Vorhersage über das Wahlverhalten, deren Techniken (v. a. richtige Stichprobenauswahl, z. B. nach Alter, Geschlecht, sozialer Schicht, [Berufs]gruppenzugehörigkeit des Befragten sowie nach der ökonom. und konfessionellen Struktur seines Wohnorts) im

Wählerparteien

Rahmen der *empir. Wahlforschung* der Wahlsoziologie entwickelt wurden. Nach denselben Prinzipien werden zum Zweck der schnellen Wahlberichterstattung repräsentative Stimmbezirke (die Sozialstruktur des Stimmbezirks entspricht der der gesamten Wählerschaft) ausgewählt, deren tatsächl. Teilwahlergebnisse hochgerechnet werden (↑ Hochrechnung) oder deren Wähler nach der Stimmabgabe außerhalb des Wahllokals über ihre Wahlentscheidung befragt werden (**Wahlnachfrage**). Umstritten bleibt, inwieweit bekanntgewordene Wahlprognosen das Wählerverhalten beeinflussen. Die **Wahlsoziologie**, eine Teildisziplin der polit. Soziologie, die u. a. die Wechselbeziehungen zw. Wählerverhalten und der allg. polit. Entwicklung untersucht, unterscheidet nach dem *Wählerverhalten* zw. weltanschaul. und parteipolit. gebundenem *Stammwähler* und *Wechselwähler*, wobei sie die für die Entscheidungen des Wechselwählers wichtigen Faktoren untersucht. Nach wahlsoziolog. Untersuchungen ist die polit. Entwicklung der BR Deutschland von einem Mehrparteien- zu einem (de facto) Zweiparteiensystem auf verschiedene Faktoren zurückzuführen: neben dem kleinere Parteien benachteiligenden Wahlsystem mit Sperrklausel auf die Integration verschiedener Bev.gruppen (z. B. Heimatvertriebene), die „Verparteilichung" des polit. Lebens (zunehmende Bedeutungslosigkeit parteipolit. unabhängiger Kandidaten), die sich auf die Meinungsforschung stützende Wahlpropaganda, die Auflösung der weltanschaul. Bindungen der Parteien und die Öffnung für alle Bev.gruppen (Volkspartei); damit verbunden ist eine Verminderung der Anzahl der Stammwähler, ein Zunehmen der *Wählerfluktuation* und der Anzahl der Wechselwähler, auf deren (von den Massenmedien beeinflußten und von Meinungsforschern ermittelten) Anschauungen und Meinungen in den Wahlaussagen eingegangen wird (*Wahlversprechungen*, deren spätere Einlösung von den Parteien von vornherein nicht ernsthaft in Aussicht genommen wird), was wiederum bei vielen Wählern wachsendes Mißtrauen in die Wahldemokratie erzeugt.

📖 Rattinger, H.: *Wirtsch. Konjunktur u. polit. W. in der BR Deutschland.* Bln. 1980. - *Kaltefleiter, W./Nissen, P.: Empir. Wahlforschung. Paderborn 1980. - Wolf, W.: Der Wahlkampf. Theorie u. Praxis. Köln 1980. - Rexhausen, F.: Über Wahlkampf. Ein Leitf. f. das zahlende Publikum. Ffm. u. Luzern 1980. - Nohlen, D.: Wahlsysteme der Welt. Mchn. 1978. - Helbing, R.: Die Wahlgrundsätze u. das Wahlsystem in der BR Deutschland. Bln. 1977. - Jüttner, A./Liese, H. J.: Tb. der europ. Parteien u. W. Mchn. 1977. - Bredthauer, R.: Das Wahlsystem als Objekt v. Politik u. Wiss. Meisenheim 1973. - Menne, D.: Polit. W. in der BR Deutschland. Stg. 1972.*

Wählerparteien ↑ Partei.
Wählerverhalten ↑ Wahlen.
Wählerverzeichnis ↑ Wahlen.
Wahlfälschung ↑ Wahldelikte.
Wahlforschung ↑ Wahlen.
wahlfreier Unterricht, der neben den Pflichtfächern oder Pflichtkursen den Schülern in Wahlpflichtfächern oder - ohne eingrenzende Bestimmung - frei zu wählenden Wahlfächern oder Wahlkursen zusätzl. angebotene Unterricht (↑ auch Gymnasium), mit dem eine individuelle, der Begabung und Neigung der Schüler entsprechende schul. Bildung erfolgen soll.

Wahlgeheimnis ↑ Wahlen.
Wahlkampf ↑ Wahlen.
Wahlkapitulation, im MA und in der Neuzeit schriftl. fixierter Vertrag, durch den Wähler einem zu Wählenden Bedingungen für seine künftige Reg. stellten. Die Notwendigkeit der Bindung des Herrschers an das Recht führte seit dem 9. Jh. zu Königsversprechen und Krönungsgelübden, die z. T. unverändert blieben (Frankr.), z. T. zu langen Katalogen von Zusagen auswuchsen (England). Im Hl. Röm. Reich legten seit Beginn des 13. Jh. in den geistl. Territorien die Domkapitel W. vor, in denen sie ihre ständ. Forderungen ging. 1519 mußte Karl V. als erster Röm. Kaiser einer W. zustimmen; seit 1711 gab es eine ständige, unveränderl. W. (capitulatio perpetua). Sie galt als Grundgesetz des Hl. Röm. Reiches und enthielt in erster Linie Bestimmungen zum Schutz der Libertät der dt. Fürsten und Forderungen der Reichsreform.

Wahlkonsul ↑ Konsul.
Wahlkreis ↑ Wahlen.
Wahlmänner, Personen, die in einem System mit indirekter Wahl (↑ Wahlen) von den Urwählern in ein Gremium gewählt werden, das nur zu dem Zweck zusammentritt, den oder die eigtl. Vertreter bzw. Amtsträger zu wählen.

Wahlnachfrage ↑ Wahlen.
Wahlordnungen ↑ Wahlrecht.
Wahlperiode ↑ Wahlen.
Wahlpflichtfach ↑ wahlfreier Unterricht.
Wahlprognose ↑ Wahlen.
Wahlprüfung, Verfahren zur Feststellung der Gültigkeit einer Wahl; für die Wahlen zum Dt. Bundestag geregelt in Art. 41 GG und im W.gesetz vom 12. 3. 1951. Die W., sich auf die Wahl des ganzen Bundestages oder eines einzelnen Abg. erstrecken kann, erfolgt nur auf Einspruch, den jeder Wahlberechtigte, jede Gruppe von Wahlberechtigten und in amtl. Eigenschaft jeder Landeswahlleiter, der Bundeswahlleiter und der Präs. des Bundestages erheben können (*Wahlanfechtung, Wahlprotest*). Die Entscheidung über den Einspruch trifft der Bundestag mit einfacher Mehrheit nach Vorbereitung

durch seinen W.ausschuß. Gegen diese Entscheidung ist Beschwerde an das Bundesverfassungsgericht zulässig.
In *Österreich* entscheidet der Verfassungsgerichtshof über Wahlanfechtungen. In der *Schweiz* entscheidet über Einsprüche bei den Nationalratswahlen zunächst die jeweilige Kantonsregierung, sodann der Nationalrat.

Wahlrecht, 1. die Berechtigung, jemanden zu wählen (**aktives W.**) bzw. in ein Amt oder Mandat gewählt zu werden (**passives W., Wählbarkeit**); das W. ermöglicht die aktive Teilhabe am Zusammenleben in demokrat. verfaßten Staaten bzw. demokrat. organisierten Körperschaften und Vereinigungen; 2. die Gesamtheit der Rechtsvorschriften zur Durchführung einer Wahl. In Staaten und Gebietskörperschaften sind die Grundlagen für das W. meist in den Verfassungen enthalten, während die Einzelheiten des Wahlverfahrens in **Wahlgesetzen** und **Wahlordnungen** geregelt werden. Das W. in anderen Körperschaften und Vereinigungen wird in deren Satzungen und Geschäftsordnungen festgelegt. - In der *BR Deutschland* besteht aktives und passives W. nach Vollendung des 18. Lebensjahres. - In *Österreich* sind für die Wahl zum Nationalrat aktiv wahlberechtigt alle Staatsbürger, die vor dem 1. Jan. des Wahljahres das 19., passiv wahlberechtigt, die das 25. Lebensjahr vollendet haben. Es besteht *Wahlpflicht* in den Bundesländern, in denen dies durch Landesgesetz angeordnet wird. - In der *Schweiz* steht aktive und passive W. jedem Schweizerbürger zu, der im Besitz des ↑Aktivbürgerrechts und mindestens 20 Jahre alt ist. Das *Frauen-W.*, seit 1959 in verschiedenen, nicht allen Kantonen eingeführt, wurde in der Schweiz erst 1971 auf Bundesebene verwirklicht.

Geschichte: Formen des W. sind schon aus der Antike (Athen, Rom) bekannt; im MA spielten Wahlkörper und deren Verfahrensregeln v. a. auf höchster Ebene eine Rolle (Papstwahl, Königswahl); im kommunalen Bereich fand die erste von König unabhängige Wahl eines Mayor (Bürgermeister) 1192 in London statt. - Die Geschichte des Wahlrechts in der *Neuzeit* jedoch ist geprägt durch die Bestrebungen, das nur Privilegierten zustehende, weil an Herkunft, Eigentum, Einkommen oder Geschlecht gebundene W. zu einem Massen-W. einschl. des *Frauen-W.* zu entwickeln, für die sich im 19.Jh. bildenden Arbeiterparteien und die ↑Frauenbewegung kämpften. So war das Parlament in *England/ Großbrit.* über Jh. hinweg eine Ständevertretung, aus der sich erst durch eine Reihe von W.reformen im 19. und beginnenden 20. Jh. eine Volksvertretung entwickelte (↑ auch Reform Bill). In *Frankreich* ist der Übergang von den Generalständen zur Nationalversammlung, dem bürgerl. Parlament, eng mit der Frz. Revolution verbunden. Die Verfassung von 1791 führte ein Zensus-W. ein, das 1848 vom allg. W. für Männer abgelöst wurde (1944 auch den Frauen eingeräumt). In einem Teil der *deutschen* Staaten (u. a. 1814 in Nassau, 1816 in Sachsen-Weimar, 1818 in Bayern und Baden, 1819 in Württemberg) wurden zu Beginn des 19.Jh. Verfassungen gewährt, die Zweikammerparlamente vorsahen. Das W. war beschränkt und meist an Besitz gebunden. In anderen dt. Staaten blieb es vorerst bei Ständevertretungen. Das von der Frankfurter Nationalversammlung 1849 verabschiedete Reichswahlgesetz sah das allg. W. für alle männl. Deutschen ab dem 25. Lebensjahr vor. In Preußen wurde 1849 das ↑Dreiklassenwahlrecht eingeführt und bis 1918 beibehalten. Unabhängig davon wurde der Norddt. Reichstag 1867 auf Grund des allg. W. gewählt, ebenso der Dt. Reichstag seit 1871. Bei der Wahl zur Nationalversammlung 1919 waren die Frauen erstmals wahlberechtigt. In *Österreich* wurde 1907 das allg. W. für Männer in Einerwahlkreisen mit absoluter Mehrheit eingeführt. Nach dem Ende der Monarchie erhielten 1918 alle Männer und Frauen über 20 Jahre das W. - In der *Schweiz* wurde während der Zeit der Helvet. Republik (1798–1803) das allg. W. für alle Männer über 20 Jahre verwirklicht. Mit dem Sieg des Föderalismus wurde das W. wieder Sache der einzelnen Kantone, die den Kreis der Wahlberechtigten durch unterschiedl. Zensusbestimmungen z. T. stark beschränkten. Die Bundesverfassung von 1848 legte für die Wahl des Nationalrats das allg., gleiche und direkte Männer-W. fest.

📖 *Das W. der Neun. Wahlsysteme in der Europ. Gemeinschaft.* Hg. v. C. Sasse u. a. Baden-Baden 1979. - Lange, E. H.: *W. u. Innenpolitik.* Meisenheim 1975.

Wahlschein ↑Briefwahl.
Wahlsoziologie ↑Wahlen.
Wahlspruch (Devise) ↑Wappenkunde.
Wahlstatt (poln. Legnickie Pole [poln. lɛgˈnitskjɛ ˈpɔlɛ]), Gemeinde in Niederschlesien, sö. von Liegnitz, Polen▼; barocke Klosteranlage und -kirche von K. I. Dientzenhofer (1727 ff.) an der Stelle einer zum Gedenken der in der Mongolenschlacht gefallenen Christen errichteten Benediktinerpropstei. - Hier unterlag am 9. April 1241 ein dt.-poln. Ritterheer einem großen mongol. Reiterheer.

Wahlsystem, Gesamtheit der Rechtsvorschriften zur Durchführung einer Wahl (Art und Weise der Mehrheitsbildung). Den verschiedenen W. ↑Wahlen. - In der *BR Deutschland* besteht bei der Wahl zum Bundestag ein Mischwahlsystem: Jeder Wähler hat 2 Stimmen; mit der **Erststimme** wird mehrheitl. (Mehrheitswahl) der Abg. des jeweiligen Wahlkreises gewählt; über die Fraktionsstärke der Parteien, die Landeswahllisten eingereicht haben (**Listenwahl**), entscheidet der Wähler mit seiner (insgesamt wichtigeren) **Zweitstimme**.

Wählton (Amtszeichen, Wählzeichen), beim Abheben von Telefonhörern hörbarer Dauerton.

Wahlverteidiger ↑ Verteidiger.

Wahn, [auf krankhafter Grundlage entstandene] in der realen Umwelt unbegründete, mit dem Merkmal der subjektiven Überzeugung ihres Trägers ausgestattete Vorstellung **(Wahnvorstellung, Wahnidee),** die weder durch Erfahrung noch durch zwingende Logik korrigiert werden kann. Man unterscheidet (der Entstehung nach): *sekundäre W.ideen* als aus Affekten, Erlebnissen, Trugwahrnehmungen sich herleitende wahnhafte Ideen, und *primäre* (echte) *W.ideen*, die ohne äußere Veranlassung oder inneren Beweggrund unableitbar als W.wahrnehmungen oder W.einfälle auftreten. Nach dem Inhalt des W. sind verschiedene Formen des W. zu unterscheiden, u. a. Beziehungs-, Größen-, Eifersuchts-, Verfolgungs-, Erfinder-, Verarmungswahn. W. tritt v. a. bei Schizophrenie, Paranoia, manisch-depressivem Irresein u. a. Psychosen auf.

Wahnsinn, volkstüml. Bez. für Geistes- und Gemütsstörungen, auch Zustände der Verwirrtheit, die mit sinnlos erscheinenden Handlungen, Wahneinfällen, v. a. mit Sinnestäuschungen und Trugwahrnehmungen einhergehen.

wahr, grundlegender Begriff der Philosophie zur Bez. der Geltung von Aussagen bzw. Aussagesätzen. Eine allg. Behauptung oder ein Urteil ist dann w., wenn das Behauptete bzw. das mit dem Urteil Gemeinte mit einem Sachverhalt übereinstimmt. Die Logik präzisiert den Begriff w., indem sie ein Urteil nur dann w. nennt, wenn dessen Gegenteil unmögl. evident sein kann. - ↑auch Wahrheit.

Wahrheit, 1. in einem allg. Sinn der im Rahmen eines sprachl.-intersubjektiven Bezugssystems (Kategorien-, Normen- oder Wertesystems) stehende, mit Gründen (und nach W.kriterien) einlösbare und insofern haltbare Geltungsanspruch von Aussagen bzw. Urteilen über einen Sachverhalt in bezug auf das Sichverhalten der Sache (Gegenstand, Handlung, Person) selbst, wobei Sachverhalt und Sache (Gegenstand usw.) in größtmögl. Annäherung zur Deckung (Identität) gebracht und als (so und nicht anders) bestehend (existierend) gekennzeichnet werden; im engeren, auf einen Teilaspekt der W. beschränkten, präzisen Sinn in der formalen Logik der Anspruch einer Aussage, wahr zu sein; 2. in der Ontologie Bez. für die W., die - im Ggs. zum Schein - dem Sein und dem Seienden selbst zukommt (*ontolog.* bzw. *ont. W.*). Thomas von Aquins klass. Formel der W. („veritas") als der ↑Adaequatio intellectus et rei ist grundlegend für alle Explikationsversuche des W.begriffs in den modernen W.theorien.

In der *Korrespondenztheorie* wird W. als Übereinstimmung mit Tatsachen und Fakten bestimmt, wobei eine „selbständige" Wirklichkeit vorausgesetzt wird; in der *Widerspiegelungstheorie* wird W. definiert als Abbild der Wirklichkeit, so etwa im Marxismus und teils auch in der analyt. Philosophie. Die *semant. Theorie* der W., die von A. Tarski zur Vermeidung der semant. Antinomien entwickelt wurde, läßt sich als Präzisierung der Korrespondenztheorie sehen. In der *Kohärenztheorie* bestimmt W. sich als Geltungsanspruch im Ganzen eines bestimmten Sprach- bzw. Kategoriensystems. Vom W.begriff sind streng zu unterscheiden die *W.kriterien,* mittels derer festgestellt werden soll, ob eine Aussage wahr oder falsch ist. Allerdings läßt sich kein W.kriterium für den Anspruch auf Allgemeingültigkeit formulieren.

Der *religiöse* Begriff „W." geht über die bloße Übereinstimmung einer Erscheinung bzw. Aussage mit der Wirklichkeit hinaus und meint letztl. die Gewißheit von der Authentizität und Vollkommenheit des offenbarten Glaubensinhalts. Von diesem W.begriff leitet sich die *eth.* Forderung der *W.liebe* ab, d. h. des Lebens gemäß den in Offenbarung und Glauben begründeten und deshalb *unbedingt* sittl.-religiösen Normen *(Wahrhaftigkeit).*

📖 *Fleischer, M.:* W. u. Wahrheitsgrund. Bln. 1984. - *Schaff, A.:* Einf. in die Erkenntnistheorie. Wien 1984. - *Coomann, H.:* Die Kohärenztheorie der W. Ffm. 1983. - *Puntel, L. B.:* Wahrheitstheorie in der neueren Philosophie. Darmst. ²1983. - *Franzen, W.:* Die Bed. von „wahr" u. „W.". Analysen zum Wahrheitsbegriff ... Freib. u. Mchn. 1982. - *Heckmann, H.-D.:* Was ist W.? Hdbg. 1981. - *Wettstein, R. H.:* Eine Gegenstandstheorie der W. Meisenheim 1980. - *Hülser, K.:* Wahrheitstheorie als Aussagetheorie. Meisenheim 1979.

Wahrheitsfunktion, in der formalen Logik eine [Aussage]funktion, deren Argumente Aussagen und deren Werte Wahrheitswerte sind.

Wahrheitstafeln, in der Logik die auf G. Frege, C. S. Peirce und L. Wittgenstein zurückgehende zusammenfassende Darstellung einer Wahrheitsfunktion der Wahrheitswerte „wahr" und „falsch" zweier Aussagen A, B und eine junktorenlog. Verknüpfung[en] von A mit B in log. Matrizen. W. dienen oft der Durchführung von Entscheidungsverfahren.

Wahrheitswert, in der formalen Logik der Wert der Wahrheitsfunktion, insbes. die semant. Metaprädikatoren „wahr" (Zeichen: Y) und „falsch" (Zeichen: λ); von G. Frege als die beiden einzig mögl. extensionalen Bed. von Aussagen aufgefaßt. Werden Aussagefunktionen auf der Grundlage von mehr als zwei W. betrachtet (z. B. über „wahr" und „falsch" hinaus noch „unbestimmt"), so erhält man eine mehrwertige Logik.

Wahrnehmung, der außer durch Empfindungen auch durch Gedächtnisinhalte, Interessen, Gefühle, Stimmungen, Erwartungen u. a. mitbestimmte physiopsych. Prozeß der Gewinnung und Verarbeitung von Informationen aus äußeren und inneren Reizen, die zu einem - meist bewußten - Auffassen und Erkennen von Gegenständen und Vorgängen führen. Nach heutigem erkenntnistheoret. Verständnis besteht die Aufgabe der W. nicht so sehr in der Vermittlung von Wahrheit bzw. der Erfassung von Wirklichkeit im Sinne eines naturwiss. Abbilds, sondern in der Entwicklung eines [Um]weltbildes, auf Grund dessen es dem Individuum möglich ist, sich in seiner Umwelt erfolgreich zu verhalten. Die griech. *Naturphilosophie* beschäftigte sich vorwiegend mit den physikal. Aspekten der W. und suchte sie als Zusammentreffen materieller Emanationen der physikal. Objekte der Außenwelt einerseits und der Sinnesorgane andererseits mechanist. zu erklären. Mit Platon und Aristoteles treten erkenntnis- und wissenschaftstheoret. W.probleme in den Vordergrund; die bloße Sinneserfahrung sei nicht wahrheitsfähig und führe daher ledigl. zur „Meinung", nicht aber zum „Wissen" vom Seienden. Im Ggs. zum Rationalismus suchte der Empirismus die Objektivität einer zunehmend auf Beobachtung und Experiment gestützten Naturwiss. durch den method. Rückgang auf Sinnesdaten zu sichern.

Wahrnehmungspsychologie (Sinnespsychologie), interdisziplinäres Forschungsgebiet der allg. Psychologie, das die Zusammenhänge zw. den objektiven (physikal.) Eigenschaften des durch ↑Rezeptoren Wahrzunehmenden einerseits sowie den dabei auftretenden Sinneserlebnissen andererseits untersucht. Forschungsthemen der W. sind z. B. im opt. Bereich die Raum-, Form-, Farb- oder Bewegungswahrnehmung. Breiten Raum nehmen auch die Untersuchungen des Einflusses der Wahrnehmung auf das Verhalten sowie auf die Beziehungen zu anderen psych. Prozessen (Lernen, Denken, Motivierung u. a.) oder die Untersuchungen der Wahrnehmungsabhängigkeit von sozialen Gegebenheiten, individuellen Eigenarten, Einstellungen oder Erfahrungen ein.

Wahrnehmungstäuschung, psych. Effekt, bei dem subjektiv Wahrgenommenes nicht mit der objektiven [Reiz]gegebenheit übereinstimmt. W. sind in allen Sinnesbereichen möglich.

Wahrsagen, Sammelbez. für die vorgebl. auf außersinnl. Wahrnehmung beruhende „Fähigkeit", Aussagen über verborgene gegenwärtige oder zukünftige Ereignisse, Zusammenhänge oder Lebensumstände zu machen. Die Praktiken des W. reichen vom Handlesen und Kartenlegen bis zur Sterndeutung (↑Astrologie).

Wahrscheinlichkeitsrechnung

Wahrscheinlichkeit, 1. allg. ein Begriff zur klassifikator., komparativen oder quantitativen Einstufung von Aussagen oder Urteilen nach dem Grad ihres Geltungsanspruchs zw. Möglichkeit und Gewißheit, wobei zwar die Gründe für den Geltungsanspruch, daß sich eine Sache (Ereignis, Handlung) so und nicht anders verhält, verhalten hat oder verhalten bzw. verwirklichen wird, überwiegen, jedoch nicht oder noch nicht ausreichen, um die Annahme des Gegenteils auszuschließen; 2. speziell u. a. in Mathematik, Naturwiss. und Statistik der Grad der Möglichkeit bzw. Voraussagbarkeit (Prognostizierbarkeit) des Eintretens eines Ereignisses (↑Wahrscheinlichkeitsrechnung).

Wahrscheinlichkeitsamplitude ↑Psifunktion.

Wahrscheinlichkeitslogik, die von H. Reichenbach mittels der statist. Wahrscheinlichkeit gedeutete mehrwertige Logik (mit unendl. vielen kontinuierl. Wahrheitswerten) wobei eine beliebige Aussage nur mehr oder weniger wahrscheinl. ist.

Wahrscheinlichkeitsrechnung, Teilgebiet der Mathematik, das sich mit der Untersuchung der Gesetzmäßigkeiten „zufälliger Ereignisse" befaßt, die bei Massenerscheinungen verschiedenster Art auftreten. Die W. findet in weiten Bereichen der Naturwiss., der Technik, der Wirtschafts- und Sozialwiss. Anwendung.

Definition der Wahrscheinlichkeit: Gegeben sei eine Menge von unbeschränkt wiederholbaren Versuchen oder Stichproben, z. B. die Menge aller mögl. Würfe mit einem Würfel. Die mögl. Ergebnisse der Versuche - im Beispiel die „Augenzahlen" 1, 2, 3, 4, 5 oder 6 - nennt man *Elementarereignisse*. Gewisse Mengen von Elementarereignissen bezeichnet man als *Ereignisse* (z. B. Würfeln einer geraden Augenzahl), sie bilden die Gesamtheit der „günstigen" Fälle. In der *klass. W.* nimmt man an, daß alle Elementarereignisse *gleich wahrscheinl.* sind. Man kommt so zu der Laplaceschen Definition der *klass. Wahrscheinlichkeit:* Die Wahrscheinlichkeit $F(E)$ für das Eintreten des Ereignisses E ist gleich dem Quotienten aus der Anzahl g der für das Ereignis „günstigen" und der Anzahl m der „möglichen" Elementarereignisse: $P(E) = g/m$.

Diese klass. Konzeption der Wahrscheinlichkeit hat sich in vielen Anwendungsgebieten (z. B. in der Theorie der Glücksspiele) bewährt. Folgendes Beispiel zeigt, daß sie nicht immer ausreichend und erweitert werden muß: Die klass. Wahrscheinlichkeit, daß bei einer Geburt ein Knabe (K) bzw. ein Mädchen (M) das Licht der Welt erblickt, ist $P(K) = P(M) = 1/2$; in Wirklichkeit werden aber mehr Knaben als Mädchen geboren, wie statist. Erhebungen gezeigt haben ($P(K) \approx 0{,}517$). Man führt daher die *statist. Definition* der *Wahrscheinlichkeit* ein: Dem zufälligen Ereignis E ist die *statist. Wahrscheinlichkeit* $P = P(E)$ zugeordnet, wenn die beiden folgenden Bedingungen erfüllt sind: 1. Man kann bei unveränderten Bedingungen beliebig viele Versuche ausführen, bei denen das Ereignis E eintreten kann oder nicht. 2. Gibt die Zahl μ an, wie oft bei n Versuchen das Ereignis E eingetreten ist (μ absolute *Häufigkeit* von E), so weicht die *relative Häufigkeit* μ/n für das Eintreten von E bei genügend großem n nur unwesentlich von der Konstanten $P = P(E)$ ab.

Eigenschaften von Wahrscheinlichkeiten: Es ist stets $0 \leq P(E) \leq 1$; die Aussage $P(E) = 1$ bzw. $P(E) = 0$ bedeutet, daß E ein sicheres bzw. ein unmögl. Ereignis ist. Ist $P(E)$ die Wahrscheinlichkeit für das Eintreten von E, so ist $1 - P(E)$ die Wahrscheinlichkeit für das Nichteintreten von E. - Ist ein Ereignis E darstellbar in der Form $E = E_1 \vee E_2 \vee ... \vee E_n$ (E_1 oder E_2 oder ... oder E_n) und schließen sich die Ereignisse $E_1, E_2, ...$ gegenseitig aus *(unvereinbare Ereignisse)*, so gilt:

$$P(E) = P(E_1 \vee E_2 \vee ... \vee E_n) =$$
$$= P(E_1) + P(E_2) + ... + P(E_n)$$

(Additionsgesetz der W. bzw. der Wahrscheinlichkeiten).

Können mehrere Ereignisse $E_1, ..., E_n$ gleichzeitig eintreten, so bezeichnet man die Ereignisse als *[stochastisch] unabhängig*, wenn die (gelegentl. als *Multiplikationssatz der W.* bezeichnete) Beziehung

$$P(E_1 \wedge E_2 \wedge ... \wedge E_n) = P(E_1) \cdot P(E_2) \cdot ... \cdot P(E_n)$$

für diese *zusammengesetzte Wahrscheinlichkeit* gilt.

Zufallsgrößen: Eine Größe, die bei verschiedenen, unter gleichen Bedingungen durchgeführten Versuchen verschiedene Werte annehmen kann, von denen jeder Wert ein zufälliges Ereignis ist, nennt man eine *Zufallsgröße* oder *-variable*; man bezeichnet sie im allg. mit großen Buchstaben (z. B. $X, Y, ...$), ihre Werte mit den entsprechenden kleinen Buchstaben ($x, y, ...$).

Zur Charakterisierung einer Zufallsgröße X mit den Werten x_i und den Wahrscheinlichkeiten $p_i = P(X = x_i)$ benutzt man folgende Kenngrößen: 1. der *Erwartungswert (Mittelwert, [mathemat.] Hoffnung)*

$$E[X] = \sum_k p_k x_k;$$

$E[X]$ gibt den bei einer großen Anzahl von Versuchen zu erwartenden Durchschnittswert von X an (beim Würfeln ist z. B. $E[X] = 3{,}5$). 2. die *Varianz (Dispersion, Streuungsquadrat)*

$$V[X] = E[(X - E[X])^2];$$

$V[X]$ beschreibt die Abweichung vom Mittelwert.
Die Größe $\sigma = \sqrt{V[X]}$ bezeichnet man als *Standardabweichung (mittlere quadrat. Abweichung, Streuung)* von E. Die statist. Abhängigkeit zweier Zufallsgrößen X, Y erfaßt man mit Hilfe der *Kovarianz*

$$K[X, Y] = E[(X - E[X])(Y - E[Y])].$$

📖 *Hinderer, K.: Grundbegriffe der Wahrscheinlichkeitstheorie. Bln. u. a. 3. Nachdr. 1985. - Bosch, K.: Elementare Einf. in die W. Wsb. ⁴1984. - Bandelow, C.: Einf. in die Wahrscheinlichkeitstheorie. Mhm. u. a. 1981. - Basler, H.: Grundbegriffe der W. u. statist. Methoden. Würzburg ⁸1981. - Freudenthal, H.: Wahrscheinlichkeit u. Statistik. Mchn. ⁴1981.*

Wahrtraum, auf angebl. paranormaler Fähigkeit beruhendes Erträumen tatsächl. (bes. künftiger) Begebenheiten.

Währung, 1. die Währungseinheit eines Landes, die gesetzl. Zahlungsmittel ist; 2. die Geldordnung und damit die Normen, die das Geldsystem eines Landes regeln. Der Außenwert der W. ist die Kaufkraft der inländ. W. im Ausland, die durch den ↑ Wechselkurs festgelegt wird. Über den Wechselkurs ergibt sich außer der *Währungsparität*, d. h. das Verhältnis zweier W. zueinander. Das *W.gebiet* ist der Raum, in dem eine W. gilt; dabei kann ein W.gebiet auch mehrere Länder umfassen.

Nach dem Verhältnis zum Gold können die W. unterschieden werden 1. in an das Gold gebundene Währungen (↑ Goldwährung) und 2. in freie W. *(Papierwährungen)*, die an keinen Metallwert gebunden sind; besteht statt dessen eine Bindung des Geldwerts an einen bestimmten Preisindex *(Indexwährung)*, so muß die Geldmenge bzw. Geldumlaufgeschwindigkeit von der Zentralnotenbank entsprechend manipuliert werden.

Währungsausgleichsfonds [...fõ], staatl. Fonds zur Beeinflussung der Wechselkurse. Die Unabhängigkeit des W. von der jeweiligen Zentralbank erlaubt der Reg., den Außenwert der jeweiligen Währung und damit die Exportmöglichkeiten im Interesse der nat. Wirtschaftspolitik unter weitgehender Geheimhaltung von Umfang und Richtung der Interventionen zu beeinflussen.

Währungsblock, Währungsgemeinschaft mehrerer Länder, bei der die verschiedenen nat. Währungen eng an eine bestimmte [dominierende] Währung gebunden sind. Beim wichtigsten Beispiel eines W., dem Sterlingblock, bestand diese Bindung darin, daß die nichtbrit. Mgl. des Sterlingblocks verpflichtet waren, ihre Devisenreserven der Bank von England zum Kauf anzubieten.

Währungsfonds [...fõ] ↑ Internationaler Währungsfonds.

Währungsgebiet ↑ Währung.
Währungsgesetz ↑ Währungsreform.
Währungspolitik, Gesamtheit aller staatl. Maßnahmen zur Konstituierung einer Währungsordnung (Strukturmaßnahmen)

und zur Erreichung bestimmter wirtschaftspolit. Zielsetzungen durch die Beeinflussung des Wertes der Währung (Prozeßmaßnahmen). Strukturmaßnahmen betreffen die Wahl der Währungsordnung (↑ Währungssystem); dies schließt auch die Wahl der Recheneinheit bei freier oder gebundener Währung, stabilen oder flexiblen Wechselkursen, mit oder ohne Konvertibilität ein. Die Prozeßmaßnahmen sind den gesamtwirtschaftl. Zielen im Rahmen des mag. Dreiecks (↑ magisches Viereck) untergeordnet: 1. Stabilisierung des Innenwertes der Währung (Preisstabilität) durch die ↑ Geldpolitik; 2. Stabilisierung des Außenwertes der Währung (Wechselkursstabilität), v. a. durch Interventionen der Zentralbank; 3. Erhaltung von Vollbeschäftigung und wirtsch. Wachstum durch Geldschöpfung, wodurch jedoch das Ziel der Preisstabilität wiederum gefährdet werden kann.

Währungsreform, allg. die Neuordnung des Geldwesens durch gesetzl. Maßnahmen; i. e. S. die Umstellung von Reichsmark auf Deutsche Mark in Westdeutschland 1948. Die W. erfolgte nach Anordnung der westl. Besatzungsmächte auf Grundlage des zuvor erlassenen *Währungsgesetzes* und des *Emissionsgesetzes* und nach Gründung der Bank Deutscher Länder am 21. Juni 1948. Notwendig geworden war die W. vor allem durch die mit der nat.-soz. Kriegswirtschaft entstandene zurückgestaute Inflation. Die Überleitung von Forderungen und Verbindlichkeiten in Reichsmark in die neue Währung wurde nach dem Stichtag der W. im *Umstellungsgesetz* geregelt. Während in Gesetzen und Verwaltungsakten durch die bloße Ersetzung der Bez. Reichsmark durch D-Mark im Verhältnis 1 : 1 - freilich mit etlichen Ausnahmeregelungen - umgestellt wurde, galt für die meisten Verbindlichkeiten auf Grund des § 16 Umstellungsgesetz ein Verhältnis von 10 : 1; davon wurden jedoch wiederum Löhne und Gehälter, Miet- und Pachtzinsen sowie Renten und Pensionen (die ebenfalls im Verhältnis 1 : 1 umgestellt wurden) ausgenommen.

Die Ausstattung mit der neuen Währung erfolgte in der Weise, daß für die sog. Altgeldguthaben in Reichsmark im Verhältnis von 10 : 1 DM gutgeschrieben wurden, die zunächst zur Hälfte auf ein [frei verfügbares] *Freikonto,* zur anderen Hälfte auf ein *Festkonto* gutgeschrieben wurden. Später wurden auf Grund eines bes. Gesetzes (*Festkontogesetz*) die auf das Festkonto gutgeschriebenen Beträge zu 20% und auf das Freikonto und zu 10% auf ein besonderes Anlagekonto überführt, während die restl. Guthaben erloschen. Am Währungsstichtag selbst erhielt jede natürl. Person einen Kopfbetrag von 40 DM gegen Reichsmark im Verhältnis 1 : 1; im Aug. wurden auf die gleiche Weise weitere 20 DM pro Person ausgezahlt. Unternehmen erhielten außerdem einen Betrag von 60 DM je Arbeitnehmer. Die Auszahlungen wurden bei der Umwandlung von Reichsmarkguthaben in DM angerechnet.

Zur Regelung der Folgen der W. wurde in den nächsten Jahren eine Reihe weiterer Gesetze erlassen, so z. B. das DM-Bilanzgesetz vom 21. 8. 1949, nach dem für Unternehmen die Erstellung von Eröffnungsbilanzen in DM auf den Stichtag der Währungsreform vorgeschrieben wurde, und das ↑ Altspargesetz. Unmittelbare Folge der W. war ein sprunghafter Anstieg des Angebots an Konsumgütern durch die Auflösung bis dahin gehorteter Warenlager. Längerfristig betrachtet setzte mit der gelungenen W. das sog. Wirtschaftswunder ein.

📖 *Stützel, W.: Währungsumstellungen. Eine Nachkalkulation. Ffm. 1971. - Hahn, L. A.: Ein Traktat über W. Tüb. 1964.*

Währungsreserven ↑ Devisen.

Währungsschlange, Bez. für die 1972 beschlossene [flexible] Bindung der Währungen der EG-Länder aneinander; diese Bindung bestand in der Vereinbarung, die Wechselkurse zw. den Währungen der EG-Länder nur in einer Bandbreite von ± 1,1125% schwanken zu lassen, wogegen im Rahmen des Währungsfonds eine Bandbreite von ± 4,5% zugelassen war. Dem lag die Absicht zugrunde, durch schrittweise Beseitigung der Wechselkursschwankungen zu einer Wirtschafts- und Währungsunion im Rahmen der EWG zu kommen. Wegen unterschiedl. wirtsch. Entwicklung und Interessen der Mgl. wurde die W. bereits im nächsten Jahr wieder aufgegeben. Dafür bildete sich - verbunden mit einer Aufwertung der DM um 3% - die sog. „kleine Schlange", der neben der BR Deutschland, Frankr., Belgien, Dänemark, Norwegen, die Niederlande und Schweden angehörten. Da die Einhaltung der vereinbarten engeren Bandbreite entsprechende Interventionen der Zentralbanken erfordert, verließ Frankr. schon von Jan. 1974 bis Juli 1975 und dann wieder im März 1976 auch diese „kleine Schlange", um seine Devisenreserven zu schonen. Seit 1979 durch das ↑ Europäische Währungssystem abgelöst.

Währungssystem (Währungsordnung), Geldordnung eines Landes: 1. gebundene Währung, die an einen bestimmten Stoff (Metall) gebunden ist. Bei dieser Metallwährung ist das gesetzl. Zahlungsmittel entweder an ein einziges Metall gebunden (*Monometallismus*), wobei zw. Goldwährung und Silberwährung unterschieden werden, oder gleichzeitig an zwei Metalle (*Bimetallismus*). Bei der *Parallelwährung* kann das gesetzl. Zahlungsmittel in Gold und Silber geprägt werden, ohne daß das Wertverhältnis zw. beiden zueinander fixiert wäre, bei der *Doppelwährung* dagegen ist das Wertverhältnis zw. Gold und Silber festgelegt, bei der *hinkenden*

Waiblingen

Währung wird das Wertverhältnis durch die bewußte Verknappung des nicht ausprägbaren Metalls fixiert; 2. freie Währung: Währung, die nicht an einen bestimmten Metallwert gebunden ist, sondern bei der die Zentralnotenbank die Aufgabe der Geldmengenregulierung übernimmt. Hierunter fallen manipulierte Währungen in Form von Papier- oder Indexwährungen, bei denen der Geldwert an einen bestimmten Preisindex gebunden ist. Dabei sind freie Währungen immer insofern "manipulierte" Währungen, als eine Instanz auf die umlaufende Geldmenge Einfluß ausüben muß.

Waiblingen, Krst. in einer Talweitung der Rems, Bad.-Württ., 220–325 m ü. d. M., 44 600 E. Verwaltungssitz des Rems-Murr-Kreises; Metall-, Nährmittel-, Textilind., Lederwarenherstellung, Möbelfabriken u. a. Industrie. - Als karoling. Pfalz 885 erstmals gen.; der Ort entwickelte sich im Schutz der Pfalz; als ein Mittelpunkt der stauf. Macht angesehen (Ghibellinen [↑ Ghibellinen und Guelfen] aus "Waiblinger"); Stadtrecht um 1250 verliehen. - Ev. spätgot. Michaeliskirche (1459–89); ev. Stadtkirche (im Frühbarock grundlegend erneuert); sog. Nonnenkirchle (1496).

Waiblinger, Wilhelm Friedrich, * Heilbronn 21. Nov. 1804, † Rom 17. Jan. 1830, dt. Dichter. - U. a. mit Hölderlin, Mörike und G. Schwab befreundet. In seiner Lyrik virtuoser Nachbildner antiker und klass. Formen ("Lieder der Griechen", 1823); lyr. Sprache bestimmt auch seine Dramen, insbes. "Anna Bullen, Königin von England" (1829).

Waid (Isatis), Gatt. der Kreuzblütler mit rd. 30 Arten, verbreitet von M-Europa bis Z-Asien und im Mittelmeergebiet; einjährige oder ausdauernde Kräuter mit gelben Blüten und hängenden, flachen, geflügelten Früchten. In Deutschland heimisch ist vor allem der 1,4 m hohe, an Wegen und in Schuttunkrautgesellschaften wachsende **Färberwaid** (Dt. Indigo, Isatis tinctoria); wurde früher zur Gewinnung des Farbstoffs Indigo angebaut.

waid..., Waid..., fachsprachl. häufige (etymolog. nicht gerechtfertigte) Schreibung für Wörter, die mit weid..., Weid... (in der Bed. "Jagd") beginnen.

Waidhofen an der Thaya, niederöstr. Bez.hauptstadt im nördl. Waldviertel, 510 m ü. d. M., 5400 E. Landw. Handelszentrum. - Ende des 12. Jh. als Burgstadt planmäßig neben einer Siedlung gegr.; um 1230 Stadtrecht. - Spätbarocke Pfarrkirche (18. Jh.), Renaissancerathaus (16. Jh.); Schloß (um 1770 umgebaut) mit Gemälde- und Gewehrsammlung.

Waidhofen an der Ybbs ['ɪps], niederöstr. Stadt 50 km sö. von Linz, 358 m ü. d. M., 11 300 E. Herstellung von Büromöbeln, Metall- und Kunststoffwaren, Maschinen und Apparaten. - 1186 erstmals erwähnt, 1277 erstmals als Stadt genannt. - Geschlossenes Stadtbild mit Bürgerhäusern v. a. des 16. und 17. Jh.; spätgot. Pfarrkirche (um 1470).

Waigatschinsel, sowjet. Insel zw. Kara- und Barentssee, 3383 km², bis 170 m hoch.

Waigel, Theodor, * Oberrohr bei Günzburg 22. April 1939, dt. Politiker (CSU). - Jurist; seit 1972 MdB; seit Okt. 1982 Vors. der CSU-Landesgruppe und 1. stellv. Vors. der CDU/CSU-Fraktion im Bundestag; seit Nov. 1988 CSU-Vors.; seit April 1989 auch Bundesmin. der Finanzen.

Waika ↑ Yanoama.

Waikato River [engl. waɪˈkætoʊ ˈrɪvə], längster Fluß Neuseelands, auf der Nordinsel, entspringt an der O-Flanke des Ruapehu, durchfließt den Lake Taupo, mündet südl. von Auckland in die Tasmansee, 425 km lang.

Waikiki Beach [engl. waɪkɪˈkiː ˈbiːtʃ, 'waːiːkiːkiː ˈbiːtʃ], Seebad im Stadtgebiet von ↑ Honolulu, Hawaii, USA.

Wain, John [engl. weɪn], * Stoke-on-Trent 14. März 1925, engl. Schriftsteller. - Seit 1973 Prof. in Oxford; wendet sich gegen Brutalität und menschl. Gleichgültigkeit, bes. in seinen iron.-oft karikierenden, pikaresken Romanen wie "Blick auf morgen" (1955), "Liebhaber und Machthaber" (1958), "Roter Mond über Soho" (1965), "Young beginners" (1982).

Waischeschika [Sanskrit "unterscheidend"], eines der 6 klass. Systeme der ind. Philosophie. Grundlage des W. bilden die W.-Sutras (1. Jh. n. Chr. [?]), zu denen Praschastapada im 5. Jh. einen autoritativen Kommentar schrieb. Danach ist das W. eine urspr. atheist. Naturphilosophie, die einen Dualismus von materiellen Atomen, aus denen alle Dinge bestehen, und individuellen Atmans, die sich mit den Atomen verbinden und Träger der Reinkarnation sind, lehrt.

Waisenfürsorge, die [staatl.] Fürsorgemaßnahmen für Kinder ohne Eltern oder mit nur einem Elternteil. Heute ist die W. Bestandteil der ↑ Jugendhilfe.

Waisengeld, die monatl. Beträge, die die Waisen vom Staat bzw. aus gewerbl. oder betriebl. Witwen- und Waisenkassen erhalten. Nach dem Beamtenversorgungsgesetz z. B. steht Halbwaisen 12%, Vollwaisen 20% des Ruhegehalts, das der Verstorbene erhalten hätte, zu.

Waisenhaus, Einrichtung zur Unterbringung elternloser Kinder, von kirchl., staatl. oder privaten Institutionen getragen. - Seit Ende des 15. Jh. entstanden W. in Italien, den Niederlanden und Deutschland (Augsburg 1572), zunächst als kirchl. Einrichtungen; später, insbes. in den Reichsstädten, traten die Gemeinden oder Vereine und Stiftungen als Träger der W. auf. 1695 gründete A. H. Francke das berühmte W. in Halle/Saale und Anfang des 18. Jh. folgten zahlr. weitere Gründungen, u. a. das Militär-W. in Potsdam von Friedrich Wilhelm I. Die kleineren Kinderasyle waren oft den örtl. Armen-

und Krankenhäusern eingegliedert. Gegen Ende des 18. Jh. führten die Philanthropen den berühmten W.streit gegen die in den Anstalten herrschenden Mißstände (u. a. Ausbeutung der kindl. Arbeitskraft) und setzten sich für Familienpflege ein. Das strikte Familienprinzip führte zu neuen Mißständen, und es wurde eine Reform der Anstalten angestrebt, um die sich bes. Pestalozzi verdient machte. Im 19. Jh. gingen die W. weitgehend in Erziehungsanstalten auf.

Waisenrente, die Leistungen der gesetzl. Sozialversicherung an Waisen: In der *Unfallversicherung* erhält jedes Kind des durch Arbeitsunfall Verstorbenen bis zur Vollendung des 18. Lebensjahres eine W. von $^3/_{10}$, wenn es Vollwaise ist, und von $^1/_5$ des Jahresarbeitsverdienstes, wenn es Halbwaise ist. Nach der *Rentenversicherung* der Arbeiter und Angestellten erhalten die Kinder und Pflegekinder nach dem Tode des Versicherten bis zur Vollendung des 18. Lebensjahres Waisenrente, bei Halbwaisen in Höhe von $^1/_{10}$, bei Vollwaisen in Höhe von $^1/_5$ der Versichertenrente zuzügl. den Rentenanteil aus der Höherversicherung. Befinden sich die Kinder in der Schul- oder Berufsausbildung, wird die W. längstens bis zur Vollendung des 25. Lebensjahres, im Falle der Unterbrechung oder Verzögerung der Schul- oder Berufsausbildung durch Wehr- oder Ersatzdienst auch über das 25. Lebensjahr hinaus gewährt.

Waitaki River [engl. waɪˈtækɪ ˈrɪvə], Fluß auf der Südinsel Neuseelands, entspringt in den Neuseeländ. Alpen (mehrere Quellflüsse), mündet nördl. von Oamaru in den Pazif. Ozean; 209 km lang; mehrmals gestaut.

Waitz, Georg, * Flensburg 9. Okt. 1813, † Berlin 24. Mai 1886; dt. Rechtshistoriker. - Schüler L. von Rankes; Prof. in Kiel, Göttingen und Berlin; 1848/49 Mgl. der Frankfurter Nat.versammlung (Erbkaiserl. Partei); 1875–86 l. Vors. der Direktion der Monumenta Germaniae historica. Besorgte 1869–83 die 3.–5. Auflage von F. C. Dahlmanns „Quellenkunde..." (seitdem „Dahlmann-Waitz").

Wajang (Wayang) [indones.], seit dem 8. Jh. n. Chr. auf Java und später auch auf Bali bekanntes, vom †Gamelan begleitetes Theaterspiel, das in den Formen des *W. purva* (Schattenspiel mit Puppen, die aus gefärbtem Büffelleder geschnitten sind), des *W. golek* (Spiel mit vollplast., bemalten Figuren) und des *W.wong* (anstelle der Figuren treten Tänzer auf) vorkommt.

Wajda, Andrzej [poln. ˈvajda], * Suwalki 6. März 1926, poln. Regisseur. - Seine Bed. für den poln. und internat. Film begründete er mit der Trilogie „Generation" (1954), „Der Kanal" (1956), „Asche und Diamant" (1958); krit., inhaltl. dichte, häufig Kriegsthemen aufgreifende Filme sind u. a. auch „Alles zu verkaufen" (1969), „Die Hochzeit" (1972), „Das gelobte Land" (1974), „Der Mann aus Marmor" (1976), „Ohne Betäubung" (1979), „Der Mann aus Eisen" (1981), „Die Chronik von Liebesgeschichten" (1986).

Wakajama, jap. Hafenstadt 60 km sw. von Osaka, 401 400 E. Verwaltungssitz der Präfektur W.; Univ. (gegr. 1949), Hochschule für Medizin; Stahlwerke, Erdölraffinerie, chem., Textilind., Schiff- und Maschinenbau. - Schloß (1585 erbaut; 1958 erneuert).

Wakanda (Wakonda) †Großer Geist.

Wakatakadynastie, ind. Herrscherhaus, beherrschte um 250–510 den nördl. Dekhan; bed. Förderer von Kunst und Literatur; Inschriften in Ajanta.

Wake [niederdt.], nicht (oder nur oberflächl.) zufrierende Stelle in der Eisdecke eines Flusses oder der See.

Wakefield [engl. ˈweɪkfiːld], Stadt in N-England, am Calder, 60 500 E. Verwaltungssitz der Metropolitan County West Yorkshire; anglikan. Bischofssitz; Museum, Kunstgalerie, Markt- und Ind.stadt. - Im Domesday Book (1086/87) als Königsgut belegt, vom 11. Jh. bis 1832 Baronie; erhielt 1204 Marktrecht; vermutl. seit 1231 Stadt, seit 1888 City; seit 1915 Stadtgrafschaft. - Kathedrale (erneuert 1329) im Perpendicular style. Auf der über den Calder führenden Brücke steht die Kapelle Saint Mary (1342 ff.).

Wake Island [engl. ˈweɪk ˈaɪlənd], von den USA verwaltetes Atoll im nördl. Pazifik, 7,8 km²; Luftstützpunkt, Marine- und Kabelstation. - 1796 entdeckt, 1899 von den USA in Besitz genommen; seit 1972 untersteht die Insel der Verwaltung der US-Luftstreitkräfte.

Wakhan, Gebiet in NO-Afghanistan, das sich als 300 km langer und 20–60 km breiter Zipfel zw. der UdSSR (im N) und Pakistan (bzw. Indien) bis zur chin. Grenze (im O) erstreckt; Hochgebirgsland (bis fast 6 000 m hoch), das vom *W. Rud*, dem Oberlauf des Pjandsch, durchflossen wird.

Wakidi, Al, Muhammad Ibn Umar, * Medina 747, † Bagdad 28. April 823, arab. Geschichtsschreiber. - Von Harun Ar Raschid zum Kadi ernannt; verfaßte Werke über die Frühgeschichte des Islams, insbes. das „Buch über die Feldzüge (des Propheten)".

Waksman, Selman [engl. ˈwɑːksmən], * Priluki bei Kiew 22. Juli 1888, † Hyannis (Mass.) 16. Aug. 1973, amerikan. Biochemiker russ. Herkunft. - Prof. an der Rutgers University in New Brunswick (N. J.); isolierte aus dem Strahlenpilz Streptomyces griseus das Streptomyzin; erhielt dafür 1952 den Nobelpreis für Physiologie oder Medizin. Später isolierte er aus Streptomyces fradiae das Neomyzin.

Wal †Wale.

Walaat (Walaas, Clione limacina), bis 4 cm lange, schalenlose Schnecke (Ordnung Ruderschnecken) in polaren Meeren; kommt zeitweise in so großen Schwärmen vor, daß sie als Hauptnahrung der Bartenwale dient.

Walachei, Geb. in S-Rumänien, zw. den Karpaten im N und der Donau im W, S und O, im NO in die Moldau übergehend, durch den Alt geteilt in die *Kleine* (im W) und *Große W.* Die vormals überwiegend agrar. geprägte W. ist nach dem 2. Weltkrieg zu einem der wichtigsten Ind.gebiete des Landes geworden.
Geschichte: Fürst Basarab I. (⚭ seit um 1310–52) vereinte die Woiwodschaften und Knesate beiderseits des Alt und begründete das Ft. der W.; 1330 konnte er die ungar. Lehnshoheit abschütteln. Ihre größte Ausdehnung erreichte die W. unter Fürst Mircea dem Alten (⚭ 1386–1418), der auch die Dobrudscha, beide Donauufer von Zimnicea bis zum Schwarzen Meer sowie die siebenbürg. Gebiete Amlaş und Făgăraş und das Banat von Severin beherrschte, seit 1415 jedoch zur Tributzahlung an die Osmanen gezwungen war, in deren Abhängigkeit die W. in der Folgezeit zunehmend geriet. Erst Michael dem Tapferen (⚭ 1593–1601) gelang es, die Osmanen entscheidend zu schlagen. Er vereinigte sein Land erstmals für kurze Zeit mit Siebenbürgen (ab Okt. 1599) und der Moldau (ab Mai 1600). Nach seiner Ermordung war die osman. Oberhoheit in der W. für etwa 2 Jh. nicht mehr ernsthaft angefochten. Ab 1714 wurden die Herrscher von den Osmanen eingesetzt (bis 1821 Phanarioten; die Freiheitsbewegung unter T. Vladimirescu scheiterte). Der Vertrag von Adrianopel (1829) schränkte die osman. Einflußnahme erhebl. ein, gab die Donauhäfen Giurgiu, Brăila und Turnu (= Turnu Măgurele) an die W. zurück und hob das osman. Handelsmonopol auf. 1828–34 war die W. von Rußland besetzt. Die Revolution von 1848 wurde von russ. und osman. Truppen unterdrückt. Mit der Wahl von provisor. Landtagen (auf Grund des Pariser Friedens von 1856), die für die Vereinigung der unter osman. Oberhoheit stehenden Donaufürstentümer stimmten, und der Wahl von A. I. Cuza zum Fürsten der Moldau und der W. (1859) begann die Entstehung des Staates ↑ Rumänien (1862).

Walachen, svw. Wlachen, d. h. Rumänen.

Walahfrid Strabo, * in Schwaben 808 oder 809, † 18. Aug. 849 (in der Loire ertrunken), dt. Benediktiner und Dichter. - Mönch des Klosters Reichenau; 826–829 Studien bei Hrabanus Maurus in Fulda; 829 Hofmeister Karls II., des Kahlen, in Aachen; 838 von Ludwig I., dem Frommen, zum Abt von Reichenau ernannt. Sein dichter. Werk (in klass. Form ohne Reim) umfaßt u. a. Briefgedichte, eine Gedichtsammlung über Blumen und Pflanzen („De cultura hortorum" oder „Hortulus"); eine Heiligenviten sowie eine Neuausgabe von Einhards „Vita Caroli magni", exeget. Werke und ein liturg.-archäolog. Handbuch.

Walbrook, Anton [engl. 'wɔːlbrʊk], brit. Filmschauspieler östr. Herkunft, ↑ Wohlbrück, Adolf.

Walburga (Walburg, Walpurga, Walpurgis), weibl. Vorname (zu althochdt. waltan „walten, herrschen" und burc „Burg").

Walburga (Walburg, Waldburg, Waldburga, Walpurgis), hl., * Wessex um 710, † Heidenheim (Landkr. Gunzenhausen) 25. Febr. 779, angelsächs. Benediktinerin. - Von ihrem Verwandten, dem hl. Bonifatius, nach Deutschland gerufen, wurde sie Äbtissin (761) im Doppelkloster Heidenheim, das ihre Brüder Wunibald und Willibald gegründet hatten; galt u. a. als Beschützerin der Wöchnerinnen vor Hexen. - Fest: 25. Februar.

Walch, Jakob ↑ Barbari, Iacopo de'.

Walcha, Helmut, * Leipzig 27. Okt. 1907, dt. Organist. - Mit 16 Jahren erblindet, Schüler von G. Ramin; 1929–44 Organist an der Friedenskirche in Frankfurt am Main, 1946–81 an der Dreikönigskirche ebd.; lehrte 1938–72 an der Musikhochschule in Frankfurt; wurde v. a. als Interpret der Orgelmusik von J. S. Bach bekannt.

Walchensee, mit 16,4 km² größter dt. Alpensee; 802 m ü. d. M., bis 192 m tief; Kraftwerk (1925 fertiggestellt).

Walcheren [niederl. 'wɑlxərə], ehem. Nordseeinsel in der niederl. Prov. Seeland, heute über Zuid-Beveland mit dem Festland verbunden, 216 km², Hauptorte sind Middelburg und Vlissingen.

Walcker, Eberhard Friedrich, * Cannstadt (= Stuttgart) 3. Juli 1794, † Ludwigsburg 2. Okt. 1872, dt. Orgelbauer. - Gründete 1820 in Ludwigsburg eine Orgelbaufirma, die nach dem Bau der großen Orgel der Paulskirche in Frankfurt am Main (1833) als eine der bedeutendsten in Deutschland galt. Sein Enkel *Oskar W.* (* 1869, † 1948) baute Orgeln mit elektropneumat. Traktur und bis zu 200 Registern. Der heute unter dem Namen „E. F. W. + Cie. Orgelbau" firmierende Betrieb wird seit 1948 von Oskars Enkel *Werner W.-Mayer* (* 1923) geleitet.

Wald, George [engl. wɔːld], * New York 18. Nov. 1906, amerikan. Biochemiker. - Prof. an der Harvard University in Cambridge (Mass.); entdeckte die Vitamine A_1 und A_2 in der Netzhaut des Auges und arbeitete über den Mechanismus des Farbensehens. Für seine Untersuchungen über die Primärprozesse im Auge erhielt er (zus. mit R. A. Granit und H. K. Hartline) 1967 den Nobelpreis für Physiologie oder Medizin.

Wald, Gem. im nw. Oberschwaben, Bad.-Württ., 671 m ü. d. M., 2 500 E. Ehem. Zisterzienserinnenkloster mit barocker Kirche (1696–98; bed. Innenausstattung, nach 1751).

Wald, natürl. Lebensgemeinschaft und Ökosystem von dicht stehenden Bäumen mit spezieller Tier- und Pflanzenwelt sowie mit bes. Klima- und Bodenbedingungen. Hin-

Wald

Waldbestände auf der Erde (in Auswahl), jeweils in % der Gesamtfläche eines Landes

Europa

BR Deutschland	29,5		
Baden-Württemberg	36,4	Nordrhein-Westfalen	24,5
Bayern	33,6	Rheinland-Pfalz	38,8
Berlin (West)	16,0	Saarland	33,2
Bremen	1,7	Schleswig-Holstein	8,7
Hamburg	4,1		
Hessen	39,5		
Niedersachsen	20,6		
DDR	27,3	Österreich	39,1
Finnland	69,2	Polen	27,8
Frankreich	26,6	Rumänien	26,7
Großbritannien	8,6	Schweden	58,7
Island	1,2	Schweiz	25,5
Italien	21,1	Spanien	30,9
Niederlande	7,8		

Afrika

Ägypten	0,0	Nigeria	15,2
Äthiopien	2,6	Südafrika	3,8
Algerien	1,8	Zaïre	75,3
Libyen	0,4		

Amerika

Argentinien	21,6	Kolumbien	44,6
Brasilien	66,7	Mexiko	23,8
Guatemala	39,6	USA	28,3
Kanada	32,9		

Asien

China	13,6	Malaysia	65,7
Indien	20,5	Saudi-Arabien	0,7
Iran	10,9	Thailand	30,2
Japan	67,7		

Australien und Ozeanien

Australien	13,8	Neuseeland	38,3

Wald. Schichtung im mitteleuropäischen Laubwald: 1 Unterboden, 2 Oberboden, 3 Bodenoberflächenschicht, 4 Krautschicht, 5 Strauchschicht, 6 Stammschicht, 7 Kronendach

sichtl. der Entstehung des W. unterscheidet man zw. dem ohne menschl. Zutun gewachsenen *natürl. Wald* (Urwald), dem nach menschl. Eingriffen (z. B. Rodung) natürl. nachwachsenden *Sekundärwald* und dem vom Menschen angelegten *Wirtschaftswald*, hinsichtl. des Baumbestandes zw. *Reinbestand* (eine einzige Baumart) und *Mischbestand* (mehrere Baumarten; *Mischwald*). Nach der Höhe des Bewuchses unterscheidet man pflanzensoziolog. Moos-, Kraut-, Strauch- und Baumschicht. Die Pflanzen stehen miteinander in ständiger Wechselbeziehung, indem sie sich gegenseitig fördern oder miteinander um Licht, Wasser und Nährstoffe konkurrieren. Als Tief- und Flachwurzler schließen sie den Boden auf, verändern und entwickeln das Bodenprofil und schaffen einen Oberboden, in dem eine spezielle Mikroflora und Mikrofauna gedeihen und ihre Wirkung entfalten. Das *Waldklima* zeichnet sich im Verhältnis zum Klima offener Landschaften durch gleichmäßigere Temperaturen, höhere relative Luftfeuchtigkeit, geringere Lichtintensität und schwächere Luftbewegung aus. Der W. hat einerseits eine sehr hohe Transpirationsrate, andererseits vermag er in seinen Boden große Wassermengen schnell aufzunehmen und darin zu speichern (Abb. Bd. 16, S. 59).

Unter entsprechenden Klimabedingungen gilt der W. als dominierende pflanzl. Formation. Er entwickelt sich ganz allmähl. in größeren Zeiträumen. Im natürl. W. stellt sich diese Entwicklung wie folgt dar: *Vorwald* (Pionierbaumarten sind z. B. Birke, Robinie, Espe, Erle, Pappelarten) besiedelt ein baumfreies Gelände. Der dadurch verbesserte Frost- und Strahlungsschutz läßt zunehmend schattenertragende Baumarten *(Zwischenwald)* gedeihen. Diese wachsen zum Gefüge des *Hauptwaldes* heran, bis das oberste Kronendach keinen Jungwuchs mehr aufkommen läßt. Wird dieser *Schlußwald* etwa durch Feuer, Sturm oder Schädlingskatastrophen zerstört,

so wiederholt sich der ganze Vorgang der *Waldbildung.* - In der Randzone eines W. *(W.saum, W.mantel, W.trauf),* in der die Bäume gewöhnl. fast bis zum Boden beastet sind, wächst eine reichhaltige Strauch- und Krautvegetation. Die Randzone bietet somit Schutz gegen Wind, übermäßige Sonneneinstrahlung und Bodenerosion. - Die Ausbreitung des natürl. W. wird durch „waldfeindliche" klimat. Faktoren begrenzt.
Die Wälder der Erde unterscheiden sich wesentl. in ihrem Baumbestand, der durch die jeweils unterschiedl. ökolog. Faktoren bedingt ist. Der *trop. Wald* in den niederschlagsreichen Gebieten ist durch üppiges Wachstum und Artenreichtum charakterisiert. In den *Subtropen* erscheinen mit zunehmender Trokkenheit Hartlaubgehölze. Die *gemäßigte Region* ist durch sommergrüne Laubwälder (in Gebirgslagen bes. durch Nadelwälder) charakterisiert, die auf der *Nordhalbkugel* in einen breiten Nadelholzgürtel übergehen. Im einzelnen lassen sich folgende *Waldformationsklassen* unterscheiden: (trop. oder subtrop.) ↑Regenwald (grundwasserbedingt sind die Unterklassen Mangrove und Galeriewald), regengrüner Wald (auch Monsunwald), regengrüner ↑Trockenwald, Lorbeerwald, Hartlaubwald, sommergrüner Laubwald und ↑borealer Nadelwald.
Die einzelnen W.flächen (davon rd. $1/3$ wirtsch. genutzt und rd. $1/7$ planmäßig bewirtschaftet) sind ungleichmäßig über die Erde verteilt. Der größte Teil der W.fläche entfällt auf die beiden breiten (heute nicht mehr ganz so geschlossenen) Gürtel des trop. Regen-W. und des borealen Nadel-W., die zus. rd. 80% des Gesamtwaldbestandes der Erde ausmachen. - In *Deutschland* gibt es, von gewissen ↑Naturwaldreservaten abgesehen, nur den nach waldbaul. Grundsätzen angelegten Wald. Dabei unterscheidet man (als Bewirtschaftungsformen) *Niederwald* (Laubwald, bei dem sich der Baumbestand aus Stökken und Wurzeln der gefällten Bäume erneuert), *Hochwald* (der Baumbestand wird durch Anpflanzen oder Saat erneuert) und *Mittelwald* (in ein dichtes, alle 10–15 Jahre geschlagenes und immer wieder neu austreibendes Unterholz sind besser geformte Stämme eingestreut). Die BR Deutschland liegt in der Zone des sommergrünen Laub-W., in den montane Nadelwaldareale eingestreut sind. - Über seine Funktion als Holzlieferant und Lebensstätte des Wildes hinaus kommen dem W. u. a. noch wichtige landeskulturelle und soziale Funktionen zu, z. B. als ↑Schutzwald und als Erholungsraum.
Geschichte: Die urspr. ausgedehnten mitteleurop. Wälder wurden etwa seit der Völkerwanderung (4. Jh. n. Chr.) durch extensive Rodungen auf rd. ein Drittel der Bestände reduziert. Mit den Rodungen wurden die vielfältigen urspr. Versorgungsfunktionen des W. für den Menschen (z. B. Lieferung von Brenn- und Bauholz, Schutz vor Feinden und Naturgewalten, Viehmast, Energieversorgung durch Holzkohle, Lieferung chem.-techn. Ausgangsstoffe wie Pottasche zur Seifen- und Glasherstellung, Rinden für die Gerberei, Früchte und Blätter zur Nahrungs- und Arzneimittelgewinnung, Imkerei) zunehmend beeinträchtigt. Seit dem 15. Jh. gibt es in M-Europa keinen besitzlosen W. mehr. Auch die dann erlassenen Rodungsverbote konnten den andauernden Raubbau, der Ende des 18. Jh. schließl. katastrophale Ausmaße annahm, nicht verhindern. Zur Versorgung Europas mit Holzkohle und Pottasche mußten damals russ. und amerikan. Wälder zerstört werden. Im 19. Jh. wurde abermals viel W. vernichtet, um den hohen Holzbedarf (u. a. Eisenbahnschwellen, Leitungsmasten, Holz für den Grubenausbau) zu decken. Eine „rationelle Forstwirtschaft" setzte sich erst in der 2. Hälfte des 19. Jh. durch; abgeholzter Laub-W. wurde jetzt zunehmend durch Nadel-W. ersetzt. - ↑auch Waldsterben. - Abb. auch S. 308 und 309.

📖 *Devivere, B. v.: Der letzte Garten Eden. Zerstörung der trop. Regenwälder u. die Vertreibung ihrer Ureinwohner. Efm. 1984. - Dylla, K./ Krätzner, G.: Das biolog. Gleichgewicht in der Lebensgemeinschaft W. Hdbg. ⁴1984. - Life Planet Erde. Wälder. Mchn. u. a. 1984. - Mayer, Hannes: Wälder Europas. Stg. 1984. - Johnson, H., u. a.: Das große Buch der Wälder u. Bäume. Stg. 1983. - Leibundgut, H.: Der W. Eine Lebensgemeinschaft. Frauenfeld u. Stg. ³1983. - Wälder. Hg. v. L. Line. Herrsching 1982.*

Waldalgesheim, Gem. 4 km wsw. von Bingen, Rhld.-Pf., 2 600 E. Das hier 1869 entdeckte kelt. Fürstengrab ist wahrscheinl. ein Frauengrab (mit Wagen- und [?] Pferdebeigabe). Die Verzierung der Goldgegenstände wurde namengebend für den *Waldalgesheimstil* (↑auch keltische Kunst).

Waldameisen (Formica), Gatt. der Ameisen (Fam. Schuppenameisen) mit rd. 15 z. T. schwer unterscheidbaren einheim. Arten. Am bekanntesten ist die geschützte **Rote Waldameise** (Formica rufa; ♂ und ♀ 9 bis 11 mm lang, Arbeiterinnen 4–9 mm lang). Sie baut aus Kiefern- oder Fichtennadeln ein bis 1,8 m hohes Nest, dessen Hauptteil aus unterird. angelegten Gängen und Kammern besteht, in denen die Eier aufbewahrt und die Larven gepflegt werden. Eine Kolonie umfaßt zw. 100 000 und 1 Mill. Arbeiterinnen sowie zahlr. Königinnen und ♂♂. Im Frühsommer schwärmen ♂♂ und ♀♀ aus; die befruchteten ♀♀ verbleiben im alten Nest oder gründen eine neue Kolonie. - ↑auch Abb. Bd. 1, S. 293.

Waldbaumläufer (Certhia familiaris), etwa 13 cm langer Singvogel (Fam. Baumläufer), v. a. in Wäldern Eurasiens, N- und Z-Amerikas; unterscheidet sich vom sonst sehr ähnl. ↑Gartenbaumläufer v. a. durch weiße (anstelle bräunl.) Flanken und den etwas kürzeren Schnabel.

Waldböcke (Tragelaphinae), Unterfam. reh- bis rindergroßer, schlanker und hochbeiniger Paarhufer (Fam. Horntiere) mit rd. zehn Arten, v. a. in Wäldern, Dickichten und Savannen Afrikas und Indiens. Zu den W. gehören u. a. die †Drehhornantilopen.

Waldbrand, Schadfeuer in Wäldern, das als Boden- oder Lauffeuer (am häufigsten; 75% aller Fälle), als Gipfelfeuer oder Kronenfeuer (am gefährlichsten; 22% aller Fälle) oder als Stammfeuer (meist bedeutungslos) entsteht. Bei den (seit 100 Jahren mit ständig steigender Tendenz) in der BR Deutschland heute jährl. auftretenden über 10 000 Waldbränden werden im Jahr durchschnittl. 3 500 ha Wald (0,05% des Gesamtbestands) vernichtet. Die Bekämpfung von Waldbränden erfolgt je nach dem Ausmaß der Gefährdung, Windrichtung und -geschwindigkeit u. a. durch Löscharbeiten (auch vom Flugzeug aus), durch Aufhalten ("Ausfegen") des Feuers und Begrenzung durch Anlegen holzfreier Isolierstreifen oder durch Anlegen von Feuer, das dem eigentl. Brand die Nahrung entzieht (*Vorfeuer* oder *Gegenfeuer*, das durch den Sog des Großfeuers angezogen wird).

Waldbrunner, Karl, * Wien 25. Nov. 1906, † ebd. 5. Juni 1980, östr. Politiker (SPÖ). - 1945–71 Nationalrat; 1946–56 Generalsekretär der SPÖ; 1947–49 bevollmächtigter Min. bei den Londoner Verhandlungen um den Östr. Staatsvertrag. 1949–56 Bundesmin. für Verkehr und verstaatlichte Betriebe, 1956–62 für Verkehr und Elektrizitätswirtschaft; ab 1962 1. Vizepräs., 1970/71 Präs. des Nationalrats; 1965–74 stellv. Vors. der SPÖ; seit 1972 1. Vizepräs. der Östr. Nationalbank.

Waldburg, urspr. staufisches Ministerialengeschlecht, benannte sich seit Anfang des 13. Jh. nach der Stammburg bei Ravensburg. Nach ihrem Amt trugen die W. 1419–1808 den Titel **Truchseß von Waldburg.** 1429 Teilung in die *Sonnenbergische* (bis 1511), *Trauchburgische* (bis 1772) und *Georgische Linie* (heute noch bestehend die Linien *Zeil-Trauchburg* und *Wolfegg-Waldsee*); 1525 Reichserbtruchsessen, 1628 Reichsgrafen, 1803 Reichsfürsten; 1805/06 mediatisiert. Bed. Vertreter:

W., Gebhard Frhr. zu †Gebhard Frhr. zu Waldburg.

W., Georg Truchseß von, gen. „**der Bauernjörg**", * Waldsee (= Bad Waldsee) 25. Jan. 1488, † ebd. 29. Mai 1531, Feldhauptmann. - Feldherr des Schwäb. Bundes, wirkte 1519 an der Vertreibung Herzog Ulrichs von Württemberg mit und befehligte im Frühjahr 1525 die Heerhaufen der süddt. Fürsten und Städte, die die aufständ. Bauern grausam niederwarfen.

Waldburga †Walburga.
Waldchampignon †Champignon.
Waldeck, Benedikt, * Münster 31. Juli 1802, † Berlin 12. Mai 1870, preuß. Politiker. - Jurist; 1848 Führer der demokrat. Linken in der preuß. Nat.versammlung; beeinflußte maßgebl. die preuß. Verfassungsberatungen 1848 (*Charte Waldeck*). Einer der Führer der Dt. Fortschrittspartei, 1861–69 Mgl. des preuß. Abg.hauses, 1867–69 Mgl. des Norddt. Reichstags.

W., Georg Friedrich Fürst von †Georg Friedrich (Waldeck).

W., Heinrich Suso, eigtl. Augustin Popp, * Wscherau bei Pilsen 3. Okt. 1873, † Sankt Veit im Mühlkreis 4. Sept. 1943, östr. Schriftsteller. - Gestaltet in seiner Lyrik ein dämon. Naturgefühl, das auch alles Negative in den Kosmos einbezieht; schrieb auch religiöse Lieder, v. a. Mariengedichte, und Erzählungen.

Waldeck, ehem. Gft. im heutigen N-Hessen. Die Grafen von W. sind seit 1180 bezeugt. Seit 1349 war W. Reichslehen, seit 1431/38 unter hess. Landes- (bis 1648) und Lehnshoheit. Die Grafen konnten trotz mehrfacher dynast. Teilungen (1692 vereinegte die Wildunger Linie alle Teile) u. a. 1625 die Gft. Pyrmont, 1682/1712 die Reichsfürstenwürde erwerben. W. trat 1807 dem 2. Rheinbund, 1815 dem Dt. Bund bei; seit 1867 unter preuß. Verwaltung; wurde im Nov. 1918 Freistaat, bis Pyrmont 1922 und W. 1929 Preußen (Prov. Hannover bzw. Hessen-Nassau) eingegliedert wurden.

W., hess. Stadt am N-Ufer des Edersees, 404 m ü. d. M., 7 000 E. Luftkurort. - Entstand als Burgflecken einer Burg der seit 1180 bezeugten gleichnamigen Familie; erlangte in der 1. Hälfte des 13. Jh. Stadtrecht (1232 „civitas"); bis 1665 Residenz. - Ev. got. Pfarrkirche (v. a. 16. Jh.); Burg (13.-, 16. und 17. Jh.); Fachwerkbauten (18. Jh.).

Waldecker Upland, im äußersten NO des Hochsauerlandes gelegener Teil des Rothaargebirges (Hessen und NRW).

Waldeck-Frankenberg, Landkr. in Hessen.

Waldeck-Rousseau, Pierre [frz. valdɛkru'so], * Nantes 2. Dez. 1846, † Paris 10. Aug. 1904, frz. Politiker. - Rechtsanwalt; 1879–89 Abg. der gemäßigten Republikaner; 1881/82 sowie 1883–85 Innenmin.; 1894–1904 Senator. Leitete als Premiermin. 1899–1902 die Gesetzgebung zur Trennung von Staat und Kirche ein.

Waldemar, männl. Vorname (zu althochdt. waltan „walten, herrschen" und -mar „groß, berühmt").

Waldemar, Name von Herrschern:
Dänemark:
W. I., *der Große,* * 14. Jan. 1131, † Schloß Vordingborg 12. Mai 1182, König (seit 1157). - Betrieb Ausdehnungspolitik gegenüber den Ostseeslawen, in Konkurrenz zu Heinrich dem Löwen, gegen den er Unterstützung bei Friedrich I. Barbarossa suchte (1162

Waldemar II.

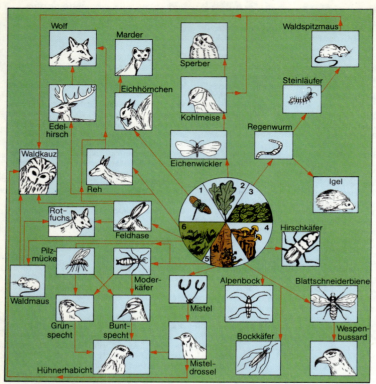

1 Eiche **2** Blätter **3** Laubstreu **4** faulendes Holz und Hutpilze **5** Rinde mit Pilzen und Flechten **6** Grasdecke des Waldbodens

Wald. Artengefüge im Eichenwald

Anerkennung von dessen Lehnshoheit). Eroberte 1168/69 Rügen und verstärkte das Danewerk *(Waldemarsmauer)*.
W. II., der Sieger, * 1170, † 28. März 1241, König (seit 1202). - Sohn von W. I.; unternahm 1219 einen Kreuzzug gegen die Esten (Schlacht bei Reval) und erstrebte die Herrschaft über die Ostsee. Bei dem Versuch, seine Oberherrschaft in den Ländern nördl. der Elbe zu sichern, am 22. Juli 1227 bei Bornhöved besiegt.
W. IV. Atterdag, * um 1320, † Schloß Gurre 24. Okt. 1375, König (seit 1340). - Jüngster Sohn Christophs II.; stellte die volle Ausdehnung des dän. Herrschaftsgebietes wieder her. 1361 zerstörte er die Hansestadt Visby und erlangte so die Herrschaft über Gotland, geriet dadurch aber in einen langwierigen Krieg mit der Hanse, den die dän. Stände im Frieden von Stralsund (1370) eigenmächtig beendeten.

Walden, Herwarth, eigtl. Georg Levin, * Berlin 16. Sept. 1878, † Saratow 31. Okt. 1941, dt. Schriftsteller und Kunstkritiker. - Gründete 1910 die avantgardist. Zeitschrift, 1912 die Galerie „Der Sturm"; setzte sich für Futurismus, Expressionismus, Kubismus und deren Künstler ein (u. a. E. Nolde, E. L. Kirchner, A. Kubin, W. Kandinsky). 1919 Gründung der Berliner Kunstbühne (deren Leiter bis 1921); ging 1932 als Fremdsprachenlehrer nach Moskau, wo er 1941 verhaftet wurde; starb im Gefängnis. W. verfaßte u. a. musik- und kunsthistor. Schriften („Einblick in die Kunst. Expressionismus, Futurismus, Kubismus", 1917; „Die neue Malerei", 1919), Dramen („Letzte Liebe", 1918), Romane („Unter den Sinnen", 1919), Gedichte.

Waldenbuch, Stadt im Schönbuch, Bad.-Württ., 362 m ü.d. M., 7300 E. Schokoladenfabrik, Herstellung von Löt- und Schweißgeräten u. a. - 1296 erstmals erwähnt; 1363 erstmals als Stadt bezeichnet. - Ev. Pfarrkir-

Waldenser

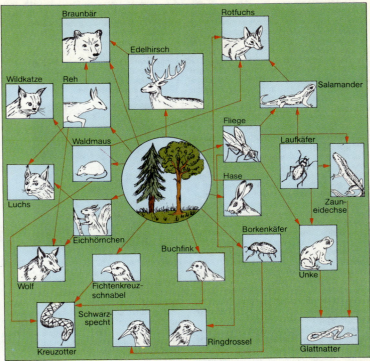

Wald. Artengefüge im Mischwald

che (1606 ff.); ehem. Renaissanceschloß (1717 barockisiert); Fachwerkrathaus (18. Jh.).

Waldenburg, Stadt in Spornlage über der Hohenloher Ebene, Bad.-Württ., 506 m ü. d. M., 2 500 E. Luftkurort. - Entstand im Anschluß an die vermutl. um 1200 errichtete Stauferburg; 1330 erstmals als Stadt bezeichnet; seit 1553 Residenz der Gft. Hohenlohe-Waldenburg. - Ev. spätgot. Stadtpfarrkirche (1589–94). Schloß (im wesentl. barock) mit spätbarocker Michaelskirche (1783).

W., Bez.hauptort im schweizer. Kt. Basel-Landschaft, 535 m ü. d. M., 1 300 E. Feinmechan. Ind., Maschinenbau. - Spätgot. Kirche (1471), Neue Kirche (1833).

Waldenburg (Schles.) (poln. Wałbrzych), Stadt im Waldenburger Bergland, Polen*, 450 m ü. d. M., 138 000 E. Verwaltungssitz der Woiwodschaft Wałbrzych; Museum; Theater; Zentrum eines bed. Bergbau- (Abbau verkokbarer Steinkohle) und Ind.reviers. - Um 1290 als Siedlung entstanden, erhielt vor 1400 Stadtrecht. - Barocke Marienkirche (18. Jh.), barockes Schloß (17. Jh.).

Waldenser, Anhänger der von P. † Waldes zw. 1170 und 1176 innerhalb der kath. Kirche S-Frankreichs zur Verkündigung des Evangeliums gegründeten und nach dem Vorbild Jesu in Armut lebenden Laienbruderschaft. Wegen ihrer Praxis der Laienpredigt wurden die W. schon 1184 von Papst Lucius III. exkommuniziert, der sogar Kaiser Friedrich I. Barbarossa für einen Kreuzzug gegen die W. und andere radikale religiöse Gruppen gewann. Die dadurch einsetzende Vertreibung bzw. Emigration der W. aus Lyon führte zu einer Verbindung mit anderen asket. Strömungen (Katharer, Albigenser, Humiliaten) und zu einer uneinheitl. Bewegung, deren innere Ggs. 1205 und 1218 die Trennung in frz. und lombard. W. zur Folge hatten. Während die frz. W. im 14. Jh. verschwanden, fanden die einen weiteren Armutsbegriff vertretenden lombard. W. rasche Verbreitung in Frankr., N-Spanien, Italien, Deutschland, in der Schweiz, Österreich, Böhmen, Ungarn und Polen, v. a. im Bürgertum. - Zunächst gegen die Katharer gerichtet, übernahmen die W. bald deren Organisationsform, verwarfen aber später Lehrautorität, Hierarchie, Tradi-

tion, Liturgie, Sakramente, Lehre vom Fegefeuer, Eid, Kriegsdienst und Todesstrafe. Der Einfluß der Genfer Erweckungsbewegung brachte den W. ab 1815 eine geistig-kirchl. Erneuerung und eine ausgedehnte Diaspora (v. a. in Uruguay). Die jährl. Synode der W. tagt in Torre Pellice (sw. von Turin). Die W. zählen sechs Distrikte in Italien und einen Distrikt in Uruguay/Argentinien mit insgesamt etwa 50 000 Mgl.; ihre theolog. Fakultät befindet sich in Rom.
📖 *Roll, E.: Die W. Stg. 1982. - Schneider, Martin: Europ. W.tum im 13. u. 14. Jh. Bln. u. New York 1981.*

Waldersee, Alfred Graf von, * Potsdam 8. April 1832, † Hannover 5. März 1904, preuß. Generalfeldmarschall (seit 1900). - 1889–91 als Nachfolger Moltkes Chef des Großen Generalstabs; bemühte sich erfolgreich, die Selbständigkeit des Generalstabs und des Militärs gegenüber dem Kriegsministerium und der polit. Reichsleitung zu stärken. War als Prototyp eines politisierenden Militärs an Bismarcks Sturz maßgebl. beteiligt; im chin. Boxeraufstand Oberbefehlshaber der europ. Interventionstruppen.

Waldes, Petrus (P. Waldensis, Valdes, Valdus, Valdesius), † zw. 1184 und 1218, Begründer der Waldenserbewegung. - Reicher Lyoner Kaufmann; bekehrte sich um 1170 zur apostol. Armut; ließ die Bibel in die Volkssprache übersetzen und praktizierte mit seinen Anhängern († Waldenser) die Laienpredigt; deshalb 1184 exkommuniziert.

Waldeyer-Hartz, Wilhelm von [...daɪɐr], * Hehlen (Landkr. Holzminden) 6. Okt. 1836, † Berlin 23. Jan. 1921, dt. Anatom. - Prof. in Breslau, Straßburg und Berlin; vertrat gegen R. Virchows Auffassung vom Bindegewebe als Mutterboden aller Geschwulstbildung die (richtige) Anschauung vom epithelialen Ursprung der Krebsentstehung.

Waldgärtner (Kiefernmarkkäfer, Blastophagus), Gatt. der Borkenkäfer mit 2 Arten. Arten: **Großer Waldgärtner** (Blastophagus piniperda) in N-Amerika, Europa, O-Asien (einschließl. Japan); 3,5–5 mm lang, schwarzbraun; Larven unter der Rinde von Kiefern, fressen als Käfer in den Astspitzen, die dadurch absterben; gefährl. Forstschädling; **Kleiner Waldgärtner** (Blastophagus minor) in Eurasien; 3,5–4 mm lang, schwarzbraun mit rotbraunen Flügeldecken; Lebensweise ähnl. der vorigen Art.

Waldgrenze, klimat. bedingte Grenzzone, bis zu der geschlossener Wald noch gedeiht.

Waldhausen im Strudengau, oberöstr. Marktgemeinde im östl. Mühlviertel, 475 m ü. d. M., 2 600 E. Bed. Pfarrkirche (1610–12) in gotisierendem Renaissancestil mit spätgot. Chor (15. Jh.); ehem. Stiftskirche (17. Jh.).

Waldheim, Kurt, * Sankt Andrä-Wördern (Niederösterreich) 21. Dez. 1918, östr. Diplomat und Politiker. - 1955/56, 1964–68 und 1970/71 östr. Vertreter bei den UN; 1956–60 Botschafter in Kanada, 1968–70 östr. Außenmin.; unterlag als Kandidat der ÖVP bei der Bundespräsidentenwahl 1971 knapp dem SPÖ-Kandidaten; 1971–81 Generalsekretär der UN. Im Jan. 1982 wurde ihm die Friedensmedaille der UN verliehen. Seit 1986 östr. Bundespräsident.

Kurt Waldheim (1977)

Waldhorn (Horn), Blechblasinstrument mit kreisförmig gewundenem, stark kon. Rohr, trichterförmigem Mundstück, ausladender Stürze und drei Ventilen (mit zusätzl. Stopfventil), von weichem, warmem Klang. - Seit dem 12. Jh. sind gewundene Hörner († Horn) in Europa bekannt. Durch das Einsetzen von ↑Stimmbögen (seit etwa 1715) konnte das Instrument tiefer gestimmt werden. Mit Hilfe der um die Mitte des 18. Jh. erfundenen Stopftechnik (Einführen der Hand in das Schallstück) wurde der Ton jeweils um einen Halbton erhöht. Beim 1753 erstmals gebauten Inventionshorn sind die Stimmbögen in die Mitte der Rohrwindungen verlegt. Spätestens seit dem Anbringen von Ventilen (Ventilhorn) verfügt das W. über die vollständige chromat. Skala. Heute wird v. a. das Doppelhorn in B/F (mit Umschaltventil) oder das Horn in F verwendet.

Waldhufendorf ↑ Dorf.

Waldhühner, wm. Sammelbez. für Auer-, Birk-, Hasel- und Schneehühner.

Waldiltis ↑ Iltisse.

Waldis, Burkhard, * Allendorf (= Bad Sooden-Allendorf) um 1490, † Abterode (= Meißner, Werra-Meißner Kreis) 1556, dt. Dichter. - Zunächst Franziskaner in Riga, dann Anhänger Luthers; später ev. Pfarrer in Abterode; setzte sich in polem.-satir. Schriften sowie in dem Fastnachtsspiel „Vam Verlorn Szon" (1527) für die Lehre Luthers ein. Seine Fabelsammlung „Esopus" (1548) ist ein Höhepunkt der belehrenden und moralisierenden Literatur der Zeit.

Waldorfschulen

Waldkarpaten ↑ Karpaten.

Waldkatze, andere Bez. für die Mitteleurop. Wildkatze (Felis silvestris silvestris); Länge 50–80 cm, Schwanz bis 35 cm lang und leicht buschig behaart, schwarzspitzig und schwarz geringelt.

Waldkauz ↑ Eulenvögel.

Waldkirch, Stadt im Breisgau, Bad.-Württ., 263 m ü. d. M., 18 900 E. Kneippkurort; u. a. Uhrenherstellung, metallverarbeitende und opt. Ind. - Entstand aus einer Siedlung bei dem um 918 gegr. Kloster und einer planmäßigen Gründung der 2. Hälfte des 13. Jh.; 1300 Freiburger Stadtrecht. - Barocke Pfarrkirche (1732–34) mit Rokokoausstattung und Propsteigebäude (1754 ff.), Ruine der Kastelburg (13.–16. Jh.).

Waldkraiburg, Stadt am unteren Inn, Bay., 434 m ü. d. M., 22 000 E. U. a. Metall-, Gummi-, Glasindustrie. - W. entstand 1950 auf einem ehem. Munitionsfabrikgelände als erste Heimatvertriebenengemeinde der BR Deutschland; Stadt seit 1960.

Waldlandtradition (Woodland tradition), voreurop. Kulturtradition im östl. Nordamerika (ab etwa 1000 v. Chr.), charakterisiert durch Errichtung von Erdbauten (Grabhügel), beginnenden Pflanzenbau und Keramik mit Schnur- und Textileindrücken; ab 700 n. Chr. z. T. von der Mississippikultur überlagert; hielt sich im NO, aufgespalten in zahlr. Einzelkulturen (u. a. Adenakultur, Hopewellkultur).

Waldlauf, dt. Variante des internat. übl. Cross-Country-Laufs. Die seit 1921 stattfindenden dt. W.meisterschaften wurden 1974 durch die Cross-Country-Meisterschaften ersetzt.

Waldlehrpfad, Wanderweg im Wald, der durch Tafeln über die Bed., den Namen und das Alter der Bäume, auch über sonstige Pflanzen, über Tiere des Waldes sowie über ökolog. Zusammenhänge und forstl. Maßnahmen unterrichtet. In der BR Deutschland gibt es heute rd. 1 000 Waldlehrpfade.

Waldmann, Dieter, * Greifswald 20. Mai 1926, † Bühlertal bei Rastatt 5. Dez. 1971, dt. Dramatiker. - Versuchte in seinen gesellschaftskrit. Stücken und Hörspielen mit sprachl. und szen. unkonventionellen Mitteln eine Verbindung von Traumwelt und Realität, u. a. in „Atlantis" (Kom., 1963), „Die Schwätzer" (Kom., 1965).

Waldmeister ↑ Labkraut.

Waldmüller, Ferdinand Georg, * Wien 15. Jan. 1793, † Hinterbrühl bei Mödling 23. Aug. 1865, östr. Maler. - 1829 Prof. an der Wiener Akad.; 1857 wegen antiakadem. Streitschriften entlassen. In seinem feinen, Natur und Wirklichkeit des tägl. Lebens schildernden Realismus bedeutendster Meister des Wiener Biedermeier. - Abb. Bd. 16, S. 164.

Waldnashorn, svw. Mercknashorn (↑ Nashörner).

Waldoff, Claire, * Gelsenkirchen 21. Okt. 1884, † Bad Reichenhall 22. Jan. 1957, dt. Kabarettistin. - Schauspielerin in Berlin, die v. a. durch ihre Berliner Chansons bekannt wurde. Schrieb „Weeste noch ...!" (Autobiogr., 1953).

Waldohreule, Art der Gatt. Asio, ↑ Eulenvögel.

Waldorfsalat, Feinkostsalat mit Äpfeln, Sellerie, Walnüssen, ben. nach dem Hotel Waldorf-Astoria in New York.

Waldorfschulen, private Gesamtschulen, 1919 in Stuttgart von dem Direktor der Waldorf-Astoria-Zigarettenfabrik, Emil Molt, für die Arbeiter- und Angestelltenkinder seines Werks gegründet. Der erste Leiter dieser Schule, R. Steiner, arbeitete die pädagog. und organisator. Leitideen auf der Grundlage seiner anthroposoph. Menschenerkenntnis (↑ Anthroposophie) aus. Bis zum Verbot durch den NS 1938 gab es bereits 8 Schulen in Deutschland und weitere im Ausland; nach 1945 zahlr. Neugründungen Bis heute 69 W. in der BR Deutschland, im europ. Ausland 110, im übrigen Ausland 42. Schulträger jeder W. ist ein eigener Schulverein, in deren Vorständen Eltern und Lehrer gleichberechtigt sind. Den Schwerpunkt des Unterrichts bilden die künstler. und handwerkl. Fächer (die leistungsorientierte Auslese der traditionellen Schultypen soll durch eine breitangelegte Begabtenförderung ersetzt werden). Fremdsprachl. Unterricht (Englisch, Französisch, z. T. Russisch) beginnt im 1. Schuljahr. Wichtiger Teil des künstler. Unterrichts ist die von Steiner entwickelte ↑ Eu-

Waldsassen. Klosterbibliothek

Waldpferd

rythmie. Ein Element der Unterrichtsorganisation bes. in den Hauptfächern ist der **Epochalunterricht,** bei dem über einen längeren Zeitraum (meist 2–3 Wochen) vorwiegend ein einziges Fach angeboten wird. Ein bes. Typus ist die Hibernia-Schule (Herne-Wanne-Eickel), die eine prakt. und berufsbezogene Ausbildung anbietet.

Nach Steiner vollzieht sich die Entwicklung des Kindes in 3 Jahrsiebten: Im 1. Jahrsiebt (bis 7. Lebensjahr) wird die Entwicklung von der Imitation bestimmt, im 2. Jahrsiebt (7. bis 12./14. Lebensjahr) von der Ausprägung der Sprache und der bildhaften Vorstellung, im 3. Jahrsiebt (etwa vom 15. Lebensjahr an) von der verstandesmäßigen Verarbeitung der Eindrücke. In einem 12jährigen Bildungsgang erhalten die Schüler je nach ihrer Entwicklungsstufe Unterricht, wobei die Zeugnisse durch Elternbriefe und Schülercharakteristiken ersetzt sind. Ein Sitzenbleiben gibt es nicht. Bis zum 8. Schuljahr unterrichtet ein Klassenlehrer, danach die jeweiligen Fachlehrer. Das 13. Schuljahr bereitet auf das Abitur, das staatl. anerkannt ist, vor.
🕮 *Kiersch, J.: Die Waldorfpädagogik.* Stg. ⁶1984. - *Tautz, J.: Die Freie W.* Stg. 1972.

Waldpferd (Equus caballus robustus), vom Ende des Pleistozäns bis zum Anfang des Holozäns verbreitete Unterart großer, schwerer, vorwiegend waldbewohnender Pferde.

Waldportier [...portje:] (Waldpförtner), Bez. für verschiedene in lichten Wäldern und auf waldnahen Wiesen vorkommende einheim. Arten der Augenfalter; u. a. **Großer Waldportier** (Hipparchia fagi): knapp 6 cm spannend, dunkelbraun, mit heller Flügelbinde; **Kleiner Waldportier** (Hipparchia alcyone): etwa 5 cm spannend, braun, mit weißl. Flügelbinde; **Blauäugiger Waldportier** (Minois dryas): 5 (♂)–6 cm (♀) spannend, dunkelbraun, Vorderflügel mit zwei bläulichweißen, schwarz umrandeten Augenflecken; **Weißer Waldportier** (Brintesia circe): 5,5 (♂)–6,5 cm (♀) spannend, braunschwarz, mit weißl., auf den Vorderflügeln unterbrochener Binde.

Waldrebe (Klematis, Clematis), Gatt. der Hahnenfußgewächse mit rd. 300 weltweit verbreiteten Arten; sommer- oder immergrüne, meist kletternde Sträucher oder auch aufrechte Halbsträucher oder Stauden; Blätter einfach, dreizählig oder gefiedert, Blattstiele oft windend; Blüten glockig bis tellerförmig, einzeln oder in Rispen, oft weiß oder violett. Die häufigste Art in Deutschland ist neben der ↑Alpenwaldrebe die **Gemeine Waldrebe** (Hexenzwirn, Clematis vitalba) mit 7 m hoch kletternden Zweigen, unpaarig gefiederten Blättern und in Trugdolden stehenden, kronblattlosen Blüten mit weißen bis gelbl. Kelchblättern; Früchte mit langen Griffeln.

Waldreservat, zusammenfassende Bez. für Schonwald und Naturwaldreservat.

Waldsassen, Stadt in der Wondrebsenke, Bay., 8 200 E. Stiftlandmuseum; u. a. Porzellanfabrik, Glas- und Textilind., Mineralbrunnen. - Gründung des Zisterzienserklosters W. 1133 (Baubeginn), 1147 reichsunmittelbar (bis Mitte des 16. Jh.); bis 1571 säkularisiert, 1661/69 unter bayr. Herrschaft wiederhergestellt; bei der Auflösung (1803) gehörte es zu den reichsten in Deutschland (1 050 km² Land, 19 000 „Seelen" Besitz); 1863 als Zisterzienserinnenkloster neu gegr., seit 1925 Abtei. Der Ort entstand 1613, ab 1693 Markt, 1896 Stadt. - Barocke Abteikirche (1681–1704; Stukkaturen von G. B. Carlone) und Klostergebäude mit bed. Bibliotheksraum (1724–26). - Abb. S. 311.

Waldschliefer (Baumschliefer, Dendrohyrax), Gatt. der Säugetiere (Ordnung Schliefer) mit 3 Arten in Afrika südl. der Sahara; Körperlänge 45–55 cm; ohne äußerl. sichtbaren Schwanz; Färbung überwiegend braun bis grau- oder schwarzbraun; überwiegend nachtaktive Baumbewohner.

Waldsee, Bad ↑Bad Waldsee.

Waldseemüller, Martin, *Radolfzell 1470(?), † Saint-Dié 1518 (?), dt. Kartograph. - Auf seiner Globuskarte und Weltkarte (beide 1507) erscheint erstmals der Name „America" für den neu entdeckten Kontinent.

Waldshut ↑Waldshut-Tiengen.

W., Landkr. in Bad.-Württ.

Waldshut-Tiengen ['tɪŋən], Krst. am Hochrhein, 318–340 m ü. d. M., Bad.-Württ., 21 400 E. Metallverarbeitende, chem., elektron. u. a. Industrie. - **Waldshut** wurde um 1240 gegr., in rechteckiger Form angelegte Marktsiedlung; wichtigste der 4 vorderöstr. Waldstädte; Ende des 13. Jh. Stadt genannt. **Tiengen** wird zw. 858 und 867 als Thingstätte erwähnt; im 12. Jh. Stadtrechtsverleihung; beide Städte wurden 1975 mit der Gemeinde **Gurtweil** zur Stadt W.-T. zusammengeschlossen. - In Waldshut frühklassizist. Pfarrkirche (19. Jh.), barocke Friedhofskapelle (17. Jh.), spätbarockes Rathaus (18. Jh.); spätgot. Stadttore. In Tiengen barocke Marienkirche (18. Jh.), Schloß (1571–1619).

Waldspitzmaus ↑Rotzahnspitzmäuse.

Waldstädte, Bez. für die am Hochrhein gelegenen, bis 1801/03 zu Vorderösterreich gehörenden Städte Laufenburg, Rheinfelden, Säckingen und Waldshut.

Waldstätte, schweizer. Bez. für die um den Vierwaldstätter See liegenden schweizer. Kt. Uri, Schwyz, Unterwalden und Luzern.

Waldstein ↑Wallenstein.

Waldsterben, das großflächige Absterben von Nadel- und Laubbäumen. Als Hauptursache gilt der ↑saure Regen, mögl. andere Ursachen sind auch die durch Kraftfahrzeuge, Haushalte und Industrie erzeugten Schadstoffe wie Stickoxide, Schwermetalle, Photooxidanzien. Auch andere, nicht immissionsbedingte Schadfaktoren, z. B. extreme Witterungs- und Klimaereignisse, waldbaul. Fehler, Pilze, Bakterien, Schadinsekten, werden zur Klärung der Ursachen des W. herangezogen. Es hat sich jedoch herausgestellt, daß diese nicht die Primärursachen sein können, jedoch Sekundärschäden verursachen oder die Wirkung der Schadstoffe verstärken können. Schon seit dem 19. Jh. sind Waldschäden durch Abgase von Industrieanlagen bekannt. Diese sog. Rauchschäden beschränken sich allerdings auf den Nahbereich von Industrieanlagen. Bedingt durch die Erhöhung der Schornsteine in den letzten 20-25 Jahren gelangen die Schadstoffe nicht mehr, wie früher, in der unmittelbaren Nähe des Emittenten auf den Erdboden, sondern können Hunderte von Kilometern transportiert werden.

⌑ *Geerling, L./Lob, R.: W. Köln 1985. - Waldschäden. Hg. v. G. v. Kortzfleisch. Mchn. 1985.*

Waldstorch, svw. Schwarzstorch (↑Störche).

Waldstreu, im Wald gewonnene (minderwertige) Einstreu; v. a. abgefallenes Laub, Nadeln und kleine, dürre Zweige.

Waldteufel ↑Reibtrommel.

Waldtulpe ↑Tulpe.

Waldveilchen ↑Veilchen.

Waldviertel, nw. Landesteil von Niederösterreich, westl. des Manhartsberges und nördl. der Donau, gliedert sich in das westl. W. (ein durchschnittl. 800-900 m hohes Bergland, im Tischberg 1 073 m ü. d. M.), und in das östl. W., ein durchschnittl. 400-700 m hohes Hügelland. Die mäanderreichen Täler mit Burgruinen, Klöstern und Städten mit gut erhaltenem ma. Stadtbild und der Ottensteiner Stausee im Kamp werden als Erholungsgebiete genutzt.

Waldvögelein (Cephalanthera), Gatt. der Orchideen mit 14 Arten im gemäßigten Eurasien und in N-Amerika; Erdorchideen mit beblättertem Stengel und in lockerer Ähre stehenden Blüten; die Blütenhüllblätter verdecken teilweise die Lippe. Einheim. sind 3 Arten, u. a. das in lichten Buchenwäldern vorkommende **Weiße Waldvögelein** (Cephalanthera damasonium) mit länglich-eiförmigen Blättern und gelbweißen Blüten.

Waldzecke, svw. ↑Holzbock.

Waldziegenantilopen (Nemorhaedini), Gatt.gruppe der Ziegenartigen mit 2 etwa ziegengroßen Arten, v. a. in dichten Gebirgs- und Bambuswäldern S- und O-Asiens. Etwa 90-130 cm lang und rd. 55-75 cm schulterhoch ist der **Goral** (Naemorhedus goral); beide Geschlechter mit kurzen, spitzen, leicht nach hinten gekrümmten Hörnern; Fell dicht und lang; Färbung überwiegend rotbraun bis dunkelbraun.

Wale (Cetacea), seit dem mittleren Eozän bekannte, heute mit rd. 90 Arten weltweit verbreitete Ordnung der Säugetiere von etwa 1,25-33 m Körperlänge und rd. 25 kg bis über 135 t Gewicht; mit Ausnahme weniger Zahnwalarten ausschließl. im Meer; Gestalt torpedoförmig, fischähnl. (von den Fischen jedoch stets durch die waagrecht gestellte Schwanzflosse unterscheidbar); Vorderextremitäten zu Flossen umgewandelt, Hinterextremitäten vollständig rückgebildet, Becken nur rudimentär erhalten; Rückenfinne fast stets vorhanden; mit Ausnahme von zerstreuten Borsten am Kopf (Sinneshaare) Haarkleid rückgebildet; Haut ohne Schweiß- und Talgdrüsen, von mehr oder minder stark ausgebildeter Fettschicht („Blubber") unterlagert, die der Wärmeisolierung dient und aus der v. a. bei ↑Bartenwalen Tran gewonnen wird; äußeres Ohr fehlend; Augen sehr klein; Nasenlöcher („Spritzlöcher") paarig (Bartenwale) oder unpaar (Zahnwale), weit nach hinten auf die Kopfoberseite verschoben (ausgenommen Pottwal); Gesichtssinn schwach, Geruchs- und Gehörsinn gut entwickelt (ausgenommen Zahnwale, bei denen der Geruchssinn völlig reduziert ist); Verständigung zw. Gruppenmitgliedern der meist sehr gesellig lebenden W. durch ein umfangreiches, teilweise im Ultraschallbereich liegendes Tonrepertoire, auch Ortung durch Ultraschall; Kopf groß, vom Rumpf kaum der gar nicht abgesetzt; Gebiß aus zahlr. gleichförmigen, kegelartigen Zähnen (fischfressende Zahnwale), teilweise rückgebildet (tintenfischfressende Zahnwale) oder völlig reduziert und funktionell durch Barten ersetzt (Bartenwale); Knochen von schwammartigem Aufbau, Hohlräume ölgefüllt, Halswirbel teilweise verschmolzen, übrige Wirbel relativ gleichförmig, Beckenreste ohne Verbindung zur Wirbelsäule. - W. sind ausgezeichnete Schwimmer und Taucher (können z. T. bis rd. 1 000 m Tiefe [z. B. Pottwal] und u. U. länger als eine Stunde tauchen). Die nach dem Auftauchen durch die Spritzlöcher ausgestoßene Luft *(Blas)* wird durch kondensierenden Wasserdampf erkennbar, wobei die Form des Blas oft arttypisch ist. - Nach einer Tragzeit von rd. 11-16 Monaten wird meist nur 1 Junges geboren, das bei der Geburt etwa $^1/_4$-$^1/_3$ der Länge der Mutter hat und sehr schnell heranwächst. Die Zitzen liegen in einer Hautfalte. Die Milch wird dem saugenden Jungtier durch Muskelkontraktion eingespritzt. - Die W. zählen zu den intelligentesten und lernfähigsten Tieren. Wegen verschiedener industriell nutzbarer Produkte (z. B. Walrat, Amber, Fischbein, Vitamin A [aus der Leber], Öl [aus „Blubber", Fleisch und Knochen]) werden Wale mit modernen Walfangflotten (↑auch Walfang) stark bejagt, was zu drast. Bestandsabnahmen (bes. bei Blau-, Grau-, Buckel- und Glattwalen) geführt hat. Einige Arten (z. B. Grönland-, Blauwal, Nordkaper) sind vom Aussterben bedroht.

⌑ *Hunter, R. L./Weyler, R.: Rettet die W. Bln. 1982. - Cousteau, J. Y./Diole, P.: W. - Gefährdete Riesen der See. Dt. Übers. Mchn. 1976. -*

Walensee

Slijper, E. J.: *Riesen des Meeres. Eine Biologie der W. u. Delphine.* Dt. Übers. Bln. u. a. 1962.

Walensee, Alpenrandsee in der Schweiz, zw. den Churfirsten im N und den Ausläufern der Glarner Alpen im S, 15 km lang, bis 2 km breit, 144 m tief, 419 m ü. d. M.; entwässert durch den Linthkanal zum Zürichsee.

Wales [engl. wɛilz], Teil von Großbrit. und Nordirland; umfaßt die westl. Halbinsel Großbrit. zw. der Ir. See und dem Bristolkanal sowie die Insel Anglesey.
Geschichte: Nach dem Abzug der Römer Anfang des 5. Jh. bildeten sich in dem von Kymren bewohnten W. Kleinkönigreiche, die sich ständig mit den vorrückenden Angelsachsen auseinanderzusetzen hatten. Die kelt. Briten des östl. Britanniens wurden in das schwer zugängl. Gebirgsland von W. abgedrängt und verschmolzen dort mit den alteingesessenen Kymren. Nach der normann. Eroberung belehnte Wilhelm I. Ritter aus seinem Gefolge mit den Grenzgebieten und Teilen des südl. W. (sog. marcher lords). Erst die innenpolit. Wirren in England Mitte des 13. Jh. ermöglichten eine Wiedererstarkung der walis. Ft. (v. a. von Gwynedd). Erst unter Eduard I. konnte W. nach 2 erfolgreichen Feldzügen (1277 und 1282–84) endgültig dem engl. Herrschaftsbereich eingegliedert werden. Eduard teilte Gwynedd nach engl. Muster in Gft. auf, die er der Krone unmittelbar unterstellte. Den Titel ↑Prince of Wales - er hatte den Walisern einen „eingeborenen" Regenten zugesichert - übertrug er 1301 seinem 1284 im walis. Caernarvon geborenen Sohn, dem späteren Eduard II. Den letzten Versuch, wieder die nat. Unabhängigkeit zu erlangen, unternahm 1400 O. Glendower, der sich mit frz. Unterstützung bis 1408 halten konnte. Eine endgültige Unterwerfung der Waliser gelang erst der Tudors, die selbst walis. Abstammung waren. In den Acts of Union von 1536 und 1542 wurde W. von Heinrich VIII. England rechtl., polit. und administrativ gleichgestellt, nachdem durch die Anerkennung der Suprematsakte (1534) auch die walis. Kirche der anglikan. Kirche zugeordnet worden war. Das Ft. W. sowie die Herrschaftsgebiete der „marcher lords" wurden durch 13 Gft. ersetzt. Eine neue Belebung erfuhr das latent vorhandene nat. Bewußtsein durch die „kelt. Renaissance" des 18. Jahrhundert. Ein weiterer Ggs. zu Großbrit. entstand durch die konfessionelle Sonderentwicklung; ³/₄ der Waliser bekannten sich im 19. Jh. zum prot.-methodist. Nonkonformismus. Separatist. Tendenzen faßten aber erst im Laufe des 19. Jh. Fuß, als das strukturschwache Randgebiet bes. heftig von den sozialen Folgen der industriellen Revolution betroffen wurde. Eine Reihe lokaler Aufstände wurde durch militär. Einsatz niedergeschlagen. Nur zögernd machte die brit. Reg. auf die Autonomieforderungen der walis. Nationalisten hin Zugeständnisse im kulturellen Bereich. Die Welsh Disestablishment Bill von 1912 entband die walis. Nonkonformisten von der Oberhoheit der anglikan. Kirche. Die brit. Reformpolitik nach dem 2. Weltkrieg suchte W. stärker in das soziale und wirtsch. Gefüge des Vereinigten Kgr. einzubinden. Polit. sah der Gesetzentwurf zur „devolution" für W. eine größere Autonomie (eigenes Parlament) vor, wurde aber durch eine im März 1979 durchgeführte Volksabstimmung in W., im Juni 1979 auch durch das brit. Unterhaus verworfen.
⌑ *Sager, P.: W.* Köln 1985. - *Metternich, W.: Die Königsburgen von W.* Darmst. 1983.

Wałęsa, Leszek („Lech") [poln. va'u̯ɛsa], *Popowo (bei Bromberg) 29. Sept. 1943, poln. Gewerkschafter. - Urspr. Elektromonteur; erstmals 1970, erneut 1980 Streikführer der Werftarbeiter in der Danziger Bucht; setzte die Zulassung freier Gewerkschaften in Polen durch; 1980 Vors. des Dachverbands der freien Gewerkschaften Polens „Solidarność"; 1981/82 interniert. Erhielt 1983 den Friedensnobelpreis. Leitete 1989 die Opposition bei den Gesprächen am runden Tisch.

Walewski, Alexandre Florian Joseph Colonna, Graf, *Walewice (Woiwodschaft Skierniewice) 4. Mai 1810, †Straßburg 27. Sept. 1868, frz. Politiker und Diplomat. - Sohn Napoleons I. und der poln. Gräfin Maria Walewska (*1789, †1817), 1855–60 Außenmin., 1860–63 Staatsmin.; seit 1866 Herzog.

Walfang, gewerbsmäßige Jagd auf Wale. Die vom Walfangboot mit der Harpune erlegten Wale werden mit Druckluft aufgepumpt, damit sie nicht absinken, und mit Fahnen markiert, bis sie zum Walfangmutterschiff geschleppt werden können. - Das von der internat. Walfangkommission für 1986 geplante [5jährige] Fangverbot für die stark bedrohten Wale wurde erst 1988 wirksam.

Walfangschiff, früher, etwa ab dem 16. Jh., meist dreimastiges Segelschiff, das mehrere Walfangruderboote an Deck mit sich führte; die von den Booten aus mit Handharpunen erlegten Wale wurden längsseits am W. liegend abgespeckt *(geflenst),* der Speck wurde zu Tran verkocht und in Fässern transportiert. Heute sind die Walfangboote zu selbständigen Fangschiffen (rd. 60 m lang) mit rd. 1 000 ts Wasserverdrängung geworden, die an ihrer hohen Back mit der darauf stehenden Harpunenkanone und dem Laufsteg zur Brücke zu erkennen sind. Bis zu 25 dieser Fangboote bilden mit dem **Walfangmutterschiff** (über 200 m lang, 45 000 ts, über 500 Mann Besatzung) eine Fangflotte. Das Walfangmutterschiff zieht die von den Fangbooten erlegten Wale über seine Heckschleppe an Bord aufs Oberdeck, zerlegt und verarbeitet sie bis zum Endprodukt.

Walfisch ↑Sternbilder (Übersicht).

Walfischbai [...bɛi], Stadt an der Walfischbucht, bildet mit dem Hinterland eine südafrikan. Exklave in Namibia von 1 124 km² mit 26 000 E. War eines der größten Fischverarbeitungszentren der Erde; wichtigster Hafen Namibias. Eisenbahnendpunkt, ⚓. - Kam 1878 unter brit. Schutz; seit 1884 von der Kapkolonie verwaltet; 1910 Teil der Südafrikan. Union (= Republik Südafrika); 1922–77 von Südwestafrika verwaltet; untersteht seit 1. Sept. 1977 wieder der Kapprovinz; von der SWAPO für Namibia beansprucht.

Walfischbucht, Bucht des Atlantiks an der Küste Namibias.

Walfische, falsche Bez. für Wale.

Walfischrücken, untermeer. Schwelle im sö. Atlantik, trennt das Angolabecken (im N) vom Kapbecken, bis 892 m u.d.M. aufragend.

Walgau, Talschaft der Ill zw. Bludenz und Feldkirch (Vorarlberg).

Walhall (Walhalla, altnord. Valhöll), die „Halle der Gefallenen" (Erwählten) in der nordgerman. Jenseitsvorstellung, neben Hel eines der Totenreiche, der Aufenthaltsort der in der Schlacht gefallenen Krieger. W. wird auch Gladsheim (das „Glänzende") genannt, in dem Wodan die †Einheirer versammelt.

Walhalla, nach dem Entwurf von L. von Klenze 1830–42 bei Donaustauf bei Regensburg erbaute „Ruhmeshalle" in Form eines griech. Tempels mit Bildnisbüsten berühmter Deutscher.

Wali [arab.-türk.] (Vali), der höchste Reg.vertreter in einer Prov. des Osman. Reiches wie auch in einem Verw.-Geb. (Il) der heutigen Türkei.

Walid I. Ibn Abd Al Malik, * um 670, † Damaskus 23. Febr. 715, Kalif (705–715) aus der Dyn. der Omaijaden. - Unter seiner Herrschaft erreichte das Kalifat von Damaskus seine größte Ausdehnung.

Walisisch (Kymrisch), zur britann. Gruppe der keltischen Sprachen gehörende Sprache, die in Wales von etwa 660 000 Personen gesprochen wird; der prozentuale Anteil der W. sprechenden Bev. ist am größten (bis zu 75%) in dem Gebiet von der Gft. Anglesey im N über Caernarvon, Merioneth, Cardigan, bis Carmarthen im S. Die Unterschiede zw. der standardisierten Literatursprache und der gesprochenen Umgangssprache sind sehr groß. Die Dialekte werden in eine nördl. und eine südl. Gruppe eingeteilt.

walisische Literatur (kymrische Literatur), **frühe Epoche** (550–1100): Die Preisgedichte, Elegien und religiöse Dichtungen enthaltenden „Vier alten Bücher von Wales" sind in 5 Handschriften erhalten, die erst im 13. und 14. Jh. niedergeschrieben wurden. Die **mittlere Epoche** (1100–1350) ist durch die bard. Hofdichtung gekennzeichnet, v. a. Lobund Klagelieder, die mit Instrumentalbegleitung vorgetragen wurden.

Neuere Epoche (1350–1750): Als Wegbereiter der modernen walis. Poesie gilt der in der gehobenen Umgangssprache dichtende Dafydd ap Gwilym. Um die Mitte des 15. Jh. gewann die Autorität der klass. Bardenschule erneut Bedeutung. Unter dem Druck der engl. Herrschaft brachen jedoch Aktivität und Organisation der Barden im 17. Jh. vollständig zusammen. Eine neue Dichterschule orientierte sich an den Themen und Metren der Volkspoesie. Die im Zusammenhang mit Reformation und Gegenreformation entstandene religiöse Prosa sowie die Bibelübersetzung (1588) durch William Morgan (* um 1545, † 1604) schufen die sprachl. Grundlagen für eine moderne Prosa.

Moderne Epoche (ab 1750): Die um die Mitte des 18. Jh. einsetzende Erneuerungsbewegung brachte eine Anknüpfung an die klass. Bardenschule. Die freien Metren der Volksdichtung wurden v. a. für die von der methodist. Erweckungsbewegung inspirierten religiösen Hymnen verwendet. V. a. in den polit. Schriften von S. Roberts (* 1800, † 1885) und den Romanen von D. Owen (* 1836, † 1895) erlebte die Prosa einen neuen Aufschwung. Eine 2. Erneuerungsbewegung setzte im Zusammenhang mit der Gründung der Univ. von Wales (1893) ein; ihre Initiatoren waren u. a. O. M. Edwards (* 1858, † 1920) und J. Morris-Jones (* 1864, † 1929). Zu den bedeutendsten Lyrikern zählen D. Gwenallt Jones (* 1899, † 1968), W. Williams (* 1904, † 1971) und B. Jones (* 1929), die bekanntesten Erzähler sind D. J. Williams (* 1885, † 1970) und K. Roberts (* 1891, † 1985), als Dramatiker v. a. J. Gwilym Jones (* 1903).

📖 *Jones, R. G.:* The literary revival of the twentieth century. Llandybie 1967. - *Parry, T.:* A history of Welsh literature. Engl. Übers. Oxford 1955.

Walken, in der *Textiltechnik* Bez. für das mechan. Bearbeiten von Wollstoffen unter Druck, Wärme und Feuchtigkeit, bei dem es infolge der speziellen Oberflächenstruktur der Wollfasern und infolge der mechan. Verdichtung der Faserschicht zu einem Verfilzer der Gewebe kommt. Durch das W. erhalten die Wollstoffe ein geschlossenes Aussehen und erhöhte Festigkeit.

Walkenried, Gem. 5 km osö. von Bad Sachsa, Nds., 2 400 E. Ruine der ehem. Klosterkirche (13. Jh.), einer dreischiffigen Basilika mit fünfschiffigem Chor; von den Konventsgebäuden ist der Kreuzgang (14. Jh) ganz erhalten.

Walker [engl. 'wɔːkə], Sir (seit 1930) Emery, * London 2. April 1851, † ebd. 22. Juli 1933, brit. Typograph. - Mitbegr. bis 1908 als Typograph der dann von T. Cobden-Sanderson allein weitergeführten Doves-Press tätig (Doves-Type).

W., William, * Nashville (Tenn.) 8. Mai 1824, † Trujillo (Honduras) 12. Sept. 1860 (hingerichtet), amerikan. Abenteurer. - Versuchte M-Amerika unter seine Herrschaft zu bringen; konnte 1855 Nicaragua erobern (1856/57

Walküren

dort Präs.); 1860 von den Briten in Honduras auf der Flucht gefangengenommen und hingerichtet.

Walküren [altnord. „diejenigen, die bestimmen, wer auf dem Kampfplatz fallen soll"], in der german. Mythologie die Botinnen des obersten Gottes Wodan (Odin), die über die Schlachtfelder reiten, die gefallenen †Einherier durch ihren Kuß zu ewigem Leben erwecken und sie nach Asgard entrücken.

Wall, Erdaufschüttung zur Befestigung.

Wallabha, * 1479, † 1531, ind. Religionsphilosoph. - Philosoph des Wedanta und letzter großer Kommentator der Brahmasutras. W. sieht in dem transzendenten Krischna das höchste Prinzip, zu dem der Gläubige auf dem Weg der Gottesliebe geführt wird; asket. Abkehr von der Welt wird verworfen.

Wallabys [engl. ˈwɔləbɪz; austral.], in der *Pelzwirtschaft* Bez. für die Felle der Echten Wallabys und verschiedener anderer Känguruharten (ausgenommen Riesenkänguruhs).

Wallace [engl. ˈwɔlɪs], Alfred Russel, * Usk (Monmouth) 8. Jan. 1823, † Broadstone (Dorset) 7. Nov. 1913, brit. Zoologe und Forschungsreisender. - Forschungsreisen u. a. im Amazonas- und Río-Negro-Gebiet sowie im Malaiischen Archipel. W. untersuchte bes. die geograph. Verbreitung von Tiergruppen und teilte die Erde in tiergeograph. Regionen ein († Wallacea). Er stellte unabhängig von C. Darwin die Selektionstheorie auf.

W., Edgar, * Greenwich (= London) 1. April 1875, † Los Angeles-Hollywood 10. Febr. 1932, engl. Schriftsteller. - Wurde mit seinen über 100 Kriminalromanen zum eigtl. Begründer dieser Gatt. im 20. Jh.; u. a. „Der Hexer" (1925), „Der Zinker" (1926), „Die toten Augen von London" (1926); verfaßte auch Afrikaromane und Dramen.

W., George C[orley], * Clio (Ala.) 25. Aug. 1919, amerik. Politiker. - 1953-59 Richter; als Demokrat 1963-67 Gouverneur von Alabama, Vorkämpfer der Rassentrennung, errang bei den Präsidentschaftswahlen 1968 als Kandidat der American Independent Party 14% der Stimmen; 1971-79 und 1983-87 erneut Gouverneur von Alabama; seit einem Attentat 1972 an beiden Beinen gelähmt.

W., Henry Agard, * Adair County (Iowa) 7. Okt. 1888, † Danbury (Conn.) 18. Nov. 1965, amerik. Politiker (Demokrat). - Landw.min. 1933-40; 1941-45 Vizepräs.; 1945/46 Handelsmin.; bei der Präsidentschaftswahl 1948 Kandidat der von ihm gegr. Progressive Party.

W., Lew[is], * Brookville (Ind.) 10. April 1827, † Crawfordsville (Ind.) 15. Febr. 1905, amerik. Schriftsteller. - Militär. Karriere im Bürgerkrieg (zuletzt Generalmajor), Rechtsanwalt, 1878-81 Gouverneur von New Mexico, 1881-85 Botschafter in Istanbul; schrieb u. a. den histor. Roman „Ben Hur" (1880).

Wallacea [valaˈtseːa; nach A. R. Wallace] (oriental.-austral. Übergangsgebiet, indoaustral. Zwischengebiet), in der Tiergeographie ein Übergangsgebiet zw. der oriental. und der austral. Region und daher mit einem Gemisch oriental. und austral. Faunenelemente; hinzu kommt eine große Zahl von Endemiten (z. B. Hirscheber, Anoa, Celebesmakak, Schopfmakak). W. wird im W von der og. *Wallace-Linie* (verläuft durch die Lombokstraße zw. Bali und Lombok), im O durch die *Lydekker-Linie* (verläuft südl. der kleinen Sundainseln und der Tanimbarinseln und dann östl. zw. Molukken und Westirian) begrenzt.

Wallach, Otto, * Königsberg (Pr) 27. März 1847, † Göttingen 26. Febr. 1931, dt. Chemiker. - Prof. in Bonn und Göttingen; isolierte zahlr. Terpene und ermittelte ihre Struktur, wofür er 1910 den Nobelpreis für Chemie erhielt.

Wallach [nach der Walachei], kastriertes ♂ Pferd

wallachische Phase † Faltungsphasen (Übersicht).

Wallat, Hans, * Berlin 18. Okt. 1929, dt. Dirigent. - War 1961-64 Kapellmeister an der Württemberg. Staatsoper in Stuttgart, 1964/65 an der Dt. Oper Berlin, 1965-70 Generalmusikdirektor in Bremen, 1970-80 in Mannheim, seitdem in Dortmund.

Wallberg, Heinz, * Herringen (Hamm) 16. März 1923, dt. Dirigent. - 1961-74 Generalmusikdirektor des Hess. Staatstheaters in Wiesbaden, 1964-75 Chefdirigent des Niederöstr. Tonkünstlerorchesters. 1975 Generalmusikdirektor in Essen und Chefdirigent des Münchner Rundfunkorchesters (bis 1982).

Walldorf † Mörfelden-Walldorf.

Walldürn, Stadt am O-Rand des Odenwalds, Bad.-Württ., 409 m ü. d. M., 10 400 E. Elfenbeinmuseum; Elektroind., Herstellung von Kunstblumen und Wachswaren; Wallfahrtsort. - Erstmals 795 erwähnt; im 1264 befestigt (Stadterhebung vor 1250). - Barocke Pfarr- und Wallfahrtskirche Hl. Blut (v. a. 17./18. Jh.) mit Heiligblutaltar; Schloß (16. Jh., stark umgebaut); röm. Kastellbad.

Wallenberg [schwed. ˌvalənbærj], schwed. Bankiers- und Industriellenfamilie. Die Holdinggesellschaft des W.-Konzerns ist an den bedeutendsten schwed. Unternehmen wesentl. beteiligt. Bed. Vertreter:

W., André Oskar, * Linköping 19. Nov. 1816, † Stockholm 12. Jan. 1886. - Gründete 1856 das Stammhaus der Fam., die Stockholm Enskilda Bank.

W., Knut Agaton, * Stockholm 19. Mai 1853, † ebd. 1. Juni 1938. - Sohn von André Oskar W.; 1886 Leiter der Stockholm Enskilda Bank, die unter seiner Führung zur bedeutendsten Bank Schwedens wurde. Als schwed. Außenmin. (1914-17) vertrat er eine strikte Neutralitätspolitik.

W., Marcus Laurentius, * Stockholm 5. März 1864, † ebd. 22. Juli 1943. - Stiefbruder von Knut Agaton W.; Gründer und Mitbegr. einer Reihe schwed. und norweg. Unternehmen, z. B. Telefonaktiebolaget L. M. Ericsson, Norsk Hydro AS.

W., Raoul, * Stockholm 1912. - Großneffe von Knut Agaton W.; rettete als Diplomat in Budapest vielen Juden das Leben; seit 1945 verschollen, wahrscheinl. in der Sowjetunion.

Wallenstein (Waldstein), Albrecht Wenzel Eusebius von, Hzg. von Friedland (seit 1625), Fürst von Sagan (seit 1627/28), Hzg. von Mecklenburg (seit 1627/29), gen. der Friedländer, * Hermanitz (= Heřmanice, Ostböhm. Gebiet) 24. Sept. 1583, † Eger 25. Febr. 1634 (ermordet), Feldherr und Staatsmann. - Entstammte einem altböhm. Adelsgeschlecht, konvertierte 1601 (1606 ?) zum Katholizismus; ab 1604 in habsburg. Diensten. Durch seine Heirat (1609) mit Lukrezia von Witschkow († 1614) gewann W. reichen Besitz in Mähren. Während des Böhm. Aufstands (1618/19) kaisertreu, verlor W. seinen gesamten Besitz, wurde nach der Schlacht am Weißen Berg 1620 Militärbefehlshaber in N-Böhmen und 1621 Mgl. des Wiener Hofkriegsrats, 1622 Gubernator Böhmens (verantwortl. für die Konfiskation der Rebellengüter) und Mgl. des Prager Münzkonsortiums (Erwerb großer Ländereien in NO Böhmens). 1623 Heirat mit Isabella Katharina von Harrach († 1656), der Tochter eines der engsten Vertrauten des Kaisers; 1624 Erhebung in den Reichsfürstenstand. 1625 stellte W. Kaiser Ferdinand II. ein eigenes Söldnerheer zur Verfügung und erhielt den Oberbefehl über alle kaiserl. Truppen im Reich. Den Unterhalt des Heeres bestritt W. teils aus systemat. erhobenen Kontributionen aus dem ganzen Reich - ein neues Prinzip -, teils durch Lieferungen aus seinem Hzgt. Friedland, das er durch weitsichtige Wirtschaftsführung in einen Musterstaat moderner Prägung verwandelte. Im April 1626 schlug W. an der Dessauer Elbbrücke die Armee Hzg. Ernsts II. von Mansfeld, 1627 vertrieb er mit Tilly Christian IV. von Dänemark aus N-Deutschland und drang bis Jütland vor. Die Stärkung der kaiserl. Macht durch den Verständigungsfrieden von Lübeck (1629) veranlaßte die Reichsfürsten, die Entlassung des Friedländers zu erzwingen (Regensburger Kurfürstentag 1630). Doch die Eroberung nahezu ganz Deutschlands durch die Schweden führte zur erneuten (von W. nur zögernd akzeptierten) Übertragung des Oberbefehls mit unbeschränkter Vollmacht für Kriegführung und Friedensverhandlungen (Göllersdorfer Kapitulation, 13. April 1632). W. vertrieb die Schweden aus S-Deutschland und zog sich nach der Schlacht bei Lützen (16. Nov. 1632; Tod Gustavs II. Adolf) nach Böhmen zurück. Seine Versuche, teils durch seine militär. Überlegenheit, teils durch Friedensgespräche v. a. mit Sachsen die Basis eines allg. Reichsfriedens zu schaffen und die fremden Mächte aus Deutschland hinauszubringen (1633), riefen in Wien zunehmendes Mißtrauen hervor. Ausschlaggebend für den Entschluß des Kaisers, W. zu ächten, war die Unterstellung eines geplanten Hochverrats, der jedoch nicht bewiesen werden konnte. Fast alle Offiziere W. (W. Graf von Butler, M. Reichsgraf Gallas, J. Gordon) fielen daraufhin von W. ab. Er wurde mit seinen nächsten Vertrauten C. Frhr. von Ilow, A. E. Terzka und W. Kinský in Eger ermordet.- F. Schiller verarbeitete das Schicksal von W. in seiner Dramentrilogie „Wallensteins Lager", „Die Piccolomini", „Wallensteins Tod" (1800).
📖 *Mann, G.: W. Ffm. Neuaufl. 1983. - Diwald, H.: W. Biogr. Mchn. 1979. - Ranke, L. v.: Gesch. Wallensteins. Königstein/Ts. u. Düss. Neuausg. 1978. - Der Dän.-Niederdt. Krieg u. der Aufstieg Wallensteins. Hg. v. J. Kollmann u. B. Baďura. Prag; Wien u. a. 1974.*

Waller, Fats [engl. 'wɔlə], eigtl. Thomas W., * New York 21. Mai 1904, † Kansas City 15. Dez. 1943. amerikan. Jazzmusiker (Pianist, Organist, Sänger, Komponist). - Trat ab 1930 v. a. als Solist und Leiter eigener Gruppen hervor. Als Pianist knüpfte W. zunächst an die sog. Stridepiano-Spielweise von J. P. Johnson an und entwickelte sich in der Folgezeit zu einem der stilbildenden Pianisten des ↑Swing.

Wallfahrt (Pilgerfahrt), Fahrt bzw. Wanderung zu hl. Stätten, Gräbern oder Gnadenbildern; in der Religionsgeschichte allg. verbreitet. Danksagung für empfangene Wohltat, Bitte um Hilfe, Erleben der religiösen Gemeinschaft am Kultmittelpunkt sind die häufigsten Motive.

Wallfahrtspfennige (Wallfahrtsmedaillen), neuzeitl., kleinmünzenähnl. Pilgerzeichen, die als **Weihemünzen** an Wallfahrtsorten verteilt oder vertrieben wurden.

Wallia (Walja), † 418, König der Westgoten (seit 415). - Vernichtete 416-418 in röm. Diensten die nach Spanien eingedrungenen Alanen und vandal. Silingen; erhielt 418 von Rom Land zur Ansiedlung in Aquitanien und begründete damit das Tolosanische Reich.

Wallis, John [engl. 'wɔlɪs], * Ashford (Kent) 3. Dez. 1616, † Oxford 8. Nov. 1703, engl. Mathematiker. - Prof. für Geometrie in Oxford. Er stellte die Zahl π als ein unendl. Produkt dar († Wallissches Produkt) und führte das Zeichen ∞ für „unendlich" ein.

Wallis (frz. Valais), südschweizer. Kt., 5226 km², 229 500 E (1986), Hauptstadt: Sitten. Das W. umfaßt den obersten Talabschnitt des Rhonetales bis zur Mündung in den Genfer See, mit der steilen S-Abdachung der Berner Alpen und dem größten Teil der Walliser Alpen südl. der Rhone. Das dt.-sprachige *Oberwallis* reicht von den Pässen Furka und Grimsel bis zum Pfinwald bei Leuk, nach

Wallis

W schließt das frz.-sprachige *Unterwallis* an. Die von 3 000–4 000 m hohen Bergen umrahmten Täler des W. gehören zu den niederschlagsärmsten und wärmsten Geb. der Schweiz. Während in den Seitentälern der Rhone im wesentl. Milchviehhaltung betrieben wird, herrschen im Rhonetal Ackerbau, ferner Wein- (z. T. bis in Höhenlagen über 1 000 m) und Obstbau auf südexponierten Terrassen und Hängen vor, daneben Gemüseanbau. Die Ind. wurde im Zusammenhang mit der verstärkten Energiegewinnung in den letzten Jahren erhebl. ausgebaut. Große Bed. hat der Fremdenverkehr. Durch das W. führen die wichtigen internat. Eisenbahnlinien Paris–Lausanne–Simplon–Mailand und Bern–Lötschberg–Simplon, ferner die Furka-Oberalp-Bahn von Brig nach Andermatt und Disentis; Straßenpässe bilden Teile internat. (u. a. Simplon und Großer Sankt Bernhard nach Italien) und nat. (Nufenenpaß, Furka, Grimsel) Verkehrsverbindungen.
Geschichte: 25 v. Chr. von den Römern erobert; gehörte später zur Prov. Rätien; Mitte des 5. Jh. drangen Burgunder im heutigen Unterwallis ein, später die Alemannen ins heutige Oberwallis; 999 kam die Gft. W. an den Bischof von Sitten. Anfang des 14. Jh. erhielten die 7 Zenden (bäuerliche Gemeindeorganisationen des Oberwallis) mannigfache Rechte; 1475–77 eroberten sie das bisher savoyische Unterwallis und verwalteten es bis 1798 als gemeine Herrschaft. 1416/75 wurde das W. zugewandter Ort der Eidgenossenschaft. Im 16. Jh. erzwangen sich die Zenden ihre Unabhängigkeit vom Bischof. Die Anhänger der Reformation wurden zu Beginn des 17. Jh. unter dem Einfluß der kath. Orte vertrieben. 1802 erklärte Napoléon Bonaparte das W. zur unabhängigen Republik, 1810 zum frz. „Département du Simplon". Das W., das 1814 als Kt. in die Eidgenossenschaft aufgenommen wurde, war 1845–47 Mgl. des Sonderbundes.
Verfassung: Nach der Verfassung vom 8. März 1907 liegt die Exekutive beim vom Volk auf 4 Jahre gewählten Staatsrat (Conseil d'État, 5 Mgl.). Die Legislative bilden der vom Volk auf 4 Jahre gewählte Große Rat (Grand Conseil, 130 Mgl.) und das Volk selbst. Frauenstimmrecht und -wahlrecht seit 1970.

Wallis, Îles [frz. ilwa'lis] ↑ Wallis et Futuna.

Wallisch, Friedrich, * Mährisch-Weißkirchen 31. Mai 1890, † Wien 7. Febr. 1969, östr. Schriftsteller. - Arzt; zeitweilig Journalist. Verfaßte Lyrik, Erzählungen („Die Geschichten vom weißen Kadi", 1961), Novellen („Die Rosenburse", 1944), Dramen sowie histor. Schriften und Romane, u. a. „Das Prantnerhaus" (1953), „Dschungel" (1962).

Walliser Alpen, stark vergletscherte Gebirgsgruppe südl. des Walliser Rhonetals, zw. dem Griespaß im O und dem Großen Sankt Bernhard im W, umfassen die Monte-Rosa-, die Mischabel-, die Matterhorn-, die Dent-Blanche- und Grand-Combin-Gruppe.

Wallis et Futuna [frz. walisefyty'na], frz. Überseeterritorium im südl. Pazifik, umfaßt die zw. Fidschi und Westsamoa gelegenen Inselgruppen Îles Wallis und Îles de Horn, 274 km², 13 100 E. Verwaltungssitz Mata Utu. Die Gruppe der *Îles Wallis* (159 km²) besteht aus der Vulkaninsel **Ouvéa,** an deren O-Küste Mata Utu (600 E; Hafen, ✈) liegt, und 22 Koralleninseln. Die *Îles de Horn* (115 km²) bestehen aus den beiden gebirgigen Vulkaninseln **Futuna** (Hauptort Sigavé) und **Alofi** (unbewohnt). Die polynes. Bev. baut für den Eigenbedarf Jams, Taro, Maniok, Bananen, Zitrusfrüchte und Zuckerrohr an. - Seit 1888 frz. Protektorat, seit Juli 1961 Überseeterritorium.

Wallissches Produkt [engl. 'wɔlɪs; nach J. Wallis], Bez. für das konvergente unendl. Produkt zur Darstellung der Zahl π:

$$\frac{2}{1} \cdot \frac{2}{3} \cdot \frac{4}{3} \cdot \frac{4}{5} \cdot \frac{6}{5} \cdots = \frac{\pi}{2}$$

Wallmann, Walter, * Uelzen 24. Sept. 1932, dt. Politiker (CDU). Jurist; 1972–77 MdB, 1973–77 Vorstandsmitglied der CDU/CSU-Bundestagsfraktion. Seit 1977 Oberbürgermeister der Stadt Frankfurt am Main, seit Dez. 1982 Landesvors. der hess. CDU. Juni 1986 bis April 1987 Bundesmin. für Umweltschutz, Naturschutz und Reaktorsicherheit; seit April 1987 hess. Min.präsident.

Wallnister (Thermometerhuhn, Leipoa ocellata), etwa 60 cm langes ↑ Großfußhuhn in S-Australien; Oberseite braun mit weißl. Querbänderung, Unterseite mit schwärzlichem Längsstreifen auf bräunlichweißem Grund; nutzt zum Ausbrüten der in einer zentralen Eikammer abgelegten Eier (5–35) die Gärungswärme eines Laubhaufens aus.

Wallonen, Bez. für die frz. Mundarten sprechende Bev. Belgiens.

Wallonisch, Bez. für die in Belgien gesprochenen nordfrz. Mundarten (mit Ausnahme des Pikard. im Hennegau und des südl. des Flusses Semois gesprochenen Lothringischen); die Bez. des Sprachgebiets als „La Wallonie" taucht erstmals 1858 in histor. Schriften auf. Hauptmerkmal ist die Bewahrung altertüml. Sprachformen; der Wortschatz weist starken german. Einfluß auf, ebenso die Syntax. Eine Schriftsprache hat sich nicht entwickelt, doch fanden die Mundarten literar. Verwendung.

Wallonische Bewegung, Anfang des 20. Jh. in Reaktion auf die Fläm. Bewegung entstandene Sammlungsbewegung unter der frankophonen Bev. Belgiens mit dem Ziel, deren kulturelle, polit. und wirtsch. Sonderinteressen zu wahren. Mit der Verlagerung des wirtsch. Schwergewichts nach Flandern

Walnuß

Paul Wallot, Reichstagsgebäude (1884–94). Berlin

seit dem 2. Weltkrieg gewann die W. B. zunehmend an Bed. und schlug sich in Parteibildungen nieder (Front Démocratique des Francophones [z. Z. 10 Mandate in der Abg.kammer], Rassemblement Wallon [5 Mandate]), wobei die Zielsetzung zw. Regionalisierung und Anschluß an Frankr. variierte. - ↑auch Belgien (Geschichte und politisches System).

Wallonische Legion ↑Rexisten.

Wallot, Paul, * Oppenheim 26. Juni 1841, † Langenschwalbach (= Bad Schwalbach) 10. Aug. 1912, dt. Architekt. - Seit 1868 in Frankfurt am Main. 1896–1911 Prof. an der Akad. in Dresden. Sein Stil der Gründerzeit ist geprägt durch italien. Renaissance- und Barockformen. Sein Hauptwerk ist das Reichstagsgebäude in Berlin (1884–94).

Wallraff, Günter, * Burscheid 1. Okt. 1942, dt. Schriftsteller. - Buchhändler, 1963–66 Fabrikarbeiter. Vertreter eines sog. „Aktionsjournalismus". Verfaßte zunächst Reportagen aus der Arbeitswelt, u. a. „Ihr da oben, wir da unten" (1973; mit B. Engelmann). Aufsehen erregten seine Protestaktionen in Athen gegen die griech. Militärjunta 1974 (daraufhin Haft) sowie seine ungewöhnl. Methoden der Recherche - das Verbergen seiner Identität (u. a. als Redakteur der „Bild Zeitung") -, um gesellschaftl. „Geheimbereiche" auszuleuchten. - *Weitere Werke:* Unser Faschismus nebenan (1975; Hg., mit E. Spoo), Der Aufmacher. Der Mann, der bei „Bild" Hans Esser war (1977), Zeugen der Anklage. Die „Bild"-Beschreibung wird fortgesetzt (1979), „Ganz unten" (1985).

Wallraf-Richartz-Museum ↑Museen (Übersicht).

Wallriff ↑Korallenriff.

Wallstreet [engl. 'wɔ:l'stri:t], Straße im New Yorker Stadtteil Manhattan, mit Banken und Börsen; übertragen verwendete Bez. für das Finanzzentrum der USA.

Wall Street Journal [engl. 'wɔ:l 'stri:t 'dʒɜ:nl], amerikan. Tageszeitung, ↑Zeitungen (Übersicht).

Wallung, svw. ↑Hitzewallung.
◆ svw. Blutwallung (↑Hyperämie).

Walmdach ↑Dach.

Walnuß [niederdt., zu althochdt. walah „Welscher" (da die W. aus Italien kam)] (Juglans), Gatt. der W.gewächse mit rd. 15 Arten im sö. Europa, im gemäßigten Asien, in N-Amerika und in den nördl. Anden; sommergrüne Bäume mit großen, unpaarig gefiederten Blättern und einhäusigen Blüten; ♂ Blüten in hängenden Kätzchen, ♀ Blüten einzelnstehend oder in wenigblütigen Knäueln oder Ähren; Steinfrucht mit dicker, faseriger Außen- und holziger Innenschale sowie einem sehr fetthaltigen, eßbaren Samen; wichtige Holzlieferanten (↑Nußbaum). Bekannte Arten sind: **Gemeine Walnuß** (W.baum, Nußbaum, Juglans regia), ein bis 30 m hoher, aus SO-Europa stammender Baum mit aus 5–9 längl.-eiförmigen, ganzrandigen Blättchen zusammengesetzten Blättern; Früchte kugelig, grün mit hellbraunem, gefurchtem Steinkern. Der Samen liefert ein wertvolles Speiseöl. **Schwarznuß** (Schwarze W., Juglans nigra), bis 50 m hoch, im östl. N-Amerika; Borke tief rissig, Blätter 30–60 cm lang, mit 15–23 ei- bis lanzettförmigen, 6–12 cm langen Fiederblättchen; Früchte kugelig, 4–5 cm groß, mit

Walnußgewächse

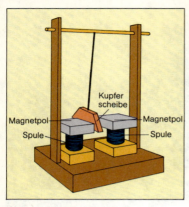

Waltenhofensches Pendel (schematisch)

rauher, sehr dicker, in reifem Zustand dunkelbrauner Schale und schwarzer, dickschaliger Nuß; Kern süßl. und ölreich.

Walnußgewächse (Juglandaceae), Fam. der Zweikeimblättrigen mit rd. 60 Arten in acht Gatt. in der nördl. gemäßigten Zone, v. a. im östl. N-Amerika und in O-Asien; meist Bäume mit unpaarig gefiederten Blättern und windbestäubten, eingeschlechtigen Blüten. Die wichtigsten Gatt. sind ↑Hickorybaum und ↑Walnuß.

Walpole [engl. 'wɔ:lpoʊl], Horace, Earl of Orford, eigtl. Horatio W., * London 24. Sept. 1717, † ebd. 2. März 1797, engl. Schriftsteller. - Sohn von Robert W.; gilt mit „Schloß Otranto" (1765) als Vorläufer des Schauerromans und des histor. Romans der Romantik; zeitgeschichtl. bed. Briefe.

W., Sir (seit 1937) Hugh, * Auckland (Neuseeland) 13. März 1884, † London 1. Juni 1941, engl. Schriftsteller. - Stellte in zahlr. Romanen das Generationenproblem in verschiedenen Erscheinungsarten dar, u. a. in der teils autobiograph. Trilogie „Jeremy" (R., 1919), „Jeremy und sein Hund" (R., 1923) und „Jeremy auf der Schule" (R., 1927); die „Herries-Saga" (1930-33) ist ein kulturhistor. Familienroman.

W., Robert, Earl of Orford (seit 1742), * Houghton (Norfolk) 26. Aug. 1676, † London 18. März 1745, brit. Staatsmann. - 1705 Großadmiral, 1708 Kriegsmin. und 1710 Schatzmeister der Flotte; 1714 und 1720 Generalzahlmeister des Heeres; 1721-42 wie schon 1715-17 Erster Schatzlord und Schatzkanzler; war der erste „Premiermin." der brit. Geschichte. W. ordnete die Staatsfinanzen durch eine neue Steuer- und Zollgesetzgebung, verhalf Handel und Ind. zu neuem Aufschwung; sah sich infolge wachsender Opposition 1739 zur Kriegserklärung an Spanien gedrängt und trat 1742 zurück.

Walpurga, weibl. Vorname, ↑Walburga.

Walpurgis ↑Walburga.

Walpurgisnacht [nach der hl. Walpurgis (↑Walburga)], die Nacht vor dem 1. Mai, in der nach dem Volksglauben die Hexen zu ihren Tanzplätzen (Blocksberg) fliegen und Menschen, Vieh und Äckern Unheil zufügen können.

Walras, Marie Esprit Léon [frz. val'ra], * Évreux 16. Dez. 1834, † Clarens (= Montreux) 5. Jan. 1910, schweizer. Nationalökonom. - Prof. in Lausanne; formulierte das Prinzip des Marginalismus und gilt daher als einer der Begründer der Grenznutzentheorie. Weiterentwickelt von Pareto, bildet seine Theorie das Fundament der Lausanner Schule (↑Grenznutzenschule).

Walrat (Cetaceum, Spermazet), weißl., wachsartige Masse, die aus den Stirnbeinhöhlen des Pottwals gewonnen wird; besteht chem. aus einem Gemisch von Wachsestern sowie Fettsäureglyceriden. W. wird v. a. in der pharmazeut. und kosmet. Ind. als Salbengrundlage verwendet; daneben dient es als Zusatz zu Kerzen, Seifen, Appreturen usw.; durch Abpressen der leicht schmelzbaren Anteile wird das *Spermöl (Walratöl)* gewonnen.

Walroß (Odobenus rosmarus), plumpe, etwa 3 (♀)-3,8 m (♂) lange, gelbbraune bis braune Robbe im N-Pazifik und Nordpolarmeer; Haut dick, von einer starken Fettschicht unterlagert; nur schwach behaart, auf der Oberlippe Schnauzbart aus dicken, starren Borsten; obere Eckzähne stark verlängert, zeitlebens nachwachsend, beim ♀ bis 60 cm, beim ♂ bis 1 m lang, liefern Elfenbein, was zu übermäßiger Bejagung und gebietsweiser Ausrottung geführt hat; Bestände noch immer teilweise gefährdet, Bejagung nur noch den Eskimos und anderen Anwohnern der arkt. Meere zu ihrer Ernährung gestattet; überwiegend Muschelfresser. - Man unterscheidet drei Unterarten, u. a. *Polarmeer-W.* (Odobenus rosmarus rosmarus): von der Jenisseimündung über Spitzbergen und Grönland bis Kanada (Hudsonbai) verbreitet.

Walser, Martin, * Wasserburg (Bodensee) 24. März 1927, dt. Schriftsteller. - 1949-57 Rundfunk- und Fernsehregisseur am Süddt. Rundfunk. Regionale Bezüge spiegeln sich auf vielfältige Weise in seinem Werk, v. a. in den Romanen „Ehen in Philippsburg" (1957), „Halbzeit" (1960), „Seelenarbeit" (1979), „Das Schwanenhaus" (1980) sowie in der Novelle „Ein fliehendes Pferd" (1978), die durch einen realist., psycholog. vertieften Erzählstil sowie Sprachvielfalt gekennzeichnet sind. Daneben auch Hörspiele und zahlr. gesellschaftskrit. bis polit. ambitionierte Theaterstücke, u. a. „Eiche und Angora" (1962), „Die Zimmerschlacht" (1967), „Ein Kinderspiel" (1970), „Aus dem Wortschatz unserer Kämpfe"

(1971) und „Das Sauspiel" (1975); auch [literatur]-polit. Essays, z. B. „Heimatkunde" (1968) und „Wie und wovon handelt Literatur" (1973); 1981 erhielt er den Georg-Büchner-Preis. - *Weitere Werke:* Überlebensgroß Herr Krott (Dr., 1964), Jenseits der Liebe (R., 1976), Seelenarbeit (R., 1979), Säntis (Hörspiel 1986), Dorle und Wolf (R., 1987).

W., Robert, * Biel (BE) 15. April 1878, † Herisau 25. Dez. 1956, schweizer. Schriftsteller. - 1921 Archivar in Bern; wegen psych. Zerrüttung und Selbstmordversuchen 1929 Einlieferung in eine Nervenheilanstalt; ab 1933 in der Nervenklinik Herisau. Lyriker und Erzähler, dessen Werk erst nach 1945 neu entdeckt wurde; gilt als Vorläufer F. Kafkas. Die manierist. stilisierte Naivität schließt in seiner meisterhaften Kurzprosa (u. a. Szenen, Skizzen, Parabeln, Betrachtungen; über 1 000 Prosastücke erhalten) das Paradoxe und Phantast. mit ein. Die moral. integren Helden seiner 3 großen autobiographischen, realist. und phantast. Elemente vereinigenden Romane „Geschwister Tanner" (1907), „Der Gehülfe" (1908) und „Jakob von Gunten" (1909) werden mit der abgestumpften, kommerzialisierten Gesellschaft konfrontiert. - *Weitere Werke:* Fritz Kochers Aufsätze (E., 1904), Kleine Dichtungen (En., 1914), Der Spaziergang (E., 1917), Die Rose (Essays, 1925).

Walser, Bez. für die aus dem Oberwallis stammende, Alemann. sprechende Bev., die, gefördert von den regionalen Landesherren, seit dem 13. Jh. in hochgelegene Talschaften der Alpensüdseite sowie im Einzugsgebiet des Rheins einwanderte. Die hohe Lage der Siedlungen *(W.kolonien)* bedingte einseitige Viehzucht und Milchwirtschaft.

Walsh, Raoul [engl. wɔːlʃ], * New York 11. März 1892, † Los Angeles 31. Dez. 1980, amerikan. Filmregisseur. - 1910-28 Filmschauspieler; ab 1912 etwa 200 eigene Filme, insbes. durch unkomplizierte Handlung und schlichte Aufnahmetechnik gekennzeichnete Actionfilme, u. a. „Der Dieb von Bagdad" (1924), „Der große Trail" (1930), „Die wilden Zwanziger" (1939), „Vogelfrei" (1949), „Den Hals in der Schlinge" (1951).

Walsrode, Stadt am W-Rand der Lüneburger Heide, Nds., 45 m ü. d. M., 22 600 E. Heidemuseum; Vogelpark. Leder-, chem., Elektroind., Spirituosenfabrik. - Wuchs aus der älteren Siedlung **Rode** und dem 986 gegr. Kloster W. zusammen; 1383 städt. Rechte. - Ev. Stadtkirche (19. Jh.) mit spätgot. Chor der ehem. Klosterkirche.

Walstatt (altnord. valr, mittelhochdt. walstat), in der german. Heldensage Bez. für „Schlachtfeld, Kampfplatz".

Wälsungen (altnord. Völsungar; auch Welsungen, Wölsungen, Völsungen), nach der nordgerman. „Völsunga saga" Name eines von Odin abstammenden Heldengeschlechts, als dessen Ahnherr König Völsung galt.

Walt [engl. wɔːlt], engl. männl. Vorname, Kurzform von engl. Walter.

Waltari, Mika, * Helsinki 19. Sept. 1908, † ebd. 26. Aug. 1979, finn. Schriftsteller. - Populärster und produktivster zeitgenöss. finn. Schriftsteller; v. a. großangelegte histor. Romane wie „Sinuhe, der Ägypter" (1945), „Die weiße Taube" (1958), „Minutus der Römer" (1964); auch Dramen, Erzählungen und Kriminalromane.

Waltenhofensches Pendel [nach dem östr. Physiker A. von Waltenhofen, * 1828, † 1914], ein das Prinzip der Wirbelstrombremse demonstrierendes Pendel, dessen Pendelkörper eine ´Kupferscheibe) zw. den Polen eines Elektromagneten schwingt; bei eingeschaltetem Magneten erfolgt eine starke Bremsung der Schwingung, da die induzierten Wirbelströme nach der †Lenzschen Regel die sie erzeugende Bewegung hemmen; ihre Energie wird in Wärme umgesetzt.

Walter (Walther), männl. Vorname (zu althochdt. waltan „walten, herrschen" und heri „Heer").

Walter, Bruno, eigtl. B. W. Schlesinger, * Berlin 15. Sept. 1876, † Beverly Hills 17. Febr. 1962, amerikan. Dirigent dt. Herkunft. - Wirkte seit 1901 an der Wiener Hofoper, war 1913-22 Generalmusikdirektor in München, ab 1925 an der Städt. Oper in Berlin, 1929-33 Gewandhauskapellmeister in Leipzig, 1936-38 Dirigent und künstler. Berater der Wiener Staatsoper. Seit 1939 in den USA, ab 1948 auch wieder in Europa tätig; v. a. bed. Mozart- und Mahler-Dirigent.

W., Fritz, * Kaiserslautern 31. Okt. 1920, dt. Fußballspieler. - Spielführer der dt. Weltmeisterschaftsmannschaft 1954; hatte 61 Länderspieleinsätze (1940-58); Ehrenspielführer des DFB.

W., Johann[es], * Kahla oder Großpürschütz 1496, † Torgau 25. März 1570, dt. Kantor und Komponist. - Ab 1517 in der Hofkapelle Kurfürst Friedrichs des Weisen in Altenburg; gab 1524 das (mehrstimmige) „Geystl. gesangk Buchleyn" (mit einer Vorrede M. Luthers) heraus, seitdem Berater Luthers in kirchenmusikal. Fragen; 1526 Kantor in Torgau; leitete 1548-54 die Hofkapelle Kurfürst Moritz' von Sachsen in Dresden, lebte danach wieder in Torgau.

W., Otto F[riedrich], * Aarau 5. Juni 1928, schweizer. Schriftsteller. - Verfasser realist. Romane, in denen an Beispiel exemplar. Schicksale die Gefährdung menschl. Beziehungen dargestellt werden; krit.-nüchterne Auseinandersetzung mit den Problemen der heutigen Gesellschaft, insbes. der jüngeren Generation („Wie wird Beton zu Gras", 1980); auch Dramen. - *Weitere Werke:* Der Stumme (R., 1959), Herr Tourel (R., 1962), Die ersten Unruhen (R., 1972), Die Verwilderung (R., 1977), Das Staunen der Schlafwandler am Ende der Nacht (R., 1983).

Walter-Antrieb, außenluftunabhängiger Antrieb für schnellfahrende Unterseeboote, seit 1930 von dem dt. Ingenieur H. Walter (* 1900, † 1980) entwickelt. Grundidee: Mitführung des für die Verbrennung nötigen Sauerstoffs in Form von hochkonzentriertem Wasserstoffperoxid (80% H_2O_2; auch Aurol, Ingolin oder T-Stoff genannt), das sich über einen Katalysator in Wasserdampf und Sauerstoff zersetzt.

Walter Verlag AG ↑ Verlage (Übersicht).

Waltharius (W. manu fortis [mittellat. „Walther mit der starken Hand"]) (Waltharilied), lat. hexametr. Epos in 1456 Versen, überliefert im 11.–15. Jh., einzige lat. Bearbeitung eines german. Stoffes. Datierungen des wohl im oberrhein. Raum entstandenen Gedichts schwanken zw. 9. und 10. Jh.; stoffl. Grundlage der Dichtung ist ein german. Heldenlied, das sich aus den altengl. „Waldere"-Fragmenten, Anspielungen in mittelhochdt. Heldenromanen, dem mittelhochdt. Waltherepos (Fragment des 13. Jh.) und Auszügen in der Chronik von Novalese (11. Jh.) erschließen läßt. Der german. Held Walther von Aquitanien wurde vom geistl. Verfasser zum Wunschbild des neuen christl. Kämpfers umgeformt.

Walther von Châtillon [frz. ʃati'jõ]

Walther von der Vogelweide.
Miniatur aus der Großen Heidelberger Liederhandschrift (14. Jh.).
Heidelberg, Universitätsbibliothek

(Gautier de C., Gautier de Lille), latinisiert Gualterus de Insulis, * Lille um 1135, † Amiens (?) um 1200, mittellat. Dichter. - Gehört zu den bedeutendsten Dichtern des MA, die sich weltl. Stoffen zuwandten, u. a. mit seinem Epos über Alexander den Großen „Alexandreis" in 10 Büchern (um 1180).

Walther von der Vogelweide, * um 1170, † 1230, dt. Dichter. - Stammte wohl aus Österreich und ist wahrscheinl. in Würzburg begraben. Sein sozialer Status als niederer Adliger sowie Lebensumstände sind weitgehend aus Spruchstrophen erschließbar; urkundl. wird er nur 1203 in den Reiserechnungen Wolfgers von Erla (Bischof von Passau) erwähnt. W. begann seine literar. Laufbahn am Hof der Babenberger, wo er wahrscheinl. durch Reinmar von Hagenau Anregungen empfing und eine literar. Auseinandersetzung mit diesem begann. Nach dem Tod Herzog Friedrichs I. zog W. 1198 an den Hof Philipps von Schwaben, dessen Krönung und legitime Stellung an der Reichsspitze er während des Thronstreits mit dem Welfen Otto IV. in mehreren Spruchstrophen („Reichston" u. a.) propagierte. Zeitweise schloß er sich Landgraf Hermann I. von Thüringen an, wandte sich Otto IV. zu, den er in 3 Kaiserstrophen pries; später ging er zu dem Staufer Friedrich II. über. Sein Leben lang war W. um seine Existenzsicherung bemüht, die er schließl. durch ein Lehen von Friedrich II. wohl bei Würzburg erhielt. W. verband seine virtuose Sprachbeherrschung mit den verschiedensten literar. Interessen; als Vollender der Formkunst der höf. Minnelyrik wurde er zugleich Überwinder ihrer Stilisierung und Vergeistigung durch neue, persönl. Erlebniskraft und Wärme des Gefühls; er durchbrach die höf.-ständ. Grenze, indem auch die Schönheit und Liebe des einfachen Mädchens der Verehrung wert erachtet wurde. Die Spruchdichtung, von W. als erstem zur scharfen und treffsicheren polit.-literar. Waffe ausgebildet, verteidigte die Ordnung des stauf. Reiches gegen die Machtansprüche des Papstes. Das Alterswerk, vorwiegend religiöse Gedichte (Kreuzzugslyrik und der berühmte Marienleich), ist von Resignation und Trauer über den Verfall der höf. Sitte und Kultur und über den Niedergang des stauf. Reiches bestimmt.

📖 *Hahn, G.: W. v. d. V. Mchn. 1985. - Halbach, K. H.: W. v. d. V. Stg. ⁴1983. - Kuhn, H.: Minnelieder W. v. d. V. Ein Komm. Tüb. 1982. - Obermeier, S.: W. v. d. V. Ffm. u. a. 1982. - Friederichs, H. F.: W. v. d. V. Der Mensch in Zeit u. Umwelt. Neustadt a. d. Aisch ²1979. - Maurer, F.: Die politischen Lieder Walthers v. d. V. ³1972.*

Walther, Johann Gottfried, * Erfurt 18. Sept. 1684, † Weimar 23. März 1748, dt. Komponist, Musiktheoretiker und Musiklexikograph. - Schüler von J. S. Bach, ab 1702

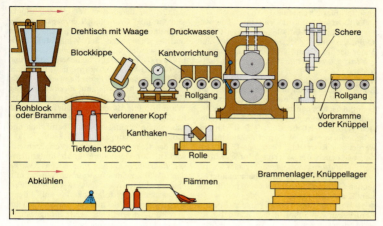
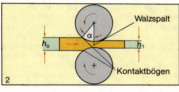
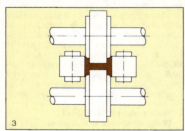
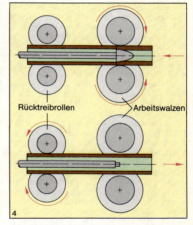
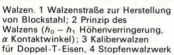

Walzen. 1 Walzenstraße zur Herstellung von Blockstahl; 2 Prinzip des Walzens ($h_0 - h_1$ Höhenverringerung, α Kontaktwinkel); 3 Kaliberwalzen für Doppel-T-Eisen, 4 Stopfenwalzwerk

Organist in Erfurt, ab 1707 Stadtorganist in Weimar. Komponierte ausschließl. für Tasteninstrumente, v. a. Choralbearbeitungen. Bed. ist sein „Musical. Lexikon" (1732).

Walton [engl. ˈwɔːltən], Ernest, * Dungarvan (Waterford) 6. Okt. 1903, ir. Physiker. - Prof. in Dublin. Mit J. D. Cockcroft entwikkelte W. den Kaskadengenerator, mit dessen Hilfe beiden Forschern 1932 die ersten künstl. Kernumwandlungen gelangen; 1951 erhielten sie herfür den Nobelpreis für Physik.

W., Sir William Turner, * Oldham (Lancashire) 29. März 1902, † auf Ischia 8. März 1983, engl. Komponist. - Wurde 1923 v. a. mit dem „Façade" betitelten „Entertainement" bekannt; kehrte nach neutöner. Ansätzen zum neuromant. Stil E. Elgars zurück, komponierte die Opern „Troilus and Cressida" (1954), „The bear" (1967), das Oratorium „Belshazzar's feast" (1931), Orchester-, Kammer- und Klaviermusik, Lieder.

Waltraud (Waltraut), weibl. Vorname (zu althochdt. waltan „walten, herrschen" und -trud „Kraft, Stärke").

Waltrop, Stadt am N-Rand des Ruhrgebiets, NRW, 70 m ü. d. M., 27 500 E. Steinkohlenbergbau, Fahrzeugbau, Holz- und Textilind.; Hafen am Dortmund-Ems-Kanal, Schiffshebewerk Henrichenburg. - Erste gesicherte Erwähnung 1147; seit 1938 Stadt. -

Walvater

Spätgot. Pfarrkirche (um 1500).

Walvater (altnord. Valfathr „Totenvater"), in der „Edda" Beiname des Gottes Odin, der ihn als Herrn der Walstatt und Vater der im Kampf Gefallenen bezeichnet.

Walze, svw. gerader Kreiszylinder († Zylinder).

◆ *Straßenbaumaschine* zum Verdichten des Bodens, von Schotter und Straßendecken, als *Anhänge-W.* oder *Selbstfahr-W.* (früher mit Dampfmaschinenantrieb als sog. *Dampf-W.*, heute mit Dieselmotor) ausgeführt. Am weitesten verbreitet ist die *Glatt-W.* mit glattem, zylinderförmigem W.körper. Zunehmend werden die *Rüttel-* und *Vibrations-W.* verwendet, bei denen die Wirkung durch Rüttelbzw. Vibrationsbewegungen verstärkt wird, oder *Gummirad-W.,* die mit nebeneinandergesetzten Gummirädern mit ebenen, profillosen Laufflächen arbeiten.

◆ *Ackergerät* zum Verfestigen des Bodens, Zerdrücken von Schollen, Brechen der Kruste, Andrücken von Samen. Als *Acker-W.* werden vorwiegend sog. *Rauh-W.* verwendet, z. B. die *Ringel-W.* aus mehreren gleichgeformten Ringen bzw. Scheiben von dreieckigem Profil, die *Stern-W.* mit gezacktem Ringprofil und die *Cambridge-W.,* bei der je ein Ring mit doppelkehligem Profil und eine Zackenscheibe abwechseln.

◆ (Rollschweller) † Schwellwerk.

Walzel, Oskar, * Wien 28. Okt. 1864, † Bonn 29. Dez. 1944, dt. Literaturhistoriker. - 1897 Prof. in Bern, ab 1907 in Dresden, ab 1921 in Bonn. Hg. der „Untersuchungen zur neueren Sprach- und Literaturgeschichte" (1932ff.), ab 1923 Hg. des „Handbuchs der Literaturwiss."; einer der einflußreichsten Vertreter der geistesgeschichtl. orientierten Literaturwiss. zu Beginn des 20. Jahrhunderts.

Walzen, wichtiges Verfahren zur spanlosen Formung metall. Werkstoffe; ihre Streckung [bzw. Stauchung] erfolgt dabei jeweils im Spalt zw. zwei umlaufenden Walzen, wobei das Material vorwiegend in der Längsrichtung geformt wird. Die bei einem Durchgang, dem sog. *Stich,* erzielbaren Querschnittsabnahmen - und damit der Anzahl der Stiche vom Rohblock bis zum Fertigprodukt - sind u. a. von Werkstoff und Temperatur abhängig. Für das Formen von Platten, Blechen und Bändern werden Walzen mit glatter Oberfläche verwendet, für die Herstellung anderer Querschnittsformen (z. B. Profileisen) profilierte *Kaliberwalzen*.

Bei kontinuierl. arbeitenden Walzwerken sind die Arbeitsgänge vom Rohblock bis zum Endprodukt durch Hintereinanderschaltung der entsprechenden Walzgerüste, Transport- und Hilfsvorrichtungen teilweise oder auch vollständig automatisiert. Walzwerksgerüste mit Antriebs-, Hilfs- und Adjustagevorrichtungen werden zu sogenannten *Walzwerks-* oder *Walzenstraßen* zusammengefügt. *Block-*

walzstraßen dienen dem W. schwerer Blöcke und Knüppel, *Grob-* und *Halbzeugstraßen* der Formung von Knüppeln, Platinen, Trägern und Schienen; Stab- und Winkelstahl sowie Träger werden auf *Mittelstraßen* und *Stabwalzwerken* hergestellt, Schienen-, Stab- und Profilstahl, Winkel-, Form- und Bandstahl auf *Feinstraßen* und *Formstahlwerken*. Grob- und Feinbleche werden auf *Blechwalzwerken,* Drähte auf *Drahtwalzwerken* hergestellt. - Der Warmformung durch W. schließt sich sehr häufig ein Kalt-W., das sog. *Nach-W.,* an, z. B. zur Erzielung sauberer Oberflächen und großer Endgenauigkeit.

Für das *Rohr-W.* wurden bes. Verfahren entwickelt. Zur Herstellung hohlzylinderförmiger *Rohrluppen* dienen v. a. *Lochwalzwerke,* deren Walzen einen bestimmten Winkel miteinander bilden *(Schrägwalzwerke);* die Fertigbearbeitung erfolgt häufig auf Pilgerschrittwalzwerken. Daneben werden auch andere Rohrfertigstellungsverfahren angewandt: Beim *Stopfenwalzverfahren* erfolgt die Reduzierung der Wandstärke durch W. über eine Dornstange. Beim *stetigen Röhrenwalzwerk* wird dieser Effekt durch hintereinandergeschaltete Walzen mit Rundkaliber erzielt. Zum weiteren Reduzieren und zum Glätten der Rohre dienen *Reduzierwalzwerke* mit bis zu 18 hintereinander angeordneten Walzgerüsten sowie *Streck[reduzier]walzwerke,* bei denen mehrere Walzgerüste mit jeweils drei angetriebenen Walzen je Gerüst hintereinandergesetzt und in der Geschwindigkeit so eingestellt sind, daß auf das erwärmte Rohr ein Längszug wirkt. Je nach Zug können sowohl Durchmesser als auch Wandstärke reduziert werden. - Abb. S. 323, auch Bd. 18, S. 293.

⌕ *Schwenzfeier, W.:* Walzwerktechnik. Wien 1979. - *Kösters, F.:* Kalibrieren v. schweren Profilen. Düss. 1978. - *Fischer, Fritz, u.a.:* Spanlose Formgebung in Walzwerken. Bln. u. New York 1972.

Walzendruck † Stoffdruck.

Walzenechsen, svw. † Skinke.

Walzenmühle † Mühle.

Walzenskinke (Chalcides), Gatt. bis etwa 45 cm langer Reptilien (Fam. Skinke) mit drei Arten im Mittelmeergebiet; Körper kräftig bis schlangenförmig; Gliedmaßen wohlentwickelt oder stummelförmig. In sonnigen, steinigen Gebieten des westl. Mittelmeergebietes kommt die bis etwa 40 cm lange **Erzschleiche** (Chalcides chalcides) vor; Körper blindschleichenförmig, oberseits meist auf metall. grauem bis olivgrünem Grund mehrfach hell-längsgestreift mit langem Schwanz und stummelförmigen, dreizehigen Gliedmaßen.

Walzenspinnen (Solifugae), Ordnung bis etwa 7 cm langer, meist brauner oder grauer Spinnentiere mit rd. 800 Arten, v. a. in Wüsten und Steppen der Subtropen und Tropen; Hinterleib walzenförmig; Beine lang, mit auffallend langen Sinneshaaren; Kieferfühler sehr stark entwickelt; Biß für den Menschen schmerzhaft, doch ungefährlich.

Walzer, Paartanz im $^3/_4$-Takt, der um 1770 im östr.-süddt. Raum aus ↑Ländler und dt. Tanz, einem volkstüml., ungeradtaktigen Paartanz, entstand. Gegen den Widerstand von Hof und Adel setzte sich der W. als „niederer" Tanz seit etwa 1790 zuerst in Wien und seit dem Wiener Kongreß (1815) internat. durch; er gehört heute zu den ↑Standardtänzen. - Die ersten W. waren kurz, wurden aber bald zu längeren W.folgen zusammengestellt. Modellhaft wirkte C. M. von Webers „Aufforderung zum Tanz" (1819), ein W.zyklus mit langsamer Einleitung und Koda. Zu dieser Formerweiterung (Einleitung, fünf W., themat. Koda) griffen auch seit etwa 1820 J. Lanner und J. Strauß Vater und Sohn; charakterist. wurde das gegenüber dem Ländler raschere Tempo und die leichte Vorwegnahme der 2. Zählzeit. - Neben dem schnellen **Wiener Walzer** und dem **langsamen Walzer** (oder English Waltz) entstanden der frz. W. (meist sich im Tempo steigernden Teilen) und der langsame ↑Boston.

Wälzlager, aus zwei Laufringen, den Wälzkörpern und dem Käfig bestehendes meist genormtes Stützelement für drehbare Maschinenteile (z. B. Anker von Elektromotoren). Als *Wälzkörper* werden *Kugeln* und *Rollen* (Zylinder-, Tonnen-, Kegelrollen, Nadeln) verwendet. Der *Käfig* hat die Aufgabe, die Wälzkörper in gleichem Abstand zu halten. Laufringe und Wälzkörper berühren sich bei Kugellagern punktförmig, bei Rollenlagern linienförmig. - Grundsätzl. unterscheidet man nach der Form der Wälzkörper zw. *Kugel-* und *Rollenlagern* und je nach Belastung (Radial- oder Axialbelastungen) zw. Radial- und Axiallagern.

Radiallager: Die am häufigsten verwendete W.art sind die **Radialrillenkugellager,** die für radiale und axiale Belastungen, selbst bei hohen Drehzahlen, geeignet sind. Axial tragfähiger als Rillenkugellager sind **Schrägkugellager**. Pendelkugellager sind infolge der bes. geformten Laufbahn im Außenring weitgehend unempfindl. gegen Durchbiegungen der Welle oder Fluchtfehler der Gehäusebohrungen. **Zylinderrollenlager** eignen sich für große Radialbelastung und hohe Drehzahlen. **Nadellager** mit langen dünnen Wälzkörpern zeichnen sich durch geringen Raumbedarf in radialer Richtung aus. Bei Nadelkränzen (ohne Laufringe) oder Nadelhülsen (mit gehärteter Stahlhülse als äußerem Laufring) ist die Bauhöhe noch geringer. **Pendelrollenlager** können außer großen Radial- auch Axialbelastungen in beiden Richtungen aufnehmen. **Kegelrollenlager** sind ebenfalls für gleichzeitig auftretende große Radial- und Axialbelastungen geeignet. **Tonnenlager** (mit tonnenförmigen Wälzkörpern) eignen sich bes. für große, stoßartige Radialbelastungen, sind winkelbewegl. und daher gegen Wellendurchbiegungen und Fluchtfehler unempfindlich.

Axiallager: Axialrillenkugellager können ebenso wie **Axialnadellager** nur Axialkräfte aufnehmen. **Axialschrägkugellager** sind auf Grund der schräg zur Lagerachse verlaufenden Druckrichtung für höhere Drehzahlen geeignet. **Axialpendelrollenlager** können neben großen Axial- auch Radialbelastungen aufnehmen und sind infolge der hohlkugeligen Laufbahn der Gehäusescheibe winkelbeweglich. - Abb. S. 326.

Walzplattieren ↑Oberflächenbehandlung.

Walzwerk ↑Walzen.

Wamme, in der *Tierzucht* Bez. für die von der Kehle bis zur Brust reichende Hautfalte an der Unterseite des Halses verschiedener Tierarten (v. a. der Rinder).
♦ (Dünnung) wm. Bez. für die Flanke beim Schalenwild (u. a. Reh-, Rotwild, Gemse).

Wams, zuerst Bez. für das unter dem Panzerhemd getragene schützende Untergewand; wurde im 15.Jh. allg. Teil der Männerkleidung, zunächst unter dem Überrock getragen, dann selbständiges kurzes Obergewand (Jakke), z. B. in der Landsknechtstracht oder in der span. Tracht.

Wanaprastha ↑Aschrama.

Wand, Günter, * Elberfeld (= Wuppertal) 7. Jan. 1912, dt. Dirigent. - 1944/45 Dirigent des Mozarteumorchesters und Opernchef in Salzburg; leitete 1946-74 das Kölner Gürzenichorchester und unterrichtete seit 1948 an der Musikhochschule in Köln; seit Aug. 1982 Chefdirigent des NDR-Sinfonieorchesters in Hamburg.

Wand, im Bauwesen Bez. für einen vertikalen Raumabschluß. Nach der stat. Beanspruchung unterscheidet man u. a. tragende und nichttragende Wände, nach der Lage bezügl. des Gebäudes Außen- und Innenwände, nach der Funktion Trenn- und Brandwände.

Wandalen ↑Vandalen.

Wandelanleihe, svw. ↑Wandelschuldverschreibung.

Wandelklee (Desmodium), Gatt. der Schmetterlingsblütler mit rd. 200 Arten, v. a. im trop. und subtrop. Amerika und in Asien; Kräuter oder Halbsträucher mit meist dreizähligen Fiederblättern und blauen, roten oder weißen Blüten. Als winterharte Zierpflanze wird zuweilen der **Kanad. Wandelklee** (Desmodium canadense), ein bis 2 m hoher Halbstrauch mit blauroten Blüten, kultiviert.

Wandelnde Blätter ↑Gespenstschrecken.

Wandelröschen (Lantana), Gatt. der Eisenkrautgewächse mit rd. 160 Arten im trop. und subtrop. Amerika, in O-Afrika und Indien. Die bekannteste, im trop. Amerika heim., als Rabattenpflanze kultivierte Art ist **Lantana camara,** ein 0,3-1 m hoher Strauch

Wandelschuldverschreibung

mit zugespitzt-eiförmigen, runzeligen Blättern und kleinen, dicht in Köpfchen stehenden Blüten, deren Farbe je nach Entwicklungsstand wechselt.

Wandelschuldverschreibung (Wandelanleihe, Wandelobligation), Schuldverschreibung einer AG, i. d. R. in der Rechtsform einer Inhaberschuldverschreibung oder eines Verpflichtungsscheins, die neben der festen Verzinsung ihrem Inhaber das unentziehbare Recht verbrieft, sie nach einer bestimmten Zeit gegen eine Aktie der betreffenden AG einzutauschen.

Wandelsterne, svw. Planeten.

Wanderalbatros (Diomedea exulans), bis 1,3 m langer Sturmvogel (Fam. Albatrosse) über den Meeren der Südhalbkugel; mit maximal 3,5 m Flügelspannweite und 8 kg Gewicht größter heute lebender Meeresvogel; ♂ und ♀ im erwachsenen Zustand weiß mit vorwiegend schwarzbrauner Flügeloberseite, Jungvögel dunkelbraun mit hellem Gesicht.

Wanderameisen (Dorylidae), Fam. räuber. lebender Ameisen, die in langen Kolonnen durch Wald, Busch und Grasland der südamerikan. und afrikan. Tropen ziehen. Man unterscheidet zwei Unterfam.: *Afrikan. W.* (*Treiberameisen,* Dorylinae), die bis zu 200 m lange Kolonnen bilden, und die diesen in Größe, Aussehen (meist schwarzbraun) und Lebensweise stark ähnelnden *Südamerikan. W.* (*Heeresameisen,* Ecitoninae), deren Kolonnen (gegenüber den Treiberameisen) kürzer (maximal 100 m Länge) und breiter (mehrere Meter) sind.

Wanderbühne ↑ Theater.

Wanderdüne ↑ Dünen.

Wanderfalke (Taubenstößer, Falco peregrinus), bis 48 cm (♀) bzw. 40 cm (♂) langer, v. a. in Wald- und Gebirgslandschaften sowie in Tundren und an Meeresküsten fast weltweit verbreiteter Falke; im erwachsenen Zustand Oberseite (mit Ausnahme des schwarzen Oberkopfs und eines kräftigen, schwarzen, von oben nach unten über die Wange verlaufenden „Bartstreifens") vorwiegend schiefergrau, Unterseite weißl., an Brust und Bauch dunkel quergebändert.

Wanderfalter, Bez. für Schmetterlinge, die regelmäßig einzeln oder in großen Mengen im Laufe des Jahres ihr Ursprungsgebiet verlassen und über oft sehr weite Strecken in andere Gegenden einfliegen. Zu den bekanntesten W., die aus S-Europa einwandern, zählen Admiral, Distelfalter, Postillion, Goldene Acht, Totenkopfschwärmer, Oleanderschwärmer, Taubenschwänzchen und Gammaeule. - Der bekannteste W. N-Amerikas ist der Monarch.

Wanderfeldmotor, svw. ↑ Linearmotor.

Wanderfeldröhre ↑ Laufzeitröhren.

Wanderheuschrecken, Bez. für verschiedene Arten bes. subtrop. und trop. Feldheuschrecken, die unter günstigen Ernährungs- und klimat. Bedingungen zur Massenvermehrung neigen. In z. T. riesigen Schwärmen wandern sie, als Larven auf der Erde kriechend, als erwachsene Tiere im Flug aus ihrem Ursprungsgebiet aus, wobei von den Imagines nicht selten Entfernungen von 1 000 bis 2 000 km überwunden werden. Die wichtigsten Arten der W. sind: *Wüstenheuschrecke* (Schistocerca gregaria; in N-Afrika und Vorderasien; bis 8 cm lang); *Marokkan. Wanderheuschrecke* (Dociostaurus maroccanus; im Mittelmeergebiet; etwa 2–3 cm lang; fliegt wie die folgende Art gelegentl. nach M-Europa ein); *Europ. Wanderheuschrecke* (Locusta migratoria; mit mehreren Unterarten in verschiedenen Teilen Asiens, Afrikas und regelmäßig auch in S-Europa; bis 6 cm lang).

Wanderigel (Alger. Igel, Aethechinus algirus), schlanker, relativ hochbeiniger, dämmerungsaktiver Igel, v. a. in felsigen und steppenartigen Landschaften SW-Europas (einschließl. Balearen) und N-Afrikas; Körperlänge 20–25 cm, mit deutl. vom Rumpf abgesetztem Kopf und relativ großen Ohren; Stachelkleid blaßbräunl., auf der Kopfoberseite gescheitelt; Körperunterseite bräunlichweiß; hält keinen Winterschlaf.

Wandermuschel (Dreieckmuschel, Dreikantmuschel, Dreissena polymorpha), 2–4 cm lange Muschel die in histor. Zeit vom Schwarzen und Kasp. Meer in fließende Süßgewässer Eurasiens eingewandert ist; weit

Wälzlager. 1 Radialrillenkugellager, 2 Zylinderrollenlager, 3 Nadellager, 4 Axialrillenkugellager

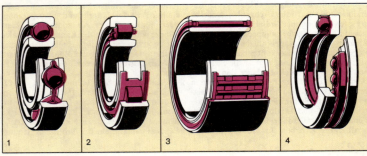

verbreitet, bes. in Wolga, Donau, Rhein, Weser, Elbe; mit dreikantig-kahnförmiger, mit dunklen Wellenlinien gezeichneter Schale.

Wanderniere, svw. ↑ Nierensenkung.

Wanderpreis (Wanderpokal), Preis bei sportl. Wettbewerben, der erst nach mehrmaligem Erringen durch denselben Sieger in dessen endgültigen Besitz übergeht.

Wanderratte ↑ Ratten.

Wandersaibling (Rotforelle, Salvelinus alpinus), meist 50–60 cm langer Lachsfisch, v. a. im Nordpolarmeer (einschließl. seiner Zuflüsse) und im Alpengebiet; Rücken blaßblau, Seiten blaugrau oder grün, mit kleinen, roten bis orangegelben Flecken, Bauchseite leuchtend rot (bes. während der Laichzeit); geschätzter Speisefisch.

Wandertrieb, durch endogene Reize ausgelöster Antrieb, der bestimmte Tierarten zu gelegentl., period. oder permanenten Wanderungen veranlaßt (↑ Tierwanderungen, ↑ Vogelzug).

Wanderungen, in der *Soziologie* umfassende Bez. für alle Prozesse räuml. Bewegungen (Migration, räuml. Mobilität) von Individuen, Gruppen, Völkern oder Volksteilen (z. B. ethn. oder religiöse Minderheiten). Eingeschlossen sind Binnen-, Ein-, Auswanderung (einschl. Emigration), Umsiedlung, Vertreibung, Flucht, Verbannung, Stadt-Land-Bewegungen bis hin zu jedem einzelnen Wohnsitzwechsel eines Individuums.

◆ in der *Zoologie* ↑ Tierwanderungen. - ↑ auch Migration.

Wandervogel, um 1895 von Hermann ↑ Hoffmann begründete Gruppenbildung von Schülern des Gymnasiums in Steglitz (= Berlin), die zum Ausgangspunkt der dt. ↑ Jugendbewegung wurde. Der W. erstrebte unter Anlehnung an die philosoph. Kulturkritik des ausgehenden 19. Jh. die Überwindung der Großstadtzivilisation und versuchte, einen eigenen jugendspezif. Lebensstil zu entwickeln, in dem Wandern, Zeltlager, Volkstanz und -lied eine große Rolle spielten. 1904 spaltete sich der W. in den „*W. e. V. zu Steglitz bei Berlin*", der auf den Raum Berlin beschränkt blieb, und den „*Alt-W.*", der sich über ganz Deutschland verbreitete; 1907 entstand der „*Dt. Bund für Jugendwanderungen*", 1910 der „*Jungwandervogel*". 1913 schlossen sich diese Bünde zum „*W. e. V., Bund für dt. Jugendwandern*" zusammen, in dem auch Volksschüler und Mädchen aufgenommen wurden und der 1913 rd. 25 000 Mgl. zählte. 1933 erfolgte die Auflösung der W.bünde im Zuge der nat.-soz. Gleichschaltung; nach dem 2. Weltkrieg wurden zahlr. W.gruppen neu gegründet.

Wanderzellen, sich selbständig (amöboid) fortbewegende, v. a. als Freßzellen fungierende Zellen des tier. und menschl. Organismus, bes. die Histiozyten *(Gewebs-W.)*, Monozyten *(Blut-W.)* und Granulozyten.

Wandlung, in der *kath. Kirche* Bez. für die Transsubstantiation, den liturg. Mittelpunkt der Messe.

◆ (Wandelung) im *Schuldrecht* die Rückgängigmachung eines Kauf- oder Werkvertrages durch einseitige Erklärung des Käufers oder Bestellers, wenn die Voraussetzungen der ↑ Mängelhaftung gegeben sind. Ist die W. vollzogen, d. h. hat sich der Verkäufer auf Verlangen des Käufers mit ihr einverstanden erklärt, so entsteht ein Anspruch auf Rückgewähr der bereits erbrachten Leistungen, d. h. die Vertragsparteien müssen sich die schon erbrachten Leistungen nach den Regeln des ↑ Rücktritts im Rahmen eines sog. Rückgewährschuldverhältnisses zurückgewähren.

Wandmalerei, die Bemalung von Gesteinswänden und insbes. von verputztem Mauerwerk, auch von Holz[decken]; häufig wird die ↑ Deckenmalerei abgegrenzt. I. w. S. werden zur W. außer ↑ Felsbildern oder Katakombenmalerei u. ä. auch Wandbilder auf Leinwand oder Mosaikverkleidungen (↑ Mosaik) gerechnet. Die anspruchsvollste Technik der W. auf Putz ist die ↑ Freskomalerei in ihren verschiedenen Varianten. Die altoriental. Hochkulturen verwendeten Wasserfarben, meist auf Gipsgrund, auch auf tonhaltigen Gründen, sowohl Aquarell- (Ägypten) wie Temperafarben (z. B. in Ajanta). - Zu den ältesten W. auf Putz gehören die W. in Çatal Hüyük (6. Jt.), Mari (um 1900 v. Chr.), Altägypten; sie sind inhaltl. und kompositionell auf den jeweiligen Raum (Kultraum, Grabkammer, Profanraum) bezogen und unterstützen die Funktion der Wand als Raumbegrenzung. Diese Auffassung wird erstmals in der pompejan. W. und erneut in der neuzeitl. Malerei mit Giotto durchbrochen.

Wandpfeilerkirche, neben einigen spätgot. und Renaissancevorformen v. a. ein von der ↑ Vorarlberger Bauschule entwickeltes Grundrißschema.

Wandschirm (spanische Wand), mehrteilige Stellwand mit (bewegl.) Flächen zum Schutz gegen Zugluft (Paravent) oder gegen unerwünschte Blicke. Künstler. wertvoll sind v. a. die mit Lackmalerei, später auch mit Malerei auf Seide oder Papier geschmückten ostasiat. W. bes. des 16. Jh.; in Europa wurden v. a. im 18. Jh. wertvolle Stücke gefertigt.

Wandteppich ↑ Bildteppich.

Wandzeitung, im allg. handschriftl. hergestellter Anschlag aktueller Informationen, Meinungen und Appelle, in überschaubaren Kommunikationsräumen (z. B. Schule, Betrieb) meist an zentraler Stelle angebracht; existiert generell nur in einem Exemplar im Ggs. zum Plakat, von dem sie sich auch durch die einfache Machart unterscheidet; in der VR China (chin. Ta-tzu-pao; W. gibt es auch in anderen kommunist. Staaten) ein wichtiges Massenmedium, spielte v. a. in der Kulturrevolution eine bed. Rolle.

Wanen (Vanen), in der german. Religion

Wanga

uraltes Göttergeschlecht, das in den Tiefen der Erde und des Meeres wohnt und den Menschen Gedeihen und Fruchtbarkeit beschert. Nach einem Krieg mit den Asen (**Wanenkrieg**) herrscht Einigkeit zw. den beiden Göttergeschlechtern.

Wanga ↑ Bengalen.

Wang An-shih (Wang Anshi) [chin. ɥaŋanʃɨ], * in der Prov. Kiangsi 18. Dez. 1021, † in der Prov. Kiangsu Mai/Juni 1086, chin. Politiker und Literat. - Größter Reformer im kaiserl. China; forderte 1058 die Umgestaltung der korrupten, praxisfernen Bürokratie zu einem angemessen entlohnten, berufsnah ausgebildeten Fachbeamtentum; zw. 1069 und 1076 Kanzler; ihm gelangen u. a. Maßnahmen zur Dämpfung der Staats- und Militärausgaben; er schuf staatl. Darlehen für Bauern als Abhilfe gegen die oft bis zur Quasisklaverei fortschreitende Verschuldung, scheiterte jedoch mit seinen Reformen am Widerstand der reichen Oberschicht.

Wang Ching-wei (Wang Jingwei) [chin. ɥaŋdzɨŋɥɛi], eigtl. Wang Chao-ming, * Kanton 1884, † Nagoja 10. Nov. 1944, chin. Politiker. - Schloß sich 1905 in Japan der nationalrevolutionären Bewegung Sun Yat-sens an; gehörte seit 1917 zu den Führern der Kuomintang (1925/26 Vors.); von Chiang Kai-shek verdrängt, ab 1931 erneute Zusammenarbeit; 1932-35 Min.präs., 1933-35 auch Außenmin. Chinas, 1938/39 stellv. Parteiführer; ging 1939 zu den Japanern über, 1940-44 Präs. einer von Japan unterstützten Marionettenregierung.

Wang Ch'ung (Wang Tschung; Wang Chong) [chin. ɥaŋtʃʊŋ], * Shang-yü (Prov. Tschekiang) 27, † 100 [97?], chin. Philosoph. - In seinem Werk „Lun-heng" (= Krit. Abwägen der philosoph. Lehren) stellt er die idealist. und metaphys. Ideen des Konfuzianismus radikal in Frage und entwickelt ein materialist., protonaturwiss. ausgerichtetes philosoph. System; gilt als einer der frühen dialekt. Philosophen Chinas.

Wange, (Backe, Bucca) der die seitl. Mundhöhlenwand bildende, mehr oder weniger fleischige Teil des Kopfes bzw. Gesichts v. a. der Säugetiere; liegt beim Menschen zw. W.bein und Unterkiefer und weist als abgegrenztes Fettgewebe zw. *W.muskel* (Backenmuskel, Trompetermuskel) und Kaumuskel den *Wfettpfropf* auf.

◆ Seitenwand, z. B. eines Chorgestühls oder einer Treppe.

Wangenbein (Jochbein, Backenknochen, Jugale, Os zygomaticum), meist spangenförmiger paariger Deckknochen des Gesichtsschädels der Wirbeltiere, der jederseits den Oberkiefer mit der seitl. Schädeldachwand verbindet. Beim Menschen faßt das (kompaktere) W. die Augenhöhlen von der Seite ein, wobei es oben mit dem Stirnbein in Verbindung steht.

Wangen im Allgäu, Stadt im nördl. Allgäu, Bad.-Württ., 570 m ü. d. M., 23 000 E. Staatl. Milchwirtschaftl. Lehr- und Forschungsanstalt; Käsereimuseum, Eichendorff-Museum; Luftkurort; Textil- und Elektroind., Behälterbau, Skifabrik, Käsereien. - 815 erstmals erwähnt; 1217 Stadt; ab etwa 1347 bis 1802/03 Reichsstadt. - Spätgot. Pfarrkirche (14. und 15. Jh.), Friedhofskirche (1593 ff.), barocke Spitalkirche (1719-21); Rathaus (1719-21) mit got. Bauteilen; Stadttore (z. T. barockisiert).

Wangerooge [vaŋər''o:gə, 'vaŋər'o:gə], östlichste der Ostfries. Inseln, Nds., 4,7 km², bis 15 m ü. d. M. Das in der Mitte der Insel gelegene, 1860 entstandene Nordseeheilbad W. (2 000 E) ist Nachfolger des am W-Ende durch eine Sturmflut zerstörten alten Dorfes.

Wang Hung-wen (Wang Hongwen) [chin. ɥaŋxʊŋɥən], * Tschangtschun 1934 oder 1935, chin. Politiker. - 1973 2. Vizevors. des ZK und Mgl. des Ständigen Ausschusses des Politbüros der KPCh; gehörte zum Führungskern der kulturrevolutionären Linken innerhalb der KPCh, deshalb im Okt. 1976 als Mgl. der sog. Viererbande aus der Partei ausgeschlossen; im Prozeß wegen Verbrechen im Rahmen der sog. Kulturrevolution u. a. gegen die Mgl. der Viererbande (ab Mitte Nov. 1980) schließl. im Jan. 1981 zu lebenslanger Haft verurteilt.

Wang Tschung ↑ Wang Ch'ung.

Wang Tung-hsing (Wang Dongxing) [chin. ɥaŋdʊŋɕiŋ], * in der Prov. Kiangsi 1916 (?), chin. Politiker. - Enger Mitarbeiter von Mao Tse-tung; seit 1969 Mgl. des ZK und Kandidat des Politbüros des ZK der KPCh, 1973-80 Mgl. des Politbüros; 1977-80 stellv. Vors. des ZK der KPCh und Mgl. des Ständigen Komitees des Politbüros.

Wang Wei [chin. ɥaŋɥɛi], * Taiyüan (Prov. Schansi) 699, † bei Changan (Prov. Schensi) 759, chin. Maler. und Dichter. - Seine Lyrik ist, wie seine Landschaftsmalerei, von buddhist. Ideen durchdrungen. Als Maler gilt W. W. als bed. Initiator der monochromen chin. Landschaftsmalerei (nur frühe Kopien erhalten) bzw. als Begr. der poet. Sicht der Südschule.

Wanja [russ. 'vanjɛ], männl. Vorname, Koseform von Iwan.

Wankel, Felix, * Lahr 13. Aug. 1902, dt. Ingenieur. - Befaßte sich ab 1926 mit der Konstruktion von Rotationskolbenmotoren. In den 1936 vom Reichsluftfahrtministerium eingerichteten „*W.-Versuchswerkstätten*" in Lindau (Bodensee) konnte 1944 der erste Drehkolbenverdichter erprobt werden. Ab 1953 förderten die NSU Motorenwerke AG die Entwicklung des *W.motors*, der ab 1957 erprobt wurde und 1964 erstmals in Serienproduktion ging. - † 9. Okt. 1988.

Wankelmotor [nach F. Wankel] ↑ Rotationskolbenmotor.

Wappenkunde

Wankie [engl. 'wɔŋkɪ] (heute Hwange), Stadt in W-Simbabwe, 750 m ü. d. M., 39 000 E, kath. Bischofssitz; Zentrum des größten Kohlebergbaugebiets im südl. Afrika mit verarbeitender Industrie; südl. von W. der **Wankie-Nationalpark,** der größte Nationalpark Simbabwes, 13 595 km^2.

Wanne-Eickel, Stadtteil von ↑Herne.

Wannsee, 2,7 km^2 große Havelbucht im SW von Berlin (West); Strandbad, Wassersport.

Wannseekonferenz, am 20. Jan. 1942 abgehaltene Konferenz von Spitzenvertretern oberster Reichs- und Parteidienststellen unter Vorsitz von R. Heydrich im Berliner Interpolgebäude (Am Großen Wannsee 56–58) mit dem Ziel, grundsätzl. Fragen der „Endlösung der Judenfrage" zu klären und die Zusammenarbeit aller Instanzen zu sichern; vorgesehen war die Deportation der jüd. Bev. in den O zur Vernichtung anstelle der bislang praktizierten Auswanderung.

Wanst, svw. Pansen (↑Magen).

Wanten, zum stehenden Gut der Takelage eines Segelschiffes gehörende starke Taue oder Drahtseile, die den Mast seitl. stützen. Mit Webleinen verbunden, dienen sie auch als Strickleitern von der Bordwand zu den Salingen bzw. zum Topp.

Wanzen (Halbflügler, Ungleichflügler, Heteroptera), seit dem Perm bekannte, heute mit fast 40 000 Arten weltweit verbreitete Ordnung land- oder wasserbewohnender Insekten (davon rd. 800 Arten einheim.); Körper meist abgeflacht, 1 mm bis 12 cm lang; Kopf mit stechend-saugenden Mundwerkzeugen und entweder langen (Land-W.) oder sehr kurzen Fühlern (Wasser-W.); Brustsegment durch großen ersten Abschnitt gekennzeichnet, der (z. B. bei Schild-W.) zu einem sehr großen Halsschild werden kann; Vorderflügel zu Halbdeckflügel (etwa $^2/_3$ sklerotisiert) umgebildet, Hinterflügel weichhäutig. Die Beine der W. sind meist als Schreitbeine entwickelt, bei Raub-W. können die Vorderbeine zu Raubbeinen und bei vielen Wasser-W. die Hinterbeine zu langen Schwimmbeinen umgebildet sein. Stinkdrüsen (Wehrdrüsen) sind bei W. sehr verbreitet. Die Fortpflanzung der W. erfolgt meist durch Eiablage; selten sind W. lebendgebärend. Die Larven machen im allg. fünf Entwicklungsstadien durch. Die Verwandlung ist unvollkommen. - Die meisten W. sind Pflanzensauger, andere Arten saugen Körpersäfte erbeuteter anderer Insekten und von deren Larven, wieder andere können Blutsauger bei Vögeln und Säugetieren (einschließl. Mensch) sein (im letzteren Fall z. B. Bettwanze); häufig kommt es dabei zur Übertragung von Krankheitserregern. - Man unterscheidet zwei Unterordnungen: ↑Landwanzen und ↑Wasserwanzen.

Wanzen, umgangssprachl. Bez. für ↑Abhörgeräte in Miniaturbauweise.

Wanzenkraut (Silberkerze, Cimicifuga), Gatt. der Hahnenfußgewächse mit rd. 10 Arten in O-Europa, im gemäßigten Asien und in N-Amerika. Bekannt ist das in Deutschland eingeschleppte **Stinkende Wanzenkraut** (Europ. W., Cimicifuga europaea), eine unangenehm riechende Staude mit sehr großen, zwei- bis dreifach gefiederten Blättern und grünl. Blüten, sowie das in N-Amerika heim. **Echte Wanzenkraut** (Cimicifuga racemosa), dessen Wurzelstock in der Homöopathie als Beruhigungsmittel verwendet wird.

Wapiti [indian.] ↑Rothirsch.

Wapnewski, Peter, * Kiel 7. Sept. 1922, dt. Literarhistoriker und -kritiker. - Ab 1959 Prof. für dt. Philologie in Heidelberg, ab 1966 in Berlin (West), ab 1969 in Karlsruhe, seit 1980 Rektor des Wiss.-Kollegs in Berlin; zahlr. Veröffentlichungen zur ma. und zeitgenöss. dt. Literatur; seit 1969 Mithg. der Zeitschrift „Euphorion".

Wappen [zu mittelhochdt. wāpen, eigtl. „Waffe, Schildzeichen"], farbiges Abzeichen, das eine Person, Familie (Familien-W.), Körperschaft oder Institution repräsentiert. Es setzt sich zusammen aus: Schild (W.schild), Helm und Helmzier (mit Helmdecke), hinzu können Prachtstücke, Rangzeichen (v. a. Rangkronen) und Devise treten. Das seit Beginn des 12. Jh. in W- und M-Europa auf dem Schild der gleichförmig gerüsteten Ritter angebrachte Unterscheidungszeichen wurde zum beständigen Kennzeichen der Waffenführenden und ihrer Familien. Mit Änderung der Kriegstechnik im 13./14. Jh. verlor das W. zwar seine urspr. Bed., doch wurde es zum Symbol von Adels- und Bürgerfamilien, aber auch von Klerikern, Bistümern, Abteien und Städten. Herolde und Kanzleien erstellten W.verzeichnisse (**Wappenrolle, Wappenbuch,** seit dem 13. Jh. angelegt) als Hilfsmittel zur Identifizierung der W. und entwickelten Wappenrecht und herald. Regeln, nach denen W. seit dem 14. Jh. nur noch vom Oberherrn (Kaiser, Fürst usw.) durch **Wappenbriefe** (Urkunde über die Verleihung bzw. Änderung des W.; heute nur noch Bestätigung der Registrierung im W.register) verliehen wurden.

Wappendichtung ↑Heroldsdichtung.

Wappenkunde (Heraldik), Lehre von den Regeln der Wappenführung und der Wappendarstellung sowie die Geschichte des Wappenwesens.

Die *histor. W.* umfaßt die Entstehung und Entwicklung des Wappenwesens, Gegenstand der *systemat. W.* sind die Regeln, die Fachsprache der W., das Wappenrecht und die Kenntnis der Wappen im einzelnen. Für die Erforschung der Wappen wichtige Disziplinen sind u. a. Genealogie (z. B. bei *Familienwappen*), staatl., kommunale und kirchl. Rechts- und Verfassungsgeschichte (z. B. bei *Amtswappen*), Sozial- und Wirtschaftsgeschichte, Kostümkunde sowie Volkskunde.

Wappenrecht

Als Quellen dienen neben den in relativ wenigen Exemplaren erhaltenen originalen Wappenschilden, Helmen, Bannern usw. v. a. Siegel, Münzen, Besitzerwappen an Gebäuden und Grabmälern, graph. Wappendarstellungen, Wappenrollen, Wappenbücher, Wappenregister und Urkunden über Wappenerwerb bzw. -tausch.

Die *Wappenbeschreibung* (**Blasonierung**) erfolgt nach festumrissenen Regeln in der Reihenfolge Schild (**Blason**), Oberwappen, Helm, Helmzier, Helmdecken; es folgen Rang- und Würdezeichen, Orden, Prachtstücke, Schildhalter, Wappenmantel bzw. -zelt und Wort- oder Bilddevisen. Beim Blasonieren werden die Teile des Wappens vom Schildträger aus beschrieben. Das Feld ist die Gesamtfläche des Schildes, die durch Teilungslinien entstandenen Felder heißen Plätze.

Wichtigster Teil des Wappens ist der Schild, der urspr. als Schutzwaffe diente und eine einfache Bemalung hatte. Durch Teilungslinien, die das Wappen in verschiedene Felder teilen, entstanden die **Heroldsbilder** (Heroldsfiguren, Heroldsstücke). Das Heroldsbild, u. U. kombiniert mit gemeinen Figuren (**Wappenzeichen**), ergibt die Wappenfigur (Schildfigur); ist das Hauptbestandteil des Wappens. Bei Raubtieren als Wappenfiguren werden die Zähne, Krallen, Schnabel (die sog. *Bewehrung*) oft farbig vom übrigen Körper abgesetzt. - Große Bed. kommt den herald. **Farben** (herald. Tinkturen) zu. In der Heraldik können nur ungebrochene kräftige Farben verarbeitet werden, damit eine optimale Signalwirkung erreicht wird. So bestehen die herald. Farben aus den Tönen Rot, Blau, Grün, Schwarz, selten Purpur; hinzu treten die Metalle Gold (auf Papier, Stoff: Gelb) und Silber (Weiß). Nach den herald. Regeln erhalten Wappen gewöhnl. nur je eine Farbe und ein Metall, im Wechsel verwendet. Bei schwarzweiß wiedergegebenen Wappen erscheinen die Farben in Schraffur. Den Farben gleichgesetzt ist in der W. das sog. **herald. Pelzwerk**, dazu zählen Feh, Hermelin und Kürsch. Feh erscheint in weiß-blauer Farbe als Wolken- oder Eisenhutfeh (nach der Form des Eisenhuts), bei der Kürsch wird das Fell natürl. dargestellt, Hermelin erscheint nur außerhalb des Schildes als Futter des Wappenmantels oder -zelts bzw. als Besatz an Rangkronen und Fürstenhüten. Auf dem Wappenschild befinden sich **Helm** und **Helmdecke** als weitere Elemente des Vollwappens; die Helmdecke gibt allg. die Wappenfarben wieder; aus der Form des Helms lassen sich Schlüsse auf die gesellschaftl. Stellung des Wappeninhabers ziehen: Der Stechhelm ist Rangabzeichen bei Bürgerlichen, während der Spangen- oder Bügelhelm dem Adel vorbehalten ist. Über dem Helm erhebt sich als Persönlichkeitsabzeichen die **Helmzier** (Helmkleinod), die in der engl. Heraldik vielfach selbständige Bed. erlangt und nur durch den Helmwulst abgetrennt auf dem Wappen erscheint (**crest**). Seit Beginn des 14. Jh. wird der Übergang von Helm zu Helmzier durch den Helmwulst oder die Helmkrone (beim Adel) verdeckt. Anstelle des Helms erscheint beim Adel oft eine Rangkrone bzw. bei geistl. Würdenträgern eine Mitra. **Pracht-** oder **Prunkstücke** sind alle Beigaben zu ein em Wappen, die nur dem dekorativen Schmuck dienen. Dazu zählen insbes. **Schildhalter** (Figuren, die den Schild halten oder stützen), **Wappenmäntel-** oder **-zelte**, die den Wappenschild umschließen, **Wort-** oder **Bilddevisen** (z. B. die Tudorrose des engl. Königshauses). Wappenvereinigungen wurden vorgenommen z. B. bei der Heirat (sog. Allianz- oder Heiratswappen), dabei wurden die Einzelwappen einanderzugewendet (Courtoisie). Zur Kennzeichnung verschiedener Linien eines Geschlechts werden Wappen oft differenziert und mit Beizeichen (z. B. einem Turnierkragen, einem Faden oder auch Bastardfaden [**Einbruch**]) versehen.

Geschichte: Die W. im MA war auf die prakt. Erfordernisse ausgerichtet; ihre Träger waren die Herolde, die bei Turnieren und bei Fehden die Wappen bestimmen mußten und dabei erstmals systemat. Verzeichnisse anlegten. In der 2. Hälfte des 17. Jh. entwickelte sich eine wiss. W. mit Arbeiten des frz. Jesuiten C. F. Menestrier († 1659) und des dt. Theologen P. J. Spener. Mit der Romantik erwachte ein neues Interesse an den herald. Zeugnissen des MA und dem Bestreben, diese zu sammeln und zu erforschen. - Abb. S. 332 f.

📖 Oswald, G.: *Lexikon der Heraldik*. Mhm. u. a. 1984. - Leonhard, W.: *Das große Buch der Wappenkunst*. Mchn. ³1984. - Neubecker, O.: *Heraldik*. Ffm. ³1982. - Schneider, Alfons: *Herald. ABC*. Braunschweig 1979.

Wappenrecht, umfaßte, vom ausgehenden MA an, 1. das alleinige Eigentums- und Verfügungsrecht des Wappenträgers an dem Wappen, 2. das Recht, ein Wappen führen zu dürfen (**Wappenfähigkeit**). Das heutige W. ist dem Namensrecht gleichgesetzt.

Wappenzeichen (gemeine Figuren), in der Wappenkunde alle Bilder im Schild, die nicht zu den Schildteilungen und den Heroldsstücken gehören: Tiere, Pflanzen, Himmelskörper; meist frei im Feld stehend (abgeledigt).

Waräger, Bez. für die Normannen in Osteuropa. Die W. werden zuerst im „Berufungsbericht" der „Nestorchronik" erwähnt, demzufolge sie die russ. Stämme geeint haben sollen.

Warane [arab.] (Varanidae), Fam. etwa 20 cm bis über 3 m langer Echsen mit rd. 30 Arten, v. a. in Wüsten, Steppen, Wäldern und in der Nähe von Gewässern in Afrika, S-Asien (einschl. der Sundainseln) und Australien; tagaktive, räuber. lebende Tiere mit langgestrecktem, oft sehr massigem Körper, kräftigen, scharf bekrallten Beinen und langem, rundlich oder seitlich abgeplattetem Schwanz; Zunge lang und (wie bei Schlangen) sehr tief gespalten. W. laufen, klettern, graben und schwimmen sehr gut; jagen Beutetiere. - Zu den W. gehören u. a. der etwa 3 m lange, grauschwarze **Komodowaran** (Varanus komodoensis) und der bis über 2 m lange **Nilwaran** (Varanus niloticus), mit meist gelbl. Querbinden-Fleckenzeichnung auf grünlichschwarzem Grund; v. a. in und an Gewässern Afrikas südl. der Sahara.

Warangal [engl. wə'ræŋgəl], Stadt im ind. Bundesstaat Andhra Pradesh, auf dem Dekhan, 263 m ü. d. M., 336 000 E. Kath. Bischofssitz; Univ.-Colleges; Baumwollverarbeitung, Teppichknüpferei, Seidenindustrie. - Der hinduist. Tempel (1162) ist berühmt wegen seiner 1 000 Säulen.

Warburg, Aby, * Hamburg 13. Juni 1866, † ebd. 26. Okt. 1929, dt. Kunst- und Kulturhistoriker. - Bruder von Felix und Max W.; untersuchte v. a. die Grundmuster mytholog. Vorstellungen in der Spannung zw. Kosmos und Chaos („Pathosformeln"); u. a. „Heidn. antike Weissagung in Wort und Bild zu Luthers Zeiten" (1920) sowie zahlr. ikonolog. Einzeluntersuchungen. Das *W.-Institut*, seine Bibliothek, kam 1933/34 von Hamburg nach London.

W., Emil, * Altona (= Hamburg) 9. März 1846, † Grunau (= Bayreuth) 28. Juli 1931, dt. Physiker. - Vater von Otto W.; Prof. in Straßburg, Freiburg und Berlin; 1905–22 Präs. der dortigen Physikal.-Techn. Reichsanstalt. W. lieferte mit seinen Experimenten zur inneren Reibung, Wärmeleitung und Atomwärme der Gase (mit A. Kundt) eine eindeutige Bestätigung der kinet. Gastheorie; einer der Mitbegr. der quantitativen Photochemie.

W., Felix, * Hamburg 14. Jan. 1871, † New York 20. Okt. 1937, amerikan. Bankier dt. Herkunft. - Bruder von Aby und Max W.; wurde 1896 Teilhaber des Bankhauses Kuhn, Loeb & Co. in New York; beteiligte sich an der Gründung der Jewish Agency (ab 1929 deren Präs.) sowie am Aufbau der Hebr. Univ. Jerusalem.

W., Max, * Hamburg 5. Juni 1867, † New York 26. Dez. 1946, dt. Bankier. - Bruder von Aby und Felix W.; seit 1893 in der väterl. Bank M. M. Warburg & Co., Hamburg. 1919–25 Mgl. des Zentralausschusses, 1924 bis 1933 des Generalrats der Reichsbank; emigrierte 1938 in die USA.

W., Otto, * Freiburg im Breisgau 8. Okt. 1883, † Berlin 1. Aug. 1970, dt. Biochemiker. - Prof. für Chemie in Berlin, ab 1931 Direktor des dortigen Kaiser Wilhelm-Instituts bzw. (ab 1953) des Max-Planck-Instituts für Zellphysiologie. W. arbeitete u. a. über Atmungsenzyme, über Stoffwechselvorgänge in Körperzellen und über die Photosynthese. 1955 stellte er die Atmungstheorie der Krebsentstehung auf († Krebs). Für seine Arbeiten zur Zellatmung erhielt er 1931 den Nobelpreis für Physiologie oder Medizin.

Warburg, Stadt an der Diemel, NRW, 204 m ü. d. M., 21 800 E. Textil-, Nahrungsmittelind., Maschinenbau und Farbenherstellung. Der Ortsteil **Germete** ist Luftkurort mit Heilquelle. - Entwickelte sich bei der um 1000 errichteten Burg; 1239 Erwähnung einer auf dem Burgbergplateau entstandenen Stadt; Altstadt und Neustadt wurden 1436 rechtl. vereinigt. - Spätroman.-frühgot. Neustädter Pfarrkirche (13., 14. und 15. Jh.), frühgot. Altstädter Marienkirche (Weihe 1299); gotisierende Burgkapelle (1681) über der roman. Krypta (12. Jh.) der ehem. Burgpfarrkirche; Renaissancerathaus (1568 und 1902); weitgehend erhaltene Stadtbefestigung (13. und 14. Jh.).

Warburger Börde, Becken im Weserbergland, an der mittleren Diemel; Anbau von Weizen, Zuckerrüben und Kartoffeln.

Ward [engl. wɔːd], Sir (seit 1918) Leslie, Pseud. Spy, * London 21. Nov. 1851, † ebd. 15. Mai 1922, engl. Karikaturist. - Schuf für die Zeitschrift „Vanity Fair" berühmte Karikaturen zeitgenöss. Persönlichkeiten.

W., Lester Frank, * Joliet (Ill.) 18. Juni 1841, † Washington 18. April 1913, amerikan. Soziologe. - Seit 1912 Prof. an der Brown University in Providence (R. I.); zählt zu der Begründern der amerikan. Soziologie.

W., Maria (Mary) † Englische Fräulein.

Ware, 1. † Handelsgut; 2. in der polit. Ökonomie ein für den Tausch bestimmtes Produkt.

Waren, Krst. am N-Ende der Müritz, Bez. Neubrandenburg, DDR, 67 m ü. d. M., 24 300 E. Maschinenbau, Nahrungsmittel- und Baustoffind.; Fremdenverkehr. - Die Altstadt wurde zw. 1260 und 1270 gegr.; wohl in der 1. Hälfte des 14. Jh. entstand freie am östl. der Altstadt gelegenen Burg die spätere Neustadt, die mit der Altstadt verschmolz. - Marienkirche, Georgenkirche (13./14. Jh.; Backsteinbauten).

W., Landkr. im Bez. Neubrandenburg, DDR.

Warenausgangsbuch † Wareneingangsbuch.

Warenbaum † Webstuhl.

Warenbörsen (Produktenbörsen), Warenmärkte, auf denen börsenmäßig Rohwaren gehandelt werden. Nach ihrer Verwendung unterscheidet man W. für sog. gewerbl. Rohstoffe und Nahrungs- und Genußmittel; eine weitere Differenzierung wird nach Einzelmärkten bestimmter Rohstoffe vorgenommen (z. B. Baumwoll-, Kupfer-, Weizenmarkt).

Warendorf, Krst. im östl. Münsterland, NRW, 56 m ü. d. M., 33 300 E. Dt. Lehranstalt für Agrartechnik, Dt. Reitschule; Sitz des Dt. Olymp. Komitees für Reiterei; Westfäl. Landgestüt; Textilind., Landmaschinenbau. - Erste Nennung der Siedlung um 1050, etwa 1200

Wappenkunde

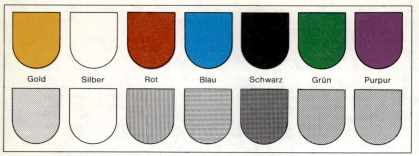

Die heraldischen Farben und die für sie verwendeten Schraffuren

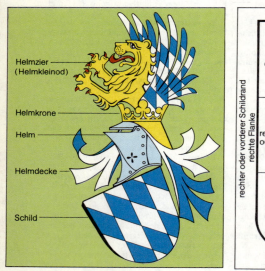

Die wichtigsten Bestandteile eines Vollwappens

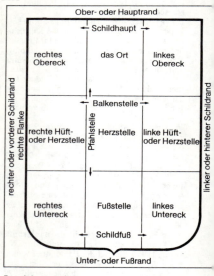

Bezeichnung der einzelnen Schildplätze

Wappenzeichen

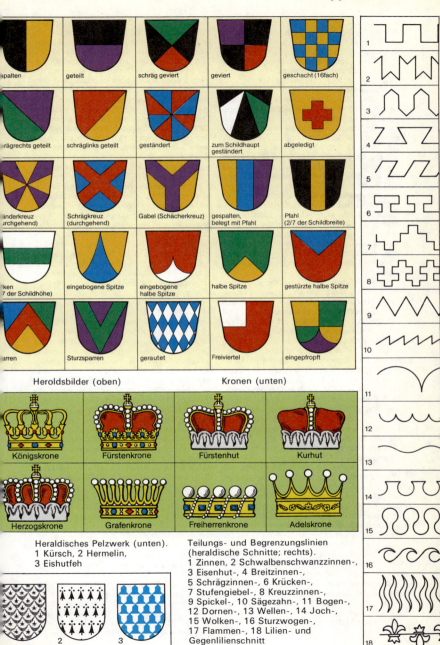

Warendorf

Stadtrecht (1534–56 aufgehoben). - Spätgot. Pfarrkirche (15. Jh., neugot. erweitert), barocke Franziskanerkirche (1652–73); spätgot. Rathaus (mehrfach umgebaut); Wohnhäuser (16.–19. Jh.); im Ortsteil *Freckenhorst* frühroman. Pfarrkirche (1129 vollendet).

W., Kreis in Nordrhein-Westfalen.

Wareneingangsbuch, Nebenbuch der kaufmänn. Buchführung zur Erfassung der eingekauften Waren bei gewerbl. Unternehmen. Es muß über Art, Preis und Tag der Lieferung und Bezahlung der Ware Auskunft geben und ist 10 Jahre lang aufzubewahren. Das W. muß von allen Gewerbetreibenden geführt werden, die von der Führung von Handelsbüchern befreit sind. Großhändler, die Waren an Gewerbetreibende veräußern, sind verpflichtet, alle Warenausgänge in einem **Warenausgangsbuch** zu verbuchen.

Warenhäuser, Betriebsform des Einzelhandels; große Gemischtwarenbetriebe, die Waren in offenen Verkaufsstellen Letztverbrauchern anbieten. *Merkmale:* zwangloser Zutritt zu den Geschäften, breites Sortiment und vorwiegend angelernte Verkäufer; meistens mit Lebensmittelabteilung, oft auch Restaurant.

Warenkonto, Konto bei der doppelten Buchführung, das früher als „gemischtes Konto" geführt wurde, heute dem Kontenrahmen entsprechend in Wareneinkaufskonto und Warenverkaufskonto aufgeteilt wird. Das **Wareneinkaufskonto** ist ein Bilanzkonto, bei dem im Soll Warenanfangsbestand und Warenzugänge zu Einkaufspreisen sowie die Bezugskosten, im Haben Rücksendungen an Lieferer, Nachlässe, Warenentnahmen für private Zwecke sowie der Einkaufswert der verkauften Waren gebucht werden. Das **Warenverkaufskonto** ist ein Erfolgskonto, bei dem im Soll Warenrücksendungen, Nachlässe sowie die verkauften Waren zum Einkaufswert, im Haben die Warenverkäufe zu Verkaufspreisen verbucht werden.

Warenkorb ↑Lebenshaltungskosten, ↑Preisindex.

Warensendung, tarifbegünstigte postal. Versendungsart für Warenproben, Muster oder kleine Gegenstände; Drucksachen dürfen beigegeben werden. Das Höchstgewicht beträgt 500 Gramm, die Höchst- und Mindestmaße entsprechen denen für Briefe.

Warentermingeschäfte, an den Warenbörsen abgeschlossene Zeitgeschäfte. Im Ggs. zu den Termingeschäften an den Wertpapierbörsen, bei denen meist nur ein Monat vorausnotiert wird, liegen die Termine bei den W. bis zu 14 Monaten später.

Warenzeichen, geschäftl. Kennzeichnungsmittel, das dazu dient, Waren eines Herstellers ihrer Herkunft nach zu individualisieren und von gleichartigen Waren anderer Gewerbetreibender zu unterscheiden (↑auch Freizeichen). Im Ggs. zur Warenausstattung, die dem gleichen Ziel dient, bedarf ein W. zur Erlangung förml. Schutzes der Eintragung in die ↑Zeichenrolle (*Eintragungsgrundsatz*). Das W. kann aus Buchstaben, Bildzeichen und zweidimensionalen Kombinationen beider bestehen. Es muß von der Ware und der Verpackung verschieden und unteilbar sein. Das W. kann sich auf einen bestimmten Herstellerbetrieb (*Fabrikmarke*) oder auf einen Handelsbetrieb (*Handelsmarke*) beziehen. Das W. ist an den Geschäftsbetrieb gebunden. Es kann nicht ohne ihn übertragen werden und erlischt, wenn der Geschäftsbetrieb nicht mehr fortgeführt wird. W. können auch von rechtsfähigen Vereinen, die gewerbl. Zwecke verfolgen, für ihre Mgl. angemeldet werden (*Verbandszeichen*).

Warenzeichenrecht, Regelung des urheberrechtsähnl. Schutzes der Warenzeichen und sonstigen zur Unterscheidung verwendeter Warenkennzeichnungen sowie des Wettbewerbs unter Verwendung solcher Zeichen. Das W. ist in der BR Deutschland im Warenzeichengesetz (WZG) in der Fassung vom 2. 2. 1968 geregelt. Danach können Warenzeichen für Waren eines Geschäftsbetriebes zu ihrem Schutz vor Mißbrauch in die ↑Zeichenrolle eingetragen werden. Durch die Eintragung erlangt der Inhaber eines Warenzeichens das Recht, *Waren* der angemeldeten Art oder ihre *Verpackung* mit dem Warenzeichen zu versehen, es so bezeichnete Waren in Verkehr zu bringen, das Zeichen auf Preislisten, Geschäftsbriefe u. ä. zu setzen und Dritten den Gebrauch des Warenzeichens zu verbieten. Wer das Warenzeichen eines anderen vorsätzl. oder fahrlässig mißbraucht (Verwechslungsgefahr genügt), ist dem Verletzten zu Schadenersatz - auch zur Herausgabe des Gewinns - verpflichtet. Der *Schutz* des eingetragenen Zeichens (sog. *Warenzeichenschutz*) dauert 10 Jahre nach Anmeldung. Gegen Entrichtung einer Gebühr kann die Schutzdauer um jeweils 10 Jahre verlängert werden. Der Inhaber kann jederzeit beantragen, das Zeichen löschen zu lassen. Es wird von Amts wegen gelöscht, wenn nach Ablauf der Schutzdauer die Verlängerung unterblieben ist oder wenn das Zeichen zu Unrecht eingetragen wurde. Ein Dritter kann die Löschung im Klagewege beantragen (*Löschungsklage*). Neben dem Schutz des eingetragenen Zeichens umfaßt das W. auch den Schutz der *Warenausstattung* und der *Herkunfts-* und *Beschaffenheitsangaben*.

Warft [niederdt.], svw. ↑Wurt.

Warga, Jewgeni Samoilowitsch ↑Varga, Jenö.

Warhol, Andy [engl. ˈwɔːhɔːl], eigtl. Andrew Warhola, * Pittsburgh 6. Aug. 1927, † New York 22. Febr. 1987, amerikan. Künstler und Filmemacher. - Führender Vertreter der Pop-art; reihte in Siebdruckserien Werbeklischees (z. B. Suppendosenbilder, grell ge-

Wärmeäquivalent

schminkte Filmstars) und andere Bilder von der amerikan. Massenzivilisation (z. B. Unfall bei Autorennen, elektr. Stuhl, Rassenkrawalle) aneinander. Seit 1963 entstanden in seiner „Fabrik" (New York) über 80 meist überlange, bewegungs- und handlungsarme Filme, die oft um erot. Besessenheit kreisen (Regie meist Paul Morrissey); u. a. „Schlaf" (1963), „Flesh" (1968), „Trash" (1970). Seine Darsteller sind Laien, gemäß der Überzeugung, daß jeder Künstler ist und daß Leben und Kunst ident. sind. - Abb. auch Bd. 14, S. 327.

Warin (Varin), Jean [frz. va'rɛ̃], * Lüttich 1604, † Paris 26. Aug. 1672, frz. Bildhauer fläm. Herkunft. - Seit 1625 in Paris, schuf er zahlr. Bildnismedaillen, Gedenkmünzen sowie Porträtbüsten („Ludwig XIII.", Louvre; „Richelieu", um 1640, Paris, Bibliothèque Mazarine; „Ludwig XIV.", Versailles). W. reorganisierte das gesamte frz. Münzwesen.

Warireich, präkolumb. Reich in Peru (etwa 700–800), ben. nach seiner Hauptstadt Wari (Huari) im westl. Z-Peru. Von hier aus dehnte es sich ab 700 aus bis ins Tal des Río Chicama und bis Cajamarca im N, bis zum Becken des Titicacasees und zum Río Ocaña im S durch militär. Eroberungen. Dieser Ausdehnung zufolge Ausbreitung der ↑Huarikultur.

Warmblut (Warmblutpferd), in der dt. Pferdezucht Bez. für die durch Einkreuzung von Arabern und Vollblutpferden in regionale Landschläge gezüchteten ausdauernden, temperamentvollen und anspruchsvollen Hauspferderassen. Bekannt sind u. a. Hannoveraner, Holsteiner, Oldenburger Warmblutpferd und Trakehner, die heute jedoch einheitl. als **Dt. Reitpferd** bezeichnet werden.

Warmblüter (eigenwarme Tiere, homöotherme Tiere), im Ggs. zu den ↑Kaltblütern Tierarten (auch der Mensch ist W.), die ihre Körpertemperatur unabhängig von der Außentemperatur oder einer erhöhten Wärmebildung im Körper (z. B. durch körperl. Anstrengung) durch Temperaturregulation in engen Grenzen konstant zu halten vermögen, ausgenommen bei W. mit ↑Winterschlaf. Zu den W. gehören die Vögel (Temperaturen zw. 38 und 44 °C) und die Säugetiere (30–41 °C).

Warmbrunn, Bad ↑Bad Warmbrunn.

Wärme (Wärmeenergie), Energieform, die eine ganz bestimmte physiolog. Empfindung im menschl. Organismus hervorruft. Gemäß der kinet. Gastheorie kann man die W.energie als kinet. Energie der Moleküle bzw. Atome eines Stoffes auffassen. W.(menge), Energie und Arbeit sind physikal. Größen gleicher Art, haben also auch die gleiche *SI-Einheit* ↑Joule. Umrechnungen zw. den einzelnen Energieformen, wie sie früher z. B. durch das mechan. W.äquivalent oder das elektr. W. äquivalent vorgeschrieben wurden, sind aus diesem Grunde nicht mehr erforderlich.

Wärmeäquivalent (Arbeitswert einer Wärmeeinheit, Energieäquivalent der Wärme, kalor. Arbeitsäquivalent, kalor. Energieäquivalent), vor Vereinheitlichung der Energieeinheiten Bez. für die in mechan. oder elektr. Einheiten zu messende mechan. oder elektr. Energie bzw. Arbeit, die der Wärmeenergie 1 cal (↑Kalorie) entspricht. *Mechanisches W.:* 1 cal = 0,426939 kpm. *Elektrisches W.:* 1 cal = 4,18684 Ws bzw. J.

Andy Warhol, Elektrischer Stuhl (undatiert). Privatbesitz

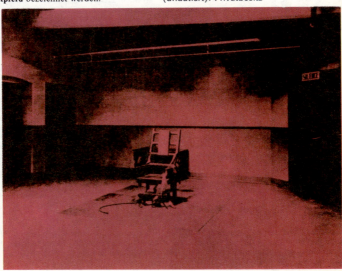

Wärmeausbreitung

Wärmeausbreitung ↑ Wärmeaustausch.

Wärmeausdehnung (therm. Ausdehnung, therm. Dehnung), die bei Erhöhung der Temperatur im allg. auftretende Vergrößerung (Ausdehung) des Volumens V bzw. der Länge l eines Körpers; sie ist eine Folge der mit zunehmender Temperatur stärker werdenden Wärmebewegung im Körper.

Wärmeaustausch (Wärmeausbreitung, Wärmeübertragung), die Übertragung von Wärmeenergie von Stellen bzw. Körpern höherer Temperatur zu solchen mit tieferer Temperatur (Abkühlung). Der W. erfolgt durch Wärmeleitung, Wärmekonvektion und/oder Wärmestrahlung.

Wärmebarriere, svw. ↑ Hitzeschwelle.

Wärmebehandlung, zeitl. begrenztes Erwärmen metall. Werkstücke bzw. Halbzeuge auf bestimmte Temperaturen unter Beachtung der Erwärmungs- und der Abkühlungsgeschwindigkeit zur Verbesserung der Werkstoffeigenschaften (Aufhebung von Eigenspannungen, Abbau von Texturen, Verbesserung der Verformbarkeit u. a.). Die wichtigste W. ist die der Eisenlegierungen (v. a. der Stähle, auch des Gußeisens), deren mechan. und technolog. Eigenschaften weitgehend durch W. verändert werden können, wobei der Kohlenstoff die Eigenschaften der Eisenlegierungen am meisten beeinflußt.
Verfahren der Wärmebehandlung: Grundsätzl. unterscheidet man zw. Verfahren, die lediglich. eine Umwandlung an der Oberfläche des Werkstücks bewirken, und Verfahren, die eine durchgreifende Gefügeumwandlung verursachen. Verfahren der W. mit Wirkung auf die *Oberfläche* sind u. a.: **Flammhärten** *(Flammhärten, Brennhärten, Autogenhärten)*: Härten der Metalloberfläche durch örtl. Erhitzen der Randschicht mit Gas- oder Sauerstoffbrenner; **Induktionshärten** *(Hochfrequenzhärten)*: Härten der Oberfläche durch Erhitzen der Randschicht mit Wirbelströmen hoher Frequenz (600–2 000 kHz); **Tauchhärten:** Härten der Oberfläche durch kurzzeitiges Eintauchen des Werkstücks in ein hocherhitztes Salz- oder Metallbad. **Nitrierhärten:** Härten der Oberfläche durch Erhitzen des Werkstücks in stickstoffabgebenden Mitteln: a) *Gasnitrieren:* Härten in stickstoffabgebenden Gasen; b) *Badnitrieren:* Härten in stickstoffabgebenden Salzbädern; **Einsatzhärten:** Härten der Oberfläche kohlenstoffarmer Stähle durch Aufkohlen der Werkstückrandzone bei hoher Temperatur über lange Zeit in festen, flüssigen oder gasförmigen Aufkohlungsmitteln und nachfolgendes Abschrecken.
Die wichtigsten Verfahren der W. mit Wirkung auf das *gesamte Werkstückgefüge* sind:
Glühen: Erwärmen eines Werkstücks auf eine bestimmte Glühtemperatur, Halten auf dieser Temperatur während einer bestimmten Dauer und nachfolgendes, meist langsames Abkühlen. Man unterscheidet u. a. Normalglühen, Weichglühen, Rekristallisationsglühen, Spannungsfreiglühen, Perlitisieren, Diffusionsglühen, Anlassen und Tempern. **Härten:** Verfahren zur Erzielung einer örtl. oder durchgreifenden Härtesteigerung metall. Werkstoffe, bei dem durch Erhitzen und anschließendes sehr schnelles Abkühlen *(Abschrecken)* ein martensit. Gefüge des Werkstücks angestrebt wird. Man unterscheidet je nach Abschreckmittel u. a. Warmbad-, Wasser-, Luft- und Ölhärten.
Vergüten: Härten und nachfolgendes Anlassen auf höhere Temperaturen (400–750 °C) bei Stählen mit weniger als 0,6 % Kohlenstoff zur Erzielung einer größeren Zähigkeit bei einer bestimmten Zugfestigkeit. Man unterscheidet u. a. Wasser-, Luft-, Ölvergütung (je nach Abschreckmittel), *Patentieren* (W. von meist unlegiertem Stahldraht bzw. -band von etwa 0,7 % Kohlenstoffgehalt zur Erzielung eines feinstreifigen perlit. Gefüges).
◆ (Thermotherapie) therapeut. Anwendung von Wärme (Infrarot-, Licht- oder Ultraviolettstrahlung, Heizkissen, Wärmeflasche, heißer Umschlag) zur Erzielung einer großen Blutfülle und einer vermehrten peripheren Durchblutung.

Wärmebildgeräte ↑ Thermographie.

Wärmedämmung ↑ Wärmeisolation.

Wärmeenergie (thermische Energie), der Energiegehalt eines abgeschlossenen [thermodynam.] Systems, der ihm als Folge der Wärmebewegung seiner Bestandteile (Atome, Moleküle u. a.) zukommt.

Wärmefilter, ein für infrarote Wärmestrahlen undurchlässiger opt. Filter (Flüssigkeits- oder Interferenzfilter).

Wärmeflußbild, svw. ↑ Sankey-Diagramm.

Wärmefunktion (Gibbssche W.), svw. ↑ Enthalpie.

Wärmegewitter ↑ Gewitter.

Wärmeisolation (Wärmedämmung, Wärmeschutz), die Verhinderung bzw. Verminderung eines Wärmeaustauschs und damit von Wärmeverlusten; auch Bez. für dazu erforderl. Maßnahmen. Wärmeleitung verringert man mit Hilfe von wärmedämmenden bzw. -isolierenden Stoffen, die meist eine Vielzahl kleiner luftgefüllter Hohlräume aufweisen und dadurch den Wärmefluß eindämmen. Wärmekonvektion wird beträchtl. durch Anbringen evakuierter Zwischenräume verhindert, wobei die Wände außerdem meist mit Aluminium verspiegelt sind, um den Wärmeaustausch durch Wärmestrahlung zu vermindern (Prinzip der Thermosgefäße). - Durch W. wird sowohl ein Hitze- als auch ein Kälteschutz erzielt. Je höher bzw. tiefer die abzuschirmenden Temperaturen bzw. die auftretenden Temperaturdifferenzen sind, um so dicker muß die W. ausgelegt werden.

Wärmeisolierstoffe ↑ Isolierstoffe.

Wärmekapazität, Formelzeichen C, Quotient aus der einem Körper zugeführten Wärmemenge ΔQ und der dadurch hervorgerufenen Temperaturerhöhung ΔT; also: $C = \Delta Q/\Delta T$. SI-Einheit der W. ist 1 Joule durch Kelvin (1 J/K). *Festlegung:* 1 J/K ist gleich der W. eines Körpers, bei dem eine Wärmeenergiezufuhr von 1 J eine Temperaturerhöhung von 1 K ($= 1 °C$) bewirkt. - ↑ auch Atomwärme, ↑ spezifische Wärme.

Wärmekopierverfahren, svw. Thermokopierverfahren (↑ Kopierverfahren).

Wärmekraftwerk ↑ Kraftwerke.

Wärmelehre, svw. ↑ Thermodynamik.

Wärmeleitfähigkeit (Wärmeleitzahl, spezif. Wärmeleitvermögen, therm. Leitfähigkeit), eine die Stärke der Wärmeleitung in einem Körper festlegende physikal. Größe. Sie ist eine Stoffkonstante und wird gemessen in Watt durch Meter mal Kelvin [W/(m·K)]. Ein Stoff hat die W. 1 W/(m·K), wenn von einer Seitenfläche eines aus diesem Stoff bestehenden Würfels von 1 m Kantenlänge zur gegenüberliegenden Seite bei einer zw. ihnen bestehenden Temperaturdifferenz von 1 Kelvin (1 °C) in 1 Sekunde eine Wärmeenergiemenge von 1 Joule fließt. Beispiele (Zahlenangaben in W/m·K):

Kohlendioxid	0,016	Eis	2,2
Luft	0,026	Blei	35
Glaswolle	0,035	Eisen	59
Wasser	0,23	Messing	112
Hartgummi	0,15	Aluminium	238
Holz	~ 0,1	Gold	314
Glas	~ 1,0	Kupfer	398
Mauerwerk	~ 1,0	Silber	418

Wärmeleitung, der Transport von Wärmeenergie, der durch die ungeordnete Wärmebewegung der Moleküle, Atome, Elektronen u. a. der Materie in Richtung abnehmender Temperatur erfolgt: Die aus den wärmeren Bereichen kommenden, im therm. Mittel schnelleren atomaren Teilchen übertragen bei Stößen Wärme als kinet. Energie auf die im Mittel langsameren atomaren Teilchen der kälteren Bereiche. Auf diese Weise fließt im stationären Zustand Wärme längs *Wärmestromlinien,* die überall senkrecht auf Flächen gleicher Temperatur stehen. Ein Maß für die W. ist die ↑ Wärmeleitfähigkeit.

Wärmeleitzahl ↑ Wärmeleitfähigkeit.

Wärmemauer, svw. ↑ Hitzeschwelle.

Wärmemenge, die in einem Körper enthaltene (bzw. ihm zu- oder abgeführte) Wärmeenergie.

Wärmepole, die Orte der Erdoberfläche mit den höchsten beobachteten Lufttemperaturen. Sie liegen infolge der unregelmäßigen Land-Meer-Verteilung nicht am Äquator, sondern auf der Nordhalbkugel im Bereich des subtrop. Hochdruckgürtels.

Wärmepumpe, eine maschinelle Anlage, die unter Aufwendung mechan. bzw. elektr. Energie einem auf relativ niedriger Temperatur befindl. Wärmespeicher W_0 Wärmeenergie entzieht und sie einem anderen Wärmespeicher bzw. Wärmetauscher W, der bereits eine höhere Temperatur besitzt, zuführt und ihn so weiter erwärmt. Hauptbestandteile der W. sind wie bei einer Kältemaschine Verdampfer, Verdichter, Kondensator und Drosselventil. Ein geeignetes Kältemittel wird in dem sich mit dem Wärmespeicher W_0 im Wärmeaustausch befindl. Verdampfer bei einer (absoluten) Temperatur T_0 verdampft (die nötige Verdampfungswärme wird von W_0 aufgebracht), vom Verdichter angesaugt und verdichtet, wobei der Kältemitteldampf die höhere Temperatur T annimmt, sowie anschließend im Kondensator wieder kondensiert; die dabei freiwerdende Wärmeenergie wird an den Wärmespeicher W abgegeben, dessen Temperatur sich entsprechend erhöht; das kondensierte Arbeitsmedium selbst strömt sodann durch das Drosselventil, entspannt sich dabei auf den Verdampferdruck und beginnt den Kreisprozeß von neuem. Bei der W. wird also im Ggs. zur Kältemaschine die im Kondensator abgegebene, auf höherem Temperaturniveau befindl. Wärmemenge nutzbar gemacht, während die im Verdampfer erzeugte Kälte meist unausgenutzt bleibt oder zur Raumkühlung herangezogen wird. Die nutzbare Wärmemenge setzt sich dabei aus der von T_0 auf T gehobenen Wärme und dem Wärmeäquivalent der dazu verbrauchten Arbeit zusammen. - W. können zur Heizung von Gebäuden eingesetzt werden, wenn die zur Verdichtung benötigte mechan. bzw. elektr. Energie billig ist und ein günstiger Wärmespeicher (z. B. ein großer See) zur Verfügung steht; es kann aber auch das Grundwasser, der Erdboden oder die Außenluft zur Wärmeabgabe herangezogen werden. Bei Beachtung der zum Betrieb des Verdichters und der Umwälzpumpen benötigten Energie kann man bei gleichem Stromverbrauch mit einer W. mehr als dreimal soviel Wärme ins Haus bringen wie mit einer Elektroheizung. Außer zur Heizung werden W. zur Wärmerückgewinnung aus Wärmeträgern und zur Abwärmenutzung herangezogen. - Abb. S. 338.

📖 *Wärmepumpenbetrieb mit Oberflächen- oder Grundwasser.* Bearb. v. D. Haase. Stg. [2]1985. - Cube, H. L. v./Steimle, F.: *Wärmepumpen.* Düss. [2]1984. Richarts, F./Michler, K.: *Wärmepumpenanlagen f. die Raumheizung.* Düss. 1982. - *Wärmepumpen.* Hg. v. H. Kirn. Karlsruhe [1-6]1981-85. 8 Bde.

Wärmeregulation, svw. ↑ Thermoregulation.

Wärmeschutz, svw. ↑ Wärmeisolation.

Wärmesinn ↑ Temperatursinn.

Wärmespeicher, techn. Anlage bzw. Vorrichtung, die Wärme aufnehmen, sie län-

Wärmespeicherheizgeräte

gere Zeit speichern und bei Bedarf wieder abgeben kann. In Dampfkraftanlagen dienen als W. der *Ruths-Speicher* (Speicherung von Heißdampf) und der *Gleichdruckspeicher* (Speicherung von heißem Wasser, das als Speisewasser an die Dampfkessel abgegeben wird), *Verbraucher-W.* sind die Heißwasserspeicher und die Wärmespeicherheizgeräte. *Sonnen-W.* zur Aufnahme der von Sonnenkollektoren u. a. aufgenommenen Sonnenenergie enthalten als wärmespeichernde Medien Flüssigkeiten, Steinschüttungen und Hydrate (z. B. Glaubersalz).

Wärmespeicherheizgeräte (Nachtstrom-Speicheröfen), Heizgeräte, die von den Energieversorgungsunternehmen in Schwachlastzeiten (in den Nachtstunden) zu Niedrigtarifen bereitgestellte elektr. Energie zur Raumheizung ausnutzen. Die W. bestehen (von innen nach außen) aus Heizkörper, Speicherkern (Magnesit, Schamottesteine), Wärmeisolation und Außenmantel. Ein thermostatgesteuerter Ventilator bläst kühle Raumluft über den heißen Speicherkern. - ↑ auch Heizung.

Wärmestrahlung (thermische Strahlung), allg. jede elektromagnet. Strahlung, die intensiv genug ist, um Wärme zu erzeugen bzw. zu übertragen; insbes. die unsichtbare Infrarotstrahlung (W. i. e. S.) und die Strahlung v. a. glühender Körper.

Wärmesummensatz, svw. ↑ Hess-Gesetz.

Wärmetheorem ↑ Thermodynamik.

Wärmetod (Kältetod), Bez. für den hypothet. Endzustand des Weltalls, der durch einen aus dem 2. Hauptsatz der Thermodynamik folgenden Ausgleich aller Temperaturdifferenzen in dem als abgeschlossen und thermodynam. betrachteten System „Weltall" gekennzeichnet ist. In diesem Zustand überall gleicher, endl., minimaler (daher Kältetod) Temperatur könnten keine Energieumwandlungen mehr stattfinden, so daß alle thermodynam. Prozesse aufhören würden. Nach neueren kosmolog. Theorien ist diese einfache Anwendung der Thermodynamik auf das Weltall als Ganzes nicht statthaft.

Wärmetönung, veraltete Bez. für Reaktionswärme (↑ Reaktion).

Wärmeübergang, der Wärmeaustausch zw. einem festen Körper und einem flüssigen oder gasförmigen Medium.

Wärmeübertragung, svw. ↑ Wärmeaustausch.

Wärmeübertragungszahl, ein heizungstechn. Begriff; die W. gibt die Wärmemenge (in Joule) an, die pro Stunde zw. 1 m² einer [Wand]oberfläche und der berührenden Luft ausgetauscht wird, wenn zw. beiden ein Temperaturunterschied von 1 °C besteht.

Wärmezähler (Wärmemesser), Gerät zur Messung der von Heizungen abgegebenen oder von strömenden Wärmeträgern in Rohrleitungen übertragenen Wärmemengen. Beim *Heizkostenverteiler* (an Heizkörpern) verdunstet aus einem Meßröhrchen eine Spezialflüssigkeit; der zur gesamten Wärmeabgabe proportionale Verbrauch wird an einer Strichskala abgelesen. Auch den Strom eines an Heizkörper angebrachten Thermoelements messende *Elektrolytzähler* werden als W. verwendet. Die von einem strömenden Medium abgeführten Wärmemengen werden über Messungen des Massenstroms mit Trommel- oder Flügelradzählern und der Temperatur

Wärmepumpe. Kreislaufschema einer bivalenten, das heißt je nach Heizungsbedarf durch eine Zusatzheizung ergänzten Wärmepumpenanlage

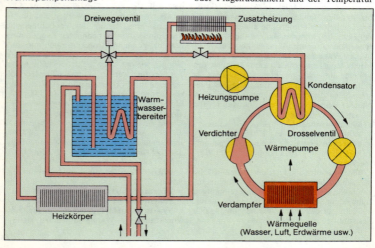

(in Warmwasserheizungen der Temperaturdifferenz zw. Vor- und Rücklauf) ermittelt.

Warmfront, die vom Erdboden ausgehende, geneigte Trennfläche zweier verschieden dichter Luftmassen, an der die wärmere Luftmasse auf die vor ihr liegende kältere aufgleitet *(Aufgleitfront)*. Dabei kühlt sie sich ab, so daß schließl. Kondensation eintritt und sich ein ausgedehnter Wolkenschirm ausbildet. Dieser eilt der Bodenfront weit voraus und bringt gleichmäßig fallenden Regen *(Landregen)* mit sich. Mit dem Durchzug der W. setzt am Boden ein merkl. Temperaturanstieg ein; der Regen läßt nach, die Bewölkung bricht auf.

warmgemäßigte Zone, Bez. für den Bereich der mittleren Breiten mit warmen Sommern und milden Wintern.

Warmluftheizung ↑Heizung.

Warmsektor (Warmluftsektor), der von Warmluft eingenommene Bereich eines ↑Tiefdruckgebietes.

Warmwasserheizung ↑Heizung.

Warmwasserspeicher, svw. ↑Heißwasserspeicher.

Warmzeichner ↑photographische Objektive.

Warna, bulgar. Hafenstadt an der Bucht von W. des Schwarzen Meeres, bis 40 m ü. d. M., 295 000 E. Verwaltungssitz des Verw.-Geb. W.; orth. Metropolitansitz; Hochschulen für Wirtschaft, Elektrotechnik und Maschinenbau, meereskundl. Institut; archäolog. Museum; Schiff-, Maschinen-, Motoren- und Pumpenbau, Elektro-, Textil-, chem. und Nahrungsmittelindustrie; Eisenbahnfährverbindung zum sowjet. Hafen Iljitschowsk; Seebad; ⌧. - Als **Odessos** von Griechen aus Milet im 6. Jh. v. Chr. gegr., gehörte in der röm. Kaiserzeit zur Prov. Moesia inferior, seit Ende des 7. Jh. n. Chr. zum 1. Bulgar. Reich **(Varna)**; 1391 von den Osmanen erobert, ab 1878 wieder bulgar.; 1906 Bau eines modernen Hafens. - Bei W. siegten 1444 die Osmanen unter Murad II. über ein Kreuzfahrerheer unter Wladislaw III. von Polen und Ungarn, der hier fiel. - Ausgrabungen in einem Gräberfeld (Anfang des 5. Jt. v. Chr.) mit reichen Gold- und Kupferbeigaben; Reste röm. Thermen (2.-4. Jh.) und Befestigungen. Nahebei der „Versteinerte Wald".

Warna [Sanskrit „Farbe"], Einteilungskategorie der ↑Kasten in Indien.

Warnblinkanlage ↑Kraftfahrzeugbeleuchtung.

Warndienst ↑Zivilschutz.

Warndreieck, dreieckiges Warnschild (mit 450 mm langen, 45 mm breiten, rückstrahlenden Schenkeln; weißes Feld mit schwarzem Strich), das gemäß §53a StVZO in amtl. genehmigter Bauart von Kraftfahrzeugen mitgeführt werden muß und außerhalb geschlossener Ortschaften mindestens 150 m hinter dem Pannenfahrzeug aufgestellt werden soll (zusätzl. zum Warnblinklicht).

Warneck, Gustav, * Naumburg/Saale 6. März 1834, † Halle/Saale 26. Dez. 1910, dt. ev. Theologe. - Begründer der systemat. prot. Missionswissenschaft.

Warnemünde, Stadtteil von ↑Rostock.

Warner Brothers Pictures Inc. [engl. 'wɔːnə 'brʌðəz 'pɪktʃəz ɪn'kɔːpəreɪtɪd], 1923 von den Brüdern Harry (* 1881, † 1958), Albert (* 1883, † 1967), Sam (* 1888, † 1927) und Jack (* 1892, † 1978) Warner gegr. amerikan. Filmstudio, in dem 1927 der erste Tonfilm („The Jazz Singer") produziert wurde. 1972 Fusion mit dem Unternehmen „Kinney Services" zu einem der größten Unterhaltungskonzerne mit Film-, Schallplatten-, Buch-, Zeitschriften- und Fernsehproduktion, der *Warner Communications Inc.*

Warnke, Herbert, * Hamburg 24. Febr. 1902, † Berlin (Ost) 26. März 1975, dt. Politiker. - Ab 1923 Mgl. der KPD; 1932/33 MdR; bis 1936 illegale Parteiarbeit, danach Emigration (Skandinavien), 1945 Rückkehr nach Deutschland, 1946 Mgl. der SED; seit Okt. 1948 Vors. des FDGB, seit 1953 Vizepräs. des kommunist. Weltgewerkschaftsbundes, seit 1950 Mgl. des ZK der SED, 1953 Kandidat, seit 1958 Mgl. des Politbüros; seit 1971 Mgl. des Staatsrates.

W., Jürgen, * Berlin 20. März 1932, dt. Politiker (CSU). - Rechtsanwalt; 1962-70 MdL in Bayern, seit 1969 MdB; 1982-87 und wieder seit 1989 Bundesmin. für wirtsch. Zusammenarbeit, 1987-89 Bundesmin. für Verkehr.

Warnkreuz ↑Andreaskreuz.

Warnstreik ↑Streik.

Warnzeichen, im Straßenverkehr Zeichen, die auf Störstellen oder bes. Umstände aufmerksam machen sollen; i. e. S. die Gefahrzeichen, die Schallzeichen und die Lichtzeichen.

Warrant [engl. 'wɔrənt], beim Lagergeschäft neben dem Lagerschein ausgestellte bes. Bescheinigung für die Lombardierung; auch Bez. für den Lagerschein selbst.

Warren [engl. 'wɔrɪn], Earl, * Los Angeles 19. März 1891, † Washington 9. Juli 1974, amerikan. Jurist und Politiker (Republikaner). - 1939-43 Generalstaatsanwalt, 1943-53 Gouverneur von Kalifornien; kandidierte 1948 erfolglos für die Vizepräsidentschaft; 1953 zum Obersten Bundesrichter der USA ernannt (Rücktritt 1969). Unter seiner Leitung entschied der Supreme Court gegen die Rassentrennung und lieferte liberale, extensive Auslegungen der Grundrechte. Der Bericht einer Untersuchungskommission unter seiner Leitung über die Ermordung J. F. Kennedys **(Warnreport)**, der die alleinige Verantwortung von L. H. Oswald für die Tat außer Frage stellte, wurde in seiner Glaubwürdigkeit immer wieder bestritten.

W., Robert Penn, * Guthrie (Ky.) 24. April 1905, amerikan. Schriftsteller. - Einer der füh-

Warri

renden Vertreter der regionalist. Dichtung des amerikan. Südens; Mgl. der „Fugitives". Seit 1951 Prof. an der Yale University. Behandelt in seinen Romanen v. a. histor. und aktuelle Stoffe der Südstaaten („Der Gouverneur", 1946). Erhielt für „Now and then. Poems 1976-1978" (1979) den Pulitzerpreis für Lyrik 1979. „New and selected poems" (1985). - † 15. Sept. 1989.

Warri [engl. 'wɔːriː], Hafenstadt in Nigeria, im westl. Nigerdelta, 67 000 E. Kath. Bischofssitz; Hartholzwirtschaft, Ölmühle, Fahrradmontage, Erdölraffinerie.

Warrington [engl. 'wɔrɪŋtən], engl. Ind.-stadt am Mersey und am Manchester Ship Canal, 135 600 E. 1968 zur New Town erklärt, zur Entlastung von Manchester und Liverpool. - Erstmals im Domesday Book erwähnt (1086/87), 1255 Marktrecht, 1847 Stadt. - Kirche Saint Elphin (13./14. Jh.).

Warschau (poln. Warszawa), Hauptstadt Polens, Verwaltungssitz des Verw.-Geb. W., beiderseits der mittleren Weichsel, 90-116 m ü. d. M., 1,65 Mill. E. Sitz eines kath. Erzbischofs und ev. Bischofs, Sitz der Poln. Akad. der Wiss., mehrere Forschungsinst., Univ. (gegr. 1818), TU und 11 weitere Hochschulen. Nationalbibliothek, Observatorium, zahlr. Museen und Theater, Opernhaus, Operettentheater, Philharmonie; botan. Garten; Zoo; jährl. internat. Buchmesse; Chopin-Festspiele (alle 5 Jahre). Zu den wichtigsten Ind.zweigen gehören die elektrotechn. und elektron. Ind., Maschinen- und Metallbau sowie die chem. Ind. Wichtigster Verkehrsknotenpunkt Polens mit dem größten poln. ✈. Zur Lösung innerstädt. Verkehrsprobleme entstanden nach 1945 drei große O-W-Achsen, die z. T. die Altstadt unterird. kreuzen, sowie mehrere Ringstraßen, von denen die Hauptausfallstraßen in alle Landesteile ausgehen.

Geschichte: 1241 erstmals als Siedlung erwähnt, 1321 als Kastellanssitz gen., erhielt vermutl. vor 1339 Stadtrecht; ab 1596 Sitz der poln. Könige, im heutigen Stadtbezirk Wola wurden die Könige gewählt; nach Niedergang in der 2. Hälfte des 17. Jh. infolge von Bränden, Epidemien und Zerstörungen durch die Schweden unter König Stanislaus II. August (1764-95) erneute Blüte; infolge der 2. Teilung Polens (1793), Verwüstungen der Vorstadt Praga durch Kosaken und der 3. Teilung Polens (1795), durch die W. an Preußen kam, erneuter Niedergang und Entvölkerung. 1807-15 war W. Hauptstadt des gleichnamigen, auf Drängen Napoleons I. aus den an Preußen gefallenen Gebieten gebildeten Hzgt., dann des in Personalunion mit Rußland vereinigten Kgr. (Zartum) Polen (sog. † Kongreßpolen); durch die Anlage zahlr. Forts in eine weitläufige Festung umgewandelt; im 1. Weltkrieg von dt. Truppen besetzt; seit 1918 Hauptstadt Polens; ab 1939 abermals von den dt. Truppen besetzt. Etwa 400 000 Juden aus W. und dem übrigen Polen wurden im Ghetto von W. zusammengetrieben, von denen etwa 300 000 bis 1943 im Vernichtungslager Treblinka ermordet wurden. Im Verlauf der † Warschauer Aufstände (1943 und 1944) wurde W. fast vollständig zerstört. Wiederaufbau nach dem Krieg.

Bauten: Ab 1946 grundlegender Wiederaufbau der histor. Stadt, z. T. mit Hilfe topograph. Veduten der Stadt von B. Bellotto, z. B. der Altstadtmarkt (Rynek Starego Miasta). Es erstanden zunächst die Stadtmauern (14. und 15. Jh.) mit dem sog. Barbakan (16. Jh.) und die got. Kathedrale Sankt Johannes (2. Hälfte des 14. Jh., dreischiffige Hallenkirche) wieder und seit 1971 auch das Königsschloß (1680-92; vorwiegend klassizist. Innenausstattung von D. Merlini). Wahrzeichen der Stadt ist das Denkmal König Sigismunds III. Wasa (Säule mit Bronzestandbild 1643/44) auf dem Schloßplatz. Weitere histor. Sakralbauten: Sankt-Anna-Kirche (15.-17. Jh.; klassizist. Fassade 18. Jh.); Visitantinnenkirche (1755-61; bed. Rokokoausstattung); Kapuzinerkirche (1683 bis 1692) und Sakramentskirche (1688-89) von Tylman van Gameren, Heilig-Kreuz-Kirche (1682-96; Fassade 18. Jh.); Karmelitenkirche (17. Jh.; Fassade 1777-80). Unter den Profanbauten ragen die Paläste des 17. und 18. Jh. hervor, das barocke Palais Krasiński (1682-94 von Tylman van Gameren, heute Palast der Republik) und das Palais Gniński (ehem. Ostrogski; Ende des 17. Jh.; Chopinmuseum), Palais „Unter dem Blechdach" (1720), Großes Theater (1825-32), ein bed. Bau des Klassizismus von A. Corazzi. Im Łazienkipark liegen der Łazienkipalast, ein bed. Bau des poln. Klassizismus (1784-95 von D. Merlini) in einem kleinen künstl. See sowie das Belvedere (1818-20, heute Sitz des poln. Staatspräs.). Eindrucksvolle Silhouette v. a. repräsentativer moderner Bauten. - In der Nähe von W. ließ König Johann III. Sobieski das Schloß Wilanów anlegen, eines der Hauptwerke der poln. Barockarchitektur (1681-94).

📖 Szarota, T.: W. unter dem Hakenkreuz. Dt. Übers. Paderborn 1985. - Hentschel, W.: Die sächs. Baukunst des 18. Jh. in Polen. Bln. 1967.

Warschau-Berliner Urstromtal, im östl. Norddt. Tiefland verlaufende, O-W gerichtete Talung von der Elbe bei Havelberg bis auf die Höhe von Warschau.

Warschauer Aufstand, Bez. für 2 Aufstände während der dt. Besetzung Polens im 2. Weltkrieg: Der *1. W. A.* von 1943 brach aus, nachdem die SS aus dem von rd. 400 000 Juden bewohnten Ghetto in Warschau ab Juli 1942 tägl. bis zu 12 000 Menschen in das Vernichtungslager Treblinka abtransportierte. eine von 2000 Mann der Waffen-SS und Polizei am 19. April 1943 unternommene Aktion zur Auflösung des Ghettos konnte von den schlecht bewaffneten 1 100 Mgl. der jüd. Kampforganisation ZOB in erbitterten Kämpfen bis zum 16. Mai 1943 hinausgezögert werden. Sprengungen, Großbrände und Massenhinrichtungen kosteten 12 000 Menschen das Leben; 7 000 Juden wurden nach Abschluß der Kämpfe vergast, 30 000 Menschen erschossen. Bei dem Versuch, Warschau vor der anrückenden Roten Armee zu befreien, löste die der Londoner Exilregierung unterstehende poln. Heimatarmee (AK) am 1. Aug. 1944 mit anfangs 14 000, bald 36 000 Mann den *2. W. A.* aus, der ihr gegen die schlecht vorbereitete dt. Besatzung die weitgehende Kontrolle der Stadt sicherte. Da die sowjet. Truppen aber keinen ernsthaften Entlastungsversuch unternahmen und die Versorgung durch die Alliierten aus der Luft unzureichend war, mußte General T. Bór-Komorowski am 2. Okt. 1944 kapitulieren. Warschau wurde, gemäß einem Befehl Hitlers, weitgehend dem Erdboden gleichgemacht.

Warschauer Pakt, Bez. für das Militärbündnis, das am 14. Mai 1955 in Warschau mit dem von Albanien, Bulgarien, der DDR, Polen, Rumänien, der ČSSR, der Sowjetunion und Ungarn unterzeichneten „Vertrag über Freundschaft, Zusammenarbeit und gegenseitigen Beistand" (**Warschauer Vertrag**) sowie mit dem Beschluß über die Bildung eines „Vereinten Kommandos der Streitkräfte" gegründet wurde. Neben dem COMECON wichtigste multilaterale Organisation der europ. kommunist. Staaten. Veranlaßt durch die Mitgliedschaft der BR Deutschland in der NATO, dürfte die Errichtung des W. P. auf das sowjet. Bestreben zurückzuführen sein, vertragl. gesicherte Rechte zur Stationierung ihrer Truppen in den Staaten Ostmittel- und Südosteuropas zu erhalten; heute sieht die Sowjetunion den Zweck des Bündnisses vornehml. darin, ein Gegengewicht gegen die NATO zu bilden, die Streitkräfte der europ. kommunist. Staaten einheitl. zusammenzufassen und diese Staaten möglichst eng an sich zu binden. Durch Truppenstationierungsverträge der Sowjetunion mit Polen (1956), der DDR (1957), Rumänien (1957), Ungarn (1957) und der ČSSR (Okt. 1968) ergänzt.

Der Warschauer Vertrag verpflichtet zu Konsultationen in allen wichtigen Fragen der internat. Politik, v. a. bei Gefahr für die Sicherheit eines der Vertragspartner (Art. 3), zu gegenseitigem militär. Beistand bei einem bewaffneten Überfall in Europa auf einen oder mehrere Teilnehmerstaaten (Art. 4) sowie zur Unterstellung aller (im Falle der DDR) oder von Teilen der Streitkräfte unter ein gemeinsames Oberkommando (Art. 5). Die Kündigung der Mitgliedschaft durch Ungarn 1956 im Verlauf des Ungar. Volksaufstandes wurde durch die bewaffnete sowjet. Intervention unwirksam gemacht. Fakt. schon 1961 mit dem Aufkommen des sowjet.-chin. Konflikts, offiziell 1968 trat Albanien aus dem Bündnis aus.

Politische Organisation: Als polit. Führungsorgan des W. P. fungiert ein *Polit. Beratender Ausschuß,* in dem jeder Teilnehmerstaat ver-

Warschauer Pakt. Politische und militärische Führungsstruktur

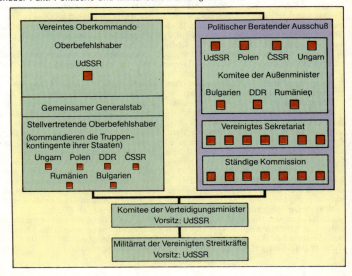

Warschauer Schule

treten ist (Art. 6). 1956 wurden 2 Hilfsorgane mit Sitz in Moskau gebildet: ein *Vereinigtes Sekretariat* und eine *Ständige Kommission*, deren Kompetenz sich auf die Ausarbeitung von Empfehlungen in außenpolit. Fragen erstreckt.
Militärische Organisation: Das militär. Führungsorgan des W. P. ist das *Vereinte Oberkommando der Streitkräfte* mit Sitz in Moskau. 1969 wurden 2 weitere Institutionen geschaffen, der *Militärrat* und das *Komitee der Verteidigungsmin.;* an der Spitze des Vereinten Oberkommandos steht der *Oberbefehlshaber* (immer ein sowjet. Offizier), dem neben seinen Stellvertretern und aus Vertretern der einzelnen nat. Generalstäbe gebildeter *Stab der Vereinten Streitkräfte* zur Seite steht.
🕮 *Bülow, A. v.: Die eingebildete Unterlegenheit. Mchn.* 1985. - *Johnson, A. R., u.a.: Die Streitkräfte des W. P. in Mitteleuropa. Dt. Übers. Stgt.* 1982. - *Wiener, F.: Die Armeen der W. P.-Staaten. Mchn.* ⁷1979. - *Tiedtke, S.: Die Warschauer Vertragsorganisation. Mchn.* 1978.

Warschauer Schule, 1. die aus dem Schülerkreis von K. Twardowski hervorgegangene, auch als Schule von Lemberg und Warschau bezeichnete philosoph. Forschungseinrichtung; 2. i. e. S. die von 1. ausgehende, v. a. in Warschau in Teamarbeit forschende und lehrende Schule der Logik (Junktorenlogik, mehrwertige Logik, Metalogik). Als Begründer gelten S. Leśniewski und J. Łukasiewicz, als wichtigster Repräsentant A. Tarski.

Warschauer Vertrag ↑Deutsch-Polnischer Vertrag, ↑Warschauer Pakt.

Warstein ['va:rʃtaɪn, 'varʃtaɪn], Stadt im nördl. Sauerland, 292 m ü. d. M., 27 600 E. - Museen; Schotterwerke, Ofenherstellung, Emaillierwerke, Elektro-, Textilind. - 1072 erstmals gen., 1276 auf ovalem Grundriß als Stadt neu gegr.; nach einem Brand (1802) im Tal neu angelegt; 1975 wurden die Städte W., Belecke (938 Ersterwähnung, 1296 Stadtrecht) und Hirschberg (1308 Stadtrecht) sowie 5 weitere Gemeinden zur neuen Stadt W. zusammengeschlossen. - Frühgot. Alte Pankratiuskirche (13. Jh.), barock verändert.

Warszawa [poln. var'ʃava] ↑Warschau.

Wartburg, Walther von, * Riedholz (Kt. Solothurn) 18. Mai 1888, †Basel 15. Aug. 1971, schweizer. Romanist. - Prof. in Bern, Lausanne, Leipzig, Chicago, Basel, daneben ab 1948 an der Dt. Akad. der Wiss. (Berlin [Ost]). Zahlr. bed. Arbeiten zur roman. Sprachwiss.; sein Hauptwerk ist das „Frz. etymolog. Wörterbuch" (24 Bde., 1922 ff.), in dem er die etymolog. Erforschung des Frz. auf eine völlig neue Basis stellte.

Wartburg, über der Stadt Eisenach liegende Burg, angebl. 1067 gegr., 1080 genannt, unter Landgraf Hermann I. von Thüringen bed. Zentrum höf. Kultur (↑Wartburgkrieg). Zufluchtsort Luthers (1521/22). 1817 ↑Wartburgfest. Bauten v. a. 19. Jh. (als Restaurierungen), z. T. noch 12. Jh. der spätroman. Palas; im Landgrafenzimmer, dem Sängersaal und in der Galerie Freskenzyklen von M. von Schwind (1853–55).

Wartburgfest, Zusammenkunft auf der Wartburg von etwa 500 Studenten aus 11 dt. Univ. am 18./19. Okt. 1817 zur Erinnerung an das Reformationsjahr 1517 und die Völkerschlacht bei Leipzig 1813. Das W. wurde v. a. durch eine von einer Minderheit der Teilnehmer veranstaltete Verbrennung reaktionärer Schriften zu einer Demonstration patriot. und liberaler Kräfte gegen die Reaktion.

Wartburgkrieg (Sängerkrieg auf der Wartburg), um 1260/70 in Thüringen entstandene Sammlung mehrerer urspr. selbständiger Gedichte in verschiedenen Strophenformen; am wichtigsten das „*Fürstenlob*", Rollenspiel eines angebl. Sängerwettstreits am Hof Hermanns I. von Thüringen zu Anfang des 13. Jh., bei dem Heinrich von Ofterdingen im Preise seines Fürsten dem Tugendhaften Schreiber vor einem Schiedsgericht bedeutender Sänger (Walther von der Vogelweide, Wolfram von Eschenbach) unterliegt, und das „*Rätselspiel*" („Urrätselspiel" um 1239), in dem Klingsor (literar. Gestalt aus dem „Parzival") und Wolfram von Eschenbach gegeneinander antreten; Wolfram siegt als inspirierter Laiendichter vor dem Gelehrten.

Wartenberg, Johann Kasimir von Kolbe, Reichsgraf (seit 1699) von, * in der Wetterau 4. Febr. 1643, †Frankfurt am Main 4. Juli 1712, preuß. Minister. - 1697 Nachfolger E. von Danckelmans als leitender Min.; erreichte 1701 die Proklamation eines Königtums der Hohenzollern in Preußen; wegen seiner korrupten Amtsführung (unterstützt durch Oberhofmarschall Graf zu Sayn-Wittgenstein-Hohenstein und Feldmarschall Graf Wartenleben [„das dreifache Weh der preuß. Staaten"]) entlassen.

Wartenburg i. Ostpr. (poln. Barczewo), Stadt im südl. Ermland, Polen', 5900 E. - 1364 gegr. Burg des Bischofs von Ermland und Siedlung. - Spätgot. Pfarrkirche.

Wartezeit (Karenzzeit), in der *Sozialversicherung* der Zeitraum, den ein Versicherter in der Sozialversicherung versichert sein muß, ehe er bestimmte Versicherungsleistungen erhalten kann. Die W. beträgt: für das *Arbeitslosengeld* sechs Monate oder 26 Wochen versicherungspflichtige Beschäftigung innerhalb einer Rahmenfrist von drei Jahren; für die *Arbeitslosenhilfe* 26 Wochen oder sechs Monate innerhalb zweier Jahre vor der Meldung als Arbeitsloser; für die *Berufsunfähigkeitsrente,* die *Erwerbsunfähigkeitsrente* und die *Hinterbliebenenrente* 60 Monate.

♦ in der *Individualversicherung* der Zeitabschnitt, für den bei Eintritt des Versicherungsfalles kein Anspruch auf die eigtl. Versicherungsleistung besteht.

Wartburg

Warthe, wichtigster rechter Nebenfluß der Oder, Polen, entspringt in der Krakau-Tschenstochauer Höhe, mündet bei Küstrin, 808 km lang; Kanalverbindungen zur oberen Netze, oberen Obra und Weichsel.

Wartheland, nach der Besetzung Polens durch Erlaß Hitlers 1939 errichteter Reichsgau, umfaßte die Reg.-Bez. Posen, Hohensalza und Litzmannstadt (Łódź); Reichsstatthalter und Gauleiter A. Greiser erhielt für die Neuordnung Vollmachten, die ihn von der allg. Reichsverwaltung in starkem Maße unabhängig machten; NSDAP und SS gewannen dadurch weitgehend freie Hand für eine rigorose Politik der „Eindeutschung" und der „Entpolonisierung" mit barbar. Unterdrückungsmethoden.

Waruna, Gott der ↑wedischen Religion. W. straft als Gott der Wahrheit den Lügner mit Wassersucht. Im Hinduismus ist W. ein Meergott, der auf einem Krokodil reitend mit einer Schlinge in der Hand dargestellt wird.

Warwe [schwed.] ↑Bänderton.

Warwick [engl. 'wɔrɪk], engl. Earlstitel, 1088 erstmals verliehen; kam 1268 an die Beauchamp von Elmley, 1450 an die Neville, 1547 an die Dudley, 1618 an die Rich und 1759 an die Greville, die ihn heute noch führen. Bed. v. a.:

W., Richard Neville, Earl of (gen. „der Königsmacher"), * 22. Nov. 1428, ✕ bei Barnet (= London) 14. April 1471, Adliger. - Unterstützte in den Rosenkriegen zunächst Eduard IV. gegen Heinrich VI., überwarf sich aber später mit ihm, versöhnte sich mit Margarete von Anjou und restituierte Heinrich VI.; fiel schließl. im Kampf gegen Eduard IV.

Warwickshire [engl. 'wɔrɪkʃɪə], Gft. in M-England.

Warze (Verruca), umschriebene gutartige, meist durch Viren hervorgerufene, mit vermehrter Hornbildung einhergehende Neubildung der Haut. Bei den *jugendl. W.* (Verrucae planae juveniles) handelt es sich um kleinste Hautwucherungen in Form rötlichgelber, runder, flacher Knötchen, deren Oberfläche kaum verhornt ist. Die jugendl. W. können einzeln oder in großer Anzahl gleichzeitig auftreten. Die Übertragung erfolgt vom Menschen auf den Menschen, doch werden nur bes. disponierte Personen befallen. Einmal angesteckt, kann der Erkrankte sich selbst durch Abkratzen und Verschmieren der W. immer wieder an neuen Körperstellen infizieren. - Auch die *gewöhnl. W.* (Verrucae vulgares) entstehen durch Virusinfektion. Es handelt sich um stecknadelkopf- bis erbsengroße Wucherungen mit graugelber, stärker verhornter, oft blumenkohlartig zerklüfteter Oberfläche und einem Stiel, der in tiefere Gewebsschichten eindringt. Bevorzugter Sitz sind Hand- und Fingerrücken. Bes. an der Fußsohle können gewöhnl. W. tief eingetreten, von einer Schwiele bedeckt und sehr schmerzhaft sein (sog. *Dorn-W.*). - Die *Alters-W.* (Verrucae seniles, Verrucae seborrhoicae), die meist am Rücken und im Gesicht auftreten, linsen- bis pflaumengroß (mit fettigem Überzug) und gelbbraun bis braunschwarz gefärbt sind, werden häufig zu den gewöhnl. W. gerechnet, obwohl der Nachweis eines Erregers und die Übertragung vom Menschen auf den Menschen bisher nicht gesichert sind. - Zur Behandlung der jugendl. W. dienen u. a. Resor-

Warzenbeißer

cinpaste und die Bestrahlung mit ↑Grenzstrahlen. Die gewöhnl. W. können koaguliert oder nach örtl. Gefrieren entfernt werden. Bei Fußsohlen-W. erfolgt die Behandlung mit Salicylsalbe. Bei Alters-W. kommen u. a. Schälkuren in Betracht.

Warzenbeißer ↑Laubheuschrecken.

Warzenfortsatz ↑Schläfenbein.

Warzenkaktus (Mamillenkaktus, Mammillaria), Gatt. der Kaktusgewächse mit rd. 300 Arten, v. a. in Mexiko und den angrenzenden Ländern; kugelförmige bis zylindrische Kakteen mit runden oder eckigen, in spiraligen Reihen angeordneten Höckern; Dornen zahlr. und vielgestaltig; Areolen filzig oder wollig behaart; Blüten überwiegend gelb oder rot; Frucht eine saftige, oft rote Beere. Viele Arten sind beliebte und häufig kultivierte Zierpflanzen.

Warzenschwein (Phacochoerus aethiopicus), tagaktive Schweineart in Savannen Afrikas (südl. der Sahara); Länge rd. 1,5–1,9 m (♂ deutl. stärker als ♀), Schulterhöhe etwa 65–85 cm; braun- bis schiefergrau, mit Ausnahme der Nacken- und Rückenmähne (aus auffallend langen, schwärzl. Haaren) kaum behaart; Jungtiere einfarbig, graurosa; Körper massig, mit großem Kopf, mit großen, warzenartigen Hauthöckern im Gesicht und extrem stark verlängerten, gekrümmten Eckzähnen (bes. im Oberkiefer); leben meist in Familienverbänden.

Wasa (Vasa), schwed. Königsgeschlecht, seit Mitte des 13. Jh. bezeugt. 1523 gelangten die W. mit Gustav I. auf den schwed. Thron, den der Reichstag 1544 dem Haus erbl. zubilligte. Sigismund III. (⚭ 1592–99) begründete 1587 die poln. Linie (regierte bis 1668), verlor aber 1599 die schwed. Krone an seinen Onkel Karl IX. (⚭ 1600/04–11), dem sein Sohn Gustav II. Adolf (⚭ 1611–32) folgte. Der Thronverzicht von dessen Tochter Christine 1654 beendete die Herrschaft der W. in Schweden.

Wasalauf (Gustav-Wasa-Lauf) [zur Erinnerung an die Flucht von Gustav Erikson Wasa (König Gustav I.) vor den Dänen 1521], seit 1922 alljährl. ausgetragener schwed. Skilanglauf von Sälen nach Mora in Mittelschweden. Heutige Streckenlänge: 85,55 km.

Waschbären (Schupp, Procyon), Gatt. der Kleinbären mit 7 Arten in N-, M- und S-Amerika (einschl. verschiedener Inseln im Karib. Meer und vor der W-Küste Mexikos); Länge rd. 40–70 cm; Färbung überwiegend grau bis schwärzl. mit schwarzer Gesichtsmaske; geschickt kletternde und gut schwimmende Allesfresser; bekannteste Art: **Nordamerikan. Waschbär** (Procyon lotor): in busch- und waldreichen Landschaften (auch im Kulturland) N- und M-Amerikas; anderenorts als Pelztier gehalten und stellenweise verwildert; in M-Europa nach gezielter Einbürgerung im Gebiet des Edersees (1934) rasche Ausbreitung; kommt heute mit Ausnahme des SO in der gesamten BR Deutschland sowie in Teilen der angrenzenden Staaten vor; Länge rd. 50–70 cm, Schwanz etwa 20–25 cm lang, buschig, braun und schwarz geringelt; Gestalt gedrungen, ziemi. kurzbeinig; hält (mit vielen Unterbrechungen) Winterruhe in Erd- oder Baumhöhlen; reibt seine Nahrung häufig mit rollenden Bewegungen der Vorderpfoten auf einer Unterlage, manchmal auch im flachen Wasser. - In manchen Bundesländern ganzjährig jagdbar.

Waschbenzin ↑Benzin (Tabelle).

Waschbeton, Bez. für Betonteile (Fassadenplatten, Gehwegplatten u. a.), bei denen durch Abbürsten und Abwaschen der obersten Schicht (die durch Aufbringen sog. Betonaufrauhmittel nicht abgebunden hat) oder durch Abwaschen mit Salzsäure die Zuschlagstoffe (z. B. Kieselsteine) aus der Oberfläche hervortreten und einen Schmuckeffekt ergeben.

Wäschemangel ↑Mangel.

Waschen, allg. das Ablösen und Wegschwemmen von Fremdteilchen (Verunreinigungen) aus Gegenständen mit Flüssigkeiten; bei der Aufbereitung von Erzen und Kohle z. B. das Entfernen von Begleitstoffen aus den zerkleinerten Rohstoffen durch Behandeln mit fließendem Wasser (Läuterung), in der chem. Technik das Entfernen von Verunreinigungen aus Gasen, Filterrückständen usw. durch geeignete Waschflüssigkeiten; i. e. S. das Reinigen von Textilien mit Hilfe von geeigneten Waschflüssigkeiten (früher wässerige Seifenlösungen, heute Lösungen wasserlösl. Waschmittel).

Wäscheschleuder, elektr. Haushaltsgerät zum Entwässern durchnäßter Wäsche durch Fliehkraftwirkung. Die W. besteht aus einer Trommel in einem verschließbaren Gehäuse. Im Innern befindet sich unten das Antriebsaggregat mit Elektromotor, elast. Trommelaufhängung und Bremseinrichtung. Durch die hohe Trommeldrehzahl (1 450 oder 2 800 U/min) wird die Wäsche an die Trommelwand gedrückt und das Wasser durch die Löcher oder Schlitze in der Trommel nach außen gepreßt.

Wäschetrockner, Haushaltsgerät zum raschen Trocknen frisch gewaschener Wäsche. Die in eine siebartig durchlöcherte Trommel eingelegte Wäsche wird mit Hilfe eines Gebläses mit (durch elektr. Heizspiralen erwärmter) Luft durchblasen, wobei die reversierende (abwechselnd rechts- und linksherum) Drehung der Trommel für gute Durchlüftung sorgt. Die aus der Trommel austretende, feuchtigkeitshaltige Luft wird nach außen abgeführt *(Abluftprinzip)* oder im Gerät selbst so stark abgekühlt, daß die Feuchtigkeit kondensiert und ausfällt *(Kondensationsprinzip);* die Luft kann so im geschlossenen Kreislauf wieder aufgeheizt und erneut in die Trommel geblasen werden *(Umluftprinzip).*

Waschrohstoffe

Der Trocknungsprozeß kann zeitgesteuert und/oder elektron. gesteuert (z. B. elektron. Feuchtigkeitsmessung, Trockenprogramme für mangelfeuchte, bügelfeuchte oder schranktrockene Wäsche) erfolgen.

Waschflasche, im chem. Laboratorium verwendete Glasflasche mit Einleitungsrohr, in der Gase durch eine Waschflüssigkeit von Nebenbestandteilen befreit werden.

Waschmaschine, elektr. Haushaltsgerät zur Reinigung verschmutzter Wäsche und Kleidung in erwärmtem Wasser unter Zugabe von Waschmitteln; auch als Industrie-W. für verschiedenste Zwecke in vielen Ausführungen. Bei der *Bottich-W.* (meist als Teilautomat) wird die Wäsche schwimmend in einem Bottich bewegt. Die Bewegung erfolgt durch einen sich im Bottich drehenden Rührflügel oder durch die Waschlauge, die mittels einer Pumpe fortwährend umgewälzt und durch Düsen in den Bottich gedrückt wird; Beschickung von oben. Bei der *Trommel-W.* befindet sich die Wäsche in einer gelochten, innen mit Mitnehmerrippen versehenen [Edel]stahltrommel, die im Laugenbehälter abwechselnd nach beiden Seiten gedreht wird; Beschickung der Trommel von vorn (frontalbeschickt) oder oben (mantelbeschickt). Man unterscheidet zw. Vollautomaten, in denen alle Arbeitsgänge (Vorwäsche, Hauptwäsche, Spülen, Schleudern) einschl. Waschmitteleinspülung selbsttätig ablaufen, Automaten (bei ihnen erfolgt nach dem letzten Spülgang kein Schleudern) und Teilautomaten, in denen lediglich Temperatur und Waschzeit automatisiert sind. Die wesentl. Bauteile sind: Elektromotor für den Antrieb; zumeist Wasserstandsregler für die Steuerung des Wassereinlaufs und -niveaus; Heizstäbe im Laugenbehälter; Thermostat zur Einstellung der Wassertemperatur; Laugenpumpe zur Abführung des Wasch- und Schleuderwassers. Die Steuerung der einzelnen Vorgänge für den Waschablauf erfolgt durch das Programmsteuergerät, das aus Antrieb, Umsteuergerät, Waschzeitwähler, Schrittschaltwerk und Programmschaltwerk besteht.

Waschmittel, zum Waschen von Textilien verwendete Gemische aus Waschrohstoffen (früher Seife) und zahlr. weiteren, der Verbesserung des Waschvermögens dienenden Substanzen. Man unterscheidet *Koch-(Voll-), Bunt-* und *Synthetik-,* sowie *Feinwaschmittel.* Die für alle Waschtemperaturen (bis 95 °C) geeigneten **Vollwaschmittel** enthalten neben 10–15% Waschrohstoffen 30–40% Komplexbildner zur Wasserenthärtung (v. a. Alkalipolyphosphate oder Natriumaluminiumsilicate), 20–30% Bleichmittel (v. a. Natriumperborat), 2–4% Bleichmittelstabilisatoren, die das Zersetzen der Bleichmittel bei der höchsten Waschtemperatur verhindern (z. B. Magnesiumsilicat), 2–4% Schaumregulatoren (v. a. Seifen langkettiger Fettsäuren), 1–2% Vergrauungsinhibitoren (v. a. Carboxymethylzellulose), 5% Korrosionsinhibitoren zum Schutz von Waschmaschinenteilen (v. a. Natriumsilicate), 0,1–0,3% opt. Aufheller, 0,1–1% Enzyme (Proteasen) zum Auswaschen eiweißhaltiger Flecken, 0,2% natürl. oder synthet. Parfümöle zur Geruchsverbesserung des W. und der Wäsche sowie 5–30% Füllstoffe (v. a. Natriumsulfat). Die bis 60 °C wirksamen **Bunt- und Synthetikwaschmittel** zum Waschen farbiger Textilien aus Chemiefasern oder Mischgeweben enthalten mehr Komplexbildner (35–60%), aber keine Bleichmittel und Korrosionsinhibitoren. Die zum Waschen von Wolle, Seide und bestimmten Chemiefasern (z. B. Nylon) bis 30 °C Waschtemperatur verwendeten **Feinwaschmittel** bestehen zur Erhöhung der Waschkraft aus einem höheren Anteil an Waschrohstoffen (20–35%), enthalten aber keine Bleichmittel, opt. Aufheller und Korrosionsinhibitoren. Das Gesetz über die Umweltverträglichkeit von Wasch- und Reinigungsmitteln (Wasch- und Reinigungsmittelgesetz, Abk. WRGM) vom 28. 8. 1975 (Neufassung vom 5. März 1987) schreibt u. a. bestimmte Höchstmengen an Phosphaten sowie Dosierungsangaben auf der Verpackung phosphathaltiger W. vor, um Belastung der Gewässer und Beeinträchtigung des Betriebs von Abwasseranlagen durch Überdüngung mit Phosphaten zu verhindern. Ferner müssen die in den W. enthaltenen grenzflächenaktiven Stoffe (nach der Verordnung vom 30. 1. 1977) zu mindestens 80% biolog. abbaubar sein.

Waschrohstoffe (Waschmittelrohstoffe), synthet. grenzflächenaktive Stoffe (Detergentien, Tenside), die die Grundlage der Wasch- und Reinigungsmittel bilden. Im Ggs. zu den Seifen besitzen die W. ein höheres Reinigungsvermögen, das durch die Wasser-

Trommelwaschmaschine

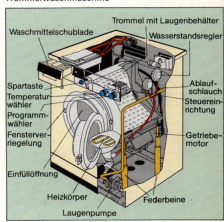

härte weniger beeinflußt wird. Es werden *anionenaktive* (anion.) und *nichtionogene* (nichtion.) W. unterschieden. Zur ersten Gruppe gehören die *Fettalkoholsulfate* (Alkylsulfate), allg. Formel $R-O-SO_3Me$, die aus den mit Natronlauge neutralisierten Halbestern der Schwefelsäure mit primären oder sekundären Fettalkoholen bestehen; die v. a. zur Herstellung von Feinwaschmitteln verwendeten *Alkyläthersulfate*, allg. Formel $R-O-(CH_2-CH_2-O)_x-SO_3Me$; die zur Herstellung flüssiger Reinigungs- und Spülmittel verwendeten *Alkylsulfonate*, allg. Formel $R-SO_3Me$, und die als W. bes. wichtigen *Alkylbenzolsulfonate*, allg. Formel $R-C_6H_4-SO_3Me$. Von den nichtionogenen W. sind v. a. die weniger stark schäumenden *Alkylpolyglykoläther* (Äthoxylate, Äthylenoxidaddukte) wichtig (allg. Formel $R-O-(CH_2-CH_2-O)_x-H$). Die bes. stark schäumenden und als Schaumstabilisatoren für Waschmittel verwendeten *Fettsäurealkanolamide*, allg. Formel $R-CO-NH-(CH_2)_x-OH$, besitzen daneben auch hautschonende (rückfettende) Wirkung.
W. müssen heute biolog., d. h. durch Mikroorganismen, in nicht mehr grenzflächenaktive Stoffe abbaubar sein. Die Abbaubarkeit ist um so größer, je niedriger der Verzweigungsgrad der hydrophoben Molekülteile ist.

Waschung, im religiösen Bereich eine rituelle Reinigung durch Wasser, die in vielen Religionen einer materiellen Sündentilgung dient (z. B. ↑ Taufe) und meist vor dem Betreten eines Heiligtums oder vor der Teilnahme an einem Kult als Tauchbad, Teilwaschung oder rituelle Besprengung vollzogen werden.

Waschzwang (Ablutomanie), neurot. Bedürfnis, sich mit unnötiger Häufigkeit und Sorgfalt zu waschen. - ↑ auch Neurosen.

Wasgenwald ↑ Vogesen.

Wash, The [engl. ðə 'wɔʃ], seichte Bucht der Nordsee an der engl. O-Küste, urspr. gemeinsame Ästuar der Flüsse Ouse, Nene, Welland und Witham.

wash and wear [engl. 'wɔʃ ənd 'wɛə „waschen und tragen"] ↑ Pflegeleichtausrüstung.

Washington [engl. 'wɔʃɪŋtən], Booker Taliaferro, * in County Franklin (Va.) 5. April 1856, † Tuskegee (Ala.) 14. Nov. 1915, amerikan. Pädagoge. - Als Sklave geboren, Begründer (1881) und Leiter einer v. a. auf Vermittlung prakt. Fertigkeiten ausgerichteten Schule für Schwarze. Sein Ziel war, die Ungleichheit zw. Schwarzen und Weißen durch Bildung und berufl. Ausbildung zu vermindern.

W., Dinah, eigtl. Ruth Jones, * Tuscaloosa (Ala.) 29. Aug. 1924, † Detroit 14. Dez. 1963, amerikan. Jazzsängerin. - Wurde als Jazzsängerin durch ihre Mitwirkung im Orchester von L. Hampton (1943-45) bekannt. In den 1950er Jahren trat sie in verschiedenen Bebopgruppen hervor, wobei sie die Phrasierungsweise des Modern Jazz mit starken Blueseinflüssen überlagerte.

W., George, * Wakefield (Westmoreland County, Va.) 22. Febr. 1732, † Mount Vernon (Va.) 14. Dez. 1799, amerikan. General und 1. Präs. der USA (1789-97). - Sohn eines wohlhabenden Grundbesitzers; wurde 1752 zum Major der Miliz von Virginia ernannt und 1753 zu Verhandlungen mit den im Ohiotal vordringenden Franzosen entsandt; als Oberstleutnant eröffnete er hier 1754 die Kampfhandlungen im French and Indian War (in Europa: Siebenjähriger Krieg). 1759-74 gehörte W. der Bürgerversammlung von Virginia an und wurde zu einem Anführer der Unabhängigkeitsbewegung. W. nahm am 1. und 2. Kontinentalkongreß teil und wurde nach Ausbruch der Feindseligkeiten m. Kolonien und Mutterland zum Oberbefehlshaber der Armee der Kolonien ernannt. Unterstützt von Frankr. gelang ihm mit der Kapitulation des brit. Generals C. Cornwallis in Yorktown (19. Okt. 1781) der den Krieg erfolgreich beendende Sieg. Der Verfassungskonvent (1787) wählte ihn zum Vors.; am 7. Jan. 1789 wurde W. einstimmig zum ersten Präs. der USA gewählt. W. vertrat den Gedanken einer starken Zentralreg., unterstützte die Finanzpolitik A. Hamiltons, befürwortete den Ausgleich mit Großbrit. und wahrte Neutralität in den europ. Kriegen der Revolutionsära. Innenpolit. entwickelte er das Kabinettssystem und versuchte, das Präsidentenamt aus den Parteikämpfen zw. der Federalist Party und den von T. Jefferson geführten Republikanern, den späteren Demokraten, herauszuhalten.

Flexner, J. T.: G. W. Boston (Mass.) Neuaufl. 1982. 4 Bde.

Washington [engl. 'wɔʃɪŋtən], Bundeshauptstadt der USA, verwaltungs- und flächenmäßig ident. mit dem ↑ District of Columbia, am linken Ufer des Potomac River, 623 000 E. Die Metropolitan Area, die auch Gem. in Maryland und Virginia umfaßt, hat rd. 3 Mill. E. Sitz eines kath. Erzbischofs, eines anglikan. und eines methodist. Bischofs; 6 Univ. (gegr. zw. 1795 und 1976), Lehrerseminar u. a. Colleges; Nat. Akad. der Wiss., Nat. Forschungsrat, Sitz der NASA und zahlr. Institutionen, Nationalarchiv, mehrere bed. Museen, Observatorium, Zoo. Wichtigster Arbeitgeber ist die Bundesregierung; bed. Fremdenverkehr. Knotenpunkt für den Schienen- und Straßenverkehr; Untergrundbahn. W. verfügt über den W. National Airport in der County Arlington und den Dulles International Airport (40 km westl.).

Geschichte: 1790 als Hauptstadt der USA (ab 1800 in Funktion) gegr.; der Kongreß entschloß sich zum Bau einer neuen Stadt auf neutralem Territorium (District of Columbia), um der Rivalität von Staaten und schon bestehenden Städten um den Sitz der

Washington

Bundesbehörden ein Ende zu bereiten. 1814 besetzten die Briten W. und zerstörten v. a. die Reg.gebäude. Im Sezessionskrieg (1861–65) war das stark befestigte W. mehrfach von konföderierten Truppen bedroht.
Stadtanlage und Bauten: Das Zentrum von W. entstand nach dem 1791 im Auftrag von G. Washington entworfenen Plan des Franzosen P. C. L'Enfant am linken Ufer des Potomac River. Die nach dem Sezessionskrieg regellos entstandenen Wohnviertel wurden seit 1893 in die Straßenplanung einbezogen. Nach dem Weltkrieg dehnte sich die Bebauung über den ganzen District of Columbia aus. Die Mitte des N–S und O–W angeordneten Straßennetzes, das von diagonal verlaufenden Avenuen durchschnitten wird, bildet das ↑ Kapitol auf einem Terrassenvorsprung 25 m ü. d. M. (höher als 34 m, d. h. über die Kapitolkuppel hinaus, darf in W. nicht gebaut werden). Vom Kapitol aus erstreckt sich die Mall, eine 3,5 km lange und 500 m breite Parkanlage, nach W bis zum Potomac River. Die Regierungsgebäude sowie zahlr. bed. Museen liegen beiderseits (v. a. nördl.) der Mall, das Gebiet heißt seiner Form wegen auch „Triangle". Im NW das ↑ Weiße Haus. - Nördl. des Regierungsviertels liegen das Hauptgeschäfts- und Bankenviertel, die es umgebenden alten Wohngürtel sind heute verslumt, weiter im NW liegen die bevorzugten Wohnviertel. - Die größeren Kirchen in W., auch moderne Bauten wie die Cathedral of Saint Peter and Saint Paul (Baubeginn 1907, Vollendung nicht vor 1985), sind z. T. klassizist., z. T. neugot. Bis ins 20. Jh. wurden Repräsentativbauten, z. B. die National Collection of Fine Arts (vollendet 1807), Custis-Lee Mansion (1802–17) in Arlington, im Stil des Greek Revival und des Neoklassizismus errichtet. Dagegen gilt der Neubau (East-Building) der National Gallery of Art von I. M. Pei (1978 vollendet) als Spitzenleistung moderner Architektur. W. besitzt mehrere große Gedenkstätten, u. a. Lincoln Memorial (1915–22), Washington Monument, ein 170 m hoher Obelisk (1848–84) und Jefferson Memorial (1943).
W., Bundesstaat im NW der USA, 176 479 km², 4,349 Mill. E (1984), Hauptstadt Olympia.
Landesnatur: W. liegt in den Kordilleren. Die Pazifikküste wird von den Coast Ranges begleitet, die im Mount Olympus 2 428 m erreichen. Nach O folgt die Williamette-Puget-Senke, das ist die nördl. Fortsetzung des Kaliforn. Längstals, im O begrenzt von der Cascade Range, die durch vulkan. Formenschatz sowie permanente Eis- und Schneedecken in Gipfellage gekennzeichnet ist. Hier liegt die höchste Erhebung von W., der Mount Rainier (4 392 m) sowie der Mount Saint Helens, der vor seinem Ausbruch im Mai 1980 2 497 m hoch war. Östl. der Cascade Range erstreckt sich der nördl. Teil des Columbia Plateaus, das von Basaltdecken überzogen, von Vulkankegeln überragt und von cañonartigen Tälern zerschnitten ist. Im äußersten NO hat W. noch Anteil an den Rocky Mountains. - Das Klima ist im W hochozean., im O semiarid. Die Sommer an der Küste sind kühl, das Landesinnere ist sommerheiß und winterhart. - Die W-Seite der Coast Ranges weist Sitkafichtenwälder auf, auf ihren O-Hängen, in der Williamette-Puget-Senke und der W-Seite der Cascade Range finden sich Douglasienwälder. Im Columbia Plateau treten Kurzgrasfluren und Zwergstrauchsteppen auf.
Bevölkerung, Wirtschaft, Verkehr: Die ersten Siedler europ. Abkunft kamen zw. 1830/50 aus dem Mittleren Westen. Nach 1920 kamen v. a. skand. und kanad. Einwanderer; außerdem leben hier u. a. Chinesen, Japaner, Filipinos und Schwarze. Für die indian. Minderheit bestehen 24 Reservate. Die größten Religionsgemeinschaften sind die der Katholiken, Lutheraner, Methodisten, Presbyterianer, Mormonen und Episkopalisten. Neben 27 Colleges verfügt W. über 2 Univ. - Die Landw. ist z. T. auf Obst- und Beerenkulturen spezialisiert; außerdem Weizen-, Hopfen- und Gemüseanbau sowie Viehwirtschaft (Fleisch, Milch, Geflügel); bed. Holzwirtschaft. Die Fischerei ist bes. auf Lachs-, Heilbutt- und Krabbenfang spezialisiert sowie auf Austernzucht. An Bodenschätzen werden Zink- und Bleierze, Kohle, Sand, Kies und Ton abgebaut. Führender Ind.zweig ist die Herstellung von Verkehrsmitteln (Flugzeug-, Schiff-, Boots- und Automobilbau), gefolgt von der Nahrungsmittel-, chem. und Papierind. und dem Fremdenverkehr. - Das Eisenbahnnetz ist rd. 9 700 km, das Highwaynetz rd. 92 100 km lang. Wichtigster Hafen ist Seattle; zahlr. ⚓.
Geschichte: Das Gebiet von W. kam 1846 durch Teilung des brit.-amerikan. Kondominiums Oregon in den Besitz der USA. 1848 wurde das amerikan. Territorium Oregon eingerichtet, bei dessen Teilung 1853 das (größere) Territorium W. entstand. 1863 wurden die Grenzen des Territoriums W. nach der Abtrennung des Territoriums Idaho auf den heutigen Stand fixiert. 1889 stimmte der Kongreß dem Beitritt von W. als 42. Staat in die USA zu.

Washingtoner Artenschutzabkommen [engl. 'wɔʃɪŋtən], internat. Abkommen vom 3. März 1973 (für die BR Deutschland in Kraft seit 20. Juni 1976), nach dem der gewerbsmäßige Handel und Andenkenverkehr mit Exemplaren gefährdeter Arten freilebender Tiere und Pflanzen verboten ist und behördl. kontrolliert wird.

Washingtoner Flottenabkommen [engl. 'wɔʃɪŋtən], zw. den USA, Großbrit., Japan, Frankr. und Italien im Winter 1921/22 abgeschlossener Vertrag, der insbes. die Flot-

347

Washingtoner Flottenabkommen

tenstärken im Verhältnis 5:5:3:1,75:1,75 festlegte und eine Laufzeit bis 1936 haben sollte; 1934 durch Japan gekündigt.

Wasilewska, Wanda [poln. vaɕi'lɛfska], * Krakau 21. Jan. 1905, † Kiew 29. Juli 1964, poln. Schriftstellerin. - Ging 1939 nach Moskau; seit 1945 ∞ mit A. J. Korneitschuk. Verfaßte anklagende Romane wie „Magda" (1935 [über die Ausbeutung poln. Landarbeiter]), „Regenbogen über dem Dnjepr" (1942 [über den sowjet. Widerstand im 2. Weltkrieg]), „Lied über den Wassern" (Trilogie, 1952).

Wasmann, Erich, * Meran 29. Mai 1859, † Valkenburg 27. Febr. 1937, dt.-niederl. Zoologe und Jesuit (seit 1875). - Neben Arbeiten zur Tierpsychologie („Instinkt und Intelligenz im Tierreich", 1897) grundlegende Studien über das Gemeinschaftsleben sozialer Insekten („Die Ameisen, die Termiten und ihre Gäste", 1934).

WASP, Abk. für White Anglo-Saxon Protestant; gegen Ende des 19. Jh. aufgekommene Bez. für Amerikaner prot.-brit. Herkunft, die sich ethn., rass. und religiösen Minderheiten gegenüber überlegen fühlten (heute meist kritisch gebraucht).

Wassä ↑ Bassai.

Wasser, H_2O; chem. Verbindung von Wasserstoff und Sauerstoff (Wasserstoffoxid). W. ist eine farblose, in dicker Schicht bläul. Flüssigkeit; Schmelzpunkt bei 0°C, Siedepunkt bei 100°C (bei 1 bar; Fixpunkte der Celsius-Skala der Temperaturmessung). Die Dichte flüssigen W. beträgt bei 0°C 0,9998 g/cm^3, bei Eis von 0°C nur 0,91674 g/cm^3; bei 4°C ist das Dichtemaximum von 1,0000 g/cm^3 erreicht, bei weiterem Erwärmen nimmt die Dichte wieder ab (bei 20°C 0,998 g/cm^3). Deshalb schwimmt Eis auf flüssigem W. und gefrieren Gewässer stets von der Oberfläche her. Die Volumenvergrößerung von etwa 9% beim Gefrieren von W. bewirkt das Platzen von mit W. gefüllten Gefäßen bei Frost sowie die Frostsprengung von Gesteinen. W. ist die häufigste chem. Verbindung auf der Erdoberfläche; es bedeckt die Erdoberfläche zu 71% und ist in Form von W.dampf bis zu 4% in der Atmosphäre enthalten. W. tritt in der Natur nie rein auf (auch Regenwasser enthält Staubteilchen aus der Atmosphäre); W. mit weniger als 1 g Abdampfrückstand pro Liter wird als *Süß-W.* bezeichnet; der Gehalt an Calcium- und Magnesiumionen bestimmt dabei die Härte des Wassers. Chem. reines W. zur Verwendung in der analyt. Chemie und Medizin erhält man durch Destillation (sog. *destilliertes W.*) oder über Ionenaustauscher. Trink-W. enthält alle mineral. Bestandteile, ist aber weitgehend keimfrei.

Die Körpersubstanz der meisten Organismen besteht zu 60–70% aus W. (bei einigen Algen und Hohltieren bis zu 98%); es ist Ausgangsprodukt der Photosynthese, Lösungs- und Transportmittel für Nährstoffe und Gase und dient der Aufrechterhaltung des osmot. Drucks in den Zellen.

W. ist das wichtigste Lösungs-, Kühl- und Reinigungsmittel und wird als Ausgangsprodukt für zahlr. Synthesen sowie zur Wasserstoffgewinnung verwendet. - ↑ auch schweres Wasser.

Religionsgeschichte: In Kosmogonien bezeichnet W. den chaot. Urzustand der Welt. Es gilt aber auch als machthaltige Substanz, die Leben, Gesundheit und Fruchtbarkeit spendet und Sündentilgung bewirkt (↑ Waschung). In polytheist. Religionen gilt das W. oft als Machtbereich einer bestimmten Gottheit oder als Aufenthaltsort von Wassergeistern.

📖 Höll, K.: *W. Untersuchung, Beurteilung, Aufbereitung, Chemie, Bakteriologie ...* Bln. [7]1987. - Hütter, L. A.: *W. u. W.untersuchung.* Aarau u. Ffm [2]1984. - Anders, S.: *Rund um das W. - ein physikal. Streifzug.* Ffm. u.a. 1983. - Hdb. W. Neubearb. v. H. J. Brands u. E. Tripke. Essen [6]1982.

Wasseragame (Physignathus lesueurii), etwa 70 cm lange Agame, v. a. an Gewässerrändern O-Australiens; grau oder graubraun mit dunklem Schläfenstrich und dunklen Querbinden über Körper und Schwanz; flinker Baumbewohner, der ausgezeichnet schwimmen und tauchen kann.

Wasseralfingen, ehem. selbständige Stadt am Oberlauf des Kocher, Bad.-Württ., seit 21. Juni 1975 mit Aalen zusammengeschlossen; Hüttenwerk, Produktion von Kurbelwellen und Transferstraßen, Textilindustrie. - Zw. 1188 und 1217 erstmals gen.; Marktrecht seit 1828; Stadt seit 1951. - Kath. got. Stephanskirche, mehrmals umgebaut; Wasserschloß (Binnenhofanlage des 14. Jh.; häufig verändert).

Wasseraloe [...alo-e] ↑ Krebsschere.

Wasseramseln (Cinclidae), Fam. bis fast 20 cm langer, kurzschwänziger, meist braun, grau und weiß gefärbter Singvögel mit 5 Arten, v. a. an schnell strömenden Gebirgs- und Vorgebirgsbächen großer Teile Eurasiens, N-, M- und S-Amerikas; in Europa als einzige Art die **Eurasiat. Wasseramsel** (Wasserschwätzer, Cinclus cinclus): 18 cm lang; oberseits (mit Ausnahme des dunkelbraunen Oberkopfs) schwärzl., unterseits (an Kehle und Vorderbrust) weiß und (am Bauch) dunkelbraun gefärbt; taucht und läuft zur Nahrungssuche (bes. Insekten, Würmer) unter Wasser.

Wasserasseln, zusammenfassende Bez. für verschiedene Gruppen wasserbewohnender Asseln: 1. Gatt. **Meerasseln** (Ideota): 20–40 mm lange Tiere; einige Arten parasitieren an Meeresfischen; 2. Fam. **Süßwasserasseln** (Asellidae): pflanzenfressende Krebse mit zahlr. Arten in stehenden und langsam fließenden Süßgewässern, darunter in M- und N-Europa die *Gemeine Wasserassel* (Asellus aquaticus; bis über 1 cm lang, auf grauem Grund weißl. gefleckt).

Wasseraufbereitung, Gewinnung von nutzbarem Wasser aus Grund- bzw. Oberflächenwasser mittels chem.-physikal. und physikal. Aufbereitungsverfahren. Während die Trink-W. v. a. hygien. einwandfreies Wasser liefern muß, ist die Brauch-W. häufig dem jeweiligen Verwendungszweck angepaßt (z. B. enthärtetes Speisewasser für Dampfkessel, eisen- und manganfreies, härtearmes Wasser für Brauereien, Färbereien und Textilfabriken). - ↑ auch Wasserversorgung.

Wasserball, v. a. von Männern ausgeübte Wassersportart. Eine W.mannschaft besteht aus 13 Spielern, von denen jeweils 7 im Wasser sind. Ziel des Spieles ist es, den 450 g schweren Ball, der von den Spielern (mit Ausnahme des Torwarts) nur mit einer Hand berührt werden darf, in das 3 m breite und 90 cm hohe gegner. Tor zu werfen. Die Mannschaften sind durch numerierte weiße bzw. blaue Kappen (Torhüter rot) gekennzeichnet. Spielzeit 4 × 7 Minuten; seit 1908 im olymp. Programm.

Wasserbehörden ↑ Wasserrecht.

Wasserblüte, Massenentwicklung von Phytoplankton in nährstoffreichen Gewässern, die dadurch intensiv grün, bräunl. oder rot gefärbt werden.

Wasserböcke, svw. ↑ Riedböcke.

Wasserbombe, von Flugzeugen abgeworfene oder von Schiffen durch Abrollen aus einem Ablaufgestell oder durch bes. W.werfer in die Nähe eines Zieles unter Wasser gebrachte U-Jagd-Waffe mit Uhrwerk- und/oder Druckzünder (spricht bei einem bestimmten durch die Wassertiefe gegebenen Druck an).

Wasserbruch (Hydrozele), umschriebene Ansammlung seröser Flüssigkeit zw. Gewebsschichten.

Wasserbüffel (Arni, Bubalus arnee), massig gebautes Wildrind, v. a. in sumpfigen Landschaften S- und SO-Asiens; Länge rd. 2,5–3 m, Schulterhöhe etwa 1,5–1,8 m; grau bis schwärzl., mit kurzer, spärl. Behaarung; Hörner sehr stark entwickelt, sichelförmig, flach nach hinten geschwungen, mit kräftigen Querwülsten auf der flachen Oberseite, bei ♂♂ und ♀♀ nahezu gleich stark entwickelt (bis etwa 1,2 m auslandend); Hufe groß, stark spreizbar. - Der W. wurde vermutl. bereits im 3. Jt. v. Chr. in N-Indien oder Indochina zum *Hausbüffel* (Ind. Büffel, Kerabau, Bubalus arnee bubalis) domestiziert; dieser meist mit weniger stark entwickelten Hörnern; eines der wichtigsten trop. Haustiere, heute in fast allen warmen Ländern gehalten; v. a. Zugtier, kann wegen seiner breiten Hufe v. a. auch zum Pflügen in sumpfigen [Reis]feldern eingesetzt werden.

Wasserburg, durch Wassergräben geschützte ↑ Burg. Die urspr. Burganlage wurde seit der Renaissance häufig in ein *Wasserschloß* umgebaut, u. a. Schloß Haddenhausen, Hämelschenburg, Hehlen, Lembeck, Neuhaus, Nordkirchen, Schelenburg.

Wasserburg a. Inn, Stadt in einer Flußschlinge des oberen Inn, Bay., 427 m ü. d. M., 10 800 E. Halbleiterfertigung, Kunststoff-, Metallverarbeitung, Textil-, Nahrungsmittel- und Getränkeindustrie. - Burg seit dem Früh-MA über einer Schiffersiedlung (Ersterwähnung 1085), die 1201 Markt wurde, Stadtrechte wohl seit 1294 (Erneuerung 1374). - Spätgot. Stadtpfarrkirche Sankt Jakob (1410–78), Frauenkirche mit got. Backsteinstaffelhalle (14. Jh.) und Innendekoration aus Renaissance und Barock (16. und 18. Jh.); ehem. Burg mit Teilen aus Spätgotik, Renaissance und Barock; spätgot. Rathaus (1457–59; mehrfach verändert); Wohnhäuser des 14.–16. Jh. in der für Innstädte charakterist. Bauweise mit Lauben und Grabendächern.

Wasserburg (Bodensee), Gem. am NO-Ufer des Bodensees, Bay., 400 m ü. d. M., 3 000 E. Fremdenverkehr.

Wasserdampf ↑ Dampf.

Wasserdost (Eupatorium), Gatt. der Korbblütler mit rd. 600 Arten in Amerika und Eurasien; meist Stauden oder Sträucher mit ausschließl. röhrenförmigen, purpurnen, roten, blauen oder weißen Blüten in Köpfchen, die meist zu Trauben oder Doldentrauben angeordnet sind. Die einzige einheim. Art ist der auf feuchten Böden verbreitete, bis etwa 1,70 m hohe **Gemeine Wasserdost** (Wasserhanf, Eupatorium cannabinum) mit handförmigen Blättern und rosafarbenen Blüten in wenigblütigen Köpfchen, die eine dichte Doldentraube bilden.

Wasserfall, senkrecht abstürzender Wasserabfluß über eine oder mehrere Stufen; entstanden durch Anschnitt härterer Gesteinsschichten im Flußbett, durch junge tekton. Verstellungen oder durch unterschiedl. glaziale Übertiefung in Haupt- und Nebentälern ehem. vergletscherter Gebiete.

Wasserfallboden ↑ Stauseen (Übersicht).

Wasserfalle (Aldrovanda), Gatt. der Sonnentaugewächse mit der einzigen Art **Aldrovanda vesiculosa** in Eurasien, im oberen Nilgebiet und in NO-Australien; freischwimmende, wurzellose Pflanzen mit zu 8–9 quirlig stehenden Blättern, deren Spreite blasig aufgetrieben und als Klappfalle zum Fang kleiner Insekten und Krebstiere ausgebildet ist.

Wasserfarn, svw. ↑ Algenfarn.
◆ ↑ Hornfarn.

Wasserfeder (Hottonia), Gatt. der Primelgewächse mit 2 Arten im gemäßigten Eurasien. Einheim. ist die **Sumpf-Wasserfeder** (Hottonia palustris), eine bis 30 cm hohe Stau-

Wasserflöhe

de mit fiederteiligen Blättern und in Quirlen stehenden, weißen oder rötl. Blüten; verbreitet in stehenden oder langsam fließenden Gewässern.

Wasserflöhe (Cladocera, Kladozeren), Unterordnung im Durchschnitt etwa 0,4–6 mm langer Krebstiere (Unterklasse Blattfußkrebse) mit über 400 Arten in Süß- und Meeresgewässern; gekennzeichnet durch hüpfende Schwimmweise; u. a. Daphnia und Rüsselkrebschen.

Wasserflorfliegen ↑Schlammfliegen.

Wasserflugzeuge (Seeflugzeuge), Flugzeuge, die auf Grund ihrer bes. Konstruktion auf Wasserflächen starten und landen („wassern") können; W. besitzen statt eines Radfahrwerks bootsähnl. Schwimmer (*Schwimmerflugzeuge*) oder sind im unteren Rumpfteil wie ein Bootsrumpf gestaltet (*Flugboote*). - Abb. Bd. 7, S. 146.

Wasserfrosch ↑Frösche.

Wassergas, aus 50% Wasserstoff, 40% Kohlenmonoxid, 5% Stickstoff und 5% Kohlendioxid bestehendes Gasgemisch, das sich beim Überleiten von Wasserdampf über glühenden Kohlenstoff (Koks, Braunkohle, Steinkohle) bildet; als Heizgas sowie für Synthesen und zur Gewinnung von Wasserstoff verwendet.

Wassergefäßsystem, svw. ↑Ambulakralsystem. - ↑auch Stachelhäuter.

Wassergeister (Wassergottheiten), in manchen Religionen (oft auch im Volksglauben; hier als Neck, Nöck oder Nixen bezeichnete) Geister bzw. Gottheiten, die Macht über das Wasser haben, z. T. auch in ihm leben. Hierzu zählen u. a. der sumer. Gott Enki, der griech. Meeresgott Poseidon. W. treten meist kollektiv in Erscheinung. Die Vorstellung von Wassermännern und Wassermüttern ohne bestimmten Namen ist weit verbreitet; sie sind oft von dämon. Natur und den Menschen feindlich gesinnt. W. treten auch als Sagengestalten auf, z. B. als *Meerweiber* (Meerfrauen, Meerjungfrauen) oder *Brunnengeister*, die meist weibl. sind.

Wasserglas, glasartige Alkalisilicate (allg. Formel Me_2SiO_3 und $Me_2Si_2O_5$) sowie ihre stark bas. reagierenden, viskosen wäßrigen Lösungen. Wichtig sind das *Natron*- oder *Natrium-W.* (aus Na_2SiO_3 und $Na_2Si_2O_5$) und das *Kali*- oder *Kalium-W.* (aus K_2SiO_3 und $K_2Si_2O_5$), die als *Festglas* in den Handel kommen. Flüssiges W. (unter Druck in Wasser gelöstes Festglas) wird als Imprägnierungs-, Binde- und Korrosionsschutzmittel, als Kleb- und Füllstoff, Natron-W. auch als Konservierungsmittel und zur Gewinnung säurefreier Kitte, Kali-W. als wichtiges Flammschutzmittel verwendet.

Wassergraben, im *Pferdesport* ein 3–5 m breites Becken, das bei verschiedenen Sprungprüfungen zu überwinden ist.
◆ in der *Leichtathletik* ein 3,66 m breites Hindernis (mit Hürde) beim 3 000-m-Hindernislauf.

Wasserhahn ↑Ventile.

Wasserhärte (Härte des Wassers) ↑Härte.

Wasserhaushalt, die physiol. gesteuerte Wasseraufnahme und -abgabe bei allen Organismen. Der W. ist eng mit dem Ionenhaushalt (↑auch Stoffwechsel) gekoppelt und wird zus. mit diesem bei Mensch und Tier sowie bei Salzpflanzen durch Osmoregulation (↑Osmose) im Gleichgewicht gehalten. Wasser ist ein Hauptbestandteil des pflanzl., tier. und menschl. Körpers. Auf dem Land lebende Tiere und der Mensch bestehen zu 60–70% aus Wasser, manche Algen und Hohltiere bis zu 98%. Ein Wasserverlust von 10% ist bei Wirbeltieren tödlich; einige Wirbellose dagegen können einen Wasserverlust von 85% überdauern. - Die Wasseraufnahme im Süßwasser lebender Tiere erfolgt meist über die Körperoberfläche, bei vielen Meeresfischen, den landbewohnenden Tieren und beim Menschen über die Nahrung bzw. durch Trinken. Einige Tiere können ihren Wasserbedarf dauernd (z. B. die Kleidermotte) oder zeitweise (z. B. das Kamel) durch das bei der Zellatmung anfallende Wasser decken. - Überschüssiges Wasser wird vom tier. Organismus durch ↑Exkretionsorgane ausgeschieden. Bei Säugetieren (einschl. Mensch) ist die Wasserverdunstung über die Haut wichtig zur Temperaturregelung. Höhere Landpflanzen nehmen Wasser über die Wurzel auf. Die Wasserabgabe geschieht bei Landpflanzen v. a. durch die ↑Transpiration.

Wasserhaushaltsgesetz, Abk. WHG, Bundesgesetz zur Ordnung des Wasserhaushalts. Das W. gilt für oberird. Gewässer (Flüsse, Seen), Küstengewässer und das Grundwasser; es beinhaltet den Grundsatz, daß Gewäs-

Wasserkreislauf der Erde (schematisch)

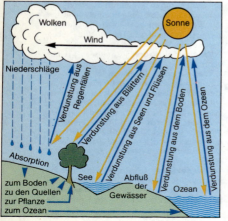

ser so zu bewirtschaften sind, daß sie dem Wohl der Allgemeinheit und im Einklang damit auch dem Nutzen einzelner dienen und daß jede vermeidbare Beeinträchtigung zu unterbleiben hat. Die Benutzung von Gewässern über den Gemeingebrauch hinaus (z. B. Entnehmen und Ableiten von Wasser, Errichtung von Stauanlagen, Einleiten von Stoffen in die vom W. erfaßten Gewässer) können von einer behördl. Erlaubnis oder Bewilligung, bei der Verlegung von Rohrleitungen zum Befördern wassergefährdender Stoffe von einer Genehmigung abhängig gemacht werden. Für die Änderung der Beschaffenheit des Wassers (etwa durch Einleiten von chem. Stoffen) ist im W. eine Gefährdungshaftung (↑ Haftung) normiert. Verstöße gegen das W. können als Ordnungswidrigkeiten mit einer Geldbuße bis zu 100 000 DM geahndet oder nach dem StGB als Straftaten gegen die Umwelt mit Freiheitsstrafe bis zu 5 Jahren bestraft werden (§§ 324 ff. StGB).

Wasserhyazinthe (Eichhornia), im trop. und subtrop. Amerika heim. Gatt. der Pontederiengewächse mit sechs Arten. Die bekannteste, heute in den gesamten Tropen und Subtropen als lästiges Wasserunkraut auftretende Art ist **Eichhornia crassipes** mit starker Ausläuferbildung, Rosettenblättern mit blasenartig aufgetriebenen Blattstielen und großen, violettpurpurfarbenen bis blauen Blüten in Scheinähren.

Wasserjungfern, svw. ↑ Libellen.

Wasserkäfer, zusammenfassende Bez. für vorwiegend im Wasser lebende Käfer, z. B. Schwimm-, Haken- und Taumelkäfer, **Eigentl. Wasserkäfer** (Hydrophilidae; mit rd. 2300 Arten, darunter die Kolbenwasserkäfer) und die Fam. **Hydraenidae** (mit rd. 300 1–3 mm langen Arten, davon rd. 40 Arten in Deutschland; düster gefärbt; bewegen sich nur laufend, nicht schwimmend fort; ernähren sich von Algen).

Wasserkelch ↑ Cryptocoryne.

Wasserkopf (Hydrocephalus, Hydrozephalus), abnorm vergrößerter Schädel infolge übermäßiger Ansammlung von Gehirn-Rückenmarks-Flüssigkeit in den Hirnhöhlen oder im Subarachnoidalraum; angeboren oder im frühen Kindesalter auftretend, hervorgerufen durch intrauterine Entwicklungsstörungen oder verschiedene Gehirnmißbildungen bzw. -erkrankungen.

Wasserkraftwerk ↑ Kraftwerke.

Wasserkreislauf, die natürl., auch mit Änderungen des Aggregatzustands verbundene Bewegung des Wassers auf der Erde zw. Ozeanen, Atmosphäre und Festland. Erwärmte Luft nimmt bis zu einem gewissen Grad durch Verdunstung entstandenen Wasserdampf auf. Bei Abkühlung gibt die Luft Wasser ab, das unter Wolkenbildung kondensiert oder sublimiert. Weitere Abkühlung führt zum Niederschlag. Das Niederschlagswasser fließt entweder oberird. ab oder versickert.

Wasserkultur, svw. ↑ Hydrokultur.

Wasserkünste, zusammenfassende Bez. für die künstl. Bewegung von Wasser und die zugehörigen baul. und techn. Anlagen. W. werden häufig als Teil der Gartenkunst konzipiert, aber auch als Akzentuierung eines Platzes (↑ auch Brunnen). Sie wurden bes. seit der Renaissance beliebt; charakterist. sind überlaufende Becken oder Kaskaden mit feiner Schleierbildung des Wassers. Bes. der Manierismus entwickelte dann zahlr. *Wasserspiele*, bes. Vexierspiele, bei denen feinste Strahlen überraschend einsetzen und wieder versiegen (Kassel-Wilhelmshöhe, in Tivoli Villa d'Este), ebenso Grottenwerke, Nymphäen sowie Fontänen, die im Barock bevorzugt wurden (Schloßparks von Versailles, Schönbrunn in Wien, Hellbrunn in Salzburg, Herrenhausen in Hannover, Petrodworez).

Wasserkuppe, mit 950 m höchster Berg Hessens (aus tertiärem Basalt und Phonolith), in der Hohen Rhön; Segelflugsport.

Wasserläufer, (Tringa) Gatt. lerchenbis hähergroßer, langbeiniger Schnepfenvögel mit 15 Arten, v. a. an Süßgewässern, auf Sümpfen und nassen Wiesen Eurasiens und N-Amerikas; schlanke, gesellige, melod. pfeifende Watvögel, die mit Hilfe ihres langen, geraden Schnabels im Boden nach Nahrung (bes. Insekten, Würmer) stochern; Zugvögel. - Hierher gehört u. a. der fast 30 cm lange, oberseits hellbraune, dunkel gezeichnete, unterseits weiße **Rotschenkel** (Tringa totanus) mit roten Beinen, rotem Schnabel und weißem Bürzel; auf nassen Wiesen Eurasiens.

◆ Bez. für einige Familien der ↑ Landwanzen, die auf der Wasseroberfläche laufen können: 1. **Stoßwasserläufer** (Bachläufer, Veliidae): mit rd. 200 meist flügellosen, längl. Arten, von denen vier 2–8 mm lange Arten in Deutschland vorkommen. 2. **Teichläufer** (Hydrometridae): rd. 70 Arten (2 einheim.), mit Stelzbeinen. 3. **Wasserschneider** (Wasserläufer, Gerridae): rd. zehn Arten auf Süß- und Meeresgewässern M-Europas; Länge 5–20 mm; Körper spindelförmig gestaltet, braun bis schwarz; Vorderbeine als „Fangbeine" normal entwickelt, Mittel- und Hinterbeine extrem lang und dünn, unterseits (wie die Körperunterseite) mit haarigem, luftführendem Filz bedeckt, der die betreffenden Körperstellen vor Benetzung (und damit die Tiere vor dem Einsinken ins Wasser) bewahrt; ernähren sich vorwiegend von auf die Wasseroberfläche gefallenen Insekten.

Wasserleitung ↑ Wasserversorgung.

Wasserlinse (Entengrütze, Entenlinse, Lemna), Gatt. der einkeimblättrigen Pflanzenfam. *Wasserlinsengewächse* (Lemnaceae) mit rd. zehn fast weltweit verbreiteten Arten; kleine Wasserpflanzen mit blattartigen Sproßgliedern und bis auf ein Staub- bzw.

ein Fruchtblatt reduzierten, einhäusigen Blüten. Die häufigste der drei einheim. Arten ist die **Kleine Wasserlinse** (Lemna minor) mit 2–3 mm langen, rundl., schwimmenden Sproßgliedern.

Wasserlunge, Atmungsorgan der Seegurken mit Darmatmung: meist paarige, baumförmig verästelte Ausstülpungen des zur Kloake erweiterten Enddarms in die Leibeshöhle hinein. Beim Atmungsvorgang wird das Wasser in die Kloake eingesaugt und dann in die W. hineingepreßt. Nach Abgabe des Sauerstoffs an die Leibeshöhlenflüssigkeit wird das dann CO_2-haltige Wasser wieder ausgestoßen.

Wasserlungenschnecken (Basommatophora), Ordnung primitiver, in Gewässern lebender Lungenschnecken mit rd. 4 000 Arten; stets mit Schale; Augen an der Basis der Fühler. Man unterscheidet je nach ihrem Vorkommen **Süßwasserlungenschnecken** (ohne Schalendeckel; z. B. Tellerschnecken, Schlammschnecken) von den nur durch wenige Arten vertretenen **Meereswasserlungenschnecken.**

Wassermann, August von, * Bamberg 21. Febr. 1866, † Berlin 16. März 1925, dt. Mediziner und Bakteriologe. - Prof. und ab 1913 Leiter des Inst. für experimentelle Therapie der Kaiser Wilhelm-Gesellschaft in Berlin; Arbeiten v. a. zur Serologie. War wesentl. an der Entwicklung der modernen Immunitätslehre beteiligt. Er entdeckte die nach ihm benannte Blutreaktion bei Syphilis (↑ Wassermann-Reaktion).

W., Jakob, * Fürth 10. März 1873, † Altaussee 1. Jan. 1934, dt. Schriftsteller. - In den 1920er und 30er Jahren einer der meistgelesenen Autoren Deutschlands; sein Engagement für Gerechtigkeit, gegen Gleichgültigkeit und „Trägheit des Herzens" wurde von den Nationalsozialisten als „jüd." denunziert; seine Werke, u. a. die Romane „Die Juden von Zirndorf" (1897), „Caspar Hauser oder Die Trägheit des Herzens" (1909), „Das Gänsemännchen" (1915), „Der Fall Maurizius" (1928) wurden verboten.

Wassermann ↑ Sternbilder (Übersicht).
Wassermann ↑ Wassergeister.
Wassermann-Reaktion [nach A. von Wassermann], Abk. WaR, zum Nachweis einer bestehenden syphilit. Infektion dienende serolog. Reaktion zw. dem Patientenserum und einem Organextrakt mit Hilfe eines hämolyt. Systems als Indikator (wobei Hämolyse die negative, fehlende Hämolyse dagegen die positive Reaktion kennzeichnet).

Wassermarder, svw. ↑ Otter.
Wassermelone (Citrullus), Gatt. der Kürbisgewächse mit vier Arten, verbreitet im trop. und südl. Afrika sowie vom Mittelmeergebiet bis Indien; einjährige oder ausdauernde Kräuter mit niederliegenden Stengeln, gelappten Blättern und einzelnstehenden Blüten. Die wichtigsten Arten sind: **Echte Zitrulle** (Koloquinte, Citrullus colocynthis) mit bis 10 cm dicken, grün bis gelblichweiß gezeichneten etwa orangengroßen, hartschaligen Früchten; das bitter schmeckende Fruchtfleisch wird in der Medizin bei Gicht, Rheuma und Neuralgien sowie als Abführmittel verwendet. **Wassermelone** (Arbuse, Dschamma, Citrullus vulgaris), wird in allen wärmeren Ländern angebaut; Früchte mit dunkelgrüner, glatter Schale und hellrotem, säuerlich schmeckenden Fruchtfleisch, das bis zu 93 % Wasser enthält. Auch die braunschwarzen Samen sind eßbar.

Wassermesser, svw. ↑ Wasserzähler.
Wasserminze ↑ Minze.
Wassermolche ↑ Molche.
Wassermotten ↑ Köcherfliegen.
Wassermühle, durch Wasserkraft angetriebene ↑ Mühle.
Wassernabel (Hydrocotyle), Gatt. der Doldengewächse mit rd. 80 fast weltweit verbreiteten Arten. In Deutschland kommt zerstreut auf Flachmooren der **Gemeine Wassernabel** (Hydrocotyle vulgaris) vor: mit kriechenden Stengeln und langgestielten, kreisrunden Schildblättern sowie sehr kleinen, weißl. oder rötlichweißen Blüten.

Wassernase, leicht nach unten vorspringender Teil an Fensterbänken, Gesimsen u. a., von den das Regenwasser leichter abtropft.
Wasserorgel, svw. ↑ Hydraulis.
Wasserpest (Elodea, Helodea), Gatt. der Froschbißgewächse mit rd. 15 Arten in N- und S-Amerika; untergetaucht lebende, zweihäusige Wasserpflanzen mit quirligen oder gegenständigen Blättern. Weltweit kommt in stehenden oder langsam fließenden Gewässern die bis 3 m lange Sprosse bildende **Kanad. Wasserpest** (Elodea canadensis) vor; in Deutschland sind nur ♀ Pflanzen, daher sich nur vegetativ vermehren.

Wasserpfeife, in Afrika und Asien, bes. in Persien und in der Türkei *(Nargileh)*, verbreitete bes. Form der Tabakspfeife. Besteht aus einem Wassergefäß mit einer ins Wasser tauchenden Röhre, auf der ein großer Pfeifenkopf sitzt, sowie aus einem oder mehreren oberhalb des Wasserspiegels angesteckten Saugrohren bzw. Schläuchen mit Mundstüken. Der Rauch wird auf dem Weg durch das Wasser gekühlt und gefiltert. - Vorläufer der W. ist die ind. *Huka;* in einen tönernen Pfeifenkopf wird auf glühende Kohlestückchen Tabak gelegt, der Rauch wird von dort durch ein Rohr in eine zur Hälfte mit Wasser gefüllte Kokosnußschale geführt und aus dieser durch ein seitlich angebrachtes Loch inhaliert.

Wasserpflanzen (Hydrophyten), höhere Pflanzen mit bes. morpholog. und physiolog. Anpassungen an das Leben im Wasser. W. treten als wurzellose Schwimmpflanzen oder im Boden verankert, submers (ganz un-

Wasserschlauchgewächse

tergetaucht) oder an der Wasseroberfläche schwimmend auf. Die Versorgung submerser W. mit Kohlendioxid, Sauerstoff und Nährsalzen erfolgt aus dem Wasser durch Diffusion über die häufig durch starke Zerteilung der Wasserblätter vergrößerte Oberfläche. Die in den Interzellularen enthaltenen Gase bewirken einen Auftrieb und damit eine Stabilisierung der Pflanzen.

Wasserpocken, svw. ↑Windpocken.
Wasserprobe ↑Gottesurteil.
Wasserrad, zur Ausnutzung der Strömungsenergie des Wassers sich in senkrechter Ebene drehendes Rad, dessen Umfang mit Zellen oder Schaufeln besetzt ist. Beim *oberschlächtigen* W. tritt das Wasser von oben in das W. ein; die gefüllten Zellen senken sich durch ihre Schwere und steigen leer wieder auf. Die *unterschlächtigen* W., die mit ihrem untersten Teil in strömendes Wasser eintauchen, haben bisweilen eine Vorrichtung, mit der man sie - entsprechend dem Wasserstand - samt ihren Lagern heben oder senken kann.

Wasserratten ↑Schermaus.
Wasserrecht, Gesamtheit der die Wasserverhältnisse regelnden Vorschriften. Zu unterscheiden sind die rechtl. Regelungen bezügl. der Bedeutung des Wassers als Verkehrs- und Transportweg (↑Bundeswasserstraßen) von dem Wasserwirtschaftsrecht. Letzteres ist teils Bundes-, teils Landesrecht. Die Länder haben im wesentl. mit dem ↑Wasserhaushaltsgesetz übereinstimmende Wassergesetze erlassen; sie regeln insbes. Aufgaben und Zuständigkeit der Gewässeraufsicht, den *Gewässerschutz* (Sammelbez. für alle Maßnahmen, die zum Schutz der Gewässer vor Verunreinigungen unter Gesichtspunkten des Umwelt- und Naturschutzes und unter wasserwirtsch. Aspekten getroffen werden), die Reinhaltung, die Unterhaltung und den Ausbau der Gewässer, die wasserwirtsch. Planung, die Führung der Wasserbücher (Eintragung alter Befugnisse, auch von Erlaubnissen und Bewilligungen) sowie die Zuständigkeit der *Wasserbehörden* (Verwaltungsbehörden der Länder zum Vollzug des WasserhaushaltsG und der Wassergesetze der Länder) und das Verwaltungsverfahren (einschl. Enteignung für wasserwirtsch. Zwecke).
Das östr. Wasserrecht ist bundeseinheitl. geregelt im Wasserrechtsgesetz. In der *Schweiz* hat der Bund die Gesetzgebungskompetenz über die Erhaltung und Erschließung der Wasservorkommen, über die Benutzung der Gewässer zur Energieerzeugung und für Kühlzwecke sowie bezügl. anderer Eingriffe in den Wasserkreislauf.

Wasserreis, (Zizania) Gatt. der Süßgräser mit drei Arten an See- und Flußufern N-Amerikas und O-Asiens; die bekannteste Art ist der **Tuscorareis** (Indianerreis, Zizania aquatica), dessen Früchte von den Indianern gegessen werden; heute v. a. als Fischfutter verwendet.
◆ ↑Reis.

Wasserreiser (Wasserschosse), auf Grund anomaler Bedingungen (z. B. Störung des Triebspitzenwachstums) aus schlafenden Augen hervorgehende Seitensprosse mit stark verlängerten Internodien; bes. bei Laubbäumen.

Wasserrohrkessel ↑Dampfkessel.
Wasserrübe ↑Rübsen.
Wasserscheide, meist Höhenrücken und Gebirgskämmen folgende Grenzlinie zw. zwei Abflußgebieten. Infolge junger Flußnetzveränderungen kann sie jedoch auch innerhalb einer Talstrecke oder Talung liegen; sie wird dann als **Talwasserscheide** bezeichnet.

Wasserschierling (Cicuta), Gatt. der Doldengewächse mit 7 Arten auf der N-Halbkugel. Die einzige einheim., auf nassen Böden vorkommende Art ist **Cicuta virosa**, eine bis 1,5 m hohe, unangenehm riechende Staude mit 2- bis 3fach gefiederten Blättern, weißen Blüten und knollig verdicktem, hohlem, innen gekammertem Rhizom. Die Pflanze enthält das Alkaloid *Cicutoxin* und ist sehr giftig.

Wasserschildkröten, nichtsystemat. zusammenfassende Bez. für süßwasserbewohnende Schildkröten.
◆ (Clemmys) Gatt. etwa 10–25 cm langer Sumpfschildkröten mit rd. 10 Arten in Europa, Asien, N-Afrika und N-Amerika; Rückenpanzer nur flach gewölbt; u. a. **Kaspische Wasserschildkröte** (Clemmys caspica), v. a. in Süßgewässern, Entwässerungsgräben und Brackgewässern Spaniens, NW-Afrikas und SO-Europas bis Vorderasiens; Panzer bis 20 cm lang, Rückenpanzer olivgrün bis braun, mit großen, dunkelbraunen, häufig gelblich umrandeten Flecken; ernährt sich von kleinen Fischen und Wassertieren.

Wasserschimmelpilze (Saprolegniaceae), Pilzfam. der Ordnung Saprolegniales. Die Pilze leben meist saprophyt. im Wasser auf toten Insekten und Pflanzenresten, einige sind Parasiten bes. auf Fischen.

Wasserschlange, dt. Name für das Sternbild Hydra (*Weibl.* oder *Nördl. W.*) und das Sternbild Hydrus (*Männl.* oder *Südl. Wasserschlange*). - ↑auch Sternbilder (Übersicht).

Wasserschlauch (Wasserhelm, Utricularia), Gatt. der W.gewächse mit rd. 250 v. a. in den Tropen verbreiteten Arten; sowohl Wasser- als auch Landpflanzen oder Epiphyten; Wasserblätter bzw. (bei landbewohnenden Arten) Seitensprosse mit dem Fang von Insekten oder Kleinkrebsen dienenden Blasen; Blüten häufig gelb, meist in Trauben stehend. Die häufigste einheim. Art ist der **Gemeine Wasserschlauch** (Utricularia vulgaris) mit 0,30–2 m langen, flutenden Sprossen.

Wasserschlauchgewächse (Lentibulariaceae), Fam. der Zweikeimblättrigen mit rd. 300 weltweit (v. a. in den Tropen) verbreite-

Wasserschloß

ten Arten in fünf Gatt.; überwiegend im Wasser und in Sümpfen, aber auch epiphyt. lebende, fleischfressende Pflanzen. Die wichtigsten Gatt. sind Fettkraut und Wasserschlauch.

Wasserschloß ↑Wasserburg.

Wasserschnecke (Wasserschraube, Archimedische Schraube), svw. ↑ägyptische Schraube.

Wasserschöpfrad ↑Noria.

Wasserschosse, svw. ↑Wasserreiser.

Wasserschraube (Sumpfschraube, Vallisneria), Gatt. der Froschbißgewächse mit wenigen Arten in den Tropen und Subtropen; untergetaucht lebende Pflanzen mit langen, bandförmigen Rosettenblättern; ♂ Blüten lösen sich vor dem Aufblühen ab und schwimmen auf der Wasseroberfläche; ♀ Blüten auf spiralig gewundenen Stielen, beim Erblühen an die Oberfläche gelangend. Die wichtigste Art, v. a. als Aquarienpflanze, ist die nördl. bis zu den oberitalien. Seen vorkommende Schraubenvallisnerie (Gemeine Sumpfschraube, Vallisneria spiralis) mit bis 80 cm langen, grasartigen Blättern.

Wasserschutzgebiete, nach dem ↑Wasserhaushaltsgesetz in einem förml. Verfahren festgesetzte Gebiete, um Gewässer im Interesse der öffentl. Wasserversorgung vor nachteiligen Einwirkungen zu schützen, das Grundwasser anzureichern sowie das schädl. Abfließen von Niederschlagswasser zu verhindern.

Wasserschutzpolizei, Landesbehörden des polizeil. Vollzugsdienstes zur Überwachung des Verkehrs auf den schiffbaren Wasserstraßen.

Wasserschweine, svw. ↑Riesennager.

Wasserskisport, in den 1920er Jahren entstandene Sportart, bei der man auf Skiern im Schlepp eines Motorbootes über das Wasser gleitet. Wettkampfdisziplinen sind *Slalom* (mit einem Ski), *Figurenlaufen* (mit einem oder zwei Skiern) und *Schanzenspringen* (mit zwei Skiern); außerdem gibt es neben diesen drei Disziplinen, die an der Seilbahn gelaufen werden, W.-Racing und Barfußlauf; Weltmeisterschaften werden seit 1956 ausgetragen.

Wasserskorpion ↑Skorpionswanzen.

Wasserspeier (Abtraufe), Rohr, das das Regenwasser eines Daches von den Mauern ablenkt. Bereits am griech. Tempel künstler. gestaltet (Löwenköpfe), v. a. jedoch in der Gotik (Menschen, Tiere, Fabelwesen).

Wasserspiele ↑Wasserkünste.

Wasserspinne (Silberspinne, Argyroneta aquatica), 1–1,5 cm lange, braune Trichterspinne, v. a. in sauerstoffreichen Süßgewässern Europas, N- und Z-Asiens; lebt unter dem Wasserspiegel, wo sie zw. Pflanzen nach unten eine Gespinstglocken anlegt, die sie mit von der Wasseroberfläche geholter Luft füllt und in der sich alle Lebensvorgänge abspielen; jagt vorwiegend Wasserasseln, Flohkrebse und Insektenlarven.

Wasserspitzmaus ↑Rotzahnspitzmäuse.

Wassersport, Sammelbez. für alle Sportarten, die im oder auf dem Wasser ausgeübt werden: Kanusport, Motorbootsport, Rudersport, Schwimmen, Segelsport, Tauchen, Wasserball, Wasserskisport, Wasserspringen, Wellenreiten, Windsurfing.

Wasserspringen ↑Schwimmen.

Wasserstand, die Höhe der Wasseroberfläche eines Gewässers über oder unter einem bestimmten Bezugsniveau (↑Pegel). Der jeweilige W. ist insbes. für die Schiffahrt von Bed. und wird in bes. W.meldungen auch über den Rundfunk verbreitet.

Wasserstein, gemeinsprachl. Bez. für ↑Kesselstein.

Wasserstern (Callitriche), einzige Gatt. der zweikeimblättrigen Pflanzenfam. *Wassersterngewächse* (Callitrichaceae) mit rd. 30 weltweit verbreiteten Arten. Von den 7 einheim. Arten ist nur der **Teich-Wasserstern** (Callitriche stagnalis) mit 6–8 in Rosetten angeordneten, breit-ellipt. oder kreisrunden Schwimm- und ellipt. bis spatelförmigen Wasserblättern häufig.

Wasserstoff, chem. Symbol H (von lat. „hydrogenium"); gasförmiges, der I. Hauptgruppe des Periodensystems der chem. Elemente zugeordnetes Element, Ordnungszahl 1, mittlere Atommasse 1,0079, Dichte (bei 0 °C) $0{,}08988 \cdot 10^{-3}$ g/cm³, Schmelzpunkt $-259{,}14\,°C$, Siedepunkt $-252{,}87\,°C$. Vom W. sind drei Isotope bekannt: H 1 (Protium; Anteil am natürl. vorkommenden W. 99,984%), H 2 (*schwerer W.*, Deuterium, D; Anteil am natürl. W. 0,016%) und das radioaktive H 3 (*überschwerer W.*, Tritium, T; Anteil am natürl. W. 10^{-15}%). W. ist ein farb- und geruchloses Gas und das leichteste aller Elemente. Er kommt normalerweise in Form zweiatomiger Moleküle (als H_2) vor, kann aber kurzzeitig atomar (als sehr reaktionsfähiger, sog. *naszierender W.* oder *W. in statu nascendi*) beim Freisetzen aus W.verbindungen auftreten. W. reagiert nur mit Fluor schon bei tiefen Temperaturen explosionsartig; mit Chlor und Sauerstoff bildet er explosive Gemische (Knallgas). Mit anderen Elementen reagiert W. erst bei höheren Temperaturen und/oder in Gegenwart von Katalysatoren. An der Zusammensetzung der Erdkruste ist W. mit 0,88 Gew.-% beteiligt und steht in der Häufigkeit der chem. Elemente an 9. Stelle (im Weltraum ist W. das häufigste Element). In der Atmosphäre kommt W. nur zu 0,0007 Gew.-% vor, da er wegen seiner geringen Masse leicht in den Weltraum entweichen kann. Techn. wird W. durch therm. Zersetzung von Wasserdampf mit Kohle, Koks, Erdöl oder Erdgas, durch therm. Zersetzung (Kracken) von Kohlenwasserstoffen oder durch Elektrolyse von Wasser gewonnen und kommt in roten Stahlflaschen in den

Handel. W. wird v. a. zur Synthese von Ammoniak, Chlorwasserstoff, Methanol und Aldehyden, zum Hydrieren von Erdölkrackprodukten und zur Fetthärtung verwendet. Im Gemisch mit Sauerstoff dient W. zum Schweißen von Metallen. Flüssiger W. wird u. a. als Kühlmittel für Generatoren und Kältemaschinen sowie in der Elementarteilchenphysik in Blasenkammern verwendet. W. hat auch als Raketentreibstoff Bedeutung. - W. wurde 1766 von H. Cavendish entdeckt; er hielt jedoch W. für Phlogiston.
📖 *W. - Energieträger der Zukunft. Hg. v. G. Berghi. Essen 1982. - Bockris, J. O'M./Justi, E. W.: W., die Energie f. alle Zeiten. Dt. Übers. Wsb. 1980. - W. Bln.* [8]*1927. Nachdr. Whm. 1963 (Gmelin System-Nr. 2).*

Wasserstoffbakterien, svw. ↑Knallgasbakterien.

Wasserstoffbombe (H-Bombe, Kernfusionsbombe), zu den Kernwaffen zählende Massenvernichtungswaffe, deren Wirkung auf der bei ihrer Zündung in unkontrollierten thermonuklearen Reaktionen von Deuterium- und Tritiumkernen entstehenden, extrem energiereichen Strahlung sowie in gewaltiger Druck- und Wärmeentwicklung beruht (↑ABC-Waffen). Um die zum Ingangsetzen der thermonuklearen Reaktionen notwendigen hohen Temperaturen von mehr als 100 Mill. Kelvin zu erhalten, muß die W. durch eine (gewöhnl.) Atombombe gezündet werden. Während der W.explosion wird durch die D-D-Reaktion bzw. durch Einwirkung entstehender Neutronen auf das in Form von LiD beigefügte Lithiumisotop Li6 ständig neues Tritium (^{3}T) nachgebildet, das seinerseits mit Deuterium (^{2}D) unter beträchtl. Energiefreisetzung zu Helium (^{4}He) verschmilzt. Die erste W. wurde in den USA ab 1949 entwickelt und im Nov. 1952 gezündet. Neben den USA sind gegenwärtig die Sowjetunion, Frankr., Großbrit. und China im Besitz von Wasserstoffbomben.

Wasserstoffbrückenbindung (Wasserstoffbrücke), schwache chem. Bindung zw. einem an elektronegative Atome gebundenen Wasserstoffatom und einem weiteren elektronegativen Atom, X–H···Y (X, Y: Sauerstoff, Stickstoff, Schwefel, Fluor, Chlor). Die W. bedingt u. a. die Bildung von Molekülassoziationen, wodurch die Schmelz- und Siedepunkte der betreffenden Verbindungen deutl. erhöht werden (z. B. beim Wasser). Eine wichtige Rolle spielt die Bildung und Lösung von W. bei biochem. (z. B. enzymat.) Reaktionen; auch der Zusammenhalt der Peptidketten der Eiweiße und der Einzelstränge der DNS beruhen auf W. der Form N–H···O.

Wasserstoffelektrode, eine Elektrode, die aus Platinmohr, der auf ein Platinblech aufgetragen ist, besteht und in einer Wasserstoffionenlösung von reinem, gasförmigem Wasserstoff umspült wird. Zw. den vom Platinmohr absorbierten Wasserstoffatomen und den in der Lösung befindl. Wasserstoffionen bildet sich eine Potentialdifferenz bzw. Spannung aus, die durch das Gleichgewicht $H_2 \rightleftarrows 2H^+ + 2e$ bestimmt wird. Eine Lösung mit einem Wasserstoffgasdruck von 1,013 bar und der Wasserstoffionenaktivität 1 liefert eine *Normal-W. (Standard-W.)*. Das Potential dieser Elektrode wird als *Normalpotential (Standardpotential)* bezeichnet und vereinbarungsgemäß mit dem Wert Null festgesetzt. Diese Normal-W. dient als Bezugselektrode für die Messung der Normalpotentiale der übrigen Elemente, die die Aufstellung der elektrochem. Spannungsreihe der Elemente ermöglichen.

Wasserstoffperoxid (früher Wasserstoffsuperoxid), H_2O_2; neben Wasser eine der beiden beständigen Wasserstoff-Sauerstoff-Verbindungen, H–O–O–H. W. ist eine farblose, in wäßriger Lösung sauer reagierende Flüssigkeit (Dichte bei 0°C 1,47 g/cm³, Schmelzpunkt −0,41 °C, Siedepunkt 150 °C). W. zerfällt bei Zimmertemperatur sehr langsam in Wasser und Sauerstoff; durch Verunreinigungen (bes. Schwermetallionen), Erhitzen oder Bestrahlung mit energiereichen Strahlen wird die Zersetzung beschleunigt und kann explosionsartig erfolgen. W. ist ein starkes Oxidationsmittel; es wird als solches oder in Form von Peroxohydraten zum Bleichen von Textilien, Pelzen, Hölzern, Papier usw., zur Herstellung von Epoxiden und organ. Peroxiden sowie als Desinfektionsmittel verwendet. W. wird v. a. durch Oxidation von Anthrahydrochinon[derivaten] mit Sauerstoff hergestellt. Die bei der Herstellung anfallenden wäßrigen W.lösungen werden konzentriert und kommen mit 3 oder 30% (Perhydrol ®) W.gehalt in den Handel; mit über 70% W.gehalt dienen sie als Oxidator für Raketentreibstoffe.

Wasserstoffspektrum, die Gesamtheit der Spektrallinien, die aus dem Linienspektrum des Wasserstoffatoms, den dazugehörigen Seriengrenzkontinua und aus den Linien des Bandenspektrums des Wasserstoffmoleküls besteht.

Wasserstoffsuperoxid, veraltete Bez. für ↑Wasserstoffperoxid.

Wasserstraßen, zusammenfassende Bez. für die Binnenwasserstraßen und die Seewasserstraßen.

Wassersucht (Hydrops), krankhafte Ansammlung von Flüssigkeit im Gewebe und in Körperhöhlen (Gelenke, Herzbeutel und bes. Bauchraum); verursacht durch verschiedene Erkrankungen, z. B. Herz- oder Niereninsuffizienz.

Wassertreten, im Rahmen der Kneippkur der Abhärtung dienende hydrotherapeut. Anwendung, bei der man in flachem kaltem Wasser umhergeht oder (auch im Sitzen) auf der Stelle tritt.

Wassertreter

Wassertreter (Phalaropodidae), Fam. bis etwa amselgroßer, gesellig lebender Watvögel mit drei Arten, v. a. auf Süßwasserseen und an Meeresküsten N-Eurasiens und N-Kanadas; Zehenseiten mit verbreiterten Schwimmlappen; ♀♀ etwas größer und farbenprächtiger als die ♂♂. – Zu den W. gehört u. a. das etwa 18 cm lange, oberseits graue, unterseits weiße **Odinshühnchen** (Phalaropus lobatus); mit zierl., langem, spitzem Schnabel.

Wasserturbine, eine die potentielle und kinet. Energie des Wassers ausnutzende Strömungskraftmaschine, bes. zum Antrieb von Generatoren. Die W. besteht aus einer Leitvorrichtung und einem Laufrad. Die Leitvorrichtung besteht meist aus Schaufeln, die so angeordnet sind, daß die Energie des Wassers weitgehend in Drehbewegung umgewandelt wird. Durch eine verstellbare Montierung der Leitschaufeln wird eine den Wasser- und Belastungsschwankungen entsprechende Regelung ermöglicht. In den Leitschaufeln erhält das Wasser eine gerichtete Geschwindigkeit, um anschließend seine Energie unter Änderung dieser Geschwindigkeit nach Betrag und Richtung an die Laufschaufeln abzugeben (Aktionswirkung). W. werden unterteilt: 1. nach der Art der Beaufschlagung des Laufrades *(Axial-, Radial-, Tangentialturbinen);* 2. nach dem Grad der Beaufschlagung des Laufrades *(vollbeaufschlagte Turbinen, teilbeaufschlagte Turbinen);* 3. nach der Bauart (z. B. *Francis-Turbine, Kaplan-Turbine, Pelton-Turbine).*

Wasserturm ↑ Wasserversorgung.

Wasseruhr, (Klepsydra) Zeitmeßgerät der Antike und des MA bis zum Aufkommen der mechan. Uhren. W. bestanden aus zylindr. oder kon. Hohlgefäßen, in denen der Wasserspiegel des ein- bzw. auslaufenden oder -tropfenden Wassers als Zeitmaß diente.
♦ svw. ↑ Wasserzähler.

Wasser- und Bodenverbände, Körperschaften des öffentl. Rechts mit den verschiedensten Aufgaben, z. B. Gewässerregulierung, Herstellung und Unterhaltung von Schiffahrtsanlagen, Stauanlagen und Wasserkraftanlagen, Ent- und Bewässerung von Grundstücken und deren Schutz vor Hochwasser und Sturmflut, Abwasserbeseitigung und Wasserversorgung sowie Verbesserung des landw. Bodens.

Wasser- und Schiffahrtsdirektion, Abk. WSD, Mittelbehörde der Wasser- und Schiffahrtsverwaltung des Bundes in Kiel, Aurich, Hannover, Münster, Mainz und Würzburg. Den W.- u. S. obliegt zus. mit den ihnen unterstellten Wasser- und Schiffahrtsämtern die Verwaltung der Bundeswasserstraßen, insbes. deren Unterhaltung, Ausbau und Neubau, ferner die Strompolizei und die Schiffahrtspolizei.

Wasserverdrängung (Deplacement) ↑ Schiff (Schiffsvermessung).

Wasserversorgung, Sammelbez. für alle Maßnahmen und Einrichtungen, die der Versorgung von Bev. und Ind. mit Wasser dienen. – Der tägl. Wasserverbrauch je Ein-

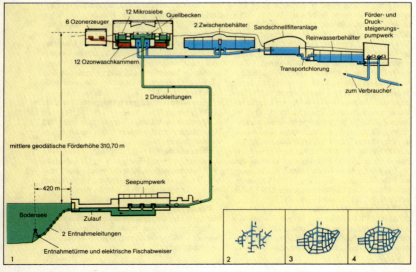

Wasserversorgung. 1 Betriebsschema der Wasserförder- und Wasseraufbereitungsanlage Sipplingen für die Trinkwasserversorgung aus dem Bodensee; Wasserversorgungsnetze (unten): 2 Verästelungsnetz, 3 Umlaufnetz, 4 Ringnetz

Wasserwirtschaft

200–300 l, wobei auf das in Haushaltungen verbrauchte Wasser 70–100 l pro Person entfallen.

Wasserfassung: Für die W. kann Regen-, Oberflächen-, Grund- und Meerwasser herangezogen werden. Wo immer möglich, wird *Grundwasser* für die W. verwendet, da es infolge der Reinigungswirkung des Untergrundes meist hygien. einwandfrei vorkommt. Grundwasser tritt in *Quellen* zutage. Um Verunreinigungen zu vermeiden, werden Quellen unterird. gefaßt und durch eine Ton- oder Lehmüberdeckung vor Einsickern des Oberflächenwassers geschützt. Die Ergiebigkeit einer Grundwasserfassung kann durch die Anlage von Brunnen wesentl. erhöht werden. *Uferfiltriertes Grundwasser* wird in Brunnenanlagen gewonnen, die in der Nähe eines Gewässers angelegt sind. Der steigende Wasserbedarf zwingt dazu, für die W. auch auf *Oberflächenwasser* zurückzugreifen. Wegen der Verschmutzung der Flüsse kann *Flußwasser* sowie das *Wasser von Seen* direkt oft nur als Brauchwasser (für gewerbl. und industrielle Zwecke) verwendet werden. Nach verschiedenen Verfahren der ↑Meerwasserentsalzung kann Trinkwasser auch aus *Meerwasser* gewonnen werden.

Wasseraufbereitung: Gefaßtes Rohwasser, das nicht den Anforderungen für Trinkwasser genügt, muß in einer *Wasseraufbereitungsanlage* aufbereitet werden. Das Abtrennen ungelöster Schwebestoffe einschließl. der daran haftenden Bakterien erfolgt im Absetzbecken und in Filtern. Das vorgeklärte Wasser durchläuft einen Sandfilter, wobei restl. Schwebestoffe zurückgehalten werden. Enthält das Wasser mehr als 0,1 mg Eisen oder mehr als 0,05 mg Mangan je Liter, so muß es einer *Enteisenung* bzw. *Entmanganung* unterzogen werden. Die *Carbonathärte* (↑Härte) wird für industrielle Zwecke (z. B. bei der Verwendung als Speisewasser) mit Ionenaustauschern entfernt *(Enthärtung)*. Die *Entkeimung* des Wassers kann durch Abkochen, Filtern, durch Ozonisierung und durch Chloren erfolgen.

Anlagen der Wasserleitung: Zum Heben und Fördern des Leitungswassers werden ein- und mehrstufige Kreiselpumpen, bei großen Saughöhen Tauchpumpen eingesetzt. Das aufbereitete Wasser wird meist in *Hochbehältern* (z. B. *Wassertürmen*) gespeichert. Sie gleichen die Verbrauchsschwankungen aus, ermöglichen damit gleichmäßigen Pumpebetrieb und sorgen für konstanten Wasserdruck in den Leitungen. Das *Wasserversorgungsnetz* verteilt das vom Wasserwerk geförderte Wasser an die einzelnen Verbraucher. Beim *Verästelungsnetz* zweigen von einer Hauptleitung Nebenleitungen ab, die sich entsprechend der Straßenführung verästeln. Beim *Umlaufnetz* sind die Endstränge miteinander verbunden. Sehr betriebssicher und an Erweiterung des Versorgungsgebietes anpassungsfähig ist das *Ringnetz*, bei dem eine Ringleitung im Durchmesser der Zufuhrleitung den Kern des Versorgungsgebietes umgibt und von dem Verzweigungsleitungen ausgehen. - In bes. dichtbesiedelten Gebieten ist es zuweilen erforderl., Wasser mit Hilfe umfangreicher Leitungs-, Pump-, Speicher- und Drucksteigerungsanlagen aus weit entfernten natürl. Wasserreservoiren heranzuschaffen *(Fernwasserversorgung)*. Ein Beispiel hierfür ist die Fern-W. des Großraums Stuttgart und weiter Teile Baden-Württembergs durch die Bodenseewasserversorgung.

📖 *Mutschmann, J./Stimmemayr, F.: Tb. der W. Stg.* ⁸*1986. - Kittner, H./Starke, W./Wissel, D.: W. Bln.* ⁵*1985. - Martz, G.: Siedlungswasserbau. Tl. 1: W. Düss.* ³*1985. - Smith, N.: Mensch u. Wasser. Gesch. der Bewässerung u. Trinkwasserversorgung vom Altertum bis heute. Dt. Übers. Wsb. 1985.*

Wasserwaage (Setzwaage, Richtwaage), Instrument zur Prüfung der waagrechten, senkrechten bzw. geneigten Lage ebener Flächen. Eine Luftblase spielt unter dem durch eine Skala aufgeteilten Deckblatt einer mit Flüssigkeit gefüllten Röhre oder Dose (↑Libelle) und stellt sich gemäß dem Neigungswinkel der zu prüfenden Unterlage ein.

Wasserwanzen (Hydrocorisae), seit dem Jura bekannte, heute mit über 1 000 Arten in stehenden und fließenden Süßgewässern weltweit verbreitete Unterordnung der Wanzen; wenige Millimeter bis 10 cm lange, sekundär zum Wasserleben übergegangene Insekten, die sich von den ↑Landwanzen v. a. durch kurze, in Gruben verborgene Fühler und häufig zu Schwimmbeinen umgebildete Laufbeine unterscheiden. - Zu den W. gehören u. a. Rückenschwimmer, Ruderwanzen, Schwimmwanzen, Skorpionswanzen und Riesenwanzen.

Wasserwelle, künstl. Wellung der Haare, die durch Legen der noch waschfeuchten Haare in Wellenform, durch Wickeln (z. T. unter Verwendung spezieller Fixative) und anschließendes Trocknen erzeugt wird.

Wasserwerfer, im Polizeieinsatz zum Zerstreuen von Menschenansammlungen verwendete, meist auf gepanzerten Fahrzeugen installierte Vorrichtung zum Ausbringen eines gezielten, scharfen Wasserstrahls (evtl. mit Farb- und Tränenreizstoffen) aus mitgeführten Vorratsbehältern.

Wasserwert, die ↑Wärmekapazität eines Kalorimeters.

Wasserwirtschaft, Gesamtheit der Maßnahmen zur Versorgung von Bev. und Ind. mit Wasser und zur Regulierung des Wasserhaushalts. Die beständige Zunahme des Wasserverbrauchs, insbes. durch gewerbl. und industrielle Nutzung, verbunden mit einer Senkung des Grundwasserspiegels, erfordert eine zeitl. und räuml. umfassende Bewirtschaftung der Wasservorräte. Die Aufgaben

Wasserzähler

der W. werden wahrgenommen von den Wasserbehörden und den Wasser- und Bodenverbänden auf der rechtl. Grundlage des Wasserhaushaltsgesetzes.

Wasseruhr (Wasseruhr, Wassermesser), Gerät zur Ermittlung der durch eine Rohrleitung fließenden Wassermenge. Übl. Bauarten sind der *Ringkolbenzähler*, bei dem die durch die Strömung verursachte kreisende Bewegung eines ringförmigen Kolbens auf die Zählwerkwelle übertragen wird, der *Flügelradzähler* und der *Woltman-Zähler* († Durchflußmessung).

Wasserzeichen, im Papier in der Durchsicht erscheinende Muster, die zur Charakterisierung bestimmter Papiersorten dienen, z. B. als Markenzeichen einer Papierfabrik, als Echtheitsnachweis u. a. für Banknoten und Wertpapiere und bei † Briefmarken. - W. werden bei der Papierherstellung durch Verdrängen oder Zusammenpressen der Papiermasse, bei handgeschöpftem Papier z. B. mit Hilfe von in die Schöpfformen eingenähten oder eingeflochtenen Figuren, bei maschinell hergestellten Papieren durch Einwalzen, z. B. mit dem Egoutteur, angebracht. „Unechte" W. werden durch Aufdrucken von Farbstoffen oder durch Einpressen mit einem Prägekalander erzeugt.

Wasserzieher, Ernst, * Stettin 15. Mai 1860, † Halberstadt 21. April 1927, dt. Sprachwissenschaftler. - Bemühte sich in zahlr. allgemeinverständl. Abhandlungen um die Pflege der dt. Sprache. - *Werke:* Leben und Weben der Sprache (1901), Woher? Ableitendes Wörterbuch (1918).

Wasserzivette (Wasserschleichkatze, Osborngenette, Osbornictis piscivora), erst 1916 im Kongobecken entdeckte Schleichkatze; Länge 45-50 cm; Schwanz etwa 35-40 cm lang, buschig, wie die Extremitäten schwarzbraun; übrige Färbung rotbraun, Gesicht mit weißl. Maskenzeichnung; schlankes, an und in Gewässern vorkommendes Raubtier mit kleinem, schmalem Kopf und Schwimmhäuten an den Füßen.

Wassilewski, Alexander Michailowitsch [russ. vɐsi'ljɛfskij], * Nowaja Golschika (Gebiet Kostroma) 30. Sept. 1895, † Moskau 5. Dez. 1977, sowjet. Heerführer und Marschall (seit 1943). - Seit 1938 Mgl. der KPdSU; wurde im Mai 1942 Chef des Generalstabs, leitete die Schlachten von Stalingrad (1942) und Kursk (1943); danach Oberbefehlshaber mehrerer Heeresfronten, u. a. der 3. Weißruss. Front, die Ostpreußen einnahm; wurde 1945 Oberkommandierender in Fernost; 1949-53 Kriegsmin.; 1952-61 Mgl. des ZK der KPdSU.

Wassili (Wassily), aus dem Russischen übernommener männl. Vorname, russ. Form von Basilius.

Wassili [russ. va'silij], Name russ. Fürsten:

W. I. Dmitrijewitsch, * 1371, † im Febr. 1425, Großfürst von Wladimir und Moskau (seit 1389). - Ältester Sohn von Dmitri Iwanowitsch Donskoi; gliederte 1392 Nischni Nowgorod (= Gorki), 1397/98 Wologda, Ustjug und die Komi-Gebiete an Moskau an.

W. II. Wassiljewitsch Tjomny („der Dunkle" [d. h. der Blinde]), * Moskau im März 1415, † im März 1462, Großfürst von Moskau (seit 1425). - Sohn von W. I. Dmitrijewitsch; stärkte die großfürstl. Macht, indem er die Klein-Ft. beseitigte, Nowgorod u. a. Gebiete von Moskau abhängig machte und 1448 durch die Wahl eines Moskauer Metropoliten eine selbständige russ. Kirche schuf.

W. IV. Iwanowitsch Schuiski, * 1552, † in Polen 12. Sept. 1612, russ. Zar (1606-10). - Ließ 1606 den von Polen unterstützten falschen Demetrius († auch Dmitri Iwanowitsch) durch einen organisierten Volksaufstand töten und sich zum Zaren ausrufen. 1610 wurde er von Sigismund III. Wasa geschlagen und den Polen ausgeliefert.

Wassilikós, Wassilis, * Kawala 18. Nov. 1933, neugriech. Schriftsteller. - 1967-74 im Exil; engagierte zeitkrit. [dokumentar.] Romane wie „Griech. Trilogie" (1961), „Die Fotografien" (1964), „Z" (1968); auch Erzählungen, Lyrik und Essays.

Wassiljew [russ. va'siljɪf], Fjodor Alexandrowitsch, * Petersburg 22. Febr. 1850, † Jalta 6. Okt. 1873, russ. Maler. - Seine stimmungsvollen Landschaften gehören zu den Höhepunkten dieser Gattung in der russ. Malerei des 19. Jh.; sie übten u. a. auf Repin eine starke Wirkung aus.

W., Georgi Nikolajewitsch, * Wologda 25. Nov. 1899, † 18. Juni 1946, und Sergei Dmitrijewitsch, * Moskau 4. Nov. 1900, † Leningrad 16. Dez. 1959, sowjet. Filmregisseure. - Gen. „*die Brüder W.*", obwohl sie nicht verwandt waren; gemeinsame Arbeit ab 1928 („Heldentum im Eis"); Kriegsthematik bes. in „Tschapajew" (1934), einem entwicklungsgeschichtl. bed. Werk des sozialist. Realismus, dabei vorbildhaft in der Darstellung eines individuellen Helden.

W., Wladimir Wiktorowitsch, * Moskau 18. April 1940, sowjet. Tänzer und Choreograph. - Wurde 1959 Solist des Bolschoi-Balletts und gilt seither sowohl in klass. als auch in Rollen des modernen sowjet. Ballettrepertoires als einer der führenden Interpreten.

Wassjugan, linker Nebenfluß des mittleren Ob, UdSSR, entspringt in der Wassjuganje, 1 082 km lang; schiffbar.

Wassjuganje, versumpfte Landschaft im Westsibir. Tiefland, UdSSR, zw. Ob und Irtysch, im S in die Barabasteppe übergehend.

Wassukanni (hethit. Waschschukanni; Wassugganni), Hauptstadt des Reichs (Mitanni) der Churriter im 15.-13. Jh., im Quellbereich des Chabur, genaue Lage nicht bekannt.

Wast, Hugo [span. ɥast], eigtl. Gustavo Martínez Zuviría, * Córdoba (Argentinien) 22. Okt. 1883, † Buenos Aires 28. März 1962, argentin. Schriftsteller. - Einer der populärsten argentin. Romanciers seiner Zeit, v. a. mit „Das Rabenhaus" (1916), „Die Unerbittliche" (1923), „Der Pfad der Lamas" (1930).

Wästberg, Per [schwed. ˌvɛstbærj], * Stockholm 20. Nov. 1933, schwed. Schriftsteller. - 1967–78 Vorsitzender des schwed. PEN-Zentrums; 1979–86 Präs. des Internat. PEN. Prangert in seinen sozialkrit. Romanen („Gelöste Liebe", 1969; „Erdenmond", 1972) und Afrikaberichten („Auf der schwarzen Liste", 1960) Rassendiskriminierung und Kolonialismus an.

Wate, Gestalt der mittelhochdt. Heldendichtung; im Epos „Kudrun" Waffenmeister Hetels, der Kudruns Mutter Hilde entführt.

Waterford [engl. 'wɔːtəfəd], ir. Stadt am Zusammenfluß von Barrow und Suir in den Waterford Harbour, 38 500 E. Verwaltungssitz der Gft. W.; Sitz eines kath. und eines anglikan. Bischofs. Hafen mit Containerterminal; Kristallglasfabriken, Papiermühle, Gießereien, Düngemittelind. - 914 von Wikingern erobert, die eine Burg bauten und W. zu einer ihrer wichtigsten Städte in Irland machten; 1172 von Anglonormannen erobert; Stadtrecht 1206 vom engl. König bestätigt. - Kathedralen Holy Trinity (vollendet 1796) und Christ Church (1779, 1891 verändert). City Hall (1788); Ruinen der Franziskanerkirche, der French Church (1240).

W., Gft. in der ir. Prov. Munster. – Im MA Teil des Kgr. Leinster; 1172 von den Anglonormannen erobert.

Watergate-Affäre [engl. 'wɔːtəgɛɪt], nach einem Büro- und Hotelgebäudekomplex in Washington (D. C.) ben. bedeutendster in diesem Jh. bekanntgewordener polit. Skandal in den USA. Ein Einbruch im demokrat. Wahlkampfhauptquartier in den Watergate-Appartements im Sommer 1972 und die zw. den Einbrechern und dem Komitee für die Wiederwahl Präs. Nixons bestehenden Verbindungen führten zu einer erhebl. Belastung engster Mitarbeiter des Präs. und schließl. Nixons selbst, so daß der Kongreß nach den Ermittlungsresultaten eines Senatsausschusses ein Impeachment gegen Nixon vorbereitete. Da der Präs. trotz aller Versuche, seinen eigenen Anteil an den illegalen Praktiken seiner nächsten Mitarbeiter zu vertuschen, mit seiner Amtsenthebung rechnen mußte, trat er im Aug. 1974 zurück. Sein Nachfolger G. R. Ford befreite Nixon kurz danach von jeder Strafverfolgung, während hohe Funktionäre der Nixon-Administration gerichtl. verurteilt wurden.

📖 *Woodward, B./Bernstein, C.: Amerikan. Alptraum.* Dt. Übers. Ffm. 1976. - *Arnau, F.: Watergate, der Sumpf.* Percha 1974.

Waterloo [niederl. 'waːtərloː], belg. Gem. 15 km südl. von Brüssel, 90–130 m ü. d. M., 25 000 E - Die Entscheidungsschlacht der Befreiungskriege am 18. Juni 1815 wurde von Wellington nach seinem Hauptquartier W. benannt, während Blücher die Bez. ↑ Belle-Alliance vorzog.

Waterpolo [engl. 'wɔːtəpoʊloʊ], engl. Bez. für Wasserball.

waterproof [engl. 'wɔːtəpruːf], wasserdicht; gesagt von Materialien und bestimmten Gegenständen, z. B. Gewebe, Uhrengehäuse.

Waters, Muddy ↑ Muddy Waters.

Watkins [engl. 'wɒtkɪnz], Peter, * Norbiton (Surrey) 1935, brit. Filmregisseur. - Drehte v. a. gesellschaftspolit. engagierte Filme wie „The War Game" (1965) über einen mögl. Atomkrieg, „Punishment Park" (1970) über faschist. Tendenzen in den USA, „Das Abendland" (1977) über einen Streik in Dänemark, dem 14stündigen Film „The Journey" (1987).

W., Vernon Phillips, * Maesteg 27. Juni 1906, † Seattle (Wash.) 8. Okt. 1967, walis. Lyriker. - Stellte in von W. B. Yeats beeinflußten Gedichten meist Natur und Folklore seiner südwalis. Heimat dar; Hg. der von seinem Freund D. Thomas an ihn gerichteten Briefe (1957).

Watson [engl. wɒtsn], Claire, * New York 3. Febr. 1927, † Utting a. Ammersee 16. Juli 1986, amerikan. Sängerin (Sopran). - Sang v. a. an der Bayer. Staatsoper in München Partien des jugendl.-dramat. Fachs.

W., James Dewey, * Chicago 6. April 1928, amerikan. Biochemiker. - Prof. für Biologie an der Harvard University in Cambridge (Mass.). Bereits 1953 postulierte er (zus. mit F. H. C. Crick) das Modell der ↑ Doppelhelix (↑ auch DNS), das später durch eingehende Forschungen bestätigt werden konnte. W. untersuchte bes. die Rolle der RNS bei der Proteinbiosynthese. Er erhielt (mit Crick und M. H. F. Wilkins) 1962 den Nobelpreis für Physiologie oder Medizin.

W., John Broadus, * Greenville (S. C.) 9. Jan. 1878, † New York 25. Sept. 1958, amerikan. Psychologe. - Prof. in Baltimore, 1921–45 in der Werbung tätig. Begründer des ↑ Behaviorismus. Er forderte die Psychologie nach dem Vorbild der Physiologie als exakte Naturwiss. zu betreiben, die sich auf (meßbares) Verhalten beschränken und insbes. auf Methoden wie Verstehen fremden Seelenlebens verzichten sollte. Bisherige psycholog. Zentralbegriffe wie Bewußtsein oder Seele lehnte W. als „weder erklärbar noch brauchbar" ab. Nach W. ermöglichen die durch experimentelle Methoden des Behaviorismus gesammelten wiss. Tatbestände die Vorhersage, welche Reaktion auf einen gegebenen Reiz eintreten wird, bzw. (bei gegebener Reaktion) die Feststellung, welcher Reiz sie ausgelöst hat. Hinsichtl. der Erziehbarkeit des Menschen vertrat W. einen milieutheoret. Optimismus (↑ Milieutheorie), von dem außer

359

Pädagogik auch die Entwicklung der Milieu- und Verhaltenstherapie stark beeinflußt wurde. - *Werke:* Behaviorismus (1913), Psychology from the standpoint of a behaviorist (1919), Psych. Erziehung im frühen Kindesalter (1928).

Watt, James [engl. wɔt], * Greenock (Strathclyde) 19. Jan. 1736, † Heathfield (= Birmingham) 19. Aug. 1819, brit. Ingenieur und Erfinder. - Verbesserte 1765 die (atmosphär.) Dampfmaschine T. Newcomens durch Einführung des vom Zylinder getrennten Kondensators (erste direktwirkende Niederdruckdampfmaschine). 1782–84 konstruierte er eine doppeltwirkende Dampfmaschine. Die von der Firma Boulton & Watt gebauten Dampfmaschinen trugen wesentl. zur industriellen Revolution bei. W. betätigte sich auch als Chemiker; er erkannte, daß Wasser kein chem. Element ist.

Watt [nach J. Watt], Einheitenzeichen W, SI-Einheit der Leistung. Festlegung: 1 W ist gleich der Leistung, bei der während der Zeit 1 Sekunde die Energie 1 Joule umgesetzt wird: 1 W = 1 Joule/s = 1 N m/s. Häufig verwendete dezimale Vielfache sind das *Kilowatt* (kW), das *Megawatt* (MW) und das *Gigawatt* (GW): 1 kW = 1 000 W, 1 MW = 1 000 kW, 1 GW = 1 000 MW.

Watt [niederdt., eigtl. „Stelle, die sich durchwaten läßt"], an flachen Gezeitenküsten vom Meer tägl. zweimal überfluteter und wieder trockenfallender Meeresboden. Die vom Meer transportierten und abgelagerten W.-sedimente sind Sand und Schlick, deren Korngröße mit zunehmender Annäherung an die Küste abnimmt. Die Vegetation des W. besteht ausschließl. aus Wattpflanzen (u. a. Queller, Salzmelde). Zur reichen Tierwelt gehören Würmer, Muscheln, Schnecken, Garnelen u. a. Krebse, Fische, Vögel, Seehunde.

Watte [mittellat.-niederl.], Bez. für einen nur lose zusammenhängenden Verbund von [Textil]fasern, insbes. von Baumwoll- oder Zellwollfasern; v. a. für Polsterzwecke oder (bei entsprechender Vorbehandlung) für Verbandszwecke.

Watteau, Jean Antoine [frz. va'to], * Valenciennes 10. Okt. 1684, † Nogent-sur-Marne 18. Juli 1721, frz. Maler. - Kam 1702 nach Paris, arbeitete 1704–08 bei C. Gillots, anschließend bei C. Audran. 1712 wurde er zur Akad. zugelassen; 1719/20 war er in London. W., der bedeutendste frz. Maler des 18. Jh., verarbeitete Einflüsse von Rubens, Tizian und Veronese. Sein Rokokostil ist durch locker beschwingte Malweise und schimmernd zarte Farbigkeit, durch von leiser Schwermut überschattete Heiterkeit und den Zusammenfall von Traumwelt und Wirklichkeit gekennzeichnet. Er gilt als Schöpfer einer neuen Bildgattung, der „Fêtes galantes", intimer Gesellschaftsstücke, die eine verfeinerte, von Erotik, mytholog. Anspielungen und gesellschaftl. Umgangsformen geprägte höf. Kultur vorstellen. Theaterszenen zielen über das komödiant. Thema hinaus auf existentielle Fragen.

Werke: Einschiffung nach Kythera (1717, Paris, Louvre; Zweitfassung in Berlin-Dahlem); Mezzetin (um 1718/19, New York, Metropolitan Museum); Gersaints Ladenschild (1720, Berlin-Dahlem). - Abb. Bd. 10, S. 167.

Wattenbach, Wilhelm, * Rantzau (Landkr. Plön) 22. Sept. 1819, † Frankfurt am Main 20. Sept. 1897, dt. Historiker. - Prof. für Geschichte in Heidelberg und Berlin; 1886–88 Vors. der Zentraldirektion der Monumenta Germaniae historica. - *Hauptwerke:* Deutschlands Geschichtsquellen im MA bis zur Mitte des 13. Jh. (Hg.; 1858).

Wattens, Gem. im östr. Bundesland Tirol, im Unterinntal, 564 m ü. d. M., 6 700 E. Standort einer bed. Glas- und Edelsteinschleiferei.

Wattenscheid ↑ Bochum.

Wattsekunde [nach J. Watt], Einheitenzeichen Ws, SI-Einheit der Energie bzw. Arbeit: 1 Ws = 1 Joule = 1 Nm.

Wattstunde [nach J. Watt], Einheitenzeichen Wh, SI-Einheit der Energie bzw. Arbeit: 1 Wh = 3 600 Ws = 3 600 Joule. - ↑ auch Kilowattstunde.

Wat Tyler [engl. 'wɔt 'taɪlə] (Walter T.), † Smithfield (= London) 15. Juni 1381 (ermordet), engl. Revolutionär. - Seit Ende Mai 1381 Führer des Bauernaufstands; forderte von König Richard II. Amnestie für die Rebellen, Handelsfreiheit und Aufhebung der Leibeigenschaft; erstürmte den Tower trotz Zusagen des Königs und wurde bei einer Zusammenkunft mit dem König erstochen.

Watussirind [nach dem ostafrikan. Volk Watussi (↑ Tussi), sehr großwüchsige, schlanke Hausrindrasse mit bis über 1 m langen, weit ausladenden, leierförmigen Hörnern; Färbung meist braun; wird v. a. im östl. Afrika in großen Herden gehalten.

Watvögel (Regenpfeiferartige, Charadrii, Limikolen), mit rd. 200 Arten weltweit verbreitete Unterordnung meist zieml. hochbeiniger Vögel, die in flachen Süß- und Salzgewässern waten bzw. in Sümpfen, Mooren oder in feuchten Landschaften leben. - Zu den W. gehören u. a. Schnepfenvögel, Regenpfeifer, Säbelschnäbler, Wassertreter, Rallenschnepfen, Blatthühnchen, Austernfischer, Brachschwalben.

Watzek, Hans, * Bílina 1848, † Wien 1903, östr. Photograph. - Entwickelte zus. mit H. Kühn und H. Henneberg (* 1863, † 1918) den mehrfarbigen Gummidruck (Kombinationsdruck).

Watzmann, Gebirgsstock der westl. Salzburgisch-Oberöstr. Kalkalpen, Bay.; in der *Mittelspitze* 2 713 m hoch.